XVIIIe siècle

1750 — 1800

Régence de Philippe d'Orléans 1715-1723
Louis XV 1723-1774
Louis XVI 1774-1792
1re République, Directoire et Consulat 1792-1804
1er Empire 1804-1814
Restauration 1815-1830
Révolution française 1789-1799

713 Excommunication des jansénistes
1716-1721 Système financier de Law
1719 Guerre entre la France et l'Espagne
1724 Édit contre les protestants
1756-1763 Guerre de Sept Ans
1759 Condamnation de l'*Encyclopédie*
1762 Affaire Calas
1764 Expulsion des jésuites et condamnation des francs-maçons
1766-1769 Voyage de Bougainville
1776 Déclaration d'indépendance des États-Unis
1799 Bonaparte : coup d'État du 18 Brumaire
Début de l'éclairage au gaz

ientifiques

1 Destruction de l'abbaye rt-Royal-des-Champs
1721 Montesquieu *Lettres persanes*
1725 Vivaldi *Les Quatre Saisons*
1731 Abbé Prévost *Manon Lescaut*
1744-1817 Traduction des *Mille et Une Nuits* par A. Galland
1751-1772 Diderot & D'Alembert *Encyclopédie*
1759 Voltaire *Candide*
1770 Le « Sturm und Drang » en Allemagne
1772 Diderot *Supplément au voyage de Bougainville*
1782 Rousseau *Les Confessions*
Laclos *Les Liaisons dangereuses*
1787 Mozart *Don Giovanni*
1788 Fragonard *Le Baiser à la dérobée*

ou *Contes du temps passé*

rtistique

LES LUMIÈRES
DÉBUT DU ROMANTISME

Marivaux 1688-1763
ieu 1689-1755
Voltaire 1694-1778
Abbé Prévost 1697-1763
J.-J. Rousseau 1712-1778
D. Diderot 1713-1784
P. de Beaumarchais 1732-1799
J.-E. Romilly 1739-1779
Condorcet 1743-1794
J. W. von Goethe 1749-1832
J.-P. Claris de Florian 1755-1794

57

Montesquieu

Voltaire

Jean-Jacques Rousseau

Denis Diderot

Pierre-Augustin de Beaumarchais

1750 — 1800

écume des lettres

français seconde

livre unique

Partie TEXTES sous la direction de
Valérie Presselin
fesseur agrégé de Lettres modernes
Lycée Jules Ferry, Versailles

Partie MÉTHODES sous la direction de
François Mouttapa
Inspecteur pédagogique régional de Lettres
Académie de Nantes

Relecture pédagogique
Betty Witkowski Vanuxem
Professeur certifié de Lettres modernes
Lycée Baudimont-Saint Charles, Arras

Pauline Bruley
Maître de conférences à l'université d'Angers

Simon Daireaux
Professeur certifié de Lettres modernes
Lycée Jean-Monnet, La Queue-lez-Yvelines

Miguel Degoulet
Professeur agrégé de Lettres moderne
Lycée Le Mans-Sud, Le Mans

Karine Foucher
Professeur PLP lettres-anglais
et coordonnatrice CLEMI Amiens
Lycée professionnel Rimbaud, Ribéco

Stéphane Jacob
Professeur agrégé de Lettres modern
Lycée Jean Dautet, La Rochelle

Claude Mouren
Professeur agrégé de Lettres moderı
Lycée Jules Ferry, Versailles

Sylvie Neel
Professeur agrégé de Lettres modernes
Lycée Camille Guérin, Poitiers

Estelle Plaisant-Soler
Professeur agrégé de Lettres modernes

hachette
ÉDUCATION

L'éditeur et les auteurs remercient les enseignants qui ont participé aux tests de ce manuel, ainsi que les enseignants relecteurs du manuscrit, Fabian Bouleau, Delphine Chary, Frédéric Mirloup, Camille Morandat, pour leurs conseils avisés.

Cet ouvrage est imprimé sur du papier composé de fibres naturelles, renouvelables, recyclables, et fabriqué à partir de bois issu de forêts gérées de façon durable conformément à l'article 206 de la loi n° 2010-788 du 12 juillet 2010.

Couverture et gardes : Nicolas Piroux
Maquette intérieure : Véronique Lefebvre, Jérôme Lecomte, Jérôme de Swetschin
Mise en page : Médiamax, Jérôme de Swetschin
Édition : Pascale Beauvois (Textes), Corinne Meyniel (Méthodes)
Iconographie : Brigitte Hammond, Caroline Pfrimmer (p. 390-393, 402-403, 432-435)
Illustration : Nicolas Corpet (p. 320)
Correction : Alain Le Saux
Photogravure : Nord Compo

ISBN 978-2-01-135545-4
www.hachette-education.com

SOMMAIRE

PARTIE 1 : Textes

PARTIE 2 : Méthodes

Chapitre 1 Le roman et la nouvelle au XIXe siècle : réalisme et naturalisme

Séquence 3

De l'enquête au roman : la traversée des milieux

Séquence 4

Histoire des arts Maupassant et l'impressionnisme

Chapitre 2 La tragédie et la comédie au XVIIe siècle : le classicisme

Séquence 9

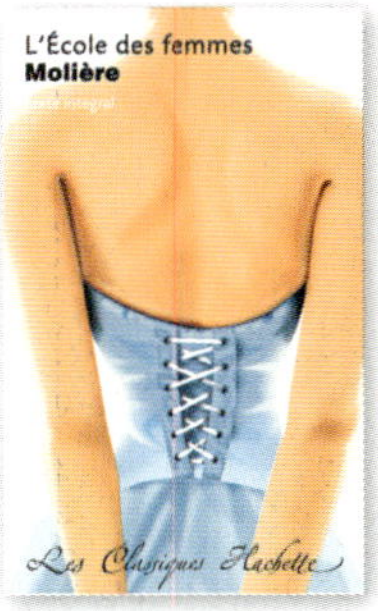

Parcours de lecteur • Œuvre intégrale Molière, *L'École des femmes*, 1662

Séquence 10

Le héros tragique face au pouvoir

Séquence 11

Histoire des arts Médée, du mythe au théâtre

Chapitre 3 Genres et formes de l'argumentation aux XVIIe et XVIIIe siècles

Séquence 14

Parcours de lecteur • Œuvre intégrale Voltaire, *Contes philosophiques*, 1747-1761

Séquence 15

Lumières de la raison

Séquence 16

Séquence 17

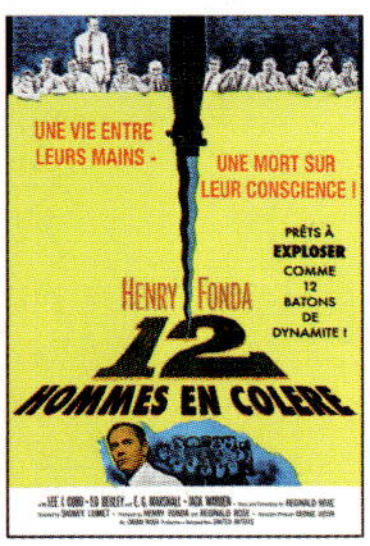

Chapitre 4 La poésie du XIXe au XXe siècle : du romantisme au surréalisme

Séquence 19

Séquence 20

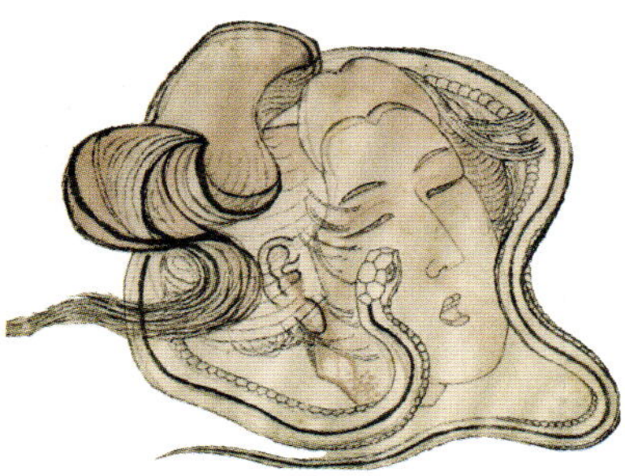

Séquence 21

Histoire des arts Explorations surréalistes

Chapitre 1 Éducation aux médias

Le forcené d'Etouvie écope de huit ans de prison

Courrier picard

Le Pen : on n'a pas fini d'en entendre sonder

Le cycliste se mesure au cheval

Chapitre 2 Travailler en autonomie

Chapitre 3 Lire et analyser

Chapitre 4 Analyser une œuvre dans son contexte

Chapitre 5 Connaître un genre littéraire

Le roman et la nouvelle

La tragédie et la comédie

La poésie

Genres et formes de l'argumentation

Chapitre 6 S'initier aux épreuves du baccalauréat

Vers l'écriture d'invention

Vers le commentaire

Vers la dissertation

Vers l'oral

Chapitre 7 Étude de la langue

Textes

Chapitre

1 Le roman et la nouvelle au XIXe siècle

Réalisme et naturalisme

Gustave CAILLEBOTTE (1848-1894), *L'Homme au balcon, boulevard Haussmann*, 1880, huile sur toile, 86 × 114 cm (Collection particulière).

Séquence

1 Héros et héroïnes réalistes et naturalistes

Le succès du roman au XIXe siècle donne aux écrivains l'occasion rêvée de peindre héros et héroïnes dans leur trajet de vie. Les milieux dans lesquels ils évoluent – grande capitale parisienne ou province populaire – constituent la pierre angulaire de ce vaste projet d'observation et de création.

Objectifs

- Identifier les inspirations et les procédés du réalisme et du naturalisme dans l'art
- Constater que peindre le réel n'est pas imiter mais créer

MÉTHODES

p. 389

Travailler en autonomie ▸ Fiche 11
Analyser ▸ Fiches 16, 17
Analyser une œuvre dans son contexte : Réalisme et naturalisme ▸ Fiches 26, 27
Connaître un genre littéraire : Le roman et la nouvelle ▸ Fiches 28, 29, 30, 31, 32
S'initier aux épreuves du baccalauréat ▸ Fiches 46, 48, 49, 50, 51, 52, 53, 54
Étude de la langue ▸ Fiche 56

Histoire des arts

Gustave Courbet, *Un enterrement à Ornans*, 1850

Contexte artistique et historique

« FAIRE DE L'ART VIVANT », LA GRANDE EXPOSITION RÉALISTE DE 1855

Si *Un enterrement à Ornans* fait scandale, c'est parce qu'il enterre la peinture ancienne et la perfection formelle prônée par les peintres académiques. En effet, Courbet est le fossoyeur de tous les héritages : la beauté idéale du **néoclassicisme** cède la place à la beauté vivante, imparfaite, et donc « laide » pour un public habitué à voir peints des corps parfaits. De même, le bouillonnement **romantique**, qui magnifie la mort, se fige ici dans une scène dont le mouvement s'est absenté afin d'être plus **vraie**.

On retrouve le même parti pris dans l'immense *Atelier du peintre* (1854-1855), apogée de son œuvre. Véritable manifeste, la toile mêle le nu à la scène de groupe, refusant une fois de plus la hiérarchie des genres. « En un mot, c'est ma manière de voir la société dans ses intérêts et ses passions. C'est le monde qui vient se faire peindre chez moi. » Comme on reproche à Courbet d'accorder les mêmes égards à la peinture de simples réalités qu'aux grands sujets historiques, le peintre se décide à organiser sa propre exposition au sein du « pavillon du réalisme », bâtiment édifié à cette intention. Dans la préface du catalogue, il affirme « être à même de traduire les mœurs, les idées, l'aspect de son époque [...] en un mot **faire de l'art vivant** ».

Biographie
p. 563

Gustave COURBET (1819-1877),
Un enterrement à Ornans, 1850,
huile sur toile, 668 × 315 cm
(Musée d'Orsay, Paris).

Densité et pesanteur

La lecture du tableau de Courbet arrête le regard dès le premier plan. Les yeux balayent la scène de gauche à droite pour découvrir les différents personnages. C'est la société ornanaise dans son ensemble qui apparaît ici : les fossoyeurs et les hommes d'Église occupent essentiellement la partie gauche du tableau. Les femmes, en habit noir, ont la tête baissée pour la plupart et portent la coiffe des paysannes. La composition monumentale du tableau est organisée en **frise**. Elle est statique et sans perspective, comme les portraits des confréries de peintres hollandais. Ce choix souligne le refus de toute idéalisation : la hiérarchie sociale est gommée puisque planifiée, la laideur se montre telle qu'elle, avec une palette de couleurs teintée de pâle et de sombre, en accord avec la cérémonie.

L'affaire Courbet ou le scandale du réalisme

LECTURE DE L'IMAGE

Toute la réalité, rien que la réalité

1 @ RECHERCHE Comparez *Le Sacre de Napoléon*, grand moment historique peint par David, et le tableau de Courbet. Pourquoi le choix d'un grand format pour une scène ordinaire a-t-il fait scandale ?

2 Quelles classes sociales sont ici rassemblées ? Pourquoi méritent-elles l'épithète ignoble ou laid ?

3 Repérez et nommez les menus détails : en quoi participent-ils du réalisme de cette scène ?

Ni plus ni moins qu'un enterrement

4 Regardez le trou au premier plan : comment la mort est-elle représentée ?

5 Étudiez la composition du tableau et la répartition des personnages. Quelles informations offrent-elles aux spectateurs sur les rites funéraires à la campagne ?

ÉCRITURE

Invention

Vous êtes guide au musée d'Orsay. Rédigez la présentation que vous feriez aux visiteurs découvrant ce tableau de Courbet. Structurez votre propos.

Fiche 17 **Lecture de l'image fixe**

Dissertation

L'art et la littérature doivent-ils représenter la vie telle qu'elle est ou en sélectionner les éléments les plus beaux pour créer le « beau » idéal ?
Vous utiliserez les arguments de Courbet ou de ses détracteurs pour justifier vos propos.

Fiches 52, 53, 54 **Vers la dissertation**

Les héros, de simples êtres de papier ?

Histoire littéraire
p. 48, 50

Repères historiques
p. 558

1. François René de Chateaubriand, *René*, 1802

La solitude absolue, le spectacle de la nature, me plongèrent bientôt dans un état presque impossible à décrire. Sans parents, sans amis, pour ainsi dire, sur la terre, n'ayant point encore aimé, j'étais accablé d'une surabondance de vie. Quelquefois je rougissais subitement, et je sentais couler dans mon cœur comme des ruisseaux d'une lave ardente ; quelquefois je poussais des cris involontaires, et la nuit était également troublée de mes songes et de mes veilles. Il me manquait quelque chose pour remplir l'abîme de mon existence : je descendais dans la vallée, je m'élevais sur la montagne, appelant de toute la force de mes désirs l'idéal objet d'une flamme future ; je l'embrassais dans les vents ; je croyais l'entendre dans les gémissements du fleuve ; tout était ce fantôme imaginaire, et les astres dans les cieux, et le principe même de vie dans l'univers.

F. R. DE CHATEAUBRIAND, *René*, 1802.

2. Honoré de Balzac, *Eugénie Grandet*, 1833

Charles, qui tombait en province pour la première fois, eut la pensée d'y paraître avec la supériorité d'un jeune homme à la mode, de désespérer l'arrondissement par son luxe, d'y faire époque, et d'y importer les inventions de la vie parisienne. Enfin, pour tout expliquer d'un mot, il voulait passer à Saumur plus de temps qu'à Paris à se brosser les ongles, et y affecter l'excessive recherche de mise que parfois un jeune homme élégant abandonne pour une négligence qui ne manque pas de grâce. Charles emporta donc le plus joli costume de chasse, le plus joli fusil, le plus joli couteau, la plus jolie gaine de Paris […] les joueurs de loto levaient le nez et le considéraient avec autant de curiosité qu'ils en eussent manifesté pour une girafe.

H. DE BALZAC, *Eugénie Grandet*,
Chapitre I, 1833.

Jean Auguste Dominique Ingres (1780-1867), *Portrait de Jean Pierre François Gilibert*, un ami d'enfance du peintre, 1804-1805, huile sur toile, 99 x 81 cm (Musée Ingres, Montauban).

3. Guy de Maupassant, *Une vie*, 1883

Alors elle s'aperçut qu'elle n'avait plus rien à faire, plus jamais rien à faire. Toute sa jeunesse au couvent avait été préoccupée de l'avenir, affairée de songeries. La continuelle agitation de ses espérances emplissait, en ce temps-là, ses heures sans qu'elle les sentît passer. Puis, à peine sortie des murs austères où ses illusions étaient écloses, son attente d'amour se trouvait tout de suite accomplie. L'homme espéré, rencontré, aimé, épousé en quelques semaines, comme on épouse en ces brusques déterminations, l'emportait dans ses bras sans la laisser réfléchir à rien. Mais voilà que la douce réalité des premiers jours allait devenir la réalité quotidienne qui fermait la porte aux espoirs indéfinis, aux charmantes inquiétudes de l'inconnu. Oui, c'était fini d'attendre. Alors plus rien à faire, aujourd'hui, ni demain ni jamais. Elle sentait tout cela vaguement à une certaine désillusion, à un affaissement de ses rêves.

Elle se leva et vint coller son front aux vitres froides.

G. DE MAUPASSANT, *Une vie*, 1883.

4. Émile Zola, *Au Bonheur des dames*, 1883

À cette heure de nuit, avec son éclat de fournaise, le Bonheur des Dames achevait de la[1] prendre tout entière. Dans la grande ville, noire et muette sous la pluie, dans ce Paris qu'elle ignorait, il flambait comme un phare, il semblait à lui seul la lumière et la vie de la cité. Elle y rêvait son avenir, beaucoup de travail pour élever les enfants, avec d'autres choses encore, elle ne savait quoi, des choses lointaines dont le désir et la crainte la faisaient trembler. L'idée de cette femme morte dans les fondations lui revint ; elle eut peur, elle crut voir saigner les clartés : puis, la blancheur des dentelles l'apaisa, une espérance lui montait au cœur, toute une certitude de joie ; tandis que la poussière d'eau volante lui refroidissait les mains et calmait en elle la fièvre du voyage.

É. ZOLA, *Au Bonheur des dames*, Chapitre I, 1883.

1. Il s'agit de Denise Baudu, héroïne du roman.

Berthe MORISOT (1841-1895), *Jeune Femme à sa toilette*, 1875, huile sur toile (Art Institute, Chicago).

1 Caractérisez précisément le héros romantique et le personnage réaliste ou naturaliste. Qu'est-ce qui les distingue ? (textes 1 à 4)

2 IMAGE Dans quelle mesure la composition du tableau de B. Morisot traduit-elle la sombre dualité qui agite les héroïnes romanesques (textes 3 et 4) ?

3 Comment ces documents permettent-ils de préciser et définir la notion de personnage ?

« À NOUS DEUX, PARIS. »

1 Honoré de Balzac, *Le Père Goriot*, 1835

« À nous deux maintenant ! » Cette formule emblématique est prononcée par le plus célèbre personnage de La Comédie humaine : Eugène de Rastignac, lançant un défi à la capitale qu'il veut conquérir. Son ambition et son parcours constituent la ligne directrice du Père Goriot.

Texte 1

Rastignac, arrivé à Paris en 1819, a appris à connaître la capitale. Cet apprentissage l'a fait évoluer.

Biographie
p. 562

Du même auteur
p. 24, 38, 120, 133, 136

Histoire littéraire
p. 48

Repères historiques
p. 558

Ses illusions d'enfance, ses idées de province avaient disparu. Son intelligence modifiée, son ambition exaltée lui firent voir juste au milieu du manoir paternel, au sein de la famille. Son père, sa mère, ses deux frères, ses deux sœurs, et une tante dont la fortune consistait en pensions, vivaient sur la petite terre de Rastignac. Ce domaine d'un revenu d'environ trois mille francs était soumis à l'incertitude que régit le produit de tout industriel de la vigne, et néanmoins il fallait en extraire chaque année douze cents francs pour lui. [...]

Comme il arrive aux âmes grandes, il voulut ne rien devoir qu'à son mérite. Mais son esprit était éminemment méridional ; à l'exécution, ses déterminations devaient donc être frappées de ces hésitations qui saisissent les jeunes gens quand ils se trouvent en pleine mer, sans savoir ni de quel côté diriger leurs forces, ni sous quel angle enfler leur voile. Si d'abord il voulut se jeter à corps perdu dans le travail, séduit bientôt par la nécessité de se créer des relations, il remarqua combien les femmes ont d'influence sur la vie sociale, et avisa soudain à se lancer dans le monde, afin d'y conquérir des protectrices : devaient-elles manquer à un jeune homme ardent et spirituel dont l'esprit et l'ardeur étaient rehaussés par une tournure élégante et par une sorte de beauté nerveuse à laquelle les femmes se laissent prendre volontiers ? Ces idées l'assaillirent au milieu des champs, pendant les promenades que jadis il faisait gaiement avec ses sœurs, qui le trouvèrent bien changé. Sa tante, madame de Marcillac, autrefois présentée à la cour, y avait connu les sommités[1] aristocratiques. [...] Après avoir secoué les branches de l'arbre généalogique, la vieille dame estima que, de toutes les personnes qui pouvaient servir son neveu parmi la gent[2] égoïste des parents riches, madame la vicomtesse de Beauséant serait la moins récalcitrante. Elle écrivit à cette jeune femme une lettre dans l'ancien style, et la remit à Eugène, en lui disant que s'il réussissait auprès de la vicomtesse, elle lui ferait retrouver ses autres parents. Quelques jours après son arrivée, Rastignac envoya la lettre de sa tante à madame de Beauséant. La vicomtesse répondit par une invitation de bal pour le lendemain.

H. DE BALZAC, *Le Père Goriot*,
Partie I, « Une pension bourgeoise », 1835.

Rastignac, gravure de Charles HUARD (1874-1965).

1. Personnes éminentes, au-dessus du commun.
2. L'espèce.

Texte 2

Rastignac a rencontré le père Goriot à la pension Vauquer, lequel est devenu son père de substitution. À l'annonce de la ruine de ses deux filles, le père Goriot est pris d'une crise d'apoplexie. Le vieil homme décède deux jours plus tard. La quatrième partie du roman sonne comme un nouveau départ pour le jeune conquérant.

À six heures, le corps du père Goriot fut descendu dans sa fosse, autour de laquelle étaient les gens[1] de ses filles, qui disparurent avec le clergé aussitôt que fut dite la courte prière due au bonhomme pour l'argent de l'étudiant. Quand les deux fossoyeurs eurent jeté quelques pelletées de terre sur la bière pour la cacher, ils se relevèrent, et l'un d'eux, s'adressant à Rastignac, lui demanda leur pourboire. Eugène fouilla dans sa poche et n'y trouva rien, il fut forcé d'emprunter vingt sous à Christophe. Ce fait, si léger en lui-même, détermina chez Rastignac un accès d'horrible tristesse. Le jour tombait, un humide crépuscule agaçait les nerfs, il regarda la tombe et y ensevelit sa dernière larme de jeune homme, cette larme arrachée par les saintes émotions d'un cœur pur, une de ces larmes qui, de la terre où elles tombent, rejaillissent jusque dans les cieux. Il se croisa les bras, contempla les nuages, et, le voyant ainsi, Christophe le quitta.

Rastignac, resté seul, fit quelques pas vers le haut du cimetière et vit Paris tortueusement couché le long des deux rives de la Seine où commençaient à briller les lumières. Ses yeux s'attachèrent presque avidement entre la colonne de la place Vendôme et le dôme des Invalides, là où vivait ce beau monde dans lequel il avait voulu pénétrer. Il lança sur cette ruche bourdonnante un regard qui semblait par avance en pomper le miel, et dit ces mots grandioses :

– À nous deux maintenant !

H. DE BALZAC, *Le Père Goriot*, Partie IV, « La mort du Père Goriot », 1835.

1. Seuls les domestiques des deux filles du père Goriot assistent à l'enterrement.

Louise Joséphine SARAZIN DE BELMONT (1790-1870), *Paris vu des hauteurs du Père Lachaise*, entre 1842 et 1859, huile sur toile, 140 × 198 cm (Musée des Augustins, Toulouse).

Portrait d'un conquérant

LECTURE DES TEXTES

Portrait réaliste

1 Pour chaque texte, délimitez les passages consacrés au portrait de Rastignac et donnez-leur un titre.

2 Balzac ose parler d'argent avec réalisme. Quelles notations descriptives font un gros plan sur la situation économique des parents (texte 1) ? sur le pourboire (texte 2) ? Pourquoi évoquer ces faits est-il intéressant ?

L'évolution d'un ambitieux

3 Relevez les expressions employées pour qualifier le personnage et sa stratégie de conquête. Comment compte-t-il se servir des femmes pour réussir ?

4 Par quels procédés lexicaux, syntaxiques et grammaticaux, l'ambition du jeune homme est-elle soulignée ?

5 Par quels moyens la ville de Paris apparaît-elle comme un personnage à part entière, adversaire à la mesure du héros ?

ÉCRITURE

Commentaire

Proposez un commentaire du premier extrait dans lequel vous étudierez d'abord le portrait du jeune Rastignac avant de vous interroger sur les manifestations et les limites du romanesque.

Fiche 51 **Rédiger un commentaire**

2 Stendhal, *Le Rouge et le Noir*, 1830

Texte 1

Biographie
p. 567

Du même auteur
p. 98, 118

Histoire littéraire
p. 48

Repères historiques
p. 558

Fils d'un charpentier, Julien Sorel, intelligent et ambitieux, aspire à un autre destin que celui de son père. Il emprunte d'abord la voie du « noir », couleur de la soutane ecclésiastique, puis celle du « rouge », symbole de la carrière militaire. Le roman retrace quelques années de son itinéraire dévoré par le désir de réussir et la passion amoureuse.

« Un grand cœur et une petite fortune »

Julien prenait haleine un instant à l'ombre de ces grandes roches, et puis se remettait à monter. Bientôt par un étroit sentier à peine marqué et qui sert seulement aux gardiens des chèvres, il se trouva debout sur un roc immense et bien sûr séparé de tous les hommes. Cette position physique le fit sourire, elle lui peignait la position qu'il brûlait d'atteindre au moral. L'air pur de ces montagnes élevées communiqua la sérénité et même la joie à son âme. […]

Julien, debout sur son grand rocher, regardait le ciel, embrasé par un soleil d'août. Les cigales chantaient dans le champ au-dessous du rocher, quand elles se taisaient tout était silence autour de lui. Il voyait à ses pieds vingt lieues[1] de pays. Quelque épervier parti des grandes roches au-dessus de sa tête était aperçu par lui, de temps à autre, décrivant en silence ses cercles immenses. L'œil de Julien suivait machinalement l'oiseau de proie. Ses mouvements tranquilles et puissants le frappaient, il enviait cette force, il enviait cet isolement.

C'était la destinée de Napoléon, serait-ce un jour la sienne ?

STENDHAL, *Le Rouge et le Noir*, Livre I, Chapitre 10, 1830.

1. Une lieue équivaut à quatre kilomètres.

Texte 2

Anobli, devenu lieutenant des hussards, aimé de l'aristocrate Mathilde de La Mole, Julien Sorel est condamné à mort pour avoir tenté d'assassiner son ancienne maîtresse, Mme de Rênal. Celle-ci l'avait en effet dénoncé comme un arriviste dépourvu de scrupules.

– Qui sait ? Peut-être avons-nous encore des sensations après notre mort, disait-il un jour à Fouqué[1]. J'aimerais assez à reposer, puisque reposer est le mot, dans cette petite grotte de la grande montagne qui domine Verrières[2]. Plusieurs fois, je te l'ai conté, retiré la nuit dans cette grotte, et ma vue plongeant au loin sur les plus riches provinces de France, l'ambition a enflammé mon cœur : alors c'était ma passion… Enfin, cette grotte m'est chère, et l'on ne peut disconvenir qu'elle ne soit située d'une façon à faire envie à l'âme d'un philosophe… Eh bien ! ces bons congréganistes[3] de Besançon font argent de tout ; si tu sais t'y prendre, ils te vendront ma dépouille mortelle…

Fouqué réussit dans cette triste négociation. Il passait la nuit seul dans sa chambre, auprès du corps de son ami, lorsqu'à sa grande surprise, il vit entrer Mathilde. Peu d'heures auparavant, il l'avait laissée à dix lieues de Besançon. Elle avait le regard et les yeux égarés.

– Je veux le voir, lui dit-elle.

Fouqué n'eut pas le courage de parler ni de se lever. Il lui montra du doigt un grand manteau bleu sur le plancher ; là était enveloppé ce qui restait de Julien.

1. Ami de Julien.
2. Petite ville de province, proche de Besançon.
3. Membre d'une congrégation, d'une confrérie religieuse.

Affiche du film de Claude AUTANT-LARA, 1954, avec Gérard Philipe (Julien Sorel) et Danielle Darrieux (Mme de Rênal).

Elle se jeta à genoux. Le souvenir de Boniface de La Mole et de Marguerite de Navarre[4] lui donna sans doute un courage surhumain. Ses mains tremblantes ouvrirent le manteau. Fouqué détourna les yeux.

Il entendit Mathilde marcher avec précipitation dans la chambre. Elle allumait plusieurs bougies. Lorsque Fouqué eut la force de la regarder, elle avait placé sur une petite table de marbre, devant elle, la tête de Julien, et la baisait au front…

Mathilde suivit son amant jusqu'au tombeau qu'il s'était choisi. Un grand nombre de prêtres escortaient la bière et, à l'insu de tous, seule dans sa voiture drapée, elle porta sur ses genoux la tête de l'homme qu'elle avait tant aimé.

Arrivés ainsi vers le point le plus élevé d'une des hautes montagnes du Jura, au milieu de la nuit, dans cette petite grotte magnifiquement illuminée d'un nombre infini de cierges, vingt prêtres célébrèrent le service des morts. Tous les habitants des petits villages de montagne traversés par le convoi l'avaient suivi, attirés par la singularité de cette étrange cérémonie.

Mathilde parut au milieu d'eux en longs vêtements de deuil, et, à la fin du service, leur fit jeter plusieurs milliers de pièces de cinq francs.

Restée seule avec Fouqué, elle voulut ensevelir de ses propres mains la tête de son amant. Fouqué faillit en devenir fou de douleur.

Par les soins de Mathilde, cette grotte sauvage fut ornée de marbres sculptés à grands frais en Italie.

Mme de Rênal fut fidèle à sa promesse. Elle ne chercha en aucune manière à attenter à sa vie ; mais trois jours après Julien, elle mourut en embrassant ses enfants.

FIN

STENDHAL, *Le Rouge et le Noir*, Livre II, Chapitre 45, 1830.

4. Marguerite de Navarre, épouse d'Henri IV, racheta la tête de son amant Boniface de la Mole, exécuté pour tentative de complot. Mathilde rêve d'un même destin.

Décrire et suggérer une impossible ascension sociale

LECTURE DES TEXTES

Plus près des étoiles

1 Dans le premier extrait, distinguez les étapes qui rythment l'ascension de Julien. Pourquoi symbolisent-elles les difficultés et les élans de l'ambition sociale ?

2 Que regarde Julien ? En quoi le vol d'un « oiseau de proie » et la référence à Napoléon sont-ils significatifs ?

Ultime rencontre entre l'horreur et la beauté

3 Par quelle phrase le narrateur suggère-t-il que Julien est passé de vie à trépas ? Quel est l'effet produit ?

4 Quels détails font de Mathilde une héroïne romantique ? Étudiez la lumière, la symbolique des couleurs et le rôle des figurants.

HISTOIRE DES ARTS

5 Comment l'affiche du film oppose-t-elle les deux personnages féminins ?

ÉCRITURE

Argumentation

RECHERCHE Pourquoi la fin du roman peut-elle se lire comme l'exaltation de l'amour idéal ? Appuyez-vous sur d'autres scènes mythiques (*Tristan et Iseut, Roméo et Juliette*, etc.) pour développer votre point de vue.

Commentaire

Développez un axe de commentaire destiné à montrer que le réalisme de Stendhal dans le second extrait consiste davantage à suggérer qu'à décrire.

Fiches 49, 50, 51 **Vers le commentaire**

William TURNER (1775-1851), *Tempête de neige. Vapeur au large d'un port*, 1842, huile sur toile, 91,5 × 122 cm (Tate Gallery, Londres).

3

Texte 1

Gustave Flaubert, *L'Éducation sentimentale*, 1869

Biographie p. 563

Du même auteur p. 40, 42, 100

Histoire littéraire p. 47, 48

Repères historiques p. 558

Centré sur le jeune provincial Frédéric Moreau, ce roman d'apprentissage permet à Flaubert de poursuivre l'étude du réel entreprise avec Madame Bovary. *Le monde brûle les illusions du « héros », faible, qui ne parviendra pas à franchir les obstacles et s'enlisera dans une forme de médiocrité.*

Incipit

Le 15 septembre 1840, vers six heures du matin, la *Ville-de-Montereau*[1], près de partir, fumait à gros tourbillons devant le quai Saint-Bernard.

Des gens arrivaient hors d'haleine ; des barriques, des câbles, des corbeilles de linge gênaient la circulation ; les matelots ne répondaient à personne ; on se heurtait ; les colis montaient entre les deux tambours, et le tapage s'absorbait dans le bruissement de la vapeur, qui, s'échappant par des plaques de tôle, enveloppait tout d'une nuée blanchâtre, tandis que la cloche, à l'avant, tintait sans discontinuer.

Enfin le navire partit ; et les deux berges, peuplées de magasins, de chantiers et d'usines, filèrent comme deux larges rubans que l'on déroule.

Un jeune homme de dix-huit ans, à longs cheveux et qui tenait un album sous un bras, restait auprès du gouvernail, immobile. À travers le brouillard, il contemplait des clochers, des édifices dont il ne savait pas les noms ; puis il embrassa, dans un dernier coup d'œil, l'île Saint-Louis, la Cité, Notre-Dame ; et bientôt, Paris disparaissant, il poussa un grand soupir.

M. Frédéric Moreau, nouvellement reçu bachelier, s'en retournait à Nogent-sur-Seine, où il devait languir pendant deux mois, avant d'aller faire son droit. Sa mère, avec la somme indispensable, l'avait envoyé au Havre voir un oncle, dont elle espérait, pour lui, l'héritage.

G. FLAUBERT, *L'Éducation sentimentale*, 1869.

1. Nom du paquebot sur lequel s'embarque le héros.

Texte 2

De retour à Paris et invité chez Rosanette Bron, une courtisane, Frédéric découvre une soirée déguisée médiocre qui l'écœure. La société s'y révèle grotesque et pathétique.

Frédéric, s'étant rangé contre le mur, regarda le quadrille[1] devant lui. Un vieux beau, vêtu, comme un doge vénitien, d'une longue simarre[2] de soie pourpre, dansait avec Mme Rosanette, qui portait un habit vert, une culotte de tricot et des bottes molles à éperons d'or. Le couple en face se composait d'un Arnaute[3] chargé de yatagans[4] et d'une Suissesse aux yeux bleus, blanche comme du lait, potelée comme une caille, en manches de chemise et corset rouge. Pour faire valoir sa chevelure qui lui descendait jusqu'aux jarrets, une grande blonde, marcheuse à l'Opéra, s'était mise en femme sauvage ; et, par-dessus son maillot de couleur brune, n'avait qu'un pagne de cuir, des bracelets de verroterie, et un diadème de clinquant, d'où s'élevait une haute gerbe en plumes de paon. [...] Un petit berger Watteau[5], azur et argent comme un clair de lune, choquait sa houlette contre le thyrse[6] d'une bacchante, couronnée de raisins, une peau de léopard sur le flanc gauche et des cothurnes[7] à rubans d'or. De l'autre côté une Polonaise, en spencer de velours nacarat[8], balançait son jupon de gaze sur ses bas de soie gris perle, pris dans des bottines roses cerclées de fourrure blanche. Elle souriait à un quadragénaire ventru, déguisé en enfant de chœur, et qui gambadait très haut, levant d'une main son surplis et retenant de l'autre sa calotte rouge. Mais la reine, l'étoile, c'était Mlle Loulou, célèbre danseuse des bals publics. Comme elle se trouvait riche maintenant, elle portait une large collerette de dentelle sur sa veste de velours uni ; et son large pantalon de soie ponceau[9], collant sur la croupe et serré à la taille par une écharpe de cachemire, avait, tout le long de la couture, des petits camélias blancs naturels. [...]

Frédéric, en regardant ces personnes, éprouvait un sentiment d'abandon, un malaise.

G. FLAUBERT, *L'Éducation sentimentale*, Deuxième partie, Chapitre 1, 1869.

1. Nom d'une danse de bal.
2. Soutane ou robe ample.
3. Habitant d'Albanie, dans la péninsule des Balkans.
4. Arme turque à lame recourbée.
5. Peintre rococo (1684-1721) réputé pour ses tableaux de fêtes bucoliques.
6. Bâton entouré de lierre, emblème des femmes qui rendaient un culte à Dionysos.
7. Chaussures portées dans l'Antiquité.
8. Velours de couleur rouge clair nacré.
9. Soie de couleur coquelicot.

Paris : partir, revenir

LECTURE DES TEXTES

Un départ teinté de brouillard (texte 1)

1 Pourquoi le bateau et le fourmillement des quais sont-ils la personnification du bouillonnement sourd qui agite le héros ? Justifiez.

2 Quels détails, dans la présentation du jeune homme, font pressentir une personnalité apathique ? Que laisse présager ce portrait quant à son destin ?

« Les illusions perdues » (texte 2)

3 Caractérisez à l'aide de trois mots-clefs la société que découvre Frédéric chez Rosanette.

4 Relevez et commentez toutes les références au monde animalier. Que traduisent-elles ?

5 Étudiez le champ lexical du luxe d'apparat et de la richesse. Comment le mauvais goût triomphe-t-il ?

HISTOIRE DES ARTS

6 Dans quelle mesure le tableau de Turner évoque-t-il à la fois le bouillonnement ambitieux et la marche du destin de Frédéric Moreau ? Justifiez.

Fiche 17 **Lecture de l'image fixe**

ÉCRITURE

Commentaire

Rédigez un axe de commentaire destiné à souligner le caractère grotesque et odieux des invités de Rosanette.

Question sur un corpus

Pourquoi les extraits de *Madame Bovary* (p. 40) et de *L'Éducation sentimentale* peuvent-ils être considérés comme des peintures sans concession de la petite bourgeoisie ?

Fiche 46 **Répondre à une question sur un corpus**

4

Émile Zola, La Curée, 1872

Second volume du célèbre cycle des Rougon-Macquart, ce roman retrace le parcours d'Aristide Rougon dit « Saccard », journaliste républicain opportuniste et arriviste. Il cherche fortune en spéculant sur les terrains à bâtir d'un Paris en pleine révolution haussmannienne.

Gustave CAILLEBOTTE (1848-1894), *La Rue Halévy vue du balcon, Paris*, 1878, huile sur toile, 60 × 73 cm (Collection particulière).

Biographie p. 567

Du même auteur p. 25, 46, 53, 64, 66, 70, 74, 76, 82, 84, 134, 306

Histoire littéraire p. 47, 50

Repères historiques p. 558

Selon l'heureuse expression d'Eugène Rougon[1], Paris se mettait à table et rêvait gaudriole[2] au dessert. La politique épouvantait, comme une drogue dangereuse et défendue. Les esprits lassés se tournaient vers les affaires et les plaisirs. Ceux qui possédaient déterraient leur argent, et ceux qui ne possédaient pas cherchaient dans les coins les trésors oubliés. Il y avait au fond de la cohue un frémissement sourd, un bruit naissant de pièces de cent sous, des rires clairs de femme, des tintements encore affaiblis de vaisselle et de baisers. Dans le grand silence de l'ordre, dans la paix aplatie du nouveau règne, montaient toutes sortes de rumeurs aimables, de promesses dorées et voluptueuses. […]

Aristide Saccard, depuis les premiers jours, sentait venir ce flot montant de la spéculation, dont l'écume allait couvrir Paris entier. Il en suivit les progrès avec une attention profonde. Il se trouvait au beau milieu de la pluie chaude d'écus tombant drus sur les toits de la cité, bouleversant les quartiers, comme si des mineurs eussent découvert et fouillé, sous le pavé des rues, des sables aurifères[3]. Dans ses courses continuelles à travers l'Hôtel de Ville, il avait surpris le vaste projet de la transformation de Paris, le plan de ces démolitions, de ces voies nouvelles, et de ces quartiers improvisés, de cet agio[4] formidable sur la vente des terrains et des immeubles, qui allumait, aux quatre coins de la ville, la bataille des intérêts et le flamboiement du luxe à outrance. Dès lors son activité eut un but. Ce fut à cette époque qu'il devint bon enfant. Il engraissa même un peu, il cessa de courir les rues comme un chat maigre en quête de proie.

É. ZOLA, *La Curée*, Chapitre II, 1872.

1. Frère de Saccard.
2. Grivoiserie ou grossièreté.
3. Qui contiennent de l'or.
4. Rente, revenu ou intérêt produits par un bien.

Pluie d'or sur Paris

LECTURE DU TEXTE

1 Pourquoi cette page peut-elle se lire comme l'instantané d'une société parisienne en pleine mutation ?

2 Quelle **métaphore** résume les ambitions nouvelles de cette société ? Expliquez.

Fiche 16 **Les figures de style**

3 Pourquoi le personnage de Saccard permet-il à l'auteur de mêler l'Histoire à la fiction ?

4 Quels **procédés** soulignent l'animalité instinctive de l'ambitieux ? Classez-les.
Quel destin semble s'annoncer pour Saccard ?

ÉCRITURE

Question sur un corpus

Quels visages de Paris Zola, Balzac (p. 26) et Maupassant (p. 33) dévoilent-ils ? Quels rapports leurs personnages entretiennent-ils avec la capitale ?

Vers la dissertation

« Une société n'est forte que lorsqu'elle met la vérité sous la grande lumière du soleil. » En la décrivant de manière authentique, l'art naturaliste contribue-t-il à soutenir la société ? Rédigez un paragraphe qui exposera le bien-fondé et les limites de cette citation de Zola.

5

Guy de Maupassant, Bel-Ami, 1885

Texte 1

Biographie p. 565

Du même auteur p. 25, 80, 85, 87, 89, 90, 91, 93, 102, 126, 131, 413

Histoire littéraire p. 47, 50

Littérature et société p. 52

Repères historiques p. 558

Surnommé « Bel-Ami », Georges Duroy est un jeune ambitieux sans réel talent mais qui saura utiliser les femmes pour parvenir à ses fins. Récemment sorti de garnison, le séducteur erre un soir dans Paris à la recherche d'une conquête féminine.

C'était une de ces soirées d'été où l'air manque dans Paris. La ville, chaude comme une étuve, paraissait suer dans la nuit étouffante. Les égouts soufflaient par leurs bouches de granit leurs haleines empestées, et les cuisines souterraines jetaient à la rue, par leurs fenêtres basses, les miasmes[1] infâmes des eaux de vaisselle et des vieilles sauces.

Les concierges, en manches de chemise, à cheval sur des chaises en paille, fumaient la pipe sous des portes cochères, et les passants allaient d'un pas accablé, le front nu, le chapeau à la main.

Quand Georges Duroy parvint au boulevard, il s'arrêta encore, indécis sur ce qu'il allait faire. Il avait envie maintenant de gagner les Champs-Élysées et l'avenue du Bois-de-Boulogne pour trouver un peu d'air frais sous les arbres ; mais un désir aussi le travaillait, celui d'une rencontre amoureuse.

Comment se présenterait-elle ? Il n'en savait rien, mais il l'attendait depuis trois mois, tous les jours, tous les soirs. Quelquefois cependant, grâce à sa belle mine et à sa tournure galante, il volait, par-ci, par-là, un peu d'amour, mais il espérait toujours plus et mieux.

La poche vide et le sang bouillant, il s'allumait au contact des rôdeuses qui murmuraient à l'angle des rues :

– Venez-vous chez moi, joli garçon ?

Mais il n'osait les suivre, ne les pouvant payer ; et il attendait aussi autre chose, d'autres baisers, moins vulgaires.

Il aimait cependant les lieux où grouillent les filles publiques, leurs bals, leurs cafés, leurs rues ; il aimait les coudoyer[2], leur parler, les tutoyer, flairer leurs parfums violents, se sentir près d'elles. C'étaient des femmes enfin, des femmes d'amour. Il ne les méprisait point du mépris inné des hommes de famille.

Il tourna vers la Madeleine[3] et suivit le flot de foule qui coulait accablé par la chaleur. Les grands cafés, pleins de monde, débordaient sur le trottoir, étalant leur public de buveurs sous la lumière éclatante et crue de leur devanture illuminée. Devant eux, sur de petites tables carrées ou rondes, les verres contenaient des liquides rouges, jaunes, verts, bruns, de toutes les nuances ; et dans l'intérieur des carafes on voyait briller les gros cylindres transparents de glace qui refroidissaient la belle eau claire.

Duroy avait ralenti sa marche, et l'envie de boire lui séchait la gorge.

Une soif chaude, une soif de soir d'été le tenait, et il pensait à la sensation délicieuse des boissons froides coulant dans la bouche. Mais s'il buvait seulement deux bocks[4] dans la soirée, adieu le maigre souper du lendemain, et il les connaissait trop, les heures affamées de la fin du mois.

Il se dit :

– Il faut que je gagne dix heures et je prendrai mon bock à l'Américain[5]. Nom d'un chien ! que j'ai soif tout de même !

Et il regardait tous ces hommes attablés et buvant, tous ces hommes qui pouvaient se désaltérer tant qu'il leur plaisait. Il allait, passant devant les

1. Relents nauséabonds de la ville.
2. Côtoyer.
3. Vraisemblablement place de la Madeleine, située dans le 8e arrondissement de Paris.
4. Pot à bière d'environ un quart de litre.
5. Bar de nuit en vogue situé sur le boulevard des Capucines.

cafés d'un air crâne et gaillard, et il jugeait d'un coup d'œil, à la mine, à l'habit, ce que chaque consommateur devait porter d'argent sur lui. Et une colère l'envahissait contre ces gens assis et tranquilles. En fouillant leurs poches, on trouverait de l'or, de la monnaie blanche et des sous.

G. DE MAUPASSANT, *Bel-Ami*, Première partie, Chapitre 1, 1885.

Texte 2

Alors qu'il poursuit sa déambulation parisienne, Georges Duroy rencontre son vieil ami Forestier. Ce dernier l'emmène à son lieu de travail, le journal La Vie française. *À son arrivée, Duroy découvre un univers fourmillant : celui de la presse. C'est l'occasion pour le romancier de décrire un microcosme en plein essor au XIXe siècle.*

Ils arrivèrent au boulevard Poissonnière, devant une grande porte vitrée, derrière laquelle un journal ouvert était collé sur ses deux faces. Trois personnes arrêtées le lisaient.

Au-dessus de la porte s'étalait, comme un appel, en grandes lettres de feu dessinées par des flammes de gaz : *La Vie française*. Et les promeneurs passant brusquement dans la clarté que jetaient ces trois mots éclatants apparaissaient tout à coup en pleine lumière, visibles, clairs et nets comme au milieu du jour, puis rentraient aussitôt dans l'ombre.

Forestier poussa cette porte :

– Entre, dit-il.

Duroy entra, monta un escalier luxueux et sale que toute la rue voyait, parvint dans une antichambre, dont les deux garçons de bureau saluèrent son camarade, puis s'arrêta dans une sorte de salon d'attente, poussiéreux et fripé, tendu de faux velours d'un vert pisseux, criblé de taches et rongé par endroits, comme si des souris l'eussent grignoté.

– Assieds-toi, dit Forestier, je reviens dans cinq minutes.

Et il disparut par une des trois sorties qui donnaient dans ce cabinet.

Une odeur étrange, particulière, inexprimable, l'odeur des salles de rédaction, flottait dans ce lieu. Duroy demeurait immobile, un peu intimidé, surpris surtout. De temps en temps des hommes passaient devant lui, en

Jean BÉRAUD (1848-1935)
La Salle de rédaction du Journal des débats (détail), 1889,
huile sur toile, 98 × 151 cm
(Musée d'Orsay, Paris).

LEXIQUE : La presse

- **Chroniqueur** : celui qui rédige des articles pour un journal ou une revue. Il est souvent spécialisé dans un domaine particulier.
- **Épreuve** : première impression d'un article, avant le tirage définitif, qui sert à la vérification et aux corrections.
- **Ouvriers compositeurs** : ouvriers chargés d'assembler un à un des caractères dans le composteur, à la main, afin de former un mot ou un ensemble de mots, puis des lignes, reproduisant ainsi la copie de l'article manuscrit.
- **Reporter** : journaliste qui rapporte des informations sur un événement en se déplaçant sur les lieux des faits.

courant, entrés par une porte et partis par l'autre avant qu'il eût le temps de les regarder.

C'étaient tantôt des jeunes gens, très jeunes, l'air affairé, et tenant à la main une feuille de papier qui palpitait au vent de leur course ; tantôt des ouvriers compositeurs, dont la blouse de toile tachée d'encre laissait voir un col de chemise bien blanc, et un pantalon de drap[1] pareil à celui des gens du monde ; et ils portaient avec précaution des bandes de papier imprimé, des épreuves fraîches, tout humides. Quelquefois un petit monsieur entrait, vêtu avec une élégance trop apparente, la taille trop serrée dans la redingote[2], la jambe trop moulée sous l'étoffe, le pied étreint dans un soulier trop pointu, quelque reporter mondain apportant les échos de la soirée.

D'autres encore arrivaient, graves, importants, coiffés de haut chapeau à bords plats, comme si cette forme les eût distingués du reste des hommes.

Forestier reparut tenant par le bras un grand garçon maigre, de trente à quarante ans, en habit noir et en cravate blanche, très brun, la moustache roulée en pointes aiguës, et qui avait l'air insolent et content de lui.

Forestier lui dit :

– Adieu, cher maître.

L'autre lui serra la main :

– Au revoir, mon cher, et il descendit l'escalier en sifflotant, la canne sous le bras.

Duroy demanda :

– Qui est-ce ?

– C'est Jacques Rival, tu sais, le fameux chroniqueur, le duelliste[3]. Il vient de corriger ses épreuves. Garin, Montel et lui sont les trois premiers chroniqueurs d'esprit et d'actualité que nous ayons à Paris. Il gagne ici trente mille francs par an pour deux articles par semaine.

G. DE MAUPASSANT, *Bel-Ami*, Première partie, Chapitre 1, 1885.

1. Étoffe de coton.
2. Veste élégante portée par les hommes.
3. Qui se bat en duel.

Chroniques de la vie parisienne

LECTURE DES TEXTES

De la fresque sociale au symbolisme (texte 1)

1 En vous appuyant sur le lexique et les lieux traversés par Duroy, montrez que l'évocation de Paris progresse du sordide vers la fresque populaire.

2 Quelle image de la société suggère l'évocation des concierges, des passants et des prostituées ? Justifiez.

3 Comment interpréter la soif inaltérable qui tenaille le héros ?

Maupassant, témoin d'un nouveau paysage médiatique (texte 2)

4 Caractérisez le lieu que découvre Duroy : en quoi se présente-t-il à la fois comme une véritable institution et un espace de vie banal ?

5 Identifiez les métiers peints sur le vif par le romancier. Quelle hiérarchie structure le fonctionnement de *La Vie française* ? Justifiez.

ÉDUCATION AUX MÉDIAS

Imaginer la Une d'un journal

@ RECHERCHE Consultez les archives du *Petit Journal*, du *Petit Parisien* et du journal *Le Temps* pour le mois de juin 1880 sur le site www.Gallica.fr. Après vous être renseigné sur l'actualité et avoir sélectionné quelques documents d'époque, imaginez puis concevez « la Une » du journal *La Vie française* telle qu'auraient pu la découvrir les lecteurs de l'époque.

À deux ou trois :

- rédigez l'éditorial du rédacteur en chef se réjouissant de la promulgation de la loi garantissant la liberté de publication ;
- imaginez le billet d'humeur qu'aurait pu écrire le reporter mondain à propos d'un spectacle ou d'une soirée parisienne ;
- rédigez la chronique d'esprit et d'actualité tenue par Jacques Rival ;
- pensez à insérer illustrations légendées et publicités d'époque.

6 George Sand, *Indiana*, 1832

Biographie p. 566
Histoire littéraire p. 48
Repères historiques p. 558

La jeune créole Indiana a quitté son île Bourbon (aujourd'hui La Réunion) pour suivre son mari, le brutal colonel Delmare. Cloîtrée au domaine de Lagny, elle se consume d'ennui et rêve de grandes passions. Elle fait alors la connaissance de Raymon.

Indiana dormit encore moins cette nuit-là que les précédentes ; nous l'avons dit, elle n'avait pas encore aimé, et son cœur était depuis longtemps mûr pour un sentiment que n'avait pu lui inspirer aucun des hommes qu'elle avait pu rencontrer. Élevée par un père bizarre et violent, elle n'avait jamais connu le bonheur que donne l'affection d'autrui. M. de Carjaval, saturé de passions politiques, bourrelé de regrets ambitieux, était devenu aux colonies le planteur le plus rude et le voisin le plus fâcheux ; sa fille avait cruellement souffert de son humeur chagrine. Mais en voyant le continuel tableau des maux de la servitude, en supportant les ennuis de l'isolement et de la dépendance, elle avait acquis une patience extérieure à toute épreuve, une indulgence et une bonté adorable avec ses inférieurs, mais aussi une volonté de fer, une force de résistance incalculable contre tout ce qui tendait à l'opprimer. En épousant Delmare elle ne fit que changer de maître ; en venant habiter Lagny, que changer de prison et de solitude. Elle n'aima pas son mari, pour la seule raison peut-être qu'on lui fit un devoir de l'aimer, et que résister mentalement à toute sorte de contrainte morale était devenu chez elle une seconde nature, un principe de conduite, une loi de conscience. On n'avait pas cherché à lui en prescrire d'autre que celle de l'obéissance aveugle.

Élevée au désert, négligée de son père, vivant au milieu des esclaves, pour qui elle n'avait d'autre secours, d'autre consolation que sa compassion et ses larmes, elle s'était habituée à dire : « Un jour viendra où tout sera changé dans ma vie, où je ferai du bien aux autres ; un jour où l'on m'aimera, où je donnerai tout mon cœur à celui qui me donnera le sien ; en attendant, souffrons ; taisons-nous, et gardons notre amour pour récompense à qui me délivrera. » Ce libérateur, ce messie n'était pas venu ; Indiana l'attendait encore. Elle n'osait plus, il est vrai, s'avouer toute sa pensée. Elle avait compris sous les

Claude Marie DUBUFE (1790-1864), *Portrait de la duchesse de Valançay* (détail), huile sur toile (Musée des Beaux-Arts de la Ville de Paris).

charmilles[1] taillées du Lagny que la pensée même devait avoir là plus d'entraves que sous les palmistes[2] sauvages de l'île Bourbon ; et, lorsqu'elle se surprenait à dire encore par l'habitude : « Un jour viendra... un homme viendra... », elle refoulait ce vœu téméraire au fond de son âme, et se disait : « Il faudra donc mourir ! »

Aussi elle se mourait. Un mal inconnu dévorait sa jeunesse. Elle était sans force et sans sommeil. Les médecins lui cherchaient en vain une désorganisation apparente, il n'en existait pas ; toutes ses facultés s'appauvrissaient également, tous ses organes se lésaient[3] avec lenteur ; son cœur brûlait à petit feu, ses yeux s'éteignaient, son sang ne circulait plus que par crise et par fièvre ; encore quelque temps, et la pauvre captive allait mourir. Mais, quelle que fût sa résignation ou son découragement, le besoin restait le même. Ce cœur silencieux et brisé appelait toujours à son insu un cœur jeune et généreux pour le ranimer. L'être qu'elle avait le plus aimé jusque-là, c'était Noun[4], la compagne enjouée et courageuse de ses ennuis ; et l'homme qui lui avait témoigné le plus de prédilection, c'était son flegmatique[5] cousin sir Ralph. Quels aliments pour la dévorante activité de ses pensées, qu'une pauvre fille ignorante et délaissée comme elle, et un Anglais passionné seulement pour la chasse du renard !

Madame Delmare était vraiment malheureuse, et, la première fois qu'elle sentit dans son atmosphère glacée pénétrer le souffle embrasé d'un homme jeune et ardent, la première fois qu'une parole tendre et caressante enivra son oreille, et qu'une bouche frémissante vint comme un fer rouge marquer sa main, elle ne pensa ni aux devoirs qu'on lui avait imposés, ni à la prudence qu'on lui avait recommandée, ni à l'avenir qu'on lui avait prédit ; elle ne se rappela que le passé odieux, ses longues souffrances, ses maîtres despotiques. Elle ne pensa pas non plus que cet homme pouvait être menteur ou frivole. Elle le vit comme elle le désirait, comme elle l'avait rêvé, et Raymon eût pu la tromper, s'il n'eût pas été sincère.

G. SAND, *Indiana*, Partie I, Chapitre 6, 1832.

1. Haie de charmes.
2. Arbuste épineux.
3. Se détérioraient.
4. La servante créole.
5. Au calme imperturbable.

Du drame sentimental à la critique sociale

LECTURE DU TEXTE

L'éducation des filles

1 Établissez le plan du texte en suivant les étapes de la vie d'Indiana. Que condamne George Sand ?

2 Relevez le champ lexical de l'esclavage, employé au sens propre ou figuré. Par qui et par quoi Indiana est-elle successivement opprimée ? Comment réagit-elle ?

3 Qu'est-ce qu'un « bon mariage » selon les pères de famille au XIXe siècle ? Pourquoi, dès lors, le rêve sentimental des jeunes filles est-il brisé ?

Un mal inconnu

4 Quels sont les signes cliniques du mal consumant Indiana ? Montrez l'intensité de sa souffrance physique.

5 Comment le personnage de Raymon fait-il son apparition ? Qu'est-ce qui le présente comme un remède ?

ÉCRITURE

Vers la dissertation

« J'ai écrit *Indiana* avec le sentiment [...] profond et légitime de l'injustice et de la barbarie des lois qui régissent encore l'existence de la femme dans le mariage, dans la famille et la société. » (Préface d'*Indiana*, 1842)

À quels préjugés le roman s'attaque-t-il ? Quelles stratégies l'auteur peut-il suivre pour remettre en question ces idées préconçues ? Vous répondrez en plusieurs paragraphes argumentatifs.

Fiches 52, 53, 54 **Vers la dissertation**

7 Honoré de Balzac, *La Femme de trente ans*, 1831-1833

Biographie
p. 562

Du même auteur
p. 24, 26, 120, 133, 136

Histoire littéraire
p. 48

Repères historiques
p. 558

Cette nouvelle, écrite en 1832, deviendra le roman d'un personnage type : la femme mûre, asservie dans une existence trop étroite. Le jeune diplomate Charles de Vandenesse observe Julie, mal mariée à M. d'Aiglemont.

À un certain âge seulement, certaines femmes choisies savent seules donner un langage à leur attitude. Est-ce le chagrin, est-ce le bonheur qui prête à la femme de trente ans, à la femme heureuse ou malheureuse, le secret de cette contenance éloquente ? Ce sera toujours une vivante énigme que chacun interprète au gré de ses désirs, de ses espérances ou de son système. La manière dont la marquise tenait ses deux coudes appuyés sur les bras de son fauteuil, et joignait les extrémités des doigts de chaque main en ayant l'air de jouer ; la courbure de son cou, le laisser-aller de son corps fatigué mais souple, qui paraissait élégamment brisé dans le fauteuil, l'abandon de ses jambes, l'insouciance de sa pose, ses mouvements pleins de lassitude, tout révélait une femme sans intérêt dans la vie, qui n'a point connu les plaisirs de l'amour, mais qui les a rêvés, et qui se courbe sous les fardeaux dont l'accable sa mémoire ; une femme qui depuis longtemps a désespéré de l'avenir ou d'elle-même ; une femme inoccupée qui prend le vide pour le néant. Charles de Vandenesse admira ce magnifique tableau, mais comme le produit d'un *faire*[1] plus habile que ne l'est celui des femmes ordinaires. Il connaissait d'Aiglemont. Au premier regard jeté sur cette femme, qu'il n'avait pas encore vue, le jeune diplomate reconnut alors des disproportions, des incompatibilités, employons le mot légal, trop fortes entre ces deux personnes pour qu'il fût possible à la marquise d'aimer son mari. Cependant Mme d'Aiglemont tenait une conduite irréprochable, et sa vertu donnait encore un plus haut prix à tous les mystères qu'un observateur pouvait pressentir en elle. Lorsque son premier mouvement de surprise fut passé, Vandenesse chercha la meilleure manière d'aborder Mme d'Aiglemont, et, par une ruse de diplomatie

1. Savoir-faire.

Adèle ROMANY (1769-1846), *Jeune Femme*, huile sur toile (Musée Marmottan, Paris).

assez vulgaire, il se proposa de l'embarrasser pour savoir comment elle accueillerait une sottise.

– Madame, dit-il en s'asseyant près d'elle, une heureuse indiscrétion m'a fait savoir que j'ai, je ne sais à quel titre, le bonheur d'être distingué par vous. Je vous dois d'autant plus de remerciements que je n'ai jamais été l'objet d'une semblable faveur. Aussi serez-vous comptable[2] de l'un de mes défauts. Désormais, je ne veux plus être modeste...

– Vous aurez tort, monsieur, dit-elle en riant, il faut laisser la vanité à ceux qui n'ont pas autre chose à mettre en avant.

Une conversation s'établit alors entre la marquise et le jeune homme, qui, suivant l'usage, abordèrent en un moment une multitude de sujets : la peinture, la musique, la littérature, la politique, les hommes, les événements et les choses. Puis ils arrivèrent par une pente insensible au sujet éternel des causeries françaises et étrangères, à l'amour, aux sentiments et aux femmes.

– Nous sommes esclaves.

– Vous êtes reines.

Les phrases plus ou moins spirituelles dites par Charles et la marquise pouvaient se réduire à cette simple expression de tous les discours présents et à venir tenus sur cette matière. Ces deux phrases ne voudront-elles pas toujours dire dans un temps donné : – Aimez-moi. – Je vous aimerai.

– Madame, s'écria doucement Charles de Vandenesse, vous me faites bien vivement regretter de quitter Paris. Je ne retrouverai certes pas en Italie des heures aussi spirituelles que l'a été celle-ci.

– Vous rencontrerez peut-être le bonheur, monsieur, et il vaut mieux que toutes les pensées brillantes, vraies ou fausses, qui se disent chaque soir à Paris.

Avant de saluer la marquise, Charles obtint la permission d'aller lui faire ses adieux. Il s'estima très heureux d'avoir donné à sa requête les formes de la sincérité, lorsque le soir, en se couchant, et le lendemain, pendant toute la journée, il lui fut impossible de chasser le souvenir de cette femme.

H. DE BALZAC, *La Femme de trente ans*, Chapitre III, « À trente ans », 1831-1833.

2. Responsable.

Regards croisés sur la femme de 1830

LECTURE DU TEXTE

Portrait de femme

1 À travers quel(s) sens le narrateur décrit-il Julie d'Aiglemont ? Étudiez la progression du regard. En quoi cette technique sert-elle le réalisme du portrait ?

2 LITTÉRATURE ET SOCIÉTÉ Qu'apprend-on sur la condition féminine au XIXe siècle ? Hommes et femmes ont-ils le même point de vue à ce sujet ? Justifiez.

La condition féminine : une vivante énigme

3 Julie est-elle heureuse ? Étudiez le lexique des sentiments pour étayer votre réponse.

4 Quelles forces divisent la jeune femme ? Quels procédés soulignent sa dualité ?

ÉCRITURE

Commentaire

Rédigez un commentaire destiné à présenter Julie comme une « vivante énigme ». Vous pourrez vous appuyer sur le parcours de lecture suivant : A/ Julie et ses rôles (femme mûre, épouse éteinte et résignée, amante) ; B/ un regard indécis.

Fiche 51 **Rédiger un commentaire**

Question sur un corpus

En vous appuyant sur ce texte et sur celui de Flaubert (p. 40), vous définirez ce qu'est une héroïne de roman réaliste.

Fiche 46 **Répondre à une question sur un corpus**

8

Gustave Flaubert, *Madame Bovary*, 1857

Biographie
p. 563

Du même auteur
p. 30, 42, 100

Histoire littéraire
p. 48

Repères historiques
p. 558

Inspiré d'un fait divers, Madame Bovary *retrace la vie d'un couple mal assorti. Emma, jeune femme rêvant d'aventures romanesques, est mariée à Charles, médecin de campagne sans imagination. Elle s'ennuie, rêve d'avoir un amant. La fête des Comices va transformer, quelques heures durant, la monotonie de son quotidien.*

Monsieur Lieuvain[1] se rassit alors ; M. Derozerays[2] se leva, commençant un autre discours. Le sien, peut-être, ne fut point aussi fleuri que celui du Conseiller ; mais il se recommandait par un caractère de style plus positif, c'est-à-dire par des connaissances plus spéciales et des considérations plus relevées. Ainsi, l'éloge du gouvernement y tenait moins de place ; la religion et l'agriculture en occupaient davantage. On y voyait le rapport de l'une et de l'autre, et comment elles avaient concouru toujours à la civilisation. Rodolphe, avec Mme Bovary, causait rêves, pressentiments, magnétisme[3]. Remontant au berceau des sociétés, l'orateur vous dépeignait ces temps farouches où les hommes vivaient de glands, au fond des bois. Puis ils avaient quitté la dépouille des bêtes, endossé le drap[4], creusé des sillons, planté la vigne. Était-ce un bien, et n'y avait-il pas dans cette découverte plus d'inconvénients que d'avantages ? M. Derozerays se posait ce problème. Du magnétisme, peu à peu, Rodolphe en était venu aux affinités[5], et, tandis que M. le président citait Cincinnatus[6] à sa charrue, Dioclétien[7] plantant ses choux, et les empereurs de la Chine inaugurant l'année par des semailles, le jeune homme expliquait à la jeune femme que ces attractions irrésistibles tiraient leur cause de quelque existence antérieure.

– Ainsi, nous, disait-il, pourquoi nous sommes-nous connus ? quel hasard l'a voulu ? C'est qu'à travers l'éloignement, sans doute, comme deux fleuves qui coulent pour se rejoindre, nos pentes particulières nous avaient poussés l'un vers l'autre.

Et il saisit sa main ; elle ne la retira pas.

– Ensemble de bonnes cultures ! cria le président.

– Tantôt, par exemple, quand je suis venu chez vous…

– À M. Bizet, de Quincampoix.

– Savais-je que je vous accompagnerais ?

– Soixante et dix francs !

– Cent fois même j'ai voulu partir, et je vous ai suivie, je suis resté.

– Fumiers.

– Comme je resterais ce soir, demain, les autres jours, toute ma vie !

– À M. Caron, d'Argueil, une médaille d'or !

– Car jamais je n'ai trouvé dans la société de personne un charme aussi complet.

– À M. Bain, de Givry-Saint-Martin !

– Aussi moi, j'emporterai votre souvenir.

– Pour un bélier mérinos…

– Mais vous m'oublierez, j'aurai passé comme une ombre.

– À M. Belot, de Notre-Dame…

– Oh ! non, n'est-ce pas, je serai quelque chose dans votre pensée, dans votre vie ?

– Race porcine, prix *ex aequo* : à MM. Lehérissé et Cullembourg ; soixante francs !

1. et 2. Personnages secondaires, notables de la ville.

3. et 5. Référence au roman *Les Affinités électives* (1809) de l'écrivain romantique Goethe. Rodolphe, qui a lu ses classiques, sait réutiliser tous les clichés du discours romantique pour séduire Emma.

4. Se vêtir.

6. Consul romain (519 av. J.-C.), dictateur, mais qui retourna au travail de la terre.

7. Empereur romain (284-305) qui persécuta les chrétiens.

Madame Bovary,
film de Claude CHABROL, 1991,
avec Isabelle Huppert
et Christophe Malavoy.

Rodolphe lui serrait la main, et il la sentait toute chaude et frémissante comme une tourterelle captive qui veut reprendre sa volée ; mais, soit qu'elle essayât de la dégager, ou bien qu'elle répondît à cette pression, elle fit un mouvement des doigts ; il s'écria :

– Oh ! merci ! Vous ne me repoussez pas ! Vous êtes bonne ! Vous comprenez que je suis à vous ! Laissez que je vous voie, que je vous contemple !

Un coup de vent qui arriva par les fenêtres fronça le tapis de la table, et, sur la Place, en bas, tous les grands bonnets des paysannes se soulevèrent, comme des ailes de papillons blancs qui s'agitent.

G. FLAUBERT, *Madame Bovary*,
Partie II, Chapitre 8, 1857.

Déclaration d'amour au pays des cochons

LECTURE DU TEXTE

Instantané de la vie provinciale

1 Pourquoi la vie provinciale est-elle désespérante pour Emma, citadine et nourrie de lectures romantiques ?

2 Déterminez les points de vue successifs. Quelle est la place du narrateur ?

Fiche 28 **Auteur, narrateur et personnage**

3 Étudiez les connotations des noms propres. Pourquoi sonnent-ils « vrais » malgré tout ?

Deux discours fleuris

4 Quel procédé syntaxique entraîne l'incongruité et le comique de cette scène ? Donnez des exemples.

5 Étudiez la stratégie argumentative de Derozerays. Par quels procédés met-il en valeur ses arguments et ses exemples ? Comment le narrateur exprime-t-il son jugement sur cette éloquence provinciale ?

6 Par quels arguments Rodolphe tente-t-il de séduire Emma ? Que révèlent-ils du personnage ?

ÉCRITURE

@ RECHERCHE Qu'a-t-on appelé « le bovarysme » ?

Invention

Pour une adaptation théâtrale de cet extrait, insérez-y des didascalies (gestuelle, attitude, bruits...) en respectant les registres dominants.

Argumentation

« Mme Bovary, c'est moi », s'est exclamé Flaubert à la publication de son roman. Dans un développement argumentatif, vous vous demanderez quel sens attribuer à cette phrase.

Commentaire

Proposez un commentaire de ce texte en vous appuyant sur le parcours de lecture suivant : A/une scène campagnarde réaliste ; B/ le cynisme de Flaubert.

Fiche 51 **Rédiger un commentaire**

9 Gustave Flaubert, Lettres à Louise Colet, 1845-1855

De 1845 à 1855, Flaubert entretient une correspondance avec son amante, la poétesse Louise Colet. Ces lettres, confessions sincères d'un homme amoureux, constituent pour le lecteur d'aujourd'hui un documentaire passionnant sur les secrets de la création littéraire et la difficile gestation de Madame Bovary.

Biographie
p. 563

Du même auteur
p. 30, 40, 100

Histoire littéraire
p. 48

Repères historiques
p. 558

Charles HOBSON, « Louise Colet et Gustave Flaubert », *Parisians encounters*, Éd. Chronicle Books, 1994.

Texte 1

Croisset, juillet 1853

Ce soir, je viens d'esquisser toute ma grande scène des Comices agricoles. Elle sera énorme ; ça aura bien trente pages. Il faut que dans tout le récit de cette fête rustico-municipale et parmi les détails (où tous les personnages secondaires du livre paraissent, parlent et agissent), je poursuive, et, au premier plan, le dialogue continu d'un monsieur *chauffant* une dame. J'ai de plus, au milieu, le discours solennel d'un conseiller de préfecture, et à la fin (tout terminé) un article de journal fait par mon pharmacien, qui rend compte de la fête en bon style philosophique, poétique et progressif. Tu vois que ce n'est pas une petite besogne.

Texte 2

Lundi soir, minuit et demi
Croisset, 12 septembre 1853

La tête me tourne d'embêtement, de découragement, de fatigue ! J'ai passé quatre heures sans pouvoir faire *une* phrase. Je n'ai pas aujourd'hui écrit une ligne, ou plutôt j'en ai bien griffonné cent ! Quel atroce travail ! Quel ennui ! Oh ! L'Art ! L'Art ! Qu'est-ce donc que cette chimère[1] enragée qui nous mord le cœur, et pourquoi ? Cela est fou de se donner tant de mal ! Ah ! La *Bovary*, il m'en souviendra ! J'éprouve maintenant comme si j'avais des lames de canif sous les ongles, et j'ai envie de grincer des dents. Est-ce bête ! Voilà donc où mène ce doux passe-temps de la littérature, cette crème fouettée. Ce à quoi je me heurte, c'est à des situations communes et un dialogue trivial. Bien écrire *le médiocre* et faire qu'il garde en même temps son aspect, sa coupe, ses mots même, cela est vraiment diabolique, et je vois se défiler maintenant devant moi de ces gentillesses en perspective pendant trente pages au moins. Ça s'achète cher, le style !

1. Illusion, vaine imagination.

Texte 3

Vendredi minuit
Croisset, 16 septembre 1853

Enfin me revoilà en train ! Ça marche ! La machine retourne ! Ne blâme pas mes roidissements, bonne chère Muse, j'ai l'expérience qu'ils servent. Rien ne s'obtient qu'avec effort ; tout a son sacrifice. La perle est une maladie de l'huître et le style, peut-être, l'écoulement d'une douleur plus profonde. N'en est-il pas de la vie d'artiste, ou plutôt d'une œuvre d'art à accomplir, comme d'une grande montagne à escalader ? Dur voyage, et qui demande une volonté acharnée ! D'abord on aperçoit d'en bas une haute cime. Dans les cieux, elle est étincelante de pureté, elle est effrayante de hauteur, et elle vous sollicite cependant à cause de cela même. On part. Mais à chaque plateau de la route, le sommet grandit, l'horizon se recule, on va par les précipices, les vertiges et les découragements. Il fait froid et l'éternel ouragan des hautes régions vous enlève en passant jusqu'au dernier lambeau de votre vêtement. La terre est perdue pour toujours, et le but sans doute ne s'atteindra pas. C'est l'heure où l'on compte ses fatigues, où l'on regarde avec épouvante les *gerçures de sa peau*. L'on n'a rien qu'une indomptable envie de monter plus haut, d'en finir, de mourir. Quelquefois, pourtant, un coup des vents du ciel arrive et dévoile à votre éblouissement des perspectives innombrables, infinies, merveilleuses ! À vingt mille pieds sous soi on aperçoit les hommes, une brise olympienne emplit vos poumons géants, et l'on se considère comme un colosse ayant le monde entier pour piédestal. Puis, le brouillard retombe et l'on continue à tâtons, à tâtons, s'écorchant les ongles aux rochers et pleurant dans la solitude. N'importe ! Mourons dans la neige, périssons dans la blanche douleur de notre désir, au murmure des torrents de l'esprit, et la figure tournée vers le soleil !

G. FLAUBERT, *Lettres à Louise Colet*, 1845-1855.

« La Bovary, il m'en souviendra ! »

LECTURE DES TEXTES

Entre élan créateur et découragement

1 Quels indices liés à l'énonciation et à la ponctuation soulignent l'élan créateur de l'écrivain ?

Fiche 56 **L'énonciation**

2 LITTÉRATURE ET SOCIÉTÉ À quelles difficultés l'écrivain réaliste se heurte-t-il quand il écrit ? Recensez-les.

3 Relevez les expressions évoquant la souffrance de l'écriture. Qu'apportent métaphores et hyperboles ?

Fiche 16 **Les figures de style**

« Ma grande scène des Comices agricoles »

4 Dressez l'inventaire des éléments que Flaubert veut présenter dans sa scène des Comices. Quel effet vise-t-il ?

5 Quelle conception de la littérature Flaubert défend-il quand il écrit : « Il n'y a ni beau ni vilain sujets » ? De quel passage du texte 2 peut-on rapprocher cette citation ?

6 SYNTHÈSE Confrontez la première lettre à l'extrait de *Madame Bovary* (p. 40) : montrez que Flaubert a atteint ses objectifs.

ÉCRITURE

Invention

Rédigez la quatrième de couverture d'une édition regroupant ces lettres à Louise Colet. Vous présenterez l'œuvre, ses caractéristiques et son originalité afin de susciter l'envie de lire cette correspondance. Employez le registre épidictique.

Fiche 48 **Rédiger un écrit d'invention**

Vers la dissertation

« J'ai imaginé, je me suis ressouvenu et j'ai combiné. » Cette formule de Flaubert résume-t-elle le travail des écrivains réalistes ? Rédigez un paragraphe qui montrera la vérité et les limites de ce propos.

Fiche 54 **Rédiger une dissertation**

OUVERTURE CONTEMPORAINE

10 Jerome David Salinger, *Nouvelles*, 1948

Salinger, écrivain américain connu pour son roman culte L'Attrape-cœur, *sait évoquer en peu de mots le mal-être et le trouble. Ici, il transforme une scène de la vie ordinaire en « instant prégnant »[1], où se noue un destin.*

Biographie p. 566

Histoire littéraire p. 48, 113

Repères historiques p. 560

Un jour rêvé pour le poisson banane

Il y avait à l'hôtel quatre-vingt-dix-sept publicistes de New York. Comme ils monopolisaient les lignes interurbaines, la jeune femme du 507 dut patienter de midi à deux heures et demie pour avoir sa communication. Elle ne resta pas pour autant à ne rien faire. Elle lut un article d'une revue féminine de poche intitulée « Le sexe, c'est le paradis ou l'enfer ». Elle lava son peigne et sa brosse. Elle enleva une tache sur la jupe de son tailleur beige. Elle déplaça le bouton de sa blouse de chez Saks[2]. Elle fit disparaître deux poils qui venaient de repousser sur son grain de beauté. Lorsque enfin le standard l'appela, elle était assise sur le rebord de la fenêtre et finissait de vernir les ongles de sa main gauche.

Ce n'était pas une femme à perdre la tête pour une sonnerie de téléphone. Elle se comportait comme si le téléphone n'arrêtait pas de sonner depuis qu'elle avait atteint la puberté.

À l'aide de son minuscule pinceau, tandis que le téléphone sonnait, elle termina l'ongle de son petit doigt, en prenant le temps de souligner le contour de la lunule[3]. Elle referma ensuite le flacon de vernis et se leva en agitant la main pour faire sécher. De sa main libre – la droite – elle prit un cendrier plein sur le rebord de la fenêtre et le porta sur la table de nuit, à côté du téléphone. Elle s'assit sur un des lits jumeaux et – ça faisait cinq ou six fois que ça sonnait – décrocha.

– Allô ! dit-elle, les ongles de sa main gauche loin de son déshabillé de soie blanche. C'était tout ce qu'elle avait sur elle, avec ses mules. Ses bagues étaient restées dans la salle de bains.

– J'ai votre communication pour New York, madame Glass, dit le standard.

– Merci, dit la jeune femme, et elle fit de la place au cendrier sur la table de nuit.

Une voix féminine se fit entendre :

– Muriel ? C'est toi ?

– Oui, maman. Comment vas-tu ?

– Je me suis fait un sang d'encre ! Pourquoi n'as-tu pas téléphoné ? Tout va bien ?

– J'ai essayé de t'avoir hier soir et avant-hier soir. Mais ici, le téléphone…

– Est-ce que tout va bien, Muriel ?

La jeune femme augmenta l'écart entre l'écouteur et son oreille.

– Ça va. Il fait chaud. C'est la journée la plus chaude qu'on ait jamais connue en Floride depuis…

– Pourquoi n'as-tu pas téléphoné ? Je me suis fait du souci !

– Maman chérie, ne crie pas comme cela, je t'entends très bien, dit la jeune femme. J'ai appelé deux fois hier soir. La première fois juste après…

1. Voir p. 97.
2. Chaîne américaine de grands magasins.
3. Partie blanchâtre, en forme de lune, à la base de l'ongle.

– Je lui disais, à ton père, que tu téléphonerais. Mais non, il a fallu... Est-ce que tout va bien, Muriel ? Dis-moi la vérité ?

– Je vais bien. Arrête de me demander ça, je t'en prie.

– Quand êtes-vous arrivés ?

– Je ne sais plus. Mercredi matin, de bonne heure.

– Qui conduisait ?

– Lui, dit la jeune femme. Et ne t'énerve pas. Il a conduit comme un ange. Je n'en revenais pas.

– C'est lui qui conduisait ! Muriel, tu m'avais pourtant promis...

– Maman, interrompit la jeune femme, je viens de te le dire, il a conduit comme un ange. Au-dessous de quatre-vingts[4] pendant tout le trajet, je t'assure.

– Est-ce qu'il a recommencé une de ses comédies avec les arbres ?

– Je te répète qu'il conduisait comme un ange, maman. Écoute, je t'en prie... Je lui ai demandé de faire attention aux lignes jaunes et tout, et il comprenait, et il le faisait. Il faisait même tout son possible pour ne pas regarder les arbres, je t'assure. Au fait, est-ce que papa a fait réparer la voiture ?

J. D. SALINGER, *Nouvelles (Nine short stories)*, « Un jour rêvé pour le poisson banane », 1948, traduit de l'américain par Sébastien Japrisot, collection Pavillons © Robert Laffont, 1984.

4. Quatre-vingts miles, soit environ cent trente km/h.

Edward HOPPER (1882-1967), *Morning sun (Soleil du matin)*, 1952, huile sur toile, 71 × 102 cm (Collection privée).

Petits riens essentiels

LECTURE DU TEXTE

L'art de l'ellipse

1 Quand comprend-on qui est « la jeune femme du 507 » ? Quel effet produit ce début elliptique ?

2 Le dialogue téléphonique entre Muriel et sa mère comble-t-il le manque d'informations ? Étudiez ponctuation et enchaînements de parole. Puis reconstituez le scénario de cette histoire en pointillé.

Chronique du néant ordinaire

3 De quoi la vie de cette Américaine d'après-guerre est-elle faite ? Relevez les verbes au passé simple et commentez son emploi du temps.

4 Pourquoi peut-on parler d'une nouvelle réaliste ? Vous commenterez à la fois les effets de réel et la platitude du monde évoqué pour justifier votre propos.

Fiche 26 **Réalisme et naturalisme**

Sang d'encre

5 Par quels procédés Salinger rend-il palpable l'angoisse grandissante de la mère ? À quel moment comprenez-vous que son inquiétude est fondée ?

6 De qui Muriel et sa mère parlent-elles au téléphone ? Comment, grammaticalement, l'absent est-il désigné ? Commentez.

Fiche 16 **Les figures de styles**

7 La nouvelle est écrite après la Seconde Guerre mondiale, à laquelle a participé le personnage masculin. De quoi peut-il souffrir ? À quoi rime sa « comédie avec les arbres » (l. 55-56) ? Comment tout cela peut-il finir ? Appuyez-vous sur des indices précis pour inventer une issue prévisible.

ÉCRITURE

Argumentation

Quelles nouvelles réalistes préférez-vous : celles qui narrent une histoire complète ou celles qui évoquent un moment révélateur ? Exposez votre choix en deux paragraphes argumentatifs.

Invention

IMAGE Observez le tableau de Hopper puis inventez le début d'une nouvelle « *in medias res* » évoquant cet instant, où il ne se passe rien mais où tout est joué. Vous utiliserez les figures du non-dit comme l'ellipse, les points de suspension ou l'allusion.

POUR ARGUMENTER LE HÉROS EST-IL LIBRE OU DÉTERMINÉ ?

Émile Zola, *L'ébauche de L'Assommoir*, 1868

Dès 1868, Zola précise dans L'ébauche *ce que sera la destinée de Gervaise Macquart, conditionnée par son milieu ouvrier misérable et son hérédité.*

Je fais donc la femme du peuple, la femme de l'ouvrier. C'est son histoire que je conte. Son histoire est celle-ci. Elle s'est sauvée de Plassans avec son amant Lantier, dont elle a deux enfants, Claude et Étienne. [...] Lantier, un ouvrier tanneur, l'abandonne trois mois après son arrivée à Paris, où elle a repris son état de blanchisseuse ; il se marie de son côté, sans doute. Elle se met avec Coupeau, un ouvrier-zingueur, qui l'épouse. [...] je la fais passer par toutes les crises et toutes les hontes imaginables. Enfin, je la tue, dans un drame.

É. ZOLA, L'ébauche de *L'Assommoir*, Feuillets 158 à 161, 1868 (Transcription de la BNF, Paris).

Émile Zola, *L'Assommoir*, 1877

Elle était encore toute mince, tandis que sa mère avait des épaules à démolir les portes en passant ; mais ça n'empêchait pas, elle lui ressemblait par sa rage de s'attacher aux gens. Même, si elle boitait un peu, elle tenait ça de la pauvre femme, que le père Macquart rouait de coups. [...] Son rêve était de vivre dans une société honnête, parce que la mauvaise société, disait-elle, c'était comme un coup d'assommoir, ça vous cassait le crâne, ça vous aplatissait une femme en moins de rien.

É. ZOLA, *L'Assommoir*, Chapitre II, 1877.

Edgar DEGAS (1834-1917), *Blanchisseuses portant du linge* (détail), 1876-1878, peinture sur papier marouflé sur toile, 46 × 61 cm (Collection privée).

LECTURE

1 Au sens propre et figuré, qu'est-ce qu'un « assommoir » ? Qu'annonce le titre du roman ? Quels autres éléments des textes et du tableau laissent présager une vie « boiteuse » ?

2 En quoi le destin de Gervaise illustre-t-il la théorie de Zola selon laquelle tout individu est déterminé par sa condition sociale et son hérédité ?

3 Que répondrait à Zola un auteur convaincu que la liberté individuelle et la volonté jouent un rôle dans le déroulement de notre existence ? Proposez trois arguments.

ARGUMENTATION

4 Organisez un débat confrontant critiques, journalistes ou écrivains réalistes et naturalistes autour de la question : « Le héros est-il libre ou déterminé ? » Répartissez-vous les rôles. Préparez thèse, thèse adverse et arguments, puis désignez un meneur de débat. À quelles conclusions aboutissez-vous ?

Fiche 11 **Préparer un débat**

Histoire littéraire

À l'aube de l'industrialisation

Le contexte historique et social

La seconde moitié du XIXᵉ siècle voit l'avènement de la **révolution industrielle** qui se met en marche sous l'impulsion des moyens de transport modernes, l'essor des voies navigables, des nouvelles machines à vapeur et des méthodes de financement modernes, lesquelles font affluer les capitaux nécessaires aux grands travaux.

Ex : *Le personnage de Saccard, mis en scène par Zola, montre le milieu des affaires et son effervescence* (> p. 32).

L'industrie se mécanise ; le paysage laisse davantage de place aux usines. Ces bouleversements économiques modifient la société : la **classe ouvrière** se développe et les antagonismes entre pauvres et riches se creusent. Parallèlement, apparaissent des clivages géographiques opposant les villes actives et dynamiques aux régions et départements ruraux moins développés.

L'exode rural vers les grandes villes, dont Paris, entraîne un **bouleversement social**.
La classe ouvrière constitue désormais plus d'un quart de la population active œuvrant au sein des ateliers ou des usines. En ville, les grands magasins (*Le Bon Marché, Le Printemps,* dont s'inspire le « Bonheur des Dames » de Zola) sont florissants et bénéficient de l'influence grandissante de la publicité. Le paysage urbain ne cesse d'évoluer.

Ex : *Le baron Haussmann, préfet de la Seine, dirige les grands travaux de rénovation de la capitale dans une campagne baptisée « Paris embellie, Paris agrandie, Paris assainie ». Baltard dessine les Halles parisiennes, poumon commerçant de la capitale.*

Révolutions et coup d'État : La **situation politique** subit des bouleversements. La révolution prolétarienne de 1848 met fin à la monarchie de Juillet et établit la Seconde République. Le suffrage universel masculin est adopté et l'esclavage définitivement aboli.

En décembre 1851, Louis-Napoléon Bonaparte impose le Second Empire par un coup d'État. La république, née de la révolution de 1848, prend fin et avec elle meurent la plupart des idéaux romantiques. Le Second Empire (1851-1871) enterre la Seconde République. Les républicains sont réduits au silence, exilés (comme Victor Hugo), déportés ou exécutés.
Le Second Empire s'achève en 1871, affaibli par la rébellion de la Commune et son impopulaire répression, et miné par la défaite de la France qui, à l'issue de la guerre contre la Prusse, doit céder l'Alsace et la Lorraine.

Ex : *Zola comme Maupassant évoquent 1870 comme l'année de la débâcle* (> p. 80).

Sous « Napoléon le Petit » (V. Hugo), le réel fait un retour en force contre les rêves et les utopies. Les écrivains romantiques s'inspiraient de la nature idéale ; les réalistes du Second Empire sont fascinés par la réalité la plus matérielle et peignent ce qu'elle a de nouveau : l'influence du milieu, le déterminisme des comportements, l'individualisme, le matérialisme.

Napoléon III dit « Napoléon le Petit », dessin d'Honoré DAUMIER (1808-1879).

L'argent devient la nouvelle forme d'idéal et supplante les rêves utopiques d'une société égalitaire et altruiste. Dès 1830, l'art témoigne de ces mutations.

Ex : *Balzac fait de* La Comédie humaine *la fresque d'une société gouvernée par l'argent. Il compte ainsi « décrire la société dans son entier, telle qu'elle est ».*

Évolutions et révolutions scientifiques

En France, la seconde moitié du XIXᵉ siècle est marquée par la théorie positiviste d'**Auguste Comte** (1798-1857). Cette doctrine défend l'idée que la foi en Dieu va céder la place à la croyance dans le pouvoir des sciences. Différentes théories scientifiques révolutionnaires apparaissent et inspirent les naturalistes :

Charles Darwin (1809-1882) soutient la thèse évolutionniste selon laquelle la loi du plus fort régit la sélection naturelle des différentes espèces.

Claude Bernard (1813-1878) défend l'expérimentation scientifique comme unique moyen de valider une hypothèse.

Hippolyte Taine (1828-1893), dans sa théorie déterministe, souligne l'influence du milieu sur la personne.

Histoire littéraire
Le réalisme

Le terme « réalisme » apparaît en 1826 dans la revue *Le Mercure de France*. Il désigne la **volonté de reproduire le réel sans jamais l'idéaliser**. Ce courant rassemble les écrivains et artistes soucieux de « faire vrai ». Certes, la volonté de représenter la réalité a toujours existé. Toutefois, les peintres et les écrivains ralliant le mouvement passent un « pacte de vérité » avec le lecteur : « le Réalisme conclut à la reproduction exacte, sincère, du milieu social, de l'époque où on vit » (Revue *Le Réalisme*, 1860). Les auteurs refusent désormais les sujets académiques et les conventions classiques qui constituaient jusqu'alors le modèle artistique référent. Les romanciers comme Balzac ou Stendhal se veulent des témoins du présent, des historiens du quotidien. Ils privilégient les « petits faits vrais » n'ayant d'autre fonction narrative que celle de donner l'illusion de la réalité.

Le réalisme, un terme connoté et un mouvement engagé

- Le mot « réalisme » s'utilise d'abord en peinture et a une connotation péjorative : certains critiques déplorent que l'art représente désormais la banalité, la laideur du quotidien. À leurs yeux, la peinture du réel ne mérite pas de figurer sur la toile.

Ex : Un enterrement à Ornans *de Courbet représente, sans les embellir, notables et petites gens d'une bourgade franc-comtoise sur un panneau immense, comme s'il s'agissait d'un grand événement historique* (> p. 22). *Ses* Casseurs de pierre *sont saisis en plein effort. Esthétiquement et moralement, ses tableaux sont jugés « ignobles ». Politiquement, l'artiste est considéré comme « socialiste ».*

Voici, sur le livre d'or de l'Exposition universelle (1855), le mot d'un visiteur : « On prie monsieur Courbet de vouloir bien faire raccommoder la chemise et laver les pieds à ses casseurs de pierre. »

- Le mouvement trouve vite ses théoriciens, comme **Duranty** ou **Champfleury**. Dans la préface de son ouvrage *Le Réalisme* (1857), Champfleury défend Courbet et, plus largement, tout le mouvement artistique et littéraire fondé sur l'observation : « La pensée » et « la plume » des réalistes « sont dirigées vers l'observation par une sorte de fatalité à laquelle les écrivains pas plus que les hommes n'échappent ici bas ».

Courbet complète la mission de l'artiste ou écrivain réaliste : « Être à même de traduire les mœurs, les idées, l'aspect de mon époque, selon mon appréciation, être non seulement un peintre mais encore un homme, en un mot, faire de l'art vivant, tel est mon but. »

Gustave COURBET (1819-1877), *Les Casseurs de pierre*, 1849, huile sur toile, 159 × 259 cm, tableau détruit pendant la Seconde Guerre mondiale (anciennement au musée de Dresde).

- Dès lors, le réalisme est considéré comme une **école artistique et littéraire**, dont les chefs de file sont les romanciers **Balzac**, **Flaubert** ou les peintres **Courbet**, **Millet** et **Bastien-Lepage**.

Auguste Rodin (1840-1917), célèbre sculpteur français, s'inscrit lui aussi dans cette dynamique de simplicité et d'exhaustivité, comme il le revendique : « En art, les choses les plus difficiles s'expliquent avec des mots de concierge. [...] Il n'y a ni lois ni mots farouches : il y a un homme qui fait une statue, un point c'est tout. » (A. Rodin, *Éclairs de pensée, Écrits et entretiens sur l'art*)

Les grands thèmes du réalisme

- Romanciers et peintres réalistes puisent leur inspiration parmi les **sujets les plus banals de la vie quotidienne** : ils s'intéressent aux gens, aux objets ou encore à toute situation qui n'étaient pas considérés auparavant comme « artistiques ».

Ex : *Flaubert décrit l'ennui de la vie provinciale dans* Madame Bovary (> p. 40). *Il s'attache aux personnages comme aux détails susceptibles de retranscrire « les mœurs de province » évoquées dans le sous-titre de son roman.*

Honoré DAUMIER (1808-1879), *Le Wagon de troisième classe*, v. 1863-1865, huile sur toile, 65,4 × 90,2 cm (Musée des Beaux-Arts du Canada).

- **La religion, la vie politique ou militaire, les sujets tabous** deviennent autant de thèmes possibles. Les sujets choquants, comme la mort, la sexualité ou la maladie, renvoient le lecteur à ses propres inquiétudes.

Ex : *Évoquer l'adultère d'Emma Bovary vaut à Flaubert un procès retentissant en 1857.*

- Toutes les **catégories sociales** sont représentées : le monde ouvrier, les employés de maison, la petite bourgeoisie de province.

Ex : *Millet (*L'Angélus *ou* Les Glaneuses*) et Bastien-Lepage (*Les Foins*) célèbrent l'humilité du monde paysan.*

Jules BASTIEN-LEPAGE (1848-1884), *Les Foins*, 1877, huile sur toile, 181 × 199 cm (Musée d'Orsay, Paris).

Genres et traits stylistiques propres au réalisme

Romans et nouvelles

- **Le roman triomphe.** Il permet en effet de déployer le parcours d'un personnage et d'en étudier les méandres. Il offre en même temps un cadre spatio-temporel propice à la **peinture sociale** qui devient une chronique du temps présent.

Ex : La Femme de trente ans *retrace l'existence de Julie d'Aiglemont, de ses émois adolescents à ses désillusions d'épouse et de mère. Sa vie provinciale est le cadre de l'action et un objet d'étude* (> p. 38).

- **Les recueils de nouvelles** permettent d'observer des personnages appartenant à des milieux sociaux divers.

Ex : *Dans « Boule de Suif », les personnages enfermés dans la diligence représentent toutes les catégories sociales ; dans* Le Wagon de troisième classe, *Daumier représente le peuple en voyage.*

Traits stylistiques au service du réalisme

L'écriture réaliste multiplie les **effets de réel**, donnant ainsi au lecteur l'illusion d'approcher la réalité au plus près.

- **L'énonciation** privilégie la troisième personne du singulier. Le romancier, refusant l'épanchement personnel, se veut observateur « objectif » de la société.

- Les personnages, choisis pour le type qu'ils incarnent, font l'objet de **portraits fouillés**. Les **champs lexicaux** du corps, du caractère apportent des précisions physiques et psychologiques.

- **Le discours descriptif** donne l'illusion de voir un lieu, un objet ou un personnage. Les champs lexicaux des couleurs, formes et matières contribuent à cette fonction « mimétique ». La description, documentaire, fait voir le contexte d'une scène.

- **Les verbes d'état** *sembler, paraître, devenir, rester* rendent la description « objective » : ils marquent la distance critique de l'observateur ou son incapacité à donner un sens au monde.

- La variété des points de vue crée la vraisemblance, le lecteur connaissant tour à tour les pensées et sentiments de chaque personnage.

Ex : *L'extrait de* Madame Bovary (> p. 40) *présente deux points de vue : celui d'Emma, prête à succomber, et celui de son séducteur Rodolphe, stratège et calculateur.*

- **Les limites de l'objectivité** : les **expansions du nom** révèlent souvent l'opinion du narrateur. Les auteurs s'autorisent un jugement critique sur leurs héros ou sur la société dans laquelle ils évoluent.

Ex : *Flaubert se moque avec ironie des discours creux et fleuris des notables provinciaux dans* Madame Bovary.

La postérité du roman réaliste

- Les auteurs naturalistes continuent et radicalisent le projet réaliste. Ils ajoutent à la prise en compte du réel un intérêt pour le fonctionnement biologique de la nature.

- De nombreux romans français et étrangers écrits à la fin du XIXe et au début du XXe siècle relèvent toujours du mouvement réaliste.

Ex : *Malraux, avec* La Condition humaine, *retrace le soulèvement de la ville de Shanghai par un groupe de révolutionnaires communistes. Aragon, dans* Le Paysan de Paris, *se fait descripteur des lieux de la capitale, comme le Passage de l'Opéra.*

Ex : *À l'étranger, l'écrivain de langue anglaise Ernest Hemingway s'intéresse à la Première Guerre mondiale dans son célèbre roman* L'Adieu aux armes *(1929).*

- Aujourd'hui encore, des écrivains célèbres, comme le Prix Nobel de littérature **J.-M. G. Le Clézio** (> p. 109), s'inscrivent dans cette mouvance réaliste.

Le naturalisme

La seconde moitié du XIXe siècle est marquée par la place accordée aux images qui captent la réalité de la vie moderne. Conjointement au travail des peintres réalistes et impressionnistes tels Courbet ou Monet, la photographie, inventée par Nicéphore Niépce en 1822, prend son essor. Elle offre les **instantanés frappants d'une société en pleine mutation**. Le quotidien et la ville inspirent des photographes comme Charles Marville (1816-vers 1878) (> p. 64) ou Nadar (1820-1910) qui réalise les premiers portraits des grands personnages de son siècle.

Le mouvement naturaliste, considéré comme **l'héritier du réalisme**, apparaît en France vers 1860 et se nourrit de cette innovation technique. Les écrivains cherchent eux aussi à témoigner le plus fidèlement possible de leur époque et décident d'appliquer une **démarche scientifique** rigoureuse à la création littéraire. L'écrivain, comme le biologiste, devient celui qui observe et étudie la nature des individus ainsi que l'influence de l'hérédité et du milieu sur leur évolution. Pour cela, le romancier mène d'abord une véritable **enquête** : il se rend sur les lieux de l'action, prend des notes détaillées, établit des croquis qui serviront ensuite de guides à ses descriptions.

Zola, chef de file des naturalistes

Zola fait du naturalisme une véritable **école littéraire**. Dans la série des *Rougon-Macquart*, il veut raconter « l'histoire naturelle et sociale d'une famille sous le Second Empire ». Ce projet, tel un laboratoire scientifique, cherche roman après roman à étudier l'itinéraire de personnages influencés par leur hérédité et leur milieu de vie.

Ex : *En 1867,* Thérèse Raquin (> p. 53) *marque le début de cette entreprise singulière : « J'ai voulu étudier des tempéraments », affirme Zola dans la préface.*

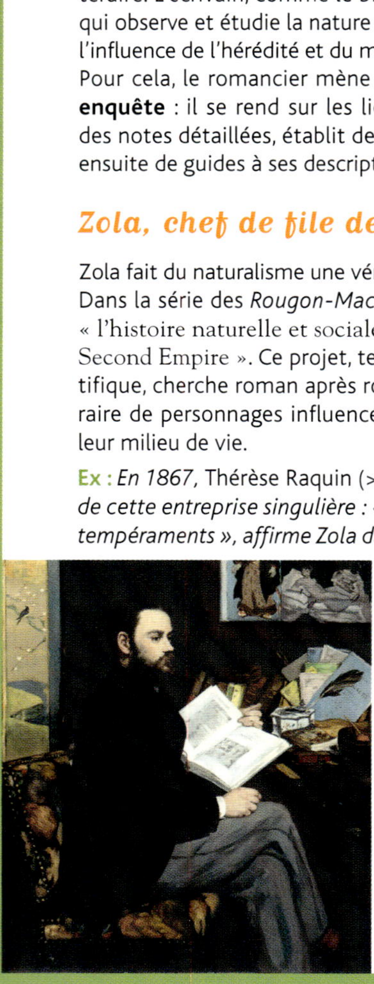

Zola peint par son ami MANET en 1868, huile sur toile, 146,5 × 114 cm (Musée d'Orsay, Paris).

MONET (1840-1926) choisit de représenter *Les Charbonniers*, dit aussi *Les Déchargeurs de charbon*, vers 1875, huile sur toile, 54 × 66 cm (Musée d'Orsay, Paris).

Les grands principes du mouvement

Peindre et représenter la société en explorant tous les milieux

- Les ouvriers, les employés de maison, les banquiers, les prostituées : toutes les catégories sociales deviennent des sujets d'étude.

Ex : *Zola décrit la vie des mineurs dans* Germinal (> p. 70)*, celles d'une blanchisseuse et d'un ouvrier zingueur dans* L'Assommoir (> p. 66).

- Les naturalistes refusent d'idéaliser leurs personnages, qu'ils brossent avec leurs forces et leurs faiblesses.

Ex : *Gervaise, l'héroïne de* L'Assommoir*, boîte. Elle hérite également d'une tare parentale qui accélère sa lente descente vers l'alcoolisme* (> p. 66).

Donner l'illusion de la réalité

Les écrivains naturalistes multiplient les **effets de réel** :

- Par des **descriptions** minutieuses et documentées : dans ses *Carnets d'enquêtes*, Zola recense tous les détails des lieux qui serviront de cadre au roman (> p. 64).
- Par l'emploi d'un **vocabulaire** argotique ou technique propre à tel milieu : dans sa nouvelle « Sac au dos », Huysmans donne à son infirmier une gouaille propre aux militaires (> p. 78).
- Par des **portraits** réalistes et psychologiques des personnages : Maupassant décrit minutieusement la soif agressive de Georges Duroy (*Bel-Ami* > p. 33).
- Par l'emploi de **détails** très réalistes : la nouvelle « L'aveugle » (Maupassant) observe avec précision le

mécanisme de l'exclusion en reproduisant le patois et les comportements de paysans dans une bourgade de Normandie.

- Par le **refus** catégorique de l'**autocensure** : les naturalistes restent indifférents à toute forme de morale idéaliste.

S'appuyer sur une démarche scientifique

Chaque personnage devient, sous la plume des naturalistes, un « cas » ou un cobaye à étudier.

Ex : *Zola dissèque les crises qui empoisonnent l'existence de Claude Lantier et le rendent incapable de créer* (> p. 82).
Dans Germinie Lacerteux, *les frères Goncourt « étudient » une jeune femme dévorée par la tuberculose et l'hystérie* (> p. 68).

Les grandes figures du mouvement

- Le mouvement naturaliste, mené par **Émile Zola**, compte des écrivains et artistes soucieux de vraisemblance, faisant des réalités quotidiennes le sujet de leur œuvre. Les plus célèbres sont les **frères Goncourt**, **Maupassant**, **Huysmans** ou **Tolstoï**.

– **Le roman** se prête parfaitement à leurs projets parce qu'il permet de suivre l'itinéraire des héros.

– En France, le recueil de **nouvelles** *Les Soirées de Médan* constitue un projet original. Huysmans, Maupassant, Hennique, Céard et Alexis se réunissent chez Zola, à Médan, pour y écrire chacun une nouvelle conforme aux principes défendus par le groupe.

Ex : *« Boule de Suif » constitue le chef-d'œuvre de cette aventure collective. Les conventions sociales de 1870 y apparaissent dans toute leur cruauté, sur fond de guerre et de débâcle* (> p. 80).

– **Au théâtre**, le dialogue permet de fouiller le fond de l'âme humaine.

***Zola et ses intellectuels*, caricature, collection Larousse.**

- Les peintres et sculpteurs adhèrent au naturalisme en faisant de scènes banales et quotidiennes de véritables chefs-d'œuvre à valeur d'étude. Le monde des travailleurs fait aussi son entrée dans celui de l'art.

Ex : *Caillebotte met en scène des raboteurs de parquet* (> p. 62).

Les limites de l'expérience naturaliste

- Malgré leur volonté scientifique, les romanciers ne conservent pas toujours la rigueur et la sécheresse objective nécessaires à leur projet. Mais grâce à ces « entorses » au protocole d'écriture naturaliste, Zola file des métaphores transportant le lecteur dans un univers extraordinaire.

Ex : *La locomotive de* La Bête humaine *est personnifiée comme un animal puissant et épique.*
L'alambic de L'Assommoir *s'apparente à un monstre ronronnant et dévorateur* (> p. 66).

Claude MONET (1840-1926), *Train dans la neige*, 1875, huile sur toile, 59 × 78 cm (Musée Marmottan, Paris).

- **1887** est une date emblématique : Zola publie *La Terre*, roman consacré à la peinture du monde paysan. La critique conservatrice de l'époque attaque à nouveau le romancier et lui reproche d'aller trop loin dans la bestialité et la vulgarité. Le ***Manifeste des cinq*** est publié dans *Le Figaro* le 18 août 1887. Ce texte est rédigé sous la forme d'une lettre ouverte adressée à Zola par cinq jeunes écrivains (Bonnetain, Descaves, Guiches, Margueritte et J.-H. Rosny). Il blâme la crudité et « les obsessions morbides » de l'écrivain.

« *La Terre* a paru. La déception a été profonde et douloureuse. Non seulement l'observation est superficielle, les trucs démodés, la narration commune et dépourvue de caractéristiques, mais la note ordurière est exacerbée encore, descendue à des saletés si basses que, par instants, on se croirait devant un recueil de scatologie : le Maître est descendu au fond de l'immondice. »

Rapidement, certains écrivains comme Huysmans ou Maupassant délaissent l'expérience naturaliste jugée stérile et se détachent de leur « maître ». Dans la préface d'*À rebours*, Huysmans s'interroge : « Nous autres [...] préoccupés d'un art plus subtil et plus vrai, nous devions nous demander si le naturalisme n'aboutissait pas à une impasse. »

Littérature et société

La presse au XIXe siècle

La presse : histoire d'une liberté

- **« La libre communication des pensées et des opinions est un des droits les plus précieux de l'homme ; tout citoyen peut donc parler, écrire, imprimer librement. »** L'application de cet article 11 de *La Déclaration des droits de l'homme et du citoyen* est une bataille du XIXe. Dès 1805, Napoléon interdit les journaux « contraires au respect du pacte social, à la souveraineté du peuple et à la gloire des armées ». Sous la Restauration, Charles X (1824-1830) muselle la presse d'opposition.

Ex : *Les presses du quotidien* Le National *sont saisies, ce qui concourt aux émeutes des Trois Glorieuses (27-29 juillet 1830).*

Victor-Jean ADAM (1801-1886), *Saisie des presses au* National, 1830, lithographie (BNF).

- Louis-Philippe, son successeur, rétablit la censure de 1835 à 1848. Le Second Empire (1852-1870) contrôle la presse par des « avertissements » : au troisième, le titre est supprimé. Seule la victoire des républicains (1877) amène des lois garantissant la liberté de publication et de diffusion (**loi du 29 juillet 1881**).

1836, l'an I du pouvoir médiatique

- 1836 : **Émile de Girardin** lance *La Presse*. Pour vendre son journal deux fois moins cher, il introduit massivement la publicité et lance le roman-feuilleton, qui fidélise le lectorat populaire. **Dumas** maîtrise ainsi le découpage en épisodes romanesques dont le suspense oblige le lecteur à acheter « la suite au prochain numéro ». De nouvelles rubriques apparaissent : souvenirs d'écrivains voyageurs, faits divers, critique politique et économique, « potins » mondains, ciselés dans une prose incisive.

Ex : Bel-Ami *illustre l'inventivité de la presse et son succès auprès d'un lectorat que l'École de Jules Ferry a rendu plus étoffé* (> p. 34).

Vendu à un million d'exemplaires, ce quotidien façonne l'opinion publique. La presse devient **un pouvoir**. **Zola**, dans *L'Argent*, montre comment les journaux du Second Empire font ou défont la cote des ministres comme celle des actions en Bourse. Enfin, l'**Affaire Dreyfus** prouve le pouvoir de la presse à partir de 1895 (> p. 306).

- Des **périodiques satiriques** (*La Caricature* ou *Le Charivari*, créés en 1832) deviennent le moyen de communication de l'opposition.

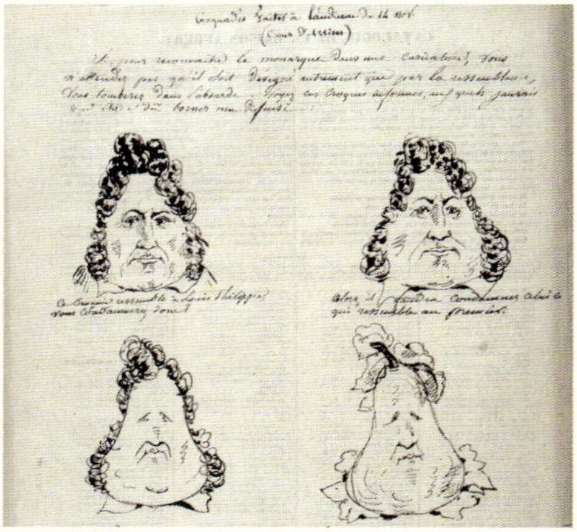

Charles PHILIPPON (1800-1862), *Portrait de Louis-Philippe en poire*, qui vaut à *La Caricature* un procès en novembre 1831.

Les liaisons dangereuses de la presse et de la publicité

La *Société générale des annonces* (gérée par Havas) achète en gros des espaces publicitaires aux journaux et les revend au détail aux annonceurs. En échange de sa manne financière, elle propose aux journaux des « correspondants de presse » rédigeant des articles orientés. Elle exerce *de facto* un certain contrôle sur le contenu éditorial.

Le rôle de l'illustration

Grâce au progrès de l'impression couleur, les quotidiens peuvent publier des suppléments, illustrés de gravures pittoresques : charges de zouaves et missionnaires dans des marmites cannibales enchantent le lectorat. Dans les années 1880-1890, *Le Petit Journal, Le Petit Parisien, Le Matin, Le Journal* tirent à plus d'un million d'exemplaires, ils influencent l'**opinion publique** et l'avènement de la **démocratie**.

2 **PARCOURS DE LECTEUR • ŒUVRE INTÉGRALE**

Émile Zola
Thérèse Raquin

1867

Objectifs

- **Lire un roman naturaliste : des simples données physiologistes aux modulations de l'intrigue**
- **Étudier les ressources littéraires d'un texte ambigu et protéiforme**

Thérèse Raquin, orpheline, vit chez sa tante, passage du Pont-Neuf, à Paris, un lieu sombre, étouffant et poussiéreux. Poussée par sa tante, la jeune femme a épousé son cousin Camille par commodité. Mais son tempérament bouillonnant lui rend cette existence étriquée insupportable. Or « un jeudi, en revenant de son bureau, Camille amena avec lui un grand gaillard »… C'est immédiatement le coup de foudre entre Thérèse et Laurent, l'ami d'enfance du chétif Camille.

Chronologie

1840 Naissance de Zola.

À partir de 1863 Zola collabore à différents journaux.

1866 Zola livre au *Figaro* la première version de sa nouvelle « Un mariage d'amour ».

1867 La nouvelle est transformée en un roman publié dans la revue *L'Artiste*. Zola décide d'en changer le titre. Le roman s'intitule désormais *Thérèse Raquin*.

1873 Zola réécrit et adapte son roman pour le théâtre.

1875 L'article intitulé « Thérèse Raquin » enrichit le *Grand Dictionnaire universel du XIX*ᵉ *siècle* de Pierre Larousse.

1911 Première adaptation cinématographique du roman par E. Zangenberg (Danemark).

TEXTES ÉCHOS

É. ZOLA, L'ébauche de *L'Assommoir* > p. 64
É. ZOLA, *Carnet d'enquête* > p. 64
É. ZOLA, *L'Assommoir* > p. 65
É. ZOLA, *L'Œuvre* > p. 82
Les frères GONCOURT, *Germinie Lacerteux* > p. 68

Histoire littéraire p. 50, 86

Entrée dans l'œuvre : Une passion criminelle

Affiche du film *Thérèse Raquin*, de Marcel CARNÉ, d'après le roman de Zola, 1953.

Claude MONET (1840-1926), *La Barque*, 1887, huile sur toile, 146 × 163 cm (Musée Marmottan, Paris).

1 @ RECHERCHE Cherchez d'autres couvertures ainsi qu'une autre affiche de film inspirées du récit de Zola. Quels motifs retrouvez-vous ? Quelles premières hypothèses de lecture se dessinent ?

2 Étudiez la composition et les couleurs choisies pour l'affiche de M. Carné. Quels indices laissent planer une ombre inquiétante ?

3 À présent, regardez le tableau de Monet. Qu'a-t-il bien pu se passer entre ces deux moments de l'intrigue ? Proposez plusieurs hypothèses en vous aidant du titre de cette page.

4 Vous êtes l'éditeur de Zola et avez choisi le tableau de Monet comme visuel de couverture. Dans une lettre à l'auteur, vous légitimez votre choix.

La naissance de l'œuvre

1867 signe un tournant décisif dans la vie et l'œuvre du jeune Émile Zola. Abandonnant son emploi au sein de la maison Hachette, l'écrivain publie *Thérèse Raquin*, son premier roman « physiologique », à partir d'une nouvelle (« Un mariage d'amour ») imaginée quelques mois plus tôt. Ce « coup d'essai » est un coup de maître qui offre la notoriété à son auteur et au naturalisme.

Dès sa parution, le roman devient la cible de nombreux critiques qui le qualifient de « littérature putride », reprochant au romancier un goût malsain pour le macabre. Les premières caricatures de Zola fleurissent dans la presse, tandis que *Le Dictionnaire des contemporains* de Vapereau s'enrichit d'un nouvel article intitulé « Thérèse Raquin » (éd. Classiques Pocket, p. 311). Le projet ambitieux de Zola est en marche : ce premier roman pose les jalons d'une prose se définissant comme l'enregistrement objectif de la réalité mais habitée par une vision mythologique de la société profondément originale. Cette ambivalence nourrira, par la suite, chaque volume du cycle des Rougon-Macquart.

@ RECHERCHE
Retrouvez sur le site de la BNF les caricatures de Zola. Comment résument-elles avec un humour féroce la querelle opposant Zola à ses détracteurs ?

EXTRAIT 1

L'étude des tempéraments et l'influence du milieu

TEXTES ÉCHOS

Le roman naturaliste : un laboratoire scientifique ?

> É. Zola, L'ébauche de *L'Assommoir* p. 64
> É. Zola, *Carnet d'enquête* p. 64
> É. Zola, *L'Assommoir* p. 65

À partir des informations sur les parents de Thérèse, établissez son arbre généalogique. Quelles contradictions façonnent le personnage ?

Lisez les textes échos. Pourquoi peut-on dire que les deux héroïnes sont victimes du déterminisme tel que le conçoit le naturalisme ?

Au cours du chapitre deux, le narrateur revient sur l'enfance de Thérèse…

Thérèse allait avoir dix-huit ans. Un jour, seize années auparavant, lorsque Mme Raquin était encore mercière, son frère, le capitaine Degans, lui apporta une petite fille dans ses bras. Il arrivait d'Algérie.

– Voici une enfant dont tu es la tante, lui dit-il avec un sourire. Sa mère est morte… Moi je ne sais qu'en faire. Je te la donne.

La mercière prit l'enfant, lui sourit, baisa ses joues roses. Degans resta huit jours à Vernon[1]. Sa sœur l'interrogea à peine sur cette fille qu'il lui donnait. Elle sut vaguement que la chère petite était née à Oran[2] et qu'elle avait pour mère une femme indigène d'une grande beauté. Le capitaine, une heure avant son départ, lui remit un acte de naissance dans lequel Thérèse, reconnue par lui, portait son nom. Il partit, et on ne le revit plus ; quelques années plus tard, il se fit tuer en Afrique.

Thérèse grandit, couchée dans le même lit que Camille[3], sous les tièdes tendresses de sa tante. Elle était d'une santé de fer, et elle fut soignée comme une enfant chétive, partageant les médicaments que prenait son cousin, tenue dans l'air chaud de la chambre occupée par le petit malade. Pendant des heures, elle restait accroupie devant le feu, pensive, regardant les flammes en face, sans baisser les paupières. Cette vie forcée de convalescente la replia sur elle-même ; elle prit l'habitude de parler à voix basse, de marcher sans faire de bruit, de rester muette et immobile sur une chaise, les yeux ouverts et vides de regards. Et, lorsqu'elle levait un bras, lorsqu'elle avançait un pied, on sentait en elle des souplesses félines, des muscles courts et puissants, toute une énergie, toute une passion qui dormaient dans sa chair assoupie. Un jour, son cousin était tombé, pris de faiblesse ; elle l'avait soulevé et transporté, d'un geste brusque, et ce déploiement de force avait mis de larges plaques ardentes sur son visage. La vie cloîtrée qu'elle menait, le régime débilitant auquel elle était soumise ne purent affaiblir son corps maigre et robuste ; sa face prit seulement des teintes pâles, légèrement jaunâtres, et elle devint presque laide à l'ombre. Parfois, elle allait à la fenêtre, elle contemplait les maisons d'en face sur lesquelles le soleil jetait des nappes dorées.

Lorsque Mme Raquin vendit son fonds[4] et qu'elle se retira dans la petite maison du bord de l'eau, Thérèse eut de secrets tressaillements de joie. Sa tante lui avait répété si souvent : « Ne fais pas de bruit, reste tranquille », qu'elle tenait soigneusement cachées, au fond d'elle, toutes les fougues de sa nature. Elle possédait un sang-froid suprême, une apparente tranquillité qui cachait des emportements terribles. Elle se croyait toujours dans la chambre de son cousin, auprès d'un enfant moribond ; elle avait des mouvements adoucis, des silences, des placidités[5], des paroles bégayées de vieille femme.

É. ZOLA, *Thérèse Raquin*, Chapitre II (éd. Classiques Pocket, p. 25-26), 1867.

1. Petite ville de province, située dans l'Eure, dans laquelle se trouvait la première boutique de Mme Raquin.
2. Ville d'Algérie célèbre pour la beauté de son port sur la Méditerranée.
3. Cousin de Thérèse, fils de Mme Raquin.
4. Fonds de commerce ; ce terme évoque la mercerie.
5. Flegme, décontraction.

EXTRAIT 2

Meurtre et intensité dramatique

TEXTE ÉCHO

Les personnages romanesques : des cas d'étude pour une observation physiologiste ?

> É. Zola, *L'Œuvre* p. 82

Thérèse était demeurée sur la rive, grave et immobile, à côté de son amant qui tenait l'amarre. Il se baissa, et, rapidement, à voix basse :

– Prends garde, murmura-t-il, je vais le jeter à l'eau… Obéis-moi… Je réponds de tout.

La jeune femme devint horriblement pâle. Elle resta clouée comme au sol. Elle se roidissait[1], les yeux agrandis.

– Entre donc dans la barque, murmura encore Laurent.

Elle ne bougea pas. Une lutte terrible se passait en elle. Elle tendait sa volonté de toutes ses forces, car elle avait peur d'éclater en sanglots et de tomber à terre.

– Ah ! ah ! cria Camille… Laurent, regarde donc Thérèse… C'est elle qui a peur !... Elle entrera, elle n'entrera pas…

Il s'était étalé sur le banc de l'arrière, les deux coudes contre les bords du canot, et se dandinait avec fanfaronnade. Thérèse lui jeta un regard étrange ; les ricanements de ce pauvre homme furent comme un coup de fouet qui la cingla et la poussa. Brusquement, elle sauta dans la barque. […]

Camille, qui avait fini par se coucher à plat ventre, la tête au-dessus de l'eau, trempa ses mains dans la rivière.

– Fichtre ! que c'est froid ! s'écria-t-il. Il ne ferait pas bon de piquer une tête dans ce bouillon-là.

Laurent ne répondit pas. Depuis un instant il regardait les deux rives avec inquiétude ; il avançait ses grosses mains sur ses genoux, en serrant les lèvres. Thérèse, roide[2], immobile, la tête un peu renversée, attendait.

La barque allait s'engager dans un petit bras, sombre et étroit, s'enfonçant entre deux îles. On entendait, derrière l'une des îles, les chants adoucis d'une équipe de canotiers qui devaient remonter la Seine. Au loin, en amont, la rivière était libre.

Alors Laurent se leva et prit Camille à bras-le-corps. Le commis[3] éclata de rire.

– Ah ! non, tu me chatouilles, dit-il, pas de ces plaisanteries-là… Voyons, finis : tu vas me faire tomber.

Laurent serra plus fort, donna une secousse. Camille se tourna et vit la figure effrayante de son ami, toute convulsionnée. Il ne comprit pas ; une épouvante vague le saisit. Il voulut crier, et sentit une main rude qui le serrait à la gorge. Avec l'instinct d'une bête qui se défend, il se dressa sur les genoux, se cramponnant au bord de la barque. Il lutta ainsi pendant quelques secondes.

– Thérèse ! Thérèse ! appela-t-il d'une voix étouffée et sifflante.

La jeune femme regardait, se tenant des deux mains à un banc du canot qui craquait et dansait sur la rivière. Elle ne pouvait fermer les yeux ; une effrayante contraction les tenait grands ouverts, fixés sur le spectacle horrible de la lutte. Elle était rigide, muette.

– Thérèse ! Thérèse ! appela de nouveau le malheureux qui râlait.

À ce dernier appel, Thérèse éclata en sanglots. Ses nerfs se détendaient. La crise qu'elle redoutait la jeta toute frémissante au fond de la barque. Elle y resta pliée, pâmée[4], morte.

É. ZOLA, *Thérèse Raquin*, Chapitre XI (éd. Classiques Pocket, p. 86 à 88), 1867.

- Lisez le chapitre XXXII (éd. Classiques Pocket, p. 249 à 252). Pourquoi peut-on parler d'intensité dramatique dans ces deux extraits ?
- Établissez le schéma narratif de chaque scène en donnant la situation initiale, les péripéties et la situation finale. Quelles ressemblances apparaissent ?
- Lisez le texte écho. Pourquoi l'attitude de Thérèse et celle de Christine constituent-elles un cas d'étude pour le romancier physiologiste ?

1. Se raidissait.
2. Raide.
3. L'employé. Le terme désigne ici Camille.
4. Évanouie.

EXTRAIT 3

Un regard sans concession

TEXTE ÉCHO
Le regard des naturalistes : une galerie d'autopsies ?
> **Les frères Goncourt,** *Germinie Lacerteux* **p. 68**

Après son meurtre, Laurent se rend quotidiennement à la morgue afin de savoir si l'on a retrouvé le corps du noyé.

Le lendemain, comme il entrait à la Morgue, il reçut un coup violent dans la poitrine : en face de lui, sur une dalle, Camille le regardait, étendu sur le dos, la tête levée, les yeux entrouverts.

Le meurtrier s'approcha lentement du vitrage, comme attiré, ne pouvant détacher ses regards de sa victime. Il ne souffrait pas ; il éprouvait seulement un grand froid intérieur et de légers picotements à fleur de peau. Il aurait cru trembler davantage. Il resta immobile, pendant cinq grandes minutes, perdu dans une contemplation inconsciente, gravant malgré lui au fond de sa mémoire toutes les lignes horribles, toutes les couleurs sales du tableau qu'il avait sous les yeux.

Camille était ignoble. Il avait séjourné quinze jours dans l'eau. Sa face paraissait encore ferme et rigide ; les traits s'étaient conservés, la peau avait seulement pris une teinte jaunâtre et boueuse. La tête, maigre, osseuse, légèrement tuméfiée, grimaçait ; elle se penchait un peu, les cheveux collés aux tempes, les paupières levées, montrant le globe blafard des yeux ; les lèvres tordues, tirées vers un des coins de la bouche, avaient un ricanement atroce ; un bout de langue noirâtre apparaissait dans la blancheur des dents. Cette tête, comme tannée et étirée, en gardant une apparence humaine, était restée plus effrayante de douleur et d'épouvante. Le corps semblait un tas de chairs dissoutes ; il avait souffert horriblement. On sentait que les bras ne tenaient plus ; les clavicules perçaient la peau des épaules. Sur la poitrine verdâtre, les côtes faisaient des bandes noires ; le flanc gauche, crevé, ouvert, se creusait au milieu de lambeaux d'un rouge sombre. Tout le torse pourrissait. Les jambes, plus fermes, s'allongeaient, plaquées de taches immondes. Les pieds tombaient.

Laurent regardait Camille. Il n'avait pas encore vu un noyé si épouvantable. Le cadavre avait, en outre, un air étriqué, une allure maigre et pauvre ; il se ramassait dans sa pourriture ; il faisait un tout petit tas. On aurait deviné que c'était là un employé à douze cents francs, bête et maladif, que sa mère avait nourri de tisanes. Ce pauvre corps, grandi entre des couvertures chaudes, grelottait sur la dalle froide.

Quand Laurent put enfin s'arracher à la curiosité poignante qui le tenait immobile et béant, il sortit, il se mit à marcher rapidement sur le quai. Et, tout en marchant, il répétait : « Voilà ce que j'ai fait. Il est ignoble. » Il lui semblait qu'une odeur âcre le suivait, l'odeur que devait exhaler ce corps en putréfaction.

É. ZOLA, *Thérèse Raquin*, Chapitre XIII (éd. Classiques Pocket, p. 104-105), 1867.

Lisez le texte écho. Que révèlent ces deux extraits sur l'importance que le romancier naturaliste accorde au regard et au point de vue ? Quels en sont les enjeux ? Expliquez.

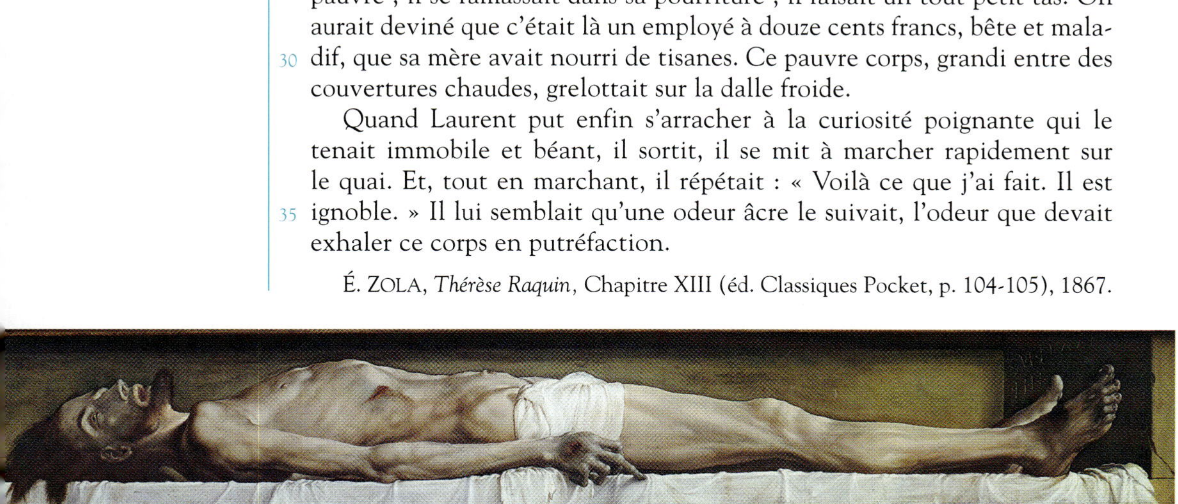

Hans HOLBEIN LE JEUNE (1497/1498-1543), *Le corps du Christ mort dans la tombe*, 1521, huile sur toile, 30,5 × 200 cm (Musée des Beaux-Arts, Bâle).

La réception de l'œuvre : Le scandale de « la littérature putride »

1. L'œuvre critiquée

Le 23 janvier 1868 paraissait dans Le Figaro *un article à propos du roman :*

Ma curiosité a glissé ces jours-ci dans une flaque de boue et de sang qui s'appelle *Thérèse Raquin*, et dont l'auteur, M. Zola, passe pour un jeune homme de talent. Je sais, du moins, qu'il vise avec ardeur à la renommée. […]

C'est le résidu de toutes les horreurs […]. Le sujet est simple, le remords physique de deux amants qui tuent le mari pour être plus libres de le tromper, mais qui, ce mari tué, n'osent plus s'étreindre, car voici le supplice délicat qui les attend : « Ils poussèrent un cri et se pressèrent davantage afin de ne pas laisser entre leur chair de place pour le noyé. » […]

Ce livre résume trop fidèlement toutes les putridités de la littérature contemporaine pour ne pas soulever un peu de colère. Je n'aurais rien dit d'une fantaisie individuelle, mais à cause de la contagion il y va de toutes nos lectures. Forçons les romanciers à prouver leur talent autrement que par des emprunts aux tribunaux et à la voirie.

« Ferragus », extrait de l'article[1] paru dans *Le Figaro*, 23 janvier 1868.

1. L'intégralité de l'article se trouve dans l'édition Classiques Pocket (document 2 p. 266).

2. Zola, caricaturé par ses détracteurs

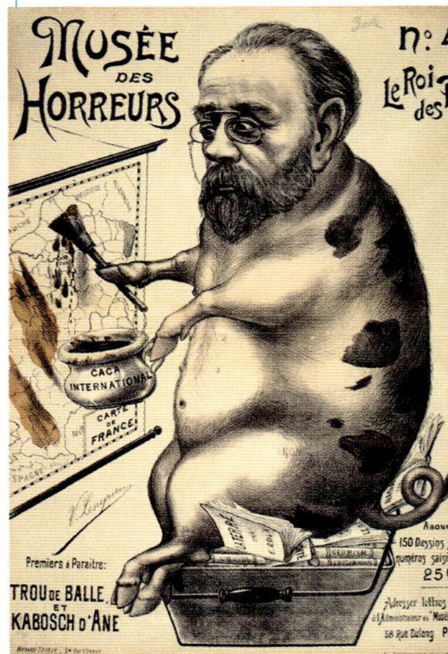

Émile ZOLA dans le *Musée des horreurs*.

3. Réponse de l'auteur

La critique a accueilli ce livre d'une voix brutale et indignée. Certaines gens vertueux, dans des journaux non moins vertueux, ont fait une grimace de dégoût, en le prenant avec des pincettes pour le jeter au feu. Les petites feuilles littéraires elles-mêmes, ces petites feuilles qui donnent chaque soir la gazette des alcôves et des cabinets particuliers, se sont bouché le nez en parlant d'ordure et de puanteur. […]

Donc il faut que je présente moi-même mon œuvre à mes juges. Je le ferai en quelques lignes, uniquement pour éviter à l'avenir tout malentendu.

Dans *Thérèse Raquin*, j'ai voulu étudier des tempéraments et non des caractères. Là est le livre entier. J'ai choisi des personnages souverainement dominés par leurs nerfs et leur sang, dépourvus de libre arbitre, entraînés à chaque acte de leur vie par les fatalités de leur chair. Thérèse et Laurent sont des brutes humaines, rien de plus. J'ai cherché à suivre pas à pas dans ces brutes le travail sourd des passions, les poussées de l'instinct, les détraquements cérébraux survenus à la suite d'une crise nerveuse. Les amours de mes deux héros sont le contentement d'un besoin ; le meurtre qu'ils commettent est une conséquence de leur adultère, conséquence qu'ils acceptent comme les loups acceptent l'assassinat des moutons ; enfin ce que j'ai été obligé d'appeler leurs remords, consiste en un simple désordre organique, en une rébellion du système nerveux tendu à se rompre. L'âme est parfaitement absente, j'en conviens aisément, puisque je l'ai voulu ainsi.

On commence, j'espère, à comprendre que mon but a été un but scientifique avant tout.

É. ZOLA, Préface de la deuxième édition du roman (éd. Classiques Pocket, p. 261 à 266), 1868.

1 @ RECHERCHE Qui était Ferragus ? Quel fut l'objet de la querelle qui l'opposa à Zola ?

2 Quel est le registre de son article (document 1) ? Quel est le reproche majeur formulé par le journaliste ? Se contente-t-il de blâmer le roman ?

3 Quels reproches la caricature adresse-t-elle au romancier (document 2) ?

4 Quels arguments Zola oppose-t-il à ses détracteurs dans le document 3 ?

5 LITTÉRATURE ET SOCIÉTÉ Présentez plusieurs œuvres littéraires, cinématographiques et/ou picturales ayant suscité le débat. Quels types de reproches les critiques ont-ils avancés ? La société contemporaine peut-elle accepter cette forme de censure ?

FICHE DE LECTURE 1

Un roman à la naissance du naturalisme

La densité d'une nouvelle

1 Lisez le résumé du roman (éd. Classiques Pocket, p. 259-260). Puis établissez le schéma narratif du récit. Combien de péripéties majeures relevez-vous ?

2 Combien dénombrez-vous de personnages principaux ? Établissez pour chacun d'eux une fiche signalétique (nom, liens de parenté/amitiés, caractéristiques physiques et/ou morales).

3 Pourquoi la dernière page du roman se lit-elle comme la situation finale ? En quoi cette fin est-elle frappante (éd. Classiques Pocket, p. 252) ?

4 Montrez que l'itinéraire des personnages offre, par sa densité et sa brièveté, une définition claire de ce qu'est un personnage naturaliste.

Terreur et pitié de la tragédie

1 Cherchez cinq scènes du roman pouvant constituer les cinq actes d'une tragédie. Indiquez à quels chapitres ils apparaissent et donnez-leur un titre.

2 Après avoir cherché la définition et les caractéristiques de la tragédie, préparez un exposé montrant la ressemblance de ces scènes avec ce genre théâtral. Aidez-vous des idées suivantes :
– Le poids de la fatalité et du destin
– Des personnages prisonniers de leur existence
– L'impossible alliance entre raison et passion
– Un lecteur partagé entre terreur et pitié.

3 Relisez les chapitres VI, IX, XVII et XXV : quelles différentes passions sont mises en scènes ? Pourquoi le roman peut-il être alors considéré comme cathartique ?

4 @ RECHERCHE Quelles similitudes notez-vous entre les personnages du roman et ceux d'Œdipe ? de Clytemnestre ? Expliquez.

5 Pourquoi peut-on dire que l'influence du milieu et de l'hérédité est un nouveau « fatum » ? Quelle définition du naturalisme en découle ?

Intensité et suspense d'une enquête policière

1 Quels chapitres font du roman un récit policier ? Quels motifs et quels détails y concourent ?

2 Lisez l'extrait allant de « Mme Raquin, depuis qu'elle connaissait l'horrible secret... » à « du sang qui battait dans leur poitrine » (éd. Classiques Pocket, p. 206 à 209). Pourquoi cette scène constitue-t-elle le paroxysme du suspense policier ?

3 Qui est François ? Cherchez plusieurs extraits évoquant sa « présence ». En quoi un romancier naturaliste est-il semblable à ce personnage d'observateur muet ? Quel est l'objet de sa « traque » ? Expliquez.

4 Pour quelles raisons Zola décide-t-il de ne pas faire découvrir les coupables ? Proposez plusieurs hypothèses.

Un texte à la lisière du fantastique le plus noir

1 Lisez la description du passage du Pont-Neuf (éd. Classiques Pocket, p. 17 à 21). Comment le regard progresse-t-il ? Quelles couleurs dominent ? Relevez tous les éléments propres à brouiller les frontières entre réalisme et fantastique.

2 @ RECHERCHE Sur le site de la BNF (www.bnf.fr), cherchez une image (gravure, tableau) qui représente le passage du Pont-Neuf. La description de Zola est-elle conforme à ce que vous voyez ?

3 Retrouvez plusieurs passages présentant Camille comme un revenant. Quel est l'effet produit par ce thème fantastique ?

4 Relisez les chapitres XXIV et XXV (éd. Classiques Pocket, p. 175 à 193). Quelles caractéristiques propres au fantastique ces textes présentent-ils ? Recopiez et complétez ce tableau pour répondre.

Thèmes propres au genre fantastique	Procédés lexicaux	Procédés stylistiques	Effet produit
Lieux clos et inquiétants			
Prédominance de l'obscurité			
Manifestations de peur ou d'angoisse			
Objets ou êtres animés			
Hésitation entre l'explication rationnelle ou surnaturelle			

5 Le roman naturaliste est-il une simple observation de la réalité ou une interrogation sur son étrangeté ? Argumentez.

6 SYNTHÈSE Montrez comment, en s'inspirant de plusieurs genres, Zola invente un genre protéiforme mais cohérent : le roman naturaliste.

FICHE DE LECTURE 2

Le roman et ses adaptations : de l'étude de mœurs au mythe de la femme fatale

Étude des mœurs : La petite bourgeoisie

1 Lisez le chapitre IV (éd. Classiques Pocket, p. 35 à 38). Caractérisez les habitués des soirées du jeudi. À quelle catégorie sociale appartiennent-ils ? Comment le narrateur souligne-t-il le caractère répétitif et mécanique de ces soirées ? Que fait-il comprendre ainsi ?

2 Parcourez l'extrait allant de « Un jeudi soir… » à la fin du chapitre X (éd. Classiques Pocket, p. 76 à 78). Opposez l'attitude des protagonistes face aux histoires du commissaire Michaud. Que révèlent-elles au lecteur ?

3 Lisez le chapitre XX (éd. Classiques Pocket, p. 145 à 149). Quel thème y est traité ? Pourquoi constitue-t-il un chapitre indispensable dans l'étude des mœurs ? Comment le conformisme des invités est-il souligné ?

4 Quel regard Zola porte-t-il sur les personnages secondaires de son roman ? Quelles fonctions leur attribue-t-il ? Expliquez.

Une adaptation cinématographique passionnée

Affiche du film de Marcel CARNÉ, 1953.

1 Pour quelles raisons le roman de Zola est-il une riche source d'inspiration pour un film de cinéma ? Répondez en vous appuyant sur les thématiques majeures et la trame narrative du récit.

2 @ RECHERCHE **a** Cherchez les caractéristiques des films de Marcel Carné : pourquoi ce roman se prête-t-il bien à l'esthétique du cinéaste ?

b Sur l'affiche, quels sentiments l'actrice inspire-t-elle ? Comment le cinéaste s'est-il emparé du personnage de Zola pour en faire l'archétype de la « femme fatale » ?

c Pourquoi le réalisateur choisit-il de placer la scène du meurtre lors d'un voyage en train (affiche p. 54) ? Proposez plusieurs hypothèses. Quelle version vous paraît la plus frappante : celle de la noyade ou celle de la chute d'un wagon ? Justifiez.

Deux réécritures hollywoodiennes

Affiche du film de Tay GARNETT (1946), d'après le roman de James Cain.

1 @ RECHERCHE Cherchez le résumé du roman de James Cain. Opposez, dans un tableau, les points communs et les différences avec le roman de Zola. Pourquoi ce récit s'inscrit-il à la fois comme un héritage et une recréation ?

2 Cherchez le synopsis du film américain de Tay Garnett adapté du roman, puis décrivez ce que l'affiche du film a de saisissant. Quels motifs empruntés à Zola et à Cain le cinéaste exploite-t-il ?

3 LITTÉRATURE ET SOCIÉTÉ Pourquoi peut-on considérer que *Thérèse Raquin* dépasse le projet naturaliste pour célébrer le mythe de la femme fatale ? Répondez en vous aidant de toutes les réponses à cette fiche.

Séquence

3 De l'enquête au roman : la traversée des milieux

Afin de révéler les réalités banales du quotidien, les romanciers naturalistes mènent au préalable un travail d'enquête et de généalogie qui nourrira la peinture des milieux et des personnages, souvent déterminés par leur hérédité.

Objectifs

- Étudier les caractéristiques du roman naturaliste
- Saisir les fondements et les limites du projet naturaliste

MÉTHODES p. 389

Travailler en autonomie Fiches 8, 10
Lire et analyser Fiches 15, 16, 17
Analyser une œuvre dans son contexte : Réalisme et naturalisme Fiches 26, 27
Connaître un genre littéraire : Le roman et la nouvelle Fiches 28, 29, 30, 31, 32
S'initier aux épreuves du baccalauréat Fiches 46, 48, 49, 50, 51, 54
Étude de la langue Fiche 56

Histoire des arts

Gustave Caillebotte, *Les Raboteurs de parquet*, 1875

Gustave CAILLEBOTTE (1848-1894), *Les Raboteurs de parquet,* 1875, huile sur toile, 102 × 146,5 cm (Musée d'Orsay, Paris).

La perspective

Cette technique permet de **représenter des volumes** sur un support à **deux dimensions** (une feuille, un carton, une toile, etc.). Si certaines peintures préhistoriques ou fresques romaines de Pompéi employaient déjà une ébauche de perspective, il faut attendre la Renaissance pour que cette technique se développe. En effet, les humanistes placent l'être humain au centre du monde. Son regard, son point de vue aussi. Les artistes veulent donc représenter le monde comme un homme le voit, en tenant compte de la position des objets dans l'espace et des effets de l'éloignement (un objet vu de loin paraît plus petit et plus clair).

Les **techniques** de perspectives sont nombreuses et varient en fonction de l'effet à produire (réalisme, symbolisme, cubisme). La perspective la plus simple, ici employée, se nomme « **perspective cavalière** ». Le peintre joue avec le parallélisme des lignes pour renforcer l'impression de profondeur. Ainsi, le monde est peint de manière plus **réaliste** et plus conforme à ce que l'on voit.

Biographie
p. 563

Contexte artistique et historique

DÉFENSE ET ILLUSTRATION DES PEINTRES DU RÉEL

Riche héritier, ancien élève des Beaux-Arts de Paris, Caillebotte rencontre Degas, Monet, Renoir et les aide à organiser la **première exposition** impressionniste à Paris, en **1874**. Son souci de la vérité fait de lui un membre du clan des « modernes » que sont en littérature les écrivains réalistes et naturalistes, et, en art, les impressionnistes, adeptes de la peinture de plein air. Caillebotte est proche en cela de Zola qui défend ceux « qui peignent la réalité et qui se piquent de donner l'**impression** même de la nature ».

Refusés au Salon de 1875 parce que son sujet, jugé trop banal et « vulgaire », déplaisait, *Les Raboteurs de parquet* sont l'une des premières œuvres représentant des ouvriers. Caillebotte prend le parti de donner beauté et puissance à sa représentation, en jouant d'une lumière qui met en valeur les travailleurs : ainsi, un sujet de la vie quotidienne est traité avec noblesse. Dès 1876, Caillebotte soutient ses amis peintres en achetant leurs toiles à prix d'or. À sa mort, le mécène lègue sa collection personnelle à l'État. Cependant, conscient des critiques qui s'élèveront contre des œuvres jugées vulgaires parce qu'elles sont vraies, Caillebotte stipule : « Je donne à l'État les tableaux que je possède ; seulement, comme je veux que ce don soit accepté et le soit de telle façon que les tableaux n'aillent ni dans un grenier ni dans un musée de province, mais bien au Luxembourg et plus tard au Louvre, il est nécessaire que s'écoule un certain temps avant l'exécution de cette clause jusqu'à ce que le public, je ne dis pas comprenne, mais *admette cette peinture*. »

De fait, les peintres académiques menés par Gérôme refusent que ces œuvres entrent dans le patrimoine français. Après d'âpres négociations, l'État décide de sélectionner trente-huit œuvres du « legs Caillebotte ». Ces tableaux de Cézanne (*L'Estaque*), Manet (*Le Balcon*), Monet (*La Gare Saint-Lazare*), Pissarro, Renoir, Sisley, ainsi que deux tableaux du mécène lui-même, entrent au musée du Luxembourg, alors « **musée de l'art vivant** ». Ce legs a offert à la France des œuvres incontournables de son patrimoine.

Fenêtre sur l'univers naturaliste

1 @ RECHERCHE Sur les sites des musées d'Orsay, du Petit Palais et de l'Orangerie, cherchez quels peintres ont mis à l'honneur ouvriers agricoles et urbains.

2 Cherchez ce qu'était « le Salon ».

LECTURE DE L'IMAGE

Noblesse des travailleurs

3 Quel est le point de vue choisi pour cette scène ? Comment interpréter ce choix ?

4 Observez les lignes dominantes structurant l'image. Comment le travail des couleurs souligne-t-il la profondeur du champ ?

5 Quels éléments du tableau sont frappés par la lumière ? Pourquoi ?

Nudité du cadre, nudité des corps

6 Décrivez l'attitude et le corps des raboteurs : que symbolisent-ils ?

7 La pièce est dépouillée : comment interpréter ce choix ? Proposez plusieurs hypothèses.

Au cœur du quotidien

8 En quoi les gestes, les outils et les accessoires font-ils de ce tableau une étude documentaire sur le métier de raboteur ?

9 Quels sont les deux univers qui s'opposent ici ? Quels détails précis symbolisent ce choc des cultures ?

ÉCRITURE

Argumentation

Le cadre et le décor de cette scène de la vie quotidienne peuvent sembler peu importants. Après avoir démontré la réalité et les limites de cette affirmation, vous expliquerez le choix de Caillebotte. Aidez-vous du « Contexte artistique et historique ».

Invention

Suite au refus de son tableau par les critiques du Salon de 1875, Caillebotte écrit une lettre à ses détracteurs pour défendre son œuvre. Rédigez-la.

Fiche 48 **Rédiger un écrit d'invention**

La démarche du romancier naturaliste, un travail d'enquête ?

Émile Zola, La fabrique de *L'Assommoir*, du carnet d'enquête au roman

En 1868, pour « tout voir, tout dire, tout savoir » du Second Empire, Zola décide d'écrire la saga des Rougon-Macquart. L'histoire de chaque branche de la famille est l'occasion d'observer un milieu et une classe sociale.

Histoire littéraire
p. 47, 50, 86
Repères historiques
p. 558

1. L'ébauche de *L'Assommoir*, 1868

Dès 1868, Zola prévoit un roman sur le peuple. Il commence un énorme dossier préparatoire s'ouvrant sur L'ébauche, *texte à la première personne où il précise ses objectifs.*

Le roman doit être comme ceci : montrer le milieu peuple, et expliquer par ce milieu les mœurs peuple ; comme quoi à Paris, la soûlerie, la débandade de la famille, les coups, l'acceptation de toutes les hontes et de toutes les misères vient des conditions mêmes de l'existence ouvrière, des travaux durs, des promiscuités, des laisser-aller, etc. En un mot, un tableau très exact de la vie du peuple avec ses ordures, sa vie lâchée, son langage grossier ; et ce tableau ayant comme dessous – sans thèse cependant –, le sol particulier dans lequel poussent toutes ces choses. Ne pas flatter l'ouvrier, et ne pas le noircir. Une réalité absolument exacte. [...]

Ma Gervaise Macquart doit être l'héroïne. Je fais donc la femme du peuple, la femme de l'ouvrier.

É. ZOLA, L'ébauche de *L'Assommoir*, Feuillets 158 à 161, 1868 (Transcription de la BNF, Paris).

Impasse des Bourdonnais, 1er arrondissement de Paris, photographie de Charles MARVILLE, vers 1865.

2. Le carnet d'enquête, 1868

Zola cherche ensuite le lieu correspondant au milieu choisi. Tel un cinéaste, il part en repérage dans le quartier parisien populaire de la Goutte-d'Or, multipliant croquis et notes précises sur l'immeuble où vivra Gervaise.

La grande maison entre deux petites est près de la rue des Poissonniers, à quatre ou cinq maisons. Elle a onze fenêtres de façade et six étages. Toute noire, nue, sans sculptures ; les fenêtres avec des persiennes noires, mangées et où des lames manquent. La porte au milieu, immense, ronde. À droite, une vaste boutique de marchand de vin, avec salles pour les ouvriers ; à gauche, la boutique du charbonnier, peinte, une boutique de parapluies, et la boutique que tiendra Gervaise et où se trouvait une fruitière. En entrant sous le porche, le ruisseau[1] coule au milieu. Vaste cour carrée, intérieure. Le concierge, en entrant à droite ; la fontaine est à côté de la loge. Les quatre façades, avec leurs six étages, nues, trouées de fenêtres noires, sans persiennes [...]. Il y a le côté du soleil, et le côté où le soleil ne vient pas, plus noir, plus humide.

1. Le caniveau.

É. ZOLA, L'ébauche de *L'Assommoir,* Notes préparatoires sur les décors, 1868 (Transcription de la BNF, Paris).

3. La grande maison prend vie

Dans la solitude du bureau, le travail de documentation mêlant dessin « sur le motif » et écriture se métamorphose en descriptions imagées et saisissantes.

Gervaise se retourna, regarda une dernière fois la maison. Elle paraissait grandie sous le ciel sans lune. Les façades grises, comme nettoyées de leur lèpre et badigeonnées d'ombre, s'étendaient, montaient ; et elles étaient plus nues encore, toutes plates, déshabillées des loques séchant le jour au soleil. Les fenêtres closes dormaient. Quelques-unes, éparses, vivement allumées, ouvraient des yeux, semblaient faire loucher certains coins. Au-dessus de chaque vestibule, de bas en haut, à la file, les vitres des six paliers, blanches d'une lueur pâle, dressaient une tour étroite de lumière. Un rayon de lampe, tombé de l'atelier de cartonnage, au second, mettait une traînée jaune sur le pavé de la cour, trouant les ténèbres qui noyaient les ateliers des rez-de-chaussée. Et, du fond de ces ténèbres, dans le coin humide, des gouttes d'eau, sonores au milieu du silence, tombaient une à une du robinet mal tourné de la fontaine. Alors, il sembla à Gervaise que la maison était sur elle, écrasante, glaciale à ses épaules.

É. ZOLA, *L'Assommoir*, Chapitre II, 1877.

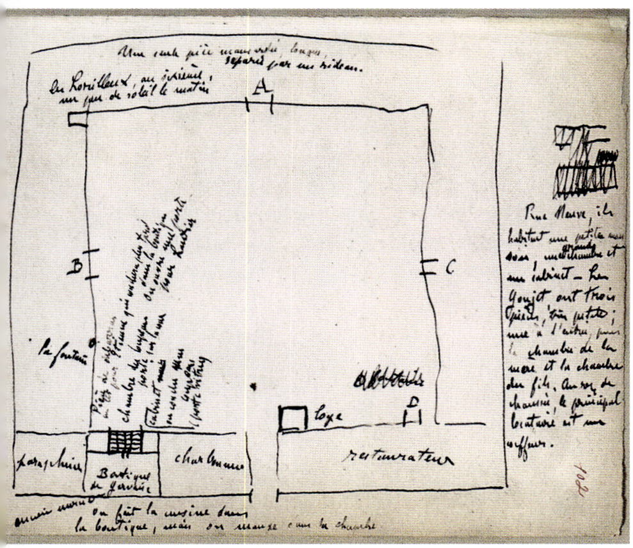

Le quartier de la Goutte-d'Or croqué sur le vif par ZOLA, *Carnets d'enquête*, 1875.

1 Quelles étapes successives permettent à Zola de mener à bien son travail ? Pourquoi peut-on parler d'écriture photographique ?

2 Que révèlent ces documents de l'ambition romanesque nourrie par Zola ? Expliquez.

1

MILIEUX POPULAIRES

Émile Zola, *L'Assommoir*, 1877

Biographie
p. 567

Du même auteur
p. 25, 32, 46, 53, 64, 70, 74, 76, 82, 84, 134, 306

Histoire littéraire
p. 47, 50, 86

Repères historiques
p. 558

Gervaise, l'héroïne du roman, pénètre ici, pour la première fois, dans le café nommé « L'assommoir ».

La fumée des pipes, l'odeur forte de tous ces hommes montaient dans l'air chargé d'alcool ; et elle étouffait, prise d'une petite toux.

– Oh ! c'est vilain de boire ! dit-elle à demi-voix.

Et elle raconta qu'autrefois, avec sa mère, elle buvait de l'anisette, à Plassans[1]. Mais elle avait failli en mourir un jour, et ça l'avait dégoûtée ; elle ne pouvait plus voir les liqueurs.

– Tenez, ajouta-t-elle en montrant son verre, j'ai mangé ma prune ; seulement, je laisserai la sauce[2], parce que ça me ferait du mal.

Coupeau[3], lui aussi, ne comprenait pas qu'on pût avaler de pleins verres d'eau-de-vie. Une prune par-ci par-là, ça n'était pas mauvais. Quant au vitriol, à l'absinthe et aux autres cochonneries, bonsoir ! il n'en fallait pas. Les camarades avaient beau le blaguer, il restait à la porte, lorsque ces cheulards[4]-là entraient à la mine au poivre[5]. Le papa Coupeau, qui était zingueur comme lui, s'était écrabouillé la tête sur le pavé de la rue Coquenard, en tombant, un jour de ribote[6], de la gouttière du n° 25 ; et ce souvenir, dans la famille, les rendait tous sages. Mais, lorsqu'il passait rue Coquenard et qu'il voyait la place, il aurait plutôt bu l'eau du ruisseau que d'avaler un canon[7] gratis chez le marchand de vin. Il conclut par cette phrase :

– Dans notre métier, il faut des jambes solides.

Gervaise avait repris son panier. Elle ne se levait pourtant pas, le tenait sur ses genoux, les regards perdus, rêvant, comme si les paroles du jeune ouvrier éveillaient en elle des pensées lointaines d'existence. Et elle dit encore, lentement, sans transition apparente :

– Mon Dieu ! je ne suis pas ambitieuse, je ne demande pas grand-chose… Mon idéal, ce serait de travailler tranquille, de manger toujours du pain, d'avoir un trou un peu propre pour dormir, vous savez, un lit, une table et deux chaises, pas davantage… Ah ! je voudrais aussi élever mes enfants, en faire de bons sujets, si c'était possible… Il y a encore un idéal, ce serait de ne pas être battue, si je me remettais jamais en ménage ; non, ça ne me plairait pas d'être battue… Et c'est tout, vous voyez, c'est tout…

Elle cherchait, interrogeait ses désirs, ne trouvait plus rien de sérieux qui la tenait. Cependant, elle reprit, après avoir hésité :

– Oui, on peut à la fin avoir le désir de mourir dans son lit… Moi, après avoir bien trimé toute ma vie, je mourrais volontiers dans mon lit, chez moi.

1. Ville d'origine de la famille Macquart.
2. Métaphore qui désigne la liqueur dans laquelle trempent les fruits à l'eau-de-vie.
3. Ouvrier. Coupeau est amoureux de Gervaise.
4. Les « soûlards » (argot).
5. Métaphore qui désigne un cabaret où l'on distille l'alcool sur place. Être *poivre* signifie être ivre.
6. Festin, repas arrosé.
7. Verre de vin.

Edgar DEGAS (1834-1917), *Dans un café* ou *L'Absinthe*, 1873, huile sur toile, 92 × 68 cm (Musée d'Orsay, Paris).

Et elle se leva. Coupeau, qui approuvait vivement ses souhaits, était déjà debout, s'inquiétant de l'heure. Mais ils ne sortirent pas tout de suite ; elle eut la curiosité d'aller regarder, au fond, derrière la barrière de chêne, le grand alambic de cuivre rouge, qui fonctionnait sous le vitrage clair de la petite cour ; et le zingueur, qui l'avait suivie, lui expliqua comment ça marchait, indiquant du doigt les différentes pièces de l'appareil, montrant l'énorme cornue[8] d'où tombait un filet limpide d'alcool.

L'alambic, avec ses récipients de forme étrange, ses enroulements sans fin de tuyaux, gardait une mine sombre ; pas une fumée ne s'échappait ; à peine entendait-on un souffle intérieur, un ronflement souterrain ; c'était comme une besogne de nuit faite en plein jour, par un travailleur morne, puissant et muet. Cependant, Mes-Bottes[9], accompagné de ses deux camarades, était venu s'accouder sur la barrière, en attendant qu'un coin du comptoir fût libre. Il avait un rire de poulie mal graissée, hochant la tête, les yeux attendris, fixés sur la machine à soûler. Tonnerre de Dieu ! elle était bien gentille ! Il y avait, dans ce gros bedon de cuivre, de quoi se tenir le gosier au frais pendant huit jours. Lui, aurait voulu qu'on lui soudât le bout du serpentin entre les dents, pour sentir le vitriol encore chaud, l'emplir, lui descendre jusqu'aux talons, toujours, toujours, comme un petit ruisseau. Dame ! il ne se serait plus dérangé, ça aurait joliment remplacé les dés à coudre de ce roussin[10] de père Colombe ! Et les camarades ricanaient, disaient que cet animal de Mes-Bottes avait un fichu grelot[11], tout de même. L'alambic, sourdement, sans une flamme, sans une gaieté dans les reflets éteints de ses cuivres, continuait, laissait couler sa sueur d'alcool, pareil à une source lente et entêtée, qui à la longue devait envahir la salle, se répandre sur les boulevards extérieurs, inonder le trou immense de Paris. Alors, Gervaise, prise d'un frisson, recula ; et elle tâchait de sourire, en murmurant :

– C'est bête, ça me fait froid, cette machine… la boisson me fait froid…

É. ZOLA, *L'Assommoir*, Chapitre II, 1877.

8. Récipient servant à distiller l'alcool et dont le col est étroit.

9. Nom d'un ouvrier.

10. Le patron du café (argot).

11. Une fichue voix (argot).

Le café et la machine à soûler

LECTURE DU TEXTE

La peinture du monde ouvrier

1 Quels indices évoquent le monde ouvrier ? Quels mots et expressions reflètent le regard du narrateur ?

2 Relevez les passages rapportant les propos des personnages au discours indirect libre. Quels aspects de leur personnalité ce choix narratif révèle-t-il ?

Fiche 31 **Le discours rapporté**

« La boisson me fait froid… »

3 Quel sens domine dans la perception par Gervaise de l'ambiance du café ? En quoi ce procédé est-il caractéristique de l'écriture naturaliste ?

4 Étudiez le champ lexical de la mort et expliquez la valeur symbolique du nom du café.

L'alchimie du verbe

5 Par quelles figures de style Zola transforme-t-il l'alambic en créature étrange et gigantesque ?

6 @ RECHERCHE Quelles créatures mythologiques la description de l'alambic (l. 50 à 53) évoque-t-elle ?

HISTOIRE DES ARTS

7 Comment le tableau de Degas illustre-t-il la dernière phrase du texte ?

ÉCRITURE

Invention

À la manière de Zola, choisissez une machine de la vie contemporaine et proposez-en une description destinée à l'animaliser ou à la rendre « infernale ».

Fiche 32 **La description**

Argumentation

Dans la préface de *L'Assommoir*, Zola affirme que son roman, « c'est de la morale en action ». Dans un paragraphe argumentatif structuré vous direz pourquoi ce passage illustre l'objectif naturaliste du romancier.

Fiche 54 **Rédiger une dissertation**

2 Les frères Goncourt, *Germinie Lacerteux*, 1865

C'est Rose, une servante des frères Goncourt, qui inspira aux auteurs le personnage de Germinie Lacerteux. Tiraillée entre ses passions amoureuses et sa foi naïve, cette fille-mère mourra dévorée par l'hystérie et la tuberculose. La scène du bal est l'occasion de présenter le Paris populaire des années 1860.

Biographie
p. 564

Histoire littéraire
p. 50, 86

Repères historiques
p. 558

La salle avait le caractère moderne des lieux de plaisir du peuple. Elle était éclatante d'une richesse fausse et d'un luxe pauvre. On y voyait des peintures et des tables de marchands de vin, des appareils de gaz dorés et des verres à boire un poisson[1] d'eau-de-vie, du velours et des bancs en bois, les misères et la rusticité d'une guinguette dans le décor d'un palais de carton.

Des lambrequins de velours grenat avec un galon d'or, pendu aux fenêtres, se répétaient économiquement en peinture sous les glaces éclairées d'un bras à trois lumières. Aux murs, dans de grands panneaux blancs, des pastorales de Boucher[2], cerclées d'un cadre peint, alternaient avec les saisons de Prud'hon[3], étonnées d'être là ; et sur les dessus des fenêtres et des portes, des Amours hydropiques[4] jouaient entre cinq roses décollées d'un pot de pommade de coiffeur de banlieue. Des poteaux carrés, tachés de maigres arabesques, soutenaient le milieu de la salle, au centre de laquelle une petite tribune octogone portait l'orchestre. Une barrière de chêne à hauteur d'appui et qui servait de dossier à une maigre banquette rouge, enfermait la danse. Et contre cette barrière, en dehors, des tables peintes en vert, avec des bancs de bois, se serraient sur deux rangs, et entouraient le bal avec un café. Dans l'enceinte de la danse, sous le feu aigu et les flammes dardées du gaz, étaient toutes sortes de femmes vêtues de lainages sombres, passés, flétris, des femmes en bonnet de tulle noir, des femmes en paletot noir, des femmes en caracos

1. Ancienne mesure : 1/5e de litre.
2. Peintre (1703-1770) célèbre pour ses scènes pastorales ou mythologiques.
3. Peintre (1758-1823) connu pour ses portraits et ses peintures allégoriques.
4. Dont le ventre est très charnu.

LEXIQUE : Vêtements et tissus au XIXe siècle

- **Bonnet** : coiffe souple qui emboîte la tête ou le chignon des femmes.
- **Cache-nez** : écharpe grossière.
- **Caraco** : corsage à manches.
- **Crinoline** : armature de cerceaux métalliques attachée à la taille des femmes et portée sous la jupe.
- **Défroque** : vêtement démodé, de récupération.
- **Indienne** : tissu grossier et résistant.

Pierre-Auguste RENOIR (1841-1919), *Bal du moulin de la Galette, Montmartre*, 1876, huile sur toile, 73 × 92 cm (Musée d'Orsay, Paris).

élimés et râpés aux coutures, des femmes engoncées dans la palatine en fourrure des marchandes en plein vent et des boutiquières d'allées. Au milieu de cela pas un col qui encadrât la jeunesse des visages, pas un bout de jupon clair s'envolant du tourbillon de la danse, pas un réveillon[5] de blanc dans ces femmes sombres jusqu'au bout de leurs bottines ternes, et tout habillées des couleurs de la misère. Cette absence de linge mettait dans le bal un deuil de pauvreté ; elle donnait à toutes ces figures quelque chose de triste et de sale, d'éteint, de terreux, comme un vague aspect sinistre où se mêlait le retour de l'Hôpital au retour du Mont-de-piété[6] !

Une vieille en cheveux[7], la raie sur le côté, passait devant les tables, une corbeille remplie de morceaux de gâteau de Savoie et de pommes rouges. De temps en temps la danse, dans son branle et son tournoiement, montrait un bas sale, […] des doigts rouges au bout de mitaines noires, une figure bise[8] à moustache, une sous-jupe tachée de la crotte de l'avant-veille, une crinoline d'occasion forcée et toute bossue, de l'indienne de village à fleurs, un morceau de défroque de femme entretenue. Les hommes avaient le paletot, la petite casquette flasque rabattue par-derrière, le cache-nez de laine dénoué et pendant dans le dos. Ils invitaient les femmes en les tirant par les rubans de leurs bonnets, volant derrière elles. Quelques-uns, en chapeaux, en redingotes, en chemises de couleur, avaient un air de domesticité insolente et d'écurie de grande maison.

Tout sautait et s'agitait.

J. et E. DE GONCOURT, *Germinie Lacerteux*, Chapitre XVI, 1865.

LEXIQUE : Vêtements et tissus au XIXe siècle

- **Lambrequins** : bandes d'étoffe servant de décor pour les fenêtres.
- **Palatine** : tissu en coton.
- **Paletot** : veste qui couvre les vêtements jusqu'à mi-cuisse.
- **Sous-jupe** : jupon de toile porté sous la robe afin de doubler le vêtement.

5. Ici, « pas une trace ».
6. Établissement de prêt sur gages à Paris.
7. L'expression signifie que la vieille femme ne porte pas de chapeau, à la différence des femmes distinguées.
8. Bronzée. À l'époque, la peau blanche et laiteuse était l'apanage de la bourgeoisie et de la noblesse.

Le bal, un plaisir populaire

LECTURE DU TEXTE

Une fresque naturaliste

1 Comment la description est-elle organisée ? Quels détails dominent ?

▶ Fiche 31 **Le discours rapporté**
▶ Fiche 32 **La description**

2 Quel est le point de vue dominant ? Quelle conséquence ce choix a-t-il sur le réalisme de la scène ?

3 Quel regard les auteurs portent-ils sur cet univers ? Leur naturalisme vous semble-t-il objectif ? Justifiez en étudiant les mots et expressions qui traduisent leur opinion.

▶ Fiche 29 **Le point de vue**

Les « couleurs de la misère »

4 Relevez et classez les choix lexicaux suggérant la laideur et la pauvreté. Comment le « luxe » de la salle apparaît-il ?

5 Qui sont les danseurs ? Caractérisez leur milieu.

HISTOIRE DES ARTS

6 Montrez que le regard de Renoir sur les classes populaires est tout autre que celui des frères Goncourt. Vous analyserez les couleurs, les taches de lumière et la position des corps.

ÉCRITURE

Invention

Rédigez, à partir du tableau de Renoir, la description de la salle et des danseurs. Soyez sensible aux couleurs, aux détails et structurez votre texte à la manière des frères Goncourt, ou en respectant les différents plans du tableau.

Commentaire

Vous montrerez que cet extrait est naturaliste à partir du parcours de lecture suivant : A/ la mise en place d'une scène populaire ; B/ où domine le sinistre.

▶ Fiches 49, 50, 51 **Vers le commentaire**

Question sur un corpus

En vous appuyant sur ce texte et sur l'extrait de *L'Assommoir* (p. 66), vous préciserez les différentes fonctions remplies par la description dans un récit naturaliste.
Comparez la vision que donne chaque auteur du milieu ouvrier. Lequel des deux textes vous semble transgresser le projet naturaliste ? Pourquoi ?

3

Émile Zola, *Germinal*, 1885

1885 : Zola enrichit son projet d'une pièce maîtresse sortie de l'Enfer des mines. C'est la naissance de Germinal, *roman témoignage de la difficile condition ouvrière. Les hommes descendent au centre de la terre extraire le charbon, mais la misère est grande. Jusqu'au jour où la grève éclate…*

Biographie
p. 567

Du même auteur
p. 25, 32, 46, 53, 64, 66, 74, 76, 82, 84, 134, 306

Histoire littéraire
p. 47, 50, 86

Repères historiques
p. 558

C'était au Plan-des-Dames, dans cette vaste clairière qu'une coupe de bois venait d'ouvrir. Elle s'allongeait en une pente douce, ceinte d'une haute futaie[1], des hêtres superbes, dont les troncs, droits et réguliers, l'entouraient d'une colonnade blanche, verdie de lichens[2] ; et des géants abattus gisaient encore dans l'herbe, tandis que, vers la gauche, un tas de bois débité alignait son cube géométrique. Le froid s'aiguisait avec le crépuscule, les mousses gelées craquaient sous les pas. Il faisait nuit noire à terre, les branches hautes se découpaient sur le ciel pâle, où la lune pleine, montant à l'horizon, allait éteindre les étoiles.

Près de trois mille charbonniers étaient au rendez-vous, une foule grouillante, des hommes, des femmes, des enfants, emplissant peu à peu la clairière, débordant au loin sous les arbres ; et des retardataires arrivaient toujours, le flot des têtes, noyé d'ombre, s'élargissait jusqu'aux taillis voisins. Un grondement en sortait, pareil à un vent d'orage, dans cette forêt immobile et glacée.

En haut, dominant la pente, Étienne se tenait, avec Rasseneur et Maheu[3]. Une querelle s'était élevée, on entendait leurs voix, par éclats brusques. Près d'eux, des hommes les écoutaient : Levaque[3] les poings serrés, Pierron[3] tournant le dos, inquiet de n'avoir pu prétexter des fièvres plus longtemps ; et il y avait aussi le père Bonnemort et le vieux Mouque, côte à côte, sur une souche, l'air profondément réfléchi. Puis, derrière, les blagueurs étaient là, Zacharie, Mouquet[3], d'autres encore, venus pour rire ; tandis que, recueillies au contraire, graves ainsi qu'à l'église, des femmes se mettaient en groupe. La Maheude[4], muette, hochait la tête aux sourds jurons de la Levaque. Philomène[4] toussait, reprise de sa bronchite depuis l'hiver. Seule, la Mouquette[4] riait à belles dents, égayée par la façon dont la mère Brûlé[4] traitait sa fille, une dénaturée qui la renvoyait pour se gaver de lapin, une vendue, engraissée des lâchetés de son homme. Et, sur le tas de bois, Jeanlin s'était planté, hissant Lydie, forçant Bébert à le suivre, tous les trois en l'air, plus haut que tout le monde.

La querelle venait de Rasseneur, qui voulait procéder régulièrement à l'élection d'un bureau. Sa défaite au *Bon-Joyeux*[5], l'enrageait ; et il s'était juré d'avoir sa revanche, car il se flattait de reconquérir son autorité ancienne, lorsqu'on serait en face non plus des délégués, mais du peuple de mineurs. Étienne, révolté, avait trouvé l'idée d'un bureau imbécile, dans cette forêt. Il fallait agir révolutionnairement, en sauvages, puisqu'on les traquait comme des loups.

Voyant la dispute s'éterniser, il s'empara tout d'un coup de la foule, il monta sur un tronc d'arbre, en criant :

– Camarades ! camarades !

La rumeur confuse de ce peuple s'éteignit dans un long soupir tandis que Maheu étouffait les protestations de Rasseneur. Étienne continuait d'une voix éclatante :

– Camarades, puisqu'on nous défend de parler, puisqu'on nous envoie les gendarmes, comme si nous étions des brigands, c'est ici qu'il faut nous

1. Forêt d'arbres élevés.
2. Végétal qui pousse sur la pierre, les troncs.
3. Noms des mineurs, compagnons d'Étienne Lantier.
4. Compagnes des mineurs.
5. Cabaret.

Affiche du film réalisé par Claude BERRI, 1993.

entendre ! Ici, nous sommes libres, nous sommes chez nous, personne ne viendra nous faire taire, pas plus qu'on ne fait taire les oiseaux et les bêtes !

Un tonnerre lui répondit, des cris, des exclamations.

– Oui, oui, la forêt est à nous, on a bien le droit d'y causer… Parle !

Alors, Étienne se tint un instant immobile sur le tronc d'arbre. La lune, trop basse encore à l'horizon, n'éclairait toujours que les branches hautes ; et la foule restait noyée de ténèbres, peu à peu calmée, silencieuse. Lui, noir également, faisait au-dessus d'elle, au haut de la pente, une barre d'ombre.

É. ZOLA, *Germinal*, Partie IV, Chapitre 7, 1885.

La clameur du peuple

LECTURE DU TEXTE

Une description impressionniste et symbolique

1 Où le rassemblement a-t-il lieu ? Pourquoi ?

2 Que symbolise la clairière, ses « souches » et ses « troncs » d'arbres en regard de la grève ?

3 Pourquoi le narrateur s'attarde-t-il sur quelques personnages secondaires qu'il met en scène ?

Les voix de la colère

4 Comment la foule s'impose-t-elle au lecteur ? Quel est l'effet produit ?

5 Qui est le meneur d'hommes ? Justifiez.

6 Étudiez l'énonciation et les procédés d'insistance dans les passages au discours direct. Quel message social est transmis ici ?

Fiche 56 **L'énonciation**

ÉCRITURE

Invention

Poursuivez le discours d'Étienne à ses camarades pour les exhorter à continuer la grève.

Fiche 48 **Rédiger un écrit d'invention**

Vers le commentaire

Rédigez un axe de commentaire pour souligner la valeur poétique de cet extrait.

Fiches 49, 50, 51 **Vers le commentaire**

4

François Bon, *Daewoo*, 2004

François Bon s'est rendu en Lorraine où trois usines du groupe coréen Daewoo ont été fermées. Les ouvrières, exsangues, ont lutté avec l'énergie du désespoir. Il décide alors d'écrire pour témoigner. « Si les ouvrières n'ont de place nulle part, confie-t-il, que le roman soit mémoire. »

Extrait 1

Et là, devant le portail, entre les deux guérites[1] de gardiens (on voyait par une vitre sale l'intérieur, complètement vidé sauf une table de métal, et la commande pour la vieille barrière blanc et rouge maintenant derrière la grille), le bitume fondu dessinait encore le pourtour d'un large cercle noir : le feu que les ouvriers avaient entretenu treize jours devant leur usine.

1. Postes d'observation.

Extrait 2

Biographie p. 562
Histoire littéraire p. 86
Repères historiques p. 560

« Vous me dites : – Pourquoi le feu ? Le feu c'est la vie, non ? Nous aussi, dès lors qu'on s'était mises devant l'usine, on avait allumé un feu.

« Et quand il y avait eu la grève des routiers, qu'ils avaient bouclé l'autoroute, eux aussi ils avaient fait un feu. C'est symbolique le feu. Puis quoi, on est mises dehors, on n'a plus de travail, on devrait se taire et remercier ?

« Des hommes préhistoriques, voilà comme on nous traite. Partir à la chasse pour survivre, c'est ce qu'ils voudraient de nous ? Plus de travail, qu'on se débrouille.

« Peut-être que ça dit ça le feu. Moi j'en sais rien : le feu, ça veut dire être ensemble, et la flamme qu'au-dedans on porte.

« Ça veut dire une arme.

« On a été trois jours et deux nuits devant l'usine, pendant trois jours et deux nuits on a eu le feu. Et les gens, qu'est-ce qu'ils nous apportaient : des cageots, des vieilles palettes, des rondins. Les gens, pour dire qu'ils étaient avec nous, eux qui partaient le matin au travail, ils nous laissaient quelque chose pour le feu. On ne demandait pas d'argent, ni rien d'autre, que notre dû.

« Alors ils nous laissaient du bois pour le feu, et la grève a tenu.

« C'est ça aussi le symbole du feu : un partage. »

F. BON, *Daewoo*

Salariés de Daewoo en grève, Mont-Saint-Martin.

Célébrer la condition ouvrière aujourd'hui

LECTURE DU TEXTE

Plaidoyer pour un dû

1 Quels éléments grammaticaux concourent à faire de cet extrait un témoignage ?

2 Étudiez l'énonciation : comment le clivage entre ouvriers et dirigeants est-il souligné ?

Fiche 56 **L'énonciation**

3 Par quels arguments les grévistes justifient-ils leur action ?

« Ça veut dire une arme. »

4 Relevez toutes les occurrences du mot « feu ». Quels sens prend-il au fil des témoignages ?

5 L'attitude des ouvrières est-elle offensive ? Justifiez.

6 Dans quelle mesure cet extrait peut-il toucher et émouvoir le lecteur ?

Fiche 15 **Les registres littéraires**

ÉCRITURE

Question sur un corpus

LITTÉRATURE ET SOCIÉTÉ Le travail de François Bon vous semble-t-il un héritage de Zola ? Quelle fonction le romancier contemporain se donne-t-il ?

Fiche 46 **Répondre à une question sur un corpus**

Argumentation

« Et là je commençai à penser qu'il est bien vrai que la moitié du monde ne sait comment l'autre vit », écrivait déjà Rabelais au XVIe siècle.

Pensez-vous que cette opposition puisse caractériser notre société contemporaine ? Développez votre point de vue dans un paragraphe argumentatif étayé d'exemples et nourri de plusieurs citations.

Fiche 54 **Rédiger une dissertation**

ÉDUCATION AUX MÉDIAS

De l'interview à la page de roman

Anne Despagne, chef d'édition au quotidien *Le Courrier picard*, à Péronne (Somme) rappelle quelques principes fondamentaux pour réussir une interview :

1. Préparer l'entrevue : se documenter sur la personne, son actualité, ses propos récents et anciens, son parcours.

2. Réfléchir à ses questions : où veut-on emmener son interlocuteur ? Qu'espère-t-on lui faire dire? Pourquoi l'interroge-t-on lui et pas un autre ? En quoi ses propos vont-ils intéresser le lecteur ? Le but d'une interview est d'informer, éclairer, surprendre et/ou émouvoir le lecteur.

3. Rédiger ses questions afin de ne pas perdre le fil conducteur de l'entretien. Les questions doivent être ouvertes : à l'interlocuteur d'aller plus loin.

4. Réagir et interagir : pendant l'interview elle-même, ne pas hésiter à rebondir sur les événements ou les propos imprévus. Il se peut que l'idée de départ ou l'angle choisi se révèlent inappropriés et qu'un sujet beaucoup plus pertinent se présente au fil de l'entretien. Laisser la place aux silences, aux hésitations. Le journaliste ne doit pas se mettre en scène mais seulement montrer, laisser comprendre qu'il maîtrise son sujet. Ce n'est pas l'avis de l'interviewer qui importe. (Défaut souvent constaté à la télévision, voire à la radio.)

5. Finaliser en soignant l'expression : mettre en situation l'interview et l'interviewé (où la rencontre a-t-elle eu lieu ? Comment l'interlocuteur s'est-il présenté ? Quelle est son actualité et la justification de l'entretien ?). Rédiger des questions percutantes et courtes ; ne pas multiplier les relances ; avoir recours aux didascalies.

6. Vérifier la fluidité de l'ensemble et sa progression. D'où l'interview part-elle ? À quel résultat mène-t-elle ? Qu'a-t-on transmis : émotion, analyse, réaction, commentaire, polémique, annonce ?

a En vous inspirant de ces conseils, préparez l'interview d'un ouvrier ou d'un artisan que vous questionnerez sur son activité.

Fiche 5 **L'interview**

Fiche 8 **Prendre des notes**

b Transformez ensuite, à la manière de François Bon, les propos recueillis en une page de roman nourrie de poésie et de symboles.

c SYNTHÈSE Comment le romancier peut-il parvenir à magnifier un témoignage « brut » ?

5 Émile Zola, Au Bonheur des dames, 1883

Onzième roman du cycle des Rougon-Macquart, Au Bonheur des dames *entraîne le lecteur dans l'univers des grands magasins, l'une des innovations parisiennes nées des bouleversements du Second Empire. Le modèle qui inspira Zola pour le personnage d'Octave Mouret, le directeur du magasin, fut Auguste Hériot, co-fondateur des grands magasins du Louvre.*

Texte 1

Biographie p. 567

Du même auteur p. 25, 32, 46, 53, 64, 66, 70, 76, 82, 84, 134, 306

Histoire littéraire p. 47, 50, 86

Repères historiques p. 558

La démolition des maisons pour la percée de l'avenue de l'Opéra est à peu près terminée. Il ne reste plus que cinq ou six immeubles debout, et dans quelques jours la trouée sera complète. Dans ce moment, on abat, au coin de la rue Saint-Roch, et de la rue Neuve-des-Petits-Champs, la dernière maison qui cachait encore l'Opéra ; à quelques coups de pioche, le monument apparaît. Pourtant, une maison restera debout quelque temps encore. Je veux parler de la maison où sont les magasins du *Gagne-Petit* ; on l'a fortement étayée ; et elle ne sera démolie que lorsque le nouveau local, où les magasins doivent s'installer, se trouvera prêt. Les travaux de viabilité, sur la nouvelle voie, sont déjà commencés.

É. ZOLA, *Notes parisiennes*, 9 mars 1877.

Texte 2

Lorsque Mouret eut repris sa place sur le canapé, près du baron Hartmann[1], il se répandit en nouveaux éloges à propos des opérations du Crédit Immobilier. Puis, il attaqua le sujet qui lui tenait au cœur, il parla de la nouvelle voie, du prolongement de la rue Réaumur, dont on allait ouvrir une section, sous le nom de la rue du Dix-Décembre[2], entre la place de la Bourse et la place de l'Opéra. L'utilité publique était déclarée depuis dix-huit mois, le jury d'expropriation venait d'être nommé, tout le quartier se passionnait pour cette trouée énorme, s'inquiétant de l'époque des travaux, s'intéressant aux maisons condamnées. Il y avait près de trois ans que Mouret attendait ces travaux, d'abord dans la prévision d'un mouvement plus actif

1. Financier très influent.
2. Percée à partir de 1867, la rue du Dix-Décembre, dont le nom commémore la date de la proclamation de l'Empire à l'Hôtel de Ville (le 10 décembre 1852), sera rebaptisée « rue du 4-Septembre » en 1870, date qui marque l'abdication de l'empereur.

Percement de l'avenue de l'Opéra : chantier de la rue d'Argenteuil, photographie de Charles MARVILLE, vers 1877.

des affaires, ensuite avec des ambitions d'agrandissement, qu'il n'osait avouer tout haut, tant son rêve s'élargissait. Comme la rue du Dix-Décembre devait couper la rue de Choiseul et la rue de la Michodière, il voyait le Bonheur des Dames envahir tout le pâté entouré par ces rues et la rue Neuve-Saint-Augustin, il l'imaginait déjà avec une façade de palais sur la voie nouvelle, dominateur, maître de la ville conquise.

É. ZOLA, *Au Bonheur des dames*, Chapitre III, 1883.

Texte 3

Ce fut le 25 septembre que commencèrent les travaux de la nouvelle façade du Bonheur des Dames. Le baron Hartmann, selon sa promesse, avait enlevé l'affaire, dans la dernière réunion générale du Crédit Immobilier. Et Mouret touchait enfin à la réalisation de son rêve : cette façade qui allait grandir sur la rue du Dix-Décembre, était comme l'épanouissement même de sa fortune. Aussi voulut-il fêter la pose de la première pierre. Il en fit une cérémonie, distribua des gratifications à ses vendeurs, leur donna le soir du gibier et du champagne. On remarqua son humeur joyeuse sur le chantier, le geste victorieux dont il scella la pierre, d'un coup de truelle.

É. ZOLA, *Au Bonheur des dames*, Chapitre XII, 1883.

Publicité pour les Grands Magasins de la Paix, 1879.

Un nouveau Paris

LECTURE DES TEXTES

Destruction et création

1 Dans le texte 1, pourquoi l'énonciation employée illustre-t-elle clairement l'aspect inachevé de ces notes ?

▶ Fiche 56 **L'énonciation**

2 IMAGE Observez la photographie du chantier de la rue d'Argenteuil. Par quel procédé le texte 2 enrichit-il l'image ? Justifiez.

3 SYNTHÈSE Quelles informations très concrètes Zola livre-t-il à son lecteur sur le déroulement des grands travaux ?

Un prince pour la ville ?

4 Où va-t-on percer la rue du Dix-Décembre ? Pourquoi cette situation géographique très symbolique laisse-t-elle présager un avenir brillant pour le Bonheur des Dames ?

5 Quelles ambitions Mouret nourrit-il ? Quel type de personnage incarne-t-il dans la saga des Rougon-Macquart ? Expliquez en vous appuyant sur les champs lexicaux dominants.

▶ Fiche 26 **Réalisme et naturalisme**

ÉCRITURE

Invention

En 1890, Zola s'adonne la photographie : « À mon avis, vous ne pouvez pas dire que vous avez vu quelque chose à fond si vous n'en avez pas pris une photographie. » Choisissez l'un des personnages figurant sur la photographie et écrivez le monologue qui l'agite. Des phrases nominales transcriront ses impressions fugitives.

▶ Fiche 48 **Rédiger un écrit d'invention**

Vers le commentaire

Proposez un axe de commentaire destiné à souligner la portée documentaire de cette page de roman.

▶ Fiche 50 **Construire un plan détaillé**

ORAL

LITTÉRATURE ET SOCIÉTÉ Vous réaliserez en petit groupe un « carnet d'enquêtes » comportant photos, dessins et notations descriptives sur un quartier de votre ville ou sur votre établissement. Présentez votre travail sous forme d'exposé devant votre classe.

▶ Fiche 10 **Préparer un exposé**

6 Émile Zola, *L'Argent*, 1891

Centré sur le personnage de l'ambitieux Saccard, ce dix-huitième volume de la saga des Rougon-Macquart *aborde le thème des spéculations financières en bourse et de ses scandales.*

Texte 1

Biographie
p. 567

Du même auteur
p. 25, 32, 46, 53, 64, 66, 70, 74, 82, 84, 134, 306

Histoire littéraire
p. 47, 50, 86

Repères historiques
p. 558

Du carnet d'enquête…

Le péristyle est très haut sur les marches. Le grouillement noir qu'on voit de la place. La coulisse sous l'horloge au centre. Les banquiers à gauche, devant la porte du télégraphe. Une autre porte à droite. Les deux statues, à droite et à gauche (quelles sont-elles ?). Il y a quatorze colonnes. Un vieux drapeau. L'acrotère est nu, et le mot *Bourse*, en lettres dédorées[1], est très petit sur le gris de la pierre. Aspect sévère et noir. Façade très salie. En haut, les quatre vastes pentes de zinc de la toiture, hérissées de cheminées, tuyaux de tôle ; puis la rampe carrée, qui entoure le vitrage. Vu de haut, le cube du monument, haut sur les marches, nu, sévère, laid. Entre les colonnes, deux étages, le rez-de-chaussée et le premier, avec onze baies à plein cintre. […]

Le long des grilles, à droite et à gauche, en dehors, les deux places de voiture. Devant la Bourse, une station d'omnibus[2], et les voitures des remisiers. Mais surtout le va-et-vient incessant des voitures, qui débouchent par les quatre coins de la place, rue Vivienne, rue Joquelet, rue Brongniart, quatre carrefours, rencontre de plusieurs rues. La Bourse se trouve dans un centre d'énorme circulation, entre ces deux artères qui charrient tout Paris, la rue de Richelieu et la rue Montmartre, et entre le boulevard Montmartre et le Palais-Royal. Donner quelque part la sensation de cela, sous le soleil, la palpitation même de Paris, cette forge des grandes spéculations, au centre même de l'agitation, au cœur de la vie intense, du mouvement, du bruit. Les cris de la coulisse se perdant dans le brouhaha.

É. ZOLA,
Carnets d'enquête, 1890.

1. Qui ont perdu leur dorure.
2. Voiture publique transportant des voyageurs urbains.

Edgar DEGAS (1834-1917), *Portraits à la Bourse*, entre 1878 et 1879, huile sur toile, 100 × 82 cm (Musée d'Orsay, Paris).

Texte 2 … au roman

LEXIQUE : L'architecture et les métiers de la Bourse

- **Acrotère** : ensemble ornemental constitué d'un socle pouvant servir de support à des statues.
- **Agent de change** : agent ministériel officiel chargé des transactions sur les marchés financiers.
- **Coulissier** : courtier négociant des valeurs mobilières non cotées en Bourse (à la coulisse), c'est-à-dire en dehors du parquet des agents de change officiels.
- **Parquet** : lieu où se tiennent les agents de change, aussi nommé « corbeille ».
- **Péristyle** : colonnade.
- **Plein cintre** : dont la courbure est un demi-cercle.
- **Remisiers** : gérants de portefeuilles, intermédiaires entre une société de Bourse et un client.

En juillet 1866, la France risque d'entrer dans le conflit prusso-autrichien. C'est mauvais pour les affaires : les actionnaires vendent et les cours s'effondrent. Seul Saccard achète. Que sait-il donc ?

Une heure sonna, la cloche annonça l'ouverture du marché. Ce fut une Bourse mémorable, une de ces grandes journées de désastre, d'un de ces désastres à la hausse, si rares, dont le souvenir reste légendaire. Dans l'accablante chaleur, au début, les cours baissèrent encore. Puis, des achats brusques, isolés, comme des coups de feu de tirailleurs avant que la bataille s'engage, étonnèrent. Mais les opérations restaient lourdes quand même, au milieu de la méfiance générale. Les achats se multiplièrent, s'allumèrent de toutes parts, à la coulisse, au parquet ; on n'entendait plus que les voix de Nathansohn[1] sous la colonnade, de Mazaud[1], de Jacoby[1], de Delarocque[1] à la corbeille, criant qu'il prenait toutes les valeurs à tous les prix ; et ce fut alors un frémissement, une houle croissante, sans que personne pourtant osât se risquer, dans le désarroi de ce revirement inexplicable. Les cours avaient légèrement monté, Saccard eut le temps de donner de nouveaux ordres à Massias, pour Nathansohn. Il pria également le petit Flory, qui passait en courant, de remettre à Mazaud une fiche, où il le chargeait d'acheter, d'acheter toujours, si bien que Flory, ayant lu la fiche, frappé d'un accès de foi, joua le jeu de son grand homme, acheta lui aussi pour son compte. Et ce fut à cette minute, à deux heures moins un quart, que le tonnerre éclata en pleine Bourse : l'Autriche cédait la Vénétie à l'empereur, la guerre était finie. D'où venait cette nouvelle ? personne ne le sut, elle sortait de toutes les bouches à la fois, des pavés eux-mêmes.

É. ZOLA, *L'Argent*, Chapitre VI, 1891.

1. Agents de change chargés d'acheter des actions pour le compte de Saccard.

La Bourse, au cœur de tous les pouvoirs

LECTURE DES TEXTES

Une fourmilière

1 @ RECHERCHE Quel est l'autre nom donné au bâtiment de la Bourse ? Quelle en est l'origine ?

2 Par quels procédés l'intense activité est-elle suggérée (textes et image) ? Fiche 29 **Le point de vue**

3 Montrez que la narration évolue du général au particulier : en quoi ce choix sert-il le principe de vérité ?
Fiche 30 **La construction du récit**

Le théâtre d'un « coup de bourse »

4 Quels détails soulignent l'inquiétante majesté du Palais dans les deux textes ? Pourquoi ce lieu est-il propice à l'action romanesque ? Expliquez.

5 Comment Zola souligne-t-il l'intensité dramatique de ces 45 minutes ? Comment Saccard fait-il fortune ?

6 À quoi cette séance boursière est-elle comparée ? Quels sont l'intérêt et la portée symbolique de cette image ? Fiche 16 **Les figures de style**

ÉCRITURE

Invention

IMAGE « J'ai à vous apprendre une terrible nouvelle pour nos affaires… » murmure un remisier au célèbre banquier Ernest May dont Degas fait le portrait. Imaginez leur conversation secrète. Votre texte mêlera narration, description et dialogue.

Question sur un corpus

Étudiez les *Notes parisiennes* (p. 74) et celles des *Carnets d'enquête*. Quels indices laissent transparaître le talent de l'écrivain à travers de simples notes ?
Fiche 46 **Répondre à une question sur un corpus**

Commentaire

Proposez un axe de commentaire soulignant à la fois la sécheresse de l'expression et la densité des informations dans le texte 1.
Fiche 51 **Rédiger un commentaire**

7 Joris-Karl Huysmans, « Sac au dos », 1880

Biographie p. 564

Histoire littéraire p. 47, 50, 86, 113

Repères historiques p. 558

Opposés à l'institution littéraire et aux mondanités parisiennes, les naturalistes se réunissent chez Zola, à Médan. Ils y composent un recueil de nouvelles qui deviendra un véritable manifeste, Les Soirées de Médan. *« Sac au dos », la nouvelle de Huysmans, raconte le parcours d'Eugène Lejantel, jeune soldat découvrant les affres du front.*

Deux jours après cet épisode, l'eau glaciale du camp me rendit tellement malade que je dus entrer d'urgence à l'hôpital. Je boucle mon sac après la visite du médecin, et sous la garde d'un caporal me voilà parti clopin-clopant, traînant la jambe et suant sous mon harnais[1].

L'hôpital regorgeait de monde, on me renvoie. Je vais alors à l'une des ambulances les plus voisines, un lit restait vide, je suis admis. Je dépose enfin mon sac, et en attendant que le major m'interdise de bouger, je vais me promener dans le petit jardin qui relie le corps des bâtiments. Soudain surgit d'une porte un homme à la barbe hérissée et aux yeux glauques. Il plante ses mains dans les poches d'une longue robe couleur de cachou et me crie du plus loin qu'il m'aperçoit :

– Eh ! l'homme ! qu'est-ce que vous foutez là ?

Je m'approche, je lui explique le motif qui m'amène. Il secoue les bras et hurle :

– Rentrez ! Vous n'aurez le droit de vous promener dans le jardin que lorsqu'on vous aura donné un costume.

Je rentre dans la salle, un infirmier arrive et m'apporte une capote[2], un pantalon, des savates et un bonnet. Je me regarde ainsi fagoté[3] dans ma petite glace. Quelle figure et quel accoutrement, bon Dieu ! Avec mes yeux culottés et mon teint hâve, avec mes cheveux coupés ras et mon nez dont les bosses luisent, avec ma grande robe gris-souris, ma culotte d'un roux pisseux, mes savates immenses et sans talons, mon bonnet de coton gigantesque, je suis prodigieusement laid. Je ne puis m'empêcher de rire. Je tourne la tête du côté de mon voisin de lit, un grand garçon au type juif, qui crayonne mon portrait sur un calepin. Nous devenons tout de suite amis ; je lui dis m'appeler Eugène Lejantel, il me répond se nommer Francis Émonot. Nous connaissons l'un et l'autre tel et tel peintre, nous entamons des discussions d'esthétique et oublions nos infortunes. Le soir arrive, on nous distribue un plat de bouilli perlé de noir par quelques lentilles, on nous verse à pleins verres du coco clairet[4] et je me déshabille, ravi de m'étendre dans un lit sans garder mes hardes[5] et mes bottes.

Le lendemain matin je suis réveillé vers six heures par un grand fracas de porte et par des éclats de voix. Je me mets sur mon séant, je me frotte les yeux et j'aperçois le monsieur de la veille, toujours vêtu de sa houppelande[6] couleur de cachou, qui s'avance majestueux, suivi d'un cortège d'infirmiers. C'était le major.

À peine entré, il roule de droite à gauche et de gauche à droite ses yeux d'un vert morne, enfonce ses mains dans ses poches et braille :

– Numéro 1, montre ta jambe… ta sale jambe. Eh ! elle va mal, cette jambe, cette plaie coule comme une fontaine ; lotion d'eau blanche, charpie, demi-ration, bonne tisane de réglisse.

1. Ensemble de pièces qui servent à équiper un cheval de selle ou de trait. Ici, expression humoristique pour désigner le vêtement du soldat.
2. Manteau porté par les militaires.
3. Mal habillé, à la va-vite et sans goût.
4. Eau-de-vie, vin de médiocre qualité.
5. Ensemble de vêtements de soldats ou de marins.
6. Ample et long vêtement de dessus ouvert par-devant.

Lexique médical du XIXe siècle

- **Ambulance** : hôpital volant qui suivait les troupes lors des campagnes.
- **Cachou** : pastille aromatique noire confectionnée à partir de noix d'arec.
- **Dysentériques** : diarrhéiques.
- **Eau albuminée** : eau enrichie en albumine, protéinée et nutritive.
- **Gargarisme** : médicament liquide, collutoire dont on fait usage pour se gargariser.
- **Hâve** : très pâle, maladif.
- **Major** : médecin militaire.
- **Vénériens** : atteints d'une maladie sexuellement transmissible.

– Numéro 2, montre ta gorge… ta sale gorge. Elle va de plus en plus mal cette gorge ; on lui coupera demain les amygdales.

– Mais, docteur…

– Eh ! je ne te demande rien, à toi ; si tu dis un mot, je te fous à la diète.

– Mais enfin…

– Vous fouterez cet homme à la diète. Écrivez : diète, gargarisme, bonne tisane de réglisse.

Il passa ainsi la revue des malades, prescrivant à tous, vénériens et blessés, fiévreux et dysentériques, sa bonne tisane de réglisse.

Il arriva devant moi, me dévisagea, m'arracha les couvertures, me bourra le ventre de coups de poing, m'ordonna de l'eau albuminée, l'inévitable tisane et sortit, reniflant et traînant les pieds.

J.-K. HUYSMANS, *Les Soirées de Médan*, « Sac au dos », 1880

Frédéric BAZILLE (1841-1870), *L'Ambulance improvisée*, 1865, huile sur toile, 47 × 62 cm (Musée d'Orsay, Paris).

La guerre vue de l'infirmerie

LECTURE DU TEXTE

Une scène naturaliste

1 Étudiez l'énonciation et les temps du récit. En quoi ces choix renforcent-ils l'impression de vérité ?

2 Quels sont les registres de langue dominants ? Pourquoi ce choix traduit-il l'un des principes de l'écriture naturaliste ?

Une scène de comédie (lignes 32 à la fin)

3 Quelle est la profession du narrateur ? Comment cela influence-t-il sa manière de voir et de se voir ?

4 Par quels différents motifs l'arrivée du major est-elle rendue théâtrale ?

5 Quels sont tous les types de comique qui dynamisent cette scène ? Comment ce registre s'oppose-t-il à l'horreur de la guerre ?

ÉCRITURE

Invention

Décrivez en quelques lignes le narrateur vu par les yeux du major.

Fiche 48 **Rédiger un écrit d'invention**

Argumentation

Les écrivains naturalistes ont pour projet de reproduire la nature telle qu'elle est. Dans un développement argumentatif de type concessif, vous direz si ce texte de Huysmans vous paraît conforme à cette ambition.

Fiche 27 **Réalisme et naturalisme**
Fiche 54 **Rédiger une dissertation**

8

Guy de Maupassant, « Boule de Suif », 1883

« Boule de Suif est un chef-d'œuvre », écrit Gustave Flaubert. D'abord parue dans les Soirées de Médan, cette nouvelle, inspirée d'un fait divers, se déroule pendant la guerre de 1870.

Biographie
p. 565

Du même auteur
p. 25, 33, 85, 87, 89, 90, 91, 93, 102, 126, 131, 413

Histoire littéraire
p. 47, 50, 86, 113

Repères historiques
p. 558

Pendant plusieurs jours de suite des lambeaux d'armée en déroute avaient traversé la ville. Ce n'était point de la troupe, mais des hordes débandées. Les hommes avaient la barbe longue et sale, des uniformes en guenilles, et ils avançaient d'une allure molle, sans drapeau, sans régiment. Tous semblaient accablés, éreintés, incapables d'une pensée ou d'une résolution, marchant seulement par habitude, et tombant de fatigue sitôt qu'ils s'arrêtaient. On voyait surtout des mobilisés, gens pacifiques, rentiers tranquilles, pliant sous le poids du fusil ; des petits moblots alertes, faciles à l'épouvante et prompts à l'enthousiasme, prêts à l'attaque comme à la fuite ; puis, au milieu d'eux, quelques culottes rouges, débris d'une division moulue dans une grande bataille ; des artilleurs sombres alignés avec ces fantassins divers ; et, parfois, le casque brillant d'un dragon au pied pesant qui suivait avec peine la marche plus légère des lignards.

Des légions de francs-tireurs aux appellations héroïques : « les Vengeurs de la défaite – les Citoyens de la tombe – les Partageurs de la mort » passaient à leur tour, avec des airs de bandits.

« Boule de Suif » de MAUPASSANT, scénario de Li-An © Éditions Delcourt, 2009.

Lexique militaire du XIXe siècle

- **Dragon** : soldat à cheval.
- **Lignard** : soldat à pied.
- **Moblot** : soldat de la garde mobile.

Leurs chefs, anciens commerçants en drap ou en graines, ex-marchands de suif ou de savon, guerriers de circonstance, nommés officiers pour leurs écus ou la longueur de leurs moustaches, couverts d'armes, de flanelle et de galons, parlaient d'une voix retentissante, discutaient plans de campagne, et prétendaient soutenir seuls la France agonisante sur leurs épaules de fanfarons ; mais ils redoutaient parfois leurs propres soldats, gens de sac et de corde, souvent braves à outrance, pillards et débauchés.

Les Prussiens allaient entrer dans Rouen, disait-on.

La Garde nationale qui, depuis deux mois, faisait des reconnaissances très prudentes dans les bois voisins, fusillant parfois ses propres sentinelles, et se préparant au combat quand un petit lapin remuait sous des broussailles, était rentrée dans ses foyers. Ses armes, ses uniformes, tout son attirail meurtrier, dont elle épouvantait naguère les bornes des routes nationales à trois lieues à la ronde, avaient subitement disparu.

Les derniers soldats français venaient enfin de traverser la Seine pour gagner Pont-Audemer par Saint-Sever et Bourg-Achard[1] ; et, marchant après tous, le général désespéré, ne pouvant rien tenter avec ces loques disparates, éperdu lui-même dans la grande débâcle d'un peuple habitué à vaincre et désastreusement battu malgré sa bravoure légendaire, s'en allait à pied, entre deux officiers d'ordonnance.

Puis un calme profond, une attente épouvantée et silencieuse avaient plané sur la cité.

G. DE MAUPASSANT, « Boule de Suif », 1880.

1. Saint-Sever est un faubourg de Rouen, Bourg-Achard est un petit village situé entre Rouen et Pont-Audemer.

Chronique d'une débâcle

LECTURE DU TEXTE

La débâcle

1 RECHERCHE Que fut la guerre de 1870 ? Quels éléments historiques Maupassant a-t-il repris ici pour ancrer sa nouvelle dans un contexte réaliste précis ?

Fiche 26 **Réalisme et naturalisme**

2 Donnez trois mots-clés résumant votre première impression de lecture. D'où vient l'intérêt de cet extrait ? Justifiez.

3 Quelle image de l'armée le texte et la BD proposent-ils ? Répondez en étudiant les adjectifs et adverbes riches en connotations et en analysant le point de vue.

Fiche 29 **Le point de vue**

4 Relevez les images et les effets de rythme préparant le lecteur au mot « débâcle » (l. 34).

Fiche 16 **Les figures de style**

Une guerre tragi-comique

5 Relevez les temps verbaux et les connecteurs temporels. Comment les actions s'enchaînent-elles ? Quelle est la forme du discours ?

6 Quel est le registre dominant du texte ? Justifiez.

7 Relevez les commentaires moqueurs du narrateur. Quel autre registre identifiez-vous alors ?

Fiche 15 **Les registres littéraires**

ÉCRITURE

Question sur un corpus

Quelle image de la guerre Huysmans (p. 78) et Maupassant proposent-ils ? Développez votre réponse dans un développement thématique.

Fiche 46 **Répondre à une question sur un corpus**

Vers le commentaire

Rédigez l'introduction en suivant les étapes suivantes :
– Exprimez en une phrase votre première impression de lecture (question 2).
– Rédigez une présentation du texte en quelques phrases.
– Quels sont les éléments-clés du texte (questions 4, 5) ? Formulez deux axes de lecture se dégageant de ces éléments. Puis reliez-les pour rédiger une problématique.

Fiche 51 **Rédiger un commentaire**

9

L'ARTISTE PEINTRE, LE DOUBLE DE L'ÉCRIVAIN

Émile Zola, *L'Œuvre*, 1886

Biographie
p. 567

Du même auteur
p. 25, 32, 46, 53, 64, 66, 70, 74, 76, 84, 134, 306

Histoire littéraire
p. 50, 86

Repères historiques
p. 558

Artiste pauvre, incompris et insatisfait, Claude Lantier néglige sa famille pour sa peinture. Il travaille à une immense toile représentant une femme nue et dont le modèle n'est autre que Christine, son épouse.

Pendant des mois, la pose fut ainsi pour elle une torture. La bonne vie à deux avait cessé, un ménage à trois semblait se faire, comme s'il eût introduit dans la maison une maîtresse, cette femme qu'il peignait d'après elle. Le tableau immense se dressait entre eux, les séparait d'une muraille infranchissable ; et c'était au-delà qu'il vivait, avec l'autre. Elle en devenait folle, jalouse de ce dédoublement de sa personne, comprenant la misère d'une telle souffrance, n'osant avouer son mal dont il l'aurait plaisantée. Et pourtant elle ne se trompait pas, elle sentait bien qu'il préférait sa copie à elle-même, que cette copie était l'adorée, la préoccupation unique, la tendresse de toutes les heures. Il la tuait à la pose pour embellir l'autre, il ne tenait plus que de l'autre sa joie ou sa tristesse, selon qu'il la voyait vivre ou languir sous son pinceau. N'était-ce donc pas de l'amour, cela ? Et quelle souffrance de prêter sa chair, pour que l'autre naquît, pour que le cauchemar de cette rivale les hantât, fût toujours entre eux, plus puissant que le réel, dans l'atelier, à table, au lit, partout ! Une poussière, un rien, de la couleur sur la toile, une simple apparence qui rompait tout leur bonheur, lui, silencieux, indifférent, brutal parfois, elle, torturée de son abandon, désespérée de ne pouvoir chasser de son ménage cette concubine, si envahissante et si terrible dans son immobilité d'image !

Et ce fut dès lors que Christine, décidément battue, sentit peser sur elle toute la souveraineté de l'art. Cette peinture, qu'elle avait déjà acceptée sans restrictions, elle la haussa encore, au fond d'un tabernacle[1] farouche, devant lequel elle demeurait écrasée, comme devant ces puissants dieux de la colère, que l'on honore, dans l'excès de haine et d'épouvante qu'ils

1. Petite armoire contenant les hosties sacrées dans les églises catholiques.

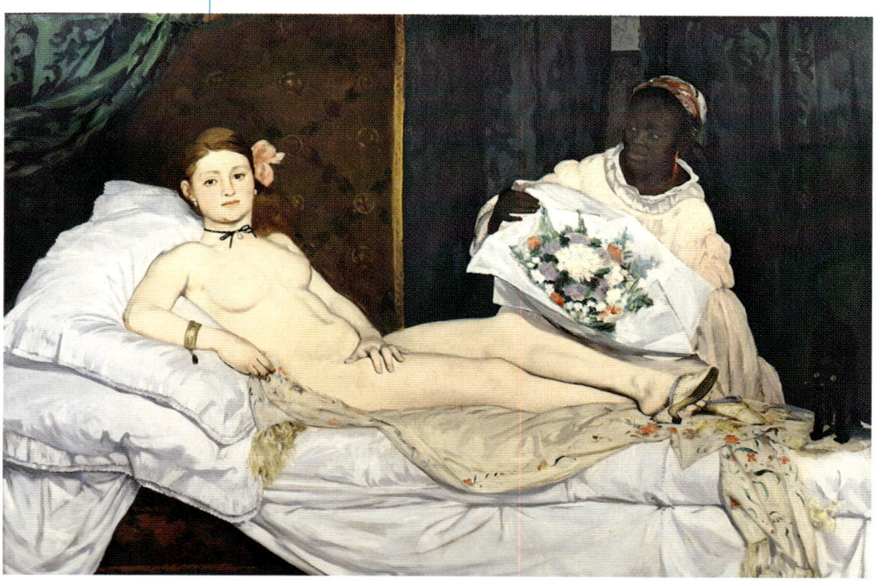

Édouard MANET (1832-1883), *Olympia*, 1863, huile sur toile, 130,5 × 190 cm (Musée d'Orsay, Paris).

inspirent. C'était une peur sacrée, la certitude qu'elle n'avait plus à lutter, qu'elle serait broyée ainsi qu'une paille, si elle s'entêtait davantage. Les toiles grandissaient comme des blocs, les plus petites lui semblaient triomphales, les moins bonnes l'accablaient de leur victoire ; tandis qu'elle ne les jugeait plus, à terre, tremblante, les trouvant toutes formidables, répondant toujours aux questions de son mari :

– Oh ! très bien !... Oh ! superbe !... Oh ! extraordinaire, extraordinaire, celle-là !

Cependant, elle était sans colère contre lui, elle l'adorait d'une tendresse en pleurs, tellement elle le voyait se dévorer lui-même. Après quelques semaines d'heureux travail, tout s'était gâté, il ne pouvait se sortir de sa grande figure de femme. C'était pourquoi il tuait son modèle de fatigue, s'acharnant pendant des journées, puis lâchant tout pour un mois. À dix reprises, la figure fut commencée, abandonnée, refaite complètement. Une année, deux années s'écoulèrent, sans que le tableau aboutît, presque terminé parfois, et le lendemain gratté[2], entièrement à reprendre.

Ah ! cet effort de création dans l'œuvre d'art, cet effort de sang et de larmes dont il agonisait, pour créer de la chair, souffler de la vie ! Toujours en bataille avec le réel, toujours vaincu, la lutte contre l'Ange[3] ! Il se brisait à cette besogne impossible de faire tenir toute la nature sur une toile, épuisé à la longue dans les perpétuelles douleurs qui tendaient ses muscles, sans qu'il pût jamais accoucher de son génie. Ce dont les autres se satisfaisaient, l'à-peu-près du rendu, les tricheries nécessaires le tracassaient de remords, l'indignaient comme une faiblesse lâche ; et il recommençait, et il gâtait le bien pour le mieux, trouvant que ça ne « parlait » pas, mécontent de ses bonnes femmes, ainsi que le disaient plaisamment les camarades, tant qu'elles ne descendaient pas coucher avec lui. Que lui manquait-il donc, pour les créer vivantes ? Un rien sans doute. Il était un peu en deçà, un peu au-delà peut-être. Un jour, le mot de génie incomplet, entendu derrière son dos, l'avait flatté et épouvanté.

É. ZOLA, *L'Œuvre*, Chapitre IX, 1886.

2. Technique qui consiste à amollir la peinture à l'huile afin de pouvoir la gratter pour la recommencer ou la modifier.

3. Référence à un épisode de la Bible dans lequel le patriarche Jacob combat à mains nues un ange.

Créer à en mourir

LECTURE DU TEXTE

Une étrange rivalité

1 Que représente cette toile aux yeux de Christine ? Relevez quelques mots-clés.

2 Par quels indices le narrateur montre-t-il que la vie quitte Christine pour colorer le tableau ? D'après vous, comment la lutte entre l'art et la vie va-t-elle se terminer ?

Peindre la réalité : véritable sacerdoce ou pure folie ?

3 Quel champ lexical préside dans le dernier paragraphe ? Relevez les différents termes. Quelle image de l'art induisent-ils ?

4 Qualifiez l'attitude au travail de Claude Lantier. À quels détails voit-on que reproduire la réalité est un combat ? Zola parle-t-il uniquement du peintre ? En quoi sa manière de travailler le rapproche-t-il de l'écrivain naturaliste ?

ÉCRITURE

Invention

Imaginez le dialogue entre un romancier naturaliste et un peintre tel que Lantier : chacun défend l'idée que c'est son art qui permet de traduire le réel de la manière la plus vraie. Vous argumenterez en vous aidant de références puisées dans les documents du manuel.

Fiche 48 **Rédiger un écrit d'invention**

POUR ARGUMENTER LE NATURALISME, UNE IMITATION SCRUPULEUSE DU RÉEL ?

Émile Zola, Le Roman expérimental, 1880

Le Roman expérimental *rassemble les articles écrits et publiés par Zola, parallèlement à ses récits, afin de définir et de justifier la méthode naturaliste. Composé de plusieurs sections, le recueil consacre l'une d'elles au roman et à ce que l'écrivain nomme « le sens du réel ».*

Le sens du réel, c'est de sentir la nature et de la rendre telle qu'elle est. Il semble d'abord que tout le monde a des yeux pour voir et que rien ne doit être plus commun que le sens du réel. Pourtant, rien n'est plus rare. […]

Que de romanciers croient voir la nature et ne l'aperçoivent qu'à travers toutes sortes de déformations ! Ils sont d'une bonne foi absolue, le plus souvent. Ils se persuadent qu'ils ont tout mis dans un tableau, que l'œuvre est définitive et complète. Cela se sent à la conviction avec laquelle ils ont entassé les erreurs de couleurs et de formes. Leur nature est une monstruosité, qu'ils ont rapetissée ou grandie, en voulant en soigner le tableau. Malgré leurs efforts, tout se délaie dans des teintes fausses, tout hurle et s'écrase. Ils pourront peut-être écrire des poèmes épiques, mais jamais ils ne mettront debout une œuvre vraie, parce que la lésion de leurs yeux s'y oppose, parce que, lorsqu'on n'a pas le sens du réel, on ne saurait l'acquérir. […]

Quand j'ai lu un roman, je le condamne, si l'auteur me paraît manquer du sens du réel. Qu'il soit dans un fossé ou dans les étoiles, en bas ou en haut, il m'est également indifférent. La vérité a un son auquel j'estime qu'on ne saurait se tromper. Les phrases, les alinéas, les pages, le livre tout entier doit sonner la vérité. On dira qu'il faut des oreilles délicates. Il faut des oreilles justes, pas davantage. Et le public lui-même, qui ne saurait se piquer d'une grande délicatesse de sens, entend cependant très bien les œuvres qui sonnent la vérité.

É. ZOLA, *Le Roman expérimental*, « Du roman », 1880.

M. Émile Zola caricaturé par André GILL (1840-1885), couverture du journal *L'Éclipse*, 16 avril 1876.

LECTURE

Image

1 Pourquoi, sur la caricature de Gill, le romancier a-t-il une loupe et des pincettes ? Quels reproches cette caricature adresse-t-elle au naturalisme ?

Fiche 17 **Lecture de l'image fixe**

Texte

2 Pourquoi cet extrait est-il une preuve que le « sens du réel » ne va pas de soi pour certains écrivains ?

3 LITTÉRATURE ET SOCIÉTÉ Quel principal écueil menace l'écrivain qui voudrait réaliser une œuvre du réel ?

ARGUMENTATION

4 La volonté naturaliste d'imiter scrupuleusement le réel vous paraît-elle un projet réalisable ou une pure utopie ? Préparez des arguments s'appuyant sur les textes de la séquence, puis débattez de cette question.

5 À quelles conclusions votre réflexion mène-t-elle ?

POUR ARGUMENTER LES ROMANCIERS RÉALISTES, DES ILLUSIONNISTES ?

Guy de Maupassant, Préface de Pierre et Jean, 1888

« Consolez-moi. Amusez-moi. Attristez-moi. Attendrissez-moi », écrit Maupassant, se faisant porte-parole du lecteur au début de la préface de Pierre et Jean. *Par la suite, l'écrivain utilise sa plume pour analyser les difficultés auxquelles se heurte tout écrivain cherchant à « faire vrai », à être réaliste.*

Mais en se plaçant au point de vue même de ces artistes réalistes, on doit discuter et contester leur théorie qui semble pouvoir être résumée par ces mots : « Rien que la vérité et toute la vérité. »

Leur intention étant de dégager la philosophie de certains faits constants et courants, ils devront souvent corriger les événements au profit de la vraisemblance et au détriment de la vérité, car

Le vrai peut quelquefois n'être pas vraisemblable[1].

Le réaliste, s'il est artiste, cherchera, non pas à nous montrer la photographie banale de la vie, mais à nous en donner la vision la plus complète, plus saisissante, plus probante que la réalité même.

Raconter tout serait impossible, car il faudrait alors un volume au moins par journée, pour énumérer les multitudes d'incidents insignifiants qui emplissent notre existence.

Un choix s'impose donc, ce qui est une première atteinte à la théorie de toute la vérité.

La vie, en outre, est composée des choses les plus différentes, les plus imprévues, les plus contraires, les plus disparates ; elle est brutale, sans suite, sans chaîne, pleine de catastrophes inexplicables, illogiques et contradictoires qui doivent être classées au chapitre *faits divers*.

Voilà pourquoi l'artiste, ayant choisi son thème, ne prendra dans cette vie encombrée de hasards et de futilités que les détails caractéristiques utiles à son sujet, et il rejettera tout le reste, tout l'à-côté. [...]

Faire vrai consiste donc à donner l'illusion complète du vrai, suivant la logique ordinaire des faits, et non à les transcrire servilement[2] dans le pêle-mêle de leur succession.

J'en conclus que les Réalistes de talent devraient s'appeler plutôt des illusionnistes.

G. DE MAUPASSANT, Préface de *Pierre et Jean*, 1888.

1. Citation de Boileau, *Art poétique*, Chant III, vers 48.
2. Obligeamment.

LECTURE

1 Quelles limites au réalisme Maupassant souligne-t-il ? Comment comprendre alors le terme « illusionnistes » caractérisant les « Réalistes de talent » (l. 26-27) ?

2 Quelle conception de l'écriture Maupassant défend-il ? Pour servir quel projet ?

ARGUMENTATION

3 Deux romanciers opposent leurs points de vue à propos du « faire vrai ». L'un défend une conception chirurgicale de l'écriture qui serait une photographie banale de la vie. L'autre, comme Maupassant, considère qu'il faut faire œuvre d'artiste pour révéler le « vrai ». Cherchez leurs arguments respectifs.

Histoire littéraire
L'écriture naturaliste

Une démarche expérimentale

- La démarche de l'écrivain naturaliste s'inspire de celle des scientifiques, notamment **Claude Bernard**, ce précurseur de la médecine expérimentale qui créa le concept de « milieu intérieur » en démontrant son rôle fondamental dans l'évolution d'un individu. Ainsi, **le romancier observe** d'aussi près que possible une réalité sur le terrain, **prend des notes** minutieuses, refuse les conclusions ou interprétations hâtives. C'est cette volonté de tout voir, avec rigueur et objectivité, qui distingue l'écrivain naturaliste des auteurs soucieux de vraisemblance du siècle précédent.

- L'écrivain considère son **roman comme une expérience** permettant de vérifier l'influence des déterminismes sociaux et biologiques sur l'individu et le groupe. Ainsi, le cycle des Rougon-Macquart illustre cette volonté d'expliquer les comportements sociaux par l'hérédité et l'influence du milieu, comme l'annonce Zola dans *Le Roman expérimental* (1880) : « montrer l'homme vivant dans le milieu social qu'il a produit lui-même, qu'il modifie tous les jours, et au sein duquel il éprouve à son tour une transformation continue ».

Une enquête sur le milieu

- Zola entreprend d'explorer tous les milieux de la société du Second Empire et suit ainsi les pas de ses précurseurs réalistes Balzac et Flaubert. Selon lui : « L'homme n'est pas seul, il vit dans une société, dans un milieu social, et dès lors pour nous, romanciers, ce milieu social modifie sans cesse les phénomènes. Même notre grande étude est là, dans le travail réciproque de la société sur l'individu et de l'individu sur la société. » (*Le Roman expérimental*, 1880)

- Pour mener à bien son projet, l'écrivain se rend sur les lieux qu'il compte étudier, prend des notes et amasse une documentation monumentale. Tout mérite d'être observé : la ville en pleine mutation, les petites bourgades provinciales ou la vie d'un quartier populaire.

Gervaise et Coupeau, l'ouvrier zingueur, à l'Assommoir (BNF).

Ex : *Zola arpente le quartier de la Goutte-d'Or à Paris en quête de plans et à l'affût des bribes de la conversation populaire qu'il prêtera ensuite aux personnages de* L'Assommoir (> p. 64).

- Les carnets d'enquête (> p. 64, 74, 76) constituent, une fois la solitude du cabinet de travail retrouvée, la pièce maîtresse d'une écriture qui se veut photographique : les croquis guident la rédaction des descriptions de lieux ; les détails (formes, matières, couleurs…) nourrissent le récit en convoquant les cinq sens.

Un but humanitaire ?

- Comprendre la machine humaine est le *credo* des écrivains naturalistes. L'étude de l'hérédité des individus, conjuguée à celle de l'influence du milieu, permettrait de cerner les déterminismes sociaux. « Je veux montrer comment une famille, un petit groupe d'êtres, se comporte dans une société, en s'épanouissant pour donner naissance à dix, à vingt individus, qui paraissent, au premier coup d'œil, profondément dissemblables, mais que l'analyse montre intimement liés les uns aux autres. L'hérédité a ses lois, comme la pesanteur. » (É. Zola, Préface de *La Fortune des Rougon*, 1871)

- Ainsi, l'arbre généalogique des Rougon-Macquart atteste ce protocole : chaque individu hérite des tares de ses parents et transmet, à son tour, ses propres déficiences aux générations futures.

- Si le but majeur d'une telle entreprise vise d'abord la vérité scientifique et le refus d'embellir la réalité, il faut aussi y lire un projet plus ambitieux : comprendre les dysfonctionnements des individus permettrait, à terme, de les prévenir afin d'améliorer la société tout entière. « Quand les temps auront marché, quand on possédera les lois, il n'y aura plus qu'à agir sur les individus et sur les milieux, si l'on veut arriver au meilleur état social. » (É. Zola, *Le Roman expérimental*, 1880)

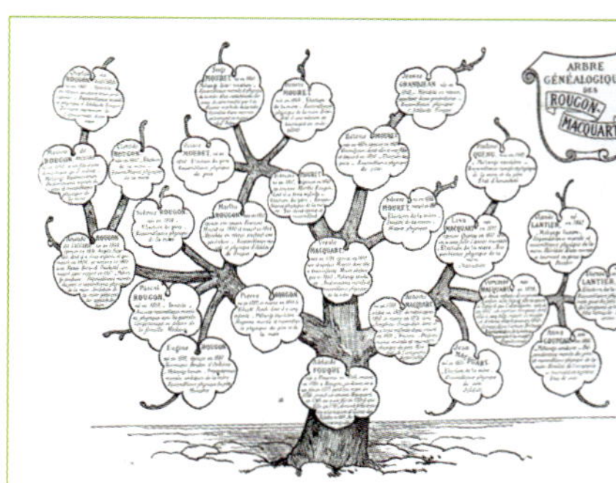

Arbre généalogique des Rougon-Macquart, dessiné par ZOLA en 1878.

4 Maupassant et l'impressionnisme

« Voir, tout est là. »

Édouard MANET (1832-1883), *Sur les berges de la Seine,* 1874, huile sur toile (Collection particulière).

Objectifs

- Découvrir les liens entre un courant littéraire, le réalisme, et une manière de peindre nouvelle, l'impressionnisme
- Analyser des œuvres réalistes et impressionnistes

MÉTHODES p. 389

Lire et analyser Fiches 14, 16, 17
Analyser une œuvre dans son contexte : Réalisme et naturalisme Fiche 26
Connaître un genre littéraire : Le roman et la nouvelle Fiches 28, 29, 30, 31, 32
S'initier aux épreuves du baccalauréat Fiche 51

Maupassant (1850-1893) se définit comme un observateur. En parfait « illusionniste », il donne au lecteur l'impression de voir vraiment le monde paysan normand, le milieu des employés ou la haute société rongée par ses passions. Lorsqu'il s'agit de décrire la nature, l'ami des peintres impressionnistes s'inspire de leur démarche : peindre le réel par petites touches, faire sentir les nuances d'une réalité changeante.

Histoire littéraire p. 48, 50

1 Maupassant et les impressionnistes, artistes de la lumière

1. Eau et lumière

Étretat retient l'attention de Monet dès l'hiver 1868. L'artiste y revient chaque année de 1883 à 1886, séduit par « ces hautes falaises blanches percées de ces trous singuliers qu'on nomme les Portes » (Maupassant, Adieu, *1884). Aussi s'en inspire-t-il pour une cinquantaine de toiles, célébrant la Manneporte, « voûte énorme où passerait un navire » (Maupassant,* La Roche aux Guillemots, *1882).*

Claude MONET (1840-1926), *La Manneporte près d'Étretat,* 1883, huile sur toile, 65,4 × 81,3 cm (Metropolitan Museum of Art, New York).

Repères esthétiques

Lumière et couleurs

En 1839, le physicien E. Chevreul publie un traité sur les contrastes de couleurs qui va influencer les impressionnistes. Il démontre que la couleur n'appartient pas aux choses. C'est une propriété de la lumière, dont les ondes colorées sont absorbées ou réverbérées par la matière. Les « peintres de plein air » s'intéressent à ce phénomène et donc aux changements du climat, de l'heure, lesquels modifient la luminosité. De même, ils privilégient les éléments fluides de la nature : l'air, l'eau floutent le contour des choses et gomment les séparations entre les couleurs.

Étude d'une œuvre

1 Quels rôles jouent la lumière et la couleur dans cette œuvre ?

2 Comment le mouvement de la mer est-il mis en valeur par les coups de pinceau juxtaposés et chargés de peinture ?
Quel est l'effet produit par cette technique propre à l'impressionnisme ?

3 Pourquoi, selon vous, Monet, a-t-il peint une série de falaises ?

2. « Le surprenant et fugitif instant »

Monet et Maupassant se sont rencontrés à Étretat en 1886. Ils partagent la même fièvre : dévorer les couleurs, qui font de la réalité un mouvement infini.

Vrai, je ne vis plus que par les yeux […].

Mes yeux ouverts, à la façon d'une bouche affamée, dévorent la terre et le ciel. Oui, j'ai la sensation nette et profonde de manger le monde avec mon regard, et de digérer les couleurs comme on digère les viandes et les fruits.

Et cela est nouveau pour moi. Jusqu'ici je travaillais avec sécurité. Et maintenant je cherche… Ah ! mon vieux, tu ne sais pas, tu ne sauras jamais ce que c'est qu'une motte de terre et ce qu'il y a dans l'ombre courte qu'elle jette sur le sol à côté d'elle. Une feuille, un petit caillou, un rayon, une touffe d'herbe m'arrêtent des temps infinis ; et je les contemple avidement, plus ému qu'un chercheur d'or qui trouve un lingot, savourant un bonheur mystérieux et délicieux à décomposer leurs imperceptibles tons et leurs insaisissables reflets. […]

L'an dernier, en ce même pays, j'ai souvent suivi Claude Monet à la recherche d'impressions. Ce n'était plus un peintre, en vérité, mais un chasseur. Il allait, suivi d'enfants qui portaient ses toiles, cinq ou six toiles représentant le même sujet à des heures diverses et avec des effets différents.

Il les prenait et les quittait tour à tour, suivant les changements du ciel. Et le peintre, en face du sujet, attendait, guettait le soleil et les ombres, cueillait en quelques coups de pinceau le rayon qui tombe ou le nuage qui passe, et, dédaigneux du faux et du convenu, les posait sur la toile avec rapidité.

Je l'ai vu saisir ainsi une tombée étincelante de lumière sur la falaise blanche[1] et la fixer à une coulée de tons jaunes qui rendaient étrangement le surprenant et fugitif effet de cet insaisissable et aveuglant éblouissement.

G. DE MAUPASSANT, *La Vie d'un paysagiste*, 28 septembre 1886, Étretat.

1. Il s'agit des falaises d'Étretat, en Normandie.

Repères esthétiques

Le mouvement impressionniste

L'impressionnisme doit son nom au tableau de Monet : *Impression, soleil levant* (1872). Il est repris en 1874 par de jeunes peintres dont les œuvres sont refusées au Salon, l'exposition officielle présentant des milliers d'œuvres nouvelles. Ils organisent alors leur propre exposition chez le photographe Nadar. Comme lui, ils voient en la photographie la fin d'une peinture platement réaliste. Désormais, pour peindre la réalité, il faut en capter le mouvement et les nuances changeantes. Ainsi, les impressionnistes posent sur la toile de petites touches de couleur, dont la juxtaposition montre les modifications apportées par la lumière. Ils obéissent ainsi à leurs sensations et leurs impressions fugitives, loin de toute reproduction figée du réel.
Les sujets, souvent modernes, rejettent aussi l'académisme : les gares, les ponts, les fumées d'usines côtoient désormais les paysages ruraux et les portraits. Ces artistes sont ainsi témoins de la reconstruction de Paris, sous l'impulsion du préfet Haussmann.

DE L'IMAGE AU TEXTE

Une impression de bonheur

1 Relevez les expressions de bien-être et de joie. Qu'est-ce qui provoque ces sentiments ? Expliquez.

Un ruissellement de lumière et de couleur

2 Pourquoi la démarche de l'écrivain ressemble-t-elle à celle d'un peintre impressionniste ? Répondez en vous appuyant sur le tableau de Monet et le texte.

DE L'ATELIER DU PEINTRE À L'ATELIER D'ÉCRITURE

Dans une lettre à Geffroy, le 11 août 1908, C. Monet s'exclame, à propos de ses nymphéas : « Les effets varient constamment, non seulement d'une saison à l'autre, mais d'une minute à l'autre […]. L'essentiel du motif est le miroir d'eau dont l'aspect s'altère à chaque moment, à cause des lambeaux de ciel qui s'y reflètent, et qui lui donnent sa lumière et son mouvement. »

1 @ RECHERCHE Sur Internet, cherchez les « Nymphéas ». Sélectionnez ceux qui vous semblent en accord avec le texte.

2 Écrivez un poème en prose célébrant la beauté des nymphéas. Vous insisterez sur les jeux de reflets et le scintillement des vapeurs traversées par le soleil.

➔ Fiche 40 **Les images poétiques et les analogies**

2 Impressions, soleils couchants

1. Montagnes enneigées dans le soleil couchant

Armand GUILLAUMIN (1841-1927), *La Creuse sous la neige*, 1890 (Musée du Petit Palais, Genève).

DES IMAGES AUX TEXTES
Quel élément d'architecture entoure la ville d'Antibes dans le texte 2 ? Quelles lignes horizontales et verticales structurent l'espace et encadrent sa vision comme un tableau ?
Fiche 32 La description

Claude MONET (1840-1926), *Antibes, vue du plateau de Notre-Dame*, 1888, huile sur toile, 65 × 81 cm (Museum of Fine Arts, Boston).

2. Coucher de soleil sur Antibes

J'étais assis sur le môle du petit port d'Obernon près du hameau de la Salis, pour regarder Antibes au soleil couchant. Je n'avais jamais rien vu d'aussi surprenant et d'aussi beau.

La petite ville, enfermée en ses lourdes murailles de guerre construites par M. de Vauban, s'avançait en pleine mer, au milieu de l'immense golfe de Nice. La haute vague du large venait se briser à son pied, l'entourant d'une fleur d'écume ; et on voyait, au-dessus des remparts, les maisons grimper les unes sur les autres jusqu'aux deux tours dressées dans le ciel comme les deux cornes d'un casque antique. Et ces deux tours se dessinaient sur la blancheur laiteuse des Alpes, sur l'énorme et lointaine muraille de neige qui barrait tout l'horizon.

Entre l'écume blanche au pied des murs, et la neige blanche au bord du ciel, la petite cité éclatante et debout sur le fond bleuâtre des premières montagnes offrait aux rayons du soleil couchant une pyramide de maisons aux toits roux, dont les façades aussi étaient blanches, et si différentes cependant qu'elles semblaient de toutes les nuances.

Et le ciel, au-dessus des Alpes, était lui-même d'un bleu presque blanc, comme si la neige eût déteint sur lui ; quelques nuages d'argent flottaient tout près des sommets pâles ; et de l'autre côté du golfe, Nice couchée au bord de l'eau s'étendait comme un fil blanc entre la mer et la montagne. Deux grandes voiles latines, poussées par une forte brise, semblaient courir sur les flots. Je regardais cela, émerveillé.

C'était une de ces choses si douces, si rares, si délicieuses à voir qu'elles entrent en vous, inoubliables comme des souvenirs de bonheur. On vit, on pense, on souffre, on est ému, on aime par le regard.

G. DE MAUPASSANT, *Madame Parisse*, 1886.

3. Derniers feux avant la nuit

Claude MONET (1840-1926), *Soleil couchant sur la Seine à Lavacourt, effet d'hiver*, 1880, huile sur toile, 100 × 150 cm (Musée du Petit-Palais, Paris).

4. Les rivières pourpres

Camille PISSARRO (1830-1903), *Quai de la Bourse à Rouen, soleil*, 1898, huile sur toile (Collection Linda Gale Sampson, Musée des Beaux-Arts, Rouen).

5. « La sensation du bonheur »

Le soir tombait, un de ces soirs calmes du bord de l'eau, colorés et doux, un de ces soirs tranquilles qui donnent la sensation du bonheur. Aucun souffle d'air ne remuait les branches, aucun frisson de vent ne passait sur la surface unie et claire de la Seine. Il ne faisait pas trop chaud cependant, il faisait tiède ; il faisait bon vivre. La fraîcheur bienfaisante des berges de la Seine montait vers le ciel serein.

Le soleil s'en allait derrière les arbres, vers d'autres contrées, et on aspirait, semblait-il, le bien-être de la terre endormie déjà, on aspirait dans la paix de l'espace la vie nonchalante du monde.

G. DE MAUPASSANT, « Yvette », 1884.

DES IMAGES AUX TEXTES

Maupassant et l'art de peindre

1 Dans les tableaux de Pissarro et de Monet (documents 3 et 4), quelles couleurs dominent ?

2 Comment le coucher de soleil est-il évoqué dans les deux textes de Maupassant ? Pourquoi ces descriptions peuvent-elles être qualifiées d'impressionnistes ?

Une beauté poignante

3 Décrire ou peindre un coucher de soleil peut être banal. En quoi chaque œuvre est-elle originale et inoubliable ?

Fiche 14 **Lecture analytique**

DE L'ATELIER DU PEINTRE À L'ATELIER D'ÉCRITURE

4 Vous ferez un commentaire du texte de Maupassant (document 2) à partir du parcours de lecture suivant : A/ l'art de décrire à la manière d'un peintre impressionniste ; B/ l'évocation poignante d'une beauté éternelle et fragile à la fois.

Fiche 51 **Rédiger un commentaire**

3 Le bonheur des impressionnistes, « peintres du plein air »

1. Le flamboiement des fleurs

Claude MONET (1840-1926),
Les Coquelicots à Argenteuil, 1873,
huile sur toile, 50 × 65 cm
(Musée d'Orsay, Paris).

Étude d'une œuvre

1 Où se situe la ligne d'horizon ? Décrivez rapidement ce que l'on voit dans les deux espaces qu'elle délimite.

2 Comment la lumière se déverse-t-elle ? Quels objets, vivement éclairés, éclatent de couleur ?

3 Comment le rouge et le bleu, couleurs primaires, sont-ils répartis ? Pour quel effet ?

4 Quelle atmosphère le semis de taches colorées crée-t-il ?

Repères esthétiques

La complémentarité des couleurs

Quand elles sont juxtaposées, couleurs primaires (jaune, rouge, bleu) et secondaires (orange, vert, violet) s'exaltent mutuellement. Le bleu vibre auprès de l'orange, sa couleur « complémentaire », le rouge auprès du vert et le jaune, du violet. Les impressionnistes se limitent à ces six couleurs, jouant avec leur complémentarité pour les rendre éclatantes. Ils délaissent la palette romantique, jugée trop riche et trop sombre. Le noir est peu utilisé. Même les ombres, choisies parmi les couleurs complémentaires, sont colorées. Ainsi, explique Renoir, « un matin, l'un de nous manquant de noir, se servit de bleu : l'impressionnisme était né ! »

2. Couleurs mouvantes, couleurs émouvantes

Les employées de Mme Tellier se rendent toutes en train puis en carriole à la communion d'une petite nièce.

Des deux côtés de la route la campagne verte se déroulait. Les colzas en fleur mettaient de place en place une grande nappe jaune ondulante d'où s'élevait une saine et puissante odeur, une odeur pénétrante et douce portée très loin par le vent. Dans les seigles déjà grands, des bleuets montraient leurs petites têtes azurées que les femmes voulaient cueillir, mais M. Rivet refusa d'arrêter. Puis parfois, un champ tout entier semblait arrosé de sang tant les coquelicots l'avaient envahi. Et au milieu de ces plaines colorées ainsi par les fleurs de la terre, la carriole, qui paraissait porter elle-même un bouquet de fleurs[1] aux teintes plus ardentes, passait au trot du cheval blanc, disparaissait derrière les grands arbres d'une ferme, pour reparaître au bout du feuillage et promener de nouveau à travers les récoltes jaunes et vertes, piquées de rouge ou de bleu, cette éclatante charretée de femmes qui fuyait sous le soleil.

G. DE MAUPASSANT, « La Maison Tellier », 1881.

1. Les femmes de la carriole portent des robes de couleur vive.

3. Maupassant et la Seine

Maupassant aime passionnément les paysages des bords de Seine. Des dizaines de nouvelles ont pour cadre Argenteuil ou Chatou.

« Ma grande, ma seule, mon absorbante passion, pendant dix ans, ce fut la Seine. Ah ! la belle, calme, variée et puante rivière pleine de mirage et d'immondices. Je l'ai tant aimée ; je crois parce qu'elle m'a donné, me semble-t-il, le sens de la vie. » (*Mouche*, 1890.)

Les textes qu'il lui consacre expriment en effet la vie et l'intensité des impressions, à la manière de ses amis peintres.

Auguste RENOIR (1841-1919), *Les Canotiers à Chatou*, 1879, huile sur toile, 100,3 × 81,3 cm (National Gallery of Art, Washington).

DES IMAGES AUX TEXTES

L'art du mouvement

1 Pourquoi le texte (document 2) et les deux tableaux sont-ils une fête des sens et une célébration de la nature ? Relevez les notations sensorielles du texte et expliquez leur intensité.

2 Quels verbes du texte évoquent vitesse et mouvement ? Comment l'écrivain donne-t-il vie à ce bouquet de couleurs ?

Fiche 32 **La description**

3 Analysez les lignes de fuite du tableau de Monet et montrez que la coulée de fleurs suit la marche des promeneurs.

Fiche 17 **Lecture de l'image fixe**

Des touches de couleurs

4 Relevez les couleurs dominantes des tableaux et du texte (document 2) et montrez qu'elles sont souvent associées à leur couleur complémentaire. Quel est l'effet produit par leur intensité ? Répondez en vous appuyant sur les « Repères esthétiques », p. 92.

5 Comment Renoir utilise-t-il la juxtaposition de touches de couleurs vives ?

6 Qu'évoque le rouge des coquelicots pour Maupassant ? Quelle figure de style met cette image en valeur ?

Fiche 16 **Les figures de style**

Atelier d'écriture

Écrire une description impressionniste à la manière de Maupassant

1. Mettre en place un récit enchâssé et faire parler le narrateur

- **En binôme.** À la manière de Maupassant dans « La chevelure » (p. 126), inventez un narrateur-personnage qui prendra en charge le récit et établissez au brouillon sa fiche d'identité.

Fiche 28 **Auteur, narrateur et personnage**

- Esquissez le cadre (lieu, moment) de votre nouvelle qui s'intitulera « Au fil de l'eau ». Vous pourrez compléter votre notation descriptive d'un schéma.

a Élève 1 : Écrivez quelques phrases d'introduction esquissant le portrait du narrateur-personnage.
b Élève 2 : Rédigez une phrase comportant un verbe de parole : votre personnage prend la parole et commence un étrange récit dont il est le personnage principal.

Fiche 31 **Le discours rapporté**

2. Rédiger le plan du récit

Mettez-vous d'accord sur les grandes lignes de la nouvelle : situation initiale, élément perturbateur, série de péripéties, résolution et dénouement.

Fiche 30 **La construction du récit**

3. Rédiger une description à partir d'un tableau

La péripétie principale se déroule sous le pont de Maincy, peint par Cézanne, ou sur la rivière où rament les canotiers de Caillebotte.

Après avoir choisi le tableau que vous préférez, décrivez-le à la manière de Maupassant impressionniste en vous aidant des étapes suivantes :

a Établissez le champ lexical exprimant le reflet, l'irisation, le scintillement de l'eau caressée par la lumière.

b Choisissez la couleur dominante de votre description. Dressez la liste des expansions du nom suggérant la richesse des nuances et la variété du décor.

c Filez une métaphore évoquant la force de l'eau.

Fiche 16 **Les figures de style**

d Organisez le plan de votre description en vous appuyant sur les lignes verticales et horizontales qui structurent le tableau servant de cadre à votre nouvelle.

Fiche 32 **La description**

e Élève 2 : Rédigez l'intégralité de votre description en l'introduisant par un ou plusieurs verbes de vision. Vous opterez pour le point de vue interne.

Fiche 29 **Le point de vue**

4. Enchâsser la description dans l'histoire-cadre

L'élève 1 développe la nouvelle et insère la description. Le texte intégral n'excédera pas deux pages.

Gustave CAILLEBOTTE (1848-1894), *Les Canotiers*, 1877, huile sur toile, 81 × 116 cm (Collection particulière).

Paul CÉZANNE (1839-1906), *Le Pont de Maincy, près de Melun*, 1878-79, huile sur toile, 58 × 72 cm (Musée d'Orsay, Paris).

Séquence

5 Lire des nouvelles de la cruauté ordinaire

Au XIXe siècle, le développement de la presse permet l'essor de la nouvelle. Les journaux « à un sou », des revues et des quotidiens comme *Le Gaulois*, proposent à un lectorat friand de faits divers et d'histoires insolites, des récits courts, intenses, où se concentre une vision du monde drôle ou cruelle, servie par un style incisif.

Les Mystères de la Tour pointue, publiés par épisodes dans *Le Journal*, vers 1895.

Objectifs

- Découvrir une forme d'écriture brève et concise : la nouvelle
- Appréhender un courant artistique et culturel du XIXe siècle, le réalisme, fondé sur l'observation du réel

MÉTHODES p. 389

Lire et analyser ▸ Fiches 15, 16, 17
Analyser une œuvre dans son contexte : Réalisme et naturalisme ▸ Fiches 26, 27
Connaître un genre littéraire : Le roman et la nouvelle ▸ Fiches 31, 32
S'initier aux épreuves du baccalauréat ▸ Fiches 46, 47, 48, 51, 54
Étude de la langue ▸ Fiche 56

Histoire des arts

Claude Monet, *Un coin d'appartement*, 1875

Claude MONET (1840-1926), *Un coin d'appartement*, 1875, huile sur toile, 81,5 × 60,5 cm (Musée d'Orsay, Paris).

Biographie
p. 565

Contexte artistique et historique

LES PEINTRES DE LA VIE MODERNE

Au XIXe siècle, la peinture, bouleversée par l'invention de la photographie, entre dans une phase d'innovation. Ce sont les débuts de l'art moderne.
Certes, des **peintres académiques**, comme Gérôme, privilégient encore des sujets séduisant la bourgeoisie la plus conservatrice, classe montante éprise d'ordre, de travail et de vertu.
Mais, de 1830 à 1870, leur conformisme est rejeté par des peintres audacieux, influencés par les idées progressistes de la révolution de Juillet (1830). Les **peintres réalistes**, comme Courbet, choisissent des sujets de la vie moderne, vraie, voire choquante (p. 22). Ils ne visent plus une beauté idéale, créée en sélectionnant et assemblant des éléments parfaits. Ainsi, Courbet, s'inspirant de la démarche des photographes, représente fidèlement la réalité, sans la trahir ou l'enjoliver. Corot peint la nature telle qu'elle est. Millet, installé à Barbizon, fait des paysans et gens du peuple des sujets de tableau. On ne peut dire qu'ils copient la réalité : ils composent l'image, découpent un cadre, savent voir et faire voir ce que l'on ne remarque pas.
Les **impressionnistes** (p. 89) veulent eux aussi voir et montrer, mais ils représentent le réel dans la vérité du moment. La peinture est posée par touches rapides : ces artistes, obéissant à leurs sensations fugitives, saisissent la moindre variation de lumière, de forme et de couleur. Monet peint plusieurs fois un même motif pour saisir les atmosphères éphémères qui s'offrent à lui. Ainsi, ses *Nymphéas*, ensemble de huit tableaux, déclinent les variations chromatiques de l'étang à différents moments du jour. L'artiste capte à chaque fois un petit instant de réel, transitoire et immortel.

L'image narrative

Dans une image narrative, l'artiste invite le spectateur à entrer dans une histoire. Pour cela, il peut proposer une **image séquentielle** : plusieurs personnages accomplissent chacun un moment de l'action. Le spectateur a l'impression de voir l'action, décomposée en plusieurs étapes, s'enchaîner sous ses yeux. Il peut aussi procéder comme un auteur de nouvelles : planter un décor, installer une atmosphère avec quelques objets significatifs. Dans cet écrin, il représente **« l'instant prégnant »** (Lessing), un moment chargé de tension ou d'émotion, avant que « quelque chose n'arrive » .

Entrer de plain-pied dans une histoire

LECTURE DE L'IMAGE

Le rideau s'ouvre...

1 Comment et pourquoi peut-on dire que cette scène ordinaire est théâtralisée ? Étudiez en particulier la composition du tableau (lignes, couleurs, plans).

2 Quels éléments guident l'œil vers le fond de la pièce ? Analysez la perspective et le contraste des couleurs entre premier et arrière-plan. Puis expliquez le but recherché par la construction du tableau.

3 Analysez l'effet produit par la lumière bleutée baignant la pièce. Que peut symboliser cette couleur ?
Fiche 17 **Lecture de l'image fixe**

Dans l'intimité d'une histoire familiale

4 À quelle époque et à quelle classe sociale ces personnages appartiennent-ils ? Relevez les éléments provoquant un « effet de réel ».

5 Quels sentiments le peintre veut-il transcrire à propos des deux personnages représentés ? Expliquez.

6 SYNTHÈSE Déduisez ce que recherchent les peintres et les écrivains du réel.

ÉCRITURE

Invention

L'enfant regarde le peintre comme s'il était surpris en pleine rêverie solitaire. Imaginez en dix lignes son monologue intérieur. Fiche 56 **L'énonciation**

Argumentation

Les critiques, habitués à voir des toiles « achevées », reprochaient à ce tableau son aspect esquissé. Exposez la réponse du peintre. Il défendra sa volonté de capter un pur moment d'enfance.
Fiche 48 **Rédiger un écrit d'invention**

La nouvelle réaliste met-elle fin au rêve romanesque ?

Histoire littéraire
p. 48, 113

Repères historiques
p. 558

Stendhal, *Chroniques italiennes*, 1829

Pietro Missirilli, prisonnier carbonaro[1] en fuite, s'est réfugié chez le père de Vanina Vanini. La jeune femme impulsive en tombe passionnément amoureuse. Mais, pour le garder près d'elle, elle trahit les dix-neuf révolutionnaires sous les ordres de son amant, espérant que ce dernier, seul rescapé, renoncera à la lutte. Hélas ! Pietro préfère se rendre et mourir aux côtés de ses hommes. Elle va le voir en prison avant l'exécution.

Vanina Vanini

Le fait est qu'à l'approche de la mort, tous les principes religieux qui pouvaient s'accorder avec la passion pour la liberté de l'Italie avaient reparu dans le cœur du jeune carbonaro. Peu à peu Vanina s'aperçut que le changement étonnant qu'elle remarquait chez son amant était tout moral, et nullement l'effet de mauvais traitements physiques. Sa douleur, qu'elle croyait au comble, en fut encore augmentée.

Missirilli se taisait ; Vanina semblait sur le point d'être étouffée par les sanglots. Il ajouta d'un air un peu ému lui-même :

– Si j'aimais quelque chose sur la terre, ce serait vous, Vanina ; mais grâce à Dieu, je n'ai plus qu'un seul but dans ma vie : je mourrai en prison, ou en cherchant à donner la liberté à l'Italie.

Il y eut encore un silence ; évidemment Vanina ne pouvait parler : elle l'essayait en vain. Missirilli ajouta :

– Le devoir est cruel, mon amie ; mais s'il n'y avait pas un peu de peine à l'accomplir, où serait l'héroïsme ? Donnez-moi votre parole que vous ne chercherez plus à me voir.

Autant que sa chaîne assez serrée le lui permettait, il fit un petit mouvement du poignet, et tendit les doigts à Vanina.

1. Membre d'une société secrète dont le but était de libérer l'Italie de la domination étrangère. Elle se réunissait dans la forêt, près des cabanes des charbonniers (*carbonari*) et en prit le nom.

Affiche du film de Roberto ROSSELLINI, 1961.

2. Vanina a donné mille sequins à la « vente », groupe de vingt hommes dont Pietro est le chef, pour financer une conspiration.

3. Au congrès de Vienne (1814-1815), des régions italiennes autonomes tombent sous le contrôle de l'Autriche, la France ou le Vatican. Seule la seconde guerre d'indépendance (1861) permettra à l'Italie de se réunifier.

4. Pendant la Révolution française, les révolutionnaires nationalisèrent et revendirent les biens du clergé et des aristocrates. Les *carbonari* souhaitent s'inspirer de cette démarche.

5. Consternée.

6. Château de Romagne appartenant à la famille Vanini. Pietro et Vanina s'y sont cachés pour échapper aux poursuites.

7. Représentant du pape, auprès duquel Missirilli s'est constitué prisonnier.

– Si vous permettez un conseil à un homme qui vous fut cher, mariez-vous sagement à l'homme de mérite que votre père vous destine. Ne lui faites aucune confidence fâcheuse ; mais, d'un autre côté, ne cherchez jamais à me revoir ; soyons désormais étrangers l'un à l'autre. Vous avez avancé une somme considérable pour le service de la patrie[2] ; si jamais elle est délivrée de ses tyrans[3], cette somme vous sera fidèlement payée en biens nationaux[4].

Vanina était atterrée[5]. En lui parlant, l'œil de Pietro n'avait brillé qu'au moment où il avait nommé la patrie. Enfin l'orgueil vint au secours de la jeune princesse ; elle s'était munie de diamants et de petites limes. Sans répondre à Missirilli, elle les lui offrit.

– J'accepte par devoir, lui dit-il, car je dois chercher à m'échapper ; mais je ne vous reverrai jamais, je le jure en présence de vos nouveaux bienfaits. Adieu, Vanina ; promettez-moi de ne jamais m'écrire, de ne jamais chercher à me voir ; laissez-moi tout à la patrie, je suis mort pour vous : adieu.

– Non, reprit Vanina furieuse, je veux que tu saches ce que j'ai fait, guidée par l'amour que j'avais pour toi.

Alors elle lui raconta toutes les démarches depuis le moment où Missirilli avait quitté le château de San Nicolô[6], pour aller se rendre au légat[7]. Quand ce récit fut terminé :

– Tout cela n'est rien, dit Vanina : j'ai fait plus, par amour pour toi.

Alors elle lui dit sa trahison.

– Ah ! Monstre, s'écria Pietro furieux, en se jetant sur elle, et il cherchait à l'assommer avec ses chaînes. Il y serait parvenu sans le geôlier qui accourut aux premiers cris. Il saisit Missirilli.

– Tiens, monstre, je ne veux rien te devoir, dit Missirilli à Vanina, en lui jetant, autant que ses chaînes le lui permettaient, les limes et les diamants, et il s'éloigna rapidement.

Vanina resta anéantie. Elle revint à Rome ; et le journal annonce qu'elle vient d'épouser le prince don Livio Savelli.

STENDHAL, *Chroniques italiennes*, « Vanina Vanini ou Particularités sur la dernière vente de Carbonari découverte dans les États du pape », 1829.

1 Quel type de passion exaltée anime chacun des deux personnages ? Argumentez en analysant la gradation et le lexique de l'excès.

2 Stendhal passe sous silence la trahison. Nommez cette **figure de style** et précisez pourquoi elle est propre à la nouvelle.
Fiche 16 **Les figures de style**

3 Quelles notations ancrent le récit dans une réalité géographique et historique donnée ? Pourquoi l'allusion au journal accentue-t-elle ce **réalisme** ?
Fiche 26 **Réalisme et naturalisme**

4 Pietro veut assommer sa maîtresse. À quel **registre** ce jeu de scène appartient-il ? En quoi brise-t-il son image de héros romanesque ?

5 Quand et sur quel rythme le journal annonce-t-il le mariage réaliste de Vanina ? Pourquoi cette « chute » brutale résume-t-elle aussi la naissance du réalisme, synonyme de mise à mort des rêves romantiques et de chute dans la réalité ?

ÉCRITURE

Dissertation

« Les gens ne s'intéressent pas aux héros heureux. Il leur faut du tragique, du mythique, du monstrueux, du terrifiant. », constate J. Lacarrière. Expliquez et discutez ce propos. Vous trouverez des exemples dans les textes et tableaux de la séquence.
Fiche 54 **Rédiger une dissertation**

1 Gustave Flaubert, Trois contes, 1875

Biographie
p. 563

Du même auteur
p. 30, 40, 42

Histoire littéraire
p. 48, 113

Repères historiques
p. 558

*« L'histoire d'*Un cœur simple *est tout bonnement le récit d'une vie obscure, celle d'une pauvre fille de campagne, dévote mais mystique, dévouée sans exaltation et tendre comme du pain frais », écrit Flaubert à Mme des Genettes[1]. Félicité travaille avec un dévouement sans bornes pour Mme Aubain et ses enfants, Paul et Virginie. Ses seuls loisirs sont les promenades à la ferme de Geffosses.*

Un cœur simple

Quand le temps était clair, on s'en allait de bonne heure à la ferme de Geffosses.

La cour est en pente, la maison dans le milieu ; et la mer, au loin, apparaît comme une tache grise.

Félicité retirait de son cabas des tranches de viande froide, et on déjeunait dans un appartement faisant suite à la laiterie. Il était le seul reste d'une habitation de plaisance maintenant disparue. Le papier de la muraille, en lambeaux, tremblait aux courants d'air. Mme Aubain penchait son front, accablée de souvenirs ; les enfants n'osaient plus parler.

– Mais jouez donc ! disait-elle ; ils décampaient.

Paul montait dans la grange, attrapait des oiseaux, faisait des ricochets sur la mare, ou tapait avec un bâton les grosses futailles[2] qui résonnaient comme des tambours.

Virginie donnait à manger aux lapins, se précipitait pour cueillir des bluets[3], et la rapidité de ses jambes découvrait ses petits pantalons brodés.

Un soir d'automne, on s'en retourna par les herbages.

La lune à son premier quartier éclairait une partie du ciel, et un brouillard flottait comme une écharpe sur les sinuosités de la Toucques[4]. Des bœufs, étendus au milieu du gazon, regardaient tranquillement ces quatre personnes passer. Dans la troisième pâture, quelques-uns se levèrent, puis se mirent en rond devant elles.

1. Amie de Flaubert.
2. Tonneau.
3. Bleuets.
4. Petite rivière près de Pont-l'Évêque.

Un cœur simple, film de Marion LAINE, 2008, avec Sandrine Bonnaire (Félicité), Marine Fois (Mme Aubain) et Antoine Olivera (Paul).

– Ne craignez rien ! dit Félicité ; et, murmurant une sorte de complainte, elle flatta sur l'échine celui qui se trouvait le plus près ; il fit volte-face, les autres l'imitèrent. Mais quand l'herbage suivant fut traversé, un beuglement formidable s'éleva. C'était un taureau, que cachait le brouillard. Il avança vers les deux femmes. Mme Aubain allait courir.

– Non ! non ! moins vite ! Elles pressaient le pas cependant, et entendaient par-derrière un souffle sonore qui se rapprochait. Ses sabots, comme des marteaux, battaient l'herbe de la prairie ; voilà qu'il galopait maintenant ! Félicité se retourna et elle arrachait à deux mains des plaques de terre qu'elle lui jetait dans les yeux. Il baissait le mufle, secouait les cornes et tremblait de fureur en beuglant horriblement. Mme Aubain, au bout de l'herbage avec ses deux petits, cherchait éperdue comment franchir le haut-bord[5]. Félicité reculait toujours devant le taureau, et continuellement lançait des mottes de gazon qui l'aveuglaient, tandis qu'elle criait :

– Dépêchez-vous ! dépêchez-vous !

Mme Aubain descendit le fossé, poussa Virginie, Paul ensuite, tomba plusieurs fois en tâchant de gravir le talus, et à force de courage y parvint.

Le taureau avait acculé Félicité contre une claire-voie[6] ; sa bave lui rejaillissait à la figure, une seconde de plus il l'éventrait. Elle eut le temps de se couler entre deux barreaux, et la grosse bête, toute surprise, s'arrêta.

Cet événement, pendant bien des années, fut un sujet de conversation à Pont-l'Évêque. Félicité n'en tira aucun orgueil, ne se doutant même pas qu'elle eût rien fait d'héroïque.

G. FLAUBERT, *Trois contes*, « Un cœur simple », 1875.

5. Le haut du fossé.
6. Clôture en bois formée de planches espacées.

L'héroïsme d'un cœur simple

LECTURE DU TEXTE

Simplicité de la vie de province

1 RECHERCHE Donnez toutes les définitions de « simplicité ». Comment Flaubert exprime-t-il la « simplicité » de la servante ?

2 Quels détails du texte, trop précis pour avoir été inventés, provoquent un effet de réel ?

Un exploit épique et comique

3 Délimitez et titrez les cinq épisodes de l'extrait. Quels détails héroïques et comiques ponctuent chacun ?

4 Analysez la monstruosité croissante de l'animal à travers sa description, le propos rapporté au discours indirect libre, l'imparfait.

5 Dans la seconde partie du texte, relevez les propos rapportés au discours direct et précisez qui parle. En quoi prouvent-ils le sang-froid et le courage du locuteur ?

Fiche 31 **Le discours rapporté**

HISTOIRE DES ARTS

6 Comment la photographie transcrit-elle l'héroïsme de Félicité ? Analysez.

ÉCRITURE

Invention

Écrivez la suite de cet *incipit*. Comme Flaubert, inventez une péripétie révélant l'héroïsme du personnage.

« Bien des années plus tôt, les parents de ma grand-mère avaient demandé que l'assistance publique leur confiât un orphelin pour les aider dans les travaux de la ferme [...]. On leur envoya André Dufourneau. Je me plais à croire qu'il arriva un soir d'octobre ou de décembre, trempé de pluie ou les oreilles rougies par le gel vif. »

Pierre Michon, *Vies minuscules*, 1984 © Éditions Gallimard.

Fiche 48 **Rédiger un écrit d'invention**

ÉDUCATION AUX MÉDIAS

Vous êtes metteur en scène et devez adapter le texte de Flaubert au cinéma. Découpez l'extrait en séquences cinématographiques. Vous utiliserez les termes propres au rythme du récit : « scène », « pause », « ellipse », etc.

2

Guy de Maupassant, « L'aveugle », 1882

Texte intégral

« L'aveugle », nouvelle réaliste publiée dans le journal Le Gaulois *du 31 mars 1882, révèle la cruauté de la nature humaine avec un pessimisme glacé.*

Biographie
p. 565

Du même auteur
p. 25, 33, 80, 85, 87, 89, 90, 91, 93, 126, 131, 413

Histoire littéraire
p. 50, 113

Littérature et société
p. 52

Repères historiques
p. 558

Qu'est-ce donc que cette joie du premier soleil ? Pourquoi cette lumière tombée sur la terre nous emplit-elle ainsi du bonheur de vivre ? Le ciel est tout bleu, la campagne toute verte, les maisons toutes blanches ; et nos yeux ravis boivent ces couleurs vives dont ils font de l'allégresse pour nos âmes. Et il nous vient des envies de danser, des envies de courir, des envies de chanter, une légèreté heureuse de la pensée, une sorte de tendresse élargie, on voudrait embrasser le soleil.

Les aveugles sous les portes, impassibles en leur éternelle obscurité, restent calmes comme toujours au milieu de cette gaieté nouvelle, et, sans comprendre, ils apaisent à toute minute leur chien qui voudrait gambader.

Quand ils rentrent, le jour fini, au bras d'un jeune frère ou d'une petite sœur, si l'enfant dit : « Il a fait bien beau tantôt ! », l'autre répond : « Je m'en suis bien aperçu, qu'il faisait beau, Loulou ne tenait pas en place. »

J'ai connu un de ces hommes dont la vie fut un des plus cruels martyres qu'on puisse rêver.

C'était un paysan, le fils d'un fermier normand. Tant que le père et la mère vécurent, on eut à peu près soin de lui ; il ne souffrit guère que de son horrible infirmité ; mais dès que les vieux furent partis, l'existence atroce commença. Recueilli par une sœur, tout le monde dans la ferme le traitait comme un gueux qui mange le pain des autres. À chaque repas, on lui reprochait la nourriture ; on l'appelait fainéant, manant[1] ; et bien que son beau-frère se fût emparé de sa part d'héritage, on lui donnait à regret la soupe, juste assez pour qu'il ne mourût point.

Il avait une figure toute pâle, et deux grands yeux blancs comme des pains à cacheter[2] ; et il demeurait impassible sous l'injure, tellement enfermé en lui-même qu'on ignorait s'il la sentait. Jamais d'ailleurs il n'avait connu aucune tendresse, sa mère l'ayant toujours un peu rudoyé, ne l'aimant guère ; car aux champs les inutiles sont des nuisibles, et les paysans feraient volontiers comme les poules qui tuent les infirmes d'entre elles.

Sitôt la soupe avalée, il allait s'asseoir devant la porte en été, contre la cheminée en hiver, et il ne remuait plus jusqu'au soir. Il ne faisait pas un geste, pas un mouvement ; seules ses paupières, qu'agitait une sorte de souffrance nerveuse, retombaient parfois sur la tache blanche de ses yeux. Avait-il un esprit, une pensée, une conscience nette de sa vie ? Personne ne se le demandait.

Pendant quelques années les choses allèrent ainsi. Mais son impuissance à rien faire autant que son impassibilité finirent par exaspérer ses parents, et il devint un souffre-douleur, une sorte de bouffon-martyr, de proie donnée à la férocité native, à la gaieté sauvage des brutes qui l'entouraient.

On imagina toutes les farces cruelles que sa cécité[3] put inspirer. Et, pour se payer de ce qu'il mangeait, on fit de ses repas des heures de plaisir pour les voisins et de supplice pour l'impotent[4].

Les paysans des maisons prochaines s'en venaient à ce divertissement ; on se le disait de porte en porte, et la cuisine de la ferme se trouvait pleine chaque jour. Tantôt on posait sur la table, devant son assiette où il commençait à puiser le bouillon, quelque chat ou quelque chien. La bête avec

Lexique du souffre-douleur

- **Bouffon-martyr** : néologisme créé par Maupassant. Le bouffon, personnage grotesque, amusait les rois par ses tours et ses bons mots. Ici, le bouffon-martyr divertit les paysans par sa souffrance.
- **Brute** : de *bruta*, l'animal. Personne dont la violence, le manque d'intelligence et de morale font penser à l'animal.

1. Paysan.
2. Rondelle de pâte cuite pour cacheter les lettres.
3. Le fait d'être aveugle.
4. Invalide, handicapé.

Lexique du souffre-douleur

- **Goujat** : personne grossière, rustre.
- **Martyre** : du grec « témoignage ». Supplice infligé aux croyants refusant d'abjurer leur foi. L'aveugle devient une sorte de Christ grotesque, témoignant de la cruauté des rustres.
- **Rudoyer** : traiter avec brutalité, malmener.
- **Souffre-douleur** : personne vers qui convergent toutes les moqueries et les brutalités d'un groupe.
- **Supplice** : sévices corporels et souffrance morale infligés à un condamné.

son instinct flairait l'infirmité de l'homme et, tout doucement, s'approchait, mangeait sans bruit, lapant avec délicatesse ; et quand un clapotis de langue un peu bruyant avait éveillé l'attention du pauvre diable, elle s'écartait prudemment pour éviter le coup de cuiller qu'il envoyait au hasard devant lui.

Alors c'étaient des rires, des poussées, des trépignements des spectateurs tassés le long des murs. Et lui, sans jamais dire un mot, se remettait à manger de la main droite, tandis que, de la gauche avancée, il protégeait et défendait son assiette.

Tantôt on lui faisait mâcher des bouchons, du bois, des feuilles ou même des ordures, qu'il ne pouvait distinguer.

Puis on se lassa même des plaisanteries ; et le beau-frère enrageant de le toujours nourrir, le frappa, le gifla sans cesse, riant des efforts inutiles de l'autre pour parer les coups ou les rendre. Ce fut alors un jeu nouveau : le jeu des claques. Et les valets de charrue, le goujat, les servantes, lui lançaient à tout moment leur main par la figure, ce qui imprimait à ses paupières un mouvement précipité. Il ne savait où se cacher et demeurait sans cesse les bras étendus pour éviter les approches.

Enfin, on le contraignit à mendier. On le portait sur les routes les jours de marché, et dès qu'il entendait un bruit de pas ou le roulement d'une voiture, il tendait son chapeau en balbutiant : « La charité, s'il vous plaît. »

Mais le paysan n'est pas prodigue[5], et, pendant des semaines entières, il ne rapportait pas un sou.

Ce fut alors contre lui une haine déchaînée, impitoyable. Et voici comment il mourut.

Un hiver, la terre était couverte de neige, et il gelait horriblement. Or son beau-frère, un matin, le conduisit fort loin sur une grande route pour lui faire demander l'aumône. Il l'y laissa tout le jour, et quand la nuit fut

5. Généreux.

Charles-François DAUBIGNY (1817-1878), *La Neige*, 1873, huile sur toile, 90 × 120 cm (Musée d'Orsay, Paris).

Cuno AMIET (1868-1961), *Paysage de neige*, huile sur toile, 178 × 235 cm, 1904 (Musée d'Orsay, Paris).

venue, il affirma devant ses gens qu'il ne l'avait plus retrouvé. Puis il ajouta : « Bast ! faut pas s'en occuper, quelqu'un l'aura emmené parce qu'il avait froid. Pardié ! i n'est pas perdu. I reviendra ben d'main manger la soupe. »

Le lendemain, il ne revint pas.

Après de longues heures d'attente, saisi par le froid, se sentant mourir, l'aveugle s'était mis à marcher. Ne pouvant reconnaître la route ensevelie sous cette écume de glace, il avait erré au hasard, tombant dans les fossés, se relevant, toujours muet, cherchant une maison.

Mais l'engourdissement des neiges l'avait peu à peu envahi, et ses jambes faibles ne le pouvant plus porter, il s'était assis au milieu d'une plaine. Il ne se releva point.

Les blancs flocons qui tombaient toujours l'ensevelirent. Son corps raidi disparut sous l'incessante accumulation de leur foule infinie ; et rien n'indiquait plus la place où le cadavre était couché.

Ses parents firent mine de s'enquérir et de le chercher pendant huit jours. Ils pleurèrent même.

L'hiver était rude et le dégel n'arrivait pas vite. Or, un dimanche, en allant à la messe, les fermiers remarquèrent un grand vol de corbeaux qui tournoyaient sans fin au-dessus de la plaine, puis s'abattaient comme une pluie noire en tas à la même place, repartaient et revenaient toujours.

La semaine suivante, ils étaient encore là, les oiseaux sombres. Le ciel en portait un nuage comme s'ils se fussent réunis de tous les coins de l'horizon ; et ils se laissaient tomber avec de grands cris dans la neige éclatante, qu'ils tachaient étrangement et fouillaient avec obstination.

Un gars alla voir ce qu'ils faisaient, et découvrit le corps de l'aveugle, à moitié dévoré déjà, déchiqueté. Ses yeux pâles avaient disparu, piqués par les longs becs voraces.

Et je ne puis jamais ressentir la vive gaieté des jours de soleil, sans un souvenir triste et une pensée mélancolique vers le gueux, si déshérité dans la vie que son horrible mort fut un soulagement pour tous ceux qui l'avaient connu.

G. DE MAUPASSANT, « L'aveugle », 1882.

Charles-François DAUBIGNY (1817-1878), *La Neige* (détail), 1873, huile sur toile, 90 × 120 cm (Musée d'Orsay, Paris).

Petit meurtre en famille

LECTURE DU TEXTE

Souffre-douleur

1 RECHERCHE Que signifie l'expression « bouc émissaire ». Qu'apporte à un groupe de s'en prendre à lui ? Justifiez par des citations du texte.

2 Relevez les propos rapportés au discours direct et indirect. En quoi sont-ils réalistes ? Quel jugement du narrateur sur les « jeux » paysans révèle-t-il ?

➔ Fiche 31 **Le discours rapporté**

3 Établissez le plan du texte en montrant le crescendo tragique de la méchanceté des hommes, des bêtes et de l'univers.

La mort blanche

4 Quels procédés (point de vue, pronoms) font de la vue le moyen de communier avec la nature (l. 1 à 7) ? À l'inverse, quelles descriptions réalistes font de l'aveugle un être coupé du monde et de ses joies ?

➔ Fiche 26 **Réalisme et naturalisme**

5 Le mot « style » désigne un poignard effilé ; puis un art d'écrire bref et tranchant. Comment le rythme de la chute fait-il l'effet d'un poignant coup de « style » ?

HISTOIRE DES ARTS

6 Relevez dans le texte les occurrences de la couleur blanche. Commentez-en les connotations. L'effet produit par les tableaux est-il le même que le texte ?

➔ Fiche 32 **La description**

7 SYNTHÈSE Comment la nouvelle montre-t-elle la négation des valeurs humaines ? Le « réalisme » de Maupassant est-il neutre ou au service de la critique sociale ?

ÉCRITURE

Commentaire (l. 71 à la fin)

Vous suivrez le parcours suivant : A/ la montée du suspense et de la tension dramatique ; B/ la mort blanche.

➔ Fiche 51 **Rédiger un commentaire**

Invention

Les derniers mots du poète Nerval sont : « La nuit sera blanche et noire. » Inspirez-vous du tableau de C. Amiet pour écrire un conte cruel dont ce sera la première phrase. Vous utiliserez le champ lexical du noir et blanc pour raconter le destin tragique du personnage.

➔ Fiches 47, 48 **Vers l'écriture d'invention**

Natalia GONTCHAROVA (1881-1962), *L'Étang*, 1909 (Russie).

3 Anton Tchekhov, *Nouvelles*, 1886

Texte intégral

Biographie p. 567

Du même auteur p. 227

Histoire littéraire p. 48, 50, 113

Repères historiques p. 558

Un méchant garnement

Ivan Ivanytch Lapkine, jeune homme d'un physique agréable, et Anna Sémionova Zamblitsky, jeune fille au nez retroussé, descendirent la berge abrupte et s'installèrent sur un petit banc. Le petit banc se trouvait tout près de l'eau, entre les fourrés épais d'une jeune saulaie[1]. Un endroit merveilleux ! Vous vous asseyez là et vous êtes cachés aux yeux du monde : vous n'êtes plus visibles que pour les poissons et pour les araignées d'eau, zigzaguant à la surface comme des éclairs. Les jeunes gens étaient armés de cannes à pêche, d'épuisettes, de boîtes de vers et des autres accessoires du pêcheur. S'étant installés, ils se mirent aussitôt à pêcher.

– Je suis ravi que nous soyons enfin seuls, commença Lapkine en regardant derrière lui. J'ai beaucoup de choses à vous dire, Anna Sémionova… Énormément de choses… Quand je vous ai aperçue pour la première fois… Ça mord de votre côté… J'ai compris alors pourquoi je vivais, j'ai compris où était l'idole à laquelle je devais consacrer ma vie d'honneur et de labeur… Ça, ça doit être un gros poisson qui mord… Vous ayant vue, j'ai aimé pour la première fois, et passionnément ! Ne ramenez pas encore, attendez que ça morde mieux… Dites-moi, ma bien-aimée, je vous en conjure, puis-je compter – non pas sur des sentiments réciproques, non ! je ne les mérite pas, je n'ose même pas les envisager – puis-je compter sur… Tirez !

1. Plantation de saules.

Anna Sémionova leva la main qui tenait la canne, tira un bon coup et poussa un cri. Dans l'air brillait un poisson d'argent verdâtre.

– Mon Dieu, une perche ! Aïe, oh, vite ! Elle s'est décrochée !

La perche se décrocha de l'hameçon, se mit à bondir dans l'herbe en direction de son élément natal et… plouf dans l'eau !

En poursuivant le poisson, Lapkine, en ses lieu et place, saisit par hasard la main d'Anna Sémionova et la pressa par hasard contre ses lèvres… Elle l'arracha, mais il était trop tard : leurs lèvres se fondirent par hasard en un baiser. Cela se passa comme ça, par hasard. Ce baiser fut suivi d'un autre baiser, puis de serments, de déclarations… Minutes heureuses !

Au reste, dans cette vie terrestre le bonheur absolu n'existe pas. Les choses heureuses contiennent généralement leur propre poison, ou alors sont empoisonnées par une influence extérieure. Ce fut bien ce qui se passa. Comme les jeunes gens s'embrassaient, soudain un éclat de rire se fit entendre. Ils regardèrent la rivière et furent consternés : un gamin nu s'y tenait, avec de l'eau jusqu'à la taille. C'était le lycéen Kola, le frère d'Anna. Il était debout dans l'eau, il regardait les jeunes gens et il souriait méchamment.

– Ah ! vous vous embrassez ? dit-il. Parfait ! Je vais le dire à maman.

– J'espère qu'en tant qu'homme d'honneur… marmotta Lapkine en rougissant. C'est bas d'épier les gens. Quant à moucharder, c'est vil, ignoble et infâme… Je présume qu'en tant qu'homme d'honneur, en tant qu'homme généreux…

– Donnez-moi un rouble et je ne dirai rien ! répliqua l'homme d'honneur. Sinon je le dirai.

Lapkine tira un rouble de sa poche et le tendit à Kola qui le serra dans son poing mouillé, poussa un sifflement et s'éloigna à la nage. Mais, pour cette fois, les jeunes gens ne s'embrassèrent plus.

Le lendemain, Lapkine rapporta de la ville des couleurs[2] et un ballon pour Kola, et sa sœur dut lui offrir aussi ses boutons de manchettes à têtes de chien. Manifestement, tout cela plaisait beaucoup au méchant garnement, et, pour gagner davantage, il se mit à recourir à la vigilance. Où que Lapkine et Anna se rendissent, il les y suivait. Il ne les laissait pas seuls une seule minute.

2. Boîte de peintures.

Kuzma PETROV-VODKINE (1878-1939), *Youth* (Saint-Pétersbourg, Russie).

– Gredin ! faisait Lapkine en grinçant des dents. Comme il est petit et comme c'est déjà un grand gredin ! Que deviendra-t-il donc plus tard ? !

Tout le mois de juin, Kola persécuta les pauvres amoureux. Il menaçait de les dénoncer, les espionnait et exigeait des cadeaux ; il n'en avait jamais suffisamment et, à la fin, il se mit à parler d'une montre de poche. Et alors quoi ? Il fallut lui promettre une montre.

Un jour à dîner, comme on servait des gaufres, il partit soudain d'un éclat de rire, cligna d'un œil et demanda à Lapkine :

– Alors je le dis ? Hein ?

Lapkine rougit terriblement et se mit à mâcher sa serviette au lieu de sa gaufre. Anna quitta précipitamment la table et se sauva dans une autre pièce.

Telle était la situation où les jeunes gens se trouvèrent jusqu'à la fin d'août, ce jour où enfin Lapkine demanda Anna en mariage. Oh ! quel jour heureux ce fut là ! Ayant parlé aux parents de sa fiancée et ayant obtenu leur consentement, Lapkine se rua avant tout dans le jardin et se mit à chercher Kola. L'ayant trouvé, il manqua sangloter de joie et saisit le méchant garnement par l'oreille. Anna, qui elle aussi cherchait Kola, accourut à son tour et le saisit par l'autre oreille. Et il fallait voir l'expression de volupté qui se peignait sur le visage des amoureux tandis que Kola pleurait et les suppliait :

– Mes bons, mes gentils, mes mignons, je ne le ferai plus ! Aïe, aïe, pardon !

Ils devaient avouer plus tard que, de tout le temps qu'ils avaient été amoureux, ils n'avaient jamais ressenti de tels transports de bonheur et de volupté qu'au moment où ils tiraient les oreilles du méchant garnement.

A. TCHEKHOV, *Nouvelles*, « Un méchant garnement », 1886,
traduction Vladimir Volkoff © Le Livre de Poche.

Portrait d'un élément perturbateur

LECTURE DU TEXTE

Péripéties amoureuses

1 Pour quelles raisons Kola joue-t-il le rôle d'« élément perturbateur » ? Qu'en déduire sur les ingrédients nécessaires à une bonne nouvelle ?

2 Sur quel renversement de situation l'effet de chute repose-t-il ? Que pense le narrateur du sentiment amoureux ? Analysez le point de vue.

3 Résumez les conseils de pêche de Lapkine (l. 10 à 19). Au second degré, en quoi sont-ils un commentaire ironique du narrateur sur sa technique de séduction et un clin d'œil de l'auteur sur l'art d'« appâter » le lecteur ?

Fiche 15 **Les registres littéraires**

L'argent au cœur de la nouvelle

4 Sur quel principe de surenchère le comique grinçant du chantage repose-t-il ?

Fiche 16 **Les figures de style**

5 Le texte oppose deux codes de conduite : l'un, romantique ; l'autre, pragmatique. Dans un tableau, énumérez les caractéristiques de chacun. Vous préciserez quel système de valeurs triomphe et en déduirez la vision du narrateur.

Fiche 26 **Réalisme et naturalisme**

ÉCRITURE

Argumentation

a « Dans cette vie terrestre, le bonheur absolu n'existe pas. » Comment les trois personnages en font-ils la cruelle expérience ?

b Dans un paragraphe argumentatif, expliquez comment cette « nouvelle d'apprentissage » enseigne un point de vue « réaliste » sur les relations humaines.

Fiche 54 **Rédiger une dissertation**

Question sur un corpus

Comparez le dialogue entre Lapkine et Anna puis Rodolphe et Emma (*Madame Bovary*, p. 40) : expliquez les enjeux de ce double langage.

Fiche 46 **Répondre à une question sur un corpus**

4 Jean-Marie Gustave Le Clézio, *La Ronde et autres faits divers*, 1982

Biographie p. 564
Histoire littéraire p. 48, 113
Repères historiques p. 560

La Ronde et autres faits divers *est un recueil composé de onze nouvelles dont l'écriture, d'une apparente simplicité, rappelle la sécheresse des faits divers journalistiques. Chaque récit se lit comme une chronique contemporaine du malaise, de la solitude, ou de la misère centrée autour de personnages marginaux.*

La ronde

Comment tout peut-il être si calme, si lointain ? Martine pense aux moteurs des motos qui peuvent éclater comme le bruit du tonnerre, et elle voit un instant la rue s'ouvrir, se précipiter sous les pneus qui la dévorent, tandis que les fenêtres explosent en mille miettes qui jonchent l'asphalte de petits triangles de verre.

Tout cela est à cause d'elle, d'elle seule : la dame en tailleur bleu attend l'autobus, sans regarder les jeunes filles, un peu comme si elle dormait. Elle a un visage rouge parce qu'elle a marché au soleil, et sous la veste de son tailleur bleu, son chemisier blanc colle à sa peau. Ses petits yeux sont enfoncés dans ses orbites, ils ne voient rien, ou à peine, furtivement, vers le bout de la rue où doit venir le bus. Au bout de son bras droit, elle balance un peu son sac à main de cuir noir, marqué d'un fermoir en métal doré qui envoie des éclats de lumière. Ses chaussures sont noires également, un peu arquées sous le poids du corps, usées en dedans.

Martine regarde la dame en tailleur bleu avec tellement d'insistance que celle-ci tourne la tête. Mais ses yeux petits sont cachés par l'ombre de ses arcades sourcilières, et Martine ne peut pas rencontrer son regard. Pourquoi chercher à saisir son regard ? Martine ne sait pas ce qui est en elle, ce qui la trouble, ce qui l'inquiète et l'irrite à la fois. C'est peut-être parce qu'il y a trop de lumière ici, cruelle et dure, qui alourdit le visage de cette femme, qui fait transpirer sa peau, qui fait briller les rayons aigus sur le fermoir doré de son sac à main ?

Tout d'un coup, Martine donne un coup d'accélérateur, et le vélomoteur bondit sur la chaussée. Aussitôt elle sent l'air sur son visage, et la stupeur s'efface. Elle roule vite, suivie de Titi[1]. Les deux vélomoteurs avancent avec fracas sur la chaussée déserte, s'éloignent. La dame en bleu les suit un instant du regard, elle voit les vélomoteurs tourner deux rues plus loin, à droite. Le bruit aigu des moteurs s'éteint soudain.

À quelques pâtés de maisons, pas très loin de la gare, le camion bleu de déménagement démarre lentement, chargé de meubles et de cartons. C'est un camion ancien, haut sur roues, peint en vilain bleu, et que les chauffeurs successifs ont brutalisé depuis un million de kilomètres, à grands coups de frein et en cognant sur le levier de vitesses. Devant le camion

1. Amie de Martine.

Couverture de *La Ronde et autres faits divers*, de J.-M. G. Le Clézio, illustrée par Izhar Cohen © Éditions Gallimard.

bleu, la rue étroite est encombrée de voitures arrêtées. En passant près des bars, le chauffeur se penche, mais il n'aperçoit que l'ombre au fond des salles. Il sent la fatigue et la faim, ou bien c'est une lumière trop dure qui se réverbère sur le goudron de la chaussée. Il plisse les yeux, il grimace. Le camion bleu va vite le long de la rue étroite, et le grondement de son moteur s'amplifie dans les portes cochères. Sur la plate-forme arrière, les meubles grincent, des objets s'entrechoquent dans les cartons d'emballage. L'odeur lourde du gasoil emplit la cabine, se répand au-dehors, dans une fumée bleue qui traîne le long de la rue. Le vieux camion tangue et roule sur les cahots[2], il fonce droit devant lui, un peu semblable à un animal en colère. Les pigeons s'envolent devant son capot. Il traverse une rue, une autre rue, presque sans ralentir, peut-être que le million de kilomètres qu'il a parcourus à travers les rues de la ville lui donne le droit de passage.

Seconde, troisième, seconde. Les vitesses grincent, le moteur cogne, fait des ratés. Sur les vitres des magasins la silhouette bleue passe vite, un peu semblable à un animal furieux.

Là-bas, au bord du trottoir, la dame en tailleur bleu attend toujours. Elle vient de consulter sa montre pour la troisième fois, mais les aiguilles semblent s'être bloquées sur cette insignifiance : une heure vingt-cinq. À quoi

2. Ornières.

HISTOIRE DES ARTS

J. Pollock a inventé le *dripping*, technique consistant à laisser couler la peinture du pinceau ou de la boîte.

1 Pourquoi coulures, giclures et éclaboussures illustrent-elles et renforcent-elles la chute tragique de la nouvelle ?

2 Pourquoi cette peinture abstraite est-elle autant, voire plus réaliste qu'une photographie ?

Jackson POLLOCK (1912-1956), *Peinture A*, 1950 (Galleria d'Arte Moderna, Milan).

pense-t-elle ? Son visage rouge est impassible, la lumière du soleil marque à peine les ombres de ses orbites, de son nez, de son menton. Éclairée bien en face, elle ressemble à une statue de plâtre, immobile au bord du trottoir. Seule la peau noire de son sac à main et de ses chaussures semble vivante, jetant des éclats de lumière. À ses pieds, son ombre est tassée comme une dépouille, un peu rejetée en arrière. Peut-être qu'elle ne pense à rien, pas même à l'autobus numéro sept qui doit bien venir, qui roule le long des trottoirs vides, quelque part, qui s'arrête pour ramasser deux enfants qui vont au lycée, puis, plus loin, un vieil homme en complet gris. Mais ses pensées sont arrêtées, elles attendent, comme elle, en silence. Elle regarde simplement, parfois un vélomoteur qui passe en faisant son bruit de chaîne, parfois une auto qui glisse sur l'asphalte, avec ce bruit chaud de rue mouillée.

Tout est si lent, et pourtant, il y a comme des éclairs qui frappent le monde, des signes qui fulgurent à travers la ville, des éclats de lumière fous. Tout est si calme, au bord du sommeil, dirait-on, et pourtant il y a cette rumeur et ces cris rentrés, cette violence.

Martine roule devant Titi, elle fonce à travers les rues vides, elle penche tellement son vélomoteur dans les virages que le pédalier racle le sol en envoyant des gerbes d'étincelles. L'air chaud met des larmes dans ses yeux, appuie sur sa bouche et sur ses narines, et elle doit tourner un peu la tête pour respirer. Titi suit à quelques mètres, ses cheveux rouges tirés par le vent, ivre, elle aussi, de vitesse et de l'odeur de gaz. La ronde les emmène loin à travers la ville, puis les ramène lentement, rue par rue, vers l'arrêt d'autobus où attend la dame au sac noir. C'est le mouvement circulaire qui les enivre aussi, le mouvement qui se fait contre le vide des rues, contre le silence des immeubles blancs, contre le lumière cruelle qui les éblouit. La ronde des vélomoteurs creuse un sillon dans le sol indifférent, creuse un appel, et c'est pour cela aussi, pour combler ce vertige, que roulent le long des rues le camion bleu et l'autobus vert, afin que s'achève le cercle. […]

Maintenant les vélomoteurs vont tout droit, en jetant vite en arrière tous ces immeubles, ces arbres, ces squares, ces carrefours. La dame en tailleur bleu est seule, au bord du trottoir, comme si elle dormait. Les vélomoteurs roulent tout près du trottoir, dans le ruisseau. Le cœur ne bat plus la chamade. Il est calme au contraire, et les jambes ne sont plus faibles, les mains ne sont plus moites. Les vélomoteurs roulent au même rythme, l'un à côté de l'autre, et leur bruit est tellement à l'unisson qu'il pourrait faire crouler les ponts et les murs des maisons. Il y a les hommes dans la rue, embusqués dans leurs autos arrêtées, cachés derrière les rideaux de leurs chambres. Ils peuvent espionner avec leurs yeux étrécis[3], qu'est-ce que ça peut faire ?

Presque sans ralentir, le premier vélomoteur est monté sur le trottoir, il s'approche de la dame en bleu. Quand cela se passe, et juste avant de tomber, la dame regarde Martine qui roule devant elle dans le ruisseau, elle la regarde enfin, ses yeux grands ouverts qui montrent la couleur de ses iris, qui donne la lumière de son regard. Mais cela ne dure qu'un centième de seconde, et ensuite il y a ce cri qui résonne dans la rue vide, ce cri de souffrance et de surprise, tandis que les deux vélomoteurs s'enfuient vers le carrefour.

3. Resserrés, contractés.

Il y a à nouveau le vent chaud qui souffle, le cœur qui bondit dans la cage thoracique, et dans la main de Martine serrée sur le sac à main noir, il y a la sueur. Le vide, surtout, au fond d'elle, car la ronde est finie, l'ivresse ne peut plus venir. Loin devant, Titi s'échappe, ses cheveux rouges flottant dans le vent. Son vélomoteur est plus rapide, et elle passe le carrefour, elle s'en va. Mais à l'instant où le deuxième vélomoteur franchit le carrefour, le camion de déménagement bleu sort de la rue, tout à fait semblable à un animal, son capot happe le vélomoteur et l'écrase contre le sol avec un bruit terrible de métal et de verre. Les pneus freinent en hurlant.

Le silence revient dans la rue, au centre du carrefour. Sur la chaussée, derrière le camion bleu, le corps de Martine est étendu, tourné sur lui-même comme un linge. Il n'y a pas de douleur, pas encore, tandis qu'elle regarde vers le ciel, les yeux grands ouverts, la bouche tremblant un peu. Mais un vide intense, insoutenable, qui l'envahit lentement, tandis que le sang coule en méandres noirs de ses jambes broyées. Pas très loin de son bras, sur la chaussée, il y a le sac de cuir noir, comme s'il avait été bêtement oublié par terre, et son fermoir de métal doré jette aux yeux des éclats meurtriers.

J.-M. G. LE CLÉZIO, *La Ronde et autres faits divers*, « La ronde », 1982 © Éditions Gallimard.

Chronique de l'asphalte

LECTURE DU TEXTE

Simplicité, brièveté, intensité

1 Établissez le schéma narratif de cet extrait et dressez la liste des principaux actants. En quoi ces choix sont-ils caractéristiques de la nouvelle ?

2 Étudiez les notations descriptives de la ville. Quelle image l'auteur privilégie-t-il ?

Fiche 32 **La description**

3 En vous appuyant sur la fonction dramatique de la lumière, montrez que la narration peut se lire comme une succession de scènes cinématographiques très réalistes.

L'instant fatidique

4 Quel temps verbal rythme le récit ? Quelle en est la valeur dramatique ?

5 Relevez tous les bruits perçus. Comment le crescendo sonore sert-il le tragique de cette « ronde » ? Expliquez.

6 Par quelle comparaison récurrente le camion bleu est-il présenté ? En quoi ce choix révèle-t-il déjà l'issue fatale ?

Fiche 16 **Les figures de style**

7 Le Clézio refuse toute dramatisation excessive des faits : quels détails l'attestent ?

ÉCRITURE

Invention

Inspirez-vous de la couverture du recueil pour imaginer à votre tour une nouvelle urbaine bâtie autour d'un instant essentiel où tout bascule.

Fiche 48 **Rédiger un écrit d'invention**

Commentaire

Vous proposerez un commentaire de la fin du texte (l. 88 à la fin) montrant le réalisme visuel de la scène puis le saisissement de l'instant fatal.

Fiche 51 **Rédiger un commentaire**

Histoire littéraire

Le XIXe, l'âge d'or de la nouvelle

Définition

La nouvelle est un récit en prose qui se caractérise par sa **brièveté** et sa **densité** : l'histoire est concentrée en quelques lignes, quelques pages ou quelques dizaines de pages. Le nombre de personnages et le cadre spatio-temporel y sont restreints.

Ex : *Dans « Un cœur simple » de Flaubert, l'action se centre sur deux femmes, Félicité et sa patronne. Elle s'inscrit dans un cadre étroit, celui d'un bourg de Normandie et va en se resserrant sur la chambre de l'héroïne.*

Caractéristiques

La nouvelle à chute

Le récit s'organise fréquemment autour d'un **moment de crise**, où toutes les tensions se concentrent et constituent alors le point culminant de la narration.

Ex : *Dans « L'aveugle » de Maupassant, les procédés d'écriture convergent pour souligner la montée en puissance de la cruauté du groupe* (> p. 102).

Finalement, la nouvelle s'achève généralement de façon inattendue et surprenante. Cette fin laisse un souvenir marquant. C'est l'**effet de chute**.

Ex : *L'auteur de « Vanina Vanini » annonce en deux lignes la mort de la passion et la conversion de l'héroïne aux valeurs matérielles d'un mariage d'argent* (> p. 98).

Chaque événement, chaque mot, est délibérément conçu pour aboutir à cet événement final.

Ex : *Cortázar sème des indices qui, à première lecture, semblent fortuits, mais dont l'agencement mène implacablement au renversement final. Après coup, le lecteur admire cet art de la composition* (> p. 129).

Contrairement au roman, comme le souligne Baudelaire dans *Notes nouvelles sur Edgar Poe* (1857), la lecture de la nouvelle « peut être accomplie tout d'une haleine ». C'est pourquoi « elle laisse dans l'esprit un souvenir bien plus puissant qu'une lecture brisée, interrompue souvent par les tracas des affaires et le soin des intérêts mondains ». Cette « unité d'impression » donne à ce type de récit une « supériorité tout à fait particulière ».

La nouvelle sans chute

Certaines nouvelles n'ont pas de chute, ni même de fil narratif : ce sont des instantanés de vie quotidienne, des moments d'émotion, des méditations.

Histoire de la nouvelle

Origines

Au XIIIe siècle, le **lai** est un conte en vers partageant avec la nouvelle de nombreuses caractéristiques : brièveté de l'intrigue, nombre restreint de personnages et fin étonnante.

L'influence de Boccace : La nouvelle apparaît au milieu du XIVe avec le *Décaméron* de l'Italien Boccace (1313-1375). Ce recueil met en scène dix jeunes Florentins réfugiés dans une villa située à la campagne pour échapper à la peste ravageant la cité. Pour se distraire, chacun d'entre eux invente quotidiennement une histoire réaliste, drôle, dramatique ou égrillarde. Chaque récit, en prose, s'enchâsse dans l'histoire principale. Leurs cent récits brefs sont destinés à divertir et à surprendre. Botticelli, marqué comme de nombreux artistes et écrivains par l'œuvre de Boccace, illustre une des nouvelles du *Décaméron*.

Marguerite de Navarre (1492-1549), sœur du roi François Ier, reprend cette structure dans l'*Heptaméron* (1559) : dix personnages, cinq hommes et cinq femmes, sont surpris par de violentes intempéries qui font s'écrouler les ponts. Ils trouvent refuge dans un monastère et inventent de brèves histoires divertissantes, serties dans le récit-cadre. Marguerite, décédée pendant qu'elle composait la septième journée de récits, n'a pu imiter complètement son modèle.

Au XVIIe siècle, **Segrais**, auteur des *Nouvelles françaises* (1656-1667), reprend cette même structure. Il délègue la parole à six jeunes femmes pendant six jours afin que se succèdent des nouvelles courtes et réalistes. Dans « La chevelure », Maupassant reprend ainsi la technique d'enchâssement chère à Boccace (> p. 126). Le narrateur insère, à l'intérieur du récit-cadre, une seconde histoire, relatée dans un journal intime.

Sandro Botticelli (1445-1510), illustration d'une nouvelle de Boccace, panneaux d'un coffre de mariage, fin du XVe siècle (Musée du Prado, Madrid).

Le XIXe, l'âge d'or de la nouvelle

La nouvelle, concurrencée et éclipsée au XVIIIe siècle par le conte philosophique et le roman, prend son essor au XIXe grâce à la **presse.** Dès 1836, E. de Girardin invente un quotidien radicalement nouveau : *Le Temps*, vendu un sou, est financé par la réclame, la publicité. Son coût modeste séduit un très vaste lectorat populaire : un million d'exemplaires sont vendus chaque jour. Pour fidéliser ses lecteurs, ce patron de presse publie des nouvelles. Il est bientôt suivi par ses concurrents, si bien que presse et nouvelle se développent au même rythme rapide tout au long du XIXe.

Mai 1902 : résultats des élections législatives, gravure du *Petit Journal*.

Ex : *Tchekhov fait connaître ses nouvelles réalistes grâce au* Journal de Pétersbourg.

Ex : *Maupassant publie ses nouvelles dans les quotidiens* Gil Blas *ou* Le Gaulois *avant de les faire paraître en recueils.*

Par ailleurs, de nombreuses nouvelles présentent des ressemblances de structure avec les **faits divers** publiés par les journaux. Comme eux, elles sont ancrées dans une époque donnée et savent capter l'esprit du temps en quelques pages, afin de l'offrir à des lecteurs pressés.

Ex : *L'*Incipit *de « Boule de Suif » peut se lire comme la chronique d'une défaite annoncée : celle de la France, en guerre contre la Prusse en 1870. Maupassant observe et sélectionne des faits vrais, des « choses vues » qui résument toute l'atmosphère d'une époque* (> p. 80).

Au XXe siècle, le lien entre la nouvelle et le fait divers est à nouveau exploré.

Ex : *J.-M. G. Le Clézio bâtit sa nouvelle à la manière d'un fait divers révélateur des malaises de notre époque contemporaine* (> p. 109).

Le genre se diversifie. La nouvelle réaliste de **Huysmans** (> p. 78), **Maupassant**, **Tchekhov** ou des **frères Goncourt** a le souci de la représentation sociale exacte. Paysannerie, bourgeoisie provinciale, aristocratie parisienne, armée ou domesticité : tous les milieux sont croqués sur le vif.

En même temps, la nouvelle fantastique (> Séquence 6, p. 115) séduit en mettant en scène un univers parfaitement vraisemblable, bientôt traversé d'événements d'autant plus effrayants qu'ils sont incompréhensibles et mystérieux. **Edgar Poe**, **Maupassant** ou **Villiers de l'Isle-Adam** en sont les représentants incontestés.

Une aventure collective : les Soirées de Médan

En 1878, Zola achète une maison de campagne située

La maison d'Émile ZOLA à Médan.

à Médan, près de Poissy. Il invite à dîner de jeunes écrivains qu'il souhaite aider, soit financièrement, soit en se servant de sa notoriété pour les faire éditer. Germe alors l'idée d'un recueil collectif, faisant office de manifeste du naturalisme.

Maupassant en conte ainsi les circonstances : « Pendant les longues digestions des longs repas (car nous sommes tous gourmands et gourmets, et Zola mange à lui seul comme trois romanciers ordinaires), nous causions. Il nous racontait ses futurs romans, ses idées littéraires, ses opinions sur toutes choses. Certains jours on pêchait à la ligne. Hennique alors se distinguait, au grand désespoir de Zola, qui n'attrapait que des savates. [...] Comme les nuits étaient magnifiques, chaudes, pleines d'odeurs de feuilles, nous allions chaque soir nous promener dans la grande île en face. Je passais tout le monde dans la Nana[1]. On en vint à parcourir tous les conteurs célèbres et à vanter les raconteurs de vive voix dont le plus merveilleux, à notre connaissance, est le grand Russe Tourguenieff ce maître presque français ; Paul Alexis prétendait qu'un conte écrit est très difficile à faire. Mais Zola trouva que c'était une idée, qu'il fallait se dire des histoires. » (Paru dans *Le Gaulois*)

1. Nom de la barque.

Le thème choisi est la guerre de 1870. Zola expose avec un vrai talent de conteur « L'attaque du moulin ». Puis, J.-K. Huysmans propose « Sac au dos » (> p. 78), Henri Céard, « La saignée », Léon Hennique, « L'affaire du Grand 7 » et Paul Alexis, « Après la bataille ». Maupassant se distingue avec un chef-d'œuvre, « Boule de Suif ».

Au XXe siècle, la nouvelle triomphe à l'étranger

Les auteurs américains et sud-américains, comme **Cortázar** font évoluer le genre : la narration d'une histoire devient parfois secondaire, le but étant d'exprimer avec justesse et précision la complexité psychologique de l'âme humaine. Les nouvelles explorent parfois le territoire des désirs inconscients.

Ex : *Cortázar invente un monde où le domaine de l'imagination et des désirs refoulés envahit la réalité.*

Séquence

6 L'énigme du réel

« Dès qu'un homme veut pénétrer dans les secrets de la nature, où rien n'est secret, où il s'agit simplement de voir, il s'aperçoit que le simple y produit du merveilleux », avoue Balzac (*Séraphita*). Quand l'écrivain, par souci de réalisme, scrute détails et petits faits vrais, « la réalité » familière et transparente se révèle étrange. C'est ce que content romans policiers et nouvelles fantastiques.

Objectifs

- **Découvrir la richesse du réalisme et du naturalisme en explorant les frontières du réel**
- **Lire des récits fantastiques et policiers**

MÉTHODES

p. 389

Lire et analyser Fiches 14, 16, 17

Analyser une œuvre dans son contexte : Réalisme et naturalisme Fiches 26, 27

Connaître un genre littéraire : Le roman et la nouvelle Fiches 29, 32

S'initier aux épreuves du baccalauréat Fiches 46, 48, 51, 54

Histoire des arts

Jacques Monory, *Meurtre n° 1*, 1968

Contexte artistique et historique

LE RÉALISME ET LE NATURALISME EN QUESTION

Dès le XIXe, et plus encore au XXe siècle, artistes et écrivains **s'interrogent sur leur capacité à voir et reproduire la réalité**. Peut-on être **réaliste** ou **naturaliste**, c'est-à-dire, comme le pense Zola, observer le réel comme un savant regarde des insectes à travers une vitre ? Certains détails ne nous échappent-ils pas ? C'est cette question que pose le tableau de Monory et le **trajet du regard** révèle que le monde est **énigmatique**.

L'œil ne perçoit pas une image d'un seul coup. Un lecteur occidental commence en haut à gauche, balaye les intersections des lignes de tiers et s'arrête en bas à droite, dans ce qu'on appelle la zone de verrouillage.

Monory prend l'exact contre-pied de ce trajet visuel pour leurrer le spectateur et l'obliger à réfléchir sur ce qu'il voit.

Les intersections des lignes de tiers, renforcées par les lignes de fuite, le réalisme, voire l'hyperréalisme – c'est-à-dire la représentation quasi photographique – de la scène de rue : tout dissimule au regard l'élément essentiel du tableau : le pistolet, caché à l'opposé de la zone de verrouillage, dans un espace du tableau que l'œil ne balaie pas.

Pour comprendre l'image, le spectateur doit donc adopter une lecture active, en quête d'indices. En jouant avec le trajet du regard, Monory révèle une des caractéristiques de la lecture policière : le lecteur est lui-même enquêteur. Le réel représenté acquiert une épaisseur mystérieuse, énigmatique.

Biographie
p. 565

La mise en abyme

Meurtre n° 1 est un dispositif comprenant un premier tableau – une femme dans la rue – inséré dans un second tableau – une main féminine avec un revolver. Sans doute s'agit-il de la même personne. Ce **procédé de reprise et d'enchâssement** est une mise en abyme. Elle est présente dans le récit ou au théâtre, quand les personnages décident de jouer une pièce de théâtre (théâtre dans le théâtre). Vertigineuse et complexe, elle fait prendre conscience au spectateur qu'il regarde une représentation, voire la représentation d'une représentation, et non le réel, qui échappe à l'artiste.

Jacques MONORY (1934-), *Meurtre n° 1*, 1968 (Musée d'Art Moderne, Saint-Étienne).

L'inquiétante étrangeté d'une scène familière

LECTURE DE L'IMAGE

Une composition piégée

1 Que remarquez-vous en premier dans ce tableau ? Et ensuite ? Avez-vous repéré le coin en bas à gauche ? Quel est l'effet produit ?

2 Les points forts d'une image se trouvent à l'intersection des lignes de tiers et des lignes de fuite. Quels points ces lignes mettent-elles en valeur ? Comment interpréter cette composition ?

Fiche 17 **Lecture de l'image fixe**

3 Quel trajet l'œil doit-il suivre pour découvrir le pistolet ? Montrez que cette démarche est celle de l'enquête policière.

Un monochrome angoissant

4 Les deux décors – celui de la photo et celui d'une pièce carrelée – sont figurés de manière particulièrement réaliste. Relevez et classez les détails qui le prouvent.

5 Quelle atmosphère le monochrome bleu instaure-t-il ? Quels éléments du décor renforcent votre impression ?

Qui a tué qui ?

6 Comment comprenez-vous la présence du tableau dans le tableau ? Analysez les contrastes entre l'un et l'autre (décor, lumière, profondeur).

7 L'homme blessé est en réalité Monory et la femme, son ex-compagne. Quelle lecture du tableau la connaissance de ce contexte autobiographique permet-elle ?

ÉCRITURE

Argumentation

@ RECHERCHE Choisissez un tableau sur le site du peintre, http://www.jacquesmonory.com, et analysez les éléments qui rendent la représentation du réel énigmatique.

Observer la réalité, est-ce en sonder le mystère ?

Histoire littéraire
p. 48, 113, 132

Repères historiques
p. 558

1. Stendhal, *Le Rouge et le Noir*, 1830

Julien Sorel pénètre dans l'église de Verrière.

À l'occasion d'une fête, toutes les croisées[1] de l'édifice avaient été couvertes d'étoffe cramoisie. Il en résultait, aux rayons du soleil, un effet de lumière éblouissant, du caractère le plus imposant et le plus religieux. Julien tressaillit. Seul dans l'église, il s'établit dans le banc qui avait la plus belle apparence. Il portait les armes de M. de Rênal.

Sur le prie-Dieu, Julien remarqua un morceau de papier imprimé, étalé là comme pour être lu. Il y porta les yeux et vit :

Détails de l'exécution et des derniers moments de Louis Jenrel, exécuté à Besançon, le…

Le papier était déchiré. Au revers on lisait les deux premiers mots d'une ligne, c'étaient : *Le premier pas*.

– Qui a pu mettre ce papier là ? dit Julien. Pauvre malheureux, ajouta-t-il avec un soupir, son nom finit comme le mien… et il froissa le papier.

En sortant, Julien crut voir du sang près du bénitier, c'était de l'eau bénite qu'on avait répandue : le reflet des rideaux rouges qui couvraient les fenêtres la faisait paraître du sang.

STENDHAL, *Le Rouge et le Noir*, Chapitre 1, 1830.

1. Fenêtres.

2. Edgar Allan Poe, « Double assassinat dans la rue Morgue », 1841

Ce fut alors qu'il me demanda brusquement si j'avais remarqué quelque chose de *particulier* sur le théâtre du crime.

Il y eut dans sa manière de prononcer le mot *particulier* un accent qui me donna le frisson sans que je susse pourquoi.

– Non, rien de particulier, dis-je, rien d'autre, du moins, que ce que nous avons lu tous deux dans le journal.

– La *Gazette*, reprit-il, n'a pas, je le crains, pénétré l'horreur insolite de l'affaire. Mais laissons là les opinions niaises de ce papier. Il me semble que le mystère est considéré comme insoluble, par la raison même qui devrait le faire regarder comme facile à résoudre, – je veux parler du caractère excessif sous lequel il apparaît. Les gens de police sont confondus par l'absence apparente de motifs légitimant, non le meurtre en lui-même, mais l'atrocité du meurtre. Ils sont embarrassés aussi par l'impossibilité apparente de concilier les voix qui se disputaient avec ce fait qu'on n'a trouvé en haut de l'escalier

Caspar David FRIEDRICH (1774-1840), *Abbaye dans la forêt de chênes*, 1809-1810, huile sur toile, 171 × 110 cm (Galerie der Romantik, Berlin).

d'autre personne que mademoiselle l'Espanaye, assassinée, et qu'il n'y avait aucun moyen de sortir sans être vu des gens qui montaient l'escalier. L'étrange désordre de la chambre, – le corps fourré, la tête en bas, dans la cheminée, – l'effrayante mutilation du corps de la vieille dame, – [...] ont suffi pour paralyser l'action des agents du ministère et pour dérouter complètement leur perspicacité si vantée.

E. A. POE, « Double assassinat dans la rue Morgue », 1841, paru dans *Histoires extraordinaires*, traduction de Charles Baudelaire, 1856.

1 IMAGE Quels éléments du tableau sont peints avec un réalisme quasi photographique ? Pourquoi distillent-ils pourtant un sentiment de mystère ? Montrez que les textes reposent sur le même procédé.

2 Montrez que le premier texte annonce de manière énigmatique un sombre dénouement.

1

ENQUÊTE SUR UN MONDE ÉTRANGE ET FAMILIER

Honoré de Balzac, *Une ténébreuse affaire*, 1841

Biographie p. 562

Du même auteur p. 24, 26, 38, 133, 136

Histoire littéraire p. 48, 132

Repères historiques p. 558

Un complot contre Bonaparte est découvert. Corentin et Peyrade, deux enquêteurs parisiens, sont envoyés chez la jeune aristocrate Laurence de Cinq-Cygne, soupçonnée d'y avoir participé. Trouveront-ils des preuves contre elle ou parviendra-t-elle à leur échapper ?

Peyrade descendit et vint au salon en tenant à la main une cassette en bois de santal sculpté, qui devait avoir été jadis rapportée de la Chine par l'amiral de Simeuse[1]. Cette jolie boîte était plate et de la dimension d'un volume in-quarto[2]. [...]

Tous les habitants du château [...] avaient les yeux sur la précieuse cassette. Tout en causant, les deux agents épiaient le langage de ces regards flamboyants. Une sorte de rage froide remuait le cœur insensible de ces deux êtres qui savouraient la terreur générale.

L'homme de police a toutes les émotions du chasseur ; mais en déployant les forces du corps et de l'intelligence, là où l'un cherche à tuer un lièvre, une perdrix ou un chevreuil, il s'agit pour l'autre de sauver l'État ou le prince, de gagner une large gratification. Ainsi la chasse à l'homme est supérieure à l'autre chasse de toute la distance qui existe entre les hommes et les animaux. D'ailleurs, l'espion a besoin d'élever son rôle à toute la grandeur et à l'importance des intérêts auxquels il se dévoue. Sans tremper dans ce métier, chacun peut donc concevoir que l'âme y dépense autant de passion que le chasseur en met à poursuivre le gibier. Ainsi, plus ils avançaient vers la lumière, plus ces deux hommes étaient ardents ; mais leur contenance, leurs yeux restaient calmes et froids, de même que leurs soupçons, leurs idées, leur plan restaient impénétrables. Mais, pour qui eût suivi les effets du flair moral de ces deux limiers[3] à la piste des faits inconnus et cachés, pour qui eût compris les mouvements d'agilité canine qui les portaient à trouver le vrai par le rapide examen des probabilités, il y avait de quoi frémir ! [...]

– Personne n'a la clef du coffret ? demanda le cynique Peyrade.

H. DE BALZAC, *Une ténébreuse affaire*, 1841.

1. Grand-oncle de Laurence.
2. Format d'un livre.
3. Chiens de chasse dressés pour rechercher le gibier.

2

Émile Gaboriau, *Monsieur Lecoq*, 1869

Biographie p. 564

Histoire littéraire p. 48, 132

Repères historiques p. 558

Un crime a eu lieu dans le cabaret que tient la veuve Chupin. Lecoq, jeune policier intelligent et ambitieux, enquête avec un vieux collègue, surnommé père Absinthe. Il a déjà découvert, à l'extérieur de l'établissement, des traces suspectes dans la neige.

L'endroit était un chantier abandonné, ou plutôt la réserve d'un entrepreneur en bâtisses. Il s'y trouvait, déposés selon le caprice des charretiers, quantité d'énormes blocs de pierre, les uns travaillés, les autres bruts, et bon nombre de grandes pièces de bois grossièrement équarries[1].

Devant un de ces madriers[2], dont la surface avait été essuyée, toutes les empreintes se rejoignaient, se mêlaient et se confondaient. [...]

1. Taillées, débitées.
2. Grosses planches de bois.
3. Adresse, agilité.
4. Géomètre.

Libre de ses allures, maître de manœuvrer la lumière selon la rapidité de ses idées, le jeune policier explorait les environs dans un rayon assez étendu.

Moins inquiet, moins remuant, moins agile est le limier qui quête.

Il allait, venait, tournait, s'écartait, revenait encore, courant ou s'arrêtant sans raison apparente ; il palpait, il scrutait, il interrogeait tout : le terrain, les bois, les pierres et jusqu'aux plus menus objets ; tantôt debout, le plus souvent à genoux, quelquefois à plat ventre, le visage si près de terre que son haleine devait faire fondre la neige.

Il avait tiré un mètre de sa poche, et il s'en servait avec une prestesse[3] d'arpenteur[4] ; il mesurait, mesurait, mesurait… […]

Enfin, après un quart d'heure de cet étrange exercice, il revint près du père Absinthe, posa sa lanterne sur le madrier, s'essuya les mains à son mouchoir et dit :

– Maintenant, je sais tout.

– Oh !… c'est peut-être beaucoup.

– Quand je dis tout, je veux dire tout ce qui se rattache à cet épisode du drame qui là-bas, chez la veuve Chupin, s'est dénoué dans le sang. Ce terrain vague, couvert de neige, est comme une immense page blanche où les gens que nous recherchons ont écrit, non seulement leurs mouvements et leurs démarches, mais encore leurs secrètes pensées, les espérances et les angoisses qui les agitaient. Que vous disent-elles, papa, ces empreintes fugitives ? Rien. Pour moi, elles vivent comme ceux qui les ont laissées, elles palpitent, elles parlent, elles accusent !…

É. GABORIAU, *Monsieur Lecoq*, 1869.

Carl KRONBERGER (1841-1921),
À qui sont ces traces dans la neige ? (détail) (Hamm-Rhynern, Allemagne).

Faire parler les objets du quotidien

LECTURE DES TEXTES

Le réel observé à la loupe

1 Relevez les passages descriptifs dans les deux textes. Grâce à quels indices les repérez-vous ? Quelle importance ont-ils pour le lecteur d'enquête ?

Fiche 32 **La description**

2 Quels procédés stylistiques renforcent leur dimension réaliste ?

3 Montrez que les objets familiers deviennent suspects et énigmatiques dans le contexte criminel.

Du réalisme au roman policier

4 Étudiez le portrait de l'inspecteur en fin « limier ». Comment Balzac (l. 7 à 23) et Gaboriau (l. 7 à 14) confèrent-ils de l'originalité à cette figure devenue un cliché ?

5 Quelles caractéristiques de la personnalité d'enquêteur révèle l'emploi des temps verbaux dans chaque texte ?

6 Étudiez et interprétez la métaphore de la « page blanche » dans le texte de Gaboriau et celle du « chasseur » dans celui de Balzac. Quelles qualités définissent un détective perspicace ?

ÉCRITURE

Vers le commentaire

Rédigez une partie de commentaire montrant que les descriptions du texte de Gaboriau ont pour fonction de créer un effet de réel mais aussi poser les jalons du récit de l'enquête.

Fiche 51 **Rédiger un commentaire**

Question sur un corpus

Pourquoi l'enquête policière imaginée par Balzac et Gaboriau justifie-t-elle l'observation rigoureuse du réel ? Répondez dans un développement thématique.

Fiche 46 **Répondre à une question sur un corpus**

OUVERTURE CONTEMPORAINE

3 *Léo Malet,* *Fièvre au marais,* 1955

Dès la première page du roman, le détective privé Nestor Burma plonge au cœur du quartier parisien du Marais et de sa misère. Dans quelle enquête va-t-il se lancer ?

Biographie p. 565
Histoire littéraire p. 132
Repères historiques p. 560

Printemps pourri !

La pluie, poussée par le vent qu'on entendait hululer, tambourinait contre les carreaux de la fenêtre sans rideaux. À travers les vitres brouillées je découvrais un paysage de toits mouillés sur lequel le ciel plombé répandait une déprimante teinte vénéneuse. Un linge douteux flottait tristement, comme l'emblème d'une lamentable reddition, à la mansarde d'un immeuble voisin. Sur la gauche, devait s'élever l'hôtel Clisson ou Soubise, où sont conservées les Archives nationales. Droit devant, une haute cheminée émergeait du chaos des toits, signalant un pétrin de boulanger ou un atelier de fondeur. La fumée qui s'en échappait rejoignait les nuages noirs et s'y incorporait.

La pièce où je me trouvais, et que l'obscurité précoce commençait à envahir, était inégalement partagée en deux par une « banque[1] » à mi-hauteur. La planche mobile qui formait porte était rabattue sur le comptoir.

Une antique Remington[2] occupait l'extrémité d'une table, voisinant avec un registre ouvert et tout ce qu'il fallait pour écrire, plus un cendrier débordant de mégots, une petite lampe à abat-jour vert, un téléphone, un trébuchet[3] sensible comme une midinette, une loupe d'horloger, une pierre de touche[4], etc.

Derrière le fauteuil de cuir usagé, une penderie alignait une collection de vêtements. Des objets disparates s'entassaient en pagaille dans les rayonnages

1. Guichet.
2. Machine à écrire.
3. Balance.
4. Pierre noire, très dure, inattaquable par les acides, utilisée pour vérifier le métal des monnaies et des bijoux.

Eduardo ARROYO (1937-), *Heureux qui comme Ulysse*, 1977, huile sur toile, 180 × 220 cm (Musée national d'art moderne, Centre Georges-Pompidou, Paris).

de bois blanc cou long des murs. Entre des jumelles de théâtre et un casque à pointe de 70[5], il y avait même un ours en peluche, ce qui était assez pénible.

Sur le marbre de la cheminée, un tigre rugissait en direction d'une mouette perchée à la crête d'une vague solidifiée. À côté de ces bronzes d'art, une pendule hachait mélancoliquement le temps.

À même le parquet, une pile de bouquins aux reliures défraîchies et quelques rébarbatifs livres de comptes recouverts de toile noire. Un coffre s'érigeait non loin du poêle sans feu.

Le maître de céans[6], le père Samuel, trônait au milieu de ce capharnaüm poussiéreux et suintant la misère d'autrui. Il me regardait sans ciller, la lèvre légèrement retroussée, comme par une grimace narquoise, sur des dents de lapin.

Jules Cabirol à l'état civil, il se faisait volontiers appeler Samuel. Prêteur sur gages, établi à proximité du mont-de-piété[7], il estimait que, dans son métier, un peu de judaïsme[8] ne messeyait[9] pas.

Campé devant lui, je me demandais combien il avancerait sur la petite bonne femme nue en or massif qui donnait l'impression de danser sur sa poitrine. Question oiseuse. Sans intérêt. Cent pour cent sans intérêt. La petite femme constituait le manche d'un coupe-papier dont la lame s'enfonçait entièrement dans le cœur racorni du vieux pirate et, en cette fin d'après-midi d'une journée pluvieuse d'avril, le père Samuel ressemblait aux illusions des pauvres bougres qui venaient chez lui convertir leurs souvenirs en un morceau de pain.

Il était aussi mort qu'elles.

Peut-être même un peu plus.

L. MALET, *Fièvre au marais*, 1955.

5. De 1870, année où les Allemands, en guerre contre la France, équipaient leurs soldats de casques à pointe.
6. Le maître des lieux.
7. Établissement public où l'on prête temporairement, sur gages, de l'argent.
8. Culture juive.
9. Disconvenait.

Inventaire après décès

LECTURE DU TEXTE

L'effet de réel

1 Quelles informations relatives à l'espace-temps l'incipit donne-t-il au lecteur ? Expliquez le choix du **point de vue.**

➲ Fiche 29 **Le point de vue**

2 Quels éléments instaurent avec **réalisme** l'atmosphère de misère du quartier du Marais ?

3 Montrez qu'il se dégage de la **description** de la pièce une impression de bric-à-brac particulièrement étrange. Comment s'explique-t-elle ? Proposez plusieurs hypothèses.

L'effet de surprise

4 Étudiez la progression de la **description**. En quoi est-elle surprenante ?

5 Après relecture, quels éléments annonçaient déjà la mort du prêteur sur gages ?

➲ Fiche 32 **La description**

ÉCRITURE

Invention

Inspirez-vous du tableau d'Arroyo pour écrire une description à la manière de Léo Malet.

Vers la dissertation

Van Dine, auteur américain, a écrit : « Il ne doit pas y avoir, dans le roman policier, de longs passages descriptifs, pas plus que d'analyses subtiles ou de préoccupations d'atmosphère. De telles matières ne peuvent qu'encombrer lorsqu'il s'agit d'exposer clairement un crime et de chercher le coupable. Elles retardent l'action et dispersent l'attention, détournant le lecteur du but principal qui consiste à poser un problème, à l'analyser et à lui trouver une solution satisfaisante. » (« Vingt règles pour écrire des histoires de détective », 1928)

Écrivez une lettre argumentative exprimant votre désaccord avec les propos de Van Dine. Vous expliquerez pourquoi le réalisme des descriptions permet au contraire de souligner le caractère énigmatique du crime.

➲ Fiche 48 **Rédiger un écrit d'invention**

OUVERTURE CONTEMPORAINE

4

Fred Vargas, Debout les morts, 1995

Biographie p. 567
Histoire littéraire p. 132
Repères historiques p. 560

Un matin, Sophia découvre dans son jardin un hêtre qui n'y était pas la veille. Ses voisins, Marc l'historien et Mathias l'archéologue, l'aident à vérifier que ses racines ne cachent rien. Plus tard, Sophia disparaît et la police vérifie qu'elle n'a pas été enterrée sous l'arbre. Sans succès. Pourtant, Marc a la certitude que cet arbre est lié au crime.

Marc posa sa main sur le tronc frais, puis son autre main. L'arbre était encore assez jeune pour qu'il puisse en faire le tour avec ses doigts. Comme ça, il eut envie de l'étrangler, de lui serrer le cou jusqu'à ce qu'il raconte entre deux hoquets ce qu'il était venu faire dans ce jardin. Il laissa retomber ses bras, découragé. On n'étrangle pas un arbre. Un arbre, ça ferme sa gueule, c'est muet, c'est pire qu'une carpe, ça ne fait même pas de bulles. Ça ne fait que des feuilles, du bois, des racines. Si, ça fait de l'oxygène aussi, ce qui est assez pratique. À part ça, rien. Muet. Muet comme Mathias qui tentait de faire parler ses tas de silex et d'ossements : un type muet conversant avec des objets muets. C'était complet. Mathias assurait qu'il savait les entendre, qu'il suffisait de connaître leur langue et de les écouter. Marc, qui n'aimait que le bavardage des textes, de lui-même et des autres, ne pouvait pas comprendre ce genre de conversation du silence. Pourtant, Mathias finissait par trouver des trucs, c'était indéniable.

Il s'assit aux côtés de l'arbre. L'herbe n'avait pas encore bien repoussé autour de lui depuis qu'on l'avait déraciné deux fois. Ça faisait un petit duvet d'herbe clairsemée qu'il caressa avec sa paume. Bientôt, elle serait forte et grande et on n'y verrait plus rien. On oublierait l'arbre et sa terre. Mécontent, Marc arracha par touffes l'herbe neuve. Quelque chose n'allait pas. La terre était sombre, grasse, presque noire. Il se souvenait bien des deux jours où ils avaient ouvert et fermé cette tranchée stérile. Il revoyait Mathias, enfoncé dans la tranchée jusqu'à mi-cuisses, disant que ça suffisait, qu'on s'arrêtait, que les niveaux étaient en place, intacts. Il revoyait ses pieds nus dans ses sandales, couverts de terre. Mais d'une terre limoneuse, brun-jaune, légère. Il y en avait dans le fourneau de la pipe blanche qu'il avait ramassée en marmonnant « XVIIIe siècle ». Une terre claire, friable. Et quand ils avaient rebouché, ils avaient mélangé l'humus et la terre claire. Claire, pas du tout comme celle-ci qu'il était en train de pétrir entre ses doigts. Du nouvel humus[1], déjà ? Marc gratta plus profondément. De la terre noire, toujours. Il fit le tour de l'arbre et examina le sédiment[2] sur tout son pourtour. Aucun doute, on avait touché au sous-sol. Les couches de terrain n'étaient plus telles qu'ils les avaient laissées. Mais les flics avaient creusé après eux. Peut-être étaient-ils descendus plus profondément, peut-être avaient-ils entamé une couche de terre noire sous-jacente. Ça devait être ça. Ils n'avaient pas su distinguer les niveaux intacts et s'étaient enfoncés largement dans une terre noire qu'ils avaient répandue en surface en rebouchant. Pas d'autre explication. Aucun intérêt.

Marc resta assis là un moment en laissant ses doigts sillonner le sol. Il ramassa un petit tesson de grès[3], qui lui parut plus XVIe que XVIIIe. Mais il ne connaissait pas grand-chose à ça et il le fourra dans sa poche. Il se releva, tapota le tronc de l'arbre pour le prévenir qu'il s'en allait et reprit l'ascension de la grille. Il touchait des pieds la poubelle quand il vit le parrain arriver.

1. Terre noire issue de la décomposition des matières végétales.
2. Dépôt laissé par la désagrégation de matières organiques.
3. Morceau de céramique.

Les Autres, film d'Alejandro AMENABAR, 2001.

– Très discret, dit Vandoosler[4].

– Et alors ? dit Marc en frottant ses mains sur son pantalon. J'ai juste été voir l'arbre.

– Et qu'est-ce qu'il t'a dit ?

– Que les flics de Leguennec[5] avaient creusé beaucoup plus profond que nous, jusqu'au XVIIIe siècle. Mathias n'a pas tout à fait tort, la terre peut parler.

F. VARGAS, *Debout les morts*, 1995 © Viviane Hamy.

4. Le parrain de Marc, propriétaire de la maison où logent ce dernier et son ami Mathias.

5. L'inspecteur chargé d'enquêter sur la disparition de Sophia.

Un étrange suspect

LECTURE DU TEXTE

Un arbre inquiétant

1 Quels détails insistent sur la banalité de l'arbre ? À quel moment le regard porté sur lui évolue-t-il ? Établissez le plan du texte en vous appuyant sur vos réponses.

2 Quels éléments soulignent le caractère énigmatique du décor ?

3 Quels procédés montrent l'arbre comme un suspect ou un complice du crime ? Pourquoi ce traitement crée-t-il le suspense ?

Fiche 16 **Les figures de style**

Enquête et archéologie

4 Comment l'observation archéologique s'unit-elle à l'enquête policière ? Étudiez l'entrelacement des champs lexicaux.

5 SYNTHÈSE Montrez que le texte joue sur le sens propre et figuré du verbe « creuser » pour définir l'enquête et la lecture policières.

ÉCRITURE

Invention

Vargas décrit l'arbre comme un suspect. Inspirez-vous de l'image du film *Les Autres* pour décrire un arbre assassin. Le premier paragraphe insistera sur sa banalité ; le second sur ses éléments intrigants.

Fiches 47, 48 **Vers l'écriture d'invention**

Argumentation

Alain Demouzon, auteur de romans policiers, a écrit : « Il y a, au cœur de chaque énigme, les moyens de trouver la solution. Comment mener l'enquête ? La procédure est simple : [...] lire. Attentivement. Très attentivement. On vous l'a dit, la vérité est dissimulée dans le texte ! Sans tricherie. »

a Défendez cette thèse en montrant que la description policière est un défi pour le lecteur.

b Que lit Marc ? Que lui révèle sa lecture sur le monde familier qui l'entoure ?

Guy de Maupassant, « La chevelure », 1884

Texte 1

Biographie
p. 565

Du même auteur
p. 26, 33, 80, 85, 89, 90, 91, 93, 102, 131, 413

Histoire littéraire
p. 113, 132

Repères historiques
p. 558

Le narrateur s'est vu remettre un étrange journal intime. L'auteur de celui-ci, amateur d'antiquités, a acheté un meuble ancien. Dans un tiroir secret, il trouve une curieuse relique.

Une planche glissa et j'aperçus, étalée sur un fond de velours noir, une merveilleuse chevelure de femme !

Oui, une chevelure, une énorme natte de cheveux blonds, presque roux, qui avaient dû être coupés contre la peau, et liés par une corde d'or.

Je demeurai stupéfait, tremblant, troublé ! Un parfum presque insensible, si vieux qu'il semblait l'âme d'une odeur, s'envolait de ce tiroir mystérieux et de cette surprenante relique.

Je la pris, doucement, presque religieusement, et je la tirai de sa cachette. Aussitôt elle se déroula, répandant son flot doré qui tomba jusqu'à terre, épais et léger, souple et brillant comme la queue en feu d'une comète.

Une émotion étrange me saisit. Qu'était-ce que cela ? Quand ? comment ? pourquoi ces cheveux avaient-ils été enfermés dans ce meuble ? Quelle aventure, quel drame cachait ce souvenir ? Qui les avait coupés ? un amant, un jour d'adieu ? un mari, un jour de vengeance ? ou bien celle qui les avait portés sur son front, un jour de désespoir ?

Était-ce à l'heure d'entrer au cloître qu'on avait jeté là cette fortune d'amour, comme un gage laissé au monde des vivants ? Était-ce à l'heure de la clouer dans la tombe, la jeune et belle morte, que celui qui l'adorait avait gardé la parure de sa tête, la seule chose qu'il pût conserver d'elle, la seule partie vivante de sa chair qui ne dût point pourrir, la seule qu'il pouvait aimer encore et caresser, et baiser dans ses rages de douleur ?

N'était-ce point étrange que cette chevelure fût demeurée ainsi, alors qu'il ne restait plus une parcelle du corps dont elle était née ?

Dante Gabriel ROSSETTI (1828-1882), *Lady Lilith*, illustration, 1868 (Delaware Art Museum).

Texte 2 *Sa découverte l'obsède tant qu'il voit apparaître la femme à qui elle a appartenu.*

Elle est venue. Oui, je l'ai vue, je l'ai tenue, je l'ai eue, telle qu'elle était vivante autrefois, grande, blonde, grasse, les seins froids, la hanche en forme de lyre ; et j'ai parcouru de mes caresses cette ligne ondulante et divine qui va de la gorge aux pieds en suivant toutes les courbes de la chair.

Oui, je l'ai eue, tous les jours, toutes les nuits. Elle est revenue, la Morte, la belle morte, l'Adorable, la Mystérieuse, l'Inconnue, toutes les nuits.

Mon bonheur fut si grand, que je ne l'ai pu cacher. J'éprouvais près d'elle un ravissement surhumain, la joie profonde, inexplicable, de posséder l'Insaisissable, l'Invisible, la Morte ! Nul amant ne goûta des jouissances plus ardentes, plus terribles !

Je n'ai point su cacher mon bonheur. Je l'aimais si fort que je n'ai plus voulu la quitter. Je l'ai emportée avec moi toujours, partout. Je l'ai promenée par la ville comme ma femme, et conduite au théâtre en des loges grillées, comme ma maîtresse…

Mais on l'a vue… on a deviné… on me l'a prise… Et on m'a jeté dans une prison, comme un malfaiteur. On l'a prise… oh ! misère !…

***

Le manuscrit s'arrêtait là. Et soudain, comme je relevais sur le médecin des yeux effarés, un cri épouvantable, un hurlement de fureur impuissante et de désir exaspéré s'éleva dans l'asile.

– Écoutez-le, dit le docteur. Il faut doucher cinq fois par jour ce fou obscène. […]

– Mais… cette chevelure… existe-t-elle réellement ?

Le médecin se leva, ouvrit une armoire pleine de fioles et d'instruments et il me jeta, à travers son cabinet, une longue fusée de cheveux blonds qui vola vers moi comme un oiseau d'or. Je frémis en sentant sur mes mains son toucher caressant et léger. Et je restai le cœur battant de dégoût et d'envie, de dégoût comme au contact des objets traînés dans les crimes, d'envie comme devant la tentation d'une chose infâme et mystérieuse. Le médecin reprit en haussant les épaules :

– L'esprit de l'homme est capable de tout.

G. DE MAUPASSANT, « La chevelure », nouvelle publiée dans *Gil Blas*, 13 mai 1884.

Journal d'un fou

LECTURE DES TEXTES

L'irruption du surnaturel

1 Comment l'apparition de la chevelure (texte 1) puis de la morte (texte 2) est-elle annoncée et dramatisée ? Quand glisse-t-on de l'événement surprenant au surnaturel ?

2 Quels procédés grammaticaux et lexicaux montrent que l'ordre habituel du monde est perturbé ?

3 Comment la chevelure est-elle personnifiée ? Quel type de femme fait-elle « apparaître » ?

Fiche 16 **Les figures de style**

Un dénouement troublant

4 Délimitez le récit du fou et celui du narrateur. Pourquoi donner ces témoignages est-il intéressant ?

5 Proposez deux hypothèses différentes pour expliquer ce qui s'est produit : celle du personnage enfermé et celle du médecin.

6 Si le médecin ne croit pas aux fantômes, à quel genre de mystère insondable s'intéresse-t-il ?

7 Montrez, en relevant comparaisons et verbes de mouvement, que le narrateur est lui aussi sensible au magnétisme ambigu de la chevelure. Quel type de fin cela permet-il ?

6

Villiers de l'Isle-Adam, *Contes cruels*, 1883

Biographie p. 567

Histoire littéraire p. 113, 132

Repères historiques p. 558

L'intersigne

Arnold BÖCKLIN (1827-1901), *L'Île des morts*, 1880, huile sur toile, 80 × 150 cm (Musée des Beaux-Arts, Bâle).

L'aspect champêtre de cette maison, les croisées et leurs jalousies[1] vertes, les trois marches de grès, les lierres, les clématites et les roses-thé qui s'enchevêtraient sur les murs jusqu'au toit, d'où s'échappait, d'un tuyau à girouette, un petit nuage de fumée, m'inspirèrent des idées de recueillement, de santé et de paix profonde. Les deux fenêtres de l'unique étage brillaient des feux de l'Occident[2] ; une niche où se tenait l'image d'un bienheureux[3] était creusée entre elles. […]

Je me levai très vite et repris le marteau de la porte en regardant la maison riante.

Mais, à peine eus-je de nouveau jeté sur elle un regard distrait, que je fus forcé de m'arrêter encore, me demandant, cette fois, si je n'étais pas le jouet d'une hallucination.

Était-ce bien la maison que j'avais vue tout à l'heure ? Quelle ancienneté me dénonçaient, maintenant, les longues lézardes, entre les feuilles pâles ? Cette bâtisse avait un air étranger ; les carreaux illuminés par les rayons d'agonie du soir brûlaient d'une lueur intense ; le portail hospitalier m'invitait avec ses trois marches ; mais, en concentrant mon attention sur ces dalles grises, je vis qu'elles venaient d'être polies, que des traces de lettres creusées y restaient encore, et je vis bien qu'elles provenaient du cimetière voisin.

VILLIERS DE L'ISLE-ADAM, *Contes cruels*, « L'intersigne », 1883.

1. Persienne à lamelles mobiles.
2. L'ouest.
3. Un saint.

Une réalité qui se lézarde

LECTURE DU TEXTE

1 Établissez le plan du texte en montrant l'opposition entre le premier regard, superficiel et rassurant, et la seconde observation, plus inquiétante.

2 La maison se lézarde-t-elle vraiment ou le narrateur perd-il le sens de la réalité ? Pourquoi hésite-t-on entre ces deux interprétations, l'une rationnelle, l'autre non ? Appuyez-vous sur les indices du texte.

HISTOIRE DES ARTS

3 Tous les éléments du tableau existent dans la réalité. Pourtant, de leur assemblage naît un sentiment d'inquiétante étrangeté. À quoi est-ce dû ?

ÉCRITURE

Argumentation

Préférez-vous les nouvelles réalistes ou fantastiques ? Vous argumenterez et illustrerez votre propos.

Fiche 54 **Rédiger une dissertation**

Question sur un corpus

Lisez « La chute de la maison Usher », nouvelle d'E. A. Poe. À quel moment le narrateur voit-il le mur se lézarder ? Comparez ce que peut signifier cette fissure chez Poe et dans cet extrait.

Fiche 46 **Répondre à une question sur un corpus**

7 Julio Cortázar, Les Armes secrètes, 1963

Texte intégral

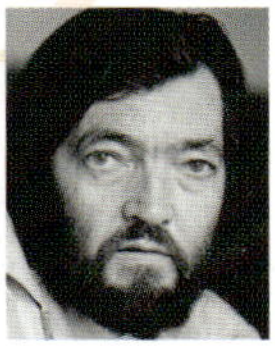

Biographie p. 563

Histoire littéraire p. 113, 132

Repères historiques p. 560

Continuité des parcs

Il avait commencé à lire le roman quelques jours auparavant. Il l'abandonna à cause d'affaires urgentes et l'ouvrit de nouveau dans le train, en retournant à sa propriété. Il se laissait lentement intéresser par l'intrigue et le caractère des personnages. Ce soir-là, après avoir écrit une lettre à son fondé de pouvoir[1] et discuté avec l'intendant une question de métayage[2], il reprit sa lecture dans la tranquillité du studio, d'où la vue s'étendait sur le parc planté de chênes. Installé dans son fauteuil favori, le dos à la porte pour ne pas être gêné par une irritante possibilité de dérangements divers, il laissait sa main gauche caresser de temps en temps le velours vert. Il se mit à lire les derniers chapitres. Sa mémoire retenait sans effort les noms et l'apparence des héros. L'illusion romanesque le prit presque aussitôt. Il jouissait du plaisir presque pervers de s'éloigner petit à petit, ligne après ligne, de ce qui l'entourait, tout en demeurant conscient que sa tête reposait commodément sur le velours du dossier élevé, que les cigarettes restaient à portée de sa main et qu'au-delà des grandes fenêtres le souffle du crépuscule semblait danser sous les chênes.

Phrase après phrase, absorbé par la sordide alternative où se débattaient les protagonistes, il se laissait prendre aux images qui s'organisaient et acquéraient progressivement couleur et vie. Il fut ainsi témoin de la dernière rencontre dans la cabane parmi la broussaille. La femme entra la première, méfiante. Puis vint l'homme, le visage griffé par les épines d'une branche.

Admirablement, elle étanchait[3] de ses baisers le sang des égratignures. Lui, se dérobait aux caresses. Il n'était pas venu pour répéter le cérémonial d'une passion clandestine protégée par un monde de feuilles sèches et de sentiers furtifs. Le poignard devenait tiède au contact de sa poitrine. Dessous, au rythme du cœur, battait la liberté convoitée. Un dialogue haletant se déroulait au long des pages comme un fleuve de reptiles, et l'on sentait que tout était décidé depuis toujours. Jusqu'à ces caresses qui enveloppaient le corps de l'amant comme pour le retenir et le dissuader, dessinaient abominablement

1. Personne chargée d'agir en son nom.
2. Forme de bail où le propriétaire et l'exploitant se partagent les produits du domaine agricole.
3. Arrêtait l'écoulement d'un liquide.

Anthony GREEN (1939-), *Les Secrets du confessionnal*, 1957 (Collection privée).

les contours de l'autre corps, qu'il était nécessaire d'abattre. Rien n'avait été oublié : alibis, hasards, erreurs possibles. À partir de cette heure, chaque instant avait son usage minutieusement calculé. La double et implacable répétition était à peine interrompue le temps qu'une main frôle une joue. Il commençait à faire nuit.

Sans se regarder, étroitement liés à la tâche qui les attendait, ils se séparèrent à la porte de la cabane. Elle devait suivre le sentier qui allait vers le nord. Sur le sentier opposé, il se retourna un instant pour la voir courir, les cheveux dénoués. À son tour, il se mit à courir, se courbant sous les arbres et les haies. À la fin, il distingua dans la brume mauve du crépuscule l'allée qui conduisait à la maison. Les chiens ne devaient pas aboyer et ils n'aboyèrent pas.

À cette heure, l'intendant ne devait pas être là et il n'était pas là. Il monta les trois marches du perron et entra. À travers le sang qui bourdonnait dans ses oreilles, lui parvenaient encore les paroles de la femme. D'abord une salle bleue, puis un corridor, puis un escalier avec un tapis. En haut, deux portes. Personne dans la première pièce, personne dans la seconde. La porte du salon, et alors, le poignard en main, les lumières des grandes baies, le dossier élevé du fauteuil de velours vert et, dépassant le fauteuil, la tête de l'homme en train de lire un roman.

J. CORTÁZAR, *Les Armes secrètes*, « Continuité des parcs »,
traduit par Laure Bataillon © Éditions Gallimard, 1963.

Aux frontières du réel et de la fiction

LECTURE DU TEXTE

Meurtre mystérieux dans un fauteuil

1 Notez vos premières impressions de lecture et précisez en une phrase ce qui fait l'intérêt de la nouvelle.

Fiche 14 **Lecture analytique**

2 Relevez les indices spatiaux et temporels réalistes. Comment rendent-ils progressivement inquiétant ce rendez-vous des amants ?

3 Relevez les allusions au fauteuil vert. Que permet de comprendre la dernière occurrence ? Pourquoi ce petit détail vrai est-il troublant ?

Une lecture captivante

4 Par quels procédés lexicaux, grammaticaux et stylistiques le pouvoir captivant de la lecture est-il souligné des lignes 1 à 19 ?

5 À quel moment le personnage est-il happé par sa lecture et passe-t-il du monde réel à celui de la fiction ?

La mise en abyme

6 Relisez le début (l. 4 à 9) et la fin (l. 41 à 49) du texte. Quels détails font comprendre qu'il s'agit d'un même lieu ? Expliquez le titre de la nouvelle.

7 Quelle histoire le personnage principal croit-il lire ? Quel récit est-il en train de lire en fait ?

HISTOIRE DES ARTS

8 Quels sont les points communs entre l'œuvre d'Anthony Green et la nouvelle ? En quoi réside leur étrangeté ?

ÉCRITURE

Vers la dissertation

Dans *Encres vagabondes* (1997), Châteaureynaud précise que le fantastique repose sur la confusion « entre le passé et le présent, l'imaginaire et le réel, l'intérieur de la tête et l'extérieur, la veille et le sommeil ». Expliquez puis nuancez cette thèse par des arguments et exemples tirés de vos lectures.

Fiche 54 **Rédiger une dissertation**

Invention

« C'était écrit. » Voilà le titre de la nouvelle en une page que *La Revue des deux Mondes fantastiques* vous demande d'écrire. Imaginez un scénario reposant sur la confusion du rêve et de la réalité.

Fiche 48 **Rédiger un écrit d'invention**

POUR ARGUMENTER LE FANTASTIQUE VA-T-IL DISPARAÎTRE OU TRIOMPHER ?

Guy de Maupassant, « Le fantastique », 1883

Dans cet article, Maupassant annonce la mort du fantastique, incapable de survivre au progrès scientifique et rationnel qui dissout les brumes du surnaturel.

Lentement, depuis vingt ans, le surnaturel est sorti de nos âmes. [...] Nos petits-enfants s'étonneront des croyances de leurs pères et des choses si ridicules et si invraisemblables. Ils ne sauront jamais ce qu'était autrefois la nuit, la peur du mystérieux, la peur du surnaturel. [...] C'est à peine si quelques centaines d'hommes s'acharnent encore à croire aux visites des esprits, aux influences de certains êtres ou de certaines choses, au somnambulisme lucide, à tout le charlatanisme des spirites[1]. C'est fini.

Notre pauvre esprit inquiet, impuissant, borné, effaré par tout effet dont il ne saisissait pas la cause, épouvanté par le spectacle incessant et incompréhensible du monde a tremblé pendant des siècles sous des croyances étranges et enfantines qui lui servaient à expliquer l'inconnu. Aujourd'hui, il devine qu'il s'est trompé, et il cherche à comprendre, sans savoir encore. Le premier pas, le grand pas est fait. Nous avons rejeté le mystérieux qui n'est plus pour nous inexploré. [...]

De là, va certainement résulter la fin de la littérature fantastique.

G. DE MAUPASSANT, chronique parue dans *Le Gaulois*, 7 octobre 1883.

1. Attitude consistant à prétendre entrer en relation avec les esprits.

LECTURE

1 Quels sont la thèse et les arguments de Maupassant ? Quel mouvement littéraire devrait s'imposer, au détriment du fantastique ?

2 Selon D. Labbé, contre quoi les écrivains fantastiques d'hier et d'aujourd'hui protestent-ils ?

Denis Labbé, « La genèse du roman de terreur », 1995

Le genre fantastique, né au XIXe siècle, et les romans de terreur moderne expriment une résistance aux avancées de la science.

Les fantômes, les vampires et les autres créatures représentaient alors les derniers vestiges des croyances médiévales, et à ce titre opposaient à la science une surnature puissante (*Dracula*), à la rationalité une autre rationalité fondée sur des modes de pensée différents (*Légendes du mythe de Cthulhu* de H. P. Lovecraft), à la vie urbaine un naturalisme exacerbé (*Conan* et *Kull* de Robert Howard) et aux valeurs modernes, les senteurs musquées des mythes et des légendes (*Le Seigneur des anneaux* de J. R. R. Tolkien).

C'est donc en puisant dans les mythes et les légendes que le roman fantastique et le roman « noir » ont trouvé la matière de leurs protestations, utilisant le surnaturel comme épée contre les inventions de la science.

D. LABBÉ, « La genèse du roman de terreur et son emprise sur le monde moderne », Revue *Phénix*, n° 37, 1995.

Le Seigneur des anneaux, film de Peter Jackson, 2001, d'après les romans de J. R. R. TOLKIEN.

ARGUMENTATION

LITTÉRATURE ET SOCIÉTÉ Pensez-vous que romans fantastiques et films d'horreur expriment les angoisses de la société ? Illustrez par des exemples contemporains.

Histoire littéraire

Le fantastique

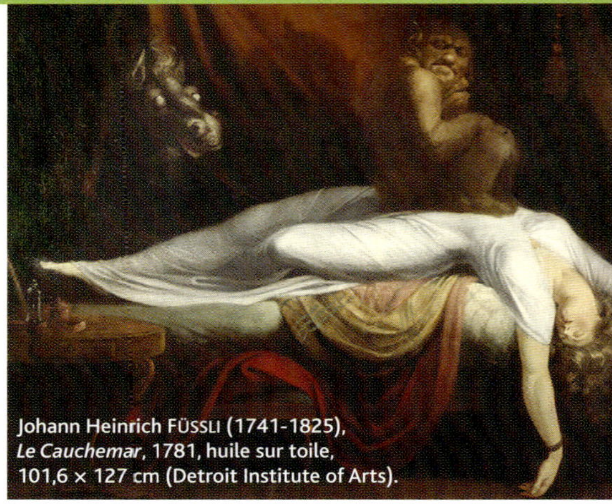

Johann Heinrich FÜSSLI (1741-1825), *Le Cauchemar*, 1781, huile sur toile, 101,6 × 127 cm (Detroit Institute of Arts).

Définition

Le terme « fantastique » désigne une œuvre où le **surnaturel fait irruption dans une réalité banale**. Contrairement au récit merveilleux, où le surnaturel est accepté, ce dernier « manifeste un scandale, une déchirure, une irruption insolite, presque insupportable dans le monde réel ». (R. Caillois, *Au cœur du fantastique*, Éd. Gallimard, 1965)

L'hésitation du lecteur

Ni le personnage ni le lecteur ne pouvant trouver d'explication, l'incertitude s'installe. **Todorov** insiste : le texte oblige le lecteur « à **hésiter** entre une explication naturelle et une explication surnaturelle [...]. Ensuite, cette hésitation peut être ressentie également par un personnage ; ainsi le rôle de lecteur est pour ainsi dire confié à un personnage. » Enfin, le lecteur refuse l'interprétation poétique ou symbolique des phénomènes.

Brève histoire du genre

- **Le genre naît au XVIIIe siècle**, avec les romans gothiques anglais de **Walpole** ou **Lewis**. En France, **Cazotte** publie *Le Diable amoureux* (1772), récit illuministe rejetant le rationalisme des Lumières. Vers 1830, le succès du fantastique repose aussi sur le refus romantique d'une rationalité jugée trop rigide. Ainsi, **Hoffmann** en Allemagne ou **Nodier** en France s'emparent du genre et en exaltent la sombre poésie. Leur conviction qu'un monde « sur-réel » communique avec le nôtre s'exprime dans des contes hérités du folklore ou des poèmes très modernes.

Ex : *Aloysius Bertrand invente le poème en prose, écrin de visions où se confondent veille et cauchemar.*

- Toutefois, l'**apogée du fantastique** coïncide avec celui de la **nouvelle**, dont la densité et l'art de la chute rendent spectaculaire l'irruption du surnaturel. Il privilégie alors des thèmes, comme la vie cachée des forces naturelles ou surnaturelles, les échanges entre vie et mort, fiction et réalité.

Ex : *Le héros de Cortázar, dans* Continuité des parcs, *bascule du monde réel à l'univers imaginaire du livre* (> p. 129).

Certains personnages deviennent récurrents : la femme maléfique, le vampire, la morte qui revient ou le héros diabolique.

Réalisme et fantastique

- À force de scruter le monde comme un scientifique ou un policier, les écrivains réalistes et naturalistes voient les **réalités banales** se teinter d'étrangeté.

Ex : *Dans l'église pavoisée de rouge, Julien Sorel croit lire dans l'article de journal déchiré l'énigme de sa destinée sanglante* (> p. 118).

De même, les **enquêtes policières**, en observant les détails du réel à la loupe, en font des signes troublants, résistant au déchiffrement.

Ex : *Balzac, dans* Une ténébreuse affaire, *décrit le coffre, objet ordinaire, comme s'il recelait un mystère surréel* (> p. 120). *Poe met en exergue des détails vrais mais incongrus et nous entraîne aux lisières du fantastique le plus noir* (> p. 118).

Ainsi, la veine fantastique trouve place au sein même des romans réalistes.

- Les réalistes inventent donc un fantastique nouveau : refusant la présence de tout objet ou personnage magique, il tient au regard grossissant porté sur des détails, des lieux et des personnages. Il ouvre les yeux du lecteur sur un monde qu'il croyait simple et l'invite à en percevoir l'étrange complexité.

Le fantastique et les énigmes du moi

- **Maupassant** porte à son comble l'**hésitation fantastique**, « la confusion pénible et enfiévrante ».

Ex : *Dans « La chevelure », on ne sait qui a raison, de l'aliéné ou du médecin* (> p. 126). *De même, on ignore si le personnage de Villiers de l'Isle-Adam est fou ou si la maison est hantée* (> p. 128).

- Constatant que la science explique désormais des phénomènes naturels attribués autrefois aux puissances occultes, Maupassant en conclut que le lecteur moderne ne croit plus aux histoires de fantômes. Le genre fantastique doit devenir « plus subtil » et jouer avec la peur et la folie tapies dans le cœur humain : « en demeurant sur la limite du possible, [il jette] les âmes dans l'hésitation, dans l'effarement ». (*Le Gaulois*, 7 octobre 1883)

Le texte fantastique pousse alors à s'interroger sur les énigmes du moi. Le lecteur est renvoyé à ses démons intérieurs. Comme l'écrit S. King : « Les fantômes existent, ils sont en moi. »

Corpus : « Chefs de file et manifestes »

1 **Honoré DE BALZAC,** Avant-propos de *La Comédie humaine,* 1842
2 **Pierre LAROUSSE,** *Grand Dictionnaire universel du XIXe siècle,* article « Réalisme », 1864-1876
3 **Émile ZOLA,** Préface de *L'Assommoir,* 1877
4 **André GILL,** « Zola saluant le buste de Balzac », 1878

1 Honoré DE BALZAC, Avant-propos de *La Comédie humaine*, 1842

Le hasard est le plus grand romancier du monde : pour être fécond, il n'y a qu'à l'étudier. La société française allait être l'historien, je ne devais être que le secrétaire. En dressant l'inventaire des vices et des vertus, en rassemblant les principaux faits des passions, en peignant les caractères, en choisissant les événements principaux de la société, en composant des types par la réunion des traits de plusieurs caractères homogènes, peut-être pouvais-je arriver à écrire l'histoire oubliée par tant d'historiens, celle des mœurs. Avec beaucoup de patience et de courage, je réaliserais, sur la France, au XIXe siècle, ce livre que nous regrettons tous, que Rome, Athènes, Tyr, Memphis, la Perse, l'Inde, ne nous ont malheureusement pas laissé sur leurs civilisations et qu'à l'instar de l'abbé Barthélémy[1], le courageux et patient Monteil[2] avait essayé pour le Moyen Âge, mais sous une forme peu attrayante.

Ce travail n'était rien encore. S'en tenant à cette reproduction rigoureuse, un écrivain pouvait devenir un peintre plus ou moins fidèle, plus ou moins heureux, patient ou courageux des types humains, le conteur des drames de la vie intime, l'archéologue du mobilier social, le nomenclateur des professions, l'enregistreur du bien et du mal ; mais pour mériter les éloges que doit ambitionner tout artiste, ne devais-je pas étudier les raisons ou la raison de ces effets sociaux, surprendre le sens caché dans cet immense assemblage de figures, de passions et d'événements. Enfin, après avoir cherché, je ne dis pas trouvé, cette raison, ce moteur social, ne fallait-il pas méditer sur les principes naturels et voir en quoi les Sociétés s'écartent ou se rapprochent de la règle éternelle, du vrai, du beau ?

H. DE BALZAC, Avant-propos de *La Comédie humaine*, 1842.

1. Érudit et écrivain (1716-1795), auteur du *Voyage du jeune Anacharsis en Grèce*, qui privilégie la description des lieux et des personnages à l'analyse historique dans ses récits.
2. Historien (1769-1850) qui mena combat pour alerter l'opinion sur la disparition du patrimoine écrit.

2 Pierre LAROUSSE, *Grand Dictionnaire universel du XIXe siècle*, article « Réalisme », 1864-1876

« Celui donc qui entreprendra de peindre la vie dans ses livres, s'il est équitable, s'il est habile, la peindra telle qu'elle est, avec son éternel antagonisme ; et c'est par cela seul qu'il touchera, car c'est par cela seul qu'il sera vrai. » (Feydeau)

Ainsi ont toujours agi les maîtres, ceux dont les œuvres empreintes d'un *réalisme* puissant méritent d'être étudiées et approfondies. Ils n'ont fait en cela qu'appliquer avec plus de force des procédés communs à toutes les littératures anciennes et modernes, sauf à la littérature française du XVIIe siècle, en les relevant par cette précision dans l'observation, cette exactitude dans la recherche des détails qui est le caractère littéraire de notre époque. Victor Hugo, si neuf dans l'invention, si réaliste, car il l'est parfois jusqu'à la brutalité dans l'expression, reste un idéaliste dans la conception de ses types principaux, qu'il crée Esméralda ou Quasimodo, les Thénardier, Fantine, Javert[1]. Balzac est tantôt d'un *réalisme* effrayant, tantôt d'un idéalisme effréné ; à la fois mystique, sensuel, matérialiste, plastique, tantôt il étudie les objets à la loupe et tantôt il se perd dans le monde de la pensée, de l'hallucination et du rêve ; il va de Swedenborg[2] et de Saint-Martin[3] à Rétif de La Bretonne[4] et reflète avec la même vérité l'homme physique et l'homme moral. À leur suite, Champfleury[5], Gustave Flaubert, les frères Goncourt, E. Feydeau[6], É. Zola et quelques autres ont, il est vrai, moins cherché à enseigner qu'à peindre ; ce sont eux que l'on accuse plus spécialement de *réalisme*, en prenant le mot de mauvaise part et en leur reprochant de faire trop prédominer le laid réel sur le beau idéal. Qu'importe, si à force de vérité dans l'observation ils parviennent à intéresser ?

P. LAROUSSE, article « Réalisme » (extrait),
Grand Dictionnaire universel du XIXe siècle, 1864-1876.

1. Personnages célèbres des romans de Victor Hugo.
2. Scientifique et théologien suédois du XVIIIe siècle.
3. Philosophe encyclopédiste du XVIIIe siècle, surnommé « le philosophe inconnu ».
4. Écrivain du XVIIIe siècle.
5. Romancier et essayiste qui publia une célèbre préface au *Réalisme*.
6. Écrivain et archéologue. Père de Georges Feydeau, auteur de théâtre.

3 Émile ZOLA, Préface de *L'Assommoir*, 1877

L'Assommoir est venu à son heure, je l'ai écrit, comme j'écrirai les autres, sans me déranger une seconde de ma ligne droite. C'est ce qui fait ma force. J'ai un but auquel je vais.

Lorsque *L'Assommoir* a paru dans un journal, il a été attaqué avec une brutalité sans exemple, dénoncé, chargé de tous les crimes. Est-il bien nécessaire d'expliquer ici, en quelques lignes, mes intentions d'écrivain ? J'ai voulu peindre la déchéance fatale d'une famille ouvrière, dans le milieu empesté de nos faubourgs. Au bout de l'ivrognerie et de la fainéantise, il y a le relâchement des liens de la famille, les ordures de la promiscuité, l'oubli progressif des sentiments honnêtes, puis comme dénouement la honte et la mort. C'est de la morale en action, simplement.

L'Assommoir est à coup sûr le plus chaste de mes livres. Souvent j'ai dû toucher à des plaies autrement épouvantables. La forme seule a effaré. On s'est fâché contre les mots. Mon crime est d'avoir eu la curiosité littéraire de ramasser et de couler dans un moule très travaillé la langue du peuple. Ah ! la forme, là est le grand crime ! Des dictionnaires de cette langue existent pourtant, des lettrés l'étudient et jouissent de sa verdeur, de l'imprévu et de la force de ses images. Elle est un régal pour les grammairiens fureteurs. N'importe, personne n'a entrevu que ma volonté était de faire un travail purement philologique[1], que je crois d'un vif intérêt historique et social.

Je ne me défends pas, d'ailleurs. Mon œuvre me défendra. C'est une œuvre de vérité, le premier roman sur le peuple, qui ne mente pas et qui ait l'odeur du peuple. Et il ne faut point conclure que le peuple tout entier est mauvais, car mes personnages ne sont pas mauvais, ils ne sont qu'ignorants et gâtés par le milieu de rude besogne et de misère où ils vivent.

É. ZOLA, Préface de *L'Assommoir*, 1877.

1. Qui étudie l'histoire de la langue.

4 André Gill, « Zola saluant le buste de Balzac », 1878

Dessin d'André GILL (1840-1885), « Zola saluant le buste de Balzac », 1878 (Musée Carnavalet, Paris).

Questions sur un corpus

1 Expliquez puis justifiez le titre de ce corpus. Déterminez le genre et l'objectif de chaque document.

Fiche 46 **Répondre à une question sur un corpus**

2 À quelles difficultés se heurtent les écrivains qui innovent ? Structurez votre réponse thématiquement.

3 Comment définir un « chef de file » ? Répondez en vous appuyant sur les textes et l'image.

Travaux d'écriture

Commentaire

Vous proposerez un commentaire du texte de Zola en montrant comment la force épidictique de la préface engage l'écrivain dans un double projet : convaincre et persuader.

Fiches 49, 50, 51 **Vers le commentaire**

Dissertation

Quels grands principes ont en commun les écrivains réalistes et naturalistes ? Vous répondrez dans un développement argumentatif structuré en différents paragraphes.

Fiches 52, 53, 54 **Vers la dissertation**

Écriture d'invention

Dans l'avant-propos de *La Comédie humaine*, Balzac écrit : « Le hasard est le plus grand romancier du monde. » Écrivez un dialogue théâtral dans lequel l'écrivain précise à Zola son point de vue sur le récit romanesque. Les deux auteurs confronteront nécessairement leurs points de vue sur les enjeux du roman.

Fiches 47, 48 **Vers l'écriture d'invention**

À lire

Lire l'*incipit*

1. Honoré de Balzac, *Splendeurs et Misères des courtisanes*, 1838-1847

Publié entre 1838 et 1847, ce roman succède aux *Illusions perdues*. Une partie du récit, *La Dernière Incarnation de Vautrin*, paraît dans *La Presse*, l'un des premiers grands quotidiens populaires français.

Une vue du bal de l'Opéra

En 1824, au dernier bal de l'opéra, plusieurs masques furent frappés de la beauté d'un jeune homme qui se promenait dans les corridors et dans le foyer, avec l'allure des gens en quête d'une femme retenue au logis par des circonstances imprévues. Le secret de cette démarche, tour à tour indolente et pressée, n'est connu que des vieilles femmes et de quelques flâneurs émérites. Dans cet immense rendez-vous, la foule observe peu la foule, les intérêts sont passionnés, le Désœuvrement lui-même est préoccupé. Le jeune dandy était si bien absorbé par son inquiète recherche qu'il ne s'apercevait pas de son succès : les exclamations railleusement admiratives de certains masques, les étonnements sérieux, les mordants lazzis[1], les plus douces paroles, il ne les entendait pas, il ne les voyait point. Quoique sa beauté le classât parmi ces personnages exceptionnels qui viennent au bal de l'Opéra pour y avoir une aventure, et qui l'attendent comme on attendait un coup heureux à la roulette quand Frascati vivait, il paraissait bourgeoisement sûr de sa soirée ; il devait être le héros d'un de ces mystères à trois personnages qui composent tout le bal masqué de l'Opéra, et connus seulement de ceux qui y jouent leur rôle ; car, pour les jeunes femmes qui viennent afin de pouvoir dire : J'ai vu ; pour les gens de province, pour les jeunes gens inexpérimentés, pour les étrangers, l'Opéra doit être alors le palais de la fatigue et de l'ennui. Pour eux, cette foule noire, lente et pressée, qui va, vient, serpente, tourne, retourne, monte, descend, et qui ne peut être comparée qu'à des fourmis sur leur tas de bois, n'est pas plus compréhensible que la Bourse pour un paysan bas-breton qui ignore l'existence du Grand-Livre[2]. À de rares exceptions près, à Paris, les hommes ne se masquent point : un homme en domino[3] paraît ridicule. En ceci le génie de la nation éclate. Les gens qui veulent cacher leur bonheur peuvent aller au bal de l'Opéra sans y venir, et les masques absolument forcés d'y entrer en sortent aussitôt.

H. DE BALZAC, *Splendeurs et Misères des courtisanes*, Première partie, Chapitre 1, 1838-1847.

1. Plaisanteries, moqueries.
2. Univers de la spéculation.
3. Costume de bal masqué constitué d'une robe munie d'un capuchon.

2. STENDHAL, *Le Rouge et le Noir*, 1830
Le parcours de Julien Sorel, jeune provincial dévoré entre son ambition et ses passions amoureuses.

3. Charles DICKENS, *Les Aventures d'Oliver Twist*, 1837-1839
Ce roman évoque la vie d'un jeune orphelin à Londres.

4. Gustave FLAUBERT, *L'Éducation sentimentale*, 1869
Ce roman d'apprentissage raconte le parcours jalonné de rencontres amoureuses de Frédéric Moreau.

5. Guy DE MAUPASSANT, ***Une vie*, 1883**
Le destin de Jeanne, jeune aristocrate sortie du couvent, et les étapes successives de sa déchéance sont retracées dans un univers dépourvu d'espoir.

6. Émile ZOLA, ***Germinal*, 1885**
Ce roman raconte l'itinéraire social d'Étienne Lantier, chômeur qui part, en pleine crise industrielle, dans le nord de la France, à la recherche d'un nouvel emploi.

7. Anna GAVALDA, ***Je voudrais que quelqu'un m'attende quelque part*, 1999**
En perspective du courant réaliste, un recueil d'instantanés contemporains entre humour au vitriol et tendresse retenue.

@ consulter

- www.cahiers-naturalistes.com : le site des *Cahiers naturalistes*, une revue littéraire consacrée aux études sur Zola et le naturalisme.
- MaisondeBalzac-Paris.fr : pour découvrir la maison de l'écrivain, située au cœur de l'ancien village de Passy, à l'ouest de Paris. Balzac y vécut de 1840 à 1847 et y conçut *La Comédie humaine*.
- www.alalettre.com : un site dédié à la littérature : biographie, œuvres, auteurs...

À voir

1. ***Le Quai des brumes*, film de Marcel Carné, 1938**
Jean, un déserteur de l'armée coloniale, veut quitter la France. Il rencontre Nelly, jeune fille terrorisée par Zabel, son tuteur, qu'elle soupçonne du meurtre de Maurice, son amant. Pour défendre Nelly, Jean tue Zabel.

2. ***Thérèse Raquin*, film de Marcel Carné, 1953**
Thérèse Raquin mène une vie fade, auprès d'un époux ingrat et de sa vieille mère autoritaire qui tient une mercerie où travaille le couple. L'arrivée d'un bel Italien va bouleverser la vie de Thérèse.

3. ***L'Éducation sentimentale*, film de Marcel Cravenne, 1981**
Inspiré du roman de Flaubert.

4. ***Madame Bovary*, film de Claude Chabrol, 1991**
Inspiré du roman éponyme de Flaubert.

5. ***The Van*, film britannico-irlandais de Stephen Frears, 1996**
Dans le sillage de l'exaltation engendrée par le parcours de l'équipe d'Irlande de football lors de la Coupe du monde de 1990, des chômeurs de Dublin mettent en place un commerce itinérant de sandwiches dans une camionnette.

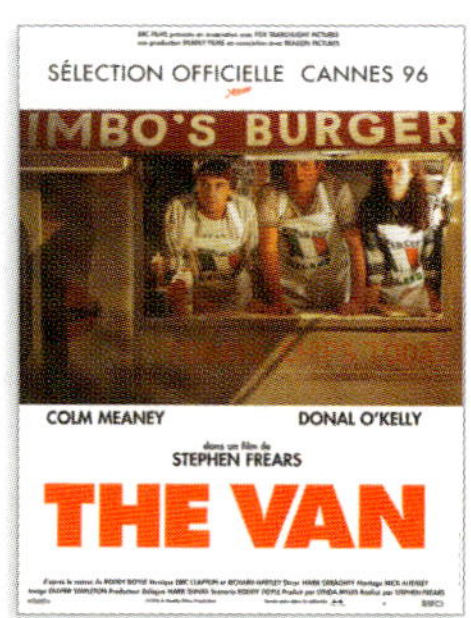

Chapitre

2 La tragédie et la comédie au XVIIe siècle

Le classicisme

MOLIÈRE, *Le Bourgeois gentilhomme*, mise en scène de Jean-Louis Benoit (Comédie-Française, 2000).

Séquence

7 La comédie du mariage

Le théâtre, reflet de la société, fonde ses intrigues comiques sur des mariages arrangés où s'affrontent jeune et vieille générations. Des pères tyranniques refusent le mariage d'amour de leurs filles pour leur imposer un mari de leur choix. Mais les jeunes gens opiniâtres peuvent compter sur les ruses des serviteurs.

Objectifs

- Découvrir les principes d'une intrigue comique
- Savoir identifier le registre comique

MÉTHODES p. 389

Lire et analyser Fiches 15, 16
Analyser une œuvre dans son contexte : Le classicisme Fiches 20, 21
Connaître un genre littéraire : La tragédie et la comédie Fiches 34, 35
S'initier aux épreuves du baccalauréat Fiches 46, 47, 49, 50, 51, 52, 53, 54
Étude de la langue Fiches 56, 60

Histoire des arts

Molière, *L'Avare*, 1668

Mise en scène de Catherine Hiegel, 2009

Frosine (D. Constanza), Harpagon (D. Podalydès), Cléante (B. Jungers), Mariane (M.-S. Ferdane), mise en scène de Catherine Hiegel (Comédie-Française, Paris, 2009).

Costume de théâtre et personnages

Dans le théâtre antique, le costume sert à **identifier chaque personnage comique** : tunique courte de l'esclave courant à ses fourberies, robe chatoyante de la courtisane, tunique et manteau de laine du riche vieillard, etc. Les comédiens italiens du XVIIe gardent cette tradition : l'habit multicolore d'Arlequin le distingue du Docteur, qui porte un habit noir et une fraise. Les costumes du théâtre classique français, en revanche, répondent à des impératifs techniques et économiques : ils doivent briller dans la faible lumière des chandelles de la rampe, mais dépendent des moyens financiers de chaque acteur responsable de ses propres costumes. Les troupes héritent souvent des habits de cour de leurs protecteurs, qui ne correspondent pas toujours à leurs rôles. La **vraisemblance** est cependant plus facile à atteindre pour la comédie où les milieux représentés sont contemporains des auteurs, que pour la tragédie dont l'action est située dans l'Antiquité. Ainsi, Molière incite ses acteurs à prêter davantage attention à la crédibilité de leur costume.

Au XVIIIe siècle, l'acteur de la Comédie-Française Talma, les écrivains Diderot et Voltaire prônent des **costumes réalistes** permettant l'identification de l'acteur à son rôle et celle du spectateur au personnage.

Aujourd'hui, le costume est un élément fondamental de la mise en scène. Il est en harmonie avec le décor et situe les personnages, non seulement dans leur époque, leur milieu, mais aussi les uns par rapport aux autres : maîtres et valets, riches et pauvres, jeunes et vieux sont ainsi visuellement repérables et caractérisés symboliquement par les couleurs, les matériaux et les formes de leurs costumes.

Les costumes dans *L'Avare*

Molière utilise le costume pour opposer de façon comique ses personnages. Harpagon critique les fanfreluches coûteuses de son fils, à la mode à la Cour de Louis XIV : « À quoi servent tous ces rubans dont vous voilà lardé depuis les pieds jusqu'à la tête ? » Au contraire, Frosine flatte ironiquement le vieillard en décrivant sa tenue datant de l'époque d'Henri IV : « Votre fraise[1] à l'antique fera sur son esprit un effet admirable. Mais surtout elle sera charmée de votre haut-de-chausses[2], attaché au pourpoint avec des aiguillettes[3]. »

1. Collerette.
2. Culotte bouffante.
3. Lacets servant à tenir la culotte, remplacés par des rubans à l'époque de Louis XIV.

Le mariage arrangé, entre intérêts et rivalités

LECTURE DE L'IMAGE

Un conflit de générations

1 @ RECHERCHE Cherchez sur le site www.toutmoliere.net la liste des personnages de *L'Avare* et un résumé de l'intrigue. Schématisez les liens entre Frosine, Harpagon, Cléante et Mariane.

2 Analysez la position des personnages, leurs attitudes et le jeu des regards.

3 Après avoir lu « Costume de théâtre et personnages », décrivez les costumes. Montrez qu'ils symbolisent la rivalité des générations et le rapport de chaque personnage à l'argent.

L'argent, nerf de la guerre

4 Quel milieu social le décor suggère-t-il ? Justifiez en analysant l'architecture, les matériaux et la décoration.

5 MISE EN VOIX À quatre, lisez la scène 7 de l'acte III. Choisissez un passage et jouez un « arrêt sur image », sans dire le texte. La classe doit deviner quel personnage est incarné par chacun.

ÉCRITURE

Invention

Proposez une adaptation moderne de *L'Avare*. Décrivez le décor puis les costumes que vous donneriez aux quatre personnages. Argumentez.

Pourquoi le mariage est-il au cœur de l'intrigue comique ?

Histoire littéraire p. 157, 178

Repères historiques p. 554

1. Jean Racine, *Les Plaideurs*, 1668

LÉANDRE. – Je le sais comme toi ; mais malgré tout cela,
Je meurs pour Isabelle.

L'INTIMÉ[1]. – Eh bien ! épousez-la,
Vous n'avez qu'à parler, c'est une affaire prête.

LÉANDRE. – Hé ! cela ne va pas si vite que ta tête.
Son père est un sauvage à qui je ferais peur.
À moins que d'être huissier, sergent ou procureur,
On ne voit point sa fille ; et la pauvre Isabelle,
Invisible et dolente[2], est en prison chez elle.
Elle voit dissiper sa jeunesse en regrets,
Mon amour en fumée, et son bien en procès.
Il la ruinera si l'on le laisse faire.

J. RACINE, *Les Plaideurs*, Acte I, scène 5, 1668.

1. Être intimé : être assigné en justice.
2. Malheureuse.

2. Molière, *Le Tartuffe*, 1669

MARIANE. — Qui voulez-vous, mon Père, que je dise,
Qui me touche le cœur, et qu'il me serait doux
De voir, par votre choix, devenir mon époux ?

ORGON. — Tartuffe.

MARIANE. — Il n'en est rien, mon père, je vous jure :
Pourquoi me faire dire une telle imposture ?

ORGON. — Mais je veux que cela soit une vérité ;
Et c'est assez pour vous que je l'aie arrêté.

MARIANE. — Quoi ! vous voulez, mon père…

ORGON. — Oui, je prétends, ma Fille,
Unir, par votre hymen, Tartuffe à ma famille.
Il sera votre époux, j'ai résolu cela.

MOLIÈRE, *Le Tartuffe*, Acte II, scène 1, 1669.

3. Molière, *Le Malade imaginaire*, 1673

ARGAN. — Je lui commande absolument de se préparer à prendre le mari que je dis.

TOINETTE. — Et moi, je lui défends absolument d'en faire rien.

ARGAN. — Où est-ce donc que nous sommes ? et quelle audace est-ce là à une coquine de servante de parler de la sorte devant son maître ?

TOINETTE. — Quand un maître ne songe pas à ce qu'il fait, une servante bien sensée est en droit de le redresser.

MOLIÈRE, *Le Malade imaginaire*, Acte I, scène 5, 1673.

4. *Le Malade imaginaire* de Molière, mise en scène de Gildas Bourdet, 2003

Argan, Toinette et sa fille Angélique, mise en scène de Gildas Bourdet (Théâtre de l'Ouest Parisien, 2003).

1 Quels obstacles au mariage lancent l'intrigue dans les trois extraits ? Classez-les du plus léger au plus grave.

2 Quels personnages semblent pouvoir dénouer les difficultés ?

3 Pourquoi le mariage est-il un thème propice au développement du comique ? Répondez en vous appuyant sur les quatre documents.

CHOISIR OU NE PAS CHOISIR

1 Plaute, *La Marmite*, vers 194 av. J.-C.

Biographie p. 566
Du même auteur p. 165
Histoire littéraire p. 157

Le vieux Mégador accepte d'épouser sans dot la fille de son voisin avare, Euclion.

MÉGADORE. – J'ai confié à mes nombreux amis la décision que j'avais prise
Je leur ai dit que j'allais me marier et que ma fiancée était la fille d'Euclion
Ils m'approuvèrent chaleureusement
« Ce mariage était une preuve de ma sagesse
J'avais su prendre la bonne décision »
C'est aussi mon avis
Et si tout le monde faisait comme moi
Si les citoyens riches épousaient sans dot les filles des citoyens pauvres
C'en serait fini de la lutte des classes
Nous les riches cesserions de nous jalouser entre nous
Nos épouses commenceraient à nous respecter
Et enfin nous ferions des économies. […]
Votre épouse ne vous dira plus :
« Je t'ai apporté une dot qui dépasse largement tout ce que tu possédais
Il est donc normal que tu me fasses des cadeaux
Tu dois m'offrir de la pourpre et de l'or
Tu dois m'acheter des servantes, des mulets, des muletiers, des valets de pied, des grooms
Et une voiture pour me promener. »

PLAUTE, *La Marmite*, vers 194 av. J.-C., traduction Florence Dupont

2 Molière, *L'Avare*, 1668

Biographie p. 565
Du même auteur p. 142, 148, 154, 162, 163, 169, 172, 176, 181, 224
Histoire littéraire p. 157, 178
Repères historiques p. 554

Élise refuse d'épouser le seigneur Anselme que son père, Harpagon, lui destine. Il demande à Valère, son intendant, son avis sur le sujet, sans savoir que le jeune homme est amoureux d'Élise. Valère n'ose contredire son maître.

Acte I, scène 5

HARPAGON, VALÈRE, ÉLISE

HARPAGON. – C'est une occasion qu'il faut prendre vite aux cheveux[1]. Je trouve ici un avantage, qu'ailleurs je ne trouverais pas ; et il s'engage à la prendre sans dot.

VALÈRE. – Sans dot ?

HARPAGON. – Oui.

VALÈRE. – Ah ! je ne dis plus rien. Voyez-vous, voilà une raison tout à fait convaincante ; il se faut rendre à cela.

HARPAGON. – C'est pour moi une épargne considérable.

VALÈRE. – Assurément, cela ne reçoit point de contradiction. Il est vrai que votre fille peut vous représenter que le mariage est une plus grande affaire qu'on ne peut croire ; qu'il y va d'être heureux ou malheureux toute sa vie ; et qu'un engagement qui doit durer jusqu'à la mort, ne se doit jamais faire qu'avec de grandes précautions.

HARPAGON. – Sans dot.

1. Qu'il ne faut pas manquer.

VALÈRE. – Vous avez raison. Voilà qui décide tout, cela s'entend. Il y a des gens qui pourraient vous dire qu'en de telles occasions l'inclination d'une fille est une chose sans doute où l'on doit avoir de l'égard ; et que cette grande inégalité d'âge, d'humeur et de sentiments, rend un mariage sujet à des accidents très fâcheux.

HARPAGON. – Sans dot.

VALÈRE. – Ah ! Il n'y a pas de réplique à cela. On le sait bien. Qui diantre peut aller là-contre ?

MOLIÈRE, *L'Avare*, Acte I, scène 5, 1668.

Denis Podalydès (Harpagon), Stéphane Varupenne (Valère), Suliane Brahim (Élise), mise en scène de Catherine Hiegel (Comédie-Française, Paris, 2009).

Avec ou sans dot ?

LECTURE DES TEXTES

Avantages et inconvénients

1 Quels avantages un futur mari (Mégadore) et un père (Harpagon) trouvent-ils à un mariage sans dot ? Quelle vision de la femme leurs discours indiquent-ils ?

2 Quels inconvénients Valère oppose-t-il à Harpagon ? Quelle vision du mariage propose-t-il ?

Du modèle antique à la comédie classique

3 Comment Molière transforme-t-il l'idée de Plaute ? Analysez les relations des personnages, la longueur du dialogue, sa progression.

➲ Fiche 34 **La parole**

4 Qu'est-ce qui rend Valère comique ? Analysez l'énonciation et la modalisation dans ses propos.

➲ Fiche 56 **L'énonciation**

5 MISE EN ESPACE Imaginez à trois une mise en espace pour le dialogue de Molière : où placer Élise, Harpagon et Valère ? Élise se déplace-t-elle ? Les deux hommes la regardent-ils ? Testez plusieurs possibilités et justifiez-les devant la classe.

ÉCRITURE

Invention

En vous aidant de votre mise en espace, ajoutez des didascalies au dialogue de Molière pour souligner les relations entre les personnages.

Question sur un corpus

Comparez Valère à Clindor dans *L'Illusion comique* (p. 146) : comment la comédie utilise-t-elle le personnage du jeune homme désargenté ?

➲ Fiche 46 **Répondre à une question sur un corpus**

3

Texte 1

Pierre Corneille,
L'Illusion comique, 1635

Isabelle est courtisée par Adraste que son père veut lui faire épouser. Mais elle aime Clindor, serviteur de Matamore, soldat fanfaron lui aussi amoureux d'Isabelle.

Biographie
p. 563

Du même auteur
p. 156, 166, 194, 198, 201, 210, 300

Histoire littéraire
p. 157, 178

Repères historiques
p. 554

Acte II, scène 6

CLINDOR, ISABELLE

ISABELLE. – Que m'allez-vous conter ?
CLINDOR. – Que j'adore Isabelle,
Que je n'ai plus de cœur ni d'âme que pour elle ;
Que ma vie…
ISABELLE. – Épargnez ces propos superflus ;
Je les sais, je les crois : que voulez-vous de plus ?
Je néglige à vos yeux l'offre d'un diadème ;
Je dédaigne un rival : en un mot, je vous aime.
C'est aux commencements des faibles passions
À s'amuser encore aux protestations :
Il suffit de nous voir au point où sont les nôtres ;
Un coup d'œil vaut pour vous tous les discours des autres.
CLINDOR. – Dieux ! qui l'eût jamais cru que mon sort rigoureux
Se rendît si facile[1] à mon cœur amoureux !
Banni de mon pays par la rigueur d'un père,
Sans support, sans amis, accablé de misère,
Et réduit à flatter le caprice arrogant
Et les vaines humeurs d'un maître extravagant ;

1. Devînt favorable.

L'Illusion comique de P. CORNEILLE, mise en scène de Brigitte Jaques-Wajeman (Comédie-Française, 2004).

Ce pitoyable état de ma triste fortune
N'a rien qui vous déplaise ou qui vous importune ;
Et d'un rival puissant les biens et la grandeur
Obtiennent moins sur vous que ma sincère ardeur.

ISABELLE. – C'est comme il faut choisir. Un amour véritable
S'attache seulement à ce qu'il voit aimable.
Qui regarde les biens ou la condition
N'a qu'un amour avare, et plein d'ambition,
Et souille lâchement par ce mélange infâme
Les plus nobles désirs qu'enfante une belle âme.
Je sais bien que mon père a d'autres sentiments,
Et mettra de l'obstacle à nos contentements :
Mais l'amour sur mon cœur a pris trop de puissance
Pour écouter encor les lois de la naissance.
Mon père peut beaucoup, mais bien moins que ma foi.
Il a choisi pour lui, je veux choisir pour moi.

P. CORNEILLE, *L'Illusion comique*, Acte II, scène 6, 1635.

Texte 2 *Une œuvre ambiguë*

En définitive, *L'Illusion* apparaît comme une œuvre profonde, obscure, tragique, angoissante, pessimiste, même si elle est auréolée d'une sorte de légèreté poétique, d'une apparente douceur et même d'une ivresse de l'amour. Qu'est-ce que *L'Illusion* sinon une passion d'amour, sinon une série continue d'histoires d'amour et d'identités, qui s'enchaînent les unes dans les autres pour créer un univers de passions subtilement variées.

Extrait du programme de *L'Illusion*, mise en scène de Giorgio STREHLER, Odéon-Théâtre de l'Europe, novembre 1984.

Une jeune fille décidée

LECTURE DU TEXTE

Les obstacles sociaux

1 Quels différents obstacles à l'amour les jeunes gens rencontrent-ils ? Justifiez par des relevés.

2 Analysez le registre de la réplique de Clindor (v. 11 à 20). Quel effet produit-il sur Isabelle ?

Fiche 15 **Les registres littéraires**

L'affirmation d'une volonté

3 Comment l'autorité d'Isabelle se manifeste-t-elle ? Analysez l'énonciation et les temps verbaux (v. 21 à 32).

Fiche 56 **L'énonciation**

4 Quelle définition de l'amour Isabelle donne-t-elle ? Jusqu'où est-elle prête à aller ? Justifiez.

5 SYNTHÈSE Justifiez le jugement de G. Strehler sur la pièce en vous appuyant sur ce texte et ceux cités p. 156, 166.

HISTOIRE DES ARTS

6 MISE EN SCÈNE Dans la mise en scène de B. Jaques-Wajeman, comment les costumes révèlent-ils la différence sociale entre les personnages ?

7 Analysez les postures et expressions des acteurs : que révèlent-elles de leur relation ? Comment la modernité du personnage d'Isabelle est-elle suggérée ?

ÉCRITURE

Question sur un corpus

Comparez Isabelle avec Agafia du *Mariage* de Gogol (p. 150) : comment les deux auteurs jouent-ils avec l'image traditionnelle de la jeune fille à marier ?

Fiche 46 **Répondre à une question sur un corpus**

Commentaire

Rédigez le commentaire de cet extrait en montrant d'abord le renversement des rôles, puis en analysant l'originalité du personnage d'Isabelle.

Fiches 49, 50, 51 **Vers le commentaire**

4

Molière, *Dom Juan*, 1665

Biographie
p. 565

Du même auteur
p. 142, 144, 154, 162, 163, 169, 172, 176, 181, 224

Histoire littéraire
p. 157, 178

Repères historiques
p. 554

Dom Juan est un noble libertin : il ne respecte aucun principe moral et promet le mariage aux femmes pour mieux les séduire, puis les abandonner. Devant son valet Sganarelle, il charme deux jeunes paysannes, Charlotte et Mathurine.

Acte II, scène 4

DOM JUAN, SGANARELLE, CHARLOTTE, MATHURINE

CHARLOTTE. – Oui, Mathurine, je veux que Monsieur vous montre votre bec-jaune[1].

MATHURINE. – Oui, Charlotte, je veux que Monsieur vous rende un peu camuse[2].

CHARLOTTE. – Monsieur, videz la querelle, s'il vous plaît.

MATHURINE. – Mettez-nous d'accord, Monsieur.

CHARLOTTE, *à Mathurine*. – Vous allez voir.

MATHURINE, *à Charlotte*. – Vous allez voir vous-même.

CHARLOTTE, *à Dom Juan*. – Dites.

MATHURINE, *à Dom Juan*. – Parlez.

DOM JUAN, *embarrassé, leur dit à toutes deux*. – Que voulez-vous que je dise ? Vous soutenez également toutes deux que je vous ai promis de vous prendre pour femmes. Est-ce que chacune de vous ne sait pas ce qui en est, sans qu'il soit nécessaire que je m'explique davantage ? Pourquoi m'obliger là-dessus à des redites ? Celle à qui j'ai promis effectivement n'a-t-elle pas en elle-même de quoi se moquer des discours de l'autre, et doit-elle se mettre en peine, pourvu que j'accomplisse ma promesse ? Tous les discours n'avancent point les choses ; il faut faire et non pas dire, et les effets décident mieux que les paroles. Aussi n'est-ce rien que par là[3] que je vous veux mettre d'accord, et l'on verra, quand je me marierai, laquelle des deux a mon cœur. *(Bas, à Mathurine.)* Laissez-lui croire ce qu'elle voudra. *(Bas, à Charlotte.)* Laissez-la se flatter dans son imagination. *(Bas, à Mathurine.)* Je vous adore. *(Bas, à Charlotte.)* Je suis tout à vous. *(Bas, à Mathurine.)* Tous les visages sont laids auprès du vôtre. *(Bas, à Charlotte.)* On ne peut plus souffrir les autres quand on vous a vue. J'ai un petit ordre à donner ; je viens vous retrouver dans un quart d'heure.

CHARLOTTE, *à Mathurine*. – Je suis celle qu'il aime, au moins.

MATHURINE. – C'est moi qu'il épousera.

SGANARELLE. – Ah ! pauvres filles que vous êtes, j'ai pitié de votre innocence, et je ne puis souffrir de vous voir courir à votre malheur. Croyez-moi l'une et l'autre : ne vous amusez point à tous les contes qu'on vous fait, et demeurez dans votre village.

DOM JUAN, *revenant*. – Je voudrais bien savoir pourquoi Sganarelle ne me suit pas.

SGANARELLE. – Mon maître est un fourbe ; il n'a dessein que de vous abuser, et en a bien abusé d'autres ; c'est l'épouseur du genre humain, et... *(Il aperçoit Dom Juan.)* Cela est faux ; et quiconque vous dira cela, vous lui devez dire qu'il en a menti. Mon maître n'est point l'épouseur du genre humain, il n'est point fourbe, il n'a pas dessein de vous tromper, et n'en a point abusé d'autres. Ah ! tenez, le voilà ; demandez-le plutôt à lui-même.

1. Votre erreur.
2. Honteuse.
3. C'est seulement de cette façon-là...

DOM JUAN. – Oui.

SGANARELLE. – Monsieur, comme le monde est plein de médisants, je vais au-devant des choses ; et je leur disais que, si quelqu'un leur venait dire du mal de vous, elles se gardassent bien de le croire, et ne manquassent pas de lui dire qu'il en aurait menti.

DOM JUAN. – Sganarelle.

SGANARELLE. – Oui, Monsieur est homme d'honneur, je le garantis tel.

DOM JUAN. – Hon !

SGANARELLE. – Ce sont des impertinents.

MOLIÈRE, *Dom Juan*, Acte II, scène 4, 1665.

Dom Juan de MOLIÈRE, mise en scène de Bernard Sobel, 1973.

Le mariage à la légère

LECTURE DU TEXTE

Un ballet amoureux

1 Étudiez le rythme de cette scène en vous appuyant sur les enchaînements de répliques, effets de symétrie et didascalies.

Fiche 34 **La parole**

2 MISE EN VOIX À trois, proposez et justifiez une mise en espace des cachoteries (l. 1 à 10). Justifiez-la.

Une conquête facile

3 Quelles sont les stratégies de Dom Juan pour garder la mainmise ? Analysez les types de phrases et la progression logique (l. 11 à 26). Que traduit le subterfuge qu'il emploie pour clore le dialogue ?

Fiche 41 **Stratégies argumentatives et modes de raisonnement**

4 Comment la naïveté des paysannes est-elle tournée en ridicule ? Analysez le comique de mots.

Fiche 35 **Le comique et la comédie**

Le regard critique du valet

5 Pourquoi Sganarelle intervient-il ? Quel est le registre de ses répliques (l. 29 à 36) ? Analysez le lexique, les figures de style, les modes verbaux.

6 Que se passe-t-il dès que Dom Juan réapparaît ? Quel procédé syntaxique achève de ridiculiser le valet ?

Fiche 60 **La phrase**

HISTOIRE DES ARTS

7 MISE EN SCÈNE Par quels moyens (disposition des comédiens, gestuelle, expression des visages...) B. Sobel souligne-t-il le comique de situation et de caractère ?

ÉCRITURE

Question sur un corpus

Comparez cet extrait avec celui de *L'Illusion comique* (p. 166) et expliquez ce qui rend comique le couple constitué par le maître et son valet.

Fiche 46 **Répondre à une question sur un corpus**

5

Nikolaï Gogol, Le Mariage, 1842

Une marieuse a présenté quatre prétendants vieux et grotesques à Agafia Agafonovna, riche fille de marchand. C'est elle qui doit choisir son futur mari. Plikaplov veut lui faire épouser son ami Ivan Kouzmitch, très niais et trop timide pour faire sa déclaration.

Biographie p. 564

Histoire littéraire p. 157

Repères historiques p. 558

Acte II, scène 1

AGAFIA AGAFONOVNA, *seule*, puis PLIKAPLOV

AGAFIA. – Ah, quelle complication – choisir ! S'il n'y en avait qu'un, ou deux, mais quatre. Allez choisir, avec tout ça. Nikanor Ivanovitch n'est pas mal, même si, évidemment, il est un peu fin ; Ivan Kouzmitch non plus n'est pas si mal. Pour dire le vrai, Ivan Pavlovitch est peut-être un peu gros, mais c'est un homme qui en impose. Eh bien voilà, comment faire ? Balthazar Balthazarovitch, à son tour, n'est pas un homme sans mérites. Ah, qu'il est difficile de se décider, il n'y a même pas de mot pour le dire, tellement c'est difficile ! Si l'on prenait les lèvres de Nikanor Ivanovitch, qu'on les mettait sous le nez d'Ivan Kouzmitch, et si l'on prenait un peu de la désinvolture de Balthazar Balthazarovitch, et qu'on l'ajoutait à l'embonpoint d'Ivan Pavlovitch – je ne serais pas longue à me décider. Mais là, rien que d'y penser ! voilà, ça y est, ça me donne la migraine. Je crois que le mieux serait de tirer au sort. Se confier pour tout à la volonté de Dieu : celui qui se fera tirer, il sera mon mari. Je les écris tous sur des petits papiers, je les roule, et advienne que pourra. (*Elle va vers une petite table, en sort des ciseaux et du papier, découpe les billets et les roule, tout en continuant de parler.*) Quel pénible état que celui de jeune fille, surtout quand on est amoureuse. Les hommes, il n'y en a pas un seul qui puisse entrer dans cet état, et, même, ils refusent de le comprendre. Voilà, ils sont tous prêts ! Il ne me reste plus qu'à les mettre dans le réticule[1], fermer les yeux, et advienne que pourra. (*Elle cache les billets dans le réticule et les mélange avec la main.*) J'ai peur… Ah, si le bon Dieu pouvait me tirer Nikanor Ivanovitch. Mais non,

1. Petit sac.

Agafia avec Ivan, le prétendant timide, mise en scène d'Anne-Marie Lazarini (Théâtre Artistic Athévains, Paris, 2006).

pourquoi lui ? Ivan Kouzmitch est mieux. Pourquoi donc Ivan Kouzmitch ? En quoi ils sont moins bien, eux, les autres ?... Non, non, je ne veux pas... celui qui se fera tirer, ce sera le bon. *(Sa main fouille dans le réticule et les sort tous les quatre à la fois.)* Oh ! tous ! ils se sont tous tirés ! Et j'ai le cœur qui bat, qui bat ! Non, un seul, un seul ! coûte que coûte un seul ! *(Elle range les petits papiers dans le réticule et recommence à mélanger.*
Pendant ce temps, Plikaplov entre sur la pointe des pieds et se place derrière elle.) Ah, si je tirais Balthazar... Euh, je voulais dire Nikanor Ivanovitch... non, je ne veux pas, je ne veux pas. Acceptons le destin !

PLIKAPLOV. – Mais prenez donc Ivan Kouzmitch, c'est le meilleur.

AGAFIA. – Ah ! *(Elle pousse un cri et se cache le visage avec les deux mains, craignant de se retourner.)*

PLIKAPLOV. – Qu'est-ce qui vous a fait peur ? N'ayez pas peur, c'est moi. Je vous jure, prenez Ivan Kouzmitch.

AGAFIA. – Ah, j'ai honte, vous avez tout entendu.

PLIKAPLOV. – Ce n'est rien, ce n'est rien ! Je suis de la famille, un parent, il n'y a pas à avoir honte devant moi ; montrez-moi donc votre petite frimousse.

AGAFIA *(découvrant son visage à moitié)*. – Si, je vous jure, j'ai honte.

PLIKAPLOV. – Allez, prenez Ivan Kouzmitch.

AGAFIA. – Ah ! *(Elle pousse un cri et se cache de nouveau le visage dans les mains.)*

PLIKAPLOV. – C'est une merveille, cet homme-là, il a redressé tout son service[2]... non, c'est un homme étonnant.

N. GOGOL, *Le Mariage*, Acte II, scène 1, 1842, traduit du russe et présenté par André Markowicz, *Théâtre complet* © Actes Sud, 2006.

2. Ivan est un petit fonctionnaire qui s'occupe du courrier.

Une indécision comique

LECTURE DU TEXTE

Une situation burlesque

1 Quels procédés traduisent les hésitations d'Agafia ? Repérez les étapes de son **monologue** en vous appuyant sur les **didascalies**.

➲ **Fiche 34 La parole**

2 (MISE EN SCÈNE) Comment le registre comique est-il renforcé dans la mise en scène d'A.-M. Lazarini ? Analysez le décor, les costumes, les positions et attitudes des personnages.

Le jeu avec les conventions comiques

3 Analysez le portrait de l'homme idéal (l. 7 à 11). En vous appuyant sur le paratexte, montrez son intérêt comique.

➲ **Fiche 16 Les figures de style**

4 Comment Gogol renouvelle-t-il le personnage conventionnel de la jeune fille à marier ? Analysez la relation entre Plikaplov et Agafia.

5 (MISE EN VOIX) À trois, transformez le monologue d'Agafia en dialogue, en imaginant qu'elle s'adresse à deux amies qui lui donnent des conseils. Puis faites-en une lecture expressive. Quel est l'effet produit ?

ÉCRITURE

Commentaire

Vous montrerez que le monologue d'Agafia est comique à partir du parcours suivant :
A/ la mise en scène comique de l'hésitation ; B/ la satire du personnage conventionnel de la jeune fille à marier.

➲ **Fiches 49, 50, 51 Vers le commentaire**

Dissertation

Pourquoi le personnage de la jeune fille permet-il de construire des intrigues et des péripéties comiques ? Vous illustrerez votre argumentation avec des exemples de la séquence ou d'autres œuvres.

➲ **Fiches 52, 53, 54 Vers la dissertation**

6 Jean-Luc Lagarce, *Les Règles du savoir-vivre...*, 1994

Biographie p. 564

Histoire littéraire p. 157

Repères historiques p. 560

Dans cette pièce adaptée d'un manuel de savoir-vivre du XIXe siècle, La Dame, seule sur scène, explique comment se comporter dans les circonstances importantes de la vie, depuis la naissance jusqu'à la mort. Elle décrit ici le mariage religieux.

LA DAME

La mariée s'avance sans porter les yeux autour d'elle. Elle marche droit vers ce qui l'attend.

Bien peu d'épousées restent naturelles sous tous les regards fixés sur elles. Certaines mariées ont le don d'agacer ou d'amuser les assistants. Un peu de trouble est nécessaire mais il n'est pas obligatoire qu'une mariée prenne l'air, comme l'a dit le poète Victor Hugo, de la victime couronnée de fleurs qu'on conduit à l'autel. Mieux vaudrait s'avancer délibérément, ce serait moins sot. Qu'elle soit émue, cela se conçoit ; heureuse et un peu effrayée, on l'espère, mais si elle est bien élevée, si elle possède une dose suffisante de tact, en un mot, si elle n'est pas trop gourde, elle évitera aussi bien les airs penchés que les airs assurés, elle ne donnera pas plus dans la pruderie outrée que dans l'aplomb excessif.

Le père de la mariée la conduit à sa place : le prie-Dieu[1] placé à gauche et auprès duquel brûle un cierge. Il est facile à repérer.

Le marié vient s'agenouiller auprès d'elle sur l'autre prie-Dieu. C'est plus simple encore pour lui.

On a convenu au moins huit jours à l'avance, avec le prêtre qui la bénira, de l'heure, des détails, et du prix de la cérémonie, inévitable, car prix à payer et pas d'autre mot. On n'en discute plus à cet instant précis.

J.-L. LAGARCE, *Les Règles du savoir-vivre dans la société moderne*, 1994, *Théâtre complet IV*

1. Chaise pour s'agenouiller dans une église.

Mireille Herbstmeyer, mise en scène de J.-L. LAGARCE, reprise par François Berreur en 2009.

Les noces : mode d'emploi

LECTURE DU TEXTE

1 De qui et de quoi J.-L. Lagarce se moque-t-il ici ?
Fiche 44 La variété des registres dans l'argumentation

2 Comment la Dame offre-t-elle une image comique et **satirique** de la traditionnelle traversée de l'église par la mariée ? **Fiche 35 Le comique et la comédie**

HISTOIRE DES ARTS

3 @ RECHERCHE Sur le site www.lagarce.net, trouvez les photos de la mise en scène de F. Berreur. Décrivez les changements de costumes de la Dame. À votre avis, pourquoi porte-t-elle ici la robe de mariée ? Son attitude correspond-elle à ce qu'elle prescrit (l. 3 à 12) ?

7 *Bertolt Brecht*, La Noce chez les petits bourgeois, 1926

Biographie p. 562
Histoire littéraire p. 157
Repères historiques p. 560

Le marié et la mariée se retrouvent seuls après le départ des invités. Tout s'est mal passé : les meubles fabriqués maladroitement par le marié se sont cassés, certains invités se sont mal comportés.

LE MARIÉ. – Le vin chaud ! Le repas ! Et maintenant viennent les réparations !

LA MARIÉE. – Les chaises, l'armoire, le divan !

LE MARIÉ. – Les satanés cochons !

LA MARIÉE. – Et tes meubles !

LE MARIÉ. – Le ménage bien à soi !

LA MARIÉE. – On sait ce qu'on a !

LE MARIÉ. – On y fait plus attention !

LA MARIÉE, *s'assoit, le visage dans les mains.* – Et cette honte !

LE MARIÉ. – Fallait-il que tu ranges en robe de mariée ? Maintenant elle va encore être abîmée ; là, il y a déjà une tache de vin !

LA MARIÉE. – Comme tu as l'air insignifiant dans ton vêtement d'intérieur ! Ton visage est tout changé ! Mais pas en bien !

LE MARIÉ. – Et l'âge que tu as ! quand tu chiales, on le voit.

LA MARIÉE. – Maintenant il n'y a plus rien de sacré !

LE MARIÉ. – Maintenant c'est la nuit de noces ! (*Un temps, puis le marié va à la table.*) Tout bu ! La nappe en a pris plus que moi ! Les bouteilles vides, mais des restes dans les verres ! Maintenant il faut faire des économies !

LA MARIÉE. – Qu'est-ce que tu fais ?

LE MARIÉ. – Je vide les verres ! Tiens, encore un verre plein !

LA MARIÉE. – Moi, je n'en ai pas le courage !

LE MARIÉ. – En fin de compte, c'est tout de même la nuit de noces ! (*La mariée prend le verre, détourne les yeux, boit.*) Même si on ne peut pas dire que je bois à ta virginité, puisque tu es enceinte…

B. BRECHT, *La Noce chez les petits bourgeois*, 1926,
traduit de l'allemand par Jean-François Poirier © L'Arche Éditeur Paris, 1979.

Nuit de noces dans un champ de ruines

LECTURE DU TEXTE

1 Cette scène est-elle **comique** ? Nuancez votre réponse.

Fiche 15 Les registres littéraires

2 Quels sentiments Brecht fait-il exprimer haut et fort à sa mariée ? Qu'est-ce qui vous semble réaliste ? Analysez la **modalisation**, les types de phrases.

Fiche 60 La phrase

3 Comment la violence et la vulgarité du marié se manifestent-elles ? Justifiez par des relevés commentés.

ÉCRITURE

Dissertation

Selon P. Pineau, metteur en scène, Brecht « dénonce des valeurs autour desquelles on peut faire semblant de vivre *normalement* ». Quels aspects de la société le mariage permet-il de critiquer dans les comédies ? Vous rédigerez une argumentation illustrée d'exemples tirés de la séquence ou d'autres pièces que vous avez lues.

Fiches 52, 53, 54 Vers la dissertation

8 Molière, *George Dandin*, 1668

Texte 1

Biographie
p. 565

Du même auteur
p. 142, 144, 148, 162, 163, 169, 172, 176, 181, 224

Histoire littéraire
p. 157, 178

Repères historiques
p. 554

George Dandin, paysan enrichi, a épousé une jeune fille de la noblesse pauvre, Angélique, mais il est méprisé de sa femme comme de ses beaux-parents. Il vient de découvrir qu'Angélique accepte les avances d'un gentilhomme.

Acte I, scène 3

GEORGE DANDIN

Hé bien ! George Dandin, vous voyez de quel air votre femme vous traite. Voilà ce que c'est d'avoir voulu épouser une demoiselle[1] : l'on vous accommode de toutes pièces[2], sans que vous puissiez vous venger, et la gentilhommerie vous tient les bras liés. L'égalité des conditions laisse du moins à l'honneur d'un mari liberté de ressentiment ; et si c'était une paysanne, vous auriez maintenant toutes vos coudées franches[3] à vous en faire la justice à bons coups de bâton. Mais vous avez voulu tâter de la noblesse, et il vous ennuyait d'être maître chez vous. Ah ! j'enrage de tout mon cœur, et je me donnerais volontiers des soufflets[4]. Quoi ? écouter impudemment l'amour d'un damoiseau, et y promettre en même temps de la correspondance[5] ! Morbleu ! je ne veux point laisser passer une occasion de la sorte. Il me faut de ce pas aller faire mes plaintes au père et à la mère, et les rendre témoins, à telle fin que de raison[6], des sujets de chagrin et de ressentiment que leur fille me donne. Mais les voici l'un et l'autre fort à propos.

MOLIÈRE, *George Dandin*, Acte I, scène 3, 1668.

1. Jeune fille de la noblesse.
2. On vous maltraite.
3. Vous auriez toute liberté d'agir.
4. Gifles.
5. De la réciprocité.
6. À toutes fins utiles.

George Dandin de MOLIÈRE, mise en scène de Mario Gonzalès (Théâtre 13, Paris, 2009).

Le monologue du mari trompé

LECTURE DU TEXTE

1 Délimitez les trois étapes de ce **monologue**. Justifiez votre réponse par le relevé des marques de personne, des interjections, des types de phrases.

Fiche 56 **L'énonciation**

2 En quoi George Dandin est-il à la fois **comique** et **pathétique** ? Argumentez.

Fiche 15 **Les registres littéraires**

3 Quels aspects moins sympathiques révèle-t-il également ? Justifiez.

HISTOIRE DES ARTS

4 MISE EN SCÈNE Analysez les choix de posture, de costume, et notamment le port d'un masque, dans cette mise en scène de M. Gonzalès.

ÉCRITURE

Question sur un corpus

En vous appuyant sur ce texte et celui de Gogol (p. 150), définissez les fonctions d'un **monologue** au théâtre. Justifiez par des relevés.

Fiche 34 **La parole**

Invention

Écrivez le monologue d'Angélique exprimant ses sentiments et cherchant des solutions pour améliorer sa situation.

Fiche 47 **Comprendre un sujet d'écriture d'invention**

Texte 2

Le cauchemar de Dandin

François Rancillac veut traiter cette pièce de Molière comme une comédie dramatique. Dandin sous l'emprise d'un cauchemar, un véritable cauchemar…

L'origine de ce cauchemar est le reniement des origines paysannes de Dandin, ce qu'il s'inflige pour accéder au statut de la bourgeoisie.

Le projet scénographique ira vers un espace-machine, une machine dont Dandin a perdu tout contrôle. […] L'opposition entre nature vivante et nature morte sera présente, par une arche de nature, où animaux vivants et animaux empaillés seront mêlés.

George Dandin, Extraits de notes scénographiques de Raymond SARTI, 1998.

George Dandin de MOLIÈRE, mise en scène de François Rancillac, 1998.

Mettre en scène les tourments de Dandin

HISTOIRE DES ARTS

1 En vous appuyant sur le **monologue** de Dandin, justifiez le point de vue de F. Rancillac sur la pièce.

2 MISE EN SCÈNE Comment le **scénographe** R. Sarti a-t-il concrètement transposé les idées du metteur en scène ? Décrivez le décor et dites s'il vous paraît pertinent.

ÉDUCATION AUX MÉDIAS

Écrire un communiqué de presse

3 Visionnez sur www.tv5monde.com/theatre la mise en scène de *George Dandin* par A.-M. Lazarini (2004), les interviews des acteurs et du metteur en scène. Précisez l'intérêt majeur de cette mise en scène.

4 Par groupe de deux, écrivez sous Word un **communiqué de presse** invitant les journalistes à la première.
Un bandeau, portant la mention « Communiqué de presse », précisera l'objet du message.
Le premier paragraphe présentera rapidement la pièce et indiquera dates et lieu de représentation.
Le second exposera avec originalité l'intérêt de cette mise en scène.
À la fin, vous donnerez les informations utiles : plan, adresse, e-mail de la chargée de communication, etc.

5 Votre écrit relève-t-il de la communication ou de l'information ? Argumentez.

À voir : **captation de la mise en scène d'A.-M. Lazarini, DVD Copat.**

POUR ARGUMENTER PEUT-ON RIRE DES MARIAGES ARRANGÉS ?

Pierre Corneille, L'Illusion comique, 1635

Isabelle refuse d'épouser Adraste que son père lui destine

L'Illusion comique de P. CORNEILLE.
Lara Suyeux (Isabelle)
et François Lequesne (Géronte),
mise en scène d'Élisabeth Chailloux
(Théâtre d'Ivry, 2009).

Acte III, scène 1

ISABELLE, GÉRONTE

GÉRONTE. – Apaisez vos soupirs et tarissez vos larmes ;
Contre ma volonté ce sont de faibles armes :
Mon cœur, quoique sensible à toutes vos douleurs,
Écoute la raison, et néglige vos pleurs.
Je sais ce qu'il vous faut beaucoup mieux que vous-même.
Vous dédaignez Adraste à cause que je l'aime ;
Et parce qu'il me plaît d'en faire votre époux,
Votre orgueil n'y voit rien qui soit digne de vous.
Quoi ? manque-t-il de bien, de cœur ou de noblesse ?
En est-ce le visage ou l'esprit qui vous blesse ?
Il vous fait trop d'honneur.

ISABELLE. – Je sais qu'il est parfait,
Et que je réponds mal à l'honneur qu'il me fait ;
Mais si votre bonté me permet en ma cause,
Pour me justifier, de dire quelque chose,
Par un secret instinct, que je ne puis nommer,
J'en fais beaucoup d'état, et ne le puis aimer.
Souvent je ne sais quoi que le Ciel nous inspire
Soulève tout le cœur contre ce qu'on désire,
Et ne nous laisse pas en état d'obéir
Quand on choisit pour nous ce qu'il nous fait haïr.

P. CORNEILLE, *L'Illusion comique*, Acte III, scène 1, 1635.

LECTURE

1 Quels sont les arguments de chaque personnage pour imposer ou refuser Adraste comme époux. À quoi chacun en appelle-t-il ?

2 MISE EN SCÈNE Quel est le registre de cet extrait ? Analysez la relation entre le père et la fille et l'atmosphère créée par la mise en scène d'E. Chailloux.

Fiche 15 **Les registres littéraires**

ARGUMENTATION

3 À deux, rédigez le débat opposant un père d'aujourd'hui à sa fille : il veut lui imposer un mariage arrangé et lui expose ses arguments, auxquels elle s'oppose avec ironie. Vous rédigerez leur dialogue et vous lirez l'ensemble à voix haute en marquant par vos intonations le conflit entre les deux personnages. Pensez aux didascalies.

Vers la dissertation

4 Pourquoi les conflits autour du mariage de comédie ne sont-ils pas toujours comiques ? Cherchez des arguments dans les textes de la séquence ou dans d'autres pièces que vous avez lues, et rédigez une partie de dissertation.

Fiche 54 **Rédiger une dissertation**

Histoire littéraire

La comédie

Les origines antiques

La comédie, née à Athènes au Ve siècle av. J.-C., aurait pour origine le *cômos*, procession en l'honneur du **dieu Dionysos** où des personnages déguisés se moquaient de la foule. Sa forme théâtrale s'élabore en concurrence avec la tragédie, considérée comme plus noble : ainsi, lors des **concours de théâtre** aux Grandes Dionysies, un seul jour est réservé aux comédies alors qu'on en accorde trois aux tragédies. Cette hiérarchie entre les deux genres, l'un « élevé » et l'autre « bas », est justifiée et théorisée par **Aristote** au IVe siècle av. J.-C. dans sa *Poétique*. Elle est reprise par les auteurs classiques français et, dans une certaine mesure, elle existe encore aujourd'hui.
De cette comédie ancienne, seule l'œuvre d'**Aristophane**, satirique et politique, nous est restée.

Ex : *Dans* L'Assemblée des femmes, *Aristophane critique le manque de rigueur de la politique athénienne* (> p. 164).

Les auteurs latins, comme **Plaute** et Térence, au IIe siècle av. J.-C., adaptent les auteurs grecs du IVe siècle comme Ménandre pour inventer une comédie mettant en scène un esclave fourbe, qui favorise les amours d'un jeune homme contre un père avare, un proxénète cupide, un soldat fanfaron. Comme chez les Grecs, tous les rôles sont joués par des hommes affublés de masques grotesques et d'accessoires ridicules.

Ex : *Dans* La Marmite (Aulularia), *modèle qui servira à Molière, Plaute montre un avare qui aime tellement son or qu'il refuse de donner une dot à sa fille* (> p. 144).

Ex : Le Soldat fanfaron *de Plaute montre un soldat ridicule dupé par un parasite. À Rome, l'un portait un couteau de boucher, l'autre de grandes oreilles* (> p. 165).

Le soldat et le proxénète dans *Pseudolus* de PLAUTE, mise en scène de Brigitte Jaques-Wajeman, 2003.

Abraham BOSSE (1604-1676), *Les Farceurs de l'Hôtel de Bourgogne* (gravure), 1634.

Le théâtre de foire

Au Moyen Âge se développe le théâtre de foire, mettant en scène des farces sur de simples **tréteaux**, installés sur des champs de foire ou sur le Pont-Neuf à Paris.

Ex : *Le théâtre de foire dans le film* Molière *d'Ariane Mnouchkine* (> p. 160).

La farce est stylisée en Italie au XVIe siècle avec la ***commedia dell'arte*** qui survivra jusqu'au XVIIIe siècle. Sur des scénarios très simples, les acteurs, jouant des types définis par avance (Arlequin, le Docteur, Matamore, etc.), improvisent et montrent leur virtuosité par des ***lazzis***, gestes et mimiques burlesques. La troupe des Italiens s'installe à Paris au XVIIe siècle et inspire auteurs et acteurs français, comme Molière, qui partage plusieurs années une salle de théâtre avec la troupe de Scaramouche.

Ex : *Matamore, de* L'Illusion comique *de Corneille, est hérité de Plaute et des comédiens italiens* (> p. 166).

La comédie classique

Sous l'impulsion de Richelieu, le théâtre classique naît en France à partir de 1635. Les théoriciens, comme l'abbé d'Aubignac, définissent les règles qui le rendent efficace, pour émouvoir et instruire le spectateur. La comédie, en dénonçant les travers humains, n'est pas un simple divertissement : elle a une visée morale, car ainsi que le dit la formule latine inscrite au fronton du théâtre des Italiens, ***castigat ridendo mores***, « elle corrige les mœurs en faisant rire ». Elle échappe alors partiellement aux critiques des religieux et des moralistes, l'accusant de détourner les hommes de leurs occupations sérieuses et honnêtes. Elle acquiert ainsi ses lettres de noblesse, surtout grâce à **Molière**, le plus important et le plus reconnu des auteurs comiques de cette époque.

Ex : *Dans le placet sur* Tartuffe, *Molière insiste sur la valeur didactique de ses comédies de caractère* (> p. 176). *Il apprend à se méfier des courtisans hypocrites dans* Le Misanthrope (> p. 172) *ou des faux dévôts dans* Le Tartuffe (> p. 169).

Claude SIMONIN (v. 1635-1721), Molière en costume de Sganarelle (gravure), XVIIe siècle.

Au XVIIIe siècle, le genre subit les critiques de Diderot ou Rousseau qui le veulent plus didactique. Cependant **Marivaux** et **Beaumarchais** triomphent, le premier en revisitant la *commedia* avec une analyse fine des jeux de l'amour et des conventions sociales, le second en introduisant une contestation sociale dans ses comédies d'intrigue.

Évolution de la comédie

Le XIXe siècle voit naître en France de nouvelles écritures comiques. Le **vaudeville**, ou théâtre de boulevard, connaît un succès croissant. Les auteurs réputés, **Feydeau** et **Labiche**, créent des spectacles s'appuyant sur de nombreux quiproquos et rebondissements, sans souci de vraisemblance.
Au contraire, en Russie, des auteurs comme **Gogol** et **Tchekhov** écrivent des comédies réalistes dans lesquelles la médiocrité et la cupidité des milieux bourgeois sont tournées en dérision de façon féroce.

Ex : *Dans* Le Mariage *de Gogol, une jeune fille riche se voit proposer quatre prétendants, tous plus ridicules les uns que les autres* (> p. 150).

Cette satire sociale se retrouve en 1920-1930 chez l'auteur allemand **Bertolt Brecht**.

Ex : *Dans* La Noce chez les petits bourgeois, *Brecht montre la violence des relations sociales quand la fête et l'ivresse font oublier toute retenue* (> p. 153).

Dans le théâtre d'aujourd'hui, des auteurs comme **J.-L. Lagarce** ou **Y. Reza** révèlent la dimension absurde ou simplement ridicule de la vie quotidienne dans des comédies grinçantes.

Ex : Les Règles du savoir-vivre dans la société moderne (> p. 152) *ou* Le Dieu du carnage (> p. 175) *tournent en ridicule la raideur et l'hypocrisie des conventions sociales.*

Les recettes d'une comédie classique

Des personnages ordinaires

La comédie met en scène des **personnages de basse ou moyenne condition,** contemporains de l'époque d'écriture. Le monde réel et les préoccupations du spectateur servent de référence.

Ex : *Problèmes domestiques et mariage sont les thèmes de* George Dandin (> p. 154), Tartuffe (> p. 142, 169) *ou* L'Illusion comique (> p. 146, 156, 166).

Un conflit

Le **mariage arrangé** est au cœur de l'intrigue comique : un couple d'amoureux rencontre des **obstacles**, le plus souvent un père tyrannique qui oppose au jeune homme un rival plus riche, ou plus à son goût.

Ex : *Dans* L'Illusion comique, *Clindor a deux rivaux, le ridicule Matamore* (> p. 166), *et Adraste à qui Géronte veut marier Isabelle* (> p. 156).

Une comédie comporte des **péripéties** où l'on voit des valets rusés apporter leur aide à leur jeune maître en difficulté.

Ex : *Dans* Le Malade imaginaire, *Toinette vole au secours d'Angélique* (> p. 142).

Une fin heureuse

Le **dénouement** est toujours heureux : les amoureux finissent par se marier, le plus souvent avec l'accord du père.
Ex : *Dans* L'Avare, *Mariane, reconnue par un père riche, peut épouser Cléante et non Harpagon* (> p. 144).

Les méchants sont punis, ainsi la morale est sauve.

Ex : *Dans* Tartuffe, *l'imposteur est dévoilé et emprisonné à la fin sur ordre du Roi.*

Plaire et émouvoir

Même si les théoriciens classiques donnent une visée morale à la comédie, le but premier des auteurs est de faire rire, comme l'explique un des personnages de *La Critique de l'École des femmes* de Molière :
« Pour moi, quand je vois une Comédie, je regarde seulement si les choses me touchent, et lorsque je m'y suis bien divertie, je ne vais point demander si j'ai eu tort, et si les règles d'Aristote défendaient de rire. »

Honoré DAUMIER (1808-1879), *Croquis pris au théâtre*, 1864.

Séquence

8 Rire de nos défauts

À l'époque classique, la comédie se défend d'être un pur divertissement. Elle se donne un but moral : être le miroir de la société et des défauts humains. Cette satire vise tous les milieux et comportements sociaux.

Objectifs

- Découvrir les conventions de la comédie
- Étudier l'évolution des personnages comiques à travers le temps
- Comparer des mises en scène

MÉTHODES p. 389

Lire et analyser Fiche 16

Analyser une œuvre dans son contexte : Le classicisme Fiches 20, 21

Connaître un genre littéraire : La tragédie et la comédie Fiches 33, 34, 35

S'initier aux épreuves du baccalauréat Fiches 46, 48, 49, 50, 51, 52, 53, 54

Étude de la langue Fiches 56, 58

Histoire des arts

Photogramme du film *Molière*

d'Ariane Mnouchkine, 1978

Une farce de tréteaux sur le Pont-Neuf.

Le masque

D'origine religieuse et magique, le masque est utilisé dans le théâtre grec antique, puis à Rome, pour donner aux personnages une **identité visuelle** : à chaque **type**, son visage. Les comédiens portent des masques qui expriment les sentiments des personnages qu'ils jouent, en les accentuant. Ainsi, les masques tragiques exagèrent la souffrance des héros, alors que les masques comiques, d'apparence grotesque, soulignent les défauts des personnages. La **comédie italienne**, apparue au XVe siècle, suit le même principe avec des demi-masques ne couvrant que le haut du visage.

Le théâtre de foire et la farce

Dès le Moyen Âge, des comédiens, jongleurs et acrobates s'installent sur les places publiques et dans les rues lors des grandes foires annuelles. À Paris, le Pont-Neuf et la place Dauphine deviennent vers 1620-1630 des lieux de promenade et de commerce permanents où des troupes dressent leurs **tréteaux avec des décors de toiles peintes**. Ils donnent en plein air leurs **farces**. Les spectateurs retrouvent des personnages qu'ils connaissent. Ainsi, Turlupin, Gros-Guillaume et Gaultier-Garguille, aux costumes grotesques, constituent un **trio comique** appelé aussi les « **enfarinés** » à cause de leur maquillage blanc clownesque. Le premier est un valet rusé et acrobate tandis le deuxième est gros et balourd. Tous deux trompent le troisième, maigre vieillard pédant. Mondor et Tabarin forment un autre couple, celui du faux savant et du naïf, un peu sot. Leurs saynètes grossières sont aussi des **satires** de la médecine ou des hommes de loi.

À côté de ces farceurs français qui s'inspirent des intrigues comiques des fabliaux du Moyen Âge, les Italiens apportent en France, dès la fin du XVIe siècle, un nouveau genre de farce, la ***commedia dell'arte***, où ils utilisent un **jeu masqué, improvisé**, autour de quelques personnages types : les valets Brighella et Arlequin, Pantalon ou le Docteur, deux vieillards, le Capitan, faux brave. Les scénarios de *commedia* sont de simples canevas sur lesquels chaque acteur donne, à un moment ou un autre, libre cours à sa créativité avec des plaisanteries grossières, des jeux de mots, des acrobaties, des grimaces, des bouffonneries, appelés ***lazzis*** dont voici des exemples : « pleurer et rire », « le suicide comique », « faire l'arbre », « le trop lourd fardeau ». Le théâtre de Molière, qui a été l'élève de Scaramouche, célèbre pour ses qualités de mime et d'acrobate, est très imprégné de ces *lazzis*.

Rire pour se rassurer

LECTURE DE L'IMAGE

Un théâtre de fortune

1 RECHERCHE Cherchez le sens du mot « tréteau » au théâtre.

2 En tenant compte de la recherche précédente, décrivez puis caractérisez le décor en étudiant le choix du mobilier et des accessoires.

3 Quel type de relation ce théâtre en plein air crée-t-il avec le public ?

Des personnages types

4 Que peut représenter le personnage de gauche ? Justifiez.

5 @ RECHERCHE Lisez « Le théâtre de foire et la farce » et recherchez sur Internet les deux types de la *commedia dell'arte* auxquels le personnage de droite peut correspondre. Quelles en sont les caractéristiques ?

6 Décrivez la posture, les gestes et les costumes des deux personnages : quelle histoire sont-ils en train de jouer selon vous ?

Rire de tout

7 En quoi cette situation est-elle ridicule ? Dans quelle mesure s'agit-il ici d'humour noir ?

Fiche 35 **Le comique et la comédie**

ÉCRITURE

Argumentation

Peut-on rire de tout ? Argumentez en vous appuyant sur des exemples de comédies ou d'humoristes contemporains.

Fiches 52, 53, 54 **Vers la dissertation**

Invention

Imaginez un dialogue comique d'une douzaine de répliques s'inspirant des deux personnages. Pour chacun d'eux, inventez des didascalies (gestes, déplacements, apartés) à partir des *lazzis* qu'ils pourraient créer sur scène.

Fiche 34 **La parole**

Castigat ridendo mores : La comédie corrige-t-elle les mœurs en faisant rire ?

Histoire littéraire p. 157

Repères historiques p. 554

1. Cyrano de Bergerac, Le Pédant joué, 1654

Pour soutirer de l'argent à son maître Granger, Corbinelli lui fait croire que son fils a été enlevé par des Turcs.

Acte II, scène 4

GRANGER. – Le mal n'est donc pas incurable. Paquier, donne-moi les instruments de l'immortalité[1], *scriptorium scilicet*.

CORBINELLI. – Qu'en désirez-vous faire ?

GRANGER. – Écrire une lettre à ces Turcs.

CORBINELLI. – Touchant quoi ?

GRANGER. – Qu'ils me renvoient mon fils, parce que j'en ai à faire après dîner ; qu'au reste ils doivent excuser la jeunesse qui est sujette à beaucoup de fautes ; et que s'il lui arrive une autre fois de se laisser prendre, je leur promets, foi de docteur, de ne leur en plus obtondre[2] la faculté auditive.

CORBINELLI. – Ils se moqueront, par ma foi, de vous.

C. DE BERGERAC, *Le Pédant joué*, Acte II, scène 4, 1654.

1. Métaphore pour désigner une écritoire, nommée ensuite par le mot latin. *Scriptorium scilicet* : « une écritoire bien sûr ».
2. Affaiblir.

2. Molière, Les Précieuses ridicules, 1659

Cathos et Magdelon reçoivent Mascarille qu'elles prennent pour un marquis, alors que c'est un valet déguisé.

Scène 9

CATHOS. – Mais de grâce, Monsieur, ne soyez pas inexorable[1] à ce fauteuil qui vous tend les bras il y a un quart d'heure, contentez un peu l'envie qu'il a de vous embrasser.

MASCARILLE, *après s'être peigné et avoir ajusté ses canons*[2]. – Eh bien, Mesdames, que dites-vous de Paris ?

MAGDELON. – Hélas ! qu'en pourrions-nous dire ? Il faudrait être l'antipode de la raison, pour ne pas confesser que Paris est le grand Bureau des merveilles, le centre du bon goût, du bel esprit et de la galanterie.

MASCARILLE. – Pour moi, je tiens que hors de Paris, il n'y a point de salut pour les honnêtes gens.

CATHOS. – C'est une vérité incontestable.

MASCARILLE. – Il y fait un peu crotté[3], mais nous avons la chaise[4].

MAGDELON. – Il est vrai que la chaise est un retranchement merveilleux contre les insultes de la boue, et du mauvais temps.

MOLIÈRE, *Les Précieuses ridicules*, Scène 9, 1659.

1. Montrez-vous compréhensif pour.
2. Ornements de dentelles entre le haut-de-chausses et les bas.
3. Se crotter : se salir.
4. Chaise à porteurs.

3. Molière, L'Impromptu de Versailles, 1661

Molière joue ici son propre rôle de chef de troupe et fait répéter ses comédiens.

Scène 1

MOLIÈRE. – […] tâchez donc de bien prendre tous le caractère de vos rôles, et de vous figurer que vous êtes ce que vous représentez. (*À du Croisy.*) Vous faites le Poète, vous, et vous devez vous remplir de ce personnage, marquer cet air pédant[1], qui se conserve parmi le commerce[2] du beau monde, ce ton de voix sentencieux, et cette exactitude de prononciation qui appuie sur toutes les syllabes, et ne laisse échapper aucune lettre de la plus sévère orthographe.

MOLIÈRE, *L'Impromptu de Versailles*, Scène 1, 1661.

1. Prétentieux.
2. La fréquentation.

4. Les Précieuses ridicules de Molière, mise en scène de Dan Jemmett, 2007

Catherine Ferran (Cathos), Andrzej Seweryn (Mascarille) et Catherine Hiegel (Magdelon), mise en scène de Dan Jemmett (Théâtre du Vieux-Colombier, 2007).

1 Quels types de personnages et quels défauts les trois extraits tournent-ils en ridicule ? Classez vos éléments de réponse.

2 En quoi les accessoires jouent-ils un rôle comique dans les textes 1 et 2 ?

3 Dans le texte 3 et dans la mise en scène, comment le jeu des acteurs et le choix des costumes renforcent-ils le comique ?

1 *Aristophane, L'Assemblée des femmes*, vers 393 av. J.-C.

Biographie p. 562

Histoire littéraire p. 157

Juste avant l'aube, les Athéniennes se rassemblent. Elles se sont déguisées en hommes pour pénétrer dans l'assemblée du peuple, interdite aux femmes. Elles veulent obtenir le pouvoir pour mettre un terme à la guerre. Leur chef Gaillardine répète le discours viril qu'elle tiendra devant les citoyens.

GAILLARDINE. – Elles savent mieux se conduire que nous, et je vais le prouver. Pour commencer, elles essorent leurs laines à l'eau tiède[1], selon l'antique usage, toutes, tant qu'elles sont. On ne les voit pas risquer des innovations. Et ce qu'il pourrait y avoir qui marche bien à Athènes, ne serait-ce pas le salut pour la Cité que de ne pas s'évertuer à fabriquer de l'inédit pour le changer ? Elles s'accroupissent devant leur gril, comme dans le temps ; elles portent des fardeaux sur la tête, comme dans le temps ; elles célèbrent les Thesmophories[2], comme dans le temps ; elles font cuire leurs gâteaux, comme dans le temps ; elles font la vie intenable à leurs maris, comme dans le temps ; elles ont des amants chez elles, comme dans le temps ; elles s'achètent des friandises en cachette, comme dans le temps ; elles aiment le vin bien corsé, comme dans le temps ; elles ont le plaisir de se faire tisonner, comme dans le temps. Allons, Messieurs, remettons l'État entre leurs mains à elles ; inutile de palabrer[3] et de nous demander ce qu'elles vont faire : laissons-leur tout bonnement le pouvoir. Songeons seulement qu'elles ont des fils, et que, *primo*, leur grand désir sera de ménager la vie de nos soldats ; *secundo*, pour les vivres, qui mieux qu'une mère de famille en hâterait l'acheminement ? Pour faire venir l'argent, il n'y a pas plus ingénieux qu'une femme : si elle est au pouvoir, elle ne se laissera jamais flouer[4] (c'est elles plutôt qui s'y connaissent pour flouer les autres !). Je n'en dirai pas plus. Si vous suivez l'avis que je vous donne, quelle heureuse existence vous allez couler !

LA PREMIÈRE FEMME. – Bravo, Gaillardine, ma cocotte en sucre ! Quelle maîtrise !

ARISTOPHANE, *L'Assemblée des femmes*, vers 393 av. J.-C., traduction Victor-Henry Debidour,

1. Il vaut mieux en réalité rincer la laine à l'eau froide si on ne veut pas l'abîmer. C'est donc une critique implicite.
2. Fête religieuse réservée aux femmes à Athènes.
3. Discuter à n'en plus finir.
4. Escroquer.

Rire des travers politiques

LECTURE DU TEXTE

1 Gaillardine vous semble-t-elle bien porter son nom ? Commentez les choix d'énonciation, les sujets abordés et le lexique choisi pour justifier votre réponse.

Fiche 58 **Le pronom**

2 Schématisez l'argumentation de Gaillardine : à quelle conclusion parvient-elle ?

3 Montrez que Gaillardine fait preuve d'autodérision dans ce passage.

Fiche 42 **Éloge et blâme**

4 Relevez et reformulez la phrase exposant le principal travers de la politique athénienne. Déduisez-en l'enjeu sérieux de ce texte comique.

ÉCRITURE

Invention

Écrivez la scène finale montrant la victoire ou la défaite des femmes. Imaginez le discours de Gaillardine ou d'un homme, et les réactions du public.

Fiche 48 **Rédiger un écrit d'invention**

MISE EN VOIX Jouez votre discours en variant les intonations pour persuader votre auditoire.

Argumentation

D'après vous, une démocratie a-t-elle besoin d'auteurs comiques ou d'humoristes pour fonctionner ? Argumentez avec des exemples précis.

Fiches 52, 53, 54 **Vers la dissertation**

2

Plaute, Le Soldat fanfaron, vers 200 av. J.-C.

Biographie p. 566

Du même auteur p. 144

Histoire littéraire p. 157

Voici le soldat Pyrgopolinice, servi par Artotrogus, un flatteur vivant à ses dépens. Cet extrait est le début de la pièce.

PYRGOPOLINICE, *à la cantonade*. – Veillez à ce que l'éclat de mon bouclier soit plus vif que les rayons du soleil dans un ciel serein ! De telle façon que, le moment venu, une fois la mêlée engagée, il éblouisse dans la ligne de bataille les yeux des ennemis. Et sur ce, je veux consoler mon épée que voici, qu'elle ne gémisse pas, qu'elle ne se désole pas, si je la porte depuis longtemps déjà sans qu'elle ait rien à faire, elle qui est malheureuse et a grande envie de transformer les ennemis en chair à pâté. Mais où est Artotrogus ?

ARTOTROGUS. – Il est là, près d'un héros vaillant et chéri de la Fortune, et d'une beauté royale. Et puis, un guerrier tel que Mars n'oserait se dire lui-même ni comparer ses vertus aux tiennes !

PYRGOPOLINICE. – Celui que j'ai sauvé dans les champs Charançonniens, où Bombomachidès Clutumistharidysarchidès, petit-fils de Neptune, commandait en chef ?

ARTOTROGUS. – Je m'en souviens ; tu veux dire celui qui avait des armes d'or et dont tu dispersas les légions d'un souffle, comme le vent disperse les feuilles ou le jonc des toits !

PYRGOPOLINICE. – Tout cela, par Pollux[1], ce n'est rien.

ARTOTROGUS. – Ce n'est rien, sans doute, au prix de ce que je pourrais dire… *(à part)* et que tu n'as jamais fait ! *(Au public)* Si quelqu'un a vu plus grand menteur, ou plus vantard que cet homme-ci, je consens à devenir son esclave, je me remettrai à lui en pleine propriété. Mais il y a une chose : les olives confites qu'on mange, chez lui, sont extraordinaires !

PLAUTE, *Le Soldat fanfaron*, vers 200 av. J.-C., traduction Pierre Grimal, *Théâtre complet*, © Éditions Gallimard.

1. Demi-dieu, fils de Jupiter et Léda, et frère d'Hélène de Troie.

LEXIQUE : Le comique des noms

- **Pyrgopolinice** signifie « le vainqueur de tours ».
- **Artotrogus** signifie « ronge-pain ».
- Les ennemis sont des **charançons**, insectes nuisibles des céréales.
- Le général ennemi s'appelle « le guerrier bourdonnant, l'illustre mauvais payeur ».

Deux caractères comiques

LECTURE DU TEXTE

1 Comment la première apparition du soldat met-elle en valeur son type comique ? Appuyez-vous sur l'**énonciation**, le jeu avec les accessoires, le champ lexical dominant et la **didascalie**.

Fiche 35 Le comique et la comédie

Fiche 56 L'énonciation

2 Quel rôle Artotrogus joue-t-il auprès du soldat ? Du public ? Analysez l'enchaînement des **répliques**, la fonction comique des **apartés** et de la **double énonciation**.

Fiche 34 La parole

ÉCRITURE

Question sur un corpus

Comparez le type du soldat fanfaron dans cet extrait et dans *L'Illusion comique* (p. 166). Quelles sont les ressemblances et les différences ? Corneille imite-t-il ou innove-t-il ?

Fiche 46 Répondre à une question sur un corpus

Vers le commentaire

Développez un axe de commentaire montrant que Pyrgopolinice est une caricature de soldat.

Fiche 51 Rédiger un commentaire

3 Pierre Corneille, *L'Illusion comique*, 1635

Biographie
p. 563

Du même auteur
p. 146, 156, 166, 194, 198, 201, 210, 300

Histoire littéraire
p. 157, 178

Repères historiques
p. 554

Clindor a fui un père tyrannique et est devenu le serviteur de Matamore, un capitaine. Ce dernier se vante de conquêtes militaires et amoureuses, mais est en réalité très peureux. Clindor lui fait croire qu'il l'aide à séduire Isabelle dont il est lui-même amoureux.

Acte II, scène 2

CLINDOR, MATAMORE

CLINDOR. – Quoi ! Monsieur, vous rêvez ! Et cette âme hautaine,
Après tant de beaux faits, semble être encore en peine !
N'êtes-vous point lassé d'abattre des guerriers ?
Et vous faut-il encor quelques nouveaux lauriers ?

MATAMORE. – Il est vrai que je rêve, et ne saurais résoudre
Lequel je dois des deux le premier mettre en poudre,
Du grand sophi[1] de Perse, ou bien du grand mogor[2].

CLINDOR. – Eh ! de grâce, monsieur, laissez-les vivre encor.
Qu'ajouterait leur perte à votre renommée ?
D'ailleurs, quand auriez-vous rassemblé votre armée ?

MATAMORE. – Mon armée ? Ah, poltron ! ah, traître ! pour leur mort
Tu crois donc que ce bras ne soit pas assez fort ?
Le seul bruit de mon nom renverse les murailles,
Défait les escadrons, et gagne les batailles.
Mon courage invaincu contre les empereurs
N'arme que la moitié de ses moindres fureurs ;
D'un seul commandement que je fais aux trois Parques[3],
Je dépeuple l'État des plus heureux monarques ;
La foudre est mon canon, les Destins mes soldats :
Je couche d'un revers mille ennemis à bas.
D'un souffle je réduis leurs projets en fumée ;
Et tu m'oses parler cependant d'une armée !
Tu n'auras plus l'honneur de voir un second Mars[4];
Je vais t'assassiner d'un seul de mes regards,
Veillaque[5] : toutefois, je songe à ma maîtresse ;
Ce penser m'adoucit : Va, ma colère cesse,
Et ce petit archer[6] qui dompte tous les Dieux

1. Roi de Perse.
2. Souverain de l'Empire mongol.
3. Divinités qui, dans la mythologie grecque, décident de la durée de la vie humaine.
4. Dieu grec de la guerre.
5. Lâche.
6. Cupidon, le dieu de l'amour.

Costume de capitaine Matamore, gravure en couleurs, 1882.

Georges Wilson joue Matamore, dans sa propre mise en scène, 1966.

Vient de chasser la mort qui logeait dans mes yeux.
Regarde, j'ai quitté cette effroyable mine
Qui massacre, détruit, brise, brûle, extermine ;
Et pensant au bel œil qui tient ma liberté,
Je ne suis plus qu'amour, que grâce, que beauté.

CLINDOR. – Ô Dieux ! en un moment que tout vous est possible !
Je vous vois aussi beau que vous étiez terrible,
Et ne crois point d'objet si ferme en sa rigueur,
Qu'il puisse constamment vous refuser son cœur.

MATAMORE. – Je te le dis encor, ne sois plus en alarme :
Quand je veux, j'épouvante ; et quand je veux, je charme ;
Et, selon qu'il me plaît, je remplis tour à tour
Les hommes de terreur, et les femmes d'amour.
Du temps que ma beauté m'était inséparable,
Leurs persécutions me rendaient misérable ;
Je ne pouvais sortir sans les faire pâmer[7] ;
Mille mouraient par jour à force de m'aimer :
J'avais des rendez-vous de toutes les princesses ;
Les reines, à l'envi[8], mendiaient mes caresses ;
Celle d'Éthiopie, et celle du Japon,
Dans leurs soupirs d'amour ne mêlaient que mon nom.
De passion pour moi deux sultanes troublèrent[9] ;
Deux autres, pour me voir, du sérail[10] s'échappèrent :
J'en fus mal quelque temps avec le Grand Seigneur.

7. S'évanouir.
8. À qui mieux mieux.
9. Perdirent la raison.
10. Lieu où sont enfermées les femmes du Grand Turc.

11. Les passions amoureuses.
12. Se résoudre.
13. Lettres d'amour.

CLINDOR. – Son mécontentement n'allait qu'à votre honneur.

MATAMORE. – Ces pratiques nuisaient à mes desseins de guerre,
Et pouvaient m'empêcher de conquérir la terre.
D'ailleurs, j'en devins las ; et pour les arrêter,
J'envoyai le Destin dire à son Jupiter
Qu'il trouvât un moyen qui fît cesser les flammes[11]
Et l'importunité dont m'accablaient les dames :
Qu'autrement ma colère irait dedans les cieux
Le dégrader soudain de l'empire des Dieux,
Et donnerait à Mars à gouverner sa foudre.
La frayeur qu'il en eut le fit bientôt résoudre[12] :
Ce que je demandais fut prêt en un moment ;
Et depuis je suis beau quand je veux seulement.

CLINDOR. – Que j'aurais, sans cela, de poulets[13] à vous rendre !

MATAMORE. – De quelle que ce soit, garde-toi bien d'en prendre,
Sinon de… Tu m'entends ? Que dit-elle de moi ?

CLINDOR. – Que vous êtes des cœurs et le charme et l'effroi ;
Et que si quelque effet peut suivre vos promesses,
Son sort est plus heureux que celui des Déesses.

P. CORNEILLE, *L'Illusion comique*, Acte II, scène 2, 1635.

Matamore dans *L'Illusion comique*, dessin de GEOFFROY, 1884.

La folie d'un mégalomane

LECTURE DU TEXTE

Un personnage extravagant

1 Dans quels domaines Matamore prétend-il exceller ? Analysez les champs lexicaux et l'effet produit par les allitérations (v. 11 à 16 et v. 44).

2 Quelle figure de style Matamore affectionne-t-il ? Relevez-en deux exemples. Pourquoi ce choix d'écriture est-il propre à faire rire le spectateur ?

Fiche 35 **Le comique et la comédie**

Un valet et son maître

3 Quelles relations Matamore entretient-il avec son valet ? Appuyez-vous sur les apostrophes et les adjectifs.

4 Comment Matamore se donne-t-il en spectacle ? Relevez les indices suggérant des gestes ou des jeux de scène.

5 (MISE EN VOIX) À plusieurs, mettez en voix une dizaine de vers de la longue réplique de Matamore (v. 11 à 32). Faites entendre l'extravagance du personnage, en accentuant certains mots et en variant les hauteurs de voix.

HISTOIRE DES ARTS

6 (DU TEXTE À LA SCÈNE) Comment les trois costumes soulignent-ils l'ambivalence très comique du personnage ? Comment le jeu de l'acteur renforce-t-il le ridicule du personnage ?

7 Quel a été le modèle de G. Wilson ? Comment l'a-t-il transformé ?

ÉCRITURE

Invention

En vous aidant des images et de la question 2, ajoutez au dialogue des didascalies indiquant le jeu des deux personnages.

Fiche 34 **La parole**

Commentaire

Vous montrerez le comique des vers 1 à 36 : expliquez d'abord comment fonctionne le couple maître/valet, puis analysez les procédés rendant Matamore ridicule.

Fiches 49, 50, 51 **Vers le commentaire**

4

Molière, Le Tartuffe, 1664

Biographie p. 565

Du même auteur p. 142, 144, 148, 154, 162, 163, 172, 176, 181, 224

Histoire littéraire p. 157, 178

Repères historiques p. 554

Tartuffe, le faux dévot[1], s'est introduit chez Orgon. Il veut épouser sa fille mais convoite aussi sa femme Elmire et sa fortune. Elmire, pour démasquer l'imposteur, donne rendez-vous à Tartuffe et lui fait des avances pour qu'il dévoile ses sentiments. Le mari est caché sous la table.

Acte IV, scène 5

TARTUFFE, ELMIRE, ORGON

TARTUFFE. – Moins on mérite un bien, moins on l'ose espérer.
Nos vœux sur des discours ont peine à s'assurer.
On soupçonne aisément un sort tout plein de gloire,
Et l'on veut en jouir avant que de le croire.
Pour moi, qui crois si peu mériter vos bontés,
Je doute du bonheur de mes témérités ;
Et je ne croirai rien, que vous n'ayez, madame,
Par des réalités su convaincre ma flamme.

ELMIRE. – Mon Dieu, que votre amour en vrai tyran agit,
Et qu'en un trouble étrange il me jette l'esprit !
Que sur les cœurs il prend un furieux empire,
Et qu'avec violence il veut ce qu'il désire !
Quoi ! de votre poursuite on ne peut se parer,
Et vous ne donnez pas le temps de respirer ?
Sied-il bien de tenir une rigueur si grande,
De vouloir sans quartier les choses qu'on demande,
Et d'abuser ainsi par vos efforts pressants
Du faible que vous vous voyez qu'ont les gens ?

TARTUFFE. – Mais si d'un œil bénin[2] vous voyez mes hommages,
Pourquoi m'en refuser d'assurés témoignages ?

ELMIRE. – Mais comment consentir à ce que vous voulez,
Sans offenser le Ciel, dont toujours vous parlez ?

1. Attaché à la religion.
2. Bienveillant.

Tartuffe de MOLIÈRE,
mise en scène de Stéphane Braunschweig, 2008.

5

Biographie
p. 565

Du même auteur
p. 142, 144, 148, 154, 162, 163, 169, 176, 181, 224

Histoire littéraire
p. 157, 178

Repères historiques
p. 554

Molière, *Le Misanthrope*, 1666

Alceste le misanthrope[1] aime Célimène, jeune veuve très courtisée. Elle reçoit dans son salon deux marquis amoureux d'elle, Acaste et Clitandre, sa cousine Éliante et un ami, Philinte. Ils dressent le portrait de courtisans connus d'eux. Alceste assiste, malgré lui, à l'entretien.

Acte II, scène 4

ÉLIANTE, PHILINTE, ACASTE, CLITANDRE, ALCESTE, CÉLIMÈNE

ACASTE. – Parbleu ! s'il faut parler de gens extravagants,
Je viens d'en essuyer un des plus fatigants ;
Damon, le raisonneur, qui m'a, ne vous déplaise,
Une heure, au grand soleil, tenu hors de ma chaise[2].

CÉLIMÈNE. – C'est un parleur étrange, et qui trouve toujours
L'art de ne vous rien dire avec de grands discours ;
Dans les propos qu'il tient, on ne voit jamais goutte,
Et ce n'est que du bruit que tout ce qu'on écoute.

ÉLIANTE, *à Philinte*. – Ce début n'est pas mal ; et contre le prochain
La conversation prend un assez bon train.

CLITANDRE. – Timante encor, madame, est un bon caractère.

CÉLIMÈNE. – C'est de la tête aux pieds un homme tout mystère,
Qui vous jette en passant un coup d'œil égaré,
Et, sans aucune affaire, est toujours affairé.
Tout ce qu'il vous débite en grimaces abonde ;
À force de façons, il assomme le monde ;
Sans cesse il a, tout bas, pour rompre l'entretien,
Un secret à vous dire, et ce secret n'est rien ;
De la moindre vétille[3] il fait une merveille,
Et jusques au bonjour, il dit tout à l'oreille.

ACASTE. – Et Géralde, madame ?

CÉLIMÈNE. – Ô l'ennuyeux conteur !
Jamais on ne le voit sortir du grand seigneur[4] ;
Dans le brillant commerce il se mêle sans cesse,
Et ne cite jamais que duc, prince ou princesse :
La qualité l'entête[5] ; et tous ses entretiens
Ne sont que de chevaux, d'équipage et de chiens ;
Il tutaye[6] en parlant ceux du plus haut étage,
Et le nom de monsieur est chez lui hors d'usage.

CLITANDRE. – On dit qu'avec Bélise il est du dernier bien.

CÉLIMÈNE. – Le pauvre esprit de femme, et le sec entretien[7] !
Lorsqu'elle vient me voir, je souffre le martyre :
Il faut suer sans cesse à chercher que lui dire,
Et la stérilité de son expression
Fait mourir à tous coups la conversation.
En vain, pour attaquer son stupide silence,
De tous les lieux communs vous prenez l'assistance :
Le beau temps et la pluie, et le froid et le chaud
Sont des fonds qu'avec elle on épuise bientôt.
Cependant sa visite, assez insupportable,

1. Personne qui déteste la société des autres hommes et aime la solitude.
2. Chaise à porteurs.
3. Futilité.
4. Avoir d'autres sujets de conversation que les personnes de la haute noblesse.
5. Il est obsédé par le rang social.
6. Tutoie.
7. Manque de conversation.

Traîne en une longueur encore épouvantable ;
Et l'on demande l'heure, et l'on bâille vingt fois,
Qu'elle grouille[8] aussi peu qu'une pièce de bois.

ACASTE. – Que vous semble d'Adraste ?

CÉLIMÈNE. – Ah ! quel orgueil extrême !
C'est un homme gonflé de l'amour de soi-même.
Son mérite jamais n'est content de la Cour :
Contre elle il fait métier[9] de pester chaque jour,
Et l'on ne donne emploi, charge ni bénéfice[10],
Qu'à tout ce qu'il se croit on ne fasse injustice.

CLITANDRE. – Mais le jeune Cléon, chez qui vont aujourd'hui
Nos plus honnêtes gens, que dites-vous de lui ?

CÉLIMÈNE. – Que de son cuisinier il s'est fait un mérite,
Et que c'est à sa table à qui l'on rend visite.

ÉLIANTE. – Il prend soin d'y servir des mets fort délicats.

CÉLIMÈNE. – Oui, mais je voudrais bien qu'il ne s'y servît pas :
C'est un fort méchant plat que sa sotte personne,
Et qui gâte, à mon goût, tous les repas qu'il donne.

PHILINTE. – On fait assez de cas de son oncle Damis :
Qu'en dites-vous, madame ?

CÉLIMÈNE. – Il est de mes amis.

PHILINTE. – Je le trouve honnête homme, et d'un air assez sage.

8. Remue.

9. Principale occupation.

10. L'emploi est une charge temporaire, la charge est permanente ; le bénéfice est un titre ecclésiastique.

Le Misanthrope de MOLIÈRE, mise en scène de Stéphane Braunschweig, 2003.

CÉLIMÈNE. – Oui ; mais il veut avoir trop d'esprit, dont j'enrage ;
Il est guindé sans cesse, et dans tous ses propos,
On voit qu'il se travaille à dire de bons mots.
Depuis que dans la tête il s'est mis d'être habile[11],
Rien ne touche son goût, tant il est difficile.
Il veut voir des défauts à tout ce qu'on écrit,
Et pense que louer n'est pas d'un bel esprit,
Que c'est être savant que trouver à redire,
Qu'il n'appartient qu'aux sots d'admirer et de rire,
Et qu'en n'approuvant rien des ouvrages du temps,
Il se met au-dessus de tous les autres gens ;
Aux conversations même il trouve à reprendre :
Ce sont propos trop bas pour y daigner descendre ;
Et les deux bras croisés, du haut de son esprit
Il regarde en pitié tout ce que chacun dit.

ACASTE. – Dieu me damne, voilà son portrait véritable.

CLITANDRE. – Pour bien peindre les gens vous êtes admirable.

ALCESTE. – Allons, ferme, poussez[12], mes bons amis de cour,
Vous n'en épargnez point, et chacun a son tour :
Cependant aucun d'eux à vos yeux ne se montre,
Qu'on ne vous voie, en hâte, aller à sa rencontre,
Lui présenter la main, et d'un baiser flatteur
Appuyer les serments d'être son serviteur.

CLITANDRE. – Pourquoi s'en prendre à nous ? Si ce qu'on dit vous blesse,
Il faut que le reproche à madame s'adresse.

ALCESTE. – Non, morbleu ! c'est à vous ; et vos ris[13] complaisants
Tirent de son esprit tous ces traits médisants.

MOLIÈRE, *Le Misanthrope*, Acte II, scène 4, 1666.

11. Qui a de l'esprit (au XVIIe siècle).
12. Continuer (terme emprunté à l'escrime).
13. Rires.

Le rire cruel de la médisance

LECTURE DU TEXTE

Le salon d'une mondaine

1 Comment le dialogue progresse-t-il ? Déterminez qui mène le débat et quels rôles jouent tous les personnages présents.

Fiche 34 **La parole**

2 MISE EN SCÈNE S. Braunschweig a installé le groupe sur le lit de Célimène. Tentez d'identifier les différents personnages à leur position. Comment se justifie cette interprétation moderne de la situation ?

L'art d'être méchante

3 Quels différents procédés rendent les portraits brossés par Célimène vivants ou drôles ?

4 Quelle figure de style Célimène utilise-t-elle le plus ? Pour quel effet comique ?

Fiche 16 **Les figures de style**
Fiche 35 **Le comique et la comédie**

La satire de la Cour

5 Quel personnage vous semble incarner la voix de la clairvoyance ? Justifiez.

6 MISE EN SCÈNE Sur l'image, qu'est-ce qui montre la réprobation d'Alceste ?

7 MISE EN VOIX Mettez en voix, à quatre ou cinq, le portrait de Timante ou Bélise. Donnez à imaginer le personnage en variant les intonations, en jouant des effets de répétition ou d'écho.

ÉCRITURE

Dissertation

Le comique d'une pièce de théâtre ne sert-il qu'à divertir et amuser ? Argumentez en prenant pour exemples cet extrait et d'autres œuvres de la séquence.

Fiches 52, 53, 54 **Vers la dissertation**

6 Yasmina Reza, Le Dieu du carnage, 2007

Biographie p. 566

Histoire littéraire p. 157

Repères historiques p. 560

Ferdinand Reille, onze ans, a frappé avec un bâton Bruno Houllié, un de ses camarades. Annette et Alain Reille, ses parents, sont chez Véronique et Michel Houllié pour rédiger un constat et discuter des suites. La conversation commence à dégénérer.

ALAIN. – Nous avons du mal à nous accorder vous et moi, depuis le début.

VÉRONIQUE. – Monsieur, il n'y a rien de plus odieux que de s'entendre reprocher ce qu'on a soi-même considéré comme une erreur. Le mot « armé » ne convenait pas, nous l'avons changé. Cependant, si on s'en tient à la stricte définition du mot, son usage n'est pas abusif.

ANNETTE. – Ferdinand s'est fait insulter et il a réagi. Si on m'attaque, je me défends surtout si je suis seule face à une bande.

MICHEL. – Ça vous a requinquée de dégobiller[1].

ANNETTE. – Vous mesurez la grossièreté de cette phrase.

MICHEL. – Nous sommes des gens de bonne volonté. Tous les quatre, j'en suis sûr. Pourquoi se laisser déborder par des irritations, des crispations inutiles ?…

VÉRONIQUE. – Oh Michel, ça suffit ! Cessons de vouloir temporiser[2]. Puisque nous sommes modérés en surface, ne le soyons plus !

MICHEL. – Non, non, je refuse de me laisser entraîner sur cette pente.

ALAIN. – Quelle pente ?

MICHEL. – La pente lamentable où ces deux petits cons nous ont mis ! Voilà !

ALAIN. – J'ai peur que Véro n'adhère pas à cette vision des choses.

VÉRONIQUE. – Véronique !

ALAIN. – Pardon.

VÉRONIQUE. – Bruno est un petit con maintenant le pauvre. C'est un comble !

Y. REZA, *Le Dieu du carnage*, 2007, © Éditions Reclam, 2008.

1. Annette a vomi quelque temps auparavant sur la table de salon et les livres d'art des Reille.
2. Attendre avant d'agir.

Une façade qui se lézarde

LECTURE DU TEXTE

1 Qu'est-ce qui rend cette scène comique ? Justifiez.

2 Quels reproches chaque couple fait-il à l'autre ? Justifiez avec des relevés précis, en distinguant l'**explicite** de l'**implicite**.

3 Comment l'agressivité s'exprime-t-elle ? Appuyez-vous sur les types de phrases et les niveaux de langue.

Fiche 34 La parole

4 MISE EN VOIX Trouvez une mise en espace de cet affrontement. Justifiez.
Puis mettez en voix le dialogue en faisant entendre la montée de la tension.

ÉCRITURE

Question sur un corpus

Comparez cet extrait avec celui du *Misanthrope* (p. 172). Comment le théâtre peut-il ridiculiser l'hypocrisie des conventions sociales ? Analysez les types de personnages mis en scène et les procédés comiques.

Fiche 46 Répondre à une question sur un corpus

Vers le commentaire

Proposez un paragraphe de commentaire de ce texte en analysant sa portée satirique.

Fiches 49, 50, 51 Vers le commentaire

Molière, *Premier Placet sur Tartuffe*, 1664

Dès la première représentation, Tartuffe *fait scandale. Une cabale, organisée par les dévots, groupe religieux régentant les esprits et les mœurs et influençant Louis XIV, obtient l'interdiction. Molière multiplie les placets au roi, des requêtes pour lever l'interdiction. Il attendra cinq ans.*

Sire,

Le devoir de la comédie étant de corriger les hommes en les divertissant[1], j'ai cru que, dans l'emploi où je me trouve, je n'avais rien de mieux à faire que d'attaquer par des peintures ridicules les vices[2] de mon siècle ; et comme l'hypocrisie sans doute en est un des plus en usage, des plus incommodes et des plus dangereux, j'avais eu, Sire, la pensée que je ne rendrais pas un petit service à tous les honnêtes gens de votre royaume, si je faisais une comédie qui décriât les hypocrites et mît en vue, comme il faut, toutes les grimaces étudiées de ces gens de bien à outrance, toutes les friponneries couvertes de ces faux-monnayeurs en dévotion[3] qui veulent attraper les hommes avec un zèle contrefait et une charité sophistique[4].

1. *Castigat ridendo mores* : [La comédie] corrige les mœurs en faisant rire. Citation latine, attribuée à Horace, qui était la devise de la troupe des comédiens-italiens, avec qui Molière partageait une salle de théâtre.
2. Défauts.
3. Ceux qui font semblant d'être pieux.
4. Trompeuse.

Edmond GEFFROY (1804-1895), *Molière et les caractères de ses comédies*, 1857, huile sur toile, 158 × 170 cm (Collections Comédie-Française).

Je l'ai faite, Sire, cette comédie, avec tout le soin, comme je crois, et toutes les circonspections[5] que pouvait demander la délicatesse de la matière ; et pour mieux conserver l'estime et le respect qu'on doit aux vrais dévots, j'en ai distingué le plus que j'ai pu le caractère que j'avais à toucher ; je n'ai point laissé d'équivoque, j'ai ôté ce qui pouvait confondre le bien avec le mal, et ne me suis servi, dans cette peinture, que des couleurs expresses et des traits essentiels qui font reconnaître d'abord un véritable et franc hypocrite.

MOLIÈRE, Premier placet sur *Tartuffe*, 1664.

5. Précaution.

Jean-Jacques Rousseau, *Lettre à d'Alembert sur les spectacles*, 1758

Rousseau, philosophe du XVIIIe siècle, répond à l'article de l'Encyclopédie écrit par d'Alembert sur Genève, où celui-ci s'étonnait que la comédie y soit interdite. Rousseau explique ce qu'il pense de Molière.

Voyez comment, pour multiplier ses plaisanteries, cet homme trouble tout l'ordre de la société ; avec quel scandale il renverse tous les rapports les plus sacrés sur lesquels elle est fondée, comment il tourne en dérision les respectables droits des pères sur leurs enfants, des maris sur leurs femmes, des maîtres sur leurs serviteurs ! Il fait rire, il est vrai, et n'en devient que plus coupable, en forçant, par un charme invincible, les sages mêmes de se prêter à des railleries qui devraient attirer l'indignation. [...] C'est un grand vice d'être avare et de prêter à usure[1] ; mais n'en est-ce pas un plus grand encore à un fils de voler son père, de lui manquer de respect, de lui faire mille insultants reproches, et, quand ce père irrité lui donne sa malédiction, de répondre d'un air goguenard[2], qu'il n'a que faire de ses dons ?

J.-J. ROUSSEAU, *Lettre à d'Alembert sur les spectacles*, 1758.

1. Prêter de l'argent avec intérêts.
2. Moqueur.

LECTURE

Texte 1

1 Relevez les expressions désignant les faux dévots critiqués par Molière dans *Tartuffe*. Pourquoi sont-ils dangereux ? Comment la comédie joue-t-elle un rôle moral selon Molière ?

2 DU TEXTE À L'IMAGE Quels personnages de Molière reconnaissez-vous sur ce tableau ? Quels indices permettent de les identifier ?

Texte 2

3 Selon Rousseau, quelles valeurs de la famille et de la société Molière bafoue-t-il ? Que reproche-t-il à *L'Avare* ?

ARGUMENTATION

4 À deux, choisissez l'un des textes de la séquence. Écrivez le dialogue opposant Rousseau et Molière à son sujet. Puis lisez avec expressivité ce débat devant la classe. Votre argumentation s'appuiera sur des éléments précis (personnages, intrigue).

Fiche 48 Rédiger un écrit d'invention

Vers la dissertation

5 Pourquoi une leçon peut-elle mieux passer par le rire ? Cherchez des arguments et des exemples empruntés au théâtre ou à d'autres genres littéraires.

Fiches 53, 54 Vers la dissertation

Histoire littéraire

Le théâtre classique

Le contexte de la doctrine classique

Le XVIIe siècle, poursuivant le travail des poètes de la Pléiade au siècle précédent, veut **défendre et développer le français**, toujours concurrencé par la langue savante qu'est le latin.

En 1634, la création de l'**Académie française** par Richelieu encourage les efforts des grammairiens et gens de lettres, comme Vaugelas, Ménage ou Guez de Balzac, s'attachant à définir une langue claire, nette et élégante. La seconde moitié du siècle, dominée par le règne autoritaire de Louis XIV en matière de vie artistique, assure le triomphe de la **règle**. Les ouvrages de rhétorique se multiplient. L'Académie publie la première édition de son *Dictionnaire* en 1694, qui fixe le bon usage du français. Le français est ainsi **codifié** et devient la langue de référence des lettrés en Europe.

Jean MARIETTE, Fronstispice du *Dictionnaire de l'Académie*, 1694. Louis XIV apparaît en défenseur des belles-lettres.

Les origines du classicisme

À partir de 1630, des théoriciens et écrivains édictent les **règles** d'écriture permettant de créer des chefs-d'œuvre. Ils s'appuient sur des **modèles antiques** : *La Poétique* du grec Aristote (IVe siècle av. J.-C.) qui définit le genre tragique et *L'Art poétique* du Latin Horace (Ier siècle av. J.-C.) qui assigne une fonction morale à l'art.

Un des principaux artisans de cette doctrine est Jean Chapelain, conseiller littéraire de Richelieu et membre de l'Académie. En 1630, il écrit la *Lettre sur la règle des vingt-quatre heures* prônant l'imitation parfaite du réel au théâtre.
Après lui, paraissent des textes théoriques comme la *Pratique du théâtre* de l'abbé d'Aubignac (1657) et des préfaces ou examens d'auteurs comme Corneille, qui fait précéder la réédition de ses œuvres de trois *Discours* sur l'art dramatique (1660). Enfin, en 1674, Boileau résume ces principes dans son *Art poétique*.
Si le début du XVIIe siècle montre son goût pour la liberté, la seconde moitié voit le triomphe de la doctrine, en particulier avec Racine.

Les principes du classicisme

Plaire et instruire

L'art doit **plaire et instruire**. Ainsi, le théâtre permet, selon la théorie aristotélicienne de la ***catharsis***, la purgation des passions : en vivant par procuration des émotions fortes, comme la terreur ou la pitié, le spectateur apprivoise et maîtrise les passions dangereuses. De plus, les dénouements châtiant les méchants sont de véritables leçons morales.

Ex : *Molière, dans le Placet sur* Tartuffe, *défend la portée morale de son œuvre qui invite à se méfier de l'hypocrisie* (> p. 176).

Maîtriser son art

Les classiques sont persuadés que la beauté ne peut être le fruit du désordre ou du libre jaillissement créatif. Un chef-d'œuvre naît du travail, de la méthode et des règles conformes à la raison. Ce rationalisme s'inspire du *Discours de la méthode* publié par Descartes en 1637.

Imiter le réel

Ce qui est invraisemblable est synonyme d'irrationalité. La raison commande donc à l'art d'imiter la nature en mettant en relief ses caractéristiques permanentes. L'imitation débouche ainsi sur une idéalisation, une stylisation de la réalité.

Ex : *Molière dans* L'Impromptu de Versailles *explique à ses comédiens comment imiter avec naturel les caractères représentés, c'est-à-dire les comportements* (> p. 163).

Les règles du théâtre classique

C'est d'abord pour la tragédie, genre noble et sérieux, que les théoriciens définissent des règles. Mais les autres genres comme la tragi-comédie et la comédie finissent par s'y conformer et adoptent les principes de l'illusion théâtrale, et l'accord du beau et du bien.

La vraisemblance

Déroulement et contenu de la pièce doivent êtres crédibles. On recherche l'adhésion du spectateur à l'histoire et son identification à des personnages mus par des sentiments vraisemblables. Ainsi, les héros de tragédie, agités par de grandes passions, sont nécessairement nobles. Les intrigues sont choisies dans la mythologie ou l'histoire des rois. Au contraire, la comédie met en scène des personnages de basse ou moyenne condition sociale, préoccupés par les problèmes triviaux du quotidien. Ils évoluent dans un monde semblable à celui du spectateur. Enfin, un personnage ne peut changer de façon radicale et contradictoire. C'est ce qu'on appelle la **constance des caractères**.

Nicolas MIGNARD (1606-1668), *Portrait de Molière dans le rôle de César* (*La Mort de Pompée* de Corneille), XVIIe siècle.

Ex : Horace, Cinna *de Corneille* (> p. 198 et 201), Andromaque, Bérénice *de Racine* (> p. 204 et 206) *présentent de nobles Romains ou Grecs agités par des passions héroïques et sublimes.* Tartuffe *de Molière se passe dans un milieu bourgeois préoccupé par l'argent* (> p. 169).

La règle des trois unités

- **L'unité d'action** : l'intrigue est constituée d'une seule action principale. Ainsi, la pièce, bien construite, forme un tout cohérent. L'**exposition** met en place l'intrigue, les obstacles et les **péripéties** constituent le **nœud**, et le **dénouement** résout les problèmes.

Ex : *La scène où Orgon est caché par Elmire est une péripétie qui accélère le dénouement de* Tartuffe *en dénonçant l'hypocrite* (> p. 169).

Jean de SAINT-IGNY, représentation de *Mirame* au Palais-Cardinal devant Anne d'Autriche, Louis XIII et Richelieu, 1641, estampe (Musée des Arts décoratifs, Paris).

- **L'unité de temps** : le déroulement de l'intrigue ne peut excéder vingt-quatre heures. En concentrant les faits en **un seul jour tragique**, les dramaturges font de la tragédie classique une crise violente. Les comédies s'organisent aussi autour d'une crise qui se résout en un jour.

Ex : *L'empereur Titus a une journée pour décider s'il épouse Bérénice ou la quitte* (> p. 206).

- **L'unité de lieu** : l'unité de temps et la vraisemblance limitent les déplacements des personnages à un seul lieu dramatique, une seule scène, un seul décor. Il s'agit d'une salle de palais pour la tragédie et, pour la comédie, d'une rue ou d'une pièce de maison bourgeoise.

Ex : Le Misanthrope *se passe dans le salon de Célimène* (> p. 172) *;* L'Avare, *dans la maison d'Harpagon*.

La bienséance

Cette exigence morale consiste à ne pas choquer le public. Pour la tragédie, certains sujets, comme les fonctions du corps ou la sexualité, sont bannis. Il sont tolérés dans la comédie à condition ne pas être grossiers. Enfin, le théâtre exclut les spectacles sanglants, la violence et les morts sur scène.

Ex : *Dans* Horace, *Corneille fait mourir Camille dans la coulisse* (> p. 198).
Dans Tartuffe, *Elmire fait sortir Tartuffe pour ne pas lui céder* (> p. 169).

La place devant la maison d'Arnolphe. Frontispice de *L'École des femmes*, gravure tirée des Œuvres de MOLIÈRE, 1682.

J. D. COURT (1797-1865), *Corneille accueilli au théâtre par le Grand Condé*, 1828-29, esquisse (Musée Pierre-Corneille, Rouen).

Les grandes figures du théâtre classique

Pierre Corneille

Ses premières œuvres (1630-1637), comédies (*Le Menteur*) ou tragi-comédies (*Le Cid, L'Illusion comique*) montrent son goût baroque pour le mélange des genres et les effets spectaculaires. Même si, avec ses dix-sept tragédies régulières (*Horace, Cinna, Polyeucte*), il devient, à partir de 1640, le modèle des écrivains de son époque, il a une **conception souple des règles classiques**. C'est pourquoi il écrit aussi des « pièces à machines » (avec des machineries assurant des effets spéciaux extraordinaires) comme *Andromède* (1650) et *La Conquête de la Toison d'or* (1660).

Molière

Il commence sa carrière d'acteur en jouant des tragédies de Corneille et sa troupe montera les premières œuvres de Racine. Comme auteur, il renouvelle d'abord le genre de la **farce** en accentuant son caractère satirique (*Les Précieuses ridicules*). Il devient ensuite le maître de la **comédie de caractère**. Enfin, avec le musicien Lully, il invente pour les divertissements de Louis XIV la **comédie-ballet** (*Le Bourgeois gentilhomme, Le Malade imaginaire*).

Racine et la fin du siècle

Il détrône Corneille vieillissant avec *Andromaque* (1667). Ses tragédies, impitoyables huis-clos destinés à broyer les héros, sont les chefs-d'œuvre du théâtre classique (*Britannicus, Bérénice, Bajazet, Phèdre*).
Ses rivaux de la fin du siècle créent des œuvres privilégiant le grand spectacle : les tragédies « à machines », avec des décors fastueux et des effets visuels, comme *Circé* de **Thomas Corneille**, ou les premiers opéras français comme *Alceste, Thésée* ou *Armide*, fruits d'une collaboration entre **Quinault** et **Lully**. Ces nouveaux genres influencent Racine qui introduit des chœurs chantés dans *Esther* (1689) et *Athalie* (1691).

Les querelles autour des règles

Si les théoriciens édictent des règles strictes, c'est aussi pour canaliser le théâtre, divertissement considéré comme moralement dangereux par l'Église. En effet, rire ou pleurer le temps d'un spectacle détourne, selon eux, de Dieu. Toutefois, les auteurs ne poursuivent pas ce but en priorité. Qu'ils soient, comme Molière, acteur et chef de troupe ou, comme Racine, écrivain d'une troupe célèbre, il leur faut d'abord séduire le public et s'assurer la protection des commanditaires, comme Richelieu et Louis XIV. Ces objectifs divergents engendrent des querelles retentissantes.

La querelle du *Cid* (1637)

Cette tragi-comédie permet à Corneille d'être reconnu comme le maître de la scène. Pendant près d'un an pourtant, il subit les attaques d'auteurs dramatiques éclipsés, comme Mairet et Scudéry. Ils lui reprochent de ne respecter qu'imparfaitement les trois unités et d'aller à l'encontre des bienséances : l'héroïne, Chimène, accepte d'épouser le meurtrier de son père. La pièce contrevient donc aussi à la règle de la constance des caractères. Richelieu lui-même pousse l'Académie à rédiger un texte critique, puis finit par ordonner à Mairet et Corneille de se réconcilier : il ne peut aller à contre-courant du succès du *Cid*.

***L'École des femmes* (1662)**

Les attaques contre la pièce de Molière, qui connaît aussi un grand succès, viennent de la troupe concurrente de l'Hôtel de Bourgogne et ses auteurs attitrés, les frères Corneille, et des dévots et moralistes. Ils prétendent que la pièce, contenant des obscénités, ne respecte pas la bienséance. En se moquant du sacrement du mariage, Molière compromettrait la visée moralisatrice du genre comique. Les deux camps s'affrontent pendant un an avec des comédies, des essais critiques, des lettres. Molière répond à ses détracteurs par deux courtes pièces en 1663, *La Critique de l'École des femmes* et *L'Impromptu de Versailles* où il se met en scène comme auteur et chef de troupe pour défendre la dignité de la comédie : « Bien des gens ont frondé cette comédie ; mais les rieurs ont été pour elle », dit-il dans la préface, rappelant ainsi que le succès d'une comédie tient surtout... à sa force comique.

9 PARCOURS DE LECTEUR • ŒUVRE INTÉGRALE

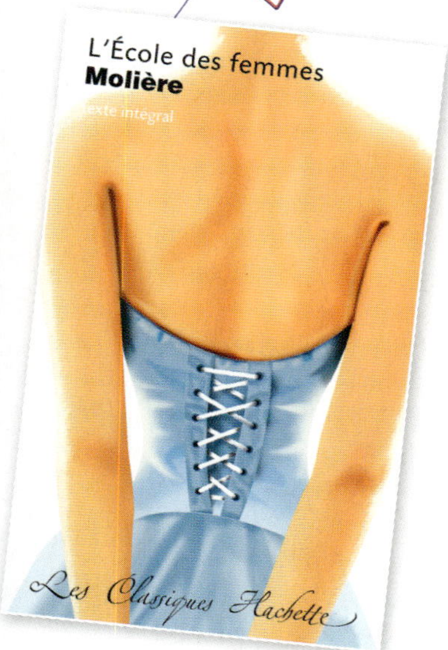

Molière
L'École des femmes 1662

Objectifs

- Découvrir les caractéristiques d'une comédie classique
- Analyser l'évolution d'un caractère
- Comparer des mises en scène

Riche bourgeois de quarante-deux ans, Arnolphe a élevé une jeune fille pauvre dans l'ignorance totale des choses de la vie pour en faire une sotte, et l'épouser sans risque d'être trompé. Mais en son absence, la jeune Agnès a rencontré Horace qui s'est fait aimer d'elle. Arnolphe cherche, en vain, à éloigner les deux amants. Agnès se révolte contre le mariage qu'Arnolphe veut lui imposer.

Chronologie

1658 La troupe de Molière obtient la protection de Monsieur, frère de Louis XIV, et partage avec les comédiens-italiens la salle du Petit-Bourbon.

1659 Création des *Précieuses ridicules*.

1661 La troupe s'installe dans la salle du Palais-Royal. Création de *L'École des maris*.

Janvier 1662
Mariage de Molière avec Armande Béjart, de vingt ans sa cadette.

26 décembre 1662
Première de *L'École des femmes*. Molière joue le rôle d'Arnolphe.

Janvier-mars 1663
Trente-deux représentations publiques de la pièce. C'est un succès sans précédent.

Mai 1663
Le roi attribue à Molière une pension annuelle de mille livres.

Fin 1663
Molière répond aux critiques concernant *L'École des femmes* par deux autres pièces, *La Critique de l'École des femmes* et *L'Impromptu de Versailles*.

TEXTES ÉCHOS

P. CORNEILLE, *L'Illusion comique* > p. 146
MOLIÈRE, *Dom Juan* > p. 148
MOLIÈRE, *George Dandin* > p. 154
MOLIÈRE, *Le Tartuffe* > p. 169

Histoire littéraire p. 157, 178

Entrée dans l'œuvre : Mettre en scène une ingénue

Isabelle Adjani dans le rôle d'Agnès, mise en scène de Jean-Paul Roussillon (Comédie-Française, Paris, 1973).

Agnès (Johanna Korthals Altes), mise en scène d'Éric Vigner (Comédie-Française, Paris, 1999).

La naissance du personnage d'Agnès

L'École des femmes fait écho à *L'École des maris*, farce en trois actes écrite par Molière en 1661. On y retrouve Arnolphe, personnage masculin que ses opinions rétrogrades sur le mariage et les relations entre hommes et femmes rendent ridicule. Dans les deux pièces, Arnolphe devient un fiancé ou un mari trompé, malgré toutes ses précautions.

En revanche, le personnage d'Agnès est nouveau : ignorante et soumise, la jeune fille, grâce à l'amour, s'éveille à l'intelligence et acquiert une épaisseur psychologique. C'est l'« inconstance », l'évolution de son caractère, contraire aux conventions classiques, qui a déchaîné les critiques. Molière met ainsi à profit des thèmes à la mode dans les salons mondains qu'il fréquente, où l'on débat de la puissance de l'amour et de son rapport avec l'esprit. Il se moque également des préjugés bourgeois sur le rôle des femmes que les milieux aristocratiques critiquaient : les précieuses, femmes de lettres et intellectuelles, voyaient dans l'institution du mariage le principal lieu d'oppression des femmes.

Mlle de Brie avait déjà trente-deux ans quand elle créa le rôle en 1663. Pourtant, son succès fut tel que, lorsqu'elle voulut se faire remplacer en 1685, le parterre protesta. Mlle de Brie dut se précipiter au théâtre et jouer en costume de ville !

Mlle de Brie à la création du rôle en 1662.

EXTRAIT 1 Scène d'exposition

Arnolphe fait le portrait de la jeune Agnès à son ami Chrysalde.

Acte I, scène 1

ARNOLPHE, CHRYSALDE

ARNOLPHE. – Un air doux et posé, parmi d'autres enfants,
M'inspira de l'amour pour elle dès quatre ans ;
Sa mère se trouvant de pauvreté pressée,
De la lui demander il me vint la pensée ;
Et la bonne paysanne, apprenant mon désir,
À s'ôter cette charge eut beaucoup de plaisir.
Dans un petit couvent, loin de toute pratique,
Je la fis élever selon ma politique,
C'est-à-dire ordonnant quels soins on emploierait
Pour la rendre idiote autant qu'il se pourrait.
Dieu merci, le succès a suivi mon attente ;
Et grande, je l'ai vue à tel point innocente,
Que j'ai béni le Ciel d'avoir trouvé mon fait[1],
Pour me faire une femme au gré de mon souhait.
Je l'ai donc retirée ; et comme ma demeure
À cent sortes de monde est ouverte à toute heure,
Je l'ai mise à l'écart, comme il faut tout prévoir,
Dans cette autre maison où nul ne me vient voir ;
Et pour ne point gâter sa bonté naturelle,
Je n'y tiens que des gens tout aussi simples qu'elle.
Vous me direz : Pourquoi cette narration ?
C'est pour vous rendre instruit de ma précaution.
Le résultat de tout est qu'en ami fidèle
Ce soir je vous invite à souper avec elle ;
Je veux que vous puissiez un peu l'examiner,
Et voir si de mon choix on me doit condamner.

MOLIÈRE, *L'École des femmes*, Acte I, scène 1
(éd. Classiques Hachette, p. 18-19), 1662.

1. Mon affaire.

LECTURE DU TEXTE

1 RECHERCHE Cherchez le sens du mot « ingénue ». Montrez que le portrait d'Agnès donné dans la scène d'exposition correspond à ce qualificatif et relevez les synonymes de ce terme employés par Arnolphe. Lesquels sont péjoratifs, lesquels sont mélioratifs ? Que signifie l'expression : « jouer les ingénues » ?

2 Pourquoi l'éducation qu'Arnolphe a imposée à Agnès l'a-t-elle rendue ingénue ?

3 Au théâtre, quelles péripéties comiques le caractère d'ingénue peut-il créer ?

HISTOIRE DES ARTS

4 Comparez les costumes présentés (forme, couleur, accessoires) : quelles similitudes et différences remarquez-vous ? Que suggèrent-ils du rôle donné à la femme ?

5 Analysez les postures et expressions des actrices : comment le caractère d'ingénue est-il suggéré ?

6 MISE EN VOIX Mettez en voix les *Maximes* sur le mariage qu'Arnolphe fait lire à Agnès (Acte III, scène 2, éd. Classiques Hachette, p. 60 à 62) en essayant de trouver une intonation correspondant à chacune des postures proposées ici. Justifiez votre choix.

EXTRAIT 2 L'ingénue « torture » le barbon

TEXTE ÉCHO
La naïveté, une source du comique
> Molière, *Dom Juan* p. 148

Arnolphe a appris par Horace, qui ignore sa véritable identité, sa rencontre avec Agnès. Il cherche à savoir ce qui s'est vraiment passé.

Acte II, scène 5
ARNOLPHE, AGNÈS

ARNOLPHE. – Oui, mais que faisait-il étant seul avec vous ?
AGNÈS. – Il jurait qu'il m'aimait d'une amour sans seconde,
Et me disait des mots les plus gentils du monde,
Des choses que jamais rien ne peut égaler,
Et dont, toutes les fois que je l'entends parler,
La douceur me chatouille et là-dedans remue
Certain je ne sais quoi dont je suis toute émue.

ARNOLPHE, *à part*. – Ô fâcheux examen d'un mystère fatal,
Où l'examinateur souffre seul tout le mal !
(À Agnès.)
Outre tous ces discours, toutes ces gentillesses,
Ne vous faisait-il point aussi quelques caresses ?

AGNÈS. – Oh tant ! Il me prenait et les mains et les bras,
Et de me les baiser il n'était jamais las.

ARNOLPHE. – Ne vous a-t-il point pris, Agnès, quelqu'autre chose ?
(La voyant interdite.)
Ouf !

Agnès Sourdillon et Pierre Arditi, mise en scène de Didier Bezace (Théâtre de la Commune, Aubervilliers, 2001).

Louis Jouvet et Madeleine Ozeray, mise en scène de Louis Jouvet, 1936.

Sur quel quiproquo la scène repose-t-elle ? Qu'est-ce qui rend chacun des personnages comiques ?

MISE EN SCÈNE Comment le jeu des acteurs exprime-t-il le registre comique ?

Lisez le texte écho. Pourquoi la naïveté des jeunes filles opposée à l'expérience masculine devient-elle source comique dans les deux textes ?

AGNÈS. – Hé ! il m'a...
ARNOLPHE. – Quoi ?
AGNÈS. – Pris...
ARNOLPHE. – Euh !
AGNÈS. – Le...
ARNOLPHE. – Plaît-il ?
AGNÈS. – Je n'ose,
Et vous vous fâcherez peut-être contre moi.
ARNOLPHE. – Non.
AGNÈS. – Si fait.
ARNOLPHE. – Mon Dieu, non !
AGNÈS. – Jurez donc votre foi [1].
ARNOLPHE. – Ma foi, soit.
AGNÈS. – Il m'a pris... Vous serez en colère.
ARNOLPHE. – Non.
AGNÈS. – Si.
ARNOLPHE. – Non, non, non, non ! Diantre ! que de mystère !
Qu'est-ce qu'il vous a pris ?
AGNÈS. – Il...
ARNOLPHE, *à part*. – Je souffre en damné.
AGNÈS. – Il m'a pris le ruban que vous m'aviez donné.
À vous dire le vrai, je n'ai pu m'en défendre.
ARNOLPHE, *reprenant haleine*. – Passe pour le ruban. Mais je voulais apprendre
S'il ne vous a rien fait que vous baiser les bras.
AGNÈS. – Comment ? est-ce qu'on fait d'autres choses ?

MOLIÈRE, *L'École des femmes*, Acte II, scène 5 (éd. Classiques Hachette, p. 48-50), 1662.

1. Donnez votre parole.

EXTRAIT 3 *L'ingénue devient ingénieuse*

TEXTE ÉCHO
Le trio amoureux, ressource comique
> Molière, *Le Tartuffe* p. 169

- Qu'est-ce que la « duplicité » ? Agnès en fait-elle preuve ? Justifiez.
- Comment Molière rend-il le thème de la « confidence inappropriée » scéniquement comique ? Aidez-vous du texte et de l'image.
- Lisez le texte écho.
  a Qui est caché dans chacune des scènes ? Qui est ridiculisé dans les deux cas ? Justifiez.
  b Quelle scène est plus comique ?

Arnolphe a exigé d'Agnès qu'elle chasse Horace en lui lançant une pierre – un « grès » – par la fenêtre.

Acte III, scène 4
HORACE, ARNOLPHE

ARNOLPHE. – Le grès vous a mis en déroute ;
Mais cela ne doit pas vous étonner.
HORACE. – Sans doute,
Et j'ai compris d'abord que mon homme était là,
Qui, sans se faire voir, conduisait tout cela.
Mais ce qui m'a surpris, et qui va vous surprendre,
C'est un autre incident que vous allez entendre,
Un trait hardi qu'a fait cette jeune beauté,
Et qu'on n'attendrait point de sa simplicité.
Il le faut avouer, l'amour est un grand maître :
Ce qu'on ne fut jamais il nous enseigne à l'être ;
Et souvent de nos mœurs l'absolu changement
Devient, par ses leçons, l'ouvrage d'un moment ;
De la nature, en nous, il force les obstacles,
Et ses effets soudains ont de l'air des miracles ;
D'un avare à l'instant il fait un libéral,
Un vaillant d'un poltron, un civil d'un brutal ;
Il rend agile à tout l'âme la plus pesante,
Et donne de l'esprit à la plus innocente.
Oui, ce dernier miracle éclate dans Agnès ;
Car, tranchant avec moi par ces termes exprès :
Retirez-vous : mon âme aux visites renonce ;
Je sais tous vos discours ; et voilà ma réponse,
Cette pierre, ou ce grès, dont vous vous étonniez
Avec un mot de lettre est tombée à mes pieds ;
Et j'admire de voir cette lettre ajustée
Avec le sens des mots ; et la pierre jetée.
D'une telle action n'êtes-vous pas surpris ?

MOLIÈRE, *L'École des femmes*, Acte III, scène 4 (éd. Classiques Hachette, p. 71-72), 1662.

Horace (Richard Fontana) et Arnolphe (Didier Sandre), mise en scène d'Antoine Vitez, 1978.

EXTRAIT 4

L'ingénue émancipée

TEXTES ÉCHOS

La mise en scène des « caractères » : ressort comique ou réflexion sur la nature humaine ?

> **Molière,** *Le Tartuffe* **p. 142**
> **P. Corneille,** *L'Illusion comique* **p. 146**
> **Molière,** *George Dandin* **p. 154**

Horace a organisé l'enlèvement d'Agnès, mais il est piégé par Arnolphe et c'est face à lui que se retrouve la jeune fille. Agnès revendique la liberté d'aimer Horace.

Acte V, scène 4

ARNOLPHE, AGNÈS

1 AGNÈS. – Mon Dieu, ce n'est pas moi que vous devez blâmer :
Que ne vous êtes-vous, comme lui, fait aimer ?
Je ne vous en ai pas empêché, que je pense.

ARNOLPHE. – Je m'y suis efforcé de toute ma puissance ;
Mais les soins que j'ai pris, je les ai perdus tous.

AGNÈS. – Vraiment, il en sait donc là-dessus plus que vous ;
Car à se faire aimer il n'a point eu de peine.

ARNOLPHE. – Voyez comme raisonne et répond la vilaine !
Peste ! une précieuse[1] en dirait-elle plus ?
Ah ! je l'ai mal connue ; ou, ma foi ! là-dessus
Une sotte en sait plus que le plus habile homme,
Puisqu'en raisonnement votre esprit se consomme[2],
La belle raisonneuse, est-ce qu'un si long temps
Je vous aurai pour lui nourrie à mes dépens ?

AGNÈS. – Non, il vous rendra tout jusques au dernier double.

ARNOLPHE. – Elle a de certains mots où mon dépit redouble.
Me rendra-t-il, coquine[3], avec tout son pouvoir,
Les obligations que vous pouvez m'avoir ?

AGNÈS. – Je ne vous en ai pas de si grandes qu'on pense.

ARNOLPHE. – N'est-ce rien que les soins d'élever votre enfance ?

AGNÈS. – Vous avez là-dedans bien opéré vraiment,
Et m'avez fait en tout instruire joliment !
Croit-on que je me flatte, et qu'enfin dans ma tête,
Je ne juge pas bien que je suis une bête ?
Moi-même, j'en ai honte ; et, dans l'âge où je suis,
Je ne veux plus passer pour sotte, si je puis.

MOLIÈRE, *L'École des femmes*, Acte V, scène 4 (éd. Classiques Hachette, p. 113-114), 1662.

1. Les précieuses sont des intellectuelles au XVIIe siècle.
2. Excelle, brille.
3. Terme péjoratif, insultant au XVIIe siècle.

- Comment Arnolphe s'impose-t-il ? Comment Agnès lui résiste-t-elle ?
- MISE EN SCÈNE Analysez la façon dont les mises en scène traduisent le rapport de force.
- Lisez les deux premiers textes échos. Comment la révolte des jeunes filles sert-elle l'intrigue dans les comédies classiques ?
- Lisez le dernier texte écho. En quoi un mari trompé est-il à la fois comique et pathétique ?

Isabelle Adjani et Michel Aumont, mise en scène de Jean-Paul Roussillon (Comédie-Française, Paris, 1973).

Lyn Thibault et Daniel Auteuil, mise en scène de Jean-Pierre Vincent, 2008.

La réception de l'œuvre : Des personnages vraisemblables ?

1. Molière, *La Critique de l'École des femmes*

Uranie réunit dans son salon des amis et connaissances. La conversation s'oriente sur la pièce de Molière que tous ont vue. Uranie et Dorante s'y sont amusés, les autres sont très critiques.

Scène VI

URANIE. – Pour moi, je trouve que la beauté du sujet de *L'École des femmes* consiste dans cette confidence perpétuelle ; et ce qui me paraît assez plaisant, c'est qu'un homme qui a de l'esprit, et qui est averti de tout par une innocente qui est sa maîtresse, et par un étourdi qui est son rival, ne puisse avec cela éviter ce qui lui arrive.

LE MARQUIS. – Bagatelle, bagatelle.

CLIMÈNE. – Faible réponse.

ÉLISE. – Mauvaises raisons.

DORANTE. – Pour ce qui est des enfants par l'oreille, ils ne sont plaisants que par réflexion à Arnolphe[1] ; et l'auteur n'a pas mis cela pour être de soi un bon mot, mais seulement pour une chose qui caractérise l'homme, et peint d'autant mieux son extravagance, puisqu'il rapporte une sottise triviale qu'a dite Agnès comme la chose la plus belle du monde, et qui lui donne une joie inconcevable.

LE MARQUIS. – C'est mal répondre.

CLIMÈNE. – Cela ne satisfait point.

ÉLISE. – C'est ne rien dire.

DORANTE. – Quant à l'argent qu'il donne librement, outre que la lettre de son meilleur ami lui est une caution suffisante, il n'est pas incompatible qu'une personne soit ridicule en de certaines choses et honnête homme en d'autres.

MOLIÈRE, *La Critique de l'École des femmes*, Scène VI, 1663.

1. Si on les rapporte au personnage d'Arnolphe.

2. Didier Bezace, metteur en scène

Ainsi *L'École* s'inverse : elle devait être celle d'un magister[1] tyrannique à l'égard d'une jeune conscience brimée, celle de l'appropriation, de la bêtise et de la cruauté, celle que l'on subit encore tout près de chez nous sous certains voiles, elle devient l'apprentissage forcé de l'humain par un homme solitaire et têtu. Si le combat de la vie semble gagné d'avance, celui de la lucidité apparaît comme perdu : Arnolphe restera jusqu'au bout un mauvais élève et la fin de la pièce le met au piquet pour toujours.

Est-ce cette fin sans appel qui fait de *L'École* une tragédie autant qu'une farce ?

D. BEZACE, Extrait du programme du spectacle (Théâtre de la Commune, Aubervilliers, 2001-2002).

1. Maître d'école.

3. Jean-Pierre Vincent, metteur en scène

Oh, nos jeunes amis ne sont pas des génies, pas des surdoués, non ! Agnès et Horace sont des personnes très ordinaires, loin du luxe baroque de Roméo et Juliette : une naïve et un gaffeur, comme on en voit dans les feuilletons, des ados comme il peut y en avoir tant.

J.-P. VINCENT, Dossier de l'Odéon (Théâtre de l'Europe, Paris, 2008).

Olivier Ythier (Horace) et Pierre Arditi (Arnolphe), mise en scène de Didier Bezace (Théâtre de la Commune, Aubervilliers, 2001).

1 Quelles invraisemblances dans les caractères les trois textes relèvent-ils ? Comment sont-elles expliquées ? Classez vos éléments de réponse.

2 Expliquez, en vous appuyant sur le texte 2 et les monologues d'Arnolphe (éd. Classiques Hachette, p. 77, 81-82, 91-92), pourquoi des metteurs en scène font souvent d'Arnolphe un personnage tragique. MISE EN SCÈNE Comment le jeu de Pierre Arditi traduit-il cette idée ?

3 Horace et Agnès sont-ils pour vous « des ados comme il peut y en avoir tant » ? Argumentez.

FICHE DE LECTURE 1

Intrigue classique et évolution d'un caractère

Personnage et caractère

Le personnage de théâtre classique se définit par un état civil (nom, âge, situation sociale et familiale) et se construit par sa présence sur scène, les actions qu'il accomplit et les paroles qu'il prononce ou celles que l'on dit sur lui. Le caractère est l'ensemble de ses traits psychologiques et moraux, particulièrement marqués, voire stéréotypés (exemples : l'ingénue, l'avare, le barbon).
La règle classique prône que le comportement du personnage reste cohérent, tout au long de la pièce, avec son caractère initial. Il ne doit, ni ne peut, évoluer.

1 @ RECHERCHE Quelle est l'étymologie du prénom Agnès ? Quelles en sont les connotations ? Qu'est-il arrivé à sainte Agnès ?

2 Établissez la fiche d'identité d'Agnès grâce aux informations données à l'acte I, scène 1 (éd. Classiques Hachette, p. 18-19), puis à celles qui sont révélées à l'acte V, scènes 7 à 9 (p. 119 à 125).

3 Relevez dans les propos d'Arnolphe (v. 123-164, p. 18-19), puis dans ceux d'Horace (v. 316-340, p. 32-33) les termes définissant le caractère de la jeune fille. Confrontez ces éléments à l'attitude d'Agnès à l'acte II, scène 5 (p. 44 et suivantes) et à sa lettre (acte III, scène 4, p. 73-74). Brossez le portrait psychologique et moral de la jeune fille.

Un personnage moteur de l'intrigue

1 Dans combien de scènes Agnès apparaît-elle ? Avec quel(s) personnage(s) ? Que remarquez-vous ?

2 Dans ses plus longs dialogues, quels éléments révèlent l'évolution de son caractère ?

Didier Sandre et Dominique Valadié, mise en scène d'Antoine Vitez, 1978.

Philippe Clévenot et Anouk Grinberg, mise en scène de Bernard Sobel, 1985.

3 Relevez les actions d'Agnès, relatées dans les actes III, scène 4 (éd. Classiques Hachette, p. 72-73) ; IV, scène 6 (p. 90-91) et V, scène 2 (p. 104-105). Pourquoi constituent-elles des coups de théâtre ?

Jouer Agnès

1 Relevez les didascalies et les éléments de dialogue (v. 676 ; v. 1012-1015) précisant l'attitude d'Agnès (mimiques, regards, etc.). Révèlent-ils la complexité du personnage ? Quel effet ce jeu produit-il sur Arnolphe (fin des actes II, scène 5 et IV, scène 1) ?

2 MISE EN SCÈNE Comparez les images d'Agnès : comment les actrices incarnent-elles le caractère du personnage et son évolution ?

Le triomphe du naturel

« Agnès enseigne par l'exemple qu'un esprit bien né ne saurait être entièrement étouffé par une mauvaise éducation, mais qu'une bonne éducation permettrait de brûler les étapes. »

G. FORESTIER, Notice à *L'École des femmes*, © Éditions Gallimard, Bibliothèque de la Pléiade, 2010.

1 Lisez les passages où il est question de l'éducation des filles (Actes I, scène 1, éd. Classiques Hachette, p. 16-18 ; III, scènes 3, 4, 5, p. 66-77 ; V, scène 4, p. 114). Qu'a-t-on enseigné à Agnès ? Quel rôle cette éducation donne-t-elle aux femmes ? Que critiquent Chrysalde, Horace et Agnès ?

2 Quels « fâcheux périls » (v. 1414 et suivants) Agnès court-elle à cause de cette éducation ?

3 Le « naturel » d'Agnès joue-t-il un rôle déterminant dans son émancipation ? Expliquez.

Personnages et guerre de territoire

L'espace dans *L'École des femmes*

Le metteur en scène Marcel Maréchal remarque : « Agnès [est] embastillée depuis l'âge de quatre ans dans un espace d'enfermement. »

Préface à l'édition du Livre de Poche, 1985.

1 Relevez toutes les informations concernant le lieu de l'action : où les dialogues prennent-ils place ? Comment la maison est-elle agencée ? Quel espace hors scène est attribué à Agnès ?

2 Pourquoi tout cet espace est-il à la fois ouvert et fermé, privé et public ?

3 Quel rapport cet espace a-t-il avec la situation sociale d'Arnolphe ?

Le rôle de l'espace théâtral

1 Dans quelle scène de l'acte I l'espace visible joue-t-il un rôle comique ? Comment ? Qu'est-ce qui est ainsi tourné en ridicule ?

2 Dans quelle scène de l'acte V joue-t-il un rôle pathétique ? Comment ?

Arnolphe ou l'impossible contrôle de l'espace

1 Quels personnages secondaires surveillent la maison (v. 148, v. 1132-33) ? Pourquoi sont-ils inefficaces ? Qu'est-ce qui les rend comiques ? Justifiez.

2 En repérant les raisons des allées et venues d'Arnolphe, leurs conséquences attendues et réelles, montrez qu'il est écartelé entre l'intérieur et l'extérieur de sa maison.

3 Dans quelles scènes de l'acte IV Arnolphe pense-t-il défendre le mieux son territoire ? Que se passe-t-il en réalité ?

4 Comment Arnolphe est-il définitivement évincé de l'espace scénique dans l'acte V ?

Une scénographie symbolique

Le metteur en scène Didier Bezace s'explique :

« J'ai voulu augmenter cette solitude [celle d'Arnolphe] en la plaçant sur une île au-dessus du monde, faire un théâtre de tréteau dans cette immensité. Le décor de Philippe Marioge suggérait la ville au-dessous de la scène. On apercevait un clocher, un toit, des murs… Le tréteau de huit mètres sur huit, sur lequel on jouait la pièce, flottait au-dessus de cette ville fantôme : une tragi-comédie de la possession au-dessus du vide. Les personnages qui venaient de l'intérieur de la maison d'Arnolphe surgissaient par des trappes, ceux qui arrivaient de l'extérieur se hissaient sur scène grâce à des échelles. »

D. BEZACE, *Le Théâtre français du XVIIe siècle*, sous la direction de C. Biet, L'Avant-Scène théâtre, 2009.

1 Comment la solitude d'Arnolphe s'exprime-t-elle dans la pièce en début ou fin d'acte ? Quel registre y est utilisé ?

2 MISE EN SCÈNE La scénographie imaginée pour la mise en scène de D. Bezace vous paraît-elle adaptée à la situation d'Arnolphe, à celle d'Agnès ? Argumentez en vous appuyant sur votre connaissance de l'intrigue et des relations entre les personnages.

Pierre Arditi, mise en scène de Didier Bezace, 2001.

Éducation aux médias

1 Visionnez la mise en scène de *L'École des femmes* de Didier Bezace, ainsi que le film des répétitions (réalisation Don Kent ; DVD Artevidéo, 2001).

2 @ Lisez le dossier réalisé sur cette mise en scène sur le site www.sceren.fr/tice/teledoc/dossiers/dossier_ecoledesfemmes.htm.
Lisez également l'entretien du metteur en scène sur http://theatredelacommune.com/fr/ecole1.htm.
Puis imaginez l'interview que donnerait Pierre Arditi pour expliquer sa conception du rôle.

Fiche 5 L'interview

Séquence

10 Le héros tragique face au pouvoir

La tragédie, depuis son origine, pose le problème du rapport de l'individu à la liberté et au pouvoir. Le héros tragique est souvent confronté aux décisions arbitraires d'un roi, ou doit choisir entre son honneur et ses sentiments personnels.

Objectifs

- Découvrir les conventions du genre tragique
- Analyser le registre pathétique

MÉTHODES p. 389

Lire et analyser ➤ Fiches 15, 16
Analyser une œuvre dans son contexte : Le classicisme ➤ Fiches 20, 21
Connaître un genre littéraire : La tragédie et la comédie ➤ Fiches 34, 36
S'initier aux épreuves du baccalauréat ➤ Fiches 46, 48, 49, 50, 51, 52, 53, 54
Étude de la langue ➤ Fiches 56, 58

Pierre Corneille, *Polyeucte*, 1641

Mise en scène de Jorge Lavelli, 1987

Mise en scène de *Polyeucte* par Jorge Lavelli (Comédie-Française, 1987).

La scénographie au service du tragique

Au XVIe siècle, le mot « scénographie » signifie l'art de la **perspective** en peinture et architecture. Il est ensuite appliqué au théâtre où il désigne la conception du décor, des machines qui l'actionnent et l'aménagement de la salle. Utiliser les lois de la perspective pour la fabrication des décors transforme la scène en une sorte de boîte fermée, où règne l'**illusion d'optique** : le public croit voir la réalité. Le ***théâtre à l'italienne*** recherche plus que tout à créer cet effet magique, l'espace de la représentation étant séparé de la réalité par le cadre de scène. Pour cela, le décorateur, au XVIIe siècle, dispose d'écrans de tissu peints où triomphent la **vraisemblance** et la symétrie classiques. Ils figurent un palais tragique, le *palais à volonté*, décor représentant une salle ou une galerie monumentale inspirée de l'Antiquité.

Aujourd'hui, le scénographe construit tout l'espace de la représentation : il s'occupe de la conception et construction des décors, des éclairages, des relations entre la scène et le public. Il est ainsi amené à aménager toute une salle ou tout un espace pour révéler la vision que le metteur en scène se fait de la pièce. Il préfère souvent un **décor symbolique**, permettant de comprendre les enjeux de la pièce, à un lieu réel.

Les scénographes contemporains cherchent à ouvrir l'espace pour rapprocher le public de l'action, à restructurer le décor qui peut reposer sur les objets ou les costumes, à dématérialiser la scénographie grâce à l'emploi de matériaux légers et mobiles.

L'éclairage

Au XVIIe siècle, les théâtres sont éclairés par des lustres de chandelles suspendus au-dessus de la scène et de la salle. Une rampe, composée de bougies et de réflecteurs, est posée sur le devant du plateau. Ces éclairages éblouissent le spectateur tout en transfigurant le visage des acteurs. Ils limitent aussi leurs déplacements.

L'éclairage au gaz (1820), puis l'électricité (1890) offrent des possibilités nouvelles : la lumière, au service de la mise en scène, structure l'espace, situe le moment et crée une ambiance propre à chaque œuvre.

Entrer dans le palais tragique

LECTURE DE L'IMAGE

Une scénographie symbolique

1 Dans quel univers le décor de Lavelli transporte-t-il le spectateur ? Cet espace correspond-il à l'idée que vous vous faites d'une tragédie ?

2 Les costumes des personnages vous paraissent-ils en accord avec le décor ? Justifiez.

Le lieu tragique

3 J. Lavelli crée avec ce décor un lieu « où l'on a un moyen de condenser l'action, de renfermer les personnages et de regarder comme à la loupe leurs comportements ». Quels éléments concrets traduisent cette idée ?

4 *Polyeucte* raconte la conversion et le martyre d'un chrétien à l'époque romaine. Par quels moyens la mise en scène permet-elle de l'exprimer ?

ÉCRITURE

Question sur un corpus

Comparez ce décor avec celui des *Troyennes* de Sartre (p. 209). Quelles sont les similitudes dans le traitement de l'espace tragique ? Lequel vous paraît le plus parlant ? Argumentez.

▶ Fiche 46 **Répondre à une question sur un corpus**

Invention

Iphigénie de Racine raconte le sacrifice que le roi grec Agamemnon doit faire de sa fille pour partir à la conquête de Troie. L'histoire se passe sur la côte, dans le camp de l'armée grecque. Imaginez puis décrivez l'espace qui rendrait le tragique de la situation sous forme de didascalie initiale.

▶ Fiche 48 **Rédiger un écrit d'invention**

Comment identifier un héros de tragédie classique ?

Histoire littéraire p. 211
Littérature et société p. 213
Repères historiques p. 554

1. Pierre Corneille, Le Cid, 1637

Don Diègue, père de Rodrigue, vient d'être giflé par le père de Chimène, fiancée de son fils.

Acte I, scène 6
DON RODRIGUE

DON RODRIGUE. – Percé jusques au fond du cœur
D'une atteinte imprévue aussi bien que mortelle,
Misérable vengeur d'une juste querelle,
Et malheureux objet d'une injuste rigueur,
Je demeure immobile, et mon âme abattue
Cède au coup qui me tue.
Si près de voir mon feu[1] récompensé,
Ô Dieu, l'étrange peine !
En cet affront mon père est l'offensé,
Et l'offenseur le père de Chimène !

P. CORNEILLE, *Le Cid*, Acte I, scène 6, 1637.

1. Mon amour.

2. Jean Racine, Britannicus, 1669

Junie, enlevée par l'empereur Néron, apprend qu'il veut l'épouser, alors qu'il est marié à Octavie.

Acte II, scène 3
JUNIE, NÉRON

JUNIE. – Seigneur, avec raison je demeure étonnée.
Je me vois, dans le cours d'une même journée,
Comme une criminelle amenée en ces lieux ;
Et lorsque avec frayeur je parais à vos yeux,
Que sur mon innocence à peine je me fie,
Vous m'offrez tout d'un coup la place d'Octavie.
J'ose dire pourtant que je n'ai mérité
Ni cet excès d'honneur, ni cette indignité.
Et pouvez-vous, Seigneur, souhaiter qu'une fille
Qui vit presque en naissant éteindre sa famille,
Qui dans l'obscurité nourrissant sa douleur,
S'est fait une vertu conforme à son malheur,
Passe subitement de cette nuit profonde
Dans un rang qui l'expose aux yeux de tout le monde,
Dont je n'ai pu de loin soutenir la clarté,
Et dont une autre enfin remplit la majesté ?
NÉRON. – Je vous ai déjà dit que je la répudie.
Ayez moins de frayeur, ou moins de modestie.

J. RACINE, *Britannicus*, Acte II, scène 3, 1669.

3. Jean Racine, Phèdre, 1677

Phèdre avoue à sa nourrice qu'elle aime Hippolyte, le fils de son mari Thésée.

Acte I, scène 3
PHÈDRE

PHÈDRE. – J'ai revu l'ennemi que j'avais éloigné :
Ma blessure trop vive aussitôt a saigné.
Ce n'est plus une ardeur dans mes veines cachée :
C'est Vénus tout entière à sa proie attachée.
J'ai conçu pour mon crime une juste terreur ;
J'ai pris la vie en haine, et ma flamme en horreur.
Je voulais en mourant prendre soin de ma gloire,
Et dérober au jour une flamme si noire.

J. RACINE, *Phèdre*, Acte I, scène 3, 1677.

4. Britannicus de Jean Racine, mise en scène de Brigitte Jaques-Wajeman, 2004

Néron (A. Pavloff) et Junie (R. Brakni), mise en scène de B. Jaques-Wajeman (Comédie-Française, Paris, 2004).

1 À quel(s) obstacle(s) les trois personnages doivent-ils faire face ? La tragédie pourrait-elle commencer sans cela ? Justifiez.

2 Quel personnage ou quelle force pèse sur leur destinée ?

3 Quel sentiment ces personnages, dans les textes et la mise en scène, suscitent-ils ?

4 En prenant appui sur les points communs entre les personnages que vous venez de rencontrer, donnez une définition du héros tragique.

1

Euripide, Les Troyennes, 415 av. J.-C.

Biographie p. 563
Du même auteur p. 217
Histoire littéraire p. 211

Les Grecs ont détruit Troie et massacré tous les hommes. Les Troyennes, assemblées autour de la reine Hécube, vont partir en esclavage. Arrive Talthybios, le messager des Grecs : il vient chercher le petit Astyanax, fils d'Hector et d'Andromaque, et annonce qu'il sera jeté du haut des murs de la ville.

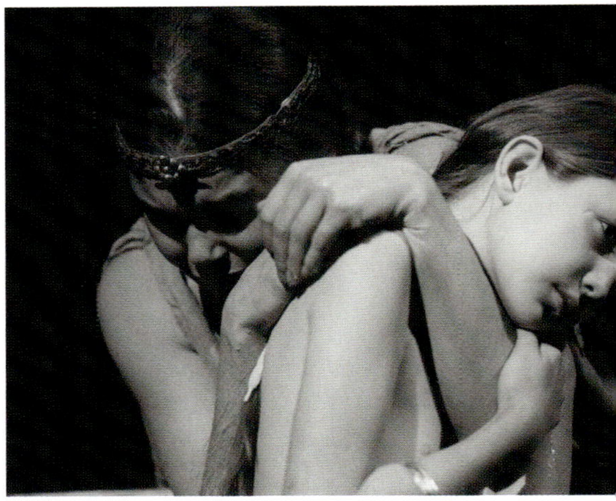

Les Troyennes, mise en scène d'Andrei Serban (Théâtre des Bouffes du Nord, Paris, 1975).

Deuxième épisode

ANDROMAQUE, HÉCUBE, TALTHYBIOS, LE CORYPHÉE

ANDROMAQUE. – Ô mon enfant, mon unique trésor,
Tu vas mourir de la main de nos ennemis,
abandonnant ta mère infortunée.
Ce qui te fait périr, c'est l'héroïsme de ton père
qui fut le salut de tant d'autres, non le tien !
Infortuné, l'hymen[1] qui me fit entrer au palais d'Hector !
Était-ce pour fournir une victime aux Grecs
que je souhaitais mettre au monde un fils ?
C'était pour qu'il régnât sur l'Asie et ses belles moissons.
Tu pleures, mon enfant ? Comprends-tu ton malheur ?
À quoi bon m'enserrer de tes bras, te suspendre à ma robe ?
Comme un oiseau te blottir sous mes ailes ?
Hector ne viendra pas avec sa glorieuse lance,
ressuscitant du sol pour te sauver,
pas plus que ceux de ton lignage, ou la puissance des Phrygiens[2].
Lancé d'en haut, impitoyablement, pour une chute affreuse
qui brisera ta nuque, tu rendras le dernier soupir.
Ô corps de mon enfant, si doux à étreindre,
Ô suave odeur de ta peau ! C'est donc en vain
que mon sein t'a nourri lorsque tu étais dans tes langes !
En vain je me suis épuisée de peine et de tourment.
Donne ce baiser à ta mère ; ce sera le dernier.
Contre elle serre-toi, passe tes bras
Autour de mon cou, pose ta bouche sur ma bouche.
C'est vous, les Grecs, qui inventez des supplices barbares !
De quel droit tuez-vous cet enfant innocent ?
Hélène, la Tyndaride[3], ce n'est pas de Zeus que tu es la fille,
Nombreux sont tes parents : Fléau, Haine, Meurtre, Mort,
et tous les monstres issus de la terre.
Non, je n'oserais te donner Zeus pour père,

1. Mariage.
2. Région d'Asie où se trouve Troie.
3. La fille de Tyndare : Hélène, conçue par Zeus, a été élevée par Tyndare.

À toi, mauvais génie pour tant de Grecs et de Barbares[4] !
Sois maudite! Les champs fameux de la Phrygie,
tes beaux yeux en ont fait une hideuse solitude !
Voilà mon fils, vous pouvez l'emmener, l'emporter,
Le précipiter, si tel est votre bon plaisir
Ou faire repas de sa chair. Les dieux ont voulu notre perte.
Comment pourrai-je empêcher mon fils de mourir ?
Recouvrez mon malheureux corps[5] et jetez-le dans le bateau.
Bel hymen[6] où je vais, après avoir dû livrer mon enfant !

LE CORYPHÉE[7]. – Ô Troie infortunée, que de victimes,
pour une seule femme et son coupable amour !

TALTHYBIOS. – Viens, mon enfant, romps la tendre étreinte de ta pauvre mère !
Il te faut marcher vers les hautes couronnes
des créneaux de tes aïeux, où l'on a décidé
que tu devras mourir.
Vous, emportez-le.
Pour donner de tels ordres, il faudrait un héraut[8]
au cœur plus dur, au front moins honteux que le mien.

HÉCUBE. – Ô mon enfant, fils de mon fils infortuné,
l'iniquité[9] nous arrache ta vie, à ta mère et à moi.
Que faire ? Que puis-je pour toi, malheureuse ?
Me frapper la tête, me battre la poitrine[10] ?
Je n'ai rien d'autre à te donner.
Ô ma cité, mon fils ! Que manque-t-il à cet écroulement
pour que notre désastre soit complet ?

EURIPIDE, *Les Troyennes*, 415 av. J.-C., traduction de Marie Delcourt-Cuvers, *Tragédies complètes*, © Éditions Gallimard.

4. Tous ceux qui ne sont pas Grecs, comme ici les Troyens.
5. En Grèce antique, garder la tête et le visage couverts est un signe de deuil.
6. Andromaque est livrée à Pyrrhus, fils d'Achille.
7. Chef du chœur.
8. Messager.
9. Injustice.
10. En Grèce, pour accomplir le rituel de deuil, les femmes se frappent la poitrine, la tête et se griffent le visage.

La tirade d'une héroïne pathétique

LECTURE DU TEXTE

Le spectacle de la souffrance

1 Quels gestes et quels mots font ressentir le désespoir grandissant de la mère ? Relevez-les.

2 MISE EN SCÈNE Dans la tirade d'Andromaque et la mise en scène d'A. Serban, quels procédés soulignent le sort de l'enfant ? Quel est l'effet produit ?

▶ Fiche 15 **Les registres littéraires**

Un enchaînement tragique

3 Analysez la tirade d'Andromaque à partir du vers 25. À qui s'adresse-t-elle successivement ?

4 Quelle progression remarquez-vous dans la désignation des responsabilités ?

L'effet d'une tragédie

5 Quels sentiments Talthybios exprime-t-il ? Justifiez par le lexique appréciatif.

6 Quels sentiments le spectateur peut-il éprouver face aux propos d'Hécube et du Coryphée ?

▶ Fiche 36 **Le tragique et la tragédie**
▶ Fiche 56 **L'énonciation**

ÉCRITURE

Question sur un corpus

Lisez l'extrait d'*Andromaque* de Racine (p. 204). Par quels moyens le registre pathétique s'exprime-t-il dans les deux textes ? Analysez les procédés stylistiques et lexicaux communs aux deux extraits.

▶ Fiche 46 **Répondre à une question sur un corpus**

Vers le commentaire

Rédigez un axe du commentaire des vers 1 à 42 en montrant que le couple mère/fils présente un spectacle pathétique.

▶ Fiches 49, 50, 51 **Vers le commentaire**

Guillaume LETHIÈRE (1760-1832), *La Mort de Camille*, 1785 (Australian National Gallery).

Biographie p. 563

Du même auteur p. 146, 156, 166, 194, 201, 210, 300

Histoire littéraire p. 178, 211

Littérature et société p. 213

Repères historiques p. 554

2 Pierre Corneille, *Horace*, 1640

La guerre entre Rome et Albe s'éternise. Pour en finir, chaque cité désigne ses héros. Trois Romains, les frères Horace, affrontent trois Albains, les Curiace. Par malheur, ils sont amis et beaux-frères. L'unique survivant, Horace, a tué le fiancé de sa sœur Camille. Elle lui fait d'amers reproches.

Acte IV, scène 5

HORACE, CAMILLE, PROCULE[1]

(Procule porte en sa main les trois épées des Curiace.)

HORACE. – Ma sœur, voici le bras qui venge nos deux frères,
Le bras qui rompt le cours de nos Destins contraires,
Qui nous rend maîtres d'Albe ; enfin voici le bras
Qui seul fait aujourd'hui le sort de deux États ;
Vois ces marques d'honneur, ces témoins de ma gloire,
Et rends ce que tu dois à l'heur[2] de ma victoire.

CAMILLE. – Recevez donc mes pleurs, c'est ce que je lui dois.

HORACE. – Rome n'en veut point voir après de tels exploits,
Et nos deux frères morts dans le malheur des armes
Sont trop payés de sang pour exiger des larmes.
Quand la perte est vengée on n'a plus rien perdu.

CAMILLE. – Puisqu'ils sont satisfaits par le sang épandu,
Je cesserai pour eux de paraître affligée,
Et j'oublierai leur mort que vous avez vengée.
Mais qui me vengera de celle d'un Amant,
Pour me faire oublier sa perte en un moment ?

HORACE. – Que dis-tu, malheureuse ?

CAMILLE. – Ô mon cher Curiace

1. Procule est un soldat de l'armée romaine.

2. Bonheur.

HORACE. – Ô d'une indigne sœur insupportable audace !
D'un ennemi public[3] dont je reviens vainqueur
Le nom est dans ta bouche et l'amour dans ton cœur !
Ton ardeur criminelle à la vengeance aspire !
Ta bouche la demande, et ton cœur la respire !
Suis moins ta passion, règle mieux tes désirs,
Ne me fais plus rougir d'entendre tes soupirs ;
Tes flammes désormais doivent être étouffées,
Bannis-les de ton âme, et songe à mes trophées[4] :
Qu'ils soient dorénavant ton unique entretien.

CAMILLE. – Donne-moi donc, barbare, un cœur comme le tien,
Et si tu veux enfin que je t'ouvre mon âme,
Rends-moi mon Curiace ou laisse agir ma flamme :
Ma joie et mes douleurs dépendaient de son sort ;
Je l'adorais vivant, et je le pleure mort.
Ne cherche plus ta sœur où tu l'avais laissée,
Tu ne revois en moi qu'une Amante offensée,
Qui, comme une Furie[5] attachée à tes pas,
Te veut incessamment reprocher son trépas.
Tigre altéré de sang, qui me défends les larmes,
Qui veux que dans sa mort, je trouve encor des charmes,
Et que jusques au Ciel élevant tes exploits,
Moi-même je le tue une seconde fois !
Puissent tant de malheurs accompagner ta vie
Que tu tombes au point de me porter envie,
Et toi, bientôt souiller par quelque lâcheté
Cette gloire si chère à ta brutalité.

HORACE. – Ô Ciel ! Qui vit jamais une pareille rage !
Crois-tu donc que je sois insensible à l'outrage,
Que je souffre en mon sang ce mortel déshonneur ?
Aime, aime cette mort qui fait notre bonheur,
Et préfère du moins au souvenir d'un homme
Ce que doit ta naissance aux intérêts de Rome.

3. Ennemi de la patrie.
4. Épées et insignes militaires dont Horace a dépouillé le corps des Curiace et qu'il rapporte.
5. Personnage mythologique chargé de poursuivre les criminels en leur rappelant la mort de leurs victimes.

Horace de Pierre CORNEILLE, mise en scène de Naidra Ayadi (Théâtre de la Tempête, Paris, 2009).

Lexique de l'honneur

- **Avoir un grand cœur** : être courageux.
- **Foi** : engagement, fidélité.
- **Gloire** : renommée obtenue grâce à son mérite, aux actions d'éclat accomplies.
- **Honneur** : respect de soi-même qui pousse à mériter la considération d'autrui.
- **Infâme** : bas, indigne de la considération d'autrui et de l'amour de ses proches.
- **Offense** : outrage, parole ou action qui blesse quelqu'un dans son honneur.
- **Vertu** : courage, force d'âme qui permet de préserver son honneur.

CAMILLE. – Rome, l'unique objet de mon ressentiment !
Rome, à qui vient ton bras d'immoler mon Amant !
Rome qui t'a vu naître, et que ton cœur adore !
Rome enfin que je hais parce qu'elle t'honore !
Puissent tous ses voisins ensemble conjurés
Saper ses fondements encor mal assurés !
Et si ce n'est assez de toute l'Italie,
Que l'Orient contre elle à l'Occident s'allie,
Que cent Peuples unis des bouts de l'Univers
Passent pour la détruire, et les monts, et les mers !
Qu'elle-même sur soi renverse ses murailles,
Et de ses propres mains déchire ses entrailles :
Que le courroux du Ciel allumé par mes vœux
Fasse pleuvoir sur elle un déluge de feux.
Puissé-je de mes yeux y voir tomber ce foudre,
Voir ses maisons en cendre, et tes lauriers en poudre[6] :
Voir le dernier Romain à son dernier soupir,
Moi seule en être cause, et mourir de plaisir !

HORACE, *mettant l'épée à la main et poursuivant sa sœur qui s'enfuit.* –
C'est trop, ma patience à la raison fait place.
Va dedans les Enfers plaindre ton Curiace !

CAMILLE, *blessée derrière le théâtre.* –
Ah, traître!

HORACE, *revenant sur le théâtre.* –
Ainsi reçoive un châtiment soudain
Quiconque ose pleurer un ennemi romain !

P. CORNEILLE, *Horace*, Acte IV, scène 5, 1640.

6. En poussière.

Frère et sœur de sang

LECTURE DU TEXTE

Héroïsme et sens de l'honneur

1 En vous aidant du lexique de l'honneur, définissez ce que sont pour Horace l'honneur et le déshonneur.

2 Des vers 1 à 27, relevez les objets et les gestes mettant l'acte d'Horace en valeur. Expliquez votre choix.

3 Pourquoi Camille juge-t-elle inacceptable la demande d'héroïsme de son frère ? Quels différents procédés en témoignent (v. 7 à 44) ?

Un dénouement violent

4 Quel dénouement s'annonce à partir du vers 51 ? Analysez les hyperboles et les procédés d'insistance.

Fiche 16 **Les figures de style**

5 À qui le héros s'adresse-t-il aux vers 72-73 et que veut-il ? Appuyez-vous sur les types de phrases.

Fiche 56 **L'énonciation**

6 (SYNTHÈSE) Quelles différentes facettes du héros tragique cette scène oppose-t-elle ?

HISTOIRE DES ARTS

7 (MISE EN SCÈNE) Dans la mise en scène de N. Ayadi correspondant à la dernière réplique de Camille, que révèlent la gestuelle, l'attitude, le visage des deux acteurs ? Expliquez ce qui fait l'intérêt de cette proposition de jeu.

ÉCRITURE

Invention

(DE L'IMAGE À L'ÉCRIT) Écrivez le dialogue des personnages peints par Lethière et situés autour de Camille (p. 198). Imaginez les propos d'Horace justifiant son geste et les réactions des femmes présentes à qui vous donnerez un nom et une fonction : mère, servante, etc.

Fiche 34 **La parole**

Vers le commentaire

Rédigez un axe du commentaire des vers 51 à la fin, en analysant la montée de la violence tragique.

Fiches 49, 50, 51 **Vers le commentaire**

3 Pierre Corneille, *Cinna*, 1642

Texte 1

Biographie p. 563
Du même auteur p. 146, 156, 166, 194, 198, 210, 300
Histoire littéraire p. 178, 211
Littérature et société p. 213
Repères historiques p. 554

Émilie a vu son père assassiné par l'empereur Auguste et rêve de vengeance. Elle pousse son fiancé, Cinna, à tuer l'empereur. Mais Auguste annonce qu'il est lassé du pouvoir. Cinna lui conseille de rester sur le trône et reçoit en récompense la main d'Émilie. Il tente ici de faire renoncer Émilie à son désir de revanche.

Acte III, scène 4

CINNA, ÉMILIE, FULVIE[1]

ÉMILIE. – Que puis-je ? et que crains-tu ?
CINNA. – Je tremble, je soupire,
Et vois que si nos cœurs avaient mêmes désirs,
Je n'aurais pas besoin d'expliquer mes soupirs.
Ainsi je suis trop sûr que je vais vous déplaire ;
Mais je n'ose parler, et je ne puis me taire.
ÉMILIE. – C'est trop me gêner, parle.
CINNA. – Il faut vous obéir :
Je vais donc vous déplaire, et vous m'allez haïr.
Je vous aime, Émilie, et le Ciel me foudroie
Si cette passion ne fait toute ma joie,
Et si je ne vous aime avec toute l'ardeur
Que peut un digne objet[2] attendre d'un grand cœur !
Mais voyez à quel prix vous me donnez votre âme :
En me rendant heureux vous me rendez infâme :
Cette bonté d'Auguste…

1. Confidente d'Émilie.
2. Femme aimée, digne d'amour.

Thibault Perrenoud et Catherine Berriane, mise en scène de Daniel Mesguich, 2006.

ÉMILIE. – Il suffit, je t'entends,
Je vois ton repentir et tes vœux inconstants :
Les faveurs du Tyran emportent tes promesses,
Tes feux et tes serments cèdent à ses caresses,
Et ton esprit crédule ose s'imaginer
Qu'Auguste pouvant tout, peut aussi me donner,
Tu me veux de sa main, plutôt que de la mienne ;
Mais ne crois pas qu'ainsi jamais je t'appartienne,
Il peut faire trembler la terre sous ses pas,
Mettre un Roi hors du Trône et donner ses États,
De ses proscriptions[3] rougir la Terre et l'Onde,
Et changer à son gré l'ordre de tout le Monde ;
Mais le cœur d'Émilie est hors de son pouvoir.

CINNA. – Aussi n'est-ce qu'à vous que je veux le devoir ;
Je suis toujours moi-même, et ma foi toujours pure,
La pitié que je sens ne me rend point parjure,
J'obéis sans réserve à tous vos sentiments,
Et prends vos intérêts par-delà mes serments.
J'ai pu[4], vous le savez, sans parjure et sans crime
Vous laisser échapper cette illustre victime ;
César[5] se dépouillant du pouvoir souverain
Nous ôtait tout prétexte à lui percer le sein,
La conjuration s'en allait dissipée,
Vos desseins avortés, votre haine trompée :
Moi seul j'ai raffermi son esprit étonné[6],
Et pour vous l'immoler, ma main l'a couronné.

ÉMILIE. – Pour me l'immoler, traître ! Et tu veux que moi-même
Je retienne ta main ! Qu'il vive, et que je l'aime !
Que je sois le butin de qui l'ose épargner,
Et le prix du conseil qui le force à régner !

CINNA. – Ne me condamnez point quand je vous ai servie.
Sans moi, vous n'auriez plus de pouvoir sur sa vie,
Et malgré ses bienfaits je rends tout à l'amour
Quand je veux qu'il périsse, ou vous doive le jour.
Avec les premiers vœux de mon obéissance
Souffrez ce faible effort de ma reconnaissance,
Que je tâche de vaincre un indigne courroux,
Et vous donner pour lui l'amour qu'il a pour vous.
Une âme généreuse et que la vertu guide
Fuit la honte des noms d'ingrate, et de perfide,
Elle en hait l'infamie attachée au bonheur,
Et n'accepte aucun bien aux dépens de l'honneur.

3. Condamnation prononcée sans jugement contre des adversaires politiques.
4. J'aurais pu.
5. César est le titre donné à l'empereur.
6. Stupéfait.

Talma, dans le rôle de Cinna (estampe du XIXe siècle). François-Joseph TALMA (1763-1826), vedette de la Comédie-Française, a rendu plus réalistes le jeu, la diction, les costumes.

ÉMILIE. – Je fais gloire pour moi de cette ignominie,
La perfidie est noble envers la Tyrannie,
Et quand on rompt le cours d'un sort si malheureux,
Les cœurs les plus ingrats sont les plus généreux.
CINNA. – Vous faites des vertus au gré de votre haine.
ÉMILIE. – Je me fais des vertus dignes d'une Romaine.
CINNA. – Un cœur vraiment Romain...
ÉMILIE. – Ose tout pour ravir
Une odieuse vie à qui le fait servir,
Il fuit plus que la mort la honte d'être esclave.

P. CORNEILLE, *Cinna*, Acte III, scène 4, 1642.

Texte 2

La jeunesse face au pouvoir

Il y a là de très jeunes gens : leur action ne peut se comprendre que parce qu'ils sont jeunes, remettent tout en question, cherchent à se trouver. Auguste, lui, est à l'autre extrémité, c'est le symbole du pouvoir, de la puissance, de l'autorité. Aucun machiavélisme[1] dans sa clémence. Cette seule issue est une issue réflexe.

S. EINE, Notes de mise en scène, Comédie-Française,
© Éditions Gallimard, coll. Folio Théâtre, 1994.

1. Ruse, mauvaise foi.

Un dilemme cornélien

LECTURE DU TEXTE

Une tension dramatique exacerbée

1 Qui domine dans ce dialogue ? Appuyez-vous sur les **pronoms** personnels, les types de phrases, les enchaînements de répliques.
Fiche 56 L'énonciation **Fiche 58 Le pronom**

2 MISE EN SCÈNE Dans la mise en scène de D. Mesguich, décrivez le décor, la posture des personnages et leurs costumes : cette interprétation traduit-elle la tension de la scène ? Argumentez.

Un héros dans l'impasse

3 Quelles phrases expriment les contradictions intérieures de Cinna ? Pourquoi ce dilemme est-il insoluble ?

4 Comment Émilie juge-t-elle l'attitude de Cinna ? Analysez le **champ lexical** dominant.

5 Par quel procédé propre au langage théâtral la tension va-t-elle crescendo à la fin de l'extrait ?

Le sens de l'honneur et du devoir

6 En vous aidant du lexique de l'honneur (p. 200), expliquez la conception de l'honneur d'Émilie. Relevez et analysez les phrases à valeur de vérité générale, du vers 56 à la fin.

7 SYNTHÈSE En vous appuyant sur cette scène, expliquez les propos du metteur en scène S. Eine concernant Émilie et Cinna (texte 2).

8 MISE EN VOIX En binôme, travaillez la lecture des vers 60 à 64. Il s'agit d'une **stichomythie**. Accentuez les mots vous paraissant importants. Essayez plusieurs intonations, plus ou moins agressives.
Fiche 34 La parole

ÉCRITURE

Invention

IMAGE Imaginez le dialogue entre deux acteurs devant jouer Cinna. L'un, comme Talma, veut un costume romain vraisemblable ; l'autre, comme D. Mesguish, un costume moins marqué historiquement. Chacun justifie son choix par des arguments.
Histoire des arts p. 141
Fiche 48 Rédiger un écrit d'invention

Commentaire

Rédigez le commentaire des vers 27 à 55. Analysez d'abord comment s'exprime le dilemme cornélien, puis la tension tragique entre Cinna et Émilie.
Fiches 49, 50, 51 Vers le commentaire

4

Jean Racine, *Andromaque*, 1667

Biographie
p. 566

Du même auteur
p. 142, 194, 195, 206, 210

Histoire littéraire
p. 178, 211

Littérature et société
p. 213

Repères historiques
p. 554

François MILHOMME (1758-1823), sculpture d'Andromaque, vers 1800 (Musée du Louvre).

Andromaque, veuve du héros troyen Hector, est captive du roi d'Épire, Pyrrhus, fils d'Achille. Les Grecs réclament la mort d'Astyanax, le fils qu'elle a eu d'Hector. Pyrrhus, amoureux d'Andromaque, menace de tuer l'enfant si elle refuse de l'épouser. Mais elle veut rester fidèle à la mémoire de son époux.

Acte III, scène 6

PYRRHUS, ANDROMAQUE, PHŒNIX, CÉPHISE[1]

PYRRHUS, *à Phœnix*. – Où donc est la Princesse[2] ?
Ne m'avais-tu pas dit qu'elle était en ces lieux ?

PHŒNIX. – Je le croyais.

ANDROMAQUE, *à Céphise*. – Tu vois le pouvoir de mes yeux.

PYRRHUS. – Que dit-elle, Phœnix ?

ANDROMAQUE. – Hélas ! Tout m'abandonne.

PHŒNIX. – Allons, Seigneur, marchons sur les pas d'Hermione.

CÉPHISE. – Qu'attendez-vous ? Rompez ce silence obstiné.

ANDROMAQUE. – Il a promis mon fils.

CÉPHISE. – Il ne l'a pas donné.

ANDROMAQUE. – Non, non, j'ai beau pleurer, sa mort est résolue.

PYRRHUS. – Daigne-t-elle sur nous tourner au moins la vue ?
Quel orgueil !

ANDROMAQUE. – Je ne fais que l'irriter encor.
Sortons.

PYRRHUS. – Allons aux Grecs livrer le fils d'Hector.

ANDROMAQUE. – Ah ! Seigneur, arrêtez ! Que prétendez-vous faire ?
Si vous livrez le fils, livrez-leur donc la mère.
Vos serments m'ont tantôt juré tant d'amitié !
Dieux ! Ne pourrai-je au moins toucher votre pitié ?
Sans espoir de pardon m'avez-vous condamnée ?

PYRRHUS. – Phœnix vous le dira, ma parole est donnée.

ANDROMAQUE. – Vous qui braviez pour moi tant de périls divers !

PYRRHUS. – J'étais aveugle alors : mes yeux se sont ouverts.
Sa grâce à vos désirs pouvait être accordée ;
Mais vous ne l'avez pas seulement demandée.
C'en est fait.

ANDROMAQUE. – Ah ! Seigneur, vous entendiez assez
Des soupirs qui craignaient de se voir repoussés.
Pardonnez à l'éclat d'une illustre fortune
Ce reste de fierté qui craint d'être importune.
Vous ne l'ignorez pas : Andromaque sans vous
N'aurait jamais d'un maître embrassé les genoux[3].

PYRRHUS. – Non, vous me haïssez ; et dans le fond de l'âme
Vous craignez de devoir quelque chose à ma flamme.
Ce fils même, ce fils, l'objet de tant de soins,
Si je l'avais sauvé, vous l'en aimeriez moins.
La haine, le mépris, contre moi tout s'assemble ;

1. Phœnix est le gouverneur de Pyrrhus et Céphise, la confidente d'Andromaque.
2. Hermione, fille d'Hélène et promise de Pyrrhus. C'est la rivale d'Andromaque.
3. Dans l'Antiquité, on touche ou embrasse les genoux de la personne que l'on supplie.

Lexique des sentiments amoureux

- **Amitié** : affection profonde, tendresse qui peut aller jusqu'à l'amour.
- **Appas** : attraits physiques d'une femme.
- **Flamme** : amour.
- **Hyménée** : mariage.
- **Objet** : la personne aimée.
- **Serment** : promesse faite par amour, expression de la fidélité, la loyauté.
- **Soins** : attentions que l'on porte à quelqu'un, sollicitude.
- **Soupir** : expression de la souffrance amoureuse.
- **Vœux** : les hommages amoureux.

Vous me haïssez plus que tous les Grecs ensemble.
Jouissez à loisir d'un si noble courroux.
Allons, Phœnix.

ANDROMAQUE. – Allons rejoindre mon époux.

CÉPHISE. – Madame...

ANDROMAQUE. – Et que veux-tu que je lui dise encore ?
Auteur de tous mes maux, crois-tu qu'il les ignore ?
Seigneur, voyez l'état où vous me réduisez.
J'ai vu mon père mort, et nos murs embrasés ;
J'ai vu trancher les jours de ma famille entière,
Et mon époux sanglant traîné sur la poussière,
Son fils, seul avec moi, réservé pour les fers.
Mais que ne peut un fils ? Je respire, je sers.
J'ai fait plus : je me suis quelquefois consolée
Qu'ici, plutôt qu'ailleurs, le sort m'eût exilée ;
Qu'heureux dans son malheur, le fils de tant de rois,
Puisqu'il devait servir, fût tombé sous vos lois.
J'ai cru que sa prison deviendrait son asile.
Jadis Priam soumis fut respecté d'Achille :
J'attendais de son fils encor plus de bonté.
Pardonne, cher Hector, à ma crédulité !
Je n'ai pu soupçonner ton ennemi d'un crime ;
Malgré lui-même enfin je l'ai cru magnanime[4].
Ah ! S'il l'était assez pour nous laisser du moins
Au tombeau qu'à ta cendre ont élevé mes soins,
Et que finissant là sa haine et nos misères,
Il ne séparât point des dépouilles si chères !

PYRRHUS. – Va m'attendre, Phœnix.

J. RACINE, *Andromaque*, Acte III, scène 6, 1667.

4. Généreux vis-à-vis des vaincus.

Le conflit de la colère et de la pitié

LECTURE DU TEXTE

1 @RECHERCHE Sur le site www.alalettre.com/racine-bio-php trouvez des informations sur la carrière de Racine : ses liens avec Molière et Corneille, avec le roi et Mme de Maintenon.

Une rencontre chargée de tension

2 Quelle situation se joue au début du dialogue (v. 1 à 9) ? Quel rôle Céphise et Phœnix tiennent-ils ?

3 Qui prend l'initiative du dialogue ? Comment ?

Fiche 34 **La parole**

Pouvoir des armes, pouvoir des larmes

4 Comment le chantage de Pyrrhus s'exprime-t-il ?

5 Quels sentiments Andromaque veut-elle susciter ? Analysez les procédés rhétoriques et stylistiques.

6 Rédigez une note de mise en scène après avoir réfléchi aux questions suivantes : où les serviteurs sont-ils placés ? Au début, Andromaque et Pyrrhus sont-ils éloignés l'un de l'autre ? Comment vont-ils se rapprocher ?

ÉCRITURE

Question sur un corpus

Comparez cet extrait avec celui des *Troyennes* (p. 209) : pourquoi Andromaque est-elle une figure tragique ? Appuyez-vous sur des relevés précis et organisés.

Fiche 46 **Répondre à une question sur un corpus**

Argumentation

Les héros de Racine sont adeptes du « tout ou rien », a dit un critique. En quoi Andromaque et Pyrrhus illustrent-ils cette citation ? Argumentez.

Fiches 52, 53, 54 **Vers la dissertation**

5

Jean Racine, Bérénice, 1670

Biographie
p. 566

Du même auteur
p. 142, 194, 195, 204, 210

Histoire littéraire
p. 178, 211

Littérature et société
p. 213

Repères historiques
p. 554

À la mort de son père, Titus devient empereur. Rome ne pouvant être gouvernée par une reine orientale, il doit se séparer de sa fiancée étrangère, Bérénice. Pendant trois actes, Titus la fuit, incapable de lui parler. Bérénice, ayant appris la nouvelle par Antiochus, oblige Titus à s'expliquer.

Acte IV, scène 5
BÉRÉNICE, TITUS

BÉRÉNICE. – Eh bien ! régnez, cruel ; contentez votre gloire :
Je ne dispute plus. J'attendais, pour vous croire,
Que cette même bouche, après mille serments
D'un amour qui devait unir tous nos moments,
Cette bouche, à mes yeux s'avouant infidèle,
M'ordonnât elle-même une absence éternelle.
Moi-même j'ai voulu vous entendre en ce lieu.
Je n'écoute plus rien ; et pour jamais, adieu.
Pour jamais ! Ah, Seigneur, songez-vous en vous-même
Combien ce mot cruel est affreux quand on aime ?
Dans un mois, dans un an, comment souffrirons-nous,
Seigneur, que tant de mers me séparent de vous ?
Que le jour recommence et que le jour finisse,
Sans que jamais Titus puisse voir Bérénice,
Sans que de tout le jour je puisse voir Titus ?
Mais quelle est mon erreur, et que de soins perdus !
L'ingrat, de mon départ consolé par avance,
Daignera-t-il compter les jours de mon absence ?
Ces jours si longs pour moi lui sembleront trop courts.

TITUS. – Je n'aurai pas, Madame, à compter tant de jours.
J'espère que bientôt la triste Renommée
Vous fera confesser que vous étiez aimée.
Vous verrez que Titus n'a pu, sans expirer...

BÉRÉNICE. – Ah ! Seigneur, s'il est vrai, pourquoi nous séparer ?
Je ne vous parle point d'un heureux hyménée[1] :
Rome à ne plus vous voir m'a-t-elle condamnée ?
Pourquoi m'enviez-vous l'air que vous respirez ?

1. Mariage.

Ludmila Mikael (Bérénice) et Richard Fontana (Titus), mise en scène de Klaus Michael Grüber (Comédie-Française, Paris, 1984).

TITUS. – Hélas ! vous pouvez tout, Madame. Demeurez :
Je n'y résiste point. Mais je sens ma faiblesse :
Il faudra vous combattre et vous craindre sans cesse,
Et sans cesse veiller à retenir mes pas,
Que vers vous à toute heure entraînent vos appas[2].
Que dis-je ? En ce moment mon cœur, hors de lui-même,
S'oublie, et se souvient seulement qu'il vous aime.

BÉRÉNICE. – Eh bien, Seigneur, eh bien ! qu'en peut-il arriver ?
Voyez-vous les Romains prêts à se soulever ?

TITUS. – Et qui sait de quel œil ils prendront cette injure ?
S'ils parlent, si les cris succèdent au murmure,
Faudra-t-il par le sang justifier mon choix ?
S'ils se taisent, Madame, et me vendent leurs lois,
À quoi m'exposez-vous ? Par quelle complaisance
Faudra-t-il quelque jour payer leur patience ?
Que n'oseront-ils point alors me demander ?
Maintiendrai-je des lois que je ne puis garder ?

BÉRÉNICE. – Vous ne comptez pour rien les pleurs de Bérénice !

TITUS. – Je les compte pour rien ? Ah ciel ! quelle injustice !

BÉRÉNICE. – Quoi ? pour d'injustes lois que vous pouvez changer,
En d'éternels chagrins vous-même vous plonger ?
Rome a ses droits, Seigneur. N'avez-vous pas les vôtres ?
Ses intérêts sont-ils plus sacrés que les nôtres ?
Dites, parlez.

TITUS. – Hélas ! Que vous me déchirez !

BÉRÉNICE. – Vous êtes empereur, Seigneur, et vous pleurez !

J. RACINE, *Bérénice*, Acte IV, scène 5, 1670.

2. Attraits physiques d'une femme.

Un cœur ou une couronne

LECTURE DU TEXTE

Amour et larmes

1 En quoi Titus et Bérénice sont-ils **pathétiques** ? Analysez le lexique de la douleur.

Fiche 15 **Les registres littéraires**

2 Relevez les procédés poétiques, les allitérations et assonances. Quel est l'effet produit ?

Dernières tentatives désespérées

3 Quels sentiments Bérénice veut-elle susciter ? Justifiez par l'analyse des apostrophes, types de phrases et rythme des vers 1 à 19.

Fiche 56 **L'énonciation**

La tyrannie de la raison d'État

4 Quelle solution Bérénice propose-t-elle ? Titus peut-il s'y résoudre ? Relevez ses arguments.

5 Pourquoi le vers final résume-t-il le **dilemme** de Titus ? Analysez sa construction et son lexique.

HISTOIRE DES ARTS

6 MISE EN SCÈNE Décrivez la place et l'attitude des deux personnages : comment la mise en scène de Grüber souligne-t-elle la cruauté de la situation ?

ÉCRITURE

Invention

MISE EN VOIX À deux, rédigez la tirade de Bérénice quittant Titus : utilisez des procédés rhétoriques variés pour rendre ses propos pathétiques et exprimer le tragique de la situation. Puis mettez en voix votre tirade de façon expressive.

Argumentation

Bérénice se termine sans qu'aucun personnage ne meure. Cela empêche-t-il la pièce d'être tragique ? Argumentez en vous appuyant sur votre propre définition du tragique.

Fiches 52, 53, 54 **Vers la dissertation**

OUVERTURE CONTEMPORAINE

6 Jean Anouilh, *Antigone*, 1944

Biographie p. 562
Histoire littéraire p. 211
Repères historiques p. 560

Étéocle et Polynice, fils d'Œdipe, se sont entre-tués pour le trône de Thèbes. Leur oncle Créon fait enterrer Étéocle avec les honneurs et abandonne Polynice aux corbeaux. Leur sœur Antigone a répandu une poignée de terre symbolique sur le corps. Elle risque la peine de mort.

CRÉON. – Écoute-moi.

ANTIGONE. – Si je veux, moi, je peux ne pas vous écouter. Vous avez dit « oui ». Je n'ai plus rien à apprendre de vous. Pas vous. Vous êtes là à boire mes paroles. Et, si vous n'appelez pas vos gardes, c'est pour m'écouter jusqu'au bout.

CRÉON. – Tu m'amuses !

ANTIGONE. – Non. Je vous fais peur. C'est pour cela que vous essayez de me sauver. Ce serait tout de même plus commode de garder une petite Antigone vivante et muette dans ce palais. Vous êtes trop sensible pour faire un bon tyran, voilà tout. Mais vous allez tout de même me faire mourir tout à l'heure, vous le savez, et c'est pour cela que vous avez peur. C'est laid un homme qui a peur.

CRÉON, *sourdement*. – Eh bien, oui, j'ai peur d'être obligé de te faire tuer si tu t'obstines. Et je ne le voudrais pas.

ANTIGONE. – Moi, je ne suis pas obligée de faire ce que je ne voudrais pas ! Vous n'auriez pas voulu non plus, peut-être, refuser une tombe à mon frère ? Dites-le donc, que vous ne l'auriez pas voulu ?

CRÉON. – Je te l'ai dit.

ANTIGONE. – Et vous l'avez fait tout de même. Et maintenant vous allez me faire tuer sans le vouloir. Et c'est cela, être roi !

CRÉON. – Oui, c'est cela !

ANTIGONE. – Pauvre Créon ! Avec mes ongles cassés et pleins de terre et les bleus que tes gardes m'ont faits aux bras, avec ma peur qui me tord le ventre, moi je suis reine.

J. ANOUILH, *Antigone*, 1944, © Éditions de La Table ronde.

Barbara Schultz (Antigone) et Robert Hossein (Créon), mise en scène de R. Hossein, 2003.

Tenir tête à un roi

LECTURE DU TEXTE

1 MISE EN SCÈNE Comment la mise en scène de R. Hossein traduit-elle ici la relation entre les personnages ?

2 Quels sentiments Créon exprime-t-il vis-à-vis d'Antigone ? Que cherche-t-il à faire ?

3 Expliquez le paradoxe des lignes 25 à 27. Quels **sentiments** Antigone suscite-t-elle chez le spectateur ?

ÉCRITURE

Question sur un corpus

Comparez cet extrait avec celui d'*Horace* (p. 198). Quelles similitudes voyez-vous entre Antigone et Camille ? Pourquoi sont-elles des héroïnes tragiques ?

Fiche 46 **Répondre à une question sur un corpus**

7 Jean-Paul Sartre, *Les Troyennes*, 1965

Biographie p. 566
Histoire littéraire p. 211
Repères historiques p. 560

Après la chute de Troie, les Troyennes sont rassemblées dans le camp grec autour de leur reine Hécube. Andromaque vient lui apprendre que sa fille Polyxène sera sacrifiée sur la tombe d'Achille. Hécube est abattue mais continue à garder espoir.

Scène 7
HÉCUBE, LE CHŒUR, ANDROMAQUE, UNE FEMME

ANDROMAQUE. – NON. Plus d'espoir. Tant mieux.
Ne t'accroche plus aux planches pourries,
lâche prise, laisse-toi couler, tu souffriras moins.
La mort, c'est le vide, oui.
Le vide : le calme éternel.
Écoute : Polyxène n'est jamais née.
Morte, elle ignore tout,
le silence et le bruit,
la lumière et la nuit,
le bonheur et le malheur.
Elle ne sait plus qu'elle a souffert :
elle ne l'a jamais su.
Moi, je souffre et je le sais.
Je m'étais appliquée à tenir parfaitement
mon rôle de femme et de mère.
Nous autres, quoi que nous fassions,
si l'on nous rencontre hors de nos maisons,
nous prêtons à médire.
À cause de cela, je n'ai jamais quitté la mienne.
Jamais les murs n'y ont résonné
d'un vain caquetage féminin.
Je savais offrir à mon Hector
des yeux calmes,
une présence silencieuse.

Les Troyennes, mise en scène de Daniel Benoin (Théâtre du Rond-Point, Paris, 1994).

Les Troyennes d'EURIPIDE, adapté par J.-P. SARTRE, Scène 7, 1965 © Éditions Gallimard.

Une leçon de désespoir

LECTURE DU TEXTE

1 Pourquoi la vie de femme et d'épouse d'Andromaque est-elle **tragique** ?

2 MISE EN SCÈNE Dans quel univers D. Benoin transporte-t-il la tragédie grecque ? Comment la détresse des Troyennes est-elle montrée ?

3 MISE EN VOIX À trois ou quatre, mettez en voix de façon chorale cette tirade. Vous en montrerez la musicalité et les effets **pathétiques** en accentuant les mots importants.

Fiche 15 **Les registres littéraires**

ÉCRITURE

Question sur un corpus

Comparez cet extrait avec celui des *Troyennes* d'Euripide (p. 196) : Qu'a retenu Sartre du modèle antique ? Comment s'en écarte-t-il pour rendre le personnage d'Andromaque moderne ?

Fiche 46 **Répondre à une question sur un corpus**

Vers le commentaire

Rédigez un axe de commentaire pour montrer que le discours d'Andromaque est amer et désespéré.

POUR ARGUMENTER FAUT-IL MONTRER LA VIOLENCE ?

Pierre Corneille, Examen d'Horace, 1660

D'ailleurs, si c'est une règle de ne le[1] point ensanglanter, elle n'est pas du temps d'Aristote[2] qui nous apprend que, pour émouvoir puissamment, il faut de grands déplaisirs, des blessures et des morts en spectacle. Horace ne veut pas que nous y hasardions les événements trop dénaturés, comme de Médée qui tue ses enfants ; mais je ne vois pas qu'il en fasse une règle générale pour toutes sortes de morts, ni que l'emportement d'un homme passionné pour sa patrie, contre une sœur qui la maudit en sa présence avec des imprécations horribles, soit de même nature que la cruauté de cette mère.

P. CORNEILLE, Examen d'*Horace*, 1660.

1. « Le » désigne ici le théâtre.
2. Auteur grec qui a défini les règles de la tragédie dans *La Poétique* (IVe siècle av. J.-C.).

Jean Racine, Préface de Bérénice, 1670

Ce n'est point une nécessité qu'il y ait du sang et des morts dans une tragédie ; il suffit que l'action en soit grande, que les acteurs en soient héroïques, que les passions y soient excitées, et que tout s'y ressente de cette tristesse majestueuse qui fait tout le plaisir de la tragédie.

Je crus que je pourrais rencontrer toutes ces parties dans mon sujet. Mais ce qui m'en plut davantage, c'est que je le trouvai extrêmement simple. Il y avait longtemps que je voulais essayer si je pourrais faire une tragédie avec cette simplicité d'action qui a été si fort du goût des Anciens. Car c'est un des premiers préceptes qu'ils nous ont laissés. « Que ce que vous ferez, dit Horace[1], soit toujours simple et ne soit qu'un. »

J. RACINE, Préface de *Bérénice*, 1670

1. Auteur latin du Ier siècle ap. J.-C. qui a repris la théorie d'Aristote dans son *Art poétique*.

LECTURE

Texte 1

1 Quelle conception du tragique Corneille défend-il ? Quelle est la seule limite à la représentation de la violence ?

2 Quels personnages tragiques oppose-t-il ?

Texte 2

3 Relevez la phrase qui énumère les éléments suscitant le plaisir d'une tragédie. L'intrigue de *Bérénice* contient-elle ces éléments ? Expliquez.

4 À quelle règle principale du théâtre classique Racine répond-il avec *Bérénice* ?

5 Quelles émotions chaque auteur cherche-t-il à susciter ?

ARGUMENTATION

6 En binôme, rédigez un dialogue argumentatif opposant deux spectateurs. L'un défendra la position de Racine, privilégiant un théâtre très épuré, l'autre, celle de Corneille et son goût pour la violence spectaculaire. Puis, à l'oral, proposez une mise en voix de votre dialogue.

Fiche 48 **Rédiger un écrit d'invention**

Vers la dissertation

7 La tragédie grecque montrait des héros écrasés par le destin. Corneille et Racine créent des personnages déchirés par un conflit intérieur dont seuls la mort ou le dépassement de soi les délivrent. Expliquez et illustrez chacune de ces conceptions du tragique par des exemples tirés des textes de la séquence.

Fiches 52, 53, 54 **Vers la dissertation**

Histoire littéraire
La tragédie

Histoire de la tragédie

Les origines antiques

- La tragédie naît à Athènes au Ve siècle av. J.-C. Les représentations ont lieu deux fois par an dans le cadre de fêtes religieuses nommées « **dionysies** », car données en l'honneur de Dionysos. Et c'est à côté de son temple, sous Périclès, qu'est construit le premier théâtre en pierre avec son ***orchestra*** ronde (espace réservé au chœur et aux danseurs) et son ***theatron*** en demi-cercle.

- Au IVe siècle, de nombreuses villes grecques se dotent de théâtres dont le plus célèbre est Épidaure. C'est à cette époque aussi qu'**Aristote** définit les règles de la tragédie dans sa *Poétique* : elle doit mettre en scène les héros des légendes, des grands mythes et des épopées d'Homère pour susciter **la crainte et la pitié** des spectateurs.

Ex : *Le sort atroce d'Astyanax, le fils d'Hector précipité du haut des murailles de Troie, horrifie le spectateur dans* Les Troyennes *d'Euripide* (> p. 196).

Théâtre d'Épidaure, IVe siècle av. J.-C.

- Dans la tragédie antique, tous les rôles sont joués par des **hommes portant un masque** et les dialogues alternent avec les **chants et danses du chœur**, groupe de personnages anonymes qui commentent l'histoire et soulignent le sort tragique des héros. Si les rôles principaux sont tenus par des acteurs professionnels, les choreutes (acteurs du chœur) sont des citoyens athéniens tirés au sort. Les auteurs dramatiques comme **Eschyle**, **Sophocle** et **Euripide** concourent pour le prix du plus beau spectacle.
Les héros tragiques grecs sont écrasés par des malheurs qu'ils subissent ou provoquent. Ils posent le problème de la responsabilité humaine.

Ex : Les Troyennes *et* Médée *d'Euripide sont deux types d'héroïnes tragiques. Les unes subissent la violence des Grecs ; l'autre, mère meurtrière, se venge de la trahison de son mari* (> p. 196 et 217).

- Les Romains transposent les tragédies grecques pour les adapter à leur culture. Ainsi, le chœur perd de son importance au profit du héros à la **monstruosité** fascinante. Le seul auteur tragique latin dont les œuvres nous soient parvenues est **Sénèque** (Ier siècle ap. J.-C.). Les auteurs classiques considèrent les auteurs antiques comme des modèles. Ils leur font par conséquent des emprunts.

Ex : Médée *de Sénèque, héroïne dont le meurtre monstrueux suscite horreur et pitié, a inspiré la* Médée *de Corneille* (> p. 218).

La tragédie classique en France

Le théâtre classique naît en France à partir de 1635, sous l'impulsion de Richelieu. Les grands auteurs, comme **Corneille** et **Racine**, et les théoriciens, comme **Boileau**, retournent aux sources aristotéliciennes et définissent les règles rendant le théâtre propre à émouvoir et instruire le spectateur. L'action, resserrée en un lieu et un jour, comme l'exige la **règle des trois unités**, doit conduire inexorablement le héros à sa perte. Les valeurs héroïques entrent en conflit avec la violence des tyrans.

La tragédie au XXe siècle

Au XXe siècle, une nouvelle forme de tragédie apparaît : les héros sont des hommes et des femmes ordinaires, victimes de l'Histoire, des guerres ou de la société. Les mythes antiques sont actualisés et révèlent leur portée universelle.

Ex : *Anouilh réécrit une* Antigone *sur le modèle de Sophocle pour évoquer la Résistance française sous l'Occupation* (> p. 208).

Ex : *Sartre propose une adaptation des* Troyennes *d'Euripide peu après la guerre d'Algérie* (> p. 209).

Les recettes d'une tragédie classique

Des héros

La tragédie met en scène des **personnages nobles**, légendaires ou historiques, conduits à leur perte. Racine définit ainsi le héros tragique : « Il faut que ce soit un homme qui par sa faute devienne malheureux, et tombe d'une grande félicité et d'un rang très considérable dans une grande misère. » (*Œuvres complètes*)

Andromaque de RACINE, mise en scène de Roger Planchon (Théâtre national populaire de Lyon, 1989).

- Soit le héros est victime de **forces supérieures** : un dieu vengeur ou le plus souvent un tyran.

Ex : Les Troyennes *d'Euripide* (> p. 196) *et de Sartre* (> p. 209) *ou* Andromaque *de Racine* (> p. 204) *sont des prisonnières de guerre qui subissent leur sort.*

- Soit il est victime de ses propres **excès** : ambition, sens de l'honneur, passion amoureuse, jalousie, etc.

Ex : *Dans* Horace *de Corneille, Horace comme Camille sont aveuglés par des conceptions différentes de l'honneur* (> p. 198).

Un conflit

L'action est centrée sur le conflit tragique, opposant bonheur personnel et intérêt général. Le héros, confronté à des exigences contradictoires, peut être plongé dans un **dilemme**.

Ex : *Dans* Cinna *de Corneille* (> p. 201) *et* Bérénice *de Racine* (> p. 206), *Cinna et Titus sont confrontés à un choix impossible : leur amour personnel ou l'intérêt de Rome.*

Ex : *Dans* Andromaque *de Racine* (> p. 204), *Pyrrhus est pris entre sa fidélité aux Grecs qui exigent la mort d'Astyanax et son amour pour Andromaque qui le pousse à la pitié.*

Le temps tragique

L'action tragique se passe en un seul jour de **crise** au cours duquel des menaces accumulées deviennent réelles, où toute parole devient fatale. Le temps de la représentation, environ deux heures, condense cette journée décisive qui conduit nécessairement à la catastrophe.

Ex : *Dans* Bérénice, *Titus tente d'éviter un entretien avec Bérénice au cours duquel il sait qu'il va devoir se prononcer entre elle et le trône de Rome* (> p. 206).

Une fin inexorable

Des **péripéties**, mettant le héros en danger, créent du suspens et des effets de surprise. Leur enchaînement entraîne les personnages vers un dénouement souvent fatal.

Ex : *Dans* Horace *de Corneille, Camille, par ses provocations, pousse son frère au meurtre fratricide* (> p. 198).

Ex : *Dans* Le Cid *de Corneille, la gifle reçue par Don Diègue, le vieux père de Rodrigue, précipite l'action vers un dénouement fatal pour le couple d'amoureux* (> p. 194).

La *catharsis*

Le but d'une tragédie est la *catharsis*, terme médical, inventé par le philosophe grec Aristote, qui signifie « **purgation** ». Le spectateur de tragédie vit par procuration des émotions violentes qui le purgent de ses passions, lui servent d'**exutoire**. Ainsi, le théâtre doit rendre les hommes meilleurs.

Ex : *Sur le frontispice de l'édition des œuvres de Racine, on voit la muse de la tragédie, Melpomène, entourée de deux angelots : celui de gauche montre son effroi devant la lutte à mort de deux héros, celui de droite pleure au malheur d'une héroïne affligée.*

Gravure de Sébastien LECLERC (1637-1714), exécutée d'après Charles LEBRUN, qui a servi de frontispice à l'édition collective des tragédies de Racine en 1676 (BNF).

Littérature et société

Le classicisme et son rapport au pouvoir

Une réflexion sur le pouvoir sous Louis XIII

Les théoriciens du classicisme, s'appuyant sur Aristote, recommandent aux tragédiens le choix de grands sujets historiques, rendant le message moral crédible. La tragédie classique de la première moitié du XVIIe siècle fait ainsi majoritairement référence à l'**histoire romaine**. Deux raisons à cela : les auteurs ne peuvent ni mettre en scène la famille royale régnante, ni prendre des libertés avec des événements historiques récents. Rome est aussi un bon **modèle de réflexion politique** car elle a connu différentes formes de régimes, de la République à l'Empire. Dans les années 1630-1640, **Corneille** fait de ses pièces romaines un miroir où se reflète et se réfléchit la monarchie de droit divin incarnée par Louis XIII et son ministre Richelieu. Le théâtre accompagne les grandes évolutions du pouvoir, voire favorise leur accomplissement en les donnant à voir et à comprendre de manière claire, concentrée.

Ex : Cinna *montre un conspirateur qui doute du bien-fondé de sa violence et un empereur Auguste autrefois tyran tout-puissant, se convertissant à la grandeur de la clémence* (> p. 201).

Ainsi, il ne faudrait pas voir dans ces tragédies un discours contestataire. Les héros cornéliens romains mettent en scène les tensions tragiques entre la liberté individuelle et l'allégeance au pouvoir, ce qui crée des effets pathétiques spectaculaires.

Ex : *Polyeucte préfère se convertir et mourir en martyr chrétien plutôt que d'obéir à l'empereur* (> p. 192). *Camille préfère être tuée par son frère plutôt que d'obéir aux lois romaines* (> p. 198).

Louis XIV et la mise en scène du pouvoir

À la mort de Louis XIII en 1643, Louis XIV n'a que cinq ans. Sa mère, la reine Anne d'Autriche, régente, confie le pouvoir à Mazarin. Et même si le jeune roi est couronné en 1654, c'est seulement à la mort de Mazarin, en 1661, que commence son règne personnel.

Pierre PATEL (le Père, 1605-1676), Vue du château de Versailles en 1668.

D'emblée, il affirme son **absolutisme** et sa volonté de régner seul. Pour avoir une demeure à son image, il décide d'agrandir et de transformer le château de Versailles, ancien pavillon de chasse de Louis XIII : entre 1661 et 1668, les premiers travaux sont confiés à des artistes qui célèbrent les règles classiques en architecture (**Le Vau**), en peinture (**Le Brun**), et dans l'aménagement des jardins (**Le Nôtre**). Perspective, symétrie, ordre et harmonie sont les caractéristiques de ce palais, où chaque pièce, chaque allée chante **la gloire du Roi-Soleil.**

Ex : *Gildas Bourdet, en mettant en scène* Britannicus *de Racine dans un décor versaillais, rappelle cette*

Mise en scène de *Britannicus* par Gildas Bourdet, 1981.

autocélébration constante de Louis XIV. Il montre le lien entre l'intrigue, qui se passe au début du règne de Néron, et l'univers du Roi-Soleil : la peinture derrière les personnages est une copie d'un tableau de Le Brun présent dans la galerie des Glaces, intitulé Le roi gouverne par lui-même, *tandis que derrière la porte se trouve une statue de Louis XIV en empereur romain.*

Un roi danseur et organisateur de spectacles

Louis XIV célèbre la puissance monarchique lors de **somptueuses fêtes à Versailles**. Il divertit la Cour et la subjugue par son faste, sa générosité et l'image de sa grandeur. Ces fêtes doivent éblouir tous les sens. Danseur accompli, Louis XIV danse dans des ballets composés par Lully, musicien et maître de ballet d'origine italienne.

À la recherche d'un spectacle total à sa gloire, le roi fait collaborer **Molière** et **Lully** à la création d'un nouveau genre, la **comédie-ballet**, ou comédie mêlée, associant théâtre et intermèdes chantés et dansés *(Le Sicilien, L'Amour médecin, Le Bourgeois gentilhomme, Le Malade imaginaire)*.

Ex : Le Malade imaginaire *est célèbre pour la sarabande finale, faisant danser tous les médecins de manière bouffonne et farcesque.*

Véritables **stratégies politiques**, ces fêtes sont toujours données lors d'événements extraordinaires, et sont relatées dans des gazettes magnifiquement imprimées, en vue de convaincre le peuple et les capitales européennes que Louis XIV est « le plus grand roi du monde ». Ainsi, en 1668, les succès militaires du roi et le traité d'Aix-la-Chapelle sont l'occasion d'inviter plus de mille personnes, de les entraîner à travers les jardins vers un théâtre éphémère où Molière et Lully présentent une pastorale, comédie musicale montrant les amours de bergers, dans laquelle est enchâssé *George Dandin*. Puis les invités se retrouvent dans une salle de bal.

Ex : George Dandin, *qui raconte les désagréments d'un mari cocu, apporte un contrepoint réaliste à l'univers idyllique des bergers amoureux de la pastorale, ce qui en renforce les effets comiques* (> p. 154).

En 1674, ce sont ses conquêtes de Franche-Comté que Louis XIV veut célébrer. Six jours de fête permettent de mettre en valeur les nouveaux embellissements apportés aux jardins. **Lully** et **Quinault** présentent leur opéra, *Alceste*, la troupe de **Molière** (mort en février 1673) joue *Le Malade imaginaire* avec des ballets de Charpentier, et **Racine** présente *Iphigénie* qui comporte aussi des chœurs chantés. Enfin, les festivités se terminent par des feux d'artifice en musique.

Ces divertissements royaux engagent les artistes dans un **véritable travail collectif** réunissant auteurs, acteurs, musiciens, danseurs, chanteurs, et faisant évoluer le classicisme. En effet, les œuvres réalisées s'éloignent des règles classiques et s'ouvrent sur de **nouveaux genres** comme la comédie-ballet ou la **tragédie lyrique**, héritières de la richesse des grands ballets de cour : splendeur des décors et costumes, nombre des interprètes, ampleur de l'orchestre. Molière devient ainsi, à la fin de sa vie, en collaboration avec Lully, un entrepreneur de spectacles royaux qu'il est autorisé à reprendre ensuite dans son théâtre du Palais-Royal où le public parisien découvre, en version réduite, les comédies dont le roi a réjoui la Cour. Molière explique, dans le prologue au *Malade imaginaire*, comment il envisage son travail : « Après les glorieuses fatigues, et les Exploits victorieux de notre Auguste Monarque ; il est juste que tous ceux qui se mêlent d'écrire, travaillent ou à ses louanges, ou à son divertissement. C'est ce qu'ici l'on a voulu faire et ce Prologue est un essai des Louanges à ce grand Prince. »

Le prologue qui suit est en effet un ballet de bergers et bergères chantant la gloire de Louis XIV.

Jean Le Pautre (1618-1682), représentation du *Malade imaginaire* donnée dans les jardins de Versailles durant les divertissements de l'été 1674.

Histoire des arts
Arts et littérature

11 Médée, du mythe au théâtre
Mettre en scène une mère monstrueuse

Isabelle Huppert dans le rôle de Médée,
mise en scène de Jacques Lassalle (Festival d'Avignon, 2000).

Objectifs

- Découvrir un mythe antique et ses adaptations théâtrales
- Analyser et comparer des mises en scènes de théâtre

MÉTHODES p. 389

Lire et analyser Fiches 16, 19

Connaître un genre littéraire : La tragédie et la comédie Fiche 36

S'initier aux épreuves du baccalauréat Fiche 48

Médée, princesse de Colchide et magicienne, a aidé Jason à conquérir la Toison d'or. Meurtrière de son frère, elle doit suivre le héros en Grèce et lui donne deux fils. Mais à Corinthe, Jason projette d'épouser Créüse, fille du roi Créon. Refusant de partir en exil, Médée offre à Créüse un voile de mariée qui la transforme, ainsi que Créon, en torche vivante. Et pour se venger de la trahison de Jason, elle tue ses enfants et s'enfuit sur le char du Soleil.

Histoire littéraire p. 211

1 Médée, entre douleur et fureur

1. L'effrayante

Fiona Shaw dans *Médée* d'EURIPIDE, mise en scène de Deborah Warner, 2003.

2. Comment jouer Médée

C'est impossible à représenter une femme pareille ; on ressemble à quelqu'un qui est perdu, qui va faire de cette perdition son cheval de bataille, qui va s'incarner dans le « plus rien ». Si elle fait, c'est parce qu'elle est morte ; c'est parce qu'elle est anéantie, qu'elle a une seconde vie. On part d'un vide de soi, et elle ne sait pas comment mettre en œuvre cette chose. [...] Je n'ai pas besoin de tuer des enfants pour jouer Médée, ce qui m'intéresse c'est de voir comment je pourrais me rappeler, moi, physiquement, quelque chose qui daterait de cette époque, de mythes qui sont nés à cette époque, qui raconteraient une vie que je n'ai pas (je n'ai pas d'enfant), mais qui me diraient que je porte en moi des choses que tout le monde possède.

Entretien avec l'actrice Catherine GERMAIN, dossier établi par le Sceren à l'occasion de la mise en scène de L. Fréchuret, CRDP Académie de Versailles, octobre 2009.

3. L'insondable

Catherine Germain dans *Médée* d'EURIPIDE, mise en scène de Laurent Fréchuret, 2009.

Repères esthétiques

Fureur et jeu de l'acteur

Dans l'Antiquité, tous les personnages étaient joués par des hommes portant un masque, qui travaillaient leur voix pour déclamer le texte de façon musicale. Le masque de Médée exprimait sa colère et sa férocité. À chaque émotion correspondait un jeu conventionnel : ainsi la fureur se manifestait-elle par une voix suraiguë, des mouvements saccadés de la tête, et une danse sans doute désarticulée. Aujourd'hui deux types de jeu coexistent : soit l'acteur s'identifie au personnage et propose un jeu réaliste et psychologique avec des marques de souffrance et de rage vraisemblables ; soit il reste à distance de son personnage par un jeu artificiel et exagéré. Dans le premier cas, c'est l'humanité de Médée qui sera soulignée. Dans le deuxième, c'est davantage sa dimension mythique. Mais il s'agit toujours d'un travail maîtrisé de la voix et du corps comme l'explique Jean Vilar, metteur en scène : « Composer un personnage, cela implique choix, observation, recherche, inspiration, contrôle. »

Étude de mises en scène

1 Quelles émotions les trois actrices expriment-elles ? Observez notamment la portée de leur regard.

2 Analysez et interprétez la gestuelle de chacune : Médée s'adresse-t-elle ou non à quelqu'un ?

3 Analysez les costumes : font-ils référence à l'Antiquité ? Comment couvrent-ils leur corps ?

4 Le metteur en scène C. Schiaretti dit de Médée qu'elle est « le mystère accompli. [...] l'être scandaleux par excellence ». Comment la dimension mythique, mystérieuse et effrayante du personnage est-elle différemment jouée ?

4. La dernière hésitation

Les enfants de Médée ont apporté le voile empoisonné à Créüse. Médée leur fait ses adieux avant de les envoyer à l'intérieur de la maison pour les assassiner.

MÉDÉE. – Je ne le ferai pas. Mes desseins, adieu.
Mais quoi, me résigner à être celle dont on rit,
abandonnant mes ennemis à leur impunité ?
Non, il faut aller de l'avant. Honte à ma lâcheté
qui fait entrer dans mon esprit ces pensées de faiblesse.
Allez, enfants, dans la maison.
(Ils s'écartent sans quitter la scène.)
Que celui qui n'a pas le droit d'assister à mes sacrifices
prenne garde et s'écarte[1]. Car ma main ne faiblira pas.
Non, mon cœur, non pas toi, tu n'iras pas jusque-là !
Laisse ces enfants, criminel, épargne-les,
ils vivront là-bas avec moi et pour te rendre heureux.
Mais quoi ? Par les démons vengeurs envoyés de l'Hadès
je ne puis pas livrer mes fils
pour que mes ennemis à leur gré les outragent.
Puisqu'à tout prix il faut qu'ils meurent,
c'est moi qui vais les tuer, moi qui leur ai donné la vie.
Tout est accompli. Trop tard pour un revirement.
Déjà la couronne est posée, le voile revêt la princesse,
et la dévore, je le sais.
À moi de suivre le chemin du suprême malheur,
d'en ouvrir à mes fils un plus funeste encore.
Je veux leur dire adieu.

EURIPIDE, *Médée*, 431 av. J.-C., traduction Marie Delcourt-Cuvers, *Tragédies complètes*, © Éditions Gallimard.

1. Médée présente le meurtre de ses enfants comme un sacrifice rituel.

5. La tragique

Maria Callas incarnant Médée dans le film de Pasolini, 1969.

DU TEXTE À LA SCÈNE

Alimenter la fureur

1 Dans le texte d'Euripide, à qui Médée s'adresse-t-elle ? Quels sentiments contradictoires exprime-t-elle ?

2 Comment Médée justifie-t-elle son crime ? L'actrice C. Germain explique-t-elle ce passage à l'acte de la même façon (document 2) ? Justifiez.

Représenter la fureur

3 Comparez le texte d'Euripide et les images des actrices incarnant Médée. Laquelle correspond le mieux à votre vision du personnage ? Argumentez.

4 Comment l'actrice C. Germain a-t-elle travaillé son personnage ?

5 (LITTÉRATURE ET SOCIÉTÉ) Images et langages : Comment les metteurs en scène transposent-ils la figure mythique de Médée ?

ATELIER THÉÂTRE

Faire entendre la fureur

(MISE EN VOIX) À trois ou quatre, proposez une lecture expressive du texte d'Euripide : répartissez-vous la parole pour faire entendre, par des changements de rythme ou de puissance de voix, la voix de la douleur et de la fureur, nourrie par ses hésitations et exhortations.
Imaginez un lieu et disposez-vous dans l'espace : un lieu clos et intime ou un lieu public (parc, quai de gare) dans lequel vous pouvez vous déplacer en parlant. Devant la classe, vous expliquerez quel lieu vous avez choisi en argumentant, puis vous mettrez en voix votre texte.

2 Représenter l'horreur absolue

1. Le sang de la colère

Marie Payen dans *Médée* de SÉNÈQUE, mise en scène de Zakariya Gouram, 2008 (Théâtre des Amandiers, Nanterre).

2. Ultime vengeance

Médée est sur le toit du palais, elle montre à Jason le cadavre du premier enfant et s'apprête à tuer l'autre.

JASON. – Un seul suffit à la justice
MÉDÉE. – Si un seul meurtre suffisait à la vengeance
Je n'en aurais commis aucun
Je vais les égorger tous les deux
Mais cela ne suffira pas à ma douleur
Elle est trop grande
Si dans mon ventre peut se trouver quelque fœtus
Je m'ouvrirai le corps d'un coup d'épée
Et j'arracherai l'embryon
JASON. – Va
Achève ton entreprise criminelle
Je cesse mes prières
Évite seulement de prolonger mon supplice
MÉDÉE. – Douleur
Jouis lentement du crime
Ne te presse pas
ce jour est le mien
J'utilise le temps accordé

SÉNÈQUE, *Médée*, Ier siècle ap. J.-C., traduit du latin par Florence Dupont, *Théâtre complet* de Sénèque, II, *Le Spectateur français*, Imprimerie nationale Éditions, 1992.

Étude de mises en scène

1 Comment les meurtres des enfants sont-ils représentés dans chaque mise en scène ? Médée garde-t-elle sa dimension mythique ? Justifiez.

2 Quels sentiments chaque actrice manifeste-t-elle par sa gestuelle, son regard et l'expression de son visage ?

3 SYNTHÈSE Quel parti pris face à la violence chaque mise en scène choisit-elle ? L'objectivité ? La critique ? Le pathos ? Expliquez.

Repères esthétiques

Le metteur en scène

C'est seulement au début du XXe siècle que le metteur en scène devient l'organisateur du spectacle. Auparavant, les acteurs étaient responsables de leur interprétation, exception faite de la troupe de Molière où celui-ci dirigeait ses comédiens, comme on le voit dans *L'Impromptu de Versailles* (> p. 163). Aujourd'hui, le metteur en scène coordonne et supervise toutes les composantes du spectacle : la scénographie, les costumes, les lumières, le jeu des acteurs. Ce rôle nouveau donne au texte dramatique une profondeur inédite : autrefois, on estimait qu'il existait une seule interprétation, à mettre à jour. À présent, chaque metteur en scène recrée le texte, en propose sa vision personnelle et originale.

3. Le triomphe de Médée

JASON. – Finissons ! Je te laisse partir. Mais rends-moi les enfants.

MILICIEN. – Elle va s'enfuir avec les enfants !... *Médée se dresse comme un serpent, devant la couverture rouge*[1], *le bras tendu.*

MÉDÉE. – Lâche tes chiens ! Appelle la ville entière ! Pour autant que tu ouvres les yeux, ils ne seront jamais assez grands ouverts. Tu veux les enfants ?... Je te les laisse !... Prends-les !... Les voici !...

Elle écarte brusquement la couverture et montre les corps des enfants étendus l'un sur l'autre.

Fais-en des Rois !...

Adieu, Jason ! Je te laisse, en présent, le baiser de Créüse : jusqu'à plus de cent ans, puisse ta bouche en conserver le goût de cendre.

Adieu !

Elle passe derrière la couverture retombée.

Max ROUQUETTE, *Médée*, 1992, traduit de l'occitan par l'auteur, © Éditions Espaces 34.

1. Une couverture rouge sert de porte à la case habitée par Médée.

Le mythe

Ce récit légendaire mettant en scène des héros et des dieux a souvent une signification symbolique religieuse. Il explique l'origine du monde, les relations entre les hommes et les dieux, les principes de l'organisation sociale et familiale. La tragédie grecque a ainsi exploré les mythes et la violence qu'ils recèlent, les tabous que les héros transgressent : l'inceste d'Œdipe, le matricide d'Oreste, l'infanticide de Médée. Ils approchent de cette façon la part obscure, inconsciente de l'homme et ont servi pour cette raison de fondement à la psychanalyse de Freud.

4. Théâtre de la cruauté

Odile Sankara dans *Médée* de Max ROUQUETTE, mise en scène de Jean-Louis Martinelli, 2009.

DU TEXTE À LA SCÈNE

De l'humanité à l'inhumanité

1 Par quelles **figures de style** et types de phrases la violence monstrueuse de Médée s'exprime-t-elle dans les deux textes ?

Fiche 16 **Les figures de style**

2 Confrontez textes et images (documents 1 à 4) : quelle est la part de création du metteur en scène ? Qu'apportent ses choix à la représentation du mythe ?

Fiche 19 **Lecture de corpus : textes et images**

Tragédie et catharsis

3 Les deux effets attendus de la **catharsis** tragique sont la terreur et la pitié. Les textes et les mises en scène produisent-ils ces deux effets ? Par quels moyens ? Argumentez.

Fiche 36 **Le tragique et la tragédie**

3 Médée, une femme d'aujourd'hui

1. La révolte contre la tyrannie masculine

Médée est seule et s'adresse à un chœur imaginaire.

– Misérables que vous êtes ! Je vois bien, femmes, que rien n'a autant servi à l'homme que de vous avoir dressées à sa loi, enseignées à sa doctrine… Répéter sa leçon devient votre bonheur. Vous vous inclinez au lieu de vous rebeller.
– Se rebeller ! Tu vois, Médée, tu vois, tu n'as de cesse que d'insulter le roi et sa loi consacrée. C'est raison qu'il veuille te chasser de ce pays et de ta maison. Calme-toi, Médée, demande qu'il te pardonne… et le roi fera que tu restes.
– Rester, rester seule en ma maison… seule comme une morte, sans plus entendre ni voix ni rires… sans amour ni d'enfants ni de mari, tous partis à la fête avant de m'avoir enseve-lie. Et je devrais me taire pour le bien de mes enfants ! Chantage, ignoble chantage ! Hélas, deuil et malheur sur moi… Femmes, mes amies, elle est terrible la pensée qui me perce le cœur et le cerveau. Je dois tuer mes enfants, ainsi je resterai dans la mémoire comme une mère infâme et folle d'orgueil ! Mieux vaut laisser le souvenir d'une bête féroce que d'être oubliée comme une chèvre docile, qu'on peut traire et tondre et mépriser, et vendre au marché sans qu'il lui échappe un bêlement. Je dois tuer mes enfants !

Dario FO et Franca RAME, *Médée*, 1977,
adaptation française par Valeria Tasca,

Ariane Ascaride dans *Médée* de Dario FO, mise en scène de Didier Bezace, 2006.

Anne Benoit dans *Manhattan Medea* de Dea LOHER, 1981, mise en scène de Sophie Loucachevsky (Théâtre de la Colline, 2010).

2. Médée exilée à New York

New York, Manhattan, devant l'entrée d'une riche maison de la Cinquième Avenue, Médée attend, seule.
Vingt-cinq siècles après la Corinthe d'Euripide, elle est toujours rebelle, toujours passionnée, utopiste même, au cœur d'un nouvel empire, face à un nouveau pouvoir, amoureuse du même Jason. […]
Médée de Manhattan n'est pas une prêtresse au savoir terrifiant, ni la petite fille du Soleil. Celui qu'elle attend, Jason, n'est pas le héros d'une quête fantastique. Ici les hommes ne se cachent pas derrière la volonté d'un Dieu. Dans *Manhattan Medea*, Médée et Jason sont des clandestins, des sans-papiers fuyant la guerre pour survivre.

André ANTÉBI, note pour la mise en scène de *Manhattan Medea* par Sophie Loucachevsky, extrait du programme du spectacle présenté à la Colline – Théâtre national, 2010.

DU TEXTE À LA SCÈNE

Un personnage tragique contemporain

1 Quels éléments des costumes, coiffures, attitudes des deux actrices rendent le personnage actuel ? L'effet produit par chacune correspond-il à votre image du personnage ? Justifiez.

2 Comment le mythe de Médée est-il modernisé dans les deux adaptations ? La fureur du personnage vous semble-t-elle estompée ? Expliquez.

3 Quels éléments des deux décors participent à la modernisation du mythe ? Ces choix scénographiques traduisent-ils ce qui est dit dans chaque texte ?

ATELIER D'ÉCRITURE

4 Écrivez le monologue pathétique de Médée, attendant devant sa maison de Manhattan : elle raconte sa fuite avec Jason, sa rencontre avec Créon, sa colère de femme humiliée.

Fiche 48 **Rédiger un écrit d'invention**

Atelier d'écriture

Imaginer un décor et le justifier dans une note de mise en scène

1. Comprendre la situation de Médée au début de la pièce

@ RECHERCHE Sur le site http://crdp.ac-paris.fr/piece-demontee téléchargez le dossier « total » sur Médée paru en 2009. Lisez la partie consacrée à l'espace (« Entre intérieur et extérieur », p. 6-7), puis dans les annexes le synopsis de la fable de Médée et les deux premiers extraits du texte d'Euripide. Rédigez une fiche sur les caractéristiques principales de votre décor :

- Que doit représenter le décor ? Quels éléments sont indispensables ?
- Que représentait ce lieu pour Médée quand elle s'est mariée ? Qu'est-il devenu ?
- À quels moments ce lieu est-il important dans la pièce ? Pourquoi ?

2. S'inspirer d'une image

- Quel rapport entre la femme et sa maison Louise Bourgeois suggère-t-elle ? À quelle vision de la femme fait-elle référence ?
- Quels rapports pouvez-vous établir entre cette image et la situation de Médée ? Pourquoi la femme peinte par Louise Bourgeois est-elle tragique ?
- Complétez votre fiche initiale en indiquant quelles idées de décor ce tableau vous inspire : décor ouvert ou fermé ? Avec quelles ouvertures ? Forme générale (type d'architecture antique, classique, moderne) ? Couleur(s) et matériau(x) ? Hauteur ? Existence ou non d'un espace autour, d'un sol particulier ? Éclairages ?

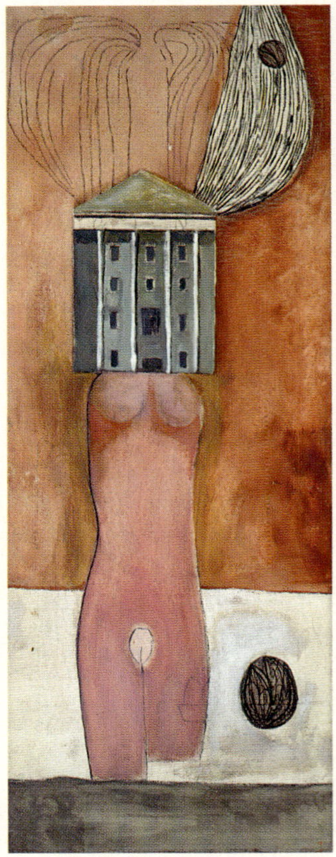

Louise BOURGEOIS (1911-2010), *Femme maison*, 1946-47, huile et encre sur toile (Collection particulière).

3. Décrire le décor et le justifier

Décrivez les différents éléments de votre décor en commençant par la phrase suivante : « Dans Médée ce qui caractérise le plus la maison, c'est que c'est une maison vide, une maison désertée par Jason. » (Stéphanie MATHIEU, scénographe de Laurent Fréchuret, *Médée*, 2009)

a Organisez votre description en allant d'une vision d'ensemble aux détails, et du fond de scène à l'avant. Utilisez les termes « jardin » (à gauche pour le spectateur) et « cour » (à droite) pour les côtés.

b Créez une atmosphère tragique par les couleurs ou les éclairages.

c Dites si le décor va évoluer au cours de la représentation, comment et quand.

d Justifiez vos propositions par l'intrigue ou le personnage de Médée. Le texte intégral n'excédera pas une page.

Fiche 32 **La description**

4. Donner une représentation visuelle de ce décor

@ RECHERCHE Cherchez sur Internet des illustrations (photos de sites archéologiques, d'architectures, de tableaux, images de maison sur des vases grecs antiques…) qui pourraient correspondre à votre décor. Puis dessinez ou proposez avec des collages ou une maquette une image de votre scénographie.

Vers le bac

Corpus : « Mourir sur scène »

1 **William SHAKESPEARE,** *Roméo et Juliette,* V, 3, 1595
2 **MOLIÈRE,** *Dom Juan,* V, 5 et 6, 1665
3 **Victor HUGO,** *Ruy Blas,* V, 4, 1838
4 **Edmond ROSTAND,** *Cyrano de Bergerac,* mise en scène de Jérôme Savary, 1997

1 William SHAKESPEARE, *Roméo et Juliette,* 1595

Roméo, croyant Juliette morte, alors qu'elle n'est qu'endormie, s'est empoisonné après avoir tué en duel son rival, Pâris. Frère Laurence découvre les cadavres dans le tombeau de Juliette.

Acte V, scène 3

LAURENCE, *allant vers le tombeau.* – Roméo ! *(Dirigeant la lumière de sa lanterne sur l'entrée du tombeau.)* Hélas ! hélas ! quel est ce sang qui tache le seuil de pierre de ce sépulcre[1] ? Pourquoi ces épées abandonnées et sanglantes projettent-elles leur sinistre lueur sur ce lieu de paix ? *(Il entre dans le monument.)* Roméo ! Oh ! qu'il est pâle !... Quel est cet autre ? Quoi, Pâris aussi ! baigné dans son sang ! Oh ! quelle heure cruelle est donc coupable de cette lamentable catastrophe ?... *(Éclairant Juliette.)* Elle remue ! *(Juliette s'éveille et se soulève.)*

JULIETTE. – Ô frère charitable, où est mon seigneur ? Je me rappelle bien en quel lieu je dois être : m'y voici... Mais où est Roméo ? *(Rumeur au loin.)*

LAURENCE. – J'entends du bruit... Ma fille, quitte ce nid de mort, de contagion, de sommeil contre nature. Un pouvoir au-dessus de nos contradictions a déconcerté nos plans. Viens, viens, partons ! Ton mari est là gisant sur ton sein, et voici Pâris. Viens, je te placerai dans une communauté de saintes religieuses ; pas de questions ! le guet arrive... Allons, viens, chère Juliette. *(La rumeur se rapproche.)* Je n'ose rester plus longtemps. *(Il sort du tombeau et disparaît.)*

JULIETTE. – Va, sors d'ici, car je ne m'en irai pas, mais qu'est ceci ? Une coupe qu'étreint la main de mon bien-aimé ? C'est le poison, je le vois, qui a causé sa fin prématurée. L'égoïste ! il a tout bu ! il n'a pas laissé une goutte amie pour m'aider à le rejoindre ! Je veux baiser tes lèvres : peut-être y trouverai-je un reste de poison dont le baume me fera mourir... *(Elle l'embrasse.)* Tes lèvres sont chaudes !

PREMIER GARDE, *derrière le théâtre.* – Conduis-nous, page... De quel côté ?

JULIETTE. – Oui, du bruit ! Hâtons-nous donc ! *(Saisissant le poignard de Roméo.)* Ô heureux poignard ! voici ton fourreau... *(Elle se frappe.)* Rouille-toi là et laisse-moi mourir ! *(Elle tombe sur le corps de Roméo et expire.)*

W. SHAKESPEARE, *Roméo et Juliette*, Acte V, scène 3, 1595,
traduit de l'anglais par François-Victor Hugo.

1. Tombeau.

2 MOLIÈRE, *Dom Juan*, 1665

Dom Juan est un noble libertin[1] sans morale. La statue du Commandeur qu'il a tué l'a invité à dîner.

Acte V, scène 5

DOM JUAN, UN SPECTRE, *en femme voilée*, SGANARELLE

LE SPECTRE. – Dom Juan n'a plus qu'un moment à pouvoir profiter de la miséricorde du Ciel ; et s'il ne se repent ici, sa perte est résolue.

SGANARELLE. – Entendez-vous, Monsieur ?

DOM JUAN. – Qui ose tenir ces paroles ? Je crois connaître cette voix.

SGANARELLE. – Ah ! Monsieur, c'est un spectre : je le reconnais au marcher.

DOM JUAN. – Spectre, fantôme ; ou Diable, je veux voir ce que c'est. *(Le Spectre change de figure et représente le Temps avec sa faux à la main.)*

SGANARELLE. – Ô ciel ! voyez-vous, Monsieur, ce changement de figure ?

DOM JUAN. – Non, non, rien n'est capable de m'imprimer de la terreur, et je veux éprouver avec mon épée si c'est un corps ou un esprit. *(Le Spectre s'envole dans le temps que Dom Juan le veut frapper.)*

SGANARELLE. – Ah ! Monsieur, rendez-vous à tant de preuves, et jetez-vous vite dans le repentir.

DOM JUAN. – Non, non, il ne sera pas dit que quoi qu'il arrive je sois capable de me repentir. Allons, suis-moi.

Acte V, scène 6

LA STATUE, DOM JUAN, SGANARELLE

LA STATUE. – Arrêtez, Dom Juan : vous m'avez hier donné parole de venir manger avec moi.

DOM JUAN. – Oui. Où faut-il aller ?

LA STATUE. – Donnez-moi la main.

DOM JUAN. – La voilà.

LA STATUE. – Dom Juan, l'endurcissement au péché traîne[2] une mort funeste, et les grâces du Ciel que l'on renvoie ouvrent un chemin à sa foudre.

DOM JUAN. – Ô Ciel ! que sens-je ? un feu invisible me brûle, je n'en puis plus, et tout mon corps devient un brasier ardent. Ah ! *(Le tonnerre tombe avec un grand bruit et de grands éclairs sur Dom Juan ; la terre s'ouvre et l'abîme[3] ; et il sort de grands feux de l'endroit où il est tombé.)*

SGANARELLE. – Ah ! mes gages ! mes gages ! Voilà par sa mort un chacun satisfait : Ciel offensé, lois violées, filles séduites, familles déshonorées, parents outragés, femmes mises à mal[4], maris poussés à bout, tout le monde est content. Il n'y a que moi seul de malheureux. Mes gages, mes gages, mes gages !

MOLIÈRE, *Dom Juan*, Acte V, scènes 5 et 6, 1665.

1. Affranchi des lois religieuses.
2. Entraîne.
3. Précipiter dans un abîme.
4. Débauchées.

3 Victor HUGO, *Ruy Blas,* 1838

Ruy Blas, simple valet, a été introduit par son maître Don Salluste à la cour d'Espagne sous le nom de Don César, pour séduire la reine et la déshonorer. Mais il est tombé amoureux d'elle. Il vient d'assassiner Don Salluste et de tout révéler à la reine.

Acte V, scène 4

LA REINE. – Que voulez-vous ?

RUY BLAS, *joignant les mains.* – Que vous me pardonniez, madame !

LA REINE. – Jamais.

RUY BLAS. – Jamais ! *(Il se lève et marche lentement vers la table.)*
Bien sûr ?

LA REINE. – Non, jamais !

RUY BLAS. – *(Il prend la fiole posée sur la table, la porte à ses lèvres et la vide d'un trait.)* Triste flamme,
Éteins-toi !

LA REINE, *se levant et courant à lui.* – Que fait-il ?

RUY BLAS, *posant la fiole.* – Rien. Mes maux sont finis.
Rien. Vous me maudissez, et moi je vous bénis.
Voilà tout.

LA REINE, *éperdue.* – Don César !

RUY BLAS. – Quand je pense, pauvre ange,
Que vous m'avez aimé !

LA REINE. – Quel est ce philtre étrange ?
Qu'avez-vous fait ? Dis-moi ! réponds-moi ! parle-moi !
César ! je te pardonne et t'aime, et je te crois !

RUY BLAS. – Je m'appelle Ruy Blas.

LA REINE, *l'entourant de ses bras.* – Ruy Blas, je vous pardonne !
Mais qu'avez-vous fait là ? Parle, je te l'ordonne !
Ce n'est pas du poison, cette affreuse liqueur ?
Dis ?

RUY BLAS. – Si ! c'est du poison. Mais j'ai la joie au cœur.
(Tenant la reine embrassée et levant les yeux au ciel.)
Permettez, ô mon Dieu, justice souveraine,
Que ce pauvre laquais bénisse cette reine,
Car elle a consolé mon cœur crucifié,
Vivant, par son amour, mourant, par sa pitié !

LA REINE. – Du poison ! Dieu ! c'est moi qui l'ai tué ! – Je t'aime !
Si j'avais pardonné ?...

RUY BLAS, *défaillant.* – J'aurais agi de même.
(Sa voix s'éteint. La reine le soutient dans ses bras.)
Je ne pouvais plus vivre. Adieu !
(Montrant la porte.) Fuyez d'ici !
– Tout restera secret. – Je meurs. *(Il tombe.)*

LA REINE, *se jetant sur son corps.* – Ruy Blas !

RUY BLAS, *qui allait mourir, se réveille à son nom prononcé par la reine.* – Merci !

V. HUGO, *Ruy Blas*, Acte V, scène 4, 1838.

4 *Cyrano de Bergerac*, mise en scène de Jérôme Savary, 1997

Cyrano de Bergerac (1897) d'Edmond ROSTAND. Francis Huster (Cyrano) et Cristiana Reali (Roxane), mise en scène de Jérôme Savary (Théâtre national de Chaillot, Paris, 1997).

Questions sur un corpus

1 Comment la mort est-elle mise en scène dans chaque document ? Analysez l'utilisation de l'espace, des objets ou d'autres éléments visuels et sonores.

2 Quel est le rôle des personnages secondaires ? Repérez leurs similitudes et différences.

Fiche 46 **Répondre à une question sur un corpus**

Travaux d'écriture

Commentaire

Proposez le commentaire littéraire des deux scènes de *Dom Juan*. Vous montrerez qu'il s'agit d'un dénouement à la fois spectaculaire et moral.

Fiches 49, 50, 51 **Vers le commentaire**

Dissertation

Quelles sont les différentes fonctions de la représentation de la mort du héros au théâtre ? Vous répondrez par une argumentation structurée et illustrée d'exemples pris dans ce corpus ou dans la séquence 10 (p. 191 à 214).

Fiches 52, 53, 54 **Vers la dissertation**

Écriture d'invention

En vous appuyant sur l'image de la mort de Cyrano, rédigez le dialogue entre les deux personnages. Vous utiliserez un registre pathétique et insérerez des didascalies.

Fiches 47, 48 **Vers l'écriture d'invention**

À lire

1. W. SHAKESPEARE, *Roméo et Juliette*, 1595
Un couple mythique d'amoureux voués à un amour impossible.

2. Colin HIGGINS, *Harold et Maude*, 1971
Une vieille femme de 80 ans apprend le sens de la vie à un jeune homme suicidaire de 20 ans. Scénario du film adapté par Jean-Claude Carrière pour le théâtre.

3. Éric-Emmanuel SCHMITT, *La Nuit de Valognes*, 1991
Quatre femmes, autrefois bafouées par Dom Juan, se retrouvent pour le juger et lui faire réparer ses torts.

Lire une scène d'exposition

4. Anton TCHEKHOV, *Une demande en mariage*, 1888
Tchekhov (1860-1904), auteur russe de nouvelles et de pièces de théâtre, a écrit neuf farces en un seul acte, qui mettent en scène des personnages de sa société contemporaine, petits bourgeois, fonctionnaires pauvres et aristocrates ruinés. Dans *Une demande en mariage*, il montre l'importance de l'argent dans les tractations autour des mariages. Lomov, timide et malade, craint de demander la main de la fille de Tchouboukov.

Scène première

Un salon dans la maison de Tchouboukov

TCHOUBOUKOV, LOMOV, *ce dernier en habit et gants blancs*

TCHOUBOUKOV, *venant à la rencontre de Lomov*. – Mon mignon, que vois-je ? Ivan Vassilievitch ! Tout à fait heureux ! *(Il lui serre la main.)* En voilà vraiment une surprise, mon vieux !… Comment allez-vous ?

LOMOV. – Je vous remercie. Et vous, comment vous portez-vous ?

TCHOUBOUKOV. – Nous allons tout doucement, mon ange, grâce à vos prières, et ainsi de suite. Asseyez-vous, je vous en prie de la façon la plus instante. C'est mal, vraiment, d'oublier ses voisins. Mon mignon, mais pourquoi venez-vous si officiellement ? En habit ? Gants blancs et ainsi de suite. Vous allez quelque part, mon bijou ?

LOMOV. – Non, je ne viens que chez vous, estimable Stepan Stepanovitch…

TCHOUBOUKOV. – Alors pourquoi en habit, mon charmant ? Tout comme au jour de l'an, pour les visites !

LOMOV. – Voilà ce qu'il y a. *(Il le prend sous le bras.)* Je viens chez vous, estimable Stepan Stepanovitch, pour vous importuner d'une demande. J'ai eu l'honneur plus d'une fois de faire appel à votre aide, et toujours vous... comment dire... mais excusez-moi, je suis agité… je vais boire un verre d'eau, estimable Stepan Stepanovitch.

A. TCHEKHOV, *Une demande en mariage et autres pièces en un acte*, traduction Denis Roche © Étonnants Classiques, Flammarion 2006.

@ consulter

- **www.toutmoliere.net** : un site incontournable sur Molière.
- **17esiecle.free.fr/Theatre.php** : un site pour trouver des informations sur le théâtre classique, les auteurs, les troupes, les lieux.
- **www.comedie-francaise.fr/** : le site de la Comédie-Française comporte également une partie historique.

À voir

***Cyrano de Bergerac*, film de Jean-Paul RAPPENEAU, 1990**
Trois hommes cherchent les faveurs de la belle Roxane. Une adaptation de la pièce en vers d'Edmond Rostand.

Chapitre

3 Genres et formes de l'argumentation aux XVIIe et XVIIIe siècles

Georges Jacques DANTON (1759-1794), avocat et homme politique français.

Séquence

12 Pouvoirs de la fable et du conte

Suspendu aux lèvres du conteur, l'auditoire est ravi d'adhérer momentanément à une fiction et de suivre une intrigue jusqu'à sa fin. Cependant, il est aussi invité à tirer les leçons de la fable et du conte.

Objectifs

- Découvrir la fonction de la fable et du conte : plaire et instruire
- Se familiariser avec un mouvement littéraire et culturel du XVIIe siècle, le classicisme

MÉTHODES p. 389

Lire et analyser ➤ Fiches 15, 16, 17, 19
Analyser une œuvre dans son contexte : Argumenter aux XVIIe et XVIIIe siècles ➤ Fiches 22, 23
Connaître un genre littéraire : Le roman et la nouvelle ➤ Fiches 28, 30, 31
Genres et formes de l'argumentation ➤ Fiches 41, 42, 43, 44
S'initier aux épreuves du baccalauréat ➤ Fiches 46, 51, 54

Histoire des arts

J. J. Grandville, *Les obsèques de la lionne*, 1838

La gravure

À l'aide d'un burin, outil d'acier pointu, le graveur incise les caractères et les images sur une plaque de bois, de métal ou de pierre. Les traits peuvent être profonds, épais ou croisés (tailles et contre-tailles) pour obtenir des tons noirs. Les traits légers ou en pointillé donnent des tons gris clair. Une fois les incisions recouvertes d'encre, on imprime très fortement cette plaque sur du papier humide. Elle est mise sous presse et peut être tirée à des milliers d'exemplaires. Par métonymie, la *gravure* désigne aussi l'image obtenue, qui peut être retouchée par l'artiste. La popularité des *Fables* et des *Contes* s'est manifestée par l'exceptionnelle richesse de gravures signées Oudry, Gustave Doré ou Grandville, comme ici.

Biographie
p. 564

Contexte artistique et historique

LES IMAGES AU SERVICE DES FABLES

Court **récit imagé**, l'**apologue** comporte une **morale, implicite ou explicite**. La fiction et ses images **séduisent** pour mieux **instruire**. De même, les images didactiques[1], destinées aux enfants comme aux adultes, reprennent cet objectif **classique**. Elles campent un petit monde situé entre les songes de l'enfance et la cruelle réalité. L'illustration séduit par la simplicité des formes bien reconnaissables. Ainsi, inspiré par les talents de naturaliste de La Fontaine, le peintre animalier Oudry donne aux personnages des *Fables* une allure clairement identifiable. Ces images charment aussi par leur **fantaisie** : les saynètes représentées sont invraisemblables. « Une fourmi parlant français [...] ça n'existe pas », dit Desnos dans ses *Chantefables*. Cependant, on est prêt à croire au conflit entre la cigale et la fourmi, car le burin du graveur leur prête vie. Un comique expressif rend la morale plus facile à accepter. Inscrite au cœur de l'image, elle est ainsi rapidement **mémorisée**.

1. Qui sert à l'instruction.

J. J. Grandville (1803-1847), gravure pour « Les obsèques de la lionne » de Jean de La Fontaine, 1838 (> texte p. 236).

Le pouvoir en image

LECTURE DE L'IMAGE

Anthropomorphisme

1 Quels traits et quels accessoires donnent aux animaux de la gravure un comportement d'apparence humaine ?

2 Quels aspects les maintiennent cependant dans le domaine de l'animalité ?

Fiche 42 **Éloge et blâme**

La comédie des courtisans

3 Décrivez les manifestations de tristesse des animaux et classez-les des plus outrées aux plus simples. Comment naît le registre comique ?

4 Comment la hiérarchie sociale et politique est-elle transposée dans l'espace, les courbes, la position et la nature des personnages ?

Fiche 17 **Lecture de l'image fixe**

5 Observez le cerf par rapport aux autres animaux : que suggèrent sa position, son attitude, son allure ?

Le statut de l'illustration

6 Peut-on deviner le sujet de la fable en regardant simplement la gravure ? En est-elle au contraire dépendante ?

Fiche 19 **Lecture de corpus : textes et images**

7 Quel enrichissement la gravure peut-elle apporter à la fable ?

8 @ RECHERCHE Sur le site http://www.la-fontaine-ch-thierry.net/fables.htm trouvez d'autres gravures et résumez les contraintes que les *Fables* peuvent imposer à un illustrateur.

ÉCRITURE

Invention

Composez une fable, en prose ou en vers, que pourrait illustrer une gravure de votre choix (> question 8).

Fiche 44 **La variété des registres dans l'argumentation**

Les fables sont-elles le carnaval des animaux ou une comédie humaine ?

Histoire littéraire p. 248

Repères historiques p. 554

1. Ésope, Fables, VIIe-VIe siècle av. J.-C.

Les grenouilles qui demandent un roi

Les grenouilles, fâchées de l'anarchie[1] où elles vivaient, envoyèrent des députés à Zeus, pour le prier de leur donner un roi. Zeus, voyant leur simplicité, lança un morceau de bois dans le marais. Tout d'abord les grenouilles effrayées par le bruit se plongèrent dans les profondeurs du marais ; puis, comme le bois ne bougeait pas, elles remontèrent et en vinrent à un tel mépris pour le roi qu'elles sautaient sur son dos et s'y accroupissaient. Mortifiées d'avoir un tel roi, elles se rendirent une seconde fois près de Zeus, et lui demandèrent de leur changer le monarque ; car le premier était trop nonchalant. Zeus impatienté leur envoya une hydre[2] qui les prit et les dévora.

Cette fable montre qu'il vaut mieux être commandé par des hommes nonchalants, mais sans méchanceté, que par des brouillons et des méchants.

ÉSOPE (VIIe-VIe siècle av. J.-C.), *Fables*,
traduction d'Émile Chambry © Les Belles Lettres, Paris.

1. Ici, absence d'autorité politique qui entraîne confusion et discorde.
2. Dragon aquatique à plusieurs têtes.

2. Cyrano de Bergerac, Les États et Empires du Soleil, 1662

Blessée par la balle d'un chasseur, une perdrix s'exprime devant le tribunal des oiseaux.

Plaidoyer fait au Parlement des oiseaux, les Chambres assemblées, contre un animal accusé d'être homme.

– Examinons donc, messieurs, les difficultés de ce procès avec toute la contention[1] de laquelle nos divins esprits sont capables. Le nœud de l'affaire consiste à savoir si cet animal est homme et puis, en cas que nous avérions qu'il le soit, si pour cela il mérite la mort.

Pour moi, je ne fais point de difficultés qu'il ne le soit, premièrement, par un sentiment d'horreur dont nous nous sommes tous sentis saisis à sa vue sans en pouvoir dire la cause ; secondement, en ce qu'il rit comme un fou ; troisièmement, en ce qu'il pleure comme un sot ; quatrièmement, en ce qu'il se mouche comme un vilain[2] ; cinquièmement, en ce qu'il est plumé comme un galeux ; sixièmement, en ce qu'il a toujours une quantité de petits grès[3] carrés dans la bouche qu'il n'a pas l'esprit de cracher ni d'avaler ; septièmement, et pour conclusion, en ce qu'il lève en haut tous les matins ses yeux, son nez et son large bec, colle ses mains ouvertes la pointe au ciel plat contre plat, et n'en fait qu'une attachée, comme s'il s'ennuyait d'en avoir deux libres ; se casse les deux jambes par la moitié, en sorte qu'il tombe sur ses gigots ; puis avec des paroles magiques qu'il bourdonne, j'ai pris garde que ses jambes rompues se rattachent, et qu'il se relève après aussi gai qu'auparavant. Or, vous savez, messieurs, que de tous les animaux, il n'y a que l'homme seul dont l'âme soit assez noire pour s'adonner à la magie, et par conséquent celui-ci est homme.

CYRANO DE BERGERAC, *Les États et Empires du Soleil*, 1662.

1. Attention, rigueur.
2. Malpoli, malpropre.
3. Morceaux de grès, une variété de roche. Ici, les dents.

Charles LE BRUN (1619-1690), *Trois têtes d'hommes en relation avec le lion*, vers 1671, 21,7 × 32,7 cm (Musée du Louvre).

3. Jean de La Fontaine, *Préface aux Fables choisies*, 1668

[Les fables] ne sont pas seulement morales, elles donnent encore d'autres connaissances. Les propriétés des animaux et leurs divers caractères y sont exprimés ; par conséquent les nôtres aussi, puisque nous sommes l'abrégé de ce qu'il y a de bon et de mauvais dans les créatures irraisonnables. Quand Prométhée voulut former l'homme, il prit la qualité dominante de chaque bête : de ces pièces si différentes il composa notre espèce. Il fit cet ouvrage qu'on appelle le *petit Monde*[1]. Ainsi ces fables sont un tableau où chacun de nous se trouve dépeint. Ce qu'elles nous représentent confirme les personnes d'âge avancé dans les connaissances que l'usage leur a données, et apprend aux enfants, ce qu'il faut qu'ils sachent. Comme ces derniers sont nouveaux venus dans le monde, ils n'en connaissent pas encore les habitants, ils ne se connaissent pas eux-mêmes. On ne doit les laisser dans cette ignorance que le moins qu'on peut : il leur faut apprendre ce que c'est qu'un lion, un renard, ainsi du reste ; et pourquoi l'on compare quelquefois un homme à ce renard ou à ce lion. C'est à quoi les fables travaillent : les premières notions de ces choses proviennent d'elles.

J. DE LA FONTAINE, Préface aux *Fables choisies*, 1668.

1. L'homme, considéré comme microcosme, comme abrégé de l'univers.

1 Comment les textes et l'image tissent-ils un lien entre l'homme et l'animal ?

2 Quelle est la portée symbolique de cette comparaison dans ces différents documents ?

1

Biographie
p. 566

Histoire littéraire
p. 248

Phèdre, Fables, Ier siècle ap. J.-C.

Le loup et l'agneau

Un loup et un agneau pressés par la soif étaient venus boire à un même ruisseau. Le loup était au-dessus, et l'agneau beaucoup plus bas. Alors ce voleur, poussé par son avidité et par sa rage, cherchant querelle, dit à l'agneau : « Pourquoi viens-tu ici troubler l'eau que je bois ? » L'agneau lui répondit en tremblant : « Ô loup, comment, je vous prie, puis-je faire ce dont vous vous plaignez, puisque l'eau coule de vous à moi, avant que je la boive ? » Le loup, repoussé par la force de la vérité, lui dit : « Mais il y a près de six mois que tu as médit de moi. – Certes, lui répondit l'agneau, je n'étais pas encore né. – Si ce n'est toi, c'est donc ton père qui a médit de moi. » Et ainsi il se jette sur lui, le déchire, et le tue injustement. Cette fable est faite pour ceux qui, sous de faux prétextes, oppriment les innocents.

PHÈDRE (v. 15 av. J.-C. -v. 50 ap. J.-C.), traduction de Le Maistre de Sacy
citée par Marc Fumaroli, *Fables* © Éd. De Fallois.

2

Biographie
p. 564

Du même auteur
p. 233, 236, 238, 247

Histoire littéraire
p. 248

Repères historiques
p. 554

Jean de La Fontaine, Fables, 1668

Le loup et l'agneau

La raison du plus fort est toujours la meilleure :
Nous l'allons montrer tout à l'heure.

Un agneau se désaltérait
Dans le courant d'une onde pure.
Un loup survient à jeun qui cherchait aventure,
Et que la faim en ces lieux attirait.
« Qui[1] te rend si hardi de troubler mon breuvage ?
Dit cet animal plein de rage :
Tu seras châtié de ta témérité.
– Sire, répond l'agneau, que Votre Majesté
Ne se mette pas en colère ;
Mais plutôt qu'elle considère
Que je me vas désaltérant
Dans le courant,
Plus de vingt pas au-dessous d'Elle,
Et que par conséquent, en aucune façon,
Je ne puis troubler sa boisson.
– Tu la troubles, reprit cette bête cruelle,
Et je sais que de moi tu médis l'an passé.
– Comment l'aurais-je fait si je n'étais pas né ?
Reprit l'agneau, je tète encor ma mère.
– Si ce n'est toi, c'est donc ton frère.
– Je n'en ai point. – C'est donc quelqu'un des tiens :
Car vous ne m'épargnez guère,
Vous, vos bergers, et vos chiens.
On me l'a dit : il faut que je me venge. »
Là-dessus, au fond des forêts
Le Loup l'emporte, et puis le mange,
Sans autre forme de procès.

J. DE LA FONTAINE, *Fables*, « Le loup et l'agneau », I, 10, 1668

1. « Qu'est-ce qui ».

Marc CHAGALL (1887-1985), illustration pour « Le loup et l'agneau », 1926-1928 (Collection particulière).

Mettre en scène la fable du pouvoir

LECTURE DES TEXTES

Le récit d'une petite tragédie

1 Établissez le schéma narratif de cette fable. Quel rôle jouent les deux premiers vers dans le deuxième texte ?

Fiche 30 **La construction du récit**

Les raisons de chacun

2 Résumez la thèse de chaque animal en précisant la stratégie de chacun.

3 Quelles connotations sont liées à chaque animal ? Montrez que le style de chacun s'adapte à son rôle. De quelles tendances humaines chacun est-il la personnification ?

Une morale immorale ?

4 Par quel biais le loup triomphe-t-il de l'agneau ? Pourquoi peut-il avoir besoin d'argumenter ? Cette fable met-elle en scène un échec de l'argumentation ? Justifiez votre réponse.

Fiche 41 **Stratégies argumentatives et modes de raisonnement**

5 Proposez plusieurs interprétations possibles des vers 1 et 2. Laquelle a votre préférence, et pourquoi ?

Fiche 43 **La fiction au service de l'argumentation**

6 Sous la monarchie absolue, comment cette fable peut-elle constituer une critique audacieuse du pouvoir ?

HISTOIRE DES ARTS

7 Comment l'illustration de Chagall traduit-elle le rapport de force entre les deux animaux et la portée de la fable ?

8 Qu'apporte le choix de couleurs à l'ensemble ?

ÉCRITURE

Vers le commentaire

Rédigez un commentaire comparé des fables de Phèdre et La Fontaine pour montrer comment le fabuliste classique a enrichi et transfiguré le texte source.

Fiche 51 **Rédiger un commentaire**

Question sur un corpus

Lisez « Les obsèques de la lionne » (p. 236) et « Le pouvoir des fables » (p. 238) : à quelle stratégie verbale l'agneau aurait-il pu recourir pour, peut-être, sauver sa vie ?

Fiche 46 **Répondre à une question sur un corpus**

3

Jean de La Fontaine, **Fables**, 1678

Biographie
p. 564

Du même auteur
p. 233, 234, 238, 247

Histoire littéraire
p. 248

Repères historiques
p. 554

Inspirée d'Abstémius[1], cette fable fait partie des satires les plus incisives contre le fonctionnement de la cour et les abus du monarque.

Les obsèques de la lionne

La femme du Lion mourut :
Aussitôt chacun accourut
Pour s'acquitter envers le prince
De certains compliments de consolation,
Qui sont surcroît d'affliction.
Il fit avertir sa province
Que les obsèques se feraient
Un tel jour, en tel lieu ; ses prévôts[2] y seraient
Pour régler la cérémonie,
Et pour placer la compagnie.
Jugez si chacun s'y trouva.
Le prince aux cris s'abandonna,
Et tout son antre en résonna :
Les lions n'ont point d'autre temple.
On entendit à son exemple
Rugir en leurs patois messieurs les courtisans.
Je définis la cour un pays où les gens
Tristes, gais, prêts à tout, à tout indifférents,
Sont ce qu'il plaît au prince, ou s'ils ne peuvent l'être,
Tâchent au moins de le paraître,
Peuple caméléon, peuple singe du maître,
On dirait qu'un esprit anime mille corps ;
C'est bien là que les gens sont de simples ressorts.
Pour revenir à notre affaire,
Le cerf ne pleura point. Comment eût-il pu faire ?
Cette mort le vengeait : la reine avait jadis
Étranglé sa femme et son fils.
Bref, il ne pleura point. Un flatteur l'alla dire,
Et soutint qu'il l'avait vu rire.
La colère du roi, comme dit Salomon[3],
Est terrible, et surtout celle du roi lion ;
Mais ce cerf n'avait pas accoutumé de lire.
Le Monarque lui dit : « Chétif hôte des bois,
Tu ris ! tu ne suis pas ces gémissantes voix !
Nous n'appliquerons point sur tes membres profanes
Nos sacrés ongles. Venez loups,
Vengez la Reine, immolez tous
Ce traître à ses augustes mânes[4]. »
Le cerf reprit alors : « Sire, le temps de pleurs
Est passé ; la douleur est ici superflue.
Votre digne moitié, couchée entre des fleurs,
Tout près d'ici m'est apparue ;
Et je l'ai d'abord reconnue.

1. Auteur italien de la fin du XVe siècle dont les fables inspirèrent La Fontaine.
2. Agents de l'administration responsables d'un territoire.
3. Roi célèbre pour sa sagesse, dans l'Ancien Testament.
4. Divinités attachées à l'âme d'un défunt dans l'Antiquité romaine.

5. Séjour des défunts heureux.

« Ami, m'a-t-elle dit, garde que ce convoi,
Quand je vais chez les dieux, ne t'oblige à des larmes.
Aux Champs Élysiens[5] j'ai goûté mille charmes,
Conversant avec ceux qui sont saints comme moi.
Laisse agir quelque temps le désespoir du roi.
J'y prends plaisir. » À peine on eut ouï la chose,
Qu'on se mit à crier : « Miracle ! Apothéose ! »
Le cerf eut un présent, bien loin d'être puni.

Amusez les rois par des songes,
Flattez-les, payez-les d'agréables mensonges :
Quelque indignation dont leur cœur soit rempli,
Ils goberont l'appât, vous serez leur ami.

J. DE LA FONTAINE, *Fables*,
« Les obsèques de la lionne », VIII, 14, 1678.

Jean-Baptiste TIEPOLO (1696-1770),
L'Apothéose de la monarchie espagnole,
entre 1762 et 1770, huile sur toile
(Metropolitan Museum of Art, New York).

Fabuler pour sauver sa peau

LECTURE DU TEXTE

Un récit tendu

1 Distinguez les étapes du récit et leurs **registres**.
Fiche 15 Les registres littéraires
Fiche 30 La construction du récit

2 Comment le lion et la lionne sont-ils désignés et caractérisés au cours de la fable ?

3 À quelle logique obéissent les pleurs des animaux, puis la désignation d'une victime ?

Un récit édifiant

4 Expliquez la stratégie du cerf : quelles qualités politiques manifeste-t-il ? À quel genre oratoire recourt-il ?

5 Comment sont rapportées les **paroles** de la lionne ? En quoi ce procédé est-il efficace ?
Fiche 31 Le discours rapporté

Une satire généralisée

6 Les vers 17 à 23 sont-ils une digression ? Justifiez votre réponse.

7 Commentez la question du vers 25 et le point de vue que le lecteur est invité à partager sur le cerf. L'animal lui paraît-il ensuite vertueux ?

8 LITTÉRATURE ET SOCIÉTÉ Quelle fonction, quel pouvoir la morale de cette fable (vers 52 à 55) confère-t-elle à ceux qui savent manier la parole ?
Quel tout autre usage de l'éloquence cette fable propose-t-elle ? Trouvez-en d'autres exemples dans la séquence.

HISTOIRE DES ARTS

9 Cherchez ce qu'est une « apothéose ». Quels éléments montrent que Tiepolo fait l'éloge du pouvoir monarchique ?

ÉCRITURE

Invention

Inspirez-vous du tableau pour écrire une oraison funèbre de la lionne qui sera en même temps un éloge de la monarchie.
Fiche 42 Éloge et blâme

4

Jean de La Fontaine, *Fables,* 1678

Biographie
p. 564

Du même auteur
p. 233, 234, 236, 247

Histoire littéraire
p. 248

Repères historiques
p. 554

Cette fable est adressée à Paul de Barillon, ambassadeur de France en Angleterre. Il a favorisé de bonnes relations entre les deux États, notamment pendant la guerre qui opposa la France aux Provinces-Unies (Pays-Bas), de 1672 à 1678.

Le pouvoir des fables

À M. de Barillon

La qualité d'ambassadeur
Peut-elle s'abaisser à des contes vulgaires[1] ?
Vous puis-je offrir mes vers et leurs grâces légères ?
S'ils osent quelquefois prendre un air de grandeur,
Seront-ils point traités par vous de téméraires ?
Vous avez bien d'autres affaires
À démêler que les débats
Du lapin et de la belette.
Lisez-les, ne les lisez pas ;
Mais empêchez qu'on ne nous mette
Toute l'Europe sur les bras.
Que de mille endroits de la terre
Il nous vienne des ennemis,
J'y consens ; mais que l'Angleterre
Veuille que nos deux Rois se lassent d'être amis,
J'ai peine à digérer la chose.
N'est-il point encor temps que Louis se repose ?
Quel autre Hercule enfin ne se trouverait las
De combattre cette hydre[2] ? et faut-il qu'elle oppose
Une nouvelle tête aux efforts de son bras[3] ?
Si votre esprit plein de souplesse,
Par éloquence et par adresse,
Peut adoucir les cœurs, et détourner ce coup,
Je vous sacrifierai cent moutons ; c'est beaucoup
Pour un habitant du Parnasse[4].
Cependant faites-moi la grâce
De prendre en don ce peu d'encens[5] :
Prenez en gré mes vœux ardents,
Et le récit en vers qu'ici je vous dédie.
Son sujet vous convient ; je n'en dirai pas plus :
Sur les éloges que l'envie
Doit avouer qui vous sont dus,
Vous ne voulez pas qu'on appuie.

Dans Athène autrefois, peuple vain[6] et léger,
Un orateur, voyant sa patrie en danger[7],
Courut à la tribune ; et d'un art tyrannique,
Voulant forcer les cœurs dans une république[8],
Il parla fortement sur le commun salut.
On ne l'écoutait pas. L'orateur recourut
À ces figures violentes
Qui savent exciter les âmes les plus lentes.
Il fit parler les morts[9], tonna, dit ce qu'il put.

1. Simples, naïfs, convenant au peuple.
2. Dragon aquatique à plusieurs têtes.
3. Le combat contre l'Hydre de Lerne fait partie des douze travaux d'Hercule.
4. Montagne d'Apollon et des Muses, symbolisant l'inspiration poétique de La Fontaine.
5. Parfum brûlé en offrande aux dieux. Sens métaphorique ici : présent de la fable.
6. Frivole.
7. Il s'agit de Démosthène, qui haranguait les Athéniens contre les menées de Philippe de Macédoine.
8. Voulant tyranniser les cœurs dans un régime républicain.
9. Il s'agit d'une prosopopée, figure de la rhétorique classique.

10. D'après Horace, qui utilise cette métaphore pour désigner le peuple romain.

11. Déesse latine de l'agriculture et de la fécondité.

J. J. GRANDVILLE (1803-1847), gravure pour « Le pouvoir des fables » de Jean DE LA FONTAINE, 1842.

Le vent emporta tout ; personne ne s'émut.
L'animal aux têtes frivoles[10]
Étant fait à ces traits, ne daignait l'écouter.
Tous regardaient ailleurs : il en vit s'arrêter
À des combats d'enfants, et point à ses paroles.
Que fit le harangueur ? Il prit un autre tour.
« Cérès[11], commença-t-il, faisait voyage un jour
Avec l'anguille et l'hirondelle :
Un fleuve les arrête ; et l'anguille en nageant,
Comme l'hirondelle en volant,
Le traversa bientôt. » L'assemblée à l'instant
Cria tout d'une voix : « Et Cérès, que fit-elle ?
– Ce qu'elle fit ? un prompt courroux
L'anima d'abord contre vous.
Quoi, de contes d'enfants son peuple s'embarrasse !
Et du péril qui le menace
Lui seul entre les Grecs il néglige l'effet !
Que ne demandez-vous ce que Philippe fait ? »
À ce reproche l'assemblée,
Par l'apologue réveillée,
Se donne entière à l'orateur.
Un trait de fable en eut l'honneur.

Nous sommes tous d'Athène en ce point ; et moi-même,
Au moment que je fais cette moralité,
Si *Peau d'âne* m'était conté,
J'y prendrais un plaisir extrême.
Le monde est vieux, dit-on, je le crois ; cependant
Il le faut amuser encor comme un enfant.

J. DE LA FONTAINE, *Fables*, « Le pouvoir des fables », VIII, 4, 1678.

Conquérir son public

LECTURE DU TEXTE

Conseils à un ambassadeur

1 Quels sont les fonctions de l'art oratoire pour un ambassadeur ? Que dit le fabuliste de sa portée ?

2 Établissez la structure de la fable et le rôle de chacune de ses étapes.

Fiche 30 **La construction du récit**

3 Indiquez les registres qui sont associés à ces étapes, ainsi que leur intérêt pour comprendre la fable.

Fiche 15 **Les registres littéraires**

4 Après avoir lu l'« Histoire littéraire » (p. 248), définissez ce qu'est la parole efficace pour La Fontaine.

L'utile ou l'agréable ?

5 Comment les Athéniens sont-ils décrits ? Qui représentent-ils ?

6 Pourquoi le petit conte obtient-il tant de succès ?

7 Pour les classiques, l'art doit plaire pour mieux instruire. Comment les deux modalités contradictoires de la fable font-elles de ce principe un objet de débat ?

Fiche 41 **Stratégies argumentatives et modes de raisonnement**

Fiche 43 **La fiction au service de l'argumentation**

HISTOIRE DES ARTS

8 Comment le contraste entre la gravité des institutions et l'envie de se divertir est-il rendu dans la gravure de Grandville ? Quel en est le registre ?

ÉCRITURE

Invention

« Et Cérès, que fit-elle ? » (v. 54). Imaginez une suite possible, en vers, avec une morale d'ordre éthique, social ou politique.

5 Jean-Pierre Claris de Florian, *Fables*, 1792

Texte 1

Biographie p. 563
Histoire littéraire p. 248
Repères historiques p. 554

Avec La Fontaine, la fable est sortie d'un rôle simplement didactique pour redevenir une poésie suscitant plaisir et émotion. Elle est aussi un divertissement de société dans les salons, au même titre que le théâtre, genre de prédilection de Florian.

La Fable et la Vérité

La Vérité, toute nue,
Sortit un jour de son puits[1].
Ses attraits par le temps étaient un peu détruits ;
Jeunes et vieux s'enfuyaient à sa vue.
La pauvre Vérité restait là morfondue,
Sans trouver un asile[2] où pouvoir habiter.
À ses yeux vient se présenter
La Fable, richement vêtue,
Portant plumes et diamants,
La plupart faux, mais très brillants.
« Eh ! Vous voilà ! Bonjour, dit-elle :
Que faites-vous ici seule sur un chemin ? »
La Vérité répond : « Vous le voyez, je gèle ;
Aux passants je demande en vain
De me donner une retraite,
Je leur fais peur à tous : hélas ! Je le vois bien,
Vieille femme n'obtient plus rien.
– Vous êtes pourtant ma cadette,
Dit la Fable, et, sans vanité,
Partout je suis fort bien reçue :
Mais aussi, dame Vérité,
Pourquoi vous montrer toute nue ?
Cela n'est pas adroit : tenez, arrangeons-nous ;
Qu'un même intérêt nous rassemble :
Venez sous mon manteau, nous marcherons ensemble.
Chez le sage, à cause de vous,
Je ne serai point rebutée ;
À cause de moi, chez les fous
Vous ne serez point maltraitée :
Servant, par ce moyen, chacun selon son goût,
Grâce à votre raison, et grâce à ma folie,
Vous verrez, ma sœur, que partout
Nous passerons de compagnie. »

J.-P. CLARIS DE FLORIAN, *Fables*, « La Fable et la Vérité », I, 2, 1792.

1. Lieu commun satirique, repris à Démocrite, désignant « l'abîme » de la vérité que les hommes s'acharnent vainement à maîtriser.
2. Refuge.

Texte 2

Voici un passage tiré des conseils d'un vieillard au fabuliste, qui ouvrent le recueil des Fables.

[…] comme le fabuliste ne peut être aidé par de véritables acteurs, par le prestige du théâtre, et qu'il doit cependant me donner la comédie, il s'ensuit que son premier besoin, son talent le plus nécessaire, doit être celui de peindre : car il faut qu'il montre aux regards ce théâtre, ces acteurs qui lui manquent ; il faut qu'il fasse lui-même ses décorations, ses habits ; que non seulement il

LEXIQUE : Une parole naturelle

- **Grâce** : dans le caractère et l'être, c'est un agrément, un charme puissant et souvent mystérieux.
- **Naïveté** : au XVIIIe siècle, ingénuité, simplicité dans l'attitude, l'expression. Le terme commence à désigner la « simplicité niaise » (*Dictionnaire de l'Académie française*, 1762), mais n'a pas ce sens ici.
- **Naturel** : conforme à la nature, qui n'est pas contraint mais aisé, franc. C'est une qualité essentielle du style classique.

écrive ses rôles, mais qu'il les joue en les écrivant ; et qu'il exprime à la fois les gestes, les attitudes, les mines, les jeux de visage, qui ajoutent tant à l'effet des scènes.

Mais ce talent de peindre ne suffirait pas pour le genre de la fable, s'il ne se trouvait réuni avec celui de conter gaiement ; art difficile et peu commun ; car la gaieté que j'entends[1] est à la fois celle de l'esprit et celle du caractère. C'est ce don, le plus désirable sans doute puisqu'il vient presque toujours de l'innocence, qui nous fait aimer des autres parce que nous pouvons nous aimer nous-mêmes ; change en plaisir toutes nos actions, et souvent tous nos devoirs ; nous délivre, sans nous donner la peine de l'attention, d'une foule de défauts pénibles, pour nous orner de mille qualités qui ne coûtent jamais d'efforts. Enfin cette gaieté, selon moi, est la véritable philosophie, qui se contente de peu sans savoir que c'est un mérite, supporte avec résignation les maux inévitables de la vie sans avoir besoin de se dire que l'impatience n'y changerait rien, et sait encore faire le bonheur de ceux qui nous environnent du seul supplément de notre propre bonheur.

Voilà la gaieté que je veux dans l'écrivain qui raconte : elle entraîne avec elle le naturel, la grâce, la naïveté.

J.-P. CLARIS DE FLORIAN, *Fables*, « De la fable », I, 1, 1792.

Lorenzo LIPPI (1606-1664), *Allégorie de la simulation*, vers 1640, huile sur toile, 73 × 89 cm (Musée des Beaux-Arts, Angers).

1. Dont je veux parler.

Le manteau de la vérité

LECTURE DES TEXTES

Des idées bien en chair

1 Par quelles figures et procédés la Vérité et la Fable deviennent-elles des personnages ?

2 Précisez les traits physiques et moraux attribués à chacune. Que symbolise la nudité ?

3 Indiquez à chaque fois le sens littéral et le sens figuré des propos que tiennent la Vérité et la Fable.

4 Comment le lien de symétrie et de complémentarité entre les deux sœurs est-il rendu ?

Fiche 37 **La versification**

Les joyaux de la fable

5 Montrez que la Fable n'est pas nue, en faisant ressortir la vivacité du style de ce texte, sur les plans de l'oralité, du rythme et des figures.

Fiche 15 **Les registres littéraires**

6 Les « sages » et les « fous » sont-ils deux espèces d'hommes distinctes ? Justifiez votre réponse.

7 Dans le texte 2, quels traits de l'art poétique suggéré dans « La Fable et la Vérité » retrouvez-vous ?

ÉCRITURE

RECHERCHE Lisez *Les Fées* de C. Perrault. Quelles qualités attribuer au langage des pierres précieuses ? Comment le couple des sœurs est-il traité par le conteur ?

Vers la dissertation

Dans l'*Hymne de l'automne*, Ronsard caractérise la « poésie » comme « une fable » consistant à « bien déguiser la vérité des choses / D'un fabuleux manteau dont elles sont encloses ». Développez cette thèse et nuancez-la par une autre définition de la poésie.

Fiche 54 **Rédiger une dissertation**

6 Charles Perrault, *Histoires ou Contes du temps passé*, 1697

Le conte est un genre en vogue dans les salons à la fin du règne de Louis XIV. Perrault manifeste son originalité de moderne en s'inspirant du vieux fonds français, et non des modèles de l'Antiquité. Ainsi écrit-il ces Contes*, invraisemblables, mais pleins d'esprit.*

Extrait 1

Biographie p. 565

Histoire littéraire p. 248

Repères historiques p. 554

La Barbe bleue

Il était une fois un homme qui avait de belles maisons à la Ville et à la Campagne, de la vaisselle d'or et d'argent, des meubles en broderie, et des carrosses tout dorés ; mais par malheur cet homme avait la Barbe bleue : cela le rendait si laid et si terrible, qu'il n'était ni femme ni fille qui ne s'enfuît de devant lui.

Une de ses Voisines, Dame de qualité[1], avait deux filles parfaitement belles. Il lui en demanda une en Mariage, et lui laissa le choix de celle qu'elle voudrait lui donner. Elles n'en voulaient point toutes deux, et se le renvoyaient l'une à l'autre, ne pouvant se résoudre à prendre un homme qui eût la barbe bleue. Ce qui les dégoûtait encore, c'est qu'il avait déjà épousé plusieurs femmes, et qu'on ne savait ce que ces femmes étaient devenues. La Barbe bleue, pour faire connaissance, les mena avec leur Mère, et trois ou quatre de leurs meilleures amies, et quelques jeunes gens du voisinage, à une de ses maisons de Campagne, où on demeura huit jours entiers. Ce n'était que promenades, que parties de chasse et de pêche, que danses et festins, que collations : on ne dormait point, et on passait toute la nuit à se faire des malices[2] les uns aux autres ; enfin tout alla si bien, que la Cadette commença à trouver que le Maître du logis n'avait plus la barbe si bleue, et que c'était un fort honnête homme[3].

Dès qu'on fut de retour à la Ville, le Mariage se conclut. Au bout d'un mois la Barbe bleue dit à sa femme qu'il était obligé de faire un voyage en Province, de six semaines au moins, pour une affaire de conséquence ; qu'il la priait de se bien divertir pendant son absence, qu'elle fît venir ses bonnes amies, qu'elle les menât à la Campagne si elle voulait, que partout elle fît bonne chère[4].

« Voilà, lui dit-il, les clefs des deux grands garde-meubles, voilà celles de la vaisselle d'or et d'argent qui ne sert pas tous les jours, voilà celles de mes coffres-forts, où est mon or et mon argent, celles des cassettes où sont mes pierreries, et voilà le passe-partout de tous les appartements. Pour cette petite clef-ci, c'est la clef du cabinet[5] au bout de la grande galerie de l'appartement bas : ouvrez tout, allez partout, mais pour ce petit

Gustave DORÉ (1832-1883), *Barbe bleue*, 1862, gravure sur bois, 33 × 27 cm.

1. Noble.
2. Se jouer des tours pour se divertir.
3. Homme de bien, qui sait plaire en société, selon l'idéal du XVIIe siècle.
4. Profiter des plaisirs de la table.
5. Les maîtres d'une demeure avaient chacun un appartement, la femme en général au premier étage, le mari en bas. Un « cabinet » est une petite chambre isolée, où l'on peut se retirer pour un travail ou une conversation tranquille. Il peut renfermer des objets précieux.

cabinet, je vous défends d'y entrer, et je vous le défends de telle sorte que s'il vous arrive de l'ouvrir, il n'y a rien que vous ne deviez attendre de ma colère. »

Elle promit d'observer exactement tout ce qui lui venait d'être ordonné ; et lui, après l'avoir embrassée, il monte dans son carrosse, et part pour son voyage.

Extrait 2

Elle fut si pressée de sa curiosité, que sans considérer qu'il était malhonnête[1] de quitter sa compagnie, elle y descendit par un petit escalier dérobé, et avec tant de précipitation, qu'elle pensa[2] se rompre le cou deux ou trois fois.

Étant arrivée à la porte du cabinet, elle s'y arrêta quelque temps, songeant à la défense que son Mari lui avait faite, et considérant qu'il pourrait lui arriver malheur d'avoir été désobéissante ; mais la tentation était si forte qu'elle ne put la surmonter : elle prit donc la petite clef, et ouvrit en tremblant la porte du cabinet. D'abord elle ne vit rien, parce que les fenêtres étaient fermées ; après quelques moments elle commença à voir que le plancher était tout couvert de sang caillé, et que dans ce sang se miraient les corps de plusieurs femmes mortes et attachées le long des murs (c'était toutes les femmes que la Barbe bleue avait épousées et qu'il avait égorgées l'une après l'autre).

Elle pensa mourir de peur, et la clef du cabinet qu'elle venait de retirer de la serrure lui tomba de la main.

Après avoir un peu repris ses esprits, elle ramassa la clef, referma la porte, et monta à sa chambre pour se remettre un peu ; mais elle n'en pouvait venir à bout, tant elle était émue. Ayant remarqué que la clef du cabinet était tachée de sang, elle l'essuya deux ou trois fois, mais le sang ne s'en allait point. Elle eut beau la laver, et même la frotter avec du sablon et avec du grais[3], il y demeura toujours du sang, car la clef était Fée[4] ; et il n'y avait pas moyen de la nettoyer tout à fait : quand on ôtait le sang d'un côté, il revenait de l'autre.

Serrure ancienne avec loquet, église, XIVe et XVIe siècles (Saint-Étienne).

1. Malpoli, discourtois.
2. Faillit.
3. Le sable et le grès servaient de poudre nettoyante.
4. « Fée » s'emploie comme substantif et comme adjectif au XVIIe siècle. Le *Dictionnaire de l'Académie* donne une entrée au participe passé d'un ancien verbe « féer », « vieux mot qui se disait autrefois en parlant de certains enchantements qu'on attribuait aux fées ».

Extrait 3

« D'où vient, lui dit-il, que la clef du cabinet n'est point avec les autres ?

– Il faut, dit-elle, que je l'aie laissée là-haut sur ma table.

– Ne manquez pas, dit la Barbe bleue, de me la donner tantôt. »

Après plusieurs remises[1], il fallut apporter la clef. La Barbe bleue, l'ayant considérée, dit à sa femme :

« Pourquoi y a-t-il du sang sur cette clef ?

– Je n'en sais rien, répondit la pauvre femme, plus pâle que la mort.

1. L'épouse tente de remettre la restitution de la clef à plus tard.

– Vous n'en savez rien, reprit la Barbe bleue, je le sais bien, moi ; vous avez voulu entrer dans le cabinet ! Hé bien, Madame, vous y entrerez, et irez prendre votre place auprès des Dames que vous y avez vues. »

Elle se jeta aux pieds de son Mari, en pleurant et en lui demandant pardon, avec toutes les marques d'un vrai repentir de n'avoir pas été obéissante.

Extrait 4

Moralité

La curiosité malgré tous ses attraits,
Coûte souvent bien des regrets ;
On en voit tous les jours mille exemples paraître.
C'est, n'en déplaise au sexe[1], un plaisir bien léger ;
Dès qu'on le prend, il cesse d'être,
Et toujours il coûte trop cher.

Autres moralités

Pour peu qu'on ait l'esprit sensé,
Et que du Monde on sache le grimoire[2],
On voit bientôt que cette histoire
Est un conte du temps passé ;
Il n'est plus d'époux si terrible,
Ni qui demande l'impossible,
Fût-il malcontent et jaloux.
Près de sa femme on le voit filer doux ;
Et de quelque couleur que sa barbe puisse être
On a peine à juger qui des deux est le maître.

C. PERRAULT, *Histoires ou Contes du temps passé*, « La Barbe bleue », 1697.

1. Aux femmes.
2. Livre de sorcellerie. « Savoir le grimoire » : être habile.

Un conte sanglant

LECTURE DES TEXTES

L'entrée dans le conte (Extrait 1)

1 Comment la première phrase nous introduit-elle dans l'univers du conte ?

2 Caractérisez les qualités et défauts de chaque personnage. Le conteur et le lecteur adhèrent-ils au jugement de la cadette sur la Barbe Bleue ?

3 Quelle suite du texte le premier extrait semble-t-il annoncer ?

Les comptes de la Barbe bleue

4 Commentez les caractérisations de la fortune de la Barbe bleue, en observant le registre, le rythme des phrases et les répétitions.

5 Pourquoi la Barbe-bleue fournit-elle tous ces détails sur l'emplacement du « cabinet » ?

Pathétique et palpitant

6 IMAGE Comment la gravure de Doré annonce-t-elle la suite terrible de l'histoire ?

7 Relevez les expressions et les connecteurs éclairant le comportement de l'épouse, dans le deuxième extrait. Qu'en déduire ?

8 Commentez la montée de la tension et les registres du dernier extrait. Comment la réflexion morale se lie-t-elle étroitement au plaisir du suspense ?

▶ Fiche 43 **La fiction au service de l'argumentation**

9 Comment les deux morales font-elles retomber la tension ? Caractérisez le registre de chacune.

ÉCRITURE

Argumentation

« Le vulgaire appelle *conte au vieux loup*, *conte de vieille*, *conte de ma mère l'oye*, *conte de la cigogne*, *à la cigogne*, *conte de peau d'âne*, *contes à dormir debout*, *conte jaune*, *bleu*, *violet*, *conte borgne*, des fables ridicules telles que sont celles dont les vieilles gens entretiennent et amusent les enfants. » (*Dictionnaire de l'Académie*, 1694)

Rangeriez-vous « La Barbe bleue » parmi ces contes « à dormir debout », et pourquoi ?

7 Annie Saumont, *Noir, comme d'habitude*, 2000

Texte intégral

Biographie p. 566
Histoire littéraire p. 248
Repères historiques p. 560

L'auteur de cette nouvelle se souvient des chansons et contes qui hantaient ses peurs enfantines pour donner naissance à une histoire nouvelle. Tel un petit poucet rêveur, elle égrène dans son récit des indices qui guident le lecteur vers une fin explosive.

Laquell' prendrez-vous ?

Ah mon beau château, ma tant'-tire-lire-lire
Ah mon beau château

Ils jouent sur l'esplanade. Ils se sont donné la main, ils font la ronde.

Elle est venue. Pierre avait dit, Je t'offre un week-end dans un vrai palace. Non, palace n'est pas le mot juste. Pourtant tu verras, a dit Pierre, c'est superbe.

Elle a connu les hôtels minables, les squats aux fenêtres murées, les tentes, les cabanes. On prétend que l'amour résiste à tout mais.

Ah mon beau château ma tant'-tire-li

Voix pures sous le ciel du soir. Si la pluie tombe on a un capuchon.

Une cloche sonne au village. Pierre fronce les sourcils et d'un ton sévère, Vous n'avez pas entendu, les enfants, c'est l'heure.

L'heure de la soupe, l'heure de rentrer à la maison. Un retard et on sera bouclés demain à dégermer les pommes de terre. Dix paires de petits pieds se précipitent, s'enfuient.

Je leur ai fait peur. Maintenant nous sommes tranquilles. Viens, je t'offre d'abord une visite.

Ils ont marché le long des couloirs, ils ont passé des portes, Pierre a dit, Voici une splendide salle à manger. Nous pourrons tout à l'heure nous y installer avec nos sandwiches. Jouons aux propriétaires. J'ai les clés, je suis le gardien, j'ai fini par trouver du travail, tu es contente ? Elle sourit. Elle serre plus fort la main de Pierre. Tu as froid, dit-elle. Il répond que c'est déjà l'arrière-saison.

Des voûtes des arcades des terrasses. Un long corridor. Tout au bout un cagibi. Entre, je te suis. Avance. De l'autre côté ça donne, dit-il, dans une chambre meublée avec un lit aux draps blancs.

Pierre recule et claque la porte. Derrière c'est la cuisine, il tourne le robinet du gaz et s'éloigne à grands pas. Dans les murs du cachot les coups faiblissent.

Pierre soupire, Celle-là un rien aurait suffi pour que je la garde. Pour que j'en fasse la femme de ma vie. Je la voulais simplement plus discrète et plus soumise. Il flâne, à mi-voix se sermonne. La fraîcheur du soir te donne le frisson. Rentrons.

Oui c'est l'arrière-saison, les visites sont finies. Le cagibi une vraie oubliette. Ne viendront désormais que les enfants qui chantent *Ah mon beau château*. Loin sur l'esplanade. Loin du trou creusé parmi les fougères.

Pierre ne se rasera plus, sa barbe n'effraie pas. Elle est soyeuse. Bleue dans la clarté douce du crépuscule. Ça lui va bien. Mais il a l'air maussade. Il dit, Cette petite, elle n'était pas mal. Allons fermer le gaz. Je réfléchirai un peu pour la suivante.

A. SAUMONT, *Noir, comme d'habitude*, « Laquell' prendrez-vous ? », 2000 © Éd. Julliard.

Affiche du film de Catherine BREILLAT, 2009.

8 Dea Loher, Barbe-bleue, espoir des femmes, 1999

Biographie p. 565

Histoire littéraire p. 248

Repères historiques p. 560

Henri, tueur en série, enferme ses victimes féminines dans une chambre secrète. Il s'explique avec Anne.

HENRI. – Moi, j'attends de l'amour qu'il soit grand et passionné, et toujours plus grand et plus passionné, le centre de tout, le centre de ma vie, à moi Henri, et de la sienne, à elle Juliette, et de notre vie commune, à nous Henri et Juliette.

Anne. – Eh bien. Pourquoi n'es-tu pas avec elle, dans ce cas.

Henri. – Parce que c'est du passé, et c'est moi qui y ai mis un terme. Moi. C'est moi qui l'ai fait. Moi.

Anne. – Pourquoi ?

Henri. – Elle m'a dit qu'elle m'aimait.

Anne. – Mais alors tout va bien.

Henri. – Oui. Mais elle m'aime au-delà de toute mesure.

Anne. – Au-delà de toute mesure. Au-delà de toute mesure. Je ne sais pas ce que ça veut dire, au-delà de toute mesure.

Henri. – Au point qu'elle pourrait mourir pour moi, au point qu'elle est morte pour moi.

D. LOHER, *Barbe-bleue, espoir des femmes*, Scène III, 1999, traduit de l'allemand par Laurent Muhleisen © Éd. L'Arche, 2001.

Des nouvelles de la Barbe bleue

LECTURE DES TEXTES

Enchaînement mortel

1 Montrez quels éléments (action, lieu) Annie Saumont a repris au conte de Perrault et comment elle les a adaptés. Pourquoi peut-on dès lors parler de « nouvelle » ?

2 Sur quel personnage A. Saumont insiste-t-elle ?

3 (LITTÉRATURE ET SOCIÉTÉ) Comment la peinture de la femme a-t-elle radicalement changé ? Quel est son rôle dans la nouvelle ? Quelle question pose-t-il sur les rapports homme-femme ?

4 Relevez et commentez l'ellipse dans le texte de A. Saumont. Quel est l'effet produit par ce blanc dans le récit ?

Enchantement cruel

5 Précisez qui parle, selon les passages de la nouvelle. Quelle impression suscite le mélange des voix ?

Fiche 28 **Auteur, narrateur et personnage**

Fiche 31 **Le discours rapporté**

6 Quel est l'effet des répétitions ?

Fiche 16 **Les figures de style**

7 Que produit le contraste entre le ton mélancolique, parfois enfantin, et l'action qui est racontée ?

HISTOIRE DES ARTS

8 Comment l'affiche du film évoque-t-elle le plaisir d'avoir peur en écoutant ou en lisant des histoires ?

Fiche 17 **Lecture de l'image fixe**

ÉCRITURE

Question sur un corpus

Montrez que la Barbe Bleue exige de ses femmes un amour aveugle. Vous vous appuierez sur les textes de Perrault (p. 242), Annie Saumont et Dea Loher.

Invention

Choisissez un conte de Perrault et adaptez-le à notre époque, tout en le résumant. À la manière d'Annie Saumont, reprenez certains rythmes et formules.

POUR ARGUMENTER **LES FABLES SONT-ELLES ÉDUCATIVES ?**

Jean de La Fontaine, Préface aux Fables choisies, 1668

Dites à un enfant que Crassus[1], allant contre les Parthes[2], s'engagea dans leur pays sans considérer comment il en sortirait ; que cela le fit périr, lui et son armée, quelque effort qu'il fît pour se retirer. Dites au même enfant que le renard et le bouc[3] descendirent au fond d'un puits pour y éteindre leur soif ; que le renard en sortit s'étant servi des épaules et des cornes de son camarade comme d'une échelle ; au contraire le bouc y demeura pour n'avoir pas eu tant de prévoyance ; et par conséquent il faut considérer en toute chose la fin. Je demande lequel de ces deux exemples fera le plus d'impression sur cet enfant. Ne s'arrêtera-t-il pas au dernier, comme plus conforme et moins disproportionné que l'autre à la petitesse de son esprit ? Il ne faut pas m'alléguer que les pensées de l'enfance sont elles-mêmes assez enfantines, sans y joindre encore de nouvelles badineries[4]. Ces badineries ne sont telles qu'en apparence ; car dans le fond elles portent un sens très solide.

J. DE LA FONTAINE, Préface aux *Fables choisies*, 1668.

1. Général et homme d'État romain qui meurt face aux Parthes en 53 av. J.-C.
2. Peuple de l'Antiquité, correspondant à l'actuel Irak.
3. *Fables*, III, 5.
4. Plaisanteries frivoles.

Robert WILSON, mise en scène des fables de LA FONTAINE, 2004 (Comédie-Française, Paris).

Jean-Jacques Rousseau, Émile ou De l'éducation, 1762

Suivez les enfants apprenant leurs fables, et vous verrez que, quand ils sont en train d'en faire l'application, ils en font presque toujours une contraire à l'intention de l'auteur, et qu'au lieu de s'observer sur le défaut dont on les veut guérir ou préserver, ils penchent à aimer le vice avec lequel on tire parti des défauts des autres. Dans la fable précédente les enfants se moquent du corbeau, mais ils s'affectionnent tous au renard. Dans la fable qui suit, vous croyez leur donner la cigale pour exemple ; et point du tout, c'est la fourmi qu'ils choisiront. On n'aime point à s'humilier ; ils prendront toujours le beau rôle, c'est le choix de l'amour-propre, c'est un choix très naturel. Or quelle horrible leçon pour l'enfance ! Le plus odieux de tous les monstres serait un enfant avare et dur, qui saurait ce qu'on lui demande et ce qu'il refuse. La fourmi fait plus encore, elle lui apprend à railler dans ses refus. [...]

J.-J. ROUSSEAU, *Émile ou De l'éducation*, 1762.

LECTURE

1 Indiquez les arguments de La Fontaine en faveur des fables. À quelle objection la fin de l'extrait répond-elle ?

2 Sur quel mode de raisonnement La Fontaine insiste-t-il, quand il décrit le profit de l'enfant lecteur de fables ?

Fiche 41 Stratégies argumentatives et modes de raisonnement

3 Reformulez l'interprétation de chacune des fables célèbres que Rousseau prête à l'enfant, dans l'extrait d'*Émile*. Quel est le défaut majeur des fables ?

ARGUMENTATION

4 Trouvez d'autres arguments pour ou contre l'utilisation des fables dans l'instruction des enfants, et construisez un débat.

Histoire littéraire

La fable et le conte, une argumentation par l'exemple

Définition

- Fable et conte sont deux genres **très proches** : formes narratives plutôt brèves, délivrant un enseignement, ou « moralité », elles peuvent être écrites en vers comme en prose.

- Le **conte** propose en général plus de péripéties que la fable. En outre, ses valeurs symboliques sont souvent plus nombreuses, moins tranchées et explicites que celles de la fable. Aussi le conte exerce-t-il un pouvoir de fascination souvent lié aux peurs et aux désirs profonds sur lesquels il joue, par une narration riche en rebondissements. Il vient plus souvent d'un fonds populaire et l'on a plaisir à le raconter lors de veillées ou dans les salons quand il est redevenu à la mode.

- La **fable** est héritée d'un modèle antique sans cesse réutilisé dans l'éducation humaniste. À ce titre, elle est plus directement didactique.

Un récit vivant et instructif

- Fables et contes veulent **« instruire et plaire »** : l'histoire palpitante, amusante, pique la curiosité du destinataire. Le moraliste peut alors délivrer, sans être pesant, une leçon de vie.

Ex : *Le lecteur de « La Barbe bleue » désire savoir ce qui se cache dans la pièce interdite* (> p. 242).

- Cette double visée, narrative et argumentative, explique leur organisation en deux parties : le récit et la morale.

Ex : *La Fontaine précise que l'apologue « est composé de deux parties, dont on peut appeler l'une le corps, l'autre l'âme. Le corps est la fable ; l'âme, la moralité ».*

L'apologue est vivant car il transcrit une **expérience**, réelle ou fictive. Le lecteur est incité à tisser le lien entre événements racontés et significations morales. Ce raisonnement **inductif** plaît car il s'enracine dans une situation concrète et sollicite activement l'imagination et la raison du **destinataire**.

- *Perrault propose plusieurs moralités. Au lecteur, actif, de trouver celle qui convient à sa situation* (> p. 244).

- Fables et contes sont destinés prioritairement aux **enfants** : en faisant l'essai de leur jugement, ils grandissent, acquièrent une forme de sagesse. Mais les adultes aussi en profitent : les différentes générations de la famille Perrault tirent plaisir de la composition et de la lecture des contes, ensuite particulièrement appréciés par les honnêtes gens de la Cour. Le « manteau » et les « bijoux » de la fable viennent d'un travail jubilatoire sur la langue, les vers mêlés et les séductions de la narration.

Brève histoire

- Ces deux genres littéraires remontent à l'**Antiquité gréco-latine**.

Ex : *La fable d'Ésope (VIe siècle av. J.-C.) montre que la loi du plus fort règne partout. C'est une morale cynique* (> p. 232).

Ex : *Phèdre, auteur latin du Ier siècle, emprunte ses histoires et en crée de nouvelles* (> p. 234).

- **Au XVIe siècle**, l'Italien **Abstémius** remet la fable au goût du jour. Au XVIIe, en France, **La Fontaine** donne au genre tout son éclat. Véritables petites comédies allégoriques, ses fables mettent en scène des hommes ou des animaux personnifiés. Les dialogues de bête ajoutent au contenu didactique un comique enjoué ou un tragique voilé.

Art de la métamorphose, l'humanisation des animaux révèle l'animalisation des hommes. Fables et contes forment un petit théâtre de la cruauté humaine.

- **Au XVIIIe siècle**, **Florian** glisse le bel esprit des Lumières dans ses fables pleines de finesse.

- **Au XIXe siècle**, des écrivains transcrivent par écrit les contes oraux, avant que ne meurent les « mères l'oye », mémoire vive de la sagesse populaire. Ainsi, les **frères Grimm** collectionnent ces récits dont la fraîcheur poétique charme un auditoire heureux de retrouver l'esprit de l'enfance.

- **Au XXe siècle**, de nombreux auteurs s'essayent à la fable. Ainsi, **Anouilh** remporte un vif succès avec ses *Fables*, drôles et ironiques. Enfin, les contes anciens sont un trésor où puisent romanciers et dramaturges.

Robert Wilson, mise en scène des fables de La Fontaine, 2004 (Comédie-Française, Paris).

Histoire des arts
Arts et littérature

13 L'art du portrait
Le défi de la représentation

RAPHAËL (1483-1520), *La Velata*, 1516, huile sur toile, 85 × 64 cm (Galleria Palatina, Florence).

Objectifs

- Étudier l'art du portrait, pictural ou littéraire
- Explorer les facettes d'un genre artistique en plein essor aux XVIIe et XVIIIe siècles

Comment rendre éternel ce qui est fugace, fixer des traits mobiles, cerner l'identité énigmatique d'un individu singulier, qui est aussi un acteur social ? Le pinceau ou la plume du portraitiste résolvent ces difficultés par une interprétation artistique. En ce sens, le portrait, image de l'homme, est un discours, qui propose un point de vue et une argumentation.

MÉTHODES p. 389

Lire et analyser ▶ Fiches 15, 17, 19

Analyser une œuvre dans son contexte :
Le classicisme ▶ Fiches 20, 21
Argumenter aux XVIIe et XVIIIe siècles ▶ Fiches 22, 23

Connaître un genre littéraire : Genres et formes de l'argumentation ▶ Fiches 42, 44

S'initier aux épreuves du baccalauréat ▶ Fiches 47, 48

1 L'affirmation de l'individu

Jacques Louis DAVID (1748-1825), *Antoine Laurent de Lavoisier et sa femme*, 1788, huile sur toile, 260 × 195 cm (Metropolitan Museum of Art, New York).

L'essor du portrait va de pair avec l'affirmation de l'individu. Il est ancré dans l'histoire, parce qu'il situe explicitement son modèle dans son environnement, ou parce qu'il manifeste les goûts et valeurs de l'époque.

1. Un couple, entre vie intime et vie publique

Jacques Louis David (1748-1825) a peint la plupart des grands événements, de la fin de l'Ancien Régime à la fin de l'Empire. Favorable aux Lumières, il a été révolutionnaire, puis partisan de Napoléon et a dispensé ses idées par sa peinture. Marqué par l'art gréco-romain, il a lancé le néoclassicisme.

Repères esthétiques

Le cadrage

L'artiste peut jouer avec le cadre, ainsi qu'avec la position du modèle. Peint en pied, il est souvent représenté avec des attributs permettant d'identifier son rôle social ou ses qualités, comme le montre la mise en scène du couple Lavoisier. La peinture à mi-corps, et plus encore la représentation du visage, mettent en valeur l'expressivité et le regard. Selon la pose et l'expression s'instaure alors une relation familière, directe ou, au contraire, plus distante, avec le modèle. Au XVIIIe siècle, l'impression d'instantanéité est traduite par l'expressivité du visage, le mouvement du corps et la vivacité de la touche. Elle est gage de sincérité, par exemple dans le portrait de Diderot par Fragonard.

Étude d'une œuvre

1 RECHERCHE Qui est Lavoisier ? En quoi vous semble-t-il représentatif des Lumières puis de la Révolution ?

2 Quels indices révèlent l'époque et le métier du modèle ?

3 RECHERCHE Définissez le portrait officiel. Peut-on considérer ce portrait comme une officialisation sociale de Lavoisier ?

4 Décrivez le jeu des regards : qui invite l'observateur à rencontrer le couple ? Quels rôles pourrait tenir Mme de Lavoisier, d'après cette représentation du couple ?

➲ Fiche 17 **Lecture de l'image fixe**

2. Le pinceau et la plume

Jean Honoré FRAGONARD (1732-1806), *Denis Diderot*, vers 1769, huile sur toile, 82 × 65 cm (Musée du Louvre).

Louis Michel VAN LOO (1707-1771), *Denis Diderot*, 1767, huile sur toile, 81 × 65 cm (Musée du Louvre).

Repères esthétiques

Portrait peint, portrait écrit

Cette représentation de l'homme valorise son visage, fenêtre de l'âme. D'abord destiné à perpétuer l'apparence des défunts, le portrait a pour qualité d'être fidèle à son modèle. Il peut sélectionner des traits marquants pour créer un effet de présence ou manifester un trait singulier, caractérisant une personnalité. Il peut privilégier une représentation idéalisée, bienséante, ou plutôt réaliste.
Le portrait littéraire chemine généralement du physique (de haut en bas) au moral.
Le texte amplifie ainsi un nom, un ensemble de qualités en explorant les différentes facettes du personnage.

3. Autoportrait contre portrait

Diderot est un critique d'art sensible et exigeant. Il commente avec vivacité son portrait par Louis Michel Van Loo : « J'aime Michel ; mais j'aime encore mieux la vérité[1]. »

Son toupet[2] gris, avec sa mignardise[3], lui donne l'air d'une vieille coquette qui fait encore l'aimable. La position d'un secrétaire d'État et non d'un philosophe[4]. […] il fallait le laisser seul et l'abandonner à sa rêverie. Alors sa bouche se serait entrouverte, ses regards distraits se seraient portés au loin, le travail de sa tête fortement occupée se serait peint sur son visage, et Michel eût fait une belle chose. Mon joli philosophe, vous me serez à jamais un témoignage précieux de l'amitié d'un artiste, excellent artiste, plus excellent homme. Mais que diront mes petits-enfants, lorsqu'ils viendront à comparer mes tristes ouvrages avec ce riant, mignon, efféminé, vieux coquet-là ? Mes enfants, je vous préviens que ce n'est pas moi. J'avais en une journée cent physionomies diverses, selon la chose dont j'étais affecté. J'étais serein, triste, rêveur, tendre, violent, passionné, enthousiaste. Mais je ne fus jamais tel que vous me voyez là. J'avais un grand front, des yeux très vifs, d'assez grands traits, la tête tout à fait du caractère d'un ancien orateur, une bonhomie qui touchait de bien près à la bêtise, à la rusticité des anciens temps.

D. DIDEROT, *Salons de 1767-1769*.

1. « J'aime Platon, mais j'aime mieux la vérité », formule inspirée de l'*Éthique à Nicomaque* (I, 4) d'Aristote qui avait suivi les leçons de son maître, Platon, avant de s'en séparer.
2. Mèche de cheveux relevée au-dessus du front.
3. Avec une délicatesse maniérée, excessive.
4. Diderot parle de son image dans le portrait de Van Loo.

DES IMAGES AU TEXTE

1 Comparez les portraits signés Van Loo et Fragonard, en observant les **couleurs**, les **lignes de force**, l'attitude du modèle, ses vêtements. Sur quels traits physiques et moraux du philosophe chacun insiste-t-il ?

2 Reformulez les griefs de Diderot contre Van Loo. Lesquels vous semblent porter atteinte à l'ambition même du genre du portrait ?

3 Comment Diderot proclame-t-il la singularité de son être ? De quel modèle se rapproche-t-il ?

Fiche 19 **Lecture de corpus : textes et images**

4 RECHERCHE Qu'est-ce qu'une *ekphrasis* ? Quel défi technique et littéraire doit relever un auteur de *Salons*, dépourvu de moyens de diffusion des images ?

HISTOIRE DES ARTS

Formuler une critique d'art

5 Choisissez un portrait dans cette séquence. Justifiez votre choix.
Vous êtes critique d'art. Rédigez pour vos lecteurs un article faisant l'éloge de ce tableau et de l'artiste.

2 Gloire et vanité

1. Proclamer la puissance des grands

Rubens (1577-1640) a décoré une galerie du palais du Louvre en hommage à la reine de France.

Petrus Paulus RUBENS (1577-1640), *Marie de Médicis en reine triomphante*, entre 1622 et 1625, 276 × 149 cm (Musée du Louvre).

2. Songer à l'éternité

LE BERNIN (1598-1680), *Monument d'Alexandre VII Chigi*, 1678, marbre polychrome (Basilique Saint-Pierre de Rome).

Repères esthétiques

Le portrait d'apparat

Le portrait d'apparat des grands de ce monde donne l'image d'un être en pleine gloire, orientant l'Histoire selon la Providence ou par sa propre force. Codé, il présente le personnage en pied, dans des vêtements indiquant son statut et muni d'attributs symboliques. La mise en scène allégorique de Marie de Médicis construit une représentation à portée politique et religieuse forte. L'effigie du grand peut être aussi sculptée en trois dimensions, dans une statue comme celle du pape Alexandre VII sur son tombeau, entouré d'allégories représentant ses vertus. Le tombeau est aussi un genre de poème ou d'œuvre musicale, célébrant le défunt « tel qu'en lui-même enfin l'éternité le change » (Mallarmé).

Étude d'une œuvre

1 RECHERCHE Qui est Marie de Médicis ? Quels hauts faits de son règne sont représentés ici de façon symbolique ? À quelle déesse antique la reine est-elle assimilée ?

2 Quel est le **registre** dominant de cette peinture ? Observez les accessoires, les objets à valeur **métonymique**, le format du tableau, l'impression générale qu'il dégage.

3 Le vent semble agiter la scène, une lumière enveloppe le haut de la reine : commentez ces effets de mise en scène.

3. Fixer l'apparence

Portrait d'Henriette d'Angleterre, d'après Pierre MIGNARD (1612-1695), huile sur toile, seconde moitié du XVIIe siècle (Musée Condé, Chantilly).

4. Séduction et fragilité

Nicolas RÉGNIER (1596-1667), *Vanité, ou portrait d'une femme à sa toilette*, vers 1626 (Musée des Beaux-Arts, Lyon.)

5. Comme une fleur des champs

L'oraison funèbre fait l'éloge d'un grand. Mais Bossuet, l'un des prédicateurs les plus renommés du XVIIe siècle, choisit surtout de faire sentir la fragilité humaine, en faisant d'abord revivre l'émotion : « Madame se meurt, Madame est morte ! »

Mais et les princes et les peuples gémissaient en vain. En vain Monsieur, en vain le roi même tenait Madame serrée par de si étroits embrassements. Alors ils pouvaient dire l'un et l'autre, avec saint Ambroise : *Stringebam brachia, sed jam amiseram quam tenebam*[1] ; je serrais les bras, mais j'avais déjà perdu ce que je tenais. La princesse leur échappait parmi des embrassements si tendres, et la mort plus puissante nous l'enlevait entre ces royales mains. Quoi donc, elle devait périr sitôt ! Dans la plupart des hommes les changements se font peu à peu, et la mort les prépare ordinairement à son dernier coup. Madame cependant a passé du matin au soir, ainsi que l'herbe des champs. Le matin, elle fleurissait ; avec quelles grâces, vous le savez ; le soir, nous la vîmes séchée, et ces fortes expressions, par lesquelles l'Écriture sainte exagère l'inconstance des choses humaines, devaient être pour cette princesse si précises et si littérales.

J. B. BOSSUET, *Oraison funèbre d'Henriette d'Angleterre*, 1670.

1. Bossuet traduit lui-même cette citation ensuite.

Repères esthétiques

La vanité

La vanité est l'envers du décor, dont sont conscients les hommes des âges classique et baroque. Tel un squelette, la mort surgit de dessous le rideau du monument d'Alexandre VII, ou emporte la princesse Henriette d'Angleterre. Elle est aussi le temps qui passe et fane la beauté de la femme au miroir. L'image a d'abord permis de lutter contre l'absence et la mort ; les oraisons funèbres allient au portrait une méditation sur la vanité. Souvent, la vanité est aussi un assemblage d'objets, naturels et artificiels, à fortes connotations symboliques.

DES IMAGES AUX TEXTES

1 Décrivez le cadrage, la pose, les couleurs, la mise en scène des documents 1 à 4. Comment le rang social des modèles est-il mis en valeur ? Classez ces portraits, du plus officiel au plus affectif et intime.

2 Commentez le rythme et l'enchaînement des phrases de Bossuet. Quelles émotions ressent-on ?

Fiche 15 Les registres littéraires

3 Le portrait épuise-t-il le mystère de son modèle, ou bien l'accentue-t-il ?

Fiche 19 Lecture de corpus : textes et images

3 Peindre des caractères

1. Élégance aristocratique

Anton VAN DYCK (1599-1641), *Lord John et son frère lord Bernard Stuart*, vers 1638, huile sur toile, 237 × 146 cm (National Gallery, Londres).

2. Tout ce qui brille n'est pas or

Les Caractères de La Bruyère lui valent la célébrité et le rôle de précepteur du fils du Grand Condé, puis son élection à l'Académie française. Ami de Molière, de Boileau et de Racine, il s'inspire des auteurs anciens pour accomplir une œuvre de portée universelle.

L'or éclate, dites-vous, sur les habits de *Philémon*. – Il éclate de même chez les marchands. – Il est habillé des plus belles étoffes. – Le sont-elles moins toutes déployées dans les boutiques et à la pièce ? – Mais la broderie et les ornements y ajoutent encore la magnificence. – Je loue donc le travail de l'ouvrier. – Si on lui demande quelle heure il est, il tire une montre qui est un chef-d'œuvre ; la garde de son épée est un onyx[1] ; il a au doigt un gros diamant qu'il fait briller aux yeux, et qui est parfait ; il ne lui manque aucune de ces curieuses bagatelles que l'on porte sur soi autant pour la vanité que pour l'usage, et il ne se plaint[2] non plus toute sorte de parure qu'un jeune homme qui a épousé une riche vieille. – Vous m'inspirez enfin de la curiosité ; il faut voir du moins ces choses si précieuses : envoyez-moi cet habit et ces bijoux de Philémon ; je vous quitte[3] de la personne.

Tu te trompes, Philémon, si avec ce carrosse brillant, ce grand nombre de coquins qui te suivent, et ces six bêtes qui te traînent, tu penses que l'on t'en estime davantage : l'on écarte tout cet attirail qui t'est étranger, pour pénétrer jusques à toi, qui n'es qu'un fat[4].

Ce n'est pas qu'il faut quelquefois pardonner à celui qui, avec un grand cortège, un habit riche et un magnifique équipage, s'en croit plus de naissance et plus d'esprit : il lit cela dans la contenance et dans les yeux de ceux qui lui parlent.

J. DE LA BRUYÈRE, *Caractères*, « Du mérite personnel », 1688-1694.

1. Pierre précieuse, variété d'agate.
2. Ne se refuse.
3. « Je vous tiens quitte de », c'est-à-dire « je ne vous demande pas... ».
4. Prétentieux.

Repères esthétiques

Dépeindre un caractère

Le rôle social peut l'emporter sur l'individualité, et la peinture du vêtement traduire cette priorité. C'est peut-être le cas dans le portrait des Stuart par Van Dyck, où l'habit et l'expression altière des deux Lords traduisent la noblesse du lignage. Dans certains portraits, l'individualité disparaît complètement derrière les vertus ou les défauts dont le personnage est l'emblème. Il sert alors d'exemple, ou de type, et transmet une idée générale de l'homme.

3. *Voir avec le cœur*

Journaliste et essayiste pendant la Régence, Marivaux, l'auteur du Spectateur français, *commente des choses vues.*

Jean-Baptiste BOUCHET, *Le Bichon poudré*, caricature d'un petit marquis, XVIIe siècle (BNF).

Je viens de voir un homme qui attendait un grand seigneur dans sa salle ; je l'examinais parce que je lui trouvais un air de probité[1], mêlé d'une tristesse timide ; sa physionomie et les chagrins que je lui supposais m'intéressaient en sa faveur. Hélas ! disais-je en moi-même, l'honnête homme est presque toujours triste, presque toujours sans bien, presque toujours humilié : il n'a point d'amis, parce que son amitié n'est bonne à rien ; on dit de lui c'est un honnête homme, mais ceux qui le disent le fuient, le dédaignent, le méprisent, rougissent même de se trouver avec lui ; et pourquoi ? Parce qu'il n'est qu'estimable.

En faisant cette réflexion, je revoyais, dans la même salle, des hommes d'une physionomie libre et hardie, d'une démarche ferme, d'un regard brusque et aisé ; je leur devinais un cœur dur à travers l'air tranquille et satisfait de leur visage ; il n'y avait pas jusqu'à leur embonpoint qui ne me choquât. Celui-ci, disais-je, est vêtu simplement, mais dans un goût de simplicité garant de son opulence[2] ; et l'on voit bien que son habit, que son équipage et ses valets l'attendent à la porte.

L'or et l'argent brillent sur les habits de cet autre. Ne rougit-il pas d'étaler sur lui plus de biens que je n'ai de revenu ? Non, disais-je, il n'en rougit point.

Je fais le philosophe ici : mais si j'avais affaire à lui, je verrais s'il a tort de s'habiller ainsi, et si ses habits superbes ne reprendraient pas sur mon imagination les droits que ma morale leur dispute.

C'était donc dans de pareilles pensées que je m'amusais avec moi-même, quand le grand seigneur vint dans la salle. L'homme, pour qui je m'intéressais, ne se présenta à lui que le dernier. La discrétion n'était pas sans mystère ; c'est que son visage indigent[3] n'était pas de mise avec celui des gens heureux.

Enfin, il s'avança, mais le grand seigneur sortait déjà de la salle quand il l'aborda. Il le suivit donc du mieux qu'il put, car l'autre marchait à grands pas ; je voyais mon homme essoufflé tâcher de vaincre, à force de poitrine, la difficulté de s'exprimer en marchant trop vite ; mais il avait beau faire, il articulait fort mal. Quand on demande des grâces aux puissants de ce monde, et qu'on a le cœur bien placé, on a toujours l'haleine courte.

Pierre CARLET DE CHAMBLAIN DE MARIVAUX, *Le Spectateur français*, Première feuille, 1726.

1. Honnêteté, droiture.
2. Richesse.
3. Malheureux, misérable.

DES IMAGES AUX TEXTES

1 Quelles sont les fonctions de chacun de ces portraits, picturaux et littéraires ? Indiquez le registre dominant de chacun.

2 Par quels procédés les modèles de La Bruyère, Marivaux et Bouchet constituent-ils avant tout des généralisations ?

3 Dans quels buts ces représentations dénoncent-elles les travers humains ?

Fiche 42 **Éloge et blâme**

Fiche 44 **La variété des registres dans l'argumentation**

Atelier d'écriture

Rédiger un portrait satirique

Claude DERUET (1588-1660), *Julie d'Angennes (1607-1671) en Astrée*, huile sur toile (Musée des Beaux-Arts, Strasbourg).

Le duc de Montausier commanda une « guirlande » de fleurs poétiques pour sa fiancée en 1634. C'est ici le « pavot » de Mlle de Scudéry qui parle :

Accordez-moi le privilège
D'approcher de ce front de neige :
Et si je suis placé, comme il est à propos,
Auprès de ces soleils[1] que le Soleil seconde,
Je leur donnerai le repos[2]
Qu'ils dérobent à tout le monde.

1. Métaphore désignant les yeux.
2. Le sommeil procuré par la fleur de pavot.

1. Organiser la description

- @RECHERCHE Qui était Julie d'Angennes, et qui est Astrée ? À quoi sa guirlande de fleurs renvoie-t-elle ?
- Écrivez le portrait peint de Julie d'Angennes en suivant l'ordre classique : visage et corps, allure, portrait moral. Indiquez le nom du modèle au début du portrait, puis soignez la **caractérisation**, avant de finir sur une conclusion morale ou affective.

2. Renverser des qualités en défauts

[...] l'homme circonspect par exemple sera considéré comme froid et calculateur, le benêt comme bon, l'indifférent comme de bonne composition, et, dans tous les cas, on empruntera aux qualités connexes pour présenter chacun sous le meilleur jour : par exemple l'homme colérique ou le furieux sera présenté comme direct, l'arrogant comme solennel et digne, et tous ceux qui sont dans l'excès de quelque chose comme doués des vertus correspondantes.

ARISTOTE, *Rhétorique*, I, 9,
traduction Pierre Chiron © GF Flammarion.

- Suivez le principe de renversement cher à Aristote et transformez en défauts les qualités de Julie, exprimées dans le sizain. Quels autres aspects physiques et moraux du modèle peut-on moquer ? Exprimez-le en jouant avec un vocabulaire connoté et humoristique. Inspirez-vous aussi de la scène des portraits du *Misanthrope* (p. 172) ou de la satire des *Précieuses ridicules* (p. 162-163).

Jean-Baptiste BOUCHET, *La Poule d'Inde en Falbala*, caricature d'une duchesse, XVIIe siècle (BNF).

3. Construire un caractère

- Choisissez l'un des portraits ci-dessus ou puisez des images sur le site de la BNF :
http://expositions.bnf.fr/portraits/index.htm
http://expositions.bnf.fr/daumier/pedago/02_1.htm
- Justifiez votre choix en précisant ce qui fait le ridicule du personnage.
- Amplifiez ces traits de caractère blâmables en ajoutant des exemples de comportements, comme La Bruyère (p. 254) ou Marivaux (p. 255).
- Insérez un bref dialogue pour donner vie au portrait, des interpellations et des exclamations impliquant le lecteur.
- Terminez votre blâme par une courte formule conclusive, résumant le défaut à dénoncer et à corriger par le rire.

Fiche 42 **Éloge et blâme**
Fiches 47, 48 **Vers l'écriture d'invention**

14

PARCOURS DE LECTEUR • ŒUVRE INTÉGRALE

Voltaire

Contes philosophiques

Zadig 1747
Le Monde comme il va 1748
Histoire d'un bon bramin 1761

Objectifs

- Étudier les enjeux du conte philosophique
- Se familiariser avec la littérature des Lumières

Les contes philosophiques de Voltaire répondent encore aux préceptes classiques d'instruire et de plaire, en faisant entendre des accents modernes. En effet, ils changent de décor, à la suite de la mode des *Mille et Une Nuits*, et donnent libre cours à la veine polémique de l'auteur, en première ligne des combats des Lumières. Dans les contes choisis ici, l'ironie mordante se tempère souvent du sourire de la conversation et de la rêverie reposante : c'est le combat des Lumières, continué dans les Salons. Chacun de ces trois contes est centré sur l'initiation d'un personnage.

Chronologie

1704-1717 Traduction des *Mille et Une Nuits* par Antoine Galland, qui met les contes orientaux à la mode.

1721 *Lettres persanes* de Montesquieu.

1726 *Voyages de Gulliver* de J. Swift.

1734 Condamnation au feu des *Lettres philosophiques*. Voltaire va se réfugier chez Mme du Châtelet en Lorraine. Il y lit Newton, étudie les sciences.

1747 *Memnon, histoire orientale*, première version de *Zadig*.

1748 Publication des contes *Le Monde comme il va*, *Zadig*. Création de la tragédie *Sémiramis*.

1752 *Micromégas*, histoire philosophique.

1759 *Candide*.

1761 *Histoire d'un bon bramin*.

TEXTES ÉCHOS

C. Perrault, *La Barbe bleue* > p. 242
Montesquieu, *Lettres persanes* > p. 272
D. Diderot et Voltaire, *Encyclopédie* > p. 276-279
Voltaire, *Traité sur la tolérance* > p. 280
Voltaire, *Le Mondain* > p. 284
J.-J. Rousseau, *Les Confessions* > p. 285

Histoire littéraire p. 288
Littérature et société p. 290

Entrée dans l'œuvre : Une lectrice modèle

François BOUCHER (1703-1770), *Mme de Pompadour*, 1758, huile sur toile, 72,5 × 57 cm (Victoria and Albert Museum, Londres).

L'œuvre et son contexte

La traduction des *Mille et Une Nuits* par Antoine Galland connaît une très grande vogue. Le conte, genre remis à l'honneur au XVIIe siècle par Mme d'Aulnoy et Perrault, se teinte alors d'orientalisme. Il fait partie des divertissements pleins d'esprit que Voltaire va offrir à ses contemporains. S'y déploient exotisme, invraisemblances merveilleuses, clins d'œil bibliques et actuels, décalages et ironie. Autant de distance critique avec la France de 1748. Autant de distance aussi avec le sérieux ou la tristesse : les contes orientaux montrent un Voltaire prompt au rêve aimable et à l'humour léger. Ce sera moins le cas dans *Candide*. Les contes circulent d'abord souvent avant d'être publiés, et on en parle beaucoup en société. Voltaire s'amuse à les présenter comme des traductions. Seules lui semblent dignes de postérité ses tragédies, œuvres appartenant au genre élevé, extrêmement admirées de ses contemporains.

Dans son « Épître dédicatoire à la sultane Sheraa », qui n'est autre que Mme de Pompadour, Voltaire présente ainsi son conte : « Je vous offre la traduction d'un livre d'un ancien sage qui, ayant le bonheur de n'avoir rien à faire, eut celui de s'amuser à écrire l'histoire de Zadig, ouvrage qui dit plus qu'il ne semble dire. »

1 @ RECHERCHE Qui était Mme de Pompadour ? Lisez l'épître dédicatoire (éd. Classiques Pocket, p. 23-24). Que suggère l'humour de Voltaire au sujet de ses relations de philosophe avec cette illustre favorite ?

HISTOIRE DES ARTS

2 Caractérisez l'attitude et le regard de Mme de Pompadour. La protectrice des philosophes incarne une sorte de perfection : sur quels plans surtout ? Pourquoi est-il nécessaire d'avoir de l'esprit pour goûter la lecture des contes ?

3 Que peut évoquer l'alliance entre le paysage de bosquet et les livres ?

Histoire des arts p. 249

Zadig ou La Destinée 1747

EXTRAIT 1

Un exemple de bon gouvernement

TEXTE ÉCHO

> **Voltaire**, *Traité sur la tolérance* **p. 280**

Au fil de ses aventures, Zadig expérimente les duretés du monde et les mystères de la destinée. Le voici au début de son itinéraire. Doué de toutes les qualités, il est choisi comme grand vizir par le roi. Or il doit gouverner une société divisée, où règnent les controverses théologiques.

Sa'di, *La Roseraie* **et, copié dans les marges,** *Le Verger*, 1569, 30 × 19,5 cm (Chirâz, Iran).

Il y avait une grande querelle dans Babylone, qui durait depuis quinze cents années, et qui partageait l'empire en deux sectes opiniâtres[1] : l'une prétendait qu'il ne fallait jamais entrer dans le temple de Mithra[2] que du pied gauche ; l'autre avait cette coutume en abomination, et n'entrait jamais que du pied droit. On attendait le jour de la fête solennelle du feu sacré pour savoir quelle secte serait favorisée par Zadig. L'univers avait les yeux sur ses deux pieds, et toute la ville était en agitation et en suspens. Zadig entra dans le temple en sautant à pieds joints, et il prouva ensuite, par un discours éloquent, que le Dieu du ciel et de la terre, qui n'a acception[3] de personne, ne fait pas plus de cas de la jambe gauche que de la jambe droite.

L'envieux[4] et sa femme prétendirent que dans son discours il n'y avait pas assez de figures[5], qu'il n'avait pas fait assez danser les montagnes et les collines. « Il est sec et sans génie, disaient-ils ; on ne voit chez lui ni la mer s'enfuir, ni les étoiles tomber, ni le soleil se fondre comme de la cire : il n'a point le bon style oriental[6]. » Zadig se contentait d'avoir le style de la raison. Tout le monde fut pour lui, non pas parce qu'il était dans le bon chemin, non pas parce qu'il était raisonnable, non pas parce qu'il était aimable, mais parce qu'il était le premier vizir.

Il termina aussi heureusement le grand procès entre les mages blancs et les mages noirs[7]. Les blancs soutenaient que c'était une impiété de se tourner, en priant Dieu, vers l'orient d'hiver ; les noirs assuraient que Dieu avait en horreur les prières des hommes qui se tournaient vers le couchant d'été. Zadig ordonna qu'on se tournât comme on voudrait.

Il trouva ainsi le secret d'expédier, le matin les affaires particulières et générales ; le reste du jour, il s'occupait des embellissements de Babylone : il faisait représenter des tragédies où l'on pleurait, et des comédies où l'on riait, ce qui était passé de mode depuis longtemps, et ce qu'il fit renaître parce qu'il avait du goût.

Voltaire, *Zadig ou La Destinée*, Chapitre « Les disputes et les audiences » (éd. Classiques Pocket, p. 43-44), 1747.

1. Entêté dans ses principes (péjoratif).
2. Héros mythologique d'une religion perse.
3. Ne fait pas de distinction entre les personnes.
4. Ennemi de Zadig.
5. Figures de style pour orner son discours.
6. Ce qui correspondrait au style biblique.
7. Allusion aux tenues des prêtres catholiques et des pasteurs protestants.

- Quelles qualités Zadig montre-t-il aux plans moral, religieux et politique ? Quelle en est la clé ?
- Sur quels ressorts se fonde la dénonciation des théologiens sectaires ? Étudiez-en l'**ironie**.
- Quel terme récurrent marque l'opposition entre Zadig et les autres ? Que dit cette opposition au sujet de la difficulté d'être un souverain bienveillant ?
- Comment l'attitude de « tout le monde » est-elle résumée (l. 19 à 21) ? Y a-t-il lieu d'en être optimiste ? Que présuppose cette phrase : « On l'admirait, et cependant, on l'aimait » (éd. Classiques Pocket, p. 43, l. 2-3) ?
- Comparez ce conte au texte écho : les armes du combat contre la religion sont-elles les mêmes ?

EXTRAIT 2 Les énigmes de la destinée

TEXTE ÉCHO
> **Montesquieu,** *Lettres persanes* **p. 272**

Après l'une de ses mésaventures, Zadig rencontre un ermite[1] qui lit un livre incompréhensible : celui de la Destinée. Il attache ses pas à ceux de l'étrange homme et lui promet de ne pas s'en séparer avant d'atteindre Babylone, « quoi qu'[il] fasse ». Un soir, ils font étape chez un vertueux philosophe.

Quand l'ermite et lui furent dans leur appartement, ils firent longtemps l'éloge de leur hôte. Le vieillard au point du jour éveilla son camarade. « Il faut partir, dit-il ; mais tandis que tout le monde dort encore, je veux laisser à cet homme un témoignage de mon estime et de mon affection. » En disant ces mots, il prit un flambeau, et mit le feu à la maison. Zadig, épouvanté, jeta des cris, et voulut l'empêcher de commettre une action si affreuse. L'ermite l'entraînait par une force supérieure ; la maison était enflammée. L'ermite, qui était déjà assez loin avec son compagnon, la regardait brûler tranquillement. « Dieu merci ! dit-il, voilà la maison de mon cher hôte détruite de fond en comble ! L'heureux homme ! » À ces mots Zadig fut tenté à la fois d'éclater de rire, de dire des injures au révérend père, de le battre, et de s'enfuir ; mais il ne fit rien de tout cela, et, toujours subjugué par l'ascendant de l'ermite, il le suivit malgré lui à la dernière couchée[2].

Ce fut chez une veuve charitable et vertueuse[3] qui avait un neveu de quatorze ans, plein d'agréments et son unique espérance. Elle fit du mieux qu'elle put les honneurs de sa maison. Le lendemain, elle ordonna à son neveu d'accompagner les voyageurs jusqu'à un pont qui, étant rompu depuis peu, était devenu un passage dangereux. Le jeune homme, empressé, marche au-devant d'eux. Quand ils furent sur le pont : « Venez, dit l'ermite au jeune homme, il faut que je marque ma reconnaissance à votre tante. » Il le prend alors par les cheveux, et le jette dans la rivière. L'enfant tombe, reparaît un moment sur l'eau, et est engouffré dans le torrent. « Ô monstre ! ô le plus scélérat de tous les hommes ! s'écria Zadig. – Vous m'aviez promis plus de patience, lui dit l'ermite en l'interrompant ; apprenez que sous les ruines de cette maison où la Providence a mis le feu, le maître a trouvé un trésor immense ; apprenez que ce jeune homme dont la Providence a tordu le cou aurait assassiné sa tante dans un an, et vous dans deux. – Qui te l'a dit, barbare ? cria Zadig ; et quand tu aurais lu cet événement dans ton livre des destinées, t'est-il permis de noyer un enfant qui ne t'a point fait de mal ? »

1. Moine retiré dans une complète solitude.
2. Étape de nuit.
3. Personnage exemplaire dans la Bible, visitée par le prophète Élie qui leur apporte, à elle et à son fils, l'aide de Dieu.

FERDOWSI, *Le Livre des rois*, 1604 et vers 1610, 39,5 × 27,5 cm (Chirâz [puis Ispahan ?], Iran).

Tandis que le Babylonien parlait, il aperçut que le vieillard n'avait plus de barbe, que son visage prenait les traits de la jeunesse. Son habit d'ermite disparut ; quatre belles ailes couvraient un corps majestueux et resplendissant de lumière. « Ô envoyé du ciel ! ô ange divin ! s'écria Zadig en se prosternant, tu es donc descendu de l'empyrée[4] pour apprendre à un faible mortel à se soumettre aux ordre éternels ? – Les hommes, dit l'ange Jesrad, jugent de tout sans rien connaître : tu étais celui de tous les hommes qui méritait le plus d'être éclairé. » Zadig lui demanda la permission de parler. « Je me défie de moi-même, dit-il ; mais oserai-je te prier de m'éclaircir un doute ; ne vaudrait-il pas mieux avoir corrigé cet enfant, et l'avoir rendu vertueux, que de le noyer ? » Jesrad reprit : « S'il avait été vertueux, et s'il eût vécu, son destin était d'être assassiné lui-même avec la femme qu'il devait épouser, et le fils qui en devait naître. – Mais quoi ! dit Zadig, il est donc nécessaire qu'il y ait des crimes et des malheurs ? et les malheurs tombent sur les gens de bien ! – Les méchants, répondit Jesrad, sont toujours malheureux : ils servent à éprouver un petit nombre de justes répandus sur la terre, et il n'y a point de mal dont il ne naisse un bien. – Mais, dit Zadig, s'il n'y avait que du bien, et point de mal ? – Alors, reprit Jesrad, cette terre serait une autre terre, l'enchaînement des événements serait un autre ordre de sagesse ; et cet autre ordre, qui serait parfait, ne peut être que dans la demeure éternelle de l'Être suprême, de qui le mal ne peut approcher. Il a créé des millions de mondes dont aucun ne peut ressembler à l'autre. Cette immense variété est un attribut de sa puissance immense. Il n'y a ni deux feuilles d'arbre sur la terre, ni deux globes dans les champs infinis du ciel, qui soient semblables, et tout ce que tu vois sur le petit atome où tu es né devait être dans sa place et dans son temps fixe, selon les ordres immuables de celui qui embrasse tout. Les hommes pensent que cet enfant qui vient de périr est tombé dans l'eau par hasard, que c'est par un même hasard que cette maison est brûlée ; mais il n'y a point de hasard : tout est épreuve, ou punition, ou récompense, ou prévoyance. Souviens-toi de ce pêcheur qui se croyait le plus malheureux de tous les hommes. Orosmade[5] t'a envoyé pour changer sa destinée. Faible mortel ! cesse de disputer contre ce qu'il faut adorer. – Mais, dit Zadig… » Comme il disait *mais*, l'ange prenait déjà son vol vers la dixième sphère. Zadig, à genoux, adora la Providence, et se soumit. L'ange lui cria du haut des airs : « Prends ton chemin vers Babylone. »

VOLTAIRE, *Zadig ou La Destinée*, Chapitre « L'Ermite »
(éd. Classiques Pocket, p. 88-90), 1747.

4. Sphère céleste très élevée, terme d'astronomie et de théologie.

5. Principe du bien dans le mazdéisme (autre religion perse).

- Observez les temps du récit et « l'enchaînement des événements » (l. 63-64). D'où vient la vivacité du récit dans ce passage ?
- Montrez comment cet art de la vivacité, ainsi que les contrastes et les surprises, participent à la veine **comique** de ce conte.
- Pourquoi le mal est-il nécessaire, selon Jesrad ?
- Listez les objections de Zadig à l'ordre providentiel. Pourquoi le dernier « mais » de Zadig (l. 77) reste-t-il sans réponse ? Est-ce une pirouette du conteur ?
- Quels indices le conteur laisse-t-il pour dévoiler son jugement ?
- Lisez le texte écho. Vers quel type de savoir Zadig pourrait-il se tourner, s'il était un homme des Lumières ?

Le Monde comme il va 1748

EXTRAIT 1

Le décor et l'envers du décor

- Dégagez la structure narrative de cette anecdote et résumez chaque étape par une phrase-titre.
- Comment le héros voit-il le théâtre ? Que comprend le lecteur ?
- Domaine de l'illusion, le théâtre révèle-t-il pourtant la vérité sociale ?

Babouc est envoyé par un génie vers Persépolis, pour effectuer une tournée d'inspection du monde : il en retire une série d'expériences contrastées. Le voici au théâtre.

On le mena voir une fête publique qu'on donnait tous les jours de l'année : c'était dans une espèce de basilique[1], au fond de laquelle on voyait un palais. Les plus belles citoyennes de Persépolis, les plus considérables satrapes[2], rangés avec ordre, formaient un spectacle si beau que Babouc crut d'abord que c'était là toute la fête. Deux ou trois personnes, qui paraissaient des rois et des reines, parurent bientôt dans le vestibule de ce palais ; leur langage était très différent de celui du peuple ; il était mesuré, harmonieux, et sublime. Personne ne dormait, on écoutait dans un profond silence, qui n'était interrompu que par les témoignages de la sensibilité et de l'admiration publique. Le devoir des rois, l'amour de la vertu, les dangers des passions, étaient exprimés par des traits si vifs et si touchants que Babouc versa des larmes. Il ne douta pas que ces héros et ces héroïnes, ces rois et ces reines qu'il venait d'entendre, ne fussent les prédicateurs[3] de l'empire ; il se proposa même d'engager Ituriel[4] à les venir entendre, bien sûr qu'un tel spectacle le réconcilierait pour jamais avec la ville.

Dès que cette fête fut finie, il voulut voir la principale reine qui avait débité dans ce beau palais une morale si noble et si pure ; il se fit introduire chez Sa Majesté ; on le mena par un petit escalier, au second étage, dans un appartement mal meublé, où il trouva une femme mal vêtue qui lui dit, d'un air noble et pathétique : « Ce métier ne me donne pas de quoi vivre ; un des princes que vous avez vus m'a fait un enfant ; j'accoucherai bientôt ; je manque d'argent et sans argent on n'accouche point. » Babouc lui donna cent dariques[5] d'or, en disant : « S'il n'y avait que ce mal-là dans la ville, Ituriel aurait tort de se tant fâcher. »

VOLTAIRE, *Le Monde comme il va*, Chapitre VI
(éd. Classiques Pocket, p. 111-112), 1748.

P. D. OLIVIERO (1679-1755), *Soirée au théâtre royal de Turin*, 26 décembre 1740, huile sur toile (Museo Civico, Turin).

1. Grand bâtiment public dans l'Antiquité, réutilisé par l'architecture chrétienne.
2. Ministre dans l'ancienne Perse.
3. Prêtre chargé de prononcer un sermon.
4. Génie à qui Babouc doit rendre compte de son enquête.
5. Pièce d'or frappée par le roi de Perse Darius Ier, à son effigie.

EXTRAIT 2

La fable, écrin d'une allégorie

TEXTES ÉCHOS
> **Voltaire,** *Le Mondain* **p. 284**

Voici l'excipit du conte. Au terme de son parcours, Babouc est invité chez Téone[1], la maîtresse d'un ministre. Cette rencontre ne sera pas sans effet sur le compte rendu de sa mission.

Babouc ne manqua pas au rendez-vous. Il vit une maison où régnaient tous les plaisirs. Téone régnait sur eux ; elle savait parler à chacun son langage. Son esprit naturel mettait à son aise celui des autres ; elle plaisait sans presque le vouloir ; elle était aussi aimable que bienfaisante ; et, ce qui augmentait le prix de toutes ses bonnes qualités, elle était belle.

Babouc, tout Scythe[2] et tout envoyé qu'il était d'un génie, s'aperçut que, s'il restait encore à Persépolis, il oublierait Ituriel pour Téone. Il s'affectionnait à la ville, dont le peuple était poli, doux et bienfaisant, quoique léger, médisant, et plein de vanité. Il craignait que Perspépolis ne fût condamnée ; il craignait même le compte qu'il allait rendre.

Voici comme il s'y prit pour rendre ce compte. Il fit faire par le meilleur fondeur[3] de la ville une petite statue composée de tous les métaux, des terres et des pierres les plus précieuses et les plus viles[4] ; il la porta à Ituriel : « Casserez-vous, dit-il, cette jolie statue parce que tout n'y est pas or et diamants ? » Ituriel entendit à demi-mot ; il résolut de ne pas même songer à corriger Persépolis, et de laisser aller *le monde comme il va* « car, dit-il, *si tout n'est pas bien, tout est passable* ». On laissa donc subsister Persépolis, et Babouc fut bien loin de se plaindre, comme Jonas, qui se fâcha de ce qu'on ne détruisait pas Ninive. Mais quand on a été trois jours dans le corps d'une baleine, on n'est pas de si bonne humeur que quand on a été à l'opéra, à la comédie, et qu'on a soupé en bonne compagnie.

VOLTAIRE, *Le Monde comme il va*, Chapitre XII
(éd. Classiques Pocket, p. 120-121), 1748.

1. Ce nom, inspiré de celui d'un mathématicien de la Grèce antique, désigne Mme du Châtelet, maîtresse de Voltaire, mathématicienne et philosophe.
2. Habitant de la Scythie, en Asie Mineure.
3. Artisan qui fabrique des objets en métal fondu.
4. Les moins nobles.

Le prophète Jonas sortant de la bouche de la baleine, miniature tirée d'un manuscrit ottoman de la fin du XVIe siècle (Musée d'Art turc et islamique, Istanbul).

- Pourquoi la visite à Téone constitue-t-elle l'apogée du séjour de Babouc ? Quelle est la clé de son charme, en plus de sa beauté ?
- Analysez la structure de la deuxième phrase du deuxième paragraphe : comment reflète-t-elle un certain équilibre entre les défauts et les qualités des habitants de Persépolis ?
- RECHERCHE Quelle mission Jonas dut-il remplir à Ninive ? Que lui arriva-t-il ? En quoi l'issue de ce conte diffère-t-elle de celle du livre de la Bible ?
- Quelle thèse le lecteur est-il invité à comprendre « à demi-mot » en lisant la description de la statue ? Sur quel ton cette suggestion se comprend-elle ?
- Comparez le texte écho à cette fin de Babouc : quelles raisons d'être optimiste Voltaire peut-il cultiver ?

Histoire d'un bon bramin

Texte intégral

1761

TEXTES ÉCHOS

> **D. Diderot et Voltaire,** *Encyclopédie* **p. 276-279**
> **Voltaire,** *Le Mondain* **p. 284**
> **J.-J. Rousseau,** *Les Confessions* **p. 285**

Le bon bramin est à la fois comblé par la fortune et tourmenté par le mystère de sa condition. Sa voisine, simplette, a trouvé la sérénité. Faut-il préférer la félicité à l'inquiétude philosophique ?

Je rencontrai dans mes voyages un vieux bramin[1], homme fort sage, plein d'esprit, et très savant ; de plus, il était riche, et, partant, il en était plus sage encore : car, ne manquant de rien, il n'avait besoin de tromper personne. Sa famille était très bien gouvernée par trois belles femmes qui s'étudiaient à lui plaire ; et, quand il ne s'amusait pas avec ses femmes, il s'occupait à philosopher.

Près de sa maison, qui était belle, ornée et accompagnée de jardins charmants, demeurait une vieille Indienne, bigote[2], imbécile, et assez pauvre.

Le bramin me dit un jour : « Je voudrais n'être jamais né. » Je lui demandai pourquoi. Il me répondit : « J'étudie depuis quarante ans, ce sont quarante années de perdues : j'enseigne les autres, et j'ignore tout ; cet état porte dans mon âme tant d'humiliation et de dégoût que la vie m'est insupportable. Je suis né, je vis dans le temps, et je ne sais pas ce que c'est que le temps ; je me trouve dans un point entre deux éternités, comme disent nos sages, et je n'ai nulle idée de l'éternité. Je suis composé de matière ; je pense, je n'ai jamais pu m'instruire de ce qui produit la pensée ; j'ignore si mon entendement est en moi une simple faculté, comme celle de marcher, de digérer, et si je pense avec ma tête comme je prends avec mes mains. Non seulement le principe de ma pensée m'est inconnu, mais le principe de mes mouvements m'est également caché : je ne sais pourquoi j'existe. Cependant on me fait chaque jour des questions sur tous ces points ; il faut répondre ; je n'ai rien de bon à dire ; je parle beaucoup, et je demeure confus et honteux de moi-même après avoir parlé.

« C'est bien pis quand on me demande si Brama[3] a été produit par Vitsnou[3], ou s'ils sont tous deux éternels. Dieu m'est témoin que je n'en sais pas un mot, et il y paraît bien à mes réponses. « Ah ! mon révérend père, me dit-on, apprenez-nous comment le mal inonde toute la terre. » Je suis aussi en peine que ceux qui me font cette question. Je leur dis quelquefois que tout est le mieux du monde ; mais ceux qui ont été ruinés et mutilés à la guerre n'en croient rien, ni moi non plus ; je me retire chez moi accablé de ma curiosité et de mon ignorance. Je lis nos anciens livres, et ils redoublent mes ténèbres. Je parle à mes compagnons : les uns me répondent qu'il faut jouir de la vie, et se moquer des hommes ; les autres croient savoir quelque chose, et se perdent dans des idées extravagantes ; tout augmente le sentiment douloureux que j'éprouve. Je suis prêt quelquefois de tomber dans le désespoir, quand je songe qu'après toutes mes recherches je ne sais ni d'où je viens, ni ce que je suis, ni où j'irai, ni ce que je deviendrai. »

L'état de ce bon homme me fit une vraie peine : personne n'était ni plus raisonnable ni de meilleure foi que lui. Je conçus que, plus il avait de lumières dans son entendement et de sensibilité dans son cœur, plus il était malheureux.

1. Brahmane (en français moderne) : prêtre, membre de la plus haute caste de la religion hindoue.
2. D'une piété ridicule (familier).
3. Divinités de la religion hindoue.

Thomas GAINSBOROUGH (1727-1788), *Conversation dans un parc*, 1745, huile sur toile, 73 × 68 cm (Musée du Louvre).

Je vis le même jour la vieille femme qui demeurait dans son voisinage : je lui demandai si elle avait jamais été affligée de ne savoir pas comment son âme était faite. Elle ne comprit seulement pas ma question : elle n'avait jamais réfléchi un seul moment de sa vie sur un seul des points qui tourmentaient le bramin ; elle croyait aux métamorphoses de Vitsnou de tout son cœur, et pourvu qu'elle pût avoir quelquefois de l'eau du Gange[4] pour se laver, elle se croyait la plus heureuse des femmes.

Frappé du bonheur de cette pauvre créature, je revins à mon philosophe, et je lui dis : « N'êtes-vous pas honteux d'être malheureux, dans le temps qu'à votre porte il y a un vieil automate qui ne pense à rien, et qui vit content ? – Vous avez raison, me répondit-il ; je me suis dit cent fois que je serais heureux si j'étais aussi sot que ma voisine, et cependant je ne voudrais pas d'un tel bonheur. »

Cette réponse de mon bramin me fit une plus grande impression que tout le reste ; je m'examinai moi-même, et je vis qu'en effet je n'aurais pas voulu être heureux à condition d'être imbécile.

Je proposai la chose à des philosophes, et ils furent de mon avis. « Il y a pourtant, disais-je, une furieuse contradiction dans cette façon de penser : car enfin de quoi s'agit-il ? D'être heureux. Qu'importe d'avoir de l'esprit ou d'être sot ? Il y a bien plus : ceux qui sont contents de leur être sont bien sûrs d'être contents ; ceux qui raisonnent ne sont pas si sûrs de bien raisonner. Il est donc clair, disais-je, qu'il faudrait choisir de n'avoir pas le sens commun, pour peu que ce sens commun contribue à notre mal-être. » Tout le monde fut de mon avis ; et cependant je ne trouvai personne qui voulût accepter le marché de devenir imbécile pour devenir content. De là je conclus que, si nous faisons cas du bonheur, nous faisons encore plus de cas de la raison.

Mais après y avoir réfléchi, il paraît que de préférer la raison à la félicité, c'est être très insensé. Comment donc cette contradiction peut-elle s'expliquer ? Comme toutes les autres. Il y a là de quoi parler beaucoup.

VOLTAIRE, *Histoire d'un bon bramin* (éd. Classiques Pocket, p. 133-135), 1761.

4. Fleuve sacré dans la religion hindoue.

- Reconstituez le plan du conte. Quel rôle le **narrateur** y joue-t-il ? Qu'apportent les **dialogues** ?
- Qu'est-ce qui fait l'originalité de ce conte ? Comparez-le avec d'autres exemples tirés de la séquence 12 (p. 229) et de cette séquence.
- D'où vient le mal-être du bramin ? Son tourment rejoint-il celui des philosophes des Lumières ? Expliquez.
- Recensez les différentes voix entendues dans le conte. Quelle impression cette diversité donne-t-elle ?
- L'étonnement du narrateur devant le refus de devenir bête afin d'être heureux est-il sincère ? Sur quel le ton la fin du conte s'entend-elle ?
- « Il y a là de quoi parler beaucoup. » (l. 78) : le conte est-il ouvert ou fermé ? Montrez que cette fin est propre à faire réfléchir et converser ses lecteurs. Quelle(s) leçon(s) en tirer ?
- SYNTHÈSE Comment l'appétit de savoir est-il malgré tout compatible avec l'ambition du bonheur ? Les hommes des Lumières se sont-ils laissé arrêter par l'alternative entre curiosité ou félicité ?

La réception de l'œuvre

1. Échos dans les lettres et les Salons

Salonnière réputée pour sa conversation, Mme Du Deffand fut l'une des plus fidèles correspondantes de Voltaire.

Lettres de Madame la Marquise Du Deffand à M. de Voltaire
Paris, 28 octobre 1739

Votre parabole du Bramin est charmante, c'est le résultat de toute la philosophie. Je ne sais lequel je préférerais, d'être le Bramin, ou d'être la vieille Indienne. Est-ce que vous croyez que les capucins[1] et les religieuses n'aient pas de grands chagrins ? Ils ne s'embarrassent pas, si vous voulez, de ce que c'est que leur âme, mais leur âme les tourmente. Toutes les conditions, toutes les espèces me paraissent également malheureuses, depuis l'ange jusqu'à l'huître ; le fâcheux, c'est d'être né, et l'on peut pourtant dire de ce malheur-là que le remède est pire que le mal.

1. Moines.

Paris, 8 février 1766

J'ai trouvé la petite histoire du Bramin dans une maison ; vous l'avez envoyée ou donnée à d'autres qu'à moi. On m'a parlé aussi d'un dialogue d'un jésuite[1] et d'un bramin ; on m'a promis de me le faire avoir.

Je vous prie, monsieur, de m'accorder toute préférence ; je vous paraîtrai bien vaine, mais je ne puis m'empêcher de vous dire que je la mérite. Je suis accoutumée à votre ton, à votre style, et j'éprouve tous les jours que, quoique fort inférieure en lumière à ceux avec qui je raisonne, j'ai le goût plus sûr qu'eux.

1. Prêtre de la Compagnie de Jésus, expulsée de France en 1764.

2. Voltaire : le conte à sens unique ?

[Voltaire] est toujours enclin à simplifier et toujours dans le même sens : la saine raison, la raison pratique et éclairée qui commence à se constituer en son temps et sous son influence, devient l'unique critère du jugement. [...] Une telle attitude est étroitement liée à l'active et courageuse pensée qui anima les « philosophes » du XVIIIe siècle, qui entendaient libérer la société humaine de toutes les entraves qui s'opposaient au progrès. Ces entraves étaient manifestement constituées par des données religieuses, politiques et économiques qui s'étaient développées d'une manière irrationnelle et contraire au bon sens et qui avaient fini par former un écheveau[1] inextricable. Il paraissait nécessaire non pas de les comprendre et de les justifier, mais de les discréditer.

Voltaire arrange la réalité de manière qu'elle se prête à son dessein. Il est incontestable que la réalité quotidienne trouve place dans beaucoup de ses œuvres et qu'elle n'y manque ni de vie ni de couleur. Mais elle est incomplète, volontairement simplifiée et partant[2] ludiquement superficielle, en dépit du sérieux de l'intention didactique.

E. AUERBACH, *Mimésis*, 1946,
traduction Cornélius Heim, © Éditions Gallimard, 1968.

1. Fils repliés et assemblés. 2. Ainsi, donc.

Jean-Baptiste Siméon CHARDIN (1699-1779), *Femme occupée à cacheter une lettre*, vers 1732, huile sur toile, 81 × 64 cm (Potsdam, Allemagne).

1 LITTÉRATURE ET SOCIÉTÉ
Comment les lettres de Mme Du Deffand nous renseignent-elles sur la diffusion des contes de Voltaire ? Embrasse-t-elle le rôle de lectrice que l'auteur du *Bon bramin* attendait ?

2 Selon E. Auerbach (texte 2), Voltaire simplifie la réalité pour mieux combattre ses adversaires. Pouvez-vous retrouver cette technique de combat dans les contes étudiés, ainsi que dans d'autres textes de la séquence 15 (p. 269) ?

3 Lisez le début de la préface que Jean Goldzink a écrite pour *Zadig et autres Contes orientaux* (éd. Classiques Pocket, p. 5 à 18). Comment, dans les premières pages, le spécialiste accorde-t-il toute sa place au plaisir de la lecture ? Comment accroît-il ce plaisir par son travail d'histoire littéraire ?

ÉDUCATION AUX MÉDIAS

4 Composez un argumentaire en faveur de la lecture de l'un des contes de votre choix. Mettez-le en forme d'abord à la manière d'une lettre du XVIIIe siècle. Puis rédigez-le à la manière d'un article critique actuel.

FICHE DE LECTURE 1

Un genre plein d'attraits

À l'Orient des Lumières

1 Relisez l'épître dédicatoire de Voltaire (éd. Classiques Pocket, p. 23-24) et l'extrait 2 de *Zadig* (p. 260). Sur quelles expressions la parodie fantaisiste du « style oriental » repose-t-elle ?

2 RECHERCHE Quelles grandes œuvres des Lumières mettent en scène des Orientaux ? Quel peut être l'intérêt de cet Orient imaginaire pour proposer une critique sociale ?

3 LITTÉRATURE ET SOCIÉTÉ

a RECHERCHE Retrouvez quelques titres de récits de voyages des XVIIe et XVIIIe siècles, ou plus anciens, dont Voltaire a pu s'inspirer pour ses contes. Quel intérêt a-t-on à se confronter à des civilisations étrangères ?

b Dans les trois contes de la séquence, les personnages et le lecteur découvrent-ils réellement l'étranger et l'étrangeté ? La transposition entre l'Orient et la France de Voltaire est-elle aisée à faire ? Donnez des exemples.

c À votre tour, imaginez un scénario de conte philosophique sur un problème de société. Transposez-le dans une civilisation de votre choix. Laissez des indices au lecteur pour lui faire comprendre vos allusions et références à notre société.

Les règles du jeu

1 Lisez les articles consacrés au genre du conte dans l'*Encyclopédie* (éd. Classiques Pocket, p. 350). Quelles sont les différences entre le conte et la fable ?

2 À l'aide de cinq adjectifs, décrivez le style que doit avoir un conteur, d'après ces extraits de l'*Encyclopédie*.

3 Trouvez, pour chacun de ces adjectifs, un passage de l'un des extraits de la séquence et proposez-en un commentaire court, mais très précis.

4 Les contes de Voltaire reposent-ils fréquemment sur du merveilleux ? Quels autres éléments propices à la rêverie peuvent en tenir lieu ?

5 Lisez le début du *Taureau blanc* (éd. Classiques Pocket, chapitre IX, p. 324-325). Qu'attend la princesse d'un conte pour qu'il ne soit ni ennuyeux ni insensé ?

Un fond qui laisse à penser

1 Définissez les stratégies d'argumentation à l'œuvre dans un conte.

Séquence 12 **Pouvoirs de la fable et du conte**

Le Maharaja Ranjit Singh se faisant expliquer les fables de La Fontaine par le général Ventura
(Musée La Fontaine, Château-Thierry).

2 Comment la variété des points de vue est-elle favorisée, ou restreinte, dans chacun des contes ?

3 Les contes que vous avez lus vous semblent-ils suggérer les mêmes critiques et la même vision du monde ? En avez-vous tiré une morale générale et définitive ?

4 Voltaire donnait la première place dans son œuvre à ses tragédies. La légèreté des contes est-elle pour autant nuisible à leur portée morale ? L'expression « conte philosophique » est-elle un oxymore, selon vous ?

5 Peut-on dire, à la lecture de la fin du *Monde comme il va* (p. 263) et de l'extrait 2 de *Zadig* (p. 260), que Voltaire propose un compromis avec le mal ?

FICHE DE LECTURE 2

Le conteur et ses créatures

Entre exemples et miroirs : les personnages

1 De quelle manière les personnages au cœur de l'intrigue servent-ils de caricatures ou d'exemples à valeur morale, et parfois de types ?

2 Par quels traits Zadig échappe-t-il à ce traitement ?

3 Quels éléments de la destinée de Zadig rappellent les obstacles auxquels Voltaire se heurta ?

Présence du conteur

1 Quelle est la position du narrateur par rapport au récit dans les extraits de la séquence ? Justifiez votre réponse.

2 Regardez comment, en plus de l'ironie, des marques de subjectivité du conteur peuvent trahir sa vision du monde dans les passages étudiés.

3 Voltaire noue aussi des liens de complicité avec le lecteur en jouant avec le genre littéraire : comment respecte-t-il les règles du conte, tout en le parodiant ?

HISTOIRE DES ARTS

4 Quelle image de la personnalité de Voltaire, qui lève le bras, le tableau de J. Huber donne-t-il ?

Les voix du conte

1 À quelles conditions un dialogue peut-il vraiment fonctionner ? Retrouvez un exemple de dialogue de sourds dans l'un des extraits de la séquence.

2 Quel intérêt l'art du dialogue revêt-il dans l'argumentation philosophique ?

3 Quel est le rôle de l'art mondain de la conversation dans les contes ? Aidez-vous du rapide portrait de Téone (p. 263) et des extraits de la correspondance de Mme Du Deffand pour répondre. Le style du conte en a-t-il les qualités ?

4 L'ironie repose sur un décalage entre les propos que tient un énonciateur et sa pensée, telle qu'elle apparaît explicitement ou implicitement dans l'ensemble du texte. À quoi ce décalage est-il repérable dans l'extrait 1 de *Zadig* (p. 259), mais aussi à la fin du *Monde comme il va* (p. 263) et de l'*Histoire d'un bon bramin* (p. 264) ? Quelle réaction attend-on du lecteur ?

5 LITTÉRATURE ET SOCIÉTÉ
RECHERCHE Quel rôle la société du XVIIIe siècle accorde-t-elle aux femmes ? Comment leur fonction dans les Salons peut-elle les mettre sur le devant de la scène ?

Séquence 13 **L'art du portrait**
Littérature et société **Les salons littéraires, p. 290**

De petites comédies brillantes

1 @RECHERCHE Renseignez-vous sur la querelle qui opposa Voltaire et d'Alembert à Rousseau au sujet du théâtre à Genève. Quel rôle Voltaire attribue-t-il au théâtre dans *Le Monde comme il va* et dans *Zadig* ?

2 Réécrivez les répliques de l'*Histoire d'un bon bramin* pour les théâtraliser. Puis distribuez-les entre vous pour une courte lecture expressive.

3 SYNTHÈSE En vous appuyant sur vos réponses aux questions de cette fiche, montrez comment les contes de Voltaire traduisent le plaisir des conversations philosophiques au siècle des Lumières.

Jean HUBER (1721-1786), *Le Dîner des philosophes à Ferney*, 1772 ou 1773 (Voltaire Foundation, Oxford).

Séquence

15 Lumières de la raison

« Le prochain siècle sera de jour en jour plus éclairé ; en comparaison tous les siècles précédents ne seront que ténèbres. » (Bayle) L'image de la lumière annonce une pensée optimiste, où la raison permet d'agir librement.

Objectifs

- Comprendre la pensée des Lumières, mouvement littéraire, philosophique et culturel
- Découvrir la variété de l'argumentation et de ses stratégies

MÉTHODES p. 389

Lire et analyser Fiches 16, 17

Analyser une œuvre dans son contexte : Argumenter aux XVIIe et XVIIIe siècles Fiches 22, 23

Connaître un genre littéraire : Genres et formes de l'argumentation Fiches 41, 43, 44

S'initier aux épreuves du baccalauréat Fiches 46, 47, 48, 51, 54, 55

Histoire des arts

Frontispice de l'*Encyclopédie*, dessiné par Charles-Nicolas Cochin en 1765, gravé par Benoît-Louis Prévost en 1772

Frontispice de l'*Encyclopédie* de DIDEROT, dessiné par C.-N. COCHIN (1715-1790) en 1765, gravé par B.-L. PRÉVOST (1747-1804 ?) en 1772 (Bibliothèque des Arts Décoratifs, Paris).

Contexte artistique et historique

UNE PRÉSENTATION ALLÉGORIQUE DE L'IDÉAL DES LUMIÈRES

Un **frontispice** désigne, en architecture, la face principale d'un monument. En littérature, il s'agit de la **gravure** en regard du titre de l'œuvre. Placé au seuil du recueil, il oriente la lecture.
Sur son frontispice pour l'*Encyclopédie*, Charles-Nicolas Cochin multiplie les figures **allégoriques**, à tel point qu'une explication accompagnait le dessin, afin d'éclairer le lecteur :

« Sous un temple d'architecture ionique, sanctuaire de la Vérité, on voit la Vérité enveloppée d'un voile, et rayonnante d'une lumière qui écarte les nuages et les disperse.
À droite de la Vérité, la Raison et la Philosophie s'occupent l'une à lever, l'autre à arracher le voile de la Vérité.
À ses pieds, la Théologie agenouillée reçoit la lumière d'en-haut.
En suivant la chaîne des figures, on trouve du même côté la Mémoire, l'Histoire Ancienne et Moderne ; l'Histoire écrit les fastes, et le Temps lui sert d'appui.
Au-dessous sont groupées la Géométrie, l'Astronomie et la Physique.
Les figures au-dessous de ce groupe montrent l'Optique, la Botanique, la Chimie et l'Agriculture.
En bas sont plusieurs arts et professions qui émanent des Sciences.
À gauche de la Vérité, on voit l'Imagination, qui se dispose à embellir et couronner la Vérité.
Au-dessous de l'Imagination, le dessinateur a placé les différents genres de Poésie, Épique, Dramatique, Satirique, Pastorale.
Ensuite viennent les autres arts d'imitation, la Musique, la Peinture, la Sculpture et l'Architecture. »

L'allégorie

L'allégorie est la représentation sous une **forme concrète** d'une **idée abstraite**. Cette figure de style littéraire se traduit également dans les arts plastiques, sculpture ou peinture : les notions sont représentées sous forme de **figures** animales ou humaines, reconnaissables grâce à leurs attributs. Ainsi, l'allégorie de la justice est une femme tenant d'une main un glaive, de l'autre une balance, les yeux recouverts d'un bandeau. Autre allégorie célèbre, la mort apparaît comme un squelette armé d'une faux.

Un programme lumineux

LECTURE DE L'IMAGE

Pleins feux sur les Lumières

1 D'où la lumière provient-elle ? Pour quelle raison le graveur lui accorde-t-il autant d'importance ?

2 Étudiez le regard des personnages représentés. Quel élément mettent-ils en valeur ?

3 Étudiez les lignes de force du dessin : vers quelle figure les diagonales convergent-elles ? Pour quel effet ?

▶ Fiche 17 **Lecture de l'image fixe**

Un projet universel

4 À l'aide de leurs attributs, identifiez les allégories et les êtres humains représentés par C.-N. Cochin.

▶ Fiche 16 **Les figures de style**

5 RECHERCHE Cherchez la définition du mot « encyclopédie ». En quoi ce frontispice révèle-t-il la dimension encyclopédique de l'ouvrage ?

La pensée des Lumières en image

6 Comment la Vérité est-elle représentée ? Pourquoi sa lumière est-elle à la fois éclairante et voilée ?

7 Décrivez ce que font la Raison et la Philosophie. Proposez une interprétation.

8 Comment interprétez-vous les deux attributs de la Raison, la couronne et le mors, pièce métallique du harnais servant à diriger et freiner un cheval ?

9 RECHERCHE Qu'est-ce que la théologie ? Dans quelle position est-elle représentée ? Quelle conception de la religion les philosophes des Lumières proposent-ils ?

10 SYNTHÈSE Pourquoi traduire le programme des Lumières en image est-il un choix percutant ? Quelle est la fonction de ce frontispice ?

ÉCRITURE

Invention

Imaginez la prière que les hommes du tableau de Cochin adressent à la déesse Vérité.

▶ Fiche 47 **Comprendre un sujet d'écriture d'invention**

Argumentation

Quelles sont les valeurs des philosophes des Lumières ? Quelle démarche doit être la leur ? Vous répondrez en deux paragraphes argumentatifs.

▶ Fiche 54 **Rédiger une dissertation**

Qu'est-ce que les Lumières ?

Histoire littéraire
p. 288

Littérature et société
p. 290

Repères historiques
p. 556

1. La Genèse, I, 1-5

Dans la Bible, la lumière, qui éclaire et permet de distinguer les choses, vient de Dieu, créateur de l'univers et suprême intelligence.

Au commencement, Dieu créa les cieux et la terre. La terre était informe et vide : il y avait des ténèbres à la surface de l'abîme, et l'esprit de Dieu se mouvait au-dessus des eaux. Dieu dit : Que la lumière soit ! Et la lumière fut. Dieu vit que la lumière était bonne ; et Dieu sépara la lumière d'avec les ténèbres. Dieu appela la lumière jour, et il appela les ténèbres nuit. Ainsi, il y eut un soir, et il y eut un matin : ce fut le premier jour.

La Genèse, Chapitre I, versets 1 à 5, traduction Louis Segond, 1910, édition dite « à la Colombe ».

2. Voltaire, Lettres philosophiques, 1734

Lumières ! En 1666, Newton révolutionne la science : en décomposant la lumière, il prouve qu'elle n'est pas un flot incompréhensible mais un phénomène naturel explicable. Les philosophes du XVIIIe sont séduits : aidé de la seule lumière de sa raison, le scientifique peut comprendre et maîtriser la nature.

Un nouvel univers a été découvert par les philosophes du dernier siècle, et ce monde nouveau était d'autant plus difficile à connaître, qu'on ne se doutait pas même qu'il existât. Il semblait aux plus sages que c'était une témérité d'oser seulement songer qu'on pût deviner par quelles lois les corps célestes[1] se meuvent, et comment la lumière agit. […]

Jusqu'à Antonio de Dominis, l'arc-en-ciel avait paru un miracle inexplicable ; ce philosophe devina que c'était un effet nécessaire de la pluie et du soleil. Descartes rendit son nom immortel par l'explication mathématique de ce phénomène si naturel ; il calcula les réflexions[2] de la lumière dans les gouttes de pluie, et cette sagacité eut alors quelque chose de divin.

Mais qu'aurait-il dit si on lui avait fait connaître qu'il se trompait sur la nature de la lumière ? […]

Newton, avec le seul secours du prisme, a démontré aux yeux que la lumière est un amas de rayons colorés qui, tous ensemble, donnent la couleur blanche. Un seul rayon est divisé par lui en sept rayons, qui viennent tous se placer sur un linge ou sur un papier blanc dans leur ordre, l'un au-dessus de l'autre et à d'inégales distances. Le premier est couleur de feu ; le second, citron ; le troisième, jaune ; le quatrième, vert ; le cinquième, bleu ; le sixième, indigo ; le septième, violet.

VOLTAIRE, *Lettres philosophiques*, « Seizième lettre sur *L'Optique* de M. Newton », 1734.

1. Les astres.
2. Phénomène physique : changement de direction des ondes lumineuses.

3. Montesquieu, Lettres persanes, 1721

Les philosophes s'emparent de la démarche de Newton : s'ils respectent la lumière divine, ils célèbrent avant tout la lumière humaine, c'est-à-dire la raison. Usbek, voyageur persan inventé par Montesquieu, en témoigne.

Usbek à Hassein, Dervis[1] de la montagne de Jaron

Ô toi, sage dervis, dont l'esprit curieux brille de tant de connaissances, écoute ce que je vais te dire.

Il y a ici des philosophes qui, à la vérité, n'ont point atteint jusqu'au faîte[2] de la sagesse orientale : ils n'ont point été ravis[3] jusqu'au trône lumineux ; ils n'ont ni entendu les paroles ineffables[4] dont les concerts d'anges retentissent, ni senti les formidables accès d'une fureur divine ; mais, laissés à eux-mêmes, privés des saintes merveilles, ils suivent dans le silence les traces de la raison humaine.

Tu ne saurais jamais croire jusqu'où ce guide les a conduits. Ils ont débrouillé le Chaos et ont expliqué, par une mécanique simple[5], l'ordre de l'architecture divine.

MONTESQUIEU, *Lettres persanes*, Lettre XCVII, 1721.

1. Religieux oriental.
2. Sommet.
3. Emportés par une illumination mystique.
4. Inexprimables.
5. La mécanique est une partie de la physique qui cherche à comprendre les lois du mouvement et de l'équilibre.

4. Wolfgang Amadeus Mozart, *La Flûte enchantée*, 1791

Tamino, le prince égyptien, et Pamina s'aiment tendrement. Mais, pour s'épouser, ils ont dû combattre les forces de la Nuit, aidés de leur foi en l'amour et la raison. Enfin, la lumière triomphe, célébrée par un chœur de trois jeunes garçons.

LES GARÇONS

Bientôt, pour annoncer le matin,
luira le soleil dans sa course dorée –
bientôt disparaîtra la superstition,
et la sagesse triomphera ! –
Ô douce sérénité, descends en nous,
reviens dans le cœur des hommes.
Alors la terre sera un royaume céleste
et les mortels seront les égaux des dieux !

La Flûte enchantée, opéra de W. A. MOZART, 1791, livret de E. Schikaneder, traduction française de A. de Grouchy © EMI.

REMBRANDT (1606-1669), *Le Philosophe en méditation*, 1632, peinture sur bois, 28 × 34 cm (Musée du Louvre).

1 Comment la Genèse présente-t-elle la naissance de la lumière ? Comment les scientifiques expliquent-ils ce phénomène ?

2 Selon l'encyclopédiste Dumarsais, le philosophe « marche la nuit, mais il est précédé d'un flambeau ». Que désigne le flambeau ? Expliquez cette métaphore à l'aide des documents.

3 Pourquoi la raison humaine permet-elle de comprendre le monde où nous vivons ? Contre quoi permet-elle de lutter ? Appuyez-vous sur les textes et le tableau de Rembrandt.

4 Les Lumières désignent ensuite le mouvement culturel et philosophique qui s'appuie sur la raison. Pourquoi écrivains et philosophes ont-ils choisi ce nom ? Que représente alors l'obscurité ?

1

CONTRE LA SUPERSTITION

Fontenelle, Histoire des oracles, 1687

Fontenelle s'attaque aux prétendus « savants », présentant certains phénomènes comme des miracles, sans avoir examiné la question raisonnablement. Se profile une critique de la superstition et des miracles, ainsi qu'une invitation à réfléchir sur nos croyances et nos préjugés.

Biographie p. 563
Histoire littéraire p. 288
Littérature et société p. 290
Repères historiques p. 554, 556

La dent d'or

Il serait difficile de rendre raison[1] des histoires et des oracles que nous avons rapportés, sans avoir recours aux Démons[2], mais aussi tout cela[3] est-il bien vrai ? Assurons-nous bien du fait, avant de nous inquiéter de la cause. Il est vrai que cette méthode est bien lente pour la plupart des gens, qui courent naturellement à la cause, et passent par-dessus la vérité du fait ; mais enfin nous éviterons le ridicule d'avoir trouvé la cause de ce qui n'est point.

Ce malheur arriva si plaisamment sur la fin du siècle passé à quelques savants d'Allemagne, que je ne puis m'empêcher d'en parler ici.

En 1593, le bruit courut que les dents étant tombées à un enfant de Silésie[4], âgé de sept ans, il lui en était venu une d'or, à la place d'une de ses grosses dents. Horatius, professeur en médecine à l'université de Helmstad, écrivit, en 1595, l'histoire de cette dent, et prétendit qu'elle était en partie naturelle, en partie miraculeuse, et qu'elle avait été envoyée de Dieu à cet enfant pour consoler les chrétiens affligés par les Turcs[5]. Figurez-vous quelle consolation, et quel rapport de cette dent aux chrétiens, et aux Turcs. En la même année, afin que cette dent d'or ne manquât pas d'historiens, Rullandus en écrit encore l'histoire. Deux ans après, Ingolsteterus, autre savant, écrit contre le sentiment que Rullandus avait de la dent d'or, et Rullandus fait aussitôt une belle et docte réplique. Un autre grand homme, nommé Libavius, ramasse tout ce qui avait été dit sur la dent, et y ajoute son sentiment particulier. Il ne manquait autre chose à tant de beaux ouvrages, sinon qu'il fût vrai que la dent était d'or. Quand un orfèvre l'eût examinée, il se trouva que c'était une feuille d'or appliquée à la dent avec beaucoup d'adresse ; mais on commença par faire des livres, et puis on consulta l'orfèvre.

1. Expliquer, fournir une explication.
2. Sans les attribuer aux démons.
3. L'expression désigne ici l'ensemble des histoires, des fables étranges et des oracles, dont l'auteur veut vérifier la véracité avant d'entreprendre leur explication.
4. Province polonaise.
5. Les Turcs se sont emparés de Byzance en 1453.

LEXIQUE : Les lumières de la raison

- **Éclairer** : aider à comprendre, clarifier les idées.
- **Entendre** : comprendre. *Entendement* conserve ce sens d'intelligence, de raison.
- **Intelligible** : compréhensible.
- **Lumières** : au sens métaphorique, clarté donnée par l'exercice de la raison. Au sens métonymique, les « Lumières » désignent le mouvement d'émancipation de la raison, animé par les philosophes.

Jacques AUTREAU (1657-1745), *La « Maison d'Auteuil » où sont réunis Fontenelle, La Motte, Saurin et Mme de Tencin apportant le chocolat*, 1716, huile sur toile (Châteaux de Versailles et de Trianon).

Rien n'est plus naturel que d'en faire autant sur toutes sortes de matières. Je ne suis pas si convaincu de notre ignorance par les choses qui sont, et dont la raison nous est inconnue, que par celles qui ne sont point, et dont nous trouvons la raison. Cela veut dire que non seulement nous n'avons pas les principes qui mènent au vrai, mais que nous en avons d'autres qui s'accommodent très bien avec le faux.

Bernard LE BOUYER (ou LE BOVIER) DE FONTENELLE,
Histoire des oracles, « La dent d'or », IV, 1687.

2

Denis Diderot, Pensées sur l'interprétation de la nature, 1754

Biographie
p. 563

Du même auteur
p. 251, 276, 277, 302, 322

XIV. Je me représente la vaste enceinte des sciences comme un grand terrain parsemé de places obscures et de places éclairées. Nos travaux doivent avoir pour but, ou d'étendre les limites des places éclairées, ou de multiplier sur le terrain les centres de lumières. L'un appartient au génie qui crée, l'autre à la sagacité qui perfectionne.

XV. Nous avons trois moyens principaux : l'observation de la nature, la réflexion et l'expérience. L'observation recueille les faits, la réflexion les combine ; l'expérience vérifie le résultat de cette combinaison. Il faut que l'observation de la nature soit assidue, que la réflexion soit profonde, et que l'expérience soit exacte. On voit rarement ces moyens réunis. Aussi les génies créateurs ne sont-ils pas communs.

D. DIDEROT, *Pensées sur l'interprétation de la nature*, 1754.

Raison et déraison

LECTURE DES TEXTES

Une fable finement ciselée

1 Établissez le plan du texte 1 et donnez un titre à chaque étape du récit. Reformulez la morale de la fable.

2 Pourquoi cette fable permet-elle de lutter contre les « fables », histoires merveilleuses et fausses ?

Fiche 43 **La fiction au service de l'argumentation**

La dent dure

3 Montrez que Fontenelle se moque des faux savants. Analysez la sonorité des noms, l'incohérence de leur démarche, les commentaires ironiques de l'auteur.

Fiche 44 **La variété des registres dans l'argumentation**

4 Pourquoi ces « savants » cherchent-ils à maintenir le peuple dans les préjugés et les superstitions ?

Les lumières de la science et de la philosophie

5 Dans le texte 2, quels champs lexicaux s'opposent ? Qu'en déduire sur la démarche du philosophe ?

6 Montrez que l'orfèvre (texte 1) applique cette démarche et qu'elle fait triompher la vérité.

7 Ces deux textes argumentatifs appartiennent-ils au même genre littéraire ? Lequel vous semble le plus efficace ? Justifiez.

HISTOIRE DES ARTS

8 On présente « Les Lumières » comme des amis qui, par le dialogue, forgent une pensée nouvelle. Comment le tableau met-il l'accent sur leur sociabilité ?

ÉCRITURE

Invention

Les amis de Fontenelle lisent et commentent son texte. Écrivez leur conversation, où chacun intervient pour se moquer des faux savants et louer l'orfèvre. Vous vous inspirerez du tableau pour planter le décor.

Fiches 47, 48 **Vers l'écriture d'invention**

Vers le commentaire

Développez un axe de commentaire du texte 2 en précisant la définition du mot « Lumières » qu'il met en jeu.

Fiches 49, 50, 51 **Vers le commentaire**

L'Encyclopédie ou Dictionnaire raisonné des sciences, des arts et des métiers (1751-1772) est l'œuvre majeure des philosophes des Lumières, l'emblème de leurs idées, de leurs luttes et de leur confiance indéfectible en la raison. Somme des connaissances universelles acquises par l'humanité, elle fait aussi la critique du pouvoir royal et religieux, remettant en cause la société de l'Ancien Régime. Cet immense projet est porté par Diderot et le mathématicien d'Alembert jusqu'en 1757. C'est Diderot qui dirige ensuite seul la publication de l'Encyclopédie.

3

Denis Diderot, *Encyclopédie*, 1755

Biographie
p. 563

Du même auteur
p. 251, 275, 277, 302, 322

Histoire littéraire
p. 288

Littérature et société
p. 290

Repères historiques
p. 556

Malgré les difficultés rencontrées, l'Encyclopédie a connu un grand succès : vingt-cinq mille exemplaires ont été vendus entre 1751 et 1782. Diderot, le maître d'œuvre, défend dans l'article suivant l'esprit de l'ouvrage.

Article « Encyclopédie »

En effet, le but de l'Encyclopédie est de rassembler les connaissances éparses[1] [...], d'en exposer le système général aux hommes avec qui nous vivons, et de le transmettre aux hommes qui viendront après nous ; afin que les travaux des siècles passés n'aient pas été des travaux inutiles pour les siècles qui succéderont ; que nos neveux, devenant plus instruits, deviennent en même temps plus vertueux et plus heureux, et que nous ne mourions pas sans avoir bien mérité[2] du genre humain. [...] Il faut fouler aux pieds toutes les vieilles puérilités[3], renverser les barrières que la raison n'aura point posées ; rendre aux sciences et aux arts une liberté qui leur est précieuse. J'ai dit qu'il n'appartenait qu'à un siècle de philosophes de tenter l'Encyclopédie ; il fallait un temps raisonneur, où l'on ne cherchât plus les règles dans les hauteurs mais dans la nature.

D. DIDEROT, *Encyclopédie*, article « Encyclopédie », 1755.

1. Éparpillées.
2. Sans avoir été à la hauteur.
3. Attitudes ou idées peu sérieuses.

Planches de l'*Encyclopédie*, 1751-1772.

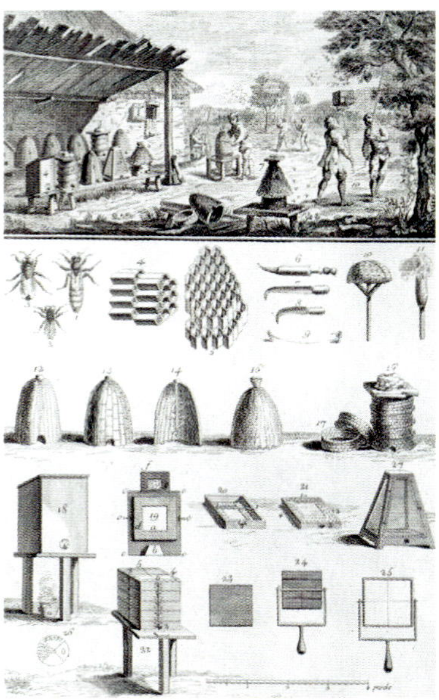

Économie rustique :
Mouches à miel.

Intérieur
d'un moulin à eau.

4 Denis Diderot, Avertissement, Encyclopédie, 1765

Notre principal objet était de rassembler les découvertes des siècles précédents ; sans avoir négligé cette première vue, nous n'exagérerons point en appréciant à plusieurs volumes *in-folio*[1] ce que nous avons porté de richesses nouvelles au dépôt des connaissances anciennes. Qu'une révolution dont le germe se forme peut-être dans quelque canton ignoré de la terre, ou se couve secrètement au centre même des contrées policées[2], éclate avec le temps, renverse les villes, disperse de nouveau les peuples, et ramène l'ignorance et les ténèbres ; s'il se conserve un seul exemplaire entier de cet Ouvrage, tout ne sera pas perdu.

On ne pourra du moins nous contester, je pense, que notre travail ne soit au niveau de notre siècle, et c'est quelque chose. L'homme le plus éclairé y trouvera des idées qui lui sont inconnues, et des faits qu'il ignore. Puisse l'instruction générale s'avancer d'un pas si rapide que dans vingt ans d'ici il y ait à peine en mille de nos pages une seule ligne qui ne soit populaire ! C'est aux Maîtres du monde à hâter cette heureuse révolution. Ce sont eux qui étendent ou resserrent la sphère des lumières. Heureux le temps où ils auront tous compris que leur sécurité consiste à commander à des hommes instruits ! Les grands attentats n'ont jamais été commis que par des fanatiques aveuglés. Oserions-nous murmurer de nos peines et regretter nos années de travaux, si nous pouvions nous flatter d'avoir affaibli cet esprit de vertige si contraire au repos des sociétés, et d'avoir amené nos semblables à s'aimer, à se tolérer et à reconnaître enfin la supériorité de la Morale universelle sur toutes les morales particulières qui inspirent la haine et le trouble, et qui rompent ou relâchent le lien général et commun ?

D. DIDEROT, Avertissement du Tome 8 de l'*Encyclopédie*, 1765.

1. Livre de taille importante.
2. Civilisées.

Éclairer et instruire

LECTURE DES TEXTES

Un souffle nouveau

1 Quel but initial les écrivains des Lumières se sont-ils fixé à travers l'*Encyclopédie* ?

2 Montrez que les encyclopédistes cherchent à rompre avec le passé. Pourquoi est-ce nécessaire ?

3 Dans le texte 4, repérez le champ lexical de la lumière et remplacez chaque mot relevé par un synonyme. Qu'en déduisez-vous sur les objectifs de l'*Encyclopédie* et des philosophes des Lumières ?

Transmettre et instruire

4 Expliquez l'antithèse entre « hauteurs » et « nature » dans le texte 3 (l. 11-12) ?

Fiche 16 Les figures de style

5 À l'aide des textes et des planches, montrez que la notion de transmission est fondamentale dans la démarche des encyclopédistes.

6 Quels effets bénéfiques l'instruction, telle que la conçoit l'*Encyclopédie*, a-t-elle sur la société ?

7 Ces deux articles correspondent-ils à l'idée que vous vous faites d'un article d'encyclopédie ? Pourquoi ?

8 (LITTÉRATURE ET SOCIÉTÉ) Constituez une anthologie d'une dizaine de textes littéraires traitant de l'instruction.

9 (SYNTHÈSE) Vous exposerez dans un paragraphe d'une dizaine de lignes ce que sont l'*Encyclopédie*, ses objectifs principaux et son lien avec le mouvement des Lumières.

ÉCRITURE

Vers la dissertation

Pensez-vous, comme Diderot, que l'instruction puisse mettre fin à l'intolérance et au fanatisme qui en découle ? Vous vous appuierez sur les textes de la séquence pour vous forger un avis personnel.

Fiche 54 Rédiger une dissertation

5

Voltaire, *De l'Encyclopédie,* 1774

Biographie p. 567

Du même auteur p. 257, 272, 280, 284, 286, 304

Histoire littéraire p. 288

Littérature et société p. 290

Repères historiques p. 556

*Voltaire participa à l'aventure de l'*Encyclopédie *pour laquelle il rédigea une vingtaine d'articles. Dans cet apologue, il prend la défense de l'ouvrage, interdit par la censure royale à plusieurs reprises, car il remettait trop ouvertement en cause le pouvoir de l'Église et critiquait le modèle de la monarchie absolue française.*

Un domestique de Louis XV me contait qu'un jour, le roi son maître soupant à Trianon[1] en petite compagnie, la conversation roula d'abord sur la chasse, et ensuite sur la poudre à tirer. Quelqu'un dit que la meilleure poudre se faisait avec des parties égales de salpêtre, de soufre, et de charbon. Le duc de La Vallière, mieux instruit, soutint que pour faire de la bonne poudre à canon, il fallait une seule partie de soufre et une de charbon, sur cinq parties de salpêtre bien filtré, bien évaporé, bien cristallisé.

– Il est plaisant, dit M. le duc de Nivernois, que nous nous amusions tous les jours à tuer des perdrix dans le parc de Versailles, et quelquefois à tuer des hommes, ou à nous faire tuer sur la frontière, sans savoir précisément avec quoi l'on tue.

– Hélas ! nous en sommes réduits là sur toutes les choses de ce monde, répondit Mme de Pompadour[2] ; je ne sais de quoi est composé le rouge que je mets sur mes joues, et on m'embarrasserait fort si on me demandait comment on fait les bas de soie dont je suis chaussée.

– C'est dommage, dit alors le duc de La Vallière, que Sa Majesté nous ait confisqué nos *Dictionnaires encyclopédiques*, qui nous ont coûté chacun cent pistoles ; nous y trouverions bientôt la décision de toutes nos questions.

Le roi justifia sa confiscation : il avait été averti que les vingt et un volumes *in-folio*, qu'on trouvait sur la toilette[3] de toutes les dames, étaient la chose du monde la plus dangereuse pour le royaume de France ; et il avait voulu savoir par lui-même si la chose était vraie, avant de permettre qu'on lût ce livre. Il envoya sur la fin du souper chercher un exemplaire par trois garçons de sa chambre, qui apportèrent chacun sept volumes avec bien de la peine.

On vit à l'article *poudre* que le duc de La Vallière avait raison ; et bientôt Mme de Pompadour apprit la différence entre l'ancien rouge d'Espagne, dont les dames de Madrid coloraient leurs joues, et le rouge des dames de Paris. Elle sut que les dames grecques et romaines étaient peintes avec de la pourpre qui sortait du *murex*[4], et que par conséquent notre écarlate était la pourpre des anciens[5] ; qu'il entrait plus de safran dans le rouge d'Espagne, et plus de cochenille[6] dans celui de France.

Elle vit comme on lui faisait ses bas au métier[7] ; et la machine de cette manœuvre[8] la ravit d'étonnement.

– Ah ! le beau livre ! s'écria-t-elle. Sire, vous avez donc confisqué ce magasin[9] de toutes les choses utiles pour le posséder seul, et pour être le seul savant de votre royaume ?

Chacun se jetait sur les volumes comme les filles de Lycomède[10] sur les bijoux d'Ulysse ; chacun y trouvait à l'instant tout ce qu'il cherchait. Ceux qui avaient des procès étaient surpris d'y voir la décision de leurs affaires. Le roi y lut tous les droits de sa couronne.

– Mais vraiment, dit-il, je ne sais pourquoi on m'avait dit tant de mal de ce livre.

1. Petit château construit par Louis XIV non loin de Versailles.
2. Favorite de Louis XV favorable aux idées des Lumières. Son influence a permis la publication de l'*Encyclopédie*.
3. Meuble où l'on range tout ce qui sert à la propreté et à la beauté.
4. Mollusque.
5. Des peuples antiques.
6. Insecte utilisé pour produire un colorant rouge vif.
7. Métier à tisser.
8. Industrie.
9. Cette somme.
10. Ulysse rusa pour reconnaître Achille, déguisé en femme : contrairement aux filles de Lycomède avec qui il vivait, il se désintéressa des bijoux qu'Ulysse leur présenta.

Maurice Quentin DE LA TOUR (1704-1788), Portrait de *La marquise de Pompadour*, entre 1748 et 1755, pastel, 177 × 130 cm (Musée du Louvre).

– Eh ! ne voyez-vous pas, sire, lui dit le duc de Nivernois, que c'est parce qu'il est fort bon ? On ne se déchaîne contre le médiocre et le plat en aucun genre. Si les femmes cherchent à donner du ridicule à une nouvelle venue, il est sûr qu'elle est plus jolie qu'elles.

Pendant ce temps-là on feuilletait, et le comte de C... dit tout haut :

– Sire, vous êtes trop heureux qu'il se soit trouvé sous votre règne des hommes capables de connaître tous les arts[11], et de les transmettre à la postérité. Tout est ici, depuis la manière de faire une épingle jusqu'à celle de fondre et de pointer vos canons ; depuis l'infiniment petit jusqu'à l'infiniment grand. Remerciez Dieu d'avoir fait naître dans votre royaume ceux qui ont servi ainsi l'univers entier. Il faut que les autres peuples achètent l'*Encyclopédie*, ou qu'ils la contrefassent. Prenez tout mon bien si vous voulez ; mais rendez-moi mon *Encyclopédie*.

– On dit pourtant, repartit le roi, qu'il y a bien des fautes dans cet ouvrage si nécessaire et si admirable.

– Sire, reprit le comte de C... , il y avait à votre souper deux ragoûts manqués ; nous n'en avons pas mangé, et nous avons fait très bonne chère. Auriez-vous voulu qu'on jetât tout le souper par la fenêtre, à cause de ces deux ragoûts ?

Le roi sentit la force de la raison ; chacun reprit son bien : ce fut un beau jour.

L'envie et l'ignorance ne se tinrent pas pour battues ; ces deux sœurs immortelles continuèrent leurs cris, leurs cabales[12], leurs persécutions : l'ignorance en cela est très savante.

Qu'arriva-t-il ? les étrangers firent quatre éditions de cet ouvrage français proscrit en France, et gagnèrent environ dix-huit cent mille écus.

VOLTAIRE, *De l'Encyclopédie*, 1774.

11. Techniques.
12. Intrigues visant à discréditer quelque chose ou quelqu'un.

La bataille de l'*Encyclopédie*

LECTURE DU TEXTE

L'efficacité de l'apologue

1 Retrouvez les étapes de cet apologue et montrez que son organisation le rend efficace.

2 Quels choix stylistiques rendent le récit amusant ?

Fiche 43 La fiction au service de l'argumentation

Une censure paradoxale

3 Comment le roi justifie-t-il l'interdiction de l'*Encyclopédie* ? Quel est l'intérêt des comparaisons du comte et du duc de Nivernois qui balayent ces reproches ?

4 Relevez des expressions montrant l'attitude ambiguë du roi. Comment expliquer cette ambiguïté ?

La célébration du savoir et de la raison

5 Quels domaines de la connaissance – abordés dans l'*Encyclopédie* – sont évoqués dans cet apologue ?

6 « Le roi sentit la force de la raison » (l. 66) : comment se résume le combat des Lumières et son issue rêvée ?

7 Quelles sont les qualités de l'*Encyclopédie* ?

8 @ RECHERCHE Sur http://portail.atilf.fr, recherchez « poudre » (à canon), « rouge (*Cosmét.*) », ainsi qu'une planche illustrant le mot « Tisserand ». Qu'en concluez-vous ?

HISTOIRE DES ARTS

9 Par quels détails le portrait de La Tour fait-il l'éloge de Mme de Pompadour, protectrice des arts et de la littérature, et notamment de l'*Encyclopédie* ?

ÉCRITURE

Invention

À la manière de Voltaire, écrivez un apologue qui valorise la diffusion du savoir et la liberté d'expression.

Fiche 43 La fiction au service de l'argumentation

6

PROMOUVOIR LA TOLÉRANCE

Voltaire, *Traité sur la tolérance,* 1763

Biographie
p. 567

Du même auteur
p. 257, 272, 278, 284, 286, 304

Histoire littéraire
p. 288

Littérature et société
p. 290

Repères historiques
p. 556

Voltaire a écrit le Traité sur la tolérance *pour obtenir la révision du procès de Jean Calas*[1]*. Ce texte très virulent est une attaque directe contre les Jésuites, et d'une manière générale, contre l'intolérance religieuse.*

Lettre[2] écrite au Jésuite Le Tellier[3], par un bénéficier[4], le 6 mai 1714

Mon Révérend Père,

J'obéis aux ordres que Votre Révérence m'a donnés de lui présenter les moyens les plus propres de délivrer Jésus et sa Compagnie[5] de leurs ennemis. Je crois qu'il ne reste plus que cinq cent mille huguenots[6] dans le royaume, quelques-uns disent un million, d'autres quinze cent mille ; mais en quelque nombre qu'ils soient, voici mon avis, que je soumets très humblement au vôtre, comme je le dois.

1° Il est aisé d'attraper en un jour tous les prédicants[7] et de les pendre tous à la fois dans une même place, non seulement pour l'édification publique, mais pour la beauté du spectacle.

2° Je ferais assassiner dans leurs lits tous les pères et mères, parce que si on les tuait dans les rues, cela pourrait causer quelque tumulte ; plusieurs même pourraient se sauver, ce qu'il faut éviter sur toute chose. [...]

3° Je marierais le lendemain toutes les filles à de bons catholiques, attendu qu'il ne faut pas dépeupler trop l'État après la dernière guerre ; mais à l'égard des garçons de quatorze et quinze ans, déjà imbus[8] de mauvais principes, qu'on ne peut se flatter de détruire, mon opinion est qu'il faut les châtrer tous, afin que cette engeance[9] ne soit jamais reproduite. Pour les autres petits garçons, ils seront élevés dans vos collèges, et on les fouettera jusqu'à ce qu'ils sachent par cœur les ouvrages de Sanchez et de Molina[10].

[...]

Nous n'avons rien à nous reprocher : il est démontré que tous les prétendus réformés[11], tous les jansénistes[12], sont dévolus à l'enfer ; ainsi ne faisons que hâter le moment où ils doivent entrer en possession.

Il n'est pas moins clair que le paradis appartient de droit aux molinistes[13] : donc, en les faisant périr par mégarde et sans aucune mauvaise intention, nous accélérons leur joie ; nous sommes dans l'un et l'autre cas les ministres de la Providence.

Quant à ceux qui pourraient être un peu effarouchés du nombre, Votre Paternité pourra leur faire remarquer que depuis les jours florissants de

Voltaire et l'affaire Calas, **film de Francis Reusser, 2007. Jean Calas (François Germond) est assis au premier plan à gauche.**

1. Protestant torturé et exécuté en 1762 pour avoir assassiné prétendument son fils. Il sera innocenté en 1765.
2. Il s'agit d'une lettre fictive.
3. Confesseur de Louis XIV, il exerça son influence contre les protestants.
4. Qui tire des bénéfices de sa fonction ecclésiastique.
5. Allusion humoristique à la Compagnie de Jésus, c'est-à-dire aux Jésuites.
6. Protestants.
7. Pasteurs protestants.
8. Imprégnés.
9. Race.
10. Jésuites espagnols.
11. Protestants.
12. Partisans du jansénisme, mouvement religieux et intellectuel apparu au XVIIe siècle et contre lequel les Jésuites ont lutté.
13. Jésuites.

l'Église jusqu'à 1707, c'est-à-dire depuis environ quatorze cents ans, la théologie a procuré le massacre de plus de cinquante millions d'hommes ; et que je ne propose d'en étrangler, ou égorger, ou empoisonner, qu'environ six millions cinq cent mille. [...]

Le très humble, très dévot et très doux R..., natif d'Angoulême, préfet de la Congrégation.

VOLTAIRE, *Traité sur la tolérance à l'occasion de la mort de Jean Calas*, 1763.

7

Jean-Edme Romilly, Encyclopédie, 1765

Biographie p. 566
Histoire littéraire p. 288
Littérature et société p. 290
Repères historiques p. 556

Article « Tolérance »

Quel est donc le but des persécuteurs? De convertir ceux qu'ils tourmentent ; de changer leurs idées et leurs sentiments pour leur en inspirer de contraires ; en un mot, de leur donner une autre conscience, un autre entendement. Mais quel rapport y a-t-il entre des tortures et des opinions ? Ce qui me paraît clair, évident, me paraîtra-t-il faux dans les souffrances ? Une proposition que je vois comme absurde et contradictoire, sera-t-elle claire pour moi sur un échafaud[1] ? Est-ce, encore une fois, avec le fer[2] et le feu que la vérité perce et se communique ? Des preuves, des raisonnements peuvent me convaincre et me persuader ; montrez-moi donc ainsi le faux de mes opinions, et j'y renoncerai naturellement et sans effort ; mais vos tourments ne feront jamais ce que vos raisons n'ont pu faire.

J.-E. ROMILLY, *Encyclopédie*, article « Tolérance », 1765.

1. Plate-forme où les condamnés sont exécutés.
2. Les armes.

Plaidoyer pour la tolérance

LECTURE DES TEXTES

L'ironie au service de la dénonciation

1 Relevez des procédés de l'ironie dans le premier texte. Quel en est l'intérêt ?

2 Commentez l'emploi de la négation restrictive « ne... que » (l. 38-40). Que cherche à montrer Voltaire par l'emploi des chiffres ?

3 Le décalage entre la violence de la persécution et le ton détaché du jésuite renforce-t-il la volonté de persuader ?

Fiche 44 La variété des registres dans l'argumentation

Une rhétorique absurde

4 Montrez que l'argumentaire de Voltaire repose sur une logique apparente. Pourquoi peut-on néanmoins affirmer que cette logique est absurde ?

5 Relevez des simplifications et des généralisations aberrantes. Que vise l'auteur à travers ces exagérations ?

Sortir des ténèbres

6 « ... le paradis appartient de droit aux molinistes ». Cette affirmation peut-elle convaincre un esprit éclairé ? Vous pourrez vous référer au texte de Romilly pour répondre.

7 Pourquoi les Jésuites ont-ils des raisons de s'en prendre aux encyclopédistes ?

8 RECHERCHE Cherchez l'étymologie de « religion ». L'Église vue par Voltaire est-elle fidèle à ce sens ?

Fiches 22, 23 Argumenter aux XVIIe et XVIIIe siècles

ÉCRITURE

Question sur un corpus

Sur quoi l'intolérance repose-t-elle ? Quels sont les moyens de la combattre ?

Fiche 46 Répondre à une question sur un corpus

VERS L'ORAL DU BAC

Vous présenterez une lecture analytique du texte de Voltaire montrant comment fonctionne l'ironie, et quel est son intérêt.

Fiche 55 Réussir l'épreuve orale du baccalauréat

À BAS L'ESCLAVAGE !

8 Montesquieu, *De l'esprit des lois*, 1748

Biographie p. 565
Du même auteur p. 272, 321
Histoire littéraire p. 288
Littérature et société p. 290
Repères historiques p. 556

De l'esprit des lois *a eu une influence considérable sur la réflexion politique au XVIIIe siècle. Certaines idées modernes, comme la séparation des pouvoirs, ont inspiré les révolutionnaires américains puis français. S'intéressant au commerce et à ses lois, Montesquieu condamne l'esclavage de façon paradoxale. La logique de la traite des noirs est en effet mise à nu et dénoncée à travers les propos d'un esclavagiste.*

De l'esclavage des nègres[1]

Si j'avais à soutenir le droit que nous avons eu de rendre les nègres esclaves, voici ce que je dirais :

Les peuples d'Europe ayant exterminé ceux de l'Amérique, ils ont dû mettre en esclavage ceux de l'Afrique, pour s'en servir à défricher tant de terres.

Le sucre serait trop cher, si l'on ne faisait travailler la plante qui le produit par des esclaves.

Ceux dont il s'agit sont noirs depuis les pieds jusqu'à la tête ; et ils ont le nez si écrasé qu'il est presque impossible de les plaindre.

On ne peut se mettre dans l'esprit que Dieu, qui est un être très sage, ait mis une âme, surtout une âme bonne, dans un corps tout noir. […]

On peut juger de la couleur de la peau par celle des cheveux, qui, chez les Égyptiens, les meilleurs philosophes du monde, était d'une si grande conséquence[2], qu'ils faisaient mourir tous les hommes roux qui leur tombaient entre les mains.

Une preuve que les nègres n'ont pas le sens commun, c'est qu'ils font plus de cas[3] d'un collier de verre que de l'or[4], qui, chez les nations policées[5], est d'une si grande conséquence.

Il est impossible que nous supposions que ces gens-là soient des hommes ; parce que, si nous les supposions des hommes, on commencerait à croire que nous ne sommes pas nous-mêmes chrétiens.

De petits esprits exagèrent trop l'injustice que l'on fait aux Africains. Car, si elle était telle qu'ils le disent, ne serait-il pas venu dans la tête des princes d'Europe, qui font entre eux tant de conventions inutiles, d'en faire une générale en faveur de la miséricorde et de la pitié ?

MONTESQUIEU, *De l'esprit des lois*, « De l'esclavage des nègres », 1748.

1. Le terme, aujourd'hui très péjoratif, désignait au XVIIIe siècle les Noirs d'origine africaine employés comme esclaves dans les plantations d'Amérique.
2. Importance.
3. Ils se préoccupent davantage.
4. Allusion à la pacotille, marchandises sans grande valeur qui servaient à acheter les esclaves en Afrique.
5. Civilisées.

Punition d'un esclave ayant tenté de fuir, gravure de Jean-Baptiste DEBRET (1768-1848) extraite du *Voyage pittoresque au Brésil*, 1834 (Biblioteca Nacional, Rio de Janeiro, Brésil).

9 Extraits du Code noir, 1742

Ce texte juridique, établi sous le règne de Louis XIV, définit le statut des esclaves noirs des colonies françaises. Si quelques droits leur sont reconnus, comme celui du mariage, ce texte vise surtout à codifier les procédures légales concernant leur commerce, les châtiments que le maître peut leur infliger, ou les conditions de leur transmission dans le cas d'un héritage.

Article 38

L'esclave fugitif qui aura été en fuite pendant un mois, à compter du jour que son maître l'aura dénoncé en justice, aura les oreilles coupées et sera marqué d'une fleur de lys[1] sur une épaule ; s'il récidive un autre mois pareillement du jour de la dénonciation, il aura le jarret coupé[2], et il sera marqué d'une fleur de lys sur l'autre épaule ; et, la troisième fois, il sera puni de mort.

Article 44

Déclarons les esclaves être meubles et comme tels entrer dans la communauté, n'avoir point de suite par hypothèque, se partager également entre les cohéritiers[3] [...].

Code noir, 1742.

1. Symbole de la royauté française.
2. La jambe coupée.
3. C'est-à-dire que l'esclave peut être transmis en héritage au même titre qu'un meuble.

L'ironie comme arme

LECTURE DES TEXTES

Une logique apparente (texte 8)

1 Faites la liste des arguments défendus par les esclavagistes. À quels domaines renvoient-ils ?

2 Dans le texte 8, la ligne 6 évoque le commerce du sucre. L'argument invoqué vous semble-t-il acceptable d'un point de vue strictement économique ? D'un point de vue moral ? Justifiez.

3 Quelle est la conclusion implicite de l'argument développé lignes 10-11 ? L'esclavagiste justifie le racisme en le fondant sur la religion. En quoi sa logique est-elle contraire à l'esprit des Lumières ?

4 Les lignes 12 à 15 développent un argument par analogie. Montrez en quoi cet argument est absurde.

➲ Fiche 41 **Stratégies argumentatives et modes de raisonnement**

Une double argumentation

5 Dans le texte de Montesquieu, relevez les figures de style et les expressions qui mettent le lecteur sur la piste de l'ironie. Quel est l'intérêt de cette stratégie argumentative ?

➲ Fiche 44 **La variété des registres dans l'argumentation**

6 À chaque argument de l'esclavagiste, faites correspondre ce que pourrait être le contre-argument du philosophe des Lumières.

7 Deux visions du monde s'affrontent à travers ce texte : résumez leurs caractéristiques principales.

8 (LITTÉRATURE ET SOCIÉTÉ) En vous aidant des liens suivants, constituez une anthologie de textes littéraires dénonçant l'esclavage. Vous en sélectionnerez un que vous lirez à vos camarades en exposant les raisons de votre choix.

Liens : http://www.crdp-montpellier.fr/ressources/frdtse/frdtse38o.html

http://www.weblettres.net/spip/article.php3?id_article =440

http://www2.cndp.fr/memoire/esclavages/college-lycee/projetImp.htm

9 Quel statut de l'esclave est développé dans les extraits du *Code noir* (texte 9) ? En quoi s'oppose-t-il aux valeurs des Lumières ?

ÉCRITURE

Commentaire

Vous ferez un commentaire du texte de Montesquieu selon le parcours suivant : 1/ une stratégie argumentative fondée sur l'ironie ; 2/ l'idéal des Lumières.

➲ Fiches 49, 50, 51 **Vers le commentaire**

Vers la dissertation

L'emploi de l'ironie est-il efficace pour dénoncer les injustices ? Vous développerez votre réponse dans un paragraphe argumentatif s'appuyant sur les textes de la séquence usant du registre ironique.

➲ Fiche 54 **Rédiger une dissertation**

10 Voltaire, *Le Mondain*, 1736

Biographie
p. 567

Du même auteur
p. 257, 272, 278, 280, 286, 304

Histoire littéraire
p. 288

Littérature et société
p. 290

Repères historiques
p. 556

Le philosophe célèbre ici les sciences et les techniques permettant l'essor d'une civilisation prospère. Vivre dans l'abondance et le luxe n'est pas synonyme de mollesse décadente, mais gage de plaisir. Aussi ne regrettons pas les temps anciens, pauvres et austères, mais conquérons le bonheur matériel.

Jean Antoine WATTEAU (1684-1721), *Les Plaisirs du bal*, 1715 (Dulwich College, Londres).

Regrettera qui veut le bon vieux temps
Et l'âge d'or et le règne d'Astrée
Et les beaux jours de Saturne et de Rhée[1],
Et le jardin de nos premiers parents[2];
Moi, je rends grâce à la Nature sage,
Qui, pour mon bien, m'a fait naître en cet âge[3]
Tant décrié par nos pauvres docteurs[4] ;
Ce temps profane est tout fait pour mes mœurs
J'aime le luxe, et même la mollesse,
Tous les plaisirs, les arts de toute espèce,
La propreté[5], le goût, les ornements :
Tout honnête homme a de tels sentiments.
Il est bien doux pour mon cœur très immonde
De voir l'abondance à la ronde,
Mère des arts et des heureux travaux,
Nous apporter de sa source féconde,
Et des besoins et des plaisirs nouveaux.
L'or de la terre et les trésors de l'onde. […]
Mon cher Adam, mon gourmand, mon bon père,
Que faisais-tu dans les recoins d'Éden ?
Travaillais-tu pour ce sot genre humain ?
Caressais-tu madame Ève, ma mère ?
Avouez-moi que vous aviez tous deux
Les ongles longs, un peu noirs et crasseux,
La chevelure assez mal ordonnée,
Le teint bruni, la peau bise[6] et tannée,
Sans propreté, l'amour le plus heureux
N'est plus l'amour : c'est un besoin honteux.
Bientôt lassés de leur belle aventure,
Dessous un chêne ils soupent galamment
Avec de l'eau, du millet[7] et du gland ;
Ce repas fait, ils dorment sur la dure :
Voilà l'état de la pure nature.

VOLTAIRE, *Le Mondain*, 1736.

1. Dans la mythologie grecque, l'âge d'or est une ère de bonheur, où régnaient Astrée, la fille de la Justice, Saturne et Rhée, les premiers dieux.
2. Le paradis terrestre, le jardin d'Éden, où vivaient Adam et Ève, qui ont engendré toute l'espèce humaine et sont donc, ironiquement, nos lointains parents.
3. Au XVIIIe siècle.
4. Savants spécialisés en théologie, qui voient dans les temps modernes une période de décadence et de luxure.
5. Élégance.
6. Brunie.
7. Céréale.

11

Jean-Jacques Rousseau, Les Confessions, 1782-1789

Biographie p. 566

Du même auteur p. 177, 247

Histoire littéraire p. 288

Littérature et société p. 290

Repères historiques p. 556

Rousseau défend une autre vision du bonheur : vivre simplement, en accord avec la nature, en écoutant son cœur. Cette scène des Confessions se passe à la campagne. Après le repas, deux charmantes demoiselles entraînent le jeune Jean-Jacques au verger, pour y goûter un fruit paradisiaque. L'auteur âgé s'en souvient avec émotion.

Nous dinâmes[1] dans la cuisine de la grangère[2], les deux amies assises sur des bancs aux deux côtés de la longue table, et leur hôte[3] entre elles deux sur une escabelle à trois pieds. Quel dîner ! Quel souvenir plein de charmes ! Comment, pouvant à si peu de frais goûter des plaisirs si purs et si vrais, vouloir en rechercher d'autres ? Jamais souper des petites maisons[4] de Paris n'approcha de ce repas, je ne dis pas seulement pour la gaieté, pour la douce joie, mais je dis pour la sensualité.

Après le dîner nous fîmes une économie. Au lieu de prendre le café qui nous restait du déjeuner, nous le gardâmes pour le goûter avec de la crème et des gâteaux qu'elles avaient apportés ; et pour tenir notre appétit en haleine, nous allâmes dans le verger achever notre dessert avec des cerises. Je montai sur l'arbre, et je leur en jetais des bouquets dont elles me rendaient les noyaux à travers les branches. Une fois, Mlle Galley, avançant son tablier et reculant la tête, se présentait si bien, et je visai si juste, que je lui fis tomber un bouquet dans le sein ; et de rire. Je me disais en moi-même : « Que mes lèvres ne sont-elles des cerises! Comme je les leur jetterais ainsi de bon cœur. »

La journée se passa de cette sorte à folâtrer avec la plus grande liberté, et toujours avec la plus grande décence. Pas un seul mot équivoque, pas une seule plaisanterie hasardée ; et cette décence, nous ne nous l'imposions point du tout, elle venait toute seule, nous prenions le ton que nous donnaient nos cœurs. Enfin ma modestie, d'autres diront ma sottise, fut telle que la plus grande privauté qui m'échappa fut de baiser une seule fois la main de Mlle Galley.

J.-J. ROUSSEAU, *Les Confessions*, Livre IV, 1782-1789.

1. Le dîner correspond au déjeuner, le déjeuner, au petit-déjeuner. La scène se passe donc en début d'après-midi, à l'heure du dessert.
2. Métayère, fermière qui leur a préparé un repas champêtre.
3. Il s'agit de Jean-Jacques Rousseau, assis sur un tabouret entre les deux jeunes filles.
4. Maison située dans un quartier peu fréquenté où l'on pouvait recevoir sa maîtresse ou son amant, en toute discrétion.

Deux visions du bonheur

LECTURE DES TEXTES

Voltaire, ou l'éloge de l'abondance

1 Sur quelle opposition, entre deux époques, le texte de Voltaire est-il construit ?

2 Dressez l'inventaire des plaisirs nés du progrès. De quel bonheur Voltaire fait-il l'éloge ? Analysez un ou deux vers illustrant son propos.

➤ Fiche 37 **La versification**

3 Relevez des expressions provocatrices et ironiques. Qui Voltaire veut-il ridiculiser ?

➤ Fiche 44 **La variété des registres dans l'argumentation**

Rousseau, ou le paradis originel retrouvé

4 Montrez que le bonheur de Rousseau repose sur une vie simple et gaie.

5 La vie sans luxe n'a rien d'austère. Quelles expressions font de cet épisode une scène coquine ?

6 Les trois personnages ont-ils besoin de se parler pour se comprendre ? Comment le langage du corps, naturel, permet-il d'être en harmonie ?

7 SYNTHÈSE En quoi les thèses de Voltaire et Rousseau s'opposent-elles ? À laquelle adhérez-vous ? Justifiez.

ÉCRITURE

Invention

Composez un dialogue théâtral où les deux écrivains confrontent leur définition de l'amour. L'un évoquera les plaisirs de la nature ; l'autre, le raffinement du bal. Vous vous inspirerez du tableau de Watteau.

➤ Fiche 48 **Rédiger un écrit d'invention**

12 Voltaire, *Dictionnaire philosophique*, 1764

Au début du XVIIIe siècle, un Anglais, dont les libertés sont garanties par l'Habeas Corpus[1]*, rencontre un Portugais. Un dialogue s'engage sur la liberté de penser.*

Biographie p. 567
Du même auteur p. 257, 272, 278, 280, 284, 304
Histoire littéraire p. 288
Littérature et société p. 290
Repères historiques p. 556, 560

1. Acte ordonnant de faire comparaître un prévenu arrêté pour vérifier la validité de son arrestation.
2. Congrégation de l'Inquisition, chargée de lutter contre les hérésies.

Article « Liberté de penser »

BOLDMIND. – Il ne tient qu'à vous d'apprendre à penser ; vous êtes né avec de l'esprit ; vous êtes un oiseau dans la cage de l'Inquisition ; le Saint-Office[2] vous a rogné les ailes ; mais elles peuvent revenir. […]

MÉDROSO. – On dit que si tout le monde pensait par soi-même, ce serait une étrange confusion.

BOLDMIND. – C'est tout le contraire. Quand on assiste à un spectacle, chacun en dit librement son avis, et la paix n'est point troublée. […] Nous ne sommes heureux en Angleterre que depuis que chacun jouit librement du droit de dire son avis.

MÉDROSO. – Nous sommes aussi fort tranquilles à Lisbonne, où personne ne peut dire le sien.

BOLDMIND. – Vous êtes tranquilles, mais vous n'êtes pas heureux ; c'est la tranquillité des galériens, qui rament en cadence et en silence.

MÉDROSO. – Vous croyez donc que mon âme est aux galères ?

BOLDMIND. – Oui ; et je voudrais la délivrer.

MÉDROSO. – Mais si je me trouve bien aux galères ?

BOLDMIND. – En ce cas vous méritez d'y être.

VOLTAIRE, *Dictionnaire philosophique*, article « Liberté de penser », 1764.

OUVERTURE CONTEMPORAINE

13 Déclaration universelle des droits de l'homme, 1948

Article 19

Tout individu a droit à la liberté d'opinion et d'expression, ce qui implique le droit de ne pas être inquiété pour ses opinions et celui de chercher, de recevoir et de répandre, sans considérations de frontières, les informations et les idées par quelque moyen d'expression que ce soit.

De la philosophie des Lumières aux droits de l'homme

LECTURE DES TEXTES

1 Pourquoi le dialogue des deux personnages permet-il d'éveiller l'esprit critique du lecteur et l'incite-t-il au débat ?

2 Quels arguments Voltaire développe-t-il en faveur de la liberté de penser ?

Fiche 41 **Stratégies argumentatives et modes de raisonnement**

3 Quels sont les points communs entre Voltaire et la Déclaration universelle des droits de l'homme ?

4 RECHERCHE Parcourez l'exposition de la BNF consacrée aux Lumières : http://expositions.bnf.fr/lumieres/index.htm. Quelles valeurs notre culture contemporaine doit-elle aux Lumières ? Présentez celle qui vous tient à cœur sous forme d'exposé.

POUR ARGUMENTER **LE COMBAT DES LUMIÈRES POUR L'ÉGALITÉ EST-IL D'ACTUALITÉ ?**

Condorcet, Rapport et projet de décret, 1792

Messieurs,

Offrir à tous les individus de l'espèce humaine les moyens de pourvoir à leurs besoins, d'assurer leur bien-être, de connaître et d'exercer leurs droits, d'entendre et de remplir leurs devoirs.

Assurer à chacun la facilité de perfectionner son industrie[1], de se rendre capable des fonctions sociales auxquelles il a droit d'être appelé, de développer toute l'étendue de talents qu'il a reçus de la nature ; et par là établir entre les citoyens une égalité de fait et rendre réelle l'égalité politique reconnue par la loi : tel doit être le premier but d'une instruction nationale ; et sous ce point de vue, elle est, pour la puissance publique, un devoir de justice.

CONDORCET, *Rapport et projet de décret sur l'organisation générale de l'instruction publique*, 1792.

1. Habiletés, capacités.

André Comte-Sponville, L'idée républicaine aujourd'hui, 2004

Égalité des chances

Comment être égaux, face à ce qui est par définition inégal[1] ? En donnant à chacun le droit, au même titre que tout autre, de tenter sa chance, de profiter pleinement de celles qu'il a, de compenser, autant que faire se peut, celles qui lui font défaut. [...] On ne saurait accepter qu'un enfant, parce que ses parents sont trop pauvres ou trop peu cultivés, soit empêché de développer au mieux ses capacités, d'aller au bout de ses dons, de son courage, de son travail, enfin de réussir non pas forcément aussi bien que les autres, ce n'est pas la question, mais aussi bien que lui-même, avec les mêmes capacités mais issu d'un milieu différent, aurait pu réussir. Bref, il s'agit de compenser, spécialement à l'école, les inégalités que la nature, la société et même la culture ne cessent d'engendrer ou d'entretenir. L'égalité des chances, c'est le droit de ne pas dépendre exclusivement de la chance, ni de la malchance. C'est le droit égal, pour chacun, de faire ses preuves, d'exploiter ses talents, de surmonter, au moins partiellement, ses faiblesses. C'est le droit de réussir autant qu'on le mérite.

A. COMTE-SPONVILLE, *L'idée républicaine aujourd'hui. Guide républicain*, « Égalité des chances », Ministère de l'Éducation nationale, 2004.

1. Allusion aux inégalités naturelles, sociales et économiques.

LECTURE

1 Quelle thèse Condorcet soutient-il ? Quels sont ses arguments ?

2 Pourquoi peut-on dire que A. Comte-Sponville lui est fidèle ?

ARGUMENTATION

3 Quel rôle fondamental les deux philosophes accordent-ils à l'école républicaine d'hier et d'aujourd'hui ? Pourquoi est-ce une mission difficile ? Vous vous appuierez sur votre expérience pour argumenter et donner des exemples.

Histoire littéraire

Les Lumières

Définition

Le « siècle des Lumières » est né de l'accélération des découvertes scientifiques et des grands voyages, entraînant une révolution de la pensée et une nouvelle échelle des valeurs. Ce courant culturel et philosophique européen du XVIIIe siècle est fondé sur la foi dans la raison, le progrès et le bonheur. Il s'illustre par son combat contre les préjugés et l'intolérance.

Maurice Quentin DE LA TOUR (1704-1788), *Portrait d'Émilie du Châtelet*, XVIIe siècle.

Le contexte historique et social

Un souffle nouveau

- En France, la mort de Louis XIV et la Régence (1715-1723) sont vécues comme une libération : la société a soif d'idées neuves et de nouveaux horizons. Ainsi s'explique le succès des récits de **voyages,** de Cook ou Bougainville, qui enrichissent la connaissance du monde et de soi. Le point de vue des étrangers pousse en effet à la réflexion critique sur soi-même et sur la société européenne. De nombreux écrivains inventent alors des récits de voyages fictifs. Par le voyage, le héros se forme, évolue, s'interroge et le lecteur avance avec lui.

Ex : *Dans les* Lettres persanes, *Montesquieu met en scène des Persans visitant la France. Leur étonnement devant les mœurs et coutumes des Parisiens révèle les dysfonctionnements de notre société.*

- Les écrivains voyagent eux aussi. Rousseau se rend chez le philosophe anglais Hume ; Diderot conseille Catherine de Russie, Voltaire est invité à Berlin. Émerge alors une **conscience européenne**, qui **compare, critique, relativise** cultures et régimes politiques. Ainsi, Voltaire constate que l'Angleterre s'attache au mérite de chacun : celui qui travaille et innove peut faire fortune et gagner le respect. Le philosophe souligne alors les paradoxes de la société française : l'aristocratie, oisive, conserve prestige et privilèges quand la bourgeoisie, classe montante aisée et cultivée, pour qui le travail est une valeur, est méprisée.

Un regard neuf sur la science et les arts

Les « gens de lettres » – l'expression est de Voltaire et elle désigne le public cultivé – sont fascinés par la **science et ses progrès :** Émilie du Châtelet, amie de Voltaire, traduit *Les Principes* de Newton et vulgarise sa méthode, fondée sur l'expérience et le raisonnement logique.

Ex : *Voltaire célèbre Newton : son expérience permet de décomposer et donc de comprendre la lumière. La raison humaine peut rivaliser avec l'intelligence divine, lumière autrefois inaccessible* (> p. 272).

Ex : *L'orfèvre de Fontenelle observe, fait une expérience, raisonne. Il n'a plus besoin des miracles pour expliquer le monde. Il est le prototype du philosophe* (> p. 274).

La lumière du philosophe

- L'image de la lumière renvoie à une coutume consistant à placer une bougie allumée à sa fenêtre pour annoncer un événement. Le voisin « illuminait » à son tour. De fenêtre en fenêtre, les lumières éclairaient la nuit. Les philosophes sont séduits par cette pratique faisant **de la transmission de l'information, de la connaissance, une chaîne de lumière** et s'emparent de l'idée : ils transformeront la nuit de l'ignorance en clarté, guidés par la lumière de leur Raison. Diderot écrit : « Si je renonce à ma raison, je n'ai plus de guide [...]. Égaré dans une forêt immense pendant la nuit, je n'ai qu'une petite lumière pour me conduire. » (*Addition aux Pensées*)

Dumarsais va plus loin : le philosophe, éclairé par la raison, devient un « flambeau ». Il pense par lui-même et entraîne autrui dans cette voie. Le philosophe allemand E. Kant invite tout homme à la réflexion : « Aie le courage de te servir de ton propre entendement. Voilà la devise des Lumières. »

Pour convertir leurs contemporains, écrivains et philosophes privilégient des formes littéraires attrayantes. L'argumentation s'empare de la fiction pour mieux séduire.

Ex : *Fontenelle, orfèvre en la matière, cisèle une* ***fable*** *convaincante. Voltaire renouvelle l'apologue avec ses* ***contes philosophiques****. Montesquieu choisit le* ***roman épistolaire*** *pour inviter le lecteur à exercer son esprit critique. Diderot réinvente le* ***dialogue*** *philosophique.*

- Ils rédigent aussi **dictionnaires et encyclopédies**. En 1745, l'imprimeur Le Breton décide de commercialiser la *Cyclopaedia* de Chambers (Londres, 1728). Diderot en assurera la traduction et d'Alembert, mathématicien réputé, contrôlera la validité des articles scientifiques. Dès 1747, le projet s'élargit : Diderot rêve de « rassembler les connaissances éparses sur la surface de la terre » et de les organiser. En effet, « ce qui distingue ce dictionnaire [...], c'est l'**ordre** qui l'a fait appeler *Encyclopédie* », c'est-à-dire « enchaînement des connaissances ».

Ex : *L'*Encyclopédie*, qui trie et classe les connaissances, peut légitimement « éclairer » les hommes de bonne volonté, comme le montre le frontispice* (> p. 270).

De 1751 à 1772 sont publiés dix-sept volumes de textes, dix-sept de planches illustrant arts mécaniques et techniques industrielles. On compte soixante mille deux cents articles et deux mille neuf cents gravures.

La diffusion du savoir

- Dans un premier temps, seul le public aristocrate et bourgeois, instruit et cultivé, a accès aux textes des Lumières et en savoure l'esprit.

Ex : *Voltaire relate avec humour la séance de lecture de l'article « Poudre » à la cour, dont le mode de vie est pourtant critiqué par les philosophes* (> p. 278).

- En effet, jusqu'en 1750, un Français sur deux ne sait pas lire. Pourtant, la Bibliothèque bleue, littérature populaire diffusée par des colporteurs, fait passer quelques idées nouvelles. À la fin du siècle, les orateurs révolutionnaires militeront jusqu'à l'épuisement pour que le droit aux lumières de l'instruction s'applique à tous.

Ex : *Condorcet défend avec fougue son projet de droit à l'éducation* (> p. 287).

Les combats des Lumières

- La lumière permet de lutter contre **l'obscurantisme**, c'est-à-dire la bêtise et l'ignorance qui rendent intolérants. C'est un âpre combat : Voltaire connaît l'exil et la prison. Montesquieu doit faire imprimer les *Lettres persanes* en Hollande pour déjouer la censure ; l'*Émile* (1762), de Rousseau, est brûlé en public.
Mais c'est un combat indispensable. Kant nous l'ordonne : « ose savoir ». Car seule la connaissance permet de juger d'une situation en adulte, sans obéir aveuglément, comme un enfant, aux tutelles que sont le roi, la religion ou l'armée.

- La **monarchie absolue,** légitimant son autorité par son origine divine, devient une cible des Lumières. Dans l'article « Autorité » (*Encyclopédie*), Diderot dénonce là un abus de pouvoir. Voltaire propose d'instaurer en France une monarchie parlementaire sur le modèle anglais. Mais seul Rousseau réclame une république où les citoyens vivraient dans la simplicité et la vertu.

- La **religion est elle aussi critiquée**. Peu de philosophes sont athées. Mais, s'ils vénèrent un être supérieur, créateur d'une nature belle et harmonieuse, ils rejettent les rites religieux excessifs, source **d'intolérance et de guerres**. Surtout, les textes sacrés sont soumis à l'examen critique de la raison. Certaines croyances, comme les miracles ou les apparitions surnaturelles, sont alors rejetées comme des **superstitions et des préjugés,** ainsi que l'illustre « La dent d'or » (> p. 274).

Raison et sentiment

- La raison des philosophes n'est pas froide. Elle s'allie à la douceur lumineuse du **sentiment**, qui rend sensible au beau et au bien, voire à un certain **sensualisme, qui célèbre le corps et respecte ses plaisirs**.

Ex : *Dans la « scène des cerises », la vie bonne et heureuse suppose, selon Rousseau, le bien-être du corps, en harmonie avec la nature* (> p. 285).

- Si chaque homme **comprend et ressent** ce qu'on lui fait, alors le faire souffrir physiquement est intolérable. La **torture** fait horreur et **l'esclavage** est dénoncé avec virulence comme inhumain.

Ex : *Montesquieu utilise l'ironie comme une arme redoutable pour dénoncer le* Code noir *et le commerce triangulaire* (> p. 283).

Ex : *Voltaire s'engage dans la défense de Calas et prend position contre l'intolérance religieuse, qui dégénère en fanatisme autorisant la torture* (> p. 280).

- Enfin, l'émergence de cette sensibilité nouvelle permet la naissance d'une idée neuve : **le bonheur**. Sa définition suscite un débat passionné : si Rousseau le caractérise comme une simplicité naturelle retrouvée, Voltaire, dans *Le Mondain*, relie progrès technique et développement économique. Les peuples, prospères, font des affaires et non la guerre. Ils cultivent les plaisirs de la vie.
L'histoire des hommes, signifiant avancée scientifique et technique, progrès de la connaissance et pacification des mœurs, n'est plus le récit d'une chute mais une marche collective vers le bonheur.

Ex : *Mozart, qui synthétise l'***optimisme** *des Lumières dans une musique légère et joyeuse, chante la lumière d'une aube nouvelle* (> p. 273).

La Flûte enchantée, de W. A. MOZART (1756-1791), opéra en deux actes (Théâtre royal de la Monnaie, Bruxelles, 2005).

Littérature et société

Les salons littéraires

Histoire des salons

- **L'origine des salons** remonte au **XVIIe siècle**. Des femmes issues de l'aristocratie ou de la grande bourgeoisie reçoivent dans leur hôtel particulier les esprits les plus brillants de leur siècle. Elles cherchent à déplacer le centre intellectuel et artistique de la cour à la ville, mais également à affirmer les prérogatives féminines dans le domaine de l'esprit.
Les salons sont des espaces privés. La fréquence, le choix des invités, le protocole, dépendent entièrement de la volonté de la maîtresse de maison.

- Dans les salons se développe un idéal d'élégance qui mène à la **préciosité**. Ce mouvement érige le raffinement vestimentaire, verbal et amoureux en un système de codes très complexes.
L'un des salons les plus célèbres du XVIIe siècle est celui de **Mme de Scudéry**, auteur de *Clélie, histoire romaine*, l'une des œuvres emblématiques de la préciosité.

- **Le XVIIIe est l'âge d'or** des salons qui prennent, avec l'avènement de la Révolution, une orientation de plus en plus politique : c'est là que se construit l'opinion.

- **La vogue des salons** se poursuit néanmoins au **XIXe siècle**, avec ceux de **Mme de Staël** ou de **Mme de Récamier**, mais les salons littéraires, sur le modèle des XVIIe et XVIIIe siècles, disparaissent progressivement.

- **Au début du XXe siècle**, quelques salons subsistent encore à Paris, celui de **Gertrude Stein** notamment, qui reçoit des artistes d'avant-garde comme Picasso, mais leur déclin s'accélère et ils finissent par disparaître complètement après la Seconde Guerre mondiale.

Les salons au XVIIIe siècle

- Dans une société où les écrits sont contrôlés, et passés au crible de la censure, apparaissent des espaces où la parole se fait plus libre. Les **cafés**, **clubs** littéraires, mais surtout les salons, permettent la circulation d'idées nouvelles.
Les salons du XVIIIe siècle réunissent une grande diversité d'esprits : écrivains, philosophes, scientifiques, artistes font partie des invités privilégiés. Ils constituent un moyen efficace pour les écrivains de faire connaître leurs textes, leurs idées, mais également de trouver des soutiens politiques et financiers. **Mme Geoffrin**, l'une des grandes salonnières au XVIIIe siècle, soutient financièrement l'aventure de l'*Encyclopédie*, de même que **Julie de Lespinasse**.
Le salon de **Mme de Tencin**, mère de D'Alembert, reçoit nombre de philosophes ou d'écrivains comme l'abbé Prévost.
Les conversations littéraires et philosophiques brillantes ne constituent qu'une partie de l'activité des salons qui sont aussi des lieux de mondanité où les invités peuvent manger, écouter de la musique ou se divertir par des jeux de société.

- Les salons ont joué un rôle important dans la diffusion des idées des Lumières. Les salonnières contribuaient à légitimer socialement les grands esprits en les recevant. La célébrité des hommes était tout aussi importante que celle des idées, et si Voltaire a su s'imposer comme l'un des plus grands esprits des Lumières, c'est en partie grâce à sa fréquentation des salons.

Anicet Charles Gabriel LEMONNIER (1743-1824), *Lecture de la tragédie de Voltaire*, L'Orphelin de la Chine, *dans le salon de Mme Geoffrin en 1755*, 1812, huile sur toile, 129,5 × 196 cm (Château de Malmaison, Rueil-Malmaison).

Sont représentés entre autres sur ce tableau : à l'arrière-plan, Marivaux, Rousseau, la statue de Voltaire, Diderot ; au premier rang, de droite à gauche, Montesquieu, Fontenelle, Mme Geoffrin, d'Alembert (derrière le bureau), Mlle de Lespinasse et Buffon.

Séquence

16 La parole au service de la justice

À la tribune, l'orateur doit trouver les mots et les gestes pour gagner l'auditoire à sa cause. La rhétorique offre des techniques. Sont-elles efficaces ? Sont-elles morales ?

Objectifs

- Comprendre l'efficacité des stratégies argumentatives
- Se familiariser avec la tradition rhétorique

MÉTHODES p. 389

Travailler en autonomie Fiches 10, 11

Lire et analyser Fiches 15, 16, 17

Analyser une œuvre dans son contexte :
Argumenter aux XVIIe et XVIIIe siècles Fiches 22, 23

Connaître un genre littéraire :
Genres et formes de l'argumentation Fiches 41, 42, 44

S'initier aux épreuves du baccalauréat Fiches 49, 50, 51, 52, 53, 54

Étude de la langue Fiches 56, 57, 58, 59

Histoire des arts

Nicolas Poussin, *Le Jugement de Salomon*, 1649

Au début de son règne, Salomon, fils du roi David, émerveilla son peuple par sa sagesse d'inspiration divine. Ainsi, l'épisode du jugement fait de lui un modèle de bon roi. Imitateur des Anciens, préoccupé par la vocation morale et spirituelle de la peinture, Poussin compose ce tableau.

Style bas, style moyen et style élevé

L'orateur s'adapte à l'auditoire et au sujet. L'enseignement implique une langue simple, le style bas des entretiens familiers. Pour plaire, le discours s'orne de figures, avec naturel. Le style moyen convient à la correspondance, à la conversation, aux traités. Pour émouvoir et édifier, le style devient majestueux. Ce style aux figures nobles apparaît dans la tragédie, l'épopée, ou les scènes bibliques. La parole sublime ravit les âmes par la grâce ou l'effroi sacré.

Biographie
p. 566

Contexte artistique et historique

L'ÉLOQUENCE DE LA PEINTURE CLASSIQUE

Comme les poètes, les peintres français du XVIIe siècle se veulent fidèles aux modèles de **beauté de l'Antiquité**, fondés sur l'**équilibre** et la **justesse des proportions**. La peinture, compte tenu de sa **portée morale**, est fortement hiérarchisée. Les scènes de genre en style bas représentent la vie quotidienne dans sa simplicité. Les figures très réalistes, comme *Le Jeune Mendiant* de Murillo (> p. 294), ne sont pas les plus fréquentes. Les sujets les plus prisés, appartenant au « grand genre », sont l'histoire sainte, les mythes ou l'histoire antique et l'histoire de France avec ses grands personnages.

Convaincu de la vocation morale et spirituelle de la peinture, Poussin développe une conception exigeante de son art et imprime pour longtemps son idéal sur la peinture classique.

En effet, la **composition** de ses tableaux garantit une grande lisibilité. Les personnages sont souvent placés dans un décor de pastorale[1], ou dans un espace structuré par les formes de l'architecture antique. Leurs gestes expressifs sont ceux de l'éloquence et du théâtre. Les passions y sont toujours équilibrées entre elles, sans excès, et l'action représentée est orientée vers la révélation du bien, du beau et du vrai.

1. Inspirée des prés de l'Arcadie (Grèce) peuplée de bergers heureux. La pastorale est à la fois un lieu et un sujet de méditation, nostalgique de l'Âge d'or.

Nicolas POUSSIN (1594-1655), *Le Jugement de Salomon*, 1649, huile sur toile, 101 × 150 cm (Musée du Louvre).

L'éloquence de la peinture

LECTURE DE L'IMAGE

Un exemple illustre

1 @ RECHERCHE Quel moment crucial du passage biblique (I, *Rois*, 3, 16) est représenté ici ? Pourquoi ce choix est-il significatif ?

2 Informez-vous sur la réputation de juge de Salomon. Le tableau est-il anecdotique ou le roi y tient-il un rôle exemplaire ?

La lisibilité des gestes

3 Caractérisez Salomon en décrivant son attitude, ses gestes, l'expression du visage, sa tenue et sa position. Quels aspects du personnage le peintre a-t-il soulignés ?

4 Commentez les gestes, le teint et les expressions des deux femmes. Reconnaît-on spontanément la vraie mère ? Laquelle semble animée d'une passion mauvaise ?

5 Que ressentent manifestement les autres personnages autour de la scène ?

Une composition puissante

6 Où convergent les lignes de fuite ? Dessinez les lignes de force du tableau. Que mettent-elles en valeur, en opposition ? Fiche 17 **Lecture de l'image fixe**

7 Décrivez le décor et surtout le trône de Salomon. Pourquoi constitue-t-il un symbole éloquent de la personnalité du roi ?

ÉCRITURE

Argumentation

Le verbe « décider » vient du latin *decaedo* qui signifie, au sens propre, « trancher », « couper en deux ». Juger et décider, est-ce forcément trancher dans le vif ? Comment ce tableau, muet, parle-t-il de la justice en jouant sur la réflexion et les émotions ?

Invention

Imaginez une scène de théâtre à partir de ce tableau, en donnant la parole à cinq personnages différents. Les répliques et didascalies traduiront l'atmosphère de la scène. Fiche 34 **La parole**

La parole peut-elle changer les esprits et les cœurs ?

Histoire littéraire p. 314
Repères historiques p. 554, 558

1. Évangile selon saint Luc, « Le mauvais riche et le pauvre Lazare »

MURILLO (1618-1682), *Le Jeune Mendiant*, vers 1645-1650, huile sur toile (Musée du Louvre, Paris).

[Jésus disait encore à ses disciples :] Il y avait un homme riche qui se revêtait de pourpre et de lin fin et faisait chaque jour brillante chère[1]. Et un pauvre, nommé Lazare, gisait près de son portail, tout couvert d'ulcères[2]. Il aurait bien voulu se rassasier de ce qui tombait de la table du riche... Bien plus, les chiens eux-mêmes venaient lécher ses ulcères. Or il advint que le pauvre mourut et fut emporté par les anges dans le sein d'Abraham. Le riche aussi mourut, et on l'ensevelit.

Dans l'Hadès[3], en proie à des tortures, il lève les yeux et voit de loin Abraham, et Lazare en son sein. Alors il s'écria : « Père Abraham, aie pitié de moi et envoie Lazare tremper dans l'eau le bout de son doigt pour me rafraîchir la langue, car je suis tourmenté dans cette flamme. » Mais Abraham dit : « Mon enfant, souviens-toi que tu as reçu tes biens pendant ta vie, et Lazare pareillement ses maux ; maintenant ici il est consolé, et toi, tu es tourmenté. Ce n'est pas tout : entre nous et vous un grand abîme a été fixé, afin que ceux qui voudraient passer d'ici vers vous ne le puissent, et qu'on ne traverse pas non plus de là-bas chez nous. »

Évangile selon saint Luc, Chapitre 16, versets 19-26, traduction La Bible de Jérusalem © Les Éditions du Cerf, 1973.

1. Menait joyeuse vie.
2. Plaies.
3. Dieu des enfers dans la mythologie grecque. Ici le séjour des morts.

2. Jacques Bénigne Bossuet, Carême du Louvre, « Sermon du mauvais riche », 1662

Donc, dans l'âme de ce mauvais riche et de ses cruels imitateurs, où la raison a perdu l'empire, où les lois n'ont plus de vigueur, l'ambition, l'avarice, la délicatesse, toutes les autres passions, troupe mutine et emportée, font retentir de toutes parts un cri séditieux[1], où l'on n'entend que ces mots : « Apporte, apporte : *Dicentes : Affer, affer* »[2] : apporte toujours de l'aliment à l'avarice ; apporte une somptuosité plus raffinée à ce luxe curieux et délicat ; apporte des plaisirs plus exquis à cet appétit dégoûté par son abondance. Parmi les cris furieux de ces pauvres imprudents et insatiables,

1. Rebelle.
2. « Disant : "Apporte ! apporte !" », *Proverbes*, XXX, 15.

se peut-il faire que vous entendiez la voix languissante des pauvres qui tremblent devant vous, qui sont honteux de leur misère, accoutumés à la surmonter par un travail assidu ? C'est pourquoi ils meurent de faim ; oui, Messieurs, ils meurent de faim dans vos terres, dans vos châteaux, dans les villes, dans les campagnes, à la porte et aux environs de vos hôtels : nul ne court à leur aide. Hélas ! ils ne vous demandent que le superflu, quelques miettes de votre table, quelques restes de votre grande chère. Mais ces pauvres que vous nourrissez trop bien au-dedans épuisent tout votre fonds.

J. B. BOSSUET, *Carême du Louvre*, « Sermon du mauvais riche », 1662.

3. Victor Hugo, *Discours devant l'Assemblée législative*, 1849

Il y a dans Paris, dans ces faubourgs de Paris que le vent de l'émeute soulevait naguère si aisément, il y a des rues, des maisons, des cloaques[1], où des familles, des familles entières, vivent pêle-mêle, hommes, femmes, jeunes filles, enfants, n'ayant pour couverture, j'ai presque dit pour vêtements, que des monceaux infects de chiffons en fermentation, ramassés dans la fange[2] du coin des bornes, espèce de fumier des villes où des créatures humaines s'enfouissent toutes vivantes pour échapper au froid de l'hiver. *(Mouvement.)*

Voilà un fait. En voulez-vous d'autres ? ces jours-ci, un homme, mon Dieu, un malheureux homme de lettres, car la misère n'épargne pas plus les professions libérales que les professions manuelles, un malheureux homme est mort de faim à la lettre, et l'on a constaté, après sa mort, qu'il n'avait pas mangé depuis six jours. *(Longue interruption.)*

Voulez-vous quelque chose de plus douloureux encore ? Le mois passé, pendant la recrudescence du choléra, on a trouvé une mère et ses quatre enfants qui cherchaient leur nourriture dans les débris immondes et pestilentiels des charniers de Montfaucon[3] ! *(Sensation.)*

Eh bien, Messieurs, je dis que ce sont là des choses qui ne doivent pas être ; je dis que la société doit dépenser toute sa force, toute sa sollicitude, toute son intelligence, toute sa volonté, pour que de telles choses ne soient pas ! Je dis que de tels faits, dans un pays civilisé, engagent la conscience de la société tout entière ; que je m'en sens, moi qui parle, complice et solidaire. *(Mouvement.)*

V. HUGO, *Actes et paroles*, « Discours sur la misère », 1849.

1. Décharge, égouts.
2. Boue, terme à connotation morale péjorative.
3. Lieu où s'éleva un gibet jusqu'au XVIIIe siècle.

1 Quelle est la vocation de la parole dans ces trois discours ?

2 Quelles sont les stratégies de persuasion mises en place par les auteurs ?

3 Quel registre est commun aux textes et au tableau de Murillo ? Quelle image des pauvres ces textes et ce tableau nous livrent-ils ?

1

Cicéron, Première Catilinaire, 63 av. J.-C.

Biographie p. 563

Histoire littéraire p. 314

Aristocrate ruiné et débauché, Catilina conspire pour s'emparer du pouvoir dans la république romaine affaiblie par une série de guerres civiles. Le consul Cicéron, averti par ses alliés, accueille Catilina à la séance du sénat par ces invectives.

Jusqu'à quand enfin, Catilina, vas-tu abuser de notre patience ? Combien de temps encore cet emportement que tu montres ici va-t-il échapper à nos coups ? Jusqu'où s'élancera ton audace sans frein ? Rien, ni les troupes gardant de nuit le Palatin[1], ni les rondes à travers la ville, ni l'anxiété du peuple, ni le rassemblement de tous les gens de bien[2], ni le choix, pour la séance du sénat, de ce lieu si bien défendu, ni le visage et l'expression de ces hommes-ci, rien ne t'a donc ébranlé ? Tes projets sont découverts, ne le comprends-tu pas ? Ta conspiration, déjà entravée par la connaissance qu'en ont tous ces hommes-ci, est maîtrisée, ne le vois-tu pas ? Ce que tu as fait la nuit dernière, ainsi que la précédente, où tu es allé, qui tu as réuni, ce que tu as décidé, crois-tu qu'un seul d'entre nous l'ignore[3] ?

Ô temps ! ô mœurs ! Cela, le sénat le sait, le consul le voit ; néanmoins, cet homme-ci vit. Il vit ? que dis-je ? Il vient au sénat, on l'associe à la délibération commune, il marque, il désigne de l'œil chacun de ceux promis parmi nous à l'assassinat. Quant à nous, hommes de cœur, nous croyons faire assez pour l'État si nous échappons à son comportement et à ses poignards. C'est à la mort, Catilina, que, sur ordre du consul, on aurait déjà dû te mener ; c'est sur toi qu'auraient dû s'abattre les malheurs que tu ourdis[4] depuis longtemps contre nous tous.

CICÉRON, *In Catilinam oratio prima*, traduction Michel Magnien © Librairie Générale Française – Le Livre de Poche, 1992.

Statue de Cicéron devant le palais de justice de Rome.

1. Colline la plus élevée de Rome, qui domine le Forum et le temple de Jupiter Stator où Cicéron a convoqué le Sénat ce jour-là (lieu symbolique et « bien défendu »).
2. Partisans de Cicéron et de la République, qui le protègent aussi physiquement.
3. Cicéron a été informé de la conspiration par des amis et des documents compromettants.
4. Faire des préparatifs avec une mauvaise intention.

L'arme de la parole

LECTURE DU TEXTE

1 Identifiez les destinataires du discours et caractérisez la manière dont Cicéron leur parle ou les évoque. Comment ce discours vise-t-il à agir sur eux ?

Fiche 56 L'énonciation

2 Observez la construction, les modalités, le rythme des phrases : comment l'indignation est-elle rendue ?

Fiche 44 La variété des registres dans l'argumentation

3 Quel scandale Cicéron dénonce-t-il ? Analysez les liens logiques explicites ou implicites du deuxième paragraphe.

4 Quel est le rôle de l'**exorde** (> Histoire littéraire p. 314) par rapport à tout le discours ? Quels sont les risques d'un début immédiatement enflammé ?

VERS L'ORAL

DÉBAT À quelles conditions l'attaque violente contre un adversaire a-t-elle sa place en république ? En groupe, trouvez différents arguments et organisez un débat.

2

William Shakespeare, Jules César, 1599

Biographie p. 566
Du même auteur p. 223
Histoire littéraire p. 314

César vient d'être assassiné par Brutus et ses alliés républicains. Ces derniers viennent de justifier leur geste devant le peuple romain, mais Brutus a accepté qu'Antoine fasse un bref éloge funèbre de son ami défunt. Auprès de la dépouille, il s'adresse à un auditoire houleux.

Acte III, scène 2

LES CITOYENS. – Paix ! holà ! Écoutons-le.

ANTOINE. – Amis, Romains, compatriotes, prêtez-moi l'oreille. Je viens pour ensevelir César, non pour le louer. Le mal que font les hommes vit après eux ; le bien est souvent enterré avec leurs os : qu'il en soit ainsi de César ! Le noble Brutus vous a dit que César était ambitieux : si cela était, c'était un tort grave, et César l'a gravement expié. Ici, avec la permission de Brutus et des autres (car Brutus est un homme honorable[1], et ils sont tous des hommes honorables), je suis venu pour parler aux funérailles de César. Il était mon ami fidèle et juste ; mais Brutus nous dit qu'il était ambitieux, et Brutus est un homme honorable. Il a ramené à Rome nombre de captifs, dont les rançons ont rempli les coffres publics : est-ce là ce qui a paru ambitieux dans César ? Quand le pauvre a gémi, César a pleuré : l'ambition devrait être de plus rude étoffe. Pourtant, Brutus dit qu'il était ambitieux, et Brutus est un homme honorable. Vous avez tous vu qu'aux Lupercales[2] je lui ai trois fois présenté une couronne royale[3], qu'il a refusée trois fois : était-ce là de l'ambition ? Pourtant, Brutus dit qu'il était ambitieux ; et assurément, c'est un homme honorable. Je ne parle pas pour contester ce qu'a déclaré Brutus, mais je suis ici pour dire ce que je sais. Vous l'avez tous aimé naguère, et non sans motif ; quel motif vous empêche donc de le pleurer ? Ô jugement, tu as fui les bêtes brutes, et les hommes ont perdu leur raison !... Excusez-moi : mon cœur est dans le cercueil ; là, avec César, et je dois m'interrompre jusqu'à ce qu'il me soit revenu.

PREMIER CITOYEN. – Il me semble qu'il y a beaucoup de raison dans ce qu'il dit.

DEUXIÈME CITOYEN. – Si tu considères bien la chose, César a été traité fort injustement.

TROISIÈME CITOYEN. – N'est-ce pas, mes maîtres ? Je crains qu'il n'en vienne un pire à sa place.

QUATRIÈME CITOYEN. – Avez-vous remarqué ses paroles ? Il n'a pas voulu prendre la couronne : donc, il est certain qu'il n'était pas ambitieux !

PREMIER CITOYEN. – Si cela est prouvé, quelques-uns le payeront cher.

DEUXIÈME CITOYEN, *désignant Antoine.* – Pauvre âme ! Ses yeux sont rouges comme du feu à force de pleurer.

TROISIÈME CITOYEN. – Il n'y a pas dans Rome un homme plus noble qu'Antoine.

QUATRIÈME CITOYEN. – Maintenant, attention ! Il commence à parler.

ANTOINE. – Hier encore, la parole de César aurait pu prévaloir contre l'univers ; maintenant, le voilà gisant, et il n'est pas un misérable qui daigne lui faire honneur. Ô mes maîtres ! si j'étais disposé à exciter vos cœurs et vos esprits à la révolte et à la fureur, je ferais tort à Brutus et tort à Cassius, qui, vous le savez tous, sont des hommes honorables. Je ne veux pas leur

1. Un homme de bien, conforme à l'idéal romain. Brutus est, selon certains historiens, le fils adoptif de César.
2. Fêtes religieuses commémorant la fondation de Rome.
3. Avant d'être une république (509 av. J.-C.), Rome fut gouvernée par des rois dès sa fondation (753 av. J.-C.). L'accusation de vouloir être roi était gravissime, mais lors des guerres civiles qui marquent la fin de la République, certains commencent à chercher explicitement un pouvoir personnel.

Marlon Brando dans le rôle d'Antoine. Adaptation de *Jules César* par Joseph L. MANKIEWICZ, 1953.

faire tort ; j'aime mieux faire tort au mort, faire tort à vous-mêmes et à moi, que de faire tort à des hommes si honorables. Mais voici un parchemin avec le sceau de César ; je l'ai trouvé dans son cabinet ; ce sont ses volontés dernières. Si seulement le peuple entendait ce testament (pardon ! je n'ai pas l'intention de le lire), tous accourraient pour baiser les plaies de César mort, pour tremper leurs mouchoirs dans son sang sacré, pour implorer même, en souvenir de lui, un de ses cheveux qu'ils mentionneraient en mourant dans leurs testaments et transmettraient comme un précieux legs, à leur postérité !

QUATRIÈME CITOYEN. – Nous voulons entendre le testament ; lisez-le, Marc Antoine.

LES CITOYENS. – Le testament ! le testament ! Nous voulons entendre le testament de César.

ANTOINE. – Ayez patience, chers amis. Je ne dois pas le lire, il ne convient pas que vous sachiez combien César vous aimait. Vous n'êtes pas de bois ni de pierre, vous êtes hommes, pour peu que vous entendiez le testament de César, vous vous enflammeriez, vous deviendriez furieux. Il n'est pas bon que vous sachiez que vous êtes ses héritiers ; car, si vous le saviez, oh, qu'en arriverait-il ?

QUATRIÈME CITOYEN. – Lisez le testament : nous voulons l'entendre, Antoine. Vous nous lirez le testament. Le testament de César !

W. SHAKESPEARE, *Jules César*, Acte III, scène 2, 1599, traduction de François-Victor Hugo, 1872.

Conquérir son auditoire

LECTURE DU TEXTE

Le spectacle de la tribune

1 RECHERCHE Qu'est-ce qu'une **oraison** funèbre ? Aidez-vous de la lecture de cette scène et des textes p. 236 et 253. En quels termes Antoine présente-t-il son objectif ? Fait-il précisément ce qu'il a annoncé ?

2 Dégagez les **arguments** d'Antoine. Pourquoi s'appuie-t-il sur des **exemples** concrets ? Comment utilise-t-il le manteau de César ?

▶ Fiche 41 **Stratégies argumentatives et modes de raisonnement**

Déchaîner les passions

3 Quelles émotions Antoine affiche-t-il ? Commentez les réactions du public.

4 Quels termes répétés par Antoine évoquent l'attitude de Brutus et de ses alliés ? Comment l'auditoire interprète-t-il cette insistance ?

▶ Fiche 44 **La variété des registres dans l'argumentation**

Dire sans dire

5 Comment Antoine procède-t-il pour laisser l'auditoire tirer seul la conclusion de son discours ? Peut-on parler de manipulation ?

6 « Voici un parchemin » (l. 44) : Antoine montre le testament de César. Comment en fait-il passer le contenu ? Nommez cette figure de **rhétorique** et précisez son effet.

HISTOIRE DES ARTS

7 Observez la scène du film de Mankiewicz. Comment le jeu de l'acteur et la construction de l'image rendent-ils sensible la force persuasive d'Antoine ? Présentez oralement vos hypothèses.

ÉCRITURE

Invention

Rédigez la liste de conseils qu'un metteur en scène pourrait adresser au comédien qui doit jouer le rôle d'Antoine : quel travail sur le corps, le geste, la voix, est nécessaire pour cet orateur qui doit affronter une foule ?

3

Antiquité | Moyen Âge | XVIe | **XVIIe** | XVIIIe | XIXe | XXe | XXIe

Théophile de Viau, Œuvres poétiques, 1621-1624

Biographie p. 567

Histoire littéraire p. 314

Repères historiques p. 554

Voici la fin d'une requête adressée au roi en 1619, où Théophile de Viau rappelle le souvenir d'Ovide[1], poète lyrique condamné à l'exil par l'empereur Auguste.

« Ode au roi »

J'ai choisi loin de votre empire
Un vieux désert où des serpents
Boivent les pleurs que je répands
Et soufflent l'air que je respire.
Dans l'effroi de mes longs ennuis[2],
Je cherche, insensé que je suis,
Une lionne en sa colère,
Qui, me déchirant par morceaux,
Laisse mon sang et ma misère
En la bouche des lionceaux.
[...]
Vous, grand roi, si sage et si juste
Qu'on ne voit point de roi pareil,
Suivrez-vous le même conseil
Qui fit jadis faillir Auguste ?
Sa faute offense ses neveux[3]
Et fait perdre beaucoup de vœux
Aux autels qu'on doit à sa gloire ;
Même les astres aujourd'hui
Font les plaintes à sa mémoire[4]
De ce qu'elle a parlé de lui.

Encore dit-on que son ire[5]
L'avait bien justement pressé,
Et qu'Ovide ne fut chassé
Que pour avoir osé médire.
Moi, dont l'esprit mieux arrêté,
D'une si sotte liberté
Ne se trouva jamais capable[6],
Aussitôt que je fus banni,
Je souhaitais d'être coupable
Pour être justement puni.

T. DE VIAU, *Œuvres poétiques*, « Ode au roi », 1621-1624.

Pyrame et Thisbé de Théophile DE VIAU, avec Benjamin Lazar dans le rôle de Pyrame (2009).

1. Au Ier siècle ap. J.-C., auteur des *Amours* et des *Métamorphoses*, mais aussi, avec l'exil au bord de la mer Noire, des *Tristes* et des *Pontiques* devenus des modèles de la poésie élégiaque.
2. Très grande contrariété (sens fort au XVIIe siècle).
3. Petits-enfants, descendants.
4. Postérité.
5. Colère.
6. Je ne fus jamais capable de médire, à la différence d'Ovide.

Supplication ou remontrances ?

LECTURE DU TEXTE

1 Qu'est-ce qui reflète le désespoir du poète dans la première strophe de l'extrait ? Quel en est le **registre** ?

2 « si sage et si juste » (v. 11) : quel miroir ces éloges renvoient-ils au roi ? Dans quel but ?

3 Quel rôle joue le **raisonnement par analogie** entre le roi et Auguste d'une part, Ovide et le poète d'autre part ?

Fiche 41 Stratégies argumentatives et modes de raisonnement

4 Sur quel ton interpréteriez-vous les trois derniers vers ? Que sous-entendent-ils et sur quel paradoxe jouent-ils ?

5 Comment le poète fait-il évoluer le rapport de force qu'il met en place, entre lui et son destinataire, dans ce poème ?

6 Comment la variété des **registres** fait-elle ici de la poésie un véritable discours persuasif ?

Fiche 15 Les registres littéraires

4

Pierre Corneille, Le Cid, 1637

Pour venger l'honneur de son père, Rodrigue a été contraint de tuer le père de Chimène, la femme qu'il aime, et dont il est aimé. Il vient ensuite expliquer son geste à Chimène. Lui tendant son épée, il lui offre réparation au prix de sa vie.

Biographie
p. 563

Du même auteur
p. 146, 156, 166, 194, 198, 201, 210

Histoire littéraire
p. 211, 213, 314

Repères historiques
p. 554

Rodrigue (Gilles Nicoleau) et Chimène (Vanessa Gregory) dans la mise en scène de Thomas Le Douarec (Théâtre de la Madeleine, Paris, 1998).

DON RODRIGUE. – Je fais ce que tu veux, mais sans quitter l'envie
De finir par tes mains ma déplorable vie ;
Car enfin n'attends pas de mon affection
Un lâche repentir d'une bonne action[1].
L'irréparable effet d'une chaleur trop prompte[2]
Déshonorait mon père, et me couvrait de honte.
Tu sais comme un soufflet touche un homme de cœur ;
J'avais part à l'affront, j'en ai cherché l'auteur :
Je l'ai vu, j'ai vengé mon honneur[3] et mon père ;
Je le ferais encor, si j'avais à le faire.
Ce n'est pas qu'en effet contre mon père et moi
Ma flamme assez longtemps n'ait combattu pour toi ;
Juge de son pouvoir : dans une telle offense,
J'ai pu délibérer[4] si j'en prendrais vengeance.

1. Il ne regrettera pas d'avoir fait ce qu'il avait à faire.

2. Le père de Chimène a souffleté (giflé) celui de Rodrigue sous le coup de la colère.

3. Les héros cornéliens obéissent à un code d'honneur chevaleresque ; la « gloire » est ce que l'on se doit à soi-même, selon ce code (> p. 200).

4. Rodrigue évoque sa douloureuse délibération, rythmée par les célèbres stances du héros « réduit au triste choix ou de trahir [s]a flamme / Ou de vivre en infâme » (Acte I, scène 6).

Réduit à te déplaire, ou souffrir un affront,
J'ai pensé qu'à son tour mon bras était trop prompt[5] ;
Je me suis accusé de trop de violence ;
Et ta beauté sans doute emportait la balance[6],
À moins que d'opposer à tes plus forts appas[7]
Qu'un homme sans honneur ne te méritait pas ;
Que, malgré cette part que j'avais en ton âme,
Qui m'aima généreux me haïrait infâme ;
Qu'écouter ton amour, obéir à sa voix,
C'était m'en rendre indigne et diffamer ton choix.
Je te le dis encore ; et quoique j'en soupire,
Jusqu'au dernier soupir je veux bien le redire :
Je t'ai fait une offense, et j'ai dû m'y porter
Pour effacer ma honte, et pour te mériter ;
Mais quitte envers l'honneur, et quitte envers mon père,
C'est maintenant à toi que je viens satisfaire :
C'est pour t'offrir mon sang qu'en ce lieu tu me vois.
J'ai fait ce que j'ai dû, je fais ce que je dois.
Je sais qu'un père mort t'arme contre mon crime ;
Je ne t'ai pas voulu dérober ta victime :
Immole[8] avec courage au sang qu'il a perdu
Celui qui met sa gloire à l'avoir répandu[9].

P. CORNEILLE, *Le Cid*, Acte III, scène 4, 1637.

5. Il a tué le père de Chimène lors de ce duel.
6. « Ta beauté ne pouvait qu'emporter la balance. »
7. Attraits physiques.
8. Sacrifie.
9. Rodrigue « met sa gloire » à avoir vengé son père ; le père de Chimène « arme » celle-ci contre Rodrigue qui doit lui servir de « victime » à « immoler » à sa mémoire.

Amour, gloire et justice

LECTURE DU TEXTE

Un second duel ?

1 Précisez la situation dans laquelle chacun se trouve vis-à-vis de l'autre, en citant des expressions de la tirade. Pourquoi Chimène accepte-t-elle d'écouter l'assassin de son père ?

2 À quels éléments de l'action et à quels symboles l'épée renvoie-t-elle ?

3 Observez les champs lexicaux de l'honneur et de la honte. Quelle représentation du duel cette tirade donne-t-elle ?

Se rendre justice

4 Relevez les occurrences du verbe « devoir » à la fin de la tirade : comment est-il mis en valeur ?

5 En suivant la **structure** du discours de Rodrigue (> Histoire littéraire p. 314), précisez les arguments qu'il avance pour se justifier aux yeux de Chimène.

6 Quels vers ou quelles suites de vers sont dominés par un rythme binaire, des **parallélismes** et des **antithèses** ? Dégagez-en les différents effets de sens dans l'argumentation de Rodrigue.

Fiche 16 Les figures de styles

Se faire justice ?

7 Rodrigue se désigne, ainsi que Chimène, à la troisième personne (v. 22 et 36) : quel est l'effet de ce changement dans les **pronoms** ?

Fiche 58 Le pronom

8 Quelle image Rodrigue veut-il surtout donner de lui dans le dernier vers de sa tirade ?

9 Est-il **vraisemblable** et **bienséant** que Chimène fasse ce que lui demande Rodrigue ? Quels sens peut donc avoir cette requête, vis-à-vis de Chimène comme devant les spectateurs ?

Fiche 20 Le classicisme
Fiche 36 Le tragique et la tragédie

ÉCRITURE

Vers le commentaire

RECHERCHE Lisez les stances de Rodrigue (Acte I, scène 6) et comparez l'expression du déchirement dans son monologue et dans cette tirade.

Rédigez un commentaire de cette tirade, en montrant d'abord combien la situation est extraordinaire et héroïque, puis en analysant l'argumentation déployée par Rodrigue.

5

Denis Diderot, *Supplément au voyage de Bougainville*, 1772

Le récit du voyage de Bougainville à Tahiti (1771) connaît une grande vogue et brosse un tableau édénique de l'île. Diderot s'en inspire pour créer une fiction où il donne la parole aux « sauvages »[1]. Ainsi, un vieillard de l'île adresse cette diatribe[2] aux Occidentaux venus semer le trouble chez les siens.

Biographie p. 563

Du même auteur p. 251, 275, 276, 277, 322

Histoire littéraire p. 288, 314

Repères historiques p. 556

Puis s'adressant à Bougainville, il ajouta : « Et toi, chef des brigands qui t'obéissent, écarte promptement ton vaisseau de notre rive : nous sommes innocents, nous sommes heureux ; et tu ne peux que nuire à notre bonheur. Nous suivons le pur instinct de la nature ; et tu as tenté d'effacer de nos âmes son caractère. Ici tout est à tous ; et tu nous as prêché je ne sais quelle distinction du *tien* et du *mien*. Nos filles et nos femmes nous sont communes ; tu as partagé ce privilège avec nous ; et tu es venu allumer en elles des fureurs inconnues. Elles sont devenues folles dans tes bras ; tu es devenu féroce entre les leurs. Elles ont commencé à se haïr ; vous vous êtes égorgés pour elles ; et elles nous sont revenues teintes de votre sang. Nous sommes libres ; et voilà que tu as enfoui dans notre terre le titre de notre futur esclavage[3]. Tu n'es ni un dieu ni un démon : qui es-tu donc pour faire des esclaves ? Orou[4], toi qui entends la langue de ces hommes-là, dis-nous à tous, comme tu me l'as dit à moi-même, ce qu'ils ont écrit sur cette lame de métal : *Ce pays est à nous*. Ce pays est à toi ! et pourquoi ? parce que tu y as mis le pied ? Si un Otaïtien débarquait un jour sur vos côtes et qu'il gravât sur une de vos pierres ou sur l'écorce d'un de vos arbres : *Ce pays est aux habitants d'Otaïti*, qu'en penserais-tu ? Tu es le plus fort ! Et qu'est-ce que cela fait ? Lorsqu'on t'a enlevé une des méprisables bagatelles[5] dont ton bâtiment est rempli, tu t'es récrié, tu t'es vengé ; et dans le même instant tu as projeté au fond de ton cœur le vol de toute une contrée ! Tu n'es pas esclave : tu souffrirais plutôt la mort que de l'être, et tu veux nous asservir ! Tu crois donc que l'Otaïtien ne sait pas défendre sa liberté et mourir ? Celui dont tu veux t'emparer comme de la brute, l'Otaïtien est ton frère. Vous êtes deux enfants de la nature ; quel droit as-tu sur lui qu'il n'ait pas sur toi ? Tu es venu ; nous sommes-nous jetés sur ta personne ? avons-nous pillé ton vaisseau ? t'avons-nous saisi et exposé aux flèches de nos ennemis ? t'avons-nous associé dans nos champs au travail de nos animaux ? Nous avons respecté notre image en toi. Laisse-nous nos mœurs ; elles sont plus sages et plus honnêtes que les tiennes ; nous ne voulons point troquer ce que tu appelles notre ignorance, contre tes inutiles lumières. Tout ce qui nous est nécessaire et bon, nous le possédons. Sommes-nous dignes de mépris, parce que nous n'avons pas su nous faire des besoins superflus ? Lorsque nous avons faim, nous avons de quoi manger ; lorsque nous avons froid, nous avons de quoi nous vêtir. Tu es entré dans nos cabanes, qu'y manque-t-il à ton avis ? Poursuis jusqu'où tu voudras ce que tu appelles commodités de la vie ; mais permets à des êtres sensés de s'arrêter, lorsqu'ils n'auraient à obtenir de la continuité de leurs pénibles efforts, que des biens imaginaires. Si tu nous persuades de franchir l'étroite limite du besoin, quand finirons-nous de travailler ? Quand jouirons-nous ? Nous avons rendu la somme de nos fatigues annuelles et journalières la moindre qu'il était possible, parce que rien ne nous paraît préférable au repos. Va dans ta contrée t'agiter, te tourmenter tant que tu voudras ; laisse-nous reposer : ne nous entête ni de tes besoins factices[6], ni de tes vertus chimériques. »

D. DIDEROT, *Supplément au voyage de Bougainville*, 1772.

1. Diderot s'inspire ici d'un dialogue où Jean de Léry faisait intervenir un vieillard dans son *Histoire d'un voyage fait en terre du Brésil* (1557).
2. Critique violente.
3. Les Français ont enfoui dans la terre une plaque commémorative célébrant leur prise de possession de la Polynésie.
4. Tahitien, interprète.
5. Objets de peu de valeur et frivoles.
6. Artificiels.

Paul GAUGUIN (1848-1903), *Nave nave moe (Les Doux Rêves)*, 1894, huile sur toile, 98 × 73 cm (Musée de L'Ermitage, Saint-Pétersbourg).

Le choc des cultures

LECTURE DU TEXTE

Un réquisitoire solide

1 Qui désignent les pronoms « je », « tu », « nous » ? Quel rôle le vieillard se donne-t-il ?

Fiche 56 **L'énonciation**

2 Reformulez la thèse du vieillard et ses principaux arguments.

3 Comment les Français apparaissent-ils dans les propos du vieillard ? Quelles connotations révèlent leur indignité ?

Fiche 42 **Éloge et blâme**

Les frères ennemis

4 Comment le portrait et le mode de vie des Otaïtiens sont-ils opposés à ceux des Français ? Analysez la syntaxe, le lexique et ses connotations.

5 Qu'est-ce qui devrait pourtant rapprocher les deux peuples ? Relevez trois termes explicites.

L'éloquence du sauvage

6 Qu'est-ce qui donne de la force et de l'autorité au discours du vieillard ? Étudiez les modes verbaux.

Fiche 59 **Le verbe**

7 Commentez l'expression « tes inutiles lumières » (l. 30-31).

8 Quelles modalités de phrases sont fréquentes et persuasives ?

Fiche 44 **La variété des registres dans l'argumentation**

9 Comment la rareté des connecteurs argumentatifs des lignes 23 à 31 est-elle compensée ? Pour quel effet ?

ÉCRITURE

Vers le commentaire

Rédigez pour cet extrait le développement du commentaire. Après avoir expliqué comment le vieillard confronte deux systèmes de valeurs antithétiques, vous montrerez ses qualités d'orateur.

@ RECHERCHE Qu'a incarné Bougainville pour les contemporains de Diderot ? À l'aide de ces informations, rédigez l'introduction de votre commentaire.

HISTOIRE DES ARTS

En vous renseignant sur le rêve paradisiaque de Gauguin, comparez le tableau au texte pour rédiger l'ouverture de votre conclusion.

6

Voltaire, *Traité sur la tolérance*, 1763

Texte 1

Biographie
p. 567

Du même auteur
p. 257, 272, 278, 280, 284, 286

Histoire littéraire
p. 288, 314

Repères historiques
p. 556

En mars 1762, Voltaire apprend le supplice du protestant Jean Calas, accusé d'avoir assassiné son fils qui aurait voulu se convertir au catholicisme. Ses convictions de philosophe lui font prendre fait et cause pour réhabiliter la famille Calas, victime d'une erreur judiciaire commise par le Parlement[1] de Toulouse, où règnent les passions religieuses. Le Traité sur la tolérance *réunit les lettres de l'affaire et ses réflexions.*

Abrégé de la mort de Jean Calas

Il paraissait impossible que Jean Calas, vieillard de soixante-huit ans, qui avait depuis longtemps les jambes enflées et faibles, eût seul étranglé et pendu un fils âgé de vingt-huit ans, qui était d'une force au-dessus de l'ordinaire ; il fallait absolument qu'il eût été assisté dans cette exécution par sa femme, par son fils Pierre Calas, par Lavaisse[2] et par la servante[3]. Ils ne s'étaient pas quittés un seul moment le soir de cette fatale aventure. Mais cette supposition était encore aussi absurde que l'autre : car comment une servante zélée catholique aurait-elle pu souffrir que des huguenots[4] assassinassent un jeune homme élevé par elle pour le punir d'aimer la religion de cette servante ? Comment Lavaisse serait-il venu exprès de Bordeaux pour étrangler son ami dont il ignorait la conversion prétendue ? Comment une mère tendre aurait-elle mis les mains sur son fils ? Comment tous ensemble auraient-ils pu étrangler un jeune homme aussi robuste qu'eux tous, sans un combat long et violent, sans des cris affreux qui auraient appelé tout le voisinage, sans des coups réitérés, sans des meurtrissures, sans des habits déchirés.

Il était évident que, si le parricide[5] avait pu être commis, tous les accusés étaient également coupables, parce qu'ils ne s'étaient pas quittés d'un moment ; il était évident qu'ils ne l'étaient pas ; il était évident que le père seul ne pouvait l'être ; et cependant l'arrêt condamna ce père seul à expirer sur la roue.

1. Sous l'Ancien Régime, les Parlements sont des cours de justice. L'affaire fut mal examinée, les pièces contradictoires, et la pression de l'opinion publique très forte ; la condamnation de Calas fut votée à une voix près et l'on voulut le faire abjurer sur l'échafaud.

Jacques Louis DAVID (1748-1825), *Les Licteurs rapportent à Brutus les corps de ses fils*, 1789, huile sur toile, 3,23 × 4,22 m (Musée du Louvre).

Le motif de l'arrêt était aussi inconséquent que tout le reste. Les juges qui étaient décidés pour le supplice de Jean Calas persuadèrent aux autres que ce vieillard faible ne pourrait résister aux tourments, et qu'il avouerait sous les coups des bourreaux son crime et celui de ses complices. Ils furent confondus, quand ce vieillard, en mourant sur la roue, prit Dieu à témoin de son innocence, et le conjura de pardonner à ses juges.

Ils furent obligés de rendre un second arrêt contradictoire avec le premier, d'élargir la mère, son fils Pierre, le jeune Lavaisse et la servante ; mais un des conseillers leur ayant fait sentir que cet arrêt démentait l'autre, qu'ils se condamnaient eux-mêmes, que tous les accusés ayant toujours été ensemble dans le temps qu'on supposait le parricide, l'élargissement de tous les survivants prouvait invinciblement l'innocence du père de famille exécuté, ils prirent alors le parti de bannir Pierre Calas son fils. Ce bannissement semblait aussi inconséquent, aussi absurde que tout le reste : car Pierre Calas était coupable ou innocent du parricide ; s'il était coupable, il fallait le rouer comme son père ; s'il était innocent, il ne fallait pas le bannir.

VOLTAIRE, *Traité sur la tolérance*, Chapitre 1, « Abrégé de la mort de Jean Calas », 1763.

2. Un ami de la famille, originaire de Bordeaux et présent ce soir-là.

3. La servante des Calas était catholique.

4. Protestants.

5. Meurtre d'un membre de sa propre famille.

Texte 2

En 1762, Voltaire, qui a réuni des documents auprès des Calas pour défendre leur cause, rédigea ce Mémoire, signé Donat Calas, l'un des fils, absent lors du drame.

Tous les zélés[1] voulaient déposer[2] ; l'un avait vu dans l'obscurité, à travers le trou de la serrure de la porte, des hommes qui couraient ; l'autre avait entendu, du fond d'une maison éloignée à l'autre bout de la rue, la voix de Calas, qui se plaignait d'avoir été étranglé.

Un peintre, nommé Matei, dit que sa femme lui avait dit qu'une nommée Mandrille lui avait dit qu'une inconnue lui avait dit avoir entendu les cris de Marc-Antoine Calas à une autre extrémité de la ville.

VOLTAIRE, *Mémoire de Donat Calas pour son père, sa mère et son frère*, 1762.

1. Croyant fanatique.

2. Témoigner.

Démasquer l'injustice

LECTURE DES TEXTES

Une invraisemblable logique

1 Analysez la nature des témoignages rapportés et montrez comment est suggérée l'origine de la rumeur (texte 2).

2 Montrez comment les raisonnements dépendent logiquement les uns des autres dans les paragraphes 1 et 2 (texte 1).

3 Comment, en même temps, sont-ils tous retournés et transformés en raisonnement par l'absurde, au service de la dénonciation ?

4 Quelles émotions suscite le relevé factuel des actes atroces ?

Un contre-raisonnement éclairé

5 Comment fonctionne l'alternance entre le discours des mauvais juges et celui du narrateur ?

Fiche 31 **Le discours rapporté**

6 Que produit la répétition de la formule « Il était évident que » ? À quels registres recourt Voltaire dans son réquisitoire contre les juges ?

Fiche 44 **La variété des registres dans l'argumentation**

7 Quels sont les principaux arguments qui permettent à Voltaire d'affirmer l'innocence de Jean Calas et la culpabilité des juges ?

HISTOIRE DES ARTS

8 Renseignez-vous sur le *Brutus* de Voltaire et le tableau de David, puis confrontez les deux traitements de l'assassinat d'un fils dans deux systèmes de valeurs différents. Comment les émotions sont-elles représentées ou suscitées ?

ÉCRITURE

Argumentation

Rédigez un plaidoyer dans lequel vous démontrerez, à l'aide d'arguments rigoureusement articulés, que les témoignages ne peuvent être retenus contre Jean Calas.

ORAL

RECHERCHE Renseignez-vous sur les affaires du chevalier de La Barre et Sirven. Exposez les faits qui étaient reprochés à ces victimes d'injustices et le rôle de Voltaire, en le replaçant dans le contexte des Lumières.

Séquence 15 **Lumières de la raison**

7 Émile Zola, *Lettre à la jeunesse*, 1897

Cette lettre paraît en brochure le 14 décembre 1897. Devant l'inefficacité des preuves de l'innocence de Dreyfus, Zola se tourne vers l'opinion publique, notamment vers la jeunesse.

Biographie
p. 567

Du même auteur
p. 25, 32, 46, 53, 64, 66, 70, 74, 76, 82, 84, 134

Histoire littéraire
p. 314

Repères historiques
p. 558

Ô jeunesse, jeunesse ! Je t'en supplie, songe à la grande besogne qui t'attend. Tu es l'ouvrière future, tu vas jeter les assises[1] de ce siècle prochain, qui, nous en avons la foi profonde, résoudra les problèmes de vérité et d'équité[2] posés par le siècle finissant. Nous, les vieux, les aînés, nous te laissons le formidable amas de notre enquête, beaucoup de contradictions et d'obscurités peut-être, mais à coup sûr l'effort le plus passionné que jamais siècle ait fait vers la lumière, les documents les plus honnêtes et les plus solides et les fondements mêmes de ce vaste édifice de la science que tu dois continuer à bâtir pour ton honneur et pour ton bonheur.

Et nous ne te demandons que d'être encore plus généreuse, plus libre d'esprit, de nous dépasser par ton amour de la vie normalement vécue, par ton effort mis entier dans le travail, cette fécondité des hommes et de la terre qui saura bien faire enfin pousser la débordante moisson de joie, sous l'éclatant soleil. Et nous te céderons fraternellement la place, heureux de disparaître et de nous reposer de notre part de tâche accomplie, dans le bon sommeil de la mort, si nous savons que tu nous continues et que tu réalises nos rêves.

Jeunesse, jeunesse ! Souviens-toi des souffrances que tes pères ont endurées, des terribles batailles où ils ont dû vaincre, pour conquérir la liberté dont tu jouis à cette heure. Si tu te sens indépendante, si tu peux aller et venir à ton gré, dire dans la presse ce que tu penses, avoir une opinion et l'exprimer publiquement, c'est que tes pères ont donné de leur intelligence et de leur sang. Tu n'es pas née sous la tyrannie, tu ignores ce que c'est que de se réveiller chaque matin avec la botte d'un maître sur la poitrine, tu ne t'es pas battue pour échapper au sabre du dictateur, aux poids faux du mauvais juge. Remercie tes pères, et ne commets pas le crime d'acclamer le mensonge, de faire campagne avec la force brutale, l'intolérance des fanatiques et la voracité des ambitieux. La dictature est au bout.

1. Bases.
2. Justice, respect absolu de ce qui revient à chacun.
3. Gardien de bagnards (très péjoratif).

Félix VALLOTTON (1865-1925),
Le Cri de Paris, n° 52, 23 janvier 1898.

LEXIQUE : Le vocabulaire de l'engagement

- **Dictature** : régime où un seul homme use du pouvoir sans rendre de compte.
- **Justice** : dans le contexte du dreyfusisme, ce terme désigne particulièrement le strict respect des procédures judiciaires.
- **Liberté** : capacité à disposer de soi et de son destin. Zola lie ce terme à l'avènement du régime républicain.
- **Tyrannie** : (péjoratif) pouvoir arbitraire et oppressif. Zola fait allusion aux régimes du passé, mais aussi au Second Empire que les républicains ont combattu.

Jeunesse, jeunesse ! Sois toujours avec la justice. [...]

Jeunesse, jeunesse ! Sois humaine, sois généreuse. Si même nous nous trompons, sois avec nous, lorsque nous disons qu'un innocent subit une peine incroyable et que notre cœur révolté s'en brise d'angoisse. Que l'on admette un seul instant l'erreur possible, en face d'un châtiment à ce point démesuré, et la poitrine se serre, les larmes coulent des yeux. Certes, les gardes-chiourme[3] restent insensibles, mais toi, toi qui pleures encore, qui dois être acquise à toutes les misères, à toutes les pitiés ! Comment ne fais-tu pas ce rêve chevaleresque, s'il est quelque part un martyr succombant sous la haine, de défendre sa cause et de le délivrer ?

Qui donc, si ce n'est toi, tentera la sublime aventure, se lancera dans une cause dangereuse et superbe, tiendra tête à un peuple, au nom de l'idéale justice ? Et n'es-tu pas honteuse, enfin, que ce soient des aînés, des vieux qui se passionnent, qui fassent aujourd'hui ta besogne de généreuse folie ?

Où allez-vous, jeunes gens, où allez-vous, étudiants, qui battez les rues, manifestant, jetant au milieu de nos discordes la bravoure et l'espoir de nos vingt ans ?

« Nous allons à l'humanité, à la vérité, à la justice ! »

É. ZOLA, *Lettre à la jeunesse*, 1897.

Alerter l'opinion publique

LECTURE DU TEXTE

« Tu es l'ouvrière future... »

1 Par quelles expressions Zola désigne-t-il ses destinataires ? Sur quel ton s'adresse-t-il à eux ?

2 Quelles qualités Zola associe-t-il à la jeunesse ? À travers quel lexique et quelles **connotations** sont-elles mises en valeur ? Dans quel but ?

3 Faites le plan de cet extrait : quelles missions l'auteur confie-t-il à la jeunesse ? Qu'apportent la **métaphore** de la construction et celle de la croissance végétale (l. 1 à 17) ?

Fiche 16 **Les figures de syle**

Un enseignement passionné

4 Zola oppose-t-il vraiment deux générations ? À qui ou à quoi oppose-t-il plutôt la jeunesse ? Justifiez votre réponse.

5 Quel rôle jouent les phrases interrogatives dans l'argumentation ?

6 Quel **registre** Zola exploite-t-il pour toucher ses lecteurs ?

Valeurs républicaines et rôle des journaux

7 Qui le pronom « nous » désigne-t-il ? Pourquoi Zola l'emploie-t-il ?

8 Qui prononce la dernière phrase du texte ? Pourquoi cette conclusion est-elle frappante ?

ÉCRITURE

Commentaire

Vous rédigerez un commentaire de ce texte, indiquant comment Zola s'attache à emporter l'adhésion de son public (jeune et moins jeune).

Fiches 49, 50, 51 **Vers le commentaire**

Invention

Rédigez un **éditorial** visant à gagner les lecteurs à une cause qui vous tient à cœur. Vous respecterez la forme et l'écriture journalistique, et donnerez à votre texte une ampleur rhétorique, en réinvestissant les éléments étudiés dans le corpus.

ÉDUCATION AUX MÉDIAS

1 Préparez un exposé présentant le rôle des journaux, pendant l'affaire Dreyfus, et notamment de *L'Aurore* où Zola publia « J'accuse ».

Fiche 10 **Préparer un exposé**

2 Quelle est la fonction du journalisme d'opinion par rapport à un journalisme d'information ? Cherchez des exemples.

3 Ce journalisme vous paraît-il utile ou dangereux ? Vous préparerez un débat en construisant des argumentaires en groupe.

Fiche 11 **Préparer un débat**

8 Abbé Pierre, Appel du 1er février 1954

L'hiver 54 est extrêmement rude : des sans-abri risquent la mort. L'abbé Pierre lance cet appel à la solidarité sur Radio Luxembourg. Les dons affluent au-delà de ce qu'il espérait et il peut structurer ses Compagnons d'Emmaüs.

Biographie p. 562

Histoire littéraire p. 314

Repères historiques p. 560

1er février 1954, 1 heure du matin

Mes amis, au secours… Une femme vient de mourir gelée, cette nuit à trois heures, sur le trottoir du boulevard Sébastopol, serrant sur elle le papier par lequel, avant-hier, on l'avait expulsée… Chaque nuit, ils sont plus de deux mille recroquevillés sous le gel, sans toit, sans pain, plus d'un presque nu. Devant tant d'horreur, les cités d'urgence, ce n'est même plus assez urgent !

Écoutez-moi : en trois heures, deux premiers centres de dépannage viennent de se créer : l'un sous la tente au pied du Panthéon, rue de la Montagne-Sainte-Geneviève ; l'autre à Courbevoie. Ils regorgent déjà, il faut en ouvrir partout. Il faut que ce soir même, dans toutes les villes de France, dans chaque quartier de Paris, des pancartes s'accrochent sous une lumière dans la nuit, à la porte de lieux où il y ait couvertures, paille, soupe, et où l'on lise sous ce titre « Centre fraternel de dépannage », ces simples mots : « Toi qui souffres, qui que tu sois, entre, dors, mange, reprends espoir, ici on t'aime. »

La météo annonce un mois de gelées terribles. Tant que dure l'hiver, que ces centres subsistent. Devant leurs frères mourant de misère, une seule opinion doit exister entre hommes : la volonté de rendre impossible que cela dure. Je vous en supplie, aimons-nous assez tout de suite pour faire cela. Que tant de douleur nous ait rendu cette chose merveilleuse : l'âme commune de la France. Merci !

Chacun de vous peut venir en aide aux « sans-abri ». Il nous faut pour ce soir, et au plus tard pour demain : cinq mille couvertures, trois cents grandes tentes américaines, deux cents poêles catalytiques.

Déposez-les vite à l'hôtel Rochester, 92 rue de La Boétie. Rendez-vous des volontaires et des camions pour le ramassage, ce soir à 23 heures, devant la tente de la rue de la Montagne-Sainte-Geneviève. Grâce à vous, aucun homme, aucun gosse ne couchera ce soir sur l'asphalte ou sur les quais de Paris.

Merci !

Archives Emmaüs International/ANMT Roubaix.

Toucher la raison et les cœurs

ÉDUCATION AUX MÉDIAS

1 @RECHERCHE Précisez l'image de l'abbé Pierre et le type d'autorité qui donnent du poids à sa parole.

2 Montrez que ce discours radiophonique est construit, en dégageant sa structure et la progression de l'argumentation.

3 Sur quelles valeurs repose l'efficacité de la persuasion de l'abbé Pierre ?

4 Comment les destinataires sont-ils amenés à se sentir concernés ?

5 @RECHERCHE Quels autres discours radiophoniques célèbres ont marqué l'histoire ?

LECTURE DU TEXTE

6 Le **registre pathétique** est-il très représenté ? Peut-on parler d'**hyperboles** au sujet de cette description de la misère ? Quel est plutôt le rôle des données concrètes ?

7 SYNTHÈSE Lisez les textes p. 294-295 et observez le tableau de Murillo, ainsi que l'image ci-contre. Quelles sont les ressources du discours écrit ou visuel pour toucher la raison et les cœurs, sans humilier quiconque ? Vous organiserez votre réponse en trois paragraphes, en détaillant les arguments rationnels, l'appel aux émotions, et l'image de l'orateur.

9 Analyser une publicité engagée

Histoire littéraire p. 314
Repères historiques p. 560

Pour sensibiliser à la misère ordinaire, le Secours populaire a organisé un concours d'affiches. En effet, la publicité est partout et façonne notre façon de penser. Aussi, les associations, craignant les discours ennuyeux, n'ont plus peur de l'utiliser. Le but est d'informer un large public et de l'inciter à refuser une situation injuste.

Adrien Debré,
École d'art de Rueil-Malmaison,
Concours d'affiches Chaumont 2005.
Une exposition du Secours populaire.

Un monde qui ne tient pas debout

LECTURE DE L'IMAGE

1 Comment le **cadrage** et la **disposition** de l'image frappent-ils ? Analysez le jeu de renversement et le **sens de lecture**.

2 Repérez les **lignes** droites (verticales et horizontales) structurant puissamment l'image.

Fiche 17 **Lecture de l'image fixe**

3 On attribue souvent aux lignes droites le pouvoir de cadrer, protéger, représenter un monde juste et droit. Peut-on dire que c'est le cas ici ? Argumentez.

4 Comment la typographie et la mise en page renforcent-elles la portée du message ?

Fiche 7 **La publicité**

5 Par quels procédés de composition le photographe a-t-il mis en valeur l'opposition entre « les assis » et « le couché » ?

6 Qui est incité à se mettre debout : le « couché » ? Les « assis » ? Vous ? Montrez que le texte et l'image s'accordent pour inciter à agir.

ÉCRITURE

Argumentation

Pour inviter à vivre dans un monde plus juste, la publicité, qui joue sur les émotions, vous semble-t-elle plus ou moins efficace qu'un discours argumenté ? Développez votre point de vue en utilisant des exemples pris dans la séquence et les médias.

OUVERTURE CONTEMPORAINE

10 Robert Badinter, *Discours à l'Assemblée nationale*, 1981

En 1981, François Mitterrand est élu président de la République sur un programme comprenant l'abolition de la peine de mort. Le garde des Sceaux Robert Badinter engage ainsi les parlementaires à voter pour ce projet de loi. Il s'adresse aussi à une opinion publique encore partagée.

Biographie p. 562

Histoire littéraire p. 314

Repères historiques p. 560

LEXIQUE : Les mots de la justice

- **Crime** : catégorie des infractions les plus graves contre les personnes (crimes, violences, etc.) ou contre la société (terrorisme, corruption, etc.).
- **Garde des Sceaux** : titre donné en France au ministre de la Justice. Autrefois, il conservait les cachets (sceaux) servant aux actes authentiques de l'État.
- **Magistrat** : toute personne chargée d'une fonction de justice : soit d'instruire une affaire (enquêter, réunir les preuves, préparer la procédure...), soit de la juger selon la loi.

L'abolition de la peine de mort

[...] Attendre, après deux cents ans !

Attendre, comme si la peine de mort ou la guillotine était un fruit qu'on devrait laisser mûrir avant de le cueillir !

Attendre ? Nous savons bien en vérité que la cause était la crainte de l'opinion publique. D'ailleurs, certains vous diront, mesdames, messieurs les députés, qu'en votant l'abolition vous méconnaîtriez les règles de la démocratie parce que vous ignoreriez l'opinion publique. Il n'en est rien.

Nul plus que vous, à l'instant du vote sur l'abolition, ne respectera la loi fondamentale de la démocratie.

Je me réfère non pas seulement à cette conception selon laquelle le Parlement est, suivant l'image employée par un grand Anglais, un phare qui ouvre la voie de l'ombre pour le pays, mais simplement à la loi fondamentale de la démocratie qui est la volonté du suffrage universel et, pour les élus, le respect du suffrage universel.

Or, à deux reprises, la question a été directement – j'y insiste – posée devant l'opinion publique.

Le Président de la République a fait connaître à tous, non seulement son sentiment personnel, son aversion pour la peine de mort, mais aussi, très clairement, sa volonté de demander au Gouvernement de saisir le Parlement d'une demande d'abolition, s'il était élu. Le pays lui a répondu : oui. [...]

Le plus haut magistrat de France, M. Aydalot, au terme d'une longue carrière tout entière consacrée à la justice et, pour la plupart de son activité, au parquet, disait qu'à la mesure de sa hasardeuse[1] application, la peine de mort lui était devenue, à lui

Robert BADINTER défendant son projet de loi à la tribune de l'Assemblée nationale, en 1981.

1. Douteuse, incertaine, donc périlleuse.

LEXIQUE : Les mots de la justice

- **Parquet** : les magistrats du « parquet » représentent les intérêts de la collectivité, et ceux du « siège » jugent. Jadis, les accusateurs se tenaient debout, les juges assis.
- **Saisir** : charger une institution, une assemblée ou un tribunal, de traiter, débattre et trancher une question juridique.

magistrat, insupportable. Parce qu'aucun homme n'est totalement responsable, parce qu'aucune justice ne peut être absolument infaillible, la peine de mort est moralement inacceptable. Pour ceux d'entre nous qui croient en Dieu, lui seul a le pouvoir de choisir l'heure de notre mort. Pour tous les abolitionnistes, il est impossible de reconnaître à la justice des hommes ce pouvoir de mort parce qu'ils savent qu'elle est faillible[2].

Le choix qui s'offre à vos consciences est donc clair : ou notre société refuse une justice qui tue et accepte d'assumer, au nom de ses valeurs fondamentales – celles qui l'ont faite grande et respectée entre toutes –, la vie de ceux qui font horreur, déments ou criminels ou les deux à la fois, et c'est le choix de l'abolition ; ou cette société croit, en dépit de l'expérience des siècles, faire disparaître le crime avec le criminel, et c'est l'élimination.

Cette justice d'élimination, cette justice d'angoisse et de mort, décidée avec sa marge de hasard, nous la refusons. Nous la refusons parce qu'elle est pour nous l'anti-justice, parce qu'elle est la passion et la peur triomphant de la raison et de l'humanité. [...]

Demain, grâce à vous, la justice française ne sera plus une justice qui tue. Demain, grâce à vous, il n'y aura plus, pour notre honte commune, d'exécutions furtives, à l'aube, sous le dais[3] noir, dans les prisons françaises. Demain, les pages sanglantes de notre justice seront tournées.

À cet instant plus qu'à aucun autre, j'ai le sentiment d'assumer mon ministère, au sens ancien, au sens noble, le plus noble qui soit, c'est-à-dire au sens de « service ». Demain, vous voterez l'abolition de la peine de mort. Législateurs français, de tout mon cœur, je vous en remercie.

R. BADINTER, *Discours à l'Assemblée nationale*, « L'abolition de la peine de mort » (extraits), 17 septembre 1981.

2. Sujet à l'erreur.
3. Tenture déployée dans la cour où est dressée la guillotine, pour la cacher aux regards des détenus.

Une question de vie ou de mort

LECTURE DU TEXTE

Placer la société face à ses choix

1 Reformulez les **arguments** majeurs de ces extraits : d'où vient leur force ?

2 Précisez les termes de l'alternative opposant deux visions de la société et de la justice. Indiquez le rôle des déterminants démonstratifs (l. 47 et 49).

3 À qui renvoie le pronom « nous » au long du discours ? Inclut-il toujours l'auditoire ?

4 Le nom « justice » a-t-il toujours le même sens dans le texte ? Étudiez les expansions qui peuvent l'accompagner.

Fiche 57 **Le nom**

Frapper les consciences

5 Quelles expressions marquent l'engagement du garde des Sceaux en faveur de l'abolition de la peine de mort ?

6 Pourquoi l'exemple du magistrat (l. 29-30) introduit-il bien l'appel à la « conscience » de chacun ?

7 Observez le rythme du discours et surtout les **anaphores** : quel est leur effet ?

Fiche 16 **Les figures de style**

8 Quelle valeur le futur de l'indicatif prend-il à la fin du discours ?

9 Comment la **péroraison**, la dernière étape du discours, résume-t-elle le but de l'intervention, tout en frappant les consciences ?

ÉCRITURE

@ RECHERCHE Sur le site de l'Assemblée nationale http://www.assemblee-nationale.fr/histoire/badinter.asp., écoutez le discours de Robert Badinter, puis présentez le rôle du recours à l'histoire de France et aux exemples de grands écrivains dans son argumentation.

Vers le commentaire

Rédigez un axe de commentaire destiné à souligner toute la force argumentative de ce discours devenu célèbre.

Fiche 51 **Rédiger un commentaire**

11 Jean-Denis Bredin, Thierry Lévy, *Convaincre. Dialogue sur l'éloquence*, 2002

Jean-Denis BREDIN

Biographie p. 563
Du même auteur p. 313
Histoire littéraire p. 314
Repères historiques p. 560

Thierry LÉVY

Biographie p. 565
Histoire littéraire p. 314
Repères historiques p. 560

Deux avocats de notre époque débattent sur l'éloquence.

J.-D. Bredin : [...] L'une des grandes erreurs que commettent volontiers les orateurs, les avocats comme les hommes politiques, c'est de croire que l'éloquence est un don. L'éloquence est non seulement un travail – ceci, nous en serons d'accord – mais elle est aussi une méthode qui s'adapte le mieux qu'il se peut à ce qu'elle veut dire. [...]

T. Lévy : Tu dis – et tu parais convaincant – que les règles sont une condition de l'éloquence, quels que soient les dons de l'orateur, et moi j'ai envie de te rappeler à cet instant que ce qu'il y a de plus beau dans la parole humaine, c'est le cri, et que dans chaque situation où un conflit s'élève entre deux personnes humaines, l'une des deux a envie de crier ! Et comme elle ne peut le faire, elle a envie de frapper, et comme elle ne peut le faire, elle est réduite à parler. La parole est en dessous du cri et des coups. Mais derrière la parole, il y a, enfoui, le recours possible aux coups, et au-dessus des coups, au cri. Et la vraie parole se situe là, quand il faut exprimer ce que l'on voudrait hurler, quand il faut défendre la cause que l'on voudrait saisir avec ses poings et qu'on ne peut pas le faire. Les règles de la parole ne me semblent pas des règles pour apprendre à bien s'exprimer mais des règles pour apprendre à ne pas crier, à ne pas frapper, ce sont des contraintes qui s'exercent sur ceux qui ont besoin de frapper ou de crier. Autrement dit, il y a une domestication de la parole qui est nécessaire, mais il y a une sauvagerie de la parole qui est aussi nécessaire.

J.-D. BREDIN, T. LÉVY, *Convaincre. Dialogue sur l'éloquence*, 2002 © Odile Jacob, 1997.

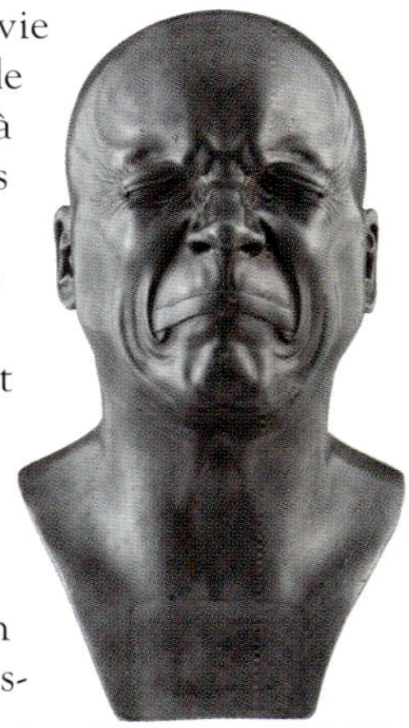

Franz-Xaver MESSERSCHMIDT (1736-1783), *Tête de caractère*, entre 1770 et 1783, plomb, 38 cm (Musée du Louvre).

L'éloquence, parole réglée ou parole sauvage ?

LECTURE DU TEXTE

1 Reformulez les **arguments** des interlocuteurs et trouvez des arguments en faveur de la position de J.-D. Bredin.

2 Th. Lévy **réfute**-t-il son interlocuteur en défendant une parole « sauvage », ou veut-il compléter son propos ? Justifiez votre réponse.

3 Quel intérêt le **dialogue argumentatif** présente-t-il pour faire réfléchir un public ?

Fiche 41 **Stratégies argumentatives et modes de raisonnement**

HISTOIRE DES ARTS

4 Comment l'expression du visage de Messerschmidt traduit-elle la passion ? Diriez-vous que cette sculpture est expressive ? Justifiez.

ÉCRITURE

Vers la dissertation

En quoi l'art de la parole peut-il être plus efficace que la violence ? Vous rédigerez une réponse argumentée à cette question, en vous appuyant sur les textes de la séquence.

Fiches 52, 53, 54 **Vers la dissertation**

POUR ARGUMENTER MANIPULATION OU SERVICE DE LA JUSTICE ?

Aristote, *Rhétorique*, IVe siècle av. J.-C.

Mais la rhétorique est utile d'abord parce que le vrai et le juste ont naturellement plus de force que leurs contraires ; aussi, quand les décisions ne sont pas convenablement prises, est-ce nécessairement par sa propre faute que l'on est battu et cela mérite d'être blâmé. [...] En outre, il faut être capable de persuader des thèses contraires, comme aussi dans les syllogismes[1], non pour effectivement soutenir l'une et l'autre (car il ne faut pas persuader de ce qui est mal) mais pour que le procédé ne nous échappe pas et afin que, si quelqu'un d'autre use des discours à des fins injustes, nous soyons nous-mêmes en état de le réfuter. [...] De surcroît, il serait absurde, alors qu'il est honteux d'être incapable de se défendre physiquement, qu'il ne soit pas honteux de le faire verbalement, mode de défense plus propre à l'homme que le recours à la force physique.

ARISTOTE, *Rhétorique*, I, traduction Pierre Chiron, © Garnier-Flammarion, 2007.

1. Raisonnement déductif allant du général au particulier.

Jean-Denis Bredin, Thierry Lévy, *Convaincre. Dialogue sur l'éloquence*, 2002

J.-D. Bredin : Ne rêvons pas ! La parole n'est pas une activité supérieure à toutes les autres activités humaines et qui impliquerait un désintéressement parfait, une vertu totale que les autres activités, le travail ordinaire n'impliqueraient pas. La parole n'est qu'une forme du travail, et je ne vois pas pourquoi elle serait une vertu en soi. Et nous devons savoir que la parole peut garder, même lorsqu'elle est rémunérée, une part de liberté très grande. Je ne fais pas de grande différence entre l'hypothèse où l'avocat plaide une affaire parce qu'il est rémunéré, l'hypothèse où il plaide une affaire parce qu'il est fanatique, l'hypothèse où il plaide parce qu'il a été commis d'office par son bâtonnier[1] et qu'il est obligé de défendre l'innocence de quelqu'un qu'il soupçonne d'être coupable, l'hypothèse où il plaide pour sa gloire, c'est-à-dire pour soi, l'hypothèse où il plaide pour être entendu des médias. Je ne vois pas que l'argent avilisse particulièrement la parole. La passion rend la parole aussi soupçonnable que l'argent.

J.-D. BREDIN, T. LÉVY, *Convaincre. Dialogue sur l'éloquence*, 2002 © Odile Jacob, 1997.

1. Chef élu de l'ordre des avocats, pour le représenter devant une cour ou un tribunal.

Gravure d'Honoré DAUMIER (1808-1879), 1845 (Musée Carnavalet, Paris).

« Un avocat qui évidemment est rempli de la conviction la plus intime... que son client le paiera bien. »

LECTURE

1 Pour quelles raisons la rhétorique est-elle utile, selon Aristote ? Est-elle capable, à elle seule, de faire éclater la vérité ?

2 La « parole » est-elle morale selon J.-D. Bredin ?

ARGUMENTATION

3 La parole a-t-elle, selon vous, plus d'impact que la plume sur l'opinion ?

4 Peut-on acheter la parole d'un avocat ?

Simon VOUET (1590-1649), *Polymnie, Muse de l'éloquence*, détail (Musée du Louvre).

Histoire littéraire

Brève histoire de l'éloquence

Aux origines de la discipline

- L'éloquence, art du discours, est un don qui se cultive. Ainsi dès le IVᵉ siècle av. J.-C., en Grèce, on enseigne cet art, présenté comme **indissociable de la démocratie**. En effet, il rend apte à défendre sa cause dans un conflit (genre judiciaire), à célébrer les héros incarnant les valeurs de la patrie (genre démonstratif : éloge ou blâme), ou à formuler des arguments pour ou contre certaines décisions politiques, votées à l'assemblée des citoyens (genre délibératif). **Aristote** a consacré un ouvrage à cette discipline, la ***Rhétorique***, montrant que la réussite du discours dépend de l'**adaptation** à l'auditoire, de la **confiance** qu'inspire l'orateur, tant dans son choix d'arguments que dans les **émotions** qu'il inspire. La moralité de la rhétorique dépend de l'usage qu'en fait l'orateur.

- Le discours est habilement construit selon cette **structure** : l'**exorde** qui capte la bienveillance de l'auditoire et expose le sujet, la **narration de l'affaire**, la **confirmation des preuves**, éventuellement une **réfutation des arguments** de l'adversaire, puis une **péroraison**, résumé efficace et émouvant.
Ex : *Le discours de Rodrigue est rigoureusement structuré ; il relève du genre judiciaire* (> p. 300).

- **Cicéron** est un modèle d'orateur : avocat, homme politique et philosophe, il insiste sur l'unité entre qualités morales et compétences techniques. Pour lui, le discours doit poursuivre le bien commun de la Cité, tout en s'adaptant aux désirs et aux valeurs de l'auditoire.
Ex : *Dans son réquisitoire contre Catilina, Cicéron défend une certaine idée de la république* (> p. 296).
L'orateur doit donc savoir varier les styles, du simple au plus orné de figures, de la douceur au grave ou au terrible.

Une discipline souveraine

- Le christianisme utilise la rhétorique pour exprimer sa foi et sa raison. Le Moyen Âge et les humanistes perpétuent et redécouvrent les modèles antiques. Les grandes controverses philosophiques et religieuses doivent leur puissance à la rhétorique. Ainsi, juristes, théologiens, comme **Thomas More** ou **Calvin**, et poètes, comme **Ronsard**, épanouissent leur génie dans l'éloquence.

- Dans ses *Fables*, **La Fontaine** exploite les ressources de cet art et le démystifie.
Ex : *Dans « Le pouvoir des fables », La Fontaine ouvre une réflexion sur l'art oratoire* (> p. 238).

- Placée au service d'un idéal moral et religieux, la rhétorique donne sa force aux sermons de **Bossuet** (> p. 294). Cette éloquence efficace de la parole et du geste se retrouve au théâtre, chez **Molière**, **Corneille** (> p. 300), mais aussi chez des peintres comme **Poussin**.

- Ses trésors sont utiles aux hommes des **Lumières**, rivalisant par une parole rationnelle et passionnée.
Ex : *La Révolution est un âge d'or des avocats. À cette période, la parole a pu conduire au meilleur comme au pire.*

- La délibération éclairée est au fondement de la bonne gestion des affaires publiques, car les décisions politiques échappent à la démonstration scientifique et touchent à des enjeux moraux.
Ex : *En 1981, le garde des Sceaux Robert Badinter fait ainsi un plaidoyer vibrant en faveur de l'abolition de la peine de mort et contribue au basculement d'une opinion publique longtemps attachée à son maintien* (> p. 310).

- Les médias peuvent être le relais de ces débats et s'appuyer sur l'art de la parole.
Ex : *L'engagement dreyfusard est représenté notamment par le quotidien* L'Aurore, *qui publie les lettres de Zola.*

Le spectre de la rhétorique

Certains condamnent la rhétorique : elle serait un instrument de manipulation et de démagogie. Dans les régimes dictatoriaux et les propagandes, l'art du discours a été réduit à des recettes. Aujourd'hui, des techniques oratoires sont utilisées par les publicitaires pour bâtir mythes et slogans, susciter l'achat de biens de consommation et l'adhésion à des valeurs, vendues comme des produits.

RAPHAËL (1483-1520), *Le Sermon de Paul à Athènes*, carton (Victoria and Albert Museum, Londres).

Histoire des arts
Arts et littérature

17 Douze hommes en colère
Dialoguer pour condamner ou acquitter

Affiche du film de Sidney LUMET (1924-) avec Henry Fonda, en 1957.

Objectifs

- Étudier le dialogue délibératif et ses enjeux argumentatifs
- Étudier la mise en scène cinématographique du débat argumentatif
- Étudier l'adaptation cinématographique d'une pièce de théâtre

Un jeune adolescent est-il coupable du meurtre de son père ? Les jurés sont enfermés pour répondre à cette question. Ils ne sortiront pas avant d'avoir voté à l'unanimité. Or, c'est la journée la plus chaude de l'année et la finale du Superball[1] va bientôt commencer. La tension monte parmi ces douze hommes en colère.

1. Championnat de football américain.

MÉTHODES p. 389

Lire et analyser Fiches 16, 17, 18
Connaître un genre littéraire : Genres et formes de l'argumentation Fiche 41
Étude de la langue Fiche 61

1 Onze contre un

1. Le premier vote à main levée

Le huitième juré est seul à ne pas condamner l'accusé.

Scène tirée du film *12 hommes en colère* de Sidney LUMET, 1957.

2. La disposition spatiale du jury

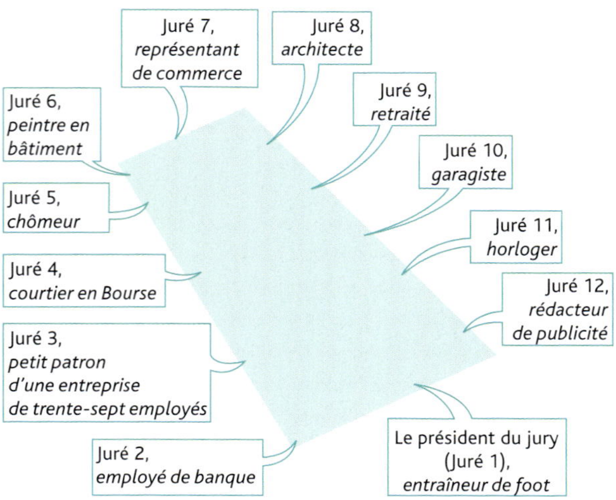

Techniques du cinéma

La dramatisation : position et mouvements de la caméra

L'angle de prise de vue (**plongée** ou **contre-plongée**) fait ressentir au spectateur l'enfermement des jurés ou, au contraire, l'espoir incarné par le juré 8. Ces effets sont renforcés par les **travellings** avant et arrière (mouvement de la caméra sur un axe) qui soulignent la distance critique vis-à-vis d'un juré, ou au contraire favorisent l'adhésion aux idées du juré 8, dont on peut suivre l'argumentation et percevoir la force de conviction grâce aux **panoramiques** (pivotement de la caméra sur pied fixe).

3. Le juré 8 fait naître le doute

Le juré 8 n'est pas convaincu par les deux témoignages à charge. La voisine d'en face prétend avoir vu le crime à travers une rame du métro aérien, et le voisin d'en dessous affirme avoir reconnu la voix de l'accusé criant « Je vais te tuer ».

Juré 8 : J'ai habité autrefois un appartement au second qui donnait sur le métro. Les fenêtres ouvertes, j'avoue que le bruit était insupportable : on ne pouvait ni lire ni réfléchir.

Juré 3 : Il y a des gens que le bruit ne gêne pas. Allons au fait.

Juré 8 : J'y arrive. Attendez une minute. Nous allons prendre ces deux témoignages afin d'en faire un tout. [...] Si la femme a vu l'assassinat à travers les deux derniers wagons, nous en déduirons évidemment que le corps est tombé juste à l'instant où le métro passait. Donc, le métro est passé dans un bruit de ferraille devant la fenêtre du vieux monsieur au moins dix secondes avant même que le corps ne soit tombé. Le vieux monsieur, dont vous connaissez le témoignage – « Je vais te tuer » puis, une seconde après, le bruit d'un corps qui tombe – devrait avoir entendu le petit menacer son père pendant que le métro passait. Donc il est impossible qu'il l'ait entendu !

Juré 3 : C'est ridicule ! Bien sûr qu'il l'a entendu.

Juré 8 *(au juré 3)* : Croyez-vous qu'il ait pu l'entendre ?

Juré 3 : Il a dit que le gosse hurlait. Moi, ça me paraît tout à fait normal.

Juré 8 : Même s'il a entendu quelque chose, il n'a pas pu reconnaître une voix avec le bruit que faisait le métro.

Juré 3 : Vous êtes en train de couper les cheveux en quatre avec vos secondes. Personne ne peut être aussi précis !

Juré 8 : Eh bien, je trouve qu'un témoignage susceptible de conduire un gosse à la mort devrait être précis.

Juré 5 *(au juré 6)* : Moi, je crois qu'il n'a pas pu l'entendre.

Juré 6 : Peut-être bien qu'avec tout ce bruit il n'a rien entendu.

Dialogue tiré du film *12 hommes en colère* de S. LUMET, 1957.

4. La mise en scène de la force de conviction du juré 8

Scène tirée du film *12 hommes en colère* de Sidney LUMET, 1957.

5. Le juré 8, incarnation de la liberté

12 est une adaptation récente de la pièce de Reginald Rose et un hommage du réalisateur Nikita Mikhalkov au film de Sidney Lumet. Il se passe en Russie, dans le contexte de la guerre de Tchétchénie.

Affiche américaine du film *12* de Nikita MIKHALKOV, 2007 (sorti en France en 2010).

ÉTUDE DES IMAGES

1 Observez la liste des personnages (document 2). Pour quelles raisons le conflit peut-il éclater entre ces douze hommes ?

2 Observez la scène du vote filmée par S. Lumet (document 1). Comment souligne-t-il l'isolement du juré 8 et l'atmosphère oppressante du huis clos (lumière, angle de prise de vue, profondeur de champ...) ?

3 Comparez les affiches des films de Lumet (p. 315) et de Mikhalkov (document 5). Comment mettent-elles en valeur le juré 8 ? Sur quels thèmes et quelles questions morales chacune insiste-t-elle ?

Fiche 17 **Lecture de l'image fixe**

LECTURE DU TEXTE

Un dialogue didactique

4 Dans le document 3, par quel mode de raisonnement le juré 8 parvient-il à démonter le témoignage à charge du vieil homme ? Expliquez sa démarche en vous appuyant sur ses arguments successifs.

Fiche 41 **Stratégies argumentatives et modes de raisonnement**

2 La quête de la vérité

1. Question du juré 9 au juré 4

« Pourquoi vous frottiez-vous le nez de cette façon ? » Ⓐ

2. Réponse du juré 4 au juré 9

« [...] c'était parce que mon nez me démangeait. » Ⓑ

3. La déduction du juré 9

« Ce sont vos lunettes, monsieur, qui ont fait ces deux marques de chaque côté de votre nez ? » Ⓒ

Scènes tirées du film *12 hommes en colère* de Sidney LUMET, 1957.

ÉTUDE DES IMAGES

1 Comment l'alternance des champs-contrechamps et le choix du plan rapproché poitrine mettent-ils en valeur l'échange constructif et l'avancée de la délibération ?

Fiche 18 **Lecture de l'image mobile**

LECTURE DU TEXTE

Un dialogue délibératif

2 Étudiez le jeu des questions-réponses. Montrez que tous les jurés, sauf le juré 3, collaborent.

3 Comment les répliques du juré 8 font-elles monter la tension dramatique ?

Fiche 34 **La parole**

4. L'examen des paroles des témoins

Alors que les débats semblent bloqués, le juré 9 se rappelle un détail de l'apparence physique du seul témoin oculaire : la voisine d'en face, qui a vu le crime de nuit, à travers une rame du métro. Un détail capital !

Juré 9 (*au juré 4*) : Pourquoi vous frottiez-vous le nez de cette façon ? Ⓐ

Juré 4 : Mon Dieu, si cela vous intéresse, c'était parce que mon nez me démangeait. [...] Ⓑ

Juré 9 : Seraient-ce vos lunettes qui causent cette démangeaison ?

Juré 4 : Oui. Alors, pouvons-nous parler d'autre chose ?

Juré 9 : Ce sont vos lunettes, monsieur, qui ont fait ces deux marques de chaque côté de votre nez ? Ⓒ C'est curieux, je ne les avais pas remarquées. [...] La femme qui a juré avoir assisté à ce crime avait des marques analogues de chaque côté du nez. [...]

Juré 5 : Elle avait ces marques. Je les ai vues. [...]

Le président : Ce monsieur a raison. J'ai vu ces marques aussi. [...]

Juré 9 : Ces marques peuvent-elles être faites par autre chose que par des lunettes ?

Juré 4 : Non, en effet.

Juré 3 : Eh bien, moi, j'ai rien remarqué.

Juré 4 : Moi si. Et j'avoue que je n'y avais pas pensé. [...]

Juré 8 (*au juré 4*) : Vous portez des lunettes pour dormir ?

Juré 4 : Non, ça non. Pour dormir il est rare qu'on en mette.

Juré 8 : Il est donc logique de supposer qu'elle n'en portait pas lorsqu'elle se retournait dans son lit pour dormir.

Juré 3 : Qu'en savez-vous ?

Juré 8 : Je n'en sais rien, je suppose. [...] Peut-être bien qu'en toute honnêteté elle a cru voir le petit tuer son père. Mais je dis que sa vue était brouillée. [...]

Juré 11 : Oui. Il a fallu qu'elle puisse identifier une personne qui était à vingt mètres d'elle et ceci sans mettre ses lunettes !

Juré 2 : Ce n'est pas sur une telle preuve qu'on peut envoyer quelqu'un à la mort.

Juré 3 : Oh, surtout pas ça !

Juré 8 (*au juré 3*) : Vous ne croyez pas que cette femme aurait pu faire erreur ?

Juré 3 : Non. [...]

Juré 8 (*au juré 12*) : Est-ce possible ?

Juré 12 : Non coupable. [...]

Juré 8 (*au juré 4*) : Et vous ?

Juré 4 : Non. Je suis convaincu. Non coupable.

Dialogue tiré du film *12 hommes en colère* de S. LUMET, 1957.

3 Le coup de théâtre final

1. Le dénouement de la pièce : du danger de ne pas savoir argumenter

Onze des douze jurés ont désormais un doute valable quant à la culpabilité de l'accusé et votent donc pour son acquittement. Le juré 3 est seul à voter « coupable ».

Juré 3 : Moi, je vous dis que tout a été détourné et transformé, ici. Toute cette salade avec les lunettes de la bonne femme, comment vous pouvez savoir qu'elle les avait pas ou qu'elle les avait ? Elle a témoigné devant la cour, cette femme. Qu'est-ce que vous voulez de plus ? *(Silence.)* C'est tout ce que j'ai à dire. *(Un temps.)* L'affaire est classée. *(Silence, tous l'observent.)* Mais enfin, le gosse, il a bien gueulé : « Je vais te tuer » ? C'est à son propre père qu'il l'a dit. D'accord, c'était une ordure, son père. Mais c'était son père, à cette pourriture ! Je le connais. Je sais comment ils sont. Je sais ce qu'ils vous font. Comment ils vous tuent, à petit feu, jour après jour. Mon Dieu, je suis le seul à voir clair. Je suis le seul, pourquoi ? Seigneur, je le sens, ce couteau, je le sens qui me déchire le bide.

Juré 8 : Il ne s'agit pas de votre fils. C'est un autre garçon.

Juré 4 : Laissez-lui la vie.

(Un long silence.)

Juré 3 : D'accord, d'accord… Non coupable.

Reginald ROSE, *Douze hommes en colère*, Acte II, 1953, traduction de Attica Guedj et Stephan Meldegg, © L'Avant-Scène Théâtre.

[En bleu = partie du dialogue supprimée par Sidney Lumet dans le film et remplacée par la scène du document 3.]

2. L'introduction d'un nouvel élément dans le film

Au début du film, Sidney Lumet introduit un nouvel élément : la photographie du juré 3 avec son fils.

Repères esthétiques

La mise en scène du dialogue

La parole est mise en scène de manière rigoureuse : l'alternance des **champs-contrechamps** montre le personnage qui parle, puis celui qui répond. L'épaule du personnage de dos, gardée en amorce, ou la direction des regards facilitent le suivi des débats. Celui qui parle n'est quasiment jamais hors champ : choix de mise en scène qui accentue la puissance de la parole argumentative.

3. Le dénouement du film

Au lieu de prononcer l'intégralité de la tirade de la pièce (document 1), le juré 3 déchire la photographie de son fils.

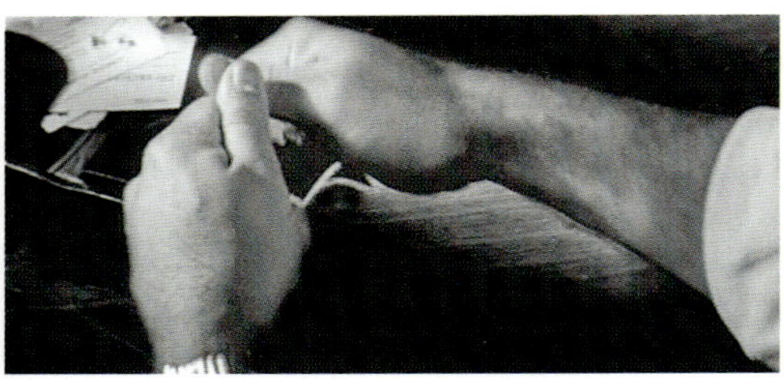

Scènes tirées du film *12 hommes en colère* de Sidney LUMET, 1957.

ÉTUDE DES IMAGES

1 Sidney Lumet ajoute un détail au texte théâtral. Qu'apporte cet élément à la personnalité du juré 3 ?

2 Comment la photographie, imaginée par Sidney Lumet, parvient-elle à remplacer la fin de la tirade écrite par Reginald Rose ? En quoi ce nouveau dénouement est-il plus cinématographique ?

LECTURE DU TEXTE

Le dénouement de la pièce de théâtre

3 Sur quelle confusion le vote (« coupable ») du juré 3 repose-t-il ?

4 Sa dernière réplique est-elle une acceptation ? un abandon ? un renoncement ? Justifiez en vous appuyant sur la syntaxe et la ponctuation.

Fiche 41 **Stratégies argumentatives et modes de raisonnement**

Atelier d'écriture

Du fait divers au procès

Dans ses *Nouvelles en trois lignes*, Félix Fénéon rapporte un fait divers :

« Avec un couteau à fromage, le banlieusard marseillais Coste a tué sa sœur qui, comme lui épicière, lui faisait concurrence. »

L'accusé est-il coupable ou innocent ? Imaginez son procès en cour d'assises !

Étape 1 : Rédiger l'acte d'accusation

- Établissez les éléments indispensables au procès :
  - Où, quand, comment, pourquoi le meurtre a-t-il été commis ?
  - Quelles sont les pièces à conviction ?
  - Quels sont les témoins à charge et à décharge ?
- Puis rédigez l'acte d'accusation. Ce récit, lu par le président de la cour, rappelle les crimes dont une personne est accusée et leurs circonstances précises.

Étape 2 : Interroger l'accusé

C'est le président qui mène les interrogatoires. Les avocats peuvent intervenir après lui en avoir fait la demande. Vous examinerez :

– la vie et la personnalité de l'accusé ;
– ses relations avec la victime ;
– les circonstances du drame.

L'accusé pourra accepter ou nier certains faits, proposer d'autres interprétations.

Étape 3 : Enregistrer les dépositions des témoins à charge et à décharge

L'interrogatoire est mené par le président. L'avocat général ou l'avocat de la défense tenteront de remettre en cause la fiabilité du témoin ou la vraisemblance de son témoignage, grâce à des questions :

– déstabilisantes, pour le troubler ;
– pièges, pour faire apparaître des contradictions ;
– provocatrices, pour le faire sortir de ses gonds et le décrédibiliser ;
– culpabilisatrices, pour le pousser à se justifier, voire à revenir sur sa déposition.

Étape 4 : Réquisitoire et plaidoirie

Leur plan sera le suivant :

– introduction ;
– narration des faits ;
– argumentation pour établir la culpabilité, les circonstances atténuantes ou l'innocence de l'accusé ;
– conclusion et proposition d'une peine.

- Pour convaincre, vous construirez votre argumentation à l'aide des connecteurs logiques suivants :

Addition	d'une part… d'autre part, en outre, par ailleurs
Cause	à cause de, car, étant donné que, parce que, puisque
Concession/ réfutation	cependant, en revanche, mais, néanmoins, or, pourtant, quoique, toutefois
Conséquence	ainsi, c'est pourquoi, d'où, dès lors, par conséquent, si bien que
Hypothèse	à supposer que, au cas où, si, selon que

Fiche 61 Les connecteurs

- Pour persuader, vous exploiterez les ressources de l'art oratoire :

– prise à partie des jurés par des questions rhétoriques ;
– appel à l'indignation ou à la pitié ;
– phrases marquantes grâce aux figures d'insistance (anaphore, gradation), d'opposition (antithèse) et aux effets de rythme.

Fiche 16 Les figures de style

Vers le bac

Corpus : « Plaider pour une justice plus juste »

1 **MONTESQUIEU,** *De l'esprit des lois,* 1748
2 **Denis DIDEROT,** *Encyclopédie,* article « Droit naturel », 1751-1772
3 **Victor HUGO,** *Les Misérables,* 1862
4 **François OST,** « L'invention du tiers, Eschyle et Kafka », 2007

1 MONTESQUIEU, *De l'esprit des lois,* 1748

Après avoir distingué les types de régimes, Montesquieu examine l'exercice de la justice dans les différents gouvernements. Il est convaincu de la nécessité de séparer les pouvoirs législatif, exécutif et judiciaire.

Chapitre III Dans quels gouvernements et dans quels cas on doit juger selon un texte précis de la loi

Dans les États despotiques[1], il n'y a point de lois : le juge est lui-même sa règle. Dans les États monarchiques, il y a une loi ; et, là où elle est précise, le juge la suit ; là où elle ne l'est pas, il en cherche l'esprit. Dans le gouvernement républicain, il est de la nature de la constitution, que les juges suivent la lettre de la loi. Il n'y a point de citoyen contre qui on puisse interpréter une loi, quand il s'agit de ses biens, de son honneur, ou de sa vie.

À Rome, les juges prononçaient seulement que l'accusé était coupable d'un certain crime ; et la peine[2] le[3] trouvait dans la loi, comme on le voit dans diverses lois qui furent faites. De même, en Angleterre, les jurés décident si l'accusé est coupable ou non du fait qui a été porté devant eux ; et, s'il est déclaré coupable, le juge prononce la peine que la loi inflige pour ce fait : et, pour cela, il ne lui faut que des yeux. [...]

Chapitre VI Que, dans la monarchie, les ministres ne doivent pas juger

C'est encore un grand inconvénient, dans la monarchie, que les ministres du prince jugent eux-mêmes les affaires contentieuses[4]. Nous voyons encore aujourd'hui des États où il y a des juges sans nombre, pour décider les affaires fiscales[5] ; et où les ministres, qui le croirait ! veulent encore les juger. Les réflexions viennent en foule : je ne ferai que celle-ci.

Il y a, par la nature des choses[6], une espèce de contradiction entre le conseil du monarque et ses tribunaux. Le conseil des rois doit être composé de peu de personnes ; et les tribunaux de judicature[7] en demandent beaucoup. La raison en est que, dans le premier, on doit prendre les affaires avec une certaine passion, et les suivre de même ; ce qu'on ne peut guère espérer que de quatre ou cinq hommes qui en font leur affaire. Il faut, au contraire, des tribunaux de judicature de sang-froid, et à qui toutes les affaires soient, en quelque façon, indifférentes.

MONTESQUIEU, *De l'esprit des lois*, 1748.

1. Où le pouvoir est absolu et arbitraire.
2. Sentence.
3. « Le crime ».
4. Les conflits qui entraînent un procès.
5. Concernant les impôts.
6. Logiquement et en réalité.
7. Administration de la justice.

2 Denis DIDEROT, *Encyclopédie*, article « Droit naturel », 1751-1772

Diderot conclut son article « Droit naturel » de l'Encyclopédie par ce bilan sur les critères d'une vraie justice. Elle repose sur la volonté générale, fondée sur un raisonnement dans « le silence des passions », et non sur la volonté particulière qui conduit à l'égoïsme et au crime.

Si vous méditez donc attentivement tout ce qui précède, vous resterez convaincu : 1° que l'homme qui n'écoute que sa volonté particulière est l'ennemi du genre humain ; 2° que la volonté générale est dans chaque individu un acte pur de l'entendement[1] qui raisonne dans le silence des passions sur ce que l'homme peut exiger de son semblable, et sur ce que son semblable est en droit d'exiger de lui ; 3° que cette considération de la volonté générale et de l'espèce et du désir commun est la règle de la conduite relative d'un particulier à un particulier dans la même société ; d'un particulier envers la société dont il est membre, et de la société dont il est membre envers les autres sociétés ; [...] 8° que l'équité[2] est à la justice comme la cause est à son effet, ou que la justice ne peut être autre chose que l'équité déclarée ; 9° enfin, que toutes ces conséquences sont évidentes pour celui qui raisonne et que celui qui ne veut pas raisonner, renonçant à la qualité d'homme, doit être traité comme un être dénaturé.

D. DIDEROT, *Encyclopédie*, article « Droit naturel », 1751-1772.

1. Faculté de comprendre et de juger.
2. Justice naturelle fondée sur la reconnaissance des droits de chacun.

3 Victor HUGO, *Les Misérables*, 1862

Ancien bagnard évadé, Jean Valjean est devenu un notable estimé et charitable. Or il apprend qu'un innocent a été pris pour lui et risque, à sa place, d'aller au bagne. Après une intense délibération, il décide de se rendre au tribunal et d'empêcher l'erreur judiciaire. Voici son discours, au moment de se livrer à la justice.

– Je vous remercie, monsieur l'avocat général, mais je ne suis pas fou. Vous allez voir. Vous étiez sur le point de commettre une grande erreur, lâchez cet homme. J'accomplis un devoir. Je suis ce malheureux condamné. Je suis le seul qui voie clair ici, et je vous dis la vérité. Ce que je fais en ce moment, Dieu, qui est là-haut, le regarde, et cela suffit. Vous pouvez me prendre, puisque me voilà. J'avais pourtant fait de mon mieux. Je me suis caché sous un nom, je suis devenu riche, je suis devenu maire ; j'ai voulu rentrer parmi les honnêtes gens. Il paraît que cela ne se peut pas. Enfin, il y a bien des choses que je ne puis pas dire, je ne vais pas vous raconter ma vie, un jour, on saura. J'ai volé Mgr Myriel[1], cela est vrai ; j'ai volé Petit-Gervais[2], cela est vrai. On a eu raison de vous dire que Jean Valjean était un malheureux très méchant. Toute la faute n'est peut-être pas à lui. Écoutez, messieurs les juges, un homme aussi abaissé que moi n'a pas de remontrance à faire à la providence[3] ni de conseil à donner à la société ; mais, voyez-vous, l'infamie d'où j'avais essayé de sortir est une chose nuisible. Les galères font le galérien. Recueillez cela, si vous voulez. Avant le bagne, j'étais un pauvre paysan très peu intelligent, une espèce d'idiot ;

1. Évêque de Digne, qui avait hébergé Jean Valjean lors de son retour en France et avait été charitable en niant avoir été volé par lui.
2. Savoyard auquel le bagnard avait volé une pièce.
Ces deux personnages sont, pour Jean Valjean, des exemples sur son itinéraire de conversion morale et spirituelle.
3. Sage gouvernement de Dieu sur la création.

le bagne m'a changé. J'étais stupide, je suis devenu méchant ; j'étais bûche, je suis devenu tison. Plus tard l'indulgence et la bonté m'ont sauvé, comme la sévérité m'avait perdu. Mais, pardon, vous ne pouvez pas comprendre ce que je dis là. Vous trouverez chez moi, dans les cendres de la cheminée, la pièce de quarante sous que j'ai volée il y a sept ans à Petit-Gervais. Je n'ai plus rien à ajouter. Prenez-moi. Mon Dieu ! monsieur l'avocat général remue la tête, vous dites : M. Madeleine[4] est devenu fou, vous ne me croyez pas ! Voilà qui est affligeant. N'allez pas condamner cet homme au moins ! Quoi ! ceux-ci ne me reconnaissent pas ! Je voudrais que Javert[5] fût ici. Il me reconnaîtrait, lui !

V. HUGO, *Les Misérables*, I, VII, 3, 1862.

4. Pseudonyme de Jean Valjean, inspiré du nom d'une pécheresse repentie, dans l'Évangile.

5. Policier qui traque Jean Valjean.

Le roi et la reine de cœur siègent sur leur trône au milieu du tribunal.

John TENNIEL (1820-1914), illustration d'origine (1865) du roman de Lewis Caroll, *Alice au pays des merveilles*.

4 François OST, « L'invention du tiers, Eschyle et Kafka », 2007

François Ost est un professeur de droit belge né en 1952. Il s'intéresse aux réponses que la littérature peut offrir aux grandes questions posées par l'exercice de la justice.

Tant qu'on reste dans un régime de vengeance, on ne tourne jamais la page, tandis que la justice du tiers[1] est là pour arrêter les compteurs et passer à autre chose. […] Athéna[2] commence par écouter : première fonction du juge. Le tiers, c'est d'abord un personnage neutre, une sorte de non-personnage ; il amène chacun à s'expliquer, à donner les motifs de son comportement, les raisons de ses actes. Ainsi, par cette attitude bienveillante d'écoute, la Justice gagne la confiance des uns et des autres. Il ne faut pas aller trop vite et se faire accréditer comme médiateur par les deux parties.

Un premier pas est franchi : plutôt que l'impulsion immédiate, on a le temps différé du procès. On critique souvent les lenteurs de la justice, et il est vrai que la justice est souvent trop lente, mais on voit bien ce qui se passe avec la justice des flagrants délits, laquelle se trouve souvent être une justice qui est trop proche de la passion, pas assez refroidie, et qui risque de ne pas assurer les garanties du procès contradictoire. Le temps différé du procès permet à chacun de mettre en mots ses prétentions ou prérogatives[3]. Une distance minimale doit s'instaurer entre les protagonistes.

F. OST, « L'invention du tiers, Eschyle et Kafka », revue *Esprit*, août-septembre 2007.

1. Rendue par un tiers, un médiateur.
2. L'auteur de l'article a pris l'exemple d'une tragédie d'Eschyle, *Les Euménides*, où Athéna, déesse de la sagesse, joue le rôle du juge.
3. Avantage, privilège.

Questions sur un corpus

1 Observez le champ lexical des passions dans les quatre textes : à quoi s'oppose-t-il et pourquoi ?

2 Par quels arguments les textes montrent-ils la nécessité d'un médiateur dans un conflit ?

➜ Fiche 46 **Répondre à une question sur un corpus**

3 Indiquez le genre de chaque texte et son but. Lesquels ont davantage recours aux arguments rationnels ? Lesquels préfèrent les arguments liés à l'affectivité ?

Travaux d'écriture

Commentaire

Rédigez un commentaire de l'extrait des *Misérables* (texte 2). Vous analyserez d'abord les tonalités du discours de Jean Valjean, puis vous étudierez comment il tente de convaincre son public de son identité véritable. Enfin, vous montrerez qu'il dresse un réquisitoire contre l'injustice de la société.

➜ Fiches 49, 50, 51 **Vers le commentaire**

Dissertation

En vous appuyant sur vos lectures et sur les textes du corpus, vous direz si la littérature, de l'*Encyclopédie* à la presse et au roman, peut contribuer à la construction d'une société juste.

➜ Fiches 52, 53, 54 **Vers la dissertation**

Écriture d'invention

Deux membres du public, présents à l'audience où est intervenu Jean Valjean, échangent leurs impressions. Vous rédigerez leur dialogue argumentatif. L'un développera des circonstances atténuantes, l'autre plaidera pour une sanction impitoyable.

➜ Fiche 43 **La fiction au service de l'argumentation**

À lire

1. Sophocle, *Antigone*, Ve siècle av. J.-C.
L'affrontement entre deux justices, deux raisons.

2. Stefan Zweig, *Le Joueur d'échecs*, 1943
Le récit poignant d'une résistance par le jeu d'échecs, un apologue engagé.

3. Barack Obama, *De la race en Amérique*, 2008
Un discours vibrant et structuré de celui qui faisait alors campagne pour être élu président des États-Unis. Une argumentation en faveur de l'union pour la justice sociale.

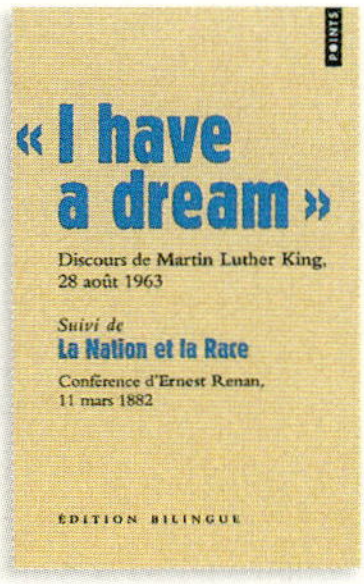

4. Martin Luther King, « I have a dream », 1963

@ CONSULTER vidéo du discours sur YouTube.

Pasteur baptiste, doué pour la prédication, Martin Luther King a remporté très jeune des prix d'éloquence. Promoteur de la lutte pour l'émancipation des Noirs par la non-violence, il reçoit le prix Nobel de la paix en 1964 et donne sa vie pour son espérance : il est assassiné à Memphis en 1968.

Lire un discours marquant

Ce discours est prononcé le 28 août 1963, pendant la Marche vers Washington qui réunit deux cent cinquante mille personnes pour soutenir un projet de loi en faveur de l'égalité civique. Son souffle oratoire, son élan, ses images, ses références mythiques et bibliques portent encore aujourd'hui.

Je suis heureux d'être avec vous aujourd'hui dans ce rassemblement qui restera dans l'histoire de notre nation comme la plus grande manifestation en faveur de la liberté.

Il y a cent ans, un grand Américain[1], dans l'ombre symbolique duquel nous nous tenons aujourd'hui, signait l'Acte d'émancipation. Ce décret capital est arrivé comme la lumière d'espoir d'un grand phare pour des millions d'esclaves noirs marqués au feu d'une cinglante injustice. Il est arrivé comme une aube joyeuse à la fin de la longue nuit de leur captivité.

Mais cent ans ont passé, et le Noir n'est toujours pas libre. Cent ans ont passé, et l'existence du Noir est encore tristement entravée par les menottes de la ségrégation et les chaînes de la discrimination. Cent ans ont passé, et le Noir vit toujours sur l'île solitaire de la pauvreté au milieu d'un vaste océan de prospérité matérielle. Cent ans ont passé, et le Noir croupit encore dans les marges de la société américaine comme un exilé dans son propre pays. Et c'est pourquoi nous sommes venus ici aujourd'hui pour exposer cette honteuse situation.

Les Grands Discours, « I have a dream », Martin Luther KING, Ernest RENAN © Éd. Points, 2009 pour la traduction française.

1. Abraham Lincoln, seizième président des États-Unis, dont le nom est associé à l'abolition de l'esclavage.

@ consulter

- **www.assemblee-nationale.fr/histoire/7e.asp** : les grands moments de l'éloquence parlementaire en France. Textes, images et enregistrements à écouter.
- **www.bnf** « Lumières, un héritage pour demain » : plongez au cœur des combats des Lumières, combats dont l'impérieuse nécessité s'impose à nous encore aujourd'hui.
- **aphgtoulouse@multimania.com** : découvrez l'affaire Calas dans son intégralité et suivez le combat de Voltaire, le philosophe des Lumières, pour que triomphe, même après la mort de l'accusé, la vérité et la justice.

À voir

***Les Hommes du Président*, film d'Alan J. PAKULA, 1976**

L'histoire vraie de deux journalistes du *Washington Post*, B. Woodward et C. Bernstein, qui révélèrent le scandale du Watergate (1974) et provoquèrent la démission du président américain Nixon.

Chapitre

4 La poésie du XIXe au XXe siècle

Du romantisme au surréalisme

Gustav KLIMT (1862-1918), *La Musique*, 1895, huile sur toile, 37 × 44,5 cm (Neue Pinakothek, Munich).

Séquence

18 Le romantisme, entre lyrisme et engagement

Penseur et rêveur, à l'écoute de l'infini, le poète romantique parle pour tous : « J'ai une mission, dit Hugo. Je parlerai pour tous les taciturnes désespérés. Je traduirai les grondements, les hurlements, les murmures, la rumeur des foules, […] les voix inintelligibles. »

Objectifs

- Comprendre le lyrisme romantique
- Découvrir la fonction du poète romantique

MÉTHODES p. 389

Lire et analyser Fiches 15, 16, 17
Analyser une œuvre dans son contexte : Du romantisme au symbolisme Fiche 24
Connaître un genre littéraire : La poésie Fiches 38, 39, 40
S'initier aux épreuves du baccalauréat Fiches 47, 51, 52, 54, 55

Caspar David Friedrich, *Le voyageur contemplant une mer de nuages*, 1817-1818

C. D. FRIEDRICH (1774-1840), *Le voyageur contemplant une mer de nuages*, 1817-1818, huile sur toile, 95 × 75 cm (Kunsthalle de Hambourg).

Biographie
p. 564

Contexte artistique et historique

LE PAYSAGE « ROMANTIQUE », MIROIR DE L'ÂME

L'adjectif « romantique », apparu dans la langue française en 1776, est popularisé par Rousseau. Ce néologisme, dérivé de l'adjectif anglais *romantic*, est un terme de **peinture** qualifiant un paysage qui captive l'imagination, la rêverie et touche profondément le promeneur sensible aux beautés de la nature. Toutefois, le paysage romantique est souvent en partie imaginaire : miroir de la sensibilité, il exprime davantage les émotions du peintre que la réalité observée. Dès lors, la peinture de paysage, considérée auparavant comme un art mineur, est promue au rang de grande peinture. Des artistes de génie, comme Delacroix, s'y consacrent et innovent : ils osent le grand format, la peinture « sur le motif » (en plein air), les couleurs riches, afin d'exalter les harmonies entre l'homme et la nature ainsi que l'expression de sentiments profonds.

Les **poètes** romantiques, comme Lamartine ou Vigny, s'inspirent de leur démarche et, à leur tour, évoquent la nature pour mieux exprimer leurs états d'âme. C'est la naissance du **lyrisme romantique**. Le paysage est alors une image exprimant métaphoriquement une vision singulière du monde et les émotions du poète. C'est un « **paysage d'âme** ».

Le beau et le sublime

La peinture romantique rejette le beau classique, harmonieux, bien proportionné. Elle cherche le « sublime », l'exaltation des sentiments et de l'imagination. Les peintres s'inspirent de la nature infinie ou des tourments de l'histoire contemporaine. Privilégiant la couleur et le mouvement, ils créent une atmosphère chargée de tension ou de profonde mélancolie. Baudelaire l'affirme : « Le romantisme n'est précisément ni dans le choix des sujets ni dans la vérité exacte, mais dans la manière de sentir. Pour moi, le romantisme est l'expression la plus récente, la plus actuelle du beau. » (*Salon de 1846*)

Paysage romantique

LECTURE DE L'IMAGE

L'homme face à l'infini

1 Décrivez rapidement le tableau. Quelles **lignes et formes dominantes** expriment l'immensité de la nature ?

2 Comment la plongée dans l'infini est-elle suggérée ?

3 Regardez la position du voyageur : comment Friedrich fait-il comprendre que le tableau représente sa vision ? Quel intérêt ce parti pris peut-il révéler ?

Un paysage symbolique

4 Quel est l'effet produit par le **contraste** entre zones nuageuses et pointes montagneuses dessinées avec netteté ? Pourquoi ce paysage a-t-il une force évocatrice indéniable ?

5 Que dire du jeu des **couleurs** choisies par le peintre dans l'ensemble de la toile ? Commentez leur complémentarité et leur valeur symbolique.

➔ **Fiche 17 Lecture de l'image fixe**

6 Comment la solitude et l'immobilité du voyageur confèrent-elles à cette scène une expression de profonde mélancolie ?

ÉCRITURE

Vers la dissertation

Pensez-vous, comme Mme de Staël, que parler de soi, ce soit « l'alliance secrète de notre être avec les merveilles de l'univers qui donne à la poésie sa véritable grandeur » ? (*De l'Allemagne*, IIe partie, « De la littérature et des arts », 1810-1813)

➔ **Fiche 52 Comprendre un sujet de dissertation**

Invention

Choisissez un tableau ou une photographie d'un paysage en correspondance avec un sentiment, comme la tristesse ou la nostalgie. Décrivez-le en une quinzaine de lignes, en utilisant des figures de style propres au **registre lyrique**.

➔ **Fiche 15 Les registres littéraires**

Comment une nouvelle sensibilité poétique s'éveille-t-elle ?

Histoire littéraire
p. 345

Littérature et société
p. 346

Repères historiques
p. 556, 558

1. J.W. von Goethe, *Les Souffrances du jeune Werther*, 1774

En 1774, Les Souffrances du jeune Werther, *roman épistolaire du courant précurseur du Romantisme* Sturm und Drang (Tempête et Assaut), *connaissent un grand succès. Werther, prototype du héros romantique, s'est épris de Charlotte, fiancée à Albert, un jeune homme riche. Il contemple une dernière fois avec eux un paysage aimé avant de mettre fin à ses jours.*

En ce moment la lune se levait au-dessus des noires forêts qui couvrent la montagne. Nous marchions au hasard, en parlant de choses et d'autres ; nous arrivâmes, sans nous en douter, au cabinet[1] obscur.

Charlotte y entra et s'assit. Albert et moi nous prîmes place à ses côtés. L'agitation où j'étais ne me permit pas de rester longtemps en repos. Je me levais, j'allais, je venais, puis je me rasseyais : c'était un état d'angoisse inexprimable. Charlotte nous fit remarquer le bel effet de la lune qui éclairait la terrasse à l'extrémité de l'allée, effet réellement magique, et d'autant plus frappant que nous étions environnés de profondes ténèbres. Nous gardions tous trois le silence ; elle le rompit en ces termes.

– Jamais je ne me promène à la clarté de la lune, que le souvenir des amis que j'ai perdus ne se présente à ma pensée, que le sentiment de la mort, de l'avenir, ne pénètre mon âme. Nous ne cesserons point d'être, continua-t-elle d'une voix touchante et animée ; mais Werther, où serons-nous ? Nous retrouverons-nous ? Nous reconnaîtrons-nous ? Qu'en pensez-vous ? Qu'en dites-vous ?

Mes yeux se remplirent de larmes.

– Charlotte, m'écriai-je en lui tendant la main ; nous nous reverrons ! Ici et là-haut nous nous reverrons !

Ô mon ami, devait-elle me faire une pareille question, quand j'avais le cœur plein de nos funestes adieux !

J. W. VON GOETHE, *Les Souffrances du jeune Werther*, Livre I, 1774, traduction par le conte Henri de La Bédoyère, 1845.

1. Tonnelle, cabinet de verdure.

2. Lord Byron, *Le Chevalier Harold*, 1816

Chillon est une forteresse située sur les rives du lac Léman, en Suisse, où fut enfermé le rebelle genevois Bonivard en 1530. Voici ses paroles, proférées de sa prison située sous le niveau du lac.

Le captif de Chillon

Le Léman baigne les murailles de Chillon
À mille pieds[1] de fond, ses ondes
Immenses coulent et se mêlent.
Autant en mesura la sonde[2]
Jetée du haut des blancs créneaux
Ceints[3] tout alentour par les flots

1. Unité de mesure de trente-trois centimètres.
2. Instrument servant à déterminer la profondeur de l'eau. Il est composé d'un plomb fixé au bout d'une ligne graduée.
3. Ceinturés.

– la pierre et l'eau formant une double prison.
Et telle une tombe vivante,
Au-dessous du niveau du lac,
Était creusé l'obscur caveau où nous étions
Nuit et jour s'entendait le clapotis des vagues,
Ou leur martèlement au-dessus de nos têtes.
Et l'hiver j'ai senti les embruns que lançaient
À travers les barreaux, les vents qui se levaient
Et libres folâtraient dans le joyeux espace.
Et s'ébranlait alors l'inébranlable roc :
Je l'ai senti trembler sans le moindre frisson,
Car j'aurai souri à la mort
Qui m'eût rendu la liberté.

Lord BYRON, *Le Chevalier Harold*, Chant III, « Le captif de Chillon », décembre 1816, traduction de Paul Bensimon et Roger Martin

Théodore GÉRICAULT (1791-1824), *La Scène de déluge*, 1812, huile sur toile, 130 × 97 cm (Musée du Louvre).

3. Heinrich Heine, *Livre des chants*, 1822

La Lorelei

1 Je ne sais pourquoi
Mon cœur est si triste ;
Un conte des vieux âges
Toujours me revient à l'esprit

La brise fraîchit, le soir tombe
Et le Rhin coule silencieux
La cime du pont flamboie
Aux feux du soleil couchant.

La plus belle des jeunes filles
Là-haut est assise, merveilleuse ;
Ses joyaux d'or étincellent,
Elle peigne ses cheveux d'or. [...]

H. HEINE, *Livre des chants*, « La Lorelei », 1822, traduction d'Albert Spaeth.

1 Pour chaque document, montrez que le paysage correspond aux émotions des personnages.

2 Après avoir dressé la liste des sentiments exprimés par les poètes, écrivain et peintre romantiques, caractérisez l'âme romantique.

3 Quelle critique Goethe et Byron adressent-ils à la société ?

4 Quels procédés grammaticaux et stylistiques font entendre la voix singulière de l'écrivain romantique et l'expression de sa sensibilité ? Quel registre domine ici ?

5 Relevez, dans les textes, les allusions à la mort et précisez ce qu'elle incarne aux yeux du héros romantique.

➲ **Fiche 24 Du romantisme au symbolisme**

LYRISME ET RÊVERIE

1

Alphonse de Lamartine, *Les Méditations*, 1820

Biographie p. 564

Histoire littéraire p. 345

Littérature et société p. 346

Repères historiques p. 558

Le poème est dédié à « Elvire », nom poétique de Julie Charles, dont le poète est épris. Tandis qu'elle est à Paris, frappée d'une maladie qui va l'emporter en 1817, il contemple pensivement les rives du lac du Bourget qu'ils ont parcourues ensemble, l'année précédente, quand ils étaient heureux.

Le Lac

Ainsi, toujours poussés vers de nouveaux rivages,
Dans la nuit éternelle emportés sans retour,
Ne pourrons-nous jamais sur l'océan des âges
Jeter l'ancre un seul jour ?

Ô lac ! l'année à peine a fini sa carrière[1],
Et près des flots chéris qu'elle devait revoir,
Regarde ! je viens seul m'asseoir sur cette pierre
Où tu la vis s'asseoir !

Tu mugissais ainsi sous ces roches profondes,
Ainsi tu te brisais sur leurs flancs déchirés,
Ainsi le vent jetait l'écume de tes ondes
Sur ses pieds adorés.

Un soir, t'en souvient-il ? nous voguions en silence ;
On n'entendait au loin, sur l'onde et sous les cieux,
Que le bruit des rameurs qui frappaient en cadence
Tes flots harmonieux.

Tout à coup des accents inconnus à la terre
Du rivage charmé frappèrent les échos ;
Le flot fut attentif, et la voix qui m'est chère
Laissa tomber ces mots :

« Ô temps ! suspends ton vol, et vous, heures propices !
Suspendez votre cours :
Laissez-nous savourer les rapides délices
Des plus beaux de nos jours !

« Assez de malheureux ici-bas vous implorent,
Coulez, coulez pour eux ;
Prenez avec leurs jours les soins[2] qui les dévorent ;
Oubliez les heureux.

« Mais je demande en vain quelques moments encore,
Le temps m'échappe et fuit ;
Je dis à cette nuit : Sois plus lente ; et l'aurore
Va dissiper la nuit.

1. Un an s'est écoulé depuis octobre 1816, date de la rencontre avec Julie Charles.

2. Soucis.

William Turner (1775-1851), *Lac Buttermere avec une partie de Cromackwater, Cumberland, une ondée*, 1798, huile sur toile, 89 × 120 cm (Tate Gallery, Londres).

HISTOIRE DES ARTS

1 Comment Turner exprime-t-il la solitude du batelier ?

2 Quel effet produit le jeu de lumière créé par les rayons et les ombres ?

« Aimons donc, aimons donc ! De l'heure fugitive,
Hâtons-nous, jouissons !
L'homme n'a point de port, le temps n'a point de rive ;
Il coule, et nous passons ! »

Temps jaloux, se peut-il que ces moments d'ivresse,
Où l'amour à longs flots nous verse le bonheur,
S'envolent loin de nous de la même vitesse
Que les jours de malheur ?

Eh quoi ! n'en pourrons-nous fixer au moins la trace ?
Quoi ! passés pour jamais ! quoi ! tout entiers perdus !
Ce temps qui les donna, ce temps qui les efface,
Ne nous les rendra plus !

Éternité, néant, passé, sombres abîmes,
Que faites-vous des jours que vous engloutissez ?
Parlez : nous rendrez-vous ces extases sublimes
Que vous nous ravissez ?

Ô lac ! rochers muets ! grottes ! forêt obscure !
Vous, que le temps épargne ou qu'il peut rajeunir,
Gardez de cette nuit, gardez, belle nature,
Au moins le souvenir !

Qu'il soit dans ton repos, qu'il soit dans tes orages,
Beau lac, et dans l'aspect de tes riants coteaux,
Et dans ces noirs sapins, et dans ces rocs sauvages
Qui pendent sur tes eaux.

Qu'il soit dans le zéphyr qui frémit et qui passe,
Dans les bruits de tes bords par tes bords répétés,
Dans l'astre au front d'argent qui blanchit ta surface
De ses molles clartés.

Que le vent qui gémit, le roseau qui soupire,
Que les parfums légers de ton air embaumé,
Que tout ce qu'on entend, l'on voit ou l'on respire,
Tout dise : Ils ont aimé !

A. DE LAMARTINE, *Les Méditations*, « Le Lac », 1820.

L'expression d'une sensibilité nouvelle

LECTURE DU TEXTE

Un chant d'amour et de mort

1 Établissez le plan du poème en précisant quelles voix s'expriment et quels sont leurs destinataires.

2 Comment interpellations, invocations et ponctuation émotive renforcent-elles la mélancolie du poème ? Quel est le motif de la plainte ?

3 Quelles **strophes** présentent un changement métrique ? Quel est l'effet produit ?

➲ **Fiche 39 Les formes poétiques du romantisme au surréalisme**

La fuite du temps

4 « l'année à peine a fini sa carrière » (vers 5). Quel changement s'est produit en un an ?

5 Des strophes 6 à 9, relevez et expliquez les deux **métaphores** rendant sensibles la fuite du temps et l'implacable loi du devenir.

➲ **Fiche 40 Les images poétiques et les analogies**

Au rythme de l'eau

6 Dans la strophe 4, montrez que le rythme des vers, tout en balancements et **symétries**, imite la cadence des rameurs et le ressac.

7 Repérez des **allitérations** en « l » et précisez quel élément naturel est ainsi évoqué. Qu'apporte ce travail sur la musique du vers ?

➲ **Fiche 16 Les figures de style**

8 ORAL À plusieurs, répartissez-vous la lecture du poème pour faire entendre les voix qui résonnent ici et la variété de leurs émotions. Plusieurs lectures sont-elles possibles ?

ÉCRITURE

Commentaire

Vous ferez un commentaire montrant que le poème est une **élégie**. Vous suivrez le parcours de lecture suivant : A/ un chant d'amour et de mort exprimé avec musicalité ; B/ marqué par la fuite du temps. L'ouverture de votre conclusion proposera une comparaison avec le tableau de Turner.

➲ **Fiche 51 Rédiger un commentaire**

VERS L'ORAL

Cherchez des poèmes de Ronsard et Du Bellay et comparez-les avec le poème de Lamartine. Comment le lyrisme des auteurs exprime-t-il la fuite du temps ?

➲ **Fiche 55 Réussir l'épreuve orale du baccalauréat**

2 Marceline Desbordes-Valmore, *Poésies inédites*, 1830

Biographie p. 563
Histoire littéraire p. 345
Littérature et société p. 346
Repères historiques p. 558

La passion d'une femme aimée puis séparée de son amant est ici exaltée par un lyrisme dont Lamartine et Hugo ont salué la modernité. Julien Clerc, qui a mis en musique et chanté sa poésie, l'a fait redécouvrir.

Eugène DELACROIX (1798-1863), *Jeune Orpheline au cimetière*, 1824, huile sur toile, 65,5 × 54,5 cm (Musée du Louvre).

Les séparés

N'écris pas – Je suis triste, et je voudrais m'éteindre
Les beaux étés sans toi, c'est la nuit sans flambeau
J'ai refermé mes bras qui ne peuvent t'atteindre,
Et frapper à mon cœur, c'est frapper au tombeau
N'écris pas !

N'écris pas – N'apprenons qu'à mourir à nous-mêmes
Ne demande qu'à Dieu... qu'à toi, si je t'aimais !
Au fond de ton absence écouter que tu m'aimes,
C'est entendre le ciel sans y monter jamais
N'écris pas !

N'écris pas – Je te crains ; j'ai peur de ma mémoire ;
Elle a gardé ta voix qui m'appelle souvent
Ne montre pas l'eau vive à qui ne peut la boire
Une chère écriture est un portrait vivant
N'écris pas !

N'écris pas ces mots doux que je n'ose plus lire :
Il semble que ta voix les répand sur mon cœur ;
Et que je les vois brûler à travers ton sourire ;
Il semble qu'un baiser les empreint sur mon cœur
N'écris pas !

M. DESBORDES-VALMORE, *Poésies inédites*, « Les séparés », 1830.

Un cri lyrique

LECTURE DU TEXTE

1 Pourquoi la supplique adressée à l'amant vibre-t-elle d'une grande intensité ? Commentez la **modalité injonctive** et le jeu des **pronoms**.

2 Comment l'**anaphore** et le jeu avec la **métrique** font-ils de ce poème lyrique un cri douloureux ?
ORAL Proposez une lecture qui mettra en valeur l'expression clé du poème.
Fiche 16 Les figures de style

3 Comment la première strophe exprime-t-elle l'impression grandissante de vide ? Vous serez sensible au langage du corps et à la **métaphore** du tombeau.

4 Pourquoi la lettre raviverait-elle la souffrance ? Vous commenterez les vers mettant en valeur les caractéristiques du genre épistolaire.

5 Quel souvenir de l'amant la poétesse a-t-elle gardé en mémoire ? Pourquoi s'en souvenir est-il un supplice et un délice ? Relevez et commentez l'image de l'eau et du feu.

HISTOIRE DES ARTS

6 Comment le visage de « la jeune orpheline », peinte par Delacroix, exprime-t-il la douleur de la séparation et du manque ?

ÉCRITURE

Commentaire

Vous ferez de ce poème un commentaire insistant sur l'intensité de la souffrance amoureuse. En conclusion, vous pourrez écouter la version chantée par Julien Clerc et préciser comment elle met en valeur la musicalité de la plainte.

3

Alfred de Musset, Contes d'Espagne et d'Italie, 1830

Biographie p. 565
Histoire littéraire p. 345
Littérature et société p. 346
Repères historiques p. 558

Musset, qui juge ridicules les « pleurards à nacelle », les poètes romantiques s'abandonnant à un lyrisme excessif, préfère exprimer sa souffrance avec humour noir et dérision subtile.

Ballade à la lune

C'était, dans la nuit brune,
Sur le clocher jauni,
La lune
Comme un point sur un i.

Lune, quel esprit sombre
Promène au bout d'un fil,
Dans l'ombre,
Ta face et ton profil ?

Es-tu l'œil du ciel borgne ?
Quel chérubin cafard[1]
Nous lorgne
Sous ton masque blafard ?

N'es-tu rien qu'une boule,
Qu'un grand faucheux[2] bien gras
Qui roule
Sans pattes et sans bras ?

Es-tu, je t'en soupçonne,
Le vieux cadran de fer
Qui sonne
L'heure aux damnés d'enfer ?

Sur ton front qui voyage,
Ce soir ont-ils compté
Quel âge
A leur éternité ?

Est-ce un ver qui te ronge
Quand ton disque noirci
S'allonge
En croissant rétréci ? [...]

Qui t'avait éborgnée,
L'autre nuit ? T'étais-tu
Cognée
À quelque arbre pointu ?

Car tu vins, pâle et morne
Coller sur mes carreaux
Ta corne
À travers les barreaux. [...]

A. DE MUSSET,
Contes d'Espagne et d'Italie,
« Ballade à la lune », 1830.

1. Sournois.
2. Insecte qui ressemble à une araignée.

William TURNER (1775-1851), *Clair de lune, étude à Millbank*, 1797, huile sur panneau, 31,5 × 40,5 cm (Tate Gallery, Londres).

4

Aloysius Bertrand,
Gaspard de la Nuit, 1842

Biographie p. 562
Histoire littéraire p. 345
Littérature et société p. 346
Repères historiques p. 558

Gaspard de la Nuit ou Fantaisies à la manière de Rembrandt et de Callot, *publié après la mort de son auteur, est le premier recueil de poèmes en prose. Cette œuvre originale, s'inspirant des gothiques anglais et des romantiques allemands, est restée méconnue jusqu'à ce que Baudelaire voie dans ce recueil l'invention de la modernité littéraire.*

Un rêve

J'ai rêvé tant et plus, mais je n'y entends note.
Pantagruel, Livre III.

Il était nuit. Ce furent d'abord, – ainsi j'ai vu, ainsi je raconte, – une abbaye aux murailles lézardées par la lune, – une forêt percée de sentiers tortueux, – et le Morimont[1] grouillant de capes et de chapeaux.

Ce furent ensuite, – ainsi j'ai entendu, ainsi je raconte, – le glas funèbre d'une cloche auquel répondaient les sanglots funèbres d'une cellule, – des cris plaintifs et des rires féroces dont frissonnait chaque feuille le long d'une ramée, – et les prières bourdonnantes des pénitents noirs qui accompagnent un criminel au supplice.

Ce furent enfin, – ainsi s'acheva le rêve, ainsi je raconte, – un moine qui expirait couché dans la cendre des agonisants, – une jeune fille qui se débattait pendue aux branches d'un chêne, – et moi que le bourreau liait échevelé sur les rayons de la roue.

Dom Augustin, le prieur défunt, aura, en habit de cordelier[2], les honneurs de la chapelle ardente ; et Marguerite, que son amant a tuée, sera ensevelie dans sa blanche robe d'innocence, entre quatre cierges de cire.

Mais moi, la barre du bourreau s'était, au premier coup, brisée comme un verre, les torches des pénitents noirs s'étaient éteintes sous des torrents de pluie, la foule s'était écoulée avec les ruisseaux débordés et rapides, – et je poursuivais d'autres songes vers le réveil.

A. BERTRAND, *Gaspard de la Nuit*, Troisième livre, « La Nuit et ses prestiges », « Un rêve », écrit vers 1833, publié en 1842.

1. C'est à Dijon, de temps immémorial, la place aux exécutions. (Note de l'auteur.)
2. Moine franciscain.

Dessin d'A. BERTRAND.

Romantiques de la nuit

LECTURE DES TEXTES

Aux sources noires du romantisme

1 Quels thèmes les deux poètes empruntent-ils au fantastique ?

2 Relevez les images de blessure et de mutilation. Quelle atmosphère est ainsi créée ?

3 Quelles **anaphores** et **allitérations** propagent le bruit du frisson au long du poème d'A. Bertrand ?

Fiche 40 **Les images poétiques et les analogies**

4 On dit de l'humour noir qu'il est « la politesse du désespoir ». Pourquoi l'expression caractérise-t-elle le poème de Musset ?

Poésie en liberté

5 Quel type de vers Musset a-t-il choisi, et pour quels effets ? Faites le lien entre la forme des strophes et celle de la lune.

6 Dans le poème d'A. Bertrand, quels indices annoncent une fin catastrophique ? Le dénouement est-il conforme aux attentes ? Quel effet cette chute produit-elle ?

HISTOIRE DES ARTS

7 Décrivez le tableau de Turner en utilisant le lexique des émotions.

ÉCRITURE

Argumentation

Pourquoi écrivains et artistes romantiques explorent-ils l'univers nocturne ? Quel aspect de l'âme humaine dévoilent-ils ? Argumentez.

Fiche 54 **Rédiger une dissertation**

5

Gérard de Nerval, Petits Châteaux de Bohême, 1853

Biographie
p. 565

Histoire littéraire
p. 345

Littérature et société
p. 346

Repères historiques
p. 558

En 1853, Nerval insère dans ses Petits Châteaux de Bohême *une quinzaine de poèmes lyriques et intimistes écrits vers 1830 sous le titre d'« odelettes ». C'est une forme poétique qu'il avoue emprunter à Ronsard. Par là, Nerval se rattache à la tradition poétique antérieure et fait du passé le lieu de sa rêverie.*

Victor HUGO (1802-1885), *Le Gai Château*, 1897, encre, lavis et crayon sur carton, 15,8 × 22,2 cm (Maison de Victor Hugo, Paris).

Fantaisie

Il est un air pour qui je donnerais
Tout Rossini, tout Mozart et tout Weber[1],
Un air très vieux, languissant et funèbre,
Qui pour moi seul a des charmes[2] secrets.

Or, chaque fois que je viens à l'entendre,
De deux cents ans mon âme rajeunit :
C'est sous Louis treize ; et je crois voir s'étendre
Un coteau vert, que le couchant jaunit,

Puis un château de brique à coins de pierre,
Aux vitraux teints de rougeâtres couleurs,
Ceint de grands parcs, avec une rivière,
Baignant ses pieds, qui coule entre des fleurs ;

Puis une dame, à sa haute fenêtre,
Blonde aux yeux noirs, en ses habits anciens,
Que, dans une autre existence peut-être,
J'ai déjà vue... – et dont je me souviens !

G. DE NERVAL, *Petits Châteaux de Bohême, Odelettes*, « Fantaisie », 1853.

1. On prononce « Wèbre ». Rossini, Mozart et Weber sont des compositeurs très célèbres, contrairement à cet « air » dont on ignore même le titre.
2. Étymologiquement, « charme » vient du nom latin *carmen*, désignant à la fois un poème et une incantation magique. Les « carmina » sont des chants qui subjuguent et transportent l'auditoire.

L'âme romantique et le rêve

LECTURE DU TEXTE

1 RECHERCHE Quels sont les deux sens du mot « fantaisie » ? Montrez que les deux significations structurent le poème.

2 Quel élément déclenche le souvenir ? Quels pronoms et adjectifs insistent sur le caractère intime et nostalgique du passé ?

3 Repérez, des vers 1 à 6, les groupes ternaires, **répétitions** et effets de **sonorités**. Comment la musique du vers imite-t-elle l'air ancien et ses « charmes » ?

Fiche 38 Évolution du vers

4 Relevez les **modalisateurs** : que suggèrent-ils ?

5 Nommez et commentez l'effet produit par le dernier vers. En quoi s'oppose-t-il aux précédents ?

VERS L'ORAL

Préparez une lecture analytique montrant comment ce texte donne vie au rêve.

Fiche 55 Réussir l'épreuve orale du baccalauréat

6

Julien Gracq, Au château d'Argol, 1938

Biographie p. 564

Histoire littéraire p. 345

Littérature et société p. 346

Repères historiques p. 560

Julien Gracq s'est inspiré des châteaux du romantisme noir. Sa prose poétique en convoque « la force d'envoûtement » et les « puissantes merveilles » afin de leur rendre un « hommage explicite pour l'enchantement qu'elles ont inépuisablement versé sur lui » (Préface).

À l'instant où Albert[1] atteignit le sommet de ces pentes raides, la masse entière du château sortit des derniers buissons qui la cachaient. Il fut alors visible que la façade barrait tout à fait l'étroite langue du plateau. Appuyée à gauche à la haute tour ronde, elle était uniquement constituée d'une épaisse muraille de grès bleus maçonnés à plat et enrobés d'un ciment grisâtre. Le caractère le plus imposant de l'édifice venait du toit, façonné en terrasse, particularité très rare sous un climat toujours pluvieux : le sommet de la haute façade appliquait contre le ciel une ligne horizontale et dure, comme les murs d'un palais détruit par l'incendie, et parce que, comme la tour, on ne pouvait le considérer que du pied seulement de la muraille, produisait une impression indéfinissable d'*altitude*.

La forme et la disposition des rares ouvertures n'étaient pas moins frappantes. Toute notion d'étage, liée presque indissolublement à notre époque à celle d'une construction harmonieuse, semblait en avoir été bannie. De rares fenêtres s'ouvraient dans la muraille à des hauteurs presque toujours inégales, suggérant l'idée d'une distribution intérieure étonnante. [...]

Cependant le soleil en déclinant peu à peu inonda directement la salle de ses rayons presque horizontaux, couronna les cheveux blonds de Heide d'un nimbe[2] doré, et lui prêta l'espace d'une seconde la toute-puissante importance que communique le *contre-jour* aux personnages animés non moins qu'à ceux d'une gravure de Rembrandt[3] – les yeux d'Albert et d'Herminien, attirés malgré eux par le foyer de cette féerie lumineuse, se croisèrent l'espace d'un éclair et se comprirent. *Il y avait quelque chose de changé.*

J. GRACQ, *Au château d'Argol*, 1938, © José Corti.

1. Il s'agit du propriétaire du château. Albert attend l'arrivée de son ami Herminien, accompagné de sa fiancée, Heide.
2. Auréole.
3. Peintre hollandais (1606-1669) célèbre pour la vigueur de ses ombres et l'éclat de sa lumière.

D'un château l'autre

LECTURE DU TEXTE

1 Relevez adjectifs de couleur et nom des matériaux. Caractérisez l'atmosphère ainsi créée.

2 Lisez le premier paragraphe à voix haute, en marquant les **allitérations**. Comment les **sonorités** de la prose poétique renforcent-elles le romantisme sombre de la scène ?

3 Montrez que la symétrie et l'équilibre sont bannis du tableau. Pourquoi peut-on le qualifier de « sublime » ?

➲ **Histoire des arts Le beau et le sublime, p. 329**

4 Comparez la description que Nerval et Gracq offrent de la jeune femme blonde. Vous analyserez l'art du contraste et le surgissement du passé.

HISTOIRE DES ARTS

5 Comparez le dessin de V. Hugo et la description de J. Gracq. Qu'ont de romantique ces deux œuvres ?

➲ **Fiche 17 Lecture de l'image fixe**

ÉCRITURE

Invention

Écrivez la suite du texte à la manière de J. Gracq. Vous vous inspirerez des textes 5 et 6 et du dessin de V. Hugo pour décrire la jeune femme, puis narrer une péripétie jetant le trouble parmi les trois amis.

➲ **Fiche 47 Comprendre un sujet d'écriture d'invention**

7

LYRISME DE L'ENGAGEMENT

Victor Hugo, *Les Orientales*, 1829

Biographie
p. 564

Du même auteur
p. 225, 295, 322, 342, 344, 366

Histoire littéraire
p. 345

Littérature et société
p. 346

Repères historiques
p. 558

En 1822 la Grèce, alors sous domination ottomane, proclame son indépendance. La réaction des Turcs est sanglante. L'Europe entière est émue par les massacres de populations civiles. Hugo évoque celui des habitants de l'île de Chio (Scio).

L'enfant

« O horror ! horror ! Horror ! »
W. Shakespeare, *Macbeth*.

Les Turcs ont passé là. Tout est ruine et deuil.
Chio, l'île des vins, n'est plus qu'un sombre écueil,
Chio, qu'ombrageaient les charmilles[1],
Chio, qui dans les flots reflétait ses grands bois,
Ses coteaux, ses palais, et le soir quelquefois
Un chœur dansant de jeunes filles.

Tout est désert. Mais non ; seul près des murs noircis,
Un enfant aux yeux bleus, un enfant grec, assis,
Courbait sa tête humiliée ;
Il avait pour asile, il avait pour appui
Une blanche aubépine, une fleur, comme lui
Dans le grand ravage oubliée.

Ah ! pauvre enfant, pieds nus sur les rocs anguleux !
Hélas ! pour essuyer les pleurs de tes yeux bleus
Comme le ciel et comme l'onde,
Pour que dans leur azur, de larmes orageux,
Passe le vif éclair de la joie et des jeux,
Pour relever ta tête blonde,

1. Haies de charmes.

Eugène DELACROIX (1798-1863), *Scène des massacres de Scio*, 1824, huile sur toile, 419 × 354 cm (Musée du Louvre).

Que veux-tu ? Bel enfant, que te faut-il donner
Pour rattacher gaîment et gaîment ramener
En boucles sur ta blanche épaule
Ces cheveux, qui du fer[2] n'ont pas subi l'affront,
Et qui pleurent épars autour de ton beau front,
Comme les feuilles sur le saule ?

Qui pourrait dissiper tes chagrins nébuleux[3] ?
Est-ce d'avoir ce lys, bleu comme tes yeux bleus,
Qui d'Iran borde le puits sombre ?
Ou le fruit du tuba, de cet arbre si grand,
Qu'un cheval au galop met, toujours en courant,
Cent ans à sortir de son ombre ?

Veux-tu, pour me sourire, un bel oiseau des bois,
Qui chante avec un chant plus doux que le hautbois,
Plus éclatant que les cymbales ?
Que veux-tu ? fleur, beau fruit, ou l'oiseau merveilleux ?
– Ami, dit l'enfant grec, dit l'enfant aux yeux bleus,
Je veux de la poudre et des balles.

8-10 juillet 1828.

V. HUGO, *Les Orientales*, « L'enfant », 1829.

2. Qui n'ont jamais connu le fer des ciseaux ; qui n'ont jamais été coupés.
3. Assombris par la tristesse.

Fonctions de la poésie

LECTURE DU TEXTE

La tragédie de l'histoire

1 Quels éléments permettent de situer la scène ? Analysez les **indices spatio-temporels** et la situation des personnages.

2 Quelles **émotions** Hugo veut-il susciter ? Pourquoi ? Appuyez-vous sur le lexique et la ponctuation émotive pour argumenter.

3 Complétez le tableau. Puis montrez que les premières strophes opposent tragiquement Chio avant et après le massacre.

	Chio autrefois	Chio aujourd'hui
Indices temporels	Imparfait exprimant la durée. Ex. :	Présent de l'indicatif pour dresser un constat. Ex. :
Antithèses		
Anaphores	« Chio » (v. 2, 3).	
Vocabulaire subjectif		
Longueur des phrases		

Fiche 16 **Les figures de style**

Le poète prophète

4 Comment la compassion du poète s'exprime-t-elle ? Analysez questions rhétoriques et enjambements.

5 Où commence le **discours direct** ? Quel rôle le poète cherche-t-il à tenir auprès de l'enfant et des hommes en intervenant ?

6 Que propose le poète au rescapé pour le consoler ? Quelle est la réaction de l'enfant ? Comment la fin du poème la met-elle en valeur ?

VERS L'ORAL

Comparez le tableau de Delacroix et le poème : comment les deux œuvres dénoncent-elles la violence ? Appuyez-vous sur le questionnaire pour définir la fonction du poète et de l'artiste romantiques.

Fiche 55 **Réussir l'épreuve orale du baccalauréat**

ÉCRITURE

Vers le commentaire

Vous rédigerez une partie de commentaire montrant comment le poète suscite l'émotion du lecteur pour le pousser à réagir.

Fiche 51 **Rédiger un commentaire**

8

Victor Hugo,
Les Châtiments, 1853

Exilé par Napoléon III, Hugo écrit Les Châtiments*, poésie de lutte contre la tyrannie de l'empereur.*

Biographie
p. 564

Du même auteur
p. 225, 295, 322, 340, 344, 366

Histoire littéraire
p. 345

Littérature et société
p. 346

Repères historiques
p. 558

Chanson

La femelle ? elle est morte.
Le mâle ? un chat l'emporte
Et dévore ses os.
Au doux nid qui frissonne
Qui reviendra ? personne.
Pauvres petits oiseaux !

Le pâtre[1] absent par fraude !
Le chien mort ! le loup rôde,
Et tend ses noirs panneaux[2] ;
Au bercail qui frissonne,
Qui veillera ? personne.
Pauvres petits agneaux !

L'homme au bagne ! la mère
À l'hospice ! ô misère !
Le logis tremble aux vents ;
L'humble berceau frissonne.
Qui reste-t-il ? personne.
Pauvres petits enfants !

Jersey, février 1853.

V. HUGO, *Les Châtiments*,
Livre I, XIII, « Chanson », 1853.

1. Berger.
2. Ses pièges.

9

Victor Hugo,
Les Contemplations, 1856

Une date tragique sépare Les Contemplations *en deux parties : le 4 septembre 1843, jour où Léopoldine, la fille de V. Hugo, s'est noyée. La souffrance et la mort des innocents hantent dès lors son œuvre, mélancolique et engagée, intime et visionnaire.*

Melancholia

Où vont tous ces enfants dont pas un seul ne rit ?
Ces doux êtres pensifs que la fièvre maigrit ?
Ces filles de huit ans qu'on voit cheminer seules ?
Ils s'en vont travailler quinze heures sous des meules ;
Ils vont, de l'aube au soir, faire éternellement
Dans la même prison le même mouvement.
Accroupis sous les dents d'une machine sombre,
Monstre hideux qui mâche on ne sait quoi dans l'ombre,
Innocents dans un bagne, anges dans un enfer,
Ils travaillent. Tout est d'airain[1], tout est de fer.
Jamais on ne s'arrête et jamais on ne joue.
Aussi quelle pâleur ! la cendre est sur leur joue.
Il fait à peine jour, ils sont déjà bien las.
Ils ne comprennent rien à leur destin, hélas !
Ils semblent dire à Dieu : « Petits comme nous sommes,
Notre père, voyez ce que nous font les hommes ! »
Ô servitude infâme imposée à l'enfant !

1. Bronze.

Lewis HINE (1874-1940), *Enfants au travail dans une usine textile* (Caroline du Sud, États-Unis), 1908 (Museum of Modern Art, New York).

Rachitisme[2] ! travail dont le souffle étouffant
Défait ce qu'a fait Dieu ; qui tue, œuvre insensée,
La beauté sur les fronts, dans les cœurs la pensée,
Et qui ferait – c'est là son fruit le plus certain ! –
D'Apollon un bossu, de Voltaire un crétin !
Travail mauvais qui prend l'âge tendre en sa serre,
Qui produit la richesse en créant la misère,
Qui se sert d'un enfant ainsi que d'un outil !
Progrès dont on demande : « Où va-t-il ? que veut-il ? »
Qui brise la jeunesse en fleur ! qui donne, en somme,
Une âme à la machine et la retire à l'homme !
Que ce travail, haï des mères, soit maudit !
Maudit comme le vice où l'on s'abâtardit,
Maudit comme l'opprobre[3] et comme le blasphème[4] !
Ô Dieu ! qu'il soit maudit au nom du travail même,
Au nom du vrai travail, sain, fécond, généreux,
Qui fait le peuple libre et qui rend l'homme heureux !

V. HUGO, *Les Contemplations*, Livre III, « Les Luttes et les Rêves », II, « Melancholia » (vers 113 à 146), avril 1856.

2. Maladie infantile troublant la croissance des os, due à un manque de lumière.
3. Déshonneur public.
4. Discours outrageant contre un dieu, la religion.

Déplorer la souffrance des enfants

LECTURE DES TEXTES

L'enfance au travail

1 RECHERCHE Quelles furent les conditions de travail des enfants au XIXe siècle ? De quand datent les lois sur l'âge minimum des travailleurs ? Après avoir lu les poèmes, vous montrerez qu'ils reflètent une réalité donnée.

2 Par quels procédés (répétitions, images, **métrique**) la fragilité des enfants est-elle soulignée ?

3 Comment l'incompréhension des enfants est-elle soulignée au vers 14 de « Melancholia » ?

4 Opposez, dans un tableau, la simplicité poignante de la « Chanson » et le **lyrisme** émouvant de « Melancholia ».

Fiche 15 Les registres littéraires

La voix du poète prophète

5 Dans « Melancholia », analysez les procédés lexicaux, stylistiques et sonores entraînant la transformation de la meule en monstre.

6 Lisez le vers 9. Comment l'**alexandrin** (coupes, rythmes) et les antithèses accentuent-ils l'injustice du travail-châtiment ?

Fiche 38 Évolution du vers

7 Quelles questions terribles Hugo pose-t-il à la société ? Pourquoi rendent-elles légitime le passage de la déploration mélancolique (v. 1 à 16) à l'indignation violente (v. 17 à 33) ?

8 Montrez que le poète parle au nom des misérables en étudiant l'énonciation.

9 SYNTHÈSE Définissez la mission du poète prophète.

HISTOIRE DES ARTS

10 Comment la photographie parvient-elle à dénoncer la souffrance de l'enfance au travail ? Quels procédés suscitent l'émotion et la prise de conscience ?

VERS L'ORAL

Proposez une lecture analytique de « Melancholia » montrant la profonde mélancolie du poète, à l'unisson de la tristesse des enfants et du lecteur.

Fiche 55 Réussir l'épreuve orale du baccalauréat

ÉCRITURE

Invention

En juin 1847, un projet de loi réglementant le travail des enfants a été déposé à la Chambre. Inventez le discours que V. Hugo a préparé pour soutenir ce projet. Vous vous inspirerez des questions rhétoriques, antithèses et images hugoliennes.

Fiche 47 Comprendre un sujet d'écriture d'invention

POUR ARGUMENTER SOLEIL DE LA RAISON OU NUIT ROMANTIQUE ?

Dumarsais, *Encyclopédie*, 1751-1772

L'expression « les Lumières » désigne la philosophie de l'Europe au XVIIIe siècle, confiante dans la raison. Grâce à elle, les hommes peuvent être philosophes : penser par eux-mêmes et accéder à la connaissance vraie. **Séquence 15 Lumières de la raison**

Les autres hommes sont emportés par leurs passions, sans que les actions qu'ils font soient précédées de la réflexion : ce sont des hommes qui marchent dans les ténèbres ; au lieu que le *philosophe*, dans ses passions mêmes, n'agit qu'après la réflexion ; il marche la nuit, mais il est précédé d'un flambeau.

La vérité n'est point pour le *philosophe* une maîtresse qui corrompe son imagination, et qu'il croie trouver partout ; il se contente de la pouvoir démêler où il peut l'apercevoir. Il ne la confond point avec la vraisemblance ; il prend pour vrai ce qui est vrai, pour faux ce qui est faux, pour douteux ce qui est douteux, et pour vraisemblance ce qui n'est que vraisemblance. Il fait plus, et c'est ici une grande perfection du *philosophe*, c'est que lorsqu'il n'a point de motif pour juger, il sait demeurer indéterminé.

Dumarsais, *Encyclopédie*, article « Philosophe », 1751-1772.

Victor Hugo, *Les Contemplations*, 1856

Les romantiques ne rejettent pas la lumière de la raison mais invitent à explorer les zones d'ombre de l'esprit humain. C'est ce qu'exprime l'image de la nuit romantique.

Ô gouffre ! l'âme plonge et rapporte le doute.
Nous entendons sur nous les heures, goutte à goutte,
Tomber comme l'eau sur les plombs ;
L'homme est brumeux, le monde est noir, le ciel est sombre ;
Les formes de la nuit vont et viennent dans l'ombre ;
Et nous, pâles, nous contemplons.

Nous contemplons l'obscur, l'inconnu, l'invisible.
Nous sondons le réel, l'idéal, le possible,
L'être, spectre toujours présent.
Nous regardons trembler l'ombre indéterminée.
Nous sommes accoudés sur notre destinée,
L'œil fixe et l'esprit frémissant.

Nous épions des bruits dans ces vides funèbres ;
Nous écoutons le souffle, errant dans les ténèbres,
Dont frissonne l'obscurité ;
Et, par moments, perdus dans les nuits insondables,
Nous voyons s'éclairer de lueurs formidables
La vitre de l'éternité.

V. HUGO, *Les Contemplations*, 1856, Livre XIV, Marine-Terrace, septembre 1853.

LECTURE

1 Relevez, dans le premier texte, l'opposition entre lumière et ténèbres et expliquez pourquoi la raison peut guider l'être humain dans la voie du progrès et de la connaissance.

2 Pourquoi le poète décide-t-il de s'attaquer à l'exploration de notre part d'ombre ?

3 Sait-on précisément ce que le poète voit dans la nuit qui remue ? Déduisez-en le sens du mot « contemplation ».

ARGUMENTATION

À deux, opposez point par point la « mission » du philosophe des Lumières et celle du poète romantique. En conclusion, vous préciserez la démarche que vous préférez et justifierez votre choix.

Histoire littéraire

Le romantisme

Francisco DE GOYA (1746-1828), *Tres de Mayo*, 1814, huile sur toile, 266 × 345 cm (Musée du Prado, Madrid).

Définition

Mouvement littéraire et culturel européen dominant la première moitié du XIXe siècle, le romantisme exalte la puissance de l'imagination et l'expression de la sensibilité. Fortement marqué par la Révolution, il exprime le lien entre violence historique et destinée individuelle.

Histoire du romantisme

- **En Angleterre**, l'adjectif *romantic*, d'abord employé en peinture, désigne un **état d'âme en accord avec la nature**. Paysages intérieurs et extérieurs se répondent. Les artistes français émigrés en Angleterre pendant la Révolution feront connaître **en France** cette vision du monde.

Ex : *Pour Byron, déchaînement des vagues et colère du prisonnier se répondent. Chateaubriand s'en inspire pour ses* Mémoires d'outre-tombe.

- **En Allemagne, Goethe** et les artistes du *Sturm und Drang* (XVIIIe), célèbrent aussi l'osmose de l'homme et de la nature.

- Au début du XIXe siècle, s'ajoute une **dimension politique**. En Allemagne, artistes et écrivains refusent le classicisme, associé à Napoléon Ier, l'occupant français. Ils inventent une écriture nouvelle, inspirée des légendes nationales teintées de brume et de mélancolie. En Espagne, le peintre **Goya** dénonce avec flamboyance l'avancée des troupes napoléoniennes.

- **En France, le premier romantisme (1800-1820)** est lié à la Révolution et à la disparition de l'Ancien Régime. Ainsi, à la mort de son frère aîné, guillotiné, le jeune Chateaubriand se retrouve en position d'héritier. Mais quel titre, quel monde peut-il bien se voir léguer ? Comme ce cadet de famille, les romantiques doivent se forger une identité nouvelle sur les ruines du passé. L'expression lyrique du « moi » devient un enjeu vital. Elle nécessite l'invention d'une poésie nouvelle, née de l'énergie du désespoir et du vague des passions, sentiment de mélancolie diffuse et indicible.

Joseph VERNET (1714-1789), *Marine, Le Soir ou La Tempête*, entre 1734 et 1753, huile sur toile, 2034 × 972 cm (Musée national de la Marine, Paris).

Ex : *Le succès des* Méditations *tient à l'expression* ***élégiaque*** *de la fuite du temps et de l'effondrement du passé. Cela correspond à la situation des jeunes gens nés pendant la Révolution, qui doivent forger une langue inédite, raccordée aux temps nouveaux.*

- **La deuxième génération romantique (1820-1830) hérite du « mal du siècle ».**
Pour les héros de *La Chartreuse de Parme* de Stendhal, devenir général était à la portée des braves, même issus du peuple. Ce rêve, partagé par toute une génération, se brise à Waterloo en 1815. Dans *La Confession d'un enfant du siècle* (1836), Musset analyse le désarroi des jeunes gens nés sous l'Empire, qui rêvaient liberté et ascension sociale : la chute de Napoléon et le retour de la monarchie ruinent leurs espoirs. En effet, le règne de Charles X se révèle ultraconservateur. Quant à son successeur, Louis-Philippe, « roi des Français » porté au pouvoir par les Trois Glorieuses, il incarne brièvement les espoirs de progrès de la jeune génération avant de représenter l'ennui et la désillusion.

– **La recherche d'un ailleurs** est la conséquence de ce **désenchantement**.

Ex : *Dans* Les Destinées *de Vigny, le poète fuit la ville, vulgaire et matérialiste, et se réfugie dans* ***la nature*** *et* ***l'amour***.

Ex : Les Orientales *de V. Hugo et la peinture de Delacroix soulignent une prédilection pour* ***l'exotisme et le voyage, à la fois ouverture sur autrui et rejet du présent*** (> p. 340).

– **L'état de rêve** permet de fuir la réalité.

Ex : *A. Bertrand, s'inspirant du romantisme allemand et anglais le plus noir, invente le* ***poème en prose****, cadre d'un monde* ***fantastique*** *rêvé* (> p. 337).

Ex : *Nerval, quittant la conscience immédiate du réel, rêve et se « souvient » d'une femme idéale* (> p. 338).

– **La mort** peut être une solution radicale. Le suicide romanesque de Werther a inspiré de nombreux héros romantiques, comme René (Chateaubriand), Chatterton (Vigny) ou Ruy Blas (Hugo).

Fonctions du poète et de l'artiste romantiques

L'expression du sentiment

- Les romantiques revendiquent l'héritage d'**Orphée**, dont la poésie lyrique apaise la souffrance du cœur endeuillé. Comme lui, ils sont sensibles à l'harmonie consolatrice de la nature.

Ex : *Lamartine fait du « Lac » une élégie : la douceur du rythme et des sonorités calme la douleur* (> p. 332).

- **En poésie**, le « je » domine. Pourtant, romantisme ne rime pas avec narcissisme. Quand le poète dit « je », il énonce une expérience humaine vraie, à la fois intime et universelle.

Ex : *Dans « Melancholia », la prière est récitée par les enfants mais écrite par l'auteur. Les deux voix se mêlent. Le poète devient* ***« prophète »*** *au sens étymologique : il parle pour tous* (> p. 342).

- **Le roman romantique** est à l'unisson. Se multiplient les récits **à la première personne** (*Les Souffrances du jeune Werther* > p. 330), ou les fictions **sentimentales**, dont les rebondissements épousent la violence de l'histoire (*Indiana* > p. 36).

- **En musique**, le piano de **Beethoven** (1770-1827) ou **Liszt** (1811-1886) exprime toute la gamme des **sentiments dans une écriture variée** : le concerto fait dialoguer un soliste et l'orchestre ; le nocturne, privilégié par **Chopin** (1810-1849), est plus intime. Le lied, inspiré par la poésie, charge la voix d'émotion.

- **En peinture,** le paysage, exotique ou familier, est aussi source d'émotion. L'artiste projette ses sentiments sur la toile blanche et ces « paysages d'âme » expriment les variations de l'intériorité.

Ex : *La peinture de C. D. Friedrich exalte le sentiment religieux de l'homme face à la nature* (> p. 328).

Du lyrisme à l'engagement

- **En poésie**

Le poète romantique veut restaurer l'harmonie sociale et politique, brisée par la violence des révolutions. Il veut être le **guide** de l'humanité vers le progrès et la liberté.

Ex : *Hugo, après le massacre de Chio, invite ses contemporains à défendre le peuple hellène opprimé* (> p. 340).

L'engagement est une parole vive, suivie d'actions.

Ex : *Lord Byron écrit et s'engage militairement aux côtés des rebelles grecs. Il meurt lors du siège de Missolonghi.*

Hugo dénonce le pouvoir et ses injustices. Malgré la censure, les procès et l'exil, *Les Châtiments* (1853) manient **ironie, satire et parodie** pour fustiger Napoléon le Petit, indigne héritier de Napoléon Ier. Cependant, marquée par la mort de Léopoldine, l'écriture des *Contemplations* (1856) s'approfondit en méditation sur la souffrance des créatures mal aimées.

- **En musique, Beethoven** célèbre le progrès. La symphonie n° 3, dite « héroïque », est dédiée au jeune Bonaparte, épris de liberté. Dans sa *Neuvième symphonie*, « L'hymne à la joie », signé de Schiller, est un appel à la paix future.

- **L'engagement au théâtre : les planches brûlantes**

En réaction à la dramaturgie classique et aux idées conservatrices, émerge un genre nouveau : le drame romantique. Il est le « miroir de concentration » de l'histoire contemporaine.

Ex : Lorenzaccio *se déroule à Florence, en 1536. Mais la pièce évoque aussi la France de 1830 et le sentiment d'impasse où est plongée la jeunesse.*

Montrer l'histoire fait évoluer l'écriture théâtrale : s'imposent découpage en tableaux, choix d'une temporalité et d'une action éclatées, multiplicité de personnages. C'est la fin des **trois unités**.

- **La peinture**

Avec **Géricault** ou **Delacroix**, la peinture montre les révolutions. « J'ai entrepris un sujet moderne, une barricade », confie Delacroix en 1831. *La liberté guidant le peuple* montre que le sacrifice de ceux qui sont morts pour la patrie n'est pas vain : la liberté s'appuie sur eux pour avancer. La société tout entière suit.

Eugène Delacroix (1798-1863), *La liberté guidant le peuple*, 1831, huile sur toile, 260 × 325 cm (Musée du Louvre).

Séquence

19 Poésie et beauté moderne

Au XIXe siècle, la poésie française a connu les mutations les plus importantes de son histoire. La remise en cause des règles formelles et la recherche d'une beauté nouvelle ont contribué à inscrire la poésie dans la modernité.

Objectifs

- Définir la modernité en poésie au XIXe siècle
- Analyser l'évolution d'un genre littéraire

MÉTHODES p. 389

Lire et analyser Fiches 16, 17, 18, 19
Analyser une œuvre dans son contexte Fiches 24, 25
Connaître un genre littéraire : La poésie Fiches 37, 38, 39, 40
S'initier aux épreuves du baccalauréat Fiches 46, 47, 48, 49, 50, 51, 52, 53, 54

Histoire des arts

Gustave Moreau, *Orphée*, 1865

Gustave Moreau (1826-1898), *Orphée*, 1865, huile sur bois, 154 × 23,5 cm (Musée d'Orsay, Paris).

Biographie
p. 565

Contexte artistique et historique

LE RENOUVEAU DU MYTHE ORPHIQUE

Anéanti par la perte définitive de son épouse Eurydice, Orphée sombre dans la douleur et néglige les autres femmes. Se sentant dédaignées, les Ménades, nymphes au service de Dionysos, le décapitent, et mettent son corps en pièces. La tête d'Orphée, jetée dans un fleuve, continue pourtant à chanter douloureusement la perte d'Eurydice. Elle est ensuite déposée dans une caverne où elle rend des oracles nuit et jour. La permanence du chant après la mort, et l'idée que le poète puisse accéder à la connaissance de **correspondances** liant le ciel et la terre, à des **mystères** qui dépassent le monde des vivants, ont particulièrement inspiré les artistes de la seconde moitié du XIXe siècle.

Cet intérêt renouvelé pour le mythe d'Orphée coïncide avec un désir d'absolu poétique. Baudelaire, Verlaine, Rimbaud ou Mallarmé ont cherché dans leurs œuvres à saisir, au-delà des apparences, une **réalité inconnue**, *inouïe*. Par son lien avec la musique et sa remise en cause de l'usage ordinaire du langage, la poésie peut faire entrevoir le mystère du monde. Elle devient alors un moyen d'accéder à une connaissance qui n'est plus uniquement rationnelle, mais également sensible et spirituelle.

Le symbolisme à l'œuvre

La diagonale qui part du sommet du rocher et rejoint les deux tortues délimite un espace intime d'échange silencieux et de méditation au sein du paysage. Cette composition met en valeur le triangle constitué par le visage de la femme, la tête d'Orphée, et la lyre. La lumière qui illumine les deux visages, dont on ne peut identifier la source, suggère le pouvoir de la poésie qui survit à la mort. Les éléments réalistes du tableau constituent donc un moyen pour l'artiste de représenter une **abstraction** : **l'idée même de la poésie**. La démarche du peintre rejoint la finalité des écrivains symbolistes : accéder, par des moyens sensibles, au « sens mystérieux des aspects de l'existence » (Mallarmé, *Lettre à Léo d'Orfer*, 1884), « vêtir l'Idée d'une forme sensible » (Moréas, *Manifeste du symbolisme*, 1886).

Peindre le symbole

LECTURE DE L'IMAGE

Du mythe au symbole

1 Quels éléments du mythe d'Orphée cette scène reprend-elle ?

2 Décrivez le paysage (couleurs, formes, organisation des plans). Quelle impression suscite-t-il ? Pourquoi ?

3 @ RECHERCHE Sur le site du Trésor de la langue française informatisé (TLFI), http://atilf.atilf.fr, cherchez le mot « lyre » et expliquez à partir de cette définition ce que signifie la présence des deux tortues.

Une invitation à la méditation

4 Pourquoi la tête d'Orphée est-elle posée sur sa lyre ?

5 Comparez le visage d'Orphée et celui de la jeune femme. Que constatez-vous ?

6 Quelle image d'Orphée le peintre cherche-t-il à donner dans ce tableau ? Pourquoi choisit-il de représenter le personnage après sa mort ?

Fiche 17 Lecture de l'image fixe

ÉCRITURE

Invention

Selon Proust, « un tableau est une sorte d'apparition d'un coin d'un monde mystérieux ». Décrivez un tableau du XIXe siècle mettant en valeur le « monde mystérieux » qu'il exalte et fait apparaître. Vous choisirez une œuvre de Redon, Khnopff, Rossetti ou Böcklin.

Fiche 47 Comprendre un sujet d'écriture d'invention

ORAL

@ RECHERCHE Cherchez la représentation d'Orphée par Jean Delville et comparez-la à celle de Gustave Moreau. Choisissez celle qui vous touche le plus et justifiez votre choix au moyen de trois arguments portant sur la technique du peintre et sur la composition.
Quel aspect du mythe le peintre retenu met-il en valeur ? Pour quelles raisons, selon vous ?

La poésie moderne est-elle en rupture avec le passé ?

Histoire littéraire
p. 367
Repères historiques
p. 558

1. Théophile Gautier, Préface de *Mademoiselle de Maupin*, 1832

En rupture avec le romantisme, Gautier dénonce l'idée d'un art qui serait « utile ». Seul un art recherché pour lui-même permet d'atteindre la beauté.

Rien de ce qui est beau n'est indispensable à la vie. – On supprimerait les fleurs, le monde n'en souffrirait pas matériellement ; qui voudrait cependant qu'il n'y eût plus de fleurs ? Je renoncerais plutôt aux pommes de terre qu'aux roses, et je crois qu'il n'y a qu'un utilitaire au monde capable d'arracher une plate-bande de tulipes pour y planter des choux.

À quoi sert la beauté des femmes ? Pourvu qu'une femme soit médicalement bien conformée, en état de faire des enfants, elle sera toujours assez bonne pour des économistes.

À quoi bon la musique ? à quoi bon la peinture ? Qui aurait la folie de préférer Mozart à M. Carrel[1], et Michel-Ange à l'inventeur de la moutarde blanche ? Il n'y a de vraiment beau que ce qui ne peut servir à rien ; tout ce qui est utile est laid, car c'est l'expression de quelque besoin, et ceux de l'homme sont ignobles et dégoûtants, comme sa pauvre et infirme nature. – L'endroit le plus utile d'une maison, ce sont les latrines[2].

T. GAUTIER, Préface de *Mademoiselle de Maupin*, 1832.

1. Homme politique du début du XIXe siècle.
2. Les toilettes.

2. Charles Baudelaire, *Le Peintre de la vie moderne*, 1863

Baudelaire expose sa conception de la modernité en art : l'artiste ne cherche plus une beauté « noble » et harmonieuse, il s'inspire des bas-fonds, de la nuit de la ville moderne et de la foule.

Sa[1] passion et sa profession, c'est d'*épouser la foule*. Pour le parfait flâneur, pour l'observateur passionné, c'est une immense jouissance que d'élire domicile dans le nombre, dans l'ondoyant, dans le mouvement, dans le fugitif[2] et l'infini. Être hors de chez soi, et pourtant se sentir partout chez soi ; voir le monde, être au centre du monde et rester caché au monde, tels sont quelques-uns des moindres plaisirs de ces esprits indépendants, passionnés, impartiaux, que la langue ne peut que maladroitement définir. [...]

1. Baudelaire évoque Constantin Guys, le « peintre de la vie moderne ».
2. Qui disparaît très vite.

Raoul DUFY (1877-1953), *Maisons à Trouville en 1933*, huile sur toile, 50 × 73 cm.

Mais le soir est venu. C'est l'heure bizarre et douteuse où les rideaux du ciel se ferment, où les cités s'allument. Le gaz fait tache sur la pourpre du couchant. Honnêtes ou déshonnêtes, raisonnables ou fous, les hommes se disent : « Enfin la journée est finie ! » [...]

La modernité, c'est le transitoire[3], le fugitif, le contingent[4], la moitié de l'art, dont l'autre moitié est l'éternel et l'immuable[5].

C. BAUDELAIRE, *Le Peintre de la vie moderne*, 1863.

3. Passage d'un état à un autre.
4. L'accidentel.
5. Qui ne change pas.

3. Arthur Rimbaud, *Deuxième lettre dite « du voyant »*, 1871

Dans cette lettre, Rimbaud affiche sa volonté de réinventer la poésie et de rompre avec les formes passées, en particulier avec la poésie romantique.

Je dis qu'il faut être *voyant*, se faire *voyant*.

Le Poète se fait *voyant* par un long, immense et raisonné *dérèglement* de *tous les sens*. Toutes les formes d'amour, de souffrance, de folie ; il cherche lui-même, il épuise en lui tous les poisons, pour n'en garder que les quintessences[1]. Ineffable[2] torture où il a besoin de toute la foi, de toute la force surhumaine, où il devient entre tous le grand malade, le grand criminel, le grand maudit, – et le suprême Savant ! – Car il arrive à l'*inconnu* ! Puisqu'il a cultivé son âme, déjà riche, plus qu'aucun ! Il arrive à l'inconnu, et quand, affolé, il finirait par perdre l'intelligence de ses visions, il les a vues ! [...]

Donc le poète est vraiment voleur de feu.

Il est chargé de l'humanité, des *animaux* même ; il devra faire sentir, palper, écouter ses inventions ; si ce qu'il rapporte de *là-bas* a forme, il donne forme si c'est informe, il donne de l'informe. Trouver une langue [...].

Les premiers romantiques ont été *voyants* sans trop bien s'en rendre compte : la culture de leurs âmes s'est commencée aux accidents : locomotives abandonnées, mais brûlantes, que prennent quelque temps les rails. – Lamartine est quelquefois voyant, mais étranglé par la forme vieille. [...]

Les seconds romantiques sont très *voyants* : Théophile Gauthier, Leconte de Lisle, Théodore de Banville. Mais inspecter l'invisible et entendre l'inouï étant autre chose que reprendre l'esprit des choses mortes, Baudelaire est le premier voyant, roi des poètes, *un vrai Dieu*. Encore a-t-il vécu dans un milieu trop artiste ; et la forme si vantée en lui est mesquine. Les inventions d'inconnu réclament des formes nouvelles.

A. RIMBAUD, Deuxième lettre dite « du voyant » à Paul Demeny, 1871.

1. Les principes les plus purs.
2. Que les mots ne parviennent pas à exprimer.

1 En vous appuyant sur des éléments précis, dites en quoi chacun des trois poètes exprime un refus du passé. Existe-t-il un point commun à leur rejet ? Justifiez.

2 Relevez pour chacun des textes une caractéristique thématique ou stylistique marquant la volonté d'un renouveau poétique.

3 Observez le tableau de Raoul Dufy : de quelle manière ce tableau pourrait-il illustrer la modernité telle que Baudelaire la définit ?

➜ **Fiche 17** Lecture de l'image fixe
➜ **Fiche 19** Lecture de corpus : textes et images

1 Théodore de Banville, *Odelettes*, 1856

Biographie
p. 562

Histoire littéraire
p. 367

Repères historiques
p. 558

1. Chasseur d'oiseaux.
2. Forme poétique assez brève exprimant des sentiments très vifs. Les strophes y sont régulières et symétriques.

À *Théophile Gautier*

Quand sa chasse est finie
Le poète oiseleur[1]
Manie
L'outil du ciseleur.

Car il faut qu'il meurtrisse
Pour y graver son pur
Caprice
Un métal au cœur dur.

Pas de travail commode !
Tu prétends comme moi,
Que l'Ode[2]
Garde sa vieille loi,

Et que, brillant et ferme,
Le beau Rythme d'airain
Enferme
L'Idée au front serein.

Les Strophes, nos esclaves,
Ont encore besoin
D'entraves
Pour regarder plus loin.

Les pieds blancs de ces reines
Portent le poids réel
Des chaînes,
Mais leurs yeux voient le ciel.

Et toi, qui nous enseignes
L'amour du vert laurier,
Tu daignes
Être un bon ouvrier.

T. DE BANVILLE, *Odelettes*, 1856.

Camille CLAUDEL (1864-1943), *L'Âge mûr*, 1893-1899, bronze (Musée d'Orsay, Paris).

Éloge du travail poétique

LECTURE DU TEXTE

1 Relevez et commentez les **métaphores** désignant le poète, dans les deux premières strophes.

Fiche 16 Les figures de style

2 Que suggère le verbe « Enferme » au vers 15 ? Quel rôle le rythme joue-t-il d'après l'auteur ?

3 Comment chaque strophe est-elle organisée du point de vue de la **versification** ? Quel est l'intérêt de ce choix ?

4 Comment comprenez-vous l'emploi d'une majuscule au mot « Strophes » (vers 17) ? Quelle **figure de style** est utilisée ici ? Que traduit-elle ?

5 À quoi les « Strophes » sont-elles comparées des vers 17 à 24 ? À qui le poète est-il comparé ? Interprétez ces images.

6 RECHERCHE Quelle conception de la poésie les poètes du Parnasse défendent-ils ? Pour quelle raison ce poème pourrait-il en être le **manifeste** ?

7 Relevez les termes se référant au travail artisanal. Cette représentation de la création poétique vous surprend-elle ? Pourquoi ?

8 Pourquoi « l'oiseleur » du vers 2 devient-il « ciseleur » au vers 4 ?

ÉCRITURE

Invention

Rédigez un dialogue entre deux poètes : l'un défend les formes anciennes de la versification poétique, l'autre fait l'éloge du **vers libre** et de la **prose** en poésie. Vous appuierez leurs arguments d'exemples tirés du manuel et de vos connaissances.

Fiche 38 Évolution du vers
Fiches 47, 48 Vers l'écriture d'invention

2

Théophile Gautier, *Émaux et Camées*, 1857

Biographie p. 564

Du même auteur p. 350

Histoire littéraire p. 367

Repères historiques p. 558

Lexique de la sculpture

- **Agate :** pierre fine utilisée en joaillerie ou en sculpture.
- **Camée :** pierre fine gravée ou sculptée en relief.
- **Carrare, Paros :** deux variétés prestigieuses de marbre.
- **Filon :** substances minérales entre plusieurs couches rocheuses.
- **Onyx :** variété d'agate de couleur noire.
- **Statuaire :** sculpteur.

L'art

Oui, l'œuvre sort plus belle
D'une forme au travail
Rebelle,
Vers, marbre, onyx, émail.

Point de contraintes fausses !
Mais que pour marcher droit
Tu chausses,
Muse, un cothurne[1] étroit.

Fi du rythme commode,
Comme un soulier trop grand,
Du mode[2]
Que tout pied quitte et prend !

Statuaire, repousse
L'argile que pétrit
Le pouce,
Quand flotte ailleurs l'esprit ;

Lutte avec le Carrare,
Avec le Paros dur
Et rare,
Gardiens du contour pur ;

Emprunte à Syracuse
Son bronze où fermement
S'accuse[3]
Le trait fier et charmant ;

D'une main délicate
Poursuis dans un filon
D'agate
Le profil d'Apollon.

Peintre, fuis l'aquarelle,
Et fixe la couleur
Trop frêle
Au four de l'émailleur.

Fais les sirènes bleues,
Tordant de cent façons
Leurs queues,
Les monstres des blasons ;

Dans son nimbe[4] trilobe[5]
La Vierge et son Jésus,
Le globe
Avec la croix dessus.

Tout passe. – L'art robuste
Seul a l'éternité.
Le buste
Survit à la cité.

Et la médaille austère
Que trouve un laboureur
Sous terre
Révèle un empereur.

Les dieux eux-mêmes meurent
Mais les vers souverains
Demeurent
Plus forts que les airains[6].

Sculpte, lime, cisèle ;
Que ton rêve flottant
Se scelle
Dans le bloc résistant !

T. GAUTIER, *Émaux et Camées*, 1857.

1. Chaussure à semelle haute portée par les acteurs tragiques grecs.
2. Au sens musical.
3. Se dessine.
4. Auréole caractérisant la sainteté.
5. En forme de trèfle.
6. Alliage très résistant de cuivre et d'étain.

Le poète conquérant de l'inutile beauté

LECTURE DU TEXTE

1 À partir du lexique de la sculpture, dites quel point commun partagent les différentes matières évoquées.

2 À qui le locuteur s'adresse-t-il ? Quel **mode verbal** domine des strophes 4 à 9 ? Justifiez ce choix.

3 Quel résultat le poète veut-il obtenir ? Analysez les **antithèses** des strophes 11 à 14.

4 Quelles couleurs apparaissent dans le poème ? Que peuvent-elles symboliser ?

5 SYNTHÈSE Quels sens déduire de la **métaphore filée** de la sculpture ? **Fiche 40 Les images poétiques**

3 Charles Baudelaire, Le Spleen de Paris, 1862

Avec Le Spleen de Paris, *Baudelaire imagine la création d'un équivalent en prose des* Fleurs du Mal, *son œuvre poétique majeure. Le recueil demeurera inachevé.*

Biographie
p. 562

Du même auteur
p. 350, 366, 369, 386

Histoire littéraire
p. 367

Repères historiques
p. 558

Le joujou du pauvre

Je veux donner l'idée d'un divertissement innocent. Il y a si peu d'amusements qui ne soient pas coupables !

Quand vous sortirez le matin avec l'intention décidée de flâner sur les grandes routes, remplissez vos poches de petites inventions à un sol[1], – telles que le polichinelle plat mû par un seul fil, les forgerons qui battent l'enclume, le cavalier et son cheval dont la queue est un sifflet, – et le long des cabarets[2], au pied des arbres, faites-en hommage aux enfants inconnus et pauvres que vous rencontrerez. Vous verrez leurs yeux s'agrandir démesurément. D'abord ils n'oseront pas prendre ; ils douteront de leur bonheur. Puis leurs mains agripperont vivement le cadeau, et ils s'enfuiront comme font les chats qui vont manger loin de vous le morceau que vous leur avez donné, ayant appris à se défier de l'homme.

Sur une route, derrière la grille d'un vaste jardin, au bout duquel apparaissait la blancheur d'un joli château frappé par le soleil, se tenait un enfant beau et frais, habillé de ces vêtements de campagne si pleins de coquetterie.

Le luxe, l'insouciance et le spectacle habituel de la richesse, rendent ces enfants-là si jolis, qu'on les croirait faits d'une autre pâte que les enfants de la médiocrité ou de la pauvreté.

À côté de lui, gisait sur l'herbe un joujou splendide, aussi frais que son maître, verni, doré, vêtu d'une robe pourpre, et couvert de plumets et de verroteries. Mais l'enfant ne s'occupait pas de son joujou préféré, et voici ce qu'il regardait :

De l'autre côté de la grille, sur la route, entre les chardons et les orties, il y avait un autre enfant, sale, chétif, fuligineux[3], un de ces marmots-parias[4] dont un œil impartial découvrirait la beauté, si, comme l'œil du connaisseur devine une peinture idéale sous un vernis de carrossier, il le nettoyait de la répugnante patine de la misère.

À travers ces barreaux symboliques séparant deux mondes, la grande route et le château, l'enfant pauvre montrait à l'enfant riche son propre joujou, que celui-ci examinait avidement comme un objet rare

Estéban MURILLO (1618-1682), *Enfants jouant aux dés*, vers 1675, huile sur toile, 145 × 108 cm (Alte Pinakothek, Munich).

et inconnu. Or, ce joujou, que le petit souillon agaçait, agitait et secouait dans une boîte grillée[5], c'était un rat vivant ! Les parents, par économie sans doute, avaient tiré le joujou de la vie elle-même.

Et les deux enfants se riaient l'un à l'autre fraternellement, avec des dents d'une *égale* blancheur.

C. BAUDELAIRE,
Le Spleen de Paris,
« Le joujou du pauvre »,
XIX, 1862.

1. Sou.
2. Établissement où l'on peut boire et se nourrir.
3. Couvert de suie.
4. Personnes rejetées par la société.
5. Grillagée.

Diego VÉLASQUEZ (1599-1660), *Portrait du prince don Baltasar Carlos*, peinture.

Beauté prosaïque de la misère

LECTURE DU TEXTE

Un poème narratif

1 Montrez que ce poème adopte une structure narrative en établissant les grandes étapes du récit.

Fiche 30 La construction du récit

2 Montrez, par l'analyse des temps verbaux et des personnes, que le poème se veut leçon.

3 Quel est son enseignement moral ?

4 Cherchez quelques jeux de rimes. Quelle idée mettent-ils en valeur ?

5 Pourquoi peut-on dire que ce texte est un poème ?

« Le beau dans l'horrible »

6 Expliquez, des lignes 25 à 32, pourquoi le poète peut lui aussi être assimilé à un « connaisseur ». Que voit-il que les autres ne voient pas ?

7 Montrez que deux formes de beauté s'opposent dans le texte.

HISTOIRE DES ARTS

8 Comparez les deux tableaux. Par quels moyens les peintres parviennent-ils à exprimer la condition sociale des enfants ?

9 Le prince du tableau de Vélasquez pourrait-il être attiré par les jeux des enfants du tableau de Murillo ? Justifiez.

ÉCRITURE

Commentaire

Vous rédigerez un axe de commentaire portant sur les deux derniers paragraphes en vous demandant comment le rapprochement entre deux univers est mis en valeur.

Fiches 49, 50, 51 Vers le commentaire

ORAL

LITTÉRATURE ET SOCIÉTÉ Vous préparerez un exposé sur quelques grandes figures d'écrivains ayant dénoncé dans leurs textes des injustices sociales. Vous pourrez élargir vos recherches à la littérature étrangère.

ÉDUCATION AUX MÉDIAS

Le clip musical

1 Visionnez sur le site YouTube le clip de la chanson « All I need » du groupe Radiohead.

2 Comparez la vie des deux enfants. Quel objet les rapproche tragiquement ? Comment comprenez-vous la dernière image du clip ? Que dénonce le réalisateur et par quels moyens ?

3 « Clip » est un mot d'origine anglaise signifiant « extrait ». À partir de la définition de « vidéoclip » que vous trouverez sur le site du Trésor de la langue française informatisé (TLFI), http://atilf.atilf.fr, expliquez sur quoi repose l'efficacité de cette forme audiovisuelle.

Fiche 18 Lecture de l'image mobile

4

Paul Verlaine,
Fêtes galantes, 1869

Biographie
p. 567

Du même auteur
p. 357, 358

Histoire littéraire
p. 367

Repères historiques
p. 558

Le recueil Fêtes galantes *fait référence à la légèreté apparemment frivole du peintre Watteau. Pourtant, sous le motif galant percent le doute et la mélancolie vague, caractéristiques de la poésie de Verlaine.*

Clair de lune

Votre âme est un paysage choisi
Que vont charmant masques et bergamasques[1]
Jouant du luth et dansant et quasi
Tristes sous leurs déguisements fantasques.

Tout en chantant sur le mode mineur
L'amour vainqueur et la vie opportune[2],
Ils n'ont pas l'air de croire à leur bonheur
Et leur chanson se mêle au clair de lune,

Au calme clair de lune triste et beau,
Qui fait rêver les oiseaux dans les arbres
Et sangloter d'extase les jets d'eau,
Les grands jets d'eau sveltes parmi les marbres.

P. VERLAINE, *Fêtes galantes*,
« Clair de lune », 1869.

1. Danse originaire de Bergame, en Italie.
2. Qui convient.

Oskar KOKOSCHKA (1886-1980), *La Tempête ou La Fiancée du vent*, 1914, huile sur toile (Musée des Beaux-Arts, Bâle).

5

Paul Verlaine, Fêtes galantes, 1869

Biographie p. 567
Du même auteur p. 356, 358
Histoire littéraire p. 367
Repères historiques p. 558

En sourdine

Calmes dans le demi-jour
Que les branches hautes font,
Pénétrons bien notre amour
De ce silence profond.

Fondons nos âmes, nos cœurs
Et nos sens extasiés,
Parmi les vagues langueurs[1]
Des pins et des arbousiers[2].

Ferme tes yeux à demi,
Croise tes bras sur ton sein,
Et de ton cœur endormi
Chasse à jamais tout dessein[3].

Laisse-nous persuader
Au souffle berceur et doux
Qui vient à tes pieds rider
Les ondes de gazon roux.

Et quand, solennel, le soir
Des chênes noirs tombera,
Voix de notre désespoir,
Le rossignol chantera.

P. VERLAINE, *Fêtes galantes*,
« En sourdine », 1869.

1. Tristesse vague, dont on ne connaît pas la cause.
2. Arbuste toujours vert.
3. Projet.

« De la musique avant toute chose »

LECTURE DES TEXTES

Une musique désenchantée

1 Relevez dans les deux textes le champ lexical de la musique. Quelle valeur y prend-il ?

2 Repérez les éléments sonores de « Clair de lune » (rimes, rythmes, **allitérations et assonances**, répétitions) : quels effets produisent-ils ? Comment l'atmosphère du poème est-elle enrichie par ces procédés ?

3 « En sourdine » est écrit en vers impairs. Lisez à haute voix le texte et comparez-le avec la lecture de poèmes écrits en vers pairs : que remarquez-vous quant à la musicalité se dégageant des deux formes ?

Fiche 37 La versification

L'amour en mode mineur

4 Quel sens donnez-vous au titre du poème « En sourdine » ?

5 À quel moment les scènes décrites par Verlaine dans ces deux poèmes ont-elles lieu ? Pourquoi ?

6 L'amour exprimé dans ces deux poèmes est-il heureux ? Justifiez votre réponse.

HISTOIRE DES ARTS

7 @ RECHERCHE Écoutez le poème de Verlaine mis en musique par Debussy sur http://www.deezer.com/listen-4540396. En quoi cette adaptation se rapproche-t-elle de l'univers du poème ? Comparez avec la version chantée : http://www.deezer.com/listen-3097951.

8 Le mode mineur, en musique, est souvent ressenti comme triste et doux. En quoi le tableau de Kokoschka évoque-t-il ce mode mineur ?

9 Par quels moyens le peintre exprime-t-il l'isolement de l'homme et de la femme ?

ÉCRITURE

Dissertation

Le poème de Verlaine « L'art poétique » commence par ce vers : « De la musique avant toute chose ». En vous référant aux poèmes de cette séquence et de la séquence 18 (p. 327), vous direz si la poésie est un art musical. Vous rédigerez une partie complète de dissertation à la lumière de vos lectures et de nouvelles formes d'expression poétique comme le slam.

Fiche 54 Rédiger une dissertation

6 Paul Verlaine, *Jadis et Naguère*, 1884

Biographie p. 567

Du même auteur p. 356, 357

Histoire littéraire p. 367

Repères historiques p. 558

Ce poème a probablement été écrit fin 1872, après une première rupture avec Arthur Rimbaud, à Londres. Les deux hommes ont entretenu une relation tumultueuse.

Sonnet boiteux

Ah ! vraiment c'est triste, ah ! vraiment ça finit trop mal.
Il n'est pas permis d'être à ce point infortuné.
Ah ! vraiment c'est trop la mort du naïf animal
Qui voit tout son sang couler sous son regard fané.

Londres fume et crie. Ô quelle ville de la Bible !
Le gaz flambe et nage et les enseignes sont vermeilles[1].
Et les maisons dans leur ratatinement terrible
Épouvantent comme un sénat[2] de petites vieilles.

Tout l'affreux passé saute, piaule, miaule et glapit[3]
Dans le brouillard rose et jaune et sale des Sohos[4]
Avec des *indeeds* et des *all rights*[5] et des *haôs*[6].

Non vraiment c'est trop un martyre sans espérance,
Non vraiment cela finit trop mal, vraiment c'est triste :
Ô le feu du ciel sur cette ville de la Bible[7] !

P. VERLAINE, *Jadis et Naguère*, « Sonnet boiteux », 1884.

1. Rouge vif.
2. Assemblée législative, souvent caractérisée par l'âge avancé de ses membres.
3. Crie comme un animal.
4. Quartier de Londres où la vie nocturne est très animée.
5. Expressions anglaises courantes signifiant « en effet » et « d'accord ».
6. Il s'agit peut-être d'une graphie fantaisiste pour l'interjection anglaise « ho ».
7. Référence à l'Ancien Testament : les villes de Sodome et Gomorrhe furent détruites par Dieu pour punir leurs habitants de leurs mœurs dépravées.

Éclipse totale, film d'Agnieszka HOLLAND, 1995, avec Leonardo DiCaprio (Rimbaud) et Daniel Thewlis (Verlaine).

À cœur brisé, rythme rompu

LECTURE DU TEXTE

1 Justifiez, du point de vue de la **versification** particulière du texte, son titre.

2 Relevez les **anaphores**. Quel rythme et quel ton confèrent-elles au poème ?

Fiche 37 La versification

3 Quel **registre** domine dans la première strophe ?

4 Commentez les **propos rapportés**, le champ lexical du cri animal et la crudité des couleurs.

5 Pourquoi peut-on dire que le dernier vers est injonctif ? Interprétez.

6 @ RECHERCHE Sur le site http://www.interbible.org/interBible/ecritures/bu/index.php, entrez « Sodome et Gomorrhe » dans le champ de recherche par mot. Quel a été le sort de la femme de Loth ? Que cherche à traduire le poète par cette comparaison implicite ?

ÉCRITURE

Commentaire

Rédigez l'introduction d'un commentaire du « Sonnet boiteux » en retenant les deux axes d'analyse : A/ un poème tourmenté ; B/ une vision allégorique de la déchéance.

Fiche 51 Rédiger un commentaire

Zsolt ZSIGMOND, *On the road again*, photographie, 2008.

7 Arthur Rimbaud, *Poésies*, 1870

Âgé de seize ans, Rimbaud fugue à plusieurs reprises. C'est dans la liberté de cette bohème poétique qu'il trouve l'inspiration.

Biographie p. 566
Du même auteur p. 351, 360, 361
Histoire littéraire p. 367
Repères historiques p. 558

Ma bohême

Je m'en allais, les poings dans mes poches crevées ;
Mon paletot[1] aussi devenait idéal ;
J'allais sous le ciel, Muse ! et j'étais ton féal[2] ;
Oh ! là ! là ! que d'amours splendides j'ai rêvées !

Mon unique culotte[3] avait un large trou.
– Petit-Poucet rêveur, j'égrenais dans ma course
Des rimes. Mon auberge était à la Grande-Ourse[4].
– Mes étoiles au ciel avaient un doux frou-frou[5]

Et je les écoutais, assis au bord des routes,
Ces bons soirs de septembre où je sentais des gouttes
De rosée à mon front, comme un vin de vigueur ;

Où, rimant au milieu des ombres fantastiques,
Comme des lyres, je tirais les élastiques
De mes souliers blessés, un pied près de mon cœur !

A. RIMBAUD, *Poésies*, « Ma bohême », 1870.

1. Manteau.
2. Fidèle partisan.
3. Pantalon court.
4. À la belle étoile.
5. Léger bruit de frottement.

8 Arthur Rimbaud, *Poésies*, 1870

Biographie
p. 566

Du même auteur
p. 351, 359, 361

Histoire littéraire
p. 367

Repères historiques
p. 558

Sensation

Par les soirs bleus d'été, j'irai dans les sentiers,
Picoté par les blés, fouler l'herbe menue :
Rêveur, j'en sentirai la fraîcheur à mes pieds.
Je laisserai le vent baigner ma tête nue.

Je ne parlerai pas, je ne penserai rien :
Mais l'amour infini me montera dans l'âme,
Et j'irai loin, bien loin, comme un bohémien,
Par la Nature, – heureux comme avec une femme.

A. RIMBAUD, *Poésies*, « Sensation », 1870.

Vincent VAN GOGH (1853-1890), *Champ de blé avec cyprès*, 1889, huile sur toile, 72 × 91 cm.

Les harmonies du ciel et de la terre

LECTURE DES TEXTES

Éloge de l'errance

1 Relevez dans les deux poèmes le champ lexical de la marche. Quelles sensations se dégagent de l'errance du poète ?

2 Dans « Ma bohême », expliquez la métaphore du Petit Poucet. Montrez que la quête de sensations s'apparente à une quête poétique.

3 Quelles connotations positives sont associées aux termes de « bohème » et de « bohémien » dans les deux poèmes ?

« Un pied près de mon cœur »

4 Commentez l'emploi du futur dans « Sensation » ?

5 Quels termes traduisent l'intimité avec la nature ? Que permet cette proximité ?

6 Montrez que dans l'ultime strophe de « Ma bohême », le poète se définit avec un humour teinté d'autodérision comme un nouvel Orphée.

HISTOIRE DES ARTS

7 En quoi peut-on rapprocher le tableau de Van Gogh des deux poèmes de Rimbaud ?

ÉCRITURE

Dissertation

Les artistes doivent-ils s'affranchir des règles pour créer, ou se contenter d'imiter les formes artistiques existantes ? Vous vous inspirerez des textes de Rimbaud et élargirez votre réflexion à d'autres genres que la poésie.

➲ Fiche 53 **Construire le plan détaillé d'une dissertation**

9

Arthur Rimbaud, Poésies, 1870-1871

Rimbaud évoque la guerre de 1870 entre la France et la Prusse.

Biographie
p. 566

Du même auteur
p. 351, 359, 360

Histoire littéraire
p. 367

Repères historiques
p. 558

Henri ROUSSEAU (1844-1910), dit LE DOUANIER, *La Guerre*, vers 1894, huile sur toile, 114 x 195 cm (Musée d'Orsay, Paris).

Le mal

Tandis que les crachats rouges de la mitraille
Sifflent tout le jour par l'infini du ciel bleu ;
Qu'écarlates[1] ou verts[1], près du Roi qui les raille[2],
Croulent les bataillons en masse dans le feu ;

Tandis qu'une folie épouvantable, broie
Et fait de cent milliers d'hommes un tas fumant ;
– Pauvres morts ! dans l'été, dans l'herbe, dans ta joie,
Nature ! ô toi qui fis ces hommes saintement !... –

– Il est un Dieu, qui rit aux nappes damassées[3]
Des autels[4], à l'encens, aux grands calices[5] d'or ;
Qui dans le bercement des hosannah[6] s'endort,

Et se réveille, quand des mères, ramassées
Dans l'angoisse, et pleurant sous leur vieux bonnet noir,
Lui donnent un gros sou lié dans leur mouchoir !

A. RIMBAUD, *Poésies*, « Le mal », 1870-1871.

1. Allusion à la couleur rouge de l'uniforme des soldats français. Le vert caractérise l'uniforme des Prussiens.
2. Qui se moque d'eux.
3. Tissées selon une technique très raffinée.
4. Dans une église, table servant à la messe.
5. Vase servant à consacrer le vin pour la messe.
6. Expression prononcée en chœur par les fidèles pendant la messe.

Beauté crachée

LECTURE DU TEXTE

1 Commentez l'organisation du poème : que symbolise-t-elle ?

2 Comment les sonorités des deux quatrains (rimes, **assonances**, **allitérations**) expriment-elles l'horreur de la guerre ?

3 Analysez le champ lexical et les **connotations** du luxe et de l'argent. Quelle image de Dieu le poème dessine-t-il ? Montrez que ce sonnet est **polémique**.

ÉCRITURE

Question sur un corpus

Vous montrerez, à partir des textes de la séquence, que la recherche de la beauté s'accompagne souvent d'une volonté de provocation, par les sujets abordés ou par les choix formels des poètes.

Fiche 46 Répondre à une question sur un corpus

10 Stéphane Mallarmé, Poésies, 1870-1898

Mallarmé développe une poésie ésotérique[1], souvent difficile d'accès, mais qui se révèle fascinante pour le lecteur qui tente d'en déchiffrer le mystère. Le poète symboliste parvient, par un jeu savant d'analogies, à suggérer des idées qui échappent à la réflexion rationnelle.

Biographie p. 565

Histoire littéraire p. 367

Repères historiques p. 558

Le vierge, le vivace et le bel aujourd'hui

1 Le vierge, le vivace et le bel aujourd'hui
Va-t-il nous déchirer avec un coup d'aile ivre
Ce lac dur oublié que hante sous le givre
Le transparent glacier des vols qui n'ont pas fui !

Un cygne d'autrefois se souvient que c'est lui
Magnifique mais qui sans espoir se délivre
Pour n'avoir pas chanté la région où vivre
Quand du stérile hiver a resplendi l'ennui.

Tout son col secouera cette blanche agonie
Par l'espace infligée à l'oiseau qui le nie,
Mais non l'horreur du sol où le plumage est pris.

Fantôme qu'à ce lieu son pur éclat assigne,
Il s'immobilise au songe froid de mépris
Que vêt parmi l'exil inutile le Cygne.

S. MALLARMÉ, *Poésies*,
« Le vierge, le vivace et le bel aujourd'hui », 1870-1898.

Johann Heinrich FÜSSLI (1741-1825), *Le Silence*, 1799-1801, huile sur toile, 63,5 × 51,5 cm (Musée des Beaux-Arts, Zürich).

1. Réservée aux initiés.

L'éclat du signe

LECTURE DU TEXTE

1 Comment la tentative d'envol est-elle suggérée dans les quatrains ? Commentez l'**allitération** en [v], la ponctuation, la rime.

2 Comment le regret s'exprime-t-il des vers 4 à 8 ? Quel en est l'objet ?

3 La rime « assigne »/« cygne » (v. 12 et 14) établit une correspondance sonore. Si vous remplacez « cygne » par son homonyme, comment comprenez-vous le poème ?

4 Dès lors, que symbolise la surface blanche du lac gelé ? Quelle plume rêve de s'envoler ?

Fiche 37 La versification

HISTOIRE DES ARTS

5 Cherchez et résumez l'argument du ballet *Le Lac des cygnes*. Comment la danse classique, la poésie de Mallarmé, le tableau expriment-ils l'idée d'un épanouissement douloureux, voire impossible ?

ÉCRITURE

Dissertation

La difficulté d'un poème peut-elle constituer un tremplin au plaisir de lire ? Vous justifierez votre réponse par des exemples de la séquence et des poèmes que vous aimez.

Fiche 52 Comprendre un sujet de dissertation

11 Guillaume Apollinaire, *Calligrammes*, 1918

Biographie p. 562
Histoire littéraire p. 367
Repères historiques p. 560

Apollinaire, créateur du mot « calligramme », n'a pas inventé le principe du poème graphique, mais il lui a offert un éclat et une originalité incontestables. Ses calligrammes bouleversent les codes de l'écriture poétique en transformant le poème en une œuvre visuelle.

Q
L R U M R
ES OIS I EU ENT
TOUR A TOUR
RENAISSENT AU CŒUR DES POÈTES

G. APOLLINAIRE, *Calligrammes*, « Couronne », 1918
© Éditions Gallimard.

Douces figures poignardées Chères lèvres fleuries
MIA MAREYE
YETTE LORIE
ANNIE et toi MARIE
où êtes-
vous ô
jeunes filles
MAIS
près d'un
jet d'eau qui
pleure et qui prie
cette colombe s'extasie

Tous les souvenirs de naguère
O mes amis partis en guerre
Jaillissent vers le firmament
Et vos regards en l'eau dormant
Meurent mélancoliquement
Où sont-ils Braque et Max Jacob
Derain aux yeux gris comme l'aube
Où sont Raynal Billy Dalize
Dont les noms se mélancolisent
Comme des pas dans une église
Où est Cremnitz qui s'engagea
Peut-être sont-ils morts déjà
De souvenirs mon âme est pleine
Le jet d'eau pleure sur ma peine

CEUX QUI SONT PARTIS A LA GUERRE AU NORD SE BATTENT MAINTENANT
Le soir tombe O sanglante mer
Jardins où saigne abondamment le laurier rose fleur guerrière

G. APOLLINAIRE, *Calligrammes*, « La colombe poignardée et le jet d'eau », 1918
© Éditions Gallimard.

Ivresse de la forme

LECTURE DU TEXTE

1 Pourquoi, du point de vue du graphisme et du sens, ces trois poèmes sont-ils associés ?

2 Quelles fonctions donnent-ils, directement ou indirectement, à l'art de la poésie ?

3 En quoi Apollinaire s'inscrit-il dans le prolongement des révolutions poétiques du XIXe siècle ? Dans quelle mesure va-t-il plus loin ?

Fiche 39 Les formes poétiques du romantisme au surréalisme

4 SYNTHÈSE Vous établirez un florilège des principales nouveautés constitutives de la poésie moderne au XIXe siècle. Chacune de ces nouveautés sera brièvement présentée et assortie d'une citation.

HISTOIRE DES ARTS

5 Quel est l'intérêt de l'entremêlement de l'image et du texte ?

ÉCRITURE

Invention

Vous composerez trois calligrammes en choisissant parmi les sujets suivants : la nature, l'amour, la guerre, le voyage en train, l'errance, la beauté, l'enfance.

OUVERTURE CONTEMPORAINE

12 Raymond Queneau, *L'Instant fatal*, 1948

Biographie p. 566
Histoire littéraire p. 367
Repères historiques p. 560

Si tu t'imagines

Si tu t'imagines
si tu t'imagines
fillette fillette
si tu t'imagines
xa va xa va xa
va durer toujours
la saison des za
la saison des za
saison des amours
ce que tu te goures
fillette fillette
ce que tu te goures

Si tu crois petite
si tu crois ah ah
que ton teint de rose
ta taille de guêpe
tes mignons biceps
tes ongles d'émail
ta cuisse de nymphe[1]
et ton pied léger
si tu crois petite
xa va xa va xa va
va durer toujours
ce que tu te goures
fillette fillette
ce que tu te goures
les beaux jours s'en vont
les beaux jours de fête
soleils et planètes
tournent tous en rond
mais toi ma petite
tu marches tout droit
vers sque tu vois pas
très sournois s'approchent
la ride véloce[2]
la pesante graisse
le menton triplé
le muscle avachi[3]
allons cueille cueille
les roses les roses
roses de la vie
et que leurs pétales
soient la mer étale[4]
de tous les bonheurs
allons cueille cueille
si tu le fais pas
ce que tu te goures
fillette fillette
ce que tu te goures

R. QUENEAU, *L'Instant fatal*,
« Si tu t'imagines », 1948

Marc CHAGALL (1887-1985),
Couple devant la fenêtre.

1. Déesse.
2. Rapide.
3. Flasque.
4. Calme, immobile.

Cueillir les roses de la vie

LECTURE DU TEXTE

1 Quels **registres** de langue le poète utilise-t-il ? Pourquoi ce choix est-il surprenant ?

2 Quel est l'effet produit par les multiples **anaphores** ?

3 En vous référant au poème de Ronsard « Mignonne, allons voir si la rose », dites quel motif amoureux Queneau reprend dans ce poème. En quoi la réécriture de ce motif par Queneau est-elle originale ? Pourquoi peut-on parler de **parodie** ?

Fiche 16 Les figures de style

HISTOIRE DES ARTS

4 Pourquoi le tableau de Chagall exprime-t-il à la fois la joie et la fragilité de la vie ?

ÉCRITURE

Vers le commentaire

Vous rédigerez un paragraphe de commentaire correspondant à l'axe d'analyse suivant : le renouvellement original d'un motif littéraire.

Fiche 51 Rédiger un commentaire

13 André du Bouchet, *Dans la chaleur vacante*, 1959

Biographie p. 562
Histoire littéraire p. 367
Repères historiques p. 560

La présentation des poèmes d'André du Bouchet est atypique, les mots étant souvent séparés par des espaces volontairement vides. Les mots ne viennent pas combler le vide de la page, mais apparaissent comme des îlots de sens provisoires.

Zao WOU-KI (1921-), *Sans titre*, 1960.

Cession

Le vent,
dans les terres sans eau de l'été, nous quitte sur une lame,
ce qui subsiste du ciel.

En plusieurs fractures, la terre se précise. La terre demeure stable dans le souffle
qui nous dénude.

Ici, dans le monde immobile et bleu, j'ai presque atteint ce mur. Le fond du
jour est encore devant nous. Le fond embrasé de la terre.   Le fond
et la surface du front,
aplani par le même souffle,
ce froid.

Je me recompose au pied de la façade comme l'air bleu au pied des labours.

Rien ne désaltère mon pas.

A. DU BOUCHET, *Dans la chaleur vacante*, « Cession », 1959 © Mercure de France, 1961.

Poésie de l'éphémère

LECTURE DU TEXTE

1 Montrez que le thème de la nature est très présent. Relevez des termes indiquant qu'une relation s'établit entre le locuteur et la nature.

2 Dites en quoi ce poème s'affranchit de toutes les règles formelles qui caractérisaient la poésie au début du XIXe siècle.

3 Comment interprétez-vous l'utilisation des blancs par le poète ? Comparez avec la démarche du peintre.

HISTOIRE DES ARTS

4 Pour Mallarmé, « suggérer, voilà le rêve. » Le texte et le tableau suggèrent-ils ou décrivent-ils la réalité ? Au-delà d'un sens explicite, quelle peut être la fonction du tableau et du poème ?

5 Décrivez la composition et l'utilisation de la couleur dans le tableau de Zao Wou-Ki. Qu'évoque-t-il pour vous ?

ÉCRITURE

Vers la dissertation

Dans *L'Art poétique*, Horace affirme qu'« une poésie sera comme une peinture ». En vous référant notamment aux textes et illustrations de cette séquence, vous direz, dans un paragraphe argumentatif, si la démarche du poète et celle du peintre se rejoignent.

Fiche 54 Rédiger une dissertation

POUR ARGUMENTER LA RECHERCHE DE LA BEAUTÉ EST-ELLE LA SEULE FINALITÉ DE LA POÉSIE ?

Victor Hugo, *Les Rayons et les Ombres*, 1840

Fonction du poète

Dieu le veut, dans les temps contraires,
Chacun travaille et chacun sert.
Malheur à qui dit à ses frères :
Je retourne dans le désert !
Malheur à qui prend ses sandales
Quand les haines et les scandales
Tourmentent le peuple agité !
Honte au penseur qui se mutile
Et s'en va, chanteur inutile,
Par la porte de la cité !
Le poète en des jours impies
Vient préparer des jours meilleurs.
Il est l'homme des utopies,
Les pieds ici, les yeux ailleurs.
C'est lui qui sur toutes les têtes,
En tout temps, pareil aux prophètes,
Dans sa main, où tout peut tenir,
Doit, qu'on l'insulte ou qu'on le loue,
Comme une torche qu'il secoue,
Faire flamboyer l'avenir !

V. HUGO, *Les Rayons et les Ombres*, « Fonction du poète », 1840.

Charles Baudelaire, *L'Art romantique*, 1852

Le goût immodéré de la forme pousse à des désordres monstrueux et inconnus. Absorbées par la passion féroce du beau, du drôle, du joli, du pittoresque, [...] les notions du juste et du vrai disparaissent. La passion frénétique de l'art est un chancre[1] qui dévore le reste [...].

La folie de l'art est égale à l'abus de l'esprit. La création d'une de ces deux suprématies engendre la sottise, la dureté du cœur et une immensité d'orgueil et d'égoïsme. [...]

Il faut que la littérature aille retremper ses forces dans une atmosphère meilleure. Le temps n'est pas loin où l'on comprendra que toute littérature qui se refuse à marcher fraternellement entre la science et la philosophie est une littérature homicide et suicide.

C. BAUDELAIRE, *L'Art romantique*, « L'école païenne », 1852.

1. Ulcère. Métaphore désignant une destruction.

LECTURE

1 Quelle attitude Victor Hugo dénonce-t-il dans la première strophe ? Quels excès Baudelaire refuse-t-il dans les deux premiers paragraphes ? Justifiez.

2 Vous synthétiserez en une phrase la fonction du poète d'après Victor Hugo et Baudelaire.

3 Quelle thèse contraire Gautier défend-il (p. 350) ?

ARGUMENTATION

4 Vous établirez un tableau à deux colonnes correspondant aux deux **thèses** qui s'affrontent. Vous ferez apparaître dans ce tableau les arguments des trois auteurs. Vous le compléterez par vos arguments, accompagnés à chaque fois de nouveaux exemples.

Vers la dissertation

5 La recherche de la beauté est-elle la seule finalité de la poésie ? Vous répondrez à cette question en exploitant le tableau établi à la question 4. Votre travail fera apparaître trois arguments, illustrés d'exemples pour chacune des thèses défendues.

Histoire littéraire

Poésie moderne et contemporaine

Une ère nouvelle

À partir de la seconde moitié du XIXe siècle, la poésie connaît une série de révolutions qui en bouleversent les codes et les fonctions. Ces mutations se sont poursuivies tout au long du XXe siècle, et se caractérisent par une volonté d'exploration la plus libre possible de la forme et du sens.

Les principaux courants poétiques de 1850 jusqu'à nos jours

Les « écoles » postromantiques

Le Parnasse ou l'art pour l'art

Les poètes parnassiens remettent en cause les épanchements mélancoliques du romantisme, et défendent une **conception formaliste et impersonnelle** de l'écriture. La recherche de la beauté, en dehors de toute « utilité » sociale ou politique, est l'unique finalité de la poésie, et le travail du poète artisan, le seul moyen de l'atteindre.

Ex : *« L'art » de Théophile Gautier fait apparaître une fascination pour la forme, qui devient l'écrin éternel de l'idée* (> p. 353).

Le symbolisme

Pour les poètes symbolistes, les mots constituent la forme sensible de l'idée. Ils ne doivent pas être combinés par pur esthétisme, ni avec l'intention de représenter le réel, mais dans le but de **suggérer** des rapports secrets entre les sensations humaines, le monde et les idées abstraites. L'utilisation poétique des mots établit des **correspondances**, des analogies qui permettent d'accéder aux idées primordiales.

Ex : *Dans « Le vierge, le vivace et le bel aujourd'hui », l'analogie phonétique entre le « cygne » et le « signe » poétique suggère une réflexion tragique sur la condition du poète* (> p. 362).

Ce mouvement, défini en 1886 par le poète Jean Moréas, reconnaît pour précurseurs **Baudelaire**, **Verlaine** et **Rimbaud**. Mais c'est **Mallarmé** qui a été désigné comme maître du mouvement par les symbolistes.

En quête d'absolu

Un certain nombre de poètes du XIXe siècle échappent à toute classification. Ils ont cependant pour trait commun de proposer des expérimentations poétiques radicales.

- Pour **Baudelaire**, le poète a le pouvoir de retrouver des harmonies secrètes par le jeu des correspondances.

Arnold BÖCKLIN (1827-1901), *Le Bois sacré*, 1886, huile sur bois, 100 × 150 cm (Kunsthalle, Hambourg).

Ces harmonies n'ont pas forcément pour objet la beauté conventionnelle, mais osent s'aventurer sur le terrain du mal, de l'horrible, dont il est aussi possible d'extraire « les fleurs » (> p. 369).

Le développement phénoménal de la ville, qui permet l'anonymat de la foule, séduit le poète. Il y voit une manifestation de la modernité.

Ex : Le Peintre de la vie moderne *met en valeur le rôle d'« observateur » du poète qui peut « épouser la foule », en saisir l'essence et la beauté* (> p. 350).

- Selon **Verlaine**, la musique, en particulier celle que créent les vers impairs, constitue le moyen privilégié de suggérer l'inconnu, l'indicible, ou les nuances du sentiment.

Ex : *Le « mode mineur » de « Clair de lune » suggère des sentiments évanescents, fragiles, un bonheur sur le point de disparaître* (> p. 356).

- La poésie de **Rimbaud** n'engage pas uniquement l'écriture, elle devient une manière de vivre. Le poète invente un langage nouveau capable « d'arriver à l'inconnu ».

Ex : *Dans la « Lettre du voyant », Rimbaud laisse apparaître la monstruosité de cet engagement poétique* (> p. 351).

Les avant-gardes du début du XXe siècle

Poésie de la ville

L'apparition des enseignes lumineuses, des automobiles, de la publicité métamorphose le paysage urbain. **Cendrars** et **Apollinaire** sont particulièrement sensibles à cette nouvelle effervescence urbaine.

Ex : *« Zone » témoigne de cette fascination pour Paris au début du XXe siècle.*

Georges STEIN (1818-1890), *Vue des Folies Bergères, le soir, Paris*, pastel et aquarelle, 29 × 39 cm.

Les surréalistes

La poésie surréaliste de **Breton, Éluard** et **Desnos** exalte l'amour fou, et cherche à accéder au « surréel » par des associations de mots et d'idées insolites.

Ex : *Dans « Ma femme » de Breton, blason aux anaphores lancinantes, le corps de la femme aimée se transforme en une source d'images surréalistes.*

L'OuLiPo

L'OuLiPo suggère de recourir à des contraintes formelles très fortes, souvent mathématiques, pour générer des textes. Le poème se transforme en un terrain d'expérimentation ludique du langage.

Ex : *Avec* Cent mille milliards de poèmes, *Queneau offre au lecteur la possibilité de composer lui-même l'un des cent mille milliards de sonnets possibles.*

La fin des écoles poétiques

Il est bien difficile après 1945 de distinguer des courants ou des tendances. La poésie, libérée des contraintes formelles, ouverte à tous les possibles, résiste à la classification.

Les révolutions formelles

La poésie en prose

La poésie se caractérisait jusqu'au XIXe siècle par l'utilisation exclusive du vers régulier. Le choix de la prose constitue une rupture essentielle. Selon Baudelaire, c'est le poète **Aloysius Bertrand** qui a introduit la prose dans la poésie française.

Ex : *« Le joujou du pauvre » de Baudelaire se présente comme un récit, délaisse les atours du vers pour donner forme à une beauté brute, plus proche de la modernité* (> p. 354).

« Crise de vers »

- La versification classique, déjà contestée par Victor Hugo, est radicalement remise en cause par **Verlaine**.

Ex : *Le « Sonnet boiteux » est composé en vers de treize syllabes, et ne comporte pas toujours de rimes, ouvrant la voie au vers libre* (> p. 358).

- À la fin du siècle, d'autres poètes vont poursuivre et radicaliser cette orientation en affranchissant complètement le poème de la rime, du mètre et de l'organisation en strophes. Le vers libre s'impose au XXe siècle, sans toutefois se substituer complètement aux formes poétiques plus traditionnelles.

Ex : *« Cession » d'André du Bouchet illustre cette liberté nouvelle du vers* (> p. 365).

Calligrammes et autres audaces formelles

- Les calligrammes d'Apollinaire proposent un autre type de rupture formelle.

Ex : *« Couronne » se lit, se voit, se développe sur deux plans parallèles, enrichissant l'expérience du lecteur* (> p. 363).

- À l'image des peintres, certains poètes contemporains composent avec le blanc de la page. Les mots sont l'une des composantes d'un tableau poétique intégrant ces vides.

Ex : *Dans « Cession », André du Bouchet intègre « les blancs » au poème* (> p. 365).

Vers une redéfinition de la fonction du poète

- Tous les sujets entrent dans le champ de la poésie moderne : le poète est à l'écoute du monde et n'a aucun thème privilégié.

Ex : *Baudelaire évoque la foule dans* Le Peintre de la vie moderne (> p. 350).

- Le poète s'inscrit clairement dans l'histoire et s'engage dans une réflexion sur la société.

Ex : *« Le mal » évoque l'absurdité de la guerre dans un monde désenchanté, abandonné de dieu* (> p. 361).

- La poésie engage une réflexion sur la fonction du langage, matériau artistique qu'il s'agit de façonner inlassablement pour le faire vivre au-delà de sa fonction utilitaire.

Ex : *Pour Mallarmé, dans « Le tombeau d'Edgar Poe », le poète est celui qui donne « un sens plus pur aux mots de la tribu ».*

Photographie de *Cent mille milliards de poèmes*, de Raymond QUENEAU, Éd. Gallimard, 1961.

20 PARCOURS DE LECTEUR • ŒUVRE INTÉGRALE

Baudelaire

Les Fleurs du Mal

1857

Objectifs

- Assister à la naissance de la poésie moderne, synthèse et dépassement du romantisme, du réalisme et du Parnasse
- Découvrir le mythe du poète maudit

Les Fleurs du Mal paraissent au printemps 1857. Baudelaire a longuement mûri son projet : après avoir lu les poètes romantiques et parnassiens, il refuse les missions que ses pairs assignaient à l'artiste. Ni mage romantique, ni orfèvre ciselant des rimes froides, il invente une poésie originale. Chaque poème est alors la « fleur » d'un univers déchiré entre fascination pour le mal et rêve d'idéal.

Chronologie

1827 Orphelin de père, Baudelaire vit le remariage de sa mère avec le commandant Aupick comme une chute hors du paradis.

1839 Vie de dandy.

1841 Sa famille, lasse de ses frasques, le contraint à s'embarquer pour l'île Bourbon (La Réunion). Liaison orageuse avec la métisse **Jeanne Duval**. Expérience du spleen, de la mélancolie profonde.

1844 Considérant qu'il dilapide son héritage paternel, sa mère place sa fortune sous tutelle. Il devient alors « littérateur » : critique d'art (*Salons*), journaliste et essayiste.

1847 Passion pour l'actrice **Marie Daubrun**, figure maternelle et enfantine.

1852 Il rencontre **Mme Sabatier**, que ses poèmes idéalisent.

1857 Traduction du poète et nouvelliste américain, E. A. Poe. Parution des *Fleurs du Mal*, qui lui vaut un procès.

1861 Seconde édition des *Fleurs du Mal*. Après sa mort seront publiés les *Petits Poèmes en prose (Le Spleen de Paris)*, *Les Paradis artificiels*, ses articles critiques (*L'Art romantique*, *Curiosités esthétiques*) et son journal (*Fusées*, *Mon cœur mis à nu*).

TEXTES ÉCHOS

A. BERTRAND, « Un rêve » > p. 337
C. BAUDELAIRE, « Le joujou du pauvre » > p. 354
A. RIMBAUD, « Ma bohême » > p. 359
A. RIMBAUD, « Sensation » > p. 360
E. POE, « Le corbeau » > p. 385
LAUTRÉAMONT, « Le fils de la femelle du requin » > p. 386
T. CORBIÈRE, « Le crapaud » > p. 387

Histoire littéraire p. 367

Entrée dans l'œuvre : Glorifier le culte des images

C'est en commentant Delacroix que Baudelaire invente la poésie moderne : « Le vrai artiste, le vrai poète, ne doit peindre que selon ce qu'il voit. » (*Salon de 1859)*

« Voir », c'est observer la réalité, même la plus triviale.

Mais voir, c'est aussi imaginer. L'imagination, « reine des facultés », exprime la beauté secrète (les fleurs) d'un monde déchu (le mal). Grâce à elle, le poète dit au monde : « Tu m'as donné ta boue et j'en ai fait de l'or. »

Eugène DELACROIX (1798-1863), *Dante et Virgile aux enfers*, 1822, huile sur toile, 189 × 246 cm (Musée du Louvre).

1 RECHERCHE Qui sont Dante et Virgile ? Résumez leur parcours aux enfers.

HISTOIRE DES ARTS

2 Comment Delacroix représente-t-il la beauté sombre et tourmentée des enfers ? Vous serez sensible, comme Baudelaire, à l'« explosion des couleurs » et à la représentation des corps. (*Curiosités esthétiques*)

3 Lisez « Les Phares » (éd. Classiques Hachette, p. 30). Comment Baudelaire évoque-t-il Delacroix ? Dans les trois dernières strophes, en quoi la « dignité » de l'artiste consiste-t-elle ?

4 Comparez les enfers de Delacroix et « Don Juan aux enfers » de Baudelaire (éd. Classiques Hachette p. 43).

5 SYNTHÈSE Lisez « Au lecteur » (éd. Classiques Hachette, p. 13), faisant office de préface. Comment le titre du recueil s'éclaire-t-il ?

L'œuvre et son contexte

La révolution de 1848, signant la chute de Louis-Philippe et l'avènement de la IIe République, laisse Baudelaire indifférent. Il méprise aussi la bourgeoisie « abrutie et goulue », rassurée par le Second Empire (1852). « Dépolitiqué », il refuse l'engagement en poésie qu'avaient instauré les romantiques comme Hugo. C'est en dandy distant qu'il flâne dans les rues, en quête des tableaux changeants qu'offre la ville moderne. Il rêve même de fuir « ailleurs ».

1 RECHERCHE Qu'est-ce qu'un dandy ?

HISTOIRE DES ARTS

2 Comment le photographe Nadar capte-t-il l'élégance dandy de Baudelaire ?

Fiche 17 Lecture de l'image fixe

3 Dans « Le cygne » (éd. Classiques Hachette, p. 193), comment Baudelaire évoque-t-il le Paris moderne, reconstruit par le préfet Haussmann ?

4 Comment l'évocation d'un paradis rêvé, loin du monde réel, vient-elle s'opposer à cette peinture de la ville moderne ? Vous pourrez vous appuyer sur « Parfum exotique » (p. 371) ou « La vie antérieure » (éd. Classiques Hachette, p. 40).

Baudelaire photographié par NADAR en 1856.

TEXTES 1 & 2

Naissance d'un art poétique

TEXTE ÉCHO

Les correspondances
> A. Rimbaud
« Ma bohême » p. 359
« Sensation » p. 360

Baudelaire est fidèle sur un point aux théories romantiques : le poète dévoile les liens entre les choses, leurs correspondances. Il en existe deux sortes : les premières (encore appelées « synesthésies ») mettent en relation les différentes sensations ; les secondes relient mondes terrestre et surnaturel.

Correspondances

La Nature est un temple où de vivants piliers
Laissent parfois sortir de confuses paroles ;
L'homme y passe à travers des forêts de symboles
Qui l'observent avec des regards familiers.

Comme de longs échos qui de loin se confondent,
Dans une ténébreuse et profonde unité,
Vaste comme la nuit et comme la clarté,
Les parfums, les couleurs et les sons se répondent.

Il est des parfums frais comme des chairs d'enfants,
Doux comme les hautbois, verts comme les prairies,
– Et d'autres, corrompus, riches et triomphants.

Ayant l'expansion des choses infinies,
Comme l'ambre, le musc, le benjoin[1] et l'encens,
Qui chantent les transports de l'esprit et des sens.

C. BAUDELAIRE, *Les Fleurs du Mal*, « Spleen et idéal », IV
(éd. Classiques Hachette, p. 27), 1857.

1. Substance aromatique, comme l'ambre, le musc et l'encens.

La femme aimée favorise l'établissement des analogies. Présente ici et maintenant, sa beauté fait songer à la perfection du monde idéal, situé ailleurs, dans le rêve et le souvenir.

Parfum exotique

Quand, les deux yeux fermés, en un soir chaud d'automne,
Je respire l'odeur de ton sein chaleureux,
Je vois se dérouler des rivages heureux
Qu'éblouissent les feux d'un soleil monotone :

Une île paresseuse où la nature donne
Des arbres singuliers et des fruits savoureux ;
Des hommes dont le corps est mince et vigoureux,
Et des femmes dont l'œil par sa franchise étonne.

Guidé par ton odeur vers de charmants climats,
Je vois un port rempli de voiles et de mâts
Encor tout fatigués par la vague marine,

Pendant que le parfum des verts tamariniers[1],
Qui circule dans l'air et m'enfle la narine,
Se mêle dans mon âme au chant des mariniers.

C. BAUDELAIRE, *Les Fleurs du Mal*, « Spleen et idéal », XXI
(éd. Classiques Hachette, p. 49), 1857.

1. Arbres exotiques à fleurs en grappe.

- Quel rôle le parfum joue-t-il dans les deux poèmes ?
- Étudiez l'expression des réminiscences et des correspondances entre les différentes perceptions. Comment le jeu des sensations permet-il au poète d'oublier le spleen et de s'élancer vers l'idéal ?
- Expliquez l'expression « forêts de symboles » (texte 1, vers 3).
- Lisez les textes échos. Quel regard le poète pose-t-il sur la nature ?

TEXTE 3 *Le serpent qui danse*

De la grâce féminine, Baudelaire offre une vision aux analogies inattendues et révélatrices.

Que j'aime voir, chère indolente,
De ton corps si beau,
Comme une étoffe vacillante,
Miroiter la peau !

Sur ta chevelure profonde
Aux âcres parfums,
Mer odorante et vagabonde
Aux flots bleus et bruns,

Comme un navire qui s'éveille
Au vent du matin,
Mon âme rêveuse appareille
Pour un ciel lointain.

Tes yeux, où rien ne se révèle
De doux ni d'amer,
Sont deux bijoux froids où se mêle
L'or avec le fer.

À te voir marcher en cadence,
Belle d'abandon,
On dirait un serpent qui danse
Au bout d'un bâton,

Sous le fardeau de ta paresse
Ta tête d'enfant
Se balance avec la mollesse
D'un jeune éléphant,

Et ton corps se penche et s'allonge
Comme un fin vaisseau
Qui roule bord sur bord, et plonge
Ses vergues[1] dans l'eau.

Comme un flot grossi par la fonte
Des glaciers grondants,
Quand ta salive exquise monte
Au bord de tes dents,

Je crois boire un vin de Bohême,
Amer et vainqueur,
Un ciel liquide qui parsème
D'étoiles mon cœur !

C. BAUDELAIRE, *Les Fleurs du Mal*, « Spleen et idéal », XXVI (éd. Classiques Hachette, p. 52), 1857.

- Comment la grâce de la jeune femme est-elle évoquée ? Vous serez sensible aux images dansantes, aux rythmes du poème et à la forme des strophes.
- Définissez la beauté selon Baudelaire. Vous pourrez comparer ce poème à « La beauté » (éd. Classiques Hachette, p. 44).

HISTOIRE DES ARTS

- Comment, dans l'estampe d'Hokusai, la chevelure de la femme se fait-elle serpent ?

1. Pièces de bois sur l'avant d'un mât de bateau, servant à porter la voile.

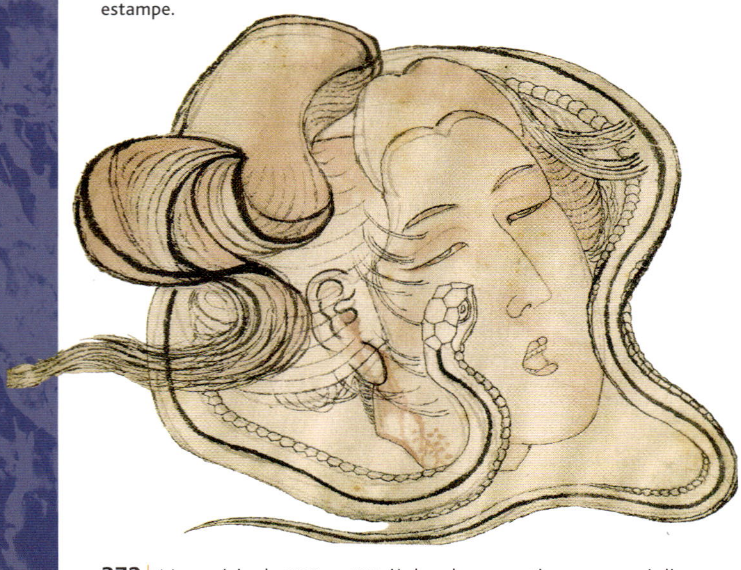

HOKUSAI KATSUSHIKA (1760-1849), *Tête de femme au serpent*, estampe.

TEXTE 4 « Plonger au fond du gouffre »

TEXTES ÉCHOS
Le grand poème de la nuit
> **A. Bertrand,** « Un rêve » **p. 337**
> **T. Corbière,** « Le crapaud » **p. 387**
> **E. Poe,** « Le corbeau » **p. 385**
> **Lautréamont,** « Le fils de la femelle du requin » **p. 386**

Odilon REDON (1840-1916), *Araignée souriante*, 1881, dessin lithographié en 1887, 49,5 × 39 cm.

Parfois, le poète, vaincu par l'angoisse, s'abandonne au « spleen », mot anglais signifiant la « rate », sécrétant la bile, l'humeur noire. Cette mélancolie profonde s'oppose à l'Idéal que représentent l'art et l'ailleurs.

Spleen

Quand le ciel bas et lourd pèse comme un couvercle
Sur l'esprit gémissant en proie aux longs ennuis,
Et que de l'horizon embrassant tout le cercle
Il nous verse un jour noir plus triste que les nuits ;

Quand la terre est changée en un cachot humide,
Où l'Espérance, comme une chauve-souris,
S'en va battant les murs de son aile timide,
Et se cognant la tête à des plafonds pourris ;

Quand la pluie étalant ses immenses traînées
D'une vaste prison imite les barreaux,
Et qu'un peuple muet d'horribles araignées
Vient tendre ses filets au fond de nos cerveaux,

Des cloches tout à coup sautent avec furie
Et lancent vers le ciel un affreux hurlement,
Ainsi que des esprits errants et sans patrie
Qui se mettent à geindre opiniâtrement.

– Et d'anciens corbillards, sans tambours ni musique,
Défilent lentement dans mon âme ; et l'Espoir
Pleurant comme un vaincu, l'Angoisse despotique
Sur mon crâne incliné plante son drapeau noir.

C. BAUDELAIRE, *Les Fleurs du Mal*, LXII
(éd. Classiques Hachette, p. 100), 1857.

- Établissez le plan du poème en insistant sur la dégradation progressive, allant du malaise physique à l'angoisse morale.
- Comment les indications de temps et d'espace rendent-elles plus palpable le spleen du poète ?
- Quels rôles les allégories du poème jouent-elles ?
- Lisez les textes échos. Comment le bestiaire nocturne, emprunté au romantisme gothique, exprime-t-il l'angoisse du poète ?
- LITTÉRATURE ET SOCIÉTÉ Vous réaliserez un recueil intitulé « Bestiaire nocturne », mêlant images et textes issus de la séquence et de vos recherches personnelles, pour montrer ce qu'est le « spleen » en 1857.

Les sources de l'œuvre : Lecteur et traducteur d'Edgar Poe

Gustave COURBET (1819-1887), *Portrait de Baudelaire*, 1847 (Musée Fabre, Montpellier).

1. Un même culte de la sensation

Baudelaire traduit Edgar Allan Poe, son « frère » : ils partagent un même destin solitaire, une même confiance dans l'art, capable par les correspondances de donner une unité supérieure au monde.

Edgar Poe dit, je ne sais plus où, que le résultat de l'opium pour les sens est de revêtir la nature entière d'un intérêt surnaturel qui donne à chaque objet un sens plus profond, plus volontaire, plus despotique. Sans avoir recours à l'opium, qui n'a connu ces admirables heures, véritables fêtes du cerveau, où les sens plus attentifs perçoivent des sensations plus retentissantes, où le ciel d'un azur plus transparent s'enfonce comme un abîme plus infini, où les sons tintent musicalement, où les couleurs parlent, où les parfums racontent des mondes d'idées ?

C. BAUDELAIRE, *Carnets esthétiques*, 1855.

HISTOIRE DES ARTS

1 Quelle image le peintre donne-t-il de Baudelaire ?

2 Quel rôle les sensations jouent-elles pour Baudelaire ? Pourquoi la transformation de ce ressenti en création poétique reste-t-elle mystérieuse ?

3 « Les sons ont une couleur, les couleurs ont une musique », dit Baudelaire dans *Les Paradis artificiels*. En quoi cette citation et le texte 1 illustrent-ils cette théorie des correspondances ?

2. La poésie : le pur plaisir d'écrire

Traduire Poe permet de se déchiffrer soi-même, de comprendre quelle poésie on veut composer.

La poésie, pour peu qu'on veuille descendre en soi-même, interroger son âme, rappeler ses souvenirs d'enthousiasme, n'a pas d'autre but qu'elle-même ; elle ne peut en avoir d'autre, et aucun poème ne sera si grand, si noble, si véritablement digne du nom de poème, que celui qui aura été écrit uniquement pour le plaisir d'écrire un poème.

C. BAUDELAIRE, *Notes nouvelles sur Edgar Allan Poe*, IV.

1 RECHERCHE Lisez la dédicace des *Fleurs du Mal*. Précisez qui est Théophile Gautier, ce qu'est le Parnasse (> p. 367). Quelle image de la poésie ce texte offre-t-il ?

2 Lisez « La beauté » (éd. Classiques Hachette, p. 44) : quelles influences parnassiennes peuvent s'y lire ?

La réception de l'œuvre : Le procès des *Fleurs du Mal*

Deux procès marquent 1857, ceux de Flaubert et Baudelaire. Le procureur E. Pinard prononce contre eux un réquisitoire les accusant d'« offense à la morale publique et aux bonnes mœurs ». Baudelaire est condamné à une amende et six poèmes sont censurés.

Baudelaire n'appartient pas à une école. Il ne relève que de lui-même. Son principe, sa théorie, c'est de tout peindre, de tout mettre à nu. Il fouillera la nature humaine dans ses replis les plus intimes ; il aura, pour la rendre, des tons vigoureux et saisissants, il l'exagérera surtout dans ses côtés hideux ; il la grossira outre mesure, afin de créer l'impression, la sensation. Il fait ainsi, peut-il dire, la contrepartie du classique, du convenu, qui est singulièrement monotone et qui n'obéit qu'à des règles artificielles.

Réquisitoire d'Ernest PINARD, *Revue des grands procès contemporains*, 1885.

1 Que reproche E. Pinard à Baudelaire ?

2 RECHERCHE Quels poèmes Baudelaire a-t-il retirés ? Pour quelles raisons, selon vous ?

3 Pourquoi ce réquisitoire, manifestant une grande intelligence des textes, peut-il être lu aujourd'hui comme un éloge, célébrant l'originalité et la vérité de Baudelaire ?

FICHE DE LECTURE 1

Un certain goût pour la mort et la malédiction

Danse macabre

1 Comparez le tableau de J. Ensor à la tonalité des poèmes « Les aveugles », « Le squelette laboureur » et « Danse macabre » (éd. Classiques Hachette, p. 204, 207, 209). Comment l'imagination met-elle en scène spectres, masques et squelettes ?

2 Lisez la chronologie (p. 369). Quels événements vécus font de Baudelaire un familier de la mort ?

La tentation du mal

1 RECHERCHE Cherchez les significations du mot « Mal ». Lesquelles éclairent votre compréhension de l'œuvre et son titre ?

2 En quoi les trois poèmes de « Révolte » sont-ils blasphématoires et provocateurs (éd. Classiques Hachette, p. 137 à 143) ?

3 Lisez l'adresse « Au lecteur » (éd. Classiques Hachette, p. 13). Comment Baudelaire tisse-t-il un lien avec son lecteur ? Comment montre-t-il qu'ils partagent la même fascination pour le mal ?

Le mythe du poète maudit

1 Dans « Bénédiction » et « Le guignon », de quelle malédiction le poète est-il victime (éd. Classiques Hachette, p. 19, 38) ? Pourquoi fait-elle de lui un être à part, unique ?

2 Lisez « L'Albatros » (éd. Classiques Hachette, p. 171). Montrez que ce poème définit l'homme comme une créature perdue qui se souvient de sa pureté première.

3 Dans « Tableaux parisiens » (éd. Classiques Hachette, p. 193 à 213), comment Paris et les Parisiens renvoient-ils au poète l'image de sa propre misère, de son propre exil ? Composez un florilège des vers les plus évocateurs.

4 SYNTHÈSE Après avoir lu les poèmes intitulés « Spleen » (éd. Classiques Hachette, p. 96 à 100), vous montrerez que la poésie magnifie cette douloureuse malédiction.

Entre élan et goût du néant

En 1861, la seconde édition des *Fleurs du mal* est organisée en six sections, précédées d'une adresse *« Au lecteur »*.

Section 1 : « Spleen et Idéal »
Section 2 : « Tableaux parisiens »
Section 3 : « Le Vin »
Section 4 : « Fleurs du Mal »
Section 5 : « Révolte »
Section 6 : « La Mort »

1 Quels titres évoquent la tension entre beauté idéale et tentation du mal ?

2 Quelles sections semblent proposer une fuite radicale hors du monde et de ses contradictions ? Feuilletez le recueil et choisissez quelques poèmes justifiant votre choix.

La dernière heure

1 Comment la hantise du temps est-elle exprimée dans « L'horloge » (éd. Classiques Hachette, p. 190) ? Prenez appui sur le relevé du champ lexical du temps, de sa mesure ainsi que sur les répétitions.

2 Pourquoi, dans « Le voyage » (éd. Classiques Hachette, p. 163), la mort apparaît-elle comme une délivrance ?

3 SYNTHÈSE Après avoir lu le texte de G. Poulet, montrez que le poète est déchiré entre aspiration à l'idéal et conscience de sa malédiction.

Qui suis-je, moi Baudelaire ? […] Je suis un homme, c'est-à-dire un être déchu, honteux d'exister, faisant le mal, piétinant dans une boue qui ne diffère pas de moi-même. […] la boue que je piétine remplit un lieu essentiellement bas et sombre, où l'ensemble de la création, en raison d'une faute qui se situe à son origine et qui en altéra irrémissiblement l'essence, s'est trouvée pour toujours avoir glissé.

Georges POULET, *La Poésie éclatée*, PUF, 1980.

James ENSOR (1860-1949),
La Mort et les masques, 1897, huile sur toile
(Musée d'Art moderne et d'Art contemporain, Liège).

Femme et poésie

Fernand KHNOPFF (1858-1921), *Des caresses*, 1896, huile sur toile, 50,5 × 150 cm (Musées royaux des Beaux-Arts, Bruxelles).

« Mon enfant, ma sœur... »

1 Montrez que Jeanne Duval, « sorcière au flanc d'ébène», incarne à la fois l'ivresse des sens et la honte de la dépendance (poèmes XX à XXXIX).

2 Analysez le charme de la femme-sorcière dans « Le poison » (éd. Classiques Hachette, p. 74).

3 Pourquoi Mme Sabatier est-elle comparée à un ange dans « Réversibilité » (éd. Classiques Hachette, p. 69) ?

4 RECHERCHE Qui est Marie Daubrun ? En quoi ressemble-t-elle au chat (éd. Classiques Pocket, p. 61) ?

5 Comment le peintre et le poète font-ils de la femme une séductrice dangereuse ?

La femme et le beau

J'ai trouvé la définition du beau, – de mon beau. C'est quelque chose d'ardent et de triste, quelque chose d'un peu vague, laissant carrière à la conjecture[1]. Je vais, si l'on veut, appliquer mes idées à un objet sensible, à l'objet, par exemple, le plus intéressant dans la société, à un visage de femme. Une tête séduisante et belle, une tête de femme, veux-je dire, c'est une tête qui fait rêver à la fois, – mais d'une manière confuse, – de volupté et de tristesse ; qui comporte une idée de mélancolie, de lassitude.

C. BAUDELAIRE, *Fusées*, X, 16, 1851.

Jeanne Duval dessinée par BAUDELAIRE, 27 février 1865.

1. Laissant libre cours aux hypothèses, interdisant toute certitude.

1 Que faut-il à une femme pour être « belle » ? Appuyez-vous sur le texte et le dessin de Baudelaire.

2 Pourquoi la femme joue-t-elle un rôle de médiatrice ?

3 Pourquoi peut-on trouver de la volupté à être triste ? Appuyez-vous sur vos lectures et expériences pour répondre.

L'ivresse du voyage

1 Lisez « La chevelure » (éd. Classiques Hachette, p. 173). Étudiez la correspondance entre les sensations visuelles, olfactives et la vision intérieure d'un pays idéal.

2 Dans « Ciel brouillé » (éd. Classiques Hachette, p. 75), analysez l'analogie entre la femme et le paysage. Vous serez sensible aux images d'eau et de feu.

3 Relevez, dans les poèmes consacrés à la femme, les images obsédantes du vin, de la liqueur, des parfums, du navire et du serpent. Quelle vision de la femme se dessine ?

4 SYNTHÈSE Comment la femme permet-elle de s'élancer vers l'ailleurs ?

Mi-ange, mi-démon

Il y a dans tout homme, à toute heure, deux postulations simultanées, l'une vers Dieu, l'autre vers Satan. L'invocation à Dieu, ou spiritualité, est un désir de monter en grade ; celle de Satan, ou animalité, est une joie de descendre. C'est à cette dernière que doivent être rapportées les amours pour les femmes.

C. BAUDELAIRE, *Mon cœur mis à nu*, 1860.

1 Reformulez la thèse de Baudelaire.

2 Quelle vision de la femme est proposée ?

3 Montrez que cette vision assez noire s'oppose à celle du « Balcon » (éd. Classiques Hachette, p. 62), idéalisant la femme et l'amour.

4 SYNTHÈSE Montrez que la femme incarne à la fois le spleen et l'idéal.

21 Explorations surréalistes

Libérer le langage et l'imagination

André Breton affirme que « le merveilleux est toujours beau, n'importe quel merveilleux est beau, il n'y a que le merveilleux qui soit beau ». C'est par la fulgurance de l'inconscient et la libération du langage que les surréalistes cherchent à atteindre ce merveilleux révolutionnaire qui les caractérise.

Giorgio DE CHIRICO (1888-1978), *Portrait prémonitoire de Guillaume Apollinaire*, 1914, huile sur toile, 81,5 × 65 cm (Musée national d'Art moderne, Centre Georges-Pompidou, Paris).

Ce tableau, intitulé *L'Homme-cible* à l'origine, n'a acquis son titre définitif qu'en 1916.

MÉTHODES p. 389

Lire et analyser Fiches 16, 17

Analyser une œuvre dans son contexte : La poésie moderne Fiche 25

Connaître un genre littéraire : La poésie Fiches 39, 40

Objectifs

- Découvrir les caractéristiques de l'art surréaliste
- Analyser les liens entre créations artistique et littéraire chez les surréalistes

1 Jouer avec les mots

Le surréalisme interroge le rapport entre le mot et le réel pour libérer l'imagination et donner à voir le merveilleux du quotidien.

1. Des images, des mots et des choses

René MAGRITTE (1898-1967), *La Clef des songes*, 1930, huile sur toile, 81 × 60 cm (Collection privée).

Repères esthétiques

« Libérer le mot de la référence au réel »

Les associations apparemment illogiques que Magritte crée entre l'image et sa légende s'apparentent à des jeux de mots, mais révèlent une réflexion sur le langage. En effet, une différence de nature existe entre l'objet réel et sa représentation picturale. Ainsi, une pomme est comestible, à la différence du tableau qui la représente. En intégrant dans ses tableaux des rapports insolites entre les mots et les objets, Magritte dénonce le caractère conventionnel et arbitraire du signe verbal : la représentation picturale d'un œuf n'est pas plus un œuf que le mot « œuf » lui-même ! Aucun problème, dès lors, à le nommer « acacia ».

Étude d'une œuvre

1 Comment le tableau est-il construit ? À quoi ressemble-t-il ?

2 Par quels procédés Magritte renforce-t-il le réalisme des objets représentés ?

➲ Fiche 17 **Lecture de l'image fixe**

3 Comment Magritte bouleverse-t-il le lien traditionnel entre l'image et sa légende ?

4 Selon Magritte, « les mots sont de la même substance que les images ». Pourquoi est-ce le cas ici ? Quel est le point commun entre les mots et les images ?

2. La trahison des images ?

René MAGRITTE (1898-1967), *Ceci n'est pas une pomme*, 1964, huile sur toile, 142 × 100 cm (Collection privée).

3. La trahison du langage ?

La terre est bleue comme une orange
Jamais une erreur les mots ne mentent pas [...]

Paul ÉLUARD, *L'Amour la poésie*, 1929 © Éd. Gallimard.

DES IMAGES AUX TEXTES

1 Dans *Ceci n'est pas une pomme*, quel sens donnez-vous à l'apparente contradiction entre l'objet et sa légende ?

2 Sur quels procédés reposent les jeux de mots des textes 3, 4 et 5 ?

3 Comment les auteurs amènent-ils le lecteur à s'interroger sur le langage et à redécouvrir des mots ou expressions quotidiennes ? Ces jeux de mots sont-ils totalement incohérents ? Montrez qu'un lien poétique est à l'œuvre.

4. Poésie des proverbes

À quelque rose chasseur est bon.

Il faut rendre à la paille ce qui appartient à la poutre.

Quand la raison n'est pas là, les souris dansent.

Saisir la malle du blond.

Vivre d'erreurs et de parfums.

Paul ÉLUARD et Benjamin PÉRET,
152 proverbes mis au goût du jour
in *La Révolution surréaliste*, 1925 © Éd. Gallimard.

5. Poésie du dictionnaire

Assiette – la disette y fait place à la satiété.
Avenir = navire.
Épaves – elles pavent la mer.
Falaise – façade crayeuse, que la mer lèse.
Ibis – I *bis*, échassier sur deux I.

Michel LEIRIS, *Glossaire j'y serre mes gloses*,
in *Mots sans mémoire*, 1939 © Éd. Gallimard.

ATELIER D'ÉCRITURE

1 À la manière du texte 3, écrivez une comparaison stéréotypée et transformez-la afin d'obtenir une image surprenante.

Fiche 16 Les figures de style
Fiche 40 Les images poétiques et les analogies

2 À la manière de Paul Éluard et Benjamin Péret, écrivez de faux proverbes en modifiant un mot dans un proverbe traditionnel, en jouant sur les sonorités et/ou en mélangeant deux proverbes.

3 À la manière de Michel Leiris, imaginez pour quelques mots de nouvelles définitions en vous appuyant sur les sonorités, la forme des lettres, etc.

4 SYNTHÈSE Éluard écrit : « Longtemps ravalés au rang de scribes, les peintres copiaient des pommes et devenaient des virtuoses. Leur vanité, qui est immense, les a presque toujours poussés à s'installer devant une image, devant un texte, comme devant un mur, pour le répéter. Ils n'avaient pas faim d'eux-mêmes. Les peintres surréalistes, qui sont des poètes, pensent toujours à autre chose. L'insolite est leur familier [...]. » (*L'Évidence poétique*, 1937, *Œuvres complètes I*, Bibliothèque de la Pléiade © Éd. Gallimard)
En quoi la quête de l'insolite vous semble-t-elle refléter la démarche surréaliste ?

2 Libérer l'inconscient

Laisser à l'inconscient le pouvoir créateur, tel est le projet des surréalistes. Les mots et les images se heurtent, dans des rencontres explosives qui dynamitent le langage et renouvellent l'approche artistique.

1. L'irruption de l'irrationnel

Jacques Prévert, célèbre pour sa poésie, a proposé de nombreux collages.

Jacques PRÉVERT (1900-1977), *Le Règne animal*, 1974, collage sur page de magazine (BNF).

2. Poésie du hasard

Prenez un journal.
Prenez des ciseaux.
Choisissez dans ce journal un article
ayant la longueur que vous comptez
donner à votre poème.
Découpez l'article.
Découpez ensuite avec soin chacun des
mots qui forment cet article et mettez-
les dans un sac.
Agitez doucement.
Sortez ensuite chaque coupure l'une
après l'autre dans l'ordre où elles ont
quitté le sac.
Copiez consciencieusement.
Le poème vous ressemblera.
Et vous voilà un écrivain infiniment
original et d'une sensibilité charmante,
encore qu'incomprise du vulgaire.

Tristan TZARA,
Manifeste sur l'amour faible et l'amour amer,
« Pour faire un poème dadaïste »,
1921 © Flammarion 1975.

Repères esthétiques

Le collage

Au début du XXe siècle, les peintres introduisent des collages dans leurs tableaux et provoquent des confrontations de matériaux, de couleurs, de textures. Ces éléments quotidiens acquièrent, dès lors, une dimension insolite, comme l'explique Max Ernst : « Quelle est la plus noble conquête du collage ? C'est l'irrationnel. C'est l'irruption magistrale de l'irrationnel dans tous les domaines de l'art, de la poésie, de la science, dans la mode, dans la vie privée des individus, dans la vie publique des peuples. Qui dit collage, dit l'irrationnel. » (*Au-delà de la Peinture*, *Cahiers d'Art*, Paris, 1937)

Étude d'une œuvre

1 Repérez les différents éléments qui composent ce collage. En quoi transporte-t-il dans un monde irrationnel ?

2 Cette œuvre peut-elle être considérée comme poétique ? Argumentez.

3 En quoi pourrait-elle être l'illustration d'une fable ?

➲ **Séquence 12 Pouvoirs de la fable et du conte**

4 RECHERCHE Qu'est-ce qu'une chimère ?

5 Pourquoi la production de créatures chimériques nous entraîne-t-elle dans un univers imaginaire et irrationnel ?

6 À la manière de Prévert, réalisez le collage d'une chimère. Donnez-lui un titre surréaliste.

3. Quelques cadavres exquis

Le cadavre – exquis – boira – le vin – nouveau.
Le mille-pattes amoureux et frêle rivalise de méchanceté avec le cortège languissant.
La vapeur ailée séduit l'oiseau fermé à clé.
La grève des étoiles corrige la maison sans sucre.

Le Surréalisme au service de la Révolution, 1930-1933 © Jean-Michel Place, 1976.

4. Collage exquis

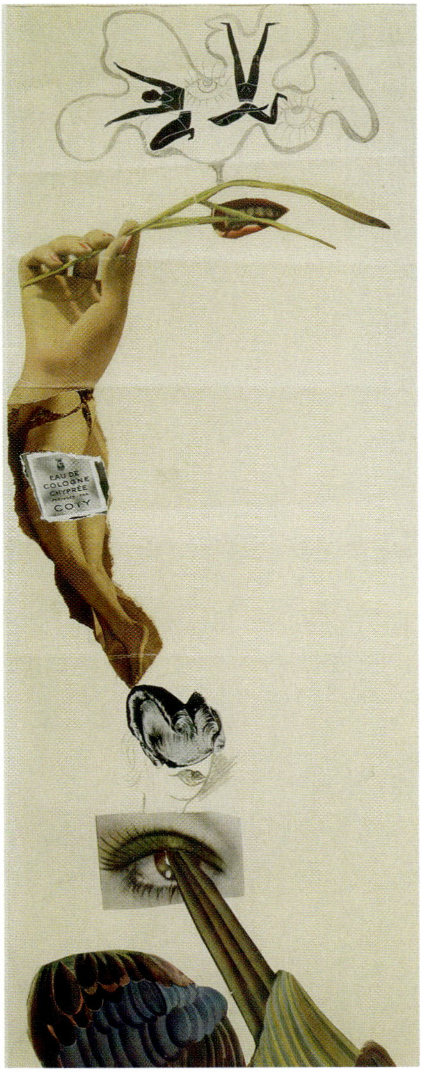

Jean ARP, Oscar DOMINGUEZ, Marcel JEAN, Sophie TAEUBER-ARP, *Cadavre exquis*, 1937, photos imprimées, déchirées, crayon sur papier plié en huit et déplié, 61,6 × 23,6 cm (Musée national d'Art moderne, Centre Georges-Pompidou, Paris).

5. Donner forme à l'inconscient

Jean ARP (1886-1966), *Sculpture automatique (Hommage à Rodin)*, 1935, moulage, plâtre, 52 × 42,5 × 43 cm (Fondation Arp, Clamart).

6. Écrire l'inconscient

Prisonniers des gouttes d'eau, nous ne sommes que des animaux perpétuels. Nous courons dans les villes sans bruit et les affiches enchantées ne nous touchent plus. […]

André BRETON et Philippe SOUPAULT, « La glace sans tain » in *Les Champs magnétiques*, 1920 © Éd. Gallimard.

DES IMAGES AUX TEXTES

1 Qu'est-ce qu'un cadavre exquis ?

2 Observez le document 4. Que vous évoque ce cadavre exquis artistique ?

3 Lisez le document 3. Le hasard a-t-il bien fait les choses ? Ces cadavres exquis vous semblent-ils poétiques ? Justifiez votre interprétation.

4 L'écriture automatique pratiquée par Breton et Soupault (document 6) est une forme d'expression libre et spontanée, qui libère l'inconscient et permet de créer de nouvelles images. Rédigez un court texte automatique en écrivant le plus rapidement possible, sans tenir compte de la cohérence de ce que vous écrivez. N'accordez pas trop d'importance à la ponctuation ni à la syntaxe : vous corrigerez lors de votre relecture. Pour démarrer, demandez à votre voisin de vous donner le premier mot qui lui vient à l'esprit.

3 Bizarre, bizarre : êtres et objets surréalistes

1. Une représentation photographique de la femme surréaliste

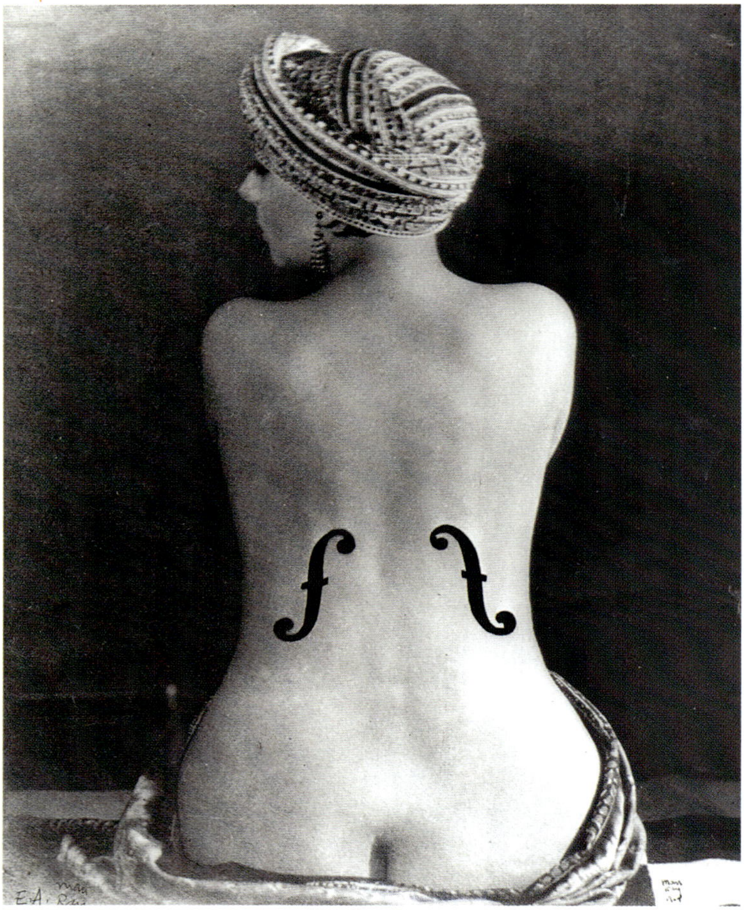

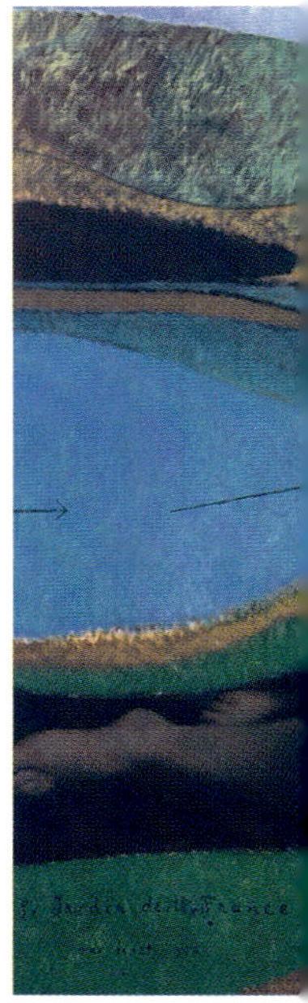

Man RAY (1890-1976), *Le Violon d'Ingres*, 1924, épreuve aux sels d'argent rehaussée à la mine de plomb et à l'encre de Chine et contrecollée sur papier, 31 × 24,7 cm (Musée national d'Art moderne, Centre Georges-Pompidou, Paris).

Repères esthétiques

L'objet surréaliste

L'objet surréaliste est proche du *ready-made*[1] de Marcel Duchamp car il se compose d'objets déjà existants et de peu de valeur. Mais il s'en distingue par l'effet recherché : cette chose, cet être hybride qui provient du croisement d'espèces différentes, doit provoquer la surprise du spectateur et être « beau comme la rencontre fortuite sur une table de dissection, d'une machine à coudre et d'un parapluie » (Lautréamont). Ces associations d'objets se font selon le principe de la libre association de mots ou d'idées que Freud a découvert au cœur de l'activité inconsciente : c'est l'irruption du rêve dans la réalité.

1. Attitude consistant à choisir un objet et à le désigner comme œuvre d'art.

Étude d'une œuvre

1 En quoi consiste le charme de cette photographie ? Dans quelle mesure illustre-t-elle le principe de la rencontre insolite, cher aux surréalistes ?

➜ **Fiche 17 Lecture de l'image fixe**

2 @ RECHERCHE Cherchez les tableaux *La Baigneuse de Valpinçon* et *Le Bain turc* d'Ingres. Comparez-les à la photographie de Man Ray. Que remarquez-vous ?

3 Cherchez l'origine et la signification de l'expression « violon d'Ingres ». En quoi devient-elle ici surréaliste ?

2. Une représentation picturale de la femme surréaliste

Max ERNST (1891-1976), *Le Jardin de la France*, 1962, huile sur toile, 114 × 168 cm (Musée national d'Art moderne, Centre Georges-Pompidou, Paris).

3. Une représentation poétique de la femme surréaliste

Ma femme à la chevelure de feu de bois
Aux pensées d'éclairs de chaleur
À la taille de sablier
Ma femme à la taille de loutre entre les dents du tigre
Ma femme à la bouche de cocarde[1] et de bouquet d'étoiles de dernière grandeur
Aux dents d'empreintes de souris blanche sur la terre blanche […]

André BRETON, *L'Union libre* in *Clair de Terre*, 1931 © Éd. Gallimard.

1. Insigne (souvent rond) aux couleurs nationales.

4. En rêve

André Breton décrit un livre étrange, aperçu dans un rêve en 1924.

C'est ainsi qu'une de ces dernières nuits, dans le sommeil, à un marché en plein air qui se tenait du côté de Saint-Malo, j'avais mis la main sur un livre assez curieux. Le dos de ce livre était constitué par un gnome[1] de bois dont la barbe blanche, taillée à l'assyrienne[2], descendait jusqu'aux pieds. L'épaisseur de la statuette était normale et n'empêchait en rien, cependant, de tourner les pages du livre, qui étaient de grosse laine noire. Je m'étais empressé de l'acquérir et, en m'éveillant, j'ai regretté de ne pas le trouver près de moi.

André BRETON, *Introduction au discours sur le peu de réalité* in *Le Point du jour*, 1927 © Éd. Gallimard.

1. Petit génie laid et difforme.
2. Barbe longue taillée en pointe.

5. Surprendre le quotidien

Salvador DALI (1904-1989), *Téléphone homard*, 1936, plâtre peint, 18 × 12,5 × 30,5 cm (Museum für Kommunikation, Francfort, Allemagne).

DES IMAGES AUX TEXTES

1 Comparez le tableau de Max Ernst (document 2) et l'extrait de *L'Union libre* (document 3). Quelle **figure de style** domine dans ces deux représentations de la femme ? Quel effet produit-elle ?

Fiche 16 Les figures de style
Fiche 40 Les images poétiques et les analogies

2 Inspirez-vous des œuvres de Man Ray et Max Ernst (documents 1 et 2) pour ajouter quelques vers au poème de Breton.

3 Observez le document 5. Comment Dali a-t-il procédé pour rendre surréaliste cet objet quotidien ? Quels sentiments cet objet vous inspire-t-il ?

4 À la manière d'André Breton, décrivez un objet surréaliste que vous ne pourriez voir qu'en rêve.

Atelier d'écriture

Collages surréalistes

À la manière des surréalistes, appuyez-vous sur le hasard pour créer des œuvres poétiques.

1. Écrire à la manière de René Magritte

Réalisez votre tableau-alphabet à la manière de Magritte (document 1, p. 378) en découpant des images d'objets et en les accompagnant de légendes surréalistes.

2. Écrire à la manière de Tristan Tzara

- Écrivez un poème en suivant le mode d'emploi de Tristan Tzara (document 2, p. 380).
- Constituez un stock d'alexandrins que vous puiserez dans les poèmes du manuel. Découpez-les à l'hémistiche, puis tirez-les au sort pour écrire un sonnet dada.
- Choisissez un texte au hasard dans le manuel. Prélevez un ou deux mots par ligne de façon à écrire un nouveau texte.

Petits cadavres exquis entre amis

Pour jouer aux cadavres exquis, vous n'avez besoin que d'une feuille et d'un stylo. Mais vous devez au préalable décider de la structure syntaxique de la phrase à créer et la respecter !

Le premier participant écrit en se cachant des autres, puis replie la feuille et la passe à son voisin, qui complète ce début, et ainsi de suite jusqu'au dernier joueur qui déplie la feuille, fait les accords grammaticaux, ce que les surréalistes appelaient « la toilette du mort », et lit le résultat à haute voix.

1. Écrire des cadavres exquis, de la phrase simple à la phrase complexe

Vous pouvez choisir de commencer par une phrase simple, puis d'aller vers des phrases complexes.

- Une phrase simple : Sujet (déterminant + nom) – Verbe intransitif.
- Une phrase complexe (1) : Sujet (déterminant + nom) – Expansion du nom (adjectif qualificatif ou complément du nom) – Verbe transitif direct – COD (déterminant + nom) – Expansion du nom (adjectif qualificatif ou complément du nom).
- Une phrase complexe (2) : Complément circonstanciel de temps – Sujet (déterminant + nom + adjectif qualificatif ou complément du nom) – Verbe transitif direct – Complément circonstanciel de manière – COD – Complément circonstanciel de lieu.

André BRETON (1896-1966), Tristan TZARA (1896-1963), Valentine HUGO (1887-1968), Greta KNUTSON (1899-1983), *Cadavre exquis*, 1933 (Museum of Modern Art, New York).

2. Découvrir d'autres jeux de cadavres exquis

Les définitions exquises

Le premier joueur écrit une question : « Qu'est-ce que... ? », puis replie la feuille. Le second joueur écrit une réponse, sans connaître la question.

Exemple : « Qu'est-ce que le suicide ? Plusieurs sonneries assourdissantes. » (*La Révolution surréaliste*, n° 11, 1928 © Éd. Gallimard)

Avec des « si »

Le premier joueur commence sa phrase par « si », puis replie la feuille. Le second joueur termine la phrase avec un verbe au conditionnel.

Exemple : « S'il n'y avait pas de guillotine... les guêpes enlèveraient leur corset. » (*Le Surréalisme au service de la révolution*, 1930-1933 © Jean-Michel Place, 1976)

Vers le bac

Corpus : « Poètes maudits et parias de la société »

1. **Edgar Allan POE**, *Poésies*, « Le corbeau », 1845
2. **Charles BAUDELAIRE**, *Les Fleurs du Mal*, « L'albatros », 1861
3. **LAUTRÉAMONT**, *Les Chants de Maldoror*, « Le fils de la femelle du requin », 1869
4. **Tristan CORBIÈRE**, *Les Amours jaunes*, « Le crapaud », 1873

1 Edgar Allan POE, *Poésies*, 1845

Dans ce long poème narratif, dont voici les dernières strophes, le poète a ouvert sa fenêtre à un corbeau qui lui ressemble. Il lui demande s'il reverra Lénore, sa fiancée disparue.

Le corbeau

« Prophète ! dis-je, être de malheur ! oiseau ou démon ! toujours prophète ! par ce ciel tendu sur nos têtes, par ce Dieu que tous deux nous adorons, dis à cette âme chargée de douleur[1] si, dans le Paradis lointain, elle pourra embrasser une fille sainte que les anges nomment Lénore, embrasser une précieuse et rayonnante fille que les anges nomment Lénore. » Le corbeau dit : « Jamais plus ! »

« Que cette parole soit le signal de notre séparation, oiseau ou démon ! – hurlai-je en me redressant. – Rentre dans la tempête, retourne au rivage de la Nuit plutonienne[2] ; ne laisse pas ici une seule plume noire comme souvenir du mensonge que ton âme a proféré ; laisse ma solitude inviolée ; quitte ce buste au-dessus de ma porte ; arrache ton bec de mon cœur et précipite ton spectre loin de ma porte ! » Le corbeau dit : « Jamais plus ! »

Et le corbeau, immuable[3], est toujours installé, toujours installé sur le buste pâle de Pallas[4], juste au-dessus de la porte de ma chambre ; et ses yeux ont toute la semblance des yeux d'un démon qui rêve ; et la lumière de la lampe, en ruisselant sur lui, projette son ombre sur le plancher ; et mon âme, hors du cercle de cette ombre qui gît flottante sur le plancher, ne pourra plus s'élever, – jamais plus !

E. A. POE, *Poésies*, « Le corbeau », 1845, traduction de Charles Baudelaire.

1. Il s'agit du poète, portant le deuil de Lénore.
2. Qui a un rapport avec Pluton, le dieu des enfers ; qui évoque les enfers.
3. Qui ne change pas, qui ne bouge pas.
4. Athéna, déesse de la justice et de la raison.

Odilon REDON (1840-1916), *L'Homme ailé ou L'Ange déchu*, 1890-1895, huile sur carton, 24 × 33,5 cm (Musée des Beaux-Arts de Bordeaux).

2 Charles BAUDELAIRE, *Les Fleurs du Mal*, 1861

L'albatros

Souvent, pour s'amuser, les hommes d'équipage
Prennent des albatros, vastes oiseaux des mers,
Qui suivent, indolents[1] compagnons de voyage,
Le navire glissant sur les gouffres amers.

À peine les ont-ils déposés sur les planches
Que ces rois de l'azur, maladroits et honteux,
Laissent piteusement leurs grandes ailes blanches
Comme des avirons traîner à côté d'eux.

Ce voyageur ailé, comme il est gauche et veule[2] !
Lui, naguère si beau, qu'il est comique et laid !
L'un agace son bec avec un brûle-gueule[3],
L'autre mime, en boitant, l'infirme qui volait !

Le Poète est semblable au prince des nuées
Qui hante la tempête et se rit de l'archer ;
Exilé sur un sol au milieu des huées,
Ses ailes de géant l'empêchent de marcher.

C. BAUDELAIRE, *Les Fleurs du Mal*, « Spleen et idéal », II, « L'albatros », 1861.

1. Nonchalants.
2. Qui manque de courage, d'énergie.
3. Pipe.

3 LAUTRÉAMONT, *Les Chants de Maldoror*, 1869

Isidore Ducasse publie, sous le nom de Lautréamont, Les Chants de Maldoror, *long poème en prose. Effrayé par la violence de sa révolte, l'éditeur refuse de vendre ce recueil. Au XX*^e^ *siècle, les surréalistes réhabiliteront cette œuvre fiévreuse.*

Moi, comme les chiens, j'éprouve le besoin de l'infini… Je ne puis contenter ce besoin ! Je suis le fils de l'homme et de la femme, d'après ce qu'on m'a dit. Ça m'étonne… Je croyais être davantage ! Au reste, que m'importe d'où je viens ? Moi, si cela avait pu dépendre de ma volonté, j'aurais voulu être plutôt le fils de la femelle du requin dont la faim est amie des tempêtes, et du tigre, à la cruauté reconnue : je ne serais pas si méchant. Vous qui me regardez, éloignez-vous de moi, car mon haleine exhale un souffle empoisonné. Nul n'a encore vu les rides vertes de mon front ; ni les os en saillie de ma figure maigre, pareils aux arêtes de quelque grand poisson, ou aux rochers couvrant les rivages de la mer, ou aux abruptes montagnes alpestres, que je parcourus souvent, quand j'avais sur ma tête des cheveux d'une autre couleur. Et, quand je rôde autour des habitations des hommes, pendant les nuits orageuses, les yeux ardents, les cheveux flagellés[1] par le vent des tempêtes, isolé comme une pierre au milieu du chemin, je couvre ma face flétrie, avec un morceau de velours, noir comme la suie qui remplit l'intérieur des cheminées : il ne faut pas que les yeux soient témoins de la laideur que l'Être suprême, avec un sourire de haine puissante, a mise sur moi.

LAUTRÉAMONT, *Les Chants de Maldoror*, Chant 1, « Le fils de la femelle du requin » (extrait), 1869.

1. Fouettés.

4 Tristan CORBIÈRE, *Les Amours jaunes*, 1873

Placé par Verlaine au panthéon des « poètes maudits », Corbière compose ici un cruel autoportrait.

Le crapaud

Un chant dans une nuit sans air…
– La lune plaque en métal clair
Les découpures du vert sombre.

… Un chant, comme un écho ; tout vif
Enterré, là, sous le massif…
– Ça se tait : Viens, c'est là, dans l'ombre…

– Un crapaud ! – Pourquoi cette peur,
Près de moi, ton soldat fidèle !
Vois-le, poète tondu, sans aile,
Rossignol de la boue… – Horreur ! –

… Il chante. – Horreur !! – Horreur pourquoi ?
Vois-tu pas son œil de lumière…
Non : il s'en va, froid, sous sa pierre
……………………………………………………………………
Bonsoir – ce crapaud-là, c'est moi

T. CORBIÈRE, *Les Amours jaunes*, « Le crapaud », 1873.

Questions sur un corpus

1 À quels animaux les poètes se comparent-ils ? Déduisez ce qu'est un « poète maudit ».

Fiche 46 Répondre à une question sur un corpus

HISTOIRE DES ARTS

2 Cherchez qui est Lucifer et en quoi consista sa révolte, suivie d'une malédiction. En quoi le tableau de Redon illustre-t-il le thème poétique du poète maudit ?

Travaux d'écriture

Commentaire

Vous ferez un commentaire du poème de Baudelaire, en suivant ce parcours de lecture :
A/ une conscience douloureuse de la marginalité ; B/ un éloge des pouvoirs de la poésie.

Fiches 49, 50, 51 Vers le commentaire

Dissertation

« Quant au bonheur établi, domestique ou non... non, je ne veux pas », écrit Rimbaud. Les poètes maudits souffrent-ils de leur différence ou la revendiquent-ils ? Vous vous appuierez sur les poèmes du corpus et de la séquence 19 (p. 347) pour discuter ce propos.

Fiches 52, 53, 54 Vers la dissertation

Écriture d'invention

Choisissez un animal incarnant la révolte de l'artiste. Puis composez un poème en prose commençant par : « J'ai reçu la vie comme une blessure » (Lautréamont). Votre premier paragraphe racontera une anecdote animalière cruelle. Le second établira un parallèle entre la bête et l'artiste.

Fiches 47, 48 Vers l'écriture d'invention

À lire

1. Victor HUGO, *Les Contemplations*, « Pauca meae », 1856
Les Contemplations comportent deux parties, séparées par la date du 4 septembre 1843, où la fille du poète, Léopoldine, se noie. « Autrefois » chante le bonheur familial enfui ; « Aujourd'hui » est une méditation sur la mort. « Pauca meae » – quelques vers pour ma fille – en fait partie.

2. Paul VERLAINE, *Poèmes saturniens et autres recueils*, 1866
Ces trois recueils – *Poèmes saturniens, Fêtes galantes, Romances sans paroles* – mettent en scène des paysages intérieurs heureux ou mélancoliques.

3. Arthur RIMBAUD, *Une saison en enfer et autres poèmes*, 1870
En quatre ans, le poète rédige une œuvre fiévreuse, qui s'essaie à tous les mouvements littéraires contemporains, du Parnasse au symbolisme, pour les dépasser.

4. Guillaume APOLLINAIRE, *Calligrammes*, 1916
Apollinaire invente le calligramme. Étymologiquement : les belles lettres. Se rencontrent ainsi le plaisir de voir et le plaisir de lire, tandis que résonne le bruit de la guerre.

5. LAUTRÉAMONT, *Les Chants de Maldoror*, 1869
Au début des *Chants*, Maldoror, le héros, incarne les misères et les angoissantes questions de son créateur. Il apparaît « pâle, livide, le sang appauvri, la bouche livide, fiévreux ». Impuissant devant la tragédie humaine, il sombre dans un désespoir violent et cruel. Le fantastique se mêle au lyrisme pour exprimer sa fureur.

Lire le premier poème d'un recueil

Chant 1, strophe 1

Plût au ciel que le lecteur, enhardi et devenu momentanément féroce comme ce qu'il lit, trouve, sans se désorienter, son chemin abrupt et sauvage, à travers les marécages désolés de ces pages sombres et pleines de poison; car, à moins qu'il n'apporte dans sa lecture une logique rigoureuse et une tension d'esprit égale au moins à sa défiance, les émanations mortelles de ce livre imbiberont son âme comme l'eau le sucre. Il n'est pas bon que tout le monde lise les pages qui vont suivre ; quelques-uns seuls savoureront ce fruit amer sans danger. Par conséquent, âme timide, avant de pénétrer plus loin dans de pareilles landes inexplorées, dirige tes talons en arrière et non en avant.

LAUTRÉAMONT, *Les Chants de Maldoror*, Chant 1 (extrait), 1869.

@ consulter

- **http://expositions.bnf.fr/hugo** : À l'occasion du bicentenaire de la naissance de Victor Hugo, la BNF propose de découvrir tous les talents du poète, romancier, dramaturge, essayiste, homme politique et aussi dessinateur de génie.
- **http://poesie.webnet.fr/home** offre à la lecture des centaines de poèmes du Moyen Âge au XIXe siècle, avec des onglets de recherche.
- **http://www.ffdsp.com** : Le slam est un spectacle sous forme de rencontres et de tournois de poésie. Créé à Chicago dans les années 1980, il a suscité un engouement populaire et médiatique qui lui permet de se propager dans le monde entier. Le slam est ainsi un outil de démocratisation et un art de la performance poétique.

À entendre

- **Jean-Louis MURAT** chante « Réversibilité » sur son disque ***Dolorès*** (1996). En 2007, il consacre à Baudelaire un album entier, intitulé ***Charles et Léo***, dans lequel il reprend onze des poèmes mis en musique par Léo Ferré sur l'album *Les Fleurs du Mal (suite et fin)* (1977-2008).
- **Serge GAINSBOURG** a aussi mis en musique le « Serpent qui danse ».

Méthodes

Dans les fiches de la partie Méthodes, les astérisques signalent les mots définis dans le glossaire, p. 568.

Fiche 1

ÉDUCATION AUX MÉDIAS

Le dessin de presse

PLANTU, *Le Monde*, 20 décembre 2009.

1 L'image dans la presse écrite

➡ **Un journal est vu avant d'être lu :** pour lui donner une identité visuelle, les maquettistes créent une charte graphique qui définit le logo, la typographie, la disposition des colonnes et des images.

➡ Les éléments iconographiques peuvent occuper jusqu'au tiers de la surface imprimée.

L'iconographie peut remplir différentes fonctions : explicative (tableaux, graphiques, etc.), argumentative (dessins de presse), informative (photographie de presse).

2 Les dessins dans la presse

Les dessins sont nombreux dans la presse écrite et remplissent différentes fonctions :

➡ **Les dessins d'illustration :** le dessinateur n'exprime pas un point de vue personnel sur un sujet mais il accompagne un article. Les images d'illustration ont pour fonction d'attirer le lecteur et de situer le sujet.

➡ **Les dessins d'actualité** représentent un événement précis et informent sans commenter (par exemple les croquis d'audience).

➡ **Les dessins humoristiques** traitent des attitudes humaines permanentes : on oppose l'intemporalité du dessin d'humour au côté périssable du dessin d'actualité.

Ex : *Les dessins de Sempé n'évoquent pas l'actualité mais des comportements.*

➡ **La caricature** est un dessin polémique visant les personnes. Ses trois fonctions sont : exagérer, défigurer, accuser. Elle révèle ce qu'on ne voit pas mais aussi le déforme, voire le dégrade. Sa présence dans les journaux témoigne de la liberté de la presse dans les pays démocratiques.

➡ **Les dessins éditoriaux** ont une fonction argumentative et proposent un commentaire davantage qu'une information. Les « dessinateurs-journalistes » font preuve d'un regard personnel sur l'actualité, qu'ils commentent ou jugent avec humour.

Ex : *Plantu en première page du* Monde *a aujourd'hui un rôle de véritable éditorialiste : il exprime la position du journal sur l'actualité.*

Ils utilisent la dérision comme une arme : le rire dénonce et rabaisse les puissants.

Ex : *Dans le dessin de Plantu, les puissants sont représentés avec de gros nez et leur discours est irresponsable (le thon rouge est une espèce protégée).*

3 Comprendre un dessin de presse

➡ Souvent, le **dessin de presse** n'est compréhensible qu'**en lien avec les événements de l'actualité**. Pour le comprendre, le lecteur doit connaître ce contexte.

Ex : *Le dessin de Plantu n'a aucun sens si l'on ignore qu'il y a eu à Copenhague une réunion des ministres de l'environnement sur le climat en novembre 2009.*

➡ Le dessin illustre souvent un article. Le titre de l'article ainsi que les chapeaux et les intertitres précisent le sens du dessin en fournissant des indications de lieu ou de temps que le dessin ne peut exprimer et ils orientent sa lecture et son interprétation.

➡ Le dessin de presse a une telle **force argumentative** qu'il peut concurrencer l'écrit. Il emprunte volontiers à la rhétorique ses figures de style et les transpose de manière visuelle. On peut ainsi repérer dans un dessin de presse des allégories, métonymies, métaphores ou symboles.

Ex : *Dans le dessin de Plantu, on peut reconnaître :*
– Une allégorie (la représentation d'un élément abstrait par une figure concrète) : la petite sirène représente Copenhague.
– Une métonymie (l'évocation d'un tout par un élément qui le constitue) : la voiture officielle et ses occupants figurent l'ensemble des ministres.
– Une métaphore (le remplacement d'un terme par un autre afin de stimuler l'imagination du lecteur) : avec le masque, Plantu évoque un gaz mortel pour le comparer à la pollution.
– Un symbole : le drapeau évoque le Danemark.

Pour transmettre rapidement et efficacement leurs messages, les dessinateurs utilisent souvent des stéréotypes.

Ex : *Le Français est un homme avec un béret ; le patron capitaliste est caricaturé sous les traits d'un homme en costume-cravate ventru et fumant le cigare.*

Exercices

1 Comparer les iconographies d'un journal

1. Comparez le journal de votre région avec un quotidien national comme *Le Monde* : observez la maquette, les dessins, les photos, etc., du journal de votre choix et déduisez quelle identité visuelle ces éléments définissent. Comment imaginez-vous le lecteur type, qui se reconnaît dans ce journal ?
2. Quelles sont les différentes fonctions de ces iconographies ? Justifiez votre réponse en observant la place et la relation de ces éléments avec les articles qu'ils accompagnent.
3. Quels sont les choix faits par le journal ou le magazine ? Que pouvez-vous en déduire de son regard sur l'actualité et sur ses lecteurs ?

2 Identifier les différentes iconographies de la presse écrite

1. Choisissez un événement récent largement couvert par la presse écrite.
2. Présentez ce même événement au travers de différents types d'iconographies auxquels les journalistes ont eu recours. Précisez pour chacun de ces éléments sa nature (tableau, graphique, carte, dessin, photographie) ainsi que ses fonctions (explicative, argumentative, informative, illustratrice).
3. Selon vous, qu'apporte au lecteur chaque élément iconographique utilisé ? Justifiez vos réponses.

3 Sélectionner des caricatures

Vous participez à une semaine de la littérature organisée dans votre établissement.
1. Cherchez sur Internet des caricatures de Balzac, Baudelaire ou Flaubert et réalisez un diaporama qui sera publié sur le site du lycée. Ces caricatures doivent retracer les principales étapes de la biographie de chaque auteur, leurs œuvres et illustrer les critiques qui ont été faites à leur sujet.
2. Justifiez vos choix : quel est le sujet de la polémique ? Quelles caractéristiques du personnage sont exagérées ou déformées ?

4 Repérer des figures de style

Connectez-vous sur : http://www.dessindepresse.com/
1. Sélectionnez un dessin de presse qui, selon vous, illustre chacune des figures de style suivantes : l'allégorie, la métaphore, le symbole ou la métonymie.
2. Exposez à votre classe vos choix et justifiez-les.

5 Lire l'image et son texte

1. Imaginez le court texte qui pourrait encadrer le dessin en haut à droite.
2. Précisez quels seraient notamment son titre, les chapeaux et intertitres auxquels vous auriez recours pour préciser le sens de ce dessin ?

6 Repérer une argumentation

1. Pourquoi peut-on associer le dessin à l'argumentation ? Justifiez votre réponse.
2. Quelle(s) figure(s) de style particulière(s) l'auteur a-t-il utilisée(s) ?
3. Comment traduiriez-vous avec des mots le propos du dessinateur ?

7 Interpeller grâce au dessin de presse

Les réseaux sociaux prennent une place de plus en plus importante dans notre société.
1. Faites une recherche des dessins de presse qui illustrent ce phénomène. Présentez-les à votre classe.
2. Les dessins ainsi sélectionnés traduisent-ils des avis différents concernant les réseaux sociaux ? Justifiez votre réponse.
3. Quel dessin pourriez-vous imaginer à ce sujet ?

Fiche 2

L'information par l'image

La photographie dans la presse peut avoir différentes fonctions. Elle peut chercher à **attirer le lecteur** dans le cas des couvertures, elle peut **informer** en attestant un événement ou bien avoir une **fonction de documentation**. Elle peut aussi avoir une **fonction argumentative** et transmettre un message.

1 La photographie de presse et la réalité

➡ **La photographie ressemble au réel.** C'est d'autant plus vrai pour la photo de presse qu'elle doit attester **l'authenticité de l'événement** : par sa photo, le journaliste témoigne de sa présence sur place au moment des faits. **Le photographe choisit un moment significatif** et cherche à évoquer le déroulement de celui-ci. La perspective frontale (le photographe se positionne en face de ce qu'il regarde) qui restitue la ligne d'horizon, des lignes de force et un point de fuite, permet au lecteur de voir la scène comme s'il y assistait à la place du photographe.

Ex : *Cette photographie de* Ground Zero *informe immédiatement le lecteur et permet une représentation de la scène que ne rendrait pas aussi bien une description écrite. Elle insiste sur l'importance des dommages occasionnés par l'attentat. Elle intègre dans le cadre (en haut à droite) un drapeau américain et une bannière-logo de New York qui permettent de situer géographiquement la scène.*

Le spectateur, mis ainsi à la place de témoin de la scène, distingue au premier plan le sol recouvert de décombres et sur la droite des poutres ayant écrasé des voitures.

Doug Kanter, *11 septembre 2001, New York, États-Unis*, 2001.

➡ **La photographie exprime le point de vue du photographe.** En choisissant un cadrage (gros plan, plan large, panorama...) il sélectionne ce que le spectateur verra de la scène et rejette des éléments dans le hors-champ.

Ex : *Sur la photo de Ground Zero, en choisissant un cadre qui ne montre qu'une seule personne, le photographe accentue l'idée de désolation. L'arrière-plan, parfaitement visible grâce à l'utilisation de la profondeur de champ, est fermé par les immeubles détruits, et l'obscurité due à la fumée empêche toute échappée du regard.*

➡ Le photographe choisit aussi un **angle de prise de vue** (de face, en plongée ou en contre-plongée) et peut jouer sur **les effets de lumière** (en laissant un élément dans l'ombre ou bien en jouant sur le contraste entre l'ombre et la lumière).

Ex : *Sur la photo de* Ground Zero, *la lumière, qui vient du haut à gauche, met particulièrement en valeur les ruines des bâtiments. L'œil est guidé par la diagonale qui relie l'extincteur rouge et le drapeau américain.*

2 Les figures de style

➡ Une photographie de presse peut **faire référence à des images connues** et installer l'actualité dans une forme « déjà vue » par le lecteur. Ainsi le journaliste traite l'actualité récente en rappelant à la mémoire du lecteur un fait ancien, et donne à l'actualité une perspective historique qui peut influencer la compréhension de l'événement.

Ex : *La photo des pompiers plantant un drapeau sur Ground Zero évoque une célèbre photo des soldats américains victorieux à la bataille d'Iwo Jima (1945). En établissant cette comparaison, le photographe cultive le patriotisme des Américains.*

➡ **La photographie utilise des figures de style :**

La métaphore (remplacement d'un terme par un autre afin de stimuler l'imagination du lecteur par le rapprochement de ces deux réalités).

L'allégorie (représentation par une image concrète d'une réalité abstraite).

L'hyperbole (l'augmentation ou la diminution de la vérité des choses pour produire plus d'impression).

L'antithèse (la réunion dans une même image de deux éléments opposés).
Ex : *La photographie de l'étudiant désarmé face aux chars sur la place Tian'anmen.*

Le symbole
Ex : *La jeune fille à la fleur prise par Marc Riboud le 21 octobre 1967 lors d'une manifestation contre la guerre du Vietnam est devenue un symbole pacifiste.*

➡ La photographie est publiée avec une légende, du texte ou d'autres photos. Cet ensemble modifie ou renforce le sens initial de la photo.

Exercices

1 Repérer la part photographique d'un journal d'information

1. Établissez un classement des photos du journal d'information de votre choix :
– par sujet (actualité politique, locale, sportive, culturelle...) ;
– par genre (le portrait, la photographie de mode, la photographie publicitaire, la photographie scientifique...) sans oublier les pages publicitaires.

2. Présentez dans un tableau l'importance que chaque type de photographie prend dans ce journal. Quelle(s) conclusion(s) en tirez-vous ?

3. Choisissez une de ces photos et présentez-la à vos camarades. En ont-ils la même lecture que vous ?

2 Analyser la composition d'une photo de presse

1. Choisissez une photo de presse. Quel cadrage le photographe a-t-il choisi ?

2. Quels sont les autres procédés techniques auxquels il a eu recours (format/traitement de la lumière/profondeur de champ/angle de prise de vue...) ?

3 Décrypter les figures de style d'une photo de presse

Steve McCurry, *Pêcheurs à Weligama*, 1995.

1. Quelle est la figure de style utilisée par le photographe ?

2. Le choix du photographe est-il judicieux ? À votre avis, votre interprétation de la photo est-elle guidée par les choix des figures de style ? Justifiez votre réponse.

4 Analyser une photo de presse

Samuel Bollendorff, *La mine de charbon de Gujiao (Chine)*, 2007.

1. Décrivez les choix du photographe : cadrage, format, lumière, composition, profondeur de champ, angle de prise de vue.

2. Quelles figures de style peuvent être identifiées dans cette photo ?

3. Quelle était selon vous l'intention du photographe ?

4. Peut-on dire que cette photographie est une « *bonne photo* » ? Justifiez votre réponse.

5 Associer photographie de presse et réalité

Callie Shell, *Barack Obama – 1er janvier 2008*, 2008.

1. Quelles sont les figures de style utilisées (cadrage, composition...) ?

2. Recherchez une autre photo de presse représentant un autre président en plein discours mais que vous interpréteriez différemment en tant que lecteur.

3. Vous présenterez les deux photos au vidéoprojecteur et vous expliquerez à vos camarades pourquoi les techniques utilisées par chaque photographe donnent lieu à deux visions différentes d'une même réalité.

Fiche 3

Du fait divers à la nouvelle

1 Les faits divers, un genre populaire

➡ Le « fait divers » est un événement **anecdotique et cocasse**, le mot est aussi employé pour désigner l'article de journal qui le raconte.

➡ Les faits divers sont des informations peu importantes traitant de vols, de crimes et d'accidents, qui mettent en cause des particuliers et se déroulent dans un contexte **quotidien**. Ce sont des informations qui n'ont apparemment pas de conséquences sur l'ensemble de la société.

Ex : *« Un crocodile dans Prague » ; « Les narcotrafiquants colombiens cachent la cocaïne dans des poulets » ; « Les Londoniens stupéfiés par l'apparition d'une baleine dans la Tamise. »*

➡ Les faits divers captent l'aspect insolite, cocasse ou macabre du quotidien.

Ex : *« Un homme se réveille à la morgue » ; « Un cambrioleur réveillé par la police » ; « Une baleine s'invite sur le bateau de vacanciers britanniques ».*

➡ Les faits divers font partie de la **culture populaire**. Depuis l'invention de l'imprimerie, des journaux regroupent des anecdotes saugrenues ou dramatiques. Ils sont appelés à l'époque des « occasionnels », puis des « canards ».

Ex : *« Histoire du plus épouvantable et admirable cas nouvellement advenu au royaume de Naples » (1574).*

À partir de 1830, les faits divers envahissent la presse, accompagnés de gravures puis de photographies.

2 Un genre narratif

➡ Le fait divers utilise **les techniques de la narration** comme le schéma narratif, le suspense, la caractérisation des personnages au service de l'émotion.

➡ Pour retenir le lecteur, tout est bon : titre accrocheur, vocabulaire hyperbolique qui exagère l'importance des faits, tournures proches de l'oral.

Ex : *« Effrayé par une tête de lard, le voleur appelle la police. »*

➡ Le narrateur s'efface derrière la peinture saisissante de la scène.

Ex : *« Un ascenseur capture les voyous qui le vandalisaient… »*

➡ Les thèmes des faits divers renvoient aux grandes peurs légendaires de l'« inconscient collectif ». Les personnages, stéréotypés, sont inspirés des grandes figures mythiques et tragiques.

Ex : *Les mères infanticides font songer à Médée, les enfants parricides rappellent le mythe d'Œdipe. Les grands criminels réveillent la peur du monstre.*

3 Fait divers et nouvelle

➡ Les faits divers sont souvent à l'origine de fictions (nouvelles, romans, films, bandes dessinées…).

Ex : *C'est à partir d'un fait divers que Flaubert écrit* Madame Bovary *(1857) et que Stendhal rédige* Le Rouge et le Noir *(1830).*

➡ Félix Fénéon a écrit des *Nouvelles en trois lignes* (1906), collection de faits divers tournés avec humour ou poésie. Une phrase unique condense une histoire complète et s'achève sur une pointe ou une énigme.

Ex : *« Le sombre rôdeur aperçu par le mécanicien Gisquel près de la gare d'Herblay est retrouvé : Jules Ménard, ramasseur d'escargots. »*

➡ Chez Fénéon, on relève plusieurs procédés comme :

• L'utilisation significative des adverbes

Ex : *« Aux environs de Noisy-sous-École, M. Louis Delillieau, 70 ans, tomba mort : une insolation. Vite son chien Fidèle lui mangea la tête. »*

« À Oyonnax, Mlle Cottet, 18 ans, a vitriolé M. Besnard, 25 ans. L'amour, naturellement. »

• La polysémie et les jeux de mots

Ex : *« Avides d'indulgence, des cambrioleurs ont fait place nette dans une boutique d'objets de piété, pèlerinage de Clichy-sous-Bois. »*

• Le jeu sur les noms propres

Ex : *« Comme Poulet, de la police de Choisy-le-Roi, voulait l'arrêter, Marquet lui arracha son sabre et l'en perça de joue en joue. »*

• L'humour noir

Ex : *« Le Dunkerquois Scheid a tiré trois fois sur sa femme. Comme il la manquait toujours, il visa sa belle-mère : le coup porta. »*

• L'effet de chute

Ex : *« Au lieu de 175 000 francs dans la caisse de réserve en dépôt chez le receveur des contributions directes de Sousse, rien. »*

• Le raccourci

Ex : *« Elle tomba. Il plongea. Disparus. »*

Exercices

1 Analyser le traitement d'un fait divers

Répartissez la classe en trois groupes.

1. Le premier groupe choisira un fait divers publié dans un quotidien régional. Le second, dans un quotidien national. Le troisième, dans la presse en ligne.

2. Pourquoi avoir choisi ce fait divers ? Dans quelle rubrique l'avez-vous trouvé ? Quel événement est évoqué ? Quelles informations vous sont données ?

3. Établissez le plan de l'article en repérant titre, chapeau, paragraphes, intertitres et chute. Ce fait divers est-il illustré par une image ? Quel est son rôle ?

2 Comparer fait divers et nouvelle

Jeudi dernier, les époux H... se rendaient au Théâtre Montmartre pour assister à la représentation du *Vieux Caporal*. Ils avaient laissé leur domicile sous la garde d'un petit chien fort intelligent qui répond au nom de Castor.

Si l'Homme est véritablement le roi de la Création, le Chien peut, sans être taxé d'exagération, en passer pour le baron tout au moins.

Castor, en particulier, est un animal extrêmement remarquable, dont les époux H... ont dit à maintes reprises :

– Castor... Nous ne le donnerions pas pour dix mille francs !... Quand ce serait le pape qui nous le demanderait !

Bien en a pris aux époux H... de cet attachement. Ces braves gens n'en étaient pas plus tôt au deuxième acte du *Vieux Caporal*, que des cambrioleurs s'introduisaient dans leur domicile.

Castor, occupé en ce moment à jouer au bouchon dans la cuisine, entendit le bruit, ne reconnut pas celui de ses maîtres (le pas, bien entendu), et se tapit dans un coin, l'oreille tendue.

[...] Que faire en cette occurrence ? Une angoisse folle étreignait la gorge de Castor.

Aboyer ? Quelle imprudence ! Les malandrins se jetteraient sur lui et l'étrangleraient, tel un poulet.

Se taire ? S'enfuir ? Et le devoir professionnel !

Une lueur, probablement géniale, inonda brusquement le cerveau de Castor.

Sortant à pas de loup [...] Castor se précipita vers une maison en construction, sise non loin du domicile des époux H... Saisissant dans sa gueule une des lanternes [...], Castor revint en toute hâte vers le logement de ses maîtres.

La ruse eut tout le succès qu'elle méritait. Les cambrioleurs, apercevant de la lumière dans la pièce voisine, se crurent surpris et se sauvèrent par les toits [...]

Il serait impossible de rendre la joie de Castor à la vue de la réussite de sa supercherie.

Quand ses maîtres rentrèrent, ils le trouvèrent se frottant encore les pattes de satisfaction.

Et il y a des gens qui disent que les bêtes n'ont pas d'âme ! Imbéciles, va !

Alphonse Allais, *À l'œil*, 1921

1. Après lecture de cette nouvelle, complétez la colonne de droite du tableau suivant :

	Fait divers	Nouvelle
Publication : livre/journal ?		
Texte : court/long ?		
Présence d'une photographie ?		
Auteur ?		
Que se passe-t-il ? (qui, quand, quoi, comment...)		
Importance de la description ?		
Importance des dialogues ?		
Personnages réduits à des types simples ou personnages caractérisés ?		
Récit possible à la première personne : oui/non		
Temps du récit ?		
Dénouement raconté au début/récit chronologique avec chute finale ?		
Œuvre littéraire/texte journalistique		

2. Trouvez dans la presse écrite un fait divers relatant un événement semblable. Remplissez la colonne de gauche du tableau ci-dessus. Puis, tirez les conclusions qui s'imposent : faits divers et nouvelles sont-ils deux genres totalement opposés ?

3 Rédiger un fait divers

À partir d'une dépêche ou d'un document iconographique que vous trouverez sur le site de l'AFP : http://www.afp.com/afpcom/fr/taglibrary/activity/television/photo

➜ Vous réécrirez ce fait divers en adoptant un registre comique. Vous tiendrez compte des contraintes de l'écriture journalistique.

4 Étudier une nouvelle

Guy de Maupassant, *Le Lit 29*, 1884 http://www.lettres-persiennes.net/textes-extraits/guy-maupassant/lit-29.php

➜ Reprenez les éléments essentiels de ce récit et transformez cette nouvelle en fait divers. Pour vous aider, vous pouvez utiliser le tableau de l'exercice 2.

5 Rédiger à la manière de Fénéon

1. Présentez à la classe trois faits divers qui vous ont inspiré. Rédigez-les en utilisant les procédés relevés chez Félix Fénéon (brièveté, humour noir, jeux de mots, chute...).

2. Présentez les 3 courtes nouvelles que vous aurez rédigées. Vous pouvez vous aider du lien suivant : http://asl.univ-montp3.fr/e54slm/FeneonNouvellesEn3lignes.pdf

3. Vos camarades devront réassocier faits divers et nouvelles rédigées à la manière de Fénéon. Que pensent-ils de vos créations ?

Fiche 4

Créer le journal du lycée

1 La structure d'un journal

➡ Un journal professionnel est organisé et hiérarchisé :

- Le **directeur de publication** porte la responsabilité du contenu du journal : c'est lui qui va devant les tribunaux si le journal est attaqué en justice, avant le journaliste concerné.
- Le **directeur de la rédaction** est responsable de l'ensemble d'une rédaction : il dirige l'ensemble des journalistes ainsi que le ou les rédacteur(s) en chef.
- Le **rédacteur en chef** définit l'orientation du journal en fixant le nombre, le contenu, la taille des articles à paraître.

Dans une grande rédaction, il y a plusieurs rédacteurs en chef, qui dirigent chacun un service. Lors de la conférence de rédaction, ils choisissent les sujets, les angles, les genres journalistiques.

- Les secrétaires de rédaction réunissent les articles, les corrigent, déterminent leur place dans le journal.
- Les maquettistes mettent en page.
- Le service de diffusion gère l'expédition et les abonnements.

➡ Les **journalistes** écrivent les articles.

Un journaliste peut être chef de rubrique, grand reporter, journaliste politique, économique, éditorialiste, critique, photojournaliste, dessinateur…
Les journalistes peuvent être pigistes (payés à l'article) ou salariés d'un média.

Ex : *En 2010, on compte 25 958 journalistes mensualisés, 5 745 journalistes rémunérés à la pige, 1 416 demandeurs d'emploi et 3 718 stagiaires.*

➡ Pour réaliser le journal du lycée, il faut commencer par réfléchir :

- Aux conditions dans lesquelles le journal est publié (périodicité, moyens matériels, effectifs…)
- Aux lecteurs visés
- Aux thèmes qui seront développés
- Au style (format, pagination…)
- À l'organisation des journalistes et au partage des tâches et des responsabilités.

2 Les spécificités de l'écriture journalistique

➡ **Six questions permettent de structurer l'article** afin de faire passer un message efficace : Qui ? Quoi ? Quand ? Où ? Comment ? Pourquoi ?

Il faut se concentrer sur un seul sujet et bien vérifier ses sources d'information.

Ex : *Voici comment se présente une dépêche de l'Agence France Presse (AFP)*

Date et heure de l'information

22/12/2010 13:09
PARIS (AFP) – Nouvelle offensive de la neige en perspective : vols annulés à Roissy
Une nouvelle offensive de la neige menaçait mercredi l'Ile-de-France et une douzaine de départements, entraînant par anticipation, juste avant Noël, des annulations de vols à l'aéroport parisien de Roissy et un appel gouvernemental à limiter les déplacements.

Où ? — *Quoi ?* — *Quand ?*

➡ Il faut ensuite **déterminer l'angle**, c'est-à-dire la manière de présenter le sujet. Elle est souvent adaptée au lectorat. Un journal à destination des lycéens traite l'information de leur point de vue, avec un vocabulaire qu'ils peuvent comprendre.

➡ Puis il faut choisir entre :

- Un **genre informatif** (brève, reportage, fait divers, interview, enquête)

Dans un article informatif, chaque phrase contient une information. Phrases denses, paragraphes courts, vocabulaire usuel et concret et verbes au présent permettent au journaliste de viser la clarté et la concision. Il porte un soin particulier à l'attaque (la première phrase originale et rythmée) et à la chute, percutante.

Ex : *« La crise diplomatique entre la France et le Mexique s'amplifie et tourne à l'échange de critiques acerbes par voie de presse. »* (Le Monde, *18/02/2011)*

- Ou un **article d'opinion** (éditorial, chronique, billet d'humeur, critique, dessin de presse) dans lequel le journaliste peut développer un style plus personnel.

➡ Une fois écrit, l'article doit être «habillé» avec une titraille (titre, surtitre, sous-titre, intertitre), un chapeau, une illustration légendée, un encadré.
Percutant et court, le titre doit donner envie au lecteur. Les intertitres permettent de relancer son attention. Le chapeau est constitué de quelques lignes de texte qui résument l'essentiel de l'information et donne envie de lire le reste.

Exercices

1 Connaître la composition d'un journal des années 1920

Cherchez un article d'Albert Londres publié dans *Le Petit Parisien en août* 1923. http://translate.google.fr/translate?hl=fr&langpair=en%7Cfr&u=http://en.wikipedia.org/wiki/Wikipedia:List_of_online_newspaper_archives

1. De quel type d'écriture s'agit-il ? Pensez-vous que cet article serait écrit ainsi de nos jours ? Justifiez.
2. Présentez votre travail à la classe.

2 Observer les caractéristiques des journaux lycéens

1. Découvrez des journaux lycéens sur http://www.cnjs-varenne.org/2008-laureats.html
2. Choisissez un de ces journaux et précisez ses principales caractéristiques : titre, pagination, format, gabarit, charte graphique, structure de la Une, périodicité, nombre d'exemplaires.
3. Pourquoi avez-vous choisi ce journal ? Justifiez votre réponse par quelques éléments de comparaison avec les autres journaux en ligne.

3 Connaître les devoirs et les droits d'un journal scolaire

Le comité de rédaction devra tenir compte des lois et textes en vigueur : liberté de la presse, réglementation relative à la presse jeune...

Pour vous aider : http://www.jetsdencre.asso.fr/index-creer.php?p=ressources http://www.clemi.org/fr/productions-des-eleves/journaux-scolaires/

→ Rédigez le code déontologique qui guidera votre travail. Chacun d'entre vous devra respecter ce code et le signer.

4 Définir le contenu du journal de votre lycée

1. En comité de rédaction, choisissez le thème du premier numéro du journal. Justifiez ce choix.
2. Pour élaborer la maquette de cette première parution vous pouvez cliquer sur le lien suivant : http://www.jetsdencre.asso.fr/docs/ressources/kitcreer_maquette.pdf

5 S'entraîner à l'écriture journalistique

Consultez les dépêches de l'AFP : http://www.ddm.gouv.fr/afp/francais/topics/internet/index.php

La classe entière choisira une même dépêche.

1. Vous vous répartirez en groupes, qui transformeront chacun cette dépêche en article. Chaque groupe optera pour une écriture journalistique (distinction faits/commentaires, titres et intertitres, chapeau, accroche...) et une mise en page de son choix.
2. Chaque groupe présentera sa production et expliquera comment il a tenté de susciter l'intérêt du lecteur. http://www.journalatelier.com/pages/ressourcesenligne_loideprox.htm
3. Choisissez un article de presse et analysez les caractéristiques de son écriture journalistique.

6 Créer le journal du lycée

Vos camarades et vous-même avez décidé de vous atteler à cette tâche dans le cadre de l'accompagnement personnalisé.

1. Pour lancer votre projet, vous devez constituer un comité de rédaction :
– Nommez un rédacteur en chef, des chefs de rubriques, un secrétaire de rédaction... Puis, définissez le rôle de chacun.
– Planifiez quelques réunions du comité et l'échéancier de ses actions (choix des articles, écriture, mise en page, impression des épreuves...)
2. Rédigez une charte définissant les caractéristiques de votre journal. Le comité de rédaction la présentera au conseil d'administration de votre établissement. Inspirez-vous du tableau suivant :

Format/pagination	Parution	Structure de la Une	Structure des pages
A4 ?A3 ?	Hebdomadaire ? Quotidien ? Hors-séries ? À quelle date ?	Titre du journal ?	Maquette ? gabarit ?
Logiciel utilisé ?	Coût du journal ?	Création d'un logo	Nombre de colonnes ?
Nombre de pages. Pages agrafées, pliées ?	Abonnements ?	Quel éditorial ?	Typographie ? Style souhaité ?
Par quels moyens : imprimante ? version web ? imprimeur ?	Circuit de distribution ?	Sommaire ?	Rubriques ? titre ? Emplacement ? chapeau ?
Impression couleur ? noir et blanc ?	Ventes ? prix de vente.	Place de l'image ?	Objectifs et thèmes développés ? Peut-on parler de tout dans ce journal ?
Recto verso ? Recto uniquement ?	Nombre d'exemplaires ?	Autre	Photographies ? légendes ?

Pour vous aider : http://www.jetsdencre.asso.fr/docs/ressources/kitcreer_identite.pdf

Fiche 5

L'interview

L'interview n'est pas une conversation ordinaire : elle est structurée par trois étapes successives : une préparation avant l'interview, une conduite de l'interview et une retranscription.

1 Préparer l'interview

➤ Le journaliste choisit un sujet d'interview en fonction de son intérêt par rapport à l'actualité.

Ex : *La sortie d'un livre avec un auteur, d'un film, ou d'un metteur en scène au sujet d'un spectacle en cours…*

➤ Il est indispensable de **bien connaître son interlocuteur** : connaître ses déclarations récentes et ses travaux. L'interview se déroulerait mal si l'interviewé se rendait compte qu'il est un inconnu pour son interlocuteur.

Ex : *Lorsque l'on rencontre un auteur, il faut se documenter sur l'ensemble de son œuvre et pas seulement le livre pour lequel on le rencontre.*

➤ Les journalistes disposent généralement de **dossiers de presse** qui leur permettent de préparer la rencontre mais peuvent également nuire à leur esprit critique.

Ex : *Le dossier de presse d'un auteur présentera les critiques élogieuses et le journaliste doit se renseigner par lui-même sur les réactions moins favorables.*

➤ Ce travail préalable permet la rédaction d'une **liste de questions adaptées**. On peut utiliser la méthode QQQOCP (qui ? quoi ? quand ? où ? comment ? pourquoi ?) en évitant les questions fermées, auxquelles on ne peut répondre que par oui ou par non (voir p. 73).

Ex : *On demandera à un auteur « quels sont vos prochains projets » plutôt que « travaillez-vous sur un nouveau livre ».*

2 Conduire l'interview

➤ Un **climat de confiance** est important. De la relation intervieweur/interviewé dépend la qualité de l'interview.

➤ Il ne faut pas rester rivé à sa liste de questions mais **réagir aux propos de l'interviewé**. L'interlocuteur peut entraîner l'échange dans une direction éloignée du sujet. Charge au journaliste de s'adapter et de mener l'interview vers ce qui lui paraît important. Si l'interlocuteur répond de façon parcellaire, il ne faut pas hésiter à poser des questions supplémentaires pour **obtenir des précisions**.

➤ Le journaliste doit également décider de la manière dont il va « récupérer » les propos de son interlocuteur : prise de notes ? enregistrement… ?

3 Rédiger l'interview

➤ L'interview n'est pas une retranscription : il faut savoir **restituer toute la richesse de la rencontre**. Il ne faut pas modifier les questions mais sélectionner, couper, coller les morceaux de réponses intéressantes.
On doit **respecter la réponse formulée** et garder le rythme de la phrase et les tournures originales. Le journaliste doit faire preuve d'**objectivité** et adopter une **démarche honnête.**

➤ Si le journaliste choisit la restitution **sous forme de conversation**, il doit présenter la personnalité qu'il interviewe et mettre en scène la rencontre : lieu, éléments de décor, ambiance. Sinon, le journaliste doit pratiquer les formes du **discours rapporté**, indirect ou indirect libre.

4 L'interview d'un auteur

L'interview d'un auteur permet au lecteur de mieux comprendre l'œuvre de l'interviewé : l'auteur peut préciser son projet ou ses intentions.

➤ Certains auteurs contestent l'intérêt d'aborder l'aspect autobiographique de leurs œuvres. Une célèbre querelle a opposé Sainte-Beuve, qui considérait que l'on ne doit pas séparer une œuvre de son auteur, et Marcel Proust pour qui un livre devait être considéré pour lui-même, en dehors des considérations sur la vie ou la personnalité de l'écrivain : *« Un livre est le produit d'un autre moi que celui que nous manifestons dans nos habitudes »*. Il faut, selon Proust, faire la *« démarcation entre l'occupation littéraire et la "conversation" »*.
(Marcel Proust, *Contre Sainte-Beuve*, 1954, posthume)

➤ **L'objectif de l'interview** : lorsque le journaliste rencontre un auteur il peut avoir pour objectif d'obtenir des renseignements sur l'auteur lui-même, sa vie, sa personnalité, les conditions de l'écriture de son dernier roman… Ce type d'interview s'appelle une **interview portrait**.
Ou bien il peut se focaliser sur des questions exclusivement littéraires : l'auteur expliquera alors ses procédés d'écriture sans parler de lui-même.

Exercices

1 Analyser une interview écrite

Interview de Jean-Louis Martinelli à propos de *Médée*

Qu'est-ce qui vous intéresse avec la figure de Médée ? Ce qui m'intéresse, c'est que Médée est une figure d'émancipation. Le meurtre est l'étape ultime, c'est la transgression d'un interdit. C'est ça qui nous heurte, mais je voulais créditer la position de Médée comme image d'émancipation féminine.

Quels choix scéniques avez-vous faits pour représenter le meurtre des enfants ?
Je crois que le meurtre des enfants peut et doit se faire dans une immense douceur d'où le fait de ritualiser cet acte-là. L'expression de la violence sur un plateau de théâtre, aussi déchaînée soit-elle, ne produit pas grand-chose.[...] On peut exposer le corps d'enfants, on peut voir des grandes giclées de sang, on peut faire rouler des têtes sur un plateau, mais je pensais que le code et le rituel étaient plus forts.[...]

Qu'en est-il de Médée une fois le meurtre accompli ?
Médée est aux prises avec cette pulsion de meurtre et en même temps elle est contrariée par le désir et sa puissance d'amour pour ses enfants. Ensuite, elle arrive à relier les deux et à considérer que le meurtre peut être une preuve d'amour. Sur la première partie, on a affaire à un être agité, à un être contradictoire, à un être dont la violence s'ouvre et en même temps dont l'amour s'avère impuissant. À partir du moment où elle va au bout de l'acte, elle est presque libérée, son geste produit une sorte d'apaisement.

Interview inédite pour le manuel, février 2011.

1. Les questions posées sont-elles ouvertes ou fermées ?
2. Qu'apporte cette interview au lecteur ? Peut-elle influencer le regard du spectateur sur Médée ?
3. Partagez-vous l'opinion de Martinelli sur la représentation du meurtre ?

2 Analyser une interview télévisée

Visionnez l'interview de François Bon : http://www.ina.fr/art-et-culture/litterature/video/2651737001/francois-bon-daewoo.fr.html

1. Dans quel contexte la rencontre a-t-elle lieu ? A-t-elle été préparée ?
2. Qu'apporte de plus, selon vous, une interview télévisée ?
3. Repérez les interventions du montage : à quel moment l'image est-elle coupée ? Quelle image de l'auteur ce procédé donne-t-il ?

3 Distinguer les genres de l'interview

Texte A : Entretien avec J.M.G. Le Clézio

À votre nom, on associe volontiers l'idée de voyage. Pourtant, votre ami, le poète Jean Grosjean, vous définissait comme un « voyageur immobile »...
C'est juste car, en réalité, je ne voyage pas vraiment. Je ne cherche pas le dépaysement. Je n'aime pas l'idée d'aller dans un lieu quel qu'il soit, de regarder autour de moi et de prendre des notes. Je me sens plutôt comme un individu qui essaie de se poser quelque part et n'y arrive pas vraiment. Lorsque je me rends à un endroit ou un autre, c'est pour m'implanter. J'essaie chaque fois de m'adapter, d'acquérir des habitudes. J'ai vécu ainsi au Mexique, dans l'État du Michoacán, aux États-Unis, à Albuquerque – que je vais sans doute quitter –, auparavant en Europe. Ce sont pour moi comme des vies successives.

Propos recueillis par Nathalie Crom, Télérama.fr , 9 octobre 2008

Texte B : Entretien avec Fred Vargas

La peur du loup dans *L'Homme à l'envers*, la peur de la peste dans *Pars vite et reviens tard*, et maintenant *Un lieu incertain*, qui joue avec la peur des vampires : s'agit-il de prouver à nouveau que les romans policiers sont des contes de fées pour adultes ?
D'abord je ne le fais pas exprès. Si j'écrivais un seul livre à partir de cette théorie, je le planterais ! [...] Le conte de fées n'est pas moral, le roman policier non plus. Les deux posent la question : quelle est la voie vitale, comment on fait pour s'en sortir ? Par ailleurs, il n'y a pas de punition dans le conte de fées, pareil pour le roman policier : on ne sait pas ce qui va arriver à l'assassin après qu'il a été démasqué et on s'en fout, ce n'est pas le sujet. Ensuite, dans les deux, il y a l'obligation d'une fin heureuse, vachement dure à écrire, mais très importante pour faire endurer au lecteur toutes les horreurs qui précèdent.

Delphine Peras, *lexpress.fr*, publié le 19/06/2008

1. À quel genre d'interview appartiennent ces extraits ? Justifiez.
2. Par quels procédés d'écriture le journaliste restitue-t-il le caractère vivant de la rencontre ?
3. En tant que lecteur, quelle démarche vous semble la plus pertinente ?

4 Préparer et réaliser une interview d'auteur

Vous devez interviewer un auteur de livres numériques. Le rôle du journaliste sera endossé par la 1re moitié de la classe, celui de l'interviewé sera joué par la 2e.

1. Les journalistes doivent :
– Se documenter sur les réseaux sociaux et leur influence sur les lecteurs.
– Préparer leur interview en s'aidant de la fiche leçon du manuel (voir p. 73).
2. Les interviewés doivent :
– Travailler sur le thème des livres numériques afin d'être capables de justifier leur choix d'édition.
– Réfléchir au thème d'un ouvrage pour qu'il trouve des lecteurs sur le net.

Fiche 6

La recherche d'informations sur Internet

Internet offre une multitude de ressources et permet, par le jeu des liens vers d'autres sites, une navigation infinie.
Pour s'informer et se documenter, il faut apprendre à se repérer dans la multiplicité des ressources offertes sur Internet, à trier et hiérarchiser des informations, à adopter une attitude critique vis-à-vis d'elles.

1 *Préparer la recherche*

➡ **Analyser le sujet de la recherche** suppose de bien comprendre les consignes, de repérer les mots-clés du sujet et de chercher dans un dictionnaire les termes difficiles.

Ex : *Pour une recherche sur la querelle du* Cid, *il faut commencer par vérifier le sens du mot « querelle » dans la littérature.*

➡ **Identifier le besoin d'informations :** Quel type d'informations doit-on se procurer ? Il est toujours pertinent d'utiliser la technique QQQOCP (qui ? quoi ? quand ? où ? comment ? pourquoi ?).

Ex : *Dans le cas d'un exposé sur la querelle du* Cid, *on doit chercher des informations sur les acteurs de la querelle, son objet, sa date, ses manifestations et ses causes.*

2 *Rechercher efficacement*

➡ **Utiliser le bon outil :** pour trouver l'information, il ne faut **pas se contenter des moteurs de recherche** (Google, Yahoo, Alta Vista...) mais utiliser également les bases de données qui permettent d'accéder à des informations que le moteur de recherche ignore (les catalogues en ligne des bibliothèques par exemple).

Ex : *Pour une recherche bibliographique, un moteur de recherche risque de générer beaucoup de résultats inutiles et mieux vaut utiliser le catalogue en ligne du CDI.*

➡ **Affiner :** on utilise plusieurs **mots-clés sur un moteur de recherche :** plus la requête est précise, plus les résultats le seront.
Placer une séquence de mots entre guillemets indique au moteur de recherche qu'il s'agit d'un bloc unique. Cela resserre le champ de recherche.

➡ **Vérifier : il ne faut pas se limiter à la première page de résultats obtenus,** ni privilégier les ressources participatives que tout internaute peut alimenter.
Il faut **vérifier** la crédibilité des sources en regardant la date de mise à jour, la nature du site (personnel comme les blogs, institutionnel comme celui de la Bibliothèque nationale de France, pédagogique, commercial), l'identité de l'auteur, son rapport au sujet traité.

Ex : *Le blog d'un comédien qui a joué le* Cid *n'est pas une source d'information suffisamment fiable.*

➡ **Confronter les opinions :** il est plus prudent de collecter les informations de diverses sources et de les comparer. Consulter des opinions différentes permet de construire la sienne.

3 *Exploiter l'information*

➡ **Respecter la consigne :** une recherche donne souvent des résultats plus importants que le sujet recherché et les informations une fois collectées ne constituent pas un propos cohérent. Il faut **rédiger une synthèse claire et précise** des diverses informations ou idées retenues et les organiser en respectant les contraintes de la production demandée. On ne peut se contenter de restituer le fruit de sa recherche : les informations collectées doivent trouver leur place dans le plan pour éviter le hors-sujet.

Ex : *Les recherches sur la querelle du* Cid *renvoient largement à la règle des trois unités et à l'histoire de l'Académie française : ces informations ne doivent être retenues que si elles participent à la démonstration demandée.*

➡ **Reformuler :** pour éviter les citations trop longues, mieux vaut reformuler l'information avec ses propres mots. Cela permet de prendre en compte son destinataire et d'accorder son propos aux consignes.

Ex : *« Richelieu demande à l'Académie française son opinion. Il y voit en effet l'occasion pour l'Académie, qu'il avait fondée deux ans plus tôt, de paraître comme le tribunal suprême des lettres, de se faire connaître du public et d'obtenir ainsi l'enregistrement de son acte de fondation par le parlement de Paris. »* → *« Richelieu profite de la querelle du* Cid *pour faire de l'Académie française le juge des auteurs. »*

➡ **Respecter le droit d'auteur :** lorsque l'on utilise le résultat de ses recherches, à l'écrit comme à l'oral, les sources doivent être mentionnées, les auteurs nommés et les propos que l'on reprend sans les reformuler doivent être indiqués : en utilisant des guillemets à l'écrit, en précisant « je cite » à l'oral.

Exercices

1 Définir son besoin d'informations

Dans le cadre de l'enseignement d'exploration vous devez réaliser un exposé sur le sujet suivant :
« Histoire des écritures : pictogrammes, idéogrammes, alphabets, multimédia »
Vous rendrez compte de vos recherches à l'ensemble de la classe.

1. Cherchez les mots « pictogrammes », « idéogrammes », « alphabets » et « multimédia » sur un moteur de recherche : vers quels genres de site êtes-vous dirigé ? Trouvez-vous dans la première page de résultats des informations pertinentes pour commencer votre travail ?
2. Cherchez ensuite ces mots dans un dictionnaire (en ligne ou non) : cette recherche vous apporte-t-elle de nouveaux éléments de définition ? Lesquels ?
3. À partir des informations trouvées dans le dictionnaire, appliquez la technique QQQOCP (qui ? quoi ? quand ? où ? comment ? pourquoi ?) aux différents termes : quelles informations devez-vous trouver ?
4. Pour chacun des mots, vous déduirez de cette démarche une liste de mots clés pour lancer une nouvelle recherche sur le moteur de recherche. Quelles différences constatez-vous avec la première recherche (question 1) ?

2 Utiliser une encyclopédie numérique

Sur le site de l'*Encyclopédie*, consultez l'article « capuchon » : http://portail.atilf.fr/encyclopedie/Formulaire-de-recherche.htm

1. Précisez quel système de renvoi utilisaient les encyclopédistes. Pourquoi permettait-il de déjouer la censure ? Comment aidait-il le lecteur à faire le lien entre différentes notions et visait-il « l'enchaînement des connaissances » cher aux philosophes des Lumières ?
2. Pour quelles raisons ne lit-on pas une page sur papier et une page sur écran de la même manière ? Quel risque court un internaute ?
3. Cherchez l'étymologie du mot « page ». Pourquoi cette définition n'est-elle plus valable pour une « page » Internet, renvoyant à des milliers d'autres pages par le biais des liens hypertextuels ?

3 Hiérarchiser les sources

En enseignement d'exploration, vous devez vous documenter sur l'histoire et les genres de la presse du XIXe au XXIe siècle. Choisissez un genre de presse écrite de votre choix. Vous utiliserez les différents outils proposés par Internet.

1. Effectuez vos premières recherches sur Wikipédia. Notez vos sources et précisez la construction des articles consultés. Rédigez une synthèse des informations collectées.
2. Poursuivez vos recherches en consultant Gallica. Quelles différences et similitudes (modes de classement, fiabilité…) constatez-vous entre le Wiki et cette bibliothèque numérique institutionnelle ?
3. Présentez vos recherches sous forme de tableau et faites une comparaison des informations trouvées à l'aide des deux outils que vous avez utilisés. Quelles conclusions en tirez-vous sur les compétences indispensables à la bonne utilisation de ces outils ?

4 Vérifier l'origine de ses sources

1. Connectez-vous aux sites suivants et analysez-en les pages d'accueil :
a. http://www.rtbf.be/info/media/wikileaks?gclid=CKvPr6fT1aYCFYMTfAod81fvMw
b. http://twitter.com
Comment ces pages sont-elles présentées et structurées ? Selon vous, lesquelles sont mises en valeur efficacement ? Quel impact ces choix graphiques ont-ils sur l'internaute ?
2. Comparez les deux pages d'Internet suivantes :
a. http://www.facebook.com/LExpress
b. http://www.lexpress.fr
Quelles similitudes et ressemblances constatez-vous au fil des pages ?
L'opinion de l'internaute est-elle façonnée par ces choix ? Pourquoi les médias utilisent-ils les réseaux sociaux alors qu'ils ont leurs propres sites Internet ?

5 Sélectionner et reformuler

Vous réaliserez en groupe une recherche sur la censure au XVIIIe siècle.

1. Comparez les résultats en fonction de la nature du site (institutionnel, associatif, personnel, commercial, etc.).
2. Choisissez la page qui vous paraît le plus pertinente et rédigez-en une synthèse.
3. Comparez vos résultats. Avez-vous retenu comme pertinentes les mêmes informations que votre voisin ?

6 Respecter le droit d'auteur

Interrogez plusieurs moteurs de recherche en cherchant le mot « plagiat ». Comparez les informations ainsi obtenues.

1. Quelles lois encadrent l'utilisation des informations mises à disposition via Internet ? Connaissez-vous les droits liés à la diffusion des documents sur Internet ?
2. Le plagiat est-il selon vous un risque majeur ? Comment peut-on se retrouver accusé de plagiat ? Justifiez votre réponse.

Fiche 7

La publicité

Jusqu'au XVIe siècle, seuls les vendeurs de marché et de foire « crient » leur marchandise, les artisans ayant pignon sur rue préférant la renommée discrète. Mais avec les grands voyages, le commerce se développe. Dans ses *Essais*, Montaigne souligne la nécessité d'un lieu où enregistrer une annonce précisant ce qu'on veut acheter ou vendre. « Ce moyen de nous entr'advertir apporterait une grande commodité au commerce public. » C'est le début de la publicité ! Depuis, cet art d'exercer une action psychologique sur le public à des fins marchandes s'est massivement développé. Aujourd'hui, chaque Français reçoit 500 à 800 messages publicitaires par jour.

1 Les composantes d'un visuel publicitaire

Pour qu'une publicité sorte du lot, le plus grand soin est apporté à sa composition.

Le visuel : il peut s'agir d'un film d'une trentaine de secondes (spot TV, pop-up Internet), d'une photographie ou, plus rarement, d'un dessin (affiche, annonce presse, bannière Internet).

Les signes graphiques : mise en page, typographie, signature et logo sont adaptés à la marque et aux consommateurs. Ils sont aussi en conformité avec les choix graphiques antérieurs, consignés dans un document nommé charte graphique.

Le logo (ou logotype) est le symbole représentant la marque, il combine le nom de l'entreprise (ou ses initiales), un graphisme spécifique, un système de couleurs. Grâce à l'association de ces éléments, il est la carte d'identité visuelle de l'entreprise. Il doit être simple, durable, facile à reconnaître (par le personnel de l'entreprise et les clients) et déclinable sur tous les supports : affiches, spots TV, papier à lettres, site Internet… afin d'être immédiatement identifié et mémorisé.

Du texte avec :

- **L'accroche** est une formule forte destinée à capter l'attention. Elle est souvent située au-dessus de l'image et du texte et sert de titre. Ici, l'expression « Premier parfum » accroche le lecteur car elle évoque la genèse du monde et la naissance d'une femme, révélée à elle-même par la fragrance.
- **Le pavé rédactionnel** est un texte explicatif de longueur variable. Assez long pour des produits techniques (voitures, smartphones, etc.), il peut être inexistant pour les produits de luxe, créant une atmosphère.
- **Le slogan :** phrase courte, rythmée, porteuse d'un message simple. Jeu de mots, rimes, assonances et allitérations, parallélisme de construction… sont les procédés d'écriture qui en facilitent la mémorisation.

Le sens de lecture : c'est le trajet suivi par l'œil du lecteur. Ainsi, dans la publicité pour Lolita Lempicka, le regard est d'abord capté par l'accroche, située en haut. Puis, il est guidé par une série de lignes obliques : le tronc d'arbre, le corps de la jeune femme, la traîne de la robe. Il arrive ainsi à l'élément important, en zone de verrouillage : le produit, portant le sigle de la marque.

2 La stratégie

Les choix de positionnement : l'agence de publicité propose à l'annonceur un **positionnement**. On peut ainsi fonder sa publicité sur un effet de reconnaissance. Le produit, présenté dans son contexte habituel, est tout de suite reconnu et identifié. On peut aussi créer la surprise en le plaçant dans un contexte nouveau, ou étrange. Il est alors reçu comme un produit « *outsider* », original.

La cible : le publicitaire s'adresse exclusivement à sa **cible**, à l'ensemble des individus qu'il souhaite toucher. Il peut s'agir de l'utilisateur du produit (cœur de cible), de son acheteur ou de la personne poussant à l'achat (l'adolescent qui influence l'achat de la voiture familiale).

Les supports publicitaires : une campagne publicitaire a souvent recours à plusieurs médias en même temps : presse, affichage, télévision, radio et cinéma. Internet, depuis peu, s'ajoute à cette liste, surtout quand la cible est jeune ou appartient à une catégorie socioprofessionnelle élevée (CSP +). Cela suppose des **support(s)** différents.
On peut aussi faire passer le message hors médias : par le mécénat, le parrainage, le *buzz* sur Internet ou le marketing direct.

Exercices

1 Observer un logo : la RATP

1. Pour 55 % des personnes interrogées, le logo représente un visage féminin dans un cercle. Analysez couleurs, lignes de force et formes dominantes : comment transmettent-elles une impression de sérénité ? Quel message l'usager reçoit-il ?
2. Pour 45 %, il symbolise Paris, traversé par la Seine et ceinturé par le périphérique. Quels procédés visuels rendent fluide la circulation dans la métropole ?
3. Quelle est la signification globale de ce logo, à double sens ? Pourquoi cette double lecture est-elle un choix astucieux ?

2 Réfléchir aux liens entre contes, mythes et publicité

1. Quel conte de fées, quelle scène biblique les éléments du visuel publicitaire pour Lolita Lempicka convoquent-ils ?
2. Quelle image de la femme est ainsi associée au produit ?
3. Comment la composition de l'image et le sens de lecture permettent-ils de mettre le produit vanté sur un piédestal ? Pourquoi ?

3 Analyser des publicités ciblées

Rassemblez des publicités ayant les adolescents pour cible, en consultant magazines ou sites Internet dédiés.
→ Analysez leur composition et leur discours. Lesquels vous semblent les plus efficaces ? Pourquoi ?

4 Rire avec un personnage de marque

En 1917, M. Bel ravitaille les soldats du front. Il demande à son ami Benjamin Rabier de décorer sa camionnette. Cet illustrateur peint une vache… qui rit. Pourquoi ? Parce que les « poilus » aiment plaisanter sur les femmes allemandes, qu'ils surnomment « walkyries », puis « vachkyries ».

La vache qui rit ® est une marque enregistrée appartenant à la société Fromageries Bel SA. Usage autorisé.

1. Rechercher qui est le personnage de la Walkyrie et expliquez le jeu avec les mots et l'image inventé par B. Rabier.
2. Quelle vision les Français avaient-ils des Allemands et des Allemandes pendant la Première Guerre mondiale ? Comment ce stéréotype a-t-il évolué ? Grâce à quelle construction politique ?
3. En 1926, « La vache qui rit® » orne chaque boîte du fromage qui porte son nom. Que représentent les boucles d'oreilles ? Quel est le nom de ce procédé ? Quel est l'effet produit ?
4. Pourquoi la vache rit-elle ? Imaginez toutes sortes de réponses possibles et organisez un concours pour élire la plus loufoque, la plus poétique.
5. G. Perec est l'auteur de « Je me souviens », fragments ressuscitant les comptines, les jeux ou les ritournelles publicitaires qui ont rythmé l'enfance. En voici un bref extrait :

> Je me souviens
> *D'un fromage qui s'appelait la vache sérieuse*
> *(La vache qui rit lui a fait un procès et l'a gagné).*

À la manière de G. Perec, écrivez quatre strophes commençant par « Je me souviens ». L'une évoquera un personnage de marque.

5 Analyser une communication engagée : Le Mémorial pour la Paix à Caen

Le Mémorial pour la Paix, inauguré en 1988, accueille 350 000 visiteurs par an. Sa mission est de commémorer la Seconde Guerre mondiale pour bâtir un avenir de paix. Son site Internet doit pour cela impliquer un public qui refuse de s'ennuyer au musée.

1. Rendez-vous sur le site Internet du mémorial de Caen : pourquoi est-il attractif ?
2. Quels sont les quatre espaces permettant de mieux comprendre l'histoire du XXe siècle ? Quels sont les enjeux d'une telle communication ?
3. Créez une annonce presse promouvant le concours de plaidoirie des lycéens. Vous trouverez une accroche, un visuel, un pavé rédactionnel et un slogan. Un bref argumentaire justifiera chacun de vos choix créatifs.

Prendre des notes

Prendre des notes consiste à **écrire vite** pour ne pas perdre le fil des informations reçues. Il ne s'agit pas de tout écrire mais d'**écoute**r et de **trier** afin de **dégager l'essentiel**.

Une prise de notes **efficace** permet de:
- garder et mémoriser les informations essentielles,
- vérifier que l'on a compris les informations reçues,
- revoir d'un premier coup d'œil le contenu d'un cours,
- transmettre ces informations.

1 Utiliser des abréviations

Les principales abréviations

Pour écrire vite, il faut utiliser des **abréviations personnelles** (ou en usage) mais qui resteront toujours les mêmes afin **d'éviter toute confusion**. Ces abréviations peuvent porter:

- Sur les **mots-outils** (adverbes, prépositions).

Ex : *souvent = svt ; quand = qd ; cependant = cpdt ; toujours = tjs ; jamais = js ; beaucoup = bcp ; tout = tt ; tous = ts ; surtout = surtt ; avant = avt ; après = ap. ; rien = Ø*

- Sur les **mots les plus courants** de la langue française.

– Français et France = fr.
– Littérature = litt.
– « gouvernement » = gvt
– « introduction » = intro
– « travail » = W (symbole utilisé en sciences physiques)
– « il existe, il y a » = ∃ (symbole utilisé en mathématiques)
– « Appartient » = ∈ ; « n'appartient pas » = ∉ (autres symboles mathématiques)
– Pour les mots en « -tion », mettre un «°» à la place du « -tion » et ne garder que le radical: consommation = consom°, intervention = interv°
– Pour les mots en « -ment », mettre un ^{t} après le radical: « événement » = évén^{t}, « rapidement » = rapid^{t}
– Pour les mots en « -isme », mettre le radical plus $^{-isme}$: optimisme = « opt^{isme} »
– « Se reporter à, voir » = cf.
– « À peu près, identique, proche de » = ≈
– « différent de, contraire, opposé » = ≠
– « mort » = †
– « pourcentage » = %
– « Nombreux » = Nbr.

- Sur les **noms propres ou les mots** qui reviennent **régulièrement** dans le sujet traité.

Ex: *Victor Hugo = VH ; Les Misérables = LM.*

2 Conseils pratiques pour organiser la prise de notes

➽ Une prise de notes **doit être claire:**
- Écrire lisiblement
- Reproduire le plan de ce que l'on entend ou lit
- Mettre en relief les titres et les sous-titres (utiliser des couleurs, les souligner)
- Aérer sa prise de notes
- Utiliser des alinéas (retrait de quelques carreaux)
- Reproduire soigneusement les schémas
- Numéroter les feuilles de cours

➽ **Structurer ses notes:**
- Conserver les mêmes articulations entre les idées
- Faire des paragraphes en fonction des différentes informations
- Préciser lorsqu'il s'agit d'exemples, de citations, d'illustrations, etc.

➽ **Attention:**
- Éviter de noter des phrases entières
- Laisser des blancs si une partie a échappé à l'attention, pour y revenir ensuite

➽ **Après la prise de notes**

Il est nécessaire de **faire une relecture** (de préférence le jour même) afin de:
- Compléter les blancs laissés pendant un cours
- Clarifier les enchaînements d'idées, les étapes
- Souligner les idées essentielles
- Encadrer les mots-clés
- Mettre des flèches entre les idées

3 Adapter la prise de notes au support

Voici quelques **conseils** pour prendre des notes à partir de:

➽ **Ce qui est lu**

- **Un livre**: noter le nom de l'auteur, le titre, la date de publication, le genre. Prendre des notes au fur et à mesure de la lecture sur les grandes étapes du récit, les personnages principaux, les thèmes abordés. On peut également noter ses impressions de lecture. (Voir fiche 12 « La lecture cursive ».)
- **Un chapitre d'un livre documentaire**: noter le plan du chapitre, le situer dans l'ensemble du livre, noter les définitions des mots difficiles, résumer les idées en respectant les articulations logiques.

- **Un article de revue :** noter le nom de la revue, le numéro, la date, le titre de l'article, les définitions des mots difficiles, le plan de l'article et résumer les idées essentielles.
- **Une leçon à apprendre :** noter les idées principales, les mots-clés et les relations entre les idées. (Voir fiche 9 « Apprendre son cours ».)

➽ Ce qui est entendu

- **Un cours :** recopier les informations mises au tableau (plan, mots-clés). Si le cours contient des illustrations (extrait d'un film, documentaire, photographie, dessin, schéma), noter le titre, les principales informations et, si nécessaire, les exemples.
- **Une conférence :** noter les grandes idées, repérer les articulations logiques, restituer le plan du conférencier.
- **Une émission radio :** noter le thème et les idées principales. Dans un débat, noter les questions de l'animateur et les thèses des différents interlocuteurs.
- **Une interview réelle :** dans le cas où les questions ont été préparées à l'avance, noter les réponses sous la forme de mots-clés.

➽ Ce qui est vu ou entendu

- **Une visite dans un musée :** noter le nom des éléments vus et l'essentiel des commentaires.
- **Une vidéo :** noter le titre, les différentes étapes du documentaire, les principales informations.

Exercices

1 S'exercer à la prise de notes à partir d'un support écrit

1. Choisissez dans un quotidien un article d'analyse dont le sujet vous intéresse particulièrement.
2. Sous la forme de notes, restituez les idées principales et les articulations logiques.
3. Proposez une liste de cinq à dix mots-clés qui rendent compte de l'article.

2 S'exercer à la prise de notes à partir d'un support oral

1. Cherchez un flash d'informations radiodiffusé repris sur Internet.
2. Écoutez une première fois le flash et notez le plan du journal.
3. Réécoutez le flash et affinez votre prise de notes en entrant dans les détails des contenus.
4. Confrontez vos notes avec celles d'un camarade et comblez les éventuelles lacunes.

3 S'exercer à la prise de notes à partir d'une lecture documentaire

Vous devez préparer une fiche biographique dans le cadre d'une lecture cursive.

1. Cherchez dans une encyclopédie un article biographique complet.
2. Sélectionnez les informations utiles dans le cadre de cette lecture cursive.
3. Écrivez sur le recto d'une feuille maximum les informations sous la forme d'une prise de notes organisée.

4 Prendre des notes lors du passage en classe d'une pièce de théâtre

Votre classe doit visionner la captation d'une pièce que vous avez travaillée en classe.

1. Préparez votre prise de notes : révisez votre cours, préparez une liste de points qui doivent attirer votre attention (décors, costumes, mise en scène, etc.), ainsi que des feuilles adaptées.
2. Pendant la pièce, prenez en notes les éléments qui font la spécificité de la mise en scène que vous voyez.
3. À l'issue de l'exercice, complétez vos notes en vous aidant de votre cours, de ce que vous savez de la pièce et des notes d'autres camarades.

5 Prendre des notes en classe pendant un exposé

Plusieurs groupes doivent proposer des exposés dans le cadre d'une séquence.

1. Préparez la prise de notes en lisant préalablement les pages d'histoire littéraire consacrées au même mouvement ou au même auteur dans le manuel.
2. Prenez vos notes en vous appuyant sur le plan de l'exposé qui est fourni par vos camarades.
3. Confrontez vos notes avec celles de vos voisins.

6 Exploiter une prise de notes

Au terme d'une séance de cours, confrontez vos notes avec celles d'un camarade : complétez-les, justifiez les éventuels écarts.

Fiche 9

Apprendre son cours

1 Créer de bonnes conditions d'apprentissage

Créer les meilleures conditions possibles pour apprendre :

- S'isoler autant que possible car les allées et venues peuvent distraire.
- Libérer son esprit de toute préoccupation, être détendu.
- Éviter tout ce qui attire le regard : la télévision en marche, le téléphone portable allumé.
- Supprimer toute source de bruit.

La forme physique n'est pas à négliger, il faut dormir suffisamment.

Se mettre personnellement en condition :

- Avoir confiance en soi.
- Se fixer des limites : combien de temps peut-on rester concentré ? Quelle quantité à la fois peut-on mémoriser ?

Mettre en place une stratégie globale d'apprentissage :

- Prévoir du matériel pour créer des fiches.
- Créer un calendrier personnel en plus de l'agenda.
- L'agenda indiquera clairement et à la bonne date le travail donné par le professeur.
- Le calendrier personnel permettra de répartir dans la semaine le travail à faire. Il tiendra compte des différents contrôles et des leçons qui demandent un apprentissage plus ou moins long.
- Se procurer des documents de base : dictionnaire, grammaire.

2 Gérer le temps

- Ne jamais s'y prendre au dernier moment pour apprendre son cours.
- Pour une leçon donnée, s'y mettre en plusieurs fois sur la durée.
- Apprendre au fur et à mesure : assimiler moins et plus souvent sera plus efficace qu'essayer d'assimiler beaucoup en une seule fois.
- Pour ne pas traîner ou rêvasser, se fixer une limite qui tienne compte de la capacité à se concentrer. Par exemple, « se donner 30 minutes pour apprendre tel cours ».

3 Avoir une attitude pertinente en classe

L'attitude en classe est déterminante pour la mémorisation d'un cours :

- Avoir une attitude active : poser des questions, participer.
- Être attentif pour vérifier que tout est bien compris.
- Prendre des notes de manière efficace (voir fiche 8 « Prendre des notes »).
- Prévoir un espace à la fin du cours pour faire un résumé personnel avec des mots-clés.
- Ne jamais sortir de cours avec une question non résolue. S'il n'est pas possible d'interroger immédiatement le professeur, il peut être intéressant de faire le point avec des camarades.

4 Apprendre, c'est avant tout comprendre

Les leçons doivent être revues une première fois le soir même : la mémorisation en sera plus facile. En outre, cela permet de prévoir d'éventuelles questions pour le professeur à l'occasion du prochain cours.

Avant de commencer à apprendre, il faut relire toute la leçon du début à la fin pour avoir une vue d'ensemble.
Si des éléments d'incompréhension existent, ils commenceront à apparaître à cette première lecture. Éviter d'apprendre une leçon dont le contenu n'est pas entièrement compréhensible. Il faut utiliser le dictionnaire pour les mots difficiles, se faire éventuellement un carnet de vocabulaire personnel.

Comparer le cours avec une autre source proche (le manuel scolaire) peut aider : c'est une initiative qui aidera à la compréhension et donc à la mémorisation.

Il faut s'interroger sur ce qui est essentiel dans le cours, ce qui est secondaire, ce qui n'est qu'un simple exemple.
On doit savoir situer le cours, repérer où il se place et ce qu'il apporte dans la progression de l'ensemble de l'enseignement.

➡ Pour une notion qui a échappé à l'attention, il faut interroger le professeur au cours suivant, ou demander à une tierce personne : ne pas laisser s'accumuler les manques.
L'apprentissage du cours est indissociable d'une mise en pratique immédiate. Par exemple, la mémorisation d'une leçon sur la phrase complexe doit s'accompagner d'exercices.

5 Quelques conseils pour mémoriser

➡ Créer des **fiches-résumés**, contenant simplement le titre et des mots-clés.

➡ **La répétition** est un excellent outil de mémorisation : d'où l'intérêt de reprendre son cours plusieurs fois.

➡ **Pour l'élève dont le sens visuel est le plus développé**, la mémorisation pourra se faire en effectuant des repérages dans l'espace : des mots-clés dans un texte, des schémas, des tableaux.

➡ **Pour l'élève dont le sens auditif est le plus développé**, la mémorisation peut consister en la répétition à voix haute (ou basse) de définitions, de notions d'histoire littéraire, etc.

6 S'autoévaluer

Il existe plusieurs moyens de **s'autoévaluer** :

➡ **Seul**, après avoir appris le cours, essayer d'écrire en résumé tout ce que l'on a retenu, en reproduisant la structure, le plan du cours. Puis, reprendre le cours et comparer.

➡ **S'autoévaluer en groupe** : reformuler le cours oralement devant un ou deux camarades qui ont appris le même cours. Une fois que chacun s'est exprimé, échanger ensuite sur les manques de chacun, sur les difficultés communes rencontrées, etc.
On peut s'autoévaluer auprès d'une personne ne connaissant pas la leçon : on lui fait alors un compte rendu oral du cours et on lui demande ce qu'elle a retenu.

➡ Il ne faut pas oublier une dernière autoévaluation à la veille d'un contrôle ou d'une interrogation !

Exercices

1 Mémoriser et restituer un cours

Objet d'étude : Le roman et la nouvelle au XIXe siècle : le réalisme et le naturalisme
1. Lisez une première fois les pages d'histoire littéraire consacrées au réalisme.
2. Assurez-vous que vous comprenez les termes de la leçon et les exemples. Vous pouvez utiliser un dictionnaire et les pages de glossaire dans le manuel.
3. Dans une prise de notes, relevez l'essentiel dans la perspective d'une mémorisation.
4. Mémorisez vos notes selon la méthode qui est la plus efficace pour vous (cf. leçon).
5. Par groupes de deux élèves, interrogez-vous mutuellement et évaluez vos apprentissages.

2 Apprendre un cours collectivement

Objet d'étude : La tragédie et la comédie au XVIIe siècle : le classicisme
1. Cherchez dans le manuel les pages d'histoire littéraire et les pages d'histoire des Arts consacrées au classicisme.
2. Par groupes de trois élèves, répartissez-vous le travail de lecture et la prise de notes.
3. Avec le traitement de textes, mutualisez la prise de notes dans un seul document qui servira de support à la mémorisation des connaissances.
4. Le groupe présente devant la classe le résultat des recherches et les démarches adoptées.

3 S'autoévaluer

Objet d'étude : La poésie du XIXe au XXe siècle : du romantisme au surréalisme
À la fin d'une séquence, vous devez réviser l'ensemble des connaissances abordées et des compétences travaillées. Parcourez l'ensemble de vos notes de cours :
1. Confrontez-les avec celles de vos camarades et comblez les éventuelles lacunes.
2. Établissez les éléments de cours qui doivent être retenus.
3. Par groupes, établissez un questionnaire sur les points les plus importants. Vous veillerez à ce que les questions couvrent l'ensemble de la séquence et soient d'une difficulté progressive.
4. Échangez votre questionnaire avec celui d'un autre groupe et testez-vous.

Fiche 10

Préparer un exposé

1 Comprendre et analyser un sujet d'exposé

On doit s'attacher à **comprendre le sens** du sujet et s'intéresser aux **termes** choisis. Il faut donc **s'interroger** sur :

➡ **Le thème**, les **contenus** visés. On peut se poser des **questions** du type : qui, quoi, où, quand, comment, pourquoi ?

➡ **Le rapport** avec les objets d'étude, les cours, les connaissances.

➡ **Les exposés peuvent être de nature variée :**
- Présentation d'un auteur ;
- Présentation d'un mouvement littéraire et culturel ;
- Compte rendu : d'une lecture cursive, d'un film, d'une pièce de théâtre, etc. ;
- Synthèse : questions précises sur une œuvre, un genre, un registre, etc.

2 Rechercher des informations

Il faut cerner les **objectifs** de l'exposé afin d'**orienter les recherches**.

➡ Il est important de commencer par **bien cerner son sujet**. Cela permet à la fois d'éviter le hors-sujet, et donc de répondre au mieux, mais aussi de préparer les « mots-clés » utiles lors de la recherche documentaire.

➡ Un **remue-méninges** permettra de faire des **associations d'idées** à partir des termes du sujet.
On commencera les **recherches** en utilisant différents supports : dictionnaires des œuvres, des auteurs, encyclopédies, livres documentaires, articles, sites internet, etc.

➡ Il faut consulter les documents des **plus généraux aux plus précis**, en ayant toujours à l'esprit le sujet de l'exposé.
On prendra des **notes construites** à partir des documents et des supports retenus (voir fiche 8, « Prendre des notes »).

3 Construire un plan

➡ On construira le **plan** à partir d'une **ligne directrice** qui aura été définie à l'issue du temps de recherches et de questionnements.

En fonction du sujet, il existe différents **types de plan :**
- Plan **thématique :** Développement progressif d'arguments regroupés par thèmes.
- Plan **dialectique :** thèse, antithèse, synthèse.
- Plan **analytique :** constat, causes, conséquences.

➡ Un exposé doit être **structuré** de la manière suivante :

- **L'introduction :** elle présente le sujet, l'objectif, le plan. Il est possible de trouver une entrée originale pour capter l'attention de l'auditoire.
- **Le développement :** il ne doit pas s'éloigner de l'idée directrice. Il doit donner des exemples et des citations. Il faut également prévoir des illustrations variées et l'explication des termes difficiles. Il doit être adapté au public.
- **La conclusion :** elle rappelle l'idée directrice, résume rapidement le développement et peut se terminer sur une chute qui laisse une **bonne impression** sur l'auditoire.

4 Conseils pratiques pour la présentation de l'exposé

➡ Préparer ses notes

- Une **introduction rédigée** permet de bien commencer et de se mettre en confiance. Son but est d'attirer l'attention.
- **Le développement** se présentera sous forme de **prise de notes**, en indiquant clairement par différentes couleurs les titres, les sous-titres, les idées principales, les exemples, les citations.
- **La conclusion** sera également **rédigée.** Elle permet de laisser une **bonne impression**.

Bien que rédigées, l'introduction et la conclusion **ne doivent pas être lues** pour autant.
Les notes ne sont écrites que **d'un côté de la feuille**, pour des raisons de manipulation aisée. Elles sont **numérotées.**

➡ Préparer le matériel de l'exposé

- Vérifier que tout le **matériel utilisé** est **présent** et **fonctionne** : les feutres pour le tableau, le vidéoprojecteur, le rétroprojecteur, l'écran, le tableau blanc interactif, l'ordinateur, etc.
- **Il ne faut pas avoir l'air d'être perdu** dans ses notes : mieux vaut les laisser à plat sur la table, les manipuler discrètement, d'où l'intérêt de n'écrire que d'un côté.

➡ Gérer le temps

Bien **gérer le temps** imparti. En s'entraînant à répéter l'exposé auparavant, il est possible d'indiquer sur ses notes **le temps** que prend chaque page dans la **restitution orale**.

➡ Adopter une attitude pertinente

Il est essentiel de montrer de **l'intérêt** voire de **l'enthousiasme** pour le sujet.

Il faudra parler d'une **voix claire**, avec un **volume bien adapté** aux lieux. Le **ton** et **le rythme** seront **variés**. Il est important de **regarder** l'auditoire et d'établir **le contact**.

On peut présenter un exposé **debout** ou **assis**. Il faut rester **détendu** et **ne jamais tourner le dos** à l'auditoire lorsqu'on **commente** un document affiché ou projeté.

L'attitude ne doit **pas être négligée**, ni dans les postures, ni même dans l'habillement.

5 La répartition des rôles dans le cadre d'un exposé en groupe

➡ La présentation d'un exposé en groupe demande une **bonne organisation** et un travail **d'écoute réciproque.**

Si l'auditoire **pose des questions**, il faut apprendre à répondre **collectivement** aux diverses questions : qui parle en premier ? Qui apporte une précision ? Qui répond à telle question ? Etc.

➡ Lorsqu'un élève parle, les autres doivent **l'écouter** afin de ne **pas répéter** ce qui a été dit (sauf si c'est nécessaire : précision, complément).

Les membres du groupe ne doivent **pas se couper la parole**.

Lorsqu'un élève prend la parole, les autres peuvent préparer ou faire **des manipulations** : lancer un diaporama, préparer l'extrait d'un film, etc.

6 Exemples pour 2 exposés

Exemple 1 : Analyse du sujet : « Présenter un courant littéraire : la poésie romantique ».

– **Thème et contenus** : La poésie romantique.

– **Rapport** avec l'objet d'étude du programme : « La poésie du XIXe au XXe siècle : du romantisme au surréalisme ». Apporter les informations pour comprendre l'émergence d'une nouvelle sensibilité poétique.

Il faut rechercher des informations sur une **période** (d'ordre chronologique), sur des **auteurs**, sur des **œuvres** et sur une **esthétique**.

On s'attachera donc à :

– Définir le romantisme à partir de dictionnaires, du manuel.

– Cerner le cadre chronologique, historique et culturel.

– Rechercher des noms d'auteurs.

– Rechercher des titres d'œuvres et à définir leurs caractéristiques.

Ligne directrice : Principales caractéristiques de la poésie romantique.

Exemple de plan thématique :

Introduction : Situer et définir le romantisme. Évoquer l'importance accordée aux passions et à l'expression « du Mal du siècle ». Annoncer **le plan** :

I. L'exaltation du moi.

II. L'évocation du temps et de la nature.

III. L'expression de la mélancolie.

Conclusion : Souligner la portée historique et esthétique du romantisme sur la pensée, la vie et les arts.

Exemple 2 : Analyse du sujet : « Quel est le rôle des femmes dans *Bel-Ami* ? ».

– **Thème et contenus** : Un exposé centré sur les personnages féminins.

– **Rapport** avec l'objet d'étude du programme : « Le roman et la nouvelle au XIXe siècle : réalisme et naturalisme » : la représentation des femmes dans une œuvre réaliste.

Il faut commencer par **recenser** les personnages féminins dans le roman, puis les **nommer** et les **caractériser**. On **s'interrogera** ensuite sur :

– Leur rôle et leur fonction par rapport au personnage principal.

– La vision de Maupassant sur les femmes.

– La vision des femmes selon l'esthétique réaliste.

Ligne directrice : Toute l'existence de Bel-Ami est orchestrée par des présences féminines.

Exemple de plan analytique :

Introduction : Itinéraire du héros ponctué de rencontres féminines déterminantes pour sa destinée. Annoncer **le plan** :

I. Les femmes abusées par Bel-Ami.

II. La femme comme métaphore de l'ambition.

III. Une vision ambivalente des femmes.

Conclusion : Souligner la place privilégiée des femmes : amantes, conseillères, éducatrices, amies. Elles assurent la promotion sociale du héros. *Bel-Ami* : histoire d'un homme qui arrive par les femmes.

Fiche 11

Préparer un débat

1 Objectifs de l'exercice

➡ Participer à un débat mobilise **plusieurs compétences :**
- **Réfléchir** à un **sujet** et à une **problématique** donnés,
- **Chercher et s'approprier** des arguments pour **prendre position**,
- Être capable de **défendre oralement cette position** et **répondre** à des contradicteurs,
- **Convaincre un auditoire**.

➡ En seconde, le débat amène les élèves **à approfondir un cours** et **à s'approprier des savoirs**. L'échange **d'arguments contradictoires** permet également un entraînement régulier à la prise de parole orale et de préparer l'épreuve de **l'entretien** du baccalauréat.

➡ Les arguments ne peuvent se résoudre à un caricatural « j'aime/je n'aime pas ». Si l'expression du goût est légitime, elle doit se fonder sur **des exemples convaincants**, notamment sur **l'analyse** d'œuvres, de textes ou de formes littéraires et culturelles.

2 Typologie des sujets de débat

➡ L'exercice suppose des débatteurs qui s'opposent des arguments reposant sur des opinions différentes. Il s'agit donc de présenter des expériences contradictoires. En cours de Français, **ce sont souvent des expériences de réception**, c'est-à-dire de lecteur, de spectateur, voire d'amateur.

➡ **Les débats peuvent porter sur des objets variés. Quelques exemples :**

- **Sur un genre**

Ex. : *Vous organiserez un débat qui s'interrogera sur la poésie : le poète qui parle de lui peut-il en même temps parler au lecteur ?*

- **Sur un registre**

Ex. : *Vous organiserez un débat qui s'interrogera sur le réalisme : S'agit-il d'une écriture qui peut intéresser de jeunes lecteurs ?*

- **Sur les œuvres et les auteurs**

Ex. : *Vous organiserez un débat pour rendre compte de la lecture cursive de* Thérèse Raquin *(cf. p. 53). Le personnage principal est-il un personnage de roman que vous pourriez admirer ?*

- **Sur les mouvements littéraires et culturels**

Ex. : *Vous organiserez un débat sur le naturalisme : selon vous, les écrivains naturalistes peuvent-ils concurrencer les scientifiques de leur temps ?*

➡ Le débat se fait toujours en **temps limité** (précisé par le professeur), comme c'est le cas dans le débat public.

3 Organisation du travail

➡ Étape 1 : **Délimiter le sujet et la/les thèses en présence**
- Il est important de commencer par **bien cerner son sujet**, **les thèses en présence** et leurs enjeux.
- Dans un premier temps, il s'agit de **se documenter sur le sujet** et de chercher des **exemples** qui permettront de mieux le comprendre. C'est le moment de lire des œuvres ou des extraits importants, de visionner des films, des pièces ou des passages significatifs.
- Une fois que vous serez suffisamment informé, vous pourrez **analyser les termes** du débat et **choisir la position qui vous semble la plus juste et la défendre.** C'est affaire de goût, souvent, mais aussi de conviction. Le débat doit convaincre : il faut donc soi-même être convaincu.

➡ Étape 2 : **S'approprier des connaissances et préparer ses arguments**

La thèse ou la position qui sera défendue étant déterminée, on peut effectuer une **lecture approfondie** de quelques ressources choisies pour leur pertinence (textes, images, vidéos, films, pièces, etc.). Il s'agit alors de **repérer les arguments** qui répondent au mieux à la position à défendre. On note avec soin les exemples.

➡ Étape 3 : **Débattre**

Le débat est organisé par un **modérateur** qui fixe un cadre. Il est également celui qui distribue la parole. L'oral a ses exigences particulières :
- Se rendre **audible** (parler assez fort, articuler) et **captiver son auditoire** (le regarder, rendre son propos vivant). Pour cela, il faut **s'entraîner**.
- **Regarder** son public pour capter son attention. Il est par ailleurs impossible de lire un texte entièrement rédigé si l'on veut réagir avec spontanéité aux échanges. Il faut donc s'en tenir à quelques notes.
- **Partager le savoir restitué pour convaincre** : l'auditeur doit comprendre ce qu'on lui explique pour y adhérer.

➡ La polémique ou la violence verbale n'ont pas leur place en classe : les débatteurs doivent rester polis, même s'ils sont fermes sur leurs positions. Ils n'en seront que plus convaincants.

Exercices

1 Délimiter le sujet et les thèses en présence

a. Objet d'étude: La tragédie et la comédie au XVIIe siècle : le classicisme

Sujet : Vous participerez à un débat d'une durée de 10 minutes sur les règles du théâtre classique. Le sujet débattu sera le suivant : les règles sont-elles un obstacle à la création artistique ?

b. Objet d'étude : Le roman et la nouvelle au XIXe siècle : réalisme et naturalisme

Sujet : Vous participerez à un débat d'une durée de 10 à 15 minutes qui abordera les convergences et les différences entre le réalisme et le naturalisme. Le sujet débattu sera le suivant : peut-on dire que le naturalisme est la continuation du réalisme ?

c. Objet d'étude : La poésie du XIXe au XXe siècle : du romantisme au surréalisme

Sujet : Vous participerez à un débat d'une durée de 10 minutes sur le roman *Pauline* d'Alexandre Dumas, dont la lecture a été effectuée en complément de l'étude de la poésie. Le sujet débattu sera le suivant : *Pauline* est-il un roman qui éclaire notre connaissance du romantisme français ?

d. Objet d'étude : Genres et formes de l'argumentation : XVIIe et XVIIIe siècles

Sujet : Synthèse : À la suite de votre lecture de l'*Histoire d'un bon Bramin* de Voltaire (p. 264), vous participerez à un débat de 5 minutes qui traitera le sujet suivant : la construction des personnages par Voltaire est-elle avant tout un moyen pour convaincre le lecteur ?

1. Pour chacun des sujets ci-dessus, reformulez le sujet et déterminez les termes du débat.
2. À la lecture des seuls énoncés, à quelles ressources documentaires et à quels supports pensez-vous pouvoir faire appel efficacement pour construire un argumentaire ?

2 S'approprier des connaissances et préparer ses arguments

a. Objet d'étude : Le roman et la nouvelle au XIXe siècle : réalisme et naturalisme

Sujet : Vous participerez à un débat d'une durée de 10 minutes. Un des débatteurs défendra la place de la réalité dans les œuvres littéraires, tandis que l'autre tentera de le convaincre que la littérature ne doit pas se contenter de copier le réel.

b. Objet d'étude : La tragédie et la comédie au XVIIe siècle : le classicisme

Sujet : Vous réaliserez un débat d'une durée de 10 minutes après l'étude des enjeux de la « querelle du *Cid* » au XVIIe siècle. Selon vous, peut-on tout montrer sur une scène de théâtre ?

c. Objet d'étude : La poésie du XIXe au XXe siècle : du romantisme au surréalisme

Sujet : Après l'étude du surréalisme dans le cadre de la poésie, vous réaliserez un débat d'une durée de 10 minutes qui s'interrogera sur le groupe « Dada ». Selon vous, leurs provocations auraient-elles encore un sens et un intérêt aujourd'hui ?

d. Objet d'étude : Genres et formes de l'argumentation : XVIIe et XVIIIe siècles

Sujet : Vous réaliserez un débat d'une durée de 10 minutes sur la fable au XVIIe siècle : le détour par le monde animal est-il un choix stratégique ou brouille-t-il trop les pistes de lecture ?

1. Pour chacun des sujets ci-dessus, vous chercherez trois documents pertinents dans le manuel et, si nécessaire, sur la base documentaire de votre CDI.
2. Sans présager de la position que vous pourriez défendre, construisez un argumentaire pour chacune des thèses en présence, ainsi que des exemples possibles.

3 Débattre

a. Objet d'étude : Le roman et la nouvelle au XIXe siècle : réalisme et naturalisme

Sujet : À la suite de la lecture d'un roman d'Émile Zola, vous vous demanderez si la méthode qui est la sienne n'éclaire que son temps, et plus précisément le Second Empire ou, au contraire, si elle nous permet aussi de comprendre la société actuelle. Votre débat pourra durer 10 minutes.

b. Objet d'étude : La tragédie et la comédie au XVIIe siècle : le classicisme

Sujet : Vous réaliserez un débat d'une durée de 10 minutes sur la comédie et son rôle de critique sociale. Selon vous, une pièce de théâtre ou un film peuvent-ils encore déranger le pouvoir ?

c. Objet d'étude : La poésie du XIXe au XXe siècle : du romantisme au surréalisme

Sujet : Vous réaliserez un débat d'une durée de 10 minutes sur le poète romantique : êtes-vous touché par l'expression des sentiments personnels et intimes ?

d. Objet d'étude : Genres et formes de l'argumentation : XVIIe et XVIIIe siècles

Sujet : Vous réaliserez un débat d'une durée de 15 minutes sur la postérité de l'*Encyclopédie* et des philosophes des Lumières. Selon vous, dans quelle mesure la France est encore aujourd'hui héritière de cette époque ?

1. Pour chacun des sujets, choisissez une position et préparez l'argumentaire correspondant.
2. Vous réaliserez ces débats, en vous appuyant sur votre manuel et sur la base documentaire de votre CDI.

Fiche 12

LIRE ET ANALYSER

Lecture cursive

Préparer sa lecture, lire, rendre compte de sa lecture

Un mode de lecture : la lecture cursive est une **lecture courante d'un texte ou d'une œuvre**, visant à en identifier et à en comprendre **globalement** les **principaux thèmes** et **significations.**
La lecture cursive se distingue de la **lecture analytique** dans la mesure où elle ne nécessite pas de faire des repérages ou d'accomplir un examen approfondi des moyens expressifs et de l'interprétation à donner. La lecture cursive est proche de la **lecture découverte** fondée sur le plaisir de lire, la curiosité et l'intérêt pour un sujet.
Elle entre donc au service de recherches documentaires, de **lectures complémentaires** sur un thème ou un problème littéraire traité dans un objet d'étude. Elle peut porter sur une **œuvre complète** ou sur **un extrait.**

1 Conserver une trace de ses lectures

➽ **Réaliser une fiche-synthèse :** la lecture cursive construit des connaissances que l'élève doit savoir mobiliser. Pour conserver la trace de ces lectures et se les approprier, il est possible de réaliser une **fiche-synthèse**. Dans le cas d'une œuvre complète, on peut l'organiser à partir des **entrées** suivantes :
1. Le nom de l'auteur
2. Le titre de l'œuvre
3. La date de publication
4. Le genre
5. Le courant littéraire
6. Les grandes étapes du récit
7. Les principaux personnages
8. Les principaux thèmes abordés
9. La visée de l'œuvre

➽ **Relever des citations :** il est également possible de recopier quelques **citations** illustrant les principaux thèmes de l'œuvre. Il peut également s'agir d'expressions représentatives de **l'esthétique** de l'œuvre.

➽ **Noter ses impressions de lecture :** on peut aussi tenir un **journal de bord** dans lequel on note librement ses **impressions de lecture.** Ces impressions peuvent porter sur l'ensemble de l'œuvre ou sur un aspect plus précis (un personnage, la fin de l'histoire, le style, etc.). Il est même possible de noter les diverses **questions** suscitées par cette lecture.

Ex : *Guy de Maupassant, « Boule de Suif », 1880.*
Nouvelle réaliste.
– Rouen envahi par les Prussiens
– Dix personnes fuient la ville en diligence
– Boule de suif, une prostituée, partage son repas avec les voyageurs
– Étape dans une auberge occupée par un officier prussien
– Boule de suif rejette les avances de l'officier
– Chantage de l'officier qui refuse de laisser repartir les voyageurs
– Les voyageurs insistent pour que Boule de suif cède à ses avances
– Boule de suif finit par accepter et passe la nuit avec l'officier
– Départ de la diligence et humiliation de Boule de suif.
Les voyageurs : *Élisabeth Rousset surnommée « Boule de suif », M. Cornudet, M. et Mme Loiseau, M. et Mme Carré-Lamadon, le comte et la comtesse de Bréville, deux religieuses. L'officier prussien, les aubergistes.*
La guerre, l'argent, la nourriture, l'hypocrisie, l'égoïsme.
Une nouvelle satirique qui dénonce la disparition des valeurs morales en temps de guerre.
Citation sur l'argent : *« Bien que de conditions différentes, ils se sentaient frères par l'argent. »*
Impression de lecture : *une histoire cruelle qui montre la lâcheté et l'hypocrisie des gens.*

2 Exploiter ses lectures cursives

➽ Le sujet de dissertation indique toujours de **faire référence** aux textes d'un corpus ainsi qu'aux lectures faites dans l'année pour traiter la question posée. Au moment de traiter le sujet, l'élève doit intégrer dans sa démonstration des **exemples précis** tirés de ses lectures.

➽ **Dans** le cadre de la **lecture analytique, elles** peuvent aider à formuler des **hypothèses de lecture** face à un texte qui appartient à la même esthétique ou qui s'en écarte.

➽ Lors d'un exposé, le professeur peut **vérifier** que l'élève a bien réalisé des lectures cursives dont il a pu choisir les titres, soit à partir d'une liste, soit librement. L'élève doit faire la preuve de ses **connaissances** et de sa **culture** de façon pertinente dans le cadre d'un **dialogue** avec le professeur ou avec la classe.

Exercices

Objet d'étude : Le roman et la nouvelle au XIXe siècle : réalisme et naturalisme

1 Conserver une trace de ses lectures

Jeanne, ayant fini ses malles, s'approcha de la fenêtre, mais la pluie ne cessait pas.

L'averse, toute la nuit, avait sonné contre les carreaux et les toits. Le ciel bas et chargé d'eau semblait crevé, se vidant sur la terre, la délayant en bouillie, la fondant comme du sucre. Des rafales passaient pleines d'une chaleur lourde. Le ronflement des ruisseaux débordés emplissait les rues désertes où les maisons, comme des éponges, buvaient l'humidité qui pénétrait au-dedans et faisait suer les murs de la cave au grenier.

Jeanne, sortie la veille du couvent, libre enfin pour toujours, prête à saisir tous les bonheurs de la vie dont elle rêvait depuis si longtemps, craignait que son père hésitât à partir si le temps ne s'éclaircissait pas ; et pour la centième fois depuis le matin elle interrogeait l'horizon.

Puis elle s'aperçut qu'elle avait oublié de mettre son calendrier dans son sac de voyage. Elle cueillit sur le mur le petit carton divisé par mois, et portant au milieu d'un dessin la date de l'année courante 1819 en chiffres d'or. Puis elle biffa à coups de crayon les quatre premières colonnes, rayant chaque nom de saint jusqu'au 2 mai, jour de sa sortie du couvent.

Une voix, derrière la porte, appela : « Jeannette ! »

Jeanne répondit : « Entre, papa. » Et son père parut.

Le baron Simon-Jacques Le Perthuis des Vauds était un gentilhomme de l'autre siècle, maniaque et bon. Disciple enthousiaste de J.-J. Rousseau, il avait des tendresses d'amant pour la nature, les champs, les bois, les bêtes.

Aristocrate de naissance, il haïssait par instinct quatre-vingt-treize ; mais philosophe par tempérament et libéral par éducation, il exécrait la tyrannie d'une haine inoffensive et déclamatoire.

Sa grande force et sa grande faiblesse, c'était la bonté, une bonté qui n'avait pas assez de bras pour caresser, pour donner, pour étreindre, une bonté de créateur, éparse, sans résistance, comme l'engourdissement d'un nerf de la volonté, une lacune dans l'énergie, presque un vice.

Homme de théorie, il méditait tout un plan d'éducation pour sa fille, voulant la faire heureuse, bonne, droite et tendre.

Elle était demeurée jusqu'à douze ans dans la maison, puis, malgré les pleurs de la mère, elle fut mise au Sacré-Cœur.

Il l'avait tenue là sévèrement enfermée, cloîtrée, ignorée, et ignorante des choses humaines. Il voulait qu'on la lui rendît chaste à dix-sept ans pour la tremper lui-même dans une sorte de bain de poésie raisonnable ; et, par les champs, au milieu de la terre fécondée, ouvrir son âme, dégourdir son ignorance à l'aspect de l'amour naïf, des tendresses simples des animaux, des lois sereines de la vie.

Elle sortait maintenant du couvent, radieuse, pleine de sèves et d'appétits de bonheur, prête à toutes les joies, à tous les hasards charmants que dans le désœuvrement des jours, la longueur des nuits, la solitude des espérances, son esprit avait déjà parcourus.

Elle semblait un portrait de Véronèse avec ses cheveux d'un blond luisant qu'on aurait dit avoir déteint sur sa chair, une chair d'aristocrate à peine nuancée de rose, ombrée d'un léger duvet, d'une sorte de velours pâle qu'on apercevait un peu quand le soleil la caressait.

Ses yeux étaient bleus, de ce bleu opaque qu'ont ceux des bonshommes en faïence de Hollande.

Elle avait, sur l'aile gauche de la narine, un petit grain de beauté, un autre à droite, sur le menton, où frisaient quelques poils si semblables à sa peau qu'on les distinguait à peine. Elle était grande, mûre de poitrine, ondoyante de la taille. Sa voix nette semblait parfois trop aiguë ; mais son rire franc jetait de la joie autour d'elle. Souvent, d'un geste familier, elle portait ses deux mains à ses tempes pour lisser sa chevelure.

Elle courut à son père et l'embrassa, en l'étreignant : « Eh bien, partons-nous ? » dit-elle.

Guy de Maupassant, *Une vie*, 1883, chapitre I

→ Lisez de façon cursive cet extrait d'*Une vie* et réalisez une fiche-synthèse organisée autour des entrées suivantes : auteur, titre, date, genre, courant, principales informations apportées par le début du roman, impressions de lecture, hypothèses concernant la suite.

2 Exploiter une lecture cursive dans le cadre d'une dissertation

Vous expliquerez et commenterez la citation suivante :

> Le réaliste, s'il est un artiste, cherchera, non pas à nous donner une photographie banale de la vie, mais à nous en donner la vision plus complète, plus saisissante, plus probante que la réalité même.
>
> Maupassant, préface de *Pierre et Jean*, 1888

→ Développez un paragraphe qui ferait appel à ce roman.

Idée directrice du paragraphe à développer : *Le roman réaliste n'est pas qu'une simple imitation du réel.*

3 Exploiter une lecture cursive dans le cadre d'une activité orale

1. Entraînez-vous à lire ce passage de manière expressive.

2. Imaginez les questions qu'un professeur pourrait vous poser pour vérifier votre compréhension de ce texte et son rapport avec la problématique suivante : En quoi cet extrait est-il caractéristique du roman réaliste ?

Fiche 13

Lecture analytique (1)

Formuler des hypothèses à la première lecture

La lecture analytique consiste à construire et à formuler une **interprétation du texte**.
Avant d'entrer dans une lecture détaillée du texte, on peut formuler des **premières hypothèses**.

Il est possible de :
- Trouver des indices dans le **paratexte*** : Il faut donc apprendre à **observer** et à **exploiter** les éléments extérieurs au texte car ils peuvent **orienter la lecture**.
- Faire des hypothèses à partir d'une **lecture rapide** qui « balaie » le texte du regard afin de repérer quelques informations.

1 Trouver des indices dans le paratexte

➤ Pour formuler des **hypothèses de sens** avant la lecture, on peut s'appuyer sur des **informations périphériques** :
- le titre du texte, de l'œuvre
- le nom de l'auteur et la date de publication
- le chapeau qui présente le texte et situe le passage
- les notes de bas de page éventuelles
- la préface, la couverture (dans le cas d'une œuvre complète).

➤ On ne peut pas toujours formuler des hypothèses à partir d'un **seul élément**. Il faut bien souvent **croiser plusieurs informations**. Certains indices peuvent paraître inutiles dans un premier temps. Mais ils pourront **prendre du sens** lors de l'étude approfondie du texte.

Ex 1 : ***Paratexte :*** *Voltaire,* Candide ou l'Optimisme, *1759.*

*– **L'auteur** : ses idées peuvent-elles m'aider à formuler des hypothèses ?*

*– **Le titre** : quelles sont les différentes significations du titre ?*

*– **La date de publication** : les circonstances d'écriture sont-elles importantes ? Pourquoi ?*

Ex 2 : ***Paratexte :*** *Victor Hugo,* Les Contemplations, *1856, « Réponse à un acte d'accusation », Livre premier, VII. Hugo rejette ici les normes classiques qui imposent leurs interdits au théâtre et en poésie.*

Ce paratexte contient des informations qui permettent d'orienter la lecture du texte : le titre annonce un **texte de défense** et le chapeau introducteur évoque **l'expression d'une rupture avec les règles classiques.**

Attention : Les éléments du paratexte ne sont pas toujours significatifs.

Ex : *Jules et Edmond de Goncourt,* Germinie Lacerteux, *1865.*

2 Faire des hypothèses à partir d'une première lecture

➤ La **lecture « balayage »** (le regard balaie le texte) consiste à **parcourir** le texte pour prélever des **indices** sur certains **aspects** qui fournissent une **première impression de lecture**. On peut observer en particulier :
- le type de texte (genre* et forme)
- la situation d'énonciation* (qui parle/écrit ? à qui ? de quoi ? pourquoi ?)
- le(s) thème(s)
- le registre* et le ton dominant
- la visée globale du texte
- la forme et la mise en page du texte.

➤ Il s'agit alors de formuler des premières hypothèses sous forme de **questions ou d'énoncés** (à l'oral ou à l'écrit). Ces hypothèses de sens seront ensuite **acceptées**, **rejetées** ou **ajustées** lors de la lecture du texte. Cette **confrontation** entre les premières hypothèses et la lecture du texte doit ainsi conduire vers l'élaboration d'un **projet de lecture**.

Ex : *« Je suis fou, pensa-t-il, je soupçonne ma mère. » Et un flot d'amour et d'attendrissement, de repentir, de prière et de désolation noya son cœur. Sa mère ! La connaissant comme il la connaissait, comment avait-il pu la suspecter ? Est-ce que l'âme, est-ce que la vie de cette femme simple, chaste et loyale, n'étaient pas plus claires que l'eau ? Quand on l'avait vue et connue, comment ne pas la juger insoupçonnable ? Et c'était lui, le fils, qui avait douté d'elle ! Oh ! s'il avait pu la prendre en ses bras en ce moment, comment il l'eût embrassée, caressée, comme il se fût agenouillé pour demander grâce !*

Maupassant, Pierre et Jean, *1888.*

➤ Une **première impression de lecture** fait apparaître les multiples **exclamations** et **interrogations**. On constate donc qu'il s'agit d'un **monologue intérieur** dans lequel le personnage semble exprimer des **soupçons** à l'encontre de sa mère. On peut donc orienter la lecture de ce passage autour d'une première question : **comment ce monologue exprime-t-il l'agitation intérieure du personnage ?**

Exercices

1 Trouver des indices dans le paratexte

a. Pierre Corneille, *L'Illusion comique*, 1635
b. Lucien Descaves, *Sous-offs*, 1889
c. Arthur Rimbaud, « Ma bohème *(fantaisie)* », 1870
d. Paul Verlaine, « Mon rêve familier », 1866
e. Émile Zola, *La Bête humaine*, 1890
f. Molière, *Dom Juan*, 1665
g. Voltaire, *Dictionnaire philosophique*, 1764

➜ Formulez des hypothèses de lecture à partir de chaque titre.

2 Trouver des indices dans le paratexte

Objet d'étude : Le roman et la nouvelle du XIXe siècle : réalisme et naturalisme

Paratexte : *« Thérèse et Laurent sont des brutes humaines, rien de plus. » (Émile Zola, préface à la deuxième édition de* Thérèse Raquin, *1868).*

Laurent secouait toujours Camille en le serrant d'une main à la gorge. Il finit par l'arracher de la barque à l'aide de son autre main. Il le tenait en l'air, ainsi qu'un enfant, au bout de ses bras vigoureux. Comme il penchait la tête, découvrant le cou, sa victime, folle de rage et d'épouvante, se tordit, avança les dents et les enfonça dans ce cou. Et lorsque le meurtrier, retenant un cri de souffrance, lança brusquement le commis à la rivière, les dents de celui-ci lui emportèrent un morceau de chair.

Émile Zola, *Thérèse Raquin*, 1867.

1. Formulez une hypothèse de lecture à partir du paratexte.
2. Vérifiez la validité de cette hypothèse par une analyse précise de l'extrait.

3 Faire des hypothèses à partir d'une lecture « balayage »

Objet d'étude : Genres et formes de l'argumentation : XVIIe et XVIIIe siècles

RÉFUGIÉS, *(Hist. mod. politiq.)* C'est ainsi que l'on nomme les protestants français que la révocation de l'édit de Nantes a forcés de sortir de France, et de chercher un asile dans les pays étrangers, afin de se soustraire aux persécutions qu'un zèle aveugle et inconsidéré leur faisait éprouver dans leur patrie. [...] Louis XIV, en persécutant les protestants, a privé son royaume de près d'un million d'hommes industrieux qu'il a sacrifiés aux vues intéressées et ambitieuses de quelques mauvais citoyens, qui sont les ennemis de toute liberté de penser.

Anonyme, *Encyclopédie*, 1751-1772, article « Réfugiés »

1. Quelle est la visée de cet article ?
2. Justifiez votre réponse en relevant des indices pertinents.

4 Faire des hypothèses à partir d'une lecture « balayage »

Objet d'étude : La poésie du XIXe au XXe siècle : du romantisme au surréalisme

Tandis que les crachats rouges de la mitraille
Sifflent tout le jour par l'infini du ciel bleu ;
Qu'écarlates ou verts, près du Roi qui les raille,
Croulent les bataillons en masse dans le feu ;

Arthur Rimbaud, *Poésies*, 1870, « Le Mal »

1. Quel est le thème dominant dans cette strophe ? Justifiez votre réponse en relevant un champ lexical.
2. À partir de votre réponse, expliquez le titre.

5 Faire des hypothèses à partir d'une lecture « balayage »

Objet d'étude : La tragédie et la comédie au XVIIe siècle : le classicisme

SGANARELLE : [...] je t'apprends *inter nos*, que tu vois en Dom Juan, mon maître, le plus grand scélérat que la terre ait jamais porté, un enragé, un chien, un diable, un Turc, un hérétique, qui ne croit ni Ciel, ni enfer, ni loup-garou, qui passe cette vie en véritable bête brute, en pourceau d'Épicure, un vrai Sardanapale, qui ferme l'oreille à toutes les remontrances qu'on lui peut faire, et traite de billevesées tout ce que nous croyons.

Molière, *Dom Juan*, 1665, acte I, scène 1

1. Comment Sganarelle présente-t-il son maître ?
2. Justifiez votre réponse en relevant et en analysant des indices pertinents.

6 Faire des hypothèses à partir d'une lecture « balayage »

Objet d'étude : Genres et formes de l'argumentation : XVIIe et XVIIIe siècles

[...] Il a semblé bon à Mahomet et à nous de condamner, proscrire, anathématiser ladite infernale invention de l'imprimerie, pour les causes ci-dessous énoncées.

1. Cette facilité de communiquer ses pensées tend évidemment à dissiper l'ignorance, qui est la gardienne et la sauvegarde des États bien policés.

2. Il est à craindre que, parmi les livres apportés d'Occident, il ne s'en trouve quelques-uns sur l'agriculture et sur les moyens de perfectionner les arts mécaniques, lesquels ouvrages pourraient à la longue, ce qu'à Dieu ne plaise, réveiller le génie de nos cultivateurs et de nos manufacturiers, exciter leur industrie, augmenter leurs richesses, et leur inspirer un jour quelque élévation d'âme, quelque amour du bien public.

Voltaire, *De l'horrible danger de la lecture*, 1765

1. Quel est le registre* de ce texte ? Justifiez votre réponse en relevant et en analysant des indices pertinents.
2. À partir de vos réponses, donnez un autre titre.

Fiche 14

Lecture analytique (2)

Repérer, interpréter et analyser

La **lecture analytique** se distingue de la lecture cursive dans la mesure où elle nécessite de faire des repérages et d'accomplir un **examen approfondi** des moyens expressifs et de l'interprétation à donner.

1 Repérer des indices en fonction des hypothèses

➡ Si la lecture « balayage » a permis de formuler des premières hypothèses, une **lecture plus attentive** doit confirmer ou ajuster ces hypothèses. La relecture du texte vise donc à **repérer des indices** en fonction de celles-ci.

➡ Ce travail de repérage est indispensable, car il permet de **construire le sens** du texte. Il est possible de choisir quelques **entrées** précises :
– les champs lexicaux*
– les champs sémantiques*
– les temps verbaux
– les pronoms, les déterminants (voir fiche 58)
– les registres* (voir fiche 15)
– les figures de style (voir fiche 16)
– les répétitions et les reprises
– la structure du texte

➡ Exemple : **Objet d'étude :** La poésie du XIXe au XXe siècle : du romantisme au symbolisme

L'année 1843 marque un tournant dans la vie du poète : le 4 septembre, sa fille aînée Léopoldine se noie dans la Seine avec son mari. Il s'agit ici d'un « poème-anniversaire » daté du 3 septembre 1847.

Demain, dès l'aube, à l'heure où blanchit la [campagne,
Je partirai. Vois-tu, je sais que tu m'attends.
J'irai par la forêt, j'irai par la montagne.
Je ne puis demeurer loin de toi plus longtemps.

Je marcherai les yeux fixés sur mes pensées,
Sans rien voir au dehors, sans entendre aucun bruit,
Seul, inconnu, le dos courbé, les mains croisées,
Triste, et le jour pour moi sera comme la nuit.

Je ne regarderai ni l'or du soir qui tombe,
Ni les voiles au loin descendant vers Harfleur,
Et, quand j'arriverai, je mettrai sur ta tombe
Un bouquet de houx vert et de bruyère en fleur.

3 septembre 1847

Victor Hugo, *Les Contemplations*, 1856, IV, 14

• **Première hypothèse :** ce poème est construit sur **un dévoilement progressif des raisons du déplacement du poète :**
– **Au début** : expression de l'impatience d'un rendez-vous avec un être cher.
– **À la fin** : découverte de la mort de cet être cher.

• **Relevé des indices :**
– Les expressions évoquant un **rendez-vous attendu** de part et d'autre : « **je** sais que **tu** m'attends ; **Je** ne puis demeurer loin de **toi** ».
– Les verbes indiquant **un déplacement** vers la personne aimée : « **je partirai** ; j'**irai** ; je **marcherai** ; j'**arriverai** ».
– Le champ sémantique de la **tristesse** et du **deuil :** « **seul** ; **inconnu** ; **dos courbé** ; **triste** ; **ta tombe** ».

Le poème contient évidemment d'**autres indices** qu'il faudra repérer et analyser afin de construire le sens du texte de manière **plus approfondie**. Mais, dans un premier temps, il est nécessaire de définir un **projet de lecture** afin de construire progressivement les différentes significations du texte.

2 Analyser et interpréter dans un projet de lecture

➡ Le projet de lecture s'élabore à partir de **la confrontation** entre les premières hypothèses et le repérage de quelques indices. Il doit conduire vers la formulation d'une ou plusieurs **problématiques**. Ces **questions** vont orienter le travail d'analyse sur **le fond** comme sur **la forme** et faire émerger une **interprétation** particulière du texte.

➡ Il est nécessaire d'**ancrer** le travail d'analyse et d'interprétation d'un texte **à l'intérieur d'un projet de lecture**. Il oriente la lecture du texte, permet de vérifier ou d'ajuster des hypothèses. La lecture analytique a donc une **visée argumentative** puisqu'elle vise à construire le sens d'un texte par rapport à un projet de lecture préalablement défini.

Ces projets de lecture permettent de montrer que ce poème est construit autour d'un contraste entre l'impatience d'un rendez-vous et une chute dévoilant le véritable objet de ce rendez-vous : **la tombe de la fille du poète**.

Exemple 1 : Projet de lecture : comment ce poème suggère-t-il le désir de retrouver l'être aimé ?

Repérage des indices	Identification/Analyses	Interprétations
« Demain, dès l'aube [...]/Je partirai.» « Je sais que tu m'attends »	Indication temporelle et verbe au futur.	Révélation d'un départ et d'un rendez-vous attendu de part et d'autre.
v. 2 : « **Je** partirai. »	Présence d'un rejet et mise en relief de la première personne.	Expression de la détermination ; absence de précision sur la destination.
« Je sais que tu m'attends ; Je ne puis demeurer loin de toi »	Jeu entre les pronoms de première et de deuxième personne.	Ton du dialogue intime : complicité. Allusion à un rendez-vous amoureux ?
« j'irai ; je marcherai ; j'arriverai »	Verbes de déplacement au futur simple.	Projection dans le futur : voyage à accomplir ; expression du dynamisme de la marche.
« par la montagne ; vers Harfleur » « aube ; jour ; soir »	Indications spatiales et temporelles.	Évocation de la durée du voyage : progression spatiale et temporelle (une journée).
« je mettrai sur ta tombe »	Importance de la chute qui dévoile l'ambiguïté initiale du rendez-vous.	Arrivée sur la tombe de sa fille : rendez-vous avec la mort.

Exemple 2 : Projet de lecture : comment le poème traduit-il la douleur de l'absence de l'être aimé ?

Repérage des indices	Identification/Analyses	Interprétations
« Seul ; inconnu ; triste »	Accumulation d'adjectifs qualificatifs ; rejet de « triste ».	Expression de la solitude et de la tristesse.
« sans rien voir ; sans entendre ; je ne regarderai ni l'or [...] ni les voiles »	Répétition des tournures négatives.	Évocation de la souffrance, du repli sur soi.
« les yeux fixés sur mes pensées ; le dos courbé, les mains croisées »	Expressions décrivant l'attitude du poète ; assonances en [é].	Insistance sur le recueillement et la méditation ; attitude du deuil.
« je mettrai sur ta tombe »	Importance de la chute qui dévoile l'ambiguïté initiale du rendez-vous.	Effet pathétique. Dévoilement final : rendez-vous avec la mort.
3 septembre 1847.	Importance de la date : mort de Léopoldine le 4 septembre 1843.	Poème de la douleur : souvenir de la perte d'un être cher.

3 Organiser et présenter une lecture analytique

La présentation d'une lecture analytique à l'oral doit s'organiser autour de **quatre temps** :

Étape 1 : Une introduction qui comprend :

• **Une entrée en matière** situant le texte dans un contexte : l'époque, le courant, le genre, l'œuvre dont il est extrait.

Ex : Dans *Les Contemplations*, publiées en 1846, Victor Hugo aborde différents thèmes : la nature, l'amour, l'enfance, l'interrogation métaphysique. Mais ce recueil de poésies exprime avant tout la souffrance liée à la perte d'êtres chers.

• **Une présentation** du texte : ses circonstances d'écriture, son idée générale, sa structure, ses caractéristiques.

Ex : L'année 1843 marque effectivement un tournant dans la vie du poète : le 4 septembre, sa fille aînée Léopoldine se noie dans la Seine avec son mari. Après un temps de silence, il évoque alors sa douleur dans un « poème-anniversaire ». Si la première strophe s'ouvre sur l'impatience d'un rendez-vous, les vers nous font progresser vers son objet réel : la tombe de Léopoldine.

• **Une annonce** et une **justification** du projet de lecture.

Ex : C'est autour de cette double thématique de l'amour et de la mort que s'orientera notre projet de lecture. Notre analyse montrera comment ce poème traduit le désir de retrouver un être cher ainsi que la souffrance de sa disparition.

Étape 2 : Une lecture expressive du texte.

Étape 3 : Un développement qui s'efforce de :

• **construire le sens du texte** en fonction d'un projet de lecture pertinent ;

• **justifier des interprétations** par un travail de repérage et d'analyse rigoureux.

Étape 4 : Une conclusion qui comprend :

• **Un bilan** qui montre l'intérêt du texte.

Ex : Dans ce poème, Victor Hugo a réussi à faire partager sa douleur et elle est d'autant plus émouvante qu'elle est traduite avec des mots simples et dans un lyrisme d'une grande sobriété.

• **Un élargissement** qui montre les rapports du texte étudié avec d'autres textes du corpus (ou de l'œuvre) ou avec d'autres textes à d'autres époques.

Ex : Ce poème d'amour et de mort s'inscrit dans la lignée des textes littéraires qui célèbrent le souvenir d'une relation exceptionnelle. Même si la parole poétique ne peut effacer la réalité douloureuse de la disparition, elle réaffirme la présence de l'être aimé dans le cœur du poète. Ainsi, dans le poème intitulé « L'isolement », Lamartine évoque-t-il la douleur de la perte d'un être cher en un vers resté célèbre : « Un seul être vous manque, et tout est dépeuplé ! »

Exercices

1 Repérer des indices en fonction des hypothèses

Objet d'étude : Le roman et la nouvelle du XIXe siècle : réalisme et naturalisme

Quand la caissière lui eut rendu la monnaie de sa pièce de cent sous, Georges Duroy sortit du restaurant. Comme il portait beau par nature et par pose d'ancien sous-officier, il cambra sa taille, frisa sa moustache d'un geste militaire et familier, et jeta sur les dîneurs attardés un regard rapide et circulaire, un de ces regards de joli garçon, qui s'étendent comme des coups d'épervier.

Les femmes avaient levé la tête vers lui, trois petites ouvrières, une maîtresse de musique entre deux âges, mal peignée, négligée, coiffée d'un chapeau toujours poussiéreux et vêtue toujours d'une robe de travers, et deux bourgeoises avec leurs maris, habituées de cette gargote à prix fixe.

Guy de Maupassant, *Bel-Ami*, Première partie, chapitre 1, 1885

1. Comment le personnage de Georges Duroy est-il présenté dès le début du roman ?
2. Justifiez votre réponse en relevant et en analysant des indices pertinents.

2 Repérer des indices en fonction des hypothèses

Objet d'étude : La poésie du XIXe au XXe siècle : du romantisme au surréalisme

« Aube »

J'ai embrassé l'aube d'été.

Rien ne bougeait encore au front des palais. L'eau était morte. Les camps d'ombres ne quittaient pas la route du bois. J'ai marché, réveillant les haleines vives et tièdes, et les pierreries regardèrent, et les ailes se levèrent sans bruit.

La première entreprise fut, dans le sentier déjà empli de frais et blêmes éclats, une fleur qui me dit son nom.

Je ris au wasserfall blond qui s'échevela à travers les sapins : à la cime argentée je reconnus la déesse. [...]

Arthur Rimbaud, *Illuminations*, 1886, « Aube »

1. Relevez et analysez les expressions qui personnifient les éléments naturels.
2. Relevez et analysez les termes qui donnent une dimension féerique à la nature. Que constatez-vous ?

3 Repérer des indices en fonction des hypothèses

Objet d'étude : La tragédie et la comédie au XVIIe siècle : le classicisme

PHÈDRE : Ah, douleur non encore éprouvée !
À quel nouveau tourment je me suis réservée !
Tout ce que j'ai souffert, mes craintes, mes transports,
La fureur de mes feux, l'horreur de mes remords,
Et d'un cruel refus l'insupportable injure
N'était qu'un faible essai du tourment que j'endure.
Ils s'aiment ! par quel charme ont-ils trompé mes yeux ?
Comment se sont-ils vus ? Depuis quand ? Dans quels lieux ?
Tu le savais. Pourquoi me laissais-tu séduire ?
De leur furtive ardeur ne pouvais-tu m'instruire ?
Les a-t-on vus souvent se parler, se chercher ?
Dans le fond des forêts allaient-ils se cacher ?
Hélas ! Ils se voyaient avec pleine licence.
Le ciel de leurs soupirs approuvait l'innocence ;
Ils suivaient sans remords leur penchant amoureux ;
Tous les jours se levaient clairs et sereins pour eux.

Jean Racine, *Phèdre*, acte IV, scène 6, 1677

1. Identifiez les sentiments exprimés dans ce passage.
2. Justifiez votre réponse en observant le vocabulaire, les types de phrases et les pronoms de première et de troisième personne.

4 Analyser et interpréter dans un projet de lecture

Objet d'étude : Genres et formes de l'argumentation : XVIIe et XVIIIe siècles

En attendant, on leur fit voir la ville, les édifices publics élevés jusqu'aux nues, les marchés ornés de mille colonnes, les fontaines d'eau pure, les fontaines d'eau rose, celles de liqueurs de canne de sucre qui coulaient continuellement dans de grandes places pavées d'une espèce de pierreries qui répandaient une odeur semblable à celle du gérofle et de la cannelle. Candide demanda à voir la cour de justice, le parlement ; on lui dit qu'il n'y en avait point, et qu'on ne plaidait jamais. Il s'informa s'il y avait des prisons, et on lui dit que non. Ce qui le surprit davantage, et qui lui fit le plus de plaisir, ce fut le palais des sciences, dans lequel il vit une galerie de deux mille pas, toute pleine d'instruments de mathématique et de physique.

Voltaire, *Candide*, 1759.

1. Repérez et analysez les éléments qui décrivent une ville idéale.
2. Quels indices nous indiquent qu'il s'agit d'un lieu imaginaire ?

5 Analyser et interpréter dans un projet de lecture

Objet d'étude : La poésie du XIXe au XXe siècle : du romantisme au surréalisme

[...]
Quand la terre est changée en un cachot humide,
Où l'Espérance, comme une chauve-souris,
S'en va battant les murs de son aile timide
Et se cognant la tête à des plafonds pourris ;

Quand la pluie étalant ses immenses traînées
D'une vaste prison imite les barreaux,
Et qu'un peuple muet d'infâmes araignées
Vient tendre ses filets au fond de nos cerveaux,

Des cloches tout à coup sautent avec furie
Et lancent vers le ciel un affreux hurlement,
Ainsi que des esprits errants et sans patrie
Qui se mettent à geindre opiniâtrement.
[...]

Charles Baudelaire, *Les Fleurs du Mal*, 1861, « Spleen »

1. Comment ce poème exprime-t-il l'angoisse et le désespoir ?
2. Observez en particulier : les champs lexicaux, les adjectifs, les comparaisons et les métaphores.

6 Organiser et présenter une lecture analytique

Objet d'étude : La poésie du XIXe au XXe siècle : du romantisme au surréalisme

Une aube affaiblie
Verse par les champs
La mélancolie
Des soleils couchants.
La mélancolie
Berce de doux chants
Mon cœur qui s'oublie
Aux soleils couchants.
Et d'étranges rêves,
Comme des soleils
Couchants sur les grèves,
Fantômes vermeils,
Défilent sans trêves,
Défilent, pareils
À des grands soleils
Couchants sur les grèves.

Paul Verlaine, *Poèmes saturniens*, 1866, « Soleils couchants »

1. Repérez et analysez les procédés qui font de cette description le reflet d'un état d'âme.
2. Rédigez une introduction et une conclusion.
3. Présentez votre lecture analytique en classe.

7 Organiser et présenter une lecture analytique

Objet d'étude : Le roman et la nouvelle du XIXe siècle : réalisme et naturalisme

Au physique, Grandet était un homme de cinq pieds, trapu, carré, ayant des mollets de douze pouces de circonférence, des rotules noueuses et de larges épaules ; son visage était rond, tanné, marqué de petite vérole ; son menton était droit, ses lèvres n'offraient aucunes sinuosités, et ses dents étaient blanches ; ses yeux avaient l'expression calme et dévoratrice que le peuple accorde au basilic ; son front, plein de rides transversales, ne manquait pas de protubérances significatives ; ses cheveux, jaunâtres et grisonnants, étaient blanc et or, disaient quelques jeunes gens qui ne connaissaient pas la gravité d'une plaisanterie faite sur Monsieur Grandet. Son nez, gros par le bout, supportait une loupe veinée que le vulgaire disait, non sans raison, pleine de malice.

Honoré de Balzac, *Eugénie Grandet*, 1833

1. En quoi cette description est-elle représentative du roman réaliste ?
2. Rédigez une introduction et une conclusion.
3. Présentez votre lecture analytique en classe.

8 Organiser et présenter une lecture analytique

Objet d'étude : La tragédie et la comédie au XVIIe siècle : le classicisme

MAÎTRE DE PHILOSOPHIE : Non, Monsieur : tout ce qui n'est point prose est vers ; et tout ce qui n'est point vers est prose.
M. JOURDAIN : Et comme l'on parle qu'est-ce que c'est donc que cela ?
MAÎTRE DE PHILOSOPHIE : De la prose.
M. JOURDAIN : Quoi ? quand je dis : « Nicole, apportez-moi mes pantoufles, et me donnez mon bonnet de nuit », c'est de la prose ?
MAÎTRE DE PHILOSOPHIE : Oui, Monsieur.
M. JOURDAIN : Par ma foi ! il y a plus de quarante ans que je dis de la prose sans que j'en susse rien, et je vous suis le plus obligé du monde de m'avoir appris cela. Je voudrais donc lui mettre dans un billet : *Belle Marquise, vos beaux yeux me font mourir d'amour* ; mais je voudrais que cela fût mis d'une manière galante, que cela fût tourné gentiment.
MAÎTRE DE PHILOSOPHIE : Mettre que les feux de ses yeux réduisent votre cœur en cendres ; que vous souffrez nuit et jour pour elle les violences d'un...
M. JOURDAIN : Non, non, non, je ne veux point tout cela ; je ne veux que ce que je vous ai dit : *Belle Marquise, vos beaux yeux me font mourir d'amour.*

Molière, *Le Bourgeois gentilhomme*, 1670, acte II, scène 4

1. Comment ce dialogue tourne-t-il en dérision le personnage de M. Jourdain ?
2. Rédigez une introduction et une conclusion.
3. Présentez votre lecture analytique en classe.

Fiche 15

Les registres littéraires

On définit un **registre littéraire** en fonction de **l'émotion** que le lecteur ressent à la réception d'un texte. Cet effet est visé par l'auteur soit par le **contenu**, soit par le **style**. Les principaux **registres littéraires** sont :
– Le comique
– Le tragique
– Le pathétique
– Le lyrique
– Le polémique
– Le didactique
– L'épique.

Quelques **genres littéraires** sont davantage orientés vers **certains registres** (la comédie : le comique ; la tragédie : le tragique ; l'épopée : l'épique).
Un registre peut prendre différentes **nuances**. Par exemple, le comique peut prendre la forme de la satire, de l'ironie, de l'humour, du burlesque.
Attention ! Il ne faut pas confondre les registres littéraires avec les **registres de langue*** (soutenu, courant, familier).

1 Le comique

➽ **Le registre comique** suscite le **rire** ou **le sourire**. On distingue le comique de caractère, de situation, de gestes et de mots.

Les **principaux procédés** du comique sont :

• Les effets de **rupture,** de **décalage,** de **surprise**.
Ex : *« DORINE : Tartuffe ? il se porte à merveille.*
Gros et gras, le teint frais, et la bouche vermeille.
ORGON : Le pauvre homme ! » (Molière, Tartuffe, *1664, I, 4)*

• La **déformation** ou l'**exagération** qui peut s'exprimer à travers la **caricature***.
Ex : *« Il entre à l'appartement, et passe sous un lustre où sa perruque s'accroche et demeure suspendue. » (La Bruyère,* Les Caractères, *1688, XI)*

• La **répétition de mots, de phrases, de situations**.
Ex : *« TRISSOTIN : Allez, petit grimaud, barbouilleur de papier.*
VADIUS : Allez, rimeur de balle, opprobre du métier.
TRISSOTIN : Allez, fripier d'écrits, impudent plagiaire. » (Molière, Les Femmes savantes, *1672, III, 3)*

• Les **quiproquos et les jeux de mots**.
Ex : *« BÉLISE : Veux-tu toute ta vie offenser la grammaire ?*
MARTINE : Qui parle d'offenser grand-mère ni grand-père ? » (Molière, Les Femmes savantes, *II, 6)*

Le comique peut prendre d'**autres nuances.**

➽ **La satire : le registre satirique** consiste à **se moquer** des défauts ou des ridicules d'une personne, d'un groupe, d'un milieu ou d'une époque.

Les **principaux procédés** du registre satirique sont :

• Les **termes dévalorisants**.
Ex : *« Dom Juan, mon maître [...] passe cette vie en véritable bête brute, en pourceau d'Épicure. » (Molière,* Dom Juan, *1665, I, 1)*

• Les **figures de l'exagération** (la caricature).

• La **fausse naïveté**.
Ex : *« D'ailleurs, ce roi est un grand magicien : il exerce son empire sur l'esprit même de ses sujets. » (Montesquieu,* Lettres persanes, *1721, Lettre XXIV)*

➽ **L'ironie,** qui consiste à se **moquer** de quelqu'un ou de quelque chose en disant le contraire de ce que l'on veut faire comprendre.

Les **principaux procédés** de l'ironie sont :

• Les **figures d'opposition** : l'**antiphrase** et l'**oxymore.**
Ex : *« Les sages du pays n'avaient pas trouvé un moyen plus efficace pour prévenir une ruine totale que de donner au peuple un bel auto-da-fé. » (Voltaire,* Candide, *1759, ch. VI)*

• Les **figures de l'atténuation** (l'euphémisme).
Ex : *Au sujet des* ***prisons :*** *« tous deux furent menés séparément dans des appartements d'une extrême fraîcheur, dans lesquels on n'était jamais incommodé du soleil. » (Voltaire,* Candide, *ch. VI)*

• Les **figures de l'exagération** (hyperbole).
Ex : *« Les habitants de Paris sont d'une curiosité qui va jusqu'à l'extravagance. » (Montesquieu,* Lettres persanes, *1721, Lettre XXX)*

• Les **procédés de décalage, de distorsion**.
Ex : *« Monsieur le baron était un des plus puissants seigneurs de la Vestphalie, car son château avait une porte et des fenêtres. » (Voltaire,* Candide, *1759, ch. I)*

➽ **Le burlesque et l'héroï-comique** consistent à opérer un renversement. Le **registre burlesque,** très en vogue au milieu du XVIIe siècle, se caractérise par l'emploi d'**expressions plaisantes** et **ridicules** pour parler de choses **nobles** et **sérieuses.**
Inversement, le **registre héroï-comique** se caractérise par l'emploi d'**expressions nobles et élevées** pour traiter un **sujet bas** et **trivial.**

2 Le tragique et le pathétique

➡ **Le registre tragique** suscite une réaction de **pitié** ou de **terreur** devant des situations où les personnages sont victimes de la **fatalité** et condamnés à un **malheur** certain.

Les **principaux procédés** du registre tragique sont :

- **Le lexique de la fatalité, du destin, du désespoir.**
- **Le lexique du malheur, de la douleur, de la mort, du néant.**

Ex : *« Si, dans un sacrifice auguste et solennel,*
Une fille du sang d'Hélène
De Diane en ces lieux n'ensanglante l'autel. » (Racine, Iphigénie, *1674, I, 1)*

- **Les figures d'insistance** sur la **gravité** et le caractère **terrible** de la situation.

Ex : *« Mon bras qu'avec respect toute l'Espagne admire,*
Mon bras, qui tant de fois a sauvé cet empire
Tant de fois affermi le trône de son roi,
Trahit donc ma querelle et ne fait rien pour moi ? »
(Corneille, Le Cid, *1637, I, 4)*

- **Les exclamations, les interjections et les interpellations.**

Ex : *« Ô rage ! Ô désespoir ! Ô vieillesse ennemie ! »*
(Corneille, Le Cid, *I, 4)*

- Les termes évoquant l'idée d'**accablement** et d'**impuissance**.

➡ **Le registre pathétique** suscite des sentiments de **pitié** et de **compassion** devant les **malheurs** des personnages : la souffrance, la tristesse, la misère, la maladie, etc.

Les **principaux procédés** du registre pathétique sont :

- Le lexique de la **souffrance**, des **malheurs**.

Ex : *« et le père Bru, ce pauvre vieux, qu'on laissait crever. » (Zola,* L'Assommoir, *1876)*

- Le vocabulaire des **sensations** et des **sentiments**.

Ex : *« Elle en gardait un poids sur le cœur, de le savoir continuellement là, de l'autre côté du corridor, abandonné de Dieu et des hommes. » (Zola,* L'Assommoir*)*

- Les phrases **exclamatives**, les **apostrophes** et les **interjections**.

Ex : *« Est-ce qu'on va se mettre*
À tuer les enfants maintenant ? Ah ! mon Dieu !
On est donc des brigands ! » (Hugo, Les Châtiments, *1853)*

- Les **hyperboles**, les **accumulations**.
- Les **détails réalistes**.

Ex : *« Un matin, comme ça sentait mauvais dans le corridor, on se rappela qu'on ne l'avait pas vue depuis deux jours ; et on la découvrit déjà verte, dans sa niche. » (Zola,* L'Assommoir, *1876)*

3 Le lyrique

➡ **Le registre lyrique** cherche à faire vibrer le cœur du lecteur par l'expression des **émotions** ou **des sentiments personnels** et/ou **universels** : l'amour, la colère, les regrets, la peine, la joie, la fuite du temps, le sentiment de la nature, la vie, la mort, etc. Il peut prendre le ton de la passion exaltée ou celui de la confidence.

Les **principaux procédés** du registre lyrique sont :

- L'importance de la **première personne**.

Ex : *« J'espérais bien pleurer, mais je croyais souffrir. »*
(Musset, Poésies nouvelles, *1850)*

- Le vocabulaire des **sentiments**, des **émotions**.

Ex : *« Quelle est cette langueur*
Qui pénètre mon cœur ? »
(Verlaine», Romances sans paroles, *1874)*

- Les phrases **exclamatives** et **interrogatives**.

Ex : *« Ô bruit doux de la pluie*
Par terre et sur les toits ! »
(Verlaine, Romances sans paroles*)*

- Les **interjections**.

Ex : *« Ô vous tous, ma peine est profonde :*
Priez pour le pauvre Gaspard ! »
(Verlaine, Sagesse, *1880)*

- Les **anaphores***.

Ex : *« Quand les branches d'arbres sont noires,*
Quand la neige est épaisse et charge un sol glacé !
Quand seul dans un ciel pâle un peuplier s'élance. »
(Vigny, Poèmes antiques et modernes, *1826)*

- Les **hyperboles***.

Ex : *« Ô cœur inexorable ! oui, tu fus offensée !*
Mais écoute mon souffle, et sens ma main glacée. »
(Vigny, Poèmes antiques et modernes*)*

- Les **métaphores**.

Ex : *« Quel dieu, quel moissonneur de l'éternel été*
Avait en s'en allant négligemment jeté
Cette faucille d'or dans le champ des étoiles. »
(Hugo, La Légende des siècles, *1859, I, VI)*

4 Le polémique

➡ **Le registre polémique** suscite l'**indignation** et la **révolte.** Il se rencontre dans des textes ou des débats qui **attaquent** violemment des personnes ou des idées. Il vise à **réfuter** un point de vue opposé et à **discréditer** l'adversaire.

Les **principaux procédés** du registre polémique sont :

- Les marques de la **première personne**.

Ex : *« Je vous veux faire connaître, Monsieur, votre condition véritable ; car c'est la chose du monde que les personnes de votre sorte ignorent le plus. » (Pascal, « Troisième discours sur la condition des grands », 1660)*

- Le lexique de la **colère** et de **l'indignation**.
Ex : *« Cet achat de nègres, pour les réduire en esclavage, est un négoce qui viole la religion, les lois naturelles et tous les droits de la nature humaine. » (Jaucourt,* Encyclopédie, *« Traite des nègres »)*
- Les termes **dévalorisant** ou **calomniant** l'adversaire.
Ex : *« Croira-t-on que chez les papistes il y ait eu des tribunaux assez imbéciles, assez lâches, assez barbares... » (Voltaire,* Dictionnaire philosophique, *1764, article « Carême »)*
- Les **invectives** et les **apostrophes** à destination de l'adversaire.
Ex : *« Prêtres idiots et cruels ! » (Voltaire, article « Carême »)*
- L'**implication** du destinataire.
Ex : *« Amusez les Rois par des songes,
Flattez-les, payez-les d'agréables mensonges » (La Fontaine,* Fables, *1678)*
- Les **oppositions** entre des valeurs (bien/mal ; beau/laid ; moral/immoral).
- Les figures d'**insistance : l'anaphore et l'hyperbole.**
Ex : *« Si la raison gouvernait les hommes* [...] *ils ne marqueraient point cet acharnement qui caractérise les bêtes féroces. » (Damilaville,* Encyclopédie, *1751-1772, article « Paix »)*

5 Le didactique

➡ **Le registre didactique** vise à **enseigner**, à **transmettre un savoir** soit théorique, soit pratique. Il se caractérise par des explications, des éclaircissements et des conseils.

Les **principaux procédés** du registre didactique sont :

- Le lexique des **explications**, des **conseils**.
Ex : *« Il faut donc mettre ensemble la justice et la force, et pour cela faire que ce qui est juste soit fort. » (Pascal,* Pensées, *1670)*
- La **progression claire** et **logique** des propos.
Ex : *« L'homme que nous considérons est cet être qui pense, qui veut et qui agit. Nous chercherons donc seulement quels sont les ressorts qui le font mouvoir et les motifs qui le déterminent. » (Le Roi,* Encyclopédie, *1751-1772, article « Homme »)*
- Les marques de la **neutralité** et de l'**objectivité** (tournures impersonnelles).
Ex : *« Il ne faut point mettre un ridicule où il n'y en a point. » (La Bruyère,* Les Caractères, *1688)*
- Les marques de la **deuxième personne**.
Ex : *« Vous ne vous en défiez point, et je vais vous jeter dans l'étonnement : une chose vous manque, c'est l'esprit. » (La Bruyère,* Les Caractères, *1688)*
- Le recours à des **exemples**.
- Le mode de l'**injonction** (impératif).
Ex : *« Votre fils est bègue : ne le faites pas monter sur la tribune. Votre fille est née pour le monde : ne l'enfermez pas parmi les vestales. » (La Bruyère,* Les Caractères, *1688)*

6 L'épique

➡ **Le registre épique** suscite l'admiration devant les exploits de héros confrontés à des épreuves. Il suscite aussi l'enthousiasme devant de grandes actions collectives. Il confère souvent aux personnages ou aux événements une **dimension exceptionnelle**.

Les **principaux procédés** du registre épique sont :

- Les procédés de **l'amplification** (pluriel, hyperbole).
Ex : *« Roland sourit. Il me suffit
De ce bâton. Il dit, et déracine un chêne. » (Hugo,* La Légende des siècles, *1859, « Le mariage de Roland »)*
- L'utilisation de **singuliers collectifs** (le peuple, la foule).
Ex : *« Oui, un soir, le peuple lâché, débridé, galoperait ainsi sur les chemins » (Zola,* Germinal, *1885)*
- Les images **valorisantes**.
- Les **adverbes d'intensité** et les **superlatifs**.
Ex : *« Négrel se sentait blêmir lui aussi, très brave d'ordinaire, saisi là d'une épouvante supérieure à sa volonté. » (Zola,* Germinal*)*
- Les **anaphores**, les **énumérations.**
Ex : *« Ils luttent, noirs, muets, furieux, acharnés. » (Hugo, « Le mariage de Roland »)*
- Les **comparaisons, les métaphores**.
Ex : *« Son estoc resplendit comme l'œil d'un démon » (Hugo, « Le mariage de Roland »)*
- La présence de **verbes d'action**.
Ex : *« Ils vont, viennent, jamais fuyant, jamais lassés,
Froissent le glaive au glaive et sautent les fossés » (Hugo, « Le mariage de Roland »)*
- La **personnification** des **éléments inanimés**.
Ex : *«... et l'île et le rivage
Tremblent sous ce fracas monstrueux et sauvage » (Hugo, « Le mariage de Roland »)*
- Le lexique du **combat, de l'héroïsme, de l'exploit, du merveilleux**.
Ex : *« C'est le duel effrayant de deux spectres d'airain,
Deux fantômes auxquels le démon prête une âme » (Hugo, « Le mariage de Roland »)*

Exercices

1 Identifier

Objet d'étude : La poésie du XIXe au XXe siècle : du romantisme au surréalisme

Ô lac ! l'année à peine a fini sa carrière,
Et près des flots chéris qu'elle devait revoir,
Regarde ! je viens seul m'asseoir sur cette pierre
Où tu la vis s'asseoir !

Tu mugissais ainsi sous ces roches profondes ;
Ainsi tu te brisais sur leurs flancs déchirés,
Ainsi le vent jetait l'écume de tes ondes
Sur ses pieds adorés.

Alphonse de Lamartine, *Les Méditations*, 1820, « Le Lac »

→ À quel registre appartient ce texte ? Justifiez votre réponse par un relevé des procédés.

2 Identifier

Objet d'étude : Genres et formes de l'argumentation : XVIIe et XVIIIe siècles

L'histoire ne nous fournit que trop d'exemples de souverains aveuglés par un zèle dangereux, ou guidés par une politique barbare, ou séduits par des conseils odieux, qui sont devenus les persécuteurs et les bourreaux de leurs sujets, lorsque ces derniers avaient adopté des systèmes religieux qui ne s'accordaient point avec les leurs. [...]

Si la persécution est contraire à la douceur évangélique et aux lois de l'humanité, elle n'est pas moins opposée à la raison et à la saine politique. Il n'y a que les ennemis les plus cruels du bonheur d'un État qui aient pu suggérer à des souverains que ceux de leurs sujets qui ne pensaient point comme eux étaient devenus des victimes dévouées à la mort et indignes de partager les avantages de la société.

Denis Diderot, *Encyclopédie*, 1751-1772, article « Persécuter »

→ À quel registre appartient ce texte ? Justifiez votre réponse par un relevé des procédés.

3 Identifier

Objet d'étude : Genres et formes de l'argumentation : XVIIe et XVIIIe siècles

Si j'avais à soutenir le droit que nous avons eu de rendre les nègres esclaves, voici ce que je dirais :

Les peuples d'Europe ayant exterminé ceux de l'Amérique, ils ont dû mettre en esclavage ceux de l'Afrique pour s'en servir à défricher tant de terres.

Le sucre serait trop cher, si l'on ne faisait travailler la plante qui le produit par des esclaves. Ceux dont il s'agit sont noirs depuis les pieds jusqu'à la tête ; et ils ont le nez si écrasé, qu'il est presque impossible de les plaindre.

On ne peut se mettre dans l'esprit que Dieu, qui est un être très sage, ait mis une âme, surtout une âme bonne, dans un corps tout noir.

Il est si naturel de penser que c'est la couleur qui constitue l'essence de l'humanité, que les peuples d'Asie qui font des eunuques, privent toujours les noirs du rapport qu'ils ont avec nous d'une façon plus marquée.

Montesquieu, *De l'esprit des lois*, 1748, « De l'esclavage des nègres »

→ À quel registre appartient ce texte ? Justifiez votre réponse par un relevé des procédés.

4 Analyser

Objet d'étude : Le roman et la nouvelle du XIXe siècle : réalisme et naturalisme

Des gouttes suintaient sur sa figure bleuâtre, qui semblait comme figée dans l'exhalaison d'une vapeur métallique. Ses dents claquaient, ses yeux agrandis regardaient vaguement autour d'elle, et à toutes les questions elle ne répondait qu'en hochant la tête ; même elle sourit deux ou trois fois. Peu à peu, ses gémissements furent plus forts. Un hurlement sourd lui échappa ; elle prétendit qu'elle allait mieux et qu'elle se lèverait tout à l'heure. Mais les convulsions la saisirent ; elle s'écria :

– Ah ! c'est atroce, mon Dieu !

Il se jeta à genoux contre son lit.

– Parle ! qu'as-tu mangé ? Réponds, au nom du ciel !

Et il la regardait avec des yeux d'une tendresse comme elle n'en avait jamais vu.

– Eh bien, là..., là !... dit-elle d'une voix défaillante.

Il bondit au secrétaire, brisa le cachet et lut tout haut : *Qu'on n'accuse personne*... Il s'arrêta, se passa la main sur les yeux, et relut encore.

– Comment !... Au secours ! à moi !

Et il ne pouvait que répéter ce mot : « Empoisonnée ! empoisonnée ! » Félicité courut chez Homais, qui l'exclama sur la place ; Mme Lefrançois l'entendit au *Lion d'or* ; quelques-uns se levèrent pour l'apprendre à leurs voisins, et toute la nuit le village fut en éveil.

Éperdu, balbutiant, près de tomber, Charles tournait dans la chambre. Il se heurtait aux meubles, s'arrachait les cheveux, et jamais le pharmacien n'avait cru qu'il pût y avoir de si épouvantable spectacle.

Gustave Flaubert, *Madame Bovary*, 1857

1. Identifiez les registres présents dans ce texte.
2. Justifiez votre réponse en relevant et en analysant les procédés qui vous ont permis d'identifier ces registres.
3. En conservant les mêmes registres, écrivez un paragraphe montrant le désarroi du pharmacien.

5 Analyser

Objet d'étude : Genres et formes de l'argumentation : XVIIe et XVIIIe siècles

Ne tenez point à l'enfant des discours qu'il ne peut entendre... Point de descriptions, point d'éloquence, point de figures, point de poésie. Il n'est pas maintenant question de sentiment ni de goût. Continuez d'être clair, simple et froid ; le temps ne viendra que trop tôt de prendre un autre langage. Dans cette occasion, après avoir bien contemplé avec lui le soleil levant, après lui avoir fait remarquer du même côté les montagnes et les autres objets voisins, après l'avoir laissé causer là-dessus tout à son aise, gardez quelques moments le silence comme un homme qui rêve, et puis vous lui direz : Je songe qu'hier au soir le soleil s'est couché là, et qu'il s'est levé là ce matin, comment cela peut-il se faire ? N'ajoutez rien de plus : s'il vous fait des questions, n'y répondez point ; parlez d'autre chose. Laissez-le à lui-même, et soyez sûr qu'il y pensera.

Pour qu'un enfant s'accoutume à être attentif, et qu'il soit bien frappé de quelque vérité sensible, il faut bien qu'elle lui donne quelques jours d'inquiétude avant de la découvrir. S'il ne conçoit pas assez celle-ci de cette manière, il y a moyen de la lui rendre plus sensible encore, et ce moyen c'est de retourner la question.

Jean-Jacques Rousseau, *Émile ou De l'éducation*, 1762, Livre III

1. À quel registre appartient ce texte ?
2. Justifiez votre réponse en repérant et en analysant les procédés qui vous ont permis d'identifier ce registre.

6 Analyser

Objet d'étude : La poésie du XIXe au XXe siècle : du romantisme au surréalisme.

Exilé à Jersey après son opposition au régime de Napoléon III, Victor Hugo compose Les Châtiments *et exprime toute son indignation à l'égard de l'empereur.*

Donc c'est fait. Dût rugir de honte le canon,
Te voilà, nain immonde, accroupi sur ce nom !
Cette gloire est ton trou, ta bauge, ta demeure !
Toi qui n'as jamais pris la fortune qu'à l'heure,
Te voilà presque assis sur ce hautain sommet !
Sur le chapeau d'Essling tu plantes ton plumet ;
Tu mets, petit Poucet, ces bottes de sept lieues ;
Tu prends Napoléon dans les régions bleues ;
Tu fais travailler l'oncle, et, perroquet ravi,
Grimper à ton perchoir l'aigle de Mondovi !
Thersite est le neveu d'Achille Péliade !
C'est pour toi qu'on a fait toute cette Iliade !
C'est pour toi qu'on livra ces combats inouïs !
C'est pour toi que Murat, aux russes éblouis,
Terrible, apparaissait, cravachant leur armée !
C'est pour toi qu'à travers la flamme et la fumée
Les grenadiers pensifs s'avançaient à pas lents !
C'est pour toi que mon père et mes oncles vaillants
Ont répandu leur sang dans ces guerres épiques !
Pour toi qu'ont fourmillé les sabres et les piques,
Que tout le continent trembla sous Attila,
Et que Londres frémit, et que Moscou brûla !
C'est pour toi, pour tes Deutz et pour tes Mascarilles,
Pour que tu puisses boire avec de belles filles,
Et, la nuit, t'attabler dans le Louvre à l'écart,
C'est pour monsieur Fialin et pour monsieur Mocquart,
Que Lannes d'un boulet eut la cuisse coupée,
Que le front des soldats, entrouvert par l'épée,
Saigna sous le shako, le casque et le colback,
Que Lasalle à Wagram, Duroc à Reichenbach,
Expirèrent frappés au milieu de leur route,
Que Caulaincourt tomba dans la grande redoute,
Et que la vieille garde est morte à Waterloo !
C'est pour toi qu'agitant le pin et le bouleau,
Le vent fait aujourd'hui, sous ses âpres haleines,
Blanchir tant d'ossements, hélas ! dans tant de plaines !
Faquin ! – Tu t'es soudé, chargé d'un vil butin,
Toi, l'homme du hasard, à l'homme du destin !
Tu fourres, impudent, ton front dans ses couronnes !
Nous entendons claquer dans tes mains fanfaronnes
Ce fouet prodigieux qui conduisait les rois
Et tranquille, attelant à ton numéro trois
Austerlitz, Marengo, Rivoli, Saint-Jean-d'Acre
Aux chevaux du soleil tu fais traîner ton fiacre !

Jersey, 31 mai 1853.

Victor Hugo, *Les Châtiments*, 1853

1. Quels sont les différents registres présents dans ce texte ?
2. Justifiez votre réponse en repérant et en analysant les procédés qui vous ont permis de les identifier.
3. Quels effets produit la présence de ces différents registres ?

7 Confronter

Objet d'étude : Genres et formes de l'argumentation : XVIIe et XVIIIe siècles

Texte A :

Rien n'était si beau, si leste, si brillant, si bien ordonné que les deux armées. Les trompettes, les fifres, les hautbois, les tambours, les canons, formaient une harmonie telle qu'il n'y en eut jamais en enfer. Les canons renversèrent d'abord à peu près six mille hommes de chaque côté ; ensuite la mousqueterie ôta du meilleur des mondes environ neuf à dix mille coquins qui en infectaient la surface. La baïonnette fut aussi la raison suffisante de la mort de quelques milliers d'hommes. Le tout pouvait bien se monter à une trentaine de mille âmes. Candide, qui tremblait comme un philosophe, se cacha du mieux qu'il put pendant cette boucherie héroïque.

Voltaire, *Candide ou l'optimisme*, 1759

Texte B :

Que deviennent et que m'importent l'humanité, la bienfaisance, la modestie, la tempérance, la douceur, la sagesse, la piété, tandis qu'une demi-livre de plomb tirée de six cents pas me fracasse le corps, et que je meurs à vingt ans dans des tourments inexprimables, au milieu de cinq ou six mille mourants, tandis que mes yeux qui s'ouvrent pour la dernière fois voient la ville où je suis né détruite par le fer et par la flamme, et que les derniers sons qu'entendent mes oreilles sont les cris des femmes et des enfants expirants sous des ruines, le tout pour les prétendus intérêts d'un homme que nous ne connaissons pas ?

Voltaire, *Dictionnaire philosophique*, 1764, article « Guerre »

1. Identifiez le thème commun à ces textes et le registre qu'utilise chacun des extraits.
2. Confrontez ensuite ces deux textes afin de mettre en évidence les procédés et les effets de chaque registre.

8 Confronter

Objet d'étude : La tragédie et la comédie au XVIIe siècle : le classicisme

Texte A :

GORGIBUS : Très humble serviteur à Monsieur le médecin ! Je vous envoie quérir pour voir ma fille, qui est malade ; je mets toute mon espérance en vous.

SGANARELLE : Hippocrate dit, et Galien par vives raisons persuade qu'une personne ne se porte pas bien quand elle est malade. Vous avez raison de mettre votre espérance en moi ; car je suis le plus grand, le plus habile, le plus docte médecin qui soit dans la faculté végétale, sensitive et minérale.

GORGIBUS : J'en suis fort ravi.

SGANARELLE : Ne vous imaginez pas que je sois un médecin ordinaire, un médecin du commun. Tous les autres médecins ne sont, à mon égard, que des avortons de médecine. J'ai des talents particuliers, j'ai des secrets. *Salamalec, salamalec.* « Rodrigue, as-tu du cœur ? » *Signor, si ; segnor, non. Per omnia saecula saeculorum.* Mais encore voyons un peu.

SABINE : Hé ! ce n'est pas lui qui est malade, c'est sa fille.

SGANARELLE : Il n'importe : le sang du père et de la fille ne sont qu'une même chose ; et par l'altération de celui du père, je puis connaître la maladie de la fille. Monsieur Gorgibus, y aurait-il moyen de voir de l'urine de l'égrotante ?

GORGIBUS : Oui-da ; Sabine, vite allez quérir de l'urine de ma fille. Monsieur le Médecin, j'ai grand-peur qu'elle ne meure.

SGANARELLE. Ah ! qu'elle s'en garde bien ! il ne faut pas qu'elle s'amuse à se laisser mourir sans l'ordonnance du médecin. Voilà de l'urine qui marque grande chaleur, grande inflammation dans les intestins : elle n'est pas tant mauvaise pourtant.

Molière, *Le Médecin volant*, 1659, scène 4

Texte B :

SCAPIN : Cachez-vous : voici un spadassin qui vous cherche. *(En contrefaisant sa voix)* « Quoi ? Jé n'aurai pas l'abantage dé tuer cé Geronte, et quelqu'un par charité né m'enseignera pas où il est ? » *(Tout le langage gascon est supposé de celui qu'il contrefait, et le reste de lui.)* « Oh, l'homme au sac. – Monsieur. – Jé té vaille un louis, et m'enseigne où put être Géronte. – Vous cherchez le seigneur Géronte ? – Oui, mordi ! Jé lé cherche. – Et pour quelle affaire, Monsieur ? – Pour quelle affaire ? – Oui. – Jé beux, cadédis ! lé faire mourir sous les coups de vâton. – Oh ! Monsieur, les coups de bâton ne se donnent point à des gens comme lui, et ce n'est pas un homme à être traité de la sorte. – Qui, cé fat dé Geronte, cé maraud, cé vélître ? – Le seigneur Géronte, Monsieur, n'est ni fat, ni maraud, ni bélître, et vous devriez, s'il vous plaît, parler d'autre façon. – Comment ! tu mé traites, à moi, avec cette hauteur ? – Je défends, comme je dois, un homme d'honneur qu'on offense. – Est-ce que tu es des amis dé cé Geronte ? – Oui, Monsieur, j'en suis. – Ah ! Cadédis ! tu es dé ses amis, à la vonne hure ! *(Il donne plusieurs coups de bâton sur le sac.)*

Molière, *Les Fourberies de Scapin*, 1671, acte III, scène 2

→ Confrontez ces deux textes afin de mettre en évidence les procédés et les effets de chaque registre.

9 Transposer

Objet d'étude : La tragédie et la comédie au XVIIe siècle : le classicisme

Nous nous levons alors, et tous en même temps
Poussons jusques au ciel mille cris éclatants.
Les nôtres, à ces cris, de nos vaisseaux répondent ;
Ils paraissent armés, les Maures se confondent,
L'épouvante les prend à demi descendus ;
Avant que de combattre ils s'estiment perdus.
Ils couraient au pillage, et rencontrent la guerre ;
Nous les pressons sur l'eau, nous les pressons sur terre,
Et nous faisons courir des ruisseaux de leur sang,
Avant qu'aucun résiste ou reprenne son rang.
Mais bientôt, malgré nous, leurs princes les rallient ;
Leur courage renaît, et leurs terreurs s'oublient :
La honte de mourir sans avoir combattu
Arrête leur désordre, et leur rend leur vertu.

Pierre Corneille, *Le Cid*, 1637, acte IV, scène 3

1. Relevez les expressions qui évoquent le combat.
2. Identifiez les principaux procédés qui donnent une dimension épique à ce texte.
3. Réécrivez cette scène de combat dans un registre comique.
4. Vous pourrez garder la forme versifiée ou choisir la prose.

10 Vers l'écriture d'invention

→ Vous quittez un lieu que vous aimez. Vous exprimez vos regrets en utilisant les procédés du registre lyrique.

Fiche 16

Les figures de style

1 Définition et usage

La littérature associe un travail formel au message sur le monde qu'elle délivre. En travaillant la langue commune, l'écrivain acquiert un **style** particulier.

Depuis l'Antiquité, des procédés que l'on nomme **figures de style** ont été répertoriés et permettent aux auteurs et aux orateurs de donner plus d'**expressivité** à leur propos.

Attention : on ne peut pas se contenter de repérer une figure de style, il faut l'analyser pour indiquer ce qu'elle exprime, sinon son identification reste stérile.

2 Les figures d'insistance

(En latin, *insistere* signifie « s'arrêter sur ».)

Elles permettent, par la répétition, d'**arrêter l'attention** du lecteur sur un point particulier.

Le **martèlement** produit par cette répétition donne du rythme, de l'énergie au propos.

➡ Si la répétition est celle d'une structure syntaxique, on parle de **parallélisme**.

Ex : *« PAULINE :*
Au nom de cet amour ne m'abandonnez pas.
POLYEUCTE :
Au nom de cet amour, daignez suivre mes pas.
PAULINE :
C'est peu de me quitter, tu veux donc me séduire ?
POLYEUCTE :
C'est peu d'aller au ciel, je veux vous y conduire. »
(Corneille, Polyeucte*, 1641, IV, 3)*

➡ Si la répétition porte sur un terme ou une expression en début de vers ou de phrase, on parle d'**anaphore**.

Ex : *« Rome, l'unique objet de mon ressentiment !*
Rome, à qui vient ton bras d'immoler mon amant !
Rome qui t'a vu naître, et que ton cœur adore !
Rome enfin que je hais parce qu'elle t'honore ! »
(Corneille, Horace*, 1640, IV, 5)*

La mort de l'amant de Camille a été ordonnée par son frère Horace qui incarne le pouvoir romain. Par l'anaphore, Camille souligne son indignation, sa colère à l'égard de la ville coupable de son malheur. L'anaphore du nom de Rome lui permet aussi ici d'éviter de nommer le responsable humain, son frère.

3 Les figures d'intensité

(L'adjectif latin *intensus* signifie « fort, violent ».)

Grâce à elles, l'auteur crée une **impression forte** sur son lecteur. Ces figures étaient particulièrement appréciées par les auteurs du mouvement baroque qui prônaient une esthétique du sensationnel.

➡ **La gradation** est le procédé qui permet d'accroître l'intensité d'un propos.

Ex : *Je suis le Ténébreux, le Veuf, l'Inconsolé* [...].
(Nerval, « El desdichado »)

Si le premier attribut exprime le tourment, le deuxième l'accroît par la considération de la mort. Quant au troisième attribut, il finit par conclure au caractère irrémédiable de la douleur du poète.

➡ **L'hyperbole** est la figure dévolue à l'expression de l'exagération, du grossissement de la réalité.

Ex : *« Vous devez vous en prendre à vos charmants attraits,*
Dès que j'en vis briller la splendeur plus qu'humaine,
De mon intérieur vous fûtes souveraine.
De vos regards divins, l'ineffable douceur
Força la résistance où s'obstinait mon cœur. »
(Molière, Tartuffe*, 1664, III, 3)*

La grâce d'Elmire est exagérée puisqu'elle est assimilée à une beauté divine par l'hyperbole. Tartuffe transfère le lexique religieux dans le domaine amoureux, preuve qu'il est un faux dévot, peu respectueux du langage sacré.

4 Les figures d'atténuation

Contrairement aux figures précédentes, elles participent d'une esthétique sobre, qui privilégie la retenue, la maîtrise. Le classicisme respecte ces principes.

➡ **L'euphémisme** présente une réalité brutale en atténuant son expression.

Ex : *Dans* L'Éducation sentimentale *de Flaubert, le personnage de Rosette « se laisse renverser sur* [un] *divan ». Pour éviter qu'on l'accuse d'outrage aux mœurs comme pour* Madame Bovary*, Flaubert contourne ainsi l'expression trop crue de l'acte sexuel.*

➡ **La litote** est une forme particulière d'euphémisme, elle permet de dire moins pour faire entendre plus.

Ex : *« Va, je ne te hais point. »*
C'est ainsi que Chimène avoue avec pudeur son amour à Rodrigue dans Le Cid *de Corneille.*

5 Les figures d'opposition

Ces figures sont prisées notamment par les représentants du mouvement romantique qui cherchent, contrairement aux auteurs classiques, à exprimer les contrastes plutôt que l'harmonie.

➡ **L'antithèse** désigne le rapprochement de deux mots ou expressions de sens contraires.

Ex : *Les bons font place aux pires. (Hugo)*

➡ **L'oxymore** est une forme d'antithèse qui a pour trait marquant que les mots contraires sont juxtaposés, immédiatement soudés. L'oxymore crée une perturbation logique et permet d'imaginer une réalité autre.

Ex : *Des tendresses bestiales. (Rimbaud)*

➡ **Le chiasme** (du grec *khiasmos*, « croisement ») place en ordre inverse les segments de deux groupes de mots syntaxiquement identiques et sert de ce fait généralement l'expression d'une opposition, mais cette construction en symétrie inversée peut aussi traduire une union.

Ex : *« Rester dans le paradis, et y devenir démon, rentrer dans l'enfer, et y devenir ange ! » (Hugo,* Les Misérables*)*

➡ **L'ironie** peut être considérée comme une figure d'opposition puisqu'elle repose sur **l'antiphrase**, c'est-à-dire le fait que les propos prononcés doivent être compris en sens inverse.

Ex : *« Rien n'était si beau, si leste, si brillant, si bien ordonné que les deux armées. » (Voltaire)*

6 Les figures d'analogie (= ressemblance)

➡ **La comparaison** et **la métaphore** permettent de stimuler l'imagination du lecteur par des rapprochements entre deux réalités.

La comparaison opère le rapprochement de manière explicite à l'aide d'outils variés : comme (préposition), sembler (verbe), pareil à (adjectif), etc.

Ex : *« Et la voix qui chantait s'éteint comme un oiseau se pose. » (Hugo)*

La métaphore permet un rapprochement plus immédiat, « un court-circuit » selon André Breton. Cette figure est particulièrement utilisée par les surréalistes pour son pouvoir imaginatif.

Ex : *« Tandis que les crachats rouges de la mitraille*
Sifflent tout le jour par l'infini du ciel bleu ; »
(Rimbaud, « Le Mal »)

➡ **La personnification** confère des caractères humains à ce qui ne l'est pas.

Ex : *« Du dehors ne venaient plus que les roulements des derniers fiacres, au milieu de la voix empâtée de Paris, un ronflement d'ogre repu, digérant les toiles et les draps, les soies et les dentelles, dont on le gavait depuis le matin. » (Zola,* Au bonheur des dames*)*

En l'assimilant à un ogre, Zola évoque de manière expressive le rendement accru du Grand Magasin qui vient remplacer les petites boutiques à Paris à la fin du XIXe siècle.

➡ **L'allégorie** est une forme de personnification approfondie puisqu'elle donne corps à une idée.

Ex : *Je vis cette faucheuse. Elle était dans son champ.*
Elle allait à grands pas moissonnant et fauchant,
Noir squelette laissant passer le crépuscule. (Hugo)

La représentation de la mort comme une faucheuse est un cliché utilisé dès le Moyen Âge mais elle permet à Hugo de rendre concrète, sensible, la terreur suscitée par le trépas.

7 Substitution

➡ **La métonymie** désigne un référent par un terme qui entretient avec lui une relation facilement identifiable. (Le contenant pour le contenu, le lieu pour la chose, l'auteur pour l'œuvre, etc.)

Ex : *« Il remarqua qu'en effet presque tous les cadavres étaient vêtus de rouge. Une circonstance lui donna un frisson d'horreur ; il remarqua que beaucoup de ces malheureux habits rouges vivaient encore. » (Stendhal,* La Chartreuse de Parme*)*

Dans un premiers temps les uniformes rouges sont évoqués en tant que vêtements. Puis l'évocation de ces vêtements remplace celle des corps agonisants qui les portent.

8 Détour

➡ **La périphrase :** une expression simple est volontairement complexifiée soit par souci explicatif, soit par le refus d'une expression directe.

Ex : *« CATHOS : Ma chère, il faudrait faire donner des sièges. [...]*
MAGDELON : Vite, voiturez-nous ici les commodités de la conversation. » (Molière, Les Précieuses ridicules*, 1659)*
Avec cette périphrase imagée, Magdelon confère au simple objet qu'est le fauteuil une valeur intellectuelle.

Remarque : les figures de style peuvent **se combiner** entre elles. On peut rencontrer un parallélisme qui appuie une antithèse, une métaphore hyperbolique, un euphémisme périphrastique, etc.

Exercices

1 Identifier

a. Faire le bien, voilà son culte; être soumis à Dieu, voilà sa doctrine. (Voltaire)
b. La fille de Minos et de Pasiphaé. (Racine)
c. Ô balances sentimentales. (Desnos)
d. Va, cours, vole, et nous venge. (Corneille)
e. L'alambic, sourdement, sans une flamme, sans une gaieté dans les reflets de ses cuivres, continuait, laissait couler sa sueur d'alcool, pareil à une source lente et entêtée. (Zola)
f. Le malheur de ta fille au tombeau descendue. (Malherbe)
g. La mort courait de rang en rang. (Fénelon)
h. Mon luth constellé porte le soleil noir de la mélancolie. (Nerval)

➜ Identifiez les figures de style. Quel effet produit chacune d'entre elles ?

2 Interpréter

a. Il nous a quittés.
b. Il est décédé à la suite d'une longue maladie.
c. Il se porte bien.
d. Un milieu défavorisé.
e. Un SDF.
f. Le troisième âge.

➜ Rétablissez le sens littéral des euphémismes courants.

3 Repérer les personnifications

Objet d'étude : La poésie du XIXe au XXe siècle : du romantisme au surréalisme

« La mort du loup »
Les nuages couraient sur la lune enflammée
Comme sur l'incendie on voit fuir la fumée,
Et les bois étaient noirs jusques à l'horizon.
Nous marchions, sans parler, dans l'humide gazon,
Dans la bruyère épaisse et dans les hautes brandes,
Lorsque, sous des sapins pareils à ceux des landes,
Nous avons aperçu les grands ongles marqués
Par les loups voyageurs que nous avions traqués.
Nous avons écouté, retenant notre haleine
Et le pas suspendu. – Ni le bois ni la plaine
Ne poussaient un soupir dans les airs ; seulement
La girouette en deuil criait au firmament ;
Car le vent, élevé bien au-dessus des terres,
N'effleurait de ses pieds que les tours solitaires,
Et les chênes d'en bas, contre les rocs penchés,
Sur leurs coudes semblaient endormis et couchés.
Rien ne bruissait donc, lorsque, baissant la tête,
Le plus vieux des chasseurs qui s'étaient mis en quête
A regardé le sable en s'y couchant ; bientôt,
Lui que jamais ici l'on ne vit en défaut,
A déclaré tout bas que ces marques récentes
Annonçaient la démarche et les griffes puissantes
De deux grands loups-cerviers et de deux louveteaux.

Alfred de Vigny, *Les Destinées*, 1864, « La mort du loup »

➜ Repérez toutes les personnifications. Quel effet produit leur emploi ?

4 Repérer les analogies

Objet d'étude : Le roman et la nouvelle du XIXe siècle : réalisme et naturalisme

Dans le vaste hangar fermé, noir de charbon, et que de hautes fenêtres poussiéreuses éclairaient, parmi les autres machines au repos, celle de Jacques se trouvait déjà en tête d'une voie, destinée à partir la première. Un chauffeur du dépôt venait de charger le foyer, des escarbilles rouges tombaient dessous, dans la fosse à piquer le feu. C'était une de ces machines d'expresse, à deux essieux couplés, d'une élégance fine et géante, avec ses grandes roues, légèrement réunies par des bras d'acier, son poitrail large, ses reins allongés et puissants, toute cette logique et toute cette certitude qui font la beauté souveraine des êtres de métal, la précision dans la force. Ainsi que les autres machines de la Compagnie de l'Ouest, en dehors du numéro qui la désignait, elle portait le nom d'une gare, celui de la Lison, une station du Cotentin. Mais, Jacques, par tendresse, en avait fait un nom de femme, la Lison, comme il disait, avec une douceur caressante. Et, c'était vrai, il l'aimait d'amour, sa machine, depuis quatre ans qu'il la conduisait. Il en avait mené d'autres, des dociles et des rétives, des courageuses et des fainéantes ; il n'ignorait point que chacune avait son caractère, que beaucoup ne valaient pas grand-chose, comme on dit des femmes de chair et d'os ; de sorte que, s'il l'aimait celle-là, c'était en vérité qu'elle avait des qualités rares de brave femme. Elle était douce, obéissante, facile au démarrage, d'une marche régulière et continue, grâce à sa bonne vaporisation.

Émile Zola, *La Bête humaine*, 1890

1. Relevez les éléments de personnification qui établissent une analogie entre la locomotive et la femme.
2. Quelle autre analogie apparaît dans le texte ?
3. Quel effet Zola cherche-t-il à produire par le croisement de ces deux analogies pour décrire la machine ?
4. Que pensez-vous d'une telle description dans un roman naturaliste ?

5 Repérer les hyperboles

Objet d'étude : La tragédie et la comédie au XVIIe siècle : le classicisme

ORONTE : J'ai su là-bas que, pour quelques emplettes,
Éliante est sortie, et Célimène aussi ;
Mais comme l'on m'a dit que vous étiez ici,
J'ai monté pour vous dire, et d'un cœur véritable,
Que j'ai conçu pour vous une estime incroyable,
Et que, depuis longtemps, cette estime m'a mis
Dans un ardent désir d'être de vos amis.
Oui, mon cœur au mérite aime à rendre justice,
Et je brûle qu'un nœud d'amitié nous unisse :
Je crois qu'un ami chaud, et de ma qualité,
N'est pas assurément pour être rejeté.
C'est à vous, s'il vous plaît, que ce discours s'adresse.

En cet endroit Alceste paraît tout rêveur, et semble n'entendre pas qu'Oronte lui parle.
ALCESTE : À moi, Monsieur?
ORONTE : À vous. Trouvez-vous qu'il vous blesse ?
ALCESTE : Non pas ; mais la surprise est fort grande pour moi,
Et je n'attendais pas l'honneur que je reçois.
ORONTE : L'estime où je vous tiens ne doit point vous surprendre,
Et de tout l'univers vous la pouvez prétendre.
ALCESTE : Monsieur...
ORONTE : L'État n'a rien qui ne soit au-dessous
Du mérite éclatant que l'on découvre en vous.
ALCESTE : Monsieur...
ORONTE : Oui, de ma part, je vous tiens préférable
À tout ce que j'y vois de plus considérable.
ALCESTE : Monsieur...
ORONTE : Sois-je du Ciel écrasé, si je mens !
Et pour vous confirmer ici mes sentiments,
Souffrez qu'à cœur ouvert, Monsieur, je vous embrasse,
Et qu'en votre amitié je vous demande place.
Touchez là, s'il vous plaît, vous me la promettez,
Votre amitié ?
ALCESTE : Monsieur...
ORONTE : Quoi ? vous y résistez ?

Molière, *Le Misanthrope*, 1666, acte I, scène 2

1. Repérez les hyperboles.
2. Que pouvez-vous en déduire sur le caractère d'Oronte ?

6 Comprendre les métonymies

a. Croiser le fer.
b. Faire du deux-roues.
c. Pratiquer la voile.
d. Boire un verre.

→ Expliquez ces métonymies.

7 Détours

Objet d'étude : La tragédie et la comédie au XVIIe siècle : le classicisme

ŒNONE : Les ombres par trois fois ont obscurci les cieux
Depuis que le sommeil n'est entré dans vos yeux ;
Et le jour a trois fois chassé la nuit obscure
Depuis que votre corps languit sans nourriture.
À quel affreux dessein vous laissez-vous tenter ?
De quel droit sur vous-même osez-vous attenter ?
Vous offensez les dieux auteurs de votre vie ;
Vous trahissez l'époux à qui la foi vous lie ;
Vous trahissez enfin vos enfants malheureux,
Que vous précipitez sous un joug rigoureux.
Songez qu'un même jour leur ravira leur mère
Et rendra l'espérance au fils de l'étrangère,
À ce fier ennemi de vous, de votre sang,
Ce fils qu'une Amazone a porté dans son flanc,
Cet Hippolyte...
PHÈDRE : Ah ! dieux !
ŒNONE : Ce reproche vous touche ?
PHÈDRE : Malheureuse ! quel nom est sorti de ta bouche !
ŒNONE : Eh bien ! votre colère éclate avec raison :
J'aime à vous voir frémir à ce funeste nom.
Vivez donc : que l'amour, le devoir, vous excite ;
Vivez, ne souffrez pas que le fils d'une Scythe,
Accablant vos enfants d'un empire odieux,
Commande au plus beau sang de la Grèce et des dieux.
Mais ne différez point : chaque moment vous tue.
Réparez promptement votre force abattue,
Tandis que de vos jours, prêts à se consumer,
Le flambeau dure encore, et peut se rallumer.

Jean Racine, *Phèdre*, 1677

1. Repérez les périphrases qui désignent le supplice que s'inflige Phèdre.
2. Quel effet est produit par cette figure de style ?
3. Repérez les périphrases qui désignent le personnage masculin.
4. Quelle est la réaction de Phèdre lorsqu'il est clairement nommé ? Comment la justifier ?

8 Vers le commentaire

Objet d'étude : la poésie du XIXe au XXe siècle : du romantisme au surréalisme

« La Rose et le réséda »

À Gabriel Péri et Étienne d'Orves
comme à Guy Môquet et Gilbert Dru

Celui qui croyait au ciel
Celui qui n'y croyait pas
Tous deux adoraient la belle
Prisonnière des soldats
Lequel montait à l'échelle
Et lequel guettait en bas
Celui qui croyait au ciel
Celui qui n'y croyait pas
Qu'importe comment s'appelle
Cette clarté sur leurs pas
Que l'un fût de la chapelle
Et l'autre s'y dérobât
Celui qui croyait au ciel
Celui qui n'y croyait pas
Tous deux étaient fidèles
Des lèvres du cœur des bras
Et tous deux disaient qu'elle
Vive et qui vivra verra
Quand les blés sont sous la grêle
Fou qui fait le délicat
Fou qui songe à ses querelles
Au cœur du commun combat
[...]

Louis Aragon, *La Diane française*, 1944,
« La Rose et le réséda », © Seghers

1. Qui sont les destinataires de la dédicace ?
2. Par quelle figure de style ces hommes sont-ils désignés ? Quel intérêt présente ce choix ?
3. Quelles autres figures de style structurent le poème ? Quel effet est recherché ?

Fiche 17

Lecture de l'image fixe

La peinture, le dessin et la photographie

L'image est un discours visuel. Par rapport au message verbal, son pouvoir tient à sa perception immédiate. Mais cette simplicité n'est qu'apparente, car sa construction est souvent très élaborée.

1 Lire une image

On observe **la composition** qui comprend :

➡ **Le cadrage,** c'est-à-dire la délimitation de l'espace. Il peut présenter un plan d'ensemble (qui peut contenir un paysage, un large décor), un plan rapproché (qui concentre l'attention du spectateur sur la situation d'un personnage dans le décor, sur une action particulière), un gros plan (qui donne à voir un visage, le détail d'un ensemble), etc.

➡ **Les lignes de construction** (horizontales, verticales, diagonales, symétries, intersections) qui permettent au spectateur d'orienter son regard, de diriger sa lecture. Des symétries entre ces lignes de construction ou des intersections peuvent exister. Elles attirent le regard du spectateur et sont généralement fortes de sens.

➡ **Le point de vue** adopté, c'est-à-dire la position de l'observateur. Celui-ci peut se trouver placé en face, derrière, au-dessus, en dessous de ce qu'il regarde.
On parle de **plongée*** lorsque l'observateur surplombe ce qu'il observe. Ce point de vue est souvent utilisé pour rendre minime, négligeable, vulnérable ce qui est observé.
La **contre-plongée*** désigne le procédé inverse et produit donc l'effet opposé.

➡ **Le nombre, la position** des éléments dans les **plans*** de l'image. Les plans désignent ici les parties de l'espace selon qu'elles sont proches de l'observateur.
Ex : *premier plan, second plan, arrière-plan.*

Les autres éléments à observer :

➡ **L'expression :** on observe la physionomie, c'est-à-dire l'expression traduite par les traits des visages, l'attitude des personnages, les mouvements des corps.

➡ **Le graphisme :** le contour des formes peut être fin ou épais, marqué ou flou. Il détermine beaucoup le réalisme de l'image.
Ex : *Les peintres cubistes, faisant fi du souci de ressemblance, déforment les formes réelles pour les rendre géométriques.*

On peut aussi étudier :

➡ **Les couleurs** qui peuvent être **chaudes** ou **froides**, **nuancées** ou **contrastées**. On commente l'**intensité** d'une couleur et on lui attribue parfois une **valeur symbolique**. Ainsi, selon les codes de la civilisation occidentale, le rouge exprime la violence, le noir le deuil, le blanc la pureté, le vert l'espérance, etc.

➡ **La lumière :** on identifie ce qu'elle éclaire et met ainsi en valeur, on est sensible aux effets de **clair-obscur** (c'est-à-dire le jeu de contraste entre lumière et obscurité).

➡ **Le genre :** il correspond au sujet traité par l'artiste.
Ex : *Représentation historique, paysage, nature morte, portrait, autoportrait, collage, photomontage…*

Nicolas Poussin, *L'enlèvement des Sabines*, 1637-1638 (Musée du Louvre).

Exemple d'analyse de la composition : tableau de Poussin

Le tableau de Poussin s'inspire d'un épisode de la mythologie dans lequel les Romains volent les femmes de leurs voisins, les Sabins.

Poussin opte pour un **plan d'ensemble**, car il s'agit de présenter une scène de lutte où la tension des corps s'exprime.

Les **lignes de construction** sont marquées avec évidence. À gauche, surplombant la foule, se trouve Romulus. Le mouvement de ses bras pour donner le signal de l'attaque forme une **diagonale**. Cette poussée vers la droite est rappelée par le mouvement de la plupart des personnages : les bras de la Sabine centrale, vêtue de jaune, vont dans ce sens, ainsi que ceux des femmes vêtues en bleu au premier plan.

Cette avancée vers la droite est rabattue par la **ligne de perspective** construite par les maisons. En effet, cette diagonale, qui va de droite à gauche et qui aboutit à un horizon uniquement perceptible dans une impasse, vient en quelque sorte refermer le piège dans lequel sont prises les Sabines.

Exemple d'analyse de l'expression et du graphisme : caricature de Zola

Cette **caricature** d'Émile Zola paraît en première page d'un journal humoristique de son temps. L'épuisement du personnage exprimé par sa physionomie, l'affaissement de son corps amènent à penser que la tâche qu'il s'est fixée, la rédaction des vingt volumes de l'« Histoire naturelle et sociale d'une famille sous le second Empire », (les *Rougon-Macquart*) est une besogne longue et ennuyeuse. Ennui qui pourrait bien être transmis au lecteur.

Le graphisme de la caricature déforme, grossit ou rapetisse volontairement les traits du personnage pour le rendre ridicule. La tête de Zola est démesurément volumineuse par rapport à ses bras. Elle est d'autant mieux mise en valeur qu'elle occupe le plein centre de la première page du journal.

N° 159. 4e année. 20 Novembre 1897. 15 centimes.

Le Rire

JOURNAL HUMORISTIQUE PARAISSANT LE SAMEDI

10, rue Saint-Joseph, 10 PARIS

LE GOTHA DU « RIRE » — N° 1

EMILE ZOLA

C. Léandre

— Enfin ! M. Zola arrive au bout de son rouleau en mettant au monde *Paris !* Le père et l'enfant se portent bien tout de même

Dessin de C. Léandre

Le Rire, 20 novembre 1897 (Collection particulière).

2 *Interpréter une image*

C'est à partir de l'observation des éléments évoqués plus haut que l'interprétation de l'image se construit méthodiquement. Pour compléter cette analyse on peut aussi se poser les questions suivantes :

➡ Quel est son **rapport au réel** ? Le représente-t-elle avec authenticité, le transforme-t-elle ou l'idéalise-t-elle ?

Ex : *Si la photographie capture la réalité, elle n'empêche pas la mise en scène, la création d'une image virtuelle.*

Cette photo a été prise dans l'hôpital psychiatrique de San Clemente en Italie par Raymond Depardon. Si le patient se met en scène, la manière dont il cache sa tête, cet organe maladif, crée un effet de sens en exprimant la honte, la douleur. Le trou laissé par l'ouverture de la veste crée une sorte d'homme sans tête.

Raymond Depardon, *San Clemente*, 1979.

➡ A-t-elle une **visée argumentative ?** Qui produit l'image et à quelle fin ? S'agit-il d'une image publicitaire, d'une propagande ou d'une simple représentation ?

Philippe Halsman, *In Voluptate Mors*, 1951.

Ex : *Monet, en peignant des nymphéas, s'attache à la perception d'une beauté naturelle.*
La déconstruction cubiste du tableau de Picasso, Guernica, *participe de la dénonciation de la guerre.*
La propagande stalinienne enjolive les photos de guerre pour encourager ses troupes.

➡ Est-ce une image attendue : un **cliché** ou une image déroutante ?

➡ Offre-t-elle une **interprétation unique** ? Par l'équivoque, l'illusion d'optique, une image peut en cacher une autre.

Dali a collaboré avec le photographe Philippe Halsman pour réaliser *In Voluptate Mors*.

Cette œuvre combine deux genres classiques de la peinture, le nu et la vanité. En effet, selon la distance à laquelle se situe l'observateur, l'enchevêtrement des sept corps de femme donne l'illusion d'un crâne. D'un côté la photographie intègre des éléments sensuels, de l'autre elle rappelle, comme toute vanité, que le corps humain est appelé à devenir squelette, puis cendres.

Exercices

1 Étudier le graphisme et la couleur

Objet d'étude : Le roman et la nouvelle au XIXe siècle : réalisme et naturalisme

Edgar DEGAS, *Deux danseuses*, 1898 (Staatliche Kunstsammlungen, Dresden).

1. Faites toutes les remarques nécessaires sur le contour des formes. Quel effet est recherché ?
2. Étudiez la répartition et la valeur des couleurs. Quelle couleur domine ? Quel aspect de la composition renforce cet effet ?
3. À quel mouvement pictural ce tableau s'apparente-t-il ?

2 Interpréter l'image

Objet d'étude : La poésie du XIXe au XXe siècle : du romantisme au surréalisme

Max ERNST, *Une semaine de bonté ou Les sept éléments capitaux*, 1934.

1. Quel est le rapport de l'image au réel ?
2. Quelle technique est utilisée ?
3. Quelles sont les diverses interprétations suscitées par l'image ?
4. À quel mouvement esthétique appartient-elle ?

3 Interpréter l'image

Objet d'étude : La tragédie et la comédie au XVIIe siècle : le classicisme

Jaquette de *Phèdre*, mise en scène de Patrice Chéreau, Arte vidéo.

1. La jaquette de la captation vidéo de la mise en scène de *Phèdre* par Patrice Chéreau se présente ainsi. Justifiez le choix de l'image en l'analysant.
2. Quel registre est annoncé par l'image ?

4 Mouvements esthétiques

a. Charles Le Brun
b. Caspar David Friedrich
c. Michel-Ange
d. Joan Miró
e. Claude Monet
f. Jean Siméon Chardin
g. J.M.W. Turner
h. Jackson Pollock

→ Faites des recherches et citez pour chacun de ces artistes européens l'un de ses chefs-d'œuvre et le mouvement artistique auquel il peut s'apparenter.

Fiche 18

Lecture de l'image mobile

Le cinéma, inventé par les frères Lumière en 1895, est un art de l'image mobile. Le mot même, formé sur le grec *kinesis*, signifie mouvement : on raconte que la projection, en 1896, du film *Entrée en gare de la Ciotat* provoqua un début de panique tant l'impression de voir le train arriver sur le public sembla saisissante. Cette image en mouvement, d'abord muette, voit ses effets renforcés par l'animation sonore. Dans *Le Chanteur de jazz* (1927), on entend pour la première fois un acteur parler. Puis par les effets spéciaux, la lumière, etc. La longueur des génériques montre que le septième art est un travail d'équipe rassemblant producteur, réalisateur, scénariste, directeur de la photographie, ingénieur du son, monteur, etc. Les grands cinéastes savent faire de cet art total une réflexion originale sur le monde.

1 Le cadrage

Pour réaliser les effets souhaités, le réalisateur peut jouer avec :

➤ **Le champ : délimité par le cadre de l'image, il désigne l'espace visible sur l'écran.** Pour analyser ce qui est dans le champ, on observe, comme pour les images fixes, la composition, le décor, la couleur ou la lumière.

➤ **Le hors-champ :** il s'agit de ce qui est extérieur à l'image. Il peut être signalé par un son, envisagé par le regard d'un personnage. Il peut donc être imaginé par le spectateur.

➤ **L'échelle de plan*.** Elle se décline en plans d'ensemble (paysage), plans rapprochés (personnage dans le décor), gros plans (visage), très gros plans (détail).

➤ **La prise de vue :** de face, de dos, de profil ou de trois quarts.

➤ **Les angles de prise de vue,** en **plongée*** ou en **contre-plongée***.

2 Le mouvement

Le cinéma combine le mouvement des éléments filmés avec celui de la caméra.

➤ Si la caméra est immobile, on parle de plan fixe.

Ex : *Les films d'Ozu comportent de nombreux plans fixes qui installent l'atmosphère.*

➤ Si la caméra pivote sur un axe fixe, on parle de **panoramique**.

➤ Si la caméra, montée sur des rails, suit le mouvement des éléments filmés, on parle de **travelling**.

Ex : *Le travelling peut être utilisé pour la découverte d'un lieu. Le travelling avant permet de suivre un personnage.*

➤ Le plan peut être réalisé **caméra à l'épaule**. Ce procédé apparaît souvent dans les films documentaires et dans les fictions qui recherchent un effet de vérité.

➤ Cadrage, mouvements de caméra et angles de prise de vues sont décidés avant le tournage. Ils sont consignés sur le **story-board**, sorte de bande dessinée où chaque plan est esquissé et accompagné des indications de temps (ex : « nuit »), de lieu (ex : « extérieur »), de mouvement, etc.

3 Le montage

➤ Le montage consiste à assembler les plans pour construire une histoire cohérente. Comme dans le récit, l'ordre des images peut être chronologique ou effectuer des retours en arrière, des anticipations ou des ellipses.

➤ **Les plans*** désignent les **prises de vues filmées sans coupure**. Leur durée varie. Le plus long est le plan-séquence : il filme toute une scène en continu.

➤ Les plans sont regroupés en **séquences. La séquence désigne un** ensemble de plans qui s'enchaînent pour constituer une unité narrative (avec, souvent, une unité d'action et de lieu).

➤ Pour relier les plans entre eux, on utilise différents types de **raccords***, Ils assurent la **cohérence** spatiale, lumineuse, thématique de l'ensemble.

• Le **raccord cut** fait se suivre deux plans distincts. L'enchaînement se fait grâce au son, au regard, au mouvement de la caméra ou du personnage.

Ex : *Lorsque la caméra montre successivement un personnage qui parle et celui qui lui répond, on parle d'un enchaînement champ/contrechamp.*

• Le raccord **fondu*** :

Le **fondu enchaîné** : une image se superpose à la précédente par surimpression et vient la remplacer.

Le **fondu au noir ou au blanc** obscurcit ou éclaircit l'écran avant de laisser place au plan suivant.

Remarque : tout effet qui rompt la fluidité de l'enchaînement peut trouver une justification esthétique.

Exemple d'analyse : *Les plans appartiennent au début de* La bête humaine *de Jean Renoir (1938), adaptation du roman d'Émile Zola (1890).*

plan 1

plan 2 a

plan 2 b

plan 2c

plan 2 d

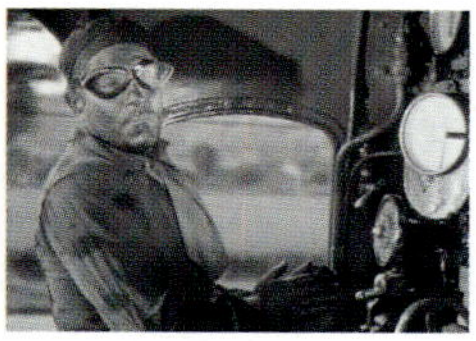

plan 3

plan 4

plan 5

Jean Renoir, *La bête humaine*, 1938, photogrammes des premiers plans.

➡ Les plans appartiennent à une même **séquence** c'est-à-dire à un ensemble d'images filmées dans un même lieu autour d'une unité d'action.

➡ **Le plan 2 est un panoramique.** Ainsi, la caméra posée sur le bord de la voie au plan 2a perçoit l'arrivée du train dont elle suit le mouvement aux plans 2b, 2c et 2d en opérant une rotation de 90°, mais sans changer d'axe. Ce choix permet de rendre sensible la vitesse du train et l'impression forte produite par son passage.

➡ **Le réalisateur souhaite montrer la machine en marche**, de l'extérieur (plans 1 et 2) comme de l'intérieur (plans 3 à 5). Si les plans ne présentent **pas la même échelle** – le premier est un gros plan, le second un plan d'ensemble et les suivants des plans rapprochés – leur montage se fonde sur un **raccord thématique**. Il s'agit de saisir selon différents aspects le train et cette variété de point de vue peut être un écho au souci naturaliste du détail chez Zola. Entre les plans 3, 4 et 5, **le raccord se construit sur les regards** échangés par le mécanicien et son chauffeur (celui qui alimente en charbon la locomotive). Comme les deux personnages sont placés à 180° l'un de l'autre, le raccord est aussi un **champ – contre-champ**.

4 Le son

➡ Il peut provenir de la scène (bruits de la rue traversée par le personnage) ou s'ajouter à celle-ci (bande originale du film).

➡ Une **voix-off** peut commenter le récit.

Ex : *La séquence de* La bête humaine *est accompagnée par la prise de son du bruit du train. Ce vacarme empêche les deux personnages de s'entendre, d'où le recours à la gestuelle au plan 5.*

5 Genres

➡ Les deux tendances du **documentaire** et de la **fiction** ont toujours existé.

Ex : *Les frères Lumière filment des scènes réelles* (Arrivée du train en gare de La Ciotat, *1895), mais Georges Méliès utilise décors et trucages pour* Le voyage dans la lune *(1902).*

➡ On retrouve au cinéma l'équivalent des genres littéraires : policier, science-fiction, historique, etc. Les films à gros budgets s'opposent aux films d'art et d'essai.

Fiche 19

Lecture de corpus : textes et images

Les mouvements esthétiques ont généralement associé la littérature à l'art visuel. C'est pourquoi certains des documents complémentaires proposés sur la liste du baccalauréat sont des documents iconographiques, choisis pour leur rapport avec les textes étudiés. À l'épreuve écrite, la question transversale peut porter sur un corpus qui intègre une image.

1 Mettre en relation l'image et le texte : une lecture comparée

➤ Le texte et l'image présentent-ils un même thème ?

➤ La relation entre le texte et l'image est-elle fondée sur l'opposition ou la ressemblance ?

➤ Tous les éléments évoqués par le texte apparaissent-ils sur l'image ?

Le message visuel étant plus immédiat que le message verbal, l'image peut opérer une sélection par rapport au texte ou intégrer des éléments qu'il ne contient pas.

Exemple d'analyse :

Objet d'étude : La tragédie et la comédie au XVIIe siècle : le classicisme

Le chef grec Agamemnon confie à Arcas qu'au moment où les vaisseaux grecs allaient partir pour Troie, le vent est tombé. Un devin lui a révélé que les dieux attendaient le sacrifice de sa fille.

AGAMEMNON : Surpris, comme tu peux penser,
Je sentis dans mon corps tout mon sang se glacer.
Je demeurais sans voix, et n'en repris l'usage
Que par mille sanglots qui se firent passage.
Je condamnai les Dieux et , sans plus rien ouïr,
Fis vœu sur leurs autels de leur désobéir.
Que n'en croyais-je alors ma tendresse alarmée?
Je voulais sur-le-champ congédier l'armée.
Ulysse, en apparence approuvant mes discours,
De ce premier torrent laissa passer le cours,
Mais bientôt, rappelant sa cruelle industrie,
Il me représenta l'honneur et la patrie [...]
Je me rendis, Arcas; et vaincu par Ulysse,
De ma fille, en pleurant, j'ordonnai le supplice.

Jean Racine, Iphigénie, *1674, acte I, scène 1*

Un dilemme se pose à Agamemnon. Il est partagé entre amour paternel et amour de la patrie. Le texte exprime cette succession de désirs contraires. Il veut d'abord « désobéir » aux dieux puis il décide du sacrifice lorsqu'Ulysse lui rappelle « l'honneur et la

Bertholet Flemalle, *Le sacrifice d'Iphigénie*, 1646 (Musée du Louvre).

patrie ». Sur l'image, l'uniforme porté par le chef grec symbolise l'entrave qui le sépare de l'enfant qu'il tient dans ses bras sans oser la regarder, puisqu'il la dépose sur l'autel du sacrifice au centre de l'image.

L'image contrairement au texte représente des événements ultérieurs au questionnement relaté par Racine. La partie gauche intègre la biche qu'Artémis a substituée *in extremis* à Iphigénie et représente celle-ci dans la fonction de prêtresse qu'elle lui a attribuée.

2 Lire l'image comme la réécriture visuelle d'un texte

➤ La peinture a trouvé l'**inspiration** de nombre de ses sujets dans l'écriture biblique, mythologique, littéraire. Elle devient alors une **interprétation du texte**, une réécriture qui dépend des **intentions de l'artiste** et des **codes esthétiques** de son époque.

➤ Le texte et l'image mis en rapport présentent-ils le même registre ? Illustrent-ils un même mouvement esthétique ? Le tableau présente-t-il une translation subjective du texte ?

Exemple d'analyse :

Le ***registre pathétique*** *est commun au texte de Racine et au tableau de Flemalle. Dans le texte, la douleur et l'effroi d'Agamemnon s'expriment par hyperboles. Sur l'image, c'est l'expression des visages qui traduit ces émotions ainsi que la gestuelle d'Agamemnon dont le port est affaissé.*

Exercices

1 Comparaison entre texte et image

Objet d'étude : Genres et formes de l'argumentation : XVIIe et XVIIIe siècles

Document A :

Hyacinthe Rigaud, *Portrait de Louis XIV*, 1701 (Musée du Louvre).

Document B :

Le roi de France est le plus puissant prince de l'Europe. Il n'a point de mines d'or comme le roi d'Espagne, son voisin ; mais il a plus de richesses que lui, parce qu'il les tire de la vanité de ses sujets, plus inépuisable que les mines. On lui a vu entreprendre ou soutenir de grandes guerres, n'ayant d'autres fonds que des titres d'honneur à vendre ; et, par un prodige de l'orgueil humain, ses troupes se trouvaient payées, ses places munies, et ses flottes équipées.

D'ailleurs, ce roi est un grand magicien : il exerce son empire sur l'esprit même de ses sujets ; il les fait penser comme il veut. S'il n'a qu'un million d'écus dans son trésor, et qu'il en ait besoin de deux, il n'a qu'à les persuader qu'un écu en vaut deux ; et ils le croient.[...] Il va même jusqu'à leur faire croire qu'il les guérit de toutes sortes de maux, en les touchant, tant est grande la force et la puissance qu'il a sur les esprits.

Montesquieu, *Lettres persanes*, 1721, lettre XXIV

1. À quel genre appartient le tableau de Rigaud ?
2. Quel registre s'exprime dans l'image ?
3. Quel registre s'exprime dans le texte ?
4. Que pouvez-vous en déduire du rapport qu'entretiennent l'image et le texte ?

2 Comparaison entre texte et image

Objet d'étude : La poésie du XIXe au XXe siècle : du romantisme au surréalisme

Document A :

Caspar David Friedrich, *Paysage vespéral avec deux hommes*, 1835 (Musée de L'Ermitage, Saint-Petersbourg).

Document B :

Souvent sur la montagne, à l'ombre du vieux chêne,
Au coucher du soleil, tristement je m'assieds ;
Je promène au hasard mes regards sur la plaine,
Dont le tableau changeant se déroule à mes pieds.

Ici gronde le fleuve aux vagues écumantes ;
Il serpente, et s'enfonce en un lointain obscur ;
Là le lac immobile étend ses eaux dormantes
Où l'étoile du soir se lève dans l'azur.

Au sommet de ces monts couronnés de bois sombres,
Le crépuscule encor jette un dernier rayon ;
Et le char vaporeux de la reine des ombres
Monte, et blanchit déjà les bords de l'horizon.

Alphonse de Lamartine,
Les Méditations, 1820, « L'isolement »

→ Quelles sont les thématiques romantiques communes aux deux œuvres ?

Le classicisme (1)

Contexte historique, esthétique et culturel

Le **classicisme** désigne la période de la littérature qui s'étend de 1660 à 1685 et contribue à l'élaboration de la monarchie absolue. Le théâtre y connaît un véritable essor.

1 Le cadre politique : la monarchie absolue

En 1661 commence le règne personnel de Louis XIV. Le roi gouverne désormais par lui-même et instaure une politique de contrôle et de centralisation de tous les domaines de l'État.

➡ **Une administration puissante et centralisée :** le roi élimine tout contre-pouvoir. Il se débarrasse dès 1661 du trop riche et trop puissant surintendant des Finances, Nicolas Fouquet ; puis s'entoure de grands commis, personnages issus de la bourgeoisie, comme Colbert (1619-1683) ou Louvois (1641-1691), pour remplacer la noblesse à la tête des affaires.

➡ **Un royaume sous contrôle :** le royaume est centralisé. L'armée devient armée d'État, les pratiques religieuses et les arts sont surveillés, l'économie est régulée.

Ex : *Du vivant de Louis XIV, on parle du « Grand siècle ».*

2 Le cadre social : une société en mutation

La société hiérarchisée en trois ordres (clergé, noblesse, tiers état) connaît une évolution dont témoigne le théâtre.

➡ **Une noblesse assujettie à la vie de cour :** soumise à l'étiquette, elle partage son temps entre les fêtes, les chasses ou les séjours à Versailles et abandonne toute indépendance.

➡ **L'ascension de la bourgeoisie :** certains de ses membres connaissent une carrière prodigieuse et adoptent le mode de vie de la noblesse pour s'en faire reconnaître. Les bourgeois peuvent accéder à la noblesse par mariage, par anoblissement ou par l'achat de charges judiciaires ou administratives.

Ex : *Les comédies de Molière, comme* Le Bourgeois gentilhomme *(1670), tournent en ridicule les prétentions de ces parvenus dont elles pointent les maladresses.*

Noblesse et bourgeoisie partagent les mêmes valeurs de **l'honnête homme**, nouveau modèle social issu de la cour et des salons. Mondain, esprit cultivé, il sait rester maître de ses passions.

➡ **La misère des paysans :** ils mènent une vie difficile en cultivant des terres qui appartiennent à la noblesse ou au clergé, victimes des guerres, des catastrophes climatiques et des impôts.

Ex : *Au théâtre, le paysan reste malgré tout une figure traditionnelle de la comédie, moqué pour ses manières ou pour sa bêtise.*

3 Le cadre culturel : arts et lettres au service du roi

Arts et lettres font aussi l'objet de la politique absolutiste de Louis XIV.

➡ **Versailles, une vitrine du « Grand Siècle » :** résidence définitive de la cour en 1682, le château devient le manifeste politique du règne du « Roi-Soleil » et prétexte à mécénat dans tous les domaines.

➡ **Les normes esthétiques :** elles se construisent peu à peu pour devenir, pendant le classicisme, les valeurs de références. Ainsi l'Académie française reçoit-elle pour mission dès 1635 d'épurer et de perfectionner la langue française. Elle se consacre à la rédaction d'ouvrages de référence (dictionnaire et grammaire) et participe aussi aux débats littéraires.

Ex : *La pièce de Corneille,* Le Cid, *est accusée en 1636, de ne pas respecter certaines règles d'écriture et fait l'objet d'un violent débat public.* Les Sentiments de l'Académie sur la tragi-comédie du Cid *départagent partisans et adversaires et mettent fin à la querelle.*

➡ **Des arts sous contrôle :** écrivains et artistes sont soumis à la censure et ne peuvent imprimer que s'ils en ont obtenu l'autorisation (le privilège). Le roi, grand amateur de danse, de comédie et de musique, accorde subventions et pensions aux artistes qui savent le célébrer.

Ex : Le Tartuffe ou l'Imposteur, *comédie de Molière, qui s'attaque à l'hypocrisie religieuse, est interdite dès les premières représentations en 1664 sous la pression des dévots qui l'accusent d'impiété. Elle n'est rejouée qu'en 1669, après un complet remaniement et avec l'autorisation du roi.*

Exercices

Objet d'étude : La tragédie et la comédie au XVIIe siècle : le classicisme

1 Comprendre la relation du dramaturge au roi

Sire, voici une seconde entreprise qui n'est pas moins hardie que la première. Je ne me contente pas d'avoir mis à la tête de mon ouvrage le nom d'Alexandre, j'y ajoute encore celui de Votre Majesté, c'est-à-dire que j'assemble tout ce que le siècle présent et les siècles passés peuvent fournir de plus grand.

Jean Racine, *Dédicace d'Alexandre le Grand*, 1666

1. Quelle relation cette dédicace révèle-t-elle entre Racine et le roi ?
2. Quelle image du roi cette dédicace donne-t-elle ?

2 Étudier une figure de contre-pouvoir

La Fontaine écrit ce poème après l'arrestation de Fouquet. Vaux-le-Vicomte est le château de Fouquet confisqué par le roi et qui servira de modèle à Versailles.

Vous l'avez vu naguère au bord de vos fontaines
Qui, sans craindre du Sort les faveurs incertaines.
Plein d'éclat, plein de gloire, adoré des mortels,
Recevait des honneurs qu'on ne doit qu'aux autels.
Hélas ! qu'il est déchu de ce bonheur suprême !
Que vous le trouveriez différent de lui-même !
[...]
Voilà le précipice où l'ont enfin jeté
Les attraits enchanteurs de la prospérité !

Jean de La Fontaine, *Élégie aux Nymphes de Vaux*, 1661

1. Cherchez le sens du mot « élégie » : ce poème en est-il caractéristique ?
2. Que nous révèle ce poème de la puissance de Fouquet ?

3 Analyser l'image du roi

À la fin de la pièce se produit un coup de théâtre : les méchants sont confondus et arrêtés. L'exempt explique son intervention.

L'EXEMPT :
Nous vivons sous un Prince ennemi de la fraude,
Un Prince dont les yeux se font jour dans les cœurs,
Et que ne peut tromper tout l'art des imposteurs.
D'un fin discernement, sa grande âme pourvue,
Sur les choses toujours jette une droite vue,
Chez elle jamais rien ne surprend trop d'accès,
Et sa ferme raison ne tombe en nul excès.

Molière, *Tartuffe*, 1664, acte V, scène 7

1. Relever les expressions qui désignent le roi : que nous apprennent-elles sur lui ?
2. Pourquoi la personne du roi apparaît-elle au dénouement ? Comment y participe-t-il ?

4 Comprendre et analyser les enjeux sociaux dans une intrigue théâtrale

Pierrot et Charlotte sont fiancés, mais l'arrivée de Don Juan modifie le comportement de la jeune fille.

PIERROT. – Testiguienne, tu ne m'aimes point.
CHARLOTTE. – Ah, ah, n'est que ça?
PIERROT. – Oui, ce n'est que ça, et c'est bian assez.
CHARLOTTE. – Mon quieu, Piarrot, tu me viens toujou dire la mesme chose.
PIERROT. – Je te dis toujou la mesme chose, parce que c'est toujou la mesme chose, et si ce n'était pas toujou la mesme chose, je ne te dirais pas toujou la mesme chose.

Molière, *Dom Juan*, 1665, acte II, scène 1

1. Montrez que les noms et le langage des personnages sont révélateurs de l'ordre social auquel ils appartiennent.
2. Quel est l'effet de ce dialogue ?

5 Analyser les enjeux d'une polémique et le rôle de l'Académie française

Nous concluons qu'encore que le sujet du Cid ne soit pas bon, qu'il pèche dans son dénouement, qu'il soit chargé d'épisodes inutiles, que la bienséance y manque en beaucoup de lieux, aussi bien que la bonne disposition du théâtre, et qu'il y ait beaucoup de vers bas, et de façons de parler impures ; néanmoins, la naïveté et la véhémence de ses passions, la force et la délicatesse de plusieurs de ses pensées, et cet agrément inexplicable qui se mêle dans tous ses défauts, lui ont acquis un rang considérable entre les poèmes français de ce genre.

Les Sentiments de l'Académie sur la tragi-comédie du Cid, 1637

1. Repérez et commentez le lexique péjoratif : que reproche-t-on au *Cid* ?
2. Montrez que les qualités principales de la pièce sont fondées sur des contrastes.

6 Étudier une œuvre censurée

Orgon, riche bourgeois, a accueilli chez lui, malgré les siens, Tartuffe, un faux dévot. Il raconte leurs premières rencontres.

ORGON : Chaque jour à l'église il venait d'un air doux,
Tout vis-à-vis de moi, se mettre à deux genoux.
Il attirait les yeux de l'assemblée entière,
Par l'ardeur dont au Ciel il poussait sa prière :
Il faisait des soupirs, de grands élancements,
Et baisait humblement la terre à tous moments ;
Et lorsque je sortais, il me devançait vite,
Pour m'aller à la porte offrir de l'eau bénite.

Molière, *Tartuffe*, 1664, acte I, scène 5

1. Relevez le champ lexical de la dévotion.
2. Quels indices peuvent faire comprendre l'hypocrisie du personnage ?

Fiche 21

Le classicisme (2)

Contexte littéraire

Pilier de la politique culturelle de Louis XIV, le théâtre, miroir du « Grand Siècle », connaît un véritable essor au XVIIe siècle. Il en reflète les changements d'esthétiques et de mentalités.

1 Distinction et hiérarchie des genres

➽ **Du baroque et classicisme :** deux tendances dominent successivement le siècle. Le baroque (1570-1650), marqué par l'exubérance et le rejet des contraintes, s'efface, sans disparaître complètement, devant le classicisme (1660-1685) et son souci de rationalité et d'équilibre.

Ex : *Au théâtre, le rocambolesque baroque, ses excès, la multiplicité des actions et la diversité des tons laissent place à la recherche de la clarté, la maîtrise des passions, la pureté du langage et du genre.*

➽ **La distinction et la hiérarchie des genres :** la notion de genre s'affine. Tragédie et comédie font l'objet d'une réflexion théorique inspirée de l'Antiquité qui codifie leur opposition et marque la supériorité du genre tragique. La tragi-comédie exploite les caractères uniques des deux genres.

Ex : *La séparation entre rire et larmes permet de classer la tragédie comme le genre noble et la comédie comme un genre secondaire.*

2 Un théâtre codifié

Codifié comme les autres domaines de la vie culturelle du royaume, le théâtre obéit à plusieurs règles.

➽ **Le modèle antique :** selon le principe d'imitation des Anciens, tragédie et comédie classiques s'inspirent de sources antiques. La tragédie met en scène de nobles personnages tirés de la mythologie, de l'histoire ou de la Bible. La comédie reprend et adapte à son temps des sujets de pièces antiques.

Ex : L'Avare *de Molière (1668) est une réécriture de l'*Aulularia *de Plaute (254-184 av. J.-C.).*

➽ **Les trois unités : l'unité d'action** concentre les intrigues autour d'une action principale dont dépendent les actions secondaires. Toutes les péripéties doivent trouver une résolution à la fin de la pièce. **L'unité de temps** limite l'action à une seule journée. **L'unité de lieu** impose un lieu unique : salle du trône ou appartement du palais pour la tragédie, place d'une ville ou intérieur d'une maison pour la comédie.

Ex : *« Qu'en un lieu, qu'en un jour, un seul fait accompli Tienne jusqu'à la fin le théâtre rempli. » (Boileau,* Art poétique, *1674)*

➽ **Vraisemblance et bienséance :** ni personnages ni situations ne doivent choquer le bon sens du spectateur : on ne se bat pas, on ne mange pas, on ne meurt pas sur scène. Ce qui choque est interdit.

3 Les fonctions du théâtre

En suscitant son émotion et sa réflexion, le théâtre classique vise à instruire le spectateur.

➽ **Une fonction thérapeutique :** inspirée par les théories aristotéliciennes, la tragédie classique vise à la « purgation des passions » (la catharsis). Le spectateur vit par procuration des actions dangereuses et excessives pour mieux s'en détourner.

➽ **La dimension moraliste :** par tradition, la farce tourne en dérision les faiblesses humaines à travers disputes violentes ou coups de bâton. Les vices et les ridicules humains s'incarnent, dans la comédie de caractère, à travers un personnage type : la coquette, l'hypocrite, le parvenu...

Ex : *Le titre des pièces de Molière est souvent inspiré du défaut du héros, comme* L'Avare *(1668),* Les Précieuses ridicules *(1659), ou* Le Malade imaginaire *(1673). Molière dresse une typologie des vices humains pour les corriger.*

➽ **Le théâtre de mœurs :** il aborde les problèmes de fond de la société, objets de la satire comique (éducation des filles, émancipation des femmes, place de la religion dans la société, mariage des jeunes gens sans le consentement de leurs parents...). Par la distanciation de son cadre spatio-temporel, la tragédie porte un regard plus idéalisé sur son temps.

Ex : Le Misanthrope *(1666) ou* Les Précieuses ridicules *(1659) de Molière dénoncent ainsi les excès des modes contemporaines de l'honnêteté et de la préciosité.* Cinna *(1639) de Corneille est une réflexion sur le pouvoir tandis que* Bérénice *(1670) de Racine évoque la primauté de la raison d'État, à laquelle se soumet même le roi.*

Exercices

Objet d'étude : La tragédie et la comédie au XVIIe siècle : le classicisme

1 Comprendre l'évolution du classicisme

Texte A : *Isabelle apprend l'assassinat de son époux.*

Réponds-moi, cher époux, au moins une parole !
C'en est fait, il expire, et son âme s'envole !
Bourreaux, vous ne l'avez massacré qu'à demi !
Il vit encore en moi, soûlez[1] son ennemi !
Achevez, assassins, de m'arracher la vie :
Sa haine sans ma mort n'est pas bien assouvie.

Pierre Corneille, *L'Illusion comique*, 1639, acte V, scène 5

1. Comblez.

Texte B :

Bourreaux, vous ne l'avez massacré qu'à demi :
Il vit encore en moi, soûlez son ennemi ;
Achevez, assassins, de m'arracher la vie.
Cher époux, en mes bras on te l'a donc ravie !
Et de mon cœur jaloux les secrets mouvements
N'ont pu rompre ce coup par leurs pressentiments !
Ô clarté trop fidèle, hélas ! et trop tardive,
Qui ne fait voir le mal qu'au moment qu'il arrive !
Fallait-il... Mais j'étouffe et dans un tel malheur
Mes forces et ma voix cèdent à la douleur,
Son vif excès me tue ensemble et me console.

Pierre Corneille, *L'Illusion comique*, 1660, acte V, scène 5

➜ Comparez ces deux versions pour analyser comment Isabelle devient une héroïne classique en 1660 ?

2 Maîtriser quelques dates de l'histoire littéraire

Bérénice – Le Bourgeois gentilhomme – Britannicus – Le Cid – L'École des femmes – Le Misanthrope – Phèdre

➜ Placez ces œuvres sur un axe chronologique : quels en sont les auteurs ?

3 Identifier le genre d'une pièce

Document A :

ARGANTE, père d'Octave et de Zerbinette.
GÉRONTE, père de Léandre et de Hyacinte.
OCTAVE, fils d'Argante, et amant de Hyacinte.
LÉANDRE, fils de Géronte, et amant de Zerbinette.
ZERBINETTE, crue Égyptienne, et reconnue fille d'Argante, et amante de Léandre.
HYACINTHE, fille de Géronte, et amante d'Octave.
SCAPIN, valet de Léandre, et fourbe.
SILVESTRE, valet d'Octave.
NÉRINE, nourrice de Hyacinte.
CARLE, fourbe.

La scène est à Naples.

Molière, *Les Fourberies de Scapin*, 1671

Document B :

TITUS, empereur de Rome.
BÉRÉNICE, reine de Palestine.
ANTIOCHUS, roi de Comagène.
PAULIN, confident de Titus.
ARSACE, confident d'Antiochus.
PHÉNICE, confidente de Bérénice.
RUTILE, Romain.

La scène est à Rome dans un cabinet qui est entre l'appartement de Titus et celui de Bérénice.

Racine, *Bérénice*, 1670

➜ À quel genre appartiennent ces deux pièces ? Justifiez.

4 Classer et repérer les sources d'inspiration des tragédies

Alexandre le Grand – Andromaque – Bajazet – Bérénice – Britannicus – Esther – Iphigénie – Rodogune

➜ Cherchez et classez la source d'inspiration des pièces suivantes.

5 Comprendre les enjeux de la règle des trois unités

Voici une analyse sommaire de *Dom Juan* de Molière :

	Acte I	Acte II	Acte III	Acte IV	Acte V
Lieu	Un palais	À la campagne sur une côte	Une forêt	Chez Dom Juan	Lieu vague
Temps	Le matin	En début d'après-midi	Le soir	La nuit	Le lendemain soir
Action principale	Dom Juan et Dona Elvire	Dom Juan et les paysans	Dom Juan et ses pairs	Le dîner de Dom Juan	Dom Juan l'hypocrite

➜ Quel traitement Molière a-t-il réservé à la règle des trois unités ?

6 Analyser la fonction thérapeutique du théâtre

Ce que je puis assurer, c'est que je n'en ai point fait où la vertu soit plus mise en jour que dans celle-ci[1]. Les moindres fautes y sont sévèrement punies ; la seule pensée du crime y est regardée avec autant d'horreur que le crime même ; les faiblesses de l'amour y passent pour de vraies faiblesses ; les passions n'y sont présentées aux yeux que pour montrer tout le désordre dont elles sont cause ; et le vice y est peint partout avec des couleurs qui en font connaître et haïr la difformité. C'est là proprement le but que tout homme qui travaille pour le public doit se proposer, et c'est ce que les premiers poètes tragiques avaient en vue sur toute chose.

Racine, *Préface de Phèdre*, 1677

1. *Phèdre*

➜ Quelle fonction Racine attribue-t-il au théâtre ?

Fiche 22

Argumenter au XVIIe siècle

Contexte historique, esthétique, culturel et littéraire

1 Le contexte

Les salons, véritable phénomène de société : les salons accueillent l'élite sociale et intellectuelle autour de leur hôte, souvent une femme noble ou de haute bourgeoisie passionnée par la culture. Véritables cercles littéraires, les salons diffusent et vulgarisent les esthétiques nouvelles.

La préciosité s'y développe. Les précieuses peuvent y revendiquer une amélioration du sort des femmes : droit à la culture, ou liberté de choix de l'époux.

Ex : *Un des salons les plus célèbres du XVIIe siècle est celui de Madeleine de Scudéry fréquenté par Madame de Sévigné, La Rochefoucauld ou Madame de La Fayette.*

Les salons offrent un sujet de moqueries aux écrivains.

Ex : *Molière dans* Les Femmes savantes *(1672), ou* Les Précieuses ridicules *(1659).*

Des avancées dans les sciences : sur le modèle des académies savantes européennes, l'Académie royale des sciences est fondée par Colbert en 1666. Elle encourage le développement de l'esprit scientifique. Les savants européens font progresser la science.

Ex : *Pascal (1623-1662) met au point la première machine à calculer, Leibniz (1646-1716) invente le calcul infinitésimal. Newton (1642-1727) explicite le principe de la gravitation universelle.*

2 Les formes argumentatives

Les formes brèves

- **La maxime, de la brièveté à la loi universelle :** à l'origine phrase détachée, à vocation pédagogique et morale, la maxime devient genre littéraire pour exprimer des vérités générales. Sa brièveté, son caractère problématique l'apparentent aux jeux des salons. Mais dans un style paradoxal et ironique, sa dimension provocatrice pointe les faiblesses de la psychologie humaine.

Ex : *Dans ses* Maximes et sentences morales *(1664), La Rochefoucauld dénonce l'incapacité de l'homme à dépasser son propre intérêt dissimulé sous son amour-propre.*

- **La pensée fragmentaire :** recherchée ou involontaire, l'écriture morcelée se met au service de la morale. Miroir des mœurs contemporaines, elle dévoile à l'homme ses travers et ses fragilités.

Ex : *Dans les* Pensées *(1670), Pascal peint la misère de l'homme, perdu entre son imagination, son amour-propre ou la coutume, malgré sa raison. Dans* Les Caractères *(1688), La Bruyère décrit les mœurs de son temps en dévoilant les ridicules humains.*

Les apologues

- **La fable, de la littérature orale à la fable allégorique :** héritée de l'Antiquité, la **fable*** d'origine orale est un petit récit, généralement en vers, destiné à démontrer une moralité. Variété des personnages, dialogues directs, descriptions pittoresques mêlent l'agréable à l'utile pour rendre l'**apologue*** plus efficace.

Ex : Les Fables *(1668-1696) de La Fontaine mettent en scène des figures animales et végétales, véritables transpositions de la société humaine. L'allégorie permet une critique du pouvoir.*

- **Le conte :** destiné d'abord aux enfants, le **conte*** de fées connaît un renouveau et devient un genre littéraire exigeant et raffiné que le public adulte cultivé peut apprécier. Le récit est concentré, le merveilleux dosé avec le vraisemblable. Proche de la fable, il développe une intrigue généralement plus riche et plus ouvertes dans ses significations morales.

Ex : *Par ses* Contes du temps passé, *Charles Perrault donne en 1697 ses lettres de noblesse au conte.*

Les discours

- **L'éloquence :** l'art oratoire emploie des moyens rhétoriques pour persuader l'auditoire : questions, exclamations, apostrophes, images...

Ex : *Dans ses* Oraisons funèbres, *Bossuet, prédicateur de la cour, prêche pour obtenir la conversion de son auditoire.*

- **La satire*** dénonce violemment les travers moraux ou sociaux. Au XVIIe siècle, elle vise les mœurs et utilise les types humains : l'avare, le pédant... Elle reste soumise aux règles de la bienséance.

Le registre satirique se distingue de la satire en ce qu'il ne s'inscrit pas nécessairement dans une dimension polémique.

Exercices

Objet d'étude : Genres et formes de l'argumentation : XVIIe et XVIIIe siècles

1 Comprendre les fonctions du salon

MAGDELON : Pour moi ce que je considère particulièrement, c'est que par le moyen de ces visites spirituelles[1], on est instruite de cent choses, qu'il faut savoir de nécessité, et qui sont de l'essence d'un bel esprit. On apprend par là, chaque jour, les petites nouvelles galantes, les jolis commerces de prose, et de vers. On sait à point nommé, [...] : c'est là ce qui vous fait valoir dans les compagnies ; et si l'on ignore ces choses, je ne donnerais pas un clou de tout l'esprit qu'on peut avoir.

Molière, *Les Précieuses ridicules*, 1659, scène 9

1. Fréquentation des salons.

→ En quoi le salon est-il indispensable pour une précieuse ?

2 Analyser les enjeux de la maxime

Version de 1663 : L'amitié la plus sainte et la plus sacrée n'est qu'un trafic où nous croyons toujours gagner quelque chose.

Version de 1666 : L'amitié la plus désintéressée n'est qu'un commerce où notre amour-propre se propose toujours quelque chose à gagner.

Version définitive : Ce que les hommes ont nommé amitié n'est qu'une société, qu'un ménagement réciproque d'intérêts, et qu'un échange de bons offices ; ce n'est enfin qu'un commerce où l'amour-propre se propose toujours quelque chose à gagner.

La Rochefoucauld, *Maximes*, 1665-78

→ Comment le moraliste parvient-il à sa version définitive ? Pour quelle vision de l'homme ?

3 Étudier la pensée fragmentaire

Arrias a tout lu, a tout vu, il veut le persuader ainsi ; c'est un homme universel, et il se donne pour tel : il aime mieux mentir que de se taire ou de paraître ignorer quelque chose. On parle à la table d'un grand d'une cour du Nord : il prend la parole et l'ôte à ceux qui allaient dire ce qu'ils en savent ; il s'oriente dans cette région lointaine comme s'il en était originaire ; il discourt des mœurs de cette cour, des femmes du pays de ses lois et de ses coutumes ; il récite des historiettes qui lui sont arrivées, il les trouve plaisantes et il en rit le premier jusqu'à éclater.

Jean de La Bruyère, *Les Caractères*, 1688

→ Par quels procédés la prétention du personnage est-elle rendue ? Expliquez.

4 Analyser la visée de la fable

Raminagrobis juge une querelle entre Janot lapin et Dame Belette

C'était un chat vivant comme un dévot ermite,
Un chat faisant la chattemite,
Un saint homme de chat, bien fourré, gros et gras,
Arbitre expert sur tous les cas.
Jean Lapin pour juge l'agrée.
Les voilà tous deux arrivés
Devant sa majesté fourrée.
Grippeminaud leur dit : Mes enfants, approchez,
Approchez, je suis sourd, les ans en sont la cause.
L'un et l'autre approcha ne craignant nulle chose.
Aussitôt qu'à portée il vit les contestants,
Grippeminaud le bon apôtre
Jetant des deux côtés la griffe en même temps,
Mit les plaideurs d'accord en croquant l'un et l'autre.

Jean de La Fontaine, *Fables*, 1668-94

1. Quel défaut le chat manifeste-t-il ? Justifiez.
2. Quelle image de la justice donne cette fable ?

5 Comprendre l'enjeu moral de la fable

L'ogre regrette d'avoir épargné le Petit Poucet et ses frères.

Il monta donc à tâtons à la chambre de ses filles et s'approcha du lit où étaient les petits garçons, qui dormaient tous excepté le petit Poucet, qui eut bien peur lorsqu'il sentit la main de l'ogre qui lui tâtait la tête, comme il avait tâté celles de tous ses frères. L'ogre, qui sentit les couronnes d'or :

« Vraiment, dit-il, j'allais faire là un bel ouvrage ; je vois bien que j'ai trop bu hier soir. »

Il alla ensuite au lit de ses filles où, ayant senti les petits bonnets des garçons :

« Ah ! les voilà, dit-il, nos gaillards ! travaillons hardiment. »

En disant ces mots, il coupa sans hésiter la gorge à ses sept filles.

Charles Perrault, *Contes*, « Le Petit Poucet», 1697

→ Ce texte vous paraît-il destiné à des enfants ? Justifiez.

6 Analyser l'art oratoire

L'orateur retrace les exploits du prince.

Le voyez-vous comme il vole ou à la victoire ou à la mort ? Aussitôt qu'il eut porté de rang en rang l'ardeur dont il était animé, on le vit presque en même temps pousser l'aile droite des ennemis, soutenir la nôtre ébranlée, rallier le Français à demi vaincu, mettre en fuite l'Espagnol victorieux, porter partout la terreur, et étonner de ses regards étincelants ceux qui échappaient à ses coups.

Bossuet, *Oraison funèbre de Condé*, 1687

→ Analysez les procédés qui transforment Condé en héros.

Fiche 23

Argumenter au XVIIIe siècle

Contexte historique, esthétique, culturel et littéraire

1 Le contexte

Salons et cafés : les salons perdurent avec les mêmes fonctions sociales.

Ex : *Les salons de Madame Du Deffand ou de Julie de Lespinasse sont fréquentés par les encyclopédistes.*

Les cafés offrent un cadre élégant aux rencontres entre gens d'esprit. Tout en jouant ou en mangeant, chacun peut y commenter librement l'actualité politique ou théâtrale et y diffuser l'esprit nouveau.

Ex : *Le Palais-Royal est le cadre du dialogue* Le Neveu de Rameau *(Diderot, 1762-1773). Café littéraire à la mode, le Procope accueille Voltaire ou Rousseau.*

Voyages et cosmopolitisme : le commerce maritime favorise échanges et voyages. Le voyageur s'ouvre à de nouvelles cultures pour remettre finalement en question ses propres valeurs. Ce cosmopolitisme envahit la littérature.

Ex : *Voltaire fait voyager son héros Candide (1759) à travers l'Europe et le Nouveau Monde pour le confronter à d'autres réalités.*

Le développement des sciences : l'esprit critique triomphe contre les préjugés. Les méthodes scientifiques progressent, fondées sur l'observation, l'analyse et l'interprétation rationnelles des faits. C'est l'essor des mathématiques, de l'astronomie et de la physique. Des expériences publiques se multiplient. On croit au progrès continu de l'humanité.

Ex : *L'*Encyclopédie *(1751-1766) dirigée par Diderot est un dictionnaire universel, bilan des connaissances de l'époque au service de la raison.*

2 L'écrivain philosophe

Du contestataire à l'opposant politique : cafés, salons et académies favorisent les rencontres des intellectuels pour débattre des idées nouvelles. Voyages et voyageurs multiplient rencontres et échanges. L'écrivain s'engage dans des combats contre l'autorité politique ou religieuse malgré les sanctions.

Ex : *Voltaire s'exile en Angleterre en 1726, Diderot est emprisonné au château de Vincennes en 1749 pour avoir fait scandale avec sa* Lettre sur les aveugles, *au matérialisme prononcé.*

L'écrivain engagé : il dénonce les atteintes à la liberté, les inégalités et les abus, mais subit la censure. Il lutte pour un idéal fondé sur de nouvelles valeurs d'émancipation, d'éducation, d'égalité et revendique le droit au bonheur.

Ex : *Voltaire se bat pour des victimes de l'intolérance religieuse, comme le protestant Calas en 1763 ou le chevalier de La Barre, en 1766.*

Le triomphe des Lumières : les idées nouvelles se répandent au point qu'elles inspirent la Déclaration d'indépendance des États-Unis en 1776 ou qu'elles influencent les ministres comme Necker.

Ex : *Dès 1749, on emploie le mot philosophe pour désigner ceux qui partagent ce même idéal.*

3 Les formes argumentatives

Le conte philosophique : il reprend les éléments traditionnels du genre : personnages exceptionnels par leur beauté, leur naissance ou leur intelligence, péripéties extraordinaires, recours au merveilleux – pour mieux les tourner en dérision. Il se met au service d'une thèse philosophique.

Ex : Zadig *de Voltaire (1747) s'interroge sur le bonheur et la destinée, tandis que* Micromégas *(1752) pose le problème de la relativité des savoirs.*

Le dictionnaire, des mots aux idées : premier outil de connaissance du langage, le dictionnaire offre un cadre rationnel de classification. Il diffuse les idées novatrices.

Ex : *Le* Dictionnaire philosophique portatif *de Voltaire (1764) est un abrégé des idées des Lumières. Sous la forme d'un dictionnaire, Voltaire montre comment les mots sont les constructions d'une culture et diffuse sa propre pensée critique.*

Le dialogue philosophique : exclusivement constitué d'un échange, il permet la confrontation des idées.

Les formes directes de la contestation : pamphlet, libelles et lettres ouvertes dénoncent violemment injustices et préjugés et attaquent directement personnalités et institutions politiques

Ex : *Dans* De l'horrible danger de la lecture *(1765) Voltaire défend la liberté de penser et d'écrire.*

Exercices

Objet d'étude : Genres et formes de l'argumentation : XVIIe et XVIIIe siècles

1 Comprendre les enjeux du cosmopolitisme

Un vieux Tahitien adresse une violente invective aux Européens.

Nous sommes innocents, nous sommes heureux ; et tu ne peux que nuire à notre bonheur. Nous suivons le pur instinct de la nature ; et tu as tenté d'effacer de nos âmes son caractère. Ici tout est à tous ; et tu nous as prêché je ne sais quelle distinction du tien et du mien. Nos filles et nos femmes nous sont communes ; tu as partagé ce privilège avec nous ; et tu es venu allumer en elles des fureurs inconnues. Elles sont devenues folles dans tes bras ; tu es devenu féroce entre les leurs. Elles ont commencé à se haïr ; vous vous êtes égorgés pour elles ; et elles nous sont revenues teintes de votre sang.

Denis Diderot, *Supplément au voyage de Bougainville*, 1772

→ Montrez comment le cosmopolitisme conduit à la dénonciation des vices européens.

2 Analyser la démarche de l'*Encyclopédie*

GRAINS (Économie Polit.). Les principaux objets du commerce en France sont les grains, les vins et eaux-de-vie, le sel, les chanvres et les lins, les laines, et les autres produits que fournissent les bestiaux ; les manufactures des toiles et des étoffes communes peuvent augmenter beaucoup la valeur des chanvres, des lins et des laines, et procurer la subsistance à beaucoup d'hommes qui seraient occupés à des travaux si avantageux. Mais on s'aperçoit aujourd'hui que la production et le commerce de la plupart de ces denrées sont presque anéantis en France.

François Quesnay, *Encyclopédie*, 1751-1772

→ En quoi cet extrait dépasse-t-il la fonction d'un article de dictionnaire ?

3 Lire une image

Daniel Chodowieck,
Les Adieux de Calas à sa famille, 1767.

→ Quelles réactions cette image fait-elle naître selon vous ?

4 Comprendre le rôle du philosophe

Les autres hommes sont déterminés à agir sans sentir ni connaître les causes qui les font mouvoir, sans même songer qu'il y en ait. Le philosophe au contraire démêle les causes autant qu'il est en lui, et souvent même les prévient, et se livre à elles avec connaissance : c'est une horloge qui se monte, pour ainsi dire, quelquefois elle-même. Ainsi il évite les objets qui peuvent lui causer des sentiments qui ne conviennent ni au bien-être, ni à l'être raisonnable, et cherche ceux qui peuvent exciter en lui des affections convenables à l'état où il se trouve. La raison est à l'égard du philosophe ce que la grâce est à l'égard du chrétien. La grâce détermine le chrétien à agir ; la raison détermine le philosophe.

Dumarsais, *Encyclopédie*, « Philosophe », 1751-1772

→ Quelle image ce texte donne-t-il du philosophe ?

5 Étudier le conte philosophique

Du temps du roi Moabdar, il y avait à Babylone un jeune homme nommé Zadig, né avec un beau naturel fortifié par l'éducation. Quoique riche et jeune, il savait modérer ses passions ; il n'affectait rien ; il ne voulait point toujours avoir raison, et savait respecter la faiblesse des hommes. On était étonné de voir qu'avec beaucoup d'esprit il n'insultât jamais par des railleries à ces propos si vagues, si rompus, si tumultueux, à ces médisances téméraires, à ces décisions ignorantes, à ces turlupinades grossières, à ce vain bruit de paroles qu'on appelait conversation dans Babylone.

Voltaire, *Zadig*, 1747

→ Distinguez les éléments traditionnels du conte et ses composantes philosophiques.

6 Analyser les procédés du pamphlet

Le mouphti Joussouf-Chéribi explique son refus de la lecture.

2° Il est à craindre que, parmi les livres apportés d'Occident, il ne s'en trouve quelques-uns sur l'agriculture et sur les moyens de perfectionner les arts mécaniques, lesquels ouvrages pourraient à la longue, ce qu'à Dieu ne plaise, réveiller le génie de nos cultivateurs et de nos manufacturiers, exciter leur industrie, augmenter leurs richesses, et leur inspirer un jour quelque élévation d'âme, quelque amour du bien public, sentiments absolument opposés à la saine doctrine.
4° Il se pourrait, dans la suite des temps, que de misérables philosophes, sous le prétexte spécieux, mais punissable, d'éclairer les hommes et de les rendre meilleurs, viendraient nous enseigner des vertus dangereuses dont le peuple ne doit jamais avoir de connaissance.

Voltaire, *De l'horrible danger de la lecture*, 1765

→ Comment les motifs évoqués deviennent-ils des arguments en faveur des Lumières ?

Fiche 24

Du romantisme au symbolisme

Contexte historique, esthétique, culturel et littéraire

Le romantisme (1820-1843) et le symbolisme (1880-1900) sont deux mouvements littéraires et artistiques du XIXe siècle qui veulent rompre avec un certain rationalisme.

1 La révolte romantique

Des origines européennes: le romantisme français prend la suite d'un mouvement européen né en Angleterre. Le *Sturm and Drang* (« Tempête et assaut ») allemand est aussi l'inspirateur des artistes français.

Ex: Les Souffrances du jeune Werther *(1774) et* Faust *(1808) de Goethe mettent en scène un héros mélancolique ou révolté, modèle des œuvres françaises.*

Le romantisme tire aussi ses origines des évolutions nées de la Révolution, espoirs de changements, rêves de gloire militaire qui s'effondrent avec la Restauration, provoquant dans la jeunesse le « **Mal du siècle** » et le désir de révolte. Il rejette le rationalisme prôné par le classicisme et l'esprit des Lumières.

Des thèmes du romantisme: les œuvres romantiques présentent une même thématique:

- **Le « moi »:** l'expression des sentiments personnels, l'individu dominent à travers les symptômes du mal du siècle.
- **La nature:** nature sauvage, orages et tempêtes sont en harmonie avec les passions du romantique qui cherche à percer la complexité de l'univers qui l'entoure.
- **L'évasion:** l'exotisme, le retour dans le passé permettent d'échapper à la réalité.
- **L'engagement:** les idéaux romantiques s'appliquent dans une cause sociale ou politique.
- **Les innovations littéraires:** l'aspiration à la liberté gagne aussi la création littéraire qui libère l'écriture poétique ou favorise le drame, forme théâtrale libérée des contraintes.

Le lyrisme romantique: il se fonde sur certains procédés:

- **Le lexique de l'affectivité** et l'omniprésence du « je ».
- **La ponctuation expressive** qui marque l'enthousiasme, la plainte ou la supplication.
- **Les rythmes binaires** pour les oppositions, et ternaires pour la gradation.
- **La multiplication des figures de rhétoriques:** métaphores, hyperboles...

Les arts romantiques: le romantisme bouleverse la **peinture** (Géricault ou Delacroix) et fait éclater les formes classiques de **musique** (Beethoven, Berlioz ou Chopin).

2 La réaction symboliste

Du symbole au symbolisme: les symbolistes rejettent les certitudes matérialistes et scientifiques du réalisme au profit du symbole qui fait le lien entre la réalité visible et sa dimension occulte, entre le monde du réel et le monde des idées.

Les principes symbolistes

- **Créer un nouveau langage** radicalement différent de la prose. Aussi les symbolistes privilégient-ils la poésie: mots rares, symboles, tournures recherchées.
- **Suggérer plutôt que décrire** en explorant les réseaux de correspondances et d'analogies, d'où l'intérêt pour les mythologies ou l'ésotérisme.
- **Privilégier une musicalité plus subtile:** les contraintes de versification sont abandonnées au profit du vers libre et du poème en prose.

Les thèmes du symbolisme

- **La quête de l'idéal:** méditation et rêverie permettent d'atteindre un monde idéal loin de la réalité décevante.
- **La pureté et le blanc:** neige, nuages, brouillard ou cygne symbolisent la pureté, en particulier celle de l'art.
- **La mélancolie:** l'ennui, un amour impossible provoque l'accablement du poète qui associe à ses sentiments la tristesse des paysages.

Les arts symbolistes: l'idée d'un art total qui unirait peinture, écriture, musique et danse se diffuse: Fauré, Debussy et Ravel mettent en musique les poèmes de Verlaine ou de Mallarmé, eux-mêmes dansés par les Ballets russes. Odilon Redon et Gustave Moreau peignent des personnages mythologiques et des créatures imaginaires dans des décors mystérieux.

Exercices

Objet d'étude : La poésie du XIXe au XXe siècle : du romantisme au surréalisme

1 Analyser un modèle européen du romantisme

Je suis, il est vrai, plus instruit que tout ce qu'il y a de sots, de docteurs, de maîtres, d'écrivains et de moines. Ni scrupule, ni doute ne me tourmentent ! Je ne crains ni diable, ni enfer ; mais aussi toute joie m'est enlevée. Je ne crois pas rien savoir de bon, ni pouvoir rien enseigner aux hommes pour les améliorer et les convertir. Aussi n'ai-je ni bien, ni argent, ni honneur, ni domination dans le monde ; un chien ne vivrait pas longtemps ainsi ! Il ne me reste plus qu'à me jeter dans la magie.

J. W. Goethe, *Faust* (traduction G. de Nerval), 1828

1. Relevez les indices de la frustration de Faust.
2. En quoi peut-on parler ici de romantisme ?

2 Identifier les thèmes du romantisme

L'automne me surprit au milieu de ces incertitudes : j'entrai avec ravissement dans le mois des tempêtes. Tantôt j'aurais voulu être un de ces guerriers errant au milieu des vents, des nuages et des fantômes ; tantôt j'enviais jusqu'au sort du pâtre que je voyais réchauffer ses mains à l'humble feu de broussailles qu'il avait allumé au coin d'un bois. J'écoutais ses chants mélancoliques, qui me rappelaient que dans tout pays le chant naturel de l'homme est triste, lors même qu'il exprime le bonheur. Notre cœur est un instrument incomplet, une lyre où il manque des cordes, et où nous sommes forcés de rendre les accents de la joie sur le ton consacré aux soupirs.

François René de Chateaubriand, *René*, 1802

➜ Relevez et commentez les différents thèmes romantiques : quel est le lien entre le narrateur et la nature ?

3 Comprendre la posture romantique

Deux jours après le coup d'État qui instaure le Second Empire, un enfant est abattu dans des combats de rue et ramené à sa grand-mère.

– Est-ce que ce n'est pas une chose qui navre !
Cria-t-elle ; monsieur, il n'avait pas huit ans !
Ses maîtres, il allait en classe, étaient contents.
Monsieur, quand il fallait que je fisse une lettre,
C'est lui qui l'écrivait. Est-ce qu'on va se mettre
À tuer les enfants maintenant ? Ah ! mon Dieu !
On est donc des brigands ! Je vous demande un peu,
Il jouait ce matin, là, devant la fenêtre !
Dire qu'ils m'ont tué ce pauvre petit être !
Il passait dans la rue, ils ont tiré dessus.
Monsieur, il était bon et doux comme un Jésus.

Hugo, *Les Châtiments*, « Souvenir de la nuit du 4 », 1853

1. Quel portrait la grand-mère fait-elle de la victime ?
2. En quoi ce texte est-il engagé ? Justifiez.

4 Étudier le manifeste du symbolisme

Ennemie de l'enseignement, la déclamation, la fausse sensibilité, la description objective, la poésie symbolique cherche à vêtir l'Idée d'une forme sensible qui, néanmoins, ne serait pas son but à elle-même, mais qui, tout en servant à exprimer l'Idée, demeurerait sujette. L'Idée, à son tour, ne doit point se laisser voir privée des somptueuses simarres des analogies extérieures ; car le caractère essentiel de l'art symbolique consiste à ne jamais aller jusqu'à la concentration de l'Idée en soi.

Jean Moréas, « Le symbolisme », *Le Figaro*, 18 septembre 1886

1. Quel est le sens ici du mot « idée » ?
2. Expliquez les visées du symbolisme.

5 Lecture de l'image

Gustave Moreau, *Jupiter et Sémélé*, 1895 (Musée national Gustave Moreau).

1. Quel moment du mythe de Sémélé le peintre a-t-il représenté ? Justifiez
2. Relevez les éléments qui transforment ce mythe païen en une scène sacrée.

Fiche 25

La poésie moderne

Contexte historique, esthétique, culturel et littéraire

De la fin du XIXe au XXe siècle, la poésie connaît une profonde mutation : règles et traditions volent en éclats sous l'effet de la modernité.

1 L'esprit nouveau

➡ Une poésie moderne pour un monde nouveau : de 1890 à 1914, la France connaît une période de progrès social, économique, technologique et politique. C'est la « Belle Époque » du nom qu'on lui donnera plus tard. La période est marquée par l'expansion, l'optimisme et la foi dans le progrès. Une succession d'inventions modifie la vie : la photographie, puis le cinéma, la bicyclette et l'automobile, l'électricité. On vit mieux et plus longtemps dans une France qui s'urbanise de plus en plus.

Ex : *« Zone » de G. Apollinaire et « Les Pâques » de B. Cendrars marquent en 1912 les débuts officiels du mouvement littéraire comme manifestes de l'esprit nouveau.*

➡ Les principes de l'esprit nouveau : fascinés par **la modernité** et ses découvertes, les poètes développent un lyrisme de l'urbanisation et de l'industrialisation.
Ils sont fascinés par les nouveaux moyens de transport (automobile, avion, train) et la vitesse qu'ils impliquent. Les motifs du pont et du carrefour sont privilégiés comme symboles de circulation et de communication.

➡ Une esthétique de la surprise : les formes traditionnelles sont transgressées. Pour rendre compte du dynamisme et de la liberté nés des innovations technologiques, néologismes et calembours sont multipliés. Par des jeux sur la forme, le son et le sens, le vers est transformé en un objet ludique.

➡ Les arts et l'esprit nouveau : en architecture et en arts du décor, l'Art nouveau (1890-1905) réagit contre les formes codifiées et favorise les lignes courbes (Munch, Gallé). En peinture, le fauvisme (1905-1910) joue des couleurs (Matisse, Derain, Van Dongen), tandis que le cubisme (1907-1914) décline le jeu des formes (Picasso, Braque, Delaunay). Une nouvelle génération de musiciens bouleverse aussi les formes traditionnelles (Ravel, Debussy, Stravinsky).

2 Le surréalisme

Le mot « surréalisme » est inventé pour définir le domaine poétique par Apollinaire dans *Les Mamelles de Tirésias* en 1917. Il est repris par les surréalistes en hommage au poète.

➡ Une révolution poétique en deux temps : après le chaos de la Première Guerre mondiale, bouleversés par l'horreur des combats, les jeunes artistes défendent une nouvelle vision du monde où la raison et la logique cèdent la place à l'inconscient et au hasard. En 1916, Tristan Tzara, rejoint par André Breton et ses amis, crée le mouvement dada qui se révolte contre toutes les valeurs héritées de la tradition. Mais en 1922 Breton et les siens, insatisfaits, quittent le mouvement pour fonder le surréalisme qui perd de sa force avec la Seconde Guerre mondiale.

Ex : *En 1924, le* Manifeste du surréalisme *consacre André Breton comme chef de file du mouvement qui prend ses distances avec le dadaïsme.*

➡ Les principes du surréalisme

– Explorer l'écriture automatique : le poète écrit sous la dictée de l'inconscient des phrases que la raison n'aurait pas produites.
– Jouer avec le langage : le poète explore et libère le langage par des jeux sur les mots, leur sens et leur sonorité. Des rapprochements originaux et inattendus sont faits.
– Multiplier les images : les images poétiques sont renforcées, souvent par le rapprochement de deux réalités a priori éloignées.

➡ Les thèmes du surréalisme

– Le rêve : un nouveau monde où tout est possible en surgit.
– L'amour fou : la femme y est exaltée jusqu'à l'obsession.
– Le hasard : la poésie naît des rencontres inattendues des êtres ou des mots.
– La folie : loin de la logique sclérosante, elle est une source de création poétique.

➡ Le surréalisme dans les arts : le surréalisme se développe aussi dans d'autres arts : la peinture (De Chirico, Dali), le cinéma (Luis Buñuel) et la photographie (Marcel Duchamp, Man Ray).

Exercices

Objet d'étude : La poésie du XIXe au XXe siècle : du romantisme au surréalisme

1 Comprendre le lien entre poésie et monde moderne

Seigneur, l'aube a glissé froide comme un suaire
Et a mis tout à nu les gratte-ciel dans les airs.
Déjà un bruit immense retentit sur la ville.
Déjà les trains bondissent, grondent et défilent.
Les métropolitains roulent et tonnent sous terre.
Les ponts sont secoués par les chemins de fer.
La cité tremble. Des cris, du feu et des fumées,
Des sirènes à vapeur rauques comme des huées.

Blaise Cendrars, *Pâques à New York*, 1912

1. Comment le monde moderne se transforme-t-il ici en modernité poétique ?
2. Quelle impression se dégage de cette évocation ?

2 Analyser les principes poétiques de la modernité

Le vers libre donna un libre essor au lyrisme ; mais il n'était qu'une étape des explorations qu'on pouvait faire dans le domaine de la forme. Les recherches dans la forme ont repris désormais une grande importance. Elle est légitime. Comment cette recherche n'intéresserait-elle pas le poète, elle qui peut déterminer de nouvelles découvertes dans la pensée et dans le lyrisme ? L'assonance, l'allitération, aussi bien que la rime sont des conventions qui chacune a ses mérites. Les artifices typographiques poussés très loin avec une grande audace ont l'avantage de faire naître un lyrisme visuel qui était presque inconnu avant notre époque. Ces artifices peuvent aller très loin encore et consommer la synthèse des arts, de la musique, de la peinture et de la littérature.

Guillaume Apollinaire, *L'Esprit nouveau et les poètes*,

➜ Quelles sont les étapes passées et futures de la modernité ?

3 Étudier la dimension ludique de la modernité

Les manèges déménagent.
Manèges, ménageries, où ?... et pour quels voyages ?
Moi qui suis en ménage
Depuis... ah ! il y a bel âge !
De vous goûter manèges,
Je n'ai plus... que n'ai-je ?...
L'âge.
Les manèges déménagent.
Ménager manager
De l'avenue du Maine
Qui ton manège mène
Pour mener ton ménage !
Ménage ton manège
Manège ton manège.
Manège ton ménage
Mets des ménagements
Au déménagement.
Les manèges déménagent,
Ah ! vers quels mirages ?
Dites pour quels voyages
Les manèges déménagent.

Max Jacob, *Œuvres burlesques et mystiques de frère Matorel*,
« Avenue du Maine »,

➜ Quelle est ici la règle adoptée pour jouer avec le langage ?

4 Analyser le fonctionnement de l'écriture automatique

Les auteurs évoquent les angoisses et les révoltes des jeunes surréalistes traumatisés par la Première Guerre mondiale.

Prisonniers des gouttes d'eau, nous ne sommes que des animaux perpétuels. Nous courons dans les villes sans bruits et les affiches enchantées ne nous touchent plus. À quoi bon ces grands enthousiasmes fragiles, ces sauts de joie desséchés ? Nous ne savons plus rien que les astres morts ; nous regardons les visages ; et nous soupirons de plaisirs. Notre bouche est plus sèche que les pages perdues ; nos yeux tournent sans but, sans espoir. Il n'y a plus que ces cafés où nous nous réunissons pour boire ces boissons fraîches, ces alcools délayés et les tables sont plus poisseuses que ces trottoirs où sont tombées nos ombres mortes de la veille.

André Breton et Philippe Soupault, *Les Champs magnétiques*,
« La glace sans tain »,

1. Relevez les phrases insolites et les phrases qui semblent renvoyer à la réalité.
2. Quelle vision du monde contemporain ce texte suggère-t-il ?

5 Étudier une thématique surréaliste

La courbe de tes yeux fait le tour de mon cœur,
Un rond de danse et de douceur,
Auréole du temps, berceau nocturne et sûr,
Et si je ne sais plus tout ce que j'ai vécu
C'est que tes yeux ne m'ont pas toujours vu.

Feuilles de jour et mousse de rosée,
Roseaux du vent, sourires parfumés,
Ailes couvrant le monde de lumière,
Bateaux chargés du ciel et de la mer,
Chasseurs des bruits et sources des couleurs

Parfums éclos d'une couvée d'aurores
Qui gît toujours sur la paille des astres,
Comme le jour dépend de l'innocence
Le monde entier dépend de tes yeux purs
Et tout mon sang coule dans leurs regards.

Paul Eluard, *Capitale de la douleur*, 1926

➜ De quels pouvoirs « les yeux purs » de l'être aimé sont-ils investis ?

Fiche 26

Réalisme et naturalisme (1)

Contexte historique, esthétique et culturel

Le réalisme désigne le courant esthétique qui, de 1850 à 1870, puise sa source d'inspiration dans la vie réelle.

1 Le réalisme engagé dans son temps

➡ **La génération réaliste :** le réalisme suit les transformations politiques, sociales et économiques du pays dès 1850 : fin des espoirs libéraux de la Deuxième République (1848-1851) et avènement du Second Empire bourgeois et autoritaire (1851-1870). Les auteurs s'emparent de cette évolution qu'ils condamnent. Ils dénoncent les injustices sociales et les difficultés économiques.

Ex : *Hugo s'engage tant dans ses écrits (*Les Misérables, *1885) que dans ses actions (exil à Jersey de 1852 à 1870). Zola soutient Dreyfus, victime d'une fausse accusation. (*J'accuse, *1898).*

➡ **Un monde en mutation :** les sciences se développent et de profonds changements transforment les idées traditionnelles sur le monde et sur les espèces vivantes. Les techniques se modernisent (chemin de fer ou marine à vapeur), l'industrie se développe, l'économie et la société en sont profondément modifiées. L'industrialisation nécessite le mouvement des capitaux dont certains profitent pour construire d'immenses fortunes. La bourgeoisie d'affaires devient la classe dominante.

Ex : *Dans les romans de Balzac et de Zola, l'argent devient un thème littéraire dénoncé pour l'insolence des classes dirigeantes et la misère des plus pauvres.*

➡ **La question sociale :** avec l'industrialisation et le développement économique émerge une nouvelle classe sociale, le prolétariat urbain, miséreux et exploité par le capitalisme bourgeois. Victime de l'industrialisation, asservi aux nouvelles machines, sans aucune protection sociale, le prolétaire, au cœur de la « question sociale », n'hésite plus à manifester sa colère dans des émeutes, férocement réprimées par le pouvoir. La lutte contre les inégalités oppose partisans et adversaires du libéralisme.

Ex : *Le prolétaire, nouvelle réalité sociale, devient à son tour une figure littéraire. Un nouveau héros porteur de valeurs positives (le courage, le partage, la fraternité…) comme dans* Germinal *de Zola (1885).*

2 Réalisme et sciences

➡ **Une littérature sous influence :** la littérature s'inspire des progrès de la science. Les écrivains sont influencés par le positivisme d'Auguste Comte (1798-1857) qui témoigne d'une victoire de l'esprit rationnel et scientifique. Le scientisme revendique aussi sa foi absolue dans la science comme seule capable d'élucider les mystères du monde.

➡ **La science comme modèle :** le roman, genre privilégié du naturalisme, puise dans les concepts et les méthodes scientifiques et procède par observation et expérimentation comme le fait le médecin Claude Bernard (1813-1878). Les personnages obéissent aux lois de la lutte pour la vie et de la sélection naturelle de Darwin (1809-1882).

Ex : *Dans son cycle des Rougon-Macquart, Zola (1840-1904) étudie l'évolution d'une tare héréditaire combinée à différents milieux sociaux dans la généalogie imaginaire d'une famille du Second Empire.*

3 Une esthétique de la réalité

➡ **Le respect du réel :** le réalisme se révolte contre le romantisme, son irrationnel et ses excès sentimentaux. Il évoque le réel sans l'idéaliser, mais en en donnant une vision personnelle.

Ex : Un enterrement à Ornans *(1849-1850) de G. Courbet, manifeste du réalisme en peinture, scandalise par ses choix de représentation.*

➡ **L'art réaliste :** le réalisme touche tous les arts, la peinture, Courbet (1819-1877), Millet (1814-1875), la sculpture, Dalou (1838-1902) ou la caricature, Daumier (1808-1879). Les artistes traitent du monde qui les entoure.

Ex : *Le chemin de fer devient un motif pictural, notamment chez Manet qui lui consacre une série de toiles. Sept versions de la gare Saint-Lazare sont présentées à la troisième exposition impressionniste de 1877.*

➡ **La photographie :** issue des techniques nouvelles, elle rejoint le réalisme par sa capacité à reproduire le réel.

Ex : *Niépce en 1827, puis Daguerre, en 1837, mettent au point la première photographie, le daguerréotype.*

Exercices

Objet d'étude : Le roman et la nouvelle au XIXe siècle : réalisme et naturalisme

1 Étudier un motif d'inspiration historique

Le narrateur assiste au pillage des Tuileries en 1848.

Et le peuple, moins par vengeance que pour affirmer sa possession, brisa, lacéra les glaces et les rideaux, les lustres, les flambeaux, les tables, les chaises, les tabourets, tous les meubles, jusqu'à des albums de dessins, jusqu'à des corbeilles de tapisserie. Puisqu'on était victorieux, ne fallait-il pas s'amuser ! La canaille s'affubla ironiquement de dentelles et de cachemires. Des crépines d'or s'enroulèrent aux manches des blouses, des chapeaux à plumes d'autruche ornaient la tête des forgerons, des rubans de la Légion d'honneur firent des ceintures aux prostituées. Chacun satisfaisait son caprice ; les uns dansaient, d'autres buvaient.

Gustave Flaubert, *L'Éducation sentimentale*, 1869

1. Pourquoi peut-on rapprocher cet extrait d'un reportage ?
2. Quelle image de la révolution de 1848 donne-t-il ?

2 Analyser les caractéristiques d'un thème du réalisme : l'argent

Comprenez donc que la spéculation, le jeu est le rouage central, le cœur même, dans une vaste affaire comme la nôtre. Oui ! il appelle le sang, il le prend partout par petits ruisseaux, l'amasse, le renvoie en fleuves dans tous les sens, établit une énorme circulation d'argent, qui est la vie même des grandes affaires. Sans lui, les grands mouvements de capitaux, les grands travaux civilisateurs qui en résultent, sont radicalement impossibles... C'est comme pour les sociétés anonymes, a-t-on assez crié contre elles, a-t-on assez répété qu'elles étaient des tripots et des coupe-gorge. La vérité est que, sans elles, nous n'aurions ni les chemins de fer, ni aucune des énormes entreprises modernes, qui ont renouvelé le monde.

Émile Zola, *L'Argent*, 1891

1. Relevez le champ lexical du commerce.
2. Ce texte est-il un éloge ou une critique ?

3 Comprendre le rôle du positivisme dans l'écriture réaliste

Enfin, dans l'état positif, l'esprit humain reconnaissant l'impossibilité d'obtenir des notions absolues, renonce à chercher l'origine et la destination de l'univers et à connaître les causes intimes des phénomènes, pour s'attacher uniquement à découvrir, par l'usage bien combiné du raisonnement et de l'observation, leurs lois effectives, c'est-à-dire, leurs relations invariables de succession et de similitude. L'explication des faits, réduite alors à ses termes réels, n'est plus désormais que la liaison établie entre les divers phénomènes particuliers et quelques faits généraux, dont les progrès de la science tendent de plus en plus à diminuer le nombre.

Auguste Comte, *Cours de philosophie positive*, 1830-1842

1. Retrouvez les trois étapes du raisonnement tenu ici.
2. Quel lien unit le positivisme et la méthode scientifique ?

4 Comprendre la démarche expérimentale

En revenant au roman, nous voyons également que le romancier est fait d'un observateur et d'un expérimentateur. L'observateur chez lui donne les faits tels qu'il les a observés, pose le point de départ, établit le terrain solide sur lequel vont marcher les personnages et se développer les phénomènes. Puis l'expérimentateur paraît et institue l'expérience, je veux dire, fait mouvoir les personnages dans une histoire particulière, pour y montrer que la succession des faits y sera telle que l'exige le déterminisme des phénomènes mis à l'étude.

Émile Zola, *Le Roman expérimental*, 1880

→ Quelle idée Zola se fait-il de l'expérimentation dans le roman ?

5 Analysez les caractéristiques esthétiques du réalisme

Gervaise se rend à la forge pour admirer le travail de son ami Goujet.

Il ne se pressa pas, il prit sa distance, lança le marteau de haut, à grandes volées régulières. Il avait le jeu classique, correct, balancé et souple. Fifine[1], dans ses deux mains, ne dansait pas un chahut de bastringue, les guibolles emportées par-dessus les jupes ; elle s'enlevait, retombait en cadence, comme une dame noble, l'air sérieux, conduisant quelque menuet ancien. Les talons de Fifine tapaient la mesure, gravement ; et ils s'enfonçaient dans le fer rouge, sur la tête du boulon, avec une science réfléchie, d'abord écrasant le métal au milieu, puis le modelant par une série de coups d'une précision rythmée. Bien sûr, ce n'était pas de l'eau de vie que la Gueule d'Or avait dans les veines, c'était du sang, du sang pur, qui battait puissamment jusque dans son marteau, et qui réglait la besogne.

Émile Zola, *L'Assommoir*, 1877

1. C'est le surnom de la masse utilisée par Goujet.

1. Quels sont les effets de réel dans ce texte ?
2. Pourquoi peut-on parler ici d'un éloge du travail ouvrier ?

Fiche 27

Réalisme et naturalisme (2)

Contexte littéraire

On parle de réalisme pour une œuvre qui cherche à représenter la réalité telle qu'elle est. Le naturalisme est le mouvement littéraire qui, dans les années 1865-1890, s'inspire des méthodes scientifiques pour représenter le réel.

1 Le réalisme, un courant littéraire

Dans l'Antiquité: Aristote et Platon définissent l'imitation (*mimesis*) comme représentation de la réalité et réfléchissent aux enjeux de l'écriture réaliste.

Ex: *Le* Satiricon *de Pétrone, au Ier siècle, ou* L'Âne d'or *d'Apulée, au IIe siècle, donnent, à travers les tribulations des héros, une représentation réaliste du monde.*

Son évolution dans l'histoire littéraire: certains auteurs refusent une vision idéalisée du monde. Ils recourent alors aux registres satirique ou burlesque.

Ex: *Le* Roman de Renart *au Moyen Âge,* Le Roman comique *de Scarron (1651) tournent en dérision la laideur et la vulgarité du réel.*

Au XVIIIe siècle, le roman de mœurs récuse toute vision idéalisée du réel. Diderot engage définitivement le roman dans la voie du réalisme.

Ex: Manon Lescaut *(1753) de Prévost raconte sans idéalisation la déchéance d'un jeune homme perdu par son amour pour l'héroïne.*

2 Le mouvement réaliste

La vie réelle comme thème d'inspiration: dès 1830, les précurseurs du réalisme manifestent la volonté de peindre fidèlement la réalité dans ses dimensions psychologiques, sociales ou historiques. L'intrigue traditionnelle et le romanesque psychologique s'en trouvent modifiés au profit d'une étude de mœurs.

Ex: *Balzac (1799-1850) entreprend le vaste projet d'une peinture de toute la société, intitulée* La Comédie humaine. *Il y invente toute une société digne de l'état civil. Stendhal (1783-1842) théorise le «petit fait vrai» et la vraisemblance qui donne l'effet de réel. « Un roman, c'est un miroir que l'on promène le long d'un chemin ».* (Le Rouge et le Noir, *1830).*

La recherche de l'objectivité: à partir de 1850, les auteurs réalistes s'appuient sur la recherche documentaire des caractéristiques révélatrices des individus en prise avec un milieu social donné. Ils puisent aussi dans deux nouvelles sciences de l'homme, la sociologie et la psychologie.

Ex: *Flaubert (1821-1880) accentue la volonté d'une peinture objective et scientifique. Il s'appuie sur l'observation et une documentation large pour créer son univers romanesque.*

Les genres réalistes: loin d'influencer le seul genre romanesque, le réalisme marque les différents domaines de l'écriture: en poésie, Leconte de Lisle (1818-1894) est inspiré par le positivisme. Au théâtre, chez Émile Augier (1820-1889) ou Dumas fils (1824-1895), la vie moderne devient sujet de représentation. La démarche scientiste oriente la critique historique chez Hippolyte Taine (1828-1893) ou Fustel de Coulanges (1830-1889)

Ex: *En 1888, André Antoine, pour donner l'impression aux spectateurs d'assister à « une tranche de vie » fait jouer* Les Bouchers *au milieu de vrais morceaux de viande !*

3 Le naturalisme, une école littéraire

Une méthode documentaire: l'ordinaire et le quotidien, en particulier des classes populaires, inspirent les naturalistes. Les recherches préliminaires, à travers les lectures ou l'observation directe sur le terrain, donnent leur caution à l'œuvre romanesque.

Ex: *Les* Carnets d'enquête *d'Émile Zola témoignent de cette démarche documentaire sur laquelle le romancier s'appuie pour rédiger son œuvre.*

Un programme littéraire: Zola dote le mouvement d'une doctrine précise. Son *Roman expérimental* (1880) devient le manifeste qui permet de partager un même projet littéraire, ainsi que des positions idéologiques. Le groupe des naturalistes se réunit régulièrement chez lui à Médan pour discuter art et littérature.

Ex: *Un recueil,* Les soirées de Médan *(1880), rassemble les nouvelles du groupe, chacun produit un récit qu'il soumet à ses amis: le thème choisi est la guerre de 1870.*

Exercices

Objet d'étude : Le roman et la nouvelle au XIXe siècle : réalisme et naturalisme

1 Comprendre les origines du réalisme

Le narrateur présente le frère de Manon

Ce fut une prise de possession, car il s'accoutuma bientôt à nous voir avec tant de plaisir qu'il fit sa maison de la nôtre et qu'il se rendit le maître, en quelque sorte, de tout ce qui nous appartenait. Il m'appelait son frère, et sous prétexte de la liberté fraternelle, il se mit sur le pied d'amener tous ses amis dans notre maison de Chaillot, et de les y traiter à nos dépens. Il se fit habiller magnifiquement à nos frais. Il nous engagea même à payer toutes ses dettes.

Abbé Prévost, *Manon Lescaut*, 1753

→ En quoi cette évocation est-elle réaliste ?

2 Dates et repères littéraires

L'Éducation sentimentale – Les Illusions perdues – Madame Bovary – Le Rouge et le Noir – Pierre et Jean – Le Père Goriot.

→ Classez chronologiquement ces titres. Retrouvez leur auteur.

3 Identifier les caractéristiques réalistes

Sa face vieillotte, grassouillette, du milieu de laquelle sort un nez à bec-de-perroquet ; ses petites mains potelées, sa personne dodue comme un rat d'église, son corsage trop plein et qui flotte, sont en harmonie avec cette salle où suinte le malheur, où s'est blottie la spéculation et dont Madame Vauquer respire l'air chaudement fétide sans en être écœurée. Sa figure fraîche comme une première gelée d'automne, ses yeux ridés, dont l'expression passe du sourire prescrit aux danseuses à l'amer renfrognement de l'escompteur, enfin toute sa personne explique la pension, comme la pension implique sa personne.

Honoré de Balzac, *Le Père Goriot*, 1835

→ Quelle impression ce portrait donne-t-il ?

4 Analyser l'expérimentation naturaliste

Cet amour heureux et non satisfait produisit dans l'être physique de Germinie un singulier phénomène physiologique. On aurait dit que la passion qui circulait en elle renouvelait et transformait son tempérament lymphatique. Il ne lui semblait plus puiser la vie comme autrefois, goutte à goutte, à une source avare : une force généreuse et pleine lui coulait dans les veines ; le feu d'un sang riche lui courait dans le corps. Elle sentait une chaude santé la remplir, et il lui passait des joies de vivre qui battaient des ailes dans sa poitrine comme un oiseau dans du soleil.

Frères Goncourt, *Germinie Lacerteux*, 1865

1. Relevez le champ lexical de la médecine.
2. Expliquez la démarche expérimentale.

5 Étudier la démarche naturaliste

Texte A : *Zola fait des recherches sur la locomotive de son futur roman*

Obéissante comme un cheval vigoureux et docile. Obéissance à la mise en marche, au régulateur. Cela ne dépend que du bon démarrage. Le défaut sera le trop grand besoin de graissage, surtout pour les cylindres. Les graisser trop souvent, ce qui diminue la prime ; mais il regagne sur le combustible, par la bonne vaporisation et le bon démarrage. En somme, comme une petite bonne femme qui a un petit vice, le graissage (plaisanterie du chauffeur).

Émile Zola, *Carnet d'enquête*, 1889

Texte B :

Il n'avait qu'un reproche à lui adresser, un trop grand besoin de graissage : les cylindres surtout dévoraient des quantités de graisse déraisonnables, une faim continue, une vraie débauche. Vainement, il avait tâché de la modérer. Mais elle s'essoufflait aussitôt, il fallait ça à son tempérament. Il s'était résigné à lui tolérer cette passion gloutonne, de même qu'on ferme les yeux sur un vice, chez les personnes qui sont, d'autre part, pétries de qualités ; et il se contentait de dire, avec son chauffeur, en matière de plaisanterie, qu'elle avait, à l'exemple des belles femmes, le besoin d'être graissées trop souvent.

Émile Zola, *La Bête humaine*, 1890

→ Comment les éléments du *Carnet* se transforment-ils en matériau romanesque ?

6 L'accueil du texte naturaliste

La critique a accueilli ce livre d'une voix brutale et indignée. Certaines gens vertueux, dans des journaux non moins vertueux, ont fait une grimace de dégoût, en le prenant avec des pincettes pour le jeter au feu. Les petites feuilles littéraires elles-mêmes, ces petites feuilles qui donnent chaque soir la gazette des alcôves et des cabinets particuliers, se sont bouché le nez en parlant d'ordure et de puanteur. Je ne me plains nullement de cet accueil ; au contraire, je suis charmé de constater que mes confrères ont des nerfs sensibles de jeune fille. Il est bien évident que mon œuvre appartient à mes juges, et qu'ils peuvent la trouver nauséabonde sans que j'aie le droit de réclamer.

Émile Zola, *préface à la seconde édition de Thérèse Raquin*, 1868

→ Quelles sont les critiques adressées au roman de Zola ?

Fiche 28

Auteur, narrateur, personnage

1 L'auteur et le narrateur

➡ L'auteur est la personne à qui l'on attribue la création d'une œuvre. Son autorité est littéraire et juridique.

Le nom de l'auteur peut être réel, mais il peut aussi s'agir d'un pseudonyme : Stendhal est ainsi un pseudonyme choisi par le célèbre romancier qui se nomme en fait Henri Beyle. L'auteur d'un livre peut rester anonyme, soit en raison d'une absence d'information, soit par stratégie éditoriale.

➡ **Le narrateur ne se confond pas avec l'auteur :** il est un être fictif.

Dans les récits à la première personne, le narrateur peut être soit le personnage principal qui raconte ses aventures, soit le témoin de l'histoire. On parle alors dans les deux cas de *narrateur-personnage*.

Dans les récits à la troisième personne, le narrateur se réduit à une voix anonyme. Sa présence peut être marquée à travers des commentaires et des jugements.

2 Un enjeu littéraire : les interventions du narrateur dans le récit

➡ Par ces interventions, le narrateur construit son image.

Ex : *Dans les romans de Balzac, de Stendhal et de Hugo (*Les Misérables*), le narrateur a tendance à intervenir. À travers cette instance, les romanciers inventent un point de vue* qui leur permet de surplomber l'histoire, de manifester une connaissance plus ou moins complète.*

➡ Les interventions du narrateur permettent d'émettre un jugement sur un personnage.

Ex : *Dans ses romans, Stendhal éprouve tendresse et ironie pour ses protagonistes. Il utilise la périphrase « notre héros » pour nommer Julien Sorel.*

➡ L'excès des interventions du narrateur va conduire certains romanciers à éliminer celles-ci.

Ex : *Flaubert efface les marques de la présence du narrateur dans ses récits. Néanmoins des notations souvent ironiques permettent de percevoir le point de vue du narrateur et sa distanciation à l'égard des faits racontés.*

3 Le personnage

➡ Le personnage est un être fictif qui acquiert une autonomie par :

- **son identité :** son nom peut être significatif et symbolique.

Ex : *Victor Hugo donne à l'enfant victime le nom de « Cosette », petite chose.*

- **ses caractéristiques** (physiques et morales).
- **ses fonctions dans une histoire** (actant, objet de l'action, adjuvant ou opposant).

Ex : *Dans* Les Misérables, *Jean Valjean, l'actant principal, devient adjuvant pour Fantine puisqu'il va chercher sa fille Cosette, objet de la quête, pour la sauver des Thénardier qui seront ses opposants dans la suite de l'histoire.*

➡ On distingue le **personnage principal**, qui joue un rôle majeur dans l'histoire, du **personnage secondaire**, plus en retrait dans l'intrigue et pouvant n'avoir qu'un rôle de figuration.

➡ Le personnage est traité différemment dans la nouvelle et dans le roman :

- **Dans un récit bref** comme une nouvelle, le personnage a tendance à être réduit à quelques traits caractéristiques ou problématiques. Le personnage type représente un milieu social, un mode de comportement ou de mentalité. Il demeure schématique et stéréotypé.

Ex : *L'ouvrier et les petits commerçants dans* L'Assommoir, *les bourgeois dans* Pot-Bouille. *Il peut être un objet soit d'identification (héros) soit de répulsion (l'ennemi).*

- **Dans un roman**, le personnage peut devenir complexe. Le romancier donne à connaître sa vie intérieure.

Ex : L'Éducation sentimentale *de Flaubert peint l'intériorité du personnage central, Frédéric Moreau, et son sentiment d'échec.*

Les informations sur le personnage sont amplifiées dans le cadre d'un roman racontant toute sa vie : portraits successifs, événements de la naissance à la mort, approche des dimensions psychologique, sociale, historique.

Ex : *Dans* Illusions perdues, *Balzac multiplie les portraits de son personnage Lucien de Rubempré pour montrer son ascension et sa déchéance. Le héros est victime du monde parisien, notamment du milieu journalistique. C'est aussi le roman d'une âme qui, de l'idéal (Lucien est poète), tombe dans la désillusion.*

Exercices

Objet d'étude : Le roman et la nouvelle au XIXe siècle : réalisme et naturalisme

1 Réfléchir au choix d'un pseudonyme

Stendhal – Gérard de Nerval – George Sand

Découvrez l'origine et l'histoire des pseudonymes ci-dessus : pour quelles raisons les auteurs qui les ont portés les ont-ils créés ? Expliquez les sens symboliques véhiculés par certains d'entre eux.

2 Analyser les relations entre auteur, narrateur et personnage

Les deux personnages, Bouvard et Pécuchet, s'intéressent à la littérature.

L'œuvre de Balzac les émerveilla, tout à la fois comme une Babylone, et comme des grains de poussière sous le microscope. Dans les choses les plus banales, des aspects nouveaux surgirent. Ils n'avaient pas soupçonné la vie moderne aussi profonde.

– Quel observateur ! s'écriait Bouvard.

– Moi je le trouve chimérique, finit par dire Pécuchet. Il croit aux sciences occultes, à la monarchie, à la noblesse, est ébloui par les coquins, vous remue les millions comme des centimes, et ses bourgeois ne sont pas des bourgeois, mais des colosses. Pourquoi gonfler ce qui est plat, et décrire tant de sottises ? Il a fait un roman sur la chimie, un autre sur la Banque, un autre sur les machines à imprimer. Comme un certain Ricard avait fait « le cocher de fiacre », « le porteur d'eau », « le marchand de coco ». Nous en aurons sur tous les métiers et sur toutes les provinces, puis sur toutes les villes et les étages de chaque maison et chaque individu, ce qui ne sera plus de la littérature, mais de la statistique ou de l'ethnographie.

Gustave Flaubert, *Bouvard et Pécuchet*, 1881 (posthume), chapitre 5

1. Y a-t-il des indices qui marquent la présence du narrateur ?
2. De quel personnage l'auteur serait-il le plus proche dans ce débat sur Balzac ? Justifiez votre réponse.
3. Relevez un commentaire du narrateur, révélateur du jugement qu'il porte sur les personnages. Quel est le registre employé ?

3 Étudier un personnage dans une nouvelle

À vingt-six ans, Jacques avait épousé Félicie, une grande belle fille de dix-huit ans, la nièce d'une fruitière de la Villette, qui lui louait une chambre.

Lui, était ciseleur sur métaux et gagnait jusqu'à des douze francs par jour ; elle, avait d'abord été couturière ; mais, comme ils eurent tout de suite un garçon, elle arriva bien juste à nourrir le petit et à soigner le ménage. Eugène poussait gaillardement. Neuf ans plus tard, une fille vint à son tour ; et celle-là, Louise, resta longtemps si chétive, qu'ils dépensèrent beaucoup en médecins et en drogues.

Pourtant, le ménage n'était pas malheureux. Damour faisait bien parfois le lundi[1] ; seulement, il se montrait raisonnable, allait se coucher, s'il avait trop bu, et retournait le lendemain au travail, en se traitant lui-même de propre à rien. Dès l'âge de douze ans, Eugène fut mis à l'étau. Le gamin savait à peine lire et écrire, qu'il gagnait déjà sa vie. Félicie, très propre, menait la maison en femme adroite et prudente, un peu « chienne » peut-être, disait le père, car elle leur servait des légumes plus souvent que de la viande, pour mettre des sous de côté, en cas de malheur. Ce fut leur meilleure époque.

Émile Zola, *Jacques Damour*, 1884

1. Le lundi correspond au jour de paie hebdomadaire : les ouvriers en profitent pour trinquer.

1. Quels types d'informations le narrateur livre-t-il sur Jacques Damour ?
2. À quoi reconnaît-on que ce portrait appartient à une nouvelle et non à un roman ?
3. Ce portrait se trouve-t-il au début ou à la fin du récit de Zola ? Justifiez en relevant un ou plusieurs passages.

4 Identifier des personnages types

Le narrateur décrit les voyageurs d'une diligence.

Ces six personnes formaient le fond de la voiture, le côté de la société rentée[1], sereine et forte, des honnêtes gens autorisés qui ont de la Religion et des Principes.

Par un hasard étrange toutes les femmes se trouvaient sur le même banc ; et la comtesse avait encore pour voisines deux bonnes sœurs qui égrenaient de longs chapelets en marmottant des *Pater* et des *Ave*[2]. L'une était vieille avec une face défoncée par la petite vérole[3] comme si elle eût reçu à bout portant une bordée de mitraille en pleine figure. L'autre, très chétive, avait une tête jolie et maladive sur une poitrine de phtisique[4] rongée par cette foi dévorante qui fait les martyrs et les illuminés.

En face des deux religieuses un homme et une femme attiraient les regards de tous.

L'homme, bien connu, était Cornudet le démoc, la terreur des gens respectables. Depuis vingt ans il trempait sa barbe rousse dans les bocks de tous les cafés démocratiques. Il avait mangé avec les frères et amis une assez belle fortune qu'il tenait de son père, ancien confiseur, et il attendait impatiemment la République pour obtenir enfin la place méritée par tant de consommations révolutionnaires [...]

La femme, une de celles appelées galantes, était célèbre par son embonpoint précoce qui lui valut le surnom de Boule-de-Suif.

Guy de Maupassant, *Boule-de-Suif*, 1880

1. Qui a des rentes, de l'argent de côté. 2. Prières chrétiennes. 3. Maladie virale. 4. La phtisie est l'amaigrissement causé par de graves maladies, comme la tuberculose

1. En quoi peut-on dire que les voyageurs offrent un portrait réduit de la société de l'époque ?
2. Quels stéréotypes composent le personnage des religieuses ?

Fiche 29

Le point de vue

1 Narration et point de vue

Le point de vue désigne l'axe à partir duquel sont perçues les actions romanesques. Cette notion ne s'applique qu'aux récits dont le narrateur est extérieur à l'histoire, autrement dit lorsque le récit est narré à la troisième personne du singulier.

➽ La plupart des romans du XIXe siècle sont écrits à **la troisième personne**. En créant des récits où le narrateur est extérieur à l'histoire, les romanciers réalistes cherchent à donner l'illusion d'un récit objectif. Le roman réaliste du XIXe siècle apparaît ainsi en rupture avec le genre du **roman-mémoire** (récit fictif à la première personne) propre au XVIIIe siècle.

Ex : *De Stendhal à Zola, les romanciers racontent les aventures d'un héros par l'intermédiaire d'un narrateur extérieur à l'histoire. « Lucien Leuwen était chassé de l'École Polytechnique pour s'être allé promener mal à propos, un jour qu'il était consigné, ainsi que tous ses camarades. » (Stendhal,* Lucien Leuwen, *Incipit, 1894 [Posthume])*

➽ Il arrive néanmoins que le narrateur intervienne au sein du récit à **la première personne du singulier** pour informer le lecteur sur un point précis. (voir fiche 28 « Auteur, narrateur, personnage ».)

2 Qui voit la scène ?

Plusieurs points de vue sont en concurrence dans les récits réalistes et naturalistes.

➽ Le point de vue omniscient

Le narrateur connaît tout sur les personnages et la situation. Il pénètre dans la conscience des personnages, relate leur passé, annonce plus ou moins explicitement les intrigues à venir. Ce point de vue est utilisé par les romanciers du XIXe siècle pour apporter des informations au lecteur sur les intentions des personnages, le contexte historique contemporain du récit…

Ce point de vue permet également au narrateur d'intervenir explicitement sous la forme de jugements de valeur, souvent au **présent de vérité générale**.

Ex : *« À un certain âge seulement, certaines femmes choisies savent seules donner un langage à leur attitude. Est-ce le chagrin, est-ce le bonheur qui prête à la femme de trente ans, à la femme heureuse ou malheureuse, le secret de cette contenance éloquente ? » (Balzac,* La Femme de trente ans, *1829-1842, chapitre 3)*

Ces commentaires brisent l'illusion réaliste et constituent une **pause** à l'intérieur du récit.

Ex : *« Un des spectacles où se rencontre le plus d'épouvantement est certes l'aspect général de la population parisienne, peuple horrible à voir, hâve, jaune, tanné. » (Balzac,* La Fille aux yeux d'or, *1833)*

➽ Le point de vue externe

L'action semble perçue par un témoin extérieur et le narrateur ne donne aucune information sur l'intériorité des personnages, leurs intentions ou les éléments d'une intrigue à venir.

Plutôt rare dans les romans du XIXe siècle, ce point de vue est néanmoins utilisé dans certaines descriptions.

Ex : *« À neuf heures, la salle du théâtre des Variétés était encore vide. Quelques personnes au balcon et à l'orchestre attendaient, perdues parmi les fauteuils de velours grenat, dans le petit jour du lustre à demi-feux. […] Par moments, une ouvreuse se montrait, affairée, des coupons à la main, poussant devant elle un monsieur et une dame qui s'asseyaient, l'homme en habit, la femme mince et cambrée. » (Zola,* Nana, *chapitre 1)*

Dans ce cas, l'enjeu est de décrire un lieu dans une situation donnée sans faire référence à un temps passé ou futur.

➽ Le point de vue interne

Dans cette situation, l'action est vue par un personnage. Même si le récit est à la troisième personne, la scène est perçue par celui-ci. Le narrateur limite les informations à ce que ce personnage comprend et connaît. Le personnage livre ses réflexions en passant par **le discours indirect libre**, très souvent utilisé par Flaubert notamment.

Ex : *Dans* L'Éducation sentimentale *(1869), le narrateur choisit souvent de ne montrer que ce que le héros, Frédéric Moreau, voit :*

« [Frédéric Moreau] *ne rencontra personne dans l'escalier. Au premier étage, il avança la tête dans une pièce vide ; c'était le salon. Il appela très haut. On ne répondit pas ; sans doute, la cuisinière était sortie ; enfin, parvenu au second étage, il poussa une porte. Madame Arnoux était seule, devant une armoire à glace. La ceinture de sa robe de chambre entr'ouverte pendait le long de ses hanches.* »

Exercices

Objet d'étude : Le roman et la nouvelle au XIXe siècle : réalisme et naturalisme

1 Reconnaître le statut du narrateur

Il y a sept ou huit ans, un homme nommé Claude Gueux, pauvre ouvrier, vivait à Paris. Il avait avec lui une fille qui était sa maîtresse, et un enfant de cette fille. Je dis les choses comme elles sont, laissant le lecteur ramasser les moralités à mesure que les faits les sèment sur leur chemin. [...] Un hiver, l'ouvrage manqua. Pas de feu ni de pain dans le galetas. L'homme, la fille et l'enfant eurent froid et faim. L'homme vola. Je ne sais ce qu'il vola, je ne sais où il vola. Ce que je sais, c'est que de ce vol il résulta trois jours de pain et de feu pour la femme et pour l'enfant, et cinq ans de prison pour l'homme.

Victor Hugo, *Claude Gueux*, 1834

1. L'histoire de Claude Gueux est-elle racontée par un narrateur-personnage ou par un narrateur hors de l'histoire ? Justifiez votre réponse.
2. Relevez les passages où le narrateur intervient explicitement. Quelle est la fonction de ces interventions ?

2 Identifier un point de vue

Ce fut comme une apparition :

Elle était assise, au milieu du banc, toute seule ; ou du moins il ne distingua personne, dans l'éblouissement que lui envoyèrent ses yeux. [...]

Jamais il n'avait vu cette splendeur de sa peau brune, la séduction de sa taille, ni cette finesse des doigts que la lumière traversait. Il considérait son panier à ouvrage avec ébahissement, comme une chose extraordinaire. Quels étaient son nom, sa demeure, sa vie, son passé ?

Gustave Flaubert, *L'Éducation sentimentale*, 1869

1. Quel est le point de vue adopté dans ce texte ? Quels sont les indices permettant de l'identifier ?
2. Quel est l'intérêt d'utiliser ce point de vue pour décrire une rencontre amoureuse ?

3 Distinguer plusieurs points de vue

Eugène Saccard dîne dans un restaurant, au sommet de la butte Montmartre en compagnie de sa femme, Angèle.

Le spectacle des toits de Paris égaya Saccard. [...] Il souriait à l'espace, il était d'une galanterie inusitée. Et ses regards, amoureusement, redescendaient toujours sur cette mer vivante et pullulante, d'où sortait la voix profonde des foules. On était à l'automne ; [...] le soleil se couchait dans un nuage rouge, et, tandis que les fonds s'emplissaient d'une brume légère, une poussière d'or, une rosée d'or tombait sur la rive droite de la ville, du côté de la Madeleine et des Tuileries. [...] Il vint un moment où le rayon qui glissait entre deux nuages fut si resplendissant, que les maisons semblèrent flamber et se fondre comme un lingot d'or dans un creuset.

– Oh ! vois, dit Saccard, avec un rire d'enfant, il pleut des pièces de vingt francs dans Paris !

Émile Zola, *La Curée*, 1871

1. Quel est le point de vue adopté par le narrateur ?
2. Montrez que cette scène s'apparente à un fantasme. Justifiez en vous appuyant sur la notion de point de vue.

4 Analyser le point de vue interne

Le lendemain, en payant son déjeuner, comme Duroy cherchait les quatre pièces de monnaie qui devaient lui rester, il s'aperçut qu'elles étaient cinq, dont une en or.

Au premier moment il crut qu'on lui avait rendu, la veille, vingt francs par mégarde, puis il comprit, et il sentit une palpitation de cœur sous l'humiliation de cette aumône persévérante.

Comme il regretta de n'avoir rien dit ! S'il avait parlé avec énergie, cela ne serait point arrivé.

Guy de Maupassant, *Bel-Ami*, 1885, I, 5

1. Qui permet au lecteur de voir la scène dans cet extrait ? Justifiez votre réponse par un relevé lexical précis.
2. Identifiez les passages au discours indirect libre. Que traduit ce type de discours rapporté ?

5 Changer de point de vue

Jacques fuyait dans la nuit mélancolique. Il monta au galop le sentier d'une côte, retomba au fond d'un étroit vallon. [...] Brusquement, il dévala, il buta contre la haie du chemin de fer : un train arrivait, grondant, flambant ; et il ne comprit pas d'abord, terrifié. Ah ! oui, tout ce monde qui passait, le continuel flot, tandis que lui agonisait là ! Il repartit, grimpa, descendit encore. Toujours maintenant il rencontrait la voie, au fond des tranchées profondes qui creusaient des abîmes, sur des remblais qui fermaient l'horizon de barricades géantes.

Émile Zola, *La Bête humaine*, 1890, II

1. Quel est le point de vue adopté dans cette scène ? Justifiez votre réponse par un relevé d'indices.
2. Réécrivez cette scène au point de vue externe uniquement. Veillez à opérer toutes les modifications nécessaires à la transposition.

Fiche 30

La construction du récit

1 Les temps du récit

Les romanciers réalistes et naturalistes choisissent le plus souvent de raconter leur histoire aux temps du passé. En alternant l'imparfait, le passé simple, le narrateur délimite ce qui est de l'ordre de la description et du récit et hiérarchise les différentes actions des personnages.

Le passé simple

Ce temps permet de représenter les événements de **premier plan**. Les romanciers du XIXe siècle l'emploient souvent dans le but de représenter les péripéties et plus généralement les actions accomplies par les personnages.

Ex : *« Laurent quitta le passage, l'esprit tendu, la chair inquiète. [...] Il prit les quais, et marcha, son chapeau à la main, pour recevoir au visage tout l'air du ciel. » (Zola,* Thérèse Raquin, *chapitre 17)*

L'imparfait

Ce temps sert le plus souvent à décrire le décor, **l'arrière-plan** sur lequel se détachent les actions racontées au passé simple.

Il est néanmoins utilisé dans certains cas pour caractériser une action étendue dans le temps (**aspect duratif**) ou qui se répète (**aspect itératif**). Les actions ainsi décrites permettent de définir, voire de figer, l'identité d'un personnage.

Ex : « [Binet] *possédait des talents, il peignait à l'aquarelle, savait lire la clef de sol, et s'occupait volontiers de littérature après son dîner, quand il ne jouait pas aux cartes. » (Flaubert,* Madame Bovary, *II, 3)*

2 La fabrique de l'histoire

Deux moments clefs structurent le récit réaliste :

L'incipit

La première page correspond au moment où le récit se met en place : le narrateur donne des informations sur le personnage principal et l'intrigue à venir. Le début de roman peut être **statique** (description d'un lieu, analyse d'un fait de société) ou en mouvement lorsque le lecteur saisit le personnage au cœur d'une action (**début *in medias res***).

Ex : *« Jeanne, ayant fini ses malles, s'approcha de la fenêtre, mais la pluie ne cessait pas. » (Maupassant,* Une vie, *1883)*

L'excipit

La dernière page clôt le roman en mettant en avant la progression du personnage principal. La dernière page du roman n'apporte pas pour autant un point final : dans les cycles romanesques (Balzac, *La Comédie humaine*, Zola, *Histoire des Rougon-Macquart*), la fin d'un roman ouvre sur le début d'un autre.

3 Le rythme du récit

Dans le roman et la nouvelle réalistes, le narrateur choisit d'accélérer ou de ralentir le rythme de son récit. Plusieurs procédés permettent de varier le rapport entre le temps de la narration et le temps du récit :

La scène

Le temps de la narration et le temps du récit sont équivalents. Le lecteur croit suivre les événements en temps réel. Les écrivains naturalistes affectionnent ce procédé qui permet de donner plus de vraisemblance à la représentation.

La pause

Le temps de l'histoire est suspendu pour permettre au narrateur de décrire un lieu ou de proposer une réflexion générale. Balzac ponctue souvent ses récits de commentaires détachés du récit qui renseignent le lecteur sur un aspect historique ou culturel.

Ex : *Les « Physionomies parisiennes » au début de* La Fille aux yeux d'or.

Le ralenti

Le narrateur développe longuement un moment bref du récit. Ce procédé narratif est souvent utilisé dans les scènes dramatiques (meurtre, révélation d'un secret...).

Le sommaire

Le narrateur condense en quelques lignes des actions étendues dans le temps. Ce procédé permet d'accélérer le récit et de passer sous silence certains événements.

L'ellipse

Le narrateur ne raconte pas un fait de l'histoire et opère ainsi un saut dans le temps. Dans les récits réalistes, ce procédé permet de resserrer l'action autour des actions les plus importantes. Stendhal joue beaucoup de l'ellipse pour donner des effets d'accélération à ses romans.

Exercices

Objet d'étude : Le roman et la nouvelle au XIXe siècle : réalisme et naturalisme

1 Reconnaître la valeur des temps dans un récit

Pour avoir participé aux événements de la Commune (1871), Jacques Damour est arrêté et envoyé au bagne à Nouméa.

À Nouméa, Damour se conduisait bien. Il avait trouvé du travail, on lui faisait espérer sa grâce.

C'était un homme très doux, qui aimait à jouer avec les enfants. Il ne s'occupait plus de politique, fréquentait peu ses compagnons, vivait solitaire ; on ne pouvait lui reprocher que de boire de loin en loin, et encore avait-il l'ivresse bonne enfant, pleurant à chaudes larmes, allant se coucher de lui-même. Sa grâce paraissait donc certaine, lorsqu'un jour il disparut.

Émile Zola, *Jacques Damour*, 1884, chapitre 2

1. Repérez les différentes valeurs des imparfaits.
2. Quel est l'effet créé par l'emploi du passé simple à la fin du passage ?

2 Reconnaître la valeur des temps dans un récit

Claude passait devant l'Hôtel de ville, et deux heures du matin sonnaient à l'horloge, quand l'orage éclata. [...]. Brusquement, les gouttes tombèrent si larges, si drues, qu'il prit sa course, galopa dégingandé, éperdu, le long du quai de la Grève. Mais, au pont Louis-Philippe, une colère de son essoufflement l'arrêta : il trouvait imbécile cette peur de l'eau ; et, dans les ténèbres épaisses, sous le cinglement de l'averse qui noyait les becs de gaz, il traversa lentement le pont, les mains ballantes.

Émile Zola, *L'Œuvre*, 1886, chapitre 1

1. Observez la première phrase. L'emploi des temps vous semble-t-il traditionnel ? Justifiez votre réponse.
2. Classez les verbes en deux catégories en fonction de leur valeur. Donnez un titre à chacun de ces deux groupes.

3 Analyser un moment clef de l'histoire : l'*incipit*

– Zut ! s'écria tout à coup le père Roland qui depuis un quart d'heure demeurait immobile, les yeux fixés sur l'eau, et soulevant par moments, d'un mouvement très léger, sa ligne descendue au fond de la mer.

Mme Roland, assoupie à l'arrière du bateau, à côté de Mme Rosémilly invitée à cette partie de pêche, se réveilla, et tournant la tête vers son mari :

– Eh bien !... eh bien !... Gérôme !

Le bonhomme furieux répondit :

– Ça ne mord plus du tout. Depuis midi je n'ai rien pris. On ne devrait jamais pêcher qu'entre hommes ; les femmes vous font embarquer toujours trop tard.

Guy de Maupassant, *Pierre et Jean*, 1888

1. S'agit-il d'un incipit statique ou *in medias res* ? Justifiez votre réponse.
2. Quelles informations le lecteur possède-t-il après la découverte des premières lignes du roman ?

4 Analyser un moment clef de l'histoire : l'*excipit*

Le jeune Octave de Malivert fuit la compagnie d'Armance. Son errance le mène sur les côtes grecques.

Un vent frais portait le vaisseau avec rapidité. Le nom de la Grèce réveilla le courage d'Octave : Je te salue, se dit-il, ô terre des héros ! Et à minuit, le 3 de mars, comme la lune se levait derrière le mont Kalos, un mélange d'opium et de digitale préparé par lui délivra doucement Octave de cette vie qui avait été pour lui si agitée. Au point du jour, on le trouva sans mouvement sur le pont, couché sur quelques cordages. [...] Peu après, le marquis de Malivert étant mort, Armance et madame de Malivert prirent le voile dans le même couvent.

Stendhal, *Armance*, 1827, XXXI

1. Quels indices permettent au lecteur de comprendre qu'il s'agit de la fin du roman ?
2. Le rythme du récit ralentit-il ou s'accélère-t-il ? Identifiez un ou plusieurs procédés.

5 Analyser le rythme d'un récit

Texte A : *Tout juste débarqué d'Angoulême, Lucien de Rubempré découvre les « illusions » de la capitale.*

Pendant sa première promenade vagabonde à travers les Boulevards et la rue de la Paix, Lucien, comme tous les nouveaux venus, s'occupa beaucoup plus des choses que des personnes. À Paris, les masses s'emparent tout d'abord de l'attention : le luxe des boutiques, la hauteur des maisons, l'affluence des voitures, les constantes oppositions que présentent un extrême luxe et une extrême misère saisissent avant tout.

Honoré de Balzac, *Illusions perdues*, 1837-1843

Texte B

Laurent, qui regardait *[Camille]*, leva le talon, d'un mouvement brusque. Il allait, d'un coup, lui écraser la face.

Thérèse retint un cri. Elle pâlit et ferma les yeux. Elle tourna la tête, comme pour éviter les éclaboussures de sang.

Et Laurent, pendant quelques secondes, resta, le talon en l'air, au dessus de Camille endormi. Puis, lentement, il replia la jambe, il s'éloigna de quelques pas.

Émile Zola, *Thérèse Raquin*, 1868

→ Identifiez le rythme de la narration dans chacun de ces extraits. Pourquoi le narrateur choisit-il d'accélérer ou de ralentir l'action dans ces extraits ?

Fiche 31

Le discours rapporté

Pour rapporter les paroles des personnages, le narrateur peut choisir entre plusieurs formes de discours rapportés. Les romanciers du XIXe siècle varient la manière d'introduire la voix du personnage en fonction de l'effet qu'ils cherchent à produire.

1 Le discours direct

➤ Les paroles du personnage sont transcrites textuellement au moyen de guillemets ou de tirets qui sont le signe distinctif de ce type de discours. Dans un dialogue, **l'incise*** permet d'indiquer l'identité du locuteur.

Ex : *« – Ah ! c'est vous, Dantès !* [cria l'homme à la barque] *; qu'est-il donc arrivé, et pourquoi cet air de tristesse répandu sur tout votre bord ? » (Dumas,* Le Comte de Monte-Cristo, *1845).*

➤ Il arrive que le discours direct ne soit pas annoncé par un tiret ou des guillemets. Un monologue ou un dialogue s'intègrent alors au corps du récit.

Ex : *« Il n'y a qu'un sot, se dit-il, qui soit en colère contre les autres : une pierre tombe parce qu'elle est pesante. Serai-je toujours un enfant ? » (Stendhal,* Le Rouge et le Noir, *1830, chapitre XII)*

➤ Le discours direct est souvent utilisé par les romanciers réalistes dans les **scènes** (voir fiche 30 « La construction du récit ») pour donner l'illusion d'un moment vécu en temps réel.
De manière plus générale, le discours direct permet de retranscrire avec fidélité la **voix** des personnages (niveau de langue, intonation, accent). Ce souci de **coller au plus près de la réalité** se retrouve notamment dans les romans de Balzac.

2 Le discours indirect

➤ Le narrateur introduit les paroles au moyen d'un verbe de parole ou de pensée (dire, penser). Le discours indirect est exprimé par une proposition subordonnée complétive, une interrogative indirecte ou une infinitive. La concordance des temps doit être respectée entre la proposition principale et la proposition subordonnée.

Ex : *« Enfin, à une heure, les deux hommes mariés, M. Tournevau et M. Pimpesse, déclarèrent qu'ils se retiraient, et voulurent régler leur compte. » (Maupassant,* La Maison Tellier, *1881)*

➤ En rapportant indirectement les paroles des personnages, le narrateur accorde un primat à l'action au détriment du dialogue.

3 Le discours indirect libre

➤ Il s'agit d'un **discours hybride** puisqu'il intègre à la fois les signes du discours indirect (pas de guillemets, les marques de l'énonciation sont transposées) et ceux du discours direct : les paroles prononcées, les idées, les émotions du personnage apparaissent sans subordination, avec maintien de l'expressivité originale (lexique, niveau de langage, rythme des phrases...) soutenue par une ponctuation expressive.

Ex : *« Ah ! il était parti, le seul charme de sa vie, le seul espoir possible d'une félicité ! Comment n'avait-elle pas saisi ce bonheur-là, quand il se présentait ! Pourquoi ne l'avoir pas retenu à deux mains, à deux genoux, quand il voulait s'enfuir ? Et elle se maudit de n'avoir pas aimé Léon ; elle eut soif de ses lèvres. » (Flaubert,* Madame Bovary, *1857)*

➤ Ce type de discours est peu utilisé avant le XIXe siècle. Il est le plus souvent associé au **point de vue interne** (voir fiche 29 « Le point de vue ») étant donné que le lecteur voit ainsi la scène par l'intermédiaire du personnage. Le narrateur peut alors insister sur les sentiments du protagoniste.

4 Le discours narrativisé

➤ Ce discours **traduit en récit les paroles des personnages**. Le narrateur résume, interprète et reformule les paroles ou les pensées des protagonistes. Cette manière de rapporter le discours induit une intervention du narrateur.

Ex : *« Tatan Néné, étourdie d'avoir trop mangé, riait vaguement à sa bêtise. Les autres, Blanche, Caroline, Simonne, Maria, parlaient toutes ensemble, racontant leurs affaires, une dispute avec leur cocher, un projet de partie à la campagne, des histoires compliquées d'amants volés et rendus. » (Zola,* Nana, *1880, chapitre 4)*

Exercices

Objet d'étude : Le roman et la nouvelle au XIXe siècle : réalisme et naturalisme

1 Analyser le discours d'un personnage

Le critique d'art Chassagnol exprime ses idées esthétiques à l'attention d'un de ses amis, le peintre Coriolis.

« Le moderne..., vois-tu, le moderne, il n'y a que cela... Une bonne idée que tu as là... Je me disais : Coriolis qui a ça, un tempérament, qui est doué, lui qui est quelqu'un, un nerveux, un sensitif..., une machine à sensations, lui qui a des yeux... Comment il a son temps devant lui, et il ne le voit pas ! Non, il ne le voit pas, cet animal-là... Non, non, non... » répéta Chassagnol avec un rire bête et fou qui ricanait.

Edmond et Jules de Goncourt, *Manette Salomon*, 1867

1. Repérez l'incise dans l'extrait. Qu'apporte-t-elle au discours du personnage ?
2. Relevez les expressions et les formes de phrase qui appartiennent à la langue orale. Quelle ponctuation expressive domine dans cet extrait ?

2 Étudier le monologue d'un personnage

Mathilde de La Mole se rapproche de plus en plus de Julien Sorel. Livrée à elle-même, la jeune fille s'épanche librement.

Une idée l'illumina tout à coup : J'ai le bonheur d'aimer, se dit-elle un jour, avec un transport de joie incroyable. J'aime, j'aime, c'est clair ! À mon âge, une fille jeune, belle, spirituelle, où peut-elle trouver des sensations si ce n'est dans l'amour ? J'ai beau faire, je n'aurai jamais d'amour pour Croisenois, Caylus, *et tutti quanti*[1]. Ils sont parfaits, trop parfaits peut-être : enfin, ils m'ennuient.

Stendhal, *Le Rouge et le Noir*, 1830

1. Aristocrates fréquentés par Mathilde de La Mole dans les salons parisiens.

1. Par le biais de quel discours les propos de Mathilde sont-ils rapportés ? Pourquoi le narrateur a-t-il choisi ce discours à ce moment précis ?
2. Transposez l'extrait suivant au discours indirect libre. Veillez à procéder à toutes les modifications nécessaires.

3 Manipuler les discours rapportés

Georges Duroy se rend chez son ami Forestier pour lui demander de l'aider à rembourser une dette.

Forestier, sceptique, demanda :
– À qui dois-tu ça ?

Duroy ne put pas répondre tout de suite.
– ... Mais à... à... à un monsieur de Carleville.
– Ah ! Et où demeure-t-il ?
– Rue... rue...

Forestier se mit à rire : « Rue du Cherche-Midi à quatorze heures, n'est-ce pas ? Je connais ce monsieur-là, mon cher. Si tu veux vingt francs, j'ai encore ça à ta disposition, mais pas davantage. »

Guy de Maupassant, *Bel-Ami*, 1885, I, 6

1. Réécrivez ce texte en remplaçant les passages au discours direct par des paroles au discours indirect.
2. Quels changements constatez-vous ? Pourquoi Maupassant a-t-il privilégié le discours direct dans cette scène ?

4 Distinguer le discours indirect et le discours indirect libre

Gervaise attend Coupeau, son mari, qui ne rentre pas.

Comme elle demandait aux ouvriers si Coupeau n'allait pas sortir, eux qui étaient à la couleur, lui répondirent en blaguant que le camarade venait tout juste de filer avec Lantimèche par une porte de derrière, pour mener les poules pisser. Gervaise comprit. Encore une menterie de Coupeau, elle pouvait aller voir s'il pleuvait ! Alors, lentement, traînant sa paire de ripatons éculés, elle descendit la rue de la Charbonnière. Son dîner courait joliment devant elle, et elle le regardait courir, dans le crépuscule jaune, avec un petit frisson. Cette fois, c'était fini. Pas un fifrelin, plus un espoir, plus que de la nuit et de la faim. Ah ! une belle nuit de crevaison, cette nuit sale qui tombait sur ses épaules !

Émile Zola, *L'Assommoir*, 1877, XII

1. Repérez les passages au discours indirect. Transposez-les au discours direct.
2. Pourquoi le narrateur a-t-il décidé de rapporter ces paroles au discours indirect ?
3. Repérez les passages au discours indirect libre en relevant des marques précises de ce discours.

5 Associer un discours rapporté et un point de vue

Mademoiselle de Varendeuil vient de reconnaître le corps mort de Germinie Lacerteux.

Germinie était là, avec le bouleversement de traits d'une figure d'assassinée, avec ses orbites creusées, avec ses yeux qui semblaient avoir reculé dans des trous ! Elle était là, avec cette bouche encore tordue d'avoir vomi son dernier souffle ! Elle était là, avec ses cheveux, ses cheveux terribles, rebroussés, tout debout sur sa tête !

Edmond et Jules de Goncourt, *Germinie Lacerteux*, 1865, LXVII

→ Quel discours rapporté utilise le narrateur dans cet extrait ? Quels en sont les effets ?

Fiche 32

La description

1 La description au sein du récit réaliste

L'insertion de la description

• La description est un **moment clef du récit** dans la mesure où elle plante le décor dans lequel l'histoire va se dérouler. Elle correspond à une **pause** dans le récit (voir fiche 30 « La construction du récit »). La description peut se trouver dans l'incipit* du roman ou plus généralement se greffer au récit pour apporter des informations sur un lieu ou un personnage.

• Il arrive que le narrateur intervienne explicitement dans le récit réaliste pour justifier le recours à la description.

Ex : *« Là où le sujet n'est point perdu de vue, il n'y a point de digression ; qu'il nous soit donc permis d'arrêter un moment l'attention du lecteur sur les deux barricades absolument uniques dont nous venons de parler et qui ont caractérisé cette insurrection. L'une encombrait l'entrée du faubourg Saint-Antoine ; l'autre défendait l'approche du faubourg du Temple [...] » (Hugo,* Les Misérables, *1862, V, I, 1)*

Visée de la description

Dans les romans du XIXe siècle, la description permet de donner un « **effet de réel** » : en plus d'apporter des informations au lecteur, elle est un moyen de le plonger dans un **univers vraisemblable et authentique**.

2 Le portrait du personnage

L'art du portrait : les romans du XIXe siècle regorgent de portraits qui présentent les protagonistes ou les personnages secondaires. Le narrateur donne des informations sur l'apparence **physique** et sur le caractère **moral** du protagoniste.

Le portrait fixe

Il correspond à une description du personnage en dehors de toute circonstance. Au XIXe siècle, la physiognomonie triomphe : cette science prétend que certaines physionomies révèlent un **trait de caractère**. L'art du portrait balzacien en porte la trace.

Ex : *« César avait alors quarante ans. [...] Son front, où, par la manière dont ils étaient plantés, ses cheveux dessinaient cinq pointes, annonçait la simplicité de sa vie. » (Balzac,* César Birotteau, *1837, I, 2)*

Le portrait en situation

Il saisit le personnage *in medias res* (au cœur de l'action). Le personnage est alors décrit dans une situation type qui le définit.

La caricature

Le portrait n'est pas seulement une représentation objective d'un personnage. En effet, le narrateur décide parfois de pointer les défauts de celui-ci : le portrait prend alors une dimension **satirique** ou **ironique.**

Ex : *Les romanciers réalistes ne se contentent pas de décrire la société dans laquelle ils vivent. L'artiste se double d'un caricaturiste comme l'attestent les portraits chez Balzac ou Flaubert.*

3 La description des lieux

L'art de la description

La description des lieux occupe une place importante dans les romans réalistes et naturalistes. Elle s'organise comme un **tableau** : le lieu représenté est découpé en différents plans et le narrateur utilise de nombreux indices spatio-temporels pour composer sa description.

Ex : *L'incipit* de* Thérèse Raquin *correspond à ce type de description : le narrateur fait le tableau du passage du Pont-Neuf en veillant à distinguer un plan différent à chaque paragraphe : « À gauche » ; « À droite » ; « Au-dessus du vitrage ».*

La description symbolique

Les romanciers du XIXe siècle ne se contentent pas de représenter fidèlement les lieux, qu'il s'agisse d'une ville, d'un village ou d'un paysage naturel. Ils donnent à l'espace **une dimension symbolique ou poétique**. Le recours au point de vue interne suggère la vision d'un personnage sur l'espace : le lieu réel et l'espace mental se confondent alors.

Ex : « [Gervaise] *aperçut l'alambic, la machine à soûler, fonctionnant sous le vitrage de l'étroite cour, avec la trépidation profonde de sa cuisine d'enfer. [...] L'ombre de l'appareil, contre la muraille du fond, dessinait des abominations, des figures avec des queues, des monstres ouvrant leurs mâchoires comme pour avaler le monde. » (Zola,* L'Assommoir, *1877, chapitre 10)*

Exercices

Objet d'étude : Le roman et la nouvelle au XIXe siècle : réalisme et naturalisme

1 Étudier le portrait d'un personnage

Il avait les joues pourpres et les yeux baissés. C'était un petit jeune homme de dix-huit à dix-neuf ans, faible en apparence, avec des traits irréguliers, mais délicats, et un nez aquilin. De grands yeux noirs, qui, dans les moments tranquilles, annonçaient de la réflexion et du feu, étaient animés en cet instant de l'expression de la haine la plus féroce. Des cheveux châtain foncé, plantés fort bas, lui donnaient un petit front, et, dans les moments de colère, un air méchant. Parmi les innombrables variétés de la physionomie humaine, il n'en est peut-être point qui se soit distinguée par une spécialité plus saisissante. Une taille svelte et bien prise annonçait plus de légèreté que de vigueur.

Stendhal, *Le Rouge et le Noir*, 1830, I, 4

1. Le narrateur dresse-t-il un portrait fixe ou en situation de Julien Sorel ? Justifiez votre réponse.
2. À l'aide d'un tableau, différenciez les qualités physiques et les traits moraux.

2 Analyser un portrait satirique

Stanislas se regardait continuellement avec une sorte de satisfaction de haut en bas, en vérifiant le nombre des boutons de son gilet, en suivant les lignes onduleuses que dessinait son pantalon collant, en caressant ses jambes par un regard qui s'arrêtait amoureusement sur les pointes de ses bottes. Quand il cessait de se contempler ainsi, ses yeux cherchaient une glace, il examinait si ses cheveux tenaient la frisure ; il interrogeait les femmes d'un œil heureux en mettant un de ses doigts dans la poche de son gilet, se penchant en arrière et se posant de trois quarts, agaceries de coq qui lui réussissaient dans la société aristocratique de laquelle il était le beau.

Honoré de Balzac, *Illusions perdues*, 1837-1843, 1re partie

1. Quels sont les indices d'un portrait satirique ?
2. Quels traits de caractère ressortent de ce portrait ?

3 Identifier une scène type du roman du XIXe siècle : la description d'un collectif

Les femmes avaient paru, près d'un millier de femmes, aux cheveux épars, dépeignés par la course, aux guenilles montrant la peau nue, des nudités de femelles lasses d'enfanter des meurt-de-faim. Quelques-unes tenaient leur petit entre les bras, le soulevaient, l'agitaient, ainsi qu'un drapeau de deuil et de vengeance. D'autres, plus jeunes, avec des gorges gonflées de guerrières, brandissaient des bâtons ; tandis que les vieilles, affreuses, hurlaient si fort, que les cordes de leurs cous décharnés semblaient se rompre.

Émile Zola, *Germinal*, 1885, V, 5

1. Quels sont les trois âges de la femme montrés dans cet extrait ?
2. Cette description vous semble-t-elle péjorative ou méliorative ? Justifiez votre réponse.

4 Lire une description réaliste

Yonville-l'Abbaye (ainsi nommé, à cause d'une ancienne abbaye de Capucins dont les ruines n'existent même plus) est un bourg à huit lieues de Rouen, entre la route d'Abbeville et celle de Beauvais, au fond d'une vallée qu'arrose la Rieule, petite rivière qui se jette dans l'Andelle, après avoir fait tourner trois moulins vers son embouchure, et où il y a quelques truites, que les garçons, le dimanche, s'amusent à pêcher à la ligne.

On quitte la grande route à la Boissière et l'on continue à plat jusqu'au haut de la côte des Leux, d'où l'on découvre la vallée. La rivière qui la traverse en fait comme deux régions de physionomie distincte : tout ce qui est à gauche est en herbage, tout ce qui est à droite est en labour.

Gustave Flaubert, *Madame Bovary*, 1857, II, 1

1. Quelle est la part du réalisme dans cette description ? Celle de l'ironie ? Répondez en vous fondant sur des indices précis.
2. Comment le narrateur parvient-il à s'identifier à un guide touristique ? Repérez plusieurs procédés justifiant cette impression de lecture.

5 Analyser la portée symbolique d'une description

Invité chez les Forestier, Georges Duroy observe attentivement l'intérieur de l'appartement.

Des deux côtés de la cheminée, des caoutchoucs, ronds comme des colonnes, étageaient l'une sur l'autre leurs longues feuilles d'un vert sombre, et sur le piano deux arbustes inconnus, ronds et couverts de fleurs, l'un tout rose et l'autre tout blanc, avaient l'air de plantes factices, invraisemblables, trop belles pour être vraies.

L'air était frais et pénétré d'un parfum vague, doux, qu'on n'aurait pu définir, dont on ne pouvait dire le nom.

Et le jeune homme, plus maître de lui, considéra avec attention l'appartement. Il n'était pas grand ; rien n'attirait le regard en dehors des arbustes ; aucune couleur vive ne frappait ; mais on se sentait à son aise dedans, on se sentait tranquille, reposé ; il enveloppait doucement, il plaisait, mettait autour du corps quelque chose comme une caresse.

Guy de Maupassant, *Bel-Ami*, 1885, I, 2

1. Quelle impression d'ensemble se dégage de l'appartement des Forestier ?
2. D'après les caractéristiques de cet appartement, quels types d'occupants peut-on imaginer (rang social, culturel, économique…) ?

L'action

1 La structure dramatique

Au XVIIe siècle, la comédie et la tragédie sont construites autour d'une seule action qui suit une progression comparable en dépit de la variété des intrigues. Les pièces classiques sont divisées en actes qui correspondent à des temps forts de l'action. Chacun de ces actes possède sa propre cohérence tout en offrant une progression par rapport au précédent.

L'exposition

Les premières scènes de la pièce permettent d'identifier la situation initiale : les personnages principaux sont présentés et un premier élément d'intrigue est annoncé. La première scène constitue un temps important dans la mesure où elle capte l'attention du spectateur et fait entendre le registre dominant de la pièce.

Ex : Le Médecin malgré *lui de Molière s'ouvre sur une scène comique : Sganarelle et Martine se chamaillent au cours d'une scène de ménage qui rattache immédiatement la pièce au genre de la comédie.*

Le nœud dramatique

Le nœud est le moment de l'intrigue où un conflit éclate du fait d'un obstacle. La tension dramatique est alors à son comble et aucune résolution ne semble envisageable. Dans la tragédie comme dans la comédie, il va donc s'agir pour les protagonistes d'affronter et si possible de dépasser la situation intenable qui met en péril les rapports entre eux (qu'il s'agisse d'amour, d'amitié, de pouvoir...).

Les péripéties

Dans le théâtre classique, les péripéties sont les événements qui surviennent au cours de l'action et modifient la suite de la pièce.

Ex : *Dans* Phèdre *de Racine, le retour de Thésée constitue une péripétie dans la mesure où l'héroïne pensait que son mari était mort. Cet événement détermine l'issue tragique de la pièce.*

Le dénouement

Dans la comédie, le dénouement est heureux : la pièce se clôt généralement par un mariage qui cèle le rétablissement d'un équilibre au sein de la famille. Dans la tragédie, le dénouement, imprégné de « tristesse majestueuse » pour Racine, est un moment d'une haute intensité dramatique qui n'est pas nécessairement marqué par la mort d'un personnage.

2 Le cadre de l'action

Un lieu unique

Dans les pièces de théâtre classiques, il n'existe qu'un seul lieu dramatique au sein duquel les personnages évoluent du début à la fin. Ce lieu est indiqué dans les **didascalies** initiales.

– **Dans la tragédie,** l'action se déroule le plus souvent dans un **palais royal** : le palais de Titus dans *Bérénice* ou celui de Pyrrhus dans *Andromaque*.

– **Dans la comédie,** l'action a lieu dans un **cadre domestique** (la maison d'Orgon dans *Tartuffe*) ou dans un **espace public**.

Ex : *La didascalie initiale de* L'École des femmes *(Molière) précise que « la scène est dans une place de ville ». Avant Molière, Corneille a situé ses comédies dans des espaces publics (*La Place Royale*).*

Le hors-scène

Il correspond au lieu où se déroule ce qui échappe au regard des spectateurs.

Dans la tragédie, la règle de **bienséance** interdit de montrer certaines actions choquantes (meurtres, guerres...) qui sont alors racontées par un personnage secondaire. Ces **récits** donnent à imaginer un **lieu virtuel** où se sont déroulés des événements cruciaux.

Ex : *Dans* Phèdre *(V, 6), Théramène raconte le massacre d'Hippolyte par un monstre marin non loin de Mycènes.*

3 Le temps de l'action

La règle des vingt-quatre heures

Par souci de vraisemblance, les dramaturges classiques limitent le temps de l'action à une journée (de l'aube au soir, ou encore sur vingt-quatre heures), afin de resserrer l'intrigue dans le cadre d'un jour vu comme extraordinaire. La division en actes permet de faire sentir au spectateur le passage du temps.

La liaison des scènes

Le dramaturge doit donner l'illusion d'une action qui se déroule en continu. Au sein d'un même acte, le temps de l'action semble correspondre à la durée de la représentation. Le spectateur ne perçoit pas d'hiatus d'une scène à l'autre grâce à la liaison des scènes.

Exercices

Objet d'étude : La tragédie et la comédie au XVIIe siècle : le classicisme

1 Analyser une scène d'exposition

JULIE : Mon Dieu ! Éraste, gardons d'être surpris ; je tremble qu'on ne nous voie ensemble, et tout serait perdu, après la défense que l'on m'a faite.
ÉRASTE : Je regarde de tous côtés, et je n'aperçois rien.
JULIE : Aie aussi l'œil au guet, Nérine, et prends bien garde qu'il ne vienne personne.
NÉRINE : Reposez-vous sur moi, et dites hardiment ce que vous avez à vous dire.
JULIE : Avez-vous imaginé pour notre affaire quelque chose de favorable ? et croyez-vous, Éraste, pouvoir venir à bout de détourner ce fâcheux mariage que mon père s'est mis en tête ?
ÉRASTE : Au moins y travaillons-nous fortement ; et déjà nous avons préparé un bon nombre de batteries pour renverser ce dessein ridicule.

Molière, *Monsieur de Pourceaugnac*, 1669, I, 1

1. À quel genre de pièce appartient cette scène d'exposition ? Justifiez votre propos en vous appuyant sur les fiches 35 et 36.
2. Quelles sont les informations livrées par cet extrait ?
3. Comment le dramaturge parvient-il à capter l'attention du spectateur ? Justifiez votre réponse.

2 Analyser une scène de dénouement

Émilie a voulu se venger d'Auguste qui avait, jadis, proscrit son père. Elle exige de son fiancé, Cinna, qu'il tue l'empereur mais le complot est déjoué au dernier moment. Au lieu de tuer les deux amants, Auguste leur accorde sa « clémence ». L'impératrice Livie s'adresse alors à celui-ci :

LIVIE : Rome, avec une joie et sensible et profonde,
Se démet en vos mains de l'empire du monde ;
Vos royales vertus lui vont trop enseigner
Que son bonheur consiste à vous faire régner :
D'une si longue erreur pleinement affranchie,
Elle n'a plus de vœux que pour la monarchie,
Vous prépare déjà des temples, des autels,
Et le ciel une place entre les immortels ;
Et la postérité, dans toutes les provinces,
Donnera votre exemple aux plus généreux princes.
AUGUSTE : J'en accepte l'augure, et j'ose l'espérer :
Ainsi toujours les dieux vous daignent inspirer !
Qu'on redouble demain les heureux sacrifices
Que nous leur offrirons sous de meilleurs auspices,
Et que vos conjurés entendent publier
Qu'Auguste a tout appris, et veut tout oublier.

Pierre Corneille, *Cinna*, 1642, V, 3

1. À quels indices comprend-on que ce passage est le dénouement de l'histoire ?
2. Quelles promesses Livie fait-elle à Auguste ?
3. Quelle image du pouvoir ce dénouement donne-t-il ?

3 Étudier le récit d'une action

Au début de l'acte IV, Elvire raconte les exploits de Rodrigue, vainqueur des Maures.

CHIMÈNE : N'est-ce point un faux bruit ? le sais-tu bien, Elvire ?
ELVIRE : Vous ne croiriez jamais comme chacun l'admire,
Et porte jusqu'au ciel, d'une commune voix,
De ce jeune héros les glorieux exploits.
Les Maures devant lui n'ont paru qu'à leur honte ;
Leur abord fut bien prompt, leur fuite encor plus prompte ;
Trois heures de combat laissent à nos guerriers
Une victoire entière et deux rois prisonniers.
[...]
CHIMÈNE : Mais n'est-il point blessé ?
ELVIRE : Je n'en ai rien appris.
Vous changez de couleur ! reprenez vos esprits.
CHIMÈNE : Reprenons donc aussi ma colère affaiblie :
Pour avoir soin de lui faut-il que je m'oublie ?
On le vante, on le loue, et mon cœur y consent !
Mon honneur est muet, mon devoir impuissant !
Silence, mon amour, laisse agir ma colère.

Pierre Corneille, *Le Cid*, 1636, IV, 1

1. Pourquoi le combat de Rodrigue contre les Maures se déroule-t-il hors scène ?
2. Quel effet ce récit opère-t-il sur Chimène ? Justifiez votre propos en montrant que le discours d'Elvire constitue une péripétie à part entière.

4 Observer une liaison de scène

Alors que Dom Juan vient de séduire Elvire, Sganarelle confie à Gusman, l'écuyer de la jeune femme, tout le mal qu'il pense de son maître.

Scène 1
Sganarelle, Gusman
SGANARELLE : [...] La crainte en moi fait l'office du zèle, bride mes sentiments, et me réduit d'applaudir bien souvent à ce que mon âme déteste. Le voilà qui vient se promener dans ce palais : séparons-nous. Écoute au moins : je t'ai fait cette confidence avec franchise, et cela m'est sorti un peu bien vite de la bouche ; mais s'il fallait qu'il en vînt quelque chose à ses oreilles, je dirais hautement que tu aurais menti.

Scène 2
Dom Juan, Sganarelle.
DOM JUAN : Quel homme te parlait là ? Il a bien de l'air, ce me semble, du bon Gusman de Done Elvire.
SGANARELLE : C'est quelque chose aussi à peu près de cela.

Molière, *Dom Juan*, 1665, I, 1 et 2

1. Comment les deux scènes sont-elles reliées ?
2. Montrez que le passage de la scène 1 à la scène 2 permet de faire progresser l'action.

Fiche 34

La parole

1 L'énonciation théâtrale

Une double énonciation

Le discours d'un personnage ne s'adresse pas seulement à un autre personnage mais également au public. C'est ce que l'on nomme le principe de la double énonciation : le spectateur peut être déjà au courant de ce qu'un personnage apparu sur scène ignore, et cela peut créer des effets comiques comme tragiques.

Ex : *Dans la comédie classique, le quiproquo* est une situation comique rendue possible par la double énonciation. Chaque personnage croit comprendre ce que dit l'autre, or seul le public est à même de savoir que l'un et l'autre se trompent.*

Les didascalies

- Les didascalies de paroles permettent d'identifier le destinataire des paroles dans certaines situations confuses.
- Les didascalies expressives renseignent parfois le lecteur sur le ton employé par un personnage. Ce type d'indication scénique demeure très rare dans le théâtre classique.

2 Les formes du dialogue

L'échange rythmé

- Dans la comédie, il arrive que les dialogues soient construits sous la forme d'un enchaînement de répliques courtes et incisives. L'échange devient vif à mesure que les personnages font preuve de repartie.
- Dans la tragédie et dans la comédie sérieuse, la stichomythie* révèle un moment de tension entre deux personnages. Ce type de dialogue fondé sur les parallélismes et les reprises marque souvent l'impossible résolution d'un conflit.

Ex : *Dans* Polyeucte *de Corneille (1642), le héros avoue à son épouse, Pauline, que l'amour de Dieu est plus fort que tout :*
PAULINE : Au nom de cet amour, ne m'abandonnez pas.
POLYEUCTE : Au nom de cet amour, daignez suivre mes pas.
PAULINE : C'est peu de me quitter, tu veux donc me séduire ?
POLYEUCTE : C'est peu d'aller au ciel, je vous y veux conduire.

Le débat argumenté

La parole du personnage est par moments plus étoffée et sert à l'exposé d'un point de vue sur une situation. La **tirade*** est alors employée pour mieux faire entendre un discours.

Ex : *Les comédies sérieuses de Molière débutent souvent par une scène d'affrontement où deux personnages exposent leurs points de vue sur un sujet (mariage, vie en société ...).*

Dans la tragédie classique, les tirades équivalent parfois à des plaidoyers : chaque personnage développe son point de vue sur une situation qui constitue le nœud dramatique.

Les jeux avec le public

Le personnage peut s'adresser directement au public en le prenant à parti. Cette situation est rare dans le théâtre classique étant donné qu'elle rompt avec la règle de vraisemblance.
L'aparté est plus fréquent dans les pièces du XVIIIe siècle. Il est utilisé dans la comédie pour créer une interaction avec le public.

3 Les formes du monologue*

Le monologue dans la tragédie classique intervient dans un moment de crise : le héros expose un dilemme* et tente de trouver une résolution à ses tourments intérieurs.

Ex : *Dans* Phèdre, *l'héroïne éponyme exprime son amertume dans un monologue pathétique au moment où elle comprend qu'Hippolyte a des sentiments pour une autre femme, Aricie : « Hippolyte est sensible, et ne sent rien pour moi ! Aricie a son cœur ! Aricie a sa foi ! » (IV, 5).*

Les stances* constituent une forme spécifique de monologue lyrique dans lequel un protagoniste s'épanche sur sa situation.

Le monologue dans la comédie est un moment de pause à l'intérieur de la pièce : le personnage se livre à un examen de conscience (comédies de Corneille) ou donne libre cours à ses manies (comédies de Molière).

Ex : *Dans* L'Avare *(1669), Harpagon dévoile sa folie au sein d'un monologue comique où il en vient à perdre tous ses repères : « Mon esprit est troublé, et j'ignore où je suis, qui je suis, et ce que je fais » (IV, 7).*

Exercices

Objet d'étude : La tragédie et la comédie au XVIIe siècle : le classicisme

1 Étudier une forme de dialogue

ALCESTE : Je veux que l'on soit homme, et qu'en toute rencontre,
Le fond de notre cœur, dans nos discours, se montre ;
Que ce soit lui qui parle, et que nos sentiments
Ne se masquent jamais, sous de vains compliments.
PHILINTE : Il est bien des endroits, où la pleine franchise
Deviendrait ridicule, et serait peu permise ;
Et, parfois, n'en déplaise à votre austère honneur,
Il est bon de cacher ce qu'on a dans le cœur.
Serait-il à propos, et de la bienséance,
De dire à mille gens tout ce que d'eux, on pense ?
Et quand on a quelqu'un qu'on hait, ou qui déplaît,
Lui doit-on déclarer la chose comme elle est ?

Molière, *Le Misanthrope*, 1666, I, 1

1. Quelle forme de dialogue apparaît dans cet extrait ?
2. Montrez que les deux personnages énoncent un discours plus général sur l'humanité.

2 Distinguer plusieurs formes de discours

Texte A : *En dépit de son amour, l'empereur Titus doit se résoudre à renvoyer Bérénice en Orient. À la scène 6 de l'acte V, il lui révèle cette nécessité.*

TITUS : Madame, il faut vous faire un aveu véritable :
Lorsque j'envisageai le moment redoutable
Où, pressé par les lois d'un austère devoir,
Il fallait pour jamais renoncer à vous voir ;
Quand de ce triste adieu je prévis les approches,
Mes craintes, mes combats, vos larmes, vos reproches,
Je préparai mon âme à toutes les douleurs
Que peut faire sentir le plus grand des malheurs.
Mais, quoi que je craignisse, il faut que je le die,
Je n'en avais prévu que la moindre partie ;
Je croyais ma vertu moins prête à succomber,
Et j'ai honte du trouble où je la vois tomber.

Jean Racine, *Bérénice*, 1670, V, 6

Texte B : *Sbrigani, homme d'intrigue, joue des tours à Monsieur de Pourceaugnac qui compte se marier avec Julie. L'extrait suivant constitue la scène 9 dans son intégralité.*

SBRIGANI : Je conduis de l'œil toutes les choses, et tout ceci ne va pas mal. Nous fatiguerons tant notre Provincial, qu'il faudra, ma foi, qu'il déguerpisse.

Molière, *Monsieur de Pourceaugnac*, 1669, II, 9

Texte C

CLARIMOND : Avec ce beau visage avoir le cœur de roche !
DAPHNIS : Si le mien s'endurcit, ce n'est qu'à votre approche
CLARIMOND : Que je sache du moins d'où viennent vos froideurs.
DAPHNIS : Peut-être du sujet qui produit vos ardeurs.
CLARIMOND : Si je brûle, Daphnis, c'est de nous voir ensemble.
DAPHNIS : Et c'est de nous y voir, Clarimond, que je tremble.

Pierre Corneille, *La Suivante*, 1634, III, 2

1. Identifiez chacune des formes de parole théâtrale.
2. Quel est l'effet provoqué par chacun de ces choix ?

3 Analyser un monologue de tragédie

Sollicité par Émilie pour tuer l'empereur Auguste, Cinna est en proie au doute.

CINNA : En ces extrémités quel conseil dois-je prendre ?
De quel côté pencher ? À quel parti me rendre ?
Qu'une âme généreuse a de peine à faillir !
Quelque fruit que par là j'espère de cueillir,
Les douceurs de l'amour, celles de la vengeance,
La gloire d'affranchir le lieu de ma naissance,
N'ont point assez d'appas pour flatter ma raison,
S'il les faut acquérir par une trahison,
S'il faut percer le flanc d'un prince magnanime
Qui du peu que je suis fait une telle estime,
Qui me comble d'honneurs, qui m'accable de biens,
Qui ne prend pour régner de conseils que les miens.
Ô coup ! ô trahison trop indigne d'un homme !

Pierre Corneille, *Cinna*, 1641, III, 3

1. Quel obstacle amène le personnage à s'interroger sur son entreprise ? Vous répondrez en identifiant précisément le dilemme* de Cinna.
2. Comment s'exprime le désespoir du personnage ? Identifiez pour ce faire des figures de style précises.

4 Analyser un monologue de comédie

GEORGE DANDIN : Ah ! Qu'une femme Demoiselle est une étrange affaire, et que mon mariage est une leçon bien parlante à tous les paysans qui veulent s'élever au-dessus de leur condition, et s'allier, comme j'ai fait, à la maison d'un gentilhomme ! La noblesse de soi est bonne, c'est une chose considérable assurément ; mais elle est accompagnée de tant de mauvaises circonstances, qu'il est très bon de ne s'y point frotter. Je suis devenu là-dessus savant à mes dépens, et connais le style des nobles lorsqu'ils nous font, nous autres, entrer dans leur famille. [...] George Dandin, George Dandin, vous avez fait une sottise la plus grande du monde.

Molière, *George Dandin*, 1668, I, 1

1. Pourquoi ne peut-on dire qu'il s'agit d'un monologue de tragédie ?
2. Quelle est la visée de ce monologue ?

Fiche 35

Le comique et la comédie

1 Le personnage de comédie

Les personnages types : dans la farce, les personnages ont souvent des emplois définis qui les cantonnent à un rôle bien précis :

- Le valet ou « homme d'intrigue », fourbe par nature, incarné par Scapin dans *Les Fourberies de Scapin* ou Sbrigani dans *Monsieur de Pourceaugnac*
- Les amants jeunes et naïfs
- Les vieillards dupés tel Orgon dans *Tartuffe* qui incarne le type du « personnage à marotte », c'est-à-dire victime d'une passion, d'une obsession.

La peinture d'un caractère

Les comédies sérieuses de Molière ont pour protagoniste un personnage présentant un trait de caractère excessif : l'avarice, la misanthropie, l'hypocrisie... Le dramaturge met en valeur le ridicule voire le vice du personnage par le biais du registre satirique.

Ex : *Dans* L'Avare, *Molière se moque du comportement d'Harpagon qui ne cesse de protéger sa cassette où reposent ses économies. Ce vice du personnage crée des situations comiques.*

Il arrive que le caractère d'un personnage soit moins risible et plus ambigu. Le spectateur ne se contente pas de rire mais réfléchit à sa propre condition.

Ex : *Dans* Le Misanthrope, *Alceste n'est pas risible : sa haine de l'humanité apparaît bien excessive mais le spectateur s'identifie parfois à lui lorsqu'il dénonce l'hypocrisie des relations mondaines.*

2 Les effets comiques

Le genre de la comédie peut utiliser un certain nombre de procédés.

Le comique de langage : le dramaturge exploite toutes les ressources possibles du langage pour faire rire le spectateur : bégaiement, accentuation, jeux de mots ou de répétitions. Ce type de comique est dominant dans la farce.

Ex : *Dans* Tartuffe *(1664), au moment où Dorine informe Orgon de l'état de santé de sa femme, Elmire, le vieil homme ne cesse de répéter : « Et Tartuffe ? » Le public ne peut que se moquer de ce personnage atteint d'une manie pathologique.*

Le comique de gestes : la comédie mise sur les jeux de déplacement des personnages (mouvements brusques) et leurs gestuelles qui s'apparentent à des mimiques. Dans la farce, le comique de gestes intervient, entre autres, au moment où le maître bat son valet pour lui faire entendre raison.

Ex : *Dans* Les Fourberies de Scapin, *le valet fourbe en vient à inverser les rôles en donnant des coups de bâton à son maître caché dans un sac (III, 2).*

Le comique de situation : dans les comédies d'intrigue, ce procédé comique est dominant. Le spectateur retrouve plusieurs types de situations dans la comédie de Molière :

- Un personnage caché entend ce qu'il ne devrait pas entendre
- Deux personnages se livrent à un quiproquo*
- Un personnage de fourbe se déguise pour mieux duper un père de famille.

Le comique de caractère : le dramaturge peint les défauts d'un personnage en forçant le trait. Ce procédé intervient au moment où un personnage dresse le portrait satirique d'un autre, ou encore lorsque les paroles mêmes du personnage permettent d'identifier son vice ou son ridicule.

Ex : *Dans* Le Misanthrope *(II, 4), Célimène offre à tous ses soupirants une série de portraits satiriques et piquants :*

« C'est un parleur étrange, et qui trouve toujours
L'art de ne vous rien dire avec de grands discours. »

3 Moralité de la comédie

Au XVIIe siècle, l'auteur d'une comédie porte un regard critique sur les comportements humains.

La comédie est une dénonciation par le rire des comportements excessifs. Toutes les pièces de Molière sont ainsi centrées autour d'un personnage présentant un défaut criant. Les multiples péripéties de la pièce le mettent à l'épreuve. Ce n'est qu'au terme de la pièce que la raison triomphe de la maniaquerie ou du vice de ce personnage.

De manière plus générale, la comédie a pour mission de critiquer les dérives d'une société. Dans ses pièces, Molière montre le danger de certains comportements qui mettent en péril l'équilibre de la famille, sorte de société en réduction.

Ex : Tartuffe *ou* Dom Juan *ne s'attaquent pas seulement à un trait de caractère – l'hypocrisie ou l'inconstance –, elles stigmatisent plus largement une communauté (les faux dévots, les libertins).*

Exercices

Objet d'étude : La tragédie et la comédie au XVIIe siècle : le classicisme

1 Identifier un genre de comédie

Classez ces comédies de Molière en fonction de leur sous-genre : farce ou comédie sérieuse.
Dom Juan – Les Fourberies de Scapin – Sganarelle ou le Cocu imaginaire – L'École des femmes.

2 Analyser la préface d'une comédie

Corneille propose un « examen de Mélite », plusieurs années après la création de cette pièce (1629).

La nouveauté de ce genre de comédie, dont il n'y a point d'exemple en aucune langue, et le style naïf qui faisait une peinture de la conversation des honnêtes gens, furent sans doute cause de ce bonheur surprenant, qui fit alors tant de bruit. On n'avait jamais vu jusque-là que la comédie fît rire sans personnages ridicules, tels que les valets bouffons, les parasites, les capitans, les docteurs, etc. Celle-ci faisait son effet par l'humeur enjouée de gens d'une condition au-dessus de ceux qu'on voit dans les comédies de Plaute et de Térence, qui n'étaient que des marchands.

Pierre Corneille, « Examen de Mélite », 1660

1. Quels sont les critères de définition d'une comédie pour Corneille ?
2. Cette définition donne-t-elle une place au registre comique ?

3 Identifier un personnage type de la comédie : le valet fourbe

Le jeune Octave voit ses projets de mariage contrariés à cause de son père Argante.

OCTAVE : Ah ! Scapin, si tu pouvais trouver quelque invention, forger quelque machine, pour me tirer de la peine où je suis, je croirais t'être redevable de plus que de la vie.
SCAPIN : À vous dire la vérité, il y a peu de choses qui me soient impossibles, quand je m'en veux mêler. J'ai sans doute reçu du Ciel un génie assez beau pour toutes les fabriques de ces gentillesses d'esprit, de ces galanteries ingénieuses à qui le vulgaire ignorant donne le nom de fourberies ; et je puis dire, sans vanité, qu'on n'a guère vu d'homme qui fût plus habile ouvrier de ressorts et d'intrigues, qui ait acquis plus de gloire que moi dans ce noble métier.

Molière, *Les Fourberies de Scapin*, 1671, I, 2

1. Quelle définition peut-on donner du fourbe à la lumière de ce dialogue ?
2. Sur quoi repose le contraste entre maître et valet dans cette scène ?

4 Étudier un procédé comique

Monsieur Jourdain assiste à sa première leçon avec un maître de philosophie.

MAÎTRE DE PHILOSOPHIE : La voix A se forme en ouvrant fort la bouche : A.
MONSIEUR JOURDAIN : A, A. Oui.
MAÎTRE DE PHILOSOPHIE : La voix E se forme en rapprochant la mâchoire d'en bas de celle d'en haut : A, E.
MONSIEUR JOURDAIN : A, E, A, E. Ma foi ! oui. Ah ! que cela est beau !
MAÎTRE DE PHILOSOPHIE : Et la voix I en rapprochant encore davantage les mâchoires l'une de l'autre, et écartant les deux coins de la bouche vers les oreilles : A, E, I.
MONSIEUR JOURDAIN : A, E, I, I, I, I. Cela est vrai. Vive la science !

Molière, *Le Bourgeois gentilhomme*, 1670, II, 4

1. Quel procédé comique reconnaissez-vous ? Justifiez.
2. Quelle image du personnage de Monsieur Jourdain ressort de cet extrait ?

5 Analyser une scène comique

Monsieur de Pourceaugnac, gentilhomme limousin, est accusé à tort de polygamie. Sbrigani est à l'origine de ce piège qui oblige Monsieur de Pourceaugnac à se déguiser en femme pour échapper à la police. Deux gardes suisses viennent à sa rencontre.

PREMIER SUISSE : Que faire fous là tout seul ?
M. DE POURCEAUGNAC : J'attends mes gens, Messieurs.
SECOND SUISSE : Ly est belle, par mon foi !
M. DE POURCEAUGNAC : Doucement, Messieurs.
PREMIER SUISSE : Fous, Mameselle, fouloir finir réchouir fous à la Crève[1] ? Nous faire foir à fous un petit pendement[2] pien choly.
M. DE POURCEAUGNAC : Je vous rends grâce.
SECOND SUISSE : L'est un gentilhomme Limosin, qui sera pendu chantiment à un grand potence.
M. DE POURCEAUGNAC : Je n'ai pas de curiosité.
PREMIER SUISSE : Ly est là un petit téton qui l'est drôle.
M. DE POURCEAUGNAC : Tout beau.
PREMIER SUISSE : Mon foi ! moi couchair pien avec fous.
M. DE POURCEAUGNAC : Ah ! c'en est trop, et ces sortes d'ordures-là ne se disent point à une femme de ma condition.

Molière, *Monsieur de Pourceaugnac*, 1669, III, 3

1. La place de Grève est l'endroit où sont pendus les condamnés.
2. Pendement : pendaison.

1. Quels procédés rendent la scène comique ?
2. Réécrivez cette scène en ajoutant des didascalies sur les mouvements et le ton des personnages.

Fiche 36

Le tragique et la tragédie

1 Le personnage de tragédie

➡ **La condition du personnage :** les héros de tragédie sont le plus souvent empruntés à la mythologie ou à l'Antiquité. Ils occupent toujours une place élevée dans la société : Britannicus est le fils de l'empereur Claudius, Bérénice est reine de Palestine, Andromaque est la veuve d'un héros de la guerre de Troie (Hector).
Leur comportement doit être digne de la place qu'ils occupent dans la société. Un empereur ne peut adopter une attitude lâche dans une situation de crise. L'honneur supplante en général les intérêts personnels.

Ex : *Dans* Iphigénie *de Racine (1674, I, 5), Agamemnon doit sacrifier sa fille. Sa condition de roi l'empêche d'exprimer sa douleur.*
« Triste destin des rois ! Esclaves que nous sommes
Et des rigueurs du sort et des discours des hommes,
Nous nous voyons sans cesse assiégés de témoins,
Et les plus malheureux osent pleurer le moins ! »

➡ **Du héros glorieux au héros persécuté :** au XVIIe siècle, deux conceptions du héros de tragédie prévalent.
Corneille met en avant la grandeur d'âme du héros qui sait se détacher de ses intérêts personnels pour défendre l'honneur d'une patrie (famille, État). La noblesse de son rang social doit se refléter dans son comportement.

Ex : *Dans* Le Cid *(1637), Rodrigue exprime ce dilemme* entre l'honneur filial et l'intérêt personnel dans les stances* de l'acte I, scène 6. Au terme du monologue, il délibère en héros :*
« Je dois tout à mon père avant qu'à ma maîtresse :
Que je meure au combat, ou meure de tristesse,
Je rendrai mon sang pur comme je l'ai reçu. »

Racine remet en question la grandeur du héros en insistant sur la fatalité qui domine toutes ses entreprises. Persécuté par la colère divine, le personnage demeure un héros dans la mesure où il fait preuve de lucidité.

2 La situation tragique

➡ **Le poids de la fatalité :** le tragique naît de la confrontation entre un homme et une puissance supérieure, communément appelée fatalité. Le héros tragique ne cesse d'avouer son impuissance à échapper à son destin qui semble écrit d'avance.

➡ **Le conflit tragique :** selon Corneille, la tragédie doit reposer sur un « affrontement à visage découvert ». Les tragédies classiques offrent souvent des scènes de conflit où se mêlent la passion amoureuse et l'honneur politique. Le héros tragique est déchiré entre des désirs humains qu'il ne maîtrise pas et un idéal de grandeur qui lui confère sa noblesse. Le dilemme* qui naît de cette situation de crise fonde le tragique de ces pièces.

Ex : *Dans* Bérénice *(1670), l'empereur Titus ne peut concilier la raison d'État et son amour pour la reine Bérénice. En choisissant la dignité impériale, il abandonne Bérénice qui déplore amèrement cette décision (IV, 5).*
« BÉRÉNICE : Eh bien, régnez, cruel, contentez votre gloire :
Je ne dispute plus. J'attendais, pour vous croire,
Que cette même bouche, après mille serments [...]
M'ordonnât elle-même une absence éternelle. »

➡ **La mort inéluctable :** la mort est souvent l'issue d'une situation tragique. Elle met fin au supplice qu'a pu endurer le héros tout au long de la pièce. Le héros tragique peut aussi bien se donner la mort que tuer quelqu'un, aveuglé par son destin funeste.

Ex : *Dans* Médée *(1635), le spectateur est témoin de la furie du personnage éconduit par Jason. L'héroïne décide de se venger en tuant Créuse, la nouvelle femme de Jason et ses propres enfants.*

3 La parole tragique

➡ **Le registre pathétique :** la souffrance morale et physique du personnage se reflète dans ses paroles. Ses lamentations suscitent la pitié du spectateur dans la mesure où il s'identifie à ce héros maudit. Les monologues désespérés du héros sont construits comme des plaintes lyriques* à visée argumentative.

Ex : *Dans* Le Cid *(1637, I, 6), Rodrigue expose un dilemme crucial : doit-il venger l'honneur de son père en tuant le père de Chimène ou continuer à aimer celle-ci en risquant le déshonneur filial ?*

➡ **Le registre tragique :** le héros d'une tragédie ne suscite pas seulement la pitié. Ses actes atroces sont réprouvés par le spectateur qui éprouve alors une terreur devant ce personnage. Le sentiment d'effroi naît du spectacle d'une mécanique inéluctable mise en branle par les personnages eux-mêmes et qui les mène à leur perte.

Exercices

Objet d'étude : La tragédie et la comédie au XVIIe siècle : le classicisme

1 Dates et repères littéraires

Identifier les deux auteurs (antique et classique) des pièces suivantes :
Médée – Phèdre – Œdipe (Roi) – Andromaque – Iphigénie

2 Analyser les caractéristiques du héros cornélien

CLÉOPÂTRE : Les princes ont cela de leur haute naissance :
Leur âme dans leur sang prend des impressions
Qui dessous leur vertu rangent leurs passions.
Leur générosité soumet tout à leurs gloires :
Tout est illustre en eux quand ils daignent se croire ;
Et si le peuple y voit quelques dérèglements,
C'est quand l'avis d'autrui corrompt leurs sentiments.

Pierre Corneille, *La Mort de Pompée*, 1644, II, 1

1. Quels sont les devoirs du prince selon Cléopâtre ?
2. Quelle vision de l'amour donne l'héroïne ? Justifiez en identifiant un champ lexical précis.

3 Étudier les caractéristiques du héros racinien

Phèdre vient d'apprendre qu'Hippolyte aime Aricie. Elle confie ses tourments à sa confidente, Œnone.

PHÈDRE : Ah ! douleur non encore éprouvée !
À quel nouveau tourment je me suis réservée !
Tout ce que j'ai souffert, mes craintes, mes transports,
La fureur de mes feux, l'horreur de mes remords,
Et d'un cruel refus l'insupportable injure,
N'était qu'un faible essai du tourment que j'endure.
Ils s'aiment ! Par quel charme ont-ils trompé mes yeux ?
Comment se sont-ils vus ? depuis quand ? dans quels lieux ?
Tu le savais : pourquoi me laissais-tu séduire ?
De leur furtive ardeur ne pouvais-tu m'instruire ?

Jean Racine, *Phèdre*, 1677, IV, 6

1. Montrez que cette tirade s'apparente à une plainte en étudiant les types de phrase et leur longueur, leur rythme au sein du vers.
2. Phèdre apparaît-elle en proie à la folie ou lucide ?

4 Comprendre une situation tragique

Acte II, scène 5, Phèdre avoue son amour à Hippolyte.

PHÈDRE : Ah, cruel ! tu m'as trop entendue !
Je t'en ai dit assez pour te tirer d'erreur.
Eh bien ! connais donc Phèdre et toute sa fureur :
J'aime ! Ne pense pas qu'au moment que je t'aime,
Innocente à mes yeux, je m'approuve moi-même ;
Ni que du fol amour qui trouble ma raison
Ma lâche complaisance ait nourri le poison ;
Objet infortuné des vengeances célestes,
Je m'abhorre encor plus que tu ne me détestes.
Les dieux m'en sont témoins, ces dieux qui dans mon flanc
Ont allumé le feu fatal à tout mon sang ;
Ces dieux qui se sont fait une gloire cruelle
De séduire le cœur d'une faible mortelle.

Jean Racine, *Phèdre*, 1677, II, 5

1. Relevez les champs lexicaux de la fatalité et de la justice.
2. Quelle image Phèdre donne-t-elle d'elle-même ?

5 Analyser les moyens de l'expression tragique

Texte A : *Pyrrhus a délaissé Hermione à qui il était pourtant promis.*

HERMIONE : Où suis-je ? Qu'ai-je fait ? Que dois-je faire encore ?
Quel transport me saisit ? Quel chagrin me dévore ?
Errante et sans dessein je cours dans ce palais.
Ah ! ne puis-je savoir si j'aime ou si je hais ?
Le cruel ! de quel œil il m'a congédiée !
Sans pitié, sans douleur au moins étudiée !
L'ai-je vu se troubler et me plaindre un moment ?
En ai-je pu tirer un seul gémissement ?
Muet à mes soupirs, tranquille à mes alarmes,
Semblait-il seulement qu'il eût part à mes larmes ?
Et je le plains encore ! Et pour comble d'ennui,
Mon cœur, mon lâche cœur s'intéresse pour lui !

Jean Racine, *Andromaque*, 1677, V, 1

Texte B : *Pour obéir à Hermione qu'il aime passionnément, Oreste tue Pyrrhus. Au terme de la pièce, il prend conscience de son acte.*

ORESTE, *seul* : Que vois-je ? Est-ce Hermione ? Et que viens-je d'entendre ?
Pour qui coule le sang que je viens de répandre ?
Je suis, si je l'en crois, un traître, un assassin.
Est-ce Pyrrhus qui meurt ? et suis-je Oreste enfin ?
Quoi ? j'étouffe en mon cœur la raison qui m'éclaire,
J'assassine à regret un roi que je révère,
Je viole en un jour les droits des souverains,
Ceux des ambassadeurs, et tous ceux des humains,
Ceux même des autels où ma fureur l'assiège :
Je deviens parricide, assassin, sacrilège.

Jean Racine, *Andromaque*, 1677, V, 4

1. Comment s'exprime la souffrance des deux personnages ? Justifiez par un relevé de procédés stylistiques.
2. « Et suis-je Oreste enfin ? » En quoi ce questionnement est-il propre au héros tragique ?
3. Quelle vision de l'amour donnent ces deux extraits ?

La versification

1 Poésie et vers

➡ Beaucoup de poèmes s'identifient à l'écrit au premier regard grâce à la disposition particulière des lignes, ces blancs qui forment les vers. Néanmoins, la poésie ne peut se réduire aux textes en vers : il existe également des poèmes en prose.
Les rythmes, les rimes, les jeux sonores sont souvent sollicités par les poètes dans leur écriture.

➡ Les **strophes** sont des paragraphes regroupant plusieurs vers et séparés par un espace sur la page. Un sizain comporte six vers, un quatrain quatre, un tercet trois, un distique deux.

➡ Des pauses appelées **coupes** donnent leur rythme au vers. Leur but est de mettre en valeur un mot ou un son, de produire des effets de rythme qui contribuent à créer des images et à provoquer une émotion chez le lecteur. La **césure*** est la coupe la plus forte du vers et intervient par exemple au milieu de l'alexandrin qu'elle sépare en deux **hémistiches*** distincts.

Ex : *Salut, bois couronnés d'un reste de verdure !*
/ // / //
{ 6 }{ 6 }

Lamartine, *« L'automne »*

2 Variété et diversité du vers

➡ Le vers français se mesure en syllabes. Le mètre* d'un vers est le nombre de syllabes prononcées dans celui-ci.
Les vers les plus fréquemment utilisés sont l'alexandrin (12 syllabes), le décasyllabe (10), l'octosyllabe (8). Les vers impairs, moins fréquents, sont appelés hendécasyllabe (11 syllabes), heptasyllabe(7).
Le « e muet » : en fin de vers ne se prononce pas. À l'intérieur du vers, il doit être prononcé lorsqu'il est suivi d'une consonne.

Ex : *Je la surnommai Rosemonde*
1 2 3 4 5 6 7 8 = 8 syllabes = octosyllabe

Desnos, *« Rosemonde »*

Elle est toute petite ; une duègne la garde.
1 2 3 4 5 6 7 8 9 10 11 12
= 12 syllabes = alexandrin

Hugo, *« La rose de l'Infante »*

Dans le dernier exemple, le « e » est bien muet devant voyelle, sonore devant consonne ainsi qu'à la césure et en fin de vers.

➡ La **diérèse*** consiste à séparer une syllabe comportant deux sons vocaliques en deux syllabes distinctes. Elle crée une insistance sur le mot ainsi allongé. L'inverse de la diérèse est appelé **synérèse** et correspond le plus souvent à la prononciation habituelle du mot.

Ex : *Je mâche lentement ma porti-on de bœuf*

Apollinaire, Calligrammes

La diérèse permet de mimer de manière sonore la lenteur de l'action décrite.

➡ Lorsqu'une phrase ou un groupe de mots syntaxiquement liés se poursuivent sur deux vers consécutifs, il y a **enjambement***.

Ex : *Et le sourd tintement des cloches suspendues*
Au cou des chevreaux dans les bois.

Lamartine, « Les Préludes »

➡ Le poème en prose peut comporter des effets métriques : on reconnaît alors un rythme traditionnellement associé au vers au sein d'une phrase, d'une partie de phrase ou d'une succession de phrases.

Ex : *Un soir, j'ai assis la Beauté sur mes genoux. – Et je l'ai trouvée amère. – Et je l'ai injuriée.*

Rimbaud, « Une saison en enfer »

3 Musicalité du vers

➡ À l'origine, la poésie est destinée à être chantée, elle se caractérise par une attention particulière donnée au rythme et au son.

➡ Les sons et leur répétition forment un élément essentiel de la musicalité d'un poème. Ces sons répétés en fin de vers constituent la rime.
Les rimes féminines se terminent par un « e » muet (noire/histoire, rues/nues), les rimes « masculines » constituent toutes les autres rimes.
Une rime est dite riche lorsqu'elle comporte trois ou plus de trois sons communs ; suffisante pour deux sons communs ; pauvre, lorsque les deux mots n'ont qu'un son commun.

Ex : *venir/souvenir (riche) flamme/femme (suffisante), sourit/finit (pauvre).*

Mais la musicalité du poème est aussi enrichie par la répétition de sons internes au vers ou au poème. On parle alors d'**assonances** (pour les sons vocaliques) ou d'**allitérations** (pour les sons consonantiques), ainsi que de rimes internes.

Exercices

Objet d'étude : La poésie du XIXe au XXe siècle : du romantisme au surréalisme

1 Identifier un mètre et ses effets

Texte A :

Je voudrais maintenant vider jusqu'à la lie
Ce calice mêlé de nectar et de fiel !
Au fond de cette coupe où je buvais la vie,
Peut-être restait-il une goutte de miel ?

Alponse de Lamartine, *Méditations poétiques*, 1820, « L'automne »

Texte B :

En partant du golfe d'Otrante,
Nous étions trente ;
Mais, en arrivant à Cadiz,
Nous étions dix.

Victor Hugo, *La Légende des siècles*, 1859, « La Chanson des aventuriers de la mer »

1. Identifiez les divers types de strophe et de vers pour chacun de ces extraits de poème.
2. En quoi le changement de mètre correspond-il bien à ce qui est décrit ?

2 Identifier l'effet du mètre et des sonorités

Texte A :

Il était un roi de Thulé
À qui son amante fidèle
Légua, comme souvenir d'elle,
Une coupe d'or ciselée.

Gérard de Nerval, « Le roi de Thulé », 1853

Texte B :

La nuit bruine sur les villes :
Se raser le masque, s'orner
D'un frac deuil, avec art dîner
Puis, parmi des vierges débiles,
Prendre un air imbécile.

Jules Laforgue, *Les Complaintes*, 1875, « Complainte des nostalgies préhistoriques »

Pour chacun des deux extraits, vous répondrez aux questions suivantes :
1. Comment appelle-t-on ce type de strophe ? Quel en est le mètre ?
2. Quels mots sont mis en valeur par le jeu des sonorités ? De quelles manières ?

3 Formes du lyrisme : comparer deux extraits de poème

Texte A :

Salut ! bois couronnés d'un reste de verdure !
Feuillages jaunissants sur les gazons épars !
Salut, derniers beaux jours ! Le deuil de la nature
Convient à la douleur et plaît à mes regards !

Je suis d'un pas rêveur le sentier solitaire,
J'aime à revoir encor, pour la dernière fois,
Ce soleil pâlissant, dont la faible lumière
Perce à peine à mes pieds l'obscurité des bois !

Alphonse de Lamartine, *Méditations poétiques*, « L'automne », 1820

Texte B :

À moi. L'histoire d'une de mes folies.
Depuis longtemps je me vantais de posséder tous les paysages possibles, et trouvais dérisoires les célébrités de la peinture et de la poésie modernes.
J'aimais les peintures idiotes, dessus de portes, décors, toiles de saltimbanques, enseignes, enluminures populaires ; la littérature démodée, latin d'église, livres érotiques sans orthographe, romans de nos aïeules, contes de fées, petits livres de l'enfance, opéras vieux, refrains niais, rythmes naïfs.

Arthur Rimbaud, *Une saison en enfer*, 1873, « Alchimie du verbe »

1. Quels sont les éléments qui vous permettent d'identifier ces deux textes comme des poèmes ? Montrez leurs éléments poétiques communs, et ceux qui les différencient.
2. Quelle est l'impression qui domine à la lecture de chacun de ces textes ?
3. Après avoir lu ces deux poèmes à haute voix, vous identifierez celui qui vous paraît le plus aisé à dire et vous expliquerez pourquoi.

4 Identifier et analyser la musicalité d'un poème

Et que j'aime ô saison que j'aime tes rumeurs
Les fruits tombants sans qu'on les cueille
Le vent et la forêt qui pleurent
Toutes leurs larmes en automne feuille à feuille
    Les feuilles
    Qu'on foule
    Un train
    Qui roule
    La vie
    S'écoule

Apollinaire, *Alcools*, « Automne malade », © Éd. Gallimard 1920

1. Quelles remarques pouvez-vous faire au sujet de ce poème : mètre, rime, répétition de vers et de sons ?
2. Pourquoi peut-on dire que la musicalité particulière de ce texte correspond bien à son thème ?

Fiche 38

Évolution du vers

Un poème est écrit en vers réguliers lorsque l'on peut reconnaître une utilisation systématique de la métrique et le respect de règles prosodiques concernant le rythme, la rime, et une concordance entre découpage rythmique et organisation grammaticale. Plusieurs types de vers peuvent coexister au sein d'un même poème.
Le **mètre impair** constitue chez Verlaine par exemple un **premier affranchissement du carcan du mètre pair**. Le but du poète est de créer une musique plus légère, plus subtile, plus fluide.

Ex : *« Tout à l'heure déferlait*
L'onde roulée en volutes,
Des cloches comme des flûtes
Dans le ciel comme du lait. » (Verlaine, « L'échelonnement des haies », 1875)

1 Déstructuration du vers

➡ Au XIXe siècle, le vers évolue progressivement vers une déstructuration, car certains poètes le ressentent comme un carcan contraignant.

➡ Des formes diverses de poésie se développent alors. Le vers régulier est conservé mais **les enjambements** sont de plus en plus fréquents et créent des déséquilibres dans la longueur des phrases.

➡ Lorsque des mots syntaxiquement liés sont séparés en fin de vers, on parle d'**enjambement*** (voir fiche 37), de **rejet*** ou de **contre-rejet***. L'effet est en général de mettre en valeur les mots ainsi isolés, ou de créer un effet (de lenteur, d'attente, de surprise).
Dans **le rejet**, la phrase se poursuit d'un vers sur le vers suivant mais une pause dans le second vers avant l'hémistiche permet de mettre en valeur le mot ainsi isolé.

Ex : *« Comment vous nommez-vous ?*
Il me dit : Je me nomme
Le pauvre. » (Hugo, « Le mendiant », 1856)

Pour **le contre-rejet**, la pause intervient *a contrario* dans le premier vers et la phrase se poursuit alors sur le vers suivant.

Ex : *« Ils atteindront le fond de l'Asturie, avant*
Que la nuit ait couvert la sierra de ses ombres. »
(Victor Hugo, La Légende des siècles, *1859)*

➡ Un vers est marqué par **plusieurs accents** qui impriment un rythme. L'alexandrin classique est divisé en deux hémistiches contenant le même nombre de syllabes. Chacun de ces deux hémistiches, contient deux accents. Dans l'alexandrin classique, on dénombre donc quatre accents.

Ex : *alexandrin régulier*
La poussière du soir y volait de la terre (4 2 // 3 3)
L'écume à blancs flocons sur la vague y flottait (4 2 // 3 3)
(Lamartine, « L'Occident », 1830)

Ex : *déstructuration de l'alexandrin*
Et dès lors, je me suis baigné dans le Poème (3 / 5 / 4)
De la mer, infusé d'astres, et lactescent (3/ 5/ 4)
(Rimbaud, « Le bateau ivre », 1871)

Dans le premier exemple, les accents **respectent l'organisation classique de l'alexandrin**, l'organisation rythmique suit l'organisation grammaticale.
Dans le second exemple, les accents réguliers de l'alexandrin **entrent en concurrence avec le rythme imprimé par la structure grammaticale**.

➡ De manière plus radicale, les règles de la versification sont remises en cause et font naître des formes poétiques nouvelles.
Le vers est toujours présent en tant qu'organisation graphique sur la page, mais la rime disparaît. On parle alors de **vers libre**. Le vers libre peut parfois se définir par sa longueur qui peut dépasser douze syllabes. La ponctuation est de plus en plus souvent absente, le lecteur trouve dans **le processus même de lecture et de diction** l'organisation rythmique du poème.

2 Éclatement du vers et expérimentation

➡ **Le poème en prose** dont le poète Aloysius Bertrand est l'inventeur, et que Baudelaire est le premier à faire connaître, constitue une véritable révolution poétique : **la frontière entre prose et poésie est abolie**.

➡ **La page** devient un espace d'expérimentation graphique et **l'éclatement du vers y est mis en scène**. La page est identifiée comme espace littéraire dans lequel la poésie trouve une respiration particulière.
Le poème remet en question les règles de lecture linéaire de gauche à droite. Dans le calligramme, cette règle s'associe avec la volonté de **donner à voir** autant que de donner à lire.
Le jeu avec et sur les mots, en liaison avec l'intérêt porté aux phénomènes inconscients, est développé par les surréalistes.

Exercices

Objet d'étude : La poésie du XIXe au XXe siècle : du romantisme au surréalisme

1 Identifier la déstructuration du vers et analyser ses effets

Texte A :

De la musique avant toute chose,
Et pour cela préfère l'Impair
Plus vague et plus soluble dans l'air,
Sans rien en lui qui pèse ou qui pose.

Paul Verlaine, *Jadis et Naguère*, 1881, « Art poétique »

Texte B :

[...] Ombre multiple que le soleil vous garde
Vous qui m'aimez assez pour ne jamais me quitter
Et qui dansez au soleil sans faire de poussière
Ombre encre du soleil
Écriture de ma lumière
Caisson de regrets
Un dieu qui s'humilie.

Apollinaire, *Calligrammes*, « Ombre », © Éd. Gallimard 1925

Pour les deux extraits, vous répondrez aux questions suivantes :

1. Identifiez les mètres de ces vers.
2. À quels endroits de la strophe, la pause est-elle nécessaire ?
3. Quel est l'effet produit par la différence de rythme et de musicalité entre les deux poèmes ?

2 Identifier la déstructuration du vers et analyser ses effets

La voie ferrée est une nouvelle géométrie
Syracuse
Archimède
Et les soldats qui l'égorgèrent
Et les galères
Et les vaisseaux
Et les engins prodigieux qu'il inventa
Et toutes les tueries
L'histoire antique
L'histoire moderne
Les tourbillons
Les naufrages
Même celui du Titanic que j'ai lu dans le journal
Autant d'images-associations que je ne peux
pas développer dans mes vers
Car je suis encore fort mauvais poète

Blaise Cendrars, *La Prose du Transsibérien*, 1913,
© Miriam Cendrars, 1961 et © Éd. Denoël, 1947, 1963, 2001, 2005

1. Quels sont les indices qui vous permettent d'identifier cet extrait comme un poème ?
2. Quelles images du monde moderne nous sont présentées dans l'extrait ?
3. Confrontez le titre du texte dont est issu l'extrait et vos réponses aux précédentes questions. Quelles relations identifiez-vous entre cette forme poétique et les images présentées dans l'extrait ?
4. Commentez l'effet et le sens de la dernière phrase.

3 Analyser les effets produits par l'éclatement du vers

Qu'il me fallait, moi, comme ordonnance
comme interprète,
comme véhicule,
que ce sera long
et qu'il y a un moment
où la cantine est prête, où
où
    Enfance
    Il faut partir,
c'est sept heures.
Voilà l'omnibus du collège.

Cocteau, « Discours du Grand Sommeil »,
© Éd. Gallimard, 1932

1. Quel sens donnez-vous aux espaces précédant certains des vers ?
2. Combien de parties cet extrait comporte-t-il ? De quoi est-il question dans chacune d'entre elles ?
3. Dans quel but cette strophe est-elle ainsi scindée ?

4 Analyser les effets produits par l'expérimentation de nouvelles formes de vers

– Qui aimes-tu le mieux, homme énigmatique, dis ? ton père, ta mère, ta sœur ou ton frère ?
– Je n'ai ni père, ni mère, ni sœur, ni frère.
– Tes amis ?
– Vous vous servez là d'une parole dont le sens m'est resté jusqu'à ce jour inconnu.
– Ta patrie ?
– J'ignore sous quelle latitude elle est située.
– La beauté ?
– Je l'aimerais volontiers, déesse et immortelle.
– L'or ?
– Je le hais comme vous haïssez Dieu.
– Eh ! qu'aimes-tu donc, extraordinaire étranger ?
– J'aime les nuages... les nuages qui passent... là-bas... les merveilleux nuages !

Charles Baudelaire, *Petits poèmes en prose*, 1869,
« L'Étranger »

1. Quelle forme particulière revêt ce poème ? Que devient le vers ?
2. S'agit-il encore pour vous d'un poème ? Expliquez votre réponse.
3. Lisez ce texte à voix haute, d'abord seul puis avec un camarade. Quelles différences entre ces deux types de lecture identifiez-vous ?

Fiche 39

Les formes poétiques du romantisme au surréalisme

1 Formes poétiques fixes

De nombreuses formes poétiques coexistent à l'époque romantique. Des poètes romantiques tels que Vigny, Lamartine ou Musset choisissent fréquemment des formes longues qui s'accordent avec la tonalité lyrique, voire élégiaque, de leurs œuvres. L'alexandrin, vers régulier ample, est privilégié ; il se prête davantage à l'expression du sentiment. L'ode, en référence aux modèles antiques, est utilisée par des poètes comme Hugo.

Des formes poétiques fixes héritées du **Moyen Âge**, la ballade ou la chanson, réapparaissent. Ces formes contenant un refrain, c'est-à-dire la répétition d'un même vers ou d'un même groupe de vers, sont remises à l'honneur car elles renforcent la musicalité du poème.
- **La ballade*** se compose d'une série de strophes terminées par un vers identique qui constitue le refrain.
- **La chanson*** contient une série de vers identiques qui se place soit à la fin des strophes, soit de manière séparée.

Héritage poétique de la **Renaissance**, le **sonnet*** est la forme privilégiée des *Les Fleurs du Mal* de Baudelaire (1857). Il se compose de deux quatrains suivis de deux tercets. Les rimes se distribuent suivant une organisation fixe. Le sonnet régulier est formé de deux quatrains à rimes embrassées suivis de tercets composés de deux rimes plates suivies de quatre rimes embrassées : abba/abba/ccd/eed/ ou bien ccd/ede. Il existe cependant de nombreuses variantes à cette organisation, comme dans le sonnet suivant :

J'ai longtemps habité sous de vastes portiques a
Que les soleils marins teignaient de mille feux, b
Et que leurs grands piliers, droits et majestueux, b
Rendaient pareils, le soir, aux grottes basaltiques. a

Les houles, en roulant les images des cieux, b
Mêlaient d'une façon solennelle et mystique a
Les tout-puissants accords de leur riche musique a
Aux couleurs du couchant reflété par mes yeux. b

C'est là que j'ai vécu dans les voluptés calmes, c
Au milieu de l'azur, des vagues, des splendeurs d
Et des esclaves nus, tout imprégnés d'odeurs, d

Qui me rafraîchissaient le front avec des palmes c
Et dont l'unique soin était d'approfondir e
Le secret douloureux qui me faisait languir. e

(Baudelaire, Les Fleurs du Mal, *1857, « La vie antérieure »)*

2 Vers une forme poétique libre

L'éclatement du vers signe le déclin de formes poétiques fixes :
- la strophe n'apparaît plus de manière systématique.
- l'absence de métrique régulière ne permet plus d'identifier des formes de vers fixes.
- la rime est parfois absente du poème.

Les sanglots longs
Des violons
De l'automne
Bercent mon cœur
D'une langueur
Monotone

(Verlaine, Poèmes saturniens, *1866, « Chanson d'automne »)*

Le poème peut également se construire en écart par rapport à la norme que représente le sonnet.

La strophe de six vers, le sizain, se compose de vers de longueurs différentes ; par groupe de trois ils sont l'équivalent d'un hendécasyllabe. L'ensemble est caractéristique du refus progressif de la forme fixe.

3 Le poème en prose

Le poème en prose se construit sur le refus des contraintes imposées par la forme fixe. Néanmoins, le travail sur le rythme, les sonorités, la relation entre le son et le sens continue de caractériser l'œuvre poétique.

Ex : *Laisse-moi respirer longtemps, longtemps, l'odeur de tes cheveux, y plonger tout mon visage, comme un homme altéré dans l'eau d'une source, et les agiter avec ma main, comme un mouchoir odorant, pour secouer des souvenirs dans l'air.*
(Baudelaire, Le Spleen de Paris, *1862, « Un hémisphère dans une chevelure)*

Le travail poétique est sensible dans le rythme de la phrase : l'anaphore « longtemps » scinde un alexandrin « Laisse-moi respirer/l'odeur de tes cheveux ». Le jeu sur les sons, présent avec l'allitération en **[n]**, crée un système d'écho dans la phrase. Enfin, on note la présence de comparaisons (« comme un homme altéré dans l'eau d'une source »), ainsi que d'une métaphore finale « pour secouer des souvenirs dans l'air ».

Exercices

Objet d'étude : La poésie du XIXe au XXe siècle : du romantisme au surréalisme

1 Identifier une forme poétique fixe

Ma jeunesse ne fut qu'un ténébreux orage,
Traversé çà et là par de brillants soleils ;
Le tonnerre et la pluie ont fait un tel ravage,
Qu'il reste en mon jardin bien peu de fruits vermeils.

Voilà que j'ai touché l'automne des idées,
Et qu'il faut employer la pelle et les râteaux
Pour rassembler à neuf les terres inondées,
Où l'eau creuse des trous grands comme des tombeaux.

Et qui sait si les fleurs nouvelles que je rêve
Trouveront dans ce sol lavé comme une grève
Le mystique aliment qui ferait leur vigueur ?

– Ô douleur ! ô douleur ! Le Temps mange la vie,
Et l'obscur Ennemi qui nous ronge le cœur
Du sang que nous perdons croît et se fortifie !

Charles Baudelaire, *Les Fleurs du Mal*, 1857, « L'Ennemi »

1. Quelle forme fixe reconnaissez-vous ? Donnez le nom des strophes qui la composent.
2. Identifiez le type de vers, et les diverses rimes.
3. Scandez la première strophe en notant les coupes et les accents

2 Identifier une forme poétique fixe

Lorsque dans nos vertes campagnes
La nuit
Descend du sommet des montagnes
Sans bruit...
Malheur à toi qui dans nos plaines
Poursuis un voyage imprudent...
Entends-tu des forêts lointaines
Sortir un long rugissement ?...
C'est Han !
C'est Han !
C'est Han d'Islande...
Han ! Han ! Han ! Han !

Cet homme qui recèle une âme
De fer
Et dont les yeux lancent la flamme
D'enfer ;
Au fond de son antre sauvage
Courbé sur un corps palpitant,
Ce monstre qui repaît sa rage
De cris, de larmes et de sang...
C'est Han !
C'est Han !
C'est Han d'Islande...
Han ! Han ! Han ! Han !

Gérard de Nerval, « Chanson de Han d'Islande », 1830

1. Où se situent les répétitions (vers, mots, sons) dans ces deux strophes ?
2. Comment son et sens sont-ils liés dans cet extrait ? Quelle tonalité a ce poème ?

3 Reconnaître et analyser une forme poétique libre

[...]
Un soir je descendis dans une auberge triste
Auprès du Luxembourg
Dans le fond de la salle s'envolait un Christ
Quelqu'un avait un furet
Un autre un hérisson
L'on jouait aux cartes
Et toi tu m'avais oublié
Te souviens-tu du long orphelinat des gares
Nous traversâmes des villes qui tout le jour tournaient
Et vomissaient la nuit le soleil des journées
Ô matelots ô femmes sombres et vous mes compagnons
Souvenez-vous-en
[...]

Guillaume Apollinaire, *Alcools*, « Le voyageur »,
© Éd. Gallimard 1920

1. Quels éléments de prosodie traditionnelle n'apparaissent plus dans ce poème ?
2. Quels éléments graphiques et sonores évoquent cependant ici la poésie traditionnelle ?

4 Identifier et analyser un poème en prose

J'ai embrassé l'aube d'été.

Rien ne bougeait encore au front des palais. L'eau était morte. Les camps d'ombres ne quittaient pas la route du bois. J'ai marché, réveillant les haleines vives et tièdes, et les pierreries regardèrent, et les ailes se levèrent sans bruit.

La première entreprise fut, dans le sentier déjà empli de frais et blêmes éclats, une fleur qui me dit son nom.

Je ris au wasserfall blond qui s'échevela à travers les sapins : à la cime argentée je reconnus la déesse.

Alors je levai un à un les voiles. Dans l'allée, en agitant les bras. Par la plaine, où je l'ai dénoncée au coq. À la grand'ville elle fuyait parmi les clochers et les dômes, et courant comme un mendiant sur les quais de marbre, je la chassais.

En haut de la route, près d'un bois de lauriers, je l'ai entourée avec ses voiles amassés, et j'ai senti un peu son immense corps. L'aube et l'enfant tombèrent au bas du bois.

Au réveil il était midi.

Arthur Rimbaud, *Illuminations*, 1872/1875, « Aube »

1. Ce poème est-il un récit ou une description ? Expliquez votre réponse.
2. Quels sont les divers indices qui vous permettent d'identifier ce texte comme un poème ?

Fiche 40

Les images poétiques et les analogies

Créer des images, établir des liens entre les mots et les choses est une des fonctions de la poésie. Il s'agit alors de modifier et de renouveler notre perception du réel.

Les figures d'analogie permettent d'associer des éléments de la réalité parfois très éloignés.

1 La comparaison et la métaphore

➽ **La comparaison** est une figure qui fait apparaître de manière explicite les relations entre les termes formant l'image. L'analogie est indiquée par des outils de comparaison qui peuvent être :

- **des prépositions et locutions :** comme, tel, pareil à, ainsi que, mieux que, plus que, moins que.
- **des verbes :** sembler, ressembler, simuler, être, faire penser à.

Dans une comparaison, on distingue « **le comparé** » : ce qui est comparé ; l'outil de comparaison et le « **comparant** » : ce à quoi l'objet est comparé.

Ex : *Le **Poète** est **semblable au Prince des nuées***
comparé — outil de comparaison — comparant
(Baudelaire, « L'Albatros »)

Ex : *Elle a passé **la jeune fille***
comparé
*Vive et preste **comme un oiseau***
outil de comparaison — comparant
(Nerval, « Une allée du Luxembourg »)

Dans le premier exemple la comparaison est enrichie par sa combinaison avec une périphrase (voir fiche 16) : Prince des nuées est une périphrase pour « albatros ».

Notons que, dans le deuxième exemple, la jeune fille est comparée à l'oiseau, mais les termes « vive » et « preste » permettent de **motiver** l'image, c'est-à-dire d'expliquer ce qui relie ces deux réalités.

➽ **La métaphore** est une figure dans laquelle on emploie un terme à la place d'un autre afin de créer une image. On ne retrouve plus les structures de la comparaison : ni l'outil de comparaison, ni le comparé. Le lecteur doit alors interpréter cette image dans le contexte du poème.

Ex : *Une **rouge traînée***
***de grands sanglots** palpite et s'éteint sur la mer.*
(Verlaine, « Amour »)

Le groupe de mots « une rouge traînée » se substitue à « coucher de soleil » ; « de grands sanglots » de la même manière se substitue à « vagues » dans le contexte de ce poème sur la mer.

➽ **Une métaphore ou une comparaison filées** sont des analogies qui se poursuivent et se développent sur plusieurs vers ou phrases.

2 Allégorie et personnification

➽ **L'allégorie** est une analogie qui évoque une idée, une notion, un sentiment (concepts abstraits) de manière concrète, c'est-à-dire en l'assimilant à un objet, un animal, une personne.

L'allégorie est présente dans la littérature mais se rencontre aussi fréquemment dans les arts visuels.

Ex : *La mort représentée par une faucheuse. Ou chez Apollinaire « Mon beau navire ô ma mémoire ».*

➽ **La personnification** consiste à attribuer des caractéristiques humaines à un thème qui n'est pas humain (végétal, animal, objet…).

Ex : *« Sois sage ô ma douleur et tiens toi plus tranquille » (Baudelaire, « Recueillement »)*

3 Nature de l'analogie : du cliché à la surprise

➽ Lorsque l'analogie entre deux termes est banale jusqu'à faire partie du langage courant, on parle de **cliché ou de lieu commun**.

Ex : *Des cheveux d'or, un teint de lait.*

➽ Le travail poétique consiste parfois à déplacer le cliché. La force de l'image vient de l'identification préalable qu'elle implique et de la manière dont le cliché est retravaillé, et produit alors un **effet de surprise**.

Les figures d'analogie permettent de remotiver le langage, c'est-à-dire de recréer un lien entre les mots et les choses. Parfois d'une façon surprenante qui nécessite un travail d'imagination et de décryptage de la part du lecteur.

Ex : *« La poudre aux yeux n'est que le sable du sommeil. » (Aragon)*

Ici, l'expression « poudre aux yeux », image cliché, est remotivée grâce à la comparaison.

Exercices

Objet d'étude : La poésie du XIXe au XXe siècle : du romantisme au surréalisme

1 Interpréter les comparaisons

a. Je l'attendais ainsi qu'un rayon qu'on espère
(Victor Hugo)

b. Quand je mordille tes cheveux élastiques et rebelles, il me semble que je mange des souvenirs
(Charles Baudelaire)

c. Îles tapies comme des jaguars (Blaise Cendrars)

d. Quand les fenêtres comme l'œil du chacal et le désir percent l'aurore (André Breton)

e. L'amour s'en va comme cette eau courante
(Guillaume Apollinaire)

→ Dans ces vers, dites quel est le comparant, le comparé et l'outil de comparaison.

2 Identifier les métaphores

a. Dans l'océan de ta chevelure, j'entrevois un port fourmillant de chants mélancoliques
(Charles Baudelaire)

b. La mer est ton miroir ; tu contemples ton âme
Dans le déroulement infini de sa lame.
(Charles Baudelaire)

c. L'or et l'eucalyptus, de même odeur, attaquent les rêves (André Breton)

d. Les beaux jambages que la mer écrit ! (Max Jacob)

e. L'étincelle, toujours resplendissante, sera glaciale.
(André Breton)

f. Soir de Paris ivre du gin /Flambant de l'électricité
(Guillaume Apollinaire)

g. J'ai fait voir, en versant mon encre bleue en eux,
Des fantômes soudain devenus arbres bleus
(Jean Cocteau)

→ Identifiez les métaphores dans chacun de ces vers.

3 Identifier les analogies

a. Éternité, néant, passé, sombres abîmes,
Que faites-vous des jours que vous engloutissez ?
Parlez : Nous rendrez-vous ces extases sublimes
Que vous nous ravissez ?

Alphonse de Lamartine, « Le Lac », 1820

b. Le ciel est mort – Vers toi, j'accours ! Donne, Ô matière,
L'oubli de l'Idéal cruel et du Péché

Stéphane Mallarmé, « L'Azur », 1864

→ Identifiez les analogies par personnification dans ces vers.

4 Identifier métaphores filées et allégories

a. Voilà que j'ai touché l'automne des idées,
Et qu'il faut employer la pelle et les râteaux
Pour rassembler à neuf les terres inondées
Où l'eau creuse des trous grands comme des tombeaux.

Charles Baudelaire, « L'Ennemi », 1857

b. À la poste d'hier tu télégraphieras
Que nous sommes bien morts avec les hirondelles,
Facteur triste facteur un cercueil sous ton bras
Va-t'en porter ma lettre aux fleurs à tire d'elle.

Robert Desnos, « Les gorges froides », 1926

Pour chacun de ces extraits, vous répondrez aux questions suivantes :

1. Quel est le thème dominant dans cet extrait ? Relevez des mots à l'appui de votre réponse.
2. S'agit-il d'une métaphore filée, d'une allégorie ou d'une combinaison de ces deux éléments ? Justifiez votre réponse.

5 Identifier métaphores filées et allégories

Je vis cette faucheuse. Elle était dans son champ.
Elle allait à grands pas moissonnant et fauchant,
Noir squelette laissant passer le crépuscule.
Dans l'ombre où l'on dirait que tout tremble et recule,
L'homme suivait des yeux les lueurs de la faulx.

Victor Hugo, « Mors », 1856

1. Quel sont les multiples sens que revêt le mot faucheuse dans cet extrait ?
2. Quels sont les divers éléments du texte que l'on peut associer à chacun de ces sens ?
3. S'agit-il d'une métaphore filée ou d'une allégorie ou d'une combinaison de ces deux éléments ? Justifiez votre réponse.

6 Identifier métaphores filées et allégories

Quand la demoiselle dorée
S'envole au départ des hivers,
Souvent sa robe diaprée,
Souvent son aile est déchirée
Aux mille dards des buissons verts.

Ainsi, jeunesse vive et frêle,
Qui, t'égarant de tous côtés,
Voles où ton instinct t'appelle,
Souvent tu déchires ton aile
Aux épines des voluptés.

Victor Hugo, *Odes et ballades*, 1827, « La demoiselle »

1. Identifiez la comparaison qui organise le texte.
2. Identifiez une métaphore.
3. Quel est le sujet de ce poème ? Qu'est-ce qu'une « demoiselle » ? Faites une recherche dans le dictionnaire.

Fiche 41

Stratégies argumentatives et modes de raisonnement

Le travail argumentatif implique la recherche d'idées, leur organisation puis leur formulation.

Diverses stratégies argumentatives sont mises en œuvre, selon que le locuteur poursuit un raisonnement objectif ou fait davantage appel au sentiment de l'auditoire. On distingue donc trois stratégies argumentatives : démontrer, convaincre et persuader.

1 Démontrer : un mode d'argumentation qui vise à l'objectivité

Définition et visée : démontrer implique un raisonnement fondé sur des faits vérifiables, des données objectives, des arguments irréfutables, de type scientifique, par exemple. Le réquisitoire, lié à une situation judiciaire, est une forme de démonstration. Les arguments sont présentés de manière logique, la rigueur de la démonstration est essentielle et implique la mise en ordre des divers arguments. Les connecteurs* logiques permettent de suivre la démonstration.

Modes de raisonnement : la forme de raisonnement privilégiée par la démonstration est le **raisonnement par déduction**. Les arguments se suivent logiquement, et vont du général au particulier.
À l'inverse, le **raisonnement inductif** part de l'exemple pour aboutir à des conclusions générales.
Le **raisonnement par l'absurde** consiste à développer un argument afin d'aboutir à une conclusion identifiée comme fausse. En retour l'argument posé à l'origine apparaît erroné.

Procédés pour démontrer

- **Peu ou pas de marques de subjectivité** (pronoms, modalisateurs*) : celui qui parle s'efface au profit de faits.
- **De nombreux connecteurs logiques :** ils permettent de suivre aisément le raisonnement.
- **Les verbes au présent :** la démonstration prend un caractère de vérité générale*.

Ex : *« Mon ami, les ombres ont aussi leurs couleurs. Regardez attentivement les limites et même la masse de l'ombre d'un corps blanc ; et vous y discernerez une infinité de points noirs et blancs interposés. »* Diderot, *Essai sur la peinture*.

2 Convaincre

Définition et visée : convaincre consiste à obtenir l'adhésion du destinataire par la voie de la raison. Le développement d'une démarche intellectuelle, des connaissances partagées entre celui qui parle et celui qu'il cherche à convaincre sont nécessaires. Des éléments objectifs permettent un échange de points de vue.

Modes de raisonnement

Le raisonnement par analogie consiste à mettre en relation des situations différentes par leur contexte mais similaires dans leur déroulement. La conclusion naît de cette mise en parallèle.
Le raisonnement par concession consiste à admettre une partie de l'argument de l'adversaire. La thèse contraire se développe alors en réfutant l'autre partie de l'argument. Il s'agit donc de favoriser le dialogue.

Procédés pour convaincre

- **Les connecteurs logiques***, modalisateurs qui permettent de nuancer le propos.
- **Les figures d'opposition** qui favorisent la confrontation de points de vue divergents.
- **Les parallélismes*** de construction dans les phrases.

3 Persuader : une stratégie qui s'appuie sur le destinataire

Définition et visée : persuader consiste à obtenir l'adhésion du destinataire par la voie des sentiments. La stratégie argumentative choisie ne s'adresse plus à la raison mais plutôt à l'émotion.

Persuader implique souvent un **mode d'argumentation indirecte*** : charmer ou au contraire faire peur relèvent de modes de persuasion.

Procédés pour persuader

- **Des arguments *ad hominem**** et l'interpellation du destinataire.
- **Les figures d'insistance***.
- **La présence forte du locuteur :** pronoms et modalisateurs.
- **Un lexique du sentiment**, appréciatif ou dépréciatif.

Ex : *« Crois-tu ne pouvoir mériter des louanges qu'en devenant violent, injuste, hautain, usurpateur, tyrannique sur tous ses voisins ? (Fénelon,* Les Aventures de Télémaque, *1677)*

Exercices

Objet d'étude : Genres et formes de l'argumentation : XVIIe et XVIIIe siècles

1 Identifier un texte démonstratif, repérer le raisonnement mis en œuvre

D'où vient que cet homme, qui a perdu depuis peu de mois son fils unique, et qui, accablé de procès et de querelles, était ce matin si troublé, n'y pense plus maintenant ? Ne vous en étonnez pas : il est tout occupé à voir par où passera ce sanglier que les chiens poursuivent avec tant d'ardeur depuis six heures. Il n'en faut pas davantage. L'homme, quelque plein de tristesse qu'il soit, si l'on peut gagner sur lui de le faire entrer en quelque divertissement, le voilà heureux pendant ce temps-là. Et l'homme, quelque heureux qu'il soit, s'il n'est diverti et occupé par quelque passion ou quelque amusement qui empêche l'ennui de se répandre, sera bientôt chagrin et malheureux. Sans divertissement il n'y a point de joie, avec le divertissement il n'y a point de tristesse.

Blaise Pascal, *Pensées*, 1670

1. Par quel type de phrase la démonstration est-elle introduite ? À quel mode de raisonnement cette amorce correspond-elle ?
2. Relevez les mots et les expressions qui généralisent progressivement le propos.
3. Quelle idée Pascal cherche-t-il à démontrer ? Quelle phrase la résume le mieux ?

2 Comprendre l'organisation d'un texte argumentatif et ses modes de raisonnement

De nos jours la désertion fut très fréquente ; on établit la peine de mort contre les déserteurs, et la désertion n'est pas diminuée. La raison en est bien naturelle : un soldat, accoutumé tous les jours à exposer sa vie, en méprise ou se flatte d'en mépriser le danger. Il est tous les jours accoutumé à craindre la honte : il fallait donc laisser une peine qui faisait porter une flétrissure pendant la vie. On a prétendu augmenter la peine, et on l'a réellement diminuée.

Il ne faut point mener les hommes par les voies extrêmes ; on doit être ménagé des moyens que la nature nous donne pour les conduire. Qu'on examine la cause de tous les relâchements, on verra qu'elle vient de l'impunité des crimes, et non pas de la modération des peines.

Suivons la nature, qui a donné aux hommes la honte comme leur fléau, et que la plus grande partie de la peine soit l'infamie de la souffrir.

Que, s'il se trouve des pays où la honte ne soit pas une suite du supplice, cela vient de la tyrannie, qui a infligé les mêmes peines aux scélérats et aux gens de bien.

Montesquieu, *De l'esprit des lois*, 1748

1. L'extrait commence-t-il par un argument ou un exemple ? S'agit-il d'un raisonnement inductif ou déductif ? Justifiez votre réponse.
2. Quel est le sens du deuxième paragraphe ?
3. Quel est le mode du verbe amorçant la conclusion ? À qui Montesquieu s'adresse-t-il ainsi ?
4. Qu'ajoute le dernier paragraphe aux idées précédemment énoncées ? Quel mode de raisonnement identifiez-vous ?

3 Identifier et caractériser un mode de persuasion

Dans les Entretiens sur la pluralité des mondes, *Fontenelle expose des théories scientifiques à travers le dialogue d'une marquise et d'un interlocuteur lui apprenant l'astronomie.*

J'ai toujours senti ce que vous me dites, reprit-elle, j'aime les étoiles, et je me plaindrais volontiers du soleil qui nous les efface.

Ah ! m'écriai-je, je ne puis lui pardonner de me faire perdre de vue tous ces mondes. Qu'appelez-vous tous ces mondes ? me dit-elle, en me regardant, et en se tournant vers moi. Je vous demande pardon, répondis-je. Vous m'avez mis sur ma folie, et aussitôt mon imagination s'est échappée. Quelle est donc cette folie ? reprit-elle. Hélas ! répliquai-je, je suis bien fâché qu'il faille vous l'avouer, je me suis mis dans la tête que chaque étoile pourrait bien être un monde. Je ne jurerais pourtant pas que cela fût vrai, mais je le tiens pour vrai, parce qu'il me fait plaisir à croire. C'est une idée qui me plaît, et qui s'est placée dans mon esprit d'une manière riante. Selon moi, il n'y a pas jusqu'aux vérités auxquelles l'agrément ne soit nécessaire. Eh bien, reprit-elle, puisque votre folie est si agréable, donnez-la-moi, je croirai sur les étoiles tout ce que vous voudrez, pourvu que j'y trouve du plaisir. Ah ! Madame, répondis-je bien vite, ce n'est pas un plaisir comme celui que vous auriez à une comédie de Molière ; c'en est un qui est je ne sais où dans la raison, et qui ne fait rire que l'esprit. Quoi donc, reprit-elle, croyez-vous qu'on soit incapable des plaisirs qui ne sont que dans la raison ? Je veux tout à l'heure vous faire voir le contraire, apprenez-moi vos étoiles. Non, répliquai-je, il ne me sera point reproché que dans un bois, à dix heures du soir, j'aie parlé de philosophie à la plus aimable personne que je connaisse. Cherchez ailleurs vos philosophes.

Fontenelle, *Entretiens sur la pluralité des mondes*, 1686

1. Quel est l'argument soutenu par Fontenelle ?
2. Comment son interlocutrice se laisse-t-elle si facilement persuader ? Relevez les mots qui vous paraissent importants.
3. Quels sont les procédés stylistiques de la persuasion que vous pouvez identifier ?
4. Commentez le sens et l'effet de la dernière phrase.

Fiche 42

Éloge et blâme

L'éloge et le blâme correspondent à une forme rhétorique antique appelée **l'épidictique**. La fonction première de ce genre est d'émouvoir le destinataire, et peut ainsi se rapprocher d'une forme d'argumentation, telle que la persuasion.
Valoriser une personne, un objet, un lieu ou au contraire le dénigrer, produire chez le récepteur admiration, enthousiasme ou indignation sont les fonctions et les effets recherchés par l'épidictique. Cette forme de discours présuppose un jugement de la part de celui qui l'énonce, et un public qui partage ses opinions.

1 Formes et visées

➡ **L'éloge** est une forme de discours destinée à valoriser son sujet, à montrer son admiration et à la faire partager. Les formes de l'éloge sont nombreuses :
- L'**oraison funèbre*** est un éloge destiné à célébrer le ou les mort(s). Ce type de discours prononcé devant un auditoire permet de lier la communauté autour de valeurs partagées, de textes communs.
- Le **plaidoyer** vise à défendre une personne ou une idée.
- Le **panégyrique*** est destiné à louer de manière appuyée une personne.

➡ Certaines formes servent aussi bien de support à l'éloge qu'au blâme.
- Le **portrait** d'une personne peut être laudatif ou critique. Il peut aller jusqu'à la caricature et rejoint alors la satire*.
- Le **blason** est une forme codifiée de poème datant de la Renaissance. Il fait l'éloge du corps de la femme aimée mais peut également se transformer en description grotesque et ironique.

Ex : *« Vous faites voir des os quand vous riez, Hélène,*
Dont les uns sont entiers et ne sont guère blancs. »
(Paul Scarron, 1654)

➡ **Le blâme** exprime un jugement dévalorisant sur un individu, un groupe social, une institution. Les défauts sont mis en avant, allant parfois jusqu'à la caricature. Les formes du blâme sont également multiples :
- Le **réquisitoire** vise la condamnation d'une personne ou d'une idée, et s'effectue devant un auditoire.
- La **satire** consiste à attaquer et se moquer d'une personne ou des mœurs d'une époque. Maniant l'implicite, elle suppose pour être efficace une connivence entre l'émetteur et ses destinataires, ainsi que le partage de valeurs et de références communes.
- Le **pamphlet**, plus ouvertement polémique, est un écrit qui attaque une personne ou une institution.
- La **diatribe** est un discours violent dirigé également contre une personne ou une institution.

Ex : *« Ô femme ! femme ! femme ! créature faible et décevante !... nul animal créé ne peut manquer à son instinct : le tien est-il donc de tromper ? », Beaumarchais,* Le Mariage de Figaro, *1784.*

Nombre de ces formes manient l'ironie.

➡ L'éloge ou le blâme prennent donc de multiples formes qui se distinguent par :
- l'intensité avec laquelle la réalité est amplifiée ou déformée par le discours
- le ton et la visée
- le cadre social dans lequel la parole s'inscrit

➡ L'épidictique suppose le partage de valeurs, l'adhésion au moins partielle de l'auditoire, et, fréquemment, la compréhension de l'implicite.

2 Procédés de l'éloge et du blâme

Le cadre dans lequel l'énoncé est produit, l'émetteur ainsi que le destinataire sont des données essentielles pour comprendre la visée et la portée des formes de l'épidictique. Lorsque Voltaire s'attaque à la religion chrétienne dans des pamphlets virulents, il prend aussi le risque de subir la censure royale et d'être condamné à l'emprisonnement.

Les moyens stylistiques mis en œuvre pour les deux formes sont identiques :

➡ **Des marques de subjectivité nombreuses :**
- les pronoms de 1re et 2e personne
- les modalisateurs de certitude
- le lexique valorisant ou dévalorisant notamment des qualifications mélioratives ou péjoratives
- des phrases exclamatives exprimant l'intensité du sentiment ressenti.

➡ **Les figures d'amplification :**
- exagération, accumulation, hyperbole, comparaisons valorisantes ou dévalorisantes
- répétition de termes destinés à provoquer une réaction affective chez le destinataire.

Exercices

Objet d'étude : Genres et formes de l'argumentation : XVIIe et XVIIIe siècles

1 Identifier une forme d'éloge et ses procédés

La botanique est l'étude d'un oisif et paresseux solitaire : une pointe et une loupe sont tout l'appareil dont il a besoin pour les observer. Il se promène, il erre librement d'un objet à l'autre, il fait la revue de chaque fleur avec intérêt et curiosité, et sitôt qu'il commence à saisir les lois de leur structure il goûte à les observer un plaisir sans peine aussi vif que s'il lui en coûtait beaucoup. Il y a dans cette oiseuse occupation un charme qu'on ne sent que dans le plein calme des passions mais qui suffit seul alors pour rendre la vie heureuse et douce.

Jean-Jacques Rousseau, *Les Rêveries du promeneur solitaire*, 1782

1. Quel est le sujet de l'éloge ?
2. Relevez tous les termes liés aux sens et à l'affectivité. En quoi l'éloge se rapproche-t-il de la persuasion ?
3. « Oisif » et « paresseux » : ces mots ont-ils un sens péjoratif dans ce contexte ? Expliquez votre réponse.

2 Identifier une forme d'éloge et ses procédés

Bouche, merveille au doux sourire,
Bouche au parler délicieux.
Bouche qu'on ne saurait décrire,
Bouche d'un tour si gracieux ;

Bouche que tout le monde admire,
Bouche qui n'est que pour les Dieux,
Bouche qui dit ce qu'il faut dire,
Bouche qui dit moins que les yeux ;

Isaac de Bensérade, « Éloge de la bouche », 1649

1. À quel genre poétique appartient ce texte ? Justifiez votre réponse.
2. Quelles figures d'insistance et d'exagération relevez-vous ?
3. Quel est le sens du dernier vers ? Partagez-vous ce point de vue ?

3 Analyser les procédés du blâme dans le portrait

Gnathon ne vit que pour soi, et tous les hommes ensemble sont à son égard comme s'ils n'étaient point. Non content de remplir à une table la première place, il occupe lui seul celle de deux autres ; il oublie que le repas est pour lui et pour toute la compagnie ; il se rend maître du plat, et fait son propre de chaque service : il ne s'attache à aucun des mets, qu'il n'ait achevé d'essayer de tous ; il voudrait pouvoir les savourer tous tout à la fois. Il ne se sert à table que de ses mains ; il manie les viandes, les remanie, démembre, déchire, et en use de manière qu'il faut que les conviés, s'ils veulent manger, mangent ses restes. Il ne leur épargne aucune de ces malpropretés dégoûtantes, capables d'ôter l'appétit aux plus affamés ; le jus et les sauces lui dégouttent du menton et de la barbe ; s'il enlève un ragoût de dessus un plat, il le répand en chemin dans un autre plat et sur la nappe ; on le suit à la trace. Il mange haut et avec grand bruit ; il roule les yeux en mangeant ; la table est pour lui un râtelier ; il écure ses dents, et il continue à manger.

Jean de La Bruyère, *Caractères*, 1688

1. Quel portrait La Bruyère dresse-t-il de Gnathon ? Quels sont ses défauts ? Relevez les termes qui justifient votre réponse.
2. Quels moyens stylistiques sont mis en œuvre pour dresser ce portrait ?
3. Quelle image du personnage est donnée par la dernière phrase ? Quelle est la figure de style utilisée ?

4 Nommer et reconnaître une forme particulière de blâme

Il aima en tout la splendeur, la magnificence, la profusion. Ce goût, il le tourna en maxime par politique, et l'inspira en tout à sa cour. C'était lui plaire que de s'y jeter en tables, en habits, en équipages, en bâtiments, en jeu. C'étaient des occasions pour qu'il parlât aux gens. Le fond était qu'il tendait et parvint par là à épuiser tout le monde en mettant le luxe en honneur, et pour certaines parties en nécessité, et réduisait ainsi peu à peu tout le monde à dépendre entièrement de ses bienfaits pour subsister. Il y trouvait encore la satisfaction de son orgueil par une cour superbe en tout, et par une plus grande confusion qui anéantissait de plus en plus les distinctions naturelles.

C'est une plaie qui, une fois introduite, est devenue le cancer intérieur qui ronge tous les particuliers, parce que de la cour il s'est promptement communiqué à Paris et dans les provinces et les armées, où les gens en quelque place ne sont comptés qu'à proportion de leur table et de leur magnificence, depuis cette malheureuse introduction qui ronge tous les particuliers, qui force ceux d'un état à pouvoir voler, à ne s'y pas épargner pour la plupart, dans la nécessité de soutenir leur dépense...

Saint-Simon, *Mémoires*, 1723-1750

1. Relevez les éléments stylistiques caractéristiques du blâme dans le premier paragraphe : lexique, figures de style, construction syntaxique.
2. Quelle image introduit le second paragraphe ? Relevez les termes qui la développent.
3. À quelle forme littéraire précise correspond ce texte ? Justifiez votre réponse. Montrez que l'on passe du portrait du souverain à la critique de sa politique.

Fiche 43

La fiction au service de l'argumentation

Le recours à la fiction permet d'exposer des idées, de les rendre plus concrètes en les attribuant à des personnages. Le récit permet également au lecteur de réfléchir de manière plaisante. En ce sens, il constitue un détour qui amène à la réflexion, c'est un mode d'**argumentation** que l'on appelle, de ce fait, **indirecte**.

1 Les apologues : des récits à visée argumentative

L'apologue est un genre narratif à visée argumentative. C'est une argumentation indirecte car les leçons y sont véhiculées de façon symbolique à travers les personnages et situations qui y sont mis en scène.

➜ **L'apologue** contient une morale, mais celle-ci n'est pas nécessairement formulée de manière explicite. La force du récit tient alors à sa capacité à faire réfléchir sans pour autant exprimer de manière claire la morale qui en découle. Le plaisir du lecteur est celui du questionnement sur le sens à accorder au récit.

➜ **La fable** est un récit bref à caractère moral et visée argumentative. Sa structure est simple, elle comprend souvent deux ou trois personnages qui incarnent chacun un point de vue. Le dialogue, fréquent, permet d'animer le débat et facilite la démonstration.

Au XVIIe siècle, les fables de La Fontaine avaient pour destinataire officiel un enfant, le Dauphin, qu'il s'agissait d'instruire de manière plaisante.

➜ **La parabole** se distingue par son caractère moral et, généralement, religieux.

➜ **Le conte philosophique :** l'expression « conte philosophique » rend compte du caractère hybride du genre :

- comme dans le conte, le personnage principal, souvent naïf, se trouve confronté à des situations invraisemblables voire merveilleuses.
- les péripéties, nombreuses, permettent d'aborder des **sujets philosophiques** variés.
- les situations variées donnent un rythme rapide et plaisant au récit.
- les dialogues de type argumentatif permettent de polariser les points de vue, et de produire des débats sur des sujets nombreux : éducation, guerre, pouvoir, religion, culture, morale.

➜ Le regard porté sur la société contemporaine est critique. La réalité contemporaine, vue à travers le prisme d'un personnage souvent naïf, se révèle souvent dans toute son absurdité. Cela suscite en général l'amusement du lecteur et provoque une réflexion.

Le détour par le récit permet aux philosophes des Lumières au XVIIIe siècle de se protéger de la censure. Le conte offre un espace d'expression pour de nouvelles idées qui ne peuvent être exprimées de manière directe.

2 Autre formes : récit de voyage, utopie, lettre

D'autres formes de récits permettent de développer un discours argumentatif qui vise à critiquer la société.

➜ **Le récit de voyage :** il permet de porter un regard différent sur la société de l'époque. La critique a pour vecteur le regard décentré du personnage. Deux cas peuvent se présenter :

- le personnage « étranger » met en lumière les travers et les absurdités de la société contemporaine, comme dans les *Lettres Persanes* de Montesquieu (1721). La forme épistolaire permet alors de motiver la diversité des sujets traités.
- le personnage, de par ses voyages, porte en retour, un regard critique sur la société dont il est issu et les mœurs de ses contemporains.

➜ **L'utopie :** ce terme vient du grec avec une racine double (u-topia : le non lieu/ou-topia : le beau lieu) et il désigne un lieu imaginaire et parfait. Il qualifie par extension les récits décrivant une société idéale. Dans le cadre du conte philosophique de Voltaire *Candide ou l'Optimisme* (1759) l'arrivée du personnage dans le pays de l'Eldorado en est l'exemple typique. L'inverse de l'utopie est appelé dystopie ou contre-utopie.

➜ **La lettre :** elle met à distance la réalité observée. Adressée à un destinataire fictif, elle permet de mettre en scène les réflexions de l'émetteur.

Exercices

Objet d'étude : Genres et formes de l'argumentation : XVIIe et XVIIIe siècles

1 Repérer les caractéristiques de l'apologue dans une fable

« La Grenouille qui veut se faire aussi grosse que le Bœuf »

Une Grenouille vit un Bœuf
Qui lui sembla de belle taille.
Elle, qui n'était pas grosse en tout comme un œuf,
Envieuse, s'étend, et s'enfle, et se travaille,
Pour égaler l'animal en grosseur,
Disant : « Regardez bien, ma sœur ;
Est-ce assez ? dites-moi ; n'y suis-je point encore ?
– Nenni. – M'y voici donc ? – Point du tout. – M'y voilà ?
– Vous n'en approchez point. » La chétive pécore
S'enfla si bien qu'elle creva.

Le monde est plein de gens qui ne sont pas plus sages :
Tout bourgeois veut bâtir comme les grands seigneurs,
Tout petit prince a des ambassadeurs,
Tout marquis veut avoir des pages.

Jean de La Fontaine, *Fables*, 1668-1694

1. Identifiez les caractéristiques formelles et narratives de la fable.
2. Analysez les verbes et les expressions associés à la grenouille. Comment la qualifieriez-vous moralement ?
3. Quelle est la conclusion narrative ? Quel est l'effet produit ?
4. Que représente la grenouille ? Quel est donc le sens de la morale ?

2 Identifier les caractéristiques d'un conte philosophique

L'Ingénu avait une mémoire excellente. La fermeté des organes de Basse-Bretagne, fortifiée par le climat du Canada, avait rendu sa tête si vigoureuse que, quand on frappait dessus, à peine le sentait-il ; et quand on gravait dedans, rien ne s'effaçait ; il n'avait jamais rien oublié. Sa conception était d'autant plus vive et plus nette que, son enfance n'ayant point été chargée des inutilités et des sottises qui accablent la nôtre, les choses entraient dans sa cervelle sans nuage. Le prieur résolut enfin de lui faire lire le Nouveau Testament. L'Ingénu le dévora avec beaucoup de plaisir ; mais, ne sachant ni dans quel temps ni dans quel pays toutes les aventures rapportées dans ce livre étaient arrivées, il ne douta point que le lieu de la scène ne fût en Basse-Bretagne.

Voltaire, *L'Ingénu*, 1767

1. Définissez le personnage.
2. Quels éléments typiques du conte identifiez-vous ?
3. Quels sont les éléments de réflexion philosophique présents dans l'extrait ?

3 Comprendre la fonction du point de vue

Les habitants de Paris sont d'une curiosité qui va jusqu'à l'extravagance. Lorsque j'arrivai, je fus regardé comme si j'avais été envoyé du ciel : vieillards, hommes, femmes, enfants, tous voulaient me voir. Si je sortais, tout le monde se mettait aux fenêtres ; si j'étais aux Tuileries, je voyais aussitôt un cercle se former autour de moi ; [...]

Tant d'honneurs ne laissent pas d'être à la charge : je ne me croyais pas un homme si curieux et si rare ; et quoique j'aie très bonne opinion de moi, je ne me serais jamais imaginé que je dusse troubler le repos d'une grande ville où je n'étais point connu. Cela me fit résoudre à quitter l'habit persan, et à en endosser un à l'européenne, pour voir s'il resterait encore dans ma physionomie quelque chose d'admirable. Cet essai me fit connaître ce que je valais réellement [...] car j'entrai tout à coup dans un néant affreux. Je demeurais quelquefois une heure dans une compagnie sans qu'on m'eût regardé, et qu'on m'eût mis en occasion d'ouvrir la bouche.

Montesquieu, *Lettres persanes*, 1721, lettre XXX

1. Comment se manifeste la naïveté du personnage ?
2. Quel portrait fait-il de la société française ?
3. Un retournement s'opère dans le second paragraphe du récit : quelle est sa fonction argumentative ?

4 Analyser la visée argumentative d'un récit de voyage

Le docteur dit à l'Indien : « Je vous crois un des hommes les plus heureux que j'aie jamais rencontrés, et par conséquent un des plus sages. Permettez-moi de vous faire quelques questions. Comment êtes-vous si tranquille au milieu d'un si terrible orage ? Vous n'êtes cependant à couvert que par un arbre, et les arbres attirent la foudre.

– Jamais, répondit le paria, la foudre n'est tombée sur un figuier des banians. [...] Ma femme croit que c'est parce que le dieu Brama se mit un jour à l'abri sous son feuillage ; pour moi, je pense que Dieu, dans ces climats orageux, ayant donné au figuier des banians un feuillage fort épais, et des arcades pour y mettre les hommes à l'abri de l'orage, il ne permet pas qu'ils y soient atteints du tonnerre.

– Votre réponse est bien religieuse, repartit le docteur. [...] Dans quel canton de l'Inde est votre pagode ?

– Partout, répondit le paria : ma pagode c'est la nature ; j'adore son auteur au lever du soleil, et je le bénis à son coucher. Instruit par le malheur, jamais je ne refuse mon secours à un plus malheureux que moi. Je tâche de rendre heureux ma femme, mon enfant, et même mon chat et mon chien. J'attends la mort à la fin de ma vie, comme un doux sommeil à la fin du jour.

Bernardin de Saint-Pierre, *La Chaumière indienne*, 1790

1. Décrivez la vie du paria.
2. Que représente chacun des personnages ?
3. Quelle est la visée argumentative du dialogue ?
4. En quoi le monde du paria est-il une utopie ?

Fiche 44

La variété des registres dans l'argumentation

1 La variété des registres dans l'argumentation

Les registres entrent au service de l'argumentation. Il convient d'en définir l'emploi et les significations en fonction du contexte (énonciation, sujet traité) et des visées de l'argumentation.

➡ **Le registre pathétique** permet de mobiliser les sentiments du lecteur ou de l'auditoire afin de susciter pitié et indignation.

Ex. : *« Et dans des provinces éloignées, et même dans cette ville, au milieu de tant de plaisirs et de tant d'excès, une infinité de familles meurent de faim et de désespoir : vérité constante, publique, assurée. Ô calamité de nos jours ! » (Bossuet,* Sermon du mauvais riche*). Le prédicateur veut inciter les nobles à la charité.*

➡ **Le registre polémique** sert un combat verbal énergique et vigoureux. Il est particulièrement adapté dans les discours de la controverse, du débat contradictoire et du pamphlet.

Ex. : *« Je parle moins encore de ces libellistes honteux qui n'ont trouvé d'autre moyen de satisfaire leur rage, l'assassinat étant trop dangereux, que de lancer du cintre de nos salles des vers infâmes contre l'auteur, pendant que l'on jouait sa pièce. » (Beaumarchais, préface au* Mariage de Figaro*, 1778)*

➡ **Le registre lyrique** n'a pas qu'une fonction poétique expressive ou d'embellissement. Il participe à la volonté de mobiliser le lecteur ou l'auditoire dans l'action.

Ex. : *« Si le long de vos bords Louis porte ses pas,*
Tâchez de l'adoucir, fléchissez son courage. »
La Fontaine, à M. F[ouquet]
Le poète s'adresse aux statues des Nymphes de Vaux, ancien domaine de son ami Fouquet alors emprisonné par Louis XIV.

➡ **Le registre didactique** respecte la neutralité du propos, son caractère scientifique et logique, ce qui correspond aussi à une stratégie pour convaincre le lecteur ou l'auditeur :

Ex. : *« Ne pourrait-on pas en conclure que ces trois animaux, le bouquetin, le chamois et le bouc domestique, ne sont en effet qu'une seule et même espèce, mais dans laquelle les femelles sont d'une nature constante et semblable entre elles... » (Buffon,* Histoire naturelle*, 1749-1804)*

2 Le croisement des registres

➡ L'argumentation peut mêler plusieurs registres, soit en les faisant se succéder, soit en les combinant :

Ex. : *« Misérables médecins des âmes, vous criez pendant cinq quarts d'heure sur quelques piqûres d'épingle, et vous ne dites rien sur la maladie qui nous déchire en mille morceaux ! Philosophes moralistes, brûlez tous vos livres. Tant que le caprice de quelques hommes fera loyalement égorger des milliers de nos frères, la partie du genre humain consacrée à l'héroïsme sera ce qu'il y a de plus affreux dans la nature entière » Voltaire,* Dictionnaire philosophique*, 1764 (article « Guerre »).*

Le philosophe s'en prend aux prédicateurs qui justifient les guerres. Si l'attaque débute par l'emploi du registre satirique, le ton devient très vite celui de l'indignation et de la colère qui mêle le registre du tragique et celui du polémique. L'écriture de Voltaire ne se limite pas à l'ironie.

➡ Attention : le registre satirique peut prendre des significations différentes. Voltaire l'emploie dans une attaque *ad hominem*, sans ouvrir de débat.

Ex : *« L'autre jour au fond d'un vallon*
Un serpent piqua Jean Fréron.
Que pensez-vous qu'il arriva ?
Ce fut le serpent qui creva. »

➡ Boileau y recourt pour instruire un débat (ici, l'élégance contre la pédanterie).

Ex : *« Un pédant enivré de sa vaine science,*
Tout hérissé de grec, tout bouffi d'arrogance,
Et qui, de mille auteurs retenus mot pour mot,
Dans sa tête entassés, n'a souvent fait qu'un sot... »
(Satire IV)

3 L'ironie et l'argumentation indirecte

➡ L'ironie est un mode d'expression indirecte : l'auteur peut énoncer l'inverse de ce qu'il pense afin de provoquer le lecteur en rendant inacceptable la thèse exposée.

Ex. : *« On ne peut se mettre dans l'esprit que Dieu, qui est très sage, ait mis une âme, surtout bonne, dans un corps tout noir. » (Montesquieu,* De l'esprit des lois*, 1748, « De l'esclavage des nègres »)*

Montesquieu adopte le point de vue du raciste pour montrer l'aberration et le caractère illogique du préjugé. Attention : le lecteur ne doit pas prendre à la lettre le propos ironique mais identifier des indices d'exagération.

Exercices

Objet d'étude : Genres et formes de l'argumentation : XVIIe et XVIIIe siècles

1 Identifier les moyens de la critique et comprendre l'implicite

D'ailleurs ce roi est un grand magicien : il exerce son empire sur l'esprit même de ses sujets ; il les fait penser comme il veut. S'il n'a qu'un million d'écus dans son trésor et qu'il en ait besoin de deux, il n'a qu'à leur persuader qu'un écu en vaut deux, et ils le croient. S'il a une guerre difficile à soutenir, et qu'il n'ait point d'argent, il n'a qu'à leur mettre dans la tête qu'un morceau de papier est de l'argent, et ils en sont aussitôt convaincus. Il va même jusqu'à leur faire croire qu'il les guérit de toutes sortes de maux en les touchant, tant est grande la force et la puissance qu'il a sur les esprits. Ce que je dis de ce prince ne doit pas t'étonner : il y a un autre magicien plus fort que lui, qui n'est pas moins maître de son esprit qu'il l'est lui-même de celui des autres. Ce magicien s'appelle le pape : tantôt il lui fait croire que trois ne sont qu'un ; que le pain qu'on mange n'est pas du pain, ou que le vin qu'on boit n'est pas du vin, et mille autres choses de cette espèce.

Et, pour le tenir toujours en haleine et ne point lui laisser perdre l'habitude de croire, il lui donne de temps en temps, pour l'exercer, de certains articles de croyance. Il y a deux ans qu'il lui envoya un grand écrit qu'il appela *constitution*, et voulut obliger, sous de grandes peines, ce prince et ses sujets de croire tout ce qui y était contenu.

Montesquieu, *Lettres persanes*, 1721, lettre XXIV

1. Que critique Montesquieu dans cet extrait ?
2. Comment le point de vue adopté permet-il une distance ironique ? Faites un relevé précis de termes et d'expressions.
3. Que présuppose Montesquieu concernant son lecteur et son système de valeurs ?

2 Repérer les indices de la satire

Vous faites voir des os quand vous riez, Hélène,
Dont les uns sont entiers et ne sont guère blancs ;
Les autres, des fragments noirs comme de l'ébène
Et tous, entiers ou non, cariés et tremblants.

Comme dans la gencive ils ne tiennent qu'à peine
Et que vous éclatez à vous rompre les flancs,
Non seulement la toux, mais votre seule haleine
Peut les mettre à vos pieds, déchaussés et sanglants.

Paul Scarron, *Œuvres*, 1654

1. Comment s'exprime le caractère direct de la satire ? Faites un relevé de termes à l'appui de votre réponse.
2. Quelle partie du corps est l'objet de la satire ? De quel type de forme poétique s'agit-il donc ?
3. Comment s'exprime l'exagération ? Relevez des figures de style.

3 Identifier un registre polémique

ALCESTE : Non, je ne puis souffrir cette lâche méthode
Qu'affectent la plupart de vos gens à la mode ;
Et je ne hais rien tant que les contorsions
De tous ces grands faiseurs de protestations,
Ces affables donneurs d'embrassades frivoles,
Ces obligeants diseurs d'inutiles paroles,
Qui de civilités avec tous font combat,
Et traitent du même air l'honnête homme et le fat.
Quel avantage a-t-on qu'un homme vous caresse,
Vous jure amitié, foi, zèle, estime, tendresse,
Et vous fasse de vous un éloge éclatant,
Lorsque au premier faquin il court en faire autant ?
Non, non, il n'est point d'âme un peu bien située
Qui veuille d'une estime ainsi prostituée.

Molière, *Le Misanthrope*, 1667

1. Que critique Alceste précisément dans cet extrait ?
2. Comment s'exprime l'opposition du personnage aux mœurs de son temps ? Relevez des mots et repérez des formes de phrases.
3. Quel est le mode de raisonnement utilisé ? Quelle en est la conclusion ?
4. Montrez comment la tonalité polémique peut se retourner contre celui qui l'utilise.

4 Comprendre le lien entre satirique et polémique

« Les embarras de Paris »

Qui frappe l'air bon dieu ! de ces lugubres cris ?
Est-ce donc pour veiller qu'on se couche à Paris ?
Et quel fâcheux démon durant des nuits entières,
Rassemble ici les chats de toutes les gouttières ?
J'ai beau sauter du lit, plein de trouble et d'effroi,
Je pense qu'avec eux tout l'enfer est chez moi :
L'un miaule en grondant comme un tigre en furie ;
L'autre roule sa voix comme un enfant qui crie.
Ce n'est pas tout encor : les souris et les rats
Semblent, pour m'éveiller, s'entendre avec les chats,
Plus importuns pour moi, durant la nuit obscure,
Que jamais, en plein jour, ne fut l'abbé de Pure.

Nicolas Boileau, *Satires*, 1666

1. Que critique Boileau ? Relevez un champ lexical dominant.
2. Comment s'exprime l'exagération dans cet extrait ? Identifiez des figures de style particulièrement frappantes. Quel est l'effet produit ?
3. Quelles sont les diverses victimes du regard ironique de Boileau ? Le poète s'épargne-t-il ? Relevez les termes qui le caractérisent.
4. Cet extrait vous semble-t-il satirique ou polémique ? Justifiez votre réponse.

Les épreuves du baccalauréat

1 La question sur un corpus

➡ La question sur un corpus est la **première partie de l'épreuve écrite du baccalauréat**. Elle compte pour 4 points sur 20 dans les séries générales, pour 6 points sur 20 dans les séries technologiques.

➡ « Une ou deux **questions portant sur le corpus** et appelant des **réponses rédigées** peuvent être proposées aux candidats. Elles font appel à leurs compétences de lecture et les invitent à établir des relations entre les différents documents et à en proposer des interprétations. »
(B.O. n° 46 du 14 décembre 2006).

2 L'exercice d'écriture : l'écriture d'invention, le commentaire et la dissertation

➡ L'exercice d'écriture est la **seconde partie de l'écrit du baccalauréat**, après la ou les question(s) sur un corpus.
Il compte pour 14 points dans les séries technologiques et pour 16 points dans les séries générales. Le candidat doit **choisir** entre le commentaire, l'écriture d'invention et la dissertation.

➡ « **L'écriture d'invention** contribue à **tester l'aptitude à lire et comprendre un texte**, à en saisir les enjeux, à **percevoir** les caractères singuliers de son écriture. [...] » Le candidat « doit **écrire un texte, en liaison avec celui ou ceux du corpus**, et en fonction d'un certain nombre de **consignes** rendues explicites par le libellé du sujet.
L'exercice se fonde, comme les deux autres, sur **une lecture intelligente et sensible du corpus**, et exige du candidat qu'il se soit approprié la spécificité des textes dont il dispose (langue, style, pensée), afin d'être capable de les **reproduire**, de les **prolonger**, de s'en **démarquer** ou de les **critiquer**. »
(B.O. n° 46 du 14 décembre 2006).

➡ Au baccalauréat, « **le commentaire** porte sur un **texte littéraire**. Il peut être également proposé de comparer **deux textes**. En séries générales, le candidat compose un devoir qui présente de manière **organisée** ce qu'il a retenu de sa **lecture**, et justifie son **interprétation** et ses **jugements personnels**. En séries technologiques, le sujet est formulé de manière à guider le candidat dans son travail. »
(B.O. n° 46 du 14 décembre 2006).

➡ « **La dissertation** consiste à conduire une **réflexion personnelle et argumentée à partir d'une problématique littéraire** issue du programme de français. Pour développer son argumentation, le candidat s'appuie sur les textes dont il dispose, sur les "objets d'étude" de la classe de première, ainsi que sur ses lectures et sa culture personnelle. »
(B.O. n° 46 du 14 décembre 2006).

3 L'épreuve orale du baccalauréat

➡ L'épreuve orale du baccalauréat fait l'objet d'une convocation individuelle. Elle comprend deux sous-épreuves : un exercice de **lecture analytique**, puis un **entretien**. Le jury est composé d'un professeur.

➡ Les objectifs de l'épreuve sont précisés par le B.O. (n° 3 du 16 janvier 2003) : « L'examen oral a pour but d'évaluer la capacité du candidat à **mobiliser ses connaissances**. Il doit lui permettre de manifester ses **compétences de lecture**, d'exprimer une **sensibilité et une culture personnelles** et de manifester sa **maîtrise de l'expression orale** ainsi que son aptitude à **dialoguer** avec l'examinateur. »

Fiche 46

Répondre à une question sur un corpus

1 Les objectifs de l'exercice

➠ Répondre à une question à partir d'un corpus mobilise **plusieurs compétences** :
- savoir **lire** et **analyser** individuellement différents documents,
- les **confronter** et **établir** des liens de ressemblance, d'opposition, de nuance ou encore de complémentarité entre eux,
- **rédiger** une réponse organisée.

➠ Il ne s'agit pas de juxtaposer des analyses de textes, mais bien de **confronter** des textes à travers une analyse. Il faut donc les lire indépendamment et pouvoir, dans un second temps, **comprendre ce qui les rapproche, les oppose et ce qui fait leur singularité**.

2 Étape 1 : Comprendre la question posée

➠ Pour **comprendre** la question posée **et éviter le hors-sujet**, il faut :
- **repérer les mots-clés** que l'on définit au brouillon,
- **délimiter la question** en tenant compte de la formulation : quel est l'adverbe interrogateur ? Quels sont les verbes utilisés ?
- mettre la question en **lien avec l'objet d'étude** indiqué pour cerner au plus près les attentes.

➠ La question sur corpus appelle une réponse **synthétique** : la réponse proposée par le candidat ne peut être plus longue que le travail d'écriture (qui représente 16 ou 14 points sur 20 selon la série au baccalauréat).

➠ Chaque question est **spécifique au corpus proposé**. On peut néanmoins dégager quelques questions fréquentes :

- **Justifier la constitution du corpus.**

Ex : *Qu'est-ce qui fait l'unité du corpus ?*

- **S'interroger sur le thème du corpus et/ou ses variations.**

Ex : *Quel est le thème commun aux documents du corpus ?*

- **Questionner un genre.**

Ex : *En quoi ces textes s'inscrivent-ils dans le genre de la poésie ?*

- **Analyser le sens des textes.**

Ex : *Quelle vision de l'esclavage les textes proposent-ils ?*

- **Questionner un registre.**

Ex : *Quels sont les registres employés dans les différents textes du corpus ?*

- **Analyser un ou des procédés d'écriture, en particulier les procédés argumentatifs.**

Ex : *Identifiez les procédés argumentatifs qui visent à convaincre le lecteur.*

3 Étape 2 : Analyser les textes

➠ Les textes sont analysés uniquement **dans l'optique de la question posée** et certainement pas dans leur globalité.
Attention : une question peut porter sur une partie du corpus seulement.

➠ Une question telle « Quelle vision de l'esclavage les textes proposent-ils ? » suscite *a priori* une réponse montrant une vision commune dans les textes, mais ce ne sera pas forcément le cas à l'analyse du corpus.

➠ **Généralement, il convient de mener une étude comparative,** c'est-à-dire révélant points communs *et* différences. Il faut penser aux deux aspects en analysant les textes, à moins que la question ne parle explicitement de « thème commun », d'« unité » ou à l'inverse de « divergences », de « nuances ».

➠ La mise en relation des textes **entre** eux peut se faire par le biais d'un tableau, **afin d'organiser les observations, depuis les points les plus généraux (identifiés dès le paratexte) jusqu'aux relevés des procédés d'écriture.**

4 Étape 3 : Rédiger la réponse

➤ La réponse à la question doit être **intégralement rédigée**. Au baccalauréat, on proscrit et on pénalise l'utilisation des listes pour présenter les procédés d'écriture ou les citations.

➤ La réponse est **organisée** :
- Un paragraphe d'**introduction** présente le corpus brièvement et rappelle la question.
- Le **développement** propose une réponse organisée à la question posée, en s'appuyant sur les textes. Généralement, le sujet appelle une **confrontation des documents** : il convient donc d'organiser le plan de façon à les croiser, et non de les traiter un par un.
- Chaque **paragraphe** est organisé autour d'un argument qui s'appuie sur l'analyse d'un procédé d'écriture, d'une idée, d'un thème.
- La **conclusion** apporte une réponse brève et claire à la question posée.

➤ La réponse **cite les documents** à l'appui de chaque analyse proposée :
- On ne cite que ce qui est utile à la réponse, pas au-delà.
- Les références aux documents se font simplement : « le texte de Balzac », « le poème de Victor Hugo », ou encore « Chanson d'automne ». On évite les formules comme « Le texte A » ou « Le texte 1 », utilisées dans le sujet.

5 Exemple rédigé

Objet d'étude : La poésie du XIXe au XXe siècle : du romantisme au surréalisme

Corpus :
Texte A : Alphonse de Lamartine, *Harmonies poétiques et religieuses*, 1830, « Invocations »
Texte B : Victor Hugo, *Les Contemplations*, 1856, « Les luttes et les rêves »
Texte C : Charles Baudelaire, *Les Fleurs du Mal*, 1857, « Spleen et idéal »
Texte D : Paul Verlaine, *Romances sans paroles*, 1874, « Ariettes oubliées »

Texte A :
« Invocation »

Toi qui donnas sa voix à l'oiseau de l'aurore,
Pour chanter dans le ciel l'hymne naissant du jour ;
Toi qui donnas son âme et son gosier sonore
À l'oiseau que le soir entend gémir d'amour ;

Toi qui dis aux forêts : Répondez au zéphire[1] !
Aux ruisseaux : Murmurez d'harmonieux accords ;
Aux torrents : Mugissez ; à la brise : Soupire !
À l'océan : Gémis en mourant sur tes bords !

Et moi, Seigneur, aussi, pour chanter tes merveilles,
Tu m'as donné dans l'âme une seconde voix
Plus pure que la voix qui parle à nos oreilles,
Plus forte que les vents, les ondes et les bois !

Les cieux l'appellent Grâce, et les hommes Génie ;
C'est un souffle affaibli des bardes d'Israël[2],
Un écho dans mon sein, qui change en harmonie
Le retentissement de ce monde mortel !

Alphonse de Lamartine, *Harmonies poétiques et religieuses*, 1830, « Invocations »

1. Vent doux et léger. 2. Les prophètes.

Texte B :
« Écrit sur la plinthe d'un bas-relief antique »

La musique est dans tout. Un hymne sort du monde.
Rumeur de la galère aux flancs lavés par l'onde,
Bruits des villes, pitié de la sœur pour la sœur,
Passion des amants jeunes et beaux, douceur
Des vieux époux usés ensemble par la vie,
Fanfare de la plaine émaillée et ravie,
Mots échangés le soir sur les seuils fraternels,
Sombre tressaillement des chênes éternels,
Vous êtes l'harmonie et la musique même !
Vous êtes les soupirs qui font le chant suprême !
Pour notre âme, les jours, la vie et les saisons,
Les songes de nos cœurs, les plis des horizons,
L'aube et ses pleurs, le soir et ses grands incendies,
Flottent dans un réseau de vagues mélodies.
Une voix dans les champs nous parle, une autre voix
Dit à l'homme autre chose et chante dans les bois.
Par moment, un troupeau bêle, une cloche tinte.
Quand par l'ombre, la nuit, la colline est atteinte,
De toutes parts on voit danser et resplendir,
Dans le ciel étoilé du zénith au nadir[1],
Dans la voix des oiseaux, dans le cri des cigales,
Le groupe éblouissant des notes inégales.
Toujours avec notre âme un doux bruit s'accoupla ;
La nature nous dit : Chante ! et c'est pour cela
Qu'un statuaire ancien sculpta sur cette pierre
Un pâtre[2] sur sa flûte abaissant sa paupière.

Juin 1833.

Victor Hugo, *Les Contemplations*, 1856, « Les Luttes et les rêves »

1. Point de la sphère céleste opposé au zénith. 2. Berger.

Texte C :
« La Musique »

La musique souvent me prend comme une mer !
    Vers ma pâle étoile,
Sous un plafond de brume ou dans un vaste éther,
    Je mets à la voile ;
La poitrine en avant et les poumons gonflés
    Comme de la toile,
J'escalade le dos des flots amoncelés
    Que la nuit me voile ;
Je sens vibrer en moi toutes les passions
    D'un vaisseau qui souffre ;
Le bon vent, la tempête et ses convulsions
    Sur l'immense gouffre
Me bercent. D'autres fois, calme plat, grand miroir
    De mon désespoir !

Charles Baudelaire, *Les Fleurs du Mal*, 1857, « Spleen et idéal »

Texte D :

Son joyeux, importun, d'un clavecin sonore.
(Petrus Borel[1])

Le piano que baise une main frêle
Luit dans le soir rose et gris vaguement,
Tandis qu'avec un très léger bruit d'aile
Un air bien vieux, bien faible et bien charmant
Rôde discret, épeuré[2] quasiment,
Par le boudoir longtemps parfumé d'Elle.

Qu'est-ce que c'est que ce berceau soudain
Qui lentement dorlote mon pauvre être ?
Que voudrais-tu de moi, doux Chant badin ?
Qu'as-tu voulu, fin refrain incertain
Qui vas tantôt mourir vers la fenêtre
Ouverte un peu sur le petit jardin ?

Paul Verlaine, *Romances sans paroles*, 1874, « Ariettes oubliées »

1. Poète français (1809-1859). 2. Apeuré

Sujet : Quelles relations les quatre poètes entretiennent-ils avec la musique ?

Réponse rédigée :

Le corpus que nous allons analyser aborde à double titre la musique. Ainsi, les quatre poèmes « Invocation » de Lamartine, « Écrit sur la plinthe d'un bas-relief antique » de Hugo, « La Musique » de Baudelaire et « Ariettes oubliées » de Verlaine prennent la musique pour thème. Mais ils développent aussi une certaine musicalité qui est en quelque sorte l'illustration de leur propos.

Pour Lamartine et Hugo, la musique est avant tout un don divin. « Invocation », justement publié dans le recueil *Harmonies poétiques et religieuses* de Lamartine en 1830, se présente comme une longue adresse à Dieu, « Seigneur » (v. 9) que l'on reconnaît à travers les différentes réalisations qui le posent en créateur de la nature. Ainsi, les deux premières strophes montrent la façon dont la musique a été donnée à l'oiseau, mais aussi aux « forêts » (v. 5), aux « ruisseaux » (v. 6), aux « torrents » (v. 7) et à « l'océan » (v. 8). La deuxième moitié du poème pose aussi la musique comme un don fait au poète comme une « seconde voix » (v. 10). Hugo rejoint en partie la vision de l'auteur d'« Invocation ». Dans son poème écrit peu après celui de Lamartine en 1833 et intitulé « Écrit sur la plinthe d'un bas-relief antique », Hugo élargit la présence de la musique dans la Nature à une présence universelle : « La musique est dans tout » (v. 1), et surtout elle permet de transcender le « monde mortel » (v. 16) en le changeant en « harmonie » (v. 19). Si, comme Lamartine, il reprend bien des éléments du monde liés à la Nature (« monde », v. 1, « nature », v. 24), il y joint aussi ceux liés au monde moderne avec les « villes » (v. 3). Pour lui, la musique est aussi ce qui fait le trait d'union entre les hommes, quels que soient les sentiments : la compassion (v. 3), la passion (v. 4) ou encore l'amour durable (v. 5). Ainsi, on comprend que pour Hugo la musique fait partie intégrante de la vie, qu'elle l'accompagne partout et dans tous les instants. Elle est même une injonction : « Chante ! » (v. 24).

Verlaine propose un regard différent dans son poème intitulé « Ariettes oubliées », publié dans le recueil *Romances sans paroles* en 1874. La musique évoque à la fois la souffrance de l'absence, celle de la femme incarnée par le pronom « Elle » (v. 6), mais aussi le soulagement apporté par l'« air bien vieux, bien faible et bien charmant » (v. 4). En effet, la musique provoque le retour du passé tout en entretenant un rapport complice avec le poète. La métaphore du « berceau » (v. 7) montre que la musique ne provoque pas un souvenir agressif, au contraire elle renvoie un univers maternel. Baudelaire, dans son sonnet « La Musique » publié dans *Les Fleurs du Mal* en 1857, a recours à la même métaphore : il est bercé (v. 13). Mais l'effet sur le poète n'est pas comparable à celui que Verlaine rapporte. Baudelaire vit au contact des sentiments variés, les « passions » (v. 9) comme le « désespoir » (v. 14). Le rapport entre la musique et le poète est intense : elle le transporte (« La musique me prend comme une mer », v. 1), ce que traduisent les images maritimes des deux premiers quatrains, pour le faire vivre plus intensément.

Ainsi, la musique est une voie pour s'ouvrir au divin et à l'éternité chez Hugo et Lamartine, alors qu'elle est une voix de l'intérieur chez Baudelaire et Verlaine dont les poèmes sont exempts de références directes ou indirectes au sacré et parlent de cieux personnels, intimes.

Exercices

1 Comprendre une question sur un corpus

Objet d'étude : Genres et formes de l'argumentation : XVIIe et XVIIIe siècles
Corpus :
Texte A : Fénelon, *Les Aventures de Télémaque*, 1699, septième livre
Texte B : Montesquieu, *Lettres persanes*, 1721, lettre XII
Texte C : Voltaire, *Candide*, 1759, chapitre XXX
Sujet : Ces textes cherchent-ils seulement à nous dépayser ou bien ont-ils une autre visée ? Votre réponse se fondera sur quelques exemples précis. Elle devra être organisée et synthétique.

1. Quels sont les mots-clés du sujet ?
2. Analysez la question : quel plan impose-t-elle de suivre ?
3. Quels éléments doivent être analysés dans les textes pour répondre à la question ?

2 Comprendre une question sur un corpus

Objet d'étude : Le roman et la nouvelle au XIXe siècle : réalisme et naturalisme
Corpus :
Texte A : Stendhal, *Le Rouge et le Noir*, 1830
Texte B : Balzac, *Eugénie Grandet*, 1833

Texte A :

La petite ville de Verrières peut passer pour l'une des plus jolies de la Franche-Comté. Ses maisons blanches avec leurs toits pointus de tuiles rouges s'étendent sur la pente d'une colline, dont les touffes de vigoureux châtaigniers marquent les moindres sinuosités. Le Doubs coule à quelques centaines de pieds au-dessous de ses fortifications bâties jadis par les Espagnols, et maintenant ruinées.

Verrières est abritée du côté du nord par une haute montagne, c'est une des branches du Jura. Les cimes brisées du Verra se couvrent de neige dès les premiers froids d'octobre. Un torrent, qui se précipite de la montagne, traverse Verrières avant de se jeter dans le Doubs, et donne le mouvement à un grand nombre de scies à bois ; c'est une industrie fort simple et qui procure un certain bien-être à la majeure partie des habitants plus paysans que bourgeois. Ce ne sont pas cependant les scies à bois qui ont enrichi cette petite ville. C'est à la fabrique de toiles peintes, dites de Mulhouse, que l'on doit l'aisance générale qui, depuis la chute de Napoléon, a fait rebâtir les façades de presque toutes les maisons de Verrières.

Stendhal, *Le Rouge et le Noir*, 1830

Texte B :

Il se trouve dans certaines provinces des maisons dont la vue inspire une mélancolie égale à celle que provoquent les cloîtres les plus sombres, les landes les plus ternes ou les ruines les plus tristes. Peut-être y a-t-il à la fois dans ces maisons et le silence du cloître et l'aridité des landes, et les ossements des ruines. La vie et le mouvement y sont si tranquilles qu'un étranger les croirait inhabitées, s'il ne rencontrait tout à coup le regard pâle et froid d'une personne immobile dont la figure à demi monastique dépasse l'appui de la croisée, au bruit d'un pas inconnu. Ces principes de mélancolie existent dans la physionomie d'un logis situé à Saumur, au bout de la rue montueuse qui mène au château, par le haut de la ville. Cette rue, maintenant peu fréquentée, chaude en été, froide en hiver, obscure en quelques endroits, est remarquable par la sonorité de son petit pavé caillouteux, toujours propre et sec, par l'étroitesse de sa voie tortueuse, par la paix de ses maisons qui appartiennent à la vieille ville, et que dominent les remparts. Des habitations trois fois séculaires y sont encore solides, quoique construites en bois, et leurs divers aspects contribuent à l'originalité qui recommande cette partie de Saumur à l'attention des antiquaires et des artistes.

Honoré de Balzac, *Eugénie Grandet*, 1833

1. Pourquoi peut-on rattacher ce corpus à l'objet d'étude « Le roman et la nouvelle au XIXe siècle : réalisme et naturalisme » ?
2. Quel est le thème commun du corpus ?
3. Du point de vue de l'écriture, quels sont les autres points communs des deux textes ?
4. Faites un plan détaillé et rédigez votre réponse.

3 Analyser les textes et rédiger

Objet d'étude : La tragédie et la comédie au XVIIe siècle : le classicisme
Corpus :
Texte A : Molière, *L'Avare*, 1668, acte IV, scène 7
Texte B : Molière, *George Dandin ou le Mari confondu*, 1668, acte I, scène 1

Texte A :

HARPAGON : Au voleur ! au voleur ! à l'assassin ! au meurtrier ! Justice, juste Ciel ! je suis perdu, je suis assassiné, on m'a coupé la gorge, on m'a dérobé mon argent. Qui peut-ce être ? Qu'est-il devenu ? Où est-il ? Où se cache-t-il ? Que ferai-je pour le trouver ? Où courir ? Où ne pas courir ? N'est-il point là ? N'est-il point ici ? Qui est-ce ? Arrête. Rends-moi mon argent, coquin... *(Il se prend lui-même par le bras.)* Ah ! c'est moi. Mon esprit est troublé, et j'ignore où je suis, qui je suis, et ce que je fais. Hélas ! mon pauvre argent, mon pauvre argent, mon cher ami ! on m'a privé de toi ; et puisque tu m'es enlevé, j'ai perdu mon support, ma consolation, ma joie ; tout est fini pour moi, et je n'ai plus que faire au monde : sans toi, il m'est impossible de vivre. C'en est fait, je n'en puis plus ; je me meurs, je suis mort, je suis enterré. N'y a-t-il personne qui veuille me ressusciter, en me rendant mon cher argent, ou en m'apprenant qui l'a pris ? Euh ? que dites-vous ? Ce n'est personne.

Molière, *L'Avare*, 1668, acte IV, scène 7

Texte B :

La scène est devant la maison de George Dandin.

ACTE I, SCÈNE PREMIÈRE

GEORGE DANDIN : Ah ! qu'une femme Demoiselle est une étrange affaire, et que mon mariage est une leçon bien parlante à tous les paysans qui veulent s'élever au-dessus de leur condition, et s'allier comme j'ai fait à la maison d'un gentilhomme. La noblesse de soi est bonne : c'est une chose considérable assurément, mais elle est accompagnée de tant de mauvaises circonstances, qu'il est très bon de ne s'y point frotter. Je suis devenu là-dessus savant à mes dépens, et connais le style des nobles lorsqu'ils nous font nous autres entrer dans leur famille. L'alliance qu'ils font est petite avec nos personnes. C'est notre bien seul qu'ils épousent, et j'aurais bien mieux fait, tout riche que je suis, de m'allier en bonne et franche paysannerie, que de prendre une femme qui se tient au-dessus de moi, s'offense de porter mon nom, et pense qu'avec tout mon bien je n'ai pas assez acheté la qualité de son mari. George Dandin, George Dandin, vous avez fait une sottise la plus grande du monde. Ma maison m'est effroyable maintenant, et je n'y rentre point sans y trouver quelque chagrin.

Molière, *George Dandin ou le mari confondu*, 1668, acte I, scène 1

Sujet : En confrontant les deux textes du corpus, vous analyserez comment Molière nous fait rire dans ces extraits.

1. Repérez les mots-clés du sujet et reformulez la question.
2. Comparez les textes dans un tableau pour mettre au jour les spécificités de chacun.
3. Faites un plan détaillé et rédigez votre réponse.

4 Analyser les textes et rédiger

Objet d'étude : La poésie du XIXe au XXe siècle : du romantisme au surréalisme

Corpus :

Texte A : Victor Hugo, *Les Rayons et les Ombres*, 1840, « Fonction du poète »

Texte B : Théophile Gautier, *España*, 1845, « Le poète et la foule »

Texte A :

Dieu le veut, dans les temps contraires,
Chacun travaille et chacun sert.
Malheur à qui dit à ses frères :
Je retourne dans le désert !
Malheur à qui prend ses sandales
Quand les haines et les scandales
Tourmentent le peuple agité !
Honte au penseur qui se mutile
Et s'en va, chanteur inutile,
Par la porte de la cité !
Le poète en des jours impies[1]
Vient préparer des jours meilleurs.
Il est l'homme des utopies,
Les pieds ici, les yeux ailleurs.
C'est lui qui sur toutes les têtes,
En tout temps, pareil aux prophètes,
Dans sa main, où tout peut tenir,
Doit, qu'on l'insulte ou qu'on le loue,
Comme une torche qu'il secoue,
Faire flamboyer l'avenir !

Il voit, quand les peuples végètent !
Ses rêves, toujours pleins d'amour,
Sont faits des ombres que lui jettent
Les choses qui seront un jour.
On le raille. Qu'importe ! Il pense.
Plus d'une âme inscrit en silence
Ce que la foule n'entend pas.
Il plaint ses contempteurs[2] frivoles ;
Et maint faux sage à ses paroles
Rit tout haut et songe tout bas !

Victor Hugo, *Les Rayons et les Ombres*, 1840, « Fonction du poète »

1. Irréligieux, qui ne respectent pas la religion ou l'offensent. 2. Ceux qui le méprisent.

Texte B :

La plaine, un jour, disait à la montagne oisive :
« Rien ne vient sur ton front des[1] vents toujours battu. »
Au poète, courbé sur sa lyre pensive,
La foule aussi disait : « Rêveur, à quoi sers-tu ? »

La montagne en courroux répondit à la plaine :
« C'est moi qui fais germer les moissons sur ton sol ;
Du midi dévorant je tempère l'haleine ;
J'arrête dans les cieux les nuages au vol !

« Je pétris de mes doigts la neige en avalanches ;
Dans mon creuset je fonds les cristaux des glaciers,
Et je verse, du bout de mes mamelles blanches,
En longs filets d'argent, les fleuves nourriciers. »

Le poète, à son tour, répondit à la foule :
« Laissez mon pâle front s'appuyer sur ma main.
N'ai-je pas de mon flanc, d'où mon âme s'écoule,
Fait jaillir une source où boit le genre humain ? »

Théophile Gautier, *España*, 1845, « Le poète et la foule »

1. Par les.

Sujet : En confrontant les deux textes du corpus, vous vous interrogerez sur les conceptions de la poésie et du poète que présentent les auteurs.

1. Repérez les mots-clés du sujet et reformulez la question.
2. Comparez les textes dans un tableau pour mettre au jour les points communs et les spécificités de chaque texte quant à la question posée.
3. Faites un plan détaillé et rédigez votre réponse.

Fiche 47

Comprendre un sujet d'écriture d'invention

1 Les objectifs de l'exercice

➡ L'écriture d'invention mobilise des **compétences d'écriture**, tout autant que des **compétences de lecture**.

➡ L'exercice suppose que le candidat :
• **a compris les textes du corpus :** c'est la condition première pour écrire le texte de l'écriture d'invention. Il arrive aussi souvent que le sujet d'écriture d'invention porte plus précisément sur un des textes du corpus (auquel il faut répondre, par exemple, ou réécrire),
• **applique la consigne d'écriture dans sa totalité :** elle croise souvent des exigences de contenu, mais aussi d'énonciation, de genre, de registre ou de type de texte. Il y a aussi parfois une part d'implicite à décoder,
• produise **un texte nouveau, cohérent**, élégant et convaincant.

2 « L'invention » : une écriture sous contraintes

➡ Trop souvent, « l'invention » est le sujet qui est choisi lorsque le candidat ne se sent pas capable de traiter le commentaire et la dissertation, exercices jugés plus techniques et plus difficiles.
Rien n'est plus discutable : l'écriture d'invention, comme les deux autres exercices, demande de la **méthode**.

➡ En effet, il ne s'agit nullement d'« inventer » à partir de rien, et sans contraintes. À vrai dire, **la part d'imagination est même assez réduite**. Les sujets d'examen imposent de nombreuses contraintes de formes (écrire une lettre, un éditorial, une suite de texte, etc.), mais aussi de contenu (le texte défend un point de vue, continue un dialogue, etc.) fortement liés à un ou plusieurs des textes du corpus.

➡ **Le travail au brouillon** est donc important. Il faut tout d'abord cerner les contraintes posées par le sujet avec **précision** avant de commencer à « inventer » ce qui doit l'être.
Autrement dit, l'« invention » est largement guidée par le sujet. S'affranchir de ces contraintes pour rédiger au fil de la plume amène de nombreux candidats à l'échec.

3 La typologie des sujets

➡ L'écriture d'invention peut prendre plusieurs formes. Il peut **s'agir d'écrire un texte argumentatif** :

• **article** (éditorial, article polémique, article critique, droit de réponse...) ;

• **lettre** (correspondance avec un destinataire défini dans le libellé du sujet, lettre destinée au courrier des lecteurs, lettre ouverte, lettre fictive d'un des personnages présents dans un des textes du corpus, etc.) ;

• **monologue délibératif** ; **dialogue** (y compris théâtral) ; **discours** devant une assemblée ;

• **récit à visée argumentative** comme la fable.

Le candidat peut être amené à produire un **texte narratif non argumentatif**. L'écriture d'invention peut alors s'appuyer sur des consignes impliquant les transformations suivantes :

• des **transpositions** : changements de genre, de registre, ou de point de vue ;

• des **amplifications** : insertion d'une description ou d'un dialogue dans un récit, poursuite d'un texte, développement d'une ellipse narrative...

➡ La liste des textes possibles est donc précise. Il est possible de s'y préparer en commençant par bien connaître chacun des genres et ses codes (cf. fiches 28-44 « connaître un genre littéraire »), mais aussi les registres et leurs procédés caractéristiques (cf. fiche 15 « Les registres littéraires »).

4 Analyser le sujet

➡ **Étape 1 : Relier le sujet à son objet d'étude**
Un sujet d'écriture d'invention n'est jamais coupé du corpus qui l'accompagne. Au contraire, il est directement en prise avec le sujet d'examen. L'objet d'étude et les textes du corpus doivent donc être analysés attentivement : cela permet de le **délimiter**.

➡ **Étape 2 : Analyser les mots-clés du sujet**
L'analyse des mots-clés permet de préciser le thème de l'écriture d'invention. Au brouillon, le premier travail est de recopier le sujet, d'entourer les mots-clés, de les définir et de les reformuler.

Ex : **Objet d'étude :** La poésie du XIXe au XXe siècle : du romantisme au surréalisme

Corpus :
Texte A : Victor Hugo, *Les Feuilles d'automne*, « Soleils couchants », poème VI, 1831
Texte B : Paul Verlaine, *Poèmes saturniens*, « Soleils couchants », 1866
Texte C : Jules Laforgue, *Les Complaintes*, « Soleil couchant », 1885

Sujet : *« Vous écrivez à un producteur de programmes soit pour la télévision, soit pour la radio, afin de lui proposer une émission destinée à mettre en valeur l'intérêt pour la poésie. Vous montrerez dans votre lettre pourquoi une émission télévisée ou bien radiophonique sur la poésie vous paraît utile à notre époque. Vous indiquerez ensuite quel contenu précis vous donneriez à cette émission et en quoi elle pourrait intéresser des spectateurs ou des auditeurs. »*

Une première lecture du sujet impose deux expressions-clés :
– **« Lettre »** : la forme est clairement indiquée, ainsi que le destinataire du courrier, un producteur de programmes ;
– « Mettre en valeur **l'intérêt pour la poésie** » : il s'agira de rédiger un texte qui fera l'éloge de la poésie.

➡ Étape 3 : Cerner les contraintes du sujet

Mais il faut aller plus loin dans l'analyse du sujet. Le candidat qui s'arrêterait à l'étape 2 pourrait produire un texte qui corresponde au thème, mais pas un texte qui traite pleinement le sujet. Il faut également toujours s'interroger sur :

- **Le genre attendu :** tous les genres sont possibles. Ils peuvent être littéraires (récit, poésie, théâtre) ou encore non littéraires (lettre, article etc.). Il convient alors d'en respecter les codes (présentation particulière du théâtre, respect de la forme épistolaire, vers ou prose pour un poème, etc.),
- **Le type de texte :** le texte peut être narratif, descriptif, explicatif ou argumentatif,
- **Si le texte est argumentatif :** la forme argumentative attendue (démonstration, dialogue, etc.), voire le ton du texte (ironique, polémique, didactique par exemple).
- **Le niveau de langue :** standard ou adapté à la façon de parler d'un personnage,
- **La longueur du texte** si celle-ci est indiquée,
- **Les indications de contenu :** le texte doit-il exprimer un point de vue ? Défendre une opinion ? Exprimer des sentiments ? etc.

Exemple : *Pour reprendre l'exemple précédent, le sujet proposé impose des contraintes précises :*

- **Genre du texte**
Le texte attendu doit prendre la forme d'une lettre : le candidat doit donc en respecter la forme (en-tête complet, formules d'ouverture et de clôture, autrement appelées formules de politesse). Le destinataire est un producteur de programme qu'il s'agira de convaincre (type de texte : argumentatif).

- **Le type de texte**
Il s'agit d'écrire un texte argumentatif dans la mesure où il faut convaincre un producteur de programmes de l'intérêt de la poésie. La stratégie argumentative n'est pas imposée, mais si l'on veut convaincre efficacement, dans cette situation de communication, il s'agit d'être didactique et démonstratif, c'est-à-dire de présenter concrètement l'intérêt de programmes centrés sur la poésie en se mettant à la place du producteur.

- **Le niveau de langue**
Il n'est pas indiqué, mais, implicitement, il va de soi qu'il est de l'ordre du français standard. Les formules de politesse (ouverture et clôture) ne doivent pas être trop familières et, au contraire, démontrer une distance respectueuse.

- **La longueur du texte**
De même, il n'y a pas d'indication. Pour autant, une lettre de moins d'une page, compte tenu des contraintes liées à l'en-tête et aux formes d'ouverture et de clôture, serait insuffisante. Il faut se donner pour objectif au moins deux pages.

- **Les indications de contenu**
Il s'agit de défendre une émission, radiophonique ou télévisée, qui traiterait de la poésie à notre époque. La part d'imagination du candidat est donc là : il doit trouver des arguments qui puissent prendre appui sur des exemples précis. Ce faisant, il doit faire la démonstration de sa connaissance de la poésie, mais aussi des contraintes liées à la programmation d'une émission dans les médias et des goûts actuels des téléspectateurs ou auditeurs.

Exercices

1 Relier un sujet à son objet d'étude et identifier les contraintes formelles

A. Vous imaginerez et rédigerez pour le théâtre une scène de conflit amoureux comportant un registre comique, notamment dû à l'évolution des rapports de force entre les personnages en présence. Ces personnages s'exprimeront sans familiarité.
B. Rédigez en prose la lettre du roi, ami de Marot, en réponse à la requête de son poète, qui considère avoir été injustement emprisonné. Vous écrirez en français moderne et soutenu un texte argumenté.
C. Vous avez composé un recueil de poèmes, en prose ou en vers, faisant une large part au rêve et à l'imaginaire, à la manière d'Aloysius Bertrand. Vous écrivez à un éditeur pour le convaincre de publier cet ouvrage et défendre votre démarche poétique.
D. Vous rédigerez le droit de réponse polémique qu'un écrivain réaliste pourrait envoyer à un journal à la suite d'un article critique très défavorable. Le texte, d'environ deux pages, s'appuiera sur la défense du projet réaliste et sur des œuvres romanesques ou picturales précises.
E. Vous rédigerez une lettre destinée à un éditeur. Jeune écrivain, vous avez pour projet de réécrire une fresque romanesque inspirée des Rougon-Macquart d'Émile Zola. Vous proposerez plusieurs aménagements qui permettront d'adapter le projet à notre époque.

1. À quels objets d'étude pourriez-vous rattacher les sujets suivants ? Justifiez votre réponse par une analyse précise du sujet et de l'intitulé de l'objet d'étude.
2. Quelles sont les contraintes formelles imposées par le sujet ?

2 Relier un objet d'étude à un sujet

1. Pour chacun des objets d'étude de seconde, choisissez dans le manuel un texte étudié en classe qui vous a particulièrement marqué.
Rappel : Les objets d'étude de la classe de seconde :
• Le roman et la nouvelle au XIXe siècle : réalisme et naturalisme
• La tragédie et la comédie au XVIIe siècle : le classicisme
• La poésie du XIXe au XXe siècle : du romantisme au surréalisme
• Genres et formes de l'argumentation : XVIIe et XVIIIe siècles
2. À partir de ce texte, imaginez au moins deux sujets d'écriture d'invention parmi les formes possibles : article, lettre, monologue, dialogue, discours, récit à visée argumentative, transposition (genre ou registre), amplification.
3. Soumettez vos propositions à l'ensemble de la classe.

3 Analyser les mots-clés d'un sujet et cerner les contraintes

Objet d'étude : Genres et formes de l'argumentation : XVIIe et XVIIIe siècles

À MONSEIGNEUR LE DUC DE BOURGOGNE[1]

Un chat contemporain d'un fort jeune Moineau
Fut logé près de lui dès l'âge du berceau ;
La Cage et le Panier avaient mêmes Pénates[2].
Le Chat était souvent agacé par l'Oiseau :
L'un s'escrimait du bec, l'autre jouait des pattes.
Ce dernier toutefois épargnait son ami.
Ne le corrigeant qu'à demi
Il se fût fait un grand scrupule
D'armer de pointes sa férule[3].
Le Passereau[4] moins circonspect,
Lui donnait force coups de bec.
En sage et discrète[5] personne,
Maître Chat excusait ces jeux :
Entre amis, il ne faut jamais qu'on s'abandonne
Aux traits d'un courroux sérieux.
Comme ils se connaissaient tous deux dès leur bas âge,
Une longue habitude en paix les maintenait ;
Jamais en vrai combat le jeu ne se tournait ;
Quand un Moineau du voisinage
S'en vint les visiter, et se fit compagnon
Du pétulant Pierrot[6] et du sage Raton[7].
Entre les deux oiseaux, il arriva querelle ;
Et Raton de prendre parti.
Cet inconnu, dit-il, nous la vient donner belle
D'insulter ainsi notre ami !
Le Moineau du voisin viendra manger[8] le nôtre ?
Non, de par tous les Chats ! Entrant lors au combat,
Il croque l'étranger. Vraiment, dit maître Chat,
Les Moineaux ont un goût exquis et délicat !
Cette réflexion fit aussi croquer l'autre.
Quelle Morale puis-je inférer de ce fait ?
Sans cela, toute fable est un œuvre imparfait.
J'en crois voir quelques traits, mais leur ombre m'abuse,
Prince, vous les aurez incontinent[9] trouvés :
Ce sont des jeux pour vous, et non point pour ma Muse ;
Elle et ses sœurs n'ont pas l'esprit que vous avez.

Jean de La Fontaine, *Fables*, 1694, livre XII, 2,
« Le Chat et les deux Moineaux »

1. Petit-fils du roi Louis XIV. 2. Divinités protectrices du foyer dans la mythologie romaine. 3. Baguette qui servait à frapper les écoliers. Désigne ici les griffes du chat. 4. Moineau. 5. Avisée 6. Le moineau. 7. Le chat. 8. Signifie ici *quereller.* 9. Sans délai.

Sujet : En vous appuyant sur « Le Chat et les deux Moineaux », imaginez une dédicace d'environ vingt lignes, rédigée par La Fontaine, adressée à Monseigneur de Bourgogne, le petit-fils du roi. L'auteur lui explique les vertus pédagogiques des fables en s'appuyant sur plusieurs exemples.

1. Quels sont les mots-clés du sujet ? Explicitez-les.
2. Quelles contraintes de forme le sujet impose-t-il ?
3. Après la lecture attentive de la fable de La Fontaine, précisez quelles pourraient être les pistes pour l'argumentation de La Fontaine.

4 Analyser les mots-clés d'un sujet et cerner les contraintes

Objet d'étude : Le roman et la nouvelle au XIXe siècle : réalisme et naturalisme

Madame Bovary *raconte le destin d'Emma, jeune femme rêveuse et mélancolique, qui épouse un médecin de campagne décevant. Le début du roman nous plonge dans l'adolescence de ce dernier.*

Nous avions l'habitude, en entrant en classe, de jeter nos casquettes par terre, afin d'avoir ensuite nos mains plus libres ; il fallait, dès le seuil de la porte, les lancer sous le banc, de façon à frapper contre la muraille en faisant beaucoup de poussière ; c'était là le genre.

Mais, soit qu'il n'eût pas remarqué cette manœuvre ou qu'il n'eût osé s'y soumettre, la prière était finie que le nouveau tenait encore sa casquette sur ses deux genoux. C'était une de ces coiffures d'ordre composite, où l'on retrouve les éléments du bonnet à poil, du chapska, du chapeau rond, de la casquette de loutre et du bonnet de coton, une de ces pauvres choses, enfin, dont la laideur muette a des profondeurs d'expression comme le visage d'un imbécile. Ovoïde et renflée de baleines, elle commençait par trois boudins circulaires ; puis s'alternaient, séparés par une bande rouge, des losanges de velours et de poils de lapin ; venait ensuite une façon de sac qui se terminait par un polygone cartonné, couvert d'une broderie en soutache compliquée, et d'où pendait, au bout d'un long cordon trop mince, un petit croisillon de fils d'or, en manière de gland. Elle était neuve ; la visière brillait.

– Levez-vous, dit le professeur.

Il se leva ; sa casquette tomba. Toute la classe se mit à rire.

Il se baissa pour la reprendre. Un voisin la fit tomber d'un coup de coude, il la ramassa encore une fois.

– Débarrassez-vous donc de votre casque, dit le professeur, qui était un homme d'esprit.

Il y eut un rire éclatant des écoliers qui décontenança le pauvre garçon, si bien qu'il ne savait s'il fallait garder sa casquette à la main, la laisser par terre ou la mettre sur sa tête. Il se rassit et la posa sur ses genoux.

Gustave Flaubert, *Madame Bovary*, 1854

Sujet : Réécrivez le texte de Flaubert du point de vue de Charles. Vous respecterez le récit et vous l'adapterez au nouveau point de vue.

1. Quels sont les mots-clés du sujet ? Explicitez-les.
2. Quelles contraintes, de forme et de fond, le sujet impose-t-il ?
3. Après avoir lu attentivement le texte de Flaubert, précisez les contraintes narratives liées au point de vue.

5 Analyser les mots-clés d'un sujet et cerner les contraintes

Objet d'étude : La tragédie et la comédie au XVIIe siècle : le classicisme

Aujourd'hui moins connue, Sganarelle ou le Cocu imaginaire *fut la pièce la plus jouée du vivant de Molière. Dans la scène 17, le personnage principal Sganarelle, convaincu de l'infidélité de sa femme, délibère sur la conduite à tenir.*

SGANARELLE, *seul.* :
Que le Ciel la préserve à jamais de danger.
Voyez quelle bonté de vouloir me venger :
En effet, son courroux[1] qu'excite ma disgrâce,
M'enseigne hautement ce qu'il faut que je fasse,
Et l'on ne doit jamais souffrir sans dire mot
De semblables affronts à moins qu'être un vrai sot.
Courons donc le chercher, ce pendard qui m'affronte ;
Montrons notre courage à venger notre honte.
Vous apprendrez, maroufle[2], à rire à nos dépens,
Et sans aucun respect faire cocus les gens.
Doucement, s'il vous plaît, cet homme a bien la mine,
(*Il se retourne ayant fait trois ou quatre pas.*)
D'avoir le sang bouillant et l'âme un peu mutine[3],
Il pourrait bien, mettant affront dessus affront,
Charger de bois mon dos, comme il a fait mon front.
Je hais de tout mon cœur les esprits colériques,
Et porte grand amour aux hommes pacifiques.
Je ne suis point battant, de peur d'être battu,
Et l'humeur débonnaire est ma grande vertu.
Mais mon honneur me dit que d'une telle offense
Il faut absolument que je prenne vengeance.
Ma foi, laissons-le dire autant qu'il lui plaira :
Au diantre[4] qui pourtant rien du tout en fera :
Quand j'aurai fait le brave, et qu'un fer pour ma peine
M'aura d'un vilain coup transpercé la bedaine,
Que par la ville ira le bruit de mon trépas,
Dites-moi, mon honneur, en serez-vous plus gras ?
La bière[5] est un séjour par trop mélancolique
Et trop malsain pour ceux qui craignent la colique.

Molière, *Sganarelle ou le Cocu imaginaire*, 1660, Scène 17

1. Colère. 2. Personnage grossier, synonyme de fripon. 3. Rebelle. 4. Au diable. 5. Ici synonyme de cercueil.

Sujet : « La femme de Sganarelle a tout entendu. Elle fait son entrée sur scène et prononce alors une tirade accusatrice d'environ 25 vers. Vous la rédigerez en vers libre. »

1. Quels sont les mots-clés du sujet ? Explicitez-les.
2. Du point de vue de la représentation théâtrale, quelles sont les contraintes lorsqu'un nouveau personnage entre sur scène ?
3. Quelles sont les règles de l'écriture théâtrale qu'il faudra respecter ?

Fiche 48

Rédiger un écrit d'invention

Une fois le sujet finement analysé et les contraintes explicites et implicites dégagées (fiche 47 « Comprendre un sujet d'écriture d'invention »), le plan peut être construit et le texte rédigé.

1 Étape 1 : Préparer un plan au brouillon

➡ L'écriture d'invention, comme les deux autres sujets, ne saurait se passer de l'étape du **plan**. L'analyse du sujet a permis de mettre au jour les contraintes et les attentes imposées par le sujet. Il reste à déterminer **un plan détaillé** avant de rédiger un premier jet.

➡ **Pour un écrit à visée essentiellement argumentative :** il faut nécessairement passer par la **recherche d'arguments et d'exemples**. En fonction de la consigne d'écriture (confirmer ou infirmer une thèse, construire un dialogue, etc.), on prépare au brouillon un tableau qui favorise la réflexion et la construction des idées.

➡ **Pour un écrit dont le contenu est essentiellement narratif ou descriptif,** on cerne précisément le contenu imposé par le sujet et on délimite la marge de **liberté** ou **d'imagination** laissée au candidat.
Il s'agit alors de trouver des idées, toujours en s'inspirant des textes du corpus et en liaison avec l'objet d'étude.

Ex : **Objet d'étude :** Genres et formes de l'argumentation : XVIIe et XVIIIe siècles

Corpus : Voltaire, *Candide*, 1759, ch. 19

Après avoir été chassé du château du baron de Thunder-ten-tronckh où il était élevé par son précepteur Pangloss, le jeune Candide découvre le monde à travers ses voyages. Arrivé à Surinam, il doit faire face à la misère d'un esclave.

1 En approchant de la ville, ils rencontrèrent un nègre étendu par terre, n'ayant plus que la moitié de son habit, c'est-à-dire d'un caleçon de toile bleue ; il manquait à ce pauvre homme la jambe gauche et la main droite.

« Eh, mon Dieu ! lui dit Candide en hollandais, que fais-tu là, mon ami, dans l'état horrible où je te vois ?

– J'attends mon maître, M. Vanderdendur, le fameux négociant, répondit le nègre. - Est-ce M. Vanderdendur, dit Candide, qui t'a traité ainsi ? - Oui, monsieur, dit le nègre, c'est l'usage. On nous donne un caleçon de toile pour tout vêtement deux fois l'année. Quand nous travaillons aux sucreries, et que la meule nous attrape le doigt, on nous coupe la main ; quand nous voulons nous enfuir, on nous coupe la jambe : je me suis trouvé dans les deux cas. C'est à ce prix que vous mangez du sucre en Europe. Cependant, lorsque ma mère me vendit dix écus patagons sur la côte de Guinée, elle me disait : « Mon cher enfant, bénis nos fétiches, adore-les toujours, ils te feront vivre heureux, tu as l'honneur d'être esclave de nos seigneurs les blancs, et tu fais par là la fortune de ton père et de ta mère. » Hélas ! je ne sais pas si j'ai fait leur fortune, mais ils n'ont pas fait la mienne. Les chiens, les singes et les perroquets sont mille fois moins malheureux que nous. Les fétiches hollandais qui m'ont converti me disent tous les dimanches que nous sommes tous enfants d'Adam, blancs et noirs. Je ne suis pas généalogiste ; mais si ces prêcheurs disent vrai, nous sommes tous cousins issus de germains. Or vous m'avouerez qu'on ne peut pas en user avec ses parents d'une manière plus horrible.

Sujet : Imaginez le discours que Candide pourrait faire, de retour à Paris, au roi pour le convaincre d'abolir l'esclavage. Le registre employé sera pathétique. L'argumentation s'appuiera sur cet extrait et sur d'autres exemples pris dans le manuel.

Le plan détaillé pourrait être :

– Formule d'ouverture

– Rappel des circonstances du discours de Candide : qui est-il ? Comment a-t-il rencontré un esclave à Surinam ?

– La barbarie dont sont victimes les esclaves noirs est intolérable.

– Nous, les blancs, nous pouvons réagir : les solutions possibles.

– Adresse directe au roi et appel à sa bonté.

2 Étape 2 : Mobiliser ses connaissances

➡ L'écriture d'invention est avant tout un exercice qui doit amener le candidat à s'appuyer sur des **connaissances littéraires et culturelles précises**. Celles-ci peuvent se manifester de plusieurs façons :

• Par **une utilisation pertinente du corpus**
Les textes proposés par le sujet sont un point d'appui important. Parfois, il s'agit même de répondre à l'un d'entre eux, de le poursuivre. La question sur corpus est toujours un guide vers les exercices d'écriture : il convient aussi de l'observer attentivement.

• Par des **références personnelles et adaptées**
Le cours, les lectures analytiques et cursives, permettent au candidat de se construire une culture et des références. Elles peuvent nourrir les exemples, dans le cas d'un texte à produire qui serait argumentatif, ou inspirer un texte narratif, sur la forme comme sur le fond. On sera attentif à éviter tout **anachronisme** : il faut tenir compte de la situation d'énonciation et, si le texte doit se référer à une période du passé, il ne s'agit pas d'y introduire des éléments qui nous sont contemporains.

• Par la **reprise ou l'imitation d'un style**
Rédiger un texte « à la manière de » suppose que le candidat a pu, pendant l'année de préparation, observer finement ce qui fait la spécificité d'un style et l'imiter. Il ne s'agit pas seulement de respecter des contraintes d'énonciation ou de registre, il faut aussi pouvoir repérer des images caractéristiques d'un auteur, des **traits particuliers d'une écriture**, comme les tournures syntaxiques ou les choix lexicaux.

3 Étape 3 : Rédiger un premier jet

➡ Une fois le plan détaillé au brouillon, le candidat peut passer au **premier jet**. Il est indispensable de gérer le temps de l'épreuve dans l'optique d'une double écriture (un brouillon à retravailler puis une nouvelle version au propre sur la copie d'examen).

➡ Le premier jet doit être envisagé comme une première tentative qui peut être réussie ou ratée. Il s'agit, une fois le texte rédigé, de **prendre de la distance** pour réussir à en percevoir les réussites et les défaillances.

4 Étape 4 : Rédiger au propre

➡ La **réécriture du brouillon** s'opère une fois que l'on a décidé de ce qu'il faut améliorer. À ce stade, il s'agit également de porter une attention particulière au **style** (respecte-t-on bien celui imposé par le sujet ?), mais aussi à la **correction de la langue**.

➡ La **relecture** est une étape à part entière du travail d'écriture qui permet de pallier les oublis et les négligences.

➡ La **mise en page** doit être particulièrement soignée. La **graphie** doit être agréable et le texte complètement lisible. Les paragraphes doivent être clairement construits.

5 Exemple rédigé

L'exemple répond au sujet sur *Candide* proposé plus haut.

Sire,

Le Destin a voulu que je sois chassé du château du baron de Thunder-ten-tronckh où j'ai été élevé dans le bonheur par mon Maître Pangloss aux côtés de Mademoiselle Cunégonde. Depuis, la Providence a voulu que je parcoure le monde : j'y croise tous les jours la misère et la souffrance.

À Surinam, il y a un mois, j'ai croisé un pauvre malheureux. Allongé par terre, le nègre était à peine vêtu. Je ne sais pourquoi, j'eus envie de connaître les raisons qui l'ont amené à être dans cet extrême dénuement. Sire, nous en sommes les responsables.

En effet, ce pauvre nègre est victime de notre goût pour le sucre. Dès le plus jeune âge, les familles vendent leurs enfants aux exploitants pour les faire travailler dans des conditions inhumaines. Et ils ne peuvent s'y soustraire : celui qui prendrait la fuite serait amputé d'une jambe. Pire, ceux qui ont la malchance d'avoir un accident se voient doubler leur peine. Par exemple, le nègre que j'ai croisé a eu un doigt bloqué dans une machine : on lui a alors coupé la main ! Aucun homme raisonnable ne peut comprendre cet acte des plus barbares. Un animal serait mieux traité.

Nous ne pouvons ignorer plus longtemps que ces hommes le sont au même titre que nous. La couleur de leur peau n'est qu'un effet du soleil, plus rude chez eux que chez nous. Aucun homme ne peut prendre prétexte de cette différence pour asservir un autre homme. J'en appelle à votre bonté, Sire, peut-on traiter ces hommes avec humanité ? Peut-on les vêtir décemment ? Les traiter sans les humilier ni porter atteinte à leur corps ? Et pourquoi ne pas leur donner de l'argent, des conditions de vie qui sont à l'égal de celles de tous dans notre pays ?

Croyez-moi, l'abus qui consiste à prendre des hommes noirs pour les mettre au service des hommes blancs, sans raison ni limite, ne sera pas accepté indéfiniment. Sire, montrez votre générosité en abolissant parmi les premiers cette pratique inhumaine. Faites-le pour eux, vous soulagerez le sort de ces pauvres créatures de Dieu, mais faites-le aussi pour nous qui mangeons un sucre qui a le goût du sang.

Exercices

1 Rédiger un dialogue

Objet d'étude : Genres et formes de l'argumentation : XVIIe et XVIIIe siècles

Corpus : Jean de La Fontaine, *Fables*, 1668, I, 6, « La Génisse, la Chèvre et la Brebis, en société avec le Lion », (texte reproduit fiche 54)

Sujet : En vous appuyant sur la fable de La Fontaine, imaginez sous forme de dialogue en vers ou en prose, les réponses de la Génisse, de la Chèvre et de la Brebis au Lion.

2 Transposer un texte – changer de point de vue narratif

Objet d'étude : Le roman et la nouvelle au XIXe siècle : réalisme et naturalisme

Corpus : Gustave Flaubert, *Madame Bovary*, 1857 (texte reproduit Fiche 47)

Sujet : Réécrivez le texte de Flaubert du point de vue de Charles. Vous respecterez le récit et vous l'adapterez au nouveau point de vue

3 Rédiger une tirade

Objet d'étude : La tragédie et la comédie au XVIIe siècle : le classicisme

Corpus : Molière, *Sganarelle ou le Cocu imaginaire*, 1660, Scène 17

(texte reproduit Fiche 47)

Sujet : La femme de Sganarelle a tout entendu. Elle fait son entrée sur scène et prononce alors une tirade accusatrice d'environ 25 vers.

4 Rédiger un article

Objet d'étude : La poésie du XIXe au XXe siècle : du romantisme au surréalisme

Corpus :
Texte A : Victor Hugo, *Les Feuilles d'automne*, 1831, « Soleils couchants », poème VI
Texte B : Paul Verlaine, *Poèmes saturniens*, 1866, « Soleils couchants »
Texte C : Jules Laforgue, *Les Complaintes*, 1885, « Soleil couchant »

Sujet : Vous écrivez à un producteur de programmes soit pour la télévision, soit pour la radio, afin de lui proposer une émission destinée à mettre en valeur l'intérêt pour la poésie. Vous montrerez dans votre lettre pourquoi une émission télévisée ou bien radiophonique sur la poésie vous paraît utile à notre époque. Vous indiquerez ensuite quel contenu précis vous donneriez à cette émission et en quoi elle pourrait intéresser des spectateurs ou des auditeurs.
Vous pouvez vous aider de l'analyse du sujet Fiche 47

5 Rédiger un portrait satirique

Objet d'étude : Genres et formes de l'argumentation : XVIIe et XVIIIe siècles

Dans cet extrait du chapitre intitulé « De la mode », La Bruyère se moque de l'importance excessive accordée par Iphis aux vêtements.

1 Iphis voit à l'église un soulier d'une nouvelle mode ; il regarde le sien et en rougit ; il ne se croit plus habillé. Il était venu à la messe pour s'y montrer, et il se cache ; le voilà retenu par le pied dans sa chambre tout le reste du jour. Il a la main douce, et il l'entretient avec une pâte de senteur ; il a soin de rire pour montrer ses dents ; il fait la petite bouche, et il n'y a guère de moments où il ne veuille sourire ; il regarde ses jambes, et se voit au miroir : l'on ne peut être plus content de personne qu'il l'est[1] de lui-même ; il s'est acquis une voix claire et délicate, et heureusement il parle gras ; il a un mouvement de tête, et je ne sais quel adoucissement dans les yeux, dont il n'oublie pas de s'embellir ; il a une démarche molle et le plus joli maintien qu'il est capable de se procurer ; il met du rouge, mais rarement, il n'en fait pas habitude. Il est vrai aussi qu'il porte des chausses et un chapeau, et qu'il n'a ni boucles d'oreilles ni collier de perles ; aussi ne l'ai-je pas mis dans le chapitre des femmes.

Jean de La Bruyère, *Les Caractères*, 1688

1. Qu'il ne l'est lui-même.

Sujet : À la manière de La Bruyère, vous rédigerez le portrait d'un personnage fictif qui accorde de nos jours une importance excessive aux dernières nouveautés. Vous pourrez, par exemple, vous appuyer sur l'enthousiasme excessif que suscitent parfois les nouvelles technologies.

6 Rédiger un discours

Objet d'étude : Genres et formes de l'argumentation : XVIIe et XVIIIe siècles

Dans son discours, rédigé lors d'un concours organisé par l'Académie des sciences de Dijon, Rousseau expose les origines de l'inégalité entre les hommes.

1 Tant que les hommes se contentèrent de leurs cabanes rustiques, tant qu'ils se bornèrent à coudre leurs habits de peaux avec des épines ou des arêtes, à se parer de plumes et de coquillages, à se peindre le corps de diverses couleurs, à perfectionner ou à embellir leurs arcs et leurs flèches, à tailler avec des pierres tranchantes quelques canots de pêcheurs ou quelques grossiers instruments de musique ; en un mot tant qu'ils ne s'appliquèrent qu'à des ouvrages qu'un seul pouvait faire, et qu'à des arts qui n'avaient pas besoin du concours de plusieurs mains, ils vécurent libres, sains, bons et heureux autant qu'ils pouvaient l'être par leur nature, et continuèrent à jouir entre eux des douceurs d'un commerce[1] indépendant : mais dès l'instant qu'un homme eut besoin du secours d'un

autre, dès qu'on s'aperçut qu'il était utile à un seul d'avoir des provisions pour deux, l'égalité disparut, la propriété s'introduisit, le travail devint nécessaire et les vastes forêts se changèrent en des campagnes riantes qu'il fallut arroser de la sueur des hommes, et dans lesquelles on vit bientôt l'esclavage et la misère germer et croître avec les moissons.

Jean-Jacques Rousseau, *Discours sur l'origine de l'inégalité parmi les hommes*, 1755

1. Relations entre les hommes.

Sujet : En vous inspirant de l'écriture de Rousseau, particulièrement de la syntaxe des phrases, vous dénoncerez à votre tour une injustice contemporaine qui vous révolte.

7 Rédiger une suite de texte

Objet d'étude : Le roman et la nouvelle au XIXe siècle : réalisme et naturalisme

Dans ce roman, le personnage du jeune Eugène de Rastignac apprend les dures réalités de la vie auprès d'un personnage douteux, le mystérieux Vautrin : ce dernier parle à son protégé, lui décrivant son avenir probable dans le monde de la magistrature.

Admettons que vous soyez sage, que vous buviez du lait et que vous fassiez des élégies[1] ; il faudra commencer, après bien des ennuis et des privations à rendre un chien enragé, par devenir le substitut[2] de quelque drôle, dans un trou de ville où le gouvernement vous jettera mille francs d'appointements, comme on jette une soupe à un dogue[3] de boucher. Aboie après les voleurs, plaide pour le riche, fais guillotiner des gens de cœur. Bien obligé !

Si vous n'avez pas de protection, vous pourrirez dans votre tribunal de province. Vers trente ans, vous serez juge à douze cents francs par an, si vous n'avez pas encore jeté la robe aux orties. Quand vous aurez atteint la quarantaine, vous épouserez quelque fille de meunier, riche d'environ six mille livres de rentes. Merci. [...]

Autant commencer aujourd'hui votre révolte contre les conventions humaines. Voilà le carrefour de la vie, jeune homme, choisissez. Une rapide fortune est le problème que se proposent de résoudre en ce moment cinquante mille jeunes gens qui se trouvent tous dans votre position. Vous êtes une unité de ce nombre-là. Jugez des efforts que vous avez à faire et de l'acharnement du combat. Il faut vous manger les uns les autres comme des araignées dans un pot, attendu qu'il n'y a pas cinquante mille bonnes places.

Savez-vous comment on fait son chemin ici ? Par l'éclat du génie ou par l'adresse de la corruption. Il faut entrer dans cette masse d'hommes comme un boulet de canon, ou s'y glisser comme une peste. L'honnêteté ne sert à rien.

Honoré de Balzac, *Le Père Goriot*, 1834

1. Poèmes d'un lyrisme douteux. 2. Remplaçant. 3. Race de chien.

Sujet : Imaginez la réponse que pourrait faire Eugène de Rastignac. Il refuse d'être malhonnête pour réussir et s'en justifie. Votre texte fera au moins 40 lignes.

8 Rédiger une suite de texte

Objet d'étude : La tragédie et la comédie au XVIIe siècle : le classicisme

Au début du Misanthrope *(terme désignant celui qui déteste les hommes), Alceste expose à son ami Philinte l'aversion qu'il a pour la nature humaine.*

PHILINTE : Vous voulez un grand mal à la nature humaine !
ALCESTE : Oui, j'ai conçu pour elle une effroyable haine.
PHILINTE : Tous les pauvres mortels, sans nulle exception,
Seront enveloppés dans cette aversion ?
Encore en est-il bien, dans le siècle où nous sommes...
ALCESTE : Non : elle est générale, et je hais tous les hommes :
Les uns, parce qu'ils sont méchants et malfaisants,
Et les autres, pour être aux méchants complaisants,
Et n'avoir pas pour eux ces haines vigoureuses
Que doit donner le vice aux âmes vertueuses.
De cette complaisance on voit l'injuste excès
Pour le franc scélérat avec qui j'ai procès :
Au travers de son masque on voit à plein le traître ;
Partout il est connu pour tout ce qu'il peut être ;
Et ses roulements d'yeux et son ton radouci
N'imposent qu'à des gens qui ne sont point d'ici.
On sait que ce pied plat[1], digne qu'on le confonde[2],
Par de sales emplois s'est poussé dans le monde,
Et que par eux son sort de splendeur revêtu
Fait gronder le mérite et rougir la vertu.
Quelques titres honteux qu'en tous lieux on lui donne,
Son misérable honneur ne voit pour lui personne ;
Nommez-le fourbe, infâme et scélérat maudit,
Tout le monde en convient, et nul n'y contredit.
Cependant sa grimace est partout bienvenue :
On l'accueille, on lui rit, partout il s'insinue ;
Et s'il est, par la brigue[3], un rang à disputer,
Sur le plus honnête homme on le voit l'emporter.
Têtebleu[4] ! Ce me sont de mortelles blessures,
De voir qu'avec le vice on garde des mesures ;
Et parfois il me prend des mouvements soudains
De fuir dans un désert l'approche des humains.

Molière, *Le Misanthrope*, 1666, acte I, scène 1

1. Individu méprisable. 2. Démasque. 3. L'intrigue. 4. Juron.

Sujet : Imaginez la réponse de Philinte, qui réfute les arguments d'Alceste. Il défend les compromis que suppose la vie en société. Votre texte pourra être rédigé en vers ou en prose.

Fiche 49

VERS LE COMMENTAIRE

Comprendre un sujet de commentaire

1 Les objectifs de l'exercice à l'examen

➽ Le **commentaire** conjugue **l'analyse des procédés d'écriture** choisis par un auteur et l'interprétation des effets produits sur le lecteur. Il ne s'agit pourtant pas d'un exercice purement technique : certes, il faut **entrer dans la mécanique textuelle**, mais il faut le faire avec **sensibilité** et **recul**.

➽ On attend donc du candidat :

– qu'il construise une véritable **lecture** d'un texte littéraire, c'est-à-dire une **interprétation**.
Le commentaire est donc un exercice **argumentatif**,

– qu'il **organise** sa lecture.
Cela signifie que le commentaire ne s'organise pas de façon linéaire, du début à la fin du texte, mais autour d'**axes ou centres d'intérêt.**

2 Les types des textes

➽ Il n'existe pas de typologie exhaustive des textes qui peuvent donner lieu à un commentaire. Néanmoins, la liste des **objets d'étude** de l'année de seconde peut aider à envisager les exercices possibles.

➽ **Tous les genres sont donc susceptibles d'être commentés** : le roman, le théâtre, la poésie, etc. Mais un extrait d'une œuvre relevant de « la littérature d'idées » peut également fournir un support au commentaire : son étude porte alors davantage sur le type de texte (le texte argumentatif) auquel elle appartient que sur son genre.

➽ Par ailleurs, **tous les types de textes** sont possibles : narratif, descriptif, explicatif, argumentatif. Il existe aussi la possibilité qu'un extrait croise différents types de textes au sein du même extrait.

3 Comprendre le texte

Étape 1 : Comprendre le sens littéral

➽ Il convient de lire le texte en commençant par le début et jusqu'à la fin, sans négliger le paratexte.

➽ Cette première lecture, que l'on pourrait qualifier positivement de **naïve**, est une première approche qui n'est pas inutile. Au contraire, elle permet de prendre connaissance du texte, de vérifier le **sens littéral** et d'éviter les contresens. Il est essentiel de prendre le temps de **chercher à éclaircir les passages dont le sens est difficile**. L'indication de l'objet d'étude et le paratexte doivent aider à cette première approche.

➽ Au brouillon le candidat peut noter ses **premières impressions de lecture** qui serviront par la suite à construire la problématique et le développement.

Étape 2 : Caractériser le texte

➽ Envisager une nouvelle lecture, **crayon en main**, destinée à **caractériser le texte**. Il est nécessaire de définir avec précision :

- **le genre du texte** (en s'aidant de l'objet d'étude et du paratexte),
- le ou les **type(s) de texte** en jeu,
- le **registre** dominant ou les registres,
- le **thème** et les éventuels sous-thèmes,
- la **mise en forme** du texte (vers ou prose, utilisation des paragraphes, des strophes, du blanc typographique).

➽ À ce stade, les impressions de lecture deviennent des **hypothèses** : toujours au brouillon, le candidat note les premières pistes qui permettront de construire l'analyse.

➽ Lors de l'épreuve du baccalauréat, de même qu'en classe en cours d'année, les documents sont un outil de travail : on ne doit pas hésiter à les annoter, à encadrer au crayon une expression, un mot particulièrement important, à souligner au fluo un réseau lexical ou sémantique...

Étape 3 : Saisir l'originalité du texte pour problématiser

➽ Une troisième lecture s'impose enfin : c'est **une lecture de détails**. Elle s'attache :

- **à l'énonciation** : quelle situation d'énonciation est mise en place ?

• **aux mots utilisés :** quels réseaux lexicaux sont mis en place et comment ? Pourquoi et avec quels effets sur le lecteur ?
• aux **phrases** et plus largement à la **syntaxe** : comment sont-elles construites ?
• aux **figures de style** : lesquelles l'auteur utilise-t-il ? Quels effets produisent-elles ?

➽ Il s'agit à ce stade de percevoir la **spécificité d'une écriture** et donc la **singularité du texte**.

➽ La phase de **problématisation** intervient alors.

➽ La problématique est **la question qui permettra d'organiser le commentaire** et de lui donner une **dynamique**.

La problématique :
• est **une question généralement ouverte**

Ex : *« Comment l'auteur parvient-il à rendre sa critique amusante ? »*

Ex : *« Qu'est-ce qui fait de ce texte une déclaration d'amour originale ? »*

• fonctionne comme **un moteur de recherche** : elle permet de tester des pistes, de confirmer ou d'infirmer des hypothèses dans le cours du développement,
• **organise l'exercice** : chaque axe du plan doit donc lui apporter des éléments de réponse.

➽ Au terme de ces quatre étapes, le commentaire n'est pas encore construit, mais la compréhension littérale et la problématisation du commentaire sont assurées.

4 *Exemple*

Objet d'étude : La poésie du XIXe au XXe siècle : du romantisme au surréalisme

Avec ses Méditations poétiques, *Lamartine marque les débuts de la poésie romantique en France. Il ouvre la voie à un lyrisme profond qui exprime pleinement le « vague des passions » propre à l'époque.*

Salut ! bois couronnés d'un reste de verdure !
Feuillages jaunissants sur les gazons épars !
Salut, derniers beaux jours ! Le deuil de la nature
Convient à la douleur et plaît à mes regards.

Je suis d'un pas rêveur le sentier solitaire ;
J'aime à revoir encor, pour la dernière fois,
Ce soleil pâlissant, dont la faible lumière
Perce à peine à mes pieds l'obscurité des bois.

Oui, dans ces jours d'automne où la nature expire,
À ses regards voilés je trouve plus d'attraits ;
C'est l'adieu d'un ami, c'est le dernier sourire
Des lèvres que la mort va fermer pour jamais.

Ainsi, prêt à quitter l'horizon de la vie,
Pleurant de mes longs jours l'espoir évanoui[1],
Je me retourne encore, et d'un regard d'envie
Je contemple ses biens dont je n'ai pas joui.

Terre, soleil, vallons, belle et douce nature,
Je vous dois une larme aux bords de mon tombeau ;
L'air est si parfumé ! la lumière est si pure !
Aux regards d'un mourant le soleil est si beau !

Alphonse de Lamartine, *Méditations poétiques*, 1820, « L'automne » (extrait)

1. Pleurant l'espoir évanoui de vivre longtemps.

Étape 1 : Comprendre le sens littéral

➽ Lamartine est le premier grand poète romantique français. « L'Automne » chante la situation désespérée d'un « je » qui, ayant perdu le bonheur et l'espoir d'être aimé, vient faire un dernier adieu à la Nature. La saison choisie, l'automne, reflète son état d'esprit, à mi-chemin entre l'été et l'hiver, entre la pleine vie et la mort. Le poète établit une correspondance entre « le deuil de la Nature » dans cette saison et sa propre « douleur ».

Étape 2 : Caractériser le texte

➽ Il s'agit d'un **poème** en **alexandrins**, organisés en **quatrains**. Les rimes sont croisées.

➽ **Un « je »**, vraisemblablement le poète, **s'adresse** à la Nature. Ce faisant, il brosse un **tableau** saisissant de cette Nature en automne. Le poème est donc à la fois **descriptif** et **narratif**. On relève aussi une large part de **discours à la première personne.**

➽ Le **registre** choisi est le **lyrisme** : le poète ouvre son cœur et expose une douleur intime.

➽ Deux **thèmes** se croisent donc : douleur du poète et bonheur d'être dans une Nature qui le comprend et qui reflète ses préoccupations.

Étape 3 : Saisir l'originalité du texte pour problématiser

➽ L'expression exacerbée des sentiments est nouvelle pour les contemporains de Lamartine, même si plusieurs auteurs préromantiques ont préparé cette nouvelle forme d'expression personnelle. On insistera donc sur l'analyse du registre lyrique, mais aussi sur l'exaltation de la Nature.

➽ Il est donc possible de soulever un problème : pour Lamartine, la Nature est à la fois le lieu du bonheur, mais aussi le reflet de son désespoir. Le commentaire peut alors s'organiser autour de la question suivante : dans quelle mesure le poème de Lamartine exprime-t-il des sentiments contradictoires ?

Exercices

1 Comprendre et caractériser

Objet d'étude : Le roman et la nouvelle au XIXe siècle : réalisme et naturalisme

Dans ce roman, Balzac met en scène le peintre Nicolas Poussin alors qu'il arrive à Paris en 1612. Très jeune, il se rend chez Maître Porbus, un peintre plus âgé dont il veut devenir l'élève. Sur le palier, il rencontre un personnage étrange.

Un vieillard vint à monter l'escalier. À la bizarrerie de son costume, à la magnificence de son rabat[1] de dentelle, à la prépondérante sécurité de la démarche, le jeune homme devina dans ce personnage[2] ou le protecteur ou l'ami du peintre ; il se recula sur le palier pour lui faire place, et l'examina curieusement, espérant trouver en lui la bonne nature d'un artiste ou le caractère serviable des gens qui aiment les arts ; mais il aperçut quelque chose de diabolique dans cette figure, et surtout ce *je ne sais quoi* qui affriande[3] les artistes. Imaginez un front chauve, bombé, proéminent, retombant en saillie sur un petit nez écrasé, retroussé du bout comme celui de Rabelais ou de Socrate ; une bouche rieuse et ridée, un menton court, fièrement relevé, garni d'une barbe grise taillée en pointe, des yeux vert de mer ternis en apparence par l'âge, mais qui par le contraste du blanc nacré dans lequel flottait la prunelle devaient parfois jeter des regards magnétiques au fort de la colère ou de l'enthousiasme. Le visage était d'ailleurs singulièrement flétri par les fatigues de l'âge, et plus encore par ces pensées qui creusent également l'âme et le corps. Les yeux n'avaient plus de cils, et à peine voyait-on quelques traces de sourcils au-dessus de leurs arcades saillantes. Mettez cette tête sur un corps fluet et débile[4], entourez-la d'une dentelle étincelante de blancheur et travaillée comme une truelle à poisson[5], jetez sur le pourpoint[6] noir du vieillard une lourde chaîne d'or, et vous aurez une image imparfaite de ce personnage auquel le jour faible de l'escalier prêtait encore une couleur fantastique. Vous eussiez dit d'une toile de Rembrandt[7] marchant silencieusement et sans cadre dans la noire atmosphère que s'est appropriée ce grand peintre.

Honoré de Balzac, *Le Chef-d'œuvre inconnu*, 1832

1. Grand col rabattu porté autrefois par les hommes.
2. Vieillard qui s'appelle Frenhofer. 3. Attirée par sa délicatesse.
4. Qui manque de force physique, faible. 5. Spatule coupante.
6. Partie du vêtement qui couvrait le torse jusqu'au-dessous de la ceinture. 7. Peintre néerlandais du XVIIe siècle.

1. Caractérisez le texte : genre, type(s) de texte, registre, thème(s).
2. Notez vos premières impressions de lecture. Quels relevés pourraient les confirmer ?
3. Relevez le champ lexical du mystère et celui de la vieillesse.
4. Comment Balzac installe-t-il une atmosphère fantastique ?

2 Caractériser et problématiser

Objet d'étude : La poésie du XIXe au XXe siècle : du romantisme au surréalisme

« Après trois ans »

Ayant poussé la porte étroite qui chancelle,
Je me suis promené dans le petit jardin
Qu'éclairait doucement le soleil du matin,
Pailletant chaque fleur d'une humide étincelle.

Rien n'a changé. J'ai tout revu : l'humble tonnelle
De vigne folle avec les chaises de rotin...
Le jet d'eau fait toujours son murmure argentin
Et le vieux tremble[1] sa plainte sempiternelle.

Les roses comme avant palpitent ; comme avant,
Les grands lys orgueilleux se balancent au vent.
Chaque alouette qui va et vient m'est connue.

Même j'ai retrouvé debout la Velléda[2]
Dont le plâtre s'écaille au bout de l'avenue,
– Grêle, parmi l'odeur fade du réséda.

Paul Verlaine, *Poèmes saturniens*, 1866,
« Melancholia », « Après trois ans »

1. Variété d'arbre. 2. Statue d'une déesse et prophétesse.

1. Caractérisez le texte : genre, type(s) de texte, registre, thème(s).
2. Qu'est-ce qui fait la spécificité de cet extrait ?
3. Quelle problématique pourrait organiser le commentaire ?

3 Caractériser et problématiser

Objet d'étude : La poésie du XIXe au XXe siècle : du romantisme au surréalisme

« Roman »

I

On n'est pas sérieux, quand on a dix-sept ans.
– Un beau soir, foin[1] des bocks[2] et de la limonade,
Des cafés tapageurs aux lustres éclatants !
– On va sous les tilleuls verts de la promenade.

Les tilleuls sentent bon dans les bons soirs de juin !
L'air est parfois si doux, qu'on ferme la paupière ;
Le vent chargé de bruits, – la ville n'est pas loin, –
A des parfums de vigne et des parfums de bière...

II

– Voilà qu'on aperçoit un tout petit chiffon
D'azur sombre, encadré d'une petite branche,
Piqué d'une mauvaise étoile, qui se fond
Avec de doux frissons, petite et toute blanche...

Nuit de juin ! Dix-sept ans ! – On se laisse griser[3].
La sève est du champagne et vous monte à la tête...
On divague ; on se sent aux lèvres un baiser
Qui palpite là, comme une petite bête...

III

Le cœur fou Robinsonne[4] à travers les romans,
Lorsque, dans la clarté d'un pâle réverbère,

Passe une demoiselle aux petits airs charmants,
Sous l'ombre du faux-col effrayant de son père...

Et, comme elle vous trouve immensément naïf,
Tout en faisant trotter ses petites bottines,
Elle se tourne, alerte et d'un mouvement vif...
– Sur vos lèvres alors meurent les cavatines[5]...

IV

Vous êtes amoureux. Loué jusqu'au mois d'août.
Vous êtes amoureux. – Vos sonnets La font rire.
Tous vos amis s'en vont, vous êtes mauvais goût.
– Puis l'adorée, un soir, a daigné vous écrire... !

– Ce soir-là,... – vous rentrez aux cafés éclatants,
Vous demandez des bocks ou de la limonade...
– On n'est pas sérieux, quand on a dix-sept ans
Et qu'on a des tilleuls verts sur la promenade.

Arthur Rimbaud, *Les Cahiers de Douai*,
29 septembre 1870, « Roman »

1. Assez de. Marque le dégoût. 2. Pintes de bière. 3. enivrer. 4. « bat la campagne par désir d'aventure ». Verbe inventé par Rimbaud à partir de Robinson Crusoé, héros du roman de Daniel Defoe. 5. Pièces de musique

1. Caractérisez le texte : genre, type(s) de texte, registre, thème(s).
2. Selon vous, qu'est-ce qui fait la spécificité de cet extrait ?
3. Quelle problématique pourrait organiser le commentaire ?

4 Caractériser et problématiser

Objet d'étude : Genres et formes de l'argumentation : XVIIe et XVIIIe siècles

Un pauvre Bûcheron tout couvert de ramée[1],
Sous le faix[2] du fagot aussi bien que des ans
Gémissant et courbé marchait à pas pesants,
Et tâchait de gagner sa chaumine[3] enfumée.
Enfin, n'en pouvant plus d'effort et de douleur,
Il met bas son fagot, il songe à son malheur.
Quel plaisir a-t-il eu depuis qu'il est au monde ?
En est-il un plus pauvre en la machine ronde[4] ?
Point de pain quelquefois, et jamais de repos.
Sa femme, ses enfants, les soldats[5], les impôts,
Le créancier, et la corvée[6]
Lui font d'un malheureux la peinture achevée.
Il appelle la mort, elle vient sans tarder,
Lui demande ce qu'il faut faire.
C'est, dit-il, afin de m'aider
À recharger ce bois ; tu ne tarderas guère[7].
Le trépas vient tout guérir ;
Mais ne bougeons d'où nous sommes.
Plutôt souffrir que mourir,
C'est la devise des hommes.

Jean de La Fontaine *Fables*, 1668, I, 16,
« La Mort et le Bûcheron »

1. Branches coupées avec leurs feuilles. 2. Poids. 3. Cabane couverte de chaume. 4. La Terre. 5. Les paysans sont parfois tenus de loger les soldats. 6. Corvée due au seigneur. 7. Cela ne tardera pas.

1. Caractérisez le texte : genre, type(s) de texte, registre, thème(s).
3. Selon vous, qu'est-ce qui fait la spécificité de cet extrait ?
4. Quelle problématique pourrait organiser le commentaire ?

5 Caractériser et problématiser

Objet d'étude : La tragédie et la comédie au XVIIe siècle : le classicisme

Monsieur Jourdain est un bourgeois qui ambitionne de devenir aristocrate. Amoureux d'une marquise, Dorimène, il lui prépare un spectacle qu'il cache à sa femme. Au moment où M. Jourdain va déclarer sa flamme à la marquise, son épouse entre sur scène.

MME JOURDAIN, M. JOURDAIN, DORIMÈNE, DORANTE, MUSICIENS, LAQUAIS.

Mme JOURDAIN : Ah, ah ! je trouve ici bonne compagnie, et je vois bien qu'on ne m'y attendait pas. C'est donc pour cette belle affaire-ci, Monsieur mon mari, que vous avez eu tant d'empressement à m'envoyer dîner chez ma sœur ? Je viens de voir un théâtre là-bas, et je vois ici un banquet à faire noces. Voilà comme vous dépensez votre bien, et c'est ainsi que vous festinez les dames en mon absence, et que vous leur donnez la musique et la comédie, tandis que vous m'envoyez promener ?

DORANTE : Que voulez-vous dire, Madame Jourdain ? et quelles fantaisies[1] sont les vôtres, de vous aller mettre en tête que votre mari dépense son bien, et que c'est lui qui donne ce régal[2] à Madame ? Apprenez que c'est moi, je vous prie ; qu'il ne fait seulement que me prêter sa maison, et que vous devriez un peu mieux regarder aux choses que vous dites.

M. JOURDAIN : Oui, impertinente, c'est Monsieur le comte qui donne tout ceci à Madame, qui est une personne de qualité. Il me fait l'honneur de prendre ma maison, et de vouloir que je sois avec lui.

Mme JOURDAIN : Ce sont des chansons que cela : je sais ce que je sais.

DORANTE : Prenez, Madame Jourdain, prenez de meilleures lunettes.

Mme JOURDAIN : Je n'ai que faire de lunettes, Monsieur, et je vois assez clair ; il y a longtemps que je sens les choses, et je ne suis pas une bête. Cela est fort vilain à vous, pour un grand seigneur, de prêter la main comme vous faites aux sottises de mon mari. Et vous, Madame, pour une grand-dame, cela n'est ni beau ni honnête à vous, de mettre de la dissension[3] dans un ménage, et de souffrir[4] que mon mari soit amoureux de vous.

Molière, *Le Bourgeois gentilhomme*,
1670, acte IV, scène 2

1. Idées extravagantes. 2. Cette fête. 3. Discorde. 4. Supporter.

1. Caractérisez le texte : genre, type(s) de texte, registre, thème(s).
2. Quelle problématique pourrait organiser le commentaire ?

Fiche 50

Construire le plan détaillé d'un commentaire

Une fois le texte lu de façon globale et la problématique formulée (fiche 49 « Comprendre un sujet de commentaire »), le plan peut être construit.

1 Étape 1 : Analyser méthodiquement un texte

➡ La première lecture du texte a permis de **caractériser le texte** et d'aboutir à une **problématique**. Il faut maintenant entrer dans la chair du texte et mettre au jour la façon dont l'auteur a écrit ce texte, mais aussi les **effets sur le lecteur**.

➡ Une lecture plus fine doit donc être envisagée. Elle doit :

- **mettre au jour des passages signifiants** par le biais de relevés,
- les **identifier** précisément (leur nature, leur fonction, leur participation à un réseau de sens, une figure de style),
- les **analyser** et les **interpréter**, en particulier dans leurs interactions.

Cela permet alors de construire des axes de lecture, qui seront autant de sous-parties du commentaire.

➡ Pour cela, il est utile de se servir du tableau suivant :

Relevé	Outils d'analyse	Analyse et interprétation	Axe du plan

➡ Le relevé doit être **organisé** à partir de la caractérisation du texte (Fiche 49). Ainsi, on n'analyse pas une description comme un texte argumentatif ou un monologue théâtral. Chacun a ses règles, ses spécificités qu'il faut connaître pour apprécier la façon dont l'auteur joue avec les mots. Certains outils d'analyse ne peuvent être utilisés que pour un genre donné.

Ex. : *Les variations de point de vue pour le récit, la versification pour la poésie, etc.*

➡ **La dernière colonne** peut n'être remplie qu'à la fin : c'est parfois en regroupant les interprétations convergentes qu'on réussit à formuler les axes.

Exemple :

Objet d'étude : La poésie du XIXe au XXe siècle : du romantisme au surréalisme

Texte : Paul Verlaine, *Poèmes saturniens*, 1866, « Melancholia », « Après trois ans »
(Texte reproduit Fiche 49)

Relevé	Outils d'analyse	Analyse et interprétation	Axe du plan
« Ayant poussé la porte étroite » (v. 1) « Je me suis promené » (v. 2),	Verbes qui marquent l'arrivée et la déambulation du poète dans le jardin	Le poème s'organise comme une promenade : dans le jardin et découvre du décor.	La promenade du poète

➡ L'analyse ne doit pas être confondue avec la paraphrase. Paraphraser un texte consiste à dire la même chose que le texte avec de nouveaux mots. Analyser consiste à examiner le **fonctionnement du texte et les effets** qu'il produit sur le lecteur.

2 Étape 2 : Construire le plan détaillé

➡ La formulation des axes ne suffit pas à construire un plan détaillé. Il faut ensuite définir les **parties du développement** et **ordonner les sous-parties mises au jour avec le tableau d'analyse**.

➡ Pour cela, on met en œuvre les principes suivants :

- chaque partie, chaque sous-partie doit **apporter des éléments de réponse à la problématique,**
- les parties doivent **s'organiser de façon progressive** : en général du plus évident à l'interprétation la plus complexe.
- Il en va **de même pour les sous-parties** : leur organisation doit être progressive et la dernière doit être la plus riche,
- **une sous-partie s'organise en un paragraphe** qui réunit une ou des citations, très ciblées, leur analyse et leur interprétation.

3 Exemple de plan détaillé

Objet d'étude : La poésie du XIXe au XXe siècle : du romantisme au surréalisme

Texte : Paul Verlaine, *Poèmes saturniens*, 1866, « Melancholia », « Après trois ans »

1. Le poète en son jardin
a) Un poème en mouvement
b) La mise en vers d'un lieu agréable

2. Un poème nostalgique
a) L'éloge du temps retrouvé
b) Une certaine mélancolie symbolisée

Exercices

1 Analyser méthodiquement un texte et construire un plan détaillé

Objet d'étude : La poésie du XIXe au XXe siècle : du romantisme au surréalisme

Texte : Alphonse de Lamartine, « L'automne », *Méditations poétiques*, 1820 (extrait) (Texte reproduit fiche 49)

1. En vous appuyant sur l'analyse du sens littéral et la problématisation (fiche 49), construisez le tableau d'analyse du texte qui vous permettra de faire émerger des axes de lecture.
2. Organisez ces axes en parties et sous-parties de façon à proposer un plan de commentaire.

2 Analyser méthodiquement un texte et construire un plan détaillé

Objet d'étude : Le roman et la nouvelle au XIXe siècle : réalisme et naturalisme

Texte : Honoré de Balzac, *Le Chef-d'œuvre inconnu*, 1832 (Texte reproduit fiche 49)

1. Construisez le tableau d'analyse du texte qui vous permettra de faire émerger des axes de lecture.
2. Organisez ces axes en parties et sous-parties de façon à proposer un plan de commentaire.

3 Analyser méthodiquement un texte et construire un plan détaillé

Objet d'étude : Genres et formes de l'argumentation : XVIIe et XVIIIe siècles

Texte : Jean de La Fontaine, *Fables*, I, 16, « La Mort et le Bûcheron », 1668 (Texte reproduit fiche 49)

1. Construisez le tableau d'analyse du texte qui vous permettra de faire émerger des axes de lecture.
2. Organisez ces axes en parties et sous-parties de façon à proposer un plan de commentaire.

4 Analyser méthodiquement un texte et construire un plan détaillé

Objet d'étude : La tragédie et la comédie au XVIIe siècle : le classicisme

Texte : Molière, *Le Bourgeois gentilhomme*, acte IV, scène 2, 1670 (Texte reproduit fiche 49)

1. Construisez le tableau d'analyse du texte qui vous permettra de faire émerger des axes de lecture.
2. Organisez ces axes en parties et sous-parties de façon à proposer un plan de commentaire.

5 Analyser méthodiquement un texte et construire un plan détaillé

Objet d'étude : Genres et formes de l'argumentation : XVIIe et XVIIIe siècles

Écrit trente ans avant l'abolition de l'esclavage, l'article « Traite des nègres » a joué un rôle important dans la dénonciation du sort réservé aux Africains.

TRAITE DES NÈGRES (*Commerce d'Afrique*). C'est l'achat des nègres que font les Européens sur les côtes d'Afrique, pour employer ces malheureux dans leurs colonies en qualité d'esclaves. Cet achat de nègres, pour les réduire en esclavage, est un négoce qui viole la religion, la morale, les lois naturelles, et tous les droits de la nature humaine.

Les nègres, dit un Anglais moderne plein de lumières et d'humanité, ne sont point devenus esclaves par le droit de la guerre ; ils ne se dévouent pas non plus volontairement eux-mêmes à la servitude, et par conséquent leurs enfants ne naissent point esclaves. Personne n'ignore qu'on les achète de leurs princes, qui prétendent avoir droit de disposer de leur liberté, et que les négociants les font transporter de la même manière que leurs autres marchandises, soit dans leurs colonies, soit en Amérique où ils les exposent en vente.

Si un commerce de ce genre peut être justifié par un principe de morale, il n'y a point de crime, quelque atroce qu'il soit, qu'on ne puisse légitimer. Les rois, les princes, les magistrats ne sont point les propriétaires de leurs sujets, ils ne sont donc pas en droit de disposer de leur liberté, et de les vendre pour esclaves.

D'un autre côté, aucun homme n'a droit de les acheter ou de s'en rendre le maître ; les hommes et leur liberté ne sont point un objet de commerce ; ils ne peuvent être ni vendus, ni achetés, ni payés à aucun prix. Il faut conclure de là qu'un homme dont l'esclave prend la fuite, ne doit s'en prendre qu'à lui-même, puisqu'il avait acquis à prix d'argent une marchandise illicite, et dont l'acquisition lui était interdite par toutes les lois de l'humanité et de l'équité.

Il n'y a donc pas un seul de ces infortunés que l'on prétend n'être que des esclaves, qui n'ait droit d'être déclaré libre, puisqu'il n'a jamais perdu la liberté ; qu'il ne pouvait pas la perdre ; et que son prince, son père, et qui que ce soit dans le monde n'avait le pouvoir d'en disposer ; par conséquent la vente qui en a été faite est nulle en elle-même : ce nègre ne se dépouille, et ne peut pas même se dépouiller jamais de son droit naturel ; il le porte partout avec lui, et il peut exiger partout qu'on l'en laisse jouir. C'est donc une inhumanité manifeste de la part des juges de pays libres où il est transporté, de ne pas l'affranchir à l'instant en le déclarant libre, puisque c'est leur semblable, ayant une âme comme eux.

Chevalier de Jaucourt, *Encyclopédie*, 1766, article « Traite des nègres »

1. Caractérisez le texte avec précision. Interrogez-vous notamment sur la stratégie argumentative utilisée.
2. Construisez le tableau d'analyse du texte qui vous permettra de faire émerger des axes de lecture
3. Organisez ces axes en parties et sous-parties de façon à proposer un plan de commentaire.

Fiche 51

Rédiger un commentaire

La phase de rédaction est décisive. Elle est préparée par l'analyse du sujet et la mise au point du plan détaillé (fiches 49 « Comprendre un sujet de commentaire » et 50 « Construire un plan détaillé de commentaire »).

1 Le commentaire doit défendre un projet de lecture

➽ Le commentaire est un exercice qui comprend plusieurs enjeux. Certes, il s'agit d'entreprendre une analyse de l'écriture d'un texte. Mais il faut aller plus loin. Il doit **être mis au service d'un projet de lecture**. C'est-à-dire qu'il propose avant tout **une interprétation du texte** qui doit **convaincre** le lecteur-correcteur.

➽ C'est pourquoi le commentaire doit être rédigé comme un **texte argumentatif**. Il doit en avoir la forme et la rigueur. En cela, le commentaire se rapproche de la dissertation, même si son objet est d'abord un texte dans sa singularité là où la dissertation mène une réflexion plus ouverte sur la littérature.

2 L'introduction

L'introduction comprend trois étapes :

➽ **Étape 1 : l'amorce**

L'objectif est d'introduire le texte. On peut évoquer le contexte historique et culturel, voire l'œuvre de l'auteur lorsqu'on le connaît. Il s'agit déjà de **préparer l'interprétation** du texte en ne retenant que ce qui l'éclaire.

➽ **Étape 2 : la caractérisation du texte et sa problématisation**

Cette étape est plus longue et fondamentale (voir fiche 49 « Comprendre un sujet de commentaire »). **Une présentation concise du texte va permettre d'amener la problématique**. Les deux éléments sont intimement liés.

➽ **Étape 3 : l'annonce du plan**

Le plan suivi doit être annoncé sans donner les titres des sous-parties. On choisira une formulation souple et on utilisera des liens logiques qui mettent déjà en lumière les relations entre les parties (« certes », « mais », « donc », etc.).

Pour plus de visibilité, on peut matérialiser les trois étapes de l'introduction par trois paragraphes. C'est aussi un moyen de ne rien oublier.

Exemple :

Objet d'étude : Genres et formes de l'argumentation : XVIIe et XVIIIe siècles

Texte : Chevalier de Jaucourt, *Encyclopédie*, 1766, article « Traite des nègres » (reproduit et questionné fiche 50)

Introduction rédigée :

L'esclavage n'a pas toujours été mal vu : dans l'Antiquité romaine, c'était même quelque chose de banal, et les esclaves faisaient partie du quotidien. Aujourd'hui encore c'est une réalité cruelle dans beaucoup de pays.

Au temps des philosophes des Lumières, ce sont les Noirs qui en sont les principales victimes. L'article que publie le chevalier de Jaucourt dans l'Encyclopédie en 1766 a une double intention. Il est d'abord explicatif : il vise à informer les lecteurs, à faire connaître la face cachée du commerce triangulaire. Mais l'auteur ne s'arrête pas là et dénonce vigoureusement la traite des Noirs. Nous étudierons donc comment Jaucourt construit son réquisitoire contre l'esclavage.

Après avoir analysé en quoi ce texte est d'abord un article à visée informative, nous verrons que ce point d'appui permet une dénonciation affligeante pour les Européens.

3 Le développement

➽ **Organisation du développement**

Chaque partie **rappelle l'idée directrice** dans un premier paragraphe (il n'y a pas de titres dans les commentaires) et se conclut par une conclusion-transition, à l'exception de la dernière partie qui débouche naturellement sur la conclusion du devoir.

➽ **Les parties et sous-parties**

- **Les parties :** le développement comprend deux ou trois parties, qui sont de longueurs comparables. Chaque partie développe **une idée directrice,** qui est énoncée en tête de paragraphe.
- **Les sous-parties ou axes de lecture :** on compte entre **deux ou trois axes de lecture** par partie. Chacun propose **un argument** qui construit une partie de l'idée directrice et qui s'appuie sur l'analyse d'au moins un exemple cité du texte.

➽ **Les exemples**

- Ils sont **la chair du développement**. Sans eux, il n'y a pas d'argument convaincant. Ils peuvent être de natures variées : phrases, expressions ou réseaux lexicaux, faits de style, voire figures de style.
- On les cite dans chaque paragraphe d'analyse :
  - à la suite de l'analyse. Ils sont alors introduits par un lien logique, comme « ainsi », « en effet », « comme le montre », etc.
  - avant l'analyse.

- Il peut être tentant, et même dangereux, de citer beaucoup, voire beaucoup trop. **Attention, la citation ne remplace pas l'analyse.** Il ne faut présenter que ce qui est utile et cohérent par rapport à l'axe de lecture étudié.
- **Un paragraphe doit obligatoirement comprendre :**
  - des extraits du texte,
  - l'identification des procédés d'écriture utilisés,
  - leur interprétation.

Les transitions entre les parties

Ce sont des bilans d'étape. Ils permettent de souligner en quoi la partie répond à la problématique et font le lien avec ce qui reste à développer.

Les liens logiques

Ils permettent de **souligner l'enchaînement des idées et les liens avec la problématique**. Ils sont utiles entre les arguments, mais aussi à l'intérieur d'un raisonnement. Il est important qu'ils soient variés.

Ex : *Rédaction de la première sous-partie de la première partie du commentaire (cf. sujet plus haut).*

Axe de lecture : La définition de l'esclavage.

Rédaction de la première sous-partie :

Le texte du chevalier de Jaucourt se présente bien comme un article d'encyclopédie. On reconnaît l'entrée, indiquée en majuscules, « TRAITE DES NÈGRES », ainsi que le domaine auquel il faut rattacher le sujet, indiqué entre parenthèses, « commerce d'Afrique ». L'emploi du présentatif « c'est », ainsi que du présent d'énonciation marque la volonté de définir le sujet dès les premières lignes. Jaucourt indique les acteurs du commerce des noirs : les « nègres » et les « Européens », ainsi que les lieux : « les côtes d'Afrique » et les « colonies ». Les emplois des substantifs « achat » à deux reprises, puis de « négoce » renvoient au domaine du commerce. Pour autant, dès cette définition, Jaucourt porte un jugement sur le devenir des noirs qui seront « esclaves » et les qualifie de « malheureux ».

4 La conclusion

La réponse à la problématique

La conclusion est un moment fort. Elle doit apporter **une réponse claire à la problématique**. Il est inutile de répéter le plan utilisé, ni de continuer à argumenter ou développer de nouveaux arguments.

L'ouverture

Il est possible d'élargir le problème posé en le plaçant dans un nouveau contexte. Ce qu'on appelle une « ouverture » n'est pas obligatoire : il convient d'éviter toute généralisation excessive (comme dans l'introduction). On peut par exemple opérer un rapprochement avec un autre texte sur le même thème.

Ex : *Conclusion rédigée (cf. sujet plus haut)*

Le chevalier de Jaucourt joue donc sur tous les ressorts et la liberté de l'Encyclopédie. Selon la loi du genre, il apporte au lecteur un certain nombre d'informations. Mais il s'empare également de la liberté qui est donnée aux rédacteurs et porte une charge forte contre l'esclavage, utilisant des arguments qui vont marquer ses contemporains.

L'article vient à la suite d'autres dénonciations et il participe d'une prise de conscience des intellectuels qui parviendront, à la suite de la Révolution française, à obtenir l'abolition de l'esclavage en 1794. Mais les nécessités économiques remettent le système en marche en 1802 et l'abolition n'est définitive qu'en 1848.

5 Exemple rédigé

Objet d'étude : La poésie du XIXe au XXe siècle : du romantisme au surréalisme

Texte : Victor Hugo, *Les Feuilles d'automne*, 1831, « Soleils couchants »

« Soleils couchants » est un chapitre du recueil Les Feuilles d'automne *qui regroupe six poèmes à la tonalité lyrique, caractéristique du romantisme des années 1830. Hugo y aborde des thèmes parmi les plus personnels.*

Le soleil s'est couché ce soir dans les nuées[1] ;
Demain viendra l'orage, et le soir, et la nuit ;
Puis l'aube, et ses clartés de vapeurs obstruées ;
Puis les nuits, puis les jours, pas du temps qui s'enfuit !

Tous ces jours passeront ; ils passeront en foule
Sur la face des mers, sur la face des monts,
Sur les fleuves d'argent, sur les forêts où roule
Comme un hymne confus des morts que nous aimons.

Et la face des eaux, et le front des montagnes,
Ridés et non vieillis, et les bois toujours verts
S'iront rajeunissant ; le fleuve des campagnes
Prendra sans cesse aux monts le flot qu'il donne aux mers.

Mais moi, sous chaque jour courbant plus bas ma tête,
Je passe, et, refroidi sous ce soleil joyeux,
Je m'en irai bientôt, au milieu de la fête,
Sans que rien manque au monde, immense et radieux !

Avril 1829.

1. Nuages.

Commentaire rédigé :

Lorsqu'il publie *Les Feuilles d'automne* en 1831, Victor Hugo est le chef de file du mouvement romantique qui a triomphé de ses adversaires lors de la « bataille » d'*Hernani* en 1830.

« Soleils couchants », publié dans ce recueil, relève bien de l'esthétique romantique. Les quatre quatrains d'alexandrins relèvent d'une énonciation personnelle et évoquent des thèmes typiques : nature et fuite du temps. À cela, Hugo ajoute la présence du poète qui, au milieu de la nature, prend conscience du temps qui passe et de la proximité de sa mort. Nous nous demanderons comment Hugo propose dans ce poème une vision de l'homme qui lui permet de dépasser sa condition de mortel.

Après avoir analysé la force de la nature face au temps qui passe, nous étudierons la vision que propose Hugo de la condition humaine.

*

Ces « Soleils couchants » de Victor Hugo sont tout d'abord un hymne à la nature.

Comme beaucoup de poèmes romantiques à la suite de Lamartine, Hugo célèbre la nature. Elle est à l'origine de cette méditation qu'est le poème, qui part d'un soleil qui « s'est couché » (v. 1), rappel du titre de la section. Elle envahit ensuite littéralement le poème. On retrouve plusieurs éléments : l'eau et l'air (« nuées », v. 1, « vapeurs » v. 3), l'eau seule (l'« orage », v. 2, les « mers », v. 6, les « fleuves », v. 7, la « face des eaux », v. 9, le « fleuve des campagnes » v. 11 et v. 12 le « flot qu'il donne aux mers »). À cela, il faut ajouter la terre : les « monts », v. 6, les « montagnes », v. 9, mais aussi le bois avec les « forêts », v. 7 et les « bois » v. 10. Il s'agit donc d'une nature brute, presque sauvage, dépourvue de faune et de flore. Seuls les bois sont évoqués. On pense aux paysages romantiques de la peinture de l'époque, qui rendent à la nature son caractère authentique, débarrassé de toute trace humaine.

La nature est liée, tout au long du poème au temps qui passe. La temporalité s'inscrit dès l'impression qui provoque la méditation du poète, liée au coucher du soleil. Le texte multiplie les indications temporelles, en particulier dans le premier quatrain : « ce soir », v. 1, « demain », « le soir », « la nuit », v. 2, l'« aube », v. 3, « les nuits », « les jours », le « temps » v. 4. Le lecteur relève d'emblée l'idée de cycle, relayée par les verbes au futur : « viendra », v. 2, « passeront » répété deux fois v. 5, « s'iront » v. 11. Le poème s'inscrit donc dans une temporalité circulaire, marque du temps qui passe mais surtout qui se répète.

Cela permet au poème de souligner la permanence de la nature. Si le temps s'« enfuit » (v. 4), il n'a pas d'effet sur la nature. Au contraire, dans un mouvement paradoxal, les eaux, les montagnes et les bois « s'iront rajeunissant » (v. 11). Le poème met donc en place, dans les trois premiers quatrains, un mouvement qui s'oppose à la logique naturelle. Il existe une forme de résistance au temps qui passe et qui tire inévitablement tout élément vers la mort.

Le poème de Victor Hugo présente donc une nature brute en proie au cycle temporel, mais qui ne se détruit pas. Le dernier quatrain permet d'inscrire l'Homme dans le même cadre.

Il faut attendre la fin du poème pour qu'un « je » apparaisse.

Le vers 13 marque l'entrée des pronoms de première personne : « moi », v. 13, puis « je » v. 14 et 15, « m' » v. 15. On note également le déterminant possessif « ma » v. 13. Ce « je » est déjà présent dans le poème avant cette trace plus visible. Il est le spectateur du coucher de soleil initial, il est inclus dans le pronom « nous » du vers 8 et se fait entendre derrière les regrets exprimés dans le même vers, marqués par la modalité exclamative.

Ce « je » s'oppose à la nature qui lui offre un miroir inversé. Si la nature personnifiée dans le poème s'en va « rajeunissant » (v. 11), le poète courbe « chaque jour plus bas [sa] tête ». Il est inscrit dans le cycle de temps qui passe (« chaque jour », v. 13, « bientôt », v. 15), mais ne saurait résister à l'inéluctable alors que le mouvement de la nature ne s'arrêtera pas et ira « sans cesse » v. 12. Le miroir qu'offre la nature oblige donc le poète à prendre conscience de sa finitude. Il est en mouvement (« je passe », v. 14) et tendu vers la mort comme le suggère l'adjectif « refroidi » v. 14, renforcé par le contraste avec l'impuissance du soleil pourtant « joyeux » (v. 14). La mort est d'ailleurs évoquée par le biais d'une litote : « je m'en irai bientôt » (v. 15). Le poème offre donc un contraste saisissant entre la nature, sur laquelle le temps n'a pas prise, et l'Homme qui, lui, va inévitablement vers sa fin.

Ce contraste confère au poème une tonalité résolument mélancolique. La comparaison entre la force de la nature et l'impuissance de l'Homme met au jour le tragique du destin de ce dernier. Il est pris dans un monde « immense et radieux » (v. 16), sous un soleil « joyeux » (v. 14), participe à la « fête » (v. 15) qu'est le monde et devra en sortir « sans que rien manque » (v. 16). C'est un constat tragique : le spectacle de la nature permet au poète de prendre conscience de sa fragilité dans le monde, et en même temps de son impuissance à lutter contre cela.

*

Les « Soleils couchants » que nous offre Hugo sont un hymne à la nature, à la fois brute et forte, et le chant désespéré de l'Homme mortel. La rencontre des deux univers, aux forces inégales, montre l'éternité de l'une et la fragilité de l'autre. C'est la force de la poésie que de permettre à l'homme de dépasser sa condition. Le poème de Hugo est, d'une certaine façon, mélancolique et caractéristique du romantisme.

Exercices

1 Rédiger une introduction

Objet d'étude : Le roman et la nouvelle au XIXe siècle : réalisme et naturalisme

Jeune homme, Lucien quitte la ville d'Angoulême en compagnie de sa protectrice, Madame de Bargeton, pour aller chercher à Paris la gloire littéraire. Il y perdra vite ses illusions, comme ici, lors de sa première sortie au théâtre.

[...] Le plaisir qu'éprouvait Lucien, en voyant pour la première fois le spectacle à Paris, compensa le déplaisir que lui causaient ses confusions[1]. Cette soirée fut remarquable par la répudiation[2] secrète d'une grande quantité de ses idées sur la vie de province. Le cercle s'élargissait, la société prenait d'autres proportions. Le voisinage de plusieurs jolies Parisiennes si élégamment, si fraîchement mises, lui fit remarquer la vieillerie de la toilette de Madame de Bargeton, quoiqu'elle fût passablement ambitieuse : ni les étoffes, ni les façons, ni les couleurs n'étaient de mode. La coiffure qui le séduisait tant à Angoulême lui parut d'un goût affreux comparée aux délicates inventions par lesquelles se recommandait chaque femme. « Va-t-elle rester comme ça ? » se dit-il, sans savoir que la journée avait été employée à préparer une transformation. En province il n'y a ni choix ni comparaison à faire : l'habitude de voir les physionomies leur donne une beauté conventionnelle. Transportée à Paris, une femme qui passe pour jolie en province n'obtient pas la moindre attention, car elle n'est belle que par l'application du proverbe : *Dans le royaume des aveugles, les borgnes sont rois.* Les yeux de Lucien faisaient la comparaison que Madame de Bargeton avait faite la veille entre lui et Châtelet[3]. De son côté, Madame de Bargeton se permettait d'étranges réflexions sur son amant. Malgré son étrange beauté, le pauvre poète n'avait point de tournure[4]. Sa redingote[5] dont les manches étaient trop courtes, ses méchants gants de province, son gilet étriqué, le rendaient prodigieusement ridicule auprès des jeunes gens du balcon : Madame de Bargeton lui trouvait un air piteux.

Honoré de Balzac, *Illusions perdues*, 2e partie, 1836-1843.

1. Maladresses, embarras. 2. Abandon. 3. Le baron du Châtelet. Mme de Bargeton le préférera à Lucien. 4. Allure, élégance. 5. Veste de soirée.

Sujet : Vous commenterez l'extrait de *Illusions perdues* de Balzac, en vous aidant du parcours de lecture suivant :
– vous analyserez comment évolue le regard que les personnages portent les uns sur les autres ;
– vous étudierez l'influence de la société environnante sur les jugements des personnages.

1. Au brouillon, préparez une analyse détaillée du texte de façon à faire émerger une problématique et un plan (cf. fiches 49 et 50).
2. Rédigez l'introduction du commentaire, que vous ferez suivre du plan détaillé.

2 Rédiger un axe de commentaire

Objet d'étude : Genres et formes de l'argumentation : XVIIe et XVIIIe siècles

Les personnages de Fénelon, Télémaque et son précepteur Mentor, voyagent aux abords de l'île de Calypso. Ils rencontrent un capitaine de navire dont le frère Adoam leur décrit un pays extraordinaire, la Bétique.

Le fleuve Bétis coule dans un pays fertile et sous un ciel doux, qui est toujours serein. Le pays a pris le nom du fleuve, qui se jette dans le grand Océan, assez près des Colonnes d'Hercule[1] et de cet endroit où la mer furieuse, rompant ses digues, sépara autrefois la terre de Tharsis[2] d'avec la grande Afrique. Ce pays semble avoir conservé les délices de l'âge d'or. Les hivers y sont tièdes, et les rigoureux aquilons[3] n'y soufflent jamais. L'ardeur de l'été y est toujours tempérée par des zéphyrs[4] rafraîchissants, qui viennent adoucir l'air vers le milieu du jour. Ainsi toute l'année n'est qu'un heureux hymen du printemps et de l'automne, qui semblent se donner la main. La terre, dans les vallons et dans les campagnes unies, y porte chaque année une double moisson. Les chemins y sont bordés de lauriers, de grenadiers, de jasmins et d'autres arbres toujours verts et toujours fleuris. Les montagnes sont couvertes de troupeaux, qui fournissent des laines fines recherchées de toutes les nations connues. Il y a plusieurs mines d'or et d'argent dans ce beau pays ; mais les habitants, simples et heureux dans leur simplicité, ne daignent pas seulement compter l'or et l'argent parmi leurs richesses : ils n'estiment que ce qui sert véritablement aux besoins de l'homme. Quand nous avons commencé à faire notre commerce chez ces peuples, nous avons trouvé l'or et l'argent parmi eux employés aux mêmes usages que le fer, par exemple, pour des socs de charrue. Comme ils ne faisaient aucun commerce au-dehors, ils n'avaient besoin d'aucune monnaie. Ils sont presque tous bergers ou laboureurs. On voit en ce pays peu d'artisans : car ils ne veulent souffrir que les arts qui servent aux véritables nécessités des hommes ; encore même la plupart des hommes en ce pays, étant adonnés à l'agriculture ou à conduire des troupeaux, ne laissent pas d'exercer les arts nécessaires pour leur vie simple et frugale.

Fénelon, *Les Aventures de Télémaque*, 1699

1. Dans l'Antiquité, on appelle ainsi les montagnes qui bordent, du côté de l'Europe et du côté de l'Afrique, le détroit de Gibraltar, aux limites du monde connu. 2. Dans l'Antiquité, nom donné à la péninsule Ibérique. 3. Nom poétique des vents du nord. 4. Vents d'ouest, doux, tièdes et agréables.

→ Rédigez intégralement un axe de commentaire qui analysera comment la Bétique est présentée et caractérisée dans le texte. Vous pourrez vous inspirer du parcours suivant :

I. Un cadre idyllique :
a. Un lieu à part
b. Une nature fertile
c. Un monde harmonieux et valorisé.

3 Rédiger un commentaire

Objet d'étude : La poésie du XIXe au XXe siècle : du romantisme au surréalisme

ADIEU

L'amour est libre il n'est jamais soumis au sort
O Lou le mien est plus fort encore que la mort
Un cœur le mien te suit dans ton voyage au Nord

Lettres Envoie aussi des lettres ma chérie
On aime en recevoir dans notre artillerie[1]
Une par jour au moins une au moins je t'en prie

Lentement la nuit noire est tombée à présent
On va rentrer après avoir acquis du zan[2]
Une deux trois À toi ma vie À toi mon sang

La nuit mon cœur la nuit est très douce et très blonde
O Lou le ciel est pur aujourd'hui comme une onde
Un cœur le mien te suit jusques au bout du monde

L'heure est venue Adieu l'heure de ton départ
On va rentrer Il est neuf heures moins le quart
Une deux trois Adieu de Nîmes dans le Gard

Guillaume Apollinaire, *Poèmes à Lou*, (posthume), © Éd. Gallimard 1947

1. Ensemble des armes de guerre visant à toucher l'ennemi à distance avec des projectiles (boulets de canons, obus...). 2. Réglisse.

➜ Vous commenterez le poème d'Apollinaire, en vous aidant du parcours de lecture suivant :
– vous montrerez comment le poète met en scène le quotidien de l'armée ;
– vous étudierez l'expression du lyrisme amoureux.

4 Rédiger un commentaire

Objet d'étude : La tragédie et la comédie au XVIIe siècle : le classicisme

Le dieu Jupiter est tombé amoureux d'Alcmène. Pour la séduire, il prend l'apparence de son mari Amphitryon et son fils Mercure prend celle du valet de ce dernier, Sosie. Le pauvre domestique n'a pas pu obéir aux ordres de son maître : il a rencontré un homme avec son apparence qui l'en a empêché.

AMPHITRYON : Achevons. As-tu vu ma femme ?
SOSIE : Non.
AMPHITRYON : Pourquoi ?
SOSIE : Par une raison assez forte.
AMPHITRYON : Qui t'a fait y manquer, maraud[1] ?
Explique-toi.
SOSIE : Faut-il le répéter vingt fois de même sorte ?
Moi, vous dis-je, ce moi plus robuste que moi ;
Ce moi qui s'est de force emparé de la porte ;
Ce moi qui m'a fait filer doux ;
Ce moi qui le seul moi veut être ;
Ce moi de moi-même jaloux ;
Ce moi vaillant, dont le courroux
Au moi poltron s'est fait connaître ;
Enfin ce moi qui suis chez nous ;
Ce moi qui s'est montré mon maître ;
Ce moi qui m'a roué de coups.
AMPHITRYON : Il faut que ce matin, à force de trop boire,
Il se soit troublé le cerveau.
SOSIE : Je veux être pendu si j'ai bu[2] que de l'eau !
À mon serment on m'en peut croire.
AMPHITRYON : Il faut donc qu'au sommeil tes sens se soient portés,
Et qu'un songe fâcheux, dans ses confus mystères,
T'ait fait voir toutes les chimères
Dont tu me fais des vérités ?
SOSIE : Tout aussi peu. Je n'ai point sommeillé,
Et n'en ai même aucune envie.
Je vous parle bien éveillé ;
J'étais bien éveillé ce matin, sur ma vie !
Et bien éveillé même était l'autre Sosie,
Quand il m'a si bien étrillé.
AMPHITRYON : Suis-moi. Je t'impose silence :
C'est trop me fatiguer l'esprit ;
Et je suis un vrai fou d'avoir la patience
D'écouter d'un valet les sottises qu'il dit.

Molière, *Amphitryon*, 1668, acte II, scène 1

1. Façon méprisante de désigner un homme du peuple.
2. Si je n'ai bu.

➜ Vous commenterez l'extrait d'*Amphitryon* en vous inspirant du parcours de lecture suivant :
– Sosie ou le valet dédoublé,
– Une scène comique.

5 Rédiger un commentaire

Objet d'étude : La tragédie et la comédie au XVIIe siècle : le classicisme

Alors que Dom Juan vient d'entrer sur scène, il répond à son valet Sganarelle qui lui reproche son infidélité en amour.

DOM JUAN : [...] Pour moi, la beauté me ravit partout où je la trouve, et je cède facilement à cette douce violence dont elle nous entraîne. J'ai beau être engagé, l'amour que j'ai pour une belle n'engage point mon âme à faire injustice aux autres ; je conserve des yeux pour voir le mérite de toutes, et rends à chacune les hommages et les tributs où la nature nous oblige. [...] je ne puis refuser mon cœur à tout ce que je vois d'aimable[1] ; et dès qu'un beau visage me le demande, si j'en avais dix mille, je les donnerais tous. Les inclinations naissantes, après tout, ont des charmes inexplicables, et tout le plaisir de l'amour est dans le changement. On goûte une douceur extrême à réduire[2], par cent hommages, le cœur d'une jeune beauté, à voir de jour en jour les petits progrès qu'on y fait, à combattre par des transports, par des larmes et des soupirs, l'innocente pudeur d'une âme qui a peine à rendre les armes, à forcer pied à pied toutes les petites résistances qu'elle nous oppose, à vaincre les scrupules dont elle se fait un honneur et la mener doucement où nous avons envie de la faire venir. Mais lorsqu'on en est maître une fois[3], il n'y a plus rien à dire ni rien à souhaiter ; tout le beau de la passion est fini, et nous nous endormons dans la tranquillité d'un tel amour, si quelque objet nouveau ne vient réveiller nos désirs, et présenter à notre cœur les charmes attrayants d'une conquête à faire. Enfin il n'est rien de si doux que de triompher de la résistance d'une belle personne, et j'ai sur ce sujet l'ambition des conquérants, qui volent perpétuellement de victoire en victoire, et ne peuvent se résoudre à borner leurs souhaits. Il n'est rien qui puisse arrêter l'impétuosité de mes désirs : je me sens un cœur à aimer toute la terre ; et comme Alexandre[4], je souhaiterais qu'il y eût d'autres mondes, pour y pouvoir étendre mes conquêtes amoureuses.

Molière, *Dom Juan*, 1665

1. Digne d'être aimé. 2. Vaincre. 3. Une fois qu'on en est maître. 4. Alexandre le Grand, IVᵉ siècle av. J.-C.

➜ Vous commenterez le texte de Molière, en vous aidant du parcours de lecture suivant :
– vous montrerez comment Dom Juan fait l'éloge paradoxal de l'inconstance ;
– vous analyserez ensuite le personnage, libertin et grand orateur.

6 Rédiger un commentaire

Objet d'étude : Le roman et la nouvelle au XIXᵉ siècle : réalisme et naturalisme

Pierre et Jean sont deux frères qui vivent en Normandie. Au début du roman, Jean hérite seul de la fortune d'un certain Maréchal, ce qui lève chez l'autre frère, Pierre, un véritable soupçon sur leur mère. À l'annonce de cette nouvelle, ce dernier reste abasourdi.

Dès qu'il fut dehors, Pierre se dirigea vers la rue de Paris, la principale rue du Havre, éclairée, animée, bruyante. L'air un peu frais des bords de mer lui caressait la figure, et il marchait lentement, la canne sous le bras, les mains derrière le dos.

Il se sentait mal à l'aise, alourdi, mécontent comme lorsqu'on a reçu quelque fâcheuse nouvelle. Aucune pensée précise ne l'affligeait et il n'aurait su dire tout d'abord d'où lui venaient cette pesanteur de l'âme et cet engourdissement du corps. Il avait mal quelque part, sans savoir où ; il portait en lui un petit point douloureux, une de ces presque insensibles meurtrissures dont on ne trouve pas la place, mais qui gênent, fatiguent, attristent, irritent, une souffrance inconnue et légère, quelque chose comme une graine de chagrin.

Lorsqu'il arriva place du Théâtre, il se sentit attiré par les lumières du café Tortoni[1], et il s'en vint lentement vers la façade illuminée ; mais au moment d'entrer, il songea qu'il allait trouver là des amis, des connaissances, des gens avec qui il faudrait causer ; et une répugnance brusque l'envahit pour cette banale camaraderie des demi-tasses[2] et des petits verres. Alors, retournant sur ses pas, il revint prendre la rue principale qui le conduisait vers le port.

Il se demandait : « Où irais-je bien ? » cherchant un endroit qui lui plût, qui fût agréable à son état d'esprit. Il n'en trouvait pas, car il s'irritait d'être seul, et il n'aurait voulu rencontrer personne.

En arrivant sur le grand quai, il hésita encore une fois, puis tourna vers la jetée ; il avait choisi la solitude.

Comme il frôlait un banc sur le brise-lames, il s'assit, déjà las de marcher et dégoûté de sa promenade avant même de l'avoir faite.

Il se demanda : « Qu'ai-je donc ce soir ? » Et il se mit à chercher dans son souvenir quelle contrariété avait pu l'atteindre, comme on interroge un malade pour trouver la cause de sa fièvre.

Il avait l'esprit excitable et réfléchi en même temps, il s'emballait, puis raisonnait, approuvait ou blâmait ses élans ; mais chez lui la nature première demeurait en dernier lieu la plus forte, et l'homme sensitif dominait toujours l'homme intelligent.

Donc il cherchait d'où lui venait cet énervement, ce besoin de mouvement sans avoir envie de rien, ce désir de rencontrer quelqu'un pour n'être pas du même avis, et aussi ce dégoût pour les gens qu'il pourrait voir et pour les choses qu'ils pourraient lui dire.

Et il se posa cette question : « Serait-ce l'héritage de Jean ? »

Oui, c'était possible après tout. Quand le notaire avait annoncé cette nouvelle, il avait senti son cœur battre un peu plus fort. Certes, on n'est pas toujours maître de soi, et on subit des émotions spontanées et persistantes, contre lesquelles on lutte en vain.

Il se mit à réfléchir profondément à ce problème physiologique de l'impression produite par un fait sur l'être instinctif et créant en lui un courant d'idées et de sensations douloureuses ou joyeuses, contraires à celles que désire, qu'appelle, que juge bonnes et saines l'être pensant, devenu supérieur à lui-même par la culture de son intelligence.

Il cherchait à concevoir l'état d'âme du fils qui hérite d'une grosse fortune, qui va goûter, grâce à elle, beaucoup de joies désirées depuis longtemps et interdites par l'avarice d'un père, aimé pourtant et regretté.

Il se leva et se remit à marcher vers le bout de la jetée. Il se sentait mieux, content d'avoir compris, de s'être surpris lui-même, d'avoir dévoilé l'autre qui est en nous.

Guy de Maupassant, *Pierre et Jean*, 1888, chapitre II

1. Véritable café du Havre, détruit par les bombardements en 1944. 2. Petites tasses, dans lesquelles on sert du café, souvent accompagné d'alcool.

➜ Vous commenterez le texte de Maupassant en vous inspirant du parcours suivant :
– vous analyserez l'état d'esprit du personnage et les choix narratifs de Maupassant,
– vous montrerez que cet extrait relève d'une esthétique naturaliste.

Fiche 52

VERS LA DISSERTATION

Comprendre un sujet de dissertation

1 Les objectifs de l'exercice à l'examen

➡ La dissertation pose **un regard généraliste sur la littérature**. Souvent, les sujets invitent à s'interroger sur **les genres**, leur fonctionnement ou leurs effets sur les lecteurs, mais aussi de façon plus globale sur le **pouvoir et les enjeux de la littérature**.

➡ Il s'agit donc d'avoir une **expérience de lecteur**, mais aussi de savoir convaincre son correcteur. Le corpus d'exemples utilisé pour l'exercice ne saurait se limiter aux seuls textes du sujet.

➡ On attend donc du candidat :
- qu'il présente une **réflexion littéraire** construite et pertinente,
- qu'il s'appuie sur des **références littéraires et culturelles** solides et variées.

2 La typologie des sujets

Le sujet de la dissertation peut porter sur des thèmes variés, touchant les quatre objets d'étude au programme de seconde. On peut distinguer **trois grands types de sujets** :

➡ Les sujets qui portent sur **un genre littéraire**.

Ex : *Le candidat doit s'interroger sur un élément propre à un genre littéraire comme : « "On dirait que c'est hors du monde, perdu, mais merveilleusement perdu, préservé." Pensez-vous que cette définition du jardin donnée par Philippe Jaccottet puisse s'appliquer à la poésie ? »*

➡ Les sujets qui portent sur **la création littéraire, le travail de l'écriture**.

Ex : *« Un roman se limite-t-il à l'invention d'une histoire ? » : le candidat doit analyser une dimension du travail de l'écriture.*

➡ Les sujets qui portent sur **la réception par le destinataire, les effets sur le lecteur.**

Ex : *Le candidat doit envisager la lecture et ses effets sur le destinataire, la façon dont le lecteur construit le sens. Par exemple : « "Ah, insensé, qui crois que je ne suis pas toi !" a écrit Victor Hugo dans la préface des* Contemplations. *Dans quelle mesure l'expérience des poètes peut-elle concerner le lecteur ? »*

Il est possible qu'un sujet de dissertation **croise plusieurs domaines**.

Ex : *« Essai, conte, fable sont autant de formes que peut prendre l'argumentation. Laquelle vous paraîtrait la plus appropriée si vous deviez écrire une argumentation et pourquoi ? »*
Le sujet pose à la fois la question de l'écriture argumentative avec les moyens qui permettent de convaincre, mais aussi celle des effets sur le destinataire avec l'efficacité de l'argumentation.

3 Analyser le sujet

L'analyse approfondie du sujet est une étape fondamentale de l'exercice. Elle doit permettre **d'éviter le hors-sujet**.

➡ **Étape 1 : Relier le sujet à son objet d'étude**
L'objet d'étude et le corpus qui construisent le sujet doivent être analysés attentivement : cela permet de **délimiter le sujet** et de se préparer. Chaque objet d'étude renvoie à un genre littéraire : le travail en classe et les lectures personnelles permettent d'en approfondir la connaissance.

➡ **Étape 2 : Analyser les mots-clés du sujet**
L'analyse des mots-clés permet de préciser le thème de la dissertation. Au brouillon, le premier travail est de recopier le sujet de dissertation, d'entourer les mots-clés, de les définir et de les reformuler.

Ex : **Objet d'étude :** Genres et formes de l'argumentation : XVIIe et XVIIIe siècles

Corpus :
Texte A : Fénelon, *Les Aventures de Télémaque*, 1699, septième livre
Texte B : Montesquieu, *Lettres persanes*, 1721, lettre XII
Texte C : Voltaire, *Candide*, 1759, chapitre XXX

Sujet : En quoi l'évocation d'un monde très éloigné du sien permet-elle de faire réfléchir le lecteur sur la réalité qui l'entoure ? Vous développerez votre argumentation en vous appuyant sur les textes du corpus, les œuvres que vous avez étudiées en classe et celles que vous avez lues.
– **« un monde très éloigné du sien »** : l'expression est vaste, il faut donc utiliser toutes les possibilités : éloignements géographique, temporel ou historique, culturel et social. On peut aussi penser à la science-fiction.

– **« faire réfléchir sur la réalité »** : il s'agit de l'effet de la littérature sur le lecteur. Il s'agit ici de s'interroger sur notre capacité à envisager notre propre vie autrement après la lecture d'une œuvre et donc de nous demander en quoi la lecture a des effets sur nos choix.
– **« le lecteur »** : l'expression « lecteur » est fondamentale, car elle exclut du champ de la réflexion tout ce qui n'appartient pas à la lecture, et donc à la littérature.

Étape 3 : Reformuler le sujet

La **reformulation** est une étape clé, qui confirme la **compréhension littérale** du sujet.

Ex : *Pour reprendre l'exemple précédent, le sujet porte ici sur la lecture et sur ses effets. Il induit une interrogation sur le fonctionnement de la fiction et la façon dont, en nous introduisant dans un univers plus ou moins étranger, elle nous ramène dans un geste réflexif à nous-mêmes.*

Étape 4 : Mettre au jour l'implicite du sujet

Pour **problématiser** le sujet et éviter le hors-sujet, il est nécessaire de commencer par s'interroger sur l'implicite de la question posée, c'est-à-dire ce qui n'est pas dit directement mais qui est suggéré entre les mots. Ces sous-entendus participent du problème à débattre. On attend donc du candidat qu'il reconnaisse l'implicite.

Ex. : *Ici se dégagent* ***deux conceptions de la lecture*** *: elle peut être envisagée comme un pur divertissement, coupé du monde réel et ne relevant que de la fiction (thème implicite de la question), ou, au contraire, la fiction, même la science-fiction pourrait nous aider à repenser notre vie (thème explicite). Le sujet nous interroge sur ce qui provoque cet effet de lecture.*

Étape 5 : Problématiser

Le sujet de la dissertation n'est pas la problématique, qui doit être formulée par le candidat.

La problématique :
- est **un questionnement** qui explicite le ou les problème(s) émergeant à partir de l'analyse du sujet et de son implicite,
- fonctionne comme un **moteur de recherche** : elle permet de tester des pistes, de confirmer ou d'infirmer des hypothèses dans le cours du développement,
- **organise l'exercice** : chaque axe du plan doit lui apporter des éléments de réponse.

Ex : ***Dans le sujet précédent, la problématique*** *peut donc être formulée ainsi : « De quelle manière la fiction qui nous éloigne le plus de nous-mêmes nous permet paradoxalement de réfléchir sur nous ? »*

4 Exemple

Objet d'étude : Le roman et la nouvelle au XIXe siècle : réalisme et naturalisme

Corpus :
Texte A : Flaubert, *Madame Bovary*, 1857, *incipit*
Texte B : Zola, *Germinal*, 1877, *incipit*
Texte C : Maupassant, *Bel-Ami*, 1885, *incipit*

Sujet : Attendez-vous des héros des romans réalistes et naturalistes qu'ils réussissent ? Vous développerez votre argumentation en vous appuyant sur les textes du corpus, les œuvres que vous avez étudiées en classe et celles que vous avez lues.

Étape 1 : Relier le sujet à son objet d'étude

L'objet d'étude amène à s'interroger sur les formes romanesques du XIXe siècle dans le cadre de deux mouvements littéraires d'importance : le réalisme et le naturalisme. Les trois auteurs participent, plus ou moins directement, à ces mouvements qui ne sont pas coupés l'un de l'autre mais bien liés.

Étape 2 : Analyser les mots-clés du sujet

- **« héros »** : le héros est le personnage principal d'une histoire, mais aussi, depuis la tradition chevaleresque, le porteur des valeurs positives d'une communauté qu'il défend. Souvent, le lecteur s'identifie à lui.
- **« des romans réalistes et naturalistes »** : cette restriction chronologique invite à s'intéresser plus précisément à des romans qui analysent les mécanismes sociaux de leur époque, ce qui est lié à la thématique de la réussite.
- **« réussissent »** : le thème de la réussite renvoie aux romans qui évoquent l'ascension sociale, voire au genre du roman de formation.

Étape 3 : Reformuler le sujet

Le sujet nous amène donc à réfléchir aux héros réalistes et naturalistes et à l'horizon d'attente du lecteur : l'ascension sociale fait-elle obligatoirement partie de l'horizon d'attente du lecteur ?

Étape 4 : Mettre au jour l'implicite du sujet

Deux éléments sont remarquables : d'après la question, les héros des romans réalistes et naturalistes seraient donc des personnages issus de classes sociales modestes, mais qui ont la soif de réussir. Par ailleurs, la réussite serait une norme, un objectif qui pèse sur l'horizon d'attente du lecteur. Pourtant, s'il y a bien un plaisir à voir le héros réussir, il y a aussi un intérêt pour le lecteur dans la mise en scène de l'échec.

Étape 5 : Problématiser

Dans quelle mesure le lecteur s'intéresse-t-il seulement aux héros positifs et combatifs ?

Exercices

1 Relier le sujet à son objet d'étude

A. La poésie est-elle pour le poète un refuge face au monde réel ? Vous aurez soin d'illustrer votre réponse par des références poétiques choisies dans le corpus, dans les poèmes étudiés en classe, ou dans votre culture personnelle.
B. Pourquoi le conflit entre les personnages pourrait-il être ce que vous retenez avant tout de la lecture ou de la représentation d'une pièce de théâtre ? Vous présenterez votre argumentation en prenant appui sur les textes du corpus et sur les œuvres que vous avez pu étudier ou voir.
C. Zola écrit à propos de la description dans les romans naturalistes qu'elle est « une nécessité de savant ». Comment comprenez-vous cette affirmation ? Vous prendrez appui sur les textes du corpus et sur les œuvres que vous avez pu lire.
D. Selon vous, dans quelle mesure l'argumentation indirecte peut-elle être efficace ? Vous prendrez appui sur les textes du corpus et sur les œuvres des XVIIe et XVIIIe siècles que vous avez pu lire.

1. À quels objets d'étude pourriez-vous rattacher ces sujets ? Justifiez votre réponse par une analyse précise du sujet et de l'intitulé de l'objet d'étude.
2. Pour chaque sujet, proposez des œuvres ou des textes qui pourraient nourrir votre réflexion.

2 Analyser les mots-clés d'un sujet et reformuler

Objet d'étude : Le roman et la nouvelle au XIXe siècle : réalisme et naturalisme
Corpus :
Texte A : Stendhal, *Le Rouge et le Noir*, 1830, livre premier, chapitre XIII
Texte B : Alexandre Dumas, *Les Trois Mousquetaires*, 1844, chapitre 52
Texte C : Victor Hugo, *Les Misérables*, 1862, 2e partie, livre troisième
Sujet : Julien Sorel, Milady, la Thénardier : nombreux sont les personnages de roman qui n'inspirent pas de sympathie. Ce type de personnage n'a-t-il pour fonction que de susciter le rejet du lecteur ? Vous répondrez à cette question dans un développement composé en vous appuyant sur les textes du corpus, sur vos lectures personnelles, ainsi que sur les œuvres étudiées en classe.

1. Quels sont les mots-clés du sujet ? Explicitez-les.
2. Reformulez la question posée par le sujet.
3. Délimitez les frontières du sujet : quelles seraient les analyses hors-sujet et pourquoi ?

3 Mettre au jour l'implicite du sujet

Objet d'étude : Genres et formes de l'argumentation : XVIIe et XVIIIe siècles
Corpus :
Texte A : La Bruyère, « Du Souverain ou de la République », *Les Caractères*, 1688
Texte B : Article « Paix », *Encyclopédie*, 1750-1772
Texte C : Voltaire, « Guerre », *Dictionnaire philosophique*, 1764
Sujet : Les textes littéraires et les formes d'argumentation souvent complexes qu'ils proposent vous paraissent-ils être un moyen efficace de convaincre et persuader ? Vous répondrez à cette question en un développement composé, prenant appui sur les textes du corpus et sur ceux que vous avez lus et étudiés.

1. Quels sont les mots-clés du sujet ? Explicitez-les.
2. Quelles sont les formes d'argumentation évoquées implicitement par le sujet ?
3. Définissez ce qu'on appelle « efficacité » dans le domaine de l'argumentation.
4. Quels sont les problèmes littéraires sous-entendus par le sujet ?

4 Reformuler et problématiser

Objet d'étude : La poésie du XIXe au XXe siècle : du romantisme au surréalisme
Corpus :
Texte A : Victor Hugo, *Les Feuilles d'automne*, 1831, « Soleils couchants », poème VI
Texte B : Paul Verlaine, *Poèmes saturniens*, 1866, « Soleils couchants »
Texte C : Jules Laforgue, *Les Complaintes*, 1885, « Soleil couchant »
Sujet : Dans la préface de son recueil de poèmes *Les Contemplations* (1856), Victor Hugo répond à ceux qui se plaignent « des écrivains qui disent moi » : « Ah ! quand je vous parle de moi, je vous parle de vous. Comment ne le sentez-vous pas ? Ah ! insensé qui crois que je ne suis pas toi ! » Quand vous lisez de la poésie, attendez-vous qu'un poète vous parle de lui, de vous ou espérez-vous d'autres sujets ? Vous justifierez vos remarques par des exemples précis pris dans le corpus ou dans les poèmes que vous avez lus ou étudiés.

1. Quels sont les mots-clés du sujet ? Explicitez-les.
2. En quoi la citation de Victor Hugo éclaire-t-elle le sujet ?
3. Quelles fonctions de la poésie sont sous-entendues par le sujet ?
4. Précisez les problèmes littéraires sous-entendus par le sujet et proposez une problématique pour la question posée.

5 Reformuler et problématiser

Objet d'étude : La tragédie et la comédie au XVIIe siècle : le classicisme
Corpus :
Texte A : Pierre Corneille, *Le Cid*, 1637, Acte I, scène 7
Texte B : Jean Racine, *Phèdre*, 1677, Acte I, scène 3

Sujet : Le héros tragique peut-il être à la fois victime et responsable de son destin ? Vous répondrez à cette question en un développement composé, prenant appui sur les textes du corpus et sur ceux que vous avez lus et étudiés.

Texte A :

Seul en scène, Rodrigue s'interroge : doit-il venger son père de l'affront que lui a fait subir Dom Gomès, le père de Chimène, la femme qu'il veut épouser ?

Percé jusques au fond du cœur
D'une atteinte imprévue aussi bien que mortelle,
Misérable vengeur d'une juste querelle,
Et malheureux objet d'une injuste rigueur,
Je demeure immobile, et mon âme abattue
Cède au coup qui me tue.
Si près de voir mon feu[1] récompensé,
Ô Dieu ! l'étrange peine !
En cet affront mon père est l'offensé,
Et l'offenseur le père de Chimène.
Que je sens de rudes combats !
Contre mon propre honneur mon amour s'intéresse[2],
Il faut venger un père, et perdre une maîtresse.
L'un m'échauffe le cœur, l'autre retient mon bras,
Réduit au triste choix ou de trahir ma flamme[3],
Ou de vivre en infâme,
Des deux côtés mon mal est infini.
Ô Dieu, l'étrange peine !
Faut-il laisser un affront impuni ?
Faut-il punir le père de Chimène ?
Père, maîtresse, honneur, amour,
Illustre tyrannie, adorable contrainte,
Pour qui de ma raison la lumière est éteinte,
À mon aveuglement rendez un peu de jour.
Cher et cruel espoir d'une âme généreuse,
Mais ensemble[4] amoureuse,
Noble ennemi de mon plus grand bonheur,
Qui fait toute ma peine,
M'es-tu donné pour venger mon honneur ?
M'es-tu donné pour perdre ma Chimène ?

Pierre Corneille, 1637, *Le Cid*, Acte I, scène 7

1. Amour. 2. Prend parti. 3. Mon amour. 4. En même temps.

Texte B :

Amoureuse de son gendre Hippolyte, fils de Thésée, Phèdre souffre intérieurement. Elle en fait l'aveu à Œnone, sa confidente.

Mon mal vient de plus loin. À peine au fils d'Égée[1]
Sous les lois de l'hymen[2] je m'étais engagée,
Mon repos, mon bonheur semblait être affermi,
Athènes me montra mon superbe ennemi[3].
Je le vis, je rougis, je pâlis à sa vue ;
Un trouble s'éleva dans mon âme éperdue ;
Mes yeux ne voyaient plus, je ne pouvais parler ;
Je sentis tout mon corps, et transir[4] et brûler.
Je reconnus Vénus[5] et ses feux redoutables,
D'un sang qu'elle poursuit tourments inévitables.
Par des vœux[6] assidus je crus les détourner :
Je lui bâtis un temple, et pris soin de l'orner ;
De victimes moi-même à toute heure entourée,
Je cherchais dans leurs flancs[7] ma raison égarée.
D'un incurable amour remèdes impuissants !
En vain sur les autels ma main brûlait l'encens :
Quand ma bouche implorait le nom de la déesse,
J'adorais Hippolyte, et le voyant sans cesse,
Même au pied des autels que je faisais fumer.
J'offrais tout à ce dieu, que je n'osais nommer.
Je l'évitais partout. Ô comble de misère !
Mes yeux le retrouvaient dans les traits de son père.
Contre moi-même enfin j'osai me révolter :
J'excitai mon courage à le persécuter.
Pour bannir l'ennemi dont j'étais idolâtre,
J'affectai les chagrins d'une injuste marâtre ;
Je pressai son exil, et mes cris éternels
L'arrachèrent du sein, et des bras paternels.
Je respirais, Œnone. Et depuis son absence,
Mes jours moins agités coulaient dans l'innocence ;
Soumise à mon époux, et cachant mes ennuis,
De son fatal hymen je cultivais les fruits[8].
Vaines précautions ! Cruelle destinée !
Par mon époux lui-même à Trézène amenée,
J'ai revu l'Ennemi que j'avais éloigné :
Ma blessure trop vive aussitôt a saigné.
Ce n'est plus une ardeur dans mes veines cachée :
C'est Vénus tout entière à sa proie attachée.

Jean Racine, *Phèdre*, 1677, Acte I, scène 3

1. Thésée est le fils d'Égée. 2. Du mariage. 3. Hippolyte. 4. Être saisi de froid. 5. Déesse de l'Amour. 6. Prières. 7. Rappels du rite religieux grec de la consultation des entrailles d'animaux pour connaître l'avenir. 8. J'élevais les enfants nés de ce mariage.

1. Comment les extraits suivants peuvent-ils vous aider à traiter le sujet qui suit ?
2. En vous aidant des textes, expliquez quels sont les problèmes littéraires sous-entendus par le sujet.
3. Proposez une problématique.

6 Problématiser

Objet d'étude : Le roman et la nouvelle au XIXe siècle : réalisme et naturalisme

Corpus : Danièle Sallenave, *Le Don des morts. Sur la littérature*, Gallimard, 1991

Sujet : Dans *Le Don des morts. Sur la littérature* (Gallimard, 1991), Danièle Sallenave écrit : « C'est une énigme, et c'est un fait : nous avons besoin de projection, de transfert, d'identification. Pour que la fiction opère, nous avons besoin de croire à l'existence d'un personnage en qui se résument et se concentrent les actions qu'organise la fable. » Selon vous, dans quelle mesure les œuvres réalistes et naturalistes sont-elles les plus aptes à permettre cette identification du lecteur ? Vous pourrez vous appuyer sur les œuvres du manuel, ainsi que sur vos lectures personnelles.

1. Analysez la citation : quels sont les mots-clés ?
2. Quels problèmes littéraires sont ici posés par l'auteur ?
3. Proposez une problématique.

Fiche 53

Construire le plan détaillé d'une dissertation

Une fois le sujet finement analysé et la problématique dégagée, formulée (fiche 52 « Comprendre un sujet de dissertation »), le plan peut être construit.

1 Étape 1 : Déterminer le mode de raisonnement

Pour construire le plan de la dissertation, il convient d'être attentif à la **formulation de la question** dans le sujet. Sur un même thème, des formulations différentes peuvent conduire à des plans variés. On peut distinguer :

➽ **Le raisonnement dialectique :** le sujet appelle un débat qui organise la confrontation de différentes hypothèses. Des expressions comme « selon vous » ou des verbes explicites comme « pensez-vous ? », etc., indiquent qu'on attend un raisonnement de ce type.

Ex : *Selon vous, les poètes romantiques sont-ils condamnés à n'exprimer que des sentiments de tristesse ? Vous répondrez à cette question dans un développement construit et illustré d'exemples tirés des textes du corpus, de ceux que vous avez étudiés en classe et de vos lectures personnelles.*

L'interrogation totale « est-ce » **implique une prise de position** du candidat au terme d'un raisonnement dialectique, qui lui aura permis d'envisager des hypothèses contradictoires, le pour et le contre.

➽ **Le raisonnement analytique ou thématique :** il s'agit d'analyser une notion à travers des enjeux liés à l'écriture et de façon plus générale à la littérature. L'interrogation comprend des adverbes interrogatifs ou des locutions qui permettent une analyse (comment, pourquoi, dans quelle mesure, à quelle condition, etc.).

Ex : *Balzac, dans son roman* Le Père Goriot, *alors qu'il décrit le personnage de Madame Vauquer et la pension qu'elle dirige, écrit : « Toute sa personne explique la pension, comme la pension implique sa personne. » En vous appuyant sur les textes du corpus et sur vos lectures personnelles, vous direz comment la description contribue à la construction des personnages et de l'univers romanesque.*

L'adverbe interrogatif « comment » induit **une analyse** des procédés d'écriture de la description, de sa place dans le roman et de son rapport aux personnages.

2 Étape 2 : Trouver les arguments et les exemples

➽ Une fois le raisonnement construit, il faut **mobiliser ses connaissances** pour nourrir la dissertation d'exemples. Pour cela, le candidat doit se servir du corpus proposé par le sujet, mais il doit aussi s'appuyer sur les lectures faites en classe et ses lectures personnelles.
Il peut organiser un tableau et procéder à ce qu'on appelle un « remue-méninges » : on note alors toutes les idées qui passent par la tête, puis on opère un tri par rapport à la problématique et aux axes du plan.

➽ La préparation du baccalauréat est l'occasion de compléter ses connaissances. La mise en fiches des cours doit mettre au jour les lacunes éventuelles. C'est le moment de consulter dictionnaires, encyclopédies et internet.

3 Étape 3 : Organiser le plan

➽ **Le raisonnement dialectique :** le plan s'organise autour d'oppositions et se conduit en deux ou trois temps. Il tend vers la réponse apportée dans la conclusion. Deux formes sont possibles :
- **Une approche classique :** proposer dans un premier temps une thèse, dont on cerne les limites dans un deuxième temps, sans forcément aller jusqu'à la contradiction. Une troisième partie de synthèse est possible, mais pas obligatoire.
- **Un plan concessif :** commencer par évoquer la thèse qui ne sera pas retenue (autrement dit, la concession), puis proposer une thèse qui peut éventuellement être dépassée/complétée dans une troisième partie.

➽ **Le raisonnement analytique ou thématique :** le plan s'organise toujours du plus simple ou du plus évident au plus riche ou plus complexe. Chaque partie amène progressivement des éléments de réponses à la problématique, par des analyses portant sur des aspects différents du problème posé.

➽ L'organisation des sous-parties suit la même logique : du plus évident au plus complexe. Chaque sous-partie est constituée d'une idée (ou argument) et d'un ou des exemple(s).

Exercices

1 Déterminer un mode de raisonnement

Sujet A : La rébellion contre l'héritage des poètes précédents est-elle indispensable à la création poétique ? Vous répondrez en vous appuyant sur les textes qui vous sont proposés, ceux que vous avez étudiés en classe et vos lectures personnelles.
Sujet B : Dans quelle mesure la mise en scène d'un texte théâtral contribue-t-elle à en révéler ou à en atténuer le comique ? Vous répondrez à cette question en vous appuyant sur les textes du corpus ainsi que sur les œuvres théâtrales que vous avez vues, lues ou étudiées.
Sujet C : L'apologue est-il simplement divertissant ou peut-il éveiller la réflexion du lecteur ? Vous répondrez en un développement composé en vous fondant sur les textes du corpus et sur les œuvres que vous avez lues et étudiées.
→ À quel mode de raisonnement correspond chacun de ces sujets ? Appuyez votre réponse sur une analyse précise de la question posée.

2 Trouver les arguments et les exemples

Objet d'étude : Le roman et la nouvelle au XIXe siècle : réalisme et naturalisme
a. Les descriptions participent de l'« effet de réel »
b. Les descriptions nous informent aussi sur l'intrigue et les personnages
c. La description peut avoir une portée symbolique qui indique le sens du roman
→ En vous appuyant sur les textes du manuel, trouvez des arguments pour valider ces thèses dans le cadre d'un sujet sur la description dans les romans réalistes et naturalistes.

3 Trouver les arguments et les exemples

Objet d'étude : Genres et formes de l'argumentation : XVIIe et XVIIIe siècles
a. Sous l'Ancien Régime, la critique est difficile
b. Pour critiquer le pouvoir, les auteurs utilisent des moyens détournés
c. La critique est un devoir pour les intellectuels
→ Cherchez des arguments pour valider ces thèses dans le cadre d'un sujet sur la critique du pouvoir aux XVIIe et XVIIIe siècles.

4 Organiser le plan

Objet d'étude : La tragédie et la comédie au XVIIe siècle : le classicisme
Sujet : Dans *L'Impromptu de Versailles*, Molière écrit que « l'affaire de la comédie est de représenter, en général, tous les défauts des hommes ». Selon vous, s'agit-il d'une bonne définition de la comédie ? Vous répondrez en faisant référence aux textes du corpus, aux œuvres étudiées en classe, à celles que vous avez vues ou lues.
1. Quel mode de raisonnement la formulation de la question induit-elle ?
2. Quelles sont les deux hypothèses à mettre en débat ?
3. Pour chacune d'elles, proposez au moins deux arguments s'appuyant à chaque fois sur un exemple.

5 Organiser le plan

Objet d'étude : La poésie du XIXe au XXe siècle : du romantisme au surréalisme
Sujet : Dans le *Dictionnaire égoïste de la littérature française*, Charles Dantzig affirme : « La poésie ne se trouve pas que dans les vers. » Vous direz si vous partagez son point de vue dans un développement argumenté, en vous appuyant sur les textes du corpus, sur ceux que vous avez étudiés en classe ou lus personnellement.
→ Proposez des arguments pour défendre chacune des thèses suivantes :
a. Vers et poésie sont intimement mêlés
b. Mais la poésie peut aussi se trouver dans la prose
c. La poésie est avant tout une façon de voir le monde et de jouer avec les mots sans que la question « vers ou prose » soit essentielle.

6 Organiser le plan

Objet d'étude : La tragédie et la comédie au XVIIe siècle : le classicisme
Sujet : Dans une de ses préfaces, Racine écrit qu'il veut que les héros tragiques soient « propres à exciter la compassion et la terreur ». Dans quelle mesure la tragédie a-t-elle besoin de ces personnages ? Vous répondrez en faisant référence aux textes du corpus, aux œuvres étudiées en classe, à celles que vous avez vues ou lues.
1. Quelles caractéristiques du personnage tragique apparaissent dans la citation de Racine ?
2. En vous appuyant sur les textes du manuel, trouvez trois arguments pour illustrer le propos de Racine.
3. En vous appuyant sur trois nouveaux arguments, montrez que la tragédie ne peut reposer seulement sur ce type de personnages.

7 Organiser le plan

Objet d'étude : Le roman et la nouvelle au XIXe siècle : réalisme et naturalisme
Sujet : Le but d'une dernière page de roman est-il uniquement de donner un dénouement à l'histoire ? Vous répondrez dans un développement organisé, en vous appuyant sur les textes du corpus, les œuvres étudiées en classe et vos lectures personnelles.
1. Après une analyse approfondie du sujet, proposez une problématique pour la dissertation.
2. Quelles lectures personnelles pourraient vous aider à construire votre réflexion ?
3. Proposez un plan détaillé.

Fiche 54

Rédiger une dissertation

La phase de rédaction est décisive. Elle est préparée par l'analyse du sujet et la mise au point du plan détaillé (fiches 52 « Comprendre un sujet de dissertation » et 53 « Construire un plan détaillé de dissertation »).

1 La dissertation est un exercice argumentatif

La dissertation doit convaincre : la dissertation est un écrit **argumentatif** : en produisant une réflexion littéraire, le candidat doit donc proposer des hypothèses qui amènent à une **prise de position personnelle**, voire originale, à laquelle **le lecteur-correcteur pourra adhérer**.

Pour autant, il ne s'agit pas d'utiliser une énonciation « personnelle », c'est-à-dire d'utiliser la première personne (« je »), ni une modalisation excessivement subjective, fondée sur l'expression de sentiments trop personnels pour être partagés.

Il faut défendre une position **acceptable** et **argumentée**, **solide** tout en étant **nuancée**.

2 L'introduction

L'introduction comprend trois étapes :

Étape 1 : l'amorce

Brièvement, il s'agit de présenter le thème de la dissertation. Il faut éviter deux écueils : la généralisation qui n'a aucun sens (« de tout temps les hommes… ») et l'entrée précoce dans l'analyse. Le plus efficace est souvent de rappeler le **contexte** littéraire, voire artistique ou sociologique, qui permet déjà d'éclairer le sujet.

Étape 2 : la présentation du sujet et sa problématisation

- On rappelle le sujet, intégralement s'il est court, en le reformulant s'il est trop long. On reformule toujours la consigne de travail (ex : dans le sujet « vous vous demanderez en quoi » devient dans l'introduction « nous nous demanderons donc en quoi… »).
- On problématise le sujet à partir de la mise au jour de l'implicite. La problématique doit être synthétique et se présenter sous la forme d'un questionnement à la forme **directe** ou **indirecte**.

Étape 3 : l'annonce du plan

Le plan suivi doit être annoncé sans indiquer les sous-parties. On choisira une formulation souple (éviter les formules trop lourdes comme « dans une première partie… puis dans une deuxième partie… ») et on utilisera des liens logiques qui mettent déjà en lumière les relations entre les parties (« certes », « mais », « donc », etc.).

Pour plus de visibilité, on peut matérialiser les trois étapes de l'introduction par trois paragraphes. C'est aussi un moyen de ne rien oublier.

Exemple :

Objet d'étude : Genres et formes de l'argumentation : XVIIe et XVIIIe siècles

Sujet : Les fables de La Fontaine ne sont-elles destinées qu'aux enfants ? Vous répondrez à cette question en un développement composé, prenant appui sur les textes du corpus et sur ceux que vous avez lus et étudiés.

Introduction rédigée :

Lorsque Jean de La Fontaine publie ses premières fables en 1668, il les dédicace à « Monseigneur le Dauphin », héritier du trône et fils de Louis XIV âgé de sept ans. Il affiche ainsi ses ambitions pédagogiques. D'ailleurs, dans la tradition scolaire et dans la mémoire collective, les fables sont avant tout destinées aux enfants. Elles sont apprises très jeunes, parfois même sans être comprises, et elles suivent les élèves de France durant toute leur scolarité, et jusqu'au lycée.

Dès lors, on peut se demander si les fables de La Fontaine ne visent réellement que les plus petits. Cette interrogation révèle une conception dévaluée de la fable qui ne serait destinée qu'à un public capable d'entendre des récits simples, illustrant une moralité minimaliste. On pourra donc se demander si les fables peuvent être réduites à un seul niveau de lecture, celui des enfants.

Après avoir expliqué pourquoi les fables se prêtent particulièrement à une lecture par les enfants, nous verrons qu'il existe d'autres niveaux de lecture qui intéressent aussi les adultes. Enfin, nous pourrons montrer que les Fables forment l'intelligence à tous les âges.

3 Le développement

Organisation du développement

Chaque partie **rappelle l'idée directrice** dans un premier paragraphe (il n'y a pas de titres dans les dissertations littéraires) et se conclut par une conclusion-transition, à l'exception de la dernière partie qui débouche naturellement sur la conclusion du devoir.

Les parties et sous-parties

- **Les parties** : le développement comprend deux ou trois parties, qui sont de longueurs comparables. Chaque partie développe **une idée directrice**.

• **Les sous-parties :** on compte entre **deux ou trois sous-parties** par partie. Chacune propose **un argument** qui construit une partie de l'idée directrice et qui s'appuie sur un ou des exemple(s) précis.

➡ Les exemples : ils sont **la chair du développement**. Sans eux, il n'y a pas d'argument convaincant. Ils sont de natures différentes :
– des citations
– des renvois à un épisode connu ou à un personnage d'une œuvre
– des références à un mouvement littéraire, une école ou un style.

On en présente **à chaque paragraphe d'analyse** :
– à la suite de l'analyse. Il est alors introduit par un lien logique, comme « ainsi », « en effet », « comme le montre », etc.
– avant l'analyse.

➡ Les transitions entre les parties
Ce sont des bilans d'étape. Ils permettent de souligner en quoi la partie répond à la problématique et font le lien avec ce qui reste à développer.

➡ Les liens logiques
Ils permettent de **souligner l'enchaînement des idées et les liens avec la problématique**. Ils sont utiles entre les arguments, mais aussi à l'intérieur d'un raisonnement. Il est important qu'ils soient variés.

Ex : *Rédaction de la première sous-partie de la première partie de la dissertation (cf. sujet sur la fable plus haut).*

Plan de la partie :

I. Pourquoi les fables se prêtent-elles particulièrement à une lecture par les enfants ?
a. Parce qu'elles présentent un univers merveilleux.
b. Parce qu'elles jouent avec le jeune lecteur en multipliant les effets de surprise.
c. Parce que la versification en fait un objet scolaire par excellence.

II. Mais il ne faut pas en avoir une lecture réductrice
a. La Fontaine s'adresse avant tout à la Cour et non pas aux enfants.
b. La Fontaine tient un discours critique et engagé.
c. Certaines fables appellent une lecture complexe à cause de leur implicite.

III. Finalement, les fables exigent un regard adulte
a. L'auteur laisse parfois le soin au lecteur d'imaginer sa propre moralité.
b. Parfois, récit et moralité sont contradictoires : le lecteur est dérouté.
c. La Fontaine n'est pas un moraliste : il raconte plus qu'il n'enseigne.

Rédaction de la première sous-partie :

Les *Fables* de La Fontaine mettent en scène un univers merveilleux. L'emploi d'animaux qui parlent et qui représentent des caractères, des tempéraments et un univers simplifié sont propices à entretenir l'intérêt de la lecture. Ainsi, on tremble avec l'agneau du « Loup et l'Agneau » et on rit volontiers de la naïveté du corbeau dans « Le Corbeau et le Renard ». Le merveilleux permet dans le premier cas d'atténuer la cruauté pourtant mise au jour dans le récit, en particulier dans « Le Loup et l'Agneau » qui se termine par la mise à mort de l'Agneau. Ce récit serait difficilement supportable pour de jeunes lecteurs en dehors de l'univers fictionnel mis en place par la fable.

4 La conclusion

➡ Elle répond à la problématique : la conclusion est un moment fort qui permet de donner de la **cohésion à la dissertation**. Elle doit apporter **une réponse claire à la problématique posée en introduction.** Il est inutile de répéter le plan utilisé, ni de continuer à argumenter ou développer de nouveaux arguments.

➡ Elle propose une ouverture : il est possible d'élargir le problème posé en le plaçant dans un nouveau contexte. Ce qu'on appelle une « ouverture » n'est pas obligatoire : il convient d'éviter toute généralisation excessive (comme dans l'introduction) et d'y renoncer si l'on n'a pas d'idée.

Ex : *Conclusion rédigée (cf. sujet sur la fable plus haut) :*
Les *Fables* de La Fontaine peuvent être lues à tout âge. Les plus jeunes y trouvent des récits plaisants et adaptés à leur jeunesse, tandis que les adultes décèlent aisément un arrière-plan politique et philosophique plus complexe qu'il n'y paraît.
Au fond, la pluralité des lectures possibles est caractéristique du chef-d'œuvre. Sa lecture peut nous accompagner toute une vie, on y puise toujours de nouvelles satisfactions.

5 Exemple rédigé

Objet d'étude : Le roman et la nouvelle au XIXe siècle : réalisme et naturalisme

Sujet : Peut-on dire que naturalisme et réalisme sont uniquement des approches scientifiques et documentaires de la vie ?

Rédaction : Le XIXe siècle a vécu une révolution esthétique majeure avec le mouvement réaliste à partir des années 1830, puis le naturalisme. Pour les artistes de cette époque, s'inspirer de la réalité s'oppose à tous les canons alors en vigueur, qui revendiquent l'idéalisation du monde.

Les écrivains réalistes et naturalistes sont donc devenus des observateurs avisés de leur temps et de leurs contemporains. Ils ont ainsi développé une documentation importante : on peut penser aux carnets d'enquête de Zola, par exemple, qui s'est notamment inspiré des méthodes scientifiques de son temps. Ainsi, on a pu reprocher à ces deux mouvements très proches d'avoir une approche scientifique et documentaire de la vie. Est-il possible de considérer que la dimension romanesque des écrivains réalistes et naturalistes ne vient qu'au second plan dans leur projet ?

Après avoir montré que les écrivains réalistes et naturalistes du XIXe siècle ont bien eu pour projet de démonter et d'analyser le fonctionnement du monde et de leur époque, nous pourrons voir en quoi ce projet est également une expérience artistique avec ses moyens romanesques propres.

*

Le réalisme se donne pour projet d'être le reflet de la réalité, ce qui implique un regard particulier, une fidélité qui semble s'opposer à l'imagination ou à toute idée de création. Cela suppose une documentation solide, voire un regard scientifique.

Cette ambition passe, par exemple, par l'examen des mécanismes sociaux de leur temps et tente de révéler ce que les habitudes gardent caché. Ainsi, Balzac veut « faire concurrence à l'état civil », comme il l'écrit en 1842 dans son avant-propos à la fresque romanesque qu'il intitule *La Comédie humaine*. À sa suite, Zola rédige en vingt volumes (1871-1893) les aventures des Rougon-Macquart, « Histoire naturelle et sociale d'une famille sous le Second Empire ». En portant son attention sur des individus liés par le sang et dans un contexte social et politique précis, il veut être au plus près de la réalité pour révéler le poids de l'hérédité et des déterminismes sociaux. Zola rend visible et compréhensible ce que l'on ne comprend pas toujours, alors même que la sociologie n'en est qu'à ses débuts. Pour cela, il prend un nombre considérable de notes qu'il consigne dans ses carnets d'enquête.

Mais les écrivains réalistes vont aussi assez loin dans la compréhension de l'individu, alors même que la psychanalyse n'est pas encore établie. Ainsi, Balzac puis Flaubert (qui refusa l'étiquette de réaliste mais reste tout de même associé au mouvement) se sont attachés à comprendre le cœur féminin. Dans *La Femme de trente ans*, Balzac, avec le personnage de Julie d'Aigremont, entre dans l'analyse de la vie intime de la femme, du sentiment comme de la sexualité. Flaubert, avec *Madame Bovary*, reprend un type romanesque finalement inventé par Balzac pour créer le « bovarysme », sorte de sentiment féminin constitué de frustration et qui ne peut se résoudre que par une fuite insensée dans l'imaginaire. On comprend donc que les écrivains sont parvenus à explorer certains champs alors ouverts par la science, mais pas encore assez travaillés.

C'est grâce à un travail de documentation et à un appui sur les progrès scientifiques de leurs temps que le réalisme et son prolongement, le naturalisme, ont permis aux écrivains du XIXe de mieux comprendre le monde dans son fonctionnement, mais aussi l'individu. Pour autant, cela n'est pas sans ambition artistique et romanesque.

Paradoxalement, pour parvenir à rendre compréhensible le réel, les écrivains réalistes et naturalistes doivent avoir recours à des moyens qui, justement, ne sont pas ceux de la réalité.

Nous avons un exemple parlant de cela avec le narrateur balzacien. En effet, très souvent, Balzac a recours à un narrateur omniscient : il voit tout, sait tout et commente l'histoire qu'il raconte. Le procédé est très artificiel et montre la présence de l'auteur au lieu de l'effacer, ce qui serait un moyen *a priori* plus efficace pour plonger le lecteur au cœur du réel. En outre, les textes de Balzac ne sont pas toujours exempts de romantisme. Par exemple, *Le Lys dans la vallée* est un roman marqué par les deux courants. On comprend donc qu'il n'y a pas de doctrine rigide pour mettre au jour ce que la réalité cache parfois avec pudeur.

En outre, si le projet romanesque a des ambitions scientifiques, comme c'est le cas de la fresque des *Rougon-Macquart* dans lequel Zola veut montrer les mécanismes de l'hérédité et de la société, ce n'est pas sans utiliser les ressorts des symboles. Ainsi, dans *Le Ventre de Paris*, la société se divise entre les « maigres » et les « gras ». Les « gras » représentent les individus qui profitent du système capitaliste qui se met en place, tandis que les « maigres » sont les individus qui sont exploités. Cette allégorie, parmi les nombreuses images utilisées par Zola, lui permet de rendre sensible un univers qu'il perçoit comme manichéen. Finalement, le réalisme est un art de l'illusionnisme pour reprendre la célèbre phrase de Maupassant dans la préface de *Pierre et Jean*.

*

Les écrivains réalistes et naturalistes du XIXe siècle se sont bien employés à comprendre le monde et plus particulièrement celui qui leur était contemporain. Ils se sont attachés à l'analyse des mécanismes collectifs et individuels qui permettent d'en comprendre le fonctionnement. Pour cela, ils se sont inspirés d'une observation attentive du réel, mais ils sont passés en même temps par une phase d'écriture qui utilise tous les ressorts de la création pour adapter le réel au lecteur de romans.

Exercices

1 Rédiger une introduction

Objet d'étude : Genres et formes de l'argumentation : XVIIe et XVIIIe siècles
Corpus : Texte A : Fénelon, *Les Aventures de Télémaque*, 1699, septième livre
Texte B : Montesquieu, *Lettres persanes*, 1721, lettre XII
Texte C : Voltaire, *Candide*, 1759, chapitre XXX
Sujet : En quoi l'évocation d'un monde très éloigné du sien permet-elle de faire réfléchir le lecteur sur la réalité qui l'entoure ? Vous développerez votre argumentation en vous appuyant sur les textes du corpus, les œuvres que vous avez étudiées en classe et celles que vous avez lues.
1. En vous aidant de l'analyse menée dans la fiche 52, vous préparerez un plan détaillé de dissertation comprenant les idées directrices, les arguments et les exemples.
2. Rédigez l'introduction de la dissertation.

2 Rédiger une introduction

Objet d'étude : Le roman et la nouvelle au XIXe siècle : réalisme et naturalisme
Corpus : Texte A : Flaubert, *Madame Bovary*, 1857, *incipit*
Texte B : Zola, *Germinal*, 1877, *incipit*
Texte C : Maupassant, *Bel-Ami*, 1885, *incipit*
Sujet : Attendez-vous des héros des romans réalistes et naturalistes qu'ils réussissent ? Vous développerez votre argumentation en vous appuyant sur les textes du corpus, les œuvres que vous avez étudiées en classe et celles que vous avez lues.
1. À quels mouvements littéraires le sujet fait-il référence ? Quels sont les enjeux esthétiques de ces mouvements ?
2. Quel problème implicite le sujet pose-t-il ?
3. En vous aidant de l'analyse menée dans la fiche 52, vous préparerez un plan détaillé de dissertation comprenant les idées directrices, les arguments et les exemples.
4. Rédigez l'introduction de la dissertation.

3 Analyser un sujet et préparer un plan

Objet d'étude : Le roman et la nouvelle au XIXe siècle : réalisme et naturalisme
Sujet : La vocation du roman est-elle de représenter la réalité ? Vous répondrez dans un développement organisé, en vous appuyant sur les textes du corpus, les œuvres étudiées en classe et vos lectures personnelles.
1. À quelle spécificité du roman le sujet fait-il référence ? Reformulez la question.
2. Après une analyse des idées-clés du sujet, proposez une problématique pour la dissertation.
3. Quelles lectures personnelles pourraient vous aider à construire votre réflexion ?
4. Proposez un plan détaillé comprenant les idées principales de chaque partie, les arguments et les exemples.

4 Du plan à l'introduction

Objet d'étude : La tragédie et la comédie au XVIIe siècle : le classicisme
Corpus : Molière, *Le Malade imaginaire*, 1673, acte III, scènes 11, 12, 13, 14
Sujet : En prenant appui sur les scènes du corpus et sur d'autres pièces que vous avez pu lire, étudier ou voir, vous vous demanderez ce qu'apporte la représentation au texte théâtral.
1. Après une analyse des mots-clés du sujet, interrogez-vous sur le ou les problèmes spécifiques au théâtre posés. Précisez-les.
2. Quelles lectures personnelles pourraient vous aider à construire votre réflexion ? Cherchez des exemples.
3. Proposez un plan détaillé.
4. Rédigez intégralement l'introduction de la dissertation.

5 Du plan à la rédaction du développement

Objet d'étude : Genres et formes de l'argumentation : XVIIe et XVIIIe siècles
Sujet : Selon vous, pourquoi les œuvres des philosophes du XVIIIe siècle sont-elles passées à la postérité ?
1. Organiser les arguments pour chacune des thèses suivantes :
I. Les œuvres des philosophes des Lumières ont bouleversé les codes littéraires de leur temps.
II. La réflexion des philosophes des Lumières a une portée universelle.
Arguments :
– Leurs combats restent d'actualité
– Les philosophes ont transformé le genre de l'encyclopédie pour l'investir d'une portée critique
– La réflexion des philosophes des Lumières s'est ouverte à toutes les disciplines
– Le conte philosophique a renouvelé la critique du pouvoir
– Les idées des Lumières sont encore vivantes aujourd'hui
– Les philosophes ont créé des lieux d'échanges et d'élaboration des idées
2. À l'aide du manuel, cherchez un ou des exemples pour chacun des arguments.
3. Finalisez un plan détaillé.
4. Rédigez la dissertation.

6 Rédiger une dissertation

Objet d'étude : La poésie du XIXe au XXe siècle : du romantisme au surréalisme
Corpus :
Texte A : Paul Verlaine, *Sagesse*, 1881, III, « L'échelonnement des haies »
Texte B : Colette, *Les Vrilles de la Vigne*, 1908
Texte C : Marcel Proust, *Sodome et Gomorrhe*, 1921, II, chapitre premier

Texte D : Gustave Roud, *Air de Solitude*, 1945
Texte E : Charles Dantzig, *Dictionnaire égoïste de littérature française*, 2005

Sujet : Dans le *Dictionnaire égoïste de la littérature française*, Charles Dantzig affirme : « La poésie ne se trouve pas que dans les vers. » Vous direz si vous partagez son point de vue dans un développement argumenté, en vous appuyant sur les textes du corpus, sur ceux que vous avez étudiés en classe ou lus personnellement.

1. Après une analyse approfondie du sujet, proposez une problématique pour la dissertation.
2. Quelles lectures personnelles pourraient vous aider à construire votre réflexion ?
3. Proposez un plan détaillé.
4. Rédigez l'ensemble de la dissertation comprenant les idées principales de chaque partie, les arguments et les exemples.

7 Rédiger une dissertation

Objet d'étude : La tragédie et la comédie au XVIIe siècle : le classicisme

Ce n'est ici qu'un simple crayon, un petit impromptu dont le Roi a voulu se faire un divertissement. Il est le plus précipité de tous ceux que Sa Majesté m'ait commandés, et, lorsque je dirai qu'il a été proposé, fait, appris et représenté en cinq jours, je ne dirai que ce qui est vrai. Il n'est pas nécessaire de vous avertir qu'il y a beaucoup de choses qui dépendent de l'action : on sait bien que les comédies ne sont faites que pour être jouées, et je ne conseille de lire celle-ci qu'aux personnes qui ont des yeux pour découvrir dans la lecture tout le jeu du théâtre ; ce que je vous dirai, c'est qu'il serait à souhaiter que ces sortes d'ouvrages pussent toujours se montrer à vous avec les ornements qui les accompagnent chez le Roi. Vous les verriez dans un état beaucoup plus supportable, et les airs et les symphonies de l'incomparable M. Lulli, mêlés à la beauté des voix et à l'adresse des danseurs, leur donnent, sans doute, des grâces dont ils ont toutes les peines du monde à se passer.

Molière, Avertissement à *L'Amour médecin*, 1665

Sujet : Pensez-vous, comme Molière, que « les comédies ne sont faites que pour être jouées » ? Cette réflexion se limitera aux comédies du XVIIe siècle. Vous vous appuierez sur l'analyse de Molière, mais aussi sur d'autres pièces du XVIIe siècle que vous avez vues ou lues.

1. Après une analyse approfondie du sujet, proposez une problématique pour la dissertation.
2. Quelles lectures personnelles pourraient vous aider à construire votre réflexion ?
3. Proposez un plan détaillé comprenant les idées principales de chaque partie, les arguments et les exemples
4. Rédigez l'ensemble de la dissertation.

8 Rédiger une dissertation

Objet d'étude : Genres et formes de l'argumentation : XVIIe et XVIIIe siècles

Texte A :

La Génisse, la Chèvre et leur sœur la Brebis,
Avec un fier Lion, Seigneur du voisinage,
Firent société[1], dit-on, au temps jadis,
Et mirent en commun le gain et le dommage.
Dans les lacs[2] de la Chèvre un Cerf se trouva pris.
Vers ses associés aussitôt elle envoie[3].
Eux venus, le Lion par ses ongles compta,
Et dit : « Nous sommes quatre à partager la proie. »
Puis en autant de parts le Cerf il dépeça,
Prit pour lui la première en qualité de Sire :
« Elle doit être à moi, dit-il, et la raison,
C'est que je m'appelle Lion :
À cela l'on n'a rien à dire.
La seconde, par droit, me doit échoir[4] encor :
Ce droit, vous le savez, c'est le droit du plus fort.
Comme le plus vaillant, je prétends la troisième[5].
Si quelqu'une de vous touche à la quatrième
Je l'étranglerai tout d'abord[6]. »

Jean de La Fontaine, « La Génisse, la Chèvre et la Brebis, en société avec le Lion », *Fables*, I, 6, 1668

1. Se réunirent. 2. Les filets, c'est-à-dire le piège tendu par la Chèvre. 3. Elle envoie des messagers. 4. Doit me revenir. 5. Comme je suis le plus vaillant, je prétends avoir droit à la troisième part. 6. Immédiatement, tout de suite.

Texte B :

Aucun homme n'a reçu de la nature le droit de commander aux autres. La liberté est un présent du ciel, et chaque individu de la même espèce a le droit d'en jouir aussitôt qu'il jouit de la raison. Si la nature a établi quelque autorité, c'est la puissance paternelle : mais la puissance paternelle a ses bornes ; et dans l'état de nature elle finirait aussitôt que les enfants seraient en âge de se conduire. Toute autre autorité vient d'une autre origine que la nature. Qu'on examine bien et on la fera toujours remonter à l'une de ces deux sources : ou la force et la violence de celui qui s'en est emparé ; ou le consentement de ceux qui s'y sont soumis par un contrat fait ou supposé entre eux et celui à qui ils ont déféré[1] l'autorité. La puissance qui s'acquiert par la violence n'est qu'une usurpation[2] et ne dure qu'autant que la force de celui qui commande l'emporte sur celle de ceux qui obéissent ; en sorte que si ces derniers deviennent à leur tour les plus forts, et qu'ils secouent le joug[3], ils le font avec autant de droit et de justice que l'autre qui le leur avait imposé. La même loi qui a fait l'autorité la défait alors : c'est la loi du plus fort.

Denis Diderot, *Encyclopédie*, 1751, Article « Autorité politique »

1. Céder, donner. 2. Fait de s'approprier quelque chose (ici la puissance) sans en avoir le droit. 3. Image pour désigner ce qui entrave la liberté.

1. Quel est le thème commun aux deux textes ?
2. En vous appuyant sur le corpus, mais aussi sur vos lectures personnelles, vous traiterez le sujet suivant : « Essai, conte, fable sont autant de formes que peut prendre l'argumentation. Laquelle vous paraîtrait la plus appropriée si vous deviez écrire une argumentation et pourquoi ? »

9 Rédiger une dissertation

Objet d'étude : Genres et formes de l'argumentation : XVIIe et XVIIIe siècles

Dans le roman épistolaire Lettres persanes, *Montesquieu crée deux voyageurs persans qui découvrent la France. À travers les échanges épistolaires qu'ils ont avec leurs amis, ils permettent à l'auteur de porter un regard critique sur son pays.*

RICA À RHÉDI.

À Venise.

Je trouve les caprices de la mode, chez les Français, étonnants. Ils ont oublié comment ils étaient habillés cet été ; ils ignorent encore plus comment ils le seront cet hiver : mais surtout on ne saurait croire combien il en coûte à un mari, pour mettre sa femme à la mode.

Que me servirait de te faire une description exacte de leur habillement et de leurs parures ? Une mode nouvelle viendrait détruire tout mon ouvrage, comme celui de leurs ouvriers ; et, avant que tu eusses reçu ma lettre, tout serait changé.

Une femme qui quitte Paris pour aller passer six mois à la campagne en revient aussi antique que si elle s'y était oubliée trente ans. Le fils méconnaît le portrait de sa mère ; tant l'habit, avec lequel elle est peinte, lui paraît étranger : il s'imagine que c'est quelque Américaine qui y est représentée, ou que le peintre a voulu exprimer quelqu'une de ses fantaisies.

Quelquefois les coiffures montent insensiblement, et une révolution les fait descendre tout à coup. Il a été un temps que leur hauteur immense mettait le visage d'une femme au milieu d'elle-même : dans un autre, c'était les pieds qui occupaient cette place ; les talons faisaient un piédestal qui les tenait en l'air. Qui pourrait le croire ? Les architectes ont été souvent obligés de hausser, de baisser et d'élargir leurs portes, selon que les parures des femmes exigeaient d'eux ce changement ; et les règles de leur art ont été asservies à ces caprices. On voit quelquefois sur un visage une quantité prodigieuse de mouches[1] ; et elles disparaissent toutes le lendemain. Autrefois les femmes avaient de la taille, et des dents[2] ; aujourd'hui il n'en est pas question. Dans cette changeante nation, quoi qu'en disent les mauvais plaisants, les filles se trouvent autrement faites que leurs mères.

Il en est des manières et de la façon de vivre comme des modes : les Français changent de mœurs selon l'âge de leur roi. Le monarque pourrait même parvenir à rendre la nation grave, s'il l'avait entrepris. Le prince imprime le caractère de son esprit à la cour, la cour à la ville, la ville aux provinces. L'âme du souverain est un moule qui donne la forme à toutes les autres.

De Paris, le 8 de la lune de Saphar, 1717.

Montesquieu, *Lettres persanes*, 1721

1. Petit morceau de tissu, de la grandeur d'environ l'aile d'une mouche, que les dames se mettent sur le visage. 2. Avaient une belle silhouette et un beau sourire.

1. Quelle critique Montesquieu opère-t-il à travers le regard de son personnage ?
2. Connaissez-vous d'autres œuvres qui font appel au procédé du « regard étranger » ?
3. Sujet : En quoi le recours à la fiction est-il efficace sur le plan argumentatif ?
Vous rédigerez la dissertation.

10 Rédiger une dissertation

Objet d'étude : La poésie du XIXe au XXe siècle : du romantisme au surréalisme

Celui qui regarde du dehors à travers une fenêtre ouverte, ne voit jamais autant de choses que celui qui regarde une fenêtre fermée. Il n'est pas d'objet plus profond, plus mystérieux, plus fécond, plus ténébreux, plus éblouissant qu'une fenêtre éclairée d'une chandelle. Ce qu'on peut voir au soleil est toujours moins intéressant que ce qui se passe derrière une vitre. Dans ce trou noir ou lumineux vit la vie, rêve la vie, souffre la vie.

Par delà des vagues de toits, j'aperçois une femme mûre, ridée déjà, pauvre, toujours penchée sur quelque chose, et qui ne sort jamais. Avec son visage, avec son vêtement, avec son geste, avec presque rien, j'ai refait l'histoire de cette femme, ou plutôt sa légende, et quelquefois je me la raconte à moi-même en pleurant.

Si c'eût été un pauvre vieux homme, j'aurais refait la sienne tout aussi aisément.

Et je me couche, fier d'avoir vécu et souffert dans d'autres que moi-même.

Peut-être me direz-vous : « Es-tu sûr que cette légende soit la vraie ? » Qu'importe ce que peut être la réalité placée hors de moi, si elle m'a aidé à vivre, à sentir que je suis et ce que je suis ?

Charles Baudelaire, *Petits poèmes en prose*, 1869, « Les Fenêtres »

1. Que symbolisent les fenêtres dans le texte de Baudelaire ?
2. Quelle est la leçon de Baudelaire dans ce poème ?
3. En quoi le texte relève-t-il du genre du poème en prose ? Êtes-vous sensible à la musicalité du texte de Baudelaire ?
4. Sujet : Selon vous, en quoi la poésie nous permet-elle de voir autrement et de comprendre le monde qui nous entoure ? Vous rédigerez la dissertation.

Fiche 55

VERS L'ORAL

Réussir l'épreuve orale du baccalauréat

L'épreuve orale du baccalauréat se déroule en plusieurs temps et dure **environ une heure** pour le candidat :

- **L'accueil** (environ 10 min) :
Le candidat se présente, l'examinateur vérifie son identité, lui fait signer le bordereau de présence, l'installe et lui propose un sujet.
- **La préparation** (30 min) :
Le candidat travaille seul et prépare sa réponse à la question de lecture analytique qui lui a été soumise.
- **La lecture analytique** (10 min) :
Le candidat parle seul, sans être interrompu par l'examinateur et expose son analyse du texte. Celle-ci doit être organisée de manière à répondre explicitement à la question posée.
- **L'entretien** (10 min) :
Il s'agit d'une phase de dialogue entre le candidat et l'examinateur. Certes, ce dernier pose des questions, mais il ne s'agit en rien d'un interrogatoire. Au contraire, ce doit être l'occasion d'un échange réel.

La première des conditions pour réussir l'oral du baccalauréat est de **suivre consciencieusement les cours de son professeur** et de les retravailler en les mettant sous la forme de fiches, qui aideront à l'appropriation des connaissances.

L'épreuve orale ne se prépare pas seulement en première. **Dès la classe de seconde**, il faut s'entraîner à la lecture analytique telle qu'elle est attendue au baccalauréat, mais aussi à l'entretien.

1 La préparation (30 minutes)

➡ L'examinateur a trois possibilités pour le choix du texte qui sera analysé. Il peut :
– choisir un texte issu d'un groupement de textes
– choisir un extrait étudié en cours lors de l'étude intégrale d'une œuvre
– choisir un texte qui n'a pas été étudié en cours, mais extrait d'une œuvre intégrale qui l'a été.

Il convient donc de connaître parfaitement les textes étudiés et l'ensemble des œuvres intégrales.

➡ **Analyser le texte le jour J.** Pour l'analyse, on reprend la méthode de la lecture analytique, dont nous ne rappelons que les étapes.
(Voir fiches 13 et 14 sur la lecture analytique.)
Étape 1 : **Analyser la question posée**
Étape 2 : **Analyser le texte et effectuer les repérages**
Étape 3 : **Structurer la réponse**

➡ Dans la première partie de l'épreuve, « le candidat rend compte de la lecture qu'il fait d'un texte choisi par l'examinateur dans le descriptif des lectures et activités. Cette lecture est **orientée par une question initiale** à laquelle il doit répondre en partant de l'observation précise du texte, en menant une analyse simple et en opérant des choix afin de construire une démonstration. On n'attend donc de lui ni une étude exhaustive du texte ni la simple récitation d'une étude faite en classe » (*Bulletin officiel* n° 3 du 16 janvier 2003).

2 Première partie de l'épreuve : lecture analytique (10 minutes)

➡ **L'introduction**
Elle comprend plusieurs étapes :
– présentation de l'auteur et du contexte de production (mouvement littéraire par exemple)
– présentation de l'œuvre d'où le texte est extrait
– caractérisation du texte et reprise de la question posée
– annonce du plan suivi

➡ **La lecture du texte**
Elle doit être expressive et déjà suggérer l'interprétation.

➡ **Le développement**
Il comprend deux à trois parties, structurées en sous-parties. Les parties sont organisées de manière à répondre à la question posée par l'examinateur. Toutes appellent des analyses précises de procédés d'écriture. Elles citent le texte avec précision, sans excès ni allusion trop vague.

➡ **La conclusion**
Il s'agit d'une réponse claire à la question posée, intimement liée au développement.

Critères d'évaluation (B.O. n° 3 du 16 janvier 2003)

	Exposé
Expression et communication	• Lecture correcte et expressive • Qualité de l'expression et niveau de langue orale • Qualités de communication et de conviction
Réflexion et analyse	• Compréhension littérale du texte • Prise en compte de la question • Réponse construite, argumentée et pertinente, au service d'une interprétation • Références précises au texte
Connaissances	• Savoirs linguistiques et littéraires • Connaissances culturelles en lien avec le texte

3 Seconde partie de l'épreuve : l'entretien (10 minutes)

L'entretien est un moment particulier. Il ne s'agit pas d'un « corrigé » de la lecture analytique. Mais ce n'est pas non plus un exercice totalement codifié : l'examinateur va organiser l'épreuve aussi en fonction de ce qu'il a ressenti pendant la première partie.

Cette seconde partie de l'épreuve ne doit apparaître ni comme un moment de relâchement (le candidat a terminé sa lecture analytique et est soulagé, mais il n'est qu'à mi-chemin), ni comme un interrogatoire.

Il faut clairement **que le candidat change de posture :** il doit passer d'un exposé pendant lequel il parle seul à un temps de **dialogue**. Cela suppose qu'il entende vraiment les questions posées, mais aussi qu'il fasse preuve de pertinence en montrant une culture littéraire fine et de l'à-propos dans ses réponses. Il s'agit de montrer que l'on peut **prendre du recul** par rapport aux œuvres étudiées en classe, que l'on est capable de les comparer.

Il importe de **connaître parfaitement les textes étudiés et l'ensemble des œuvres intégrales.** Mieux, pour préparer l'entretien, il est judicieux d'apprendre par cœur le descriptif des lectures et activités (dit aussi « liste de bac »). Cela permettra une circulation rapide dans les corpus et entre les œuvres.

Le B.O. (n° 3 du 16 janvier 2003) propose toute une gamme de sujets possibles :
– ouvrir des perspectives
– approfondir et élargir la réflexion, en partant du texte qui vient d'être étudié pour aller vers :
  • l'œuvre intégrale ou le groupement d'où ce texte a été extrait
  • une des lectures cursives proposées en relation avec le texte qui vient d'être étudié
  • l'objet d'étude ou les objets d'étude en relation avec le texte qui vient d'être étudié
– évaluer les connaissances du candidat sur l'œuvre ou l'objet d'étude
– apprécier l'intérêt du candidat pour les textes qu'il a étudiés ou abordés en lecture cursive
– tirer parti des lectures et activités personnelles du candidat.

L'évaluation se fonde essentiellement sur la capacité de dialogue du candidat. Une fois de plus, il ne s'agit pas d'un interrogatoire, mais d'un échange. Cela n'est possible que si le candidat a des connaissances solides et une réelle capacité à écouter et communiquer.

Critères d'évaluation (B.O. n° 3 du 16 janvier 2003)

	Entretien
Expression et communication	• Aptitude au dialogue • Qualité de l'expression et niveau de langue orale • Qualités de communication et de conviction
Réflexion et analyse	• Capacité à réagir avec pertinence aux questions posées pendant l'entretien • Qualité de l'argumentation • Capacité à mettre en relation et à élargir une réflexion
Connaissances	• Savoirs littéraires sur les textes, l'œuvre, l'objet ou les objets d'étude • Connaissances sur le contexte culturel

Exercices

1 S'exercer sur l'argumentation

Objet d'étude : Genres et formes de l'argumentation : XVIIe et XVIIIe siècles

Après avoir été chassé du château du baron de Thunder-ten-Tronckh, Candide découvre la guerre.

Comment Candide se sauva d'entre les Bulgares, et ce qu'il devint.

Rien n'était si beau, si leste[1], si brillant, si bien ordonné que les deux armées. Les trompettes, les fifres[2], les hautbois, les tambours, les canons, formaient une harmonie telle qu'il n'y en eut jamais en enfer. Les canons renversèrent d'abord à peu près six mille hommes de chaque côté ; ensuite la mousqueterie ôta du meilleur des mondes environ neuf à dix mille coquins qui en infectaient la surface. La baïonnette fut aussi la raison suffisante de la mort de quelques milliers d'hommes. Le tout pouvait bien se monter à une trentaine de mille âmes. Candide, qui tremblait comme un philosophe, se cacha du mieux qu'il put pendant cette boucherie héroïque.

Enfin, tandis que les deux rois faisaient chanter des *Te Deum*[3], chacun dans son camp, il prit le parti d'aller raisonner ailleurs des effets et des causes. Il passa par-dessus des tas de morts et de mourants, et gagna d'abord un village voisin ; il était en cendres : c'était un village abare[4] que les Bulgares avaient brûlé, selon les lois du droit public. Ici des vieillards criblés de coups regardaient mourir leurs femmes égorgées, qui tenaient leurs enfants à leurs mamelles sanglantes ; là des filles, éventrées après avoir assouvi les besoins naturels de quelques héros, rendaient les derniers soupirs ; d'autres, à demi brûlées, criaient qu'on achevât de leur donner la mort. Des cervelles étaient répandues sur la terre à côté de bras et de jambes coupés. Candide s'enfuit au plus vite dans un autre village : il appartenait à des Bulgares, et des héros abares l'avaient traité de même. Candide, toujours marchant sur des membres palpitants, ou à travers des ruines, arriva enfin hors du théâtre de la guerre, portant quelques petites provisions dans son bissac[5], et n'oubliant jamais mademoiselle Cunégonde. Ses provisions lui manquèrent quand il fut en Hollande ; mais ayant entendu dire que tout le monde était riche dans ce pays-là, et qu'on y était chrétien, il ne douta pas qu'on ne le traitât aussi bien qu'il l'avait été dans le château de monsieur le baron avant qu'il en eût été chassé pour les beaux yeux de mademoiselle Cunégonde.

Il demanda l'aumône à plusieurs graves personnages, qui lui répondirent tous que, s'il continuait à faire ce métier, on l'enfermerait dans une maison de correction pour lui apprendre à vivre.

Voltaire, *Candide*, 1759, chapitre 3

1. Séduisant. 2. Petites flûtes en bois. 3. Cérémonie religieuse pour remercier Dieu. 4. Les Abares sont des envahisseurs mongols. 5. Sac à deux poches.

1. Montrez que ce texte est ironique.
2. Sur quoi porte la critique de Voltaire ?
3. Lecture analytique : quelle est l'efficacité argumentative de ce texte ?
4. Entretien : pourquoi peut-on dire de ce texte qu'il est représentatif de l'esprit des Lumières ?
5. Entretien : pourquoi peut-on dire que la France vit encore aujourd'hui sur l'héritage des Lumières ?

2 S'exercer sur le théâtre

Objet d'étude : La tragédie et la comédie au XVIIe siècle : le classicisme

Le jeune Empereur Néron est amoureux de Junie, la fiancée de son demi-frère Britannicus. Il vient de la faire enlever et se confie à Narcisse.

NÉRON : Narcisse, c'en est fait, Néron est amoureux.

NARCISSE : Vous ?

NÉRON : Depuis un moment mais pour toute ma vie
J'aime, que dis-je, aimer ? J'idolâtre Junie !

NARCISSE : Vous aimez ?

NÉRON : Excité d'un désir curieux,
Cette nuit je l'ai vue arriver en ces lieux,
Triste, levant au ciel ses yeux mouillés de larmes,
Qui brillaient au travers des flambeaux et des armes,
Belle, sans ornements, dans le simple appareil[1]
D'une beauté qu'on vient d'arracher au sommeil.
Que veux-tu ? Je ne sais si cette négligence,
Les ombres, les flambeaux, les cris et le silence,
Et le farouche aspect de ses fiers[2] ravisseurs,
Relevaient[3] de ses yeux les timides douceurs.
Quoi qu'il en soit, ravi[4] d'une si belle vue,
J'ai voulu lui parler, et ma voix s'est perdue :
Immobile, saisi d'un long étonnement,
Je l'ai laissée passer dans son appartement.
J'ai passé dans le mien. C'est là que solitaire,
De son image en vain j'ai voulu me distraire[5].
Trop présente à mes yeux, je croyais lui parler ;
J'aimais jusqu'à ses pleurs que je faisais couler.
Quelquefois, mais trop tard, je lui demandais grâce ;
J'employais les soupirs, et même la menace.
Voilà comme, occupé de[6] mon nouvel amour,
Mes yeux, sans se fermer, ont attendu le jour.
Mais je m'en fais peut-être une trop belle image,
Elle m'est apparue avec trop d'avantage :
Narcisse, qu'en dis-tu ?

Jean Racine, *Britannicus*, 1669, acte II, scène 2

1. Dans la simple tenue. 2. Brutaux. 3. Accentuaient. 4. Ébloui. 5. Éloigner mon esprit. 6. Absorbé par.

1. Étudiez les contrastes dans le texte : quels rôles jouent-ils ?
2. Pourquoi peut-on dire que l'amour de Néron pour Junie est terrifiant ?
3. Lecture analytique : comment l'amour de Néron pour Junie s'exprime-t-il ?
4. Lecture analytique : en quoi peut-on dire que l'amour chez Néron est révélateur de sa tyrannie ?

5. Entretien : en quoi ce texte relève-t-il de la tragédie ?
6. Entretien : pourriez-vous citer d'autres exemples d'amours ambigus dans la tragédie classique ?

3 S'exercer sur le roman

Objet d'étude : Le roman et la nouvelle au XIXe siècle : réalisme et naturalisme

L'Éducation sentimentale *raconte l'histoire d'amour entre un jeune homme, Frédéric Moreau, et une femme plus âgée que lui, Mme Arnoux, épouse d'un marchand d'art. Dans la deuxième partie du roman, celle-ci lui fait visiter la fabrique de faïences de son mari.*

Elle proposa de lui montrer la fabrique ; et, comme elle insistait, il accepta.

Pour le distraire d'abord par quelque chose d'amusant, elle lui fit voir l'espèce de musée qui décorait l'escalier. Les spécimens accrochés contre les murs ou posés sur des planchettes attestaient les efforts et les engouements successifs d'Arnoux. Après avoir cherché le rouge de cuivre des Chinois, il avait voulu faire des majoliques[1], des faënza[2], de l'étrusque, de l'oriental, tenté enfin quelques-uns des perfectionnements réalisés plus tard. Aussi remarquait-on, dans la série, de gros vases couverts de mandarins, des écuelles d'un mordoré chatoyant, des pots rehaussés d'écritures arabes, des buires[3] dans le goût de la Renaissance, et de larges assiettes avec deux personnages, qui étaient comme dessinés à la sanguine, d'une façon mignarde et vaporeuse. Il fabriquait maintenant des lettres d'enseigne, des étiquettes à vin ; mais son intelligence n'était pas assez haute pour atteindre jusqu'à l'Art, ni assez bourgeoise non plus pour viser exclusivement au profit, si bien que, sans contenter personne, il se ruinait. Tous deux considéraient ces choses, quand Mlle Marthe passa.

– Tu ne le reconnais donc pas ? lui dit sa mère.

– Si fait ! reprit-elle en le saluant, tandis que son regard limpide et soupçonneux, son regard de vierge semblait murmurer : « Que viens-tu faire ici, toi ? » et elle montait les marches, la tête un peu tournée sur l'épaule.

Mme Arnoux emmena Frédéric dans la cour, puis elle expliqua d'un ton sérieux comment on broie les terres, on les nettoie, on les tamise.

– L'important, c'est la préparation des pâtes.

Et elle l'introduisit dans une salle que remplissaient des cuves, où virait sur lui-même un axe vertical armé de bras horizontaux. Frédéric s'en voulait de n'avoir pas refusé nettement sa proposition, tout à l'heure.

– Ce sont les patouillards, dit-elle.

Il trouva le mot grotesque, et comme inconvenant dans sa bouche.

De larges courroies filaient d'un bout à l'autre du plafond, pour s'enrouler sur des tambours, et tout s'agitait d'une façon continue, mathématique, agaçante.

Ils sortirent de là, et passèrent près d'une cabane en ruines, qui avait autrefois servi à mettre des instruments de jardinage.

– Elle n'est plus utile, dit Mme Arnoux.

Il répliqua d'une voix tremblante :

– Le bonheur peut y tenir !

Le tintamarre de la pompe à feu couvrit ses paroles, et ils entrèrent dans l'atelier des ébauchages.

Flaubert, *L'Éducation sentimentale*, 1869, II, chapitre 3

1. Faïence de l'île de Majorque, en Espagne. 2. Faïences italiennes. 3. Vases en forme de cruches.

1. Étudiez l'organisation de la description dans cet extrait.
2. De quoi ce passage est-il révélateur au sujet du personnage de Frédéric ?
3. Lecture analytique : en quoi peut-on dire de ce texte qu'il est réaliste ?
4. Lecture analytique : en quoi peut-on dire qu'il s'agit d'une leçon de choses pour Frédéric comme pour le lecteur ?
5. Entretien : quel est l'intérêt des passages didactiques dans les romans réalistes ?
6. Entretien : selon vous, les descriptions de roman sont-elles toujours ennuyeuses ? Expliquez votre point de vue en vous appuyant sur des exemples.

4 S'exercer sur la poésie

Objet d'étude : La poésie du XIXe au XXe siècle : du romantisme au surréalisme

La nature est un temple où de vivants piliers
Laissent parfois sortir de confuses paroles ;
L'homme y passe à travers des forêts de symboles
Qui l'observent avec des regards familiers.

Comme de longs échos qui de loin se confondent
Dans une ténébreuse et profonde unité,
Vaste comme la nuit et comme la clarté,
Les parfums, les couleurs et les sons se répondent.

Il est des parfums frais comme des chairs d'enfants,
Doux comme les hautbois, verts comme les prairies,
– Et d'autres, corrompus, riches et triomphants,

Ayant l'expansion des choses infinies,
Comme l'ambre, le musc, le benjoin et l'encens,
Qui chantent les transports de l'esprit et des sens.

Baudelaire, *Les Fleurs du Mal*, 1857, « Correspondances »

1. Cherchez la définition de « synesthésie » : quelles synesthésies Baudelaire met-il au jour ?
2. Lecture analytique : justifiez le titre du poème.
3. Lecture analytique : quelle image du monde Baudelaire donne-t-il dans son poème ?
4. Entretien : pourquoi a-t-on pu faire de ce poème l'origine du symbolisme ?

Fiche 56

L'énonciation

1 Comprendre la situation d'énonciation

Parler est un acte :

• Quand un individu parle, il **produit des énoncés**. Le terme d'« énoncé » désigne toute production langagière et ne recoupe pas toujours une phrase.

• La production d'énoncés s'effectue dans des **conditions particulières** : la parole s'adresse à un ou plusieurs individus (les « locuteurs »), à un moment et à un endroit donnés, par le biais d'un **canal de communication** : oral, écrit, verbal, non verbal... La connaissance de ces circonstances se nomme « **situation d'énonciation** ».

Pour analyser une situation d'énonciation, il convient donc de s'interroger :

– qui prend la parole ?
– à qui s'adresse l'énoncé ?
– quel est le moyen de communication ?
– où et quand ?

• Pour répondre à ces questions, il faut étudier :
– les pronoms personnels
– les indices spatio-temporels : temps verbaux, adverbes et compléments de lieu et de temps, adjectifs qualificatifs, déterminants démonstratifs
– les modalisateurs qui marquent le jugement et les sentiments du locuteur : adverbes, verbes, termes affectifs ou évaluatifs.

Ex 1 : ***Identifier les différents locuteurs :***

« ARGANTE : Laisse-moi un peu quereller en repos.
SCAPIN : Vous voulez quereller ?
ARGANTE : Oui, je veux quereller.
SCAPIN : Et qui, Monsieur ?
ARGANTE : Ce maraud-là. » (Molière, Les Fourberies de Scapin, *1671)*

Ici, on identifie clairement les interlocuteurs : le maître par son titre (« Monsieur »), le valet par le tutoiement. Le troisième personnage est d'emblée dévalorisé par le nom « maraud ».

Ex 2 : ***Identifier le lieu de l'énonciation :***

« Ô lac ! l'année à peine a fini sa carrière,
Et près des flots chéris qu'elle devait revoir,
Regarde ! je viens seul m'asseoir sur cette pierre
Où tu la vis s'asseoir ! » (Lamartine, Méditations poétiques, *1820, « Le Lac »)*

Le poète personnifie le lac, lieu des promenades avec sa bien-aimée disparue. Son évocation, « près des flots chéris » et « où tu la vis s'asseoir », illustre la conception romantique de l'univers associé à la douleur du poète.

Ex 3 : ***Comprendre un énoncé dans sa situation d'énonciation :***

Soit l'énoncé suivant : « Lâche ! ». Hors de sa situation d'énonciation, il est extrêmement ambigu. On pourrait comprendre au choix :
– Paul s'adresse à Pierre, qui tient un couteau en main et lui donne un ordre : il s'agit ici du verbe « lâcher ».
– Paul s'adresse à Pierre après qu'il vient d'avouer qu'il avait abandonné un blessé dans la rue et le critique ; il s'agit ici de l'adjectif « lâche ».

2 Les indices de l'énonciation

Le locuteur peut laisser des traces de sa présence dans son énoncé. Ce sont les **indices de l'énonciation** : déictiques et modalisateurs.

On appelle **déictiques** les termes qui ne peuvent se comprendre en dehors de la situation d'énonciation. Ce sont les pronoms personnels de première et deuxième personne, les déterminants et pronoms démonstratifs, les indications de lieu et de temps, le temps des verbes.

Ex : *« GEORGE DANDIN : Taisez-vous, carogne que vous êtes. Je sais de vos nouvelles, et c'est vous qui tantôt avez introduit le courrier.*
CLAUDINE : Qui, moi ?
GEORGE DANDIN : Oui, vous. Ne faites point tant la sucrée. »
(Molière, George Dandin, *1668, I, 6)*

Dans cet échange, le pronom personnel « moi » ne peut se comprendre que dans la situation d'énonciation.

On appelle **modalisateurs** les marques que laisse le locuteur dans son énoncé. Elles expriment les sentiments et le jugement du locuteur, dans toute sa subjectivité. Cela passe par les adverbes, les verbes, les termes affectifs ou évaluatifs.

Ex : *« Je crus que je pourrais rencontrer toutes ces parties dans mon sujet. Mais ce qui m'en plut davantage, c'est que je le trouvai extrêmement simple. Il y avait longtemps que je voulais essayer si je pourrais faire une tragédie avec cette simplicité d'action qui a été si fort du goût des Anciens. Car c'est un des premiers préceptes qu'ils nous ont laissés. Que ce que vous ferez, dit Horace, soit toujours simple et ne soit qu'un. » (Racine, préface de* Bérénice, *1670)*

Plusieurs modalisateurs marquent ici le discours de Racine. Le conditionnel (« pourrais »), répété deux fois, permet d'atténuer une affirmation. En honnête homme, le dramaturge reste dans la modération de ses désirs et la modestie que confirme l'indication temporelle « il y avait longtemps ». Les adverbes d'intensité (« extrêmement », « si fort ») viennent enfin confirmer le choix du sujet, par son profond dépouillement, mais aussi par son accord parfait avec le goût de l'Antiquité, seul modèle acceptable au siècle classique.

Pour comprendre la place du locuteur dans son énoncé, il faut analyser :
– les pronoms personnels,
– les indices spatio-temporels,
– la modalisation.

Les réponses apportées doivent permettre de mieux comprendre l'énoncé et d'en analyser les enjeux.

3 Comprendre la distinction entre récit et discours

Le récit :
– est coupé de sa propre situation d'énonciation ;
– présente au lecteur une histoire qui semble s'écrire d'elle-même ;
– s'écrit souvent à la troisième personne ;
– ne présente pas de renvois à sa propre situation d'énonciation (ni pronoms personnels, ni indices spatio-temporels, ni modalisateurs).

Ex : *« Le 15 septembre 1840, vers six heures du matin, la Ville-de-Montereau, près de partir, fumait à gros tourbillons devant le quai Saint-Bernard. Des gens arrivaient hors d'haleine ; des barriques, des câbles, des corbeilles de linge gênaient la circulation. » (Gustave Flaubert,* L'Éducation sentimentale, *1869)*

Le discours :
– est ancré clairement dans sa situation d'énonciation ;
– se centre sur la première personne ;
– porte des traces de modalisation.

Ex : *« Sire,
C'est une chose bien téméraire à moi que de venir importuner un grand monarque au milieu de ses glorieuses conquêtes ; mais, dans l'état où je me vois, où trouver, Sire, une protection qu'au lieu où je viens de la chercher ? et qui puis-je solliciter, contre l'autorité de la puissance qui m'accable, que la source de la puissance et de l'autorité, que le juste dispensateur des ordres absolus, que le souverain juge et le maître de toutes choses ? » (Molière,* Tartuffe, *Second placet présenté au roi, 1664)*

4 L'énonciation du texte littéraire

Il convient d'envisager de façon particulière l'énonciation d'un texte littéraire. On peut distinguer deux niveaux d'analyse de l'énonciation :

La situation de l'écrivain à sa table de travail : Il produit un énoncé qui prend la forme du livre que l'on a entre les mains. Cette situation d'énonciation peut être inscrite dans le texte qu'il écrit, soit par la voix du narrateur, soit directement en tant qu'auteur. Elle peut aussi être totalement gommée du texte.

Ex : *« Les matelots ne répondaient à personne ; on se heurtait ; les colis montaient entre les deux tambours, et le tapage s'absorbait dans le bruissement de la vapeur, qui, s'échappant par des plaques de tôle, enveloppait tout d'une nuée blanchâtre, tandis que la cloche, à l'avant, tintait sans discontinuer. » (Flaubert,* L'Éducation sentimentale, *1869)*

Dans cet incipit, on ne connaît rien de la situation d'énonciation : le narrateur n'apparaît pas de façon explicite et le récit semble se dérouler par lui-même à travers un point de vue externe qui fait se succéder une série d'actions, datées et localisées. Le lecteur a ainsi l'impression de vivre « en direct » le départ du bateau, sans parvenir à détecter des indices pour la suite des aventures. Son horizon d'attente reste encore largement ouvert.

Les situations d'énonciation créées par le livre notamment entre les personnages.

Ex : *Rodolphe qui a une liaison avec Emma Bovary commence à se lasser et lui écrit une lettre de rupture : « – Allons, se dit-il, commençons ! Il écrivit : "Du courage, Emma ! du courage ! Je ne veux pas faire le malheur de votre existence..." – Après tout, c'est vrai, pensa Rodolphe ; j'agis dans son intérêt, je suis honnête. "Avez-vous mûrement pesé votre détermination ? Savez-vous l'abîme où je vous entraînais, pauvre ange ? Non, n'est-ce pas ? Vous alliez confiante et folle, croyant au bonheur, à l'avenir... Ah ! Malheureux que nous sommes ! insensés !" Rodolphe s'arrêta pour trouver ici quelque bonne excuse. – Si je lui disais que toute ma fortune est perdue ?... Ah ! non, et, d'ailleurs, cela n'empêcherait rien. Ce serait à recommencer plus tard. Est-ce qu'on peut faire entendre raison à des femmes pareilles ? » (Flaubert,* Madame Bovary, *1857)*

Dans le récit dont Rodolphe est un des héros une autre situation d'énonciation se produit avec la lettre qu'il rédige pour se séparer d'Emma. Le lecteur la découvre en même temps qu'il l'élabore, mais l'auteur prend soi de nous livrer aussi les pensées du personnage pour mieux rendre compte de son cynisme de séducteur de province.

Exercices

1 Analyser l'énonciation d'un discours

Objet d'étude : Genres et formes de l'argumentation : XVIIe et XVIIIe siècles

Monseigneur, ouvrez les yeux à ce grand spectacle. Pouvais-je mieux essuyer vos larmes, celles des princes qui vous environnent, et de cette auguste assemblée, qu'en vous faisant voir au milieu de cette troupe resplendissante et dans cet état glorieux une mère si chérie et si regrettée ? Louis même, dont la constance ne peut vaincre ses justes douleurs, les trouverait plus traitables dans cette pensée. Mais ce qui doit être votre unique consolation doit aussi, monseigneur, être votre exemple ; et, ravi de l'éclat immortel d'une vie toujours si réglée et toujours si irréprochable, vous devez en faire passer toute la beauté dans la vôtre. Qu'il est rare, chrétiens, qu'il est rare, encore une fois, de trouver cette pureté parmi les hommes !

Bossuet, oraison funèbre
de Marie-Thérèse d'Autriche, 1683

→ Analysez la situation d'énonciation : qui parle à qui ? à quelle occasion ? Par quel moyen ?

2 Analyser la présence du locuteur

Objet d'étude : La poésie du XIXe au XXe siècle : du romantisme au surréalisme

« Ma bohême »
Je m'en allais, les poings dans mes poches crevées ;
Mon paletot soudain devenait idéal ;
J'allais sous le ciel, Muse ! et j'étais ton féal[2] ;
Oh ! là là ! que d'amours splendides j'ai rêvées !

Mon unique culotte avait un large trou.
Petit-Poucet rêveur, j'égrenais dans ma course
Des rimes. Mon auberge était à la Grande-Ourse[3].
Mes étoiles au ciel avaient un doux frou-frou

Arthur Rimbaud, *Poésies*, 1870, « Ma bohême »

→ Relevez les différents indices de présence du locuteur : en quoi justifient-ils le titre ?

3 Mettre en relation énonciation et formes du discours

Objet d'étude : Genres et formes de l'argumentation : XVIIe et XVIIIe siècles

GÉNÉALOGISTE, *s. m.* (Art hérald.) faiseur de généalogies, qui décrit l'histoire sommaire des parentés et des alliances d'une personne, ou d'une maison illustre, qui en établit l'origine, les branches, les emplois, les décorations. C'est une science toute moderne, faite par M. d'Hozier en France ; c'est lui qui a débrouillé le premier les généalogies du royaume, et qui les a tirées des plus profondes ténèbres.

D'Hozier (Pierre) dont il s'agit ici, était fils d'un avocat, et naquit à Marseille en 1592. Le pur hasard le jeta dans le goût des recherches généalogiques, lorsqu'il y pensait le moins, et uniquement pour rendre service à M. Créqui de Bernieulle, qui avait des raisons personnelles d'être au fait de sa généalogie. M. d'Hozier après y avoir travaillé longtemps, publia pour son coup d'essai, la généalogie de la maison de Créqui-Bernieulle ; le succès qu'il eut, fit sa réputation et sa fortune. Louis XIII lui conféra en 1641 la charge de juge d'armes de France, vacante par la mort de François de Chevrier de Saint-Mauris, qui exerça le premier cette fonction en 1614 ; mais M. d'Hozier laissa son prédécesseur bien loin derrière lui, en réduisant la connaissance de tous les titres des nobles, en principes et en art. Alors la noblesse du royaume désira d'avoir une généalogie dressée de sa main.

Chevalier de Jaucourt, *Encyclopédie*, 1751-1772

→ Délimitez discours et récit et expliquez leur succession.

4 Analyser l'absence de l'écrivain dans le texte littéraire

Objet d'étude : Le roman et la nouvelle au XIXe siècle : réalisme et naturalisme

Claude passait devant l'Hôtel de ville, et deux heures du matin sonnaient à l'horloge, quand l'orage éclata. Il s'était oublié à rôder dans les Halles, par cette nuit brûlante de juillet, en artiste flâneur, amoureux du Paris nocturne. Brusquement, les gouttes tombèrent si larges, si drues, qu'il prit sa course, galopa dégingandé, éperdu, le long du quai de la Grève. Mais, au pont Louis-Philippe, une colère de son essoufflement l'arrêta : il trouvait imbécile cette peur de l'eau ; et, dans les ténèbres épaisses, sous le cinglement de l'averse qui noyait les becs de gaz, il traversa lentement le pont, les mains ballantes.

Du reste, Claude n'avait plus que quelques pas à faire. Comme il tournait sur le quai de Bourbon, dans l'île Saint-Louis, un vif éclair illumina la ligne droite et plate des vieux hôtels rangés devant la Seine, au bord de l'étroite chaussée.

Émile Zola, *L'Oeuvre*, 1886

→ Montrez qu'il s'agit d'un récit. Justifiez votre réponse.

5 Analyser la présence du destinataire dans le texte littéraire

Objet d'étude : Genres et formes de l'argumentation : XVIIe et XVIIIe siècles

Cet extrait est le début du roman.

Comment s'étaient-ils rencontrés ? Par hasard, comme tout le monde. Comment s'appelaient-ils ? Que vous importe ? D'où venaient-ils ? Du lieu le plus prochain. Où allaient-ils ? Est-ce que l'on sait où l'on va ? Que disaient-ils ? Le maître ne disait rien ; et Jacques

disait que son capitaine disait que tout ce qui nous arrive de bien et de mal ici-bas était écrit là-haut.
LE MAÎTRE : C'est un grand mot que cela.
JACQUES : Mon capitaine ajoutait que chaque balle qui partait d'un fusil avait son billet.
LE MAÎTRE : Et il avait raison...
Après une courte pause, Jacques s'écria : Que le diable emporte le cabaretier et son cabaret !
LE MAÎTRE : Pourquoi donner au diable son prochain ? Cela n'est pas chrétien.
JACQUES : C'est que, tandis que je m'enivre de son mauvais vin, j'oublie de mener nos chevaux à l'abreuvoir. Mon père s'en aperçoit ; il se fâche. Je hoche de la tête ; il prend un bâton et m'en frotte un peu durement les épaules. Un régiment passait pour aller au camp devant Fontenoy ; de dépit je m'enrôle. Nous arrivons ; la bataille se donne.

Denis Diderot, *Jacques le fataliste et son maître*, 1765-1784

1. Qui parle ? À qui ? De qui est-il question ? Justifiez votre réponse.
2. Quelle aide apporte le paratexte pour comprendre la situation d'énonciation ?
3. En quoi cet incipit est-il surprenant ?

6 Reconnaître récit et discours

Objet d'étude : Genres et formes de l'argumentation : XVIIe et XVIIIe siècles

Le loup est invité par le chien à venir vivre auprès de lui.

Chemin faisant, il vit le col du Chien pelé.
« Qu'est-ce là ? lui dit-il. – Rien. – Quoi ? rien ? – Peu de chose.
– Mais encor ? – Le collier dont je suis attaché
De ce que vous voyez est peut-être la cause.
– Attaché ? dit le Loup : vous ne courez donc pas
Où vous voulez ? – Pas toujours ; mais qu'importe ?
– Il importe si bien, que de tous vos repas
Je ne veux en aucune sorte,
Et ne voudrais pas même à ce prix un trésor. »
Cela dit, maître Loup s'enfuit, et court encor.

Jean de La Fontaine, *Fables*, 1668, « Le loup et le chien »

→ Distinguez ici le discours et le récit et indiquez l'identité des interlocuteurs pour le discours.

7 Jouer avec la situation d'énonciation

Objet d'étude : La tragédie et la comédie au XVIIe siècle : le classicisme

Sganarelle s'adresse à son maître Dom Juan et répond à son éloge de l'inconstance amoureuse.

SGANARELLE : Je ne parle pas aussi[1] à vous, Dieu m'en garde. Vous savez ce que vous faites, vous ; et si vous ne croyez rien, vous avez vos raisons ; mais il y a de certains petits impertinents dans le monde, qui sont libertins sans savoir pourquoi, qui font les esprits forts, parce qu'ils croient que cela leur sied bien ; et si j'avais un maître comme cela, je lui dirais fort nettement, le regardant en face : « Osez-vous bien ainsi vous jouer au Ciel, et ne tremblez-vous point de vous moquer comme vous faites des choses les plus saintes ? C'est bien à vous, petit ver de terre, petit mirmidon[2] que vous êtes (je parle au maître que j'ai dit), c'est bien à vous à vouloir vous mêler de tourner en raillerie ce que tous les hommes révèrent ? Pensez-vous que pour être de qualité, pour avoir une perruque blonde et bien frisée, des plumes à votre chapeau, un habit bien doré, et des rubans couleur de feu (ce n'est pas à vous que je parle, c'est à l'autre), pensez-vous, dis-je, que vous en soyez plus habile homme, que tout vous soit permis, et qu'on n'ose vous dire vos vérités ? »

Molière, *Dom Juan*, 1665, acte I, scène 2

1. Non plus. 2. Homme insignifiant.

1. Analysez les différentes occurrences du pronom « vous ». Qu'observez-vous ?
2. En quoi cette situation d'énonciation participe-t-elle au comique ?
3. Consigne : Comme Sganarelle, vous dites sa vérité à un proche mais vous ne pouvez lui dire directement.
Recommandations :
– Vous garderez une énonciation indirecte.
– Vous inclurez des didascalies.

8 Vers l'écriture d'invention

Objet d'étude : La tragédie et la comédie au XVIIe siècle : le classicisme

L'empereur Titus doit choisir entre son amour pour Bérénice et son devoir.

TITUS, *seul* : Eh bien, Titus, que viens-tu faire ?
Bérénice t'attend. Où viens-tu, téméraire ?
Tes adieux sont-ils prêts ? T'es-tu bien consulté ?
Ton cœur te promet-il assez de cruauté ?
Car enfin au combat qui pour toi se prépare
C'est peu d'être constant, il faut être barbare.
Soutiendrai-je ces yeux dont la douce langueur
Sait si bien découvrir les chemins de mon cœur ?
Quand je verrai ces yeux armés de tous leurs charmes,
Attachés sur les miens, m'accabler de leurs larmes,
Me souviendrai-je alors de mon triste devoir ?
Pourrai-je dire enfin : « Je ne veux plus vous voir ? »
Je viens percer un cœur que j'adore, qui m'aime ;
Et pourquoi le percer ? Qui l'ordonne ? Moi-même.

Jean Racine, *Bérénice*, 1670, acte IV, scène 4

1. En quoi la situation d'énonciation est-elle originale ? Quelle est sa fonction au théâtre ?
2. Consigne : Vous êtes placé devant un choix difficile. Écrivez le monologue dans lequel vous exprimerez votre dilemme.
Recommandations :
– Vous vous parlez à vous-même.
– Vous évoquez deux choix inconciliables.

Fiche 57

Le nom

Le nom sert à désigner. Son emploi doit être adapté selon sa fonction dans la phrase ou son rôle dans un raisonnement.

1 Rappel : les fonctions du nom

Le nom remplit des fonctions qu'il faut identifier pour maîtriser son emploi.

➽ **Sujet :** il commande l'accord du verbe.

Ex : « *La Barbe Bleue revint de son voyage dès le soupir même.* » (*Perrault,* La Barbe-bleue, *1697*)

➽ **Complément du nom, du pronom, de l'adjectif :** précédé d'une préposition, il détermine un nom, un pronom ou un adjectif.

Ex : « *La grandeur de l'homme est si visible qu'elle se tire même de sa misère.* » (*Pascal,* Pensées, *1670*)

➽ **Complément d'objet direct, indirect, second du verbe :** il désigne la personne ou la chose à laquelle s'applique l'action du verbe.

Ex : « *C'est à ce prix que vous mangez du sucre en Europe.* » (*Voltaire,* Candide, *1759*)

➽ **Complément d'agent :** introduit par les prépositions « de » ou « par », il complète le verbe à la voix passive.

Ex : « *Ariane, ma sœur, de quel amour blessée*
Vous mourûtes aux bords où vous fûtes laissée ! » (*Racine,* Phèdre, *1677*)

➽ **Attribut du sujet ou de l'objet :** il exprime une qualité du sujet ou du complément d'objet par l'intermédiaire d'un verbe.

Ex : « *Je suis le ténébreux, le veuf, l'inconsolé* » (*Nerval,* Les Chimères, *1854*)

➽ **Apposition :** placé à côté d'un autre nom, séparé par une virgule, il précise sa nature ou sa qualité.

Ex : « *Je vis paraître mon bureau, un bibelot du dernier siècle.* » (*Maupassant,* Qui sait ?, *1890*)

2 Les expansions du nom

On peut enrichir le nom de diverses expansions qui viennent développer et préciser le discours.

➽ **L'adjectif qualificatif** précise le nom auquel il se rapporte et s'accorde en genre et en nombre avec lui. À l'intérieur du groupe nominal, il est son épithète et contribue à l'enrichir.

Ex : « *Quand le ciel bas et lourd pèse comme un couvercle*
Sur l'esprit gémissant en proie aux longs ennuis »
(*Baudelaire,* Les Fleurs du Mal, *1857*)

➽ **Un autre nom ou un groupe nominal :** précédé par une préposition, il exprime plusieurs valeurs : matière, origine, cause, possession.

Ex : « *Ses maisons blanches avec leurs toits pointus de tuiles rouges s'étendent sur la pente d'une colline.* » (*Stendhal,* Le Rouge et le Noir, *1830*)

➽ **La proposition subordonnée relative :** introduite par un pronom relatif simple (qui, que, quoi, dont, où) ou composé (lequel, auquel, duquel...), elle apporte des informations sur le nom.

Ex : « *Alors on vit s'avancer sur l'estrade une petite vieille de maintien craintif, et qui paraissait se ratatiner dans ses pauvres vêtements.* » (*Flaubert,* Madame Bovary, *1857*)

3 Le nom, du concret à l'abstrait

Le nom sert à désigner un être ou une chose, mais remplit aussi son rôle dans un raisonnement.

➽ **Le nom commun** permet une désignation générale, **le nom propre** une désignation particulière. Un déterminant (article ou adjectif) l'introduit et varie sa valeur.

Ex : « *Iphis voit à l'église un soulier d'une nouvelle mode.* » (*La Bruyère,* Les Caractères, *1688*)

➽ Mais le nom renvoie encore à d'autres catégories, comme le concret et l'abstrait.

• On qualifie de **concret** ce qui est perçu par un de nos cinq sens.

Ex : « *Le lit, la table, quatre chaises, le logement était plein.* » (*Zola,* L'Assommoir, *1877*)

• Un nom **abstrait** désigne ce qui n'est pas perçu par nos sens et relève de nos capacités intellectuelles.

Ex : « *Le fanatisme est une peste qui reproduit de temps en temps des germes capables d'infecter la terre.* » (*Diderot,* Encyclopédie, *1751-1772*)

L'**allégorie** personnifie une idée abstraite ou morale comme la Mort sous la forme d'un squelette armé d'une faux.

Ex : « *La Mort crut, en venant, l'obliger en effet.*
Elle frappe à sa porte, elle entre, elle se montre. »
(*La Fontaine,* Fables, *1668*)

➽ Le nom **conceptualise :** il représente mentalement un objet ou une idée conçue par l'esprit. La littérature joue de ces concepts.

Ex : « *À mi-chemin de la cage au cachot, la langue française a cageot, simple caissette à claire-voie vouée au transport de ces fruits qui de la moindre suffocation font à coup sûr une maladie.* » (*Francis Ponge,* Le Parti pris des choses, *1942*)

Exercices

1 Analyser la fonction d'un nom ou d'un groupe nominal

Objet d'étude : Le roman et la nouvelle au XIXe siècle : réalisme et naturalisme

Elle remarqua une jeune femme vêtue de noir, montée sur un cheval de petite taille, mais vigoureux, qui entrait dans la ville. Elle était suivie d'une espèce de paysan, à cheval aussi, en veste de drap brun trouée aux coudes, une gourde en bandoulière, un pistolet pendant à la ceinture ; à la main, un fusil, dont la crosse reposait dans une poche de cuir attachée à l'arçon de la selle ; bref, en costume complet de brigand de mélodrame ou de bourgeois corse en voyage. La beauté remarquable de la femme attira d'abord l'attention de miss Nevil. Elle paraissait avoir une vingtaine d'années. Elle était grande, blanche, les yeux bleu foncé, la bouche rose, les dents comme de l'émail.

Prosper Mérimée, *Colomba*, 1840

→ Donnez la fonction des groupes soulignés : quelle image donnent-ils de la jeune femme ?

2 Repérer les expansions du nom dans une description

Objet d'étude : Le roman et la nouvelle au XIXe siècle : réalisme et naturalisme

Le narrateur, naufragé, est recueilli en 1867 par le capitaine Nemo qui lui fait visiter sa bibliothèque.

De hauts meubles en palissandre noir, incrustés de cuivres, supportaient sur leurs larges rayons un grand nombre de livres uniformément reliés. Ils suivaient le contour de la salle et se terminaient à leur partie inférieure par de vastes divans, capitonnés de cuir marron, qui offraient les courbes les plus confortables. De légers pupitres mobiles, en s'écartant ou se rapprochant à volonté, permettaient d'y poser le livre en lecture.

Jules Verne, *Vingt mille lieues sous les mers*, 1869-1870

→ Classez les expansions du nom : qu'apportent-elles à la description de la bibliothèque ?

3 Analyser les effets du vocabulaire concret dans une description

Objet d'étude : Le roman et la nouvelle au XIXe siècle : réalisme et naturalisme

Gervaise a convié quatorze voisins à partager un repas pour sa fête.

Ah ! tonnerre ! quel trou dans la blanquette ! Si l'on ne parlait guère, on mastiquait ferme. Le saladier se creusait, une cuiller plantée dans la sauce épaisse, une bonne sauce jaune qui tremblait comme une gelée. Là-dedans, on pêchait les morceaux de veau ; et il y en avait toujours, le saladier voyageait de main en main, les visages se penchaient et cherchaient des champignons. Les grands pains, posés contre le mur, derrière les convives, avaient l'air de fondre. Entre les bouchées, on entendait les culs des verres retomber sur la table.

Émile Zola, *L'Assommoir*, 1870

1. Relevez le vocabulaire concret : quelle impression s'en dégage-t-il ?
2. En quoi cette évocation peut-elle être inquiétante ?

4 Interpréter une allégorie

Objet d'étude : Genres et formes de l'argumentation : XVIIe et XVIIIe siècles

Le lion, roi des animaux, a convoqué ses sujets dans son palais.

Le prince à ses sujets étalait sa puissance.
En son Louvre il les invita.
Quel Louvre ! un vrai charnier, dont l'odeur se porta
D'abord au nez des gens. L'ours boucha sa narine :
Il se fut bien passé de faire cette mine ;
Sa grimace déplut : le monarque irrité
L'envoya chez Pluton faire le dégoûté.

Jean de La Fontaine, *Fables*, 1668, « la Cour du lion »

1. Relevez les noms qui qualifient l'animal et ceux qui évoquent la fonction royale
2. Quelle image de la royauté ce texte donne-t-il ?

5 Vers l'écriture d'invention

Objet d'étude : La poésie du XIXe au XXe siècle : du romantisme au surréalisme

Une pierre
deux maisons
trois ruines
quatre fossoyeurs
un jardin
des fleurs

un raton laveur

une douzaine d'huîtres un citron un pain
un rayon de soleil
une lame de fond
six musiciens
une porte avec son paillasson
un monsieur décoré de la légion d'honneur [...]

Jacques Prévert, *Paroles*, © Éd Gallimard 1945

1. Classez les noms qui composent ce poème : quelle vision du monde donnent-ils ?
2. Consigne : Faites un inventaire poétique de votre univers quotidien.

Recommandations :
– Votre poème sera construit sur une énumération de noms.
– Vous établirez un réseau de liens entre les noms.

Fiche 58

Le pronom

Le pronom est un mot-outil variable qui se substitue à un autre mot ou groupe de mots. Il est aussi un élément déterminant du texte dont il assure la cohésion par sa fonction de reprise.

1 Rappel : connaître et maîtriser les catégories de pronoms

On classe les pronoms en six catégories selon les informations qu'ils représentent :

Les pronoms personnels

Ils varient selon leur fonction : je, tu, il… en, y.

Ex : *« Si nous n'avions pas tant de défauts, nous ne prendrions pas tant de plaisir à en remarquer dans les autres. » (La Rochefoucauld,* Maximes, *1665)*

Les pronoms possessifs

Ils varient selon la personne qui possède ou le genre et le nombre des objets possédés : le mien, le tien, le sien et leurs variations.

Ex : *« C'est l'état des riches, c'est votre état qui vole au mien le pain de mes enfants. » (Rousseau,* Lettre à Mme de Francueil, *1751)*

Les pronoms démonstratifs

Ils désignent quelque chose ou quelqu'un que l'on montre du geste ou de regard : celui et ses variations, ça, ce, ceci, cela.

Ex : *« Ils passaient et revenaient, elle immobile du corps et le menton baissé, et lui toujours dans sa même pose […] Elle savait danser, celle-là ! » (Flaubert,* Madame Bovary, *1857)*

Les pronoms interrogatifs

Qui, que, quoi (éventuellement précédé d'une préposition).

Ex : *« Veux-tu, pour me sourire, un bel oiseau des bois […]*
Que veux-tu ? fleur, beau fruit, ou l'oiseau merveilleux ? »
(Hugo, Les Orientales, *1829)*

Les pronoms relatifs

Ils introduisent la proposition relative et complètent un antécédent : qui, que, quoi, dont, où, lequel et ses variations.

Ex : *« Et j'ai cru voir passer la fée au chapeau de clarté*
Qui jadis sur mes beaux sommeils d'enfant gâté
Passait. » (Mallarmé, « Apparition », 1887)

Les pronoms indéfinis

Ils remplacent sans apporter de précision. Le plus utilisé est *on*. Ils peuvent être invariables (nul, on, personne, quiconque…) ou variables (certain, tout…). Ils s'emploient parfois uniquement au singulier (aucun, quelqu'un…) ou au pluriel (plusieurs, d'autres…)

Ex : *« "Doucement, messieurs, doucement, disait Baptiste de sa voix grave. Il y en aura pour tout le monde". Mais on ne l'écoutait pas. » (Zola,* La Curée, *1872)*

2 Assurer la cohérence textuelle par les reprises nominales

La cohérence du texte

Le texte fait progresser l'information en présentant des éléments nouveaux au fur et à mesure, mais il doit aussi garder sa cohérence. Pour cela, on utilise des expressions de reprise, nominales ou pronominales, qui évitent des répétitions maladroites. On parle alors de **reprise nominale**.

Ex : *« Cosette prit la poupée et la posa doucement à terre avec une sorte de vénération mêlée de désespoir. Alors, sans la quitter des yeux, elle joignit les mains. » (Hugo,* Les Misérables, *1862)*
L'emploi du pronom personnel « la » évite la répétition du mot « poupée ».

Le pronom reprend un antécédent (un mot, un groupe de mots ou même une proposition entière) sans qu'il puisse y avoir d'ambiguïté. Il en reprend les caractéristiques grammaticales : même personne, même genre et même nombre.

La reprise par un pronom personnel

Ce sont essentiellement les pronoms personnels de troisième personne (il, elle, eux, elles) accordés en genre et en nombre avec leur antécédent. Ce type de reprise est indispensable pour éviter de surcharger un texte.

Ex : *« Les fables ne sont pas ce qu'elles semblent être.*
Le plus simple animal nous y tient lieu de maître. »
(La Fontaine, Fables, *1668)*

La reprise par un pronom démonstratif

Les pronoms celui, celle(s), ceux renforcés en général par les adverbes ci ou là permettent de reprendre des groupes nominaux. Les pronoms démonstratifs ce, ceci, cela, ça (contraction familière de cela) représentent le plus souvent une idée précédemment exprimée.

Ex : *« Quand je commence, je ne sais point du tout où cela ira, si ma lettre sera longue ou si elle sera courte. » (Madame de Sévigné,* Lettre du 30 juillet 1677*)*
Le pronom « cela » reprend le projet global de la lettre annoncé par la temporelle.

Exercices

1 Maîtriser l'emploi du pronom de reprise

Objet d'étude : Le roman et la nouvelle au XIXe siècle : réalisme et naturalisme

Le nouveau se baissa pour reprendre la casquette. Un voisin fit tomber la casquette d'un coup de coude, il ramassa la casquette encore une fois.

– Débarrassez-vous donc de votre casque, dit le professeur, qui était un homme d'esprit.

Il y eut un rire éclatant des écoliers qui décontenança le pauvre garçon, si bien que le pauvre garçon ne savait s'il fallait garder sa casquette à la main, laisser la casquette par terre ou mettre la casquette sur sa tête.

Gustave Flaubert, *Madame Bovary*, 1857

➔ Corrigez les répétitions pour retrouver le texte initial. Comment les différentes expressions de reprise désignent-elles le personnage ?

2 Jouer avec l'emploi des pronoms

Objet d'étude : La poésie du XIXe au XXe siècle : du romantisme au surréalisme

« Au mocassin le verbe »
Tu me suicides, si docilement.
Je te mourrai pourtant un jour.
Je connaîtrons cette femme idéale
et lentement je neigerai sur sa bouche.
Et je pleuvrai sans doute même si je fais tard,
même si je fais beau temps.
Nous aimez si peu nos yeux
et s'écroulerai cette larme sans
raison bien entendu et sans tristesse.
Sans.

Robert Desnos, *Corps et biens*, « Langage cuit »,
© Éd. Gallimard, 1930

➔ Relevez les emplois des pronoms personnels : quels effets produisent-ils ?

3 Étudier les expressions de reprise

Objet d'étude : Genres et formes de l'argumentation : XVIIe et XVIIIe siècles

Pendant qu'avec un air assuré il s'avance pour recevoir la parole de ces braves gens, ceux-ci, toujours en garde, craignent la surprise de quelque nouvelle attaque ; leur effroyable décharge met les nôtres en furie ; on ne voit plus que carnage ; le sang enivre le soldat, jusqu'à ce que le grand prince, qui ne put voir égorger ces lions comme de timides brebis, calme les courages émus, et joignit au plaisir de vaincre celui de pardonner.

Bossuet, *Oraison funèbre de Louis de Bourbon*, 1687

➔ Relevez les reprises qui désignent les ennemis du prince : quelle est leur visée ?

4 Vers l'écriture

Objet d'étude : Genres et formes de l'argumentation : XVIIe et XVIIIe siècles

À quelle place ai-je aspiré, à quelles pensions, à quels honneurs m'a-t-on vu prétendre ? Moi qui ne cherche que la solitude et la paix, moi dont le souverain bien dans la paresse et l'oisiveté, moi, dont l'indolence et les maux me laissent à peine le temps de pourvoir à ma subsistance, à quel propos, à quoi bon m'irais-je plonger dans les agitations du crime, et m'embarquer dans l'éternel manège des scélérats ?

Jean-Jacques Rousseau, *Lettre à Diderot*, 1758

➔ Relevez et commentez les occurrences des pronoms de la première personne.

5 Vers l'écriture d'invention

Objet d'étude : La tragédie et la comédie au XVIIe siècle : le classicisme

Hermione vient d'apprendre que Pyrrhus l'abandonne pour Andromaque.

HERMIONE : Ingrat, je doute encor si je ne t'aime pas.
Mais, Seigneur, s'il le faut, si le Ciel en colère
Réserve à d'autres yeux la gloire de vous plaire,
Achevez votre hymen, j'y consens. Mais du moins
Ne forcez pas mes yeux d'en être les témoins.
Pour la dernière fois je vous parle peut-être :
Différez-le d'un jour ; demain vous serez maître.
Vous ne répondez point ? Perfide, je le vois,
Tu comptes les moments que tu perds avec moi

Jean Racine, *Andromaque*, 1667, acte IV, scène 5

➔ À l'aide des pronoms, repérez les étapes de la tirade : par quels sentiments passe le personnage ?
Consigne : Vous rédigerez un paragraphe de commentaire consacré aux sentiments d'Hermione.
Recommandations :
– Vous argumenterez en utilisant idées et exemples.
– Vous intégrerez l'étude des pronoms dans votre analyse.

6 Vers l'écriture d'invention

Objet d'étude : La poésie du XIXe au XXe siècle : du romantisme au surréalisme

Homme, libre penseur ! te crois-tu seul pensant
Dans ce monde où la vie éclate en toute chose ?

Gérard de Nerval, *Les Chimères*, 1854, « Vers dorés »

➔ Consigne : Continuez librement ce texte.
Recommandations :
– Vous utiliserez des expressions de reprise variées pour désigner l'homme.
– Vous utiliserez une ponctuation appropriée.

Fiche 59

Le verbe

Le verbe situe l'action dans le temps, mais la caractérise aussi à travers le choix des temps, des modes et des voix. L'écrivain explore ces possibilités.

1 Ancrer l'action dans une époque

Le temps d'un verbe ancre les actions dans leur déroulement chronologique par rapport à un point de repère. Il faut savoir l'identifier pour suivre les étapes de l'action.

➡ Si l'action est située par rapport au moment de l'énonciation, le discours est au présent

Action passée	discours	Action future
Imparfait Passé simple Passé composé	présent	Futur simple

➡ Si l'action est située dans le passé, le discours est à un temps du passé.

Action passée	discours	Action future
Plus-que-parfait Passé antérieur	Imparfait Passé simple Passé composé	Futur du passé (formes du conditionnel)

➡ Pour rendre le passé plus vivant, on peut utiliser **le présent de narration**.

Ex : *« À peine nous sortions des portes de Trézène,*
[...]
L'onde approche, se brise, et vomit à nos yeux,
Parmi des flots d'écume, un monstre furieux. »
(Racine, Phèdre, *1677)*

2 Jouer sur les modes, les temps et les aspects

Par l'éventail des modes, des temps et des aspects, l'écrivain nuance la présentation d'une action ou d'un fait.

➡ **Les modes : indicatif, subjonctif et impératif** marquent la subjectivité. L'indicatif indique que l'action est tenue pour vraie. Le subjonctif marque une interprétation de la réalité. L'impératif exprime l'ordre ou le conseil.

Ex : *« Tu ne nous as point donné un cœur pour nous haïr, et des mains pour nous égorger* (constat à l'indicatif) *; fais que nous nous aidions mutuellement à supporter le fardeau d'une vie pénible et passagère.* (prière à l'impératif) *» (Voltaire,* Prière à Dieu, *1763)*

L'infinitif, le participe et le gérondif n'expriment pas la subjectivité et n'ont pas de valeur temporelle.

Ex : *« Peindre d'abord une cage*
avec une porte ouverte
peindre ensuite
quelque chose de joli. » (Prévert, Paroles, *1945)*

➡ **Les temps :** l'indicatif seul a une valeur temporelle à travers **les temps simples** (présent, imparfait, passé simple, futur et conditionnel présent) et **les temps composés** (passé composé, plus-que-parfait, passé antérieur, futur antérieur et conditionnel passé). Les temps simples situent l'action dans le temps par rapport au moment où est faite l'action. Les temps composés expriment l'antériorité.

Ex : *« Comme elle était montée au grenier, un matin, pour chercher quelque objet* (antériorité), *elle ouvrit par hasard une caisse pleine de vieux calendriers.* (action énoncée dans le passé) *» (Maupassant,* Une vie, *1883)*

➡ **Les aspects :** les temps simples expriment une action en train de s'accomplir, les temps composés, une action achevée.

Ex : *« Un long silence se fit (action délimitée dans le temps), tous deux regardaient (toile de fond de l'action), immobiles. » (Zola,* L'Œuvre, *1886)*

3 Varier les voix

Le verbe connaît trois voix qui expriment le lien entre le sujet et l'action. L'écrivain module les voix selon des visées esthétiques.

➡ **La voix active :** le sujet fait l'action. La voix active est la plus répandue.

Ex : *« Au commencement du mois d'octobre 1829, M. Simon Babylas Latournelle, un notaire montait du Havre à Ingouville, bras dessus dessous avec son fils. » (Balzac,* Modeste Mignon, *1844)*

➡ **La voix passive :** le sujet subit l'action. L'écrivain l'utilise pour créer des effets de style.

Ex : *« Quand on a une fois trompé, on ne peut plus être cru de personne ; on est haï, craint, détesté, et on est enfin attrapé par ses propres finesses. » (Fénelon,* Fables, *1718)*
La voix passive insiste sur le retournement de situation.

➡ **La voix pronominale :** Les verbes pronominaux peuvent être de sens réfléchi (le sujet agit sur lui-même), de sens réciproque (le sujet agit sur les autres) ou de sens passif.

Ex : *« Si les guerres sont inévitables, ne nous haïssons pas, ne nous déchirons pas les uns les autres dans le sein de la paix. » (Voltaire,* Prière à Dieu, *1763)*

Exercices

1 Placer les verbes sur l'axe du temps

Objet d'étude : Le roman et la nouvelle au XIXe siècle : réalisme et naturalisme

Les Baudu n'étaient pas de mauvaises gens. Mais ils se plaignaient de n'avoir jamais eu de chance. Au temps où leur commerce marchait, ils avaient dû élever cinq garçons, dont trois étaient morts à vingt ans ; le quatrième avait mal tourné, le cinquième venait de partir pour le Mexique, comme capitaine.

Émile Zola, *Au Bonheur des dames*, 1883

➜ Classez les événements familiaux des Baudu : quel effet produit cette remontée dans le temps ?

2 Distinguer l'emploi des modes

Objet d'étude : La tragédie et la comédie au XVIIe siècle : le classicisme

Athènes me (montrer) mon superbe ennemi.
Je le (voir), je (rougir), je (pâlir) à sa vue ;
Un trouble (s'élever) dans mon âme éperdue ;
Mes yeux ne (voir) plus, je ne (pouvoir) parler
Je (sentir) tout mon corps et transir et brûler.
Je (reconnaître) Vénus et ses feux redoutables.

Jean Racine, *Phèdre*, 1677, acte I, scène 3

➜ Conjuguez les verbes : quelle valeur l'emploi des temps implique-t-il dans l'expression des sentiments ?

3 Étudier l'emploi des temps

Objet d'étude : Le roman et la nouvelle au XIXe siècle : réalisme et naturalisme

Le romancier décrit les noces des héros

Jusqu'au soir, on mangea. Quand on était trop fatigué d'être assis, on allait se promener dans les cours ou jouer une partie de bouchon dans la grange ; puis on revenait à table. Quelques-uns, vers la fin, s'y endormirent et ronflèrent. Mais, au café, tout se ranima ; alors on entama des chansons, on fit des tours de force, on portait des poids, on passait sous son pouce, on essayait à soulever les charrettes sur ses épaules, on disait des gaudrioles ; on embrassait les dames.

Flaubert, *Madame Bovary*, 1857

➜ Justifiez l'emploi des temps : comment participent-ils au réalisme du récit ?

4 Interpréter le choix des voix dans un texte argumentatif

Objet d'étude : Genres et formes de l'argumentation : XVIIe et XVIIIe siècles

Vous avez très bien remarqué, Madame, que la grande fin de l'homme est de réussir dans la société. De bonne foi, est-ce par les sciences qu'on obtient ce succès ? S'est-on jamais avisé dans la bonne compagnie de parler de géométrie ? Demande-t-on jamais à un honnête homme quel astre se lève aujourd'hui avec le soleil ? S'informe-t-on à souper si Clodion le Chevelu passa le Rhin ?

Voltaire, *Jeannot et Colin*, 1764

➜ Expliquez l'emploi des voix dans le texte

5 Vers l'écriture d'invention

Objet d'étude : Genres et formes de l'argumentation : XVIIe et XVIIIe siècles

Je fis une belle lettre en style d'orateur, où, cousant des phrases de livres avec des locutions d'apprenti, je déployais toute mon éloquence pour capter la bienveillance de Mme de Warens. J'enfermai la lettre de M. de Pontverre dans la mienne, et je partis pour cette terrible audience. Je ne trouvai point Mme de Warens ; on me dit qu'elle venait de sortir pour aller à l'église. C'était le jour des Rameaux de l'année 1728. Je cours pour la suivre : je la vois, je l'atteins, je lui parle...

Jean-Jacques Rousseau, *Les Confessions*, 1782

1. Justifiez les présents de narration ici.
2. Consigne : Racontez un événement passé en employant des présents de narration.

Recommandations :
– Votre texte est écrit aux temps du passé.
– Le présent de narration marque le moment le plus intense.

6 Vers l'écriture d'invention

Objet d'étude : Genres et formes de l'argumentation : XVIIe et XVIIIe siècles

Puissent tous les hommes se souvenir qu'ils sont frères ! Qu'ils aient en horreur la tyrannie exercée sur les âmes, comme ils ont en exécration le brigandage qui ravit par la force le fruit du travail et de l'industrie paisible ! Si les fléaux de la guerre sont inévitables, ne nous haïssons pas, ne nous déchirons pas les uns les autres dans le sein de la paix, et employons l'instant de notre existence à bénir également en mille langages divers, depuis Siam jusqu'à la Californie, ta bonté qui nous a donné cet instant.

Voltaire, *Traité sur la tolérance*, 1763

1. Quelle image de la condition humaine les différents temps suggèrent-ils ?
2. Consigne : Récrivez le texte de Voltaire pour l'époque contemporaine.

Recommandations :
– Vous choisirez un nouveau destinataire.
– Vous varierez temps et modes verbaux.

Fiche 60

La phrase

La phrase varie en structures, en types et en formes. L'écrivain joue sur son rythme pour produire certains effets.

1 Structurer la phrase

Phrase verbale et phrase non verbale : La phrase verbale contient un ou plusieurs verbes conjugués. La phrase non verbale n'en contient pas ; il s'agit d'une phrase nominale.

Phrase simple et phrase complexe : la phrase constituée d'une seule proposition est une phrase simple. Une phrase complexe contient plusieurs propositions, reliées par juxtaposition, coordination ou subordination.

Ex : *« Que vous êtes joli ! que vous me semblez beau ! (phrases simples)*
Sans mentir, si votre ramage
Se rapporte à votre plumage,
Vous êtes le Phénix des hôtes de ces bois.
(phrase complexe) » (La Fontaine, Fables, *1668)*

La subordination : la subordonnée dépend d'une proposition principale dont elle est complément.

Ex : *« Comme ce siècle corrompu est en même temps éclairé,/ ces philosophes en concluent/que la corruption est la suite et l'effet du progrès des connaissances » (D'Alembert,* Essai sur la société des gens de lettres, *1753)*

2 Varier les types et formes de la phrase

La phrase déclarative : elle communique une information, énonce une opinion.

Ex : *« L'homme était parti de Marchiennes vers deux heures. » (Zola,* Germinal, *1885)*

La phrase exclamative exprime sentiments et opinions.

Ex : *« Ô temps, suspends ton vol ! » (Lamartine, «* Le Lac *», 1820)*

La phrase interrogative demande une information, pose une question.

Ex : *« Que diable allait-il faire dans cette galère ? » (Molière,* Les Fourberies de Scapin, *1671)*

La phrase impérative ordonne, exige ou interdit.

Ex : *« Venge-toi, punis-moi d'un odieux amour :*
Digne fils du héros qui t'a donné le jour. » (Racine, Phèdre, *1677)*

La phrase connaît plusieurs formes combinables entre elles. Elle peut être :

- **affirmative ou négative**

Ex : *« Va, va, jure un peu, il n'y a pas de mal. » (Molière,* Dom Juan, *1665)*

- **active ou passive**

Ex : *« Arrivé là, le corps fut présenté à une petite chapelle basse et sombre, autour de laquelle l'étudiant chercha vainement les deux filles du père Goriot ou leurs maris. » (Balzac,* Le Père Goriot, *1835)*

- **personnelle ou impersonnelle**

Ex : *« Il pleure dans mon cœur comme il pleut sur la ville. » (Verlaine,* Romances sans paroles, *1874)*

- **neutre ou emphatique**

Ex : *« j'écris tant qu'il plaît à ma plume, c'est elle qui gouverne tout. » (Mme de Sévigné, 1677)*

3 Jouer sur le rythme de la phrase

Phrases brèves et phrases longues : la phrase brève tranche par sa simplicité sur les phrases longues. Les phrases longues créent des effets pour analyser ou décrire. La « période » est une phrase longue et complexe construite sur la symétrie ou l'opposition.

Ex : *« Je l'ai vu, et ne croyez pas que j'use ici d'exagération, je l'ai vu vivement ému des périls de ses amis; je l'ai vu, simple et naturel, changer de visage au récit de leurs infortunes, entrer avec eux dans les moindres choses comme dans les plus importantes ; dans les accommodements calmer les esprits aigris, avec une patience et une douceur qu'on n'aurait jamais attendue d'une humeur si vive ni d'une si haute élévation. » (Bossuet,* Oraison de Louis de Bourbon, *1687) L'accumulation, l'anaphore, les oppositions caractérisent ici la période.*

Les rythmes de la phrase : une phrase longue peut être construite sur un rythme binaire, ternaire ou quaternaire.

Ex : *« Comme un coursier indompté hérisse ses crins, frappe la terre du pied et se débat impétueusement à la seule approche du mors, tandis qu' un cheval dressé souffre patiemment la verge et l'éperon, l'homme barbare ne plie point sa tête au joug que l'homme civilisé porte sans murmure, et il préfère la plus orageuse liberté à un assujettissement tranquille. » (Rousseau,* Discours sur l'origine et les fondements de l'inégalité, *1750) La phrase est construite sur deux symétries marquées par les connecteurs*

Les effets de rupture : l'ellipse supprime des mots, évite la répétition et donne plus de force à la phrase. Les points de suspension marquent l'inachèvement.

Exercices

1 Respecter le code d'identification de la phrase

Objet d'étude : Le roman et la nouvelle au XIXe siècle : réalisme et naturalisme

La distance que Michel Strogoff allait franchir entre Moscou et Irkoutsk était de cinq mille deux cent verstes 3 523 km lorsque le fil télégraphique n'était pas encore tendu entre les monts Oural et la frontière orientale de la Sibérie le service des dépêches se faisait par des courriers dont les plus rapides employaient dix-huit jours à se rendre de Moscou à Irkoutsk

Jules Verne, *Michel Strogoff*, 1876

➜ Restituez la ponctuation pour retrouver le texte initial.

2 Analyser la structure de la phrase

Objet d'étude : La tragédie et la comédie au XVIIe siècle : le classicisme

HARPAGON : Au voleur, au voleur, à l'assassin, au meurtrier. Justice, juste Ciel. Je suis perdu, je suis assassiné, on m'a coupé la gorge, on m'a dérobé mon argent. Qui peut-ce être ? qu'est-il devenu ? où est-il ? où se cache-t-il ? que ferai-je pour le trouver ? où courir ? où ne pas courir ? n'est-il point là ? n'est-il point ici ? qui est-ce ? Arrête. Rends-moi mon argent, coquin...

Molière, *L'Avare*, 1668, acte IV, scène 7

➜ Que révèlent les structures des phrases sur l'état d'esprit du personnage ?

3 Identifier les types de phrases

Objet d'étude : Genres et formes de l'argumentation : XVIIe et XVIIIe siècles

Un Tahitien interpelle un voyageur français du XVIIIe siècle

Tu n'es pas esclave : tu souffrirais la mort plutôt que de l'être, et tu veux nous asservir ! Tu crois donc que le Tahitien ne sait pas défendre sa liberté et mourir ? Celui dont tu veux t'emparer comme de la brute, le Tahitien, est ton frère. Vous êtes deux enfants de la nature : quel droit as-tu sur lui qu'il n'ait sur toi ? Tu es venu ; nous sommes-nous jetés sur ta personne ? Avons-nous pillé ton vaisseau ?

Denis Diderot, *Supplément au voyage de Bougainville*, 1772

➜ À quels sentiments les phrases sont-elles associées ?

4 Étudier la construction d'une phrase longue

Objet d'étude : Genres et formes de l'argumentation : XVIIe et XVIIIe siècles

Pendant qu'on était encore à table, je m'esquivais et j'allais me jeter seul dans un bateau que je conduisais au milieu du lac quand l'eau était calme, et là, m'étendant tout de mon long dans le bateau les yeux tournés vers le ciel, je me laissais aller et dériver lentement au gré de l'eau, quelquefois pendant plusieurs heures, plongé dans mille rêveries confuses mais délicieuses, et qui sans avoir aucun objet bien déterminé ni constant ne laissaient pas d'être à mon gré cent fois préférables à tout ce que j'avais trouvé de plus doux dans ce qu'on appelle les plaisirs de la vie.

Jean-Jacques Rousseau, *Les Rêveries du promeneur solitaire*, 1776-1778

➜ Comment le rythme de la phrase traduit-il la rêverie du narrateur ?

5 Vers l'écriture d'invention

Objet d'étude : Le roman et la nouvelle au XIXe siècle : réalisme et naturalisme

L'automne me surprit au milieu de ces incertitudes : j'entrai avec ravissement dans les mois des tempêtes. Tantôt j'aurais voulu être un de ces guerriers errant au milieu des vents, des nuages et des fantômes ; tantôt j'enviais jusqu'au sort du pâtre que je voyais réchauffer ses mains à l'humble feu de broussailles qu'il avait allumé au coin d'un bois.

Chateaubriand, *René*, 1802

1. Repérez dans les phrases suivantes les rythmes binaires : quels sentiments s'en dégagent ?
2. Consigne : À la manière de Chateaubriand, vous présenterez votre saison préférée en un court paragraphe.

Recommandations :
– Vous utiliserez deux ou trois phrases complexes.
– Vous construirez votre phrase principale autour de la tournure « tantôt... tantôt ».

6 Vers l'écriture d'invention

Objet d'étude : Genres et formes de l'argumentation : XVIIe et XVIIIe siècles

Qu'il embellît cette magnifique et délicieuse maison, ou bien qu'il munît un camp au milieu du pays ennemi, et qu'il fortifiât une place ; qu'il marchât avec une armée parmi les périls, ou qu'il conduisît ses amis dans ces superbes allées au bruit de tant de jets d'eau qui ne se taisaient ni jour ni nuit : c'était toujours le même homme, et sa gloire le suivait partout.

Bossuet, *Oraison de Louis de Bourbon*, 1687

1. Comment la progression des propositions construit-elle l'éloge du prince ?
2. Consigne : Faites l'éloge d'une personne que vous admirez.

Recommandations :
– Vous utilisez un vocabulaire de l'éloge.
– Vous suivrez un rythme binaire.

Fiche 61

Les connecteurs

Les connecteurs établissent des liens entre deux énoncés (deux propositions, deux phrases, deux paragraphes, deux parties) dont ils éclairent la relation de sens.

1 Employer des connecteurs différents

Les connecteurs peuvent avoir plusieurs valeurs.

➡ **Une valeur temporelle :** on les retrouve fréquemment dans les textes narratifs pour exprimer les étapes de l'action.

Ex : *« Les canons renversèrent d'abord à peu près six mille hommes de chaque côté ; ensuite la mousqueterie ôta du meilleur des mondes environ neuf à dix mille coquins qui en infectaient la surface. »* (Voltaire, Candide, *1759) Les connecteurs ajoutent à l'horreur dans le décompte mécanique des morts.*

➡ **Une valeur spatiale :** ils sont surtout présents dans les textes descriptifs en situant dans l'espace les différents objets à décrire.

Ex : *« Puis, relevant les yeux, il vit là-bas, derrière la place de la Concorde, la Chambre des députés. » (Maupassant,* Bel Ami, *1885) Le connecteur insiste sur les perspectives d'avenir du héros.*

➡ **Une valeur argumentative :** ils établissent des liens entre les différentes thèses en présence. Ils indiquent alors l'opposition, la concession, l'explication, l'addition, la conclusion, la conséquence.

Ex : *« Mon raisonnement est qu'il y a quelque chose d'admirable dans l'homme, quoi que vous puissiez dire, que tous les savants ne sauraient expliquer. » (Molière,* Dom Juan, *1665)*

➡ **Une valeur énumérative :** on renforce ainsi son énoncé.

Ex : *« pourvu que je ne parle en mes écrits ni de l'autorité, ni du culte, ni de la politique, ni de la morale, ni des gens en place, ni des corps en crédit, ni de l'opéra, ni des autres spectacles, ni de personne qui tienne à quelque chose, je puis tout imprimer librement, sous l'inspection de deux ou trois censeurs. » (Beaumarchais,* Le Mariage de Figaro, *1784)*

➡ **Une valeur de reformulation :** on explicite ainsi un point qui semble obscur.

Ex : *« ce héros saurochtone, je veux dire "tueur" de dragon… »*

2 Adapter les connecteurs à la visée du discours

Lien logique	Connecteur
Ordre logique et chronologique	Premièrement, d'abord, en premier lieu… En outre, puis, de plus, par ailleurs, ensuite, voire, et de plus, et même Enfin, en dernier lieu…
Mettre en parallèle	D'une part… d'autre part, ou bien… ou bien, non seulement… mais encore…, ni… ni…, ou bien… ou bien…, soit…soit…, ou… ou…
Expliquer	C'est-à-dire, en effet, en d'autres termes, effectivement, d'ailleurs…
Illustrer	Par exemple, c'est ainsi que, comme…
Comparer	Comme, tel, tel que, de même que, plus que, moins que, ainsi que, de la même façon que, aussi… que…
Indiquer la cause	Car, parce que, puisque, grâce à, par, en effet, du fait que, vu que, à cause de…
Indiquer la conséquence	Ainsi, c'est pourquoi, en conséquence, si bien que, de sorte que, donc, de telle façon que…
Supposer	Si, au cas où, à la condition que, dans l'hypothèse que…
Préciser un but	Pour, afin de, afin que, pour que, de peur que, en vue de, pour faire montre de…
Marquer une contradiction	Or, au contraire, en revanche, mais, alors que, tandis que, et non…
Marquer une concession	Cependant, pourtant, néanmoins, quoique, au moins, même si, certes… mais, cependant…
Rectifier	En fait, en réalité, en vérité…

3 Recourir à des liens logiques dans son propos

➡ **Le rôle de la ponctuation :** la parenthèse, les deux-points et le point-virgule annoncent un exemple, une explication, une opposition, une cause ou une conséquence.

➡ **L'organisation grammaticale et l'énonciation :** indices personnels, modalisateurs, modes et temps verbaux aussi sont structurants.

Exercices

1 Identifier les liens logiques

Objet d'étude : Genres et formes de l'argumentation : XVIIe et XVIIIe siècles

Avec grand bruit et grand fracas
Un torrent tombait des montagnes :
Tout fuyait devant lui : l'horreur suivait ses pas ;
Il faisait trembler les campagnes.
Nul voyageur n'osait passer
Une barrière si puissante...

La Fontaine, *Fables*, 1668, « Le torrent et la rivière »

➜ Identifiez le lien logique qui relie un vers à l'autre et choisissez un connecteur qui pourrait en rendre compte.

2 Analyser le rôle des connecteurs dans l'organisation de la description

Objet d'étude : Le roman et la nouvelle au XIXe siècle : réalisme et naturalisme

Un peu au-dessus de moi, à droite, s'étageait l'orchestre ; à gauche, surplombant un bassin d'eau morte, se hérissaient les rocailles d'une fausse grotte où trois statues de plâtre rose se dressaient dans des péplums écornés contre un mur sur lequel était peinte une vallée suisse. Le bal de la brasserie Européenne était divisé en deux parties que coupait une balustrade : la première formant un large couloir étayé par des colonnes de fonte, parquetée d'asphalte, garnie de tables et de chaises, plafonnée de toiles jadis vertes et maintenant pourries par les feux du gaz et les suintements de l'eau ; la seconde, s'étendant, ainsi qu'une grande halle, également soutenue par des piliers et coiffée d'un toit vitré, en dos d'âne.

Joris-Karl Huysmans, *Croquis parisiens*, 1880

➜ En suivant les connecteurs, faites le plan du décor évoqué : en quoi est-il réaliste ?

3 Choisir la bonne ponctuation

Objet d'étude : Genres et formes de l'argumentation : XVIIe et XVIIIe siècles

Ô femme femme femme créature faible et décevante nul animal créé ne peut manquer à son instinct ; le tien est-il donc de tromper Après m'avoir obstinément refusé quand je l'en pressais devant sa maîtresse à l'instant qu'elle me donne sa parole au milieu même de la cérémonie Il riait en lisant le perfide et moi comme un benêt Non Monsieur le Comte vous ne l'aurez pas vous ne l'aurez pas Parce que vous êtes un grand seigneur vous vous croyez un grand génie noblesse fortune un rang des places tout cela rend si fier qu'avez-vous fait pour tant de bien vous vous êtes donné la peine de naître et rien de plus

Beaumarchais, *Le Mariage de Figaro*, 1778, acte V, scène 3

➜ Rétablissez la ponctuation de ce monologue : 8 virgules, 2 points d'interrogation, 8 points d'exclamation, 4 points-virgules, 6 points de suspension.

4 Comprendre l'importance de la ponctuation

Objet d'étude : Le roman et la nouvelle au XIXe siècle : réalisme et naturalisme

qui me donnerait des conseils des copains je suis plus vieux qu'eux, même s'ils ont mon âge on ne les a pas battus tant que moi ils n'ont pas connu Legnagna[1] et la maison muette des vieux les collègues de mon père ils ont bien assez à faire de nouer les deux bouts et puis ils ne savent que ce qui se passait chez les anciens et n'ont pas le temps à cause des répétitions de juger ce qui se passe autour d'eux

Jules Vallès, *L'Enfant*, 1879

1. pension du narrateur.

➜ Retrouvez la ponctuation du texte : dans quelle situation se trouve le narrateur ?

5 Vers l'écriture d'invention

Objet d'étude : La tragédie et la comédie au XVIIe siècle : le classicisme

SGANARELLE, *tenant une tabatière* : Quoi que puisse dire Aristote et toute la philosophie, il n'est rien d'égal au tabac : c'est la passion des honnêtes gens, et qui vit sans tabac n'est pas digne de vivre. Non seulement il réjouit et purge les cerveaux humains, mais encore il instruit les âmes à la vertu, et l'on apprend avec lui à devenir honnête homme. Ne voyez-vous pas bien, dès qu'on en prend, de quelle manière obligeante on en use avec tout le monde, et comme on est ravi d'en donner à droite et à gauche, partout où l'on se trouve ?

Molière, *Dom Juan*, 1665, acte I, scène 1

1. À l'aide des connecteurs, retrouvez le raisonnement de Sganarelle.
2. Consigne : Répondez à son argumentation dans un paragraphe organisé.

Recommandations :
– Vous identifierez votre destinataire.
– Vos arguments seront reliés par des connecteurs adaptés.

6 Vers l'écriture d'invention

Objet d'étude : Le roman et la nouvelle au XIXe siècle : réalisme et naturalisme

Consigne : Votre personnage défend une idée. Rédigez son discours.

Recommandations :
– Vous marquerez les étapes du raisonnement par des connecteurs variés : temps, cause...
– Vous emploierez un registre approprié.

Fiche 62

La proposition subordonnée circonstancielle

Comme les compléments et les adverbes circonstanciels, les propositions circonstancielles apportent des informations sur les circonstances de l'action principale. L'écrivain peut jouer des variations de la phrase complexe pour enrichir son texte. Pour maîtriser l'analyse des phrases complexes ou pour en écrire, il faut bien distinguer les circonstancielles, selon qu'elles sont mobiles et obligatoires ou non.

1 Enrichir son propos

Introduites par un subordonnant en lien avec la nuance qu'elles expriment, les circonstancielles mobiles et facultatives dépendent du verbe de la principale. Leur suppression n'a pas d'incidence sur la cohérence de la phrase. On peut les multiplier pour enrichir son propos.

On peut y classer :

La subordonnée temporelle

Ex : *« Cependant, lorsque ma mère me vendit dix écus patagons sur la côte de Guinée, elle me disait : "Mon cher enfant, bénis nos fétiches". » (Voltaire,* Candide, *1759)*

La temporelle ajoute à l'horreur de l'esclavage, la modicité du prix de l'achat de l'enfant.

La subordonnée causale

Ex : *« Parce que vous êtes un grand seigneur, vous vous croyez un grand génie ! » (Beaumarchais,* Le Mariage de Figaro, *1754)*

La causale explique le préjugé du personnage, mais le remet aussi en cause par sa place en tête de phrase, comme une injure ou défi lancé.

La subordonnée conditionnelle

Ex : *« Si mon père était un autre homme, j'irais à lui, et je lui dirais : "je te jure que je vais travailler !" » (Vallès,* L'Enfant, *1879)*

La conditionnelle évoque une réalité impossible à réaliser.

La subordonnée concessive

Ex : *« Fabrice, quoique que (il fût) fort susceptible, ne songea point à se fâcher de l'injure. » (Stendhal,* La Chartreuse de Parme, *1839)*

La concessive sous-entend souvent son verbe.

La subordonnée finale

Ex : *« Je suis trop surveillé pour que Mathilde puisse me sauver comme fit Mme de Lavalette... » (Stendhal,* La Chartreuse de Parme, *1839)*

2 Respecter la cohérence de son propos

Deux catégories de circonstancielles ne sont pas mobiles et ne peuvent être supprimées sous peine de nuire gravement à la cohérence du propos. Mais la proposition principale et la proposition subordonnée sont interdépendantes. Il faut reconnaître et respecter l'ordre de ces propositions.

La subordonnée consécutive

Ex : *« Nous sommes préoccupés de telle sorte en notre faveur que ce que nous prenons le plus souvent pour des vertus ne sont en effet que des vices qui leur ressemblent. » (La Rochefoucauld,* Maximes, *1665)*

On ne peut faire précéder la principale par la consécutive sans nuire à la logique et à la cohérence du propos.

La subordonnée comparative

Ex : *« Je ne trouve rien d'admirable comme les soleils couchants, reprit Emma, mais au bord de la mer, surtout. » (Flaubert,* Madame Bovary, *1857)*

La formule « comme les soleils couchants, je ne trouve rien d'admirable » est totalement fautive.

3 Les propositions subordonnées participiales

➽ Formée d'un verbe au participe présent ou passé, la proposition participiale a la même valeur qu'une proposition subordonnée circonstancielle. Elle possède son propre son sujet distinct de celui du verbe principal. On la rencontre dans les textes du XVIIe et XVIIIe siècle, proches encore de certaines tournures latines comme l'ablatif absolu.

Ex : *« Les parts ayant été faites, le lion parla. » (La Fontaine,* Fables, *1668)*

Les deux actions sont distinctes et les deux verbes n'ont pas le même sujet : la proposition participiale fonctionne comme un ensemble indépendant de la principale. Elle signifie « quand les parts furent faites ».

➽ Pour l'analyse ou l'écriture, on ne confondra pas la participiale avec l'emploi du participe comme adjectif :

Ex : *« La cigale, ayant chanté tout l'été, se trouva fort dépourvue quand la bise fut venue. » (La Fontaine,* Fables, *1668)*

La cigale est bien sujet des deux verbes, même si le participe traduit une certaine valeur : « parce qu'elle avait chanté ».

Exercices

1 Identifier les propositions

Objet d'étude : Genres et formes de l'argumentation : XVIIe et XVIIIe siècles

Quand je m'y suis mis quelquefois, à considérer les diverses agitations des hommes et les périls et les peines où ils s'exposent, dans la cour, dans la guerre, d'où naissent tant de querelles, de passions, d'entreprises hardies et souvent mauvaises, etc., j'ai découvert que tout le malheur des hommes vient d'une seule chose, qui est de ne savoir pas demeurer en repos dans une chambre. Un homme qui a assez de bien pour vivre, s'il savait demeurer chez soi avec plaisir, n'en sortirait pas pour aller sur la mer ou au siège d'une place.

Pascal, *Pensées*, 1670 (posthume)

➜ Distinguez les différentes propositions : quel rôle les circonstancielles jouent-elles dans la démarche argumentative du philosophe ?

2 Étudier le rôle des propositions circonstancielles dans l'argumentation

Objet d'étude : Genres et formes de l'argumentation : XVIIe et XVIIIe siècles

Considérez, Messieurs, ces grandes puissances que nous regardons de si bas. Pendant que nous tremblons sous leur main, Dieu les frappe pour nous avertir. Leur élévation en est la cause ; et il les épargne si peu, qu'il ne craint pas de les sacrifier à l'instruction du reste des hommes. Chrétiens, ne murmurez pas si Madame a été choisie pour nous donner une telle instruction. Il n'y a rien ici de rude pour elle, puisque, comme vous le verrez dans la suite, Dieu la sauve par le même coup qui nous instruit.

Bossuet, *Oraison d'Henriette d'Angleterre*, 1670

➜ Faites le schéma argumentatif du texte à partir des propositions circonstancielles.

3 Analyser la valeur esthétique des comparatives dans une poésie

Objet d'étude : La poésie du XIXe siècle au XXe siècle : du romantisme au surréalisme

« Harmonie du soir »

Voici venir les temps où vibrant sur sa tige
Chaque fleur s'évapore ainsi qu'un encensoir.
Les sons et les parfums tournent dans l'air du soir,
Valse mélancolique et langoureux vertige !

Chaque fleur s'évapore ainsi qu'un encensoir,
Le violon frémit comme un cœur qu'on afflige,
Valse mélancolique et langoureux vertige !
Le ciel est triste et beau comme un grand reposoir.

Le violon frémit comme un cœur qu'on afflige,
Un cœur tendre, qui hait le néant vaste et noir !
Le ciel est triste et beau comme un grand reposoir,
Le soleil s'est noyé dans son sang qui se fige.

Charles Baudelaire, *Les Fleurs du Mal*, 1857, « Harmonie du soir »

➜ Montrez en quoi les comparatives renforcent la musicalité du poème.

4 Vers l'écriture d'invention

Objet d'étude : Le roman et la nouvelle au XIXe siècle : réalisme et naturalisme

Le héros essaie de convaincre ses camarades de poursuivre la grève

Quoi ! depuis un mois, on aurait souffert inutilement, on retournerait aux fosses, la tête basse, et l'éternelle misère recommencerait ! Ne valait-il pas mieux mourir tout de suite, en essayant de détruire cette tyrannie du capital qui affamait le travailleur ? Toujours se soumettre devant la faim, jusqu'au moment où la faim, de nouveau, jetait les plus calmes à la révolte, n'était-ce pas un jeu stupide qui ne pouvait durer davantage ?

Émile Zola, *Germinal*, 1885

➜ Consigne : Récrivez le discours du héros au style direct.
Recommandations :
– Vous utiliserez l'énonciation à la première personne.
– Vous insérerez des propositions de cause et de conséquence.

5 Vers l'écriture d'invention

Objet d'étude : genres et formes de l'argumentation : XVIIe et XVIIIe siècles

Le plus dangereux intervalle de la vie humaine est celui de la naissance à l'âge de douze ans. C'est le temps où germent les erreurs et les vices, sans qu'on n'ait encore aucun instrument pour les détruire ; et quand l'instrument vient, les racines sont si profondes, qu'il n'est plus temps de les arracher. Si les enfants sautaient tout d'un coup de la mamelle à l'âge de raison, l'éducation qu'on leur donne pourrait leur convenir ; mais, selon le progrès naturel, il leur en faut une toute contraire. Il faudrait qu'ils ne fissent rien de leur âme jusqu'à ce qu'elle eût toutes ses facultés.

Jean-Jacques Rousseau, *Émile ou De l'éducation*, 1762

1. Retrouvez les étapes du raisonnement de Rousseau en suivant les circonstancielles.
2. Consigne : Vous répondez au philosophe sur « le plus dangereux intervalle de la vie humaine ».
Recommandations :
– Votre réponse est argumentée et utilise idées et exemples.
– Votre raisonnement intégrera des circonstancielles variées : cause, conséquence…

Fiche 63

L'orthographe

Pour améliorer la correction de son texte, il convient de le relire en ciblant les problèmes de langue.

1 Distinguer les homophones usuels

Les homophones grammaticaux sont des mots qui ont une prononciation identique, mais une nature grammaticale et une orthographe différentes. Il est donc essentiel d'être capable de les reconnaître afin de maîtriser leur orthographe.

C'est/s'est

C'est est un présentatif qui sert à annoncer. On peut le remplacer par *c'était ; S'est* est une forme utilisée dans la conjugaison des formes pronominales et donc suivi d'un participe passé.

Ex : *« Si ce n'est toi, c'est donc ton frère »* (La Fontaine, Fables, *1668) ; « Le soleil s'est couché ce soir dans les nuées »* (Hugo, Les Feuilles d'automne, *1831).*

Leur ou leurs

Leur devant un verbe est un pronom personnel et reste invariable. *Leur* devant un nom est un déterminant possessif et s'accorde en nombre avec le nom : *Leur* peut aussi être employé comme pronom.

Ex : *« Ce sont des esclaves de la Grèce révoltés contre leurs maîtres, et qui depuis cent ans sont venus s'établir dans une île. »* (Marivaux, L'Îles des esclaves, *1725) ; « C'est à Monsieur le Marquis de Carabas, dirent-ils tous ensemble car la menace du Chat leur avait fait peur. »* (Perrault, Le chat botté, *1995)*

Ce/se/ceux

Ce est un déterminant ou un pronom démonstratif devant un nom ou un GN ou devant un pronom relatif. *Se* est un pronom personnel toujours placé devant un verbe. *Ceux* est un pronom démonstratif qui peut se remplacer par des hommes.

Ex : *« Tout à coup La Marseillaise retentit. Hussonnet et Frédéric se penchèrent sur la rampe »* (Flaubert, L'Éducation sentimentale, *1869) ; « Il n'y a point de pires sourds que ceux qui ne veulent pas entendre. »* (Molière, L'Amour médecin, *1665)*

Son/sont

Son est un déterminant possessif placé devant un nom. *Sont* est la 3e personne du pluriel du verbe être.

Ex : *« Maître Corbeau sur un arbre perché,*
Tenait en son bec un fromage. »
(La Fontaine, Fables, *1668)*

« Quand ils se lèvent sur leurs pieds, ils montrent une face humaine ; et en effet ils sont des hommes »
(La Bruyère, Les Caractères, *1668).*

a/à

A est la 3e personne du verbe avoir et peut se remplacer par *avait* : à est une préposition invariable.

Ex : *« Elle a passé la jeune fille*
vive et preste comme un oiseau :
à la main une fleur qui brille
à la bouche un refrain nouveau. »
(Nerval, Odelettes, *1853)*

on/ont

On pronom indéfini peut être remplacé par *il*. *Ont* est la 3e personne du verbe avoir et peut être remplacé par *avaient*.

Ex : *« L'on voit certains animaux farouches, des mâles, et des femelles, répandus par la campagne. »* (La Bruyère, Les Caractères, *1668) ; « Ces salles basses, qui n'ont ni devanture, ni montre, ni vitrages, sont profondes, obscures et sans ornements extérieurs ou intérieurs. »*
(Balzac, Eugénie Grandet, *1833)*

peut/peu

Peu est la 3e personne de pouvoir et peut être remplacé par *pouvait*. *Peu* est un pronom et se remplace par *quelques-uns*.

Ex : *« Le temps peut être en quelque sorte dans l'éternité. »* (Bossuet, Oraison funèbre de Madame de Monterby, *1661) ; « Elle entra doucement dans l'eau son bras nu, un bras un peu maigre, dont la peau de soie montrait le bleuissement tendre des veines. »*
(Zola, Le Ventre de Paris, *1873)*

Dont/donc

Dont est un pronom relatif qui peut se remplacer par *duquel* ou *de qui*.

Ex : *« Le monde est un livre dont chaque pas nous ouvre une page »* (Lamartine, Voyage en Orient, *1835) ;*
« Tu n'es ni un dieu, ni un démon : qui es-tu donc, pour faire des esclaves ? » (Diderot, Supplément au voyage de Bougainville, *1796)*

Quand/quant

Quand est une conjonction de temps qui introduit une proposition subordonnée temporelle ou un adverbe d'interrogation directe ou indirecte. *Quant à* est une locution qui a valeur de préposition. Elle est employée dans le sens de « en ce qui concerne ».

Ex : *« Quand la bouche dit : oui, le regard dit peut-être. »*
(Hugo, Ruy Blas, *1838, I, 2)*
« Mon Dieu, gardez-moi de mes amis. Quant à mes ennemis, je m'en charge ! » (attribué à Voltaire)

2 Les accords

Les accords dans le groupe nominal

• **Noms masculins ou féminins ?** Généralement, le féminin se distingue du masculin par un -e final. Parfois, la terminaison est différente.

Ex : *Un rédacteur/une rédactrice, un prince/une princesse, un vendeur/une vendeuse*

• **Le pluriel des noms :** En général, on ajoute un -s au nom singulier. Mais quelques terminaisons se modifient lorsque le nom passe au pluriel.

Ex : *Un cheval/des chevaux, un chou/des choux, un vantail/des vantaux*

• **Le pluriel des noms composés (plusieurs mots reliés par un trait d'union) :**

Si le nom composé comporte deux noms ou un nom et un adjectif, les deux éléments se mettent au pluriel.

Ex: *Un chou-fleur/des choux-fleurs, un grand-père/des grands-pères*

Si le nom composé est constitué d'un nom et d'un verbe, seul le nom se met au pluriel.

Ex: *Un couvre-lit/des couvre-lits*

Si le nom composé est formé de deux noms soudés, seul le deuxième se met au pluriel.

Ex: *Un portefeuille/des portefeuilles*

Les accords de l'adjectif

L'adjectif s'accorde en genre et en nombre avec le nom auquel il se rapporte.

• **Le féminin des adjectifs :** Généralement, le féminin se forme en ajoutant un -e au masculin.

La consonne finale est doublée au féminin pour les adjectifs qui se terminent par : -el, -eil, -en, -on, -et (à l'exception de complet, concret, désuet , discret, inquiet, replet, incomplet, secret).

Ex : *Mortel/mortelle, bon/bonne, fluet/fluette*

D'autres finales se modifient au féminin.

Ex : *Neuf/neuve, curieux/curieuse, cher/chère, beau/belle*

• **Le pluriel des adjectifs :** généralement, le pluriel se forme en ajoutant un -s au singulier. Les adjectifs en -al font -aux au pluriel à l'exception de bancal, banal, final, glacial, natal, naval, tonal, tribal.

Ex : *Un avis général/des avis généraux, un vent glacial/des vents glacials*

Les adjectifs en -eau ou -eu prennent un -x au pluriel.

Ex : *Un nouveau livre/des nouveaux livres*

Les adjectif terminés par -s ou -x ne changent pas au pluriel.

Ex: *Un faux tableau/des faux tableaux*

• **Les accords des adjectifs composés :**

Si les deux éléments de l'adjectif composé sont des adjectifs, ils s'accordent en genre et en nombre.

Ex : *Des enfants sourds-muets*

Si le deuxième élément seulement est un adjectif, le premier mot reste invariable.

Ex : *Des haricots extra-fins, mes frères bien-aimés*

• **Les accords de l'adjectif de couleur :**

Les adjectifs de couleur s'accordent en genre et en nombre avec le nom auquel ils se rapportent.

Ex: *Le ciel bleu/la mer bleue.*

Si l'adjectif de couleur est à, l'origine un nom, il ne s'accorde pas (à l'exception de écarlate, fauve, mauve, pourpre, rose, incarnat).

Ex : *Des rideaux bronze, des coussins marron*

Si l'adjectif de couleur est un adjectif composé, il reste invariable.

Ex : *Des chandails rouge vif, une chemise bleu ciel*

3 Maîtriser les accords du participe passé

L'accord du participe passé varie selon le verbe avec lequel il est conjugué : pour savoir l'accorder, il faut identifier cette forme verbale.

Le participe passé sans auxiliaire s'accorde en genre et en nombre avec le nom ou le pronom auquel il se rapporte.

Ex : *« Une aube affaiblie*
Verse par les champs
La mélancolie
Des soleils couchants »
(Verlaine, « Soleils couchants », 1866)
« affaiblie » s'accorde ici, comme l'adjectif, au nom auquel il se rapporte : « une aube ».

Le participe passé conjugué avec l'auxiliaire être : il s'accorde en genre et en nombre avec le sujet du verbe.

Ex : *« Les autres hommes sont emportés par leurs passions, sans que les actions qu'ils font soient précédées de la réflexion. » (Dumarsais,* Encyclopédie, *1751-1772) « emportés » s'accorde avec le sujet « les autres hommes, « précédées » avec « les actions ».*

Le participe passé conjugué avec l'auxiliaire avoir : il s'accorde en genre et en nombre avec le complément d'objet direct, si celui-ci est placé avant le verbe.

Ex : *« Elle ne lui avait pas fait la même impression que venait de lui faire la conversation qu'elle avait eue avec elle. » (Madame de la Fayette,* La Princesse de Clèves, *1678) « eue » s'accorde avec le COD « que » qui reprend son antécédent « conversation ».*

Mais si le complément d'objet direct est placé après ou s'il n'y en a pas, le participe passé reste invariable.

Ex : *« Ses ambitions d'esprit avaient également diminué. »* (*Flaubert*, L'Éducation sentimentale, *1869*) *Le verbe « diminuer » est employé sans complément d'objet ; le participe reste donc invariable.*

➡ **Le participe passé des verbes pronominaux :** les verbes pronominaux se conjuguent avec le verbe être. Or certains pronominaux réfléchis (quand le sujet fait l'action sur lui-même) et réciproques (plusieurs sujets font l'action sur eux-mêmes) sont transitifs : le pronom en est le complément d'objet direct. Le participe passé s'y accorde comme avec *avoir*. Il convient donc d'identifier le COD devant ces verbes.

Ex : *« Elles se sont lavées » : le pronom « se » est complément d'objet direct de « laver » : elles ont lavé qui ? Elles-mêmes, « laver » accorde avec « se » ; « Elles se sont lavé les mains » : ici le complément d'objet direct est « les mains », il est placé derrière le verbe ; il n'y a donc pas d'accord et le participe reste invariable.*

Pour les verbes pronominaux de sens réfléchi ou essentiellement pronominaux, le pronom n'est pas analysable ou intransitif ; le participe passé s'accorde avec le sujet.

Ex : *« Elles se sont échappées ; ils se sont repentis » : le pronom « se » n'a pas fonction de complément d'objet direct ; le participe s'accorde avec le sujet.*

4 Bien conjuguer les verbes

La correction d'un texte passe aussi par le respect des conjugaisons.

➡ À l'indicatif

Mode verbal le plus utilisé, l'indicatif énonce un fait réalisé ou non et inscrit l'action dans un monde réel ou présenté comme tel. Il faut veiller à la correction des terminaisons, qui gardent trace des héritages de notre langue, comme au présent et au passé simple.

Ex : *« Il y avait en Westphalie, dans le château de M. le baron de Thunder-ten-tronckh, un jeune garçon à qui la nature avait donné les mœurs les plus douces. »* (*Voltaire*, Candide, *1759*)

• **La conjugaison du présent de l'indicatif :**
Les terminaisons changent selon le groupe verbal. Pour les respecter, il faut identifier ce groupe. On peut penser à son infinitif.

1er groupe en –er + quelques verbes du 3e groupe (offrir, ouvrir...)	2e groupe (-issant) 3e groupe	Pouvoir, vouloir, valoir, équivaloir, revaloir
-e, -es, -e, -ons, -ez, -ent	*-s, -s, -t/d, -ons, -ez, -ent*	*-x, -x, -t, -ons, -ez, -ent*

• **La conjugaison du passé simple de l'indicatif :** temps de l'écrit, le passé simple se rencontre notamment dans les récits au passé. Ses terminaisons varient selon les groupes qu'il faut reconnaître pour éviter la création de formes fantaisistes et incorrectes.

1er groupe	2e groupe (-issant)	3e groupe
-ai, -as, -a, -âmes, -âtes, -èrent	*-is, -is, -it, -îmes, -îtes, -irent*	*Verbes en -dre : -is, -is, -it, -îmes, -îtes, -irent* *Verbes en oir : -us, -us, -ut, ûmes, ûtes, urent* *Tenir, venir et leurs composés : -ins, -ins, -int, -înmes, -întes, -inrent*

➡ Au subjonctif

Facilement identifiable à la subordination *que* avec laquelle on apprend à le conjuguer (mais à ne pas confondre avec le pronom relatif), le subjonctif exprime un fait pensé ou imaginé, par opposition à l'indicatif, mode du réel. Si le XXIe siècle utilise majoritairement les subjonctifs présents et passé, les subjonctifs imparfait et plus-que-parfait appartiennent à la langue écrite. Il est nécessaire de les reconnaître pour apprécier la dimension littéraire d'un texte.

Ex : *« Il faut bien que je pleure ; Mon insensible amant ordonne que je meure. »* (*Corneille*, Horace, *1640*)

• **Au présent :** les verbes se terminent par : *-e, -es, -e, -ions, -iez, -ent.*

• **À l'imparfait,** le verbe se calque sur le passé simple : ses terminaisons varient donc d'un groupe à l'autre.

1er groupe	2e groupe (-issant)	3e groupe
-asse, -asses, -ât, -assions, -assiez, -assent	*-isse, -isses, -ît, -issions, -issiez, -issent*	*Verbes en -dre : -isse, -isses, -ît, -issions, -issiez, -issent* *Verbes en -oir : -usse, -usses, -ût, -ussions, -ussiez, -ussent* *Tenir, venir et leurs composés : -insse, -insses, -înt, -inssions, -inssiez, -inssent*

• **Les temps du passé :**
Au passé, le subjonctif est constitué de l'auxiliaire au subjonctif présent et du participe passé : *que j'aie pris, qu'ils soient partis.*
Au plus-que-parfait, le subjonctif est constitué de l'auxiliaire au subjonctif imparfait et du participe passé : *que nous fussions arrivés, que j'eusse pris.*

5 Employer les signes orthographiques

Les accents et la ponctuation sont nécessaires à la clarté de l'expression écrite. On ne peut s'en dispenser sans perdre la cohérence et le sens du texte écrit.

Les accents

La langue française compte trois accents : l'accent aigu et l'accent grave portent sur certaines lettres. L'accent circonflexe porte sur toutes les voyelles (sauf le y), il rappelle l'origine du mot et permet de distinguer les homonymes :

Ex : *hôpital, château portent un accent circonflexe qui est la trace d'un ancien [s] présent s dans l'adjectif hospitalier ou la racine castel (Castelnaudary, Castelbajac) ;*
côte/cote, mâtin/matin : seul l'accent circonflexe permet de distinguer les homophones.
« Que diable allait-il faire dans cette galère ? » (Molière, Les fourberies de Scapin, *1671)* La phrase joue ici de l'assonance en [e] : ne pas mettre l'accent grave nuirait gravement à l'harmonie de cet ensemble destiné à rendre la plainte, presque bêlée, du personnage.

La cédille

Elle est obligatoire sous le *c* devant les lettres *a*, *o*, et *u* lorsqu'on veut rendre le son [a], [o] et [sw].

Ex : *« Nous commençons de vivre par degrés, et nous finissons de mourir comme nous commençons de vivre. » (Buffon,* De la vieillesse et de la mort, *1749)*
L'absence de cédille déformerait la prononciation de la terminaison.

La ponctuation

Sans ponctuation, la phrase perd son sens. En fin de phrase, le point marque une pause forte. Le point d'exclamation exprime une émotion, un ordre Le point d'interrogation termine les phrases interrogatives. Le point de suspension marque l'inachèvement de la phrase, son interruption ou une pause de la parole. Il peut aussi la prolonger de façon emphatique.

Ex : *« Vous chantiez ? J'en suis fort aise : – Eh bien ! dansez maintenant. » (La Fontaine,* Fables, *1668)*
La ponctuation permet de distinguer la nature des phrases et leur visée. De l'interrogative, la fourmi passe au commentaire ironique.
L'exclamation permet d'interpeller la cigale pour appeler son attention sur ce qui va suivre.
La déclarative termine le message sur un bilan définitif : la fourmi ne fournira aucune aide à la cigale.

À l'intérieur de la phrase, la virgule marque une courte pause, le point-virgule marque une pause moyenne, mais à l'intérieur d'une longue période. Les deux-points annoncent une explication, une conséquence ou une énumération Les parenthèses ajoutent un commentaire à l'intérieur d'une phrase.

Ex : *« car comme, si vous ne pouvez pas ce que vous voulez, votre volonté n'est pas satisfaite ; de même, si vous ne voulez pas ce qu'il faut, votre volonté n'est pas réglée ; et l'un et l'autre l'empêchent d'être bienheureuse, parce que la volonté qui n'est pas contente est pauvre, aussi la volonté qui n'est pas réglée est malade ; ce qui exclut nécessairement la félicité, qui n'est pas moins la santé parfaite de la nature que l'affluence universelle du bien. » (Bossuet,* Sermon sur l'ambition, *1662).*
Les points-virgules marquent chaque étape de la phrase fortement articulée pour construire la progression de la période jusqu'à la pointe finale.

Exercices

1 Identifier les homophones

C'est/s'est :

Tout homme craint de mourir, ... la grande loi des êtres sensibles. (Rousseau)

Le chien, ... la vertu qui, ne pouvant se faire homme, s'est faite bête. (Hugo)

Leur/leurs :

Presque tous les hommes meurent de .... remèdes, et non pas de .... maladies. (Molière)

Entrons. C'est un secret qu'*il* .... faut arracher. (Racine)

Ce/se/ceux :

Ne lui demandez pas de se connaître, vous savez bien qu'une femme ne voit jamais les défauts de .... qu'elle aime. (Mme de Sévigné)

.... que l'on aime avec violence finit toujours par vous tuer. (Maupassant)

Dans les grandes crises, le cœur .... brise ou .... bronze. (Balzac)

Sont/son :

Nos vrais ennemis .... en nous-mêmes. (Bossuet)

Lui seul se souvenait de .... fils, lui seul en parlait encore d'une voix tremblante et émue. (Zola)

a/à :

Le poète jouit de cet incomparable privilège, qu'il peut .... sa guise être lui-même et autrui. (Baudelaire)

Il y .... bien autant de paresse que de faiblesse à se laisser gouverner. (La Bruyère)

On/ont :

Les amitiés renouées demandent plus de soins que celles qui n'.............. jamais été rompues. (La Rochefoucauld)

Rien de si aisé que d'être bien avec un homme qu'........... ne voit qu'une fois par mois. (Stendhal)

Peu/peut :

Personne ne .... voir au soleil la fumée d'un sillon labouré sans avoir la chaude fièvre d'en être le seigneur. (George Sand)

.... de chose nous console, parce que *peu* de chose nous afflige. (Pascal)

Dont/donc :

Si ce n'est toi, c'est .... ton frère. (La Fontaine)

Il n'y a point de mal .... il ne naisse un bien. (Voltaire)

Quand/quant :

.... à ceux qui font profession d'une orgueilleuse ignorance, ils voudraient que tout le genre humain fût enseveli dans l'oubli où ils seront eux-mêmes. (Montesquieu)

L'on est jamais bien .... on n'est pas à sa place. Et dès qu'on en sort on ne sait plus comment y rentrer. (Rousseau)

→ Choisissez entre les deux formes proposées et justifiez votre choix.

2 Accorder le groupe nominal

- Anagramme
- Apogée
- Emblème
- Épigramme
- Équivoque
- Épisode
- Espèce
- Hymne
- Intervalle

→ Ces mots sont-ils masculins ou féminins ? Recherchez leur genre dans le dictionnaire.

3 Accorder le groupe nominal

- Dieu
- Empereur
- Époux
- Gendre
- Héros
- Jumeau
- Lion
- Tigre
- Vendeur
- Veuf

→ Donnez le féminin de ces noms.

4 Accorder le groupe nominal

- Ail
- Bal
- Caillou
- Ciel
- Clou
- Fabliau
- Genou
- Gaz
- Landau
- Minéral
- Pneu
- Prix
- Rail
- Récital
- Régal
- Riz
- Roseau
- Travail
- Verrous
- Vitrail

→ Mettez au pluriel ces noms.

5 Accorder le groupe nominal

a. des comptes-...........
b. des coupe-...........
c. des porte-...........
d. des presse-...........

→ Trouvez deux noms composés à partir de chacun de ces verbes.

6 Accorder les adjectifs

- Aigu
- Bénin
- Blanc
- Favori
- Grec
- Laïc
- Long
- Public
- Sauveur
- Sec
- Traître
- Vieux

→ Quel est le féminin des adjectifs suivants : que remarquez-vous sur leur formation ?

7 Accorder les adjectifs

a. les arrêtés du préfet
b. les signes des astres
c. les repas du dimanche
d. des coups de maître
e. les héros du Moyen Âge
f. des connaissances de médecine

→ Remplacez les mots soulignés par l'adjectif correspondant et faites l'accord.

8 Accorder les adjectifs

– social	– mort
– demi	– figuratif
– bien	– aimé
– anti	– alimentaire
– péri	– violent
– agro	– urbaine
– non	– démocrate

→ Retrouvez les deux parties de ces adjectifs composés, puis replacez-les dans des phrases en faisant l'accord.

9 Accorder les adjectifs

a. Son coup de soleil s'était transformé en de laides taches (rougeâtre)
b. Ses cheveux (blond) ont parfois des reflets (fauve)
c. Sous l'effet du froid, ses joues étaient devenues (écarlate)
d. la compagnie nous a choisi de nouveaux uniformes (marron clair)
e. J'aime surtout les roses (pourpre)

→ Accordez les adjectifs de couleur comme il convient.

10 Distinguer l'emploi des modes

Objet d'étude : Genres et formes de l'argumentation : XVIIe et XVIIIe siècles

Il faut que chaque chose y (mettre) en son lieu
Que le début, la fin, (répondre) au milieu,
Que d'un art délicat les pièces assorties
N'y (former) qu'un seul tout de diverses parties,
Que jamais du sujet le discours s'écartant
N'(aller) chercher trop loin quelque mot éclairant.
(Craindre)-vous pour vos vers la censure publique ?
(être)-vous à vous-même un sévère critique
L'ignorance (être)toujours prête à s'admirer.
(Faire)-vous des amis prompts à vous censurer.
Qu'ils (être) de vos écrits les confidents sincères,
Et de tous vos défauts les zélés adversaires.
(Dépouiller) devant eux l'arrogance d'auteurs,
Mais (savoir) de l'ami discerner le flatteur.
Tel vous (sembler) applaudir, qui vous (railler) et vous (jouer).
(Aimer) qu'on vous (conseiller), et non pas qu'on vous (louer).
Un flatteur aussitôt (chercher) à se récrier.

Nicolas Boileau, *Art poétique*, 1674

1. Conjuguez les verbes entre parenthèses pour retrouver le texte initial et justifiez l'emploi des modes.
2. Relevez les conseils adressés par Boileau à un dramaturge : en quoi sont-ils le reflet de l'idéal classique ?

11 Savoir accorder le présent de l'indicatif

Objet d'étude : Le roman et la nouvelle au XIXe siècle : réalisme et naturalisme

Les nuages abaissés (entrer) sous l'ombrage des bois. La nue (se déchirer), et l'éclair (tracer) un rapide losange de feu. Un vent impétueux, sorti du couchant, (rouler) les nuages sur les nuages ; les forêts (plier) ; le ciel (s'ouvrir) coup sur coup ; et à travers ces crevasses, on (apercevoir) de nouveaux cieux et des campagnes ardents. Quel affreux, quel magnifique spectacle ! La foudre (mettre) le feu dans les bois ; l'incendie (s'étendre), comme une chevelure de flammes ; des colonnes d'étincelles et de fumée (assiéger) les nues, qui (vomir) leurs foudres dans le vaste embrasement.

François-René de Chateaubriand, *Atala*, 1801

→ Faites l'accord entre le sujet et le verbe dans cette description écrite au présent de l'indicatif.

12 Savoir accorder le participe passé

Objet d'étude : La poésie du XIXᵉ au XXᵉ siècle : du romantisme au surréalisme

« C »

J'ai (traverser) Les Ponts-de-Cé
C'est là que tout a (commencer)

Une chanson des temps (passer)
Parle d'un chevalier (blesser),

D'une rose sur la chaussée
Et d'un corsage (délacer),

Du château d'un duc insensé
Et des cygnes dans les fossés,

De la prairie où vient danser
Une éternelle fiancée,

Et, j'ai bu comme un lait glacé
Le long lai des gloires (fausser).

La Loire emporte mes pensées
Avec les voitures (verser),

Et les armes (désamorcer),
Et les larmes mal (effacer),

Oh ! ma France ! ô ma (délaisser) !
J'ai (traverser) Les Ponts-de-Cé.

Louis Aragon, *Les Yeux d'Elsa*, © Seghers 1942

1. Faites l'accord des participes passés.
2. Expliquez le titre à partir des sonorités.

13 Employer le passé simple à bon escient

Objet d'étude : Le roman et la nouvelle au XIXᵉ siècle : réalisme et naturalisme

Quand on ouvre la porte de la salle à manger, transformée en buffet, avec des dressoirs contre les murs et une longue table au milieu, chargée de viandes froides, c'est une poussée, un écrasement. Un grand bel homme, qui a eu la timidité de garder son chapeau à la main, est si violemment collé contre le mur, que le malheureux chapeau crève avec une plainte sourde. Cela fait rire. On se rue sur les pâtisseries et les volailles truffées, en s'enfonçant les coudes dans les côtes, brutalement. C'est un pillage, les mains se rencontrent au milieu des viandes, et les laquais ne savent à qui répondre au milieu de cette bande d'hommes comme il faut, dont les bras tendus expriment la seule crainte d'arriver trop tard et de trouver les plats vides. Un vieux monsieur se fâche parce qu'il n'y a pas de bordeaux et que le champagne, assure-t-il, l'empêche de dormir.

Émile Zola, *La Curée*, 1872

1. Récrivez ce texte au passé pour retrouver son état initial.
2. Quelle impression se dégage de cette description quand elle est au passé ?

14 Employer le présent à bon escient

Objet d'étude : La poésie du XIXᵉ au XXᵉ siècle : du romantisme au surréalisme

« Spleen »
Tout m'ennuie aujourd'hui. J'écarte mon rideau,
En haut ciel gris rayé d'une éternelle pluie,
En bas la rue où dans une brume de suie
Des ombres vont, glissant parmi les flaques d'eau.

Je regarde sans voir fouillant mon vieux cerveau,
Et machinalement sur la vitre ternie
Je fais du bout du doigt de la calligraphie.
Bah ! Sortons, je verrai peut-être du nouveau.

Pas de livres parus. Passants bêtes. Personne.
Des fiacres, de la boue, et l'averse toujours...
Puis le soir et le bec de gaz et je rentre à pas lourds...

Je mange, et bâille, et lis, rien ne me passionne...
Bah ! Couchons-nous. – Minuit. Une heure. Ah ! chacun dort !

Seul, je ne puis dormir et je m'ennuie encor.

Jules Laforgue, *Le Sanglot de la terre*, 1880

1. Relevez les verbes au présent et justifiez leur terminaison.
2. Pourquoi le poète a-t-il choisi ce temps pour exprimer son spleen ?

15 Respecter les usages de l'accentuation

Objet d'étude : La tragédie et la comédie au XVIIᵉ siècle : le classicisme

Hermione aime Pyrrhus qui aime sa prisonnière troyenne, Andromaque. Mais celle-ci refuse de céder, car elle aime encore Hector, mort à Troie. Hermione vient de comprendre les raison de l'indifférence de Pyrrhus

HERMIONE :
Je ne t'ai point aime, cruel ? Qu'ai-je donc fait ?
J'ai dedaigne pour toi les vœux de tous nos princes,
Je t'ai cherche moi-meme au fond de tes provinces ;
J'y suis encor, malgre tes infidelites,
Et malgre tous mes Grecs honteux de mes bontes.
Je leur ai commande de cacher mon injure ;
J'attendais en secret le retour d'un parjure ;
J'ai cru que tot ou tard, a ton devoir rendu,
Tu me rapporterais un cœur qui m'etait du.
Je t'aimais inconstant ; qu'aurais-je fait fidele ?
Et meme en ce moment où ta bouche cruelle
Vient si tranquillement m'annoncer le trepas,
Ingrat, je doute encor si je ne t'aime pas.

Jean Racine, *Andromaque*, 1667, acte IV, scène 5

1. Replacez l'accentuation qui a disparu dans ce texte : quelles sont les sonorités qui reviennent ici ?
2. Montrez qu'elles traduisent aussi les sentiments exprimés par Hermione.

16 Prendre conscience du rôle de la ponctuation

Objet d'étude : Genres et formes de l'argumentation : XVIIe et XVIIIe siècles

L'expédition de Bougainville va quitter Tahiti, une des étapes de leur exploration, quand un vieux sage tahitien prend la parole :

ce pays est à toi et pourquoi parce que tu y as mis le pied si un Tahitien débarquait un jour sur vos côtes et qu'il gravât sur une de vos pierres ou sur l'écorce d'un de vos arbres ce pays appartient aux habitants de Tahiti qu'en penserais-tu tu n'es pas esclave tu souffrirais la mort plutôt que de l'être et tu veux nous asservir tu crois donc que le Tahitien ne sait pas défendre sa liberté et mourir celui dont tu veux t'emparer comme de la brute le Tahitien est ton frère vous êtes deux enfants de la nature quel droit as-tu sur lui qu'il n'ait pas sur toi tu es venu nous sommes-nous jetés sur ta personne avons-nous pillé ton vaisseau t'avons-nous saisi et exposé aux flèches de nos ennemis t'avons-nous associé dans nos champs au travail de nos animaux nous avons respecté notre image en toi

→ Vous rétablirez la ponctuation manquante de ce texte : 2 points d'exclamation, 9 points d'interrogation, 3 virgules, 1 point de suspension, 2 deux-points, 2 points-virgules, 2 points.

17 S'exercer à ponctuer un texte

Objet d'étude : La tragédie et la comédie au XVIIe siècle : le classicisme

Antiochus aime la reine Bérénice en secret depuis cinq ans, mais celle-ci aime l'empereur Titus qu'elle va épouser.

ANTIOCHUS : eh bien Antiochus es-tu toujours le même
pourrai-je sans trembler lui dire Je vous aime
mais quoi déjà je tremble, et mon cœur agité
craint autant ce moment que je l'ai souhaité
Bérénice autrefois m'ôta toute espérance
elle m'imposa même un éternel silence
je me suis tu cinq ans et jusques à ce jour
d'un voile d'amitié j'ai couvert mon amour
dois-je croire qu'au rang où Titus la destine
elle m'écoute mieux que dans la Palestine
il l'épouse ai-je donc attendu ce moment
pour me venir encor déclarer son amant
quel fruit me reviendra d'un aveu téméraire
ah puisqu'il faut partir partons sans lui déplaire
retirons-nous sortons et sans nous découvrir
allons loin de ses yeux l'oublier ou mourir
hé quoi souffrir toujours un tourment qu'elle ignore
toujours verser des pleurs qu'il faut que je dévore
quoi même en la perdant redouter son courroux
belle reine et pourquoi vous offenseriez-vous
Viens-je vous demander que vous quittiez l'empire

Jean Racine, *Bérénice*, 1670, acte I, scène 2

→ Ponctuez ce monologue de manière à retrouver son sens : quels sentiments Antiochus exprime-t-il ici ?

18 Vers l'écriture d'invention

Objet d'étude : Genres et formes de l'argumentation : XVIIe et XVIIIe siècles

Échouées sur l'île des esclaves, Euphrosine, femme de la noblesse, et son esclave Cléanthis ont été contraintes par ses habitants d'échanger leur statut social. Mais malgré cette épreuve, Euphrosine peine à corriger ses défauts de maîtresse. Cléanthis réagit :

CLÉANTHIS : Ah ! vraiment, nous y voilà avec vos beaux exemples. Voilà de nos gens qui nous méprisent dans le monde, qui font les fiers, qui nous maltraitent, et qui nous regardent comme des vers de terre ; et puis, qui sont trop heureux dans l'occasion de nous trouver cent fois plus honnêtes gens qu'eux. Fi ! que cela est vilain, de n'avoir eu pour mérite que de l'or, de l'argent et des dignités ! C'était bien la peine de faire tant les glorieux ! Où en seriez-vous aujourd'hui, si nous n'avions point d'autre mérite que cela pour vous ? Voyons, ne seriez-vous pas bien attrapés ? Il s'agit de vous pardonner, et pour avoir cette bonté-là, que faut-il être, s'il vous plaît ? Riche ? non ; noble ? non ; grand seigneur ? point du tout. Vous étiez tout cela ; en valiez-vous mieux ? Et que faut-il donc ? Ah ! nous y voici. Il faut avoir le cœur bon, de la vertu et de la raison ; voilà ce qu'il nous faut, voilà ce qui est estimable, ce qui distingue, ce qui fait qu'un homme est plus qu'un autre. Entendez-vous, Messieurs les honnêtes gens du monde ? Voilà avec quoi l'on donne les beaux exemples que vous demandez, et qui vous passent. Et à qui les demandez-vous ? À de pauvres gens que vous avez toujours offensés, maltraités, accablés, tout riches que vous êtes, et qui ont aujourd'hui pitié de vous, tout pauvres qu'ils sont. Estimez-vous à cette heure, faites les superbes, vous aurez bonne grâce. Allez, vous devriez rougir de honte !

Marivaux, *L'Ile des esclaves*, 1725, scène X

1. Quels reproches Cléanthis adresse-t-elle aux maîtres ? Quelle conception de l'homme met-elle en avant ? Justifiez.
2. Consigne : Écrivez un paragraphe argumenté où vous développerez la thèse de Cléanthis.

Recommandations :
– Votre paragraphe utilisera l'indicatif et le subjonctif.
– Le texte sera correctement ponctué et accentué.

19 Vers l'écriture d'invention

Objet d'étude : Le roman et la nouvelle au XIXe siècle : réalisme et naturalisme

→ Consigne : Vous rédigez une page d'un roman. Écrivez la suite de cette phrase : « Ils s'étaient rencontrés le long des quais... »

Recommandations :
– Vous garderez le même temps verbal.
– Vous respecterez l'accord des participes passés.

Repères historiques

Le XVIIe siècle

Marquée par l'apogée du pouvoir royal, la France, au XVIIe siècle, connaît une puissance et un rayonnement dont l'influence se fait sentir partout en Europe.

Le siècle du Roi-Soleil

Le « siècle de Louis XIV » connaît en réalité trois règnes qui confèrent au royaume sa stabilité.

Du désordre à la stabilité

- En 1598, **Henri IV** (1589-1610) signe l'**Édit de Nantes**, garantissant la liberté de culte aux protestants et mettant fin à trente-six années de guerres de religion. Il semble ouvrir une ère de tolérance et d'apaisement. Le royaume se reconstruit peu à peu, même si la pacification est longue et difficile. Le conflit religieux peine à s'apaiser. Henri IV meurt assassiné par un catholique extrémiste, Ravaillac.

- Le début du règne de **Louis XIII** (1610-1643) est marqué par l'instabilité : complots et intrigues sous la régence de Marie de Médicis affaiblissent le pouvoir. L'entrée de Richelieu (1585-1642) au Conseil en 1624 vainc les résistances de la noblesse et des protestants, et conforte l'autorité royale.

Ex : *La pièce de Corneille,* Cinna, *bien que se déroulant à l'époque romaine, peut se comprendre comme une réflexion sur la mise au pas de la noblesse française* (> p. 201).

- À la mort de Louis XIII, **Louis XIV** (1643-1715) n'a que cinq ans. La régence de sa mère, Anne d'Autriche, est troublée par la révolte des parlementaires, puis de la noblesse, contre son ministre Mazarin (1602-1661). Ces frondes entraînent une véritable guerre civile de 1648 à 1653. L'ordre se rétablit pourtant progressivement, les finances se redressent, la paix est signée avec l'Espagne, puissance rivale de la France.

Une monarchie absolue

- À la mort de Mazarin, Louis XIV prend en charge les affaires du royaume qu'il dirige directement, sans Premier ministre, mais entouré de secrétaires d'État issus de la bourgeoisie, comme **Colbert** (1619 -1683) aux finances. Le royaume connaît un **essor dans l'industrie et le commerce**. L'armée est réformée pour devenir une **armée d'État**. La création de colonies est stimulée.

Ex : *La tragédie* Britannicus *de Racine* (> p. 194) *s'interroge sur les risques de l'absolutisme à travers le personnage de Néron, comme le font aussi les* Fables *de La Fontaine* (> p. 236).

- La France **rayonne aussi sur l'Europe** par sa vie culturelle, dont **Versailles** est l'épicentre : le roi y réunit tous les talents, exerce son **mécénat** à travers le faste des fêtes ou l'aménagement du château et de ses jardins. Le goût, l'esprit et le savoir français se diffusent et sont imités.

Ex : L'Impromptu de Versailles *met en scène une répétition de la troupe de Molière qui doit faire face au mécontentement de ses comédiens devant leurs conditions de travail* (> p. 163).

Louis XIV, costumé en soleil, 1653 (BNF).

- Le règne s'obscurcit à partir de 1679. La victoire guerrière et diplomatique lors de la guerre de Hollande ranime la persécution des protestants. En 1685, l'**Édit de Nantes** est révoqué. Les ingérences politiques dans les pays voisins provoquent leur coalition et conduisent à des **guerres qui vident les caisses de l'État** et assombrissent définitivement la fin du règne.

Ex : *Les* Lettres persanes *de Montesquieu dressent le tableau d'une monarchie vieillissante et condamnent un système fondé sur l'absolutisme* (> p. 272).

Une société en mutation

L'ordre social connaît lui aussi une évolution reflétant les mutations historiques en cours.

Le déclin relatif de la noblesse

Si la noblesse détient encore de nombreux droits et privilèges, le **renforcement du pouvoir royal** se fait à son détriment. Les nobles se mettent au service du pouvoir central, mais sont écartés des affaires de l'État et cantonnés aux responsabilités militaires ou diplomatiques. La **vie de cour** avec ses intrigues, son étiquette tatillonne, réduit leur condition à une oisiveté dorée, consacrée désormais à l'amour et parfois à l'écriture.

Ex : *Soumis au code de l'honneur dans* Horace (> p. 198) *ou* Cinna (> p. 201) *de Corneille, le héros tragique affronte par la suite un dilemme dominé par le conflit amoureux, comme dans* Bérénice *de Racine* (> p. 206).

La montée de la bourgeoisie

La bourgeoisie, qui assure par son argent et son travail le développement économique de la France, devient la **classe montante** du XVIIe siècle et joue un **rôle politique** plus grand en participant au gouvernement ou à la vie parlementaire. Elle aspire aux mêmes valeurs que la noblesse dont elle imite le mode de vie et qu'elle intègre par mariage, anoblissement en récompense de services rendus ou achat de charges judiciaires ou administratives.

Ex : *Dans* George Dandin, *Molière présente les tribulations conjugales d'un bourgeois, désireux de s'élever par son mariage avec une jeune fille noble, mais se révélant incapable de maîtriser les codes de séduction amoureuse* (> p. 154).

Les souffrances du peuple

Dans un pays essentiellement rural, le peuple des campagnes et des villes connaît une grande **misère**, soumis à un travail difficile et mal rémunéré ou exploitant les terres d'autrui, accablé par les rigueurs climatiques, les horreurs de la guerre ou la lourdeur des impôts.

Ex : *Dans le « Sermon du mauvais riche », Bossuet vise à la conversion et à la charité des riches pour les pauvres* (> p. 294).

Baroque et classicisme

Les troubles du début de siècle créent une situation propice à l'épanouissement du baroque. À l'inverse, la monarchie absolue amène le triomphe du classicisme.

L'art baroque

L'émergence du **baroque**, au début du XVIIe siècle, se produit sur fond de guerres civiles et religieuses. En effet, ce contexte d'instabilité permanente favorise l'éveil d'une nouvelle sensibilité européenne. L'artiste baroque se dégage du modèle des Anciens et revendique une liberté de création qu'il manifeste à travers la **recherche de l'originalité** et le **goût de la complexité**. Le mouvement, l'illusion, le provisoire en sont des motifs récurrents.

Ex : L'Illusion comique *de Corneille utilise le procédé baroque de mise en abyme. La pièce repose sur une illusion : on y représente une pièce de théâtre dans la pièce de théâtre* (> p. 146, 156).

Le mouvement touche à sa fin dans les années 1640 au moment où le classicisme rationalise la création artistique.

L'*Allégorie de la mort* ou *Vanité* (1620-1634), par Trophime Bigot, relève du baroque. La jeune femme pointe du doigt un crâne, ultime métamorphose de celui qui le contemple. L'éclairage en clair-obscur contraste avec la chaude couleur du vêtement, accentuant la composition binaire du tableau : à gauche, la beauté et la jeunesse, fragiles vanités, tranchent avec

Trophime BIGOT (1579-1650), *Allégorie de la mort* ou *Vanité*, 1620-1634 (Musée national, Rome).

le miroir, symbole des illusions, et la chandelle, figure de la brièveté de la vie. Le livre et la balance dénoncent la vanité du savoir et de la richesse.

Le classicisme

Le classicisme (1660-1685) exprime le désir d'élaborer les **canons du Beau** en art. Son esthétique se fonde sur le souci de **rationalité** et d'**équilibre** permettant d'égaler les œuvres antiques. L'artiste classique vise à la fois à **plaire** et à **instruire**. Aussi cherche-t-il d'abord la clarté, la simplicité, le naturel.
L'idéal de l'honnête homme cultivé, élégant et sociable, sans tomber dans l'excès, contrebalance les faiblesses humaines.

Ex : *Les* Fables *de La Fontaine obéissent à cette double visée : plaire par un récit amusant et instruire par la présence d'une morale* (> p. 234-239).

Jean NOCRET (1617-1672), *Le roi Louis XIV et sa famille déguisés en figures mythologiques*, 1670, huile sur toile, 305 × 420 cm (Château de Versailles).

Le roi Louis XIV et sa famille déguisés en figures mythologiques, de Jean Nocret, est de facture classique : noblesse du sujet antique, majesté des personnages, composition ordonnée selon l'ordre protocolaire, vraisemblance du décor naturel concourent à magnifier le roi qui fait du classicisme un miroir de son règne.

Repères historiques
Le XVIIIe siècle

Le XVIIIe siècle connaît une profonde évolution des mentalités qui s'accompagne de grands changements politiques. La monarchie absolue disparaît et laisse place à un régime inspiré par les Lumières.

De la Régence à la Révolution

La mort de Louis XIV en 1715 marque le début du XVIIIe siècle.

La Régence (1715-1723)

- À la mort de Louis XIV, son héritier et arrière-petit-fils, Louis XV, n'a que cinq ans. La Régence est confiée à **Philippe d'Orléans**, neveu du roi défunt, qui installe la cour à Paris. Après l'austérité de la fin du règne précédent, la France s'abandonne au **luxe** et au **plaisir**.

Ex : *Les peintures de Watteau (1684-1721) illustrent l'esprit régence des « fêtes galantes ».*

Jean Antoine WATTEAU (1684-1721),
L'Embarquement pour Cythère, 1717,
huile sur toile, 129 × 194 cm (Musée du Louvre).

Dans *L'Embarquement pour Cythère* (en 1717), le peintre met en scène des personnages se rendant sur l'île de la déesse de l'amour. Des couples se sont formés déjà. Une jeune femme hésite encore un peu, se laissant entraîner par son compagnon. Invitation au voyage, le tableau est aussi une invitation à l'amour.

- Une certaine tolérance freine aussi les persécutions religieuses. Le pays connaît même une **relance économique** avant que le système ne souffre de contestations parlementaires, et du krach provoqué par l'émission excessive de la monnaie-papier instaurée par **Law**. Le régime se durcit pour empêcher toute révolte.

Louis XV, le « Bien-aimé » (1723-1774)

Sous le règne de Louis XV et du ministère Fleury, la France retrouve **prospérité** et **rayonnement artistique et intellectuel**. La démographie connaît un essor favorisé par la disparition des grandes famines et des épidémies. Le royaume devient alors le pays le plus peuplé d'Europe. Le commerce progresse grâce aux échanges internationaux. Des réformes de l'État sont tentées (impôts, armée, tribunaux) et engagent le pays dans la voie d'un **despotisme éclairé**, qui répand les idées favorables à un gouvernement plus libéral.

Ex : *À travers les* Lettres philosophiques (> p. 272) *ou* Zadig (> p. 259-261), *Voltaire, qui a séjourné en Angleterre, prépare les esprits aux changements politiques ou sociaux.*

Mais le régime tombe dans le discrédit : revers militaires, perte de l'empire colonial, intrigues de la favorite, Mme de Pompadour. Le roi meurt impopulaire.

Louis XVI (1774-1792)

C'est un roi jeune et mauvais politique qui accède au trône. Ses maladresses aggravent la crise menaçant la monarchie. Des **contestations** se font entendre : les nobles revendiquent une participation à la direction du pays ; les paysans récusent redevances et droits féodaux alors que se succèdent de mauvaises récoltes. Les ministres réformistes, comme **Necker**, se heurtent aux **résistances des privilégiés** et des hommes d'argent. Les finances publiques connaissent en outre un énorme **déficit**, alourdi par la participation à la guerre d'indépendance d'Amérique (1778-1783). Les mécontentements grondent et les intellectuels radicalisent leurs pensées pour réclamer une réforme des institutions. Des états généraux sont convoqués.

Ex : *L'*Encyclopédie, *synthèse raisonnée des connaissances de l'époque, s'avère une arme redoutable au service des revendications* (> p. 276).

La Révolution française (1789-1799)

Les **états généraux**, assemblée représentative de trois ordres – clergé, noblesse et tiers état –, sont convoqués pour mai 1789. Des émeutes urbaines et rurales, dont la prise de la Bastille devient le symbole, causent la **fin de l'Ancien Régime**. La Révolution connaît trois étapes. D'abord **monarchie constitutionnelle** (1789-1792), elle instaure ensuite avec le parti jacobin une **dictature de salut public** jusqu'en 1794, la Terreur. Puis la **Convention** (1792-1795) et le **Directoire** (1795-1799) tentent en vain de garder un juste milieu entre révolte populaire et menées royalistes. C'est la

● En France, sans majorité stable, les gouvernements se succèdent. La faiblesse des institutions, les problèmes financiers et l'agitation sociale entraînent une grave crise politique alors que l'**insurrection algérienne**, déclenchée en 1954, menace de devenir une guerre civile. Le **général de Gaulle** est rappelé pour former un gouvernement.

La république gaullienne et ses prolongements (1958-1981)

● Une **nouvelle constitution** est promulguée par le président et adoptée par referendum en 1958. C'est le texte fondateur de la **Ve République** : le président de la République est élu pour sept ans par les représentants du peuple avec de plus larges pouvoirs. Il nomme le Premier ministre et préside le Conseil des ministres. En 1962, une modification de la constitution le fait élire au **suffrage universel**. La même année, les **accords d'Évian** mettent fin à la guerre d'Algérie.

● La France poursuit son essor : Antoine Pinay entre au ministère des finances en 1958, lance un nouvel emprunt national et préside le passage au nouveau franc. Le pays entre dans le **Marché commun** en 1959. L'ère de la **consommation de masse** voit le jour, la télévision bouleverse la vie quotidienne. Parallèlement, les loisirs et le goût pour les vacances tendent à se démocratiser, même s'ils laissent de côté les personnes âgées, les jeunes et certains ouvriers. En **mai 68**, les enfants du *baby-boom* expriment leur refus du consumérisme et veulent « changer le monde ». Les manifestations étudiantes sont ensuite relayées par la contestation des salariés, débouchant sur les accords de Grenelle (larges augmentations de salaire). Les mentalités sont changées, les valeurs transformées.

Ex : *Le langage poétique d'André du Bouchet s'ouvre à la modernité* (> p. 364).

● Sur le plan international, la **guerre du Vietnam**, qui oppose depuis 1959 le nord et le sud du pays, soutenus respectivement par le bloc de l'Est et la Chine d'une part, les États-Unis et leurs alliés australiens et coréens d'autre part, ravage les populations et marque les mentalités de manière indélébile.

Raymond SAVIGNAC (1907-2002), affiche publicitaire pour la SNCF, 1961.

● Sous **Georges Pompidou (1969-1974)**, un projet de « nouvelle société » est présenté : humanisation des rapports entre les citoyens et l'État, dialogue social, instauration du **SMIC**, partage de l'autorité parentale entre père et mère.
Le **premier choc pétrolier** de 1973 met fin à la croissance et provoque une crise monétaire et politique.

● **Les réformes votées sous Valéry Giscard d'Estaing (1974-1981)** témoignent de l'évolution des mentalités : secrétariat à la condition féminine, majorité civique à dix-huit ans, divorce par consentement mutuel, interruption volontaire de grossesse. La crise se poursuit malgré les plans de relance ou de rigueur, entraînant le chômage de masse.

De l'alternance à la mondialisation (1981-2002)

● Élu en 1981, **François Mitterrand** forme un gouvernement de gauche où siègent quatre ministres communistes. Des réformes sont engagées : abolition de la peine de mort, nationalisations, décentralisation, durée du travail limitée à 39 heures. Le chômage de masse n'est pas résorbé. À partir de 1985 s'ouvre une **période de cohabitation** avec des Premiers ministres de droite (Jacques Chirac, 1986-1988 ; Édouard Balladur, 1993-1995).

Ex : *En 1981, Robert Badinter prononce un discours vibrant à l'Assemblée nationale pour l'abolition de la peine de mort* (> p. 310).

● Sous **Jacques Chirac (1995-2002)**, une nouvelle cohabitation a lieu avec Lionel Jospin (1997-2002). Pour bloquer ce processus répété, la durée du mandat présidentiel est ramenée à cinq ans.

Le XXIe siècle : un pays à la recherche de son avenir

● La confiance des Français dans une classe politique peinant à traiter des **problèmes économiques et sociaux mondialisés** s'érode. L'élection présidentielle de 2002 est marquée par un taux record d'abstention et la présence de l'extrême-droite au second tour. Jacques Chirac, réélu, est confronté à des difficultés croissantes : émeutes des banlieues, lutte contre le chômage.

Ex : *Dans* Daewoo*, F. Bon témoigne des conséquences humaines et sociales de la délocalisation des usines françaises sur leurs employés* (> p. 72).

● **Nicolas Sarkozy,** élu en 2007, lance un **nouveau style politique**. Président omniprésent, il privilégie la communication directe sans hésiter à mettre en scène sa vie privée.

Biographies

ABBÉ PIERRE (1912-2007)
Prêtre catholique, engagé dans la Résistance, l'abbé Pierre (Henri Grouès) est élu député chrétien de gauche après la guerre. En 1949, il fonde la communauté « Emmaüs » pour loger les plus pauvres et subvenir aux besoins des nécessiteux. Il n'hésite pas à utiliser la communication médiatique pour faire retentir son message, comme lors de l'hiver 1954. Il est devenu et reste, même après sa mort, une figure très appréciée de l'opinion publique.

Jean ANOUILH (1910-1987)
Dramaturge contemporain, auteur de pièces qu'il a lui-même classées en pièces « roses » (*Le Bal des voleurs*, 1938), « noires » (*Antigone*, 1944), « brillantes » (*La Répétition ou l'Amour puni*, 1950), ou encore « costumées » (*L'Alouette*, 1952). Son œuvre, pessimiste, dépeint une société cynique qui conduit l'homme à des compromis ou des compromissions, et aborde également le regret de l'enfance innocente.

Guillaume APOLLINAIRE (1880-1918)
Apollinaire est l'une des plus grandes figures de la poésie française du début du XXe siècle. Très lié à des artistes comme Picasso ou Derain, il a toujours défendu les avant-gardes artistiques. Auteur de poèmes à la forme très libre, dans *Alcools* notamment, il est aussi connu pour ses *Calligrammes*. Blessé à la tempe pendant la Première Guerre mondiale, il meurt prématurément en 1918, de la grippe espagnole.

ARISTOPHANE (vers 445-vers 385 av. J.-C.)
Poète comique athénien, contemporain d'Euripide et Socrate qu'il met en scène dans *Les Nuées* et *Les Grenouilles*. Ses comédies, inspirées par l'actualité politique de son temps, critiquent les dérives de la démocratie et la soif de conquête d'Athènes. Dans *Lysistrata* et *L'Assemblée des femmes*, il imagine une cité utopique où les femmes feraient la loi.

Robert BADINTER (né en 1928)
Avocat et professeur de droit, il exerce les fonctions de garde des Sceaux de 1981 à 1986. Il se situe dans la longue lignée des partisans de l'abolition de la peine de mort et en devient une figure emblématique, notamment par le discours retentissant qu'il prononcera pour faire voter cette loi au Parlement en 1981.

Honoré DE BALZAC (1799-1850)
Écrivain à la conquête de la gloire et de l'argent, Balzac débute au théâtre. Après plusieurs échecs, il se tourne vers l'écriture romanesque et publie *La Peau de chagrin* en 1831. Très vite, son œuvre évolue lorsqu'il entreprend de décrire, roman après roman, un monde qui soit l'exacte réplique de la réalité sociale et historique du XIXe siècle, véritable vision totalisatrice. C'est *La Comédie humaine*. Balzac devient alors célèbre avec ses romans : *Le Père Goriot* (1835), *Le Lys dans la vallée* (1835), *La Cousine Bette* (1846). La fresque compte plus de deux mille personnages. Désargenté, Balzac meurt à Paris.

Théodore DE BANVILLE (1823-1891)
À la croisée du romantisme et du Parnasse, la poésie de celui qui fut surnommé « poète du bonheur » développe le culte d'une beauté détachée de tout réalisme (*Odes funambulesques*, 1857 ; *Les Exilés*, 1867). Poète et critique, ami de Victor Hugo, Baudelaire et Théophile Gauthier, il a contribué à la découverte d'Arthur Rimbaud, qui l'évoque dans ses « Lettres du voyant ».

Charles BAUDELAIRE (1821-1867)
Aujourd'hui reconnu comme l'un des auteurs les plus importants de la poésie française, Baudelaire est devenu un classique alors qu'il s'est vu reprocher son écriture et le choix de ses sujets. Barbey d'Aurevilly voyait en lui « un Dante d'une époque déchue ». Pour Rimbaud, il est le premier « voyant », c'est-à-dire le premier poète moderne. À travers son œuvre, Baudelaire a fait en sorte de créer et de démontrer les liens entre Beau et Laid, Bien et Mal, Bonheur et Idéal inaccessible entre le poète et son lecteur. En parallèle, il a exprimé la mélancolie et l'envie d'ailleurs. Ses audaces formelles, et en particulier le recours à la prose, font de lui un poète en rupture radicale avec le passé. *Les Fleurs du Mal* (1857) et *Le Spleen de Paris* (1869) sont ses œuvres les plus connues.

Louis Jacques Napoléon BERTRAND, dit Aloysius BERTRAND (1807-1841)
Poète, journaliste et dramaturge, mort de tuberculose après une vie de misère, il est considéré par Baudelaire comme l'inventeur du poème en prose. Son recueil principal, *Gaspard de la nuit*, sombre et romantique, est publié à titre posthume en 1842. Sa modernité poétique est remarquable.

François BON (né en 1953)
Écrivain d'origine modeste, François Bon fait des études d'ingénieur et commence à travailler dans l'industrie. Il publie son premier roman (*Sortie d'usine*) en 1982. Parallèlement, il multiplie les projets liés aux nouvelles formes d'expression, comme l'édition de textes numériques ou la création de sites web dédiés à la littérature. Bon écrit également pour le théâtre, la radio et la télévision.

André DU BOUCHET (1924-2001)
Poète et traducteur, il a été proche d'un autre grand poète contemporain, Yves Bonnefoy, avec lequel il a fondé une revue littéraire, *L'Éphémère*. Ce titre donne une idée assez juste de l'œuvre de du Bouchet. Poète secret, il cherche moins à fixer « une vérité », qu'à faire jouer les mots entre eux pour qu'émerge un sens provisoire et fragile. L'espace entre les mots est pour lui tout aussi important que les mots eux-mêmes, et le chemin qui les sépare est une métaphore du travail poétique.

Bertolt BRECHT (1898-1956)
Auteur allemand, il invente le théâtre épique qui refuse l'illusion théâtrale et pousse le spectateur à une réflexion politique. Il dénonce la montée du nazisme dans *Grand'Peur et Misère du IIIe Reich* et, inspiré par le marxisme, montre des individus écrasés par l'histoire ou la société dans *Mère Courage et ses enfants* ou *Le Cercle de craie caucasien*.

Jean-Denis Bredin (né en 1929)
Avocat et professeur de droit, il s'est intéressé à de grandes affaires et à des erreurs judiciaires, comme l'affaire Dreyfus. Il a notamment écrit la biographie d'un journaliste qui fut l'un des premiers défenseurs de Dreyfus : *Bernard Lazare. De l'anarchiste au prophète* (1992). Il est membre de l'Académie française depuis 1989.

Gustave Caillebotte (1848-1894)
Artiste, collectionneur de tableaux et mécène de ses amis impressionnistes parmi lesquels Cézanne, Degas, Manet ou Pissarro, Caillebotte peint la réalité de la vie moderne. Parmi ses quelque cinq cents œuvres, on trouve des vues de Paris depuis un balcon (*Boulevard des Italiens*, 1880), des scènes de rue (*Rue de Paris par temps de pluie*, 1875) ou des scènes nautiques (*Le Bassin* à Argenteuil, 1882). La fortune qu'il hérite de son père lui permet de financer de nombreuses expositions impressionnistes.

Cicéron (106-43 av. J.-C.)
Avocat et philosophe renommé, Marcus Tullius Cicéron devient consul en 63 av. J.-C. Il déjoue la conjuration de Catilina, qui fomentait un coup d'État. Cependant, la République romaine vit ses dernières années, sur fond de guerre civile. Cicéron paie de sa vie son opposition aux partisans d'un pouvoir personnel, parmi lesquels se trouve le futur empereur Auguste.

Pierre Corneille (1606-1684)
Après avoir commencé sa carrière avec des comédies (*L'Illusion comique, Le Menteur*), il triomphe avec une tragi-comédie, *Le Cid* (1637). Il se tourne ensuite vers des tragédies politiques qui s'inspirent de l'histoire romaine (*Horace, Cinna, Polyeucte*, 1642-45) et serviront de modèles au théâtre classique. Corneille montre des héros déchirés entre l'amour et l'honneur, la trahison et la loyauté, la tyrannie et la démocratie.

Julio Cortázar (1914-1984)
Né à Bruxelles, il passe son enfance en Argentine et s'installe en France en 1951. Traducteur, professeur de littérature, il s'essaie à la poésie surréaliste avant de se tourner vers l'écriture de romans (*Marelle*) ou de nouvelles. Comme dans l'œuvre de son ami Borges, la frontière entre réalité et fiction est poreuse.

Gustave Courbet (1819-1877)
Chef de file des peintres réalistes, cet élève de Géricault et Delacroix est l'ami de l'écrivain Champfleury, théoricien du mouvement réaliste, en littérature. Celui-ci l'encourage à affirmer et définir son propre style, cru et vrai, loin de la beauté idéalisée propre à la peinture académique. S'inspirant de son terroir, Courbet peint « toute la laideur de la province » sans fard, à la façon d'un photographe. Son réalisme fait scandale (*L'Origine du monde*, 1866). Nombre de ses tableaux sont exposés aujourd'hui au musée d'Orsay.

Marceline Desbordes-Valmore (1786-1859)
Poétesse, sa vie est marquée du sceau du malheur et lui vaut le surnom de « Notre-Dame Des Pleurs ». Fille d'un peintre ruiné par la Révolution, orpheline de mère, elle devient comédienne et cantatrice dès l'âge de seize ans. Elle épouse un acteur, Prosper Lanchantin, dit Valmore, mais regrette son amant, qu'elle nomme Olivier dans *Élégies et Romances* (1819), *Les Pleurs* (1833) ou *Pauvres Fleurs* (1839).

Denis Diderot (1713-1784)
Écrivain et philosophe, il est l'une des figures majeures du mouvement des Lumières. Maître d'œuvre de l'*Encyclopédie* (1751-1772) aux côtés de D'Alembert, il affronte tout au long de sa vie la censure et doit s'exiler pour continuer à publier ses œuvres. Auteur prolifique, Diderot s'est essayé à tous les genres littéraires, du roman (*Jacques le Fataliste*, 1778) à la critique d'art (*Salons*) en passant par le dialogue philosophique (*Le Neveu de Rameau*, 1762-73) et le théâtre (*Le Fils naturel*, 1757).

Euripide (480-406 av. J.-C.)
Poète grec, concurrent de Sophocle, il connaît, presque toute sa vie, la guerre du Péloponnèse opposant Athènes à Sparte (432-404). Dans ses tragédies qui évoquent la fin légendaire de la guerre de Troie, il met en scène le désarroi des victimes innocentes et les crimes des vainqueurs. Ses échecs répétés aux concours tragiques le poussent à se retirer en Macédoine à la fin de sa vie.

Gustave Flaubert (1821-1880)
Écrivain, ce maître de la prose est un romancier notoire de la seconde moitié du XIXe siècle. Il a marqué la littérature par son regard lucide sur les comportements des individus et de la société. Il devient célèbre par le scandale : *Madame Bovary* (1857), son roman, observation juste et ironique de la vie d'une provinciale, sera condamné pour « immoralité ». Auteur exigeant, il se consacre entièrement à l'écriture et publie des œuvres aujourd'hui célèbres : *Salammbô* (1862), *L'Éducation sentimentale* (1869) ou le recueil de nouvelles *Trois contes* (1878). Sa correspondance prolifique traduit l'ampleur et la difficulté du travail de l'écrivain.

Jean-Pierre Claris de Florian (1755-1794)
Après une jeunesse pleine d'expériences, vécue dans l'entourage de quelques grands et de Voltaire, Florian écrit pièces de théâtre et romans couronnés de nombreux succès. Favorable à la Révolution, il en attend surtout la concorde nationale. Emprisonné pendant la Terreur, il meurt peu après sa libération. Il est surtout connu pour ses *Fables* (1792).

Bernard Le Bouyer (ou Le Bovier) de Fontenelle (1657-1757)
Cet écrivain, homme d'esprit et féru de sciences, qui a vécu cent ans et assisté à la naissance du siècle des Lumières, a favorisé les idées progressistes. Il est célèbre pour ses deux ouvrages philosophiques : *Entretiens sur la pluralité des mondes* (1686) et *L'Histoire des oracles* (1686), où il dénonce les préjugés et les superstitions.

Caspar David FRIEDRICH (1774-1840)

Après l'Académie des beaux-arts de Copenhague, l'artiste fréquente un cercle d'artistes romantiques. Ses dessins reprennent inlassablement les mêmes éléments de paysages : plaines et landes désertes, montagnes, plages rocailleuses. Les tons froids, les contours nets soulignent le sentiment de petitesse et la mélancolie du personnage qui contemple la nature infinie.

Émile GABORIAU (1832-1873)

Admirateur d'Edgar Allan Poe, il est un des précurseurs du roman policier français. À la manière de Balzac, ses romans peignent les différentes sphères de la société, mais il y introduit aussi la notion d'enquête. Son inspecteur Lecoq influencera Conan Doyle et son célèbre détective Sherlock Holmes.

Théophile GAUTIER (1811-1872)

Il entame sa carrière littéraire aux côtés des romantiques, participe à la « bataille d'Hernani » en 1830. Auteur de poèmes, contes, romans, pièces de théâtre, il se distingue également par ses critiques d'art. Il se détache peu à peu du romantisme, et rejoint le Parnasse vers 1850.

Nikolaï GOGOL (1809-1852)

Auteur russe, il a principalement écrit des nouvelles et un roman qui l'a rendu célèbre, *Les Âmes mortes* (1842). Dans ses pièces, *Le Revizor* ou *Le Mariage*, il fait une satire féroce de la petite bourgeoisie russe, sa médiocrité et sa cupidité.

Edmond DE GONCOURT (1822-1896)
Jules DE GONCOURT (1830-1870)

Aristocrates, les frères écrivent ensemble des romans naturalistes étudiant le fonctionnement de l'organisme humain ou des sentiments (*Renée Mauperin*, 1864). Ils tiennent aussi un journal d'anecdotes littéraires croustillantes qui paraît en 1861. L'Académie des Goncourt, qui décerne un célèbre prix littéraire, est née des réunions fréquentes chez Edmond de ses amis Flaubert, Daudet ou Zola.

Julien GRACQ (1910-2007)

Au château d'Argol, premier roman au romantisme noir, attire l'attention de Breton sur ce maître de la prose poétique où l'observation du paysage sert d'appui à la rêverie. *Le Rivage des Syrtes* (1951) et son refus du prix Goncourt le font connaître du public. Abandonnant la fiction dès 1970, il publie des récits mêlant autobiographie, réflexions sur la littérature et méditations géographiques.

Jean Ignace Isidore Gérard GRANDVILLE, dit GRANDVILLE (1803-1847)

Il se fait connaître par ses *Métamorphoses du jour*, représentant des hommes à têtes d'animaux, et de nombreuses caricatures dans la presse. Au moment où l'imprimé se diffuse rapidement, il s'attache à faire reconnaître le métier d'illustrateur. Il saisit des « types » du siècle, comme les personnages de Balzac dont il illustre l'œuvre. Opposant à la monarchie de Juillet qui rétablit la censure, il fait alors des gravures pour de nombreux classiques comme *Les Voyages de Gulliver*, *Robinson Crusoë* ou les *Fables* de La Fontaine.

Victor HUGO (1802-1885)

Poète dès l'âge de vingt ans (*Odes et Ballades*), il devient le chef de file des auteurs romantiques en rénovant le théâtre. Sa pièce *Hernani* fait scandale en 1830. Il s'engage politiquement et doit s'exiler après le coup d'État de Louis Napoléon Bonaparte (1851). Il reste à Guernesey pendant vingt ans où il écrit des recueils de poésie (*Les Contemplations*, 1856, et *Les Châtiments*, 1853 ; *La Légende des siècles*, 1859). Son roman le plus célèbre, *Les Misérables* (1862), dénonce les injustices sociales. En 1870, il fait un retour triomphal et siège comme sénateur. À sa mort, ses obsèques nationales rassemblent deux millions de personnes. Il repose au Panthéon.

Joris-Karl HUYSMANS (1848-1907)

Écrivain français, il est d'abord, comme Zola ou Maupassant, naturaliste (*Les Sœurs Vatard*, 1879), mais perçoit très vite les limites de ce mouvement. Ses récits à la narration subjective et provocatrice évoquent le désespoir et incarnent alors la littérature émergente « fin de siècle ; ils évoluent ensuite vers le décadentisme (*À rebours*, 1884). Ayant, entre-temps, rencontré la foi, il rend un hommage mystique à l'art médiéval (*La Cathédrale*, 1898).

Jean DE LA FONTAINE (1621-1695)

Il est le fils d'un maître des eaux et forêts du duché de Château-Thierry ; lui aussi prendra cette charge. Apprécié pour ses poésies et ses *Contes*, il participe aux fêtes de Vaux-le-Vicomte, données par Nicolas Foucquet. La disgrâce de celui-ci risquait d'éclipser le Roi-Soleil. Elle est vécue comme une injustice par La Fontaine et ses amis, ainsi que par une partie de la Cour. Reçu chez les grands, gentilhomme de la duchesse d'Orléans, il est admiré et aimé pour toute son œuvre. Publiés à partir de 1668, ses recueils de *Fables* proposent une vision du monde désabusée, sage, enjouée et mélancolique.

Jean-Luc LAGARCE (1957-1995)

Auteur dramatique et metteur en scène, admirateur de Beckett et Ionesco, il commence par écrire des œuvres marquées par le théâtre de l'absurde, et monte *La Cantatrice chauve* avec un grand succès. Ses pièces traitent des difficultés de communication et des enjeux de pouvoir dans les cercles culturels (*Les Prétendants*), familiaux (*Juste la fin du monde*), ou amicaux (*Derniers remords avant l'oubli*).

Alphonse DE LAMARTINE (1790-1869)

Comme nombre de ses contemporains, Lamartine est désorienté par le monde né de la Révolution. Les *Méditations* (1820) expriment le désir de fuir ailleurs, hors du temps et de l'histoire destructrice. Ce poète de la nostalgie est aussi un homme de son temps : député en 1830, il est président de la République provisoire de 1848.

Jean-Marie Gustave LE CLÉZIO (né en 1940)

Écrivain et essayiste, voyageur infatigable, Le Clézio connaît tôt le succès en recevant le prix Renaudot pour son premier roman, *Le Procès-Verbal* (1963). Il s'inscrit dans un premier temps dans le sillage du Nouveau Roman, avant d'emprunter une voie plus personnelle, marquée par ses voyages. Son œuvre construit un univers onirique, proche du mythe (*Désert*, *Le Chercheur d'or*). La dimension autobiographique est également importante. Le Clézio a reçu le prix Nobel de littérature en 2008.

Thierry Lévy (né en 1945)
Avocat pénaliste, il a publié des ouvrages de réflexion sur le droit, l'art de parler des membres du barreau, tout en faisant des interventions au sujet du « politiquement correct ». Il a présidé l'Observatoire international des prisons de 2001 à 2004.

Dea Loher (née en 1964)
Dramaturge allemande, elle transpose des mythes dans le monde moderne (*Manhattan Medea* ou *Barbe-Bleue, espoir des femmes*) ou bien décrit les sphères urbaines. Son univers souvent violent met en scène des individus déchirés et meurtris.

Léo Malet (1909-1996)
Dans sa série des *Nouveaux Mystères de Paris*, Malet renouvelle le genre policier en y introduisant l'humour noir. Chacun de ses romans a pour décor un arrondissement parisien qu'arpente le détective privé, Nestor Burma. Son œuvre, tombée en désuétude, a été remise au goût du jour par l'auteur de bandes dessinées Tardi.

Stéphane Mallarmé (1842-1898)
Adepte d'une poésie exigeante, à la forme très travaillée, Mallarmé élabore une œuvre qui fait de lui le maître du symbolisme. Ses poèmes engagent une réflexion proche de la méditation philosophique. Il est l'auteur notamment de *Poésies* (posthume) et de *Divagations*.

Guy de Maupassant (1850-1893)
Maupassant appartient, comme Zola, au groupe des écrivains de Médan. Il se définit comme un « illusionniste », capable de recréer le monde paysan, le milieu des employés ou la haute société rongée par ses passions. Son réalisme, teinté de noirceur, montre avec une concision poignante la cruauté des hommes. Après le succès de *Boule de Suif*, suivent trois cents contes (*La Maison Tellier*, *Les Contes de la bécasse*) et des romans, dont *Une vie* (1883) et *Bel-Ami* (1885). À la fin de sa vie, malade de la syphilis, Maupassant exprime sa peur de la folie dans des nouvelles fantastiques (*Le Horla*).

Molière (1622-1673)
Jean-Baptiste Poquelin, d'origine bourgeoise, renonce à la charge de tapissier de son père en 1642, et s'associe à une famille de comédiens, les Béjart. En 1659, la troupe est subventionnée par Monsieur, le frère du roi. Le succès arrive en 1662 avec *L'École des femmes*. Il est accusé d'athéisme en 1665, et deux de ses pièces, *Tartuffe* et *Dom Juan*, sont interdites. Il revient ensuite à la farce (*Les Fourberies de Scapin*) et monte des comédies-ballets alliant théâtre, musique et danse (*Le Bourgeois gentilhomme*, *Le Malade imaginaire*). Jean-Baptiste Lully fut à ce titre son collaborateur.

Claude Monet (1840-1926)
D'abord influencé par les peintres réalistes comme Courbet, il devient une personnalité majeure de l'impressionnisme lorsqu'il entend révéler ce que la réalité a d'impalpable. En jouant avec la lumière et la couleur, il donne naissance à un univers fluide, immatériel, où se succèdent des impressions « ressenties par (lui)-seul ». Il aime peindre « sur le motif », c'est-à-dire en plein air, au contact de la lumière. On lui doit *Impression, soleil levant* et les célèbres *Nymphéas*.

Jacques Monory (né en 1934)
C'est l'un des principaux artistes de la « figuration narrative ». Sa peinture, où domine le monochrome bleu, est influencée par la photographie, le cinéma. Il représente un monde souvent urbain et nocturne, toujours violent et énigmatique. Son œuvre a une dimension autobiographique, telle la série des *Meurtres*, née de la souffrance éprouvée à la suite de son divorce.

Charles de Secondat de Montesquieu (1689-1755)
Ce moraliste et penseur politique écrit à la fin du règne de Louis XIV. Les *Lettres persanes*, publiées anonymement en 1721, portent un regard critique et satirique sur cette période de mutation tout en s'inspirant des fictions orientales très à la mode. *De l'esprit des lois* (1750) repense les institutions politiques, influençant la pensée des Lumières.

Gustave Moreau (1826-1898)
Sa peinture fait de lui le principal représentant de l'école symboliste en France. Ses tableaux envoûtants évoquent souvent des scènes mythologiques dont la dimension sacrée est très forte. Les paysages, vaporeux et intemporels, mettent en valeur la puissance du regard des personnages. *L'Apparition* ou *Jupiter et Sémélé* font partie de ses œuvres célèbres.

Alfred de Musset (1810-1857)
Poète et dramaturge romantique, Musset fait sensation, à dix-huit ans, avec ses *Contes d'Espagne et d'Italie*, pleins de drôlerie et de fantaisie. Mais son humour laisse percer des interrogations sur son rôle de poète. Il se tourne vers un théâtre destiné à être lu plutôt que joué et où il met en scène des personnages tourmentés dont l'action est vouée à l'échec : *Les Caprices de Marianne*, *On ne badine pas avec l'amour*, *Lorenzaccio* (1833-34). Sa passion tumultueuse avec l'écrivain George Sand nourrit un récit autobiographique, *La Confession d'un enfant du siècle* (1836). Plus tard, blessé par les échecs littéraires et amoureux, il portera systématiquement le masque de l'ironie pour exprimer ses contradictions et incertitudes (*Les Nuits*, 1837).

Gérard de Nerval (1808-1855)
De son vrai nom Gérard Labrunie, il découvre la littérature en traduisant les romantiques allemands. Ses poèmes (*Les Chimères*, 1854), récits de voyage et textes romanesques (*Les Filles du feu*, 1854 ; *Aurélia*, 1855) puisent dans les mythes et philosophies anciennes des réponses à son interrogation sur l'identité. Après une profonde période de tourments, il met fin à ses jours.

Charles Perrault (1628-1703)
Il exerce de hautes fonctions administratives sous la protection de Colbert, tout en faisant partie de la toute nouvelle Académie française. Retiré pour se consacrer à l'éducation de ses enfants, il écrit ses célèbres contes, parmi lesquels *Le Chat botté*, *Peau d'âne* ou *Le Petit Chaperon rouge* qui furent illustrés par Gustave Doré au XIXe siècle. Son éloge du *Siècle de Louis le Grand* lance la querelle des Anciens et des Modernes, dont il se revendique.

PHÈDRE (vers 18 av. J.-C.-vers 50 ap. J.-C.)
On sait peu de chose sur cet auteur latin. Il introduit à Rome le genre des fables dans un recueil (*Fables*) où les formes sont variées, en imitant le Grec Ésope. Ses textes se distinguent par leur brièveté et leur apparente limpidité. Lu par des générations d'élèves et d'honnêtes hommes, il figure à son tour parmi les auteurs d'apologues imités par La Fontaine, avec notamment l'humaniste italien Abstémius.

PLAUTE (vers 254-184 av. J.-C.)
D'abord comédien, il introduit en tant qu'auteur des chorégraphies et développe les parties chantées. On lui attribue vingt et une œuvres inspirées du théâtre grec avec des intrigues situées à Athènes et des personnages aux noms grecs qui sont tous des types conventionnels, comme le soldat fanfaron et le parasite. Sa pièce *La Marmite* a servi de modèle à *L'Avare* de Molière.

Nicolas POUSSIN (1594-1665)
Né près des Andelys (Eure), Poussin a surtout vécu à Rome, parmi les chefs-d'œuvre de l'Antiquité et de la Renaissance. Admirateur de Titien, Raphaël, Vinci, il donne les plus hautes ambitions à la peinture, art alors davantage valorisé en Italie qu'en France.

Raymond QUENEAU (1903-1976)
Écrivain atypique, poète, romancier, expérimentateur littéraire, R. Queneau a marqué la seconde moitié du XXe siècle par des œuvres inclassables comme les *Exercices de style* (1947) ou *Zazie dans le métro* (1959). Adepte d'une littérature qui ne se prend pas au sérieux, il a pourtant questionné très subtilement les potentialités du langage, notamment au sein de L'OuLiPo dont il fut l'un des fondateurs.

Jean RACINE (1639-1699)
Issu de la bourgeoisie, il confie ses premières tragédies (*La Thébaïde*) à la troupe de Molière en 1664, mais c'est à l'Hôtel de Bourgogne que sa maîtresse, l'actrice Thérèse Du Parc, dite Marquise, triomphe dans le rôle d'Andromaque écrit pour elle. Les héros de Racine (Phèdre, Bérénice, Britannicus) n'exaltent plus les vertus héroïques, mais agissent sous l'emprise dévastatrice des passions. À partir de 1670, il éclipse Corneille vieillissant.

Yasmina REZA (née en 1959)
Écrivain français de théâtre et de romans, elle a obtenu plusieurs récompenses et notamment deux Molière couronnant son travail d'auteur pour *Conversation après un enterrement* (1987) et *Art* (1994). Dans cette pièce, comme dans *Le Dieu du carnage* (2007), elle se moque des milieux bourgeois et de leur hypocrisie.

Arthur RIMBAUD (1854-1891)
« L'homme aux semelles de vent », le poète le plus novateur du XIXe siècle, connaît une carrière littéraire très brève. Il écrit ses premiers poèmes à quinze ans, ses derniers à vingt et un. Toujours en rupture (fugues, relation tumultueuse avec Verlaine), il abandonne toute forme de littérature pour devenir commerçant, et parfois trafiquant. Il s'est éteint à trente-sept ans, à Marseille, de retour d'Aden au Yémen.

Jean-Edme ROMILLY (1739-1779)
De confession protestante, Romilly a été pasteur à Londres et à Genève, sa ville natale. Ami de Voltaire et de Rousseau, il participe à la rédaction de l'*Encyclopédie*, où il rédige les articles « Tolérance » et « Vertu ».

Jean-Jacques ROUSSEAU (1712-1778)
Originaire de Genève, Rousseau est considéré comme le père du genre autobiographique. Ses *Confessions* publiées à titre posthume en 1782 débutent par un célèbre prologue dans lequel l'auteur annonce son « entreprise » : « me montrer tel que je fus ». Avant de rédiger son autobiographie, il a publié des ouvrages philosophiques (*Discours sur l'origine et les fondements de l'inégalité parmi les hommes*, 1755) et des œuvres littéraires (*Julie ou la Nouvelle Héloïse*, 1761).

Jerome David SALINGER (1919-2010)
Cet écrivain américain se fait connaître en 1948 avec des nouvelles parues dans le *New Yorker*, mais il est surtout célèbre pour son roman *L'Attrape-cœur*. Traitant de l'adolescence et du passage à l'âge adulte, ce récit, devenu un roman culte, connaît une popularité mythique depuis sa publication en 1951, entretenue par le silence de l'auteur. L'un des thèmes majeurs de Salinger est l'étude des esprits agités, troublés par la dureté du monde.

George SAND (1804-1876)
De son vrai nom Aurore Dupin, elle quitte son mari et s'enfuit à Paris en 1831. Ses amants, dont Musset, ses activités littéraires, sa tenue d'homme scandalisent. En 1832, sous le nom de George Sand, elle publie *Indiana*, roman d'amour et de révolte, puis des romans sociaux (*Le Meunier d'Angibault*, 1845) et enfin des récits champêtres (*La Petite Fadette*, 1849).

Jean-Paul SARTRE (1905-1980)
Issu de la grande bourgeoisie, philosophe, fondateur de revues, auteur d'essais, de récits et de théâtre, Sartre s'engage dans les combats de son époque, de la Seconde Guerre mondiale à la guerre froide et à Mai 68. Il invente l'existentialisme qui pose la question du sens de l'existence et de l'engagement. Sa pensée est exposée dans des romans (*La Nausée*, 1938) ou des pièces de théâtre (*Huis clos*, 1944 ; *Les Mains sales*, 1948). Il milite pour la décolonisation et participe au mouvement de Mai 68.

Annie SAUMONT (née en 1927)
D'abord traductrice de J. D. Salinger ou de Naipaul, elle a écrit quelques romans et plus de deux cents nouvelles réunies en une vingtaine de recueils. Elle évoque le monde contemporain avec sensibilité et singularité. Ses recueils, comme *Quelquefois dans les cérémonies* ou *Je ne suis pas un camion*, ont été salués par la critique et les lecteurs.

William SHAKESPEARE (1564-1616)
Ce dramaturge anglais fut aussi acteur, actionnaire de son théâtre, le théâtre du Globe, et de la compagnie des *King's men* subventionnée par le roi Jacques Ier. Son œuvre comporte des comédies et des drames historiques (*Roméo et Juliette*, *Le Songe d'une nuit d'été*, *Macbeth*) où il met en scène les dérives violentes du pouvoir. Si son théâtre baroque est très éloigné du classicisme français, on le trouve pourtant dans la bibliothèque de Louis XIV. Mais il ne sera vraiment connu en France par des traductions qu'au XVIIIe siècle.

Stendhal (1783-1842)

Admirateur de Napoléon, Henri Beyle, dit Stendhal, commence à dix-sept ans une carrière militaire qui l'amène à participer aux campagnes napoléoniennes. En 1800, il entre en Italie avec l'Empereur et ce voyage marque son œuvre (*Chroniques italiennes*). Il publie ensuite des essais et des récits de voyages, s'engage dans la bataille romantique avec son essai *Racine et Shakespeare* dès 1823. Il écrit également des romans, parmi lesquels *Le Rouge et le Noir* (1830), considéré aujourd'hui comme une œuvre emblématique du réalisme, et *La Chartreuse de Parme* (1839). Il meurt en laissant inachevées plusieurs œuvres, notamment *Vie de Henry Brulard* et *Lucien Leuwen*.

Anton Tchekhov (1860-1904)

Nouvelliste et dramaturge russe, il est l'auteur de textes drôles ou graves, inspirés par son expérience radicale de la vie moderne. Ainsi, pour témoigner, il partage la vie des déportés au bagne (*L'Île de Sakhaline*). Ses pièces de théâtre (*La Cerisaie*, 1904) sont un tableau lucide de la Russie du XIXe siècle et ses nouvelles entendent « dépeindre la vie telle qu'elle est ».

Fred Vargas (née en 1957)

De son vrai nom Frédérique Audouin-Rouzeau, elle est historienne et archéologue de formation, et mène des recherches sur les ossements animaux au Moyen Âge. C'est son métier qui l'amène au roman policier, qu'elle appelle « rompol » : empreintes, ossements, fouilles sont pour elle autant de points communs entre l'archéologie et l'enquête policière menée dans la plupart de ses romans (*L'homme à l'envers, Sous les vents de Neptune*) par un inspecteur contemplatif, Adamsberg.

Paul Verlaine (1844-1896)

Silhouette familière des cercles et cafés parisiens, il a été particulièrement influent dans le milieu symboliste. Très lié avec Rimbaud, avec qui il mène un temps une vie vagabonde de poète maudit, il laisse des poèmes empreints de mélancolie et de musicalité. Parmi ses recueils, on peut citer *Fêtes galantes* (1869), *Romances sans paroles* (1874) et *Sagesse* (1881).

Théophile de Viau (1590-1626)

Auteur de *Pyrame et Thisbé*, il est un des plus grands poètes baroques. Banni pour libertinage à deux reprises, il échappe de justesse au bûcher et doit rester au cachot durant deux ans avant d'être condamné à un exil perpétuel.

Auguste de Villiers de L'Isle Adam (1838-1889)

Ami de Mallarmé, Flaubert et Baudelaire, il connaît tardivement le succès avec ses nouvelles fantastiques. Les *Contes cruels* (1883), *Histoires insolites* (1888) et les *Nouveaux Contes cruels* (1888) critiquent l'étroitesse d'esprit et le matérialisme de son époque. Leur cruauté étrange et ironique renouvelle le genre fantastique.

Voltaire (1694-1778)

François Marie Arouet, né dans la bourgeoisie aisée, se distingue par des études brillantes chez les Jésuites. Emprisonné à la Bastille en 1717 pour avoir écrit contre le Régent, bastonné sur l'ordre d'un aristocrate, Voltaire part pour l'Angleterre. Il y réfléchit sur les institutions et en tire une critique de la société et de l'État français dans ses *Lettres philosophiques* (1734). Adulé pour ses tragédies, nommé historiographe du roi, et en même temps censuré, il vit à l'écart de la cour chez Mme du Châtelet en Lorraine. Son séjour en Prusse chez Frédéric II lui fait relativiser l'espérance qu'il avait placée dans les despotes éclairés. Installé à Ferney en 1755, il mène ses batailles, dont l'affaire Calas, lance son *Dictionnaire philosophique* et écrit ses *Contes*. Il revient à Paris peu avant de mourir, en pleine gloire.

Émile Zola (1840-1902)

Romancier et chef de file du naturalisme, Zola est le créateur des *Rougon-Macquart*, un cycle de vingt romans naturalistes (*Nana, Germinal*) entrepris dès 1869. Ami de nombreux peintres, l'écrivain est aussi critique d'art et s'engage vigoureusement contre l'injustice lors de l'affaire Dreyfus. En témoigne sa célèbre lettre « J'accuse... ! », publiée en 1898 dans le quotidien *L'Aurore* qui retourne l'affaire. Elle lui vaut un procès et l'exil en Angleterre.

Glossaire

Abyme (mise en) : procédé d'imbrication consistant à placer une œuvre au sein d'une autre.

Académisme : art qui s'attache à l'enseignement classique reçu à l'école, dans une académie.

Accent : une syllabe frappée de l'accent est prononcée avec plus d'intensité ou avec une hauteur de voix différente.

Accumulation : juxtaposition de mots permettant d'accentuer une idée ou d'insister sur sa force.

Action : ce qui se passe sur scène (théâtre).

Alexandrin : vers de douze syllabes accentuées.

Allégorie : figure d'analogie. Représentation de manière claire et directe d'une idée abstraite par une personne.

Allitération : répétition d'un même son consonantique à des fins stylistiques.

Analepse : dans un récit, retour en arrière. Au cinéma, on parle de flash-back.

Analogie : ressemblance, similitude suggestive ou élément de comparaison entre deux réalités différentes.

Anaphore : figure d'insistance. Répétition d'un même mot en début de proposition, de phrase ou de vers.

Angle de prise de vue : position de la caméra ou de l'appareil photo par rapport au sujet, pouvant être à hauteur d'homme, en plongée (caméra en hauteur, plongeant vers le sujet) ou en contre-plongée (caméra située plus bas).

Anthologie : recueil proposant une sélection de textes, d'extraits de films, etc. (Voir *Florilège*.)

Antithèse : figure d'opposition. Rapprochement de deux idées contraires.

Aparté : dans un dialogue, réplique brève, dite « à part », censée être entendue du seul public.

Apologue : bref récit en vers ou en prose dispensant un enseignement moral.

Archétype : personnage incarnant, par ses caractéristiques physiques et/ou morales, une sorte de modèle ou de type.

Argot : langage dont se servaient les voleurs et les vagabonds pour se comprendre entre eux, sans l'être des forces de police. Aujourd'hui, langue verte ou très familière.

Argument : raison convaincante employée pour étayer, défendre ou valider une thèse.

Argument *ad hominem* : stratégie qui consiste à attaquer et mettre en contradiction son adversaire, dans sa personne, en lui opposant ses propres paroles et ses propres actes.

Argumentation directe / indirecte : à un raisonnement exposé de façon directe et explicite (argumentation directe) s'opposent des stratégies de détour (argumentation indirecte). Par exemple dans la fiction, les leçons sont exprimées de façon symbolique à travers les personnages et situations mis en scène.

Argument d'autorité : recours au jugement d'une personne célèbre ou d'une sommité dans un domaine dont elle est experte, et destiné à donner davantage de poids à l'argumentation.

Assonance : répétition d'un même son vocalique à des fins stylistiques.

Auditoire : assemblée des auditeurs.

Autobiographie : « récit rétrospectif en prose qu'une personne réelle fait de sa propre existence, lorsqu'elle met l'accent sur sa vie individuelle, en particulier sur l'histoire de sa personnalité » (Philippe Lejeune).

Ballade : poème de forme régulière qui se compose d'une série de strophes terminées par un vers identique (le refrain), et s'achevant par un envoi (couplet final plus court où se trouve une dédicace).

Bienséance : dans la tragédie classique, la règle de bienséance interdit de représenter tout ce qui ne se conforme pas aux règles sociales ou littéraires.

Billet d'humeur : petit article de presse subjectif publié par le billettiste pour réagir à une actualité.

Blâme : discours prononcé pour souligner et dénoncer les travers de quelqu'un ou de quelque chose.

Blason : forme poétique née à la Renaissance, célébrant une partie du corps de l'aimé(e).

Cadavre exquis : jeu surréaliste consistant à produire un texte ou une image à plusieurs. Chacun écrit ou dessine à tour de rôle un fragment de phrase ou d'image, sans savoir ce que les autres joueurs ont inventé.

Cadre : ce qui délimite une image.

Calligramme : texte dont les mots forment un dessin. Son invention est attribuée à Apollinaire.

Caractère : ensemble des traits physiques, psychologiques et moraux d'un personnage de théâtre ou de roman. Au théâtre, la comédie de caractère met l'accent sur les motivations des personnages.

Caricature : exagération ou amplification de certains traits d'un personnage ou d'une réalité afin d'en souligner les ridicules.

Catharsis : mot grec signifiant purgation, utilisé par le philosophe grec Aristote pour désigner l'effet d'une tragédie sur le spectateur : la pitié et la terreur suscitées par le malheur des héros le libèrent de passions néfastes.

Césure : coupe d'un vers à l'hémistiche.

Champ / Contre-champ : procédé de montage cinématographique faisant alterner les plans de chacune des deux personnes en train de dialoguer.

Champ lexical : ensemble de termes ou d'expressions renvoyant à un même thème.

Champ sémantique : ensemble des sens d'un même mot selon le contexte ou l'expression dans lesquels il est employé.

Chanson : texte mis en musique, divisé en couplets et refrain.

Chiasme : du grec *khiasmos*, « croisement, en croix ». Construction qui reprend des groupes de mots identiques au niveau syntaxique, en les plaçant dans un ordre inverse, pour souligner une opposition ou une unité.

Chœur : dans le théâtre grec, groupe de chanteurs et danseurs prenant collectivement la parole pour commenter l'action.

Chronique : article de journal ou de revue, rubrique d'une émission radiophonique ou télévisuelle, traitant régulièrement d'un thème particulier.

Chute : dénouement inattendu d'une nouvelle, trait spirituel concluant un poème.

Classicisme : mouvement culturel du XVIIe siècle, considérant comme beau ce qui est fondé sur l'alliance de la raison et du sentiment, le respect de la vraisemblance et de la bienséance. Visuellement, les artistes privilégient la ligne droite et la symétrie. Les thèmes sont souvent inspirés de l'Antiquité.

***Commedia dell'arte* :** comédie italienne, apparue au XVe siècle, où les acteurs, portant des masques, incarnent des personnages types (comme Arlequin). Ils improvisent *lazzis* et saynètes sur des canevas bien connus.

Comparaison : construction qui explicite le rapprochement de deux objets à l'aide du comparé (l'objet que l'on compare), du comparant (l'objet auquel on compare), d'un terme comparatif (comme, tel, semblable...), et d'un point de comparaison.

Concession : mode de raisonnement consistant à accepter une partie de la thèse adverse pour mieux en contrer l'argument principal à l'aide de connecteurs tels que « Certes... mais... ».

Connecteurs logiques / spatiaux / temporels : mots de liaison ou locutions lexicales permettant de lier logiquement, spatialement ou temporellement les différentes étapes d'un récit ou d'un discours entre elles.

Connotation : signification secondaire ou subjective, le plus souvent implicite, venant s'ajouter à la signification première d'un mot ou d'un texte et associée le plus souvent au contexte d'écriture.

Conte : récit bref, le plus souvent, et relevant de l'apologue. Le conte de fées met en scène des personnages manichéens et des éléments merveilleux pour proposer une moralité. Le conte philosophique détourne ce schéma narratif afin de critiquer la société, la religion ou le pouvoir. Son arme de prédilection est l'ironie.

Contre-plongée : procédé inverse à la plongée consistant à placer la caméra plus bas que le sujet filmé, qui s'en trouve mis en valeur. Le spectateur ressent un effet d'écrasement. (Voir *Plongée*.)

Contre-rejet : consiste à commencer au vers précédent, par un ou deux mots, une proposition développée au vers suivant.

Coryphée : chef du chœur grec qui dialogue avec les personnages principaux.

Dénouement : au théâtre, résolution finale de l'intrigue qui met fin à la crise.

Déterminisme : doctrine reprise par les naturalistes, selon laquelle le destin d'un individu dépend de causes extérieures, comme le milieu ou l'hérédité. Sa liberté est donc limitée.

Détracteur : dans le domaine argumentatif, opposant ou adversaire parfois virulent cherchant à rabaisser le mérite d'une thèse ou de son auteur. (Voir *Critique*.)

Dialogue (types de) : le dialogue didactique met en scène un maître et son disciple. Le dialogue dialectique, plus équilibré, permet à chacun de construire sa pensée en discutant. Le dialogue polémique fait entendre l'affrontement de deux points de vue irréconciliables. Le dialogue délibératif consiste à discuter ensemble, à délibérer pour aboutir à une prise de décision collective.

Diatribe : discours formulant une attaque violente, voire injurieuse.

Didascalie : dans un texte de théâtre, indication scénique donnée par l'auteur aux acteurs : noms des personnages, décors, gestes, intonations, déplacements.

Diérèse : procédé qui consiste à prononcer deux voyelles successives en deux syllabes distinctes.

Dilemme : conflit intérieur vécu par un personnage qui doit choisir entre deux intérêts opposés, l'amour et la gloire, la famille ou la cité.

Discours indirect libre : forme de discours rapporté dans laquelle les paroles ou pensées sont transposées dans une phrase juxtaposée à la phrase de récit précédente, sans verbe introducteur ou marque de la subordination. Les paroles sont ainsi intégrées au récit et la voix du narrateur mêlée à celle du personnage.

Discours rapporté : paroles ou pensées apparaissant dans un récit. Il peut être direct, indirect, indirect libre ou narrativisé.

Double énonciation : nature de l'énonciation théâtrale qui comporte deux destinataires, le ou les personnages sur scène, et le public.

Drame : à l'origine, mot grec signifiant « action ». Genre théâtral représenté par le drame romantique au XIXe siècle.

École : esthétique, techniques et convictions communes à un groupe d'artistes ou d'écrivains.

Éditorial : article argumentatif ou polémique que l'éditorialiste publie à la une d'un journal ou d'une revue pour en définir ou préciser une orientation politique, sociale, littéraire ou économique.

Ekphrasis : description vivante et détaillée, qui entend rivaliser avec la peinture.

Élégie : poésie exprimant le deuil et le chagrin liés à la perte d'un être cher.

Ellipse narrative : acte par lequel le narrateur décide de passer sous silence certains événements du récit. Plusieurs années peuvent ainsi être évoquées en quelques lignes.

Éloge : discours prononcé pour vanter les mérites de quelqu'un ou de quelque chose.

Enjambement : on parle d'enjambement lorsque la fin d'un groupe syntaxique ne coïncide pas avec la fin d'un vers, et que le vers suivant prolonge ce groupe syntaxique.

Énonciation : ensemble des marques permettant d'identifier l'acte de parole au sein d'un discours. Elles vont de la présence du locuteur à celle, explicite ou non, d'un destinataire. Étudier l'énonciation consiste à savoir qui parle, à qui et dans quelles circonstances, en identifiant toutes les marques de la subjectivité dans un énoncé.

Épidictique : discours qui fait l'éloge ou le blâme d'une personne, d'une idée, d'un concept, d'une institution.

Épique : registre mettant en valeur le courage et la bravoure du héros. Il privilégie les figures de l'exagération, les épithètes homériques et les images obsédantes.

Épopée : genre littéraire narrant les hauts faits de héros exceptionnels. Ils incarnent les valeurs de tout un peuple.

Euphémisme : figure de style visant à atténuer le caractère abrupt d'une réalité ou d'une idée. (Voir *Litote*.)

Exorde : voir *Structure du discours*.

Exposition : premières scènes d'une œuvre théâtrale qui donnent des informations sur les personnages, les circonstances et l'action.

Fable : genre littéraire relevant de l'apologue. Elle comporte une petite histoire accompagnée d'une moralité.

Fantastique : genre littéraire et artistique dont les effets sont fondés sur l'intrusion du surnaturel dans la vie quotidienne observée avec réalisme.

Farce : genre théâtral populaire reposant sur un comique trivial, corporel.

Figure d'insistance : procédé de répétition visant à attirer l'attention du lecteur sur un point particulier.

Florilège : voir *Anthologie*.

Fondu : technique pour faire apparaître ou disparaître progressivement une image. Dans le **fondu enchaîné**, une image se superpose à la précédente par surimpression et vient la remplacer. Le **fondu au noir ou au blanc** obscurcit ou éclaircit l'écran avant de laisser place au plan suivant.

Genre littéraire : ensemble d'œuvres ou de sujets littéraires ayant des caractéristiques communes, des procédés d'écriture identifiables.

Gradation : figure d'insistance qui procède par degrés successifs, croissants ou décroissants. On parle aussi de crescendo ou decrescendo.

Hémistiche : moitié d'un vers, délimitée par la césure.

Hors champ : désigne, au cinéma, tout ce qui n'apparaît pas à l'écran mais que le spectateur devine ou imagine. Il est souvent utilisé pour créer le suspense.

Hyperbole : figure d'amplification ou d'exagération consistant à souligner ou mettre une idée en relief.

***Incipit* :** première(s) page(s) d'un récit.

Incise : proposition généralement courte, insérée dans un dialogue ou un discours rapporté, pour indiquer qui parle.

***In medias res* :** locution latine signifiant « au milieu des choses ». Technique narrative qui fait commencer le récit au milieu de l'intrigue.

Instantané : cliché bref et furtif d'une réalité saisie dans l'instant, sans temps de pose, comme si elle était prise en photo.

Intensité dramatique : ensemble des moyens narratifs employés pour accentuer l'action romanesque et maintenir le lecteur en haleine.

Ironie : procédé consistant à dire ou suggérer le contraire de ce que l'on pense pour dévaloriser ou critiquer le parti adverse. L'humour induit par l'ironie crée une distance entre les propos et la pensée réelle.

Lazzis : jeux de scènes, jeux de masque ou jeux de mots improvisés pour faire rire, dans la commedia dell'arte.

Lexique : ensemble des mots d'une langue qu'un locuteur peut utiliser.

Litote : figure de style consistant à dire moins pour faire entendre plus. C'est une forme particulière d'euphémisme.

Lumières : mouvement culturel, littéraire et philosophique européen du XVIIIe siècle. Il s'appuie sur la raison pour lutter contre toutes les formes d'obscurantisme et favoriser le progrès.

Lyrisme : registre caractérisé par l'expression exacerbée des sentiments personnels.

Manifeste : exposé théorique argumentatif présentant les fondements et principes d'un mouvement littéraire ou culturel.

Mécène : personnage puissant ou fortuné, ami des arts, qui soutient et apporte son aide à un artiste ou un écrivain dont il est le protecteur.

Métaphore : figure de substitution rapprochant deux idées ou deux réalités distinctes sans outil de comparaison.

Métonymie : figure d'analogie consistant à désigner un élément par un autre qui est en relation avec lui. Ainsi, on peut désigner le contenu par le contenant.

Mètre : type de vers déterminé par le nombre de syllabes prononcées et par la coupe.

Métrique : système qui codifie la versification et, en particulier, le rythme des vers.

Mise en scène : interprétation scénique d'un texte de théâtre par les décors, l'éclairage, la musique, les costumes, le jeu des acteurs.

Modalisateurs : ensemble des termes qui marquent le jugement et les sentiments du locuteur (adverbes, verbes, termes affectifs ou évaluatifs...).

Modalisation : procédés permettant au locuteur de préciser son degré de certitude ou d'incertitude, d'adhésion ou de distance par rapport à son énoncé.

Monologue : au théâtre, réplique prononcée par un personnage seul ou se croyant seul sur scène.

Monologue intérieur : procédé consistant à donner l'illusion de rapporter à l'état brut les pensées d'un personnage dans un récit.

Moralité : phrase située au début ou à la fin d'un apologue délivrant un enseignement moral.

Mythe : récit fabuleux et symbolique construit autour de figures allégoriques incarnant des forces de la nature ou certains traits caractéristiques de la condition humaine. Par extension, le mythe constitue l'image simplifiée qu'un groupe prête à un individu ou à un fait *(exemples : le mythe de la femme fatale, le mythe du bon sauvage)*.

Narrateur : dans l'énonciation du récit littéraire, personnage prenant en charge la narration. Ce n'est pas forcément l'auteur.

Naturalisme : mouvement littéraire, essentiellement romanesque, qui prolonge le mouvement réaliste dans le dernier quart du XIXe siècle. Les écrivains naturalistes, dont Zola est le chef de file, se réclament de la science et se considèrent comme les expérimentateurs de la « matière humaine », en étudiant notamment l'influence de l'hérédité et du milieu sur le personnage.

Néoclassicisme : mouvement artistique du début du XIXe siècle incarné par David et Ingres, marqué par le retour aux idéaux esthétiques de l'Antiquité gréco-romaine.

Nœud : situation centrale de crise ou de conflit dans l'action théâtrale.

Nouvelle : récit bref dont le cadre spatio-temporel est plus resserré que dans le roman. Le genre de la nouvelle se caractérise par une intrigue unique centrée autour de peu de personnages et orientée vers un dénouement frappant (la chute).

Ode : poème lyrique, de forme variable, constitué de strophes symétriques. Il est destiné à être chanté et accompagné de musique, célébrant des héros ou de grands événements.

Oraison funèbre : éloge funèbre, discours prononcé en l'honneur d'un défunt illustre.

Oxymore : figure d'opposition juxtaposant et réunissant deux termes de sens contraires. Ex. : « obscure clarté ».

Pamphlet : voir *Satire*.

Panégyrique : discours destiné à louer une personne de manière appuyée.

Panoramique (image mobile) : pivotement de la caméra sur son pied fixe.

Parabole : récit, narration à contenu allégorique que le lecteur ou l'auditeur doit décoder.

Parallélisme : effet de symétrie obtenu par la succession de groupes de mots ou de propositions présentant la même structure syntaxique.

Paratexte : ensemble des informations données au lecteur sur un texte : nom de l'auteur, titre, date, préface, notes de bas de pages, couverture...

Paroxysme : point culminant du récit ou de l'action romanesque. (Voir *Apogée*.)

Pathétique : registre littéraire qui vise à émouvoir le lecteur par le spectacle de la douleur, physique ou morale.

Pause : dans un récit, suspension des événements et de leur enchaînement, comme si le temps s'arrêtait. La pause peut correspondre par exemple à un passage descriptif.

Péripétie : rebondissement.

Périphrase : détour de langage où l'on emploie la définition pour le terme lui-même.

Péroraison : voir *Structure du discours*.

Personnification : métaphore qui assimile un animal, un être inanimé ou une idée abstraite à une personne.

Perspective : terme désignant les procédés qui donnent, sur une surface plane, l'illusion d'une troisième dimension. La taille des objets ou des personnages semble varier en fonction de leur position spatiale ou selon les nuances colorées choisies par l'artiste pour hiérarchiser la composition de son œuvre.

Phrase nominale : phrase dont le noyau ne comporte aucun verbe.

Plaidoyer : discours argumenté, convaincu, en faveur d'une personne, d'une idée, d'une institution.

Plan : terme qui désigne, au cinéma, une prise de vues filmées sans coupure. Le terme renvoie aussi à des choix de cadrage : on distingue le **plan d'ensemble** (large cadre, paysage), le **plan rapproché** (personnage filmé « en buste »), le **gros plan** (visage couvrant tout l'écran), et le **très gros plan** (détail). Le plan-séquence est une scène filmée en un seul plan et restituée sans montage.

Plongée : prise de vue où la caméra est placée en surplomb de ce qui est filmé, donnant au spectateur une impression de supériorité.

Poème en prose : texte poétique non versifié. Sa puissance est fondée sur les effets de rythme, de sonorités et la recherche des images. Son invention est attribuée à Aloysius Bertrand par Baudelaire.

Point de vue (ou focalisation) : dans un récit, angle selon lequel les faits sont perçus et racontés par le narrateur. On discerne :
1. **Le point de vue externe :** le narrateur observe les personnages de l'extérieur sans connaître leurs sentiments ni leurs pensées.
2. **Le point de vue interne :** la narration est menée autour du point de vue d'un seul personnage dont le lecteur connaît les pensées et états d'âme.
3. **Le point de vue omniscient** (encore nommé « focalisation zéro ») : le narrateur sait tout de ses personnages.

Polémique : qui relève du combat. Un texte polémique attaque des personnes, des idées, etc. Une polémique est une controverse, un débat agité et houleux.

Praticable : élément de décor en trois dimensions sur lequel les acteurs peuvent évoluer.

Prétérition : figure de rhétorique consistant à prétendre qu'on ne parlera pas d'un sujet, alors qu'on le fait.

Profondeur de champ : en photographie, désigne l'espace qui est net lors de la prise de vue.

Prolepse : dans un récit, annonce anticipée d'un événement qui se produit plus loin dans le récit.

Prologue : introduction présentant des faits antérieurs à l'action, dans une pièce de théâtre, un roman, un film, etc.

Prosopopée : figure par laquelle l'orateur fait parler un mort, un animal, un être inanimé.

Quatrain : strophe de quatre vers.

Quintil : strophe de cinq vers.

Quiproquo : terme latin désignant un procédé comique fondé sur une méprise : un personnage pris pour un autre, deux personnages croyant parler d'une même chose.

Raccord : procédé de montage qui permet de relier les plans entre eux. Les raccords assurent la cohérence spatiale, lumineuse, thématique de l'ensemble.

Raisonnement déductif : forme de raisonnement où les arguments se suivent logiquement et vont du général au particulier.

Raisonnement inductif : forme de raisonnement qui part de l'exemple pour aboutir à des conclusions générales.

Réalisme : mouvement artistique et littéraire, essentiellement romanesque, de la seconde moitié du XIXe siècle, qui cherche à peindre la réalité dans ses composantes sociales, historiques et psychologiques, et dont les précurseurs sont Balzac et Stendhal. Gustave Flaubert qui défend le « faire vrai » en est considéré comme le chef de file.

Récit enchâssé / Récit cadre : le récit cadre est le récit premier pris en charge par le narrateur principal. Il donne le contexte général. Le récit enchâssé, souvent plus important, raconte l'histoire des personnages principaux.

Réfutation : discours tentant de prouver que la thèse de l'adversaire n'est pas recevable. (Voir *Structure du discours*.)

Registre : ensemble des procédés stylistiques destinés à donner une tonalité particulière à un texte (indignation, joie, tristesse, colère, pitié...) et à éveiller le même sentiment chez le lecteur. On distingue principalement les registres comique, dramatique, épidictique, épique, pathétique, polémique, satirique et tragique.

Registre de langue (ou niveau de langue) : niveau de langue employé par un locuteur ; il peut être familier, courant (ordinaire) ou soutenu, selon le contexte.

Rejet : voir *Enjambement*.

Réplique : partie du texte prononcée par chaque personnage dans un dialogue théâtral.

Réquisitoire : discours de reproches et d'accusations à l'encontre d'une personne, d'une institution, etc. Dans le vocabulaire judiciaire, acte par lequel le ministère public expose ses arguments aux magistrats et précise ce qui est reproché à l'accusé.

Rhétorique : éloquence, art de bien parler, en utilisant un certain nombre de techniques et de procédés.

Rime : répétition de deux ou plusieurs sons à la fin de deux vers.

Roman protéiforme : roman faisant appel à plusieurs genres et registres, et se présentant sous les aspects les plus divers.

Romantisme : mouvement culturel de la première moitié du XIXe siècle, en rupture avec le classicisme. Fondé sur l'expression des émotions personnelles, il exprime une forme de sensibilité nouvelle à la nature, à l'histoire, à la politique.

Satire : écrit humoristique où l'auteur ridiculise, pour mieux les dénoncer ou les critiquer, une époque, une politique, un fait de société, un personnage important, etc. Poussé à l'extrême, la satire vire au pamphlet.

Scène (au théâtre) : unité de base du théâtre classique. Elle se définit par l'entrée ou la sortie d'un personnage.

Scénographie : art d'organiser la scène et l'espace théâtral : création du décor, des lumières, rapport entre la scène et la salle.

Schéma actanciel : schéma créé par Greimas, en 1966, permettant de représenter une situation et d'identifier le personnage qui agit (qui ?), l'objet de sa quête (quoi ?), le but recherché (pour quoi ?), les forces en présence (adjuvants / opposants), le destinataire (pour qui ?).

Schéma narratif : ensemble composé des différentes séquences d'un récit, de la situation initiale à la situation finale. Le schéma résume et planifie les péripéties et les principes (éléments perturbateurs ou éléments de résolution) permettant à l'action de progresser.

Sens propre / Sens figuré : signification qu'un mot peut prendre selon le contexte dans lequel il est employé. Le sens propre évoque l'acception traditionnelle et courante d'un mot, le sens figuré la signification particulière du même mot en fonction des enjeux de la phrase.

Sizain : strophe de six vers.

Sonnet : forme fixe en poésie, qui désigne un poème composé de quatorze vers, répartis en deux quatrains et deux tercets, dont les rimes sont disposées selon un schéma prédéfini (*abba* pour les quatrains et *ccd eed* ou *ccd ede* pour les tercets).

Stance : tirade en vers présentée sous forme de strophes où l'on remarque des dispositions de vers récurrentes.

Stéréotype : cliché, lieu commun, banalité.

Stichomythie : dans un dialogue théâtral, échange rapide de répliques qui se répondent vers par vers. Joute verbale.

***Story-board* :** sorte de bande dessinée réalisée par le metteur en scène ou le story-boardeur représentant les scènes du film prévues par le découpage technique.

Stratégie argumentative : ensemble des moyens argumentatifs (arguments, modes de raisonnement, marques de la modalisation, etc.) employés par un auteur pour convaincre et persuader.

Strophe : groupe de vers séparé des autres par un espace.

Structure du discours (rhétorique) : le discours habilement construit adopte souvent ce plan : **exorde** pour capter la bienveillance et exposer le sujet, **narration** de l'affaire, **confirmation** des preuves, **réfutation** des arguments adverses, **péroraison**, c'est-à-dire résumé émouvant.

Surréalisme : mouvement artistique et littéraire né après la Première Guerre mondiale. Il donne libre cours au travail de l'imagination et de l'inconscient dans la création artistique.

Symbole : élément textuel ou iconique représentant concrètement une idée abstraite. Le symbole diffère de l'analogie au sens où son interprétation est ouverte et plurielle.

Synopsis : récit très bref résumant l'action d'une œuvre littéraire ou cinématographique.

Syntaxe : organisation des mots dans la phrase.

Tercet : strophe de trois vers.

Théoricien : écrivain, penseur, philosophe ou moraliste qui élabore et professe une théorie littéraire.

Thèse : idée maîtresse d'un discours, défendue implicitement ou explicitement grâce à des arguments, étayés par des exemples.

Tirade : longue réplique de théâtre.

Tragique : registre qualifiant un texte où l'enchaînement des faits voue le héros à un malheur sans issue et à la mort.

***Travelling* avant, arrière (image mobile) :** mouvement de la caméra sur un axe.

Tréteau (théâtre de tréteaux) : installation provisoire d'une scène en plein air.

Vérité générale : énoncé qui formule une règle ou une loi. Le vocabulaire en est abstrait, la forme parfois codifiée (sentence, maxime, proverbe...).

Vers libre : vers sans rime, de longueur variable et irrégulière. Le retour à la ligne et la disposition dans la page permettent de les identifier et d'en ressentir le rythme.

Zoom (image mobile) : mouvement de la caméra sur un axe.

Index des auteurs et des œuvres

Index iconographique

Crédits iconographiques

68b © The Bridgeman Art Library ; 70 Hachette Livre ; 71 © Collection Christophel ; 72h © Ulf Andersen/Sipa ; 72b © PHOTOPQR/Le Républicain Lorrain-Maxppp ; 74h Hachette Livre ; 74b Musée de la Ville de Paris, Musée Carnavalet, Paris, France/© The Bridgeman Art Library ; 75 © Collection IM/Kharbine-Tapabor ; 76h Hachette Livre ; 76 b © Aisa/Leemage ; 78 Hachette Livre ; 79 © Luisa Ricciarini/Leemage ; 80h Hachette Livre ; 80b © Guy Delcourt Productions-2009 ; 82h Hachette Livre ; 82b © The Bridgeman Art Library ; 84 Selva/Leemage ; 86g © Estampes/BNF ; 86d © The Bridgeman Art Library ; 87 Courtauld Institute of Art Gallery, Londres ; 88 © The Metropolitan Museum of Art, Dist. RMN/image of the MMA ; 90h © Museum-images ; 90b Tous droits réservés, Scala, Florence ; 91h © RMN/Agence Bulloz ; 91b Collection Linda Gale Sampson ; 92h © La Collection/Artothek ; 92b Fotolia.com ; 93 © The Bridgeman Art Library ; 94g © RMN (Musée d'Orsay)/Hervé Lewandowski ; 94d © The Bridgeman Art Library ; 95 Coll. Perrin/Kharbine-Tapabor ; 96 © Photo Josse/Leemage ; 97 © Stock Montage/ Superstock/Sipa ; 98 Prod DB © Zebra Films/DR ; 100h Hachette Livre ; 100b Prod DB © ÊRezo Films-B.C. Films/DR ; 102 Hachette Livre ; 103 et 105 © RMN (Musée d'Orsay)/Hervé Lewandowski ; 104 © RMN (Musée d'Orsay)/Hervé Lewandowski ; 106 Collection privée © ADAGP, Paris 2011 © Dagli Orti/The Art Archive ; 107 © ADAGP, Paris 2011 © RIA Novosti/Akg-images ; 109h © TF1-Chevalin/Sipa ; 109b © Éditions Gallimard ; 110 © ADAGP, Paris 2011 © Galleria d'Arte Moderna Milan/Dagli Orti-The Art Archive ; 113 © Photo12/ARJ ; 114g © Collection Kharbine-Tapabor ; 114hd © Collection Dupondt/akg-images ; 114bd © Éditions Gallimard ; 116-117 Collection de l'Institut d'art contemporain, Rhône-Alpes © ADAGP, Paris 2011 © Yves Bresson, Musée d'Art moderne de Saint-Étienne Métropole ; 117h © Delessard/Neco/Sipa ; 119 © akg-images ; 120h Hachette Livre ; 120b Hachette Livre ; 121 © The Bridgeman Art Library ; 122h © Benaroch/Sipa ; 122b © ADAGP, Paris 2011 © Collection Centre Pompidou, Dist. RMN/Droits réservés ; 124 © Ginies/Sipa ; 125 Prod DB © Escorpion-Miramax-Studio Canal +/DR ; 126h Hachette Livre ; 126b © akg-images ; 128g Hachette Livre ; 128d © The Bridgeman Art Library ; 129h © Ulf Andersen/Sipa ; 129b © The Bridgeman Art Library ; 131 Prod DB © New Line/DR ; 132 © akg-images ; 135 © Maison de Balzac/Roger-Viollet ; 136h © Éditions Gallimard ; 136b-1-2 © Le Livre de Poche ; 136b-3 © Éditions Hatier 2007/Illustration Aude Samama ; 137h-1 © Hachette Livre 2007 ; 137h-2 © Larousse 2008 ; 137h-3 © Éditions J'ai Lu ; 137m-1 Prod DB © Ciné-Alliance/DR ; 137m-2 Prod DB © Paris Film-Lux Films/DR ; 137m-3 Prod DB © SFC/DR ; 137bg Prod DB © MK2/DR ; 137bd Prod DB © BBC-Fox Searchlight/DR ; 138 © CDDS Enguerand ; 140 © Victor Tonelli/ArtcomArt ; 143 © CDDS Enguerand ; 144h-b Hachette Livre ; 145 © B M Palazon/CDDS Enguerand ; 146h Hachette Livre ; 146b © Isabelle Meister ; 148 Hachette Livre ; 149 © Hervé Bellamy ; 150h Hachette Livre ; 150b © Marion Duhamel ; 152h © CDDS Enguerand ; 152b © Brigitte Enguerand/CDDS ; 153 © akg-images ; 154g Hachette Livre ; 154d © B M Palazon/CDDS Enguerand ; 155 Frédéric Boiteux ; 156 © CDDS Enguerand ; 157h Hachette Livre ; 157b © CDDS Enguerand ; 158h Hachette Livre ; 158b © Jean Bernard/ Leemage ; 160 © Michèle Laurent ; 163 © Jean-Paul Lozouet ; 164 Hachette Livre ; 165 Hachette Livre ; 166h Hachette Livre ; 166b © Selva/Leemage ; 167 Fonds Roger Pic © BNF ; 168 © Selva/Leemage ; 169h Hachette Livre ; 169b © CDDS Enguerand ; 170 © Anthony Magnier ; 172 Hachette Livre ; 173 © Hervé Bellamy ; 175 © Krohn/Event Press Herrmann/Sipa ; 176 © Patrick Lorette/Collections de la Comédie-Française ; 178 © Roger-Viollet ; 179h © RMN ; 179m © The Bridgeman Art Library ; 179b Hachette Livre ; 180 © Dagli-Orti/The Art Archive ; 181 © Les Classiques Hachette ; 182hg © Studio Lipnitzky/Roger-Viollet ; 182hd © Brigitte Enguerand/CDDS ; 182b © Collections de la Comédie-Française ; 184 © Brigitte Enguerand/CDDS ; 185 © Boris Lipnitzki/Roger-Viollet ; 186 © Brigitte Enguerand/CDDS ; 187g © CDDS Enguerand ; 187d © Jean-Paul Lozouet ; 188 © Béatrice Souillard/BEP-La Provence-Maxppp ; 189h © Hervé Bellamy ; 189b © CDDS Enguerand ; 190 © CDDS Enguerand ; 192 © Marc Enguerand/CDDS ; 195 © Jean-Paul Lozouet ; 196g Hachette Livre ; 196d © Marc Enguerand/CDDS ; 198h © National Gallery of Australia, Canberra/Museum Images ; 198b Hachette Livre ; 199 © B.M. Palazon/CDDS Enguerand ; 201g Hachette Livre ; 201b Sylvie Le Gleut ; 202 © Photo Josse/Leemage ; 204h Hachette Livre ; 204b © René-Gabriel Ojéda/RMN ; 206h Hachette Livre ; 206b © Brigitte Enguerand/CDDS ; 208g Hachette Livre-Photo. DR ; 208d © Pascal Gely/CDDS Enguerand ; 209g Hachette Livre ; 209d © Marc Enguerand/CDDS ; 211 Paule Seux/ Hemis.fr ; 212h © Marc Enguerand/CDDS ; 212b © Roger-Viollet ; 213h © Daniel Arnaudet-Gérard Blot/RMN ; 213b © Marc Enguerand/CDDS ; 214 © Photo Josse/Leemage ; 215 © Pascal Gely/CDDS Enguerand ; 216g © Donald Cooper/Photostage ; 216d © Christophe Raynaud de Lage ; 217 © Ullstein Bild/Roger-Viollet ; 218 © Pascal Gely/CDDS Enguerand ; 219 © Pascal Victor/ArtcomArt ; 220 © Brigitte Enguerand/CDDS ; 221 © Elisabeth Carecchio ; 222 © Adagp, Paris 2011, © Photo Rafael Loboto/Louise Bourgeois Trust, © Museum Images ; 226 © CDDS Enguerand ; 227h-1 © J'ai Lu ; 227h-2 © Flammarion ; 227h-3 © Magnard ; 227m © Flammarion ; 227b Prod DB © Hachette Première/DD Production/DR ; 228 © LAPI/Roger-Viollet ; 230 Coll. Jonas/Kharbine-Tapabor ; 231h akg-images ; 233 Hachette Livre ; 234 Hachette Livre ; 235 Collection privée © ADAGP, Paris 2011 ; 236g Hachette Livre ; 236-237 © The Metropolitan Museum of Art, Dist. RMN/image of the MOMA ; 238g Hachette Livre ; 238-239 © La Collection/Jean-Paul Dumontier ; 240 Hachette Livre ; 241 © Photo RMN/Gérard Blot ; 242h Hachette Livre ; 242b Hachette Livre ; 243 © Guillard J./Scope-Image ; 245h © Ginies/Sipa ; 245b Prod DB © Flach Film-CB Films-Arte France/DR ; 246 © Wiebke Langefeld/DPA/abacapress.com ; 247 © Pascal Victor/ArtComArt ; 248 © Pascal Victor/ArtComArt ; 249 © Archives Alinari, Florence, Dist. RMN/ Nicola Lorusso ; 250 © akg-images/Erich Lessing ; 251g © akg-images/Erich Lessing ; 251d © RMN/Stéphane Maréchalle ; 252g © RMN/Jean Schormans ; 252d © akg-images/Bildarchiv Monheim ; 253h © The Bridgeman Art Library ; 253b © The Art Archive/Musée des Beaux-Arts, Lyon/Dagli Orti ; 254 © The National Gallery, Londres, Dist. RMN/National Gallery Photographic Department ; 255 © Estampes/BNF ; 256g © The Bridgeman Art Library ; 256d © Estampes/ BNF ; 257 © Classiques Pocket ; 258 © akg-images ; 259 © Manuscrits persans 240, folios 1 et 2/BNF ; 260 © Manuscrit persan supplément 490, folio 2/BNF ; 262 © The Art Archive/Museo Civico Turin/Dagli Orti ; 263 © DeAgostini/Leemage ; 265 © Erich Lessing/akg-images ; 266 © RMN/Hervé Lewandowski ; 267 Imam Bakhsh Lahon, Miniature indienne, 19e siècle © Musée Jean de La Fontaine, Château-Thierry ; 268 © by permission of the Voltaire Foundation, University of Oxford ; 270 Hachette Livre ; 273 © La Collection/Artothek ; 274h Hachette Livre ; 274b © Photo Josse/Leemage ; 275 Hachette Livre ; 276h Hachette Livre ; 276b g et d © Collection Mx/Kharbine-Tapabor ; 278 Hachette Livre ; 279 © Photo Josse/Leemage ; 280h Hachette Livre ; 280b © Photo Philippe Cristin. Avec l'aimable autorisation de Bel Ombre films et Point prod. ; 282h Hachette Livre ; 282b © Aisa/Leemage ; 284g Hachette Livre ; 284d © La Collection/Artothek ; 285 Hachette Livre ; 286 Hachette Livre ; 288 © DeAgostini/Leemage ; 289 © La Monnaie-Bruxelles Photo Johan Jacobs ; 290 © La Collection/Artothek ; 292-293 © La Collection/Artothek ; 294 © RMN/Stéphane Maréchalle ; 296h Hachette Livre ; 296b © AGF/Leemage ; 297 Hachette Livre ; 298 Prod DB © DR ; 299h Hachette Livre ; 299m © Nathaniel Baruch ; 300h Hachette Livre ; 300m © Marc Enguerand/CDDS ; 302 Hachette Livre ; 303 © Luisa Ricciarini/Leemage ; 304h Hachette Livre ; 304b © La Collection/Artothek ; 306h Hachette Livre ; 306b © Collection Kharbine-Tapabor ; 308h © Witt/Sipa ; texte : www.emmaus-international.org 309 © Adrien Debré, concours d'étudiant d'affiches de Chaumont 2005 pour le Secours populaire dont la devise est : « Tout ce qui est humain est nôtre. » ; 310h © Apesteguy/Sipa ; 310b © Laurent Maous/Gamma-Rapho ; 312h © Ibo/Sipa ; 312mg © Ibo/Sipa ; 312md © RMN/René-Gabriel Ojéda ; 313 © Collection Kharbine-Tapabor ; 314h © RMN / Daniel Arnaudet ; 314b © The Bridgeman Art Library ; 315-319 Prod DB © United Artists/DR ; 317m Prod DB © Studio Trite/DR ; 323 © Heritage Images/Roger-Viollet ; 325h-1 © Editions J'ai Lu ; 325h-2 © Le Livre de Poche ; 325h-3 © Éditions Bernard Grasset ; 325m © Éditions Points 2009, pour la traduction française ; 325b © Prod DB © Warner Bros/DR ; 326 © akg-images ; 328 © akg-images ; 329 © akg-images ; 331 © The Bridgeman Art Library ; 332 Hachette Livre ; 333 © akg-images/Erich Lessing ; 335h Hachette Livre ; 335m © RMN/Gérard Blot ; 336h Hachette Livre ; 336b © Tate, London, 2011 ; 337 © Angers, Bibl. mun., Rés. BL 1443 bis © Ville d'Angers ; 338g Hachette Livre ; 338d © Maison de Victor Hugo/Roger-Viollet ; 339 © Éclair mondial/Sipa ; 340h Hachette Livre ; 340b © The Art Archive ; 342 Hachette Livre ; 343 © Courtesy The History Place (Historyplace.com) ; 345h © Album/Oronoz-akg-images ; 345b © RMN/Droits réservés ; 346 © akg-images ; 348 © La Collection/Artothek ; 349 © Roger-Viollet ; 350 © RMN/Agence Bulloz ; 352h Hachette Livre ; 352m © ADAGP, Paris 2011 ; © RMN (Musée d'Orsay)/Gérard Blot ; 353 Hachette Livre ; 354h Hachette Livre ; 354b © La Collection ; 355 © akg-images ; 356h Hachette Livre ; 356b © La Collection/Imagno ; 357-358h Hachette Livre ; 358m Prod DB © Capital Films-Portman Productions/DR ; 359h © Zsolt Zsigmond (http://realitydream.hu) ; 359m-360h Hachette Livre ; 360m Collection privée © Bridgeman/Giraudon ; 361g Hachette Livre ; 361d © La Collection/Interfoto ; 362g Hachette Livre ; 362d © La Collection/Interfoto ; 363hg © Collection Yli/Sipa ; 364h © Boris Lipnitzki/Roger-Viollet ; 364m © 3LH-Fine Art/Superstock/Sipa ; 365g © Marie-José Lamothe/Opale ; 365d © Christie's Images/Corbis ; 367 © La Collection/Artothek ; 368h © Sotheby's/akg-images ; 368b © Marc Botlan © Éditions Gallimard ; 369 Les Classiques Hachette ; 370h © La Collection/Artothek ; 370b © RMN (Musée d'Orsay)/Hervé Lewandowski ; 372b © RMN (Château de Versailles)/Jacques L'Hoir/Jean Popovitch ; 373 © RMN (Musée d'Orsay)/Jean-Gilles Berizzi ; 374 © RMN/Agence Bulloz ; 375 © La Collection/Artothek ; 376h © La Collection/Artothek ; 376b © RMN (Musée d'Orsay)/Jean-Gilles Berizzi ; 377 © ADAGP, Paris 2011 © Collection Centre Pompidou, Dist. RMN/Adam Rzepka ; 378 © Photothèque R. Magritte-ADAGP, Paris 2011 ; 379 Photothèque R. Magritte-ADAGP, Paris 2011 ; 380 © Collection Bibliothèque nationale de France © Fatras/Succession Jacques Prévert ; 381g © ADAGP Collection Centre Pompidou, Dist. RMN/Droits réservés ; 381d © ADAGP © Collection Centre Pompidou, Dist. RMN/Adam Rzepka ; 382 © The Bridgeman Art Library ; 383h © akg-images ; 383b © akg-images ; 384 *Paysage* © 2011, Digital Image, The Museum of Modern Art, New-York/Scala, Florence ; 385 © akg-images ; 388h-1 © Le Livre de Poche ; 388h-2 Éditions Hatier 2007, Illustration de Sandrine Bonini ; 388h-3 Hachette-livre, 2005 ; 388m-1 © Éditions Gallimard ; 388m-2 © Le Livre de Poche ; 388 http://expositions.bnf.fr/hugo/index.htm ; 389 © Noah Golan-Fotolia.com ; 390 © Plantu ; 391 © Alex ; 392 © Doug Kanter/AFP ; 393g © Steve McCurry/Magnum Photos ; 393hd © Samuel Bollendorf/Agence VU ; 393bd © Callie Shell/Aurora Photos ; 402 © Parfums Lolita Lempicka ; 403g © RATP, reproduit avec autorisation ; 431h © La Collection/Artothek ; 431b © Collection Kharbine-Tapabor ; 432h © Raymond Depardon/Magnum ; 432b © Philippe Halsman/Magnum Photos ; 433hg © Bridgeman Giraudon ; 433bg © 2011, The Museum of Modern Art, New-York/Scala, Florence ; 433d © DVD Arte Éditions ; 435 © 1938 StudioCanal ; 436 © Photo Josse/Leemage ; 437g © Photo Josse/Leemage ; 437d © akg-images ; 445 © akg-images ; 447 © Superstock/Leemage ; 554 akg-images ; 555h © Photo Josse/Leemage ; 555b © RMN (Château de Versailles) ; 556 © La Collection/Artothek ; 557 © Musée d'Angers ; 558 © RMN (Château de Versailles)/Gérard Blot ; 559 © La Collection/Artothek ; 560 © RMN/Gérard Blot © ADAGP ; 561 © ADAGP, Paris 2011 ©Rue des Archives/Varma.

Achevé d'imprimer en Italie par Europrinting S.p.A. Dépot légal 7/2011 - édition 02 - Collection 06 - 13/5545/2

XIXe siècle

1800 — 1850 — 1900

1re République Directoire et Consulat 1792-1804
Premier Empire 1804-1814
Restauration 1814-1830
Louis XVIII 1814-1824
Charles X 1824-1830
Monarchie de juillet 1830-1848
Louis-Philippe 1830-1848
IIe République 1848-1852
Second Empire 1852-1870
Napoléon III 1852-1870
IIIe Républi[que] 1870-19[…]
Première[…]

Événements politiques et scientifiques

- **1804** (2 décembre) Sacre de Napoléon Ier / Code civil
- **1805** Victoire d'Austerlitz
- **1812** Campagne de Russie
- **1814** Première locomotive à vapeur
- **1815** Les Cent jours, Napoléon revient au pouvoir / Waterloo
- **1816-1829** Niépce : première photographie
- **1819** Mesures libérales pour la presse
- **1828** Première ligne de chemin de fer
- **1848** Journées révolutionnaires (février et juin) / Suffrage universel masculin / Abolition de l'esclavage
- **1851** Coup d'État de Louis-Napoléon Bonaparte
- **1852** Napoléon III Empereur
- **1853-1869** Haussmann : rénovation de Paris
- **1859** Campagne d'Italie Darwin *Origine des espèces*
- **1864** Droit de grève
- **1870** Guerre franco-prussienne, défaite française de Sedan le 2 septembre
- **1871** Commune de Paris
- **1879-1886** Grandes lois sur l'école : gratuité, laïcité…
- **1885** Pasteur, vaccin contre la rage
- **1889** Exposition universelle à Paris (tour Eiffel)
- **1894-1906** Affaire Dreyf[us]
- **1905** Ein[stein] théorie de […] Loi de sépa[ration] de l'Église […]

Histoire littéraire et artistique

- **1802** Chateaubriand *René*
- **1805** Beethoven *Symphonie n° 3* dite *Symphonie héroïque*
- **1814** Goya *Tres de Mayo*
- **1818** Mary Shelley *Frankenstein*
- **1819** Géricault *Le Radeau de la Méduse*
- **1820** Lamartine *Méditations poétiques*
- **1824** Delacroix *Les Massacres de Scio*
- **1827** Hugo Préface de *Cromwell*
- **1829-1848** Balzac *La Comédie humaine*
- **1830** Stendhal *Le Rouge et le Noir*
- **1832-1835** Chopin *Nocturnes*
- **1849** Hugo *Discours sur la misère*
- **1850** Courbet *Un enterrement à Ornans*
- **1857** Flaubert *Madame Bovary* Procès des *Fleurs du Mal* (Baudelaire) Millet *Les Glaneuses*
- **1862** Hugo *Les Misérables*
- **1863** Manet *Le Déjeuner sur l'herbe*
- **1864-1876** *Grand Dictionnaire universel du XIXe siècle* de P. Larousse
- **1866** Verlaine *Poèmes saturniens*
- **1871-1893** Zola *Les Rougon-Macquart*
- **1874** Première exposition des impressionnistes Monet *Impression, soleil levant*
- **1875** Caillebotte *Les Raboteurs de parquet*
- **1885** Maupassant *Bel-Ami*
- **1889** Inauguration de la tour Eif[fel] pour l'exposition universelle de Pa[ris]
- **1894** Cinéma des frères […]
- **1898** Zola *J'accus*[e]
- **1900** Début du […]
- **1905** Na[…] (Derain, M[…]
- **1**[…] de[…]

NATURALISME — RÉALISME — ROMANTISME — LE PARNASSE — SYMBOLISME

Auteurs

- **F. R. de Chateaubriand** 1768-1848
- **Stendhal** 1783-1842
- **M. Desbordes-Valmore** 1786-1859
- **A. de Lamartine** 1790-1869
- **A. de Vigny** 1797-1863
- **H. de Balzac** 1799-1850
- **V. Hugo** 1802-1885
- **G. Sand** 1804-1876
- **A. Bertrand** 1807-1841
- **G. de Nerval** 1808-1855
- **E. A. Poe** 1809-1849
- **N. Gogol** 1809-1852
- **A. de Musset** 1810-1857
- **T. Gautier** 1811-1872
- **C. Baudelaire** 1821-1867
- **G. Flaubert** 1821-1880
- **E. & J. de Goncourt** 1822-1896 / 1830-1870
- **T. de Banville** 1823-1891
- **É. Gaboriau** 1832-1873
- **A. de Villiers de L'Isle-Adam** 1838-1889
- **É. Zola** 1840-1902
- **S. Mallarmé** 1842-1898
- **P. Verlaine** 1844-1896
- **T. Corbière** 1845-1875
- **Lautréamont** 1846-1870
- **G. de Maupassant** 1850-1893
- **J.-K. Huysmans** 1848-1907
- **A. Rimbaud** 1854-1891
- **A. Tchekhov** 1860-1904
- **G. Feydeau** 1862-1921
- **A. Gide** 18[…]
- **M. Proust** 1871-1922
- **G. Apollinaire** 1880-1918

Stendhal

Victor Hugo

Charles Baudelaire

Émi[…]

1800 — 1850 — 1900